Handbuch des geltenden Öffentlichen und Bürgerlichen Rechts

von

R. Zelle
weiland Oberbürgermeister von Berlin

Sechste Auflage

neu bearbeitet und herausgegeben

von

R. Korn
Regierungsrat am Kgl. Polizeipräsidium Berlin

Dr. jur. K. Gordan
Magistratsrat zu Berlin

Dr. jur. W. Lehmann
Magistratsassessor zu Berlin

Springer-Verlag Berlin Heidelberg GmbH
1911

Trennt das Lebende von dem Toten,
wählt dasjenige aus, was einige Bedeutung
hat, laßt sorgfältig fort, was keine hat.

Carlyle, Friedrich d. Gr.

ISBN 978-3-662-39037-5 ISBN 978-3-662-40011-1 (eBook)
DOI 10.1007/978-3-662-40011-1
Softcover reprint of the hardcover 6th edition 1911

Vorwort.

Die neue Auflage berücksichtigt die bis zum Herbst des Jahres 1910 erlassenen Gesetze und Vorschriften und hat die durch das Fehlen des Prozeß-, Zwangsversteigerungs- und Konkursrechtes vorhandenen Lücken auszufüllen versucht.

Möge das auch infolge der neueren Gesetzgebung erheblich vergrößerte Werk seine alten Freunde behalten und neue gewinnen.

Berlin, im Januar 1911.

Die Herausgeber.

Inhaltsverzeichnis.

Einleitung.

I. Teil. Bürgerliches Recht. Bürgerliches Gesetzbuch.

Erstes Buch. Allgemeiner Teil.

Zweites Buch. Das Recht der Schuldverhältnisse.

Drittes Buch. Sachenrecht.

Viertes Buch. Familienrecht.

IV. Teil. Staats- und Verwaltungsrecht.

Abkürzungen.

AbgZBl. = Zentralblatt für die Abgabengesetzgebung.
AE. = Allerhöchster Erlaß.
AG. ohne Zusatz, AGBGB. = Ausführungsgesetz zum Bürgerlichen Gesetzbuche.
AGer. = Amtsgericht.
AGO. = Allgemeine Gerichtsordnung.
ALR. = Allgemeines Landrecht.
Art. = Artikel.
AusfG. = Ausführungsgesetz.
AV. = Armenverband.
B. = Buch (z. B. StrGB. = Strafgesetzbuch).
BGB. = Bürgerliches Gesetzbuch.
BGBl. = Bundesgesetzblatt.

BzAussch.; BezA. = Bezirksausschuß.
CV. = Ministerialzirkularverfügung.
Dekl. = Deklaration.
DJZ. = Deutsche Juristenzeitung.
DR. und StA. = Deutscher Reichs- und Staatsanzeiger.
E. = Erlaß.
EG. ohne Zusatz, EGBGB. = Einführungsgesetz zum Bürgerlichen Gesetzbuch.
Egers EisenbahnE. = Egers Eisenbahn- und verkehrsrechtliche Entscheidungen und Abhandlungen.
EGzRHGB., EGHGB. = Einführungsgesetz zum Reichs-Handelsgesetzbuch.
EGVG. = Einführungsgesetz zum Gerichtsverfassungsgesetz.
EinfG. = Einführungsgesetz.
EntschKGer. = Johow-Küntzel, Jahrbuch der Entscheidungen des Kammergerichts.
EVBl. = Eisenbahnverordnungsblatt.
FrwG. = Reichsgesetz über die Angelegenheiten der freiwilligen Gerichtsbarkeit vom 17. 5. 98.
FME. = Finanzministerialerlaß.
FMR. = Finanzministerialreskript.
G. = Gesetz.
GBO. = Grundbuchordnung (24. 3. 97).
Ger. = Gericht.
GewO. = Reichsgewerbeordnung (29. 7. 00).
Gruchot = Beiträge zur Erläuterung des Deutschen Rechts, herausgegeben von J. A. Gruchot, jetzt Rassow, Küntzel, Eccius.
GS. = Gesetzsammlung.
GVG. = Gerichtsverfassungsgesetz (27. 1. 77).
HandMbl.; HMBl. = Ministerialblatt der Handels- und Gewerbeverwaltung.
HGB. = Handelsgesetzbuch (10. 5. 97).
JMBl. = Justizministerialblatt.
JME. = Justizministerialerlaß.
KAG. = Kommunalabgabengesetz (14. 7. 93).
KBG. = Kommunalbeamtengesetz (30. 7. 99).
KGer. = Kammergericht und Johow-Küntzel, Entscheidungen des Kammergerichts.
KGVBl. = Kirchliches Gesetz- und Verordnungsblatt.
KO. = Allerhöchste Kabinettsordre.
KrAussch.; KrA. = Kreisausschuß.
KrO. = Kreisordnung (13. 12. 72, 19. 3. 81).
Kr. und PrAbgG. = Kreis- und Provinzialabgabengesetz.
LGO. = Landgemeindeordnung für die sieben östlichen Provinzen (3. 7. 91).
LMBl. = Ministerialblatt für Landwirtschaft, Domänen und Forsten.
LVG. = Gesetz über die allgemeine Landesverwaltung (30. 7. 83).
M. = Mark.
MBl. = Ministerialblatt für die innere Verwaltung.
MR., MV., ME. = Ministerialreskript, Ministerialverfügung, Ministerialerlaß.
O. = Ordnung (z. B. ProvO. = Provinzialordnung).
OAV. = Ortsarmenverband.
OTr. = Obertribunal.
OVG. = Oberverwaltungsgericht.
PVBl.; PrVBl. = Preußisches Verwaltungsblatt.

R. = Reichs (z. B. RGer. = Reichsgericht, RG. = Reichsgesetz, RAnz. = Reichsanzeiger, RBeamte = Reichsbeamte).
RE. = Runderlaß.
RGBl. = Reichsgesetzblatt.
RGer. = ReichsgerichtEntsch. in Zivilsachen.
RGerStr. = ReichsgerichtEntsch. in Strafsachen.
ROHGer. = Reichsoberhandelsgericht.
RV. = Rundverfügung.
RZBl. = Zentralblatt für das Deutsche Reich.
S. = Seite.
StO. = Städteordnung für die östlichen Provinzen (30. 5. 53).
StrA. = Striethorst, Archiv für Rechtsprechung des Obertribunals.
StrGB. = Strafgesetzbuch für das Deutsche Reich (15. 5. 71).
StrPO. = Reichsstrafprozeßordnung (1. 2. 77).
UWG. = Unterstützungswohnsitzgesetz.
UZBl. = Zentralblatt für die Unterrichtsverwaltung.
V. = Verordnung.
ZBl. = Zentralblatt für das Deutsche Reich.
ZG. = Gesetz über die Zuständigkeit der Verwaltungs- und Verwaltungsgerichtsbehörden (1. 8. 83).
ZPO. = Zivilprozeßordnung.
ZV. = Zirkularverfügung.
ZwG. = Gesetz über die Zwangsversteigerung und Zwangsverwaltung (24. 3. 97).

Berichtigungen und Zusätze.

1. Zu S. 253 u. 256: Als erstes Ergebnis der Immediatkommission zur Vorbereitung der Verwaltungsreform sind durch Allerh. E. 17. 6. 10 (Staatsanz. Nr. 151) „Grundzüge für eine Geschäftsordnung der Regierungen" erlassen, die durch ME. 15. 7. 10 MBl. 251 erg. 23. 9. 10 ebenda S. 265 den Regierungen behufs Erlaß einer neuen (vereinfachten) Geschäftsordnung bis zum 1. Okt. 1910 zugegangen sind.
2. Zu S. 256, 258: Es muß statt „Provinzialsteuerdirektion" heißen: „Oberzolldirektion (früher: Provinzialsteuerdirektion)".
3. Zu S. 350 Zeile 9: Einzufügen ist: Königl. V. über das Heiraten der Militärpersonen des preuß. Heeres und der preuß. Landgendarmerie vom 25. Mai 1902.
4. Zu S. 351: Zum KolonialbeamtenG. ist die AusfV. v. 3. 10. 1910 RGBl. 1091 ergangen.
5. Zu S. 365 Ziff. XIV Abs. 1: Die Disziplinarkammer für die Schutzgebiete hat ihren Sitz in Potsdam, der Disziplinarhof in Berlin § 5 AusfV. 3. 10. 10 RGBl. 1091.
6. Der in Anm. 2 S. 224 erwähnte Entwurf eines Versicherungsgesetzes für Angestellte ist im RAnz. 16. 1. 1911 erschienen. Er ist vom Bundesrat noch nicht genehmigt und umfaßt in 376 Paragraphen die Versicherung der Angestellten bis zu einem Gehalt von 5000 M.
7. Das Reichsgesetz über die Wertzuwachssteuer (hierüber siehe S. 314, 376) ist als Zuwachssteuergesetz vom 14. Februar 1911 im RGBl. 1911 S. 33 veröffentlicht worden. Danach sind die Gemeinden zur selbständigen Erhebung der Steuer nicht mehr befugt. Sie erhalten 40 vom Hundert des Ertrages der Zuwachssteuer; 10 vom Hundert erhält der Bundesstaat, den Rest (50%) das Reich.

Einleitung.

Die Rechtsnormen werden eingeteilt in solche des öffentlichen und des bürgerlichen Rechts (Privatrechts). Das öffentliche Recht regelt öffentliche Rechtsverhältnisse des Staates und der ihm gleichstehenden Verbände und die Rechtsbeziehungen des Staates und der öffentlichen Verbände zu den natürlichen und juristischen Personen, während das bürgerliche Recht die Rechtsbeziehungen der Privatpersonen untereinander regelt. Zu dem Gebiete des öffentlichen Rechtes gehört daher in erster Reihe das Staats-, Verwaltungs- und Verfassungsrecht, aber auch das Prozeßrecht, weil es die Bedingungen regelt, unter denen dem einzelnen der Rechtsschutz durch den Staat zuteil wird.

Eine Sonderstellung im Gebiete des öffentlichen Rechts nimmt das Völkerrecht ein. Es ist ungeschriebenes Recht und im Rechtswege nicht verfolgbar. Die moderne Entwicklung hat es aber mit sich gebracht, daß im Wege des Vertrages wichtige Fragen aller Rechtsgebiete, auch des eigentlichen Völkerrechts (Kriegsrecht, Schlichtung von Streitigkeiten), zwischen dem Deutschen Reich und den wichtigeren anderen Staaten geregelt worden sind, zumeist auch in der Art, daß zugleich die Entscheidung von Streitigkeiten in Fragen, die rein wirtschaftlicher Natur sind und Lebensinteressen nicht berühren, sichergestellt worden ist (Schiedsgerichte).

Zu erwähnen ist

I. auf dem Gebiete des Kriegsrechts und der Regelung von Streitigkeiten:

a) die Genfer Konvention (Rotes Kreuz!), ursprünglich von 1864, jetzt Vertrag 6. 7. 06, Bek. 29. 5. 07 RGBl. 279, 303. [Die Vertragsstaaten haben sich verpflichtet, die Verwendung des Zeichens des Roten Kreuzes zu anderen als Zwecken der Krankenpflege u. ä. zu verbieten.] Hierzu RG. 22. 3. 02 RGBl. 125;

b) die Beschlüsse der ersten und zweiten sog. Friedenskonferenz im Haag (1899 und 1907). [Die Verträge der ersten Konferenz sind für die Staaten in Kraft geblieben, die die der zweiten nicht ratifiziert haben, und müssen deshalb erwähnt werden, obwohl sie zum großen Teil durch die neuen Verträge beseitigt sind.]

1. Von 1899:

3 Abkommen v. 29. 7. 1899 über Gesetze und Gebräuche des Landkrieges (RGBl. 01, 423); die Ausdehnung der Genfer Konvention auf den Seekrieg (ebenda S. 455); den ständigen Schiedsgerichtshof im Haag (ebenda S. 393).

2. Von 1907 (18. Oktober). 12 Abkommen, und zwar:
   zur friedlichen Erledigung internationaler Streitfälle RGBl. 1910 S. 5
   betr. die Beschränkung der Anwendung von Gewalt bei der Eintreibung von Vertragsschulden . . . . „ „ „ 59
   über den Beginn der Feindseligkeiten . . . . „ „ „ 82
   betr. die Gesetze und Gebräuche des Landkriegs . . . „ „ „ 107
   betr. die Rechte und Pflichten der neutralen Mächte und Personen im Falle eines Landkriegs . . . . „ „ „ 151
   über die Behandlung der feindlichen Kauffahrteischiffe beim Ausbruche der Feindseligkeiten . . . . . . „ „ „ 181
   über die Umwandlung von Kauffahrteischiffen in Kriegsschiffe. . . . . „ „ „ 207
   über die Legung von unterseeischen selbsttätigen Kontaktminen. . . . . „ „ „ 231
   betr. die Beschießung durch Seestreitkräfte in Kriegszeiten . . . . „ „ „ 256
   betr. die Anwendung der Grundsätze des Genfer Abkommens auf den Seekrieg . . . . „ „ „ 283
   über gewisse Beschränkungen in der Ausübung des Beuterechtes im Seekriege. . . . . „ „ „ 316
   betr. die Rechte und Pflichten der Neutralen im Falle eines Seekriegs . . . . „ „ „ 343

II. auf den anderen Rechtsgebieten:

a) die sog. Haager Übereinkommen v. 12. 6. 02 über Eheschließung RGBl. 04, 221; Ehescheidung ebenda 231; Vormundschaft ebenda 249; 17. 7. 05 bez. der persönlichen Beziehungen und das Güterrecht der Ehegatten und die Entmündigung (noch nicht veröffentlicht); bez. des Zivilprozeß (Bek. 24. 4. 09 RGBl. 409) und Rechtshilfe (s. z. B. RGBl. 09, 907; 10, 455 u. 674 u. 871);
b) die internationale (Pariser) Übereinkunft zum Schutze des gew. Eigentums 20. 3. 1883 nebst Madrider Protokoll 15. 4. 91 und der Brüsseler Zusatzakte 14. 12. 00 (RGBl. 03, 148), s. S. 233;
c) der internationale Verband bez. des Mindestmaßes des Schutzes des Urheberrechtes 13. 11. 08, s. S. 186 Anm. 1;
d) den Weltpostvertrag 26. 5. 06 RGBl. 07, 593; die internationalen Telegraphenverträge und die besonderen postalischen Abkommen, s. S. 476;
e) das internationale Übereinkommen über den Eisenbahnfrachtverkehr 14. 10. 90 RGBl. 92, 793 sowie über die technische Einheit im Eisenbahnwesen RGBl. 08, 362 f., s. S. 478;
f) die Verträge über Auslieferung von Verbrechern (s. JMBl. 89, 9; 05, 377);
g) die internationalen Verträge über die Bekämpfung des Mädchenhandels 18. 5. 04 RGBl. 05, 695, 705, 708, 715 u. 08, 481;
h) die Übernahme- und Niederlassungsverträge s. S. 459.

Auf dem Gebiete des Privatrechts ist die frühere Rechtszersplitterung im Deutschen Reiche mit dem 1. Januar 1900 im wesentlichen beseitigt worden. An die Stelle der früher geltenden Landesrechte, von denen für Preußen namentlich „das Allgemeine Landrecht für die Preußischen Staaten“ [1]), das auf römischen Rechtsquellen beruhende sog.

---

[1]) Das „Allgemeine Landrecht für die preußischen Staaten“ war durch Publikationspatent 5. 2. 1794 am 1. Juni 1794 eingeführt und galt in den Provinzen Brandenburg, Ost- und Westpreußen, Schlesien, Posen, Westfalen und Sachsen, in Pommern in den Reg.-Bez. Stettin und Köslin, in der Rheinprovinz in den Kreisen Duisburg, Essen (Stadt und Land), Mühlheim, Rees und einem Teil

„Gemeine Recht“ und der „Code civil“ zu nennen sind, ist das „Bürgerliche Gesetzbuch“ vom 18. August 1896 getreten. Zugleich mit dem BGB. traten noch in Kraft das G. betr. Änderungen des GVG., der ZPO. und der KonkO., das G. über die Zwangsversteigerung und Zwangsverwaltuug, die Grundbuchordnung, G. über die Angelegenheiten der freiwilligen Gerichtsbarkeit und das neue Handelsgesetzbuch. Eine ganze Reihe besonderer privatrechtlicher Materien war schon vorher durch Reichsgesetz geordnet worden. Die sämtlichen Reichsgesetze sind nach Art. 32 EG. z. BGB. in Kraft geblieben, es sei denn, daß sich aus dem BGB. oder dem EG. ihre Aufhebung ergibt. Derartige Vorschriften sind namentlich in den Art. 33—54 ebenda enthalten. Hiernach gilt die allgemeine Regel, daß jüngere Gesetze den älteren vorgehen, im Verhältnis des BGB. zu den früheren Reichsgesetzen nicht.

Den Landesgesetzen gegenüber verfolgt das BGB. das Kodifikationsprinzip, d. h. sämtliche Landesgesetze privatrechtlichen Inhaltes treten außer Kraft, soweit sie nicht durch das BGB. oder das EG. ausdrücklich aufrechterhalten sind (Art. 55 EG. z. BGB.; RVerfassung Art. 2).

Im Gegensatze zum ALR. beschränkt sich das BGB. auf die Regelung des Privatrechts. Das gesamte öffentliche Recht ist von dem BGB. unberührt geblieben; auf diesem Gebiete sind somit noch die früheren Landesgesetze in Geltung.

Volle Rechtseinheit im Privatrechte besteht aber auch jetzt noch nicht, denn es sind durch das EG. z. BGB. Art. 55—152 eine Reihe landesgesetzlicher Vorschriften aufrechterhalten worden, teils, weil die Regelung einiger dieser Materien durch ein später zu erlassendes RG. vorgesehen ist, teils, weil es sich um solche Rechtsgebiete handelt, deren gleichmäßige Regelung infolge der verschiedenen örtlichen Bedürfnisse untunlich erschien. Zum Teil sind die Vorbehalte auch gemacht, um die Zugehörigkeit der vorbehaltenen Materien zum öffentlichen Rechte festzustellen. Die aufrechterhaltenen Bestimmungen der Landesgesetze werden unten an den betreffenden Stellen dargestellt werden.

Außer den Gesetzen gelten auch noch Gewohnheitsrechte, d. h. Rechtsüberzeugungen, welche sich unter den Teilnehmern einer gewissen rechtlichen oder tatsächlichen Gemeinschaft gebildet haben. Neben dem BGB. ist jedoch nur ein das ganze Reich umfassendes Reichsgewohnheitsrecht denkbar. Über Handelsgewohnheitsrecht siehe S. 150.

Neue Gesetze haben im allgemeinen keine rückwirkende Kraft, d. h. sie sind nicht auf früher vorgefallene Handlungen und Begebenheiten anwendbar, falls sie dies nicht selbst bestimmen. Für das BGB. s. die Übergangsvorschriften Art. 153—218 EG. z. BGB. Im Strafrecht ist

---

des Kreises Mettmann, in Hannover in der Grafschaft Lingen, Ostfriesland, einem Teil des Eichsfeldes und im Jadegebiet.

das mildeste Gesetz, welches zwischen der Zeit der begangenen Handlung und der Aburteilung galt, anzuwenden (StrGB. § 2).

Das Verhältnis des Deutschen Rechts zu den ausländischen Rechten, das sog. „internationale Privatrecht", ist in den Art. 7—31 des EG. z. BGB. enthalten. Geregelt sind jedoch nur einige bestimmte Fragen, so namentlich die Geschäftsfähigkeit, Entmündigung, Todeserklärung (Art. 7—10), einige familienrechtliche Rechtsverhältnisse (Ehe, Stellung der ehelichen und unehelichen Kinder, Vormundschaft, Art. 13—23) sowie einige Gebiete des Erbrechts (Art. 24—26).

Nach dem vom BGB. verfolgten Grundsatz des „Nationalitätsprinzips" (Personalstatuts) werden die Rechtsverhältnisse einer Person nach dem Rechte ihres Heimatstaates beurteilt. Hiermit tritt das BGB. in scharfen Gegensatz zu dem früheren Rechte, namentlich dem ALR., das im wesentlichen das Recht des Wohnsitzes einer Person für deren Rechtsverhältnisse als maßgebend erklärte. Das Recht des Wohnsitzes kommt im BGB. nur in beschränktem Maße zur Geltung, z. B. bei der Entmündigung (Art. 8), der Änderung des ehelichen Güterstandes (Art. 16) und bei solchen Personen, die keinem Staate angehören und angehört haben. Bei diesen entscheidet schließlich noch das Recht des Aufenthaltsortes (Art. 29).

Für die Form der Rechtsgeschäfte sind nach Art. 11 dieselben Gesetze maßgebend, nach welchen sich das betreffende Rechtsverhältnis bestimmt; jedoch genügt, ausgenommen bei Verfügungen über ein Recht an einer Sache, die Beobachtung der Gesetze des Ortes, an welchen das Rechtsgeschäft vorgenommen wird. — Von Wichtigkeit ist sodann noch Art. 30, nach welchem die Anwendung ausländischer Gesetze ausgeschlossen ist, wenn sie gegen die guten Sitten oder gegen den Zweck eines deutschen Gesetzes verstoßen würden, es würde z. B. der Angehörige eines Staates, in welchem Doppelehe zuläßig ist, eine solche im Deutschen Reiche nicht eingehen können; schließlich auch Art. 31, welcher die Anwendung des sog. Vergeltungsrechtes zuläßt, d. h. gestattet die Anwendung des Rechts eines fremden Staates auszuschließen, wenn dieser Staat die Deutschen ungünstiger stellt, als es bei Anwendung des im Inlande geltenden internationalen Privatrechts der Fall sein würde. Wegen der internationalen Verträge s. oben S. V u. VI.

Die Bekanntmachung (Publikation) der Reichsgesetze erfolgt durch das Reichsgesetzblatt. Für die Preußischen Gesetze ist seit G. 9. 7. 1846 die preußische Gesetzsammlung das vorgeschriebene Publikationsorgan[1]). Erst durch die Bekanntmachung erhalten Gesetze ihre rechtliche Verbindlichkeit (Einl. z. ALR. § 10; Reichs-Verf. Art. 17).

---

[1]) Die vor Erscheinen der Preußischen Gesetzsammlung (1811) erlassenen Gesetze enthalten für die Jahre 1455—1750: Mylius, corpus constitutionum Marchicarum (CCM.); für 1751—1806: das novum corpus constitutionum Prussico-Brandenburgensium (NCC.); für 1806—1810: der Ergänzungsband der Gesetzsammlung. Diese hieß bis zum AE. 24. 11. 06 (GS. 439): Gesetzsammlung für die preußischen Staaten.

Bestimmt ein Gesetz nicht selbst den Anfangstermin, so tritt die verbindliche Kraft ein: für Reichsgesetze mit dem 14. Tage nach Ablauf des Ausgabetages des RGBl. in Berlin (Reichs-Verf. Art. 2); für Preuß. Gesetze desgl., nur anstatt des RGBl. die Preuß. Gesetz-Sammlung (G. 16. 2. 74); für Kirchengesetze desgl., nur statt der GS. das Kirchl. Gesetz- und Verordnungsblatt (s. S. 517); für landesherrliche Erlasse (z. B. über Verleihung des Enteignungsrechtes, Eisenbahnkonzessionen, Privilegien zur Ausgabe von Inhaberpapieren) mit dem 8. Tage nach Ablauf des Ausgabetages des Amtsblattes (G. 10. 4. 72; V. 28. 3. 1811 GS. 165); für Polizeiverordnungen desgl. (LVG. § 141).

Niemand darf sich mit der Unkenntnis gehörig publizierter Gesetze entschuldigen (Einl. ALR. § 12). — Die Prüfung der Rechtsgültigkeit gehörig verkündeter Königl. Verordnungen — zu denen die Gesetze gehören — steht nicht den Behörden, sondern nur dem Landtage zu (Preuß. Verf. Art. 160); für die Reichsgesetze besteht eine ähnliche Bestimmung nicht.

Bürgerliches Recht.
(Bürgerliches Gesetzbuch.)

Erstes Buch. Allgemeiner Teil.
Erster Abschnitt. Personen (§§ 1—89).
I. Titel. Natürliche Personen (§§ 1—20).

Rechtsfähigkeit, d. h. die Fähigkeit, Träger von Rechten und Pflichten zu sein, besitzen nur die natürlichen Personen (Menschen) und die juristischen Personen (s. II. Titel). Sie beginnt beim Menschen mit der Vollendung der Geburt (§ 1), für deren Beweis keine besonderen Regeln aufgestellt werden; aber auch der noch nicht Erzeugte kann ebenso wie der Ungeborene bereits zum Subjekt von Rechten gemacht werden (s. §§ 331 Abs. 2 u. 2101 bzw. §§ 1923, 2043; StGB. §§ 217—220).

Die wichtigsten Altersgrenzen des BGB. sind die Vollendung des

7. Jahres für die Geschäftsunfähigkeit und Haftung für kontraktliches und außerkontraktliches Verschulden (Handlungsfähigkeit) (§§ 104, 828, 276 Abs. 1).
14. Jahres: Einwilligung bei Ehelichkeitserklärung (§ 1728) und bei Annahme an Kindesstatt (§ 1750); Anhörung bei Entlassung aus dem Staatsverband (§ 1827).
16. Jahres: Testierfähigkeit (§ 2229); Ehemündigkeit weiblicher Personen (§ 1303).
18. Jahres: Volljährigkeitserklärung (§ 3); volle Haftung für Verschulden (§ 828 Abs. 2).
21. Jahres: Volljährigkeit (§ 2); Berechtigung zur Eheschließung (§ 1305) und zum Angenommenwerden an Kindesstatt (§ 1747) ohne Erlaubnis der Eltern, zur Ehelichkeitserklärung (§ 1726) ohne Einwilligung der Mutter.
50. Jahres: Berechtigung zur Annahme an Kindesstatt (§ 1744).
60. Jahres: Ablehnung der Vormundschaft (§§ 1786, 1884).

Für das öffentliche Recht: Vollendung des

12. und 18. Jahres: für die Bestrafung (§ 55 f. StrGB.).
14. Jahres: selbständige Bestimmung der Konfession.
16. Jahres: Armenmündigkeit (§§ 10, 22 UWG.).
24. Jahres: Wähler zum preuß. Abgeordnetenhaus (§ 8 G. 30. 5. 49).
25. Jahres: Wähler und Wählbarkeit zum Reichstag (G. 31. 5. 69 u. Regl. 28. 5. 70), Wähler zum Gew.- und KaufmG. (§ 14 GGG.; § 13 KGG.).
30. Jahres: Fähigkeit zum Schiedsmann (§ 2 G. 29. 3. 79); Schöffen und Geschworenen (GVG. § 33); Wählbarkeit zum preuß. Abgeordnetenhause (§ 29 G. 30. 5. 49); Mitglied des Gewerbe- und Kaufmannsgerichts (§ 11 GGG.; § 10 Abs. 2 KGG.); des Bauschöffenamtes (RG. 1. 6. 09 RGBl. 449).
35. Jahres: Ernennung zum Reichsgerichtsrat (GVG. § 127), zum Mitglied des Gerichtshofs für Kompetenzkonflikte (§ 2 V. 1. 8. 79).
65. Jahres: Ablehnung des Schöffen- und Geschworenenamtes (GVG. § 35).

Der König wird mit Vollendung des 18. Lebensjahres volljährig (Verf. Art. 54). Die Volljährigkeit, die mit dem Beginn des Tages, an welchem das 21. Lebensjahr vollendet wird, eintritt (§§ 2, 187 Abs. 2), können Minderjährige, die das 18. Jahr vollendet haben, mit ihrer und ihrer Gewalthaber Einwilligung durch Beschluß des Vorm.Ger. erhalten, wenn sie ihr Bestes befördert (§§ 2—5; über das Verfahren s. FrwG. §§ 11 ff.)

Der Volljährige ist geschäftsfähig und damit prozeßfähig (§§ 104 ff.; § 50 ZPO.); eine Änderung darin tritt durch die Entmündigung ein. Sie wird durch Beschluß des AGer. mittels des in §§ 645—687 ZPO. vorgesehenen Verfahrens gegen eine Person ausgesprochen:

1. die infolge von Geisteskrankheit oder von Geistesschwäche ihre Angelegenheiten nicht zu besorgen vermag;

2. die durch Verschwendung sich oder ihre Familie der Gefahr des Notstandes aussetzt;

3. die infolge von Trunksucht entweder ihre Angelegenheiten nicht zu besorgen vermag oder sich oder ihre Familie der Gefahr des Notstandes aussetzt oder die Sicherheit anderer gefährdet (s. wegen Antrags des Armenverbandes Allg. V. 16. 11. 99 MBl. 227).

Die Entmündigung wegen Trunksucht ist neu vom BGB. eingeführt, das Verfahren (§§ 645—687 ZPO.) ist dasselbe wie bei der wegen Verschwendung (§ 680 ZPO.; Antrag des Ehegatten, Verwandten, gesetzlichen Vertreters, bei Geisteskrankheit und Geistesschwäche auch des Staatsanwalts, beim AGer.; § 645 ebd.). Die Entmündigung wegen Geisteskrankheit bewirkt Geschäftsunfähigkeit (§ 104 Nr. 3), die aus anderen Gründen Beschränkung der Geschäftsfähigkeit ähnlich der von Personen über 7 Jahren (§ 114); die Wirkung tritt im ersten Fall durch Zustellung des gerichtlichen Beschlusses an den gesetzlichen Vertreter, oder mit der Bestellung des Vormundes, in den anderen Fällen durch Zustellung an den Entmündigten ein (ZPO. §§ 661, 683, 687).

Wegen des Verfahrens bei der Entmündigung wegen Geisteskrankheit oder Geistesschwäche s. Allg. V. 28. 11. 99 JMBl. 388; Allg. V. 1. 10. 02 JMBl. 246; ME. 31. 3. 04 MMBl. 175 (Zuziehung Sachverständiger); 14. 4. 08 MBl. 120; über die Aufnahme von Geisteskranken in Privatirrenanstalten, über ihre Entlassung sowie über die staatliche Beaufsichtigung solcher Anstalten s. MR. 20. 9. 95 MBl. 272 ff., ergänzt 24. 4. 96 MBl. 104 u. V. 26. 3. 01 MBl. 104; geänd. 29. 4. 09 (MMBl. 237); MV. 20. 7. 03 MBl. 200 (Verpflichtung der Anstaltsvorstände zur Benachrichtigung des Vormundschaftsgerichts von Fällen, in denen eine Pflegschaft nötig ist); Anzeige von Aufnahmen Nichtdeutscher an das Min. der Ausw. Ang. ME. 3. 10. 04 MMBl. 375.

Wer sich an einem Ort ständig niederläßt mit dem Willen, dort zu bleiben (RG. 30, 348) begründet an diesem Orte seinen Wohnsitz (§§ 7, 8). Der Wohnsitz kann gleichzeitig an mehreren Orten bestehen; man verliert ihn, wenn die Niederlassung mit dem Willen, sie aufzugeben, aufgehoben wird. Die Tatsache des Wohnens kennzeichnet das BGB. mit dem Ausdruck Wohnort (§ 570) oder Aufenthalt (§ 132); juristische Personen haben ebenso wie Behörden einen Sitz (§§ 24; 1786 Nr. 5). Der Wohnsitz hat Bedeutung außer für das Prozeßrecht (Gerichtsstand ZPO. § 13) z. B. für die Leistung des Schuldners und die Zahlung (§§ 269, 270). Geschäftsunfähige und beschränkt Geschäftsfähige können ihn ohne Willen des gesetzlichen Vertreters nicht begründen noch aufheben (§ 8). Für die Frage der Geschäftsfähigkeit im sogen. internationalen Privatrecht (d. h. der Rechtsnormen über die Anwendung vom deutschen oder vom ausländischen Recht, EG. Art. 7—31) ist nicht mehr der Wohnsitz, sondern die Staatsangehörigkeit entscheidend (EG. Art. 7 s. o. Einleitung). Einen gesetzlichen Wohnsitz gibt § 9 den Militärpersonen, falls sie nicht nur zur Erfüllung der Wehrpflicht (RG. 9. 11. 67) dienen oder geschäftsunfähig oder nur beschränkt geschäftsfähig sind, im Garnisonort (für die Beamten gibt es keine ähnliche Bestimmung); die Ehefrau und die ehelichen Kinder teilen den Wohnsitz des Mannes und des Vaters, die unehelichen den der Mutter (§§ 10, 11).

Das Recht zum Gebrauch eines Namens (§ 12 BGB.) gibt gegenüber dem, der das Recht bestreitet oder es durch unbefugten Gebrauch desselben Namens verletzt, einen Anspruch auf Beseitigung, Unterlassung der Beeinträchtigung und Schadensersatz (§ 823; ZPO. § 890); die Bestimmung bezieht sich nicht auf den Erwerb des Adels, der ein öffentlichrechtliches Institut ist (Zuständigkeit des Heroldsamtes KO. 16. 8. 57 GS. 416. KGer. 23, 192; 28, 167; JMBl. 02, 12; JMBl. 08. 255; RGer. MBl. 1910 47). Für das Firmenrecht gelten die §§ 17 f. HGB.; zum Schutz der Warenzeichen RG. 12. 5. 94 § 14; bei unlauterem Wettbewerb RG. 7. 6. 09 § 16). Wegen des Verbots der Namensänderung, die, falls es sich nicht um Adelsprädikate handelt, die Regierungspräsidenten genehmigen (AE. 12. 7. 67. GS. 1310), gelten noch die KO. 30. 10. 16 und 15. 4. 22 (GS. 216 u. 108). Andere Schreibweise ist Änderung des Namens (KGer MBl. 208, V. 6. 6. 00 MBl. 207); Stempel bei Namensänderung G. 30. 6. 09 (GS. 535); Scheinadoption zum Zwecke der Namensänderung nichtig (KGer. Rechtsp. der OLG. 8, 375, MBl. 08, 30).

Eine Todesvermutung kennt das BGB. nicht; nur die Todeserklärung im Falle der Verschollenheit auf Grund des Aufgebotsverfahrens (§§ 13—18). Verschollenheitsfrist: 10, bei über 70 jährigen: 5 Jahre. Für die Verschollenheit infolge einer Seefahrt gilt eine 1 jährige, eines Krieges oder eines anderen mit Lebensgefahr verbundenen Ereignisses eine dreijährige Frist. Der Tod gilt mit dem im Urteile festgestellten Zeitpunkte als eingetreten. Als solcher Zeitpunkt ist im Zweifel festzustellen: bei der allgemeinen Verschollenheit der Tag, an welchem die 10- oder 5 jährige Frist abläuft, bei der Kriegs-, See- und Unfallverschollenheit der Tag, an welchem die 3- oder 1 jährige Frist zu laufen beginnt (§ 18). Es wird vermutet, daß die für tot erklärte Person bis dahin gelebt hat (§ 19); über das auf Antrag beim AGer. stattfindende Verfahren s. ZPO. §§ 960—976, bei mangelndem Wohnsitz ist AGer. Berlin Mitte zuständig Bek. 8. 3. 00 (RGBl. 128); sterben mehrere Personen in einer gemeinsamen Gefahr, so wird gleichzeitiges Ableben vermutet (§ 20), keiner beerbt den anderen (§ 1923).

II. Titel. Juristische Personen (§§ 21—89).

Vereine (§§ 21—79); Stiftungen (§§ 80—88); juristische Personen des öffentlichen Rechts (§ 89).

A. **Vereine:** a) Entstehung: Um zu einer juristischen Person zu werden, bedarf ein Verein der Rechtsfähigkeit, bis zu ihrer Erlangung gelten für ihn die Vorschriften über die Gesellschaft (§§ 705 ff.). Die Rechtsfähigkeit erlangen Vereine, die nicht einen wirtschaftlichen Geschäftsbetrieb bezwecken (gesellige, wissenschaftliche, gemeinnützige usw.), nur durch Eintragung in das Vereinsregister des AGer. (§ 21); Vereine mit einem auf wirtschaftlichen Geschäftsbetrieb gerichteten Hauptzweck durch Verleihung seitens des Bundesstaats ihres Sitzes, bei Auslandsvereinen des Bundesrats (§ 23; für Preußen: des Ministers s. V. 16. 11. 99 GS. 562, hierzu MV. 30. 11. 03 MBl. 249; Veröffentlichung MV. 19. 11. 07 MBl. 373), sofern sie ihnen nicht ein RG. erteilt (z. B. Innungen, Krankenkassen, Berufsgenossenschaften; Aktiengesellschaften, Genossenschaften, Versicherungsvereine (RG. über priv. Vers.Untern. 12. 5. 01 RGBl. 139).

b) Verfassung: Für diese beiden Arten von Vereinen (sog. Ideal- und Wirtschaftsvereine) gelten folgende Vorschriften: Der Sitz ist im Zweifel am Ort der Verwaltung (§ 24); eine Vereinssatzung bestimmt die Verfassung (§ 25); ein Vorstand vertritt als gesetzlicher Vertreter den Verein gerichtlich und außergerichtlich, die Bestellung ist jedenfalls aus wichtigen Gründen, insbesondere bei grober Pflichtverletzung und Unfähigkeit widerruflich; fehlende Vorstandsmitglieder sind im Notfall auf Antrag vom AGer. zu bestellen (§ 29); die Abgabe einer Willenserklärung gegenüber einem Vorstandsmitglied genügt (§ 28), auch für den guten Glauben ist das Bewußtsein eines Vorstandsmitgliedes ausreichend (RGer. Gruchot 29, 703 f.); daneben können besondere Vertreter bestellt werden (§ 30); für den Schaden, den ein verfassungsmäßig berufener Vorstand oder Vertreter in Ausführung seiner Tätigkeit einem Dritten — selbst ohne Verschulden z. B. §§ 904, 231, 833 BGB.; § 1 RHPflG.; § 7 Kraftf.G. — zugefügt hat, haftet der Verein (§ 31; ebenso die Stiftung § 86 und die juristischen Personen des öffentlichen Rechts § 89).

Die Mitgliederversammlung — die mangels anderer Satzung den Vorstand und den etwaigen Vertreter wählt (§ 27), die Angelegenheiten des Vereins mit Mehrheitsbeschluß der Erschienenen ordnet (§ 32) — muß vom Vorstande außer in den Fällen des § 36 auch dann berufen werden, wenn der in der Satzung bestimmte, andernfalls der zehnte Teil der Mitglieder dies schriftlich unter Angabe von Zweck und Grund verlangt, im Weigerungsfall kann das AGer. die Antragsteller zur Einberufung ermächtigen (§ 37); persönlich Beteiligte haben kein Stimmrecht in der betreffenden Sache (§ 34); die Mitgliedschaft ist nicht übertragbar und nicht vererblich; ebenso kann die Ausübung der Mitgliedschaftsrechte einem anderen nicht überlassen werden, doch darf die Satzung dies abändern (§§ 38, 40); die Mitglieder sind zum Austritt berechtigt. Kündigungsfrist bis zwei Jahre zulässig (§ 39).

c) Ende: Der Verein kann durch $^3/_4$ Mehrheitsbeschluß aufgelöst werden (§ 41). Seine Rechtsfähigkeit verliert er ferner ohne weiteres mit der Konkurseröffnung (§ 44); sie kann ihm schließlich im Verwaltungswege wegen gesetz- oder zweckwidrigen Verhaltens entzogen werden (§§ 43, 44; nach V. 16. 11. 99 GS. 562 Art. 2: Bezirksausschuß); das Vermögen wird nach vorherigem Liquidationsverfahren §§ 47—53) satzungsgemäß ausgeschüttet, bei Vereinen, die den Interessen ihrer Mitglieder dienten, an die vorhandenen Mitglieder verteilt, sonst fällt es an den Landesfiskus gleichsam als gesetzlichen Erben (§ 45 f., §§ 19, 36 f.).

Für die Prozeßfähigkeit bedarf es der Rechtsfähigkeit insofern nicht, als auch ein nicht rechtsfähiger Verein verklagt werden kann; er hat im Prozeß die Stellung eines rechtsfähigen Vereins (ZPO. § 50 Abs. 2); ein gegen den Verein ergangenes Urteil genügt zur Zwangsvollstreckung in sein Vermögen (§ 735 ebda.).

Besondere Bestimmungen für die eingetragenen Vereine: Sie sind zum Vereinsregister des AGer. (über dessen Einrichtung s. FrwG. § 159 f., Beschl. des Bundesrats 3. 11. 98 RZBl. 438, sowie Allg. V. 6. 11. 99 JMBl. 299) vom Vorstand unter Beifügung der Satzung, — die Zweck, Namen, Sitz des Vereins und die Eintragungsabsicht enthalten muß, außerdem den Bestimmungen des § 88 entsprechen soll, — und der Urkunden über die Bestellung des Vorstandes anzumelden, falls wenigstens 7 Mitglieder vorhanden sind, die die Satzung auch unterschreiben sollen (§§ 56—60). Gegen den die Anmeldung zurückweisenden Beschluß ist die sofortige Beschwerde (ZPO. § 577) gegeben (§ 60), nach Zulassung der Eintragung erhält die Verwaltungsbehörde (Landrat; in Stadtkreisen die Ortspolizeibehörde s. V. 16. 11. 99 GS. 562 Art. 3) Mitteilung, die dann Einspruch erheben kann, wenn der Verein nach dem öffentlichen Vereinsrecht (Reichsvereinsgesetz 19. 4. 08 RGBl. 151; AusfV. 8 u. 13. 5. 08 MBl. 11. 14.) unerlaubt ist oder verboten werden kann, oder wenn er einen politischen oder religiösen Zweck verfolgt (§ 61). Über den Einspruch, der dem Verein vom AGer. mitzuteilen ist, wird im Verwaltungsstreitverfahren entschieden (Bezirksausschuß). Wird der Einspruch endgültig aufgehoben, oder erhebt die Verwaltungsbehörde innerhalb 6 Wochen nach der Anmeldung des Vereins bei dem AGer. keinen Einspruch, so erfolgt die Eintragung des Vereins, dessen Namen nunmehr den Zusatz erhält „eingetragener Verein" (§§ 62—65). Jede Änderung des Vorstandes und der Satzung ist bei Gericht anzumelden, das Legitimationen für den Vorstand ausstellt (§§ 67, 71, 69); eine Änderung des Vorstandes kann dem Dritten, der mit dem bisherigen Vorstand ein Rechtsgeschäft vorgenommen hat, nur entgegengesetzt werden, wenn sie zur Zeit der Vornahme des Geschäfts bereits eingetragen war oder ihm bewiesen wird, daß er sie gekannt hat. Nach stattgehabter Eintragung muß der Dritte beweisen, daß er sie nicht gekannt hat und seine Unkenntnis nicht auf Fahrlässigkeit beruht (§ 68). Jederzeit muß auf Verlangen des AGer. ein Verzeichnis der Mitglieder eingereicht werden (§ 72); weist es weniger wie 3 auf, so muß die Entziehung der Rechtsfähigkeit durch das AGer. erfolgen (§ 73), wenn nicht binnen drei Monaten ein entsprechender Antrag vom Vorstande gestellt ist. Die Auflösung und Entziehung der Rechtsfähigkeit wird im Register eingetragen, ebenso die Liquidatoren (§§ 74—76); die Anmeldungen zum Vereinsregister müssen öffentlich beglaubigt sein (§ 77); zur Befolgung seiner Anordnungen kann das AGer. Ordnungsstrafen von höchstens 300 Mk. für den Einzelfall verhängen (§ 78). Die Einsicht des Registers und Beantragung (auf Verlangen) beglaubigter Abschriften ist jedem gestattet (§ 79). Für die nichtrechtsfähigen Vereine des ALR. gelten weiter die Vorschriften des ALR. II 6.

B. **Stiftungen.** Die auf einseitiger Willenserklärung beruhende Stiftung bedarf zu ihrer Rechtsfähigkeit außer dem — unter Lebenden in Schriftform zu vollziehenden — Stiftungsgeschäft der Genehmigung des Bundesstaats (in Preußen des Königs Art. 4 V. 16. 11. 99), in dem sie ihren Sitz haben soll, sonst des Bundesrats (§§ 80, 81). Bis zu dieser Genehmigung, die zur Entstehung der Stiftung notwendig ist, ist der Stifter zum Widerruf berechtigt; der Erbe aber nicht mehr, wenn der Antrag auf Genehmigung gestellt oder veranlaßt ist. Beim Stiftungsgeschäft von Todes wegen hat der Erbe, Testamentsvollstrecker oder das Nachlaßgericht die Genehmigung nachzusuchen (§ 83); die Stiftung gilt dann in Ansehung der letztwilligen Zuwendungen als bereits vor dem Tode des Stifters erstanden (§ 84). Das Stiftungsgeschäft muß die Verfassung der Stiftung enthalten. Die entsprechenden Vorschriften für die Vereine sind maßgebend, insbesondere für die Bestellung eines Vorstandes und die Haftung für Schaden (§ 86).

Die Stiftung verliert ihre Rechtsfähigkeit durch Konkurseröffnung. Wenn die Erfüllung des Zweckes unmöglich geworden oder durch sie das Gemeinwohl gefährdet ist, so kann die nach Landesgesetz zuständige Behörde der Stiftung eine andere — möglichst ähnliche — Zweckbestimmung geben oder sie sogar aufheben (§ 87). Durch Beschluß des Vorstandes kann ferner ihre Aufhebung mit staatlicher Genehmigung erfolgen (AG. Art. 4). Das Vermögen fällt bei Erlöschen der Stiftung an die verfassungsgemäß Berechtigten, wenn sie von einer Körperschaft des öffentlichen Rechts errichtet und verwaltet war, an diese, sonst an den Fiskus (§ 88; AG. Art. 5 § 2).

Die Stiftungen unterstehen, wie alle Korporationen (auch die eingetragenen Vereine Erl. 1. 4. 02 MBl. 69) der Aufsicht des Regierungspräsidenten (§ 23, 5 Regierungsinstruktion 23. 10. 1817; LVG. § 18)[1]).

Familienstiftungen (d. h. Stiftungen, die nach der Stiftungsurkunde ausschließlich dem Interesse der Mitglieder einer oder mehreren bestimmten Familien dienen), erwähnt das BGB. nicht besonders. Art. 1 bis 3 AG. enthalten das Nähere Die Genehmigung erteilt das AGer., das auch die Familienschlüsse überwacht. — Im Anschluß hieran seien noch die Vorschriften über Familienfideikommisse und Lehen (durch das BGB. nicht berührt Art. 59 EG.; AG. z. GBO. Art. 19) erwähnt. Die Errichtung von Familienfideikommissen war durch Art. 40 der Preuß. Verf. 31. 1. 50 verboten; G. 5. 6. 62 hat sie wieder eingeführt; sie erfolgt vor dem Oberlandesgericht (G. 5. 3. 55 § 3; AG. z. GVG. § 49) und setzt ein Kapital von 30 000 Mk. oder ein Grundstück mit mindestens 7500 Mk. Reinertrag voraus. Der Fideikommißbesitzer ist jetzt als Eigentümer mit einer Verfügungsbeschränkung auf Ersuchen der Fideikommißbehörde (OLGer.) einzutragen (AG. z. GBO. Art. 15 ff.); doch kann er im allgemeinen nur die Revenüen verpfänden, andernfalls bedarf er eines Familienschlusses (§ 80 ALR. II 4 G. 15. 2. 40). Eine

[1]) In Berlin des Polizeipräsidenten ZG. § 161.

bestimmte Sukzessionsordnung ist notwendig (§§ 134 ff. ALR. II 4); Einführung in Neuvorpommern und Rügen durch G. 12. 7. 96 (GS. 162). Im übrigen s. §§ 47—250 ALR. II 4. — Das G. 5. 6. 52 betr. die Abänderung der Art. 40 f. der Preuß. Verf. untersagt die Errichtung von Lehen (ausgen. die Thronlehen) und ordnet die Auflösung der noch bestehenden Lehnsverbände durch gesetzliche Bestimmungen an. Zu diesem Zwecke sind für die einzelnen Provinzen besondere Gesetze ergangen. — Das auf früheren Erbzinsgütern haftende Laudemium (Lehnware), das bei allen Besitzveränderungen, mit Ausnahme des Übergangs an Abkömmlinge, mit 2% vom Kaufpreise zu entrichten ist, kann noch praktisch werden ALR. I 18 (§§ 714—746 u. G. 2. 3. 50 betr. die Ablösung der Reallasten usw. §§ 36—49). Die Vorschriften über Lehen und Familienfideikommisse werden durch das BGB. nicht berührt (EG. Art. 59; AG. z. GBO. 26. 9. 99 Art. 19 f.).

C. Für die **juristischen Personen des öffentlichen Rechts** — genannt werden der Fiskus, die Körperschaften, Stiftungen und Anstalten des öffentlichen Rechts — wiederholt § 89 nur zwei Bestimmungen, einmal daß sie für den durch ihren Vertreter in Ausübung privatrechtlicher Verrichtungen einem Dritten zugefügten Schaden mit ihrem Vermögen gemäß § 31 haften, und daß — soweit ein Konkurs zulässig ist — der Vorstand schadenersatzpflichtig ist, wenn er schuldhafterweise den Eröffnungsantrag trotz Überschuldung verzögert (§ 42 Abs. 2).

Über die Haftung des Reiches und des preußischen Staats für seine Beamten in Ausübung der öffentlichen Gewalt s. unten im Beamtenrecht.

Zur Wirksamkeit einer Schenkung und Zuwendung von Todes wegen an juristische Personen ist königliche Genehmigung nötig, wenn der Gegenstand mehr wie 5000 Mk. wert ist (Art. 86 EG.; Art. 6 AG.), wobei die Genehmigung auf einen Teil der Zuwendung beschränkt werden kann (§ 2). Veröffentlichung der Genehmigungserlasse MB. 5. 7. 05 MBl. 112; 8. 3. 10. MBl. 54 Geldstrafe bis 900 Mk. ist dem angedroht, der die erforderliche Genehmigung nicht binnen 4 Wochen nachsucht, oder der die Zuwendung vor erteilter Genehmigung an die juristische Person verabfolgt.

In den Berichten wegen Genehmigung ist gemäß KabO. 1. 2. 1834 zu erörtern: 1. ob nicht das Vermögen des betreffenden Instituts übermäßig vermehrt werde; 2. ob nicht Mittel angehäuft werden, die das durch die Bestimmung der Anstalt begrenzte Bedürfnis überschreiten; 3. ob keine gemeinschädliche Anordnung an die Zuwendung geknüpft sei; 4. ob dabei keine Verletzung einer Pflicht gegen hilfsbedürftige Angehörige oder 5. eine Überredung zur Kränkung der Rechte dritter Personen stattfinde (ME. 18. 3. 1834; Erl. 10. 2. 72 MBl. 74). Wegen der Prüfung, ob die Zuwendung nicht unter Verletzung moralischer Pflichten gegen bedürftige Verwandte des Schenkers (Erblassers) erfolgt ist, siehe ME. 10. 11. 1904 MMBl. 67. Die in Preußen domizilierenden juristischen Personen — mit den im Abs. 2 u. 3 (Familienstiftungen, juristische Personen des Handels-, Genossenschafts-, Reichsversicherungsrechts, Familienstiftungen, juristische Personen des öffentlichen Rechts, wenn ihnen anderweit das Recht zum Erwerb von Grundstücken ohne Genehmigung gegeben ist, z. B. § 50 StO.; § 191 LGO.) getroffenen Ausnahmen — bedürfen zum Erwerb von Grundstücken im Werte von mehr als 5000 Mk. der Genehmigung der staatlichen Aufsichtsbehörde; juristische Personen, die in einem anderen Bundesstaat ihren Sitz haben, in demselben Fall die Genehmigung des Königs oder der von

---

[1]) Der Regierungspräsident, § 2 Nr. 5 RegInstr. 23. 10. 1817 i. V. mit § 18. In Berlin der Oberpräsident.

ihm bestimmten Behörde (und zwar des Ministers Art. 6 V. 16. 11. 99 GS. 562); ist der Sitz im Auslande, so bedarf es dieser Genehmigung ohne Rücksicht auf den Wert. Die Genehmigung ist dann nicht erforderlich, wenn die den Erwerb begründende Schenkung oder Zuwendung bereits genehmigt ist. Ausländische juristische Personen und außerpreußische Gewerkschaften können in Preußen Grundstücke, Bergwerkseigentum und -Anteile nur mit Genehmigung des Königs oder der von ihm bestimmten Behörde erwerben (G. 23. 6. 09 GS. 619; KV. 11. 12. 09 GS. 797).

Das öffentliche Vereinsrecht und das staatliche Aufsichtsrecht (§ 13 ALR. II 13; Pr. Verf. Art. 23; RG. 19. 4. 08 RGBl. 151 s. oben S. 5) wird als nicht zum Privatrecht gehörig vom BGB. nicht berührt, ebenso nicht die Bestimmung, nach der eine Religions- oder geistliche Gesellschaft Rechtsfähigkeit nur durch Gesetz erhält (EG. Art. 84; Pr. Verf. Art. 13); schließlich verbleiben der Landesgesetzgebung die Bestimmungen über Vereine, die dem Agrar-, Wasser-, Berg-, Jagd- und Fischerei-, und Forstrecht angehören (EG. Art. 65—67, 75, 113). Über Waldgenossenschaften s. Art. 83 ebda.

Zweiter Abschnitt. Sachen (§§ 90—103).

Das BGB. versteht unter „Sachen" nur körperliche Sachen (wozu auch Gas gehört; aber nicht der elektrische Strom) und unterwirft nur bestimmte Rechte (das Erbbaurecht § 1017; den Nießbrauch und das Pfandrecht an Rechten, §§ 1068 ff., 1273 ff.) den für Sachen geltenden Vorschriften; auch gelten die mit dem Grundstückseigentum verbundenen Rechte als Bestandteile des Grundstücks (§ 96, z. B. Grunddienstbarkeiten § 1018, Reallasten § 1105 Abs. 2). Sachen und Rechte werden im BGB. durch den Ausdruck „Gegenstand" zusammengefaßt.

Man unterscheidet:

1. Vertretbare, d. h. bewegliche Sachen, die im Verkehr nach Zahl, Maß oder Gewicht bestimmt zu werden pflegen (z. B. Geld, Getreide, Heu) § 91.

2. Verbrauchbare, d. h. bewegliche Sachen, deren bestimmungsmäßiger Gebrauch in dem Verbrauch oder in der Veräußerung besteht (Eßwaren, Getränke, Geld, Banknoten § 92). Als verbrauchbar gelten auch die Sachen, die zu einem Warenlager oder sonstigen Sachinbegriff gehören, deren Zweck die Veräußerung ist (ebd. Abs. 2). Die Vertretbarkeit ist eine wirtschaftliche, die Verbrauchbarkeit eine natürliche Sacheigenschaft; bei der ersteren wird eine Rückgabe nur derselben Art, Gattung usw. von Sachen, bei der letzteren der Werterſatz erwartet (z. B. Darlehn § 607; — beim Nießbrauch §§ 1075, 1084).

3. Wesentliche Bestandteile einer Sache, d. h. solche, die von einander nicht getrennt werden können, ohne daß der eine oder der andere zerstört oder in seinem Wesen verändert wird (z. B. Teile eines Hauses, eines Tieres usw., die Wurzel und der Stamm). Sie können nicht Gegenstand besonderer Rechte sein (§ 93), d. h. während der Dauer der Eigenschaft als wesentlicher Bestandteil gibt es daran kein Sonderrecht (Ausnahme: Pfändung der Frucht auf dem Halm ZPO. § 810) und die etwa bestehenden Rechte erlöschen (z. B. bei der Verbindung § 946). Zu den wesentlichen Bestandteilen eines Grundstücks gehören die mit dem Grund und Boden fest verbundenen Sachen, insbesondere Gebäude, sowie die Erzeugnisse des Grundstücks, solange sie mit dem Boden zusammenhängen (Samen wird mit dem Aussäen, eine Pflanze mit dem Einpflanzen wesentlicher Bestandteil); zu denen eines Gebäudes: die zur Herstellung des Gebäudes eingefügten Sachen (§ 94). An solchen Bestandteilen ist also kein Eigentumsvorbehalt möglich, wohl aber, wenn es sich um eine Verbindung zum

vorübergehenden Zweck (Ausstellungskiosk; Gaskrone) oder durch den durch besonderes Recht dazu dinglich Berechtigten handelt (§ 95), der z. B. einen Pfeiler auf fremden Boden stellen darf; in diesem Falle werden die verbundenen Sachen überhaupt nicht zu Bestandteilen des Grundstücks oder des Gebäudes, sie werden vielmehr auch nach ihrer Verbindung als selbständige Sachen angesehen.

4. Zubehör sind bewegliche Sachen, die, ohne Bestandteile der Hauptsache zu sein, dem wirtschaftlichen Zwecke der Hauptsache dauernd zu dienen bestimmt sind und zu ihr in einem entsprechenden räumlichen Verhältnisse stehen, z. B. die Maschinen einer Fabrik, das Inventar eines Landguts (s. §§ 97, 98). Das Recht auf die Hauptsache umfaßt im Zweifel auch das Zubehör (z. B. §§ 314, 498; die Hypothek § 1120; Zwangsvollstreckung ZPO. § 865).

5. Früchte (natürliche) einer Sache sind ihre Erzeugnisse und sonstige Ausbeute aus ihr; eines Rechts sind dessen bestimmungsgemäße Erträge (z. B. Darlehnszins); ferner auch (sog. juristische Früchte) die Erträge, die eine Sache oder ein Recht vermöge eines Rechtsverhältnisses gewährt (z. B. Mietzins). Nutzungen einer Sache umfassen außer den (natürlichen und juristischen) Früchten der Sache auch die sog. Gebrauchsvorteile (§ 100), z. B. bei Vieh ist Frucht: das Junge, der Dünger usw., Gebrauchsvorteile: Benutzung als Zug-, Reittier usw. — Für die Fruchtverteilung ist bei natürlichen Früchten einer Sache und eines Rechts der Zeitpunkt der Trennung, bei regelmäßig wiederkehrenden juristischen Früchten die Zeitdauer der Berechtigung zum Genuß, bei den anderen die Fälligkeit entscheidend (§ 101), wobei die ordnungsmäßigen, den Wert der Früchte nicht übersteigenden Gewinnungskosten ersetzt werden müssen (§ 102).

Dritter Abschnitt. Rechtsgeschäfte (§§ 104—185).

Rechtsgeschäft ist eine Privat-Willenserklärung, gerichtet auf Hervorbringung eines rechtlichen Erfolges, welcher nach der Rechtsordnung deswegen eintritt, weil er gewollt ist.

I. Titel. Geschäftsfähigkeit (§§ 104—115)

d. h. die Fähigkeit zur rechtswirksamen Vornahme von Rechtsgeschäften, fehlt ganz und dauernd den Kindern unter 7 Jahren und den wegen Geisteskrankheit Entmündigten sowie den Personen, die sich in einem die freie Willensbestimmung ausschließenden Zustande krankhafter Störung der Geistestätigkeit befinden; vorübergehend, wenn zur Zeit der Willenserklärung Bewußtlosigkeit oder momentane geistige Störung vorhanden war (§§ 104, 105. Der Begriff der „Handlungsfähigkeit" umfaßt außer der Geschäftsfähigkeit auch die Verantwortlichkeit für unerlaubte Handlungen und für Verletzung obligatorischer Verpflichtungen. Die Vorschriften über diese Verantwortlichkeit sind in den §§ 827, 828, 276 Abs. 1 Satz 3 enthalten). Die Willenserklärungen Geschäftsunfähiger sind nichtig; Geschäftsunfähige können z. B. Schenkungen nicht annehmen. Beschränkt geschäftsfähig sind die Minderjährigen im Alter von 7—21 Jahren und die ihnen gleichgestellten, wegen Geistesschwäche, Verschwendung oder Trunksucht Entmündigten (§§ 106, 114) sowie die nach § 1906 vorläufig unter Vormundschaft gestellten (Frw. G. 32), nicht aber diejenigen, für die nach § 1910 oder 1911 eine Pflegschaft angeordnet ist. Sie können Willenserklärungen abgeben, durch die sie lediglich einen rechtlichen Vorteil erwerben; in allen übrigen Fällen bedürfen sie der Einwilligung ihres gesetzlichen Vertreters. Fehlt diese bei Abschluß eines Vertrages, so hängt seine Gültigkeit von der nachträglichen Genehmigung des Vertreters ab, die der andere Teil einzuholen hat. Sie gilt als verweigert, wenn sie nicht binnen 2 Wochen vom Tage der Aufforderung an (formlos) abgegeben ist. Bis zur Genehmigung kann der andere Teil das Geschäft widerrufen; hat er die Minderjährigkeit gekannt, so kann er nur widerrufen, wenn der Minderjährige ihm die Einwilligung vorgespiegelt hat; aber auch dann nicht, wenn er das Fehlen der Einwilligung trotzdem gekannt hat (§ 109).

Das einseitige Rechtsgeschäft bedarf bei Vermeidung der Nichtigkeit stets der Einwilligung des Vertreters; der andere kann sogar trotz der geschehenen Einwilligung unverzüglich das Geschäft zurückweisen, wenn der Minderjährige ihm nicht die schriftliche Einwilligung vorlegt.

Hat der gesetzliche Vertreter mit Genehmigung des Vorm.-Ger. den Minderjährigen zum selbständigen Betrieb eines Erwerbsgeschäfts (auch der Schauspielkunst RGer. 28, 278) ermächtigt, so ist der Minderjährige für die damit verbundenen Geschäfte unbeschränkt fähig mit Ausnahme derer, die das Vorm.-Ger. genehmigen muß (§§ 112, 1821 f.); desgleichen infolge der Ermächtigung des gesetzlichen Vertreters zum Eintritt in ein Dienst- oder Arbeitsverhältnis, wobei die vom Vormund verweigerte Ermächtigung vom Vorm.-Ger. ersetzt werden kann (§ 113). —

Genehmigt der geschäftsfähig Gewordene ein ohne Zustimmung abgeschlossenes Rechtsgeschäft nachträglich (formlos), so ist es von Anfang an gültig (§ 110); ebenso ein Vertrag, dessen Erfüllung der Minderjährige mit Mitteln bewirkt, die ihm zu diesem Zweck oder zu freier Verfügung gegeben waren (§ 110 z. B. Taschengeld).

II. Titel. Willenserklärung (§§ 116—144).

Man unterscheidet: Ausdrückliche — stillschweigende; einseitige — zwei- oder mehrseitige, je nachdem der Rechtserfolg durch die Erklärung einer oder mehrerer (sich gegenüberstehender) Personen erzielt wird; sog. empfangsbedürftige „die einem anderen gegenüber abzugeben ist" (z. B. Kündigung, Vollmacht, Mahnung) und nicht empfangsbedürftige (z. B. Erbschaftsantritt); entgeltliche — unentgeltliche, je nachdem durch das Rechtsgeschäft eine Vermehrung des Vermögens mit oder ohne Gegenwert bezweckt ist (Kauf, Schenkung); förmliche (schriftlich, beglaubigt, öffentliche Erklärung) und formlose.

1. Der geheime (geistige) Vorbehalt, das Erklärte nicht zu wollen, wird nicht berücksichtigt. Nur wenn der Gegner bei einer empfangsbedürftigen Erklärung den geheimen Vorbehalt kennt, ist die Erklärung nichtig (§ 116).

2. Schein. Ein Scheingeschäft, bei dem beide Teile einverstanden sind, das Erklärte nicht zu wollen, ist nichtig; das etwa verdeckte Geschäft gilt aber, wenn es an sich gültig ist (§ 117, wenn sich z. B. ein wirklich beabsichtigter Möbelkaufvertrag unter einem Möbelmietsvertrag verbirgt).

3. Scherz. Eine nicht ernstlich gemeinte Willenserklärung, die in

der Erwartung abgegeben wird, der andere werde den Mangel der Ernstlichkeit nicht verkennen, ist nichtig (§ 118); hat der andere den Scherz nicht verstanden und nicht zu verstehen brauchen, so haftet der Scherzende ihm und Dritten für den Schaden, den sie durch den Glauben an die Ernsthaftigkeit der Erklärung erlitten haben (§ 122).

4. Irrtum (unrichtige Vorstellung von der Wirkung des Inhalts der Erklärung) wird nur beachtet, wenn er betrifft: 1. den Inhalt der Erklärung (Kauf statt Miete; Identität der Sache), wozu auch der Irrtum über solche Eigenschaften der Person oder Sache zählt, die im Verkehr als wesentlich angesehen werden, und 2. die Erklärungshandlung (Verschreiben, Verhören). Er muß ferner wesentlich sein, d. h. es muß anzunehmen sein, daß die Erklärung bei Kenntnis der Sachlage und verständiger Würdigung des Falles nicht abgegeben worden wäre (§ 119). Der Irrende kann dann die Erklärung anfechten, aber nur unverzüglich nach Kenntnis des Anfechtungsgrundes und keinesfalls mehr nach 30 Jahren seit Abgabe der Erklärung (§ 120); auch haftet er dem gutgläubigen, nicht fahrlässigen Anfechtungsgegner für den Schaden, den dieser dadurch erleidet, daß er auf die Wirksamkeit der Erklärung baut (sog. negatives Interesse), aber nicht über das Interesse hinaus, das dieser an der Gültigkeit der Erklärung hatte. Im übrigen ist es gleichgültig, ob der Irrtum ein entschuldbarer, tatsächlicher oder Rechtsirrtum war.

5. Bei unrichtiger Übermittlung durch eine Person oder Anstalt s. RGer. 28, 16 (Bote, Telegraph) gilt dasselbe wie beim Irrtum (§ 120).

6. Täuschung und Drohung. Wer durch arglistige Täuschung (nicht „Betrug", weil keine Vermögensbeschädigung im Sinne des § 263 StrGB. vorzuliegen braucht) oder widerrechtlich durch Drohung zur Abgabe einer Willenserklärung bestimmt ist, kann diese anfechten. Hat ein Dritter die Täuschung verübt, so kann der Getäuschte diese bei einer empfangsbedürftigen Erklärung nur dann anfechten, wenn der Empfänger die Täuschung kannte oder kennen mußte; ebenso gegenüber einem Dritten, der (z. B. beim Vertrag zugunsten eines Dritten) Rechte aus der Erklärung unmittelbar erworben hat und die Täuschung kannte oder infolge von Fahrlässigkeit nicht kannte (kennen mußte). Die Anfechtung muß innerhalb eines Jahres nach Entdeckung der Täuschung (bei der Drohung dem Fortfall der Zwangslage) erfolgen und ist nach 30 Jahren, von Abgabe der Erklärung an gerechnet, ausgeschlossen (§ 124).

7. Form. Im allgemeinen gilt Formfreiheit; eine besondere Form ist nur erforderlich; wenn sie durch Gesetz oder Rechtsgeschäft (z. B. Kündigung durch eingeschriebenen Brief) vorgeschrieben ist. Der Mangel der gesetzlichen Form bewirkt Nichtigkeit, der der vereinbarten Form im Zweifel ebenfalls (§ 125).

a) Schriftliche Form erfordert eigenhändige Unterzeichnung der Urkunde durch den Aussteller durch Namensunterschrift (ausgeschriebener Name OTr. 60, 328) oder mittels gerichtlich oder notariell beglaubigten Handzeichens (Analphabeten, Blinde, Taubstumme s. Frw. G. § 167 ff., § 183). Der Text kann später darüber geschrieben sein

(RGer. 57, 66); ein Bevollmächtigter darf den Namen des Machtgebers schreiben RGer. DJZ. 1902, 151, nicht aber ein bloßer Schreibgehilfe RGer. 58, 387. Bei Verträgen soll die Unterzeichnung der Parteien auf derselben Urkunde erfolgen; bei mehreren Urkunden über denselben Vertrag genügt jedoch die Unterschrift unter ein Exemplar und ihr Austausch (§ 126). Wenn die Form durch Rechtsgeschäft bestimmt ist, nicht aber wenn das Gesetz die Schriftform vorschreibt (RGer. 59, 245) ist telegraphische Übermittlung und bei einem Vertrage Briefwechsel zur Wahrung der Form im Zweifel ausreichend. Der Schriftform bedürfen:

α) doppelseitig: Miets- und Pachtverträge über Grundstücke, die über ein Jahr dauern sollen (§§ 566, 581); (bei Mangel der Form: Gültigkeit auf unbestimmte Zeit), d. h. gesetzliche Kündigung ist zulässig.

β) einseitig: Stiftungsgeschäft (§ 81); Leibrentenversprechen (§ 761); Bürgschaftserklärung (§ 766); Schuldversprechen und Anerkenntnis (§§ 780 ff.); Anweisung, deren Annahme und Übertragung (§ 783 f.); Quittung (§ 368); Abtretung einer Briefhypothek (§ 1154); Mitteilung von der Übernahme einer Hypothek (§ 416); eigenhändiges Testament (§ 2231 Nr. 2).

b) Gerichtliche oder notarielle Beurkundung eines Vertrages erfordert mindestens, daß zunächst der Antrag und sodann seine Annahme von Gericht oder Notar beurkundet wird. Diese Form ist vorgeschrieben z. B. für Verträge über Grundstücksveräußerung (§ 313; ist eine Partei eine öffentliche Behörde, so kann eine Urkundsperson bestellt werden s. AG. z. BGB. Art. 12 § 2); Schenkungsversprechen (§ 518); Vertrag auf Aufhebung der fortgesetzten Gütergemeinschaft (§ 1492); Antrag und Einwilligung bei der Ehelichkeitserklärung (§ 1730); Rücktritt vom Erbvertrag (§ 2296); Erbschaftskauf (§ 2371) und andere familien- und erbrechtliche Rechtsgeschäfte. Über das Verfahren s. Frw. G. §§ 167 bis 182.

c) Die fünf Verträge, bei denen die Vertragserklärungen unter gleichzeitiger Anwesenheit beider Teile vor Gericht oder Notar abzugeben sind: die Auflassung des Grundstücks (§ 925) und Bestellung des Erbbaurechts (§ 1770); Ehevertrag (§ 1434); Annahme an Kindesstatt und Aufhebung (§§ 1750, 1770); Erbvertrag und vertragliche Aufhebung (§§ 2276, 2290).

d) Öffentliche Beglaubigung, d. h. schriftliche Erklärung, deren Unterschrift von der nach Landesrecht (Art. 32 AG. z. Frw. G. 21. 9. 99) zuständigen Behörde oder Beamten oder Notar beglaubigt ist (§ 129), ist notwendig z. B. bei der Anmeldung zum Vereinsregister (§ 77) und zum Güterrechtsregister (§ 1560); Ausschlagung der Erbschaft und Bevollmächtigung dazu (§ 1945). Über das Verfahren s. Frw. G. §§ 183, 184 und RGO. 1. 5. 78 RGBl. 89, wonach die Urkunden einer öffentlichen Behörde usw. der Beglaubigung nicht bedürfen, und EG. Art. 44. Über die Form der Urkunden s. Art. 31—65 AG. z. Frw. G. 21. 9. 99).

Die gerichtliche oder notarielle Beurkundung ersetzt die Schriftform und auch die Beglaubigung. Die Erfüllung heilt nicht den Mangel der Form, ausgenommen bei der Auflassung (§ 313), Schenkung (§ 518) und Bürgschaft (§ 766).

8. Die Wirksamkeit der empfangsbedürftigen Willens-

erklärung tritt unter Anwesenden (wozu auch die mittels Fernsprecher Redenden gehören, s. § 147) sofort ein; unter Abwesenden und gegenüber einer Behörde mit dem Zeitpunkt des Zugehens der Erklärung. Zugehen bedeutet die Ankunft der Erklärung in der Weise, daß der Empfänger tatsächlich und rechtlich in der Lage ist, davon Kenntnis zu nehmen (RGer. 50, 191), z. B. Einlegen in den Hausbriefkasten, das Postschließfach. Arglistiges Verhindern des rechtzeitigen Zugehens geht zu Lasten des Empfängers (RG. 58, 406). Rechtzeitiger, d. h. vor oder gleichzeitig mit der Erklärung zugehender Widerruf hebt die Wirksamkeit auf. Die Erben sind an die einmal abgegebene Erklärung gebunden, ebenso der Vertreter des inzwischen geschäftsunfähig Gewordenen (§ 130). Die einem Geschäftsunfähigen gegenüber geäußerte Willenserklärung wird erst mit dem Zugehen an den Vertreter wirksam. Dasselbe gilt vom beschränkt Geschäftsfähigen, falls es sich nicht lediglich um seine Bereicherung handelt oder der Vertreter nicht schon vorher seine Einwilligung erklärt hat (§ 131) — Das Zugehenlassen kann auch durch Zustellung seitens des Gerichtsvollziehers oder öffentliche Zustellung erfolgen (§ 132).

9. Bei der Auslegung einer Willenserklärung ist der wirkliche Sinn zu erforschen und nicht an dem buchstäblichen Sinne des Ausdruckes zu haften (§ 133; s. HGB. § 346).

10. Der Inhalt des Rechtsgeschäfts muß ein erlaubter sein; er darf weder gegen ein gesetzliches Verbot, z. B. ein gegen den Dritten wirksames Veräußerungsverbot (§ 135—138) noch gegen die guten Sitten verstoßen, z. B. Wucher (§ 138 Abs. 2); andernfalls ist das Geschäft nichtig.

11. Die Unwirksamkeit des Rechtsgeschäfts bewirkt entweder dessen Nichtigkeit oder Anfechtung. Die Nichtigkeit ist eine vollständige unheilbare; eine Bestätigung des Geschäfts kann es nur nachträglich durch erneute Vornahme wirksam machen; nur bei nichtigen Verträgen, die von neuem getätigt werden, sollen die Leistungen rückwirkend berechnet werden (§ 141). Teilweise Nichtigkeit macht im Zweifel das ganze Geschäft nichtig, und das im nichtigen Geschäft etwa steckende gültige Rechtsgeschäft gilt nur, wenn die Parteien es bei Kenntnis der Nichtigkeit gewollt hätten (§§ 139, 140). Während die Nichtigkeit ohne weiteres eintritt und von Amts wegen berücksichtigt werden muß (ausgen. Ehenichtigkeit § 1329), bedarf es bei der Anfechtbarkeit der Erklärung eines Beteiligten (§ 143), die dann ebenfalls Nichtigkeit des Geschäfts von Anfang an herbeiführt (§ 142). Eine — an die Form des Rechtsgeschäfts nicht gebundene — Bestätigung durch den Anfechtungsberechtigten schließt die Anfechtung aus (§ 144). Über die Anfechtung von Rechtshandlungen eines Schuldners außerhalb des Konkursverfahrens s. RG. 21. 7. 79 RGBl. 277 in der durch EG. zur abgeänderten KonkO. 17. 5. 98 Art. VII festgesetzten Fassung.

III. Titel. Vertrag (§§ 145—157).

Willenseinigung von mindestens zwei Personen, gerichtet auf denselben Rechtserfolg, kommt zustande durch den Antrag der einen Partei und die Annahmeerklärung der anderen Partei. Der Antrag ist stets empfangsbedürftig; dagegen bedarf es in drei Fällen der Annahmeerklärung nicht (ist die Annahme nicht empfangsbedürftig), 1. wenn eine solche Erklärung nach der Verkehrssitte nicht zu erwarten ist (vgl. auch § 362 HGB.), 2. der Antragende auf sie verzichtet hat, 3. die Annahme bei gerichtlich oder notarieller Beurkundung in Abwesenheit der anderen Partei erfolgt (§§ 151, 152).

Der Antrag, der so beschaffen sein muß, daß seine Annahme den Vertrag sofort vollendet, bindet den Antragsteller — falls er nicht anderes bestimmt —, bis er ihm gegenüber abgelehnt oder die Frist für rechtzeitige Annahme abgelaufen ist (§ 145); ebenso im allgemeinen seine Erben oder — bei Eintritt von Geschäftsunfähigkeit — seinen Vertreter (§ 153). Sog. „Offerten" durch Preislisten, Zeitungsanzeigen sind keine Anträge, sondern enthalten eine Aufforderung zu Anträgen.

Die Annahme muß rechtzeitig erklärt werden, d. h.

1. bei Stellung einer Frist durch den Antragenden innerhalb der Frist (§ 148);

2. unter Anwesenden oder beim Antrag durch Fernsprecher sofort (§ 147 Abs. 1), wenn der Vertragschließende am Apparat ist. Ist es eine andere Person, so gelten die Vorschriften für Erklärungen unter Abwesenden RGer. 17. 6. 05; D.JZtg. 10, 861;

3. unter Abwesenden spätestens bis zu dem Zeitpunkt, in welchem der Antragende den Eingang der Antwort bei regelmäßigem Verlauf erwarten darf (§ 147 Abs. 2). — Ist die Annahme rechtzeitig erfolgt, aber dem Antragenden verspätet zugegangen, und mußte dieser dies erkennen, so gilt die Annahme als nicht verspätet, falls der Antragende nicht unverzüglich nach Empfang der Annahme die Verspätung anzeigt (§ 149). Die verspätete Annahme wird ebenso wie eine Annahme unter Erweiterung, Einschränkung oder sonstiger Abänderung wie ein neuer Antrag (der anderen Partei) angesehen (§ 150).

Solange keine Willenseinigung über die auch nur von einer Partei für wesentlich erklärten Punkte zustande gekommen oder die verabredete Beurkundung noch nicht erfolgt ist, ist der Vertrag im Zweifel nicht geschlossen; auch Verständigung über einzelne Punkte sowie deren Aufzeichnung (Punktation) ist nicht bindend (§ 154). Stellt sich nach Abschluß des Vertrages ein Mißverständnis über einen wesentlichen Punkt heraus (sog. versteckter Dissens), so gilt der Vertrag, wenn anzunehmen ist, daß er trotzdem geschlossen worden wäre (§ 155).

Bei einer Versteigerung kommt der Vertrag durch den Zuschlag zustande; ein Gebot (Antrag) erlischt, wenn ein Übergebot abgegeben oder die Versteigerung ohne Zuschlag geschlossen wird (§ 156).

Schließlich bestimmt § 157, daß alle Verträge so auszulegen sind, wie Treu und Glauben mit Rücksicht auf die Verkehrssitte es erfordern.

IV. Titel. Bedingung. Zeitbestimmung (§§ 158—163).

1. Die Bedingung, d. i. die in einem Rechtsgeschäft enthaltene Bestimmung, kraft welcher seine Wirkung erst mit dem Eintritt oder Nichteintritt eines zukünftigen, ungewissen Ereignisses eintreten oder aufhören

soll, ist danach entweder eine aufschiebende oder auflösende (Suspensiv- oder Resolutivbedingung § 158). Einigen Rechtsgeschäften können nach Gesetz (z. B. Aufrechnung § 388, Auflassung § 925, Eheschließung § 1317) oder ihrer Natur nach (z. B. Mahnung, Kündigung) Bedingungen nicht beigefügt werden.

a) Aufschiebende Bedingung. Bis zum Eintritt der Bedingung besteht ein Schwebezustand; tritt sie nicht ein, so tritt auch die Wirkung nicht ein; tritt sie ein, so hat sie keine rückwirkende Kraft (z. B. das bedingt übertragene Eigentum geht jetzt erst über), falls nicht nach dem Inhalt des Rechtsgeschäfts die Folgen zurückbezogen werden sollen (§ 159). Der Verpflichtete ist während der Schwebezeit gebunden; er ist schadensersatzpflichtig, wenn er schuldhafterweise das von der Bedingung abhängige Recht vereitelt oder beeinträchtigt (§ 160).

b) Auflösende Bedingung. Mit dem Eintritt der Bedingung endigt die Wirkung des Rechtsgeschäfts (ebenfalls ohne rückwirkende Kraft, wenn nichts anderes vereinbart ist), und der frühere Rechtszustand tritt ohne weiteres wieder ein, z. B. die übergebene Sache fällt an den früheren Eigentümer zurück (§ 158 Abs. 2). Der Berechtigte hat dieselbe Schadensersatzpflicht wie der Verpflichtete bei der aufschiebenden Bedingung.

Handlungen wider Treu und Glauben, die die Bedingung eintreten oder nicht eintreten lassen, bewirken das Gegenteil.

Bei einem Einwand des Beklagten, das die Klage begründende Rechtsgeschäft sei unter einer aufschiebenden Bedingung abgeschlossen, hat der Kläger die Unbedingtheit und den Eintritt der Bedingung zu beweisen. Bei der Berufung auf die Abrede einer auflösenden Bedingung hat der Beklagte die Beweislast für die Abrede und den Eintritt der Bedingung. (RGer. 28, 145; Gruchot 29, 730.

2. Zeitbestimmung. Haben die Parteien für die Wirkung eines Rechtsgeschäfts bei dessen Vornahme einen Anfangs- oder Endtermin verabredet, so finden im ersten Fall die für die aufschiebende, im zweiten Fall die für die auflösende Bedingung geltenden Vorschriften entsprechende Anwendung.

V. Titel. Vertretung. Vollmacht (§§ 164—181).

Vertreter ist, wer eine Willenserklärung im Namen eines anderen und an seiner Stelle in der Absicht abgibt oder empfängt, daß dadurch lediglich und unmittelbar der Vertretene berechtigt und verpflichtet werden soll; er muß Vertreter im Willen des Vertretenen (nicht bloß Bote) sein; und dies muß ausdrücklich erklärt sein oder sich aus den Umständen ergeben; ist es nicht der Fall, und hat der Vertreter den Willen, in fremdem Namen zu handeln, nicht erkennbar gemacht, so gilt er als im eigenen Namen handelnd (§ 164).

Z. B. kauft der vermögende A. ein Dutzend silberne Löffel auf Kredit, ohne zu erwähnen, daß er sie für B. kauft. Er kann sich von der Verpflichtung zur Zahlung nicht dadurch befreien, daß er einwendet, er habe den Kaufvertrag nicht für sich, sondern als Vertreter des unvermögenden B. geschlossen.

Die Vertretungsmacht ist entweder eine auf Gesetz (Vater [Mutter], Vormund, Pfleger, Vorstand der juristischen Person usw.) oder auf dem Willen des Vertretenen (Vollmacht) beruhende (gesetzliche oder gewillkürte); für eine Reihe von Rechtsgeschäften des Familien- und Erbrechts ist Vertretung ausgeschlossen (z. B. §§ 1307, 1317 Eheschließung, § 2064 Testament, § 2274 Erbvertrag). — Der Vertreter darf in der Geschäftsfähigkeit beschränkt (aber nicht geschäftsunfähig) sein (§ 165); die Willensmängel (Irrtum, Schein, Betrug usw.) werden stets aus der Person des gesetzlichen oder gewillkürten Vertreters beurteilt; ebenso das Kennen und Kennenmüssen von Tatsachen mit der einzigen Ausnahme, daß der Vollmachtgeber bezüglich solcher Umstände, die er selbst kannte oder kennen mußte, nicht auf die Unkenntnis seines gewillkürten Vertreters sich berufen kann, sofern dieser nach bestimmten Weisungen des Auftraggebers gehandelt hat (§ 166 Abs. 2).

1. Vertretung mit Vertretungsmacht, Vollmacht. Die Vollmacht (die durch Rechtsgeschäft erteilte Ermächtigung zur Vertretung) regelt das Verhältnis des Bevollmächtigten nach außen (nach innen kann zwischen Vollmachtgeber und Bevollmächtigtem ein ganz verschiedenes Rechtsgeschäft vorliegen, z. B. Auftrag, Dienst-, Werkvertrag); sie ist ein einseitiges, empfangsbedürftiges Rechtsgeschäft, bedarf also der Annahme nicht; ihr Umfang richtet sich nach dem Willen des Vollmachtgebers (für das Handelsrecht und das Prozeßrecht ist er gesetzlich bestimmt HGB. §§ 48—58, ZPO. §§ 82 ff.). Sie wird erteilt durch die Erklärung an den Bevollmächtigten oder den Dritten, die an eine Form (mit Ausnahme bei der Ausschlagung der Erbschaft § 1945) nicht gebunden ist (§ 167), oder durch öffentliche Bekanntmachung oder durch Aushändigung einer Vollmachtsurkunde, die der Vertreter dem Dritten vorzulegen hat (§§ 171, 172) (RGer. 56, 63); eine solche Vollmachtsurkunde muß bei einseitigen Rechtsgeschäften (Kündigung, Mahnung) dem Dritten vorgelegt werden (§ 174; über die Prozeßvollmacht s. ZPO. §§ 78—88). Die Vollmacht erlischt, wenn das Rechtsgeschäft, auf dem sie beruht, (z. B. der Dienst) erlischt (§ 168) und durch Widerruf, der, soweit er nicht durch das zugrunde liegende Rechtsgeschäft oder durch die Vollmacht ausgeschlossen oder beschränkt ist, jederzeit zulässig ist und gegenüber dem Bevollmächtigten oder dem Dritten erfolgen muß (§ 168). War eine Vollmachtsurkunde ausgestellt, so erlischt die Vollmacht erst durch Rückgabe der Urkunde (an der der Bevollmächtigte kein Zurückbehaltungsrecht hat § 175) an den Vollmachtgeber oder ihre Kraftloserklärung (§ 176; über das Verfahren s. ZPO. § 204). Über die gesetzlich normierten Vollmachten des Reisenden und des Angestellten im offenen Laden s. HGB. §§ 55 u. 56 unten im Handelsrecht.

2. Vertretung ohne Vertretungsmacht liegt vor, wenn jemand eine Willenserklärung namens eines anderen abgibt, ohne genügende oder ohne überhaupt Vertretungsmacht zu haben. Handelt es sich dabei um einen Vertrag, so hängt dessen Wirksamkeit von der Genehmigung durch den fälschlich Vertretenen ab (§ 177). Handelt es sich um ein einseitiges Rechtsgeschäft, so ist die Vertretung ohne Vertretungsmacht bei nicht empfangsbedürftigen (z. B. Annahme der Erbschaft) ganz unzulässig, bei empfangsbedürftigen (Mahnung, Kündigung) nur dann zulässig, 1. wenn der Bevollmächtigte sich als solcher ausgibt, ohne daß der

Dritte den Mangel beanstandet; 2. wenn der Gegner trotz Kenntnis des Mangels einverstanden war, zu verhandeln; 3. wenn ein einseitiges Rechtsgeschäft gegenüber einem Vertreter ohne Vertretungsmacht mit dessen Einverständnis vorgenommen wird. Es kommen dann die Vorschriften über Verträge zur Anwendung (§ 180). Der vollmachtlose Vertreter haftet (ebenso wie HGB. § 61) im Fall der Nichtgenehmigung des Vertrages dem Dritten nach dessen Wahl persönlich entweder auf Erfüllung oder auf Schadensersatz, falls er gewußt hat, daß er keine Vertretungsmacht hatte. Hatte er dies nicht gewußt (z. B. aus Irrtum), so haftet er für das sog. negative Vertragsinteresse s. oben S. 11; er haftet überhaupt nicht, wenn er, in der Geschäftsfähigkeit beschränkt, ohne Zustimmung seines Vertreters gehandelt hatte, oder wenn der Dritte den Mangel der Vetretungsmacht kannte oder kennen mußte (§ 179). Den Beweis seiner Vertretungsmacht hat der vollmachtlose Vertreter zu erbringen (§ 179 Abs. 1).

3. Der Vertreter darf weder im eigenen Namen noch als Vertreter beider Teile mit sich selbst Rechtsgeschäfte vornehmen; zulässig ist es nur, wenn es dem Vertreter ausdrücklich durch Rechtsgeschäft (Vollmacht) oder durch Gesetz besonders gestattet ist (z. B. § 1409, wenn die Frau als Vormund des Mannes sich die ehemännliche Einwilligung erteilt) oder wenn das Geschäft ausschließlich in der Erfüllung einer Verbindlichkeit besteht (§ 181).

VI. Titel. Einwilligung. Genehmigung (§§ 182—185).

Einwilligung ist die vorherige, Genehmigung die nachträgliche Zustimmung zu einem Vertrage oder zu einem einseitigen, empfangsbedürftigen Rechtsgeschäft, damit seine Wirksamkeit eintrete. Die an die Form des Rechtsgeschäfts nicht gebundene Genehmigung hat im Zweifel rückwirkende Kraft, aber unbeschadet der inzwischen über den Gegenstand des Rechtsgeschäfts getroffenen Verfügungen (§§ 182, 184); die Einwilligung ist bis zur Vornahme des Rechtsgeschäfts gegenüber jedem der beiden Vertragschließenden widerruflich (§ 183). —

Eine Verfügung, die ein Nichtberechtigter über einen Gegenstand trifft, wird gültig durch die Genehmigung des Berechtigten oder den späteren Erwerb des Gegenstandes durch den Nichtberechtigten, oder wenn letzterer von dem Berechtigten beerbt wird und dieser für die Nachlaßverbindlichkeiten unbeschränkt haftet (§ 185).

Vierter Abschnitt. Fristen. Termine (§§ 186—193).

Die Bestimmungen des BGB. gelten für alle in Gesetzen, gerichtlichen Verfügungen und Rechtsgeschäften enthaltenen Frist- und Terminsbestimmungen.

Die kleinste Einheit ist der Tag; beginnt die Frist im Laufe des Tages, so wird der Tag des Beginns nicht mitgerechnet; fällt Frist- und Taganfang zusammen (läuft also die Frist von Mitternacht an), so rechnet der Tag mit, das letztere gilt auch vom Geburtstag bei Berechnung des Lebensalters (§ 187). Das Ende der Frist fällt mit dem Ablauf des

Tages zusammen; ist sie nach Wochen, Monaten oder größerem Zeitraum — Jahr, halbes Jahr, Vierteljahr — bestimmt, so endigt sie mit dem Ablauf des Tages, der dem Anfangstag durch seine Benennung oder Zahl entspricht, falls dieser Tag als Anfangstag nicht mitzählt; andernfalls endet die Frist mit dem Ablauf des vorhergehenden Tages (§ 188). Ein halbes Jahr bedeutet 6 Monate, ein Vierteljahr 3 Monate, ein halber Monat 15 Tage. Wenn es sich nicht um bestimmte, zusammenhängende Zeiten handelt, so wird ein Jahr zu 365 Tagen, der Monat zu 30 Tagen berechnet; unter Anfang, Mitte, Ende des Monats wird der 1., 15. und der letzte Tag des Monats verstanden (§ 192); ob 8 Tage eine Woche oder volle 8 Tage bedeuten soll, ist Auslegungsfrage; im HGB. § 359 gilt letzteres. Die Frist von „Jahr und Tag" (1 Jahr 30 Tage § 49 ALR. I 3) gilt noch für das Lehnrecht (§§ 121, 372 ALR. I 18; EG. Art. 59). Fällt der bestimmte Termin oder der letzte Tag der Frist auf einen Sonntag oder einen am Erklärungs- oder Leistungsort staatlich anerkannten allgemeinen Feiertag (KO. 7. 2. 37 u. 22. 7. 39: Neujahrstag, beide Oster-, Pfingst- und Weihnachtstage, Himmelfahrt, nach G. 12. 3. 93 Bußtag, nach G. 2. 9. 99 Karfreitag und in der Rheinprovinz Allerheiligen: 1. November), so tritt an Stelle dieses Tages der nächstfolgende Werktag (§ 193).

Über die Einführung einer einheitlichen Zeitbestimmung s. RG. 12. 3. 93. Über die Sonntagsruhe RGewO. § 105a ff. Polizei-V. über die Sonntagsheiligung sind vom Ober- und Regierungspräsidenten auf Grund des § 366 Nr. 1 StrGB. in Verbindung mit KO. 7. 2. 37 (GS. 19) zu erlassen (vgl. KGer. IV, 256)[1]). Für die neuen Provinzen: G. 9. 5. 92 (GS. 107).

Fünfter Abschnitt. Verjährung (§§ 194—225).

Das BGB. kennt nur eine Anspruchsverjährung; Anspruch ist das Recht, von einem andern ein Tun oder Unterlassen zu verlangen (§ 194 Abs. 1); bei persönlichen (relativen d. h. von vornherein gegen eine bestimmte Person gerichteten) Rechten deckt sich Anspruch mit Forderung; bei dinglichen (absoluten d. h. gegen jedermann geltenden) Rechten z. B. Eigentum entsteht ein Anspruch erst, wenn das Recht beinträchtigt worden ist und dieser Anspruch auf Unterlassen der Beseitigung der Beeinträchtigung z. B. Herausgabe der Sache unterliegt dann der Verjährung. Unverjährbar sind nur die Ansprüche auf Aufhebung der Gemeinschaft (§ 758), auf Berichtigung des Grundbuchs (§§ 894—896, 898), aus eingetragenen Rechten (§ 902; aber der Anspruch auf Zinsen usw. verjährt), einige nachbarrechtliche Ansprüche des Grundeigentümers (§§ 906ff., 924) und schließlich die Ansprüche aus familienrechtlichen Verhältnissen, z. B. auf Herausgabe eines Kindes.

1. Die regelmäßige Verjährungsfrist beträgt 30 Jahre (§ 195), insbesondere auch die des Anspruchs aus einem rechtskräftigen Urteil und den ihm gleichstehenden Urkunden (§§ 218—220); längere Fristen kennt das BGB. nicht.

---

[1]) In Berlin vom Ober- und Polizeipräsidenten (LVG. 30. 7. 83 §§ 42 f., 137 f.; KGer. 14. 6. 97).

Dagegen verjähren bereits in 2 Jahren die Forderungen der in § 196 genannten 17 Gruppen:

Der Kaufleute, Fabrikanten, Handwerker, Kunstgewerbetreibenden für Lieferung von Waren, Arbeiten, Besorgung fremder Geschäfte mit Einschluß ihrer Auslagen (ausgenommen, wenn die Leistung für den Gewerbebetrieb des Schuldners erfolgt, z. B. Maurerarbeiten für die Backstube eines Bäckers, in diesen Fällen beträgt die Frist 4 Jahre); der Land- und Forstwirte für ihre Erzeugnisse, die sie für den Haushalt des Schuldners liefern (für andere Lieferungen beträgt die Frist 4 Jahre); der Eisenbahnunternehmungen, Frachtfuhrleute, Schiffer, Lohnkutscher und Boten wegen des Fahrgeldes, Fracht, Fuhr- und Botenlohns und der Auslagen; der Gastwirte und Schankwirte für Gewährung von Wohnung und Kost und ihre Auslagen; der Loshändler; derjenigen, die bewegliche Sachen gewerbsmäßig vermieten, wegen des Mietszinses; der gewerbsmäßigen Besorger fremder Geschäfte wegen ihrer Vergütung und Auslagen; der Privatangestellten wegen ihres Gehalts, Lohns, Auslagen, sowie des Dienstherrn wegen seiner Vorschüsse; der gewerblichen Arbeiter — Gesellen, Gehilfen, Lehrlinge, Fabrikarbeiter — und Tagelöhner wegen ihres Lohns und Auslagen; der Arbeitgeber wegen ihrer darauf gewährten Vorschüsse; der Lehrherren und Lehrmeister wegen des Lehrgeldes und anderer Vertragsleistungen; der öffentlichen und privaten Unterrichts-, Erziehungs-, Verpflegungs- und Heilanstalten und der Pensionate wegen des Unterrichts usw. und der Aufwendungen (aber nicht der Armenverbände gegen Verwandte der Unterstützten OTr. 56, 76); der öffentlichen und Privatlehrer wegen ihrer Honorare (ausgenommen der auf Grund besonderer Einrichtungen gestundeten); der Heilkundigen aller Art sowie der Hebammen; der Rechtsanwälte, Notare, Gerichtsvollzieher usw. wegen ihrer Gebühren und Auslagen, soweit diese nicht zur Staatskasse fließen; der Parteien wegen der ihren Rechtsanwälten geleisteten Vorschüsse; der Zeugen und Sachverständigen wegen ihrer Gebühren und Auslagen (indes müssen die Zeugen usw. ihre Forderung binnen 3 Monaten geltend machen Geb.Ordnung 30. 6. 78 RGBl. 173; EG. Art. 32).

Es verjähren in 4 Jahren die Ansprüche auf Rückstände von (gesetzlichen und vorbedungenen) Zinsen, einschließlich der Tilgungsbeträge; von Miet- und Pachtzinsen; von Renten, Auszugs-(Altenteils)Leistungen, Besoldungen, Wartegeldern, Ruhegehalten, Unterhaltsbeiträgen und allen anderen regelmäßigen Leistungen (§ 197). —

Besteht in Ansehung einer Sache ein dinglicher (z. B. Eigentums-) Anspruch, und kommt sie durch Rechtsnachfolge in den Besitz eines Dritten, so kommt die Verjährungszeit des Vorbesitzers dem Rechtsnachfolger zu statten (§ 221).

2. Die Verjährung beginnt mit der Entstehung des Anspruchs; geht dieser auf ein Unterlassen, mit der Zuwiderhandlung (§ 198). Bei den in §§ 196 und 197 bezeichneten Ansprüchen läuft die zwei- oder vierjährige Frist erst vom Schluß des Jahres ab, in dem die Forderung entstanden ist (§ 201, z. B. verjährt der Anspruch auf Bezahlung einer im Januar 1909 gelieferten Ware mit Ablauf des 31. 12. 1911). Bedarf es der Kündigung (oder der Anfechtung s. § 200) zur Entstehung des Anspruchs, so beginnt die Verjährung erst mit dieser; ist erst bestimmte Zeit nach Kündigung (z. B. bei Darlehen) zu leisten, so wird die Kündigungsfrist zugerechnet (§ 199); z. B. der Anspruch auf Rückzahlung eines mit 6monatiger Kündigungsfrist am 4. 2. 1910 gegebenen Darlehns ist mit dem Ablauf des 4. August 1940 verjährt.

3. Hemmung der Verjährung tritt ein, solange die Leistung gestundet oder der Verpflichtete aus anderem Grund vorübergehend zur Verweigerung der Leistung berechtigt ist, d. h. solange er ihm eine Ein-

rede entgegenstellen kann (mit Ausnahme der des Zurückbehaltungsrechts § 273 f., des nicht erfüllten Vertrages § 320 f., der mangelnden Sicherheitsleistung § 298 usw. s. § 202). Ferner ist die Verjährung gehemmt, solange der Berechtigte innerhalb der letzten 6 Monate der Verjährungsfrist durch höhere Gewalt (vis maior) insbesondere durch Stillstand der Rechtspflege (z. B. infolge Krieges: justitium) verhindert ist, sein Recht zu verfolgen; ferner zwischen den Ehegatten, zwischen minderjährigen Kindern und ihren Eltern, zwischen Mündel und Vormund (§ 204). Die Zeit der Hemmung wird in die Verjährungsfrist nicht eingerechnet (§ 205). Die Frist läuft nach Beseitigung des Hemmungsgrundes weiter.

Da die Verjährung auch gegen Geschäftsunfähige und beschränkt Geschäftsfähige sowohl zu laufen beginnt als auch weiter läuft, so werden diese Personen — falls sie keinen gesetzlichen Vertreter haben und falls sie nicht prozeßfähig sind — dadurch geschützt, daß die Verjährung sich nicht vor Ablauf von 6 Monaten vollendet, seitdem sie geschäftsfähig geworden sind oder einen Vertreter erhalten haben; dieselbe Frist gilt für die Ansprüche aus einem Nachlaß oder gegen ihn (§§ 207, 208).

4. Unterbrechung der Verjährung tritt ein durch Anerkenntnis (wenn auch nur dem Grunde nach nicht in bezug auf die Höhe RGer. 63, 382) z. B. durch Abschlags-, Zinszahlung, Sicherheisleistung des Schuldners, oder Klageerhebung des Gläubigers (s. §§ 210, 212; ZPO. § 253 f.), oder was dem gleich steht, durch Zustellung eines Zahlungsbefehls (§ 213), Anmeldung im Konkurs (§ 254), Geltendmachung der Aufrechnung (§§ 215, 388) oder Streitverkündung im Prozeß und Vornahme einer Vollstreckungshandlung oder entsprechenden Antrag bei der Behörde (§ 209—216). Die bis zur Unterbrechung verstrichene Zeit kommt nicht weiter in Betracht; eine neue Verjährung beginnt erst mit dem Ende der Unterbrechung (§ 217). —

5. Die Wirkung der Verjährung ist die Berechtigung des Verpflichteten, die Leistung zu verweigern. Sie gibt ihm aber lediglich eine Einrede, dagegen kann er das zur Befriedigung eines verjährten Anspruchs geleistete nicht zurückfordern; auch kann mit einer verjährten Forderung aufgerechnet werden, wenn sie — noch unverjährt — der anderen Forderung gegenüber gestanden hat (§ 390); ebenso gilt ein vertragsmäßiges Anerkenntnis oder eine Sicherheitsleistung, die der Verpflichtete in Unkenntnis der Verjährung abgegeben hat, und schließlich ist der Hypotheken- und Pfandgläubiger berechtigt, sich trotz der Verjährung der Forderung wegen des Kapitals aus dem Pfand zu befriedigen (§ 222 f.). Mit dem Hauptanspruch verjähren alle von ihm abhängigen Nebenleistungen, auch wenn deren Verjährung noch nicht vollendet ist (§ 224). — Die Verjährung kann weder vertraglich ausgeschlossen noch erschwert, sondern nur erleichtert werden (§ 225).

Die oben stehenden Bestimmungen gelten nur für die Ansprüche des Bürgerlichen Rechts. Für die Verjährung der öffentlichen Gefälle und Abgaben in Preußen treffen besondere Bestimmungen das G. 18. 6. 40 über die Verjährungsfristen bei öffentlichen Abgaben GS. 140, das G. 11. 7. 91 GS. 329 über Vorausleistungen zu Wegebauten; Einkommensteuerg. 19. 6. 06 § 87; Ergänzungssteuerg. 19. 6. 06 § 47; Gewerbesteuerg. § 78; KAG. 14. 7. 93 § 83 f. PrGerkostengeſ. 25. 7. 10; GS. 184 § 13 usw.

Einer 4jährigen Verjährung unterliegen nach Art. 8 AG. z. BGB. die an Kirchen und Geistliche für kirchliche Handlungen zu zahlenden Gebühren, die von Verwaltungsbehörden usw. zu wenig eingezogenen Kosten, die Gebühren der Ortsbehörden für Handlungen der freiwilligen Gerichtsbarkeit, Rückforderung der von einer Behörde zu Unrecht erhobenen Kosten und Rückstände von Verkehrsabgaben, die infolge einer besonderen Berechtigung an Privatpersonen zu entrichten sind, z. B. Wege-, Brückengelder.

Der Anspruch der Partei gegen den Rechtsanwalt auf Schadensersatz aus dem Vertragsverhältnis verjährt in 5 Jahren (Rechtsanw. O. 1. 7. 78 RGBl. 177 § 32a RG. 22. 5. 10 RGBl. 177.

Sechster Abschnitt. Ausübung der Rechte. Selbstverteidigung. Selbsthilfe (§§ 226—231).

1. Die Ausübung eines Rechtes ist unzulässig, wenn sie nur den Zweck haben kann, einem anderen Schaden zuzufügen, (Chikane z. B. Errichtung einer Bretterwand, nur um dem Nachbar sein Licht zu nehmen RGer. Gruchot 39, 1029), sie macht zutreffendenfalls schadensersatzpflichtig (§ 826).

2. Eine an sich widerrechtliche Handlung kann dadurch zu einer nichtwiderrechtlichen werden, daß sie in Ausübung der passiven oder aktiven Selbsthilfe getätigt wird.

a) Selbstverteidigung gegen eine angreifende Person, die durch Notwehr (d. i. diejenige Verteidigung, die erforderlich ist, um einen gegenwärtigen rechtswidrigen Angriff von sich oder anderen abzuwenden § 227; ebenso StrGB. § 53) gebotene Handlung ist nicht rechtswidrig, macht also nicht schadensersatzpflichtig (wohl aber das Überschreiten der Notwehr RGer. 21, 295; JW. 02, 192).

b) Selbstverteidigung gegen fremde Sachen (z. B. ein Tier) ist trotz der Sachbeschädigung dann nicht widerrechtlich, wenn sie erforderlich ist, um eine durch die Sache drohende Gefahr von sich oder einem anderen abzuwenden und der Schaden nicht außer Verhältnis zur Gefahr steht. Hat aber der Handelnde die Gefahr verschuldet (z. B. das Tier freigelassen), so ist er schadensersatzpflichtig (§ 228).

3. Selbsthilfe (d. h. hier ein an sich unerlaubter Angriff) ist gestattet, wenn obrigkeitliche Hilfe zur Verwirklichung des Anspruchs nicht rechtzeitig erlangt werden kann und ohne sofortiges Eingreifen die Gefahr besteht, daß diese vereitelt oder wesentlich erschwert wird, und zwar entweder durch Wegnahme, Zerstörung oder Beschädigung von Sachen oder Festnahme eines der Flucht verdächtigen Verpflichteten und Beseitigung des Widerstandes des zur Duldung der Handlung Verpflichteten (§ 229). Die Selbsthilfe darf aber nicht weiter gehen, als zur Abwendung der Gefahr erforderlich war, und die obrigkeitliche Hilfe ist sofort anzurufen, indem — falls nicht Zwangsvollstreckung erwirkt wird (ZPO. §§ 704 f., 803 f.) — der dingliche Arrest (ZPO. §§ 916, 917, 919 ff.) oder der persönliche Sicherheitsarrest (ZPO. §§ 916 ff., 918, 933) zu beantragen

ist. Wer im Irrtum über die Voraussetzungen der Selbsthilfe eine widerrechtliche Handlung vorgenommen hat, haftet für den Schaden, auch wenn der Irrtum nicht auf Fahrlässigkeit beruht. — Das Sicherungsmittel des Privatpfändungspfandrechts (insbesondere für den durch Vieh angerichteten Schaden s. § 413—465 ALR. I, 14; FeldpolizeiO. 1. 11. 47 (nebst AbändG. 13. 4. 56) und Feld- und ForstpolizeiG. 1. 4. 80 §§ 77 bis 88, 96 Nr. 2) ist durch EG. Art. 89 aufrecht erhalten.

Siebenter Abschnitt. Sicherheitsleistung (§§ 232—240).

Als Sicherheitsmittel sind gestattet:

1. Hinterlegung von barem Geld oder von Wertpapieren, wodurch der Berechtigte ein Pfandrecht erhält. Wertpapiere sind nur geeignet, wenn sie auf den Inhaber lauten, einen Kurswert haben und mündelsicher (s. u. § 1807) sind, es werden aber nur 3/4 ihres Kurswertes als sicher angesehen; Zins- und Erneuerungsscheine (Kupons, Talons usw.) sind mit zu hinterlegen. Mit Blankoindossament versehene Orderpapiere stehen ihnen gleich.

2. Verpfändung von Forderungen, die in das Reichs- oder in ein Staatsschuldbuch eingetragen sind (s. RG. 31. 5. 91 RGBl. 321 jetzt in der Fassung vom 31. 5. 10 RGBl. 840 Reichsschuldbuchgesetz); Ausfbest. Bek. 2. 6. 10 RGBl. 217 u. preuß. G. 20. 7. 83 in der Fassung des Ges. v. 22. 5. 10 GS. 47; Bek. 27. 5. 10. GS. 55; Ausfbest. 30. 5. 10 BBl. 173, ferner ME. 30. 5. 10. MBl. 184; EG. Art. 97; AG. Art. 16), auch sie geben nur mit 3/4 des Kurswertes der zur Aushändigung kommenden Staatsanleihe Sicherheit (§ 236)[1].

3. Verpfändung beweglicher Sachen mit 2/3 ihres Taxwertes (§ 237).

4. Bestellung von Hypotheken an inländischen Grundstücken.

5. Verpfändung von Forderungen, für die eine Hypothek besteht, oder von Grundschulden oder Rentenschulden an inländischen Grundstücken, falls Mündelgelder so angelegt werden dürfen (§§ 238, 1807); Sicherungshypotheken sind nicht gestattet.

6. In zweiter Reihe, wenn die vorgenannte Sicherheit nicht gegeben werden kann, ist ein tauglicher Bürge gestattet, der ein der Höhe der Sicherheit entsprechendes Vermögen und seinen Gerichtsstand im Inland besitzt und auf die Einrede der Vorausklage (§ 77) verzichtet hat (§ 239).

---

[1]) Bei Sicherheitsleistungen für Forderungen des Fiskus, die nur bei einem vertragswidrigen Verhalten des Bestellers in einer nicht im voraus zu bestimmenden Höhe entstehen, kann Sicherheit mit Staats- und Reichsschuldverschreibungen in Höhe des Nennwertes oder des Kurswertes geleistet werden, soweit dieser höher ist, nicht aber in Fällen staatlicher Kreditgewährung (Stundung von Abgaben). Hier werden die Papiere nur zum Kurswert höchstens aber zum Nennwert angenommen. MB. 21. 7. 06 MBl. 292.

Zweites Buch. Das Recht der Schuldverhältnisse.

Erster Abschnitt. Inhalt der Schuldverhältnisse (§§ 241—304).

I. Titel. Verpflichtung zur Leistung (§§ 241—292).

Im zweiten Buch sind die persönlichen Rechtsbeziehungen zwischen dem Gläubiger und Schuldner abgehandelt, während das dritte Buch die dinglichen Rechtsbeziehungen (Sachenrecht) enthält.

Schuldverhältnis (Obligation, Forderung) umfaßt sowohl das Forderungsrecht des Gläubigers wie die Leistungspflicht des Schuldners. „Kraft des Schuldverhältnisses ist der Gläubiger berechtigt, von dem Schuldner eine Leistung zu fordern. Die Leistung kann auch in einem Unterlassen bestehen (§ 241).“ Sog. Naturalobligationen, natürliche oder unvollkommene Rechte d. h. Schuldverhältnisse, die der Klagbarkeit entbehren, aber erfüllt werden können, insofern das Geleistete nicht zurückgefordert werden kann, behandelt das BGB. nicht besonders, doch kennt es derartige Fälle z. B. beim verjährten Anspruch (§ 222); bei dem auf Grund von Spiel oder Wette § 762 f. oder zur Ehevermittlung Geleisteten § 656 usw. Für alle Schuldverhältnisse gilt der Grundsatz: „Der Schuldner ist verpflichtet, die Leistung so zu bewirken, wie Treu und Glauben mit Rücksicht auf die Verkehrssitte es erfordern (§ 242).“

a) Bei einer Gattungsschuld (Lieferung einer nur der Gattung nach bestimmten Sache: Kartoffeln, Gerste) ist eine Sache mittlerer Art und Güte zu leisten; mit dem Augenblick, wo der Schuldner das hierzu Erforderliche getan hat (z. B. beim Versendungskauf die Sache dem Frachtführer zur Beförderung, übergeben hat RGZer. 63, 53), ist die Schuld auf eine bestimmte Sache beschränkt; nunmehr trägt der Gläubiger die Gefahr; der Schuldner darf die angebotene Sache nicht mehr umtauschen (§ 243).

b) Bei einer Wahlschuld hat der Schuldner im Zweifel die Wahl, welche der wahlweise gestellten Leistungen er bewirken will; mit seiner Erklärung an den Gläubiger gilt die gewählte Leistung als von Anfang an geschuldet. Die Wahl kann bis zur Zwangsvollstreckung erklärt werden; bei der Unmöglichkeit der einen Leistung tritt — falls sie nicht durch den Wahlberechtigten verschuldet ist — Beschränkung auf die anderen Leistungen ein (§§ 262—265).

c) Eine Geldschuld in ausländischem Geld kann im Zweifel im Inlande in deutschem Geld zum Kurswert am Zahlungsort gezahlt werden (§ 244). Nach dem RMünzG. 1. 6. 09 RGBl. 507 ist in Reichsgoldwährung zu zahlen (abgesehen von den Reichs- und Landeskassen ist niemand verpflichtet, Reichssilbermünzen im Betrage von mehr als 20 M. und Nickel- und Kupfermünzen im Betrage von mehr als 1 M. in Zahlung zu nehmen (§ 9).

d) Zinsen. Sie sind außer in den durch Gesetz vorgeschriebenen Fällen nur dann zu entrichten, wenn sie besonders vereinbart sind. Mangels anderer Bestimmung sind an gesetzlichen oder Vertragszinsen 4 % (zwischen Kaufleuten 5 % HGB. § 352, bei Wechseln 6 % WO. Art. 50) Zinsen zu entrichten (§ 246); im übrigen ist die Höhe der freien Vereinbarung überlassen, doch kann unter allen Umständen (ausgenommen nur bei Inhaberpapieren) der Schuldner eine Forderung mit sechsmonatiger Frist aufkündigen, wenn mehr wie 6 % vereinbart waren (§ 247); eine im voraus getroffene Vereinbarung, daß fällige Zinsen wieder Zinsen tragen sollen (Anatozismus), ist nichtig, ausgenommen bezüglich der als neue Einlagen anzusehenden Zinsen bei Sparkassen, Kreditanstalten und Banken (§ 248); von Zinsrückständen können also nach Fälligkeit Zinsen vereinbart werden (s. HGB. § 355 wegen der Kontokurrents).

e) Schadensersatz. Im allgemeinen hat der zum Schadensersatz Verpflichtete den Zustand, wie er vor dem Schaden bestehen würde, wiederherzustellen, wofür ihm der Gläubiger eine Frist (nach deren fruchtlosem Ablauf Geldentschädigung eintritt) setzen kann (§ 249 f.); doch kann der Gläubiger auch Geldentschädigung verlangen, wenn der Schadensersatz wegen Verletzung einer Person oder Beschädigung einer Sache zu leisten ist; ebenso tritt Geldentschädigung ein, wenn die Wiederherstellung des Zustandes unmöglich oder zur Entschädigung des Gläubigers nicht genügend oder nur mit unverhältnismäßigen Aufwendungen des Schuldners möglich ist (§ 251). Der Schadensersatz umfaßt das ganze Interesse, nicht nur den wirklichen Schaden, sondern auch denjenigen entgangenen Gewinn, der nach dem gewöhnlichen Laufe der Dinge oder nach den besonderen Umständen, insbesondere auch nach den getroffenen Anstalten und Vorkehrungen mit Wahrscheinlichkeit erwartet werden konnte; der sog. Affektionswert (Wert der besonderen Vorliebe) wird wie jeder Nicht-Vermögensschaden nur in den gesetzlich bestimmten Fällen (z. B. § 847 bei der Körper- oder Gesundheitsschädigung (sog. Schmerzensgeld) berücksichtigt. Bei einem mitwirkenden Verschulden des Beschädigten ist der Anteil an dem Schaden nach dem Anteil des Verschuldens an der Verursachung des Schadens zu verteilen; auf den Grad des Verschuldens kommt es erst in zweiter Reihe an (§ 254). Als Verschulden des Beschädigten kommt besonders in Betracht die Unterlassung der Benachrichtigung des Schädigers von der Gefahr eines ungewöhnlich hohen Schadens, z. B. es gibt jemand ein Gemälde zum Einrahmen, ohne den Arbeiter darauf aufmerksam zu machen, daß es sich um einen echten Raffael handelt; ferner das Unterlassen der Abwendung oder Minderung des Schadens (z. B. Verabsäumung der geeigneten ärztlichen Behandlung eines Verletzten RGer. 60, 147).

f) Aufwendungen. Wer Ersatz von Aufwendungen fordern kann (z. B. der Beauftragte), kann auch die Verzinsung des verauslagten Geldes oder wenn andere Gegenstände aufgewendet sind (z. B. Futter), Verzinsung des entsprechenden Geldbetrages verlangen, es sei denn, daß es sich um Herausgabe einer Sache handelt, für die der Ersatzberechtigte die Nutzungen gezogen hat und sie behalten darf (§ 256).

g) Das Wegnahmerecht. Wer bei Herausgabe einer Sache eine Einrichtung wegnehmen darf, hat im Falle der Wegnahme die Sache auf seine Kosten in den vorigen Stand zu setzen (§ 547 z. B. die vom

Mieter angelegte Badezimmer- oder Heizgaseinrichtung); kommt der andere (z. B. der Vermieter) in den Besitz, so muß er die Wegnahme dulden, kann aber Sicherheitsleistung für den damit verbundenen Schaden verlangen (§ 258).

h) Rechenschaftspflicht. Auskunftserteilung (§§ 259 bis 261). Wer verpflichtet ist, über eine mit Einnahmen oder Ausgaben verbundene Verwaltung Rechenschaft abzulegen (Beispiele §§ 666, 681, 713, 1214, 1421, 1546, 1667, 1840, 1978, 2218 usw.), muß eine geordnete Zusammenstellung mit Belegen vorlegen und bei Verdacht der Unrichtigkeit auf Verlangen den Offenbarungseid vor dem AGer. dahin leisten:

„daß er nach bestem Wissen die Einnahmen so vollständig angegeben habe, als er dazu imstande sei."

Bei Herausgabe eines Inbegriffs von Gegenständen (Nachlaß) oder Auskunftserteilung darüber ist ein Verzeichnis vorzulegen und auch der Offenbarungseid dahin zu leisten:

„daß er nach bestem Wissen den Bestand so vollständig angegeben habe, als er dazu imstande sei."

i) Zu Teilleistungen ist der Schuldner nicht berechtigt (§ 266); wohl aber gemäß Wechselordnung (Art. 38).

k) Leistung durch Dritte ist überall zulässig, wenn es nicht gerade auf die Person des Schuldners (z. B. bei Bestellung einer Porträtbüste bei einem Künstler) ankommt; außerdem kann der Gläubiger bei Widerspruch des Schuldners die Leistung durch Dritte ablehnen (§ 267). Ist die Zwangsvollstreckung in einen Gegenstand im Gange und durch sie ein Recht eines Dritten bedroht, so ist dieser berechtigt, den Gläubiger (auch durch Hinterlegung § 372 oder durch Aufrechnung § 387) zu befriedigen; dadurch geht die Forderung auf ihn über (§ 268).

l) Ort der Leistung ist der durch Gesetz oder Rechtsgeschäft bestimmte oder sich aus den Umständen ergebende, sonst der Wohnsitz des Schuldners zur Zeit der Entstehung des Schuldverhältnisses oder bei Entstehung der Forderung im Gewerbebetriebe seine gewerbliche Niederlassung; die Übernahme der Beförderungskosten ändert daran an sich nichts. Nur Geld hat der Schuldner — ohne daß dadurch die Vorschriften über den Leistungsort berührt werden — im Zweifel auf seine Gefahr und Kosten dem Gläubiger an dessen Wohnsitz oder gewerbliche Niederlassung zu übermitteln; ändern sich diese nach Entstehung der Forderung und erhöhen sich dadurch Kosten und Gefahr, so hat der Gläubiger im ersteren Fall die Mehrkosten, im letzteren Fall die Gefahr zu tragen (Geldschuld ist Bringschuld) §§ 270, 271. Die Zahlungen aus öffentlichen Kassen sind, wenn nicht anderes bestimmt ist, an der Kasse in Empfang zu nehmen (EG. Art. 92; AG. Art. 11), für Zahlungen an öffentliche Kassen gelten keine Sonderbestimmungen.

m) Zeit der Leistung. Auch hier gilt zunächst die gesetzliche oder rechtsgeschäftliche Bestimmung, oder die sich aus den Umständen ergebende Parteiabsicht, im zweiten Recht gilt der Grundsatz: die Leistung ist sofort mit der Begründung fällig. Die Bestimmung einer Zeit gilt im Zweifel als im Interesse des Schuldners geschehen, er kann also schon früher erfüllen (§ 271); darf aber bei einer unverzinslichen Schuld nicht die

Zwischenzinsen abziehen (§ 272); Klage auf künftige Zahlungen ist unter Umständen zulässig (ZPO. § 257f.).

n) Das Zurückbehaltungsrecht hat zur Voraussetzung einen aus demselben Rechtsverhältnis stammenden fälligen Gegenanspruch und gibt dem Schuldner die Befugnis, seine Leistung zu verweigern, bis der Gläubiger ihm geleistet oder ihm seine Aufwendungen auf die an den Gläubiger herauszugebende Sache ersetzt hat (§ 273f.).

o) Unmöglichkeit der Leistung (§§ 275—283). Das BGB. unterscheidet zwischen „Unmöglichkeit" und „Unvermögen" und spricht von jener, wenn die Leistung jeder Person (objektiv), und von diesem, wenn die Leistung nur gerade für den Schuldner unmöglich ist.

I. Besteht die Unmöglichkeit der Leistung bereits bei Abschluß des Vertrages, oder bei aufschiebend bedingten und betagten Verträgen bei Eintritt der Bedingung oder des Termins, so ist der Vertrag nichtig, es sei denn, daß die Unmöglichkeit gehoben werden kann und der Vertrag im Hinblick hierauf geschlossen ist (§§ 306, 308). Derjenige Vertragsteil, der die Unmöglichkeit kannte oder kennen mußte, haftet dem anderen gutgläubigen Teil für das sog. negative Vertragsinteresse (§ 307) s. oben S. 11 (§ 119). Über ursprüngliches Unvermögen gibt das BGB. keine Vorschriften. Der Vertrag ist daher gültig.

II. Tritt die Unmöglichkeit oder das Unvermögen erst nach der Entstehung des Schuldverhältnisses ein, so wird der Schuldner frei, wenn er die Unmöglichkeit oder sein Unvermögen nicht zu vertreten hat (§ 273); die Beweislast hierfür trifft den Schuldner (§ 282), andernfalls ist er dem Gläubiger schadensersatzpflichtig (§ 280). Der Schuldner hat die Unmöglichkeit oder sein Unvermögen dann zu vertreten, wenn ihm ein Verschulden zur Last fällt, bei Gattungsschulden sein Unvermögen aber auch ohne Verschulden dann, wenn die Leistung aus der Gattung an sich noch möglich ist (§ 279).

Ob und wieweit ein Umstand vom Schuldner zu vertreten ist, ist Tatfrage. Der Regel nach haftet der Schulder für Vorsatz (d. h. die auf die Vornahme einer Handlung oder die Herbeiführung eines Erfolges gerichtete Willensbestimmung) und (jede) Fahrlässigkeit (d. i. das Außerachtlassen der im Verkehr erforderlichen Sorgfalt); wer nur für die Sorgfalt einzustehen hat, die er in eigenen Angelegenheiten anzuwenden pflegt (z. B. der unentgeltliche Verwahrer § 690, der Gesellschafter § 708, der Ehegatte § 1359), ist nicht von der Haftung wegen grober Fahrlässigkeit befreit (§ 277). Für das Verschulden seines gesetzlichen oder des von ihm gewählten Vertreters, dessen er sich zur Erfüllung seiner Verbindlichkeit bedient, haftet der Schuldner wie für sein eigenes Verschulden (§ 278), z. B. der Wirt für den bedienenden Kellner OLG. 10, 159. Die Haftung für eigenen Vorsatz kann im voraus nicht ausgeschlossen werden (§ 276).

p) Verzug des Schuldners (§ 284—292) setzt voraus Fälligkeit des Anspruchs und Mahnung des Gläubigers (auch durch Klageerhebung oder Zustellung des Zahlungsbefehls), sofern nicht die Fälligkeit mit einem bestimmten Kalendertag eintritt, wogegen der Schuldner einwenden kann, daß seine Leistung infolge eines von ihm nicht zu vertretenden Umstandes unterblieben ist. Die Folge ist Ersatz des vollen durch den Verzug für den Gläubiger entstandenen Schadens oder, falls der Gläubiger nun kein Interesse mehr an der Erfüllung hat, Schadensersatz wegen Nichterfüllung. Während der Verzugszeit hat der Schuldner für jede Fahrlässigkeit und sogar für die durch Zufall herbeigeführte Unmöglichkeit einzustehen; eine Geldschuld (aber nicht die aufgelaufenen Verzugszinsen § 289) hat er mit mindestens 4% zu verzinsen und daneben auch noch für etwaigen weiteren Schaden aufzukommen (§ 288).

II. Titel. **Verzug des Gläubigers** (§§ 293—304).

Der Gläubiger kommt in Verzug, wenn er die ihm ordnungsmäßig (§§ 294, 295) angebotene Leistung nicht annimmt, gleichgültig ob ihn hierbei ein Verschulden trifft oder nicht. Die wichtigsten Folgen sind, daß der Schuldner nur noch für Vorsatz und grobe Fahrlässigkeit haftet, für eine verzinsliche Geldschuld fortan keine Zinsen mehr zu entrichten hat und bei einer Gattungsschuld die Gefahr auf den Gläubiger übergeht.

Zweiter Abschnitt. Schuldverhältnisse aus Verträgen (§§ 305—361).

I. Titel. **Begründung. Inhalt des Vertrages** (§§ 305—319).

Zur Begründung eines Schuldverhältnisses durch Rechtsgeschäft und zur Änderung seines Inhalts bedarf es eines Vertrages (§ 305); das einseitige, nicht angenommene Versprechen bildet nur da den Entstehungsgrund eines Schuldverhältnisses, wo das Gesetz es bestimmt, z. B. bei der Stiftung (§ 80 f.), Auslobung (§ 657), Schuldverschreibung auf den Inhaber (§ 793 f.). Nichtig ist ein Vertrag, der gegen ein gesetzliches Verbot verstößt, und ein solcher, in dem man sich verpflichtet, sein künftiges Vermögen ganz oder zum Teil zu übertragen oder mit einem Nießbrauch zu belasten (§§ 309, 310); der Vertrag über das gegenwärtige Vermögen bedarf der gerichtlichen oder notariellen Beurkundung (§ 311). Einen Vertrag über den Nachlaß (Vermächtnis, Pflichtteil) eines noch lebenden Dritten können nur gesetzliche Erben untereinander mittels notariellen oder gerichtlichen Vertrages über Erb- und Pflichtteil schließen (§ 312). Ein Vertrag, durch den sich jemand verpflichtet, das Eigentum an einem Grundstück zu übertragen, bedarf der gerichtlichen oder notariellen Beurkundung; der Mangel der Form wird durch die Auflassung und Eintragung in das Grundbuch geheilt (§ 313).

II. Titel. **Gegenseitiger Vertrag** (§§ 320—327).

Beim gegenseitigen Vertrag (beide Teile sind zu einer Leistung — Leistung und Gegenleistung — verpflichtet) ist die Regel: Leistung Zug um Zug (Ware gegen Kaufpreis); es kann aber auch statt auf Leistung Zug um Zug nur auf Erfüllung geklagt werden; dann ist es Sache des Beklagten, einzuwenden, daß der Kläger seinerseits noch nicht erfüllt habe. Dies hat die Wirkung, daß das Urteil nur auf Erfüllung Zug um Zug ergehen kann (§ 322). Muß ein Teil vorleisten und tritt Vermögensverschlechterung des anderen Teils ein, so kann gleichzeitige Leistung oder Sicherheitsstellung verlangt werden (§ 321); für den Fall der nach Abschluß des Vertrages eintretenden Unmöglichkeit der Leistung s. §§ 323—327.

III. Titel. Versprechen der Leistung an einen Dritten (§§ 328—335).

Durch Vertrag kann eine Leistung an einen Dritten mit der Wirkung bedungen werden, daß der Dritte unmittelbar das Recht erwirbt, die Leistung zu fordern; es bedarf also seines Beitritts nicht. Bei Lebensversicherungs- oder Leibrenten-, ebenso bei Guts- oder Vermögensübernahmeverträgen und bei Schenkungen mit einer Auflage erwirbt im Zweifel der Dritte, für den die Versicherung abgeschlossen oder dessen Forderung übernommen wird, unmittelbar das Recht auf Leistung; dagegen nicht, wenn sich jemand nur verpflichtet, einen Gläubiger des anderen zu befriedigen, ohne die Schuld zu übernehmen. Hierzu vgl. §§ 25 ff. HGB. (Erwerb eines Handelsgeschäfts). Bei einer Leistung nach dem Tode des Versprechensempfängers erwirbt der Dritte im Zweifel die Leistung mit dessen Tode; die Lebensversicherungssumme z. B. gehört also, soweit die Police nicht ausdrücklich auf den Inhaber gestellt ist, nicht zum Nachlaß (§ 331).

IV. Titel. Draufgabe. Vertragsstrafe (§§ 336—345).

1. Draufgabe (§§ 336—338), d. i. dasjenige, was als Zeichen oder zum Beweise des Abschlusses des Vertrages gegeben ist (Handgeld, An-, Aufgeld, Anzahlung), ist im Zweifel nicht Reugeld; sie ist im Zweifel auf die vom Geber geschuldete Leistung anzurechnen und bei Wiederaufhebung des Vertrages zurückzugeben, falls nicht der Geber die Aufhebung verschuldet oder die Leistung durch seine Schuld unmöglich wird. — Eine zur Gültigkeit des Vertrages notwendige Draufgabe war das sog. Mietgeld der §§ 22 f. Gesindeordnung 8. 11. 1810, jetzt gilt es nur als Zeichen des Abschlusses des Vertrages (OVGer. 52, 275).

2. Vertrags-(Konventional-)Strafe wird dafür ausbedungen, daß der Schuldner seine Verbindlichkeit nicht oder nicht in gehöriger Weise erfülle (§ 339); sie besteht meistens in einer Geldsumme, kann aber auch in einer anderen Leistung' bestehen (§ 342); sie setzt eine wirksame Hauptschuld voraus, anderenfalls ist sie unwirksam, selbst wenn die Parteien die Unwirksamkeit des Hauptvertrages gekannt haben (§ 344). Ist die Strafe für den Fall der Nichterfüllung des Vertrages versprochen, so hat der Gläubiger die Wahl zwischen Erfüllung und Strafe; er kann aber über die Strafe hinaus noch den entstandenen höheren Schaden verlangen (§ 340); ist die Strafe für den Fall nicht gehöriger (insbesondere unpünktlicher) Erfüllung versprochen, so kann neben der Strafe die Erfüllung und ein etwaiger höherer Schadensersatz gefordert werden; aber vorbehaltlose Annahme der Erfüllung beseitigt den Anspruch auf Vertragsstrafe (§ 341). Eine unverhältnismäßig hohe Strafe kann vom Richter auf Antrag des Schuldners durch Urteil auf den angemessenen Betrag herabgesetzt werden (§ 343; ebenso § 4 RG. 16. 5. 94 RGBl. 450 über die Abzahlungsgeschäfte); nicht aber zugunsten eines Kaufmanns, der in seinem Handelsgewerbe das Versprechen abgegeben hat (HGB. § 348; vgl. für die Handlungsgehilfen auch § 75 [Konkurrenzklausel]).

V. Titel. **Rücktritt** (§§ 346—361).

Der in einem Vertrag von einer Partei vorbehaltene Rücktritt erfolgt durch (unwiderrufliche) fristgemäße Erklärung gegenüber dem anderen Teil und begründet die Verpflichtung der Parteien, den Zustand vor dem Vertragsabschluß durch Rückleistung des Empfangenen Zug um Zug wiederherzustellen (§§ 346—349). Der zufällige Untergang des zurückzugebenden Gegenstandes schließt den Rücktritt nicht aus; wohl aber eine wesentliche Verschlechterung der Sache oder Unmöglichkeit ihrer Herausgabe, sowie ihre Umarbeitung durch Verschulden der Berechtigten oder eines Dritten, an den der Berechtigte die Sache veräußert hat (§§ 351 f.). Ist der Rücktritt gegen Zahlung von Reugeld vorbehalten, so ist es unverzüglich vor, bei oder unmittelbar nach der Erklärung zu entrichten (§ 359). Ist vorbehalten, daß der Schuldner seine Rechte verliert, wenn er seine Verbindlichkeit nicht erfüllt, so ist der Gläubiger bei dem Eintritt dieses Falles zum Rücktritt berechtigt (§ 360). — Bei sog. Fixgeschäften, d. h. Verträgen, bei denen die Leistung des einen Teils genau zu einer festbestimmten Zeit oder Frist erfolgen soll, ist der andere Teil bei nicht rechtzeitiger Leistung zum Rücktritt berechtigt (§ 361; HGB. § 376).

Dritter Abschnitt. Erlöschen der Schuldverhältnisse (§§ 362—397).

Es erfolgt durch Erfüllung, Hinterlegung, Aufrechnung, Erlaß.

I. Titel. **Erfüllung** (§§ 362—371).

Der Erfüllung steht die Hingabe an Zahlungsstatt gleich, die der Gläubiger statt der eigentlichen Leistung annimmt. Die Übernahme einer neuen Verbindlichkeit (z. B. Ausstellung eines Wechsels) geschieht aber im Zweifel nicht an Erfüllungsstatt (§ 364). Bei mehrfachen Schuldverhältnissen hat, wenn nichts ausgemacht, der Schuldner zu bestimmen, welche Schuld er zuerst tilgen wird; geschieht dies nicht, so werden zuerst die Kosten, dann die Zinsen, dann die Hauptschuld und zwar zuerst die fällige, unter diesen die unsicherere, unter den gleich sicheren zuerst die dem Schuldner lästigere, unter diesen wiederum die ältere und bei gleichem Alter jede Schuld verhältnismäßig getilgt (§ 366).

Auf Verlangen und Kosten des Schuldners muß bei Erfüllung der Verbindlichkeit Zug um Zug ein schriftliches Empfangsbekenntnis (Quittung) erteilt werden (§§ 368, 369). Der Überbringer einer echten Quittung gilt für ermächtigt, die Leistung zu empfangen (§ 370), wenn der Schuldner nicht den Mangel der Ermächtigung kennt. Ein Schuldschein ist zurückzugeben oder, wenn dies nicht mehr möglich, ein öffentlich beglaubigtes Tilgungsanerkenntnis auszustellen (§ 371).

II. Titel. **Hinterlegung** (§§ 372—386).

Durch Hinterlegung wird die Schuld getilgt, wenn der Schuldner zur Hinterlegung berechtigt ist. Das ist der Fall bei Annahmeverzug des Gläubigers und sonstigen in der Person des Gläubigers liegenden Gründen

(Arrest) oder bei berechtigter Ungewißheit über die Person des wahren Gläubigers.

Hinterlegt werden können Geld, Wertpapiere und sonstige Urkunden, sowie Kostbarkeiten; zur Hinterlegung nicht geeignete Sachen sind — tunlichst nach vorheriger Androhung — öffentlich zu versteigern und der Erlös ist zu hinterlegen (§§ 383 ff.). Die Hinterlegung ist dem Gläubiger unverzüglich anzuzeigen.

Befreiende Wirkung hat aber nur die Hinterlegung, bei der die Rücknahme der hinterlegten Sachen ausgeschlossen ist. Ist sie nicht ausgeschlossen, so gibt sie dem Schuldner das Recht, den Gläubiger auf die hinterlegte Sache zu verweisen; er braucht keine Zinsen zu zahlen und nicht Ersatz für nicht gezogene Nutzungen zu leisten (§§ 378 f.). Die Rücknahme ist ausgeschlossen, wenn der Schuldner bei der Hinterlegungsstelle auf sie verzichtet, ferner, wenn der Gläubiger der Hinterlegungsstelle die Annahme erklärt, drittens bei Vorlegung eines rechtskräftigen Urteils über die Rechtmäßigkeit der Hinterlegung (§ 376).

Die öffentlichen Hinterlegungsstellen (EG. Art. 144 f.; AG. Art. 84; HinterlegungsO. 14. 3. 79 GS. 249) sind die Regierungshauptkassen (s. auch die 15 Kassen im Erl. 17. 12. 99 JMBl. 805 sowie V. 15. 12. 99 MBl. 1900, 5)[1]) für die Hinterlegung von 1. Geld, 2. von Wertpapieren auf den Inhaber und 3. Wertpapieren auf Namen, auf welche die Zahlung an den Inhaber geleistet werden kann, 4. Kostbarkeiten, für andere Wertpapiere (z. B. Hypothekenbriefe) und sonstige Urkunden die Amtsgerichte (§ 1, § 87 der HinterlegungsO.). Das hinterlegte Geld geht in das Eigentum des Staates über (§ 7 ebd. Über die Ausführung der HinterlegungsO. ist ergangen Allg. V. 26. 12. 99 JMBl. 870; 22. 7. 03 JMBl. 157). Die Auszahlung kann nicht im Rechtswege gefordert werden (Erk. des Kompetenzkonflikts-Gerichtshofs MBl. 94, 51). Das Recht des Gläubigers auf den hinterlegten Betrag erlischt nach 30 Jahren nach dem Empfang der Anzeige von der Hinterlegung; der Schuldner kann den Betrag dann trotz Verzichts zurücknehmen (§ 382).

III. Titel. Aufrechnung (§§ 387—396).

Sie ist eine einseitige empfangsbedürftige Willenserklärung, setzt eine fällige, gleichartige (nicht notwendig sofort nachweisbare) Forderung gegenüber dem Gläubiger voraus und bewirkt das Erlöschen der Forderungen zu dem Zeitpunkt, in welchem sie sich gegenüber traten (auch wenn die Forderung inzwischen verjährt ist; §§ 387—390). Unzulässig ist die Aufrechnung gegen eine Forderung aus einer vorsätzlich begangenen unerlaubten Handlung, gegen eine der Pfändung nicht unterworfene Forderung (falls es sich nicht um geschuldete Beiträge zu Kranken-, Hilfs- und Sterbekassen handelt) und gegen Forderungen des Reiches oder Bundesstaates oder Kommunalverbandes, falls es sich um verschiedene Kassen handelt (§§ 393 f., 396).

---

[1]) In Berlin die Kasse der Ministerial-Militär- und Baukommission.

IV. Titel. Erlaß (§ 397).

Das Schuldverhältnis erlischt, wenn der Gläubiger dem Schuldner durch Vertrag — ohne Nennung des Grundes — die Schuld erläßt oder durch Vertrag anerkennt, daß die Schuld nicht bestehe (§ 397).

Vierter Abschnitt. Übertragung der Forderung (§§ 398—413).

Eine Forderung kann von dem Gläubiger durch Vertrag mit einem anderen auf diesen übertragen werden (Abtretung). Mit dem Abschluß des formlosen Vertrages tritt der neue Gläubiger an die Stelle des bisherigen (§ 398); Nebenforderungen (z. B. Bürgschaft oder Vertragsstrafe) gehen mit der Hauptforderung über, Hypotheken und Pfandrechte können nur mit der dadurch gesicherten Forderung (§§ 1153, 1250) übertragen werden; nicht übertragbar sind ferner die gesetzlich unpfändbaren Forderungen (ZPO. §§ 850 f., Dienst- und Arbeitslohn f. G. 21. 6. 69; 29. 3. 97 u. 17. 5. 98) und solche, bei denen die Leistung ihrer Natur nach, wie z. B. beim Dienstvertrag (§ 613), an den neuen Gläubiger nicht ohne Änderung ihres Inhalts erfolgen kann sowie bei denen der Ausschluß der Abtretung von den Parteien vereinbart worden ist. Außerdem sind eine Reihe von Forderungen ausdrücklich als unübertragbar bezeichnet, z. B. § 38 (Vereinsmitgliedschaft), § 514 (Vorkaufsrecht), §§ 717, 847, 1059 (Nießbrauch), §§ 1092, 1300 (Deflorationsanspruch), §§ 1408, 1427, 1585, 1623, 1658 (Anspruch auf Aussteuer) usw. Nach besonderen Vorschriften ist nicht abtretbar: die Pension der preußischen Staatsbeamten (PensG. 27. 3. 72 § 26); Witwen- und Waisengelder der Hinterbliebenen von Beamten (G. 20. 5. 82 § 17), von Volksschullehrern (G. 27. 6. 90 § 5); ebenso die Ansprüche aus der staatlichen Kranken-, Unfall-, Alters- und Invalidenversicherung.

Der Verkäufer einer Forderung haftet dem Käufer nur für den rechtlichen Bestand (Verität), nicht auch für die Sicherheit (Bonität) der Forderung (§ 437), er muß sie ihm frei von allen Rechten Dritter verschaffen (§§ 433 f., 445), andernfalls haftet er für das volle Interesse nach Maßgabe des besonderen Rechtsgeschäfts, das der Abtretung zugrunde liegt (Kauf, Schenkung); hat er die Haftung für Bonität ausdrücklich übernommen, so gilt dies bezüglich des Zeitpunkts der Abtretung (§ 438). Auf Verlangen hat er dem neuen Gläubiger auf dessen Kosten eine öffentlich beglaubigte Abtretungsurkunde auszustellen; er hat ihm die über die Forderung bestehenden Urkunden zu übergeben und ihm Auskunft zu erteilen (§§ 402 f.).

In dem Rechtsverhältnis zwischen dem neuen Gläubiger und Schuldner stehen dem letzteren alle Einwendungen zu, die gegen den Abtretenden zur Zeit der Abtretung begründet waren, ebenso die Möglichkeit der Aufrechnung (§§ 404, 406). Der Einwand, daß die abgetretene Forderung nur eine Scheinforderung war, oder daß die Abtretung vertragsmäßig ausgeschlossen sei, ist unstatthaft, wenn dem gutgläubigen

Erwerber bei der Abtretung eine Schuldurkunde über die Forderung vorgelegt worden war (§ 405).

Bis zu dem Augenblick, wo der Schuldner Kenntnis (gleichviel wie) von der Abtretung hat, muß der neue Gläubiger alle Rechtsgeschäfte zwischen diesem und dem Abtretenden gegen sich gelten lassen (§§ 407, 408); zeigt der Abtretende dem Schuldner die Abtretung an, so muß er diesem gegenüber diese Tatsache gegen sich gelten lassen, auch wenn die Abtretung nicht erfolgt oder nicht wirksam ist (§ 409). Um sicher zu gehen, hat der Schuldner das Recht, an den neuen Gläubiger stets nur Zug um Zug gegen Aushändigung einer von dem Abtretenden ausgestellten Abtretungsurkunde zu leisten, falls er nicht bereits eine schriftliche Abtretungsanzeige in Händen hat (§ 410).

Tritt eine Militärperson, ein Beamter, ein Geistlicher oder ein Lehrer an einer öffentlichen Anstalt den übertragbaren Teil des Diensteinkommens, Wartegelds oder Ruhegehalts ab, so ist die auszahlende Kasse durch Aushändigung einer von dem bisherigen Gläubiger ausgestellten, öffentlich beglaubigten Urkunde von der Abtretung zu benachrichtigen; bis zur Benachrichtigung gilt die Abtretung als der Kasse nicht bekannt (§ 411).

Für die Abtretung kraft Gesetzes gelten dieselben Vorschriften (aber es fällt dabei naturgemäß die Gewährleistung fort), ebenso für die Übertragung anderer Rechte, z. B. Urheberrechte (§ 413).

Fünfter Abschnitt. Schuldübernahme (§§ 413—419).

Die Schuldübernahme kann entweder durch formlosen Vertrag des Übernehmers der Schuld mit dem Gläubiger erfolgen, wobei der Übernehmer an die Stelle des bisherigen Schuldners tritt, oder durch Vertrag zwischen dem Übernehmer und dem bisherigen Schuldner, in welchem Fall der Vertrag erst mit der Genehmigung des Gläubigers wirksam wird (§§ 414 f.). Diese Genehmigung wird als erteilt angesehen, wenn bei Übernahme von hypothekarisch gesicherten Forderungen der Gläubiger dem Veräußerer des Grundstücks nicht binnen 6 Monaten nach der schriftlichen Anzeige das Gegenteil erklärt (§ 416).

Einwendungen aus dem zwischen dem neuen und alten Schuldner bestehenden Rechtsverhältnis können dem Gläubiger nicht entgegengestellt werden, wohl aber alle aus dem alten Schuldverhältnis; außerdem erlöschen die alten Bürgschaften und Pfandrechte, es sei denn, daß der Bürge oder der Eigentümer der Pfandsache in die Schuldübernahme einwilligt. Bei Übernahme eines ganzen Vermögens mit allen Forderungen und Schulden erhalten die Gläubiger neben dem alten einen neuen Schuldner dieser haftet aber nur mit dem Bestand des übernommenen Vermögens und den aus dem Vertrage ihm zustehenden Ansprüchen (§ 419).

Sechster Abschnitt. Mehrheit von Schuldnern und Gläubigern (§§ 420—432).

Bei Teilbarkeit der Leistung gilt der Grundsatz, daß im Zweifel jeder Schuldner nur zu einem gleichen Anteil verpflichtet, jeder

Gläubiger nur zu einem gleichen Anteil berechtigt ist. Hat aber jeder der Schuldner die ganze Leistung zu bewirken, der Gläubiger sie aber nur einmal zu fordern (Gesamtschuldner), so ist die Einrede der Teilung ausgeschlossen; es bleiben sämtliche Schuldner bis zur Bewirkung der vollen Leistung verhaftet, wobei der Gläubiger sich nach Belieben an die einzelnen Schuldner halten kann. Ein Gesamtschuldverhältnis tritt namentlich bei Unteilbarkeit der Leistung und ferner dann ein, wenn mehrere sich durch Vertrag gemeinschaftlich zu einer teilbaren Leistung verpflichten (§ 427). Weitere Fälle der Gesamtschuld sind z. B. Mitbürge (§ 749), Begehung einer unerlaubten Handlung durch mehrere Personen (§ 840), Vormund und Gegenvormund (§ 1833), mehrere Testamentsvollstrecker (§ 2219), Miterben (§ 2058). Erfüllung, ein das ganze Schuldverhältnis aufhebender Erlaß, sowie der Verzug des Gläubigers gegenüber einem Gesamtschuldner wirkt auch für die übrigen Schuldner (§§ 422—424).

Haben mehrere Gläubiger jeder die ganze Leistung von demselben Schuldner zu fordern, hat aber der Schuldner die Leistung nur einmal zu bewirken (Gesamtgläubiger), so kann der Schuldner nach seinem Belieben an jeden Gläubiger erfüllen, selbst wenn ein anderer bereits Klage auf Leistung erhoben hat (§ 428).

Untereinander sind die Gesamtschuldner und Gesamtgläubiger im Zweifel zu gleichen Anteilen verpflichtet und berechtigt; einen Ausfall müssen sie gemeinsam tragen; die Forderung des befriedigten Gläubigers geht kraft Gesetzes behufs Ausgleichung mit seinen Mitschuldnern auf den Gesamtschuldner über (§ 426).

Bei Unteilbarkeit der Leistung können die Gläubiger — sofern sie nicht Gesamtgläubiger sind — nur Leistung an alle gemeinschaftlich fordern (§ 431 f.).

Siebenter Abschnitt. Einzelne Schuldverhältnisse (§§ 433—853).

I. Titel. Kauf und Tausch (§§ 433—515).

I. Begriff. Der Kauf ist ein gegenseitiger auf den Umsatz einer Sache oder eines Rechts gegen Geld gerichteter Vertrag (durch den sich der Verkäufer verpflichtet, dem Käufer die Sache zu übergeben und das Eigentum zu verschaffen, und der Käufer, dem Verkäufer den vereinbarten Kaufpreis zu zahlen und die Sache abzunehmen (§ 433). — Über den Handelskauf s. HGB. § 373—382; über die Enteignung s. bei § 903 BGB. (Eigentum). Gegenstand des Kaufvertrages können Sachen jeder Art (auch zukünftige, fremde) und Rechte sein; ob bei Überlassung von gewissen Erträgnissen eines Grundstücks Kauf oder Pacht vorliegt, ist nach der Absicht der Parteien zu entscheiden (RGer. 26, 218; bei Tonlagern RGer. 27, 279; sog. Milchpachtvertrag als Kaufvertrag OTr. 72, 1874), Vertrag über Ausbeutung eines Patents (JW. 07, 136). Der Kaufvertrag ist abgeschlossen mit der Einigkeit der Parteien über Gegenstand und Preis; er bedarf keiner besonderen Form, nur Kaufverträge über Grundstücke bedürfen der gerichtlichen oder notariellen Beurkundung, deren Fehlen die Auflassung und Eintragung heilt (§ 313). —

Bei einem Verkaufe auf Grund einer Zwangsvollstreckung oder sonstigen gesetzlichen Bestimmung, nach der ein Auftraggeber für Rechnung eines anderen verkaufen läßt (z. B. Pfandverkauf § 1233; Selbsthilfeverkauf §§ 383, 385) dürfen der Beauftragte und sein Gehilfe, einschließlich des Protokollführers, weder für sich noch durch andere kaufen (§ 456 f.); der Kauf ist aber nicht nichtig, seine Gültigkeit hängt von der Genehmigung der Beteiligten ab (§ 458).

II. Pflichten des Verkäufers. Er hat die Sache zu übergeben und das Eigentum zu verschaffen. Die Kosten der Übergabe, insbesondere des Messens und Wägens hat er zu tragen (§ 448); er hat über die rechtlichen Verhältnisse des Kaufgegenstandes die nötige Auskunft zu erteilen und die zum Beweise des Rechts dienenden Urkunden auszuliefern.

III. Pflichten des Käufers. Er hat den Kaufpreis, im Zweifel Zug um Zug, zu zahlen; dieser braucht nicht immer in barem Gelde zu bestehen (z. B. Übernahme von Schulden); als Marktpreis ist im Zweifel der des Erfüllungsorts zur Erfüllungszeit maßgebend (§ 453). Der Käufer hat den noch nicht gezahlten Kaufpreis von der Übergabe bei Grundstücken, wenn die Auflassung vor der Übergabe erfolgt, von der Auflassung an zu verzinsen (mit 4% §§ 452, 446, 246), falls er ihm nicht gestundet ist. — Beim Vorbehalt des Eigentums bis zur Zahlung des Kaufgeldes ist im Zweifel anzunehmen, daß der Übergang des Eigentums an der beweglichen Sache unter der aufschiebenden Bedingung der Zahlung erfolgt, und daß der Verkäufer zurücktreten kann, wenn der Käufer in Verzug kommt. Als Sondergesetz ist in Kraft geblieben:

> RG. betr. die Abzahlungsgeschäfte 16. 5. 94 (RGBl. 450), das bestimmt, daß für den Fall des Rücktritts wegen nicht pünktlicher Abzahlungen der Verfall der geleisteten Zahlungen ausgeschlossen ist und an Stelle dessen eine billige Vergütung für den stattgehabten Gebrauch tritt. Das Gesetz findet auf einen im Handelsregister eingetragenen Käufer keine Anwendung.

Der Käufer hat ferner die Sache abzunehmen; die Kosten hierfür und die Versendung nach einem anderen Ort als dem Erfüllungsort fallen ihm zur Last (§ 448); ebenso die der Auflassung und Eintragung (§ 449).

IV. Übergang der Gefahr. Die Gefahr des zufälligen Übergangs und einer zufälligen Verschlechterung der Sache geht bei beweglichen Sachen, wie bei Grundstücken mit der Übergabe auf den Käufer über; erfolgt die grundbuchmäßige Eintragung vor der Übergabe, so ist diese maßgebend; mit der Gefahr gehen auch die Lasten, aber auch die Nutzungen auf den Käufer über (§ 446). Wird auf Verlangen des Käufers die verkaufte Sache nach einem anderen Ort als dem Erfüllungsort versendet„ so geht die Gefahr auf den Käufer mit der Auslieferung der Sache an den Spediteur, Frachtführer usw. über (§ 447).

V. Gewährleistung wegen Mängel im Recht. Der Verkäufer hat den Kaufgegenstand frei von Rechten Dritter zu machen, insbesondere nichtbestehende, aber noch eingetragene Rechte auf seine Kosten löschen zu lassen, wenn sie das Recht des Käufers beeinträchtigen (§ 435), aber er haftet nicht für die Freiheit von öffentlichen Abgaben und öffentlichen, der Eintragung nicht bedürfenden Lasten (z. B. Anliegerbeiträge gemäß BaufluchtenG. 2. 7. 75 und Schulbaulast RGer. Gruchot 26, 953. Er haftet ferner nicht für einen Mangel im Recht, den der Käufer bei Abschluß kannte; eine Hypothek, Grundschuld usw. hat er auch dann zu beseitigen, wenn der Käufer sie kannte (§ 439, falls nicht die Übernahme in Anrechnung auf den Preis vereinbart ist s. § 416). Über die Haftung des Verkäufers einer Forderung s. oben S. 31. Erfüllt der Verkäufer seine Rechtsgewährpflicht nicht, d. h. es stellt sich ein Mangel im Recht heraus, oder die Sache wird sogar entzogen, „entwehrt", so kann der Käufer nach allgemeinen Grundsätzen auf Erfüllung klagen, Zahlung des Kaufpreises verweigern oder zurücktreten und Schadensersatz wegen Nichterfüllung gemäß §§ 320—327 fordern; bei einer übergebenen beweglichen Sache kann aber Schadensersatz wegen Nichterfüllung nur dann verlangt werden, wenn die Sache herausgegeben oder untergegangen ist (§ 440). Beim Bestreiten des Mangels seitens des Verkäufers hat der Kläger ihn zu beweisen (§ 442), die Verjährungsfrist ist die gewöhnliche.

VI. Gewährleistung wegen Mängel der Sache (§§ 459 bis 493): Der Verkäufer haftet dem Käufer für die gewöhnlich vorausgesetzten und für die zugesicherten Eigenschaften der Kaufsache; ausgenommen, wenn der Käufer den Mangel bei Abschluß des Vertrages kannte, oder wenn die Sache als Pfand in öffentlicher Versteigerung verkauft wird (§ 459ff.; ZwG. § 56). — Wegen eines den Wert oder die Tauglichkeit nicht unerheblich mindernden Mangels kann der Käufer Rückgängigmachung des Kaufes (Wandelung) oder Herabsetzung des Preises (Minderung) verlangen, beim Fehlen von zugesicherten Eigenschaften statt dessen auch Schadensersatz wegen Nichterfüllung (§ 462f.), beim Gattungskauf auch statt dessen Lieferung einer fehlerfreien Sache (§ 480). Die Wandelung ist ausgeschlossen, wenn der Käufer eine wesentliche Verschlechterung oder Untergang der Sache verschuldet oder sie durch Verarbeitung umgestaltet hat. — Bei der Minderung ist der Kaufpreis in dem Verhältnis herabzusetzen, in welchem zur Zeit des Verkaufs der Wert der Sache in mangelfreiem Zustand zu dem wirklichen Wert gestanden haben würde; der Wert der mangelfreien Sache (S = 25) verhält sich zum Wert der mangelhaften Sache (M = 20), wie der Kaufpreis (P = 30) zu dem Minderungsbetrag (x); also $x = \frac{M.P.}{S} = \frac{20.30}{25} = 24$; um die Differenz $P - x = 30 - 24 = 6$ kann der Käufer den Kaufpreis mindern (§ 472).

Der Anspruch auf Wandelung oder Minderung sowie auf Schadensersatz wegen Mangels einer zugesicherten Eigenschaft verjährt (außer im Fall arglistigen Verschweigens) bei beweglichen Sachen in 6 Monaten von der Ablieferung, bei Grundstücken in 1 Jahr von der Übergabe an (§ 477). Die Verjährung wird durch den Antrag auf Vornahme einer gerichtlichen Beweisaufnahme zur Sicherung des Beweises (§ 485ff. ZPO.) unterbrochen; die Einrede bleibt auch nach Ablauf der Verjährungsfrist erhalten, wenn binnen dieser eine Mängelanzeige gemacht oder die Beweisaufnahme beantragt ist (§ 478).

Bei Viehmängeln (bei Pferden, Eseln, Mauleseln, Maultieren, Rindvieh, Schafen, Schweinen) wird nur für Hauptmängel und nur innerhalb der Gewährfristen gehaftet; Hauptmängel und Gewährfristen werden durch Kaiserl. Verordnung mit Zustimmung des Bundesrats bestimmt (s. V. 27. 3. 99 RGBl. 219). Der Hauptmangel muß spätestens 2 Tage nach dem Ablauf der Gewährfrist oder nach dem Tode des Tieres angezeigt werden (§ 485). Es kann nur Wandelung, nicht Minderung verlangt werden (§§ 487—490); der Anspruch verjährt in 6 Wochen von dem Ende der Gewährfrist an (ausgenommen bei arglistigem Verschweigen); die Einrede kann aber wie oben erhalten werden (§ 490).

VII. Besondere Arten des Kaufs.

1. Kauf nach Probe ist ein unbedingter, unter der Verpflichtung des Verkäufers abgeschlossener Kauf, daß die Ware der Probe oder dem Muster gemäß sei; die Eigenschaften der Probe oder des Musters sind als zugesichert anzusehen (§ 494).

2. Der Kauf auf Probe oder auf Besicht ist im Zweifel unter der aufschiebenden Bedingung der Billigung des gekauften Gegenstandes durch den Käufer geschlossen. Die Billigung liegt im freien Belieben des Käufers; nach Übergabe der Sache gilt sein Schweigen als Billigung (§§ 495 f.).

3. Wiederkauf, (§§ 497—502). Durch den Vorbehalt des Wiederkaufs erlangt der Verkäufer gegen den Käufer das (rein persönliche) Recht, mittels einfacher Erklärung den Kaufgegenstand für den ursprünglichen Kaufpreis wiederzukaufen. Das Recht ist abtretbar und vererblich, aber nicht teilbar; es kann von mehreren nur gemeinschaftlich ausgeübt werden; es kann bei Grundstücken nur bis zum Ablauf von 30 Jahren, bei anderen Gegenständen nur innerhalb 3 Jahren nach der Vereinbarung ausgeübt werden (§§ 502 f.).

4. Vorkauf (§§ 504—514). Hier wird nur das persönliche Vorkaufsrecht, das auf Vertrag oder letztwilliger Verfügung beruht, abgehandelt, das dingliche beim Sachenrecht (§§ 1094—1104); das einzige dem BGB. bekannte gesetzliche Vorkaufsrecht ist das der Miterben (§ 2035; s. a. BergG. 24. 6. 65 § 141 u. EnteignG. 11. 6. 74 § 57; EG. Art. 67, 109).

Das Vorkaufsrecht ist die Befugnis, eine von dem Eigentümer an einen Dritten verkaufte Sache zu denselben Bedingungen käuflich zu übernehmen; das Recht ist mit dem Abschluß des Kaufvertrages entstanden und wird durch formlose Erklärung gegenüber dem Eigentümer ausgeübt (§§ 504 f.), der verpflichtet ist, den Inhalt des Vertrages dem Berechtigten unverzüglich anzuzeigen (§ 510). Das Recht ist nicht teilbar und — wenn nichts anderes vereinbart — nicht übertragbar und im Zweifel nur vererblich, wenn es auf eine bestimmte Zeit beschränkt ist (§ 514). Ist dem Dritten Stundung gewährt, so kann der Berechtigte sie nur verlangen, wenn er Sicherheit leistet (§ 509). Das Recht tritt im Zweifel nicht ein, wenn der Verkauf an einen gesetzlichen Erben erfolgt und jedenfalls dann nicht, wenn der Verkauf im Wege der Zwangsvollstreckung oder durch den

Konkursverwalter erfolgt (§§ 511 ff.). Es kann bei Grundstücken nur bis zum Ablauf von 2 Monaten, bei anderen Sachen nur bis zum Ablauf von 1 Woche nach Empfang der Mitteilung ausgeübt werden, falls nicht eine andere Frist vereinbart ist (§ 510); unterbleibt die Mitteilung, so dauert das Vorkaufsrecht fort. Da es aber keine dingliche Wirkung hat, so berührt es das Eigentum des dritten Erwerbers nicht.

VIII. Tausch ist ein Vertrag, der auf Umsatz von Ware gegen Ware gerichtet ist; auf ihn finden die Vorschriften über den Kauf entsprechende Anwendung (§ 515).

II. Titel. Schenkung (§§ 516—534).

a) Begriff. Eine Zuwendung, durch die jemand aus seinem Vermögen einen anderen bereichert, ist Schenkung, wenn beide Teile darüber einig sind, daß die Zuwendung unentgeltlich erfolgt. Es muß vorliegen 1. eine Zuwendung; das Unterlassen eines Vermögenserwerbs oder das Ausschlagen einer Erbschaft oder eines Vermächtnisses ist keine Schenkung (§ 517); 2. Willenseinigung zwischen Schenker und Beschenktem über die Unentgeltlichkeit der Zuwendung; die Absicht der Bereicherung kann fehlen. Als Vertrag bedarf die Schenkung der Annahme; ist die Zuwendung ohne Willen der zu Beschenkenden erfolgt (z. B. durch Bezahlung seiner Schulden), so kann der Schenker eine Frist zur Erklärung über die Annahme stellen, nach deren Ablauf die Schenkung als angenommen gilt (§ 516).

b) Form. Die Schenkung erfolgt entweder durch unmittelbare Veräußerung (sog. Handgeschenk), also durch Übergabe bei beweglichen Sachen, Auflassung bei Grundstücken, Abtretung bei Forderungen, oder durch Schenkungsversprechen, das gerichtliche oder notarielle Beurkundung erforderte. Der Mangel dieser Form macht das Versprechen nichtig, doch wird der Mangel durch die Bewirkung der versprochenen Leistung geheilt (§ 518). Über die Genehmigung der Schenkungen von über 5000 Mk. an juristische Personen s. oben S. 7.

c) Pflichten des Schenkers. Er haftet nur für Vorsatz und grobe Fahrlässigkeit und zahlt keine Verzugszinsen; er haftet im allgemeinen nur für arglistig verschwiegene Fehler der geschenkten Sache (§§ 521 ff.). Er kann die Erfüllung des Versprechens mit der Einrede verweigern, daß durch sie sein standesmäßiger Unterhalt oder seine gesetzlichen Unterhaltspflichten gefährdet, werden (§ 519) (sog. beneficium competentiae).

d) Rückforderung. Widerruf. Verarmt der Schenker, so kann er Herausgabe der Schenkung verlangen, die der Beschenkte durch Entrichtung einer für den Unterhalt des Schenkers ausreichenden, für 3 Monate im voraus zahlbaren Rente abwenden kann, falls nicht 10 Jahre seit der Schenkung verstrichen sind, der Schenker seine Bedürftigkeit nicht selbst verschuldet hat oder der Beschenkte nicht ohne Gefährdung seines Unterhalts oder seiner Unterhaltspflichten die Rückzahlung leisten kann (§§ 528 f.). Gefahr der Verarmung genügt nicht (Seuff. Arch. 61, 181). Widerrufen kann eine Schenkung nur werden, wenn sich der Beschenkte durch eine schwere Verfehlung gegen den Schenker oder einen seiner nahen Angehörigen groben Undankes schuldig gemacht hat, falls nicht 1 Jahr seit Kenntnis verstrichen oder sonst die Handlung verziehen ist. Die Erben des Schenkers können nur dann widerrufen, wenn der Beschenkte den Schenker getötet oder am Widerruf verhindert hat; nach dem Tode des Beschenkten ist der Widerruf unzulässig (§§ 530 ff.). Schenkungen, durch die einer sittlichen Pflicht oder einer auf den Anstand zu nehmenden Rücksicht entsprochen wird, unterliegen nicht der Rückforderung oder dem Widerruf (§ 534); sie dürfen auch von Personen gemacht werden, die sonst als Verwalter fremder Vermögen Schenkungen nicht machen dürfen, z. B. vom Vater (§ 1641); Vormund (§ 1804); Vorerben (§ 2113); Testamentsvollstrecker (§§ 2205, 2207).

e) Schenkungen unter einer Auflage (§§ 525—527); hat der Schenker seine Leistung bewirkt, so kann er — und nach seinem Tode im Fall eines öffentlichen Interesses die zuständige Behörde (der Minister s. Art. 7 V. 16. 11. 99 GS. 562) — auf Vollziehung der Auflage gegen den Beschenkten klagen. Schenkungen unter einer Auflage unterliegen dem Schenkungsstempel RGer. 60, 238; vgl. auch MV. 21. 10. 05 JMBl. 324.

III. Titel. Miete. Pacht (§§ 535—597).

I. Miete (§§ 535—580). 1. Begriff: Der Mietvertrag ist ein gegenseitiger Vertrag, gerichtet auf zeitweise Überlassung einer Sache gegen Entgelt. Er unterscheidet sich danach von der Pacht, daß diese die Überlassung des Gebrauchs und des Fruchtgenusses eines Gegenstandes (Sache oder Rechts) bezweckt, von der Leihe, daß diese die unentgeltliche Überlassung des Sachgebrauchs ist, und vom Darlehn, daß dieses zur Rückgewähr der Gattung, die Miete zur Rückgewähr der bestimmten Sache verpflichtet. Die Miete ist ein rein persönliches Schuldverhältnis und wird nicht im Grundbuche vermerkt (s. EG. Art. 188); als Besitzer der Miet- oder Pachtsache genießen Mieter und Pächter den Besitzschutz (§§ 854, 858 ff., 865, 868) und damit eine Einrede gegenüber der Eigentumsklage des Vermieters (§ 986).

2. Form. Der Mietsvertrag ist gemäß § 129 formfrei; nur ein Vertrag über ein Grundstück, über Wohnräume und andere Räume, der für länger als ein Jahr geschlossen wird, bedarf der schriftlichen Form; ist die Form nicht beachtet, so gilt der Vertrag als für unbestimmte Zeit mit dem Recht jederzeitiger Kündigung — aber nicht eher als zum Schluß des ersten Jahres — geschlossen (§ 566, 580).

3. Pflichten des Vermieters. a) Gebrauchsgewährung. Er hat die Mietssache dem Mieter in einem zum vertragsmäßigen Gebrauche geeigneten Zustande zu überlassen und sie während der Mietszeit in diesem Zustand zu erhalten (§ 536). Er muß also die nötigen Reparaturen auf seine Kosten bewirken (RGer. Gruchot 25, 1018; wegen Gestattung der Fernsprechanlage s. RGer. 37, 212; 49, 306; wegen der Beleuchtung der Flure RGer. 33, 225, Gruchot 48, 901; wegen der Anbringung von Firmenschildern Rspr. d. OLG. 2, 32; 3, 26). Die Überlassung muß rechtzeitig geschehen; ist dies versäumt, so kann der Mieter nach fruchtlosem Ablauf einer dem Vermieter gestellten Frist ohne Einhaltung einer Kündigungsfrist kündigen (§ 542).

b) Gewährleistung wegen Mängel der Sache. Ist die vermietete Sache zur Zeit der Überlassung mit einem Fehler behaftet, der ihre Tauglichkeit zu dem vertragsmäßigen Gebrauch aufhebt oder mindert, oder entsteht im Laufe der Miete ein solcher Fehler, so ist der Mieter für die Zeit der Untauglichkeit von der Zahlung des Mietzinses befreit, für die Zeit der verminderten Tauglichkeit nur zur Zahlung eines verhältnismäßigen Teils (nach den Grundsätzen der Minderung s. o. S. 35) verpflichtet. Dasselbe gilt, wenn eine ausdrücklich zugesicherte Eigenschaft fehlt oder später fortfällt (§ 537). Statt dessen kann der Mieter auch Schadensersatz wegen Nichterfüllung verlangen (§ 538):

1. wenn der Mangel beim Abschluß des Vertrages vorhanden war, ohne Rücksicht auf Verschulden des Vermieters;
2. wenn er später eingetreten und vom Vermieter verschuldet ist;
3. wenn der Vermieter mit der Beseitigung des Mangels im Verzuge ist (Mahnung! § 284 BGB.) In diesem Fall kann der Mieter den Mangel selbst beseitigen und Ersatz der Aufwendung verlangen.

Anderseits fallen die Ansprüche des Mieters auf Befreiung oder Minderung des Mietzinses oder Schadensersatz fort:

1. wenn er bei Vertragsabschluß Kenntnis von dem Fehlen einer zugesicherten Eigenschaft hatte;
2. wenn ihm die die Tauglichkeit der Sache aufhebenden oder mindernden Eigenschaften bekannt oder infolge grober Fahrlässigkeit unbekannt geblieben waren (falls nicht Täuschung durch den Vermieter vorliegt);
3. wenn er die Mietsache trotz Kenntnis des Fehlers vorbehaltlos angenommen hat;
4. wenn er die im § 545 ihm auferlegte Mängelanzeige nicht macht.

Vertragsmäßig kann die Gewährleistung erlassen oder beschränkt werden, aber die Vereinbarung ist nichtig, wenn der Vermieter Mängel arglistig verschweigt (§ 540).

c) Gewährleistung wegen Mängel im Recht (§ 541). Wird durch das Recht eines Dritten dem Mieter der vertragsmäßige Gebrauch der Mietsache ganz oder teilweise entzogen, so hat er dieselben Rechte wie beim Mangel der Sache. Dasselbe gilt, wenn das zeitlich begrenzte Recht des Vermieters endet (z. B. das Nießbrauchsrecht des Ehemanns).

d) Die auf der Mietsache ruhenden Lasten trägt der Vermieter (Grundsteuer usw.; — Einquartierungslasten, diese werden durch die Gemeindebehörden auf die Grundstücke gemäß G. 25. 6. 68 BGBl. 523 und RG. 13. 1. 73 RGBl. 129 und 13. 2. 75 in der Fassung v. 24. 5. 98 RGBl. 361 umgelegt). — Wegen des auf Grund des StempelsteuerG. 31. 7. 95 (26. 6. 09 GS. 09 535) zu führenden Mietverzeichnisses s. Tarifposition Nr. 48 und Ausfbest. 16. 8. 10. (Zbl. f. die Abg. Verw. 20 Stück, Beilage. Ziff. 71 ff.).

4. Pflichten des Mieters. Vertragsmäßiger Gebrauch der Sache, die dadurch herbeigeführte Veränderung und Verschlechterung (Abnutzung) hat der Mieter nicht zu vertreten. Vertragswidriger Gebrauch trotz Abmachung des Vermieters berechtigt diesen auf Unterlassung zu klagen (§§ 548, 550; ZwVollstr. s. ZPO. § 890). Notwendige Aufwendungen hat der Vermieter zu ersetzen, bei anderen Aufwendungen kommen die Vorschriften über Geschäftsführung ohne Auftrag zur Anwendung.

Futterkosten für ein gemietetes Tier trägt jedoch stets der Mieter. Eine Einrichtung, die er angebracht hat, kann er wegnehmen (§ 547). — Seine Ansprüche wegen Aufwendungen, sowie die des Vermieters wegen Verschlechterungen verjähren in 6 Monaten nach Beendigung der Miete bzw. Rückgabe der Sache (§ 558). Die Zahlung des Mietzinses erfolgt nachträglich, ist der Zins nach Zeitabschnitten bemessen (monatlich, vierteljährlich), nach Ablauf der einzelnen Zeitabschnitte; für ein Grundstück (Wohn- oder andere Räume) nach Ablauf je eines Vierteljahrs am ersten Werktage des folgenden Monats, sofern er nicht nach kürzeren Zeitabschnitten bemessen ist (§ 551). Wegen des Zurückbehaltungsrechts JW. 06, 333. Die Behinderung des Mieters durch einen in seiner Person liegenden Grund (Krankheit, Versetzung) befreit ihn nicht von der Zinszahlung, doch muß sich der Vermieter die Vorteile anrechnen, die er durch anderweitige Verwertung des Gebrauchs erlangt, sowie den Wert der ersparten Aufwendungen (§ 552). — Zeigt sich im Laufe der Miete ein Mangel oder wird eine Vorkehrung zum Schutz gegen eine nicht vorgesehene Gefahr erforderlich oder maßt sich ein Dritter ein Recht an der Mietsache an, so hat der Mieter dem Vermieter unverzüglich Anzeige zu machen, andernfalls macht er sich schadensersatzpflichtig (§ 545).

Zur Überlassung der Sache an einen Dritten (Weiter- oder Aftervermietung) bedarf der Mieter der Erlaubnis des Vermieters. Bei Verweigerung kann der Mieter mit der gesetzlichen Kündigungsfrist kündigen, sofern nicht in der Person des Dritten ein wichtiger Grund (z. B. unehrbares oder schädliches Gewerbe) vorliegt. Auch bei erteilter Erlaubnis haftet der Mieter für Verschulden des Dritten (§ 549).

Gibt der Mieter die Mietsache nach der Beendigung des Mietverhältnisses nicht zurück, so kann der Vermieter für die Dauer der Vorenthaltung den vereinbarten Mietzins und weiteren Schadensersatz verlangen (§ 556 f.). Das G. 30. 6. 34 (GS. 92) über die Termine bei Wohnungsmietverträgen bestimmt, daß bei größeren Wohnungen die gesetzliche Räumungsfrist durch ortspolizeiliche Verordnung [1]) verlängert werden kann, und daß an Sonn- und Feiertagen die Räumungsverbindlichkeit des Mieters ruht (aufrechterhalten durch EG. Art. 93).

5. Gesetzliches Pfandrecht des Vermieters (§§ 559—563). a) Der Vermieter eines Grundstücks hat für seine Forderungen aus dem Mietverhältnis ein Pfandrecht an den eingebrachten, der Pfändung unterworfenen (s. ZPO. § 811) Sachen des Mieters, und zwar wegen rückständiger Entschädigungs- und Mietzinsforderungen sowie wegen des Zinses für das laufende und das folgende Mietjahr. Auf die dem Mieter nicht gehörenden Sachen (z. B. der Ehefrau, des Kindes, des Untermieters) erstreckt es sich nicht. Der Vermieter kann sich durch Vertrag auch an unpfändbaren Sachen das Zurückbehaltungsrecht ausbedingen

---

[1]) Für Berlin bestimmt eine Polizei-V. 26. 3. 70, IntellBl. Nr. 74, daß die Räumung
1. bei kleinen Wohnungen (bis zu 2 Wohnzimmer nebst Zubehör) am 1. Quartalstage,
2. bei mittleren (3 oder 4 Wohnzimmern und Z.) am 2. um 12 Uhr mittags,
3. bei großen (mit mehr als 4 Wohnzimmern) am 3. um 12 Uhr mittags beendet sein muß; indessen müssen bei Wohnungen von 3 Wohnzimmern 1 Wohnzimmer, bei Wohnungen von mehr als 3 Wohnzimmern 2 Wohnzimmer schon am 1. Quartalstage dem neuen Mieter vollständig geräumt zur Verfügung gestellt werden.

(RGStr. 35, 150; 37, 119). — b) Das Pfandrecht entsteht mit der Einbringung der Sachen in die vermieteten Räume (RGer. Gruchot 26, 998; 25, 460). — c) Es erlischt, wenn die Sachen mit Wissen und ohne Widerspruch des Vermieters von dem Grundstück entfernt sind. Indes darf der Vermieter der Entfernung von Sachen nicht widersprechen, wenn sie im regelmäßigen Geschäftsbetrieb des Mieters oder den gewöhnlichen Lebensverhältnissen entsprechend (z. B. Reisegepäck) erfolgt, oder wenn die zurückbleibenden Sachen zur Sicherung offenbar ausreichen. Um die unberechtigte Entfernung zu verhindern, kann er sich der Selbsthilfe bedienen, und wenn der Mieter auszieht, die Sachen in seinen Besitz nehmen. Die ohne Wissen oder unter Widerspruch erfolgte Fortschaffung der Sachen gibt dem Vermieter einen Anspruch auf Herausgabe behufs Zurückschaffung in das Grundstück und, wenn der Mieter ausgezogen ist, auf Überlassung des Besitzes gegen den Mieter wie gegen Dritte, soweit sie nicht redliche Erwerber sind (§ 561; §§ 936, 1208). — Nach Entfernung der Sachen erlischt das Pfandrecht mit Ablauf eines Monats nach Kenntnis von der Entfernung, falls es nicht vorher gerichtlich geltend gemacht ist (§ 561). — d) Durch Sicherheitsleistung in Höhe des Werts jeder einzelnen Sache kann der Mieter die Geltendmachung des Pfandrechts abwenden (§ 562). — e) Beim Zusammentreffen mit Pfändungspfandrechten kann der Vermieter sein Pfandrecht nur wegen des für das letzte Jahr vor der Pfändung rückständigen Mietzinses geltend machen (§ 563; ebensoweit geht sein Absonderungsrecht im Konkurs, s. KonkO. § 49 Abs. 1 Nr. 2).

6. Endigung der Miete. — Kündigung. A. Das Mietverhältnis endigt mit dem Ablauf der Zeit, für die es eingegangen ist; ist die Mietzeit nicht bestimmt, so kann jeder Teil kündigen, und zwar:

a) bei Grundstücken (Wohn- und anderen Räumen) nur für den Schluß eines Kalendervierteljahrs spätestens am dritten Werktage des Vierteljahrs. — Ist der Mietzins nach Monaten bemessen, nur zum Monatsschluß, spätestens am 15. des Monats, wenn nach Wochen, nur zum Schluß der Woche, spätestens am ersten Werktag der Woche, wenn nach Tagen, jeden Tag für den nächsten Tag.

b) bei beweglichen Sachen spätestens am 3. Tage vor Beendigung des Mietverhältnisses; ist der Mietzins nach Tagen bemessen, jeden Tag zum nächsten Tag (§ 565).

Ist der Mietvertrag für länger als 30 Jahre abgeschlossen, so kann er nach 30 Jahren mit der gesetzlichen Kündigung aufgehoben werden; es sei denn, daß er für die Lebenszeit des Vermieters oder Mieters geschlossen ist (§ 567). — Nichtrückgabe und Nichtrückforderung binnen zwei Wochen gilt als stillschweigende Weitervermietung auf unbestimmte Zeit (§ 568).

B. Der Tod des Mieters (nicht des Vermieters) gibt dessen Erben und dem Vermieter das Recht der Kündigung für den ersten gesetzlich zulässigen Termin. Stirbt der Mieter am 2. Juli, so kann zum 1. Oktober, stirbt er am 4. Juli, so kann zum 1. Januar gekündigt werden (§ 569).

C. Ein gleiches Recht besteht bei der Versetzung von Militärpersonen, Beamten, Geistlichen und Lehrern an öffentlichen Unterrichtsanstalten (§ 570).

D. Ohne Einhaltung der Kündigungsfrist kann kündigen:

1. Der Mieter,

a) wenn ihm der vertragsmäßige Gebrauch der gemieteten Sache ganz oder zum

Teil nicht rechtzeitig gewährt oder wieder entzogen wird und die Frist zur Abhilfe verstrichen ist (§ 542);

b) wenn die Wohnung oder ein zum Wohnen bestimmter Raum die Gesundheit erheblich gefährdet, selbst wenn der Mieter die Beschaffenheit gekannt oder auf das Kündigungsrecht verzichtet hatte (§ 544).

2. Der Vermieter,

a) bei vertragswidrigem Gebrauch der Sache trotz Abmahnung und bei erheblicher Schädigung des Vermieters (§ 553).

b) bei gänzlichem oder teilweisem Verzug der Mietzinszahlungen für zwei aufeinander folgende Termine (§ 554).

F. Die Veräußerung des vermieteten Grundstücks nach Überlassung an den Mieter hat keinen Einfluß auf die Dauer des Mietvertrages (Kauf bricht nicht Miete); der Käufer tritt während der Dauer seines Eigentums in die Rechte und Verpflichtungen des Vermieters ein; dieser haftet aber für den etwa vom Käufer zu ersetzenden Schaden wie ein selbstschuldnerischer Bürge. Von dieser Haftung wird er frei, wenn er selbst dem Mieter den Verkauf mitteilt und dieser daraufhin nicht zum nächsten vertraglich oder gesetzlich zulässigen Termin kündigt (§§ 571 ff.).

II. Pacht (§§ 581—597). Pacht ist die entgeltliche Gewährung des Gebrauchs des verpachteten Gegenstandes und des Genusses der Früchte, soweit sie nach den Regeln einer ordnungsmäßigen Wirtschaft als Ertrag anzusehen sind (also z. B. nicht die durch Windbruch gefallenen Bäume). Soweit nicht Besonderes bestimmt ist, gelten die Regeln für die Miete (insbesondere auch bezüglich der Form § 566). Hervorzuheben ist:

Der Pachtzins kann auch in einem Anteil an dem Ertrag der Pachtsache (z. B. eines Handelsgeschäfts, eines Hotels) oder ihren Früchten bestehen. Der Verpächter hat nach den allgemeinen Grundsätzen für Gewährleistung bei Unglücksfällen zu haften, die die Fruchtziehung unmöglich machen, z. B. eine Überschwemmung, die die Bestellung des Ackers vereitelt; dagegen trägt der Pächter die Gefahr bezüglich der Ernte (Hagelwetter, Mißernte). Die Kündigung bei zeitlich unbestimmtem Pachtverhältnis muß für den Schluß eines Pachtjahres und spätestens am ersten Werktage des halben Jahres erfolgen, mit dessen Ablauf die Pacht enden soll (§ 595). Wird die Unterverpachtung verweigert, so gibt dies dem Pächter kein Kündigungsrecht, ebensowenig seine Versetzung; sein Tod gibt seinen Erben, aber nicht dem Verpächter das Recht, zu kündigen (§ 596). — Bei der Pacht eines landwirtschaftlichen Grundstücks oder Landguts hat der Pächter die gewöhnlichen Ausbesserungen an Gebäuden, Wegen, Gräben und Einfriedigungen auf seine Kosten zu bewirken (§ 582); zu Änderungen in der Bewirtschaftung, die über die Pachtzeit hinaus Einfluß haben, bedarf er der Erlaubnis des Verpächters (§ 583); der Pachtzins ist — wenn er nach Jahren bemessen — am ersten Werktage des folgenden Jahres zu entrichten (§ 584). Das gesetzliche Pfandrecht des Verpächters ist umfassender, es besteht auch wegen noch nicht fälligen Pachtzinses und betrifft auch die Erzeugnisse und das zum Betrieb nötige Gerät, Vieh und Dünger (§ 585). Über die Rückgewähr des Grundstücks s. §§ 591 f. und über die Pacht eines Grundstücks mit Inventar s. §§ 586—590 (der Pächter hat wegen seiner auf das Inventar bezüglichen

Forderungen ein gesetzliches Pfandrecht an den in seinen Besitz gelangten Inventarstücken).

IV. Titel. Leihe (§§ 598—606).

Leihe ist die Überlassung einer Sache zum unentgeltlichen Gebrauch. Der Verleiher haftet nur für Vorsatz und grobe Fahrlässigkeit; Schaden, der auf einem arglistig verschwiegenen Mangel beruht, muß er ersetzen (§ 600). Der Entleiher trägt die Kosten der Erhaltung, insbesondere die Futterkosten eines Tieres; er haftet für Vorsatz und jede Fahrlässigkeit; bei vertragswidrigem Gebrauch, insbesondere bei Überlassung des Gebrauchs an einen Dritten ohne Erlaubnis, hat er selbst zufälligen Schaden zu vertreten, wenn dieser die Folge des vertragswidrigen Gebrauchs ist. Die Rückgabe hat nach Ablauf der bestimmten Zeit oder der sich aus dem Zweck bestimmenden Zeit zu erfolgen, andernfalls kann der Verleiher die Sache jederzeit zurückfordern (§ 604). Ein Kündigungsrecht hat der Verleiher: 1. wenn er unvorhergesehenerweise selbst der Sache bedarf, 2. bei Mißbrauch durch den Entleiher und 3. beim Tode des Entleihers (§ 605). — Die Ansprüche aus der Leihe verjähren in 6 Monaten (§ 606).

V. Titel. Darlehen (§§ 607—610).

(NB. Ich leihe Geld dar; der andere, der es erhält, borgt es; ich leihe mir eine Sache, die ich gebrauchen will; ich stunde oder kreditiere — nicht ich borge — dem Käufer das Kaufgeld.)

Das Darlehen ist die Hingabe von Geld oder anderen vertretbaren Sachen zum Eigentum mit der Verpflichtung zur Wiedererstattung des Empfangenen in Sachen von gleicher Art, Güte und Menge (§ 607). Es ist wie die Leihe ein sog. Realvertrag, d. h. der Vertrag vollzieht sich mit der Hingabe und dem Empfang des Geldes. Der Vorvertrag — das Versprechen, ein Darlehen zu geben — kann im Zweifel widerrufen werden, wenn infolge Verschlechterung der Vermögensverhältnisse des künftigen Schuldners die Rückzahlung gefährdet erscheint (§ 610). In Preußen bedürfen die an Mitglieder des königlichen Hauses gegebenen Darlehen zu ihrer Klagbarkeit der Einwilligung des Königs (§§ 676, 677 ALR. I, 11; EG. Art. 57).

Ist die Zeit für die Rückerstattung nicht bestimmt, so kann der Schuldner ein zinsloses Darlehen (ohne Abzug von Zwischenzinsen § 272) jederzeit zurückgeben; bei einem zinsbaren Darlehen bedarf es zur Fälligkeit der Kündigung, die bei Darlehen über 300 Mk. drei Monate zuvor, bei geringeren Beträgen ein Monat zuvor zu erfolgen hat (§ 609). Bei hypothekarischen Darlehen darf die Kündigung nicht über 30 Jahre hinaus ausgeschlossen werden (G. 2. 3. 50 § 92; EG. Art. 117; die vom Pfandleiher gegebenen Darlehen sind nicht vor Ablauf von 6 Monaten fällig, aber der Schuldner darf das Pfand jederzeit einlösen, s. G. betreffend Pfandleihgewerbe 17. 3. 81 §§ 4, 7; EG. Art. 94). Für den Ort der Rückerstattung gelten die allgemeinen Bestimmungen (§§ 269, 270).

Zinsen können nur gefordert werden, wenn sie ausbedungen sind; ist ihre Höhe nicht bestimmt, so sind 4% zu zahlen (§ 246); fällig sind sie mangels anderer Verabredung nach Ablauf je eines Jahres oder bei der Rückerstattung (§ 608). Zinsbeschränkungen kennt das BGB. nicht; liegt Wucher vor, so ist das Geschäft nach § 138 Abs. 2 nichtig; außerdem greifen die RG. 24. 5. 80 und 19. 6. 93 ein, wonach gemäß StrGB. § 302 a—e wegen Wuchers bestraft wird, wer sich unter Ausbeutung der Notlage, des Leichtsinns oder der Unerfahrenheit eines anderen bei einem Darlehen oder ähnlichem Rechtsgeschäft unverhältnismäßig hohe Vorteile versprechen oder gewähren läßt. Die Strafe erhöht sich, wenn sich jemand die wucherlichen Vorteile verschleiert, wechselmäßig, auf Ehrenwort, eidlich u. dgl. versprechen läßt, oder wenn er den Wucher gewerbs- oder gewohnheitsmäßig betreibt, in letzterem Fall auch bei anderen Rechtsgeschäften (sog. Sachwucher z. B. bei der Viehverstellung.) —

VI. Titel. Dienstvertrag (§§ 611—630).

Sein Inhalt ist die Leistung von Diensten (Arbeit) sowohl von körperlichen wie wissenschaftlichen oder künstlerischen gegen Entgelt. Der Dienstpflichtige hat im Zweifel die Dienste in Person zu leisten, der Anspruch auf die Dienste ist im Zweifel nicht übertragbar, also auch nicht pfändbar (§ 613; ZPO. § 851).

Der Dienstberechtigte hat die Vergütung nach Leistung der Dienste oder nach Ablauf der bestimmten Zeitabschnitte zu entrichten; eine Vergütung gilt als stillschweigend vereinbart, wenn die Dienstleistung den Umständen nach nur gegen eine Vergütung zu erwarten ist; ist die Höhe nicht bestimmt, so gilt die etwa bestehende Taxe (z. B. für Ärzte die Gebührenordnung 15. 5. 96 MBl. 105 f. GewO. Tit. 5), sonst die übliche Vergütung. Diese ist auch zu zahlen, wenn der Dienstberechtigte mit der Annahme der Dienste in Verzug ist (§ 615), und auch dann, wenn der Dienstpflichtige für eine verhältnismäßig nicht erhebliche Zeit durch einen in seiner Person liegenden Grund ohne sein Verschulden (z. B. Kontrollversammlung, unfreiwillige militärische Übung KGer. Bl. f. Rpfl. 15, 31, Krankheit) an der Dienstleistung verhindert wird; er muß sich aber den aus der gesetzlichen Kranken- und Unfallversicherung erhaltenen Betrag anrechnen lassen (§ 616).

Außerdem legen die §§ 617, 618 dem Dienstherrn eine besondere Fürsorge auf: für die in seine Hausgemeinschaft aufgenommenen Dienstpflichtigen die Gewährung der Verpflegung und ärztlichen Behandlung in Krankheitsfällen bis zur Dauer von 6 Wochen (falls nicht durch eine Versicherung oder durch eine Einrichtung der öffentlichen Krankenpflege Vorsorge getroffen ist) und die Beobachtung der Erfordernisse der Gesundheit, Sittlichkeit und Religion in Ansehung der Wohn- und Schlafräume, der Verpflegung und der Arbeits- und Erholungszeit; außerdem hat er alle Vorkehrungen zu treffen, um den Verpflichteten gegen Gefahr für Leben und Gesundheit zu schützen, vgl. z. B. RGer. Gruchot 48, 346 (Diensträume), JW. 03 Beil. 57 (Feuersicherheit). Schuldhafte Nichterfüllung dieser vertraglich nicht abänderlichen Bestimmungen machen den Dienstherrn schadensersatzpflichtig gemäß §§ 842—846.

Das Dienstverhältnis endigt mit dem Ablauf der bestimmten Zeit, andernfalls durch die Kündigung (§ 620). Diese ist, je nachdem die Vergütung bemessen, täglich bei einwöchiger Kündigung am ersten Werktag zum Schluß der Woche, bei halbmonatiger Kündigung spätestens am 15. jeden Monats zum Monatsschluß, sonst 6 Wochen vor dem Vierteljahrsschluß zu diesem zulässig (§ 621.) Dienstverträge der mit festen Bezügen zur Leistung höherer Dienste Angestellten, z. B. Lehrer, Erzieher, Privatbeamte, Gesellschafterinnen können nur unter Einhaltung der sechswöchigen Kündigung aufgelöst werden, auch wenn die Vergütung nach kürzeren Zeitabschnitten als Vierteljahren bemessen ist (§ 622). Ist die Vergütung nicht nach Zeitabschnitten bemessen, so kann das Dienstverhältnis jederzeit, bei einem die Erwerbstätigkeit vollständig oder hauptsächlich in Anspruch nehmenden Dienste mit zweiwöchiger Kündigung gelöst werden; Dienstverhältnisse für Lebenszeit oder für länger als 5 Jahre können von dem zur Dienstleistung Verpflichteten nach Ablauf von 5 Jahren mit sechsmonatiger Kündigung gekündigt werden (§ 623 f.). Außerdem gibt ein wichtiger Grund, worüber das richterliche Ermessen entscheidet, das Recht zur Kündigung ohne Einhaltung der Kündigungsfrist (§ 626). Jederzeitige Kündigung auch ohne wichtigen Grund ist zulässig, wenn der nicht in dauerndem Dienstverhältnis stehende Dienstpflichtige Dienste höherer Art zu leisten hat, die auf Grund besonderen Vertrauens übertragen werden (§ 627 z. B. Arzt, Rechtsanwalt). Vertragswidriges Verhalten, das die Kündigung veranlaßt, verpflichtet zum Schadensersatz (§ 628 Abs. 2); auch die Kündigung des Konkursverwalters verpflichtet zum Schadensersatz (KonkO. § 22). Nach der Kündigung eines dauernden Dienstverhältnisses hat der Dienstberechtigte dem Dienstpflichtigen auf Verlangen eine angemessene Zeit zum Aufsuchen eines neuen Dienstes zu gewähren, auch kann letzterer die Ausstellung eines Zeugnisses fordern, das auf Verlangen auf Leistungen und Führung zu erstrecken ist (§ 629 f.), mag auch das Dienstverhältnis nur einen Tag gedauert haben. — Daneben sind reichsgesetzlich verschiedene Dienstverhältnisse geregelt (Handlungsgehilfen HGB. §§ 59—83; Schiffer ebda. §§ 511 bis 555 u. RG. 1. 6. 95 §§ 7 ff.: gewerbl. Arbeiter GewO. §§ 105 bis 139 b) oder den Landesgesetzen vorbehalten, insbesondere das Gesinderecht (doch gelten die im EG. Art. 95 genannten Paragraphen, insbesondere auch die sozialen Zwangsvorschriften der §§ 617—619, soweit sie dem Gesinde günstiger sind). Das Stellenvermittlungswesen ist durch das RG. 2. 6. 10 RGBl. 860 geregelt. Pr. Ausfbest. 25. 7. 10 (GS. 155). Für das Gesinderecht gilt im Gebiet des ALR.:

Preußische Gesindeordnung 8. 11. 1810 GS. 410; s. a. AG. Art. 14) aus der hervorgehoben sei: Die Hingabe und Annahme des Mietsgeldes. Sie vertritt jetzt nicht mehr die Stelle des Vertrages (§ 22 f.), sondern gilt nur als Beweis des abgeschlossenen Vertrages (OVG. 52, 275 abw. OTr. 80, 259; anderweiter Verabredung gilt die Miete bei städtischem Gesinde auf 1/4 Jahr, bei ländlichem auf 1 Jahr. „Zieht ein Dienstbote sich durch den Dienst oder bei Gelegenheit desselben eine Krankheit zu, so ist die Herrschaft schuldig, für seine Kur und Verpflegung zu sorgen" (§ 86), und zwar dauert diese Verpflichtung bis zum Ablauf der Dienstzeit (vgl. § 92 u. OTr. 46 229 u. StrA. 44, 83, also unter Umständen viel länger als 6 Wochen; vgl. Art. 95 Abs. 2 EG.), wenn nicht der Ausnahmefall des § 94 vorliegt, daß die Herrschaft als Auftraggebende bei Unglücksfällen für geringes Versehen und bei gefahrvollen Aufträgen auch für zufälligen Schaden haftet. Abgesehen von jenem Falle des § 86 ist nach § 88 die Herrschaft „zur Fürsorge für kranke Dienstboten nur alsdann verpflichtet, wenn dieselben keine Verwandten in der Nähe haben, die sich ihrer anzunehmen vermögend und nach den Gesetzen schuldig sind“; dies gilt nicht, wenn der Dienstbote selbst hinreichende Mittel besitzt, und nur für die Dauer der Dienstzeit. Vom Lohne darf im ersten der beiden Fälle nichts gekürzt werden; im zweiten kann die Herrschaft die Kurkosten von dem auf die Dauer der Krankheit fallenden Lohn abziehen (§§ 87, 91, 92). — Der Gesindedienstvertrag endigt nicht mit Ablauf der festgesetzten Zeit von selber, sondern es muß immer eine Kündigung voraufgehen (§ 111). Diese ist bei städtischem Gesinde auf 6 Wochen und bei ländlichem auf 3 Monate vor Ablauf der Dienstzeit bestimmt; bei monatsweiser Mietung hat sie am 15. jeden Monats zu erfolgen (§§ 111—113). Ist keine Kündigung erfolgt, so gilt der Vertrag auf 1/4 bzw. 1 Jahr (bzw. 1 Monat) verlängert (§§ 114—116). Gesinde, welches den Dienst vorzeitig verläßt, kann durch die Polizei zurückgeführt (§ 167, Reskr. 17. 4. 12) und nach dem G. 24. 4. 54 betr. die Verletzungen der Dienstpflichten des Gesindes und der ländlichen Arbeiter in Strafe genommen werden. — Die §§ 117—135 zählen 19 Gründe auf, aus welchen die Herrschaft das Gesinde ohne Kündigung entlassen kann, und die §§ 136 bis 142 ebenso 7 Gründe, aus welchen das Gesinde ohne Kündigung den Dienst verlassen darf. Um aber gegen die Herrschaft zu klagen, muß es vorher die Hilfe der Polizei angehen (MR. 13. 2. 90, MBl. 34). Aus einigen anderen Gründen kann vor Ablauf der Dienstzeit, aber doch nach Aufkündigung, das Verhältnis von der Herrschaft (§ 143 f.) und vom Gesinde (§§ 145—147) aufgelöst werden. — Die Gesindebücher sind durch V. 29. 9. 46 eingeführt, ihre Beglaubigung durch die Polizei macht sie zu Arbeitsbescheinigungen für die Inv.-Versicherung. — Eine KO. 9. 8. 27 (v. Kamptz Annalen XI 697) gestattet, daß beim Antritte oder Wechsel des Dienstes vom Gesinde in den Städten eine Abgabe von 50 Pf. auf Antrag der städtischen Behörden erhoben wird zur Begründung oder Erweiterung von Gesinde-Krankenanstalten an dem Orte. Für die Rheinprovinz gilt die GesindeO. 19. 8. 44 GS. 410 für Neuvorpommern 11. 4. 45 GS. 391, Schleswig-Holstein $\frac{25.\ 2.\ 40}{20.\ 9.\ 99}$ Schlesw.holst. GS. 40, 35; GS. 99, 177, in Hannover gelten 4, in Hessen-Nassau 5 Gesindeordnungen.

VII. Titel. Werkvertrag (§§ 631—651).

Er hat zum Gegenstand die Herstellung eines durch den Unternehmer versprochenen Werkes gegen Entrichtung einer Vergütung durch den Besteller (z. B. Anfertigung eines Kleidungsstücks). Beim Dienstvertrag bildet die Arbeit, hier das Resultat der Arbeit Gegenstand des Vertrages, beim Kaufvertrag ist die

Verschaffung der Sache oder des Rechts, nicht das Arbeitsprodukt Gegenstand der Leistung.

Pflichten des Unternehmers. Er hat das Werk versprochenermaßen herzustellen. Hat das Werk nicht die zugesicherten Eigenschaften, oder ist es mit erheblichen Fehlern behaftet, so hat der Besteller zunächst das Recht, die Beseitigung des Mangels zu verlangen (anders beim Kauf § 462); erfordert die Beseitigung jedoch einen unverhältnismäßigen Aufwand, so ist der Unternehmer berechtigt, sie zu verweigern. Ist er andererseits mit der Beseitigung des Mangels im Verzuge, so kann der Besteller den Mangel selbst beseitigen und Ersatz der Aufwendungen verlangen (§ 633). Zur Beseitigung eines Mangels — auch schon eines solchen, der sich vor der Ablieferung zeigt — kann der Besteller dem Unternehmer eine Frist mit der Erklärung setzen, daß er die Beseitigung des Mangels nach dieser Frist ablehne; nach fruchtlosem Ablauf dieser Frist kann der Besteller Rückgängigmachung des Vertrages (Wandelung) oder Herabsetzung der Vergütung (Minderung), aber nicht mehr Beseitigung des Mangels verlangen (s. das Nähere § 637). Statt (nicht neben) der Wandelung oder Minderung kann Schadensersatz wegen Nichterfüllung verlangt werden, wenn der Mangel auf einem vom Unternehmer zu vertretenden Umstand beruht (§ 634). Bei nicht rechtzeitiger Herstellung gelten dieselben Vorschriften, nur tritt an die Stelle des Rechtes auf Wandelung oder Minderung das Recht vom Vertrage zurückzutreten (§ 636). Nach allgemeinen Grundsätzen hat der Unternehmer das Verschulden seiner Hilfskräfte wie sein eigenes zu vertreten (§ 278); er haftet für jede Fahrlässigkeit (§ 276). — Die Ansprüche des Bestellers verjähren in 6 Monaten, bei Arbeiten an einem Grundstück in einem Jahr, bei Bauwerken in 5 Jahren, falls sie nicht vertraglich verlängert werden (§ 638 f.).

Pflichten des Bestellers. Er hat das Werk abzunehmen und die Vergütung zu zahlen. Abnahme ist Annahme des Werks als Erfüllung, vorbehaltlose Abnahme trotz Kenntnis eines Mangel gilt als Verzicht auf die Bemängelung (§ 640).

Die Vergütung ist bei der Abnahme zu zahlen, von da an, abgesehen vom Falle der Stundung, mit 4 % zu verzinsen (§ 641); eine Vergütung gilt als stillschweigend vereinbart, wenn die Arbeit nur gegen eine solche üblich ist, wobei etwa bestehende Taxen maßgebend sind (§ 632).

Die Gefahr des zufälligen Untergangs und der zufälligen Verschlechterung trägt bis zur Abnahme des Werks der Unternehmer; nach der Abnahme (oder Vollendung) der Besteller (§§ 644—646).

An der in seinem Besitz befindlichen, von ihm hergestellten oder ausgebesserten, beweglichen Sache des Bestellers hat der Unternehmer ein Pfandrecht (§ 647; KonkO. § 49 Nr. 2); der Unternehmer eines Bauwerks (hierüber RGer. 30, 453; 56, 41) Anspruch auf Einräumung einer Sicherungshypothek (§ 648).

Eine besondere Sicherung ist den Baugläubigern, d. s. die an der Herstellung eines Gebäudes auf Grund eines Werk- oder Dienstvertrages sowie diejenigen, die zur Herstellung eines Gebäudes Sachen geliefert haben, durch das

Gesetz über die Sicherung der Bauforderungen 1. 6. 09 RGBl. 449, gewährt. Es ist in diesem Zusammenhang zu erwähnen, weil vorzugsweise als geschützte Personen die Bauhandwerker in Frage kommen. Das Gesetz enthält einmal allgemeine Sicherungsvorschriften (Führung eines Baubuches zwecks Nachweises über die Verwendung des sog. Baugeldes, Anbringung des Namens des Baueigentümers oder -Unternehmers an dem Neubau), ferner als 2. Teil Vorschriften über die dingliche Sicherung der Baugläubiger. (Bauvermerk im Grundbuch als Ersatz der Eintragung einer Vormerkung auf Eintragung einer Hypothek vor Beginn des Baus; nachher Eintragung der Bauhypothek an Stelle des Bauvermerkes, der andere Rechte nur bis zu $^2/_3$ des Baustellenwertes vorgehen.) An Stelle des Bauvermerkes kann Sicherheit in Höhe von $^1/_3$ der voraussichtlich entstehenden Baukosten geleistet werden (§ 12). Der 2. Teil findet nur in den Gemeinden Anwendung, für die es durch landesherrliche Verordnung angeordnet wird [1]). Wo die Vorschriften über die dingliche Sicherung eingeführt sind, müssen sog. Bauschöffenämter errichtet werden (Errichtung durch Ortsstatut; 1 Vorsitzender, mindestens 4 Schöffen. Mindestens die Hälfte der Schöffen sollen bausachverständig sein. Das Amt ist ein unentgeltliches Ehrenamt, §§ 50 ff.). Das Bauschöffenamt wirkt mit bei der Festsetzung der Höhe der Sicherheitsleistung, des Baustellenwertes, der Anmeldung der Bauforderungen usw. —

Bis zur Vollendung des Werkes kann der Besteller jederzeit den Vertrag kündigen; er hat jedoch die vereinbarte Vergütung zu zahlen unter Abzug dessen, was der Unternehmer an Aufwendungen erspart und durch anderweitige Verwendung seiner Arbeitskraft erwirbt oder böswillig zu erwerben unterläßt (§ 649). Kündigt der Besteller wegen wesentlicher Überschreitung des Kostenanschlags, von der ihm der Unternehmer unverzüglich Anzeige zu machen hat, den Vertrag, so kann der Unternehmer nur den der bereits geleisteten Arbeit entsprechenden Teil der Vergütung beanspruchen (§ 650).

VIII. Titel. Mäklervertrag (§§ 652—656).

Mäklervertrag ist das Versprechen eines Lohns für den Nachweis der Gelegenheit zum Abschluß eines Vertrages oder für die Vermittelung eines Vertrages. Der Mäklerlohn ist nur fällig, wenn der Vertrag infolge des Nachweises oder der Vermittelung des Mäklers zustande kommt; Aufwendungen sind dem Mäkler nur zu ersetzen, wenn es vereinbart ist, mag der Vertrag zustande kommen oder nicht (§ 652). Der Lohn ist mangels Vereinbarung der taxmäßige oder übliche; er fällt fort, wenn der Mäkler dem Inhalt des Vertrags zuwider (z. B. bei Interessenkollision) auch für den anderen Teil tätig gewesen ist; ein unverhältnismäßig hoher, noch nicht entrichteter Mäklerlohn kann im Prozeßweg herabgesetzt werden bei Vermittelung usw. von Dienstverträgen (z. B. von Schauspielern, § 655); der an Heiratsvermittler versprochene Lohn ist nicht einklagbar, doch kann das Gezahlte nicht zurückgefordert werden (§ 656). Wegen des Stellenvermittlergesetzes s. S. 45 und unten im Gewerberecht.

[1]) In Preußen bis 1. Oktober 1910 nicht erfolgt.

IX. Titel. Auslobung (§§ 657—661).

Auslobung ist das öffentlich bekannt gemachte Versprechen einer Belohnung für die Vornahme einer Handlung. Die Belohnung erhält, wer die Handlung — wenn auch ohne Rücksicht auf die Auslobung — vorgenommen hat. Der Widerruf der Auslobung, der bis zur Vornahme der Handlung zulässig ist, muß ebenso wie diese bekannt gemacht werden. Fristbestimmung, die bei Preisbewerbung vorgeschrieben ist, bedeutet im Zweifel Verzicht auf Widerruf.

X. Titel. Auftrag (§§ 662—676).

Auftrag ist die vertragsmäßige Übernahme der unentgeltlichen Besorgung eines vom Auftraggeber übertragenen Geschäfts, d. h. nach dem Willen der Parteien soll durch die Annahme des Auftrags kein Anspruch auf Vergütung erworben werden, andernfalls liegt ein Dienst- oder Werkvertrag vor, für den dann aber auch die folgenden Normen gelten (§ 675). Die Geschäfte können sowohl rechtlicher wie tatsächlicher Natur (Kauf; Botengang) sein. Personen, die zur Besorgung gewisser Geschäfte öffentlich bestellt sind oder sich öffentlich oder persönlich dazu erboten haben, sind verpflichtet, die Ablehnung eines Auftrages unverzüglich zur Vermeidung des Schadensersatzes anzuzeigen (§ 663). Bei der Ausführung des Auftrags haftet der Beauftragte für jede Fahrlässigkeit; er hat im Zweifel selbst den Auftrag auszuführen; ist Substitution gestattet, so haftet er nur für ein Verschulden bei der Übertragung; für ein Verschulden seines Gehilfen haftet er wie für eigenes (§§ 665, 278); er hat jede Abweichung von den Weisungen des Auftraggebers diesem anzuzeigen, auf Verlangen jederzeit Auskunft zu geben, nach Beendigung des Auftrags Rechenschaft abzulegen und alles, was er infolge des Auftrages erhalten hat, herauszugeben. Geld des Auftraggebers, das er zu seinem Nutzen verwendet hat, hat er mit 4 % zu verzinsen (§§ 665—668). — Der Auftraggeber hat auf Verlangen für die zu machenden Aufwendungen Vorschuß zu geben und die erforderlich gewesenen Aufwendungen zu ersetzen (§ 669 f.). Der Auftrag endigt durch Widerruf des Auftraggebers, Kündigung und Tod des Beauftragten, aber im Zweifel nicht durch den Tod oder die Geschäftsunfähigkeit des Auftraggebers (§ 671—674). Ein bloßer Rat oder eine Empfehlung begründen keine Schadensersatzverbindlichkeit, es sei denn, daß es sich um ein Vertragsverhältnis (z. B. mit einer Auskunftei) oder um eine unerlaubte Handlung (Arglist) handelt (§ 676).

XI. Titel. Geschäftsführung ohne Auftrag (§§ 677—687).

Die Besorgung eines Geschäfts für einen anderen, ohne von ihm beauftragt oder ihm gegenüber sonst dazu berechtigt zu sein, verpflichtet den Geschäftsführer im Interesse des Geschäftsherrn mit Rücksicht auf dessen wirklichen oder mutmaßlichen Willen zu handeln. Andernfalls ist er schadensersatzpflichtig; indes kommt der entgegenstehende Wille des Geschäftsherrn nicht in Betracht, wenn es sich um Erfüllung einer im öffentlichen Interesse liegenden Pflicht, z. B. Vornahme einer Beerdigung, oder einer Unterhaltspflicht des Geschäftsherrn handelt (§§ 677—679). Die Übernahme ist, sobald tunlich, dem Geschäftsherrn anzuzeigen; der Geschäftsführer haftet, wenn es sich um Abwendung einer drohenden, dringenden Gefahr handelt, nur für Vorsatz und grobe Fahrlässigkeit (§§ 681, 680). — Der Geschäftsherr hat, wenn die Übernahme seinem Interesse und Willen entspricht, die Aufwendungen zu ersetzen (§ 683), es sei denn, daß der Geschäftsführer gar nicht die Absicht hatte, Ersatz zu verlangen. Solches wird von dem Unterhalt, den Eltern oder Voreltern ihren Abkömmlingen oder diese jenen geben, vermutet (§ 685).

XII. Titel. **Verwahrung** (§§ 688—700).

Der Verwahrungsvertrag, d. h. die Übergabe einer beweglichen Sache mit der Verpflichtung, sie aufzubewahren, verlangt von dem Verwahrer bei Unentgeltlichkeit nur diejenige Sorgfalt, die er in eigenen Angelegenheiten anzuwenden pflegt. Eine Vergütung gilt als stillschweigend vereinbart, wenn die Aufbewahrung den Umständen nach nur gegen eine solche zu erwarten ist; wenn er Vergütung erhält, haftet er für jede Fahrlässigkeit (§§ 689, 276). Der Staat haftet als Verwahrer für die von einer Partei auf Anordnung des Richters im Rechtsstreit überreichten Gegenstände (RGer. 51, 219); nicht aber die Schulleitung für die im Flur von den Schülern abgelegten Überkleider (OLG. Rostock. Seuff.A. 58, 55). Aufwendungen, die er für erforderlich halten darf, muß ihm der Hinterleger erstatten (z. B. Feuerversicherung) (§ 693); ebenso den Schaden, den er durch die Beschaffenheit der Sache erlitten hat, wenn er ihre gefahrdrohende Beschaffenheit nicht gekannt hat (s. § 694).

Die Rückgabe der Sache kann der Hinterleger stets, der Verwahrer — falls eine Zeit bestimmt ist — nur dann vorzeitig verlangen, wenn ein wichtiger Grund vorliegt; sie erfolgt am Ort der Aufbewahrung; der Verwahrer braucht die Sache nicht zu bringen (§ 696 f.).

Wegen des Anspruchs auf Vergütung hat der Verwahrer ein Zurückbehaltungsrecht (§ 273); verwendete Gelder muß er verzinsen (§ 698).

Werden vertretbare Sachen in der Art hinterlegt, daß das Eigentum auf den Verwahrer übergehen und dieser verpflichtet sein soll, Sachen von gleicher Art, Güte und Menge zurückzugewähren (sog. depositum irregulare), so finden die Vorschriften über das Darlehen Anwendung, ebenso von dem Augenblick an, wo der Hinterleger dem Verwahrer gestattet, die hinterlegten vertretbaren Sachen zu verbrauchen; Zeit und Ort der Rückgabe bestimmen sich aber im Zweifel nach den Grundsätzen über die Verwahrung. Bei Hinterlegung von Wertpapieren muß eine solche Vereinbarung aber ausdrücklich getroffen werden (§ 700; wegen der Pflichten der Kaufleute bei Aufbewahrung fremder Wertpapiere s. RG. 5. 7. 96, RGBl. 183) (Depotgesetz).

XIII. Titel. **Einbringung von Sachen bei Gastwirten** (§§ 701—704).

Ein Gastwirt, der gewerbsmäßig Fremde zur Beherbergung aufnimmt (dazu gehört nicht der Badeanstaltsbesitzer OLG. Hamburg DJZtg. 9, 78), hat einem im Betriebe dieses Gewerbes (also auch schon im Hotelwagen) aufgenommenen Gaste den Schaden zu ersetzen, den der Gast durch den Verlust oder die Beschädigung eingebrachter Sachen erleidet, es sei denn, daß der Schaden durch den Gast verursacht wird oder durch die Beschaffenheit der Sachen oder durch höhere Gewalt entsteht. Ein Anschlag, durch den der Gastwirt die Haftung ablehnt, ist ohne Wirkung (§ 701). Für Geld, Wertpapiere und Kostbarkeiten haftet er nur bis zum Betrage von 1000 Mk., es sei denn, daß er die Wertsachen als solche zur Aufbewahrung übernommen oder ihre Aufbewahrung abgelehnt hat oder eine Schuld seiner Leute vorliegt. Der Anspruch des Gastes erlischt, wenn er nicht unverzüglich Anzeige macht.

Der Gastwirt hat für seine Forderungen für Wohnung und andere Leistungen, einschließlich seiner Auslagen ein Pfandrecht an den eingebrachten Sachen des Gastes entsprechend dem des Vermieters (§ 704).

XIV. Titel. Gesellschaft (§§ 705—740).

Durch den Gesellschaftsvertrag verpflichten sich die Gesellschafter gegenseitig die Erreichung eines gemeinsamen Zweckes zu fördern, insbesondere die vereinbarten Beiträge zu zahlen.

1. Das Rechtsverhältnis der Gesellschafter untereinander (nach innen) beruht, falls der Vertrag nicht anderes bestimmt, auf völliger Gleichberechtigung; es sind gleiche Beiträge zu leisten; die Geschäftsführung ist eine gemeinschaftliche, jedes Geschäft erfordert Stimmeneinheit (§§ 706, 709). Ist die Geschäftsführung einzelnen Gesellschaftern übertragen, so sind die anderen davon ausgeschlossen, haben aber das Recht, sich über die Angelegenheiten der Gesellschaft durch Einsicht in die Bücher usw. zu unterrichten (§§ 710, 716). Die Entziehung der Geschäftsführung kann nur durch Gesellschaftsbeschluß aus wichtigen Gründen erfolgen (§ 712); für die Geschäftsführung sind die Grundsätze über den Auftrag (§§ 664—670) maßgebend. Die Ansprüche, die den Gesellschaftern gegeneinander zustehen, sind nicht übertragbar, ausgenommen die auf den Gewinnanteil und auf das bei der Auseinandersetzung ihm Zukommende (§ 717).

2. Die Vertretung der Gesellschaft gegenüber Dritten (nach außen) erfolgt durch alle Gesellschafter gemeinschaftlich; bei Übertragung der Geschäftsführung liegt darin aber im Zweifel zugleich die Vollmacht zur Vertretung (§ 714).

3. Das Gesellschaftsvermögen, gebildet aus den Beiträgen und den durch die Geschäftsführung erworbenen Gegenständen ist ein gemeinschaftliches Vermögen der Gesellschafter (nicht ein selbständiges Rechtssubjekt, sondern sog. Vermögen zur gesamten Hand) (§ 718); der einzelne Gesellschafter kann daher über seinen Anteil nicht verfügen, er kann nicht Teilung verlangen; eine gegen ihn bestehende Forderung kann ein Schuldner nicht gegen eine Forderung der Gesellschaft aufrechnen (§ 719). — Rechnungsabschluß und Gewinnverteilung erfolgt bei Gesellschaften von längerer Dauer nach Schluß des Geschäftsjahres, sonst erst nach Auflösung der Gesellschaft.

4. Die Gesellschaft endet durch Erreichung oder Unmöglichwerden des Zweckes (§ 726); durch Beschluß der Gesellschafter und durch

Kündigung eines Gesellschafters oder seines Gläubigers (s. §§ 723—725); sowie durch den Tod eines Gesellschafters (§ 727) und durch die Eröffnung des Konkurses über das Vermögen eines Gesellschafters, worauf die Auseinandersetzung gemäß §§ 730—735 zu erfolgen hat, wenn nicht durch den Vertrag die Fortsetzung der Gesellschaft vorgesehen ist. In diesem Fall scheidet der betreffende Gesellschafter aus oder es erfolgt seine Ausschließung (§§ 736–740).

Die vorstehenden Grundsätze gelten auch für die offene Handelsgesellschaft, soweit das HGB. nichts anderes bestimmt (HGB. § 105).

XV. Titel. Gemeinschaft (§§ 741—758).

Eine Gemeinschaft nach Bruchteilen liegt vor, wenn ein Recht mehreren gemeinschaftlich zusteht. Die Teilhaber besitzen im Zweifel gleiche Anteile, deren Größe in Bruchteilen oder unter Bezeichnung des Rechtsverhältnisses (z. B. allgemeine Gütergemeinschaft) im Grundbuche zu vermerken ist (GO. § 48); jeder hat das Recht zum Gebrauch des Gegenstandes und auf den entsprechenden Bruchteil der Früchte. Die Verwaltung ist gemeinschaftlich, ebenso die Tragung der Kosten und Lasten (§§ 744, 748). Jeder Teilhaber kann über seinen Anteil frei verfügen (ohne daß die übrigen Teilhaber ein Vorkaufsrecht haben), und jederzeit die Aufhebung der Gemeinschaft verlangen; selbst wenn diese durch Vereinbarung für immer oder auf Zeit ausgeschlossen ist, kann er sie aus wichtigen Gründen gleichwohl verlangen; ist sie auf Zeit ausgeschlossen, so tritt die Vereinbarung mit dem Tode eines Teilhabers im Zweifel außer Kraft. Außerdem kann ein Gläubiger auf Grund eines vollstreckbaren Schuldtitels jederzeit die Aufhebung herbeiführen (§§ 749—751). Die Aufhebung erfolgt durch Teilung (§§ 752—758); der Anspruch auf Aufhebung ist unverjährbar (§ 758).

XVI. Titel. Leibrente (§§ 759—761).

Die Leibrente ist die Gewährung von Leistungen (Geld, Naturalien) zum Unterhalt einer Person. Sie kann auf Vertrag — den der Versprechende, wenn nicht das Geschäft z. B. als Schenkung eine strengere Form verlangt, schriftlich abzuschließen hat (§ 761) — oder auf Verfügung von Todes wegen beruhen, gegen Entgelt (sog. Rentenkauf) oder als Geschenk versprochen werden.

Im Zweifel ist die Rente für die Lebensdauer des Gläubigers zu entrichten (§ 759); soll nach dem Tode des einen Mitberechtigten dessen Anteil den andern zuwachsen (sog. Tontine), so muß dies besonders ausgemacht sein, andernfalls sind mehrere nur anteilsweise berechtigt (§ 420). Die Leibrente ist im voraus zu entrichten; eine Geldrente 3 Monate im voraus; hat der Gläubiger den Fälligkeitstag erlebt, so gebührt ihm oder den Erben die volle Vierteljahrsrente (§ 760). Die Bestimmungen über den mit Überlassung eines Grundstücks verbundenen Leibgedings-, Leibzuchts-, Altenteils- oder Auszugsvertrag (aufrecht erhalten durch EG. Art. 96) sind im AG. Art. 15 enthalten.

XVII. Titel. Spiel. Wette (§§ 762–764).

Beim Spiel ist wesentlich, daß Gewinn und Verlust von dem Eintritt eines ungewissen, wesentlich vom Zufall abhängigen Ereignisses abhängig gemacht ist, und daß der Zweck des Vertrages die Erzielung eines Gewinnes ist; bei der Wette, bei der der Gewinn von der Richtigkeit der von einer Partei behaupteten, von der anderen bestrittenen Tatsache abhängig ist, hat das Gewinnen nur symbolische Bedeutung, es ist ein Siegespreis für das Rechthaben, der z. B. einem Dritten (Armenkasse) zufallen kann (RGerStr. 6, 172, 424; RGer. 61, 153).

Spiel- und Wettvertrag begründen keine Verbindlichkeit, d. h. es kann auf Leistung nicht geklagt werden; andererseits kann das einmal Geleistete nicht deshalb zurückgefordert werden, weil eine Verbindlichkeit nicht bestanden hat. Dasselbe gilt von einer Vereinbarung, durch die der Verlierende zur Erfüllung seiner Spiel- oder Wettschuld eine Verbindlichkeit eingeht (Schuldanerkenntnis, Pfandbestellung, Bürgschaft ist unverbindlich) (§ 762). Für den Lotterie- und Ausspielvertrag gelten dieselben Grundsätze, wenn die Lotterie usw. nicht staatlich genehmigt ist (G. 29. 8. 1904; GS. 255); Über Spielgesellschaften s. MV. 10. 4. 06; MBl. 359. Über Glückspielautomaten MV. 2. 7. 09; MBl. 213).

Wenn aber auch das Spielen in auswärtigen Lotterien nach Maßgabe der Landesgesetze bestraft werden kann (RGerStr. 39, 1) so ist doch ein Vertrag über ein Los einer in irgendeinem Bundesstaat genehmigten Lotterie gültig (RGer. 48, 75; Gruchot 46, 1179; JW. 04, 542). Die Zahl der Staatslotterien hat sich dadurch sehr vermindert, daß Preußen mit der Mehrzahl der eigene Lotterien betreibenden Staaten Verträge dahin geschlossen hat, daß diese Staaten gegen Zahlung einer Rente an Stelle ihrer bisherigen Lotterie die Preußische Staatslotterie in ihren Gebieten zugelassen haben. Über Genehmigung der Privatgeldlotterien (s. MV. 5. 9. 04 MBl. 242).

Bei gesetzlich verbotenen Spielen (StrGB. §§ 284, 285, 360 Nr. 14) kann das Gezahlte nach allgemeinen Grundsätzen wegen Nichtigkeit des Geschäfts zurückgefordert werden (§ 134).

Besonders geregelt ist die Zulassung der Wettunternehmen für öffentlich veranstaltete Pferderennen (Totalisator). Zu ihrer Errichtung ist die Erlaubnis der Landeszentralbehörde nötig RG. 4. 7. 05, RGBl. 595; Ausf. Best. 6. 4. 06 RZBl 531.

Der § 764 unterwirft den Regeln über das Spiel das sog. Differenzgeschäft, d. h. ein Vertrag auf Lieferung von Waren oder Wertpapieren, in der Absicht geschlossen, daß nur der Unterschied zwischen dem vereinbarten Preise und dem Börsen- oder Marktpreise der Lieferungszeit von dem verlierenden Teil gezahlt werden soll (auch dann, wenn nur die Absicht des einen Teils auf die Zahlung des Unterschieds gerichtet ist, der andere aber die Absicht kennt oder kennen muß).

Für den Börsenterminhandel gilt folgendes: Die Zulassung von Waren und Wertpapieren zum Börsenterminhandel erfolgt durch den Börsenvorstand nach Äußerung der beteiligten Erwerbskreise und Mitteilung an den Reichskanzler. Der Gesamtnennwert der zugelassenen

Stücke muß mindestens 20000000 Mk. betragen). Es ist zu unterscheiden zwischen 1. verbotenen Termingeschäften (bes. Vorschrift des Bundesrates, Anteile von Bergwerks- oder Fabrikunternehmungen ohne Genehmigung des Bundesrates, Getreide und Müllereierzeugnisse): hier besteht ein Rückforderungsrecht an der Leistung mit einer Ausschlußfrist von 2 Jahren; 2. unverbindlichen Termingeschäften und verbindlichen Termingeschäften. Für die ersteren gilt § 764 BGB. mit der Maßgabe, daß eine Aufrechnung mit Forderungen aus anderen Börsentermingeschäften ungeachtet der Unklagbarkeit zulässig ist. Verbindlich sind aber Börsentermingeschäfte zwischen eingetragenen Kaufleuten und Genossenschaften, nicht aber für Kleingewerbetreibende, selbst wenn sie eingetragen sind. Ist nur eine Partei hiernach termingeschäftsfähig, so findet auch für die andere Partei insofern eine beschränkte Verbindlichkeit statt, als sie mit Wirksamkeit eine Sicherheit für die Verbindlichkeit leisten kann, aus der sich der termingeschäftsfähige Gegner befriedigen kann. Die Erklärung, daß sich der Gegner (zumeist ein Bankier) aus der Sicherheit für die Forderungen befriedigen kann, muß schriftlich und ausdrücklich sein (§§ 50—70 Börsengesetz in der Fassung der Bek. 27. Mai 1908 RGBl. 215).

XVIII. Titel. **Bürgschaft** (§§ 765—778).

Durch den Bürgschaftsvertrag verpflichtet sich der Bürge gegenüber dem Gläubiger des Dritten für die Erfüllung der Verbindlichkeit eines Dritten einzustehen; es ist also ein Vertrag mit dem Gläubiger (nicht mit dem Schuldner); Voraussetzung ist die Gültigkeit der Hauptverbindlichkeit, die aber eine künftige oder eine bedingte sein kann. Die Bürgschaftserklärung muß schriftlich sein, Erfüllung durch den Bürgen heilt jedoch die mangelnde Form (§ 766), die — wenn die Bürgschaft auf der Seite des Bürgen ein Handelsgeschäft ist — nicht beobachtet zu werden braucht (HGB. § 350f.; über die Wechselbürgschaft, aval, s. WO. Art. 81).

Die Haftung des Bürgen richtet sich nach dem jeweiligen Bestand der Hauptschuld, sie wird nicht erweitert durch Rechtsgeschäfte, die der Schuldner später vornimmt, wohl aber, wenn durch sein Verschulden oder Verzug eine Änderung eintritt; sie umfaßt insbesondere auch die Kosten der Kündigung und Rechtsverfolgung der Hauptschuld (§ 767). Die Einreden des Bürgen sind dieselben wie die des Hauptschuldners, z. B. Einrede der Stundung (RGer. 53, 356), doch kann er nach dem Tode (und Zwangsvergleich Konk.O. § 193) des Schuldners sich nicht auf die beschränkte Haftung des Erben (oder des Gemeinschuldners) berufen; dagegen ist ein Verzicht des Schuldners auf Einreden für den Bürgen ohne Einfluß (§ 768).

Mehrere Bürgen für dieselbe Schuld haften als Gesamtschuldner.

Solange der Hauptschuldner das seiner Schuld zugrunde liegende Rechtsgeschäft anfechten oder der Gläubiger sich durch Aufrechnung befriedigen kann, kann der Bürge die Befriedigung verweigern. Außerdem steht ihm die Einrede der Vorausklage zu, solange nicht der Gläubiger eine Zwangsvollstreckung gegen den Schuldner ohne Erfolg versucht hat

(§§ 770—772). Besteht daneben ein Pfandrecht oder ein Zurückbehaltungsrecht an einer beweglichen Sache, so muß der Gläubiger auch aus dieser Sache zunächst Befriedigung suchen. Die Einrede der Vorausklage ist ausgeschlossen bei Verzicht des Bürgen (selbstschuldnerische Bürgschaft); bei wesentlicher Erschwerung der Rechtsverfolgung gegen den Schuldner; bei Konkurseröffnung und bei voraussichtlich fruchtloser Zwangsvollstreckung gegen den Schuldner (§ 773), sowie für die Bürgschaft eines Kaufmanns, die er in seinem Handelsgewerbe übernommen hat (HGB. § 349).

Behufs Rückgriffs des Bürgen geht kraft Gesetzes die Forderung, soweit er den Gläubiger befriedigt hat, mit allen Nebenrechten auf ihn über, indes bleiben die Einreden des Hauptschuldners gegen den Bürgen aus dem zwischen ihnen bestehenden Rechtsverhältnis unberührt. Dieses Rechtsverhältnis wird in den meisten Fällen ein Auftrag oder eine Geschäftsführung ohne Auftrag sein. Liegt dieses vor, so kann aus folgenden besonderen Gründen der Bürge auf Befreiung von der Bürgschaft oder Sicherheitsleistung klagen: wegen wesentlicher Verschlechterung der Vermögensverhältnisse des Hauptschuldners, wegen einer nach Bürgschaftsübernahme eingetretenen Erschwerung der Rechtsverfolgung gegen den Schuldner, wegen Verzugs des Schuldners in der Erfüllung und bei Vorliegen eines vollstreckbaren Urteils für den Gläubiger gegen den Bürgen.

Der Bürge wird frei, soweit der Gläubiger Sicherheiten aufgibt, aus denen der Bürge hätte Ersatz erlangen können und, wenn er bei zeitlich beschränkter Bürgschaft nicht unverzüglich die Einziehung der Forderung betreibt und sodann unverzüglich dem Bürgen seine Haftung anzeigt (§§ 776 f.).

Wer einen anderen beauftragt, im eigenen Namen und auf eigene Rechnung einem Dritten Kredit zu geben (sog. Kreditauftrag), haftet dem Beauftragten für die entstehende Schuld des Dritten als Bürge (§ 778). Der Kreditauftrag bedarf nicht der Schriftform (RGer. 50, 160).

Der Rückbürge bürgt dem Bürgen für seinen Rückgriffsanspruch gegen den Hauptschuldner; der Nach-(After-)Bürge bürgt dem Gläubiger für die vom Haupt- oder Vorbürgen übernommene Bürgschaftsschuld.

XIX. Titel. Vergleich (§ 779).

Vergleich ist ein Vertrag, gerichtet auf Beseitigung von Streit oder Ungewißheit der Parteien im Wege gegenseitigen Nachgebens. Er ist unwirksam, wenn der nach dem Inhalt des Vertrages als feststehend zugrunde gelegte Sachverhalt der Wirklichkeit nicht entspricht und der Streit und die Ungewißheit bei Kenntnis der Sachlage nicht entstanden sein würde.

Aus Prozeßvergleichen (s. ZPO. § 81, 83, 160, 510, 794) findet Zwangsvollstreckung statt; über den Zwangsvergleich s. KonkO. § 133 bis 201.

XX. Titel. Schuldversprechen. Schuldanerkenntnis (§§ 780—782).

Beides sind abstrakte, d. h. von einem wirklichen Schuldgrund losgelöste Verträge, durch die das Versprechen einer Leistung selbständig begründet oder das Bestehen eines Schuldverhältnisses anerkannt wird. Schuldversprechen und Schuldanerkenntnis bedürfen der schriftlichen Form, sofern nicht eine andere Form für das dem Anerkenntnis zugrunde liegende Geschäft vorgeschrieben ist. Für die Annahme bedarf es dieser Form nicht, ebenso nicht für das Versprechen oder Anerkenntnis, wenn sie auf Grund einer Abrechnung oder in einem Vergleich erteilt werden (§ 782). Beide Verträge schaffen neue selbständige Verpflichtungsgründe, so daß der Schuldner dem Gläubiger Einwendungen aus dem ursprünglichen Schuldverhältnis nicht mehr entgegensetzen kann (ausgenommen kraft besonderer Bestimmung bei Heiratsvermittlerschuld, Spielschuld, Differenzgeschäft: §§ 656, 762, 764).

XXI. Titel. Anweisung (§§ 783—792).

Das BGB. kennt nur eine schriftliche Anweisung, d. i. eine Urkunde, die dem Anweisungsempfänger ausgehändigt wird, und in der der Anweisende den Dritten (Angewiesenen) anweist, an den Anw.-Empfänger Geld, Wertpapiere oder andere vertretbare Sachen zu leisten. Eine besondere Anwendungsform ist der Scheck, Scheckgesetz 11. 3. 08 RGBl. 71 f. unten S. 190. Die Anweisung ist ebenfalls unabhängig von dem ihr zugrunde liegenden Rechtsverhältnis; das Rechtsverhältnis zwischen dem Anweisenden und dem Anw.-Empfänger sowie zwischen dem Anweisenden und dem Angewiesenen bestimmt sich nach den unter ihnen bestehenden Rechtsbeziehungen (Schuldtilgung, Begründung einer Forderung).

1. Verhältnis zwischen den Anweisenden und Anw.-Empfänger (§§ 783, 788, 789, 791). Der Empfänger muß unverzüglich dem Anweisenden Anzeige machen, wenn der Angewiesene vor dem Eintritt der Leistungszeit die Annahme der Anweisung oder die Leistung verweigert. Die Annahme tilgt noch nicht die Schuld (Anweisung ist keine Zahlung), erst die Leistung.

2. Verhältnis zwischen Anweisenden und Angewiesenen (§§ 783, 787, 790, 791). Bei Anweisung auf Schuld wird der Angewiesene durch die Leistung von seiner Schuld befreit, aber an sich ist ein Schuldner zur Annahme der Anweisung nicht verpflichtet, das hängt von seinem Verhältnis zum Anweisenden ab.

3. Verhältnis zwischen dem Angewiesenen und dem Anw.-Empfänger (§§ 783, 786, 791). Hier bewirkt die Annahme der Anweisung einen selbständigen Verpflichtungsgrund für den Angewiesenen, sie ist ein abstraktes Schuldversprechen und muß durch schriftlichen Vermerk auf der Anweisung selbst erfolgen. Der Angewiesene (nunmehr Akzeptant) kann jetzt nur noch Einwendungen geltend machen, die die Gültigkeit der Annahme betreffen oder aus der Urkunde hervorgehen oder ihm unmittelbar gegen den Anw.-Empfänger zustehen. Er braucht nur gegen Aushändigung der Anweisung zu zahlen; der Anspruch gegen ihn verjährt innerhalb 3 Jahren seit Aushändigung der Urkunde an den Anweisungsempfänger.

4. Der Widerruf der Anweisung ist nur bis zur Annahme-

erklärung zulässig (§ 790), durch Tod oder Geschäftsunfähigkeit eines der Beteiligten erlischt die Anweisung nicht (§ 791).

5. Die Übertragung der Anweisung muß schriftlich unter Aushändigung der Urkunde erfolgen. Sie kann vor und nach der Annahme erfolgen, falls sie nicht vom Anweisenden in der Urkunde oder gegenüber dem Angewiesenen vor der Annahme oder Leistung ausdrücklich ausgeschlossen ist (§ 792; wegen Indossabilität der kaufmännischen Anweisungen s. HGB. §§ 363 ff.).

XXII. Titel. Schuldverschreibung auf den Inhaber (§§ 793—808).

Unter Schuldverschreibungen auf den Inhaber sind Urkunden zu verstehen, in denen der Aussteller dem Inhaber der Urkunde eine Leistung verspricht. Indes ist das Forderungsrecht grundsätzlich nicht an den tatsächlichen Besitz die Innehabung der Urkunde (gemäß §§ 854, 868) geknüpft, sondern an die Berechtigung zur Verfügung über die Urkunde (sog. Eigentumstheorie); andererseits besteht keine Verpflichtung, sondern nur eine Berechtigung der Aussteller die Legitimation der Inhaber zu prüfen; bestreitet er das Verfügungsrecht des Inhabers (weil er Dieb, Pfandbesitzer sei), so hat er dies zu beweisen. Im übrigen kann er dem Inhaber nur Einwendungen entgegensetzen, die die Gültigkeit der Urkunde betreffen oder aus ihr hervorgehen oder ihm unmittelbar gegen den Inhaber zustehen (§ 796). Eine Leistung an den nichtberechtigten Inhaber befreit ihn stets, ausgenommen im Falle der sog. Zahlungssperre (§ 799; ZPO. § 1019).

Das Leistungsversprechen bedarf zu seiner Gültigkeit der schriftlichen Form (Muster s. V. 31. 1. 00 MBl. 81); doch ist die mechanische Vervielfältigung der Namensunterschrift zulässig. Die in Deutschland ausgestellten Schuldverschreibungen, in denen Zahlung einer bestimmten Summe versprochen wird (also z. B. nicht Dividendenscheine), bedürfen staatlicher Genehmigung (s. Art. 8 V. 16. 11. 99, GS. 562), andernfalls sind sie nichtig (Strafbestimmung § 145 a StrGB.). Das gilt nicht für die Schuldverschreibungen des Reichs und der Bundesstaaten (§ 795); für die Reichskassenscheine s. RG. 30. 4. 74, (5. 6. 06), für die Reichsbanknoten (Reichsbankgesetz 14. 3. 75; für die Inhaberpapiere mit Prämien RG. 8. 6. 71). Wegen der Vertretung der gemeinsamen Rechte der Besitzer von Schuldverschreibungen ist ergangen RG. 4. 12. 99 RGBl. 691.

Der einseitige, in der Urkunde ausgesprochene Verpflichtungswille schafft die Verbindlichkeit (Kreationstheorie); nicht die Begebung der Urkunde; der Aussteller haftet daher, auch wenn die Urkunde ohne oder gegen seinen Willen (gestohlen, verloren) in den Verkehr gekommen ist (§ 794).

Die Schuld ist eine Holschuld; der Aussteller zahlt nur gegen Aushändigung der Urkunde, die damit sein Eigentum wird, auch wenn der letzte Inhaber nicht verfügungsberechtigt war (§ 797); der Anspruch aus der Urkunde erlischt in 30 Jahren nach Fälligkeit der Leistung. Wird die Urkunde innerhalb dieser Frist dem Aussteller zur Einlösung vorgelegt, so verjährt der Anspruch in 2 Jahren von dem Ende der Vorlegungsfrist an. Bei Zins-, Renten- und Gewinnanteilscheinen beträgt die Vorlegungsfrist 4 Jahre (§ 801).

Im Falle der Beschädigung oder bei Verlust der Urkunde hat der Inhaber einen Anspruch auf Erneuerung (§ 798) oder Kraftloserklärung der Urkunde (s. § 798 und § 799 f.; wegen des Aufgebotsverfahren s. ZPO. §§ 1003—1022). Bei Verlust der Zins-, Renten- und Gewinnanteilscheine tritt an Stelle des Aufgebots die Anzeige an den Aussteller (§ 804); bei Verlust der Erneuerungsscheine (Talons) der Widerspruch des Inhabers der Urkunde gegen Aushändigung neuer Zins- oder Rentenscheine (Kupons) gegenüber dem Aussteller (§ 805).

Eine Außerkurssetzung von Inhaberpapieren ist nicht mehr zulässig (s. EG. Art. 176, AG. Art. 18; Allg. V. 15. 12. 99 MBl. 263); nur der Aussteller kann die Schuldverschreibung auf den Namen umschreiben, sie zum Namen-(Rekta-)Papier machen (§ 806). Bezüglich der Staatsschuldverschreibungen des Staates und des Reiches ist ferner durch die Einrichtung des Staats-(Reichs-)Schuldbuches die Umwandlung in eine Namensschuld ermöglicht (s. oben S. 22).

Die sog. Legitimationspapiere (Karten, Marken oder ähnliche Urkunden, in denen ein Gläubiger nicht bezeichnet ist, und die unter Umständen ausgegeben sind, aus welchen sich ergibt, daß er dem Inhaber zu einer Leistung verpflichtet sein will, z. B. Billetts, Lotterielose, Speisemarken) sind den Inhaberpapieren gleichgestellt (§ 807); nicht der Käufer der Karte, sondern der Inhaber ist verfügungsberechtigt (RGer. Gruchot 51, 380; Egers EisenbahnrechtlEntsch. 22, 165); dagegen sind die sog. qualifizierten Legitimationspapiere (Legitimationspapiere mit benanntem Gläubiger, z. B. Sparkassenbücher, Lebensversicherungspolizen), bei denen die Leistung an jeden Inhaber bewirkt werden kann, keine Inhaberpapiere. Der Schuldner (Aussteller) wird zwar durch die Leistung an den Inhaber befreit, der Inhaber als solcher kann aber die Leistung nicht verlangen, er hat vielmehr auf Verlangen seine Legitimation nachzuweisen (§ 808).

XXIII. Titel. Vorlegung von Sachen (§§ 809—811).

Wer ein Interesse an der Besichtigung einer Sache auf Grund eines dinglichen Anspruchs oder einer Forderung hat, kann vom Besitzer die Vorlage der Sache zur Besichtigung oder die Gestattung der Besichtigung verlangen (§ 809); desgleichen die Vorlage einer Urkunde zur Einsicht, wenn sie in seinem Interesse errichtet ist oder ein zwischen ihm und dem Besitzer bestehendes Rechtsverhältnis beurkundet oder Verhandlungen über ein derartiges Rechtsgeschäft enthält (§ 810), z. B. kann der Bürge, der behauptet, der Schuldner habe bezahlt, die Vorlegung der Handelsbücher des Gläubigers verlangen (RGer. 56, 109). Die Vorlage erfolgt an Ort und Stelle, nur aus wichtigen Gründen und auf Gefahr und Kosten des Antragstellers an einem anderen Ort (§ 811).

XXIV. Titel. Ungerechtfertigte Bereicherung (§§ 812—822).

Wer durch die Leistung eines anderen oder in sonstiger Weise auf dessen Kosten etwas ohne rechtlichen Grund erlangt, ist ihm zur Herausgabe verpflichtet; sei es, daß die Bereicherung zwar aus einem Rechtsgrund erfolgt, diese aber nachträglich weggefallen ist (§§ 818—822), sei es, daß der mit der Leistung nach dem Inhalt des Rechtsgeschäfts bezweckte Erfolg nicht eintritt z. B. Auflösung der Verlobung nach gegebener Mitgift §§ 815, 817—822), oder sei es, daß eine Leistung behufs Erfüllung einer Verbindlichkeit gemacht ist, die gar nicht bestand oder der eine Einrede entgegenstand, durch die die Geltendmachung des Anspruchs dauernd ausgeschlossen wurde (§§ 813, 814, 819—822). Im letzteren Fall muß also die Leistung in der irrigen Annahme von dem Bestehen einer Schuld erfolgt sein, ausgeschlossen ist aber die Rückforderung des zur Erfüllung eines verjährten Anspruchs Gegebenen (§§ 813, 222) sowie der vorzeitig bewirkten Leistung einer betagten Verbindlichkeit (§ 813).

Ungerechtfertigte Bereicherung liegt ferner bei Verfügung Nichtberechtigter und bei Leistung an einen Nichtberechtigten (§ 816) und schließlich dann vor, wenn der Empfänger durch die Annahme einer Leistung gegen ein gesetzliches Verbot oder gegen die guten Sitten verstoßen hat, doch ist die Rückforderung ausgeschlossen, wenn den Leistenden derselbe Vorwurf (z. B. bei einer Beamtenbestechung) trifft (§ 817).

Der Empfänger hat das Erlangte herauszugeben, einschließlich aller gezogenen Nutzungen sowie desjenigen, was er auf Grund des erlangten Rechtes, oder als Ersatz für die Beschädigung usw. des Gegenstands anderweitig erlangt hat. Ist er zur Herausgabe aus irgendeinem Grunde außerstande, so hat er den Wert zu ersetzen. Die Herausgabepflicht fällt weg, soweit der Empfänger nicht mehr bereichert ist (z. B. weil er das Erlangte oder dessen Wert nicht mehr besitzt (RGer. Gruchot 48, 1084 RGer. 56, 383), oder wenn er es zwar zu eigenem Vorteil verwendet hat, ohne jedoch dadurch eine notwendige Ausgabe zu ersparen (er hat z. B. eine Vergnügungsreise gemacht, die er sonst nicht gemacht haben würde usw.). Das ist von dem Beklagten zu beweisen. Vom Eintritte der Rechtshängigkeit an haftet er nach den allgemeinen Vorschriften, d. h. er wird schadensersatzpflichtig, wenn der Gegenstand infolge seines Verschuldens verschlechtert wird oder nicht mehr herausgegeben werden kann. Er hat sowohl die gezogenen Früchte herauszugeben, wie für schuldhaft nicht gezogene Ersatz zu leisten. Eine Geldschuld hat er mit 4% zu verzinsen. Befindet er sich in Verzug, so treffen ihn auch dessen Folgen. Wenn der Empfänger den Mangel des rechtlichen Grundes kennt, so haftet er von der Erlangung der Kenntnis an, wie der gutgläubige Empfänger nach der Rechtshängigkeit; ebenso wenn er durch die Annahme der Leistung gegen ein gesetzliches Verbot oder gegen die guten Sitten verstoßen hat.

XXV. Titel. Unerlaubte Handlungen (§§ 823—853).

Wer vorsätzlich oder fahrlässig das Leben, den Körper, die Gesundheit, die Freiheit, das Eigentum oder ein sonstiges Recht eines anderen widerrechtlich verletzt, ist dem anderen zum Ersatz des daraus entstehenden Schadens verpflichtet, ebenso wer gegen ein den Schutz eines anderen bezweckendes Gesetz verstößt (§ 823). Unter „sonstige Rechte" fallen nicht Forderungsrechte, sondern nur bestimmte allgemein beachtliche Rechte (absolute Rechte), z. B. auch der Besitz als Rechtsposition (RGer. 57, 353.

Gruchot 50, 99). Die Ehre ist kein „sonstiges Recht“ (RGer. 51, 369). Außerdem ist schadensersatzpflichtig: 1. wer der Wahrheit zuwider eine Tatsache behauptet oder verbreitet, die geeignet ist, den Kredit eines anderen zu gefährden oder sonstige Nachteile für dessen Erwerb oder Fortkommen herbeizuführen, wenn er die Unwahrheit zwar nicht kennt, aber kennen muß (§ 824); 2. wer eine Frauensperson durch Hinterlist, Drohung oder Mißbrauch eines Abhängigkeitsverhältnisses zur Gestattung der außerehelichen Beiwohnung bestimmt (§ 825); und 3. wer in einer gegen die guten Sitten verstoßenden Weise einem anderen vorsätzlich Schaden zufügt (§ 826).

Voraussetzung ist die Zurechnungsfähigkeit des Handelnden nach bürgerlichem Recht. Sie beginnt mit dem vollendeten 7. Lebensjahr und hat bis zum 18. Lebensjahr zur Voraussetzung, daß der Handelnde bei Begehung der Handlung die zur Erkenntnis der Verantwortlichkeit erforderliche Einsicht hat (§ 828); nicht verantwortlich ist ferner, wer im Zustand der Bewußtlosigkeit oder in einem die freie Willensbestimmung ausschließenden Zustande krankhafter Störung der Geistestätigkeit einem anderen Schaden zufügt, es sei denn, daß er sich schuldhafterweise durch den Genuß geistiger Getränke usw. in einen vorübergehenden Zustand dieser Art gesetzt hat (§ 827). — Trotz dieser Unverantwortlichkeit ist, sofern nicht der Schadensersatz von einem aufsichtspflichtigen Dritten erlangt werden kann, der Schaden insoweit zu ersetzen, als es die Billigkeit verlangt und die Mittel zum standesgemäßen Unterhalt und zur Unterhaltspflicht erhalten bleiben (§ 829). Mehrere Täter, denen Anstifter und Gehilfen gleichstehen, haften jeder für den ganzen Schaden (§ 830).

Wer einen anderen zu einer Verrichtung bestellt (Geschäftsherr und Geschäftsbesorger, z. B. auch der Militärfiskus und der Offizier, der einen Zünder prüft (RGer. 55, 171); vgl. auch Puchelts Zeitschr. f. deutsches bürg. Recht 34, 347 (ungenügende Absperrung des Schießplatzes), ist zum Ersatz des durch den Angestellten in Ausführung der Verrichtung verursachten Schadens verpflichtet, es sei denn, daß er bei der Auswahl die erforderliche Sorgfalt angewendet hat oder der Schaden trotz dieser Sorgfalt entstanden sein würde (§ 831); daneben haftet der Täter. Der Ausgleich zwischen ihm und dem Geschäftsherrn richtet sich nach § 840 Abs. 2). In gleicher Weise haftet ein Aufsichtspflichtiger für den Schaden, den minderjährige oder wegen ihres geistigen oder körperlichen Zustandes gesetzlich unter Aufsicht gestellte Personen verursachen (§ 832). Für den durch (zahme oder wilde) Tiere verursachten Schaden haftet derjenige, der das Tier hält und der kraft Vertrages Aufsichtspflichtige (§§ 833, 834). Durch RG. 30. 5. 08 RGBl. 313 ist die Haftung des Tierhalters dadurch gemildert, daß die Haftpflicht nicht eintritt, wenn der Schaden durch ein Haustier verursacht wird, das dem Berufe, der Erwerbstätigkeit oder dem Unterhalte des Tierhalters zu dienen bestimmt ist und wenn der Tierhalter nachweist, daß er entweder die im Verkehr erforderliche Sorgfalt beobachtet hat oder der Schaden auch bei Anwendung dieser Sorgfalt entstanden sein würde.

Den durch Schwarz-, Rot-, Elch-, Dam- oder Rehwild oder durch Fasanen zugefügten Wildschaden hat der Jagdberechtigte dem Eigentümer des beschädigten Grundstücks (oder der Ernte) zu ersetzen, an welchem dem Eigentümer das Jagdrecht nicht zusteht (§ 835; s. EG. Art. 69—72 und pr. Jagdordnung 15. 7. 07. §§ 51—60).

Für den — infolge fehlerhafter Errichtung oder mangelhafter Unterhaltung erfolgten Einsturz von Gebäuden oder anderen mit einem Grundstück verbundenen Werken (oder ihren Teilen) verursachten — Schaden an Leben, Körper und Gesundheit eines Menschen haftet der Besitzer, der die erforderliche Sorgfalt zur Abwendung der Gefahr nicht beobachtet hat. Der frühere Besitzer haftet noch ein Jahr nach Beendigung seines Besitzes; daneben haftet der Unterhaltungspflichtige (z. B. Nießbraucher § 1041) und an Stelle des Eigenbesitzers derjenige, der auf dem Grundstück ein Gebäude in Ausübung eines dinglichen (z. B. Dienstbarkeit) oder persönlichen Rechtes (z. B. als Abbruchsunternehmer RGer. Zeitschr. f. Rechtspfl. i. Bay. 2, 162; nicht aber als Mieter des Hauses RGer. 59, 8) besitzt (§§ 836—838).

Vorsätzliche Verletzung der ihm einem Dritten gegenüber obliegenden Amtspflicht macht den Beamten schadensersatzpflichtig; fahrlässige Verletzung gleichfalls, falls der Verletzte nicht anderweit Ersatz erlangen kann. Bei der Urteilsfällung (auch der Verwaltungsgerichte) ist Voraussetzung der Schadensersatzklage ein strafrechtliches Vergehen (s. StrGB. § 336). Die Ersatzpflicht tritt nicht ein, wenn der Verletzte sich vorsätzlich oder fahrlässig der weiteren Rechtsmittel nicht bedient hat (§ 839). Wegen der Haftung des Reiches und Staates s. unten im Beamtenrecht.

Für mehrere Schadensersatzpflichtige gilt im allgemeinen gesamtschuldnerische Haftung; den Rückgriff unter sich haben sie nach § 426 zu gleichen Teilen zu nehmen, abgesehen von den in Abs. 2 u. 3 des § 840 u. § 841 gemachten Ausnahmen (Alleinhaftung des Aufsichtspflichtigen [§ 829]; des Beaufsichtigten [§ 832] des Geschäftsbesorgers [§ 831]; des schuldhaft Handelnden bei der Mithaftung ohne Verschulden [z. B. Tierhalter, sog. Gefährdehaftung]).

Der Schadensersatz wegen einer gegen eine Person gerichteten unerlaubten Handlung umfaßt alle für den Erwerb oder das Fortkommen herbeigeführten Nachteile; in der Regel ist er in einer Rente zu gewähren (§§ 842, 843). Im Falle der Tötung sind die Beerdigungskosten zu zahlen und für das dem Unterhaltsberechtigten entgehende Unterhaltsrecht gegenüber dem Getöteten Ersatz zu leisten (§ 844). Bei Mitschuld des Verletzten kommt es nach allgemeinen Grundsätzen (§ 254) auf den Anteil des Einzelnen an der Verursachung an (§ 846).

Im Falle der Körper- und Gesundheitsverletzung und der Freiheitsentziehung kann der Verletzte auch wegen eines Schadens, der nicht Vermögensschaden ist, eine billige Geldentschädigung (sog. Schmerzensgeld) verlangen; desgleichen eine Frauensperson, die nach § 825 s. oben S. 60 Ersatz verlangt (§ 847).

Bei Entziehung von Sachen durch unerlaubte Handlung ist für den Zufall zu haften, der den Untergang, die Herausgabeunmöglichkeit oder die Verschlechterung verursacht hat, falls diese Umstände nicht auch ohne die Entziehung eingetreten sein würden. Ist wegen Entziehung der Sache der Wert zu ersetzen, so sind 4 % Zinsen (als Ersatz der Nutzung) von dem Tage an zu zahlen, der der Wertberechnung zugrunde gelegt ist. Für Verwendungen auf die unrechtmäßig entzogene Sache kann Ersatz verlangt werden, wie der Besitzer einem Eigentümer zu leisten hat (§ 848—850). Durch Leistung des Schadensersatzes an denjenigen, der sich zur Zeit der Entziehung oder Beschädigung der Sache sich in dem Besitz befand, wird der gutgläubig Leistende befreit, selbst dann, wenn ein Dritter Eigentümer der Sache ist (§ 851).

Der Schadensersatzanspruch verjährt in 3 Jahren vom Zeitpunkt der Kenntnis des Schadens und des Täters, jedenfalls aber in 30 Jahren von der Begehung der Handlung; der Bereicherungsanspruch ist indes unverjährbar, ebenso die Einrede gegen eine Forderung, die durch eine unerlaubte Handlung erlangt ist (§§ 852, 853).

Besondere Bestimmungen gelten noch in folgenden Fällen:

a) Preuß. Gesetz 11. 3. 50 (GS. 199) betreffend die Verpflichtung der Gemeinden zum Ersatze des bei öffentlichen Aufläufen verursachten Schadens (aufrecht erhalten durch EG. Art. 108).

Vorausgesetzt wird hier immer ein Schaden an Personen oder Sachen, der bei einer Zusammenrottung oder einem Zusammenlaufe (also keiner friedlichen Versammlung) von Menschen durch offene Gewalt oder durch Anwendung der dagegen getroffenen gesetzlichen Maßregeln verursacht ist. Hierfür haftet ohne Nachweis eines Verschuldens die Gemeinde, in deren Bezirk diese Handlungen geschehen sind (§ 1 d. G.). Die Verbindlichkeit fällt fort, wenn die aufrührerische Menge von außen her in den Gemeindebezirk eingedrungen ist und die Einwohner zur Abwehr des Schadens außerstande waren, in welchem Falle die Ersatzpflicht auf diejenige Gemeinde übergeht, auf deren Gebiet die Ansammlung oder von deren Gebiet aus der Überfall stattgefunden hatte (§§ 2 f.). Der Gemeindevorstand hat den angerichteten Schaden vorläufig zu ermitteln und festzustellen (§ 4). Die Schadensersatzforderung muß vom Beschädigten binnen 14 Tagen, nachdem er von dem Schaden Kenntnis erhalten, bei dem Gemeindevorstande angemeldet und binnen 4 Wochen, nachdem letzterer einen abschlägigen Bescheid erteilt hat, eingeklagt werden (§ 5). Die Gemeinde hat den Rückgriff an die Beschädiger (§ 6). Hierbei unterstützt sie der § 11 der V. 17. 8. 35 zur Aufrechterhaltung der öffentlichen Ordnung und der dem Gesetze schuldigen Achtung, wonach für Aufruhrschäden an Sachen außer den Urhebern alle diejenigen als Gesamtschuldner haften, welche sich bei einem Auflaufe irgend eine gesetzwidrige Handlung haben zuschulden kommen lassen, sowie selbst alle Zuschauer, welche sich an dem Orte des Auflaufes befunden und nach dem Einschreiten der Orts- oder Polizeibehörde sich nicht sogleich entfernt haben, vorbehaltlich des Rückgriffes solcher Zuschauer untereinander und gegen die Urheber und Täter.

b) Reichsgesetz 7. 6. 71 betr. die Verbindlichkeit zum Schadensersatz für die bei dem Betriebe von Eisenbahnen, Bergwerken usw. herbeigeführten Tötungen und Körperverletzungen (Haftpflichtgesetz) geändert durch EG. Art. 44.

Das preuß. Eisenbahngesetz 3. 11. 38 bestimmt, daß Eisenbahngesellschaften für allen Schaden, welcher bei der Beförderung auf der Bahn an beförderten und nicht beförderten Personen und Sachen entsteht, ersatzpflichtig sind, soweit nicht ein unabwendbarer Zufall oder eigenes Verschulden des Verletzten vorliegt (§ 25, der sich aber auf Dampfstraßenbahnen u. dgl. nicht bezieht, RGer. 28, 207). Diese Vorschrift kann durch Vertrag im voraus nicht ausgeschlossen werden (G. 3. 5. 69). Bezüglich der Körperverletzung ist nun das Haftpfl.G. maßgebend, dessen § 1 bestimmt: „wenn bei dem Betrieb einer Eisenbahn ein Mensch getötet oder körperlich verletzt (d. h. irgendwie an der Gesundheit geschädigt) wird, so haftet der Betriebsunternehmer für den dadurch entstandenen Schaden, sofern er nicht beweist, daß der Unfall durch höhere Gewalt oder durch eigenes Verschulden des Getöteten oder Verletzten verursacht ist". („Höhere Gewalt" ist gleichbedeutend mit „unabwendbarer äußerer Zufall" und bedeutet: ein trotz aller denkbaren Umsicht und zweckmäßigsten Einrichtungen und trotz Anwendung aller Mittel, deren Anwendung dem Unternehmer vernünftigerweise zugemutet werden kann, unabwendbares Ereignis (RGer. 21, 13). Nach beiden Gesetzen kommt es also auf ein Verschulden der Eisenbahn nicht an. Anders im § 2 des Haftpfl.G., der besagt:

Wer ein Bergwerk, einen Steinbruch, eine Gräberei (bergmännischer Ausdruck für eine Grube an der Oberfläche) oder eine Fabrik betreibt, haftet, wenn ein Bevollmächtigter oder ein Repräsentant oder eine zur Leitung oder Beaufsichtigung des Betriebes oder der Arbeiter angenommene Person durch ein Verschulden in Ausführung der Dienstverrichtungen den Tod oder die Körperverletzung eines Menschen herbeigeführt hat, für den dadurch entstandenen Schaden (vgl. hierzu auch §§ 135, 136 Gewerbeunfallversicherungsgesetz).

c) RG. über den Verkehr mit Kraftfahrzeugen 3. 5. 09 RGBl. 437, §§ 7 ff. Nach diesem haftet der Halter eines Kraftfahrzeuges, wenn bei dem Betriebe ein Mensch getötet oder körperlich verletzt oder eine Sache beschädigt wird für den Schaden gleichfalls ohne den Nachweis eines Verschuldens. Er kann sich von der Haftung nur dadurch befreien, daß er einwendet, der Unfall sei durch ein unabwendbares Ereignis verursacht worden. Hierbei gilt aber gesetzlich ein Ereignis nie als unabwendbar, wenn es auf einem Fehler in der Beschaffenheit des Fahrzeuges oder auf dem Versagen seiner Verrichtungen beruht. Dagegen gilt immer als unabwendbar ein Ereignis, das auf einem Verhalten des Verletzten, eines Dritten, der nicht bei dem Betriebe des Fahrzeuges tätig war, oder eines Tieres beruht, sofern zugleich dem Halter der Nachweis gelingt, daß er und der Führer des Fahrzeuges jede nach den Umständen des Falles gebotene Sorgfalt beobachtet hat. An Stelle des Halters, nicht neben ihm, haftet derjenige, der das Fahrzeug ohne Wissen und Willen des Halters in Betrieb gesetzt hat (§ 7 Abs. 3). Nicht nach dem Kraftfahrzeuggesetz, sondern nach den Bestimmungen des BGB. (Nachweis des Verschuldens des Halters) richten sich die Ansprüche der durch ein Kraftfahrzeug verletzten auf ihm zur Zeit des Unfalles beförderten Personen, der bei dem Betriebe des Fahrzeuges beschäftigten Personen und beim Sachschaden der Verletzten, deren Sache von dem Fahrzeug zur Zeit des Unfalles befördert wurde, ferner derjenigen, die durch ein Lastfahrzeug verletzt worden sind, das auf ebener Bahn eine Geschwindigkeit von 20 km in der Stunde nicht zu überschreiten vermag (§ 8).

Schadensersatz zu b) und c): Für Sachschaden wird nach dem Haftpfl.G. gar nicht, nach dem Kraftf.G. ebenso wie in Preußen nach § 25 Eisenb.G. 3. 11. 38 nach den allgemeinen Bestimmungen des BGB. §§ 249 ff. geleistet. Die Haftung für Personenschaden ist nach Haftpfl.G. und nach Kraftf.G. nach gleichen Grundsätzen geregelt (§§ 3, 3a, 7 Haftpfl.G.; §§ 10, 11, 13 Kraftf.G.). Der Schadensersatz ist zu leisten: 1. im Falle der Tötung durch Ersatz der etwaigen Kurkosten, des während der Krankheit durch verminderte oder aufgehobene Erwerbsfähigkeit oder durch vermehrte Bedürfnisse entstandenen Nachteils, der Beerdigungskosten und Gewährung des Unterhaltes an diejenigen, für die der Getötete kraft Gesetzes unterhaltspflichtig war oder werden konnte; 2. im Falle der Körperverletzung durch Ersatz der Kurkosten und des Nachteils, den der Verletzte durch Verminderung oder Aufhebung seiner Erwerbsfähigkeit oder durch Vermehrung seiner Bedürfnisse erleidet. Der Schadensersatz wegen verminderter Erwerbsfähigkeit oder vermehrten Bedürfnissen ist in einer vierteljährlich im voraus zahlbaren Geldrente zu entrichten, statt deren der Verletzte aus wichtigen Gründen Kapitalabfindung verlangen kann. Der Berechtigte kann Sicherheitsleistung verlangen, und zwar auch nachträglich, sofern die Vermögensverhältnisse des Verpflichteten sich erheblich verschlechtern. Die Schadensersatzansprüche verjähren in 2 Jahren, nach HaftpflGes. vom Tage des Unfalles oder dem Tode des Verletzten an, nach KraftfGes. von der Kenntnis des Schadens und der Person des Ersatzpflichtigen. Während nach Haftpflichtrecht die Haftung dem Betrage nach unbeschränkt ist, setzt § 12 Kraftf.G. bestimmte Haftsummen fest (bei Personenschäden für eine Person 3000 M. Rente oder Kapital von 50000 M., bei Verletzung mehrerer Personen durch dasselbe Ereignis 9000 M. Rente oder Kapital von 150000 M., bei Sachschaden stets bis 10000 M.). Darüber kann Ersatz nur gefordert werden, wenn die Haftung auf das bürgerliche Recht gestützt wird (§ 16 Kraftf.G.). Wegen der Anrechnung der Versicherungssumme auf die Haftsumme bei Versicherung durch den Betriebsunternehmer s. § 4 Haftpfl.G.

Drittes Buch. Sachenrecht (§§ 854—1296).

Erster Abschnitt. Besitz (§§ 854—872).

A. **Begriffe.** Besitz ist die tatsächliche Gewalt einer Person über eine Sache. Gegenstand des Besitzes sind nach dem BGB. nur Sachen; jedoch genießen Grunddienstbarkeiten einen dem Sachbesitz entsprechenden Besitzesschutz (§ 1029). Besitz an Teilen einer Sache (insbesondere an Wohnräumen) ist möglich (§ 865); ebenso Mitbesitz nach ideellen Teilen, z. B. bei Miterben, Gesellschaftern. — Wer eine Sache als ihm gehörend d. h. mit dem Willen, über sie wie ein Eigentümer zu verfügen, besitzt, ist Eigenbesitzer (§ 871). Nicht erforderlich ist, daß man sich auch für den Eigentümer hält. Unmittelbarer Besitzer ist, wer den Besitz selbst oder durch einen Besitzdiener (s. § 855) ausübt. Besitzt jemand eine Sache nicht als Eigenbesitzer, sondern als Nießbraucher, Pächter, Pfandgläubiger, Mieter, Verwahrer oder in einem ähnlichen Verhältnisse, vermöge dessen er einem anderen gegenüber zum Besitze berechtigt oder verpflichtet ist, so ist auch der andere (mittelbarer) Besitzer (§ 868). Derjenige, der hiernach den Besitz vermittelt, wird im Gegensatz zum Eigenbesitzer zweckmäßig Fremdbesitzer genannt. Kein Besitzer ist der sog. Besitzdiener, d. h. der, der die tatsächliche Gewalt über eine Sache für einen anderen in dessen Haushalt oder Erwerbsgeschäft (z. B. als Dienstbote, Handlungsgehilfe) oder in einem ähnlichen Abhängigkeitsverhältnisse ausübt, vermöge dessen er den sich auf die Sache beziehenden Weisungen des anderen Folge zu leisten hat (§ 855). Der Besitzdiener hat an der Sache nur Gewahrsam.

B. **Erwerb des Besitzes.** Der Besitz einer Sache wird durch die Erlangung der tatsächlichen Gewalt über die Sache erworben (§ 854 Abs. 1). Wann die tatsächliche Gewalt erlangt ist, ist nach den Anschauungen des Verkehrs zu beurteilen. Erforderlich wird meist sein, daß die Sache in eine solche räumliche Beziehung zur Person gelangt, daß deren Herrschaft über die Sache möglich und nach der Verkehrsanschauung gewährleistet erscheint (z. B. erlangt jemand Besitz, wenn ihm eine Sache in seine Wohnung gebracht wird). Ein auf den Besitzerwerb gerichteter Wille ist nicht erforderlich. Es können demnach auch Geisteskranke und Kinder Besitz erwerben. War die Sache bereits in der Gewalt einer Person, so genügt zum Erwerbe des Besitzes die Einigung zwischen den bisherigen Besitzer und dem Erwerber, sofern dieser in der Lage ist, die tatsächliche Gewalt auszuüben (§ 854 Abs. 2). Mittelbarer Besitz kann dadurch übertragen werden, daß der bisherige Besitzer dem Erwerber den Anspruch auf Herausgabe der Sache abtritt (§ 870). Auch durch Anweisung kann hiernach die Übergabe erfolgen, wenn der unmittelbare Besitzer von dem mittelbaren Besitzer angewiesen wird, den Besitz für den Erwerber fortzusetzen; der Besitzerwerb ist vollendet, sobald der unmittelbare Besitzer die Anweisung angenommen hat. Überweisung zur Einziehung auf Grund gerichtlicher Pfändung genügt aber nicht. Der Erwerb des Besitzes kann auch durch Stellvertreter erfolgen. Der Umfang des Besitzerwerbes bestimmt sich bei der Übertragung des Besitzes nach der Einigung der Beteiligten; bei Übertragung eines Grundstücks ist im Zweifel anzunehmen, daß die Einigung und damit auch die Besitzüber tragung sich auch auf das Zubehör erstreckt. Bei einseitiger Besitzergreifung ist entscheidend, wie weit die tatsächliche Gewalt des Erwerbers reicht. Auf den Erben geht der Besitz so über, wie er sich beim Erblasser befand (§ 857).

C. **Verlust des Besitzes.** Der Besitz wird dadurch beendigt, daß der Besitzer die tatsächliche Gewalt über die Sache aufgibt oder in anderer Weise verliert. Vorübergehende Verhinderungen in der Ausübung der Gewalt beendigen den Besitz nicht (§ 856). Der mittelbare Besitz geht für den mittelbaren Besitzer dann verloren, wenn sowohl ihm, wie auch dem Fremdbesitzer die Möglichkeit verschlossen ist, die tatsächliche Gewalt über die Sache ferner auszuüben.

D. **Schutz des Besitzes.**

Wird der Besitzer ohne oder gegen seinen Willen widerrechtlich im Besitze gestört oder wird ihm der Besitz entzogen (verbotene Eigenmacht § 858), so kann er sich ihrer mit Gewalt erwehren. Wird ihm eine bewegliche Sache weggenommen, so darf er den Täter auf frischer Tat verfolgen und ihm die Sache wieder abnehmen. Wird der Besitz eines Grundstücks entzogen, so darf der Besitzer den Täter sofort nach der Besitzentziehung wieder aus dem Grundstücke vertreiben (§ 859). Diese Rechte stehen auch dem Besitzdiener zu (§ 860). Außerdem genießt der Besitzer gerichtlichen Schutz. Er kann von demjenigen, der ihm den

Besitz durch verbotene Eigenmacht entzogen hat (fehlerhafter Besitzer) (§ 858), innerhalb eines Jahres nach Verübung der verbotenen Eigenmacht (§ 864) die Wiedereinräumung des Besitzes verlangen, es sei denn, daß er selbst dem Besitzentzieher oder dessen Rechtsvorgänger gegenüber fehlerhaft besitzt (§ 861). Wird der Besitzer durch verbotene Eigenmacht im Besitze gestört, so kann er Beseitigung der Störung verlangen und, wenn weitere Störungen zu befürchten sind, auf Unterlassung klagen (§ 862). Der Besitzstörer oder Besitzentzieher kann sich nicht lediglich auf sein Recht an der Sache, sondern nur darauf berufen, daß ihm kraft Gesetzes (z. B. als Vermieter in Ausübung des gesetzlichen Pfandrechts an den Sachen des Mieters) oder Vertrages ein Recht zur Besitzentziehung oder Störung zustehe (§ 863). Schadensersatz kann mit der Besitzklage nicht gefordert werden. Ein besonderes Verfahren für die Besitzklagen kennt die ZPO. nicht mehr; die frühere schleunige Prozeßart (sog. possessorium summariissimum) ist durch die einstweilige Verfügung (ZPO. § 935 f.) ersetzt. Verbindung der Besitzklage mit der Klage aus dem Rechte ist unbeschränkt gestattet. Dem mittelbaren Besitzer steht nach § 869 Besitzesschutz nur gegen Dritte, nicht aber gegen den unmittelbaren Besitzer zu; diesem gegenüber kann er nur die Klage aus dem Rechte erheben. § 867 gibt dem unmittelbaren wie auch (§ 869) dem mittelbaren Besitzer den sog. Abholungsanspruch behufs Aufsuchung und Wegschaffung seiner Sache vom fremden Grundstück.

Zweiter Abschnitt. Allgemeine Vorschriften über Rechte an Grundstücken (§§ 873—902).

Das Sachenrecht des BGB., soweit es die Rechte an Grundstücken regelt, setzt die Einrichtung eines Grundbuchs voraus. Die Einrichtung der Grundbücher entstammt dem deutschen Recht und ist in besonderen im preußischen Recht vervollkommnet worden (zunächst Hypothekenordnungen 1722, 1783); seit 1872: Grundbuch (Eigentumserwerbsgesetz und GBO. 5. 5. 72). Jetzt gelten §§ 873, 902, 925—928 BGB. sowie die Reichsgrundbuchordnung v. 24. 3. 97 RGBl. 139, s. EG. Art. 186, 189. Neben der RGBO. kommt noch für Preußen in Betracht die Allg. Verf. 20. 11. 99 JMBl. 349, die hauptsächlich die Einrichtung der Grundbücher und das Verfahren in Grundbuchsachen regelt, ergänzt 25. 4. 04 JMBl. 89; 10. 1. 07 JMBl 6; 25. 9. 08 JMBl. 355, ferner das Preuß. AG. 26. 9. 99 GS. 307 und die Kgl. V. 13. 11. 99 GS. 519.

Reichsgrundbuchordnung.

1. Form und Einrichtung der Grundbücher. Die Regel ist, daß für jede Gemeinde und jeden selbständigen Gutsbezirk ein oder mehrere Grundbücher bestehen sollen, in welche die selbständigen, in den Grundsteuerbüchern verzeichneten Grundstücke unter fortlaufenden Nummern eingetragen werden (§§ 1—2 GBO.; § 1 Allg. V. 20. 11. 99); diese Nummern nennt man auch Blätter (§ 3 GBO). Für Grundstücke des Staates, der Kirchen, Schulen und Gemeinden sowie für Eisenbahnen,

öffentliche Wege und Gewässer bedarf es der Anlegung eines Grundbuchblattes nur im Falle der Veräußerung oder Belastung (§ 90 GBO.; Art. 1 Kgl. V. 13. 11. 99). Jedes Grundbuchblatt besteht aus der Aufschrift, dem Bestandsverzeichnis und drei Abteilungen (§ 5 Allg. V.). Die Unterabteilungen im Bestandsverzeichnisse und den 3 „Abteilungen" heißen „Spalten" (z. B. in der zweiten Abteilung Hauptspalte Veränderungen mit Nebenspalten Eintragung und Löschung). Aus dem im folgenden abgedruckten Formular (Anl. A. der allg. V.) ist alles nähere zu ersehen. Die punktierten Linien bedeuten rote Striche (gelöschte Eintragungen). Das Bestandsverzeichnis soll in tunlichster Übereinstimmung mit dem Steuerbuche stehen. Alle katastermäßigen Änderungen (Fortschreibungen) hat das Katasteramt durch Übersendung von Abschriften der Flurbücher, Grundsteuermutterrollen und Gebäudesteuerrollen dem Grundbuchamte mitzuteilen, welches darauf von Amts wegen das Grundbuch berichtigt. Der grundbuchmäßigen Teilung eines Grundstücks durch den Eigentümer muß die katastermäßige Teilung voraufgehen (§ 30 Allg. V.).

Für jedes Grundbuchblatt werden besondere Grundakten gehalten; diesen sind Tabellen mit wörtlicher Abschrift des Grundbuchblattes vorgeheftet (§ 94 GBO.; § 94 Allg. V.).

Die Einsicht der Grundbücher (gewöhnlich genügt die Tabelle) und der Grundakten ist jedem gestattet, der nach dem Ermessen des Grundbuchrichters ein berechtigtes Interesse dabei hat. Öffentlichen Behörden und den von ihnen beauftragten Beamten steht die Einsicht auch ohne Darlegung eines berechtigten Interesses frei. Soweit die Einsichtnahme gestattet ist, können auch Abschriften des Grundbuches und der Grundakten gefordert werden (§§ 11, 94, GBO.; §§ 32, 36 Allg. V.).

Die Grundbücher werden von den Grundbuchämtern geführt (§ 1 GBO.), bestehend aus einem Amtsrichter (dem Grundbuchrichter) und einem Gerichtsschreiber (dem Grundbuchführer) (Art. 1 AG. z. GBO.). Beschwerden über Entscheidungen des Grundbuchamtes gehen an die Landgerichte; die weitere Beschwerde, die nur bei Gesetzesverletzung zulässig ist, geht ausschließlich an das Kammergericht; an das Reichsgericht nur dann, wenn das Kammergericht von der Entscheidung eines anderen Oberlandesgerichtes oder des Reichsgerichtes abgehen will (§§ 71—81, 102 GBO.). Bei Versehen der Grundbuchbeamten, die eine vorsätzliche oder fahrlässige Verletzung der Amtspflicht in sich schließen, haftet den Beteiligten der Staat oder die Körperschaft, in deren Dienst der Beamte steht (§ 12 GBO.). Der Staat kann sich dann an den Beamten halten, in Preußen nach Art. 8 AG. z. GBO. nur bei Vorsatz und grober Fahrlässigkeit.

Eintragungen sollen nur auf Antrag desjenigen erfolgen, dessen Recht von der Eintragung betroffen wird, oder zu dessen Gunsten die Eintragung erfolgt. Von Amts wegen oder auf Ersuchen von Behörden sollen Eintragungen nur in den gesetzlich bestimmten Fällen vorgenommen werden (z. B.: Eintragungen, die unter Verletzung gesetzlicher Bestimmungen erfolgt sind, sind von Amts wegen zu löschen [§ 54]; Nacherben, Testamentsvollstrecker sind bei Eintragung des Erben von Amts wegen mit einzutragen [§§ 52, 53]; Löschung der bei der Zwangsversteigerung aus-

Amtsgericht Löbau.

Grundbuch von Buchhain, Kreis Seefeld.
Band I. Blatt Nr. 12.
I. Verzeichnis der Grundstücke.

Laufende Nummer der Grundstücke	Bisherige laufende Nummer der Grundstücke	Gemarkung	Flurbuch: Kartenblatt (Flur) Nr.	Flurbuch: Parzelle Nr.	Grundsteuermutterrolle Art.	Gebäudesteuerrolle Nr.	Wirtschaftsart und Lage	Größe ha	Größe a	Größe qm	Grundsteuerreinertrag Tlr.	Grundsteuerreinertrag 1/100	Gebäudesteuernutzungswert M.	Bestand und Zuschreibungen: zur laufenden Nummer der Grundstücke	Bestand und Zuschreibungen	Abschreibungen: zur laufend. Nummer der Grundstücke	Abschreibungen
1	2	3	4		5	6	7	8			9		10	11	12	13	14
1	—	Buchhain	—	—	3	27	Bauerhof Nr. 8	11	67	9	373	29	136	1	Bei Anlegung des Grundbuches eingetragen am 3. August 1901. Fischer. Neumann.	4	Von Nr. 4 die Parzelle 420/90 übertragen nach Band II Blatt Nr. 50 am 18. Oktober 1908. Rest: Laufende Nr 6. Fischer. Neumann.
2	—	Buchhain	2	110	—	—	Garten im Dorfe	—	34	86	7	68	—	1 2 3	Nr. 2. Nach Abschreibung von Band I Blatt Nr. 20 der Nr. 1 als Bestandteil zugeschrieben und Nr. 1 mit Nr. 2 unter Nr. 3 neu eingetragen am 24. Februar 1903. Fischer. Neumann.		
3	1 mit 2	Buchhain	—	—	3	27	Bauerhof Nr. 8	42	1	95	380	97	136			5	Übertragen nach Band III Blatt Nr. 117 des Grundbuches von Brühl am 3. Mai 1910. Fischer. Neumann.
4	—	Buchhain	5	90	24	—	Acker im Mittelfelde	2	18	90	19	83	—	4	Von Band I Blatt Nr. 17 hierher übertragen am 4. August 1904. Fischer. Neumann.		
5	—	Brühl	3	20	15	—	Holzung in den Fichten	1	31	66	10	31	—	5	Von Band IV Blatt Nr. 29 des Grundbuches von Brühl hierher übertragen am 12. Juni 1908. Fischer. Neumann.		
6	Rest von 4	Buchhain	5	419/90	24	—	Acker im Mittelfelde	—	60	75	6	30	—	6 7 8	Nr. 7 von Band II Blatt Nr. 32 hierher übertragen und infolge Vereinigung mit Nr. 6 unter 8 als ein Grundstück eingetragen am 3. Mai 1910. Fischer. Neumann.		
7	—	Buchhain	5	17	—	—	Acker im Mittelfelde	—	73	40	7	60	—				
8	6 7	Buchhain	5	419/90 17	24	—	Acker im Mittelfelde	1	34	15	13	90					

II. Verzeichnis der mit dem Eigentum verbundenen Rechte.

Laufende Nummer der Eintragung	Laufende Nummer des beteiligten Grundstücks	Bezeichnung des Rechtes	Veränderungen	Löschungen
1	2	3	4	5
1	1	Die auf dem Grundstück Buchhain Kartenblatt 10 Parzelle 5 Band I Blatt 15) in Abteilung II Nr. 3 eingetragene jährliche Rente von 200 Mk. hier vermerkt am 10. September 1901. Fischer. Neumann.		Nr. 2 gelöscht am 15. Oktober 1904. Fischer. Neumann.
	2	Das auf dem Grundstücke Buchhain Kartenblatt 2 Parzelle 112 (Band I Blatt Nr. 37) in Abteilung II Nr. 1 eingetragene Wegerecht bei der Zuschreibung von Nr. 2 hier vermerkt am 24. Februar 1903. Fischer. Neumann.		

Erste Abteilung.

Eigentümer*	Laufende Nummer der Grundstücke	Grund des Erwerbes	Erwerbspreis. Wert. Feuerversicherungssumme
1	2	3	4
Landwirt Friedrich Gerber in Buchhain	1	Bei der Anlegung des Grundbuches auf Grund des Kaufvertrages vom 20. September 1895 eingetragen am 3. August 1901. Fischer. Neumann.	Zu Nr. 1. 51 500 Mark Kaufpreis vom 20. September 1895 eingetragen am 3. August 1901. Fischer. Neumann.
	2	Aufgelassen und Band I Blatt Nr. 20 eingetragen am 30. Januar 1902, hierher übertragen am 24. Februar 1903. Fischer. Neumann.	
Bauer Heinrich Schmidt in Buchhain	3	Aufgelassen und eingetragen am 5. April 1904. Fischer. Neumann.	Zu Nr. 3. Wohnhaus und Wirtschaftsgebäude am 30. April 1904 versichert mit 8400 Mark. Eingetragen am 5. Mai 1904. Fischer. Neumann.
	4	Aufgelassen und eingetragen am 4. August 1904. Fischer. Neumann.	
Die Ehefrau des Heinr. Schmidt, Sophie geb. Busse, als Miteigentümerin kraft ehelicher Gütergemeinschaft	3 4	Auf Grund des Zeugnisses des Königlichen Amtsgerichtes zu Löbau vom 7. November eingetragen am 23. November 1907. Fischer. Neumann.	
	5	Die Ehefrau Schmidt auf Grund des Erbscheins vom 5. Februar 1908, der Ehemann kraft ehelicher Gütergemeinschaft eingetragen am 12. Juni 1908. Fischer. Neumann.	
	7	Aufgelassen am 2. und eingetragen am 3. Mai 1910. Fischer. Neumann.	

* Wegen der Eintragung der Fideikommißanwärter s. Gutachten des I. Zivilsenats des Königlichen Kammergerichts vom 16. Februar 1905 J.M.Bl. 143.

Zweite

Laufende Nummer der Eintragung	Laufende Nummer der beteiligten Grundstücke	Lasten und Beschränkungen
1	2	3
1	1	Ein Altenteil für Anton Siegert in Buchhain nach Maßgabe des Kaufvertrages vom 20. September 1895 bei der Anlegung des Grundbuches eingetragen am 3. August 1901. Fischer. Neumann.
2	8	Ein Erbbaurecht nach Maßgabe der Bewilligung vom 15. August 1910 für den Gastwirt Wilhelm Schröder in Seefeld eingetragen am 17. August 1910. Fischer. Neumann.

Dritte

Laufende Nummer der Eintragung	Laufende Nummer der belasteten Grundstücke	Betrag ℳ	₰	Hypotheken, Grundschulden, Rentenschulden
1	2	3		4
1	2	9000 — 4000 5000 — 2000 3000	. . . . .	Neuntausend Mark Darlehen mit fünf vom Hundert jährlich seit 1. April 1896 verzinslich und sechs Monate nach Kündigung rückzahlbar für den Schankwirt Wilhelm Peters in Schwarzbach bei der Anlegung des Grundbuches eingetragen am 3. August 1901. Fischer. Neumann.
2	3	3300 — 500 2800	. . .	Sicherungshypothek für eine am 1. April 1904 zahlbare Kaufgeldforderung von dreitausenddreihundert Mark für den Maschinenfabrikanten Karl Franck in Löbau eingetragen am 12. Juni 1903. Fischer. Neumann.

Abteilung.

Veränderungen			Löschungen	
Zur laufenden Nummer der Eintragung	Eintragung	Löschung	Zur laufenden Nummer der Eintragung	
4	5	6	7	8
2	Für das Erbbaurecht ist das Blatt 86 in Band II dieses Grundbuches angelegt. Eingetragen am 5. Februar 1912. Fischer. Neumann.		1	Gelöscht am 5. April 1904. Fischer. Neumann.

Abteilung.

Veränderungen					Löschungen			
Zur laufenden Nummer der Eintragung	Betrag M	Betrag ₰	Eintragung	Löschung	Zur laufenden Nummer der Eintragung	Betrag M	Betrag ₰	
5	6		7	8	9	10		11
2	2800	.	Der Restbetrag von zweitausendachthundert Mark umgewandelt in eine gewöhnliche Hypothek für ein mit fünf vom Hundert jährlich seit dem 1. April 1904 verzinsliches Darlehen für den Fabrikbesitzer Karl Franck in Löbau eingetragen am 4. April 1904. Fischer. Neumann.		2	500	.	Fünfhundert Mark gelöscht am 4. April 1904. Fischer. Neumann.
					1	4000	.	Viertausend Mark Resthypothek des Wilhelm Peters gelöscht am 6. Januar 1905. Fischer. Neumann.
1	5000	.	Fünftausend Mark mit dem Vorrange vor dem Reste nebst den Zinsen seit dem 1. Oktober 1904 abgetreten an den Schmied Heinrich Stark in Hannover. Eingetragen am 24. Oktober 1904. Fischer. Neumann.		3	500	.	Gelöscht am 16. Oktober 1905. Fischer. Neumann.
					1	2000	.	Zweitausend Mark gelöscht am 10. Dezember 1907. Fischer. Neumann.

Fort-

Laufende Nummer der Eintragung	Laufende Nummer der belasteten Grundstücke	Betrag ℳ	Betrag ₰	Hypotheken, Grundschulden, Rentenschulden
1	2	3		4
3	3.4	500	.	Vormerkung zur Sicherung des Anspruches auf Einräumung einer Hypothek im Betrage von fünfhundert Mark für den Kaufmann Karl Müller in Seefeld unter Bezugnahme auf die einstweilige Verfügung des Königlichen Landgerichts zu N. vom 1., eingetragen am 3. Februar 1905. Fischer. Neumann. Umgeschrieben in eine Hypothek für eine Kaufgeldforderung von fünfhundert Mark nebst vier vom Hundert jährlich Zinsen seit dem 1. Mai 1905 für den Kaufmann Karl Müller in Seefeld unter Bezugnahme auf das rechtskräftige Urteil des Königlichen Landgerichts zu N. vom 5. Juni 1905 eingetragen am 12. Juli 1905. Fischer. Neumann.
4	3	500	.	Sicherungshypothek zum Höchstbetrage von fünfhundert Mark für den Zimmermeister Hermann Zander in Seefeld eingetragen am 4. März 1908. Fischer. Neumann.
5	3	1000	.	Eintausend Mark Grundschuld mit sechs vom Hundert jährlich seit dem 1. April 1908 verzinslich und drei Monate nach Kündigung zahlbar für den Rentner Friedrich Klein in Hannover. Die Erteilung eines Briefes ist ausgeschlossen. Eingetragen am 7. April 1908. Fischer. Neumann.
6	3	6000 2500 3500	. . .	Zweihundertfünfundachtzig Mark vom 1. April 1912 an jährlich am 1. April zahlbare Rentenschuld, ablösbar mit sechstausend Mark, für die Kirchengemeinde in Hochdorf mit dem Vorrange vor den unter Nr. 4 eingetragenen fünfhundert Mark eingetragen am 4. April 1912. Fischer. Neumann.

setzung.

Veränderungen					Löschungen			
Zur laufenden Nummer der Eintragung	Betrag ℳ	₰	Eintragung	Löschung	Zur laufenden Nummer der Eintragung	Betrag ℳ	₰	
5	6		7	8	9	10		11
4	500	.	Diese Hypothek ist infolge Verzichts des Gläubigers vom 7. Januar 1910 als Grundschuld für den Bauer Heinrich Schmidt und seine Ehefrau Sophie, geborene Busse, umgeschrieben am 7. Januar 1910. Fischer. Neumann.		5	1000	.	Gelöscht am 4. April 1912. Fischer. Neumann.
4	500	.	Vor dieser Grundschuld ist der unter Nr. 6 eingetragenen Rentenschuld der Vorrang eingeräumt. Eingetragen am 4. April 1912. Fischer. Neumann.		6	2500	.	Zweitausendfünfhundert Mark Ablösungssumme und einhundertzehn Mk. Rentenschuld gelöscht am 16. Oktober 1916. Fischer. Neumann.

gefallenen Hypotheken usw. auf Ersuchen des Amtsgerichtes). Ist der Eigentümer zu Unrecht als adlig eingetragen, so ist das Heroldsamt antrags- und beschwerdeberechtigt (KGer. JMBl. 03, 12). Die Anträge dürfen an keinen Vorbehalt geknüpft werden (§ 16). Eintragungen, die dasselbe Recht betreffen, erfolgen nach der Reihenfolge des Einganges der einzelnen Anträge (§ 17). Bei gleichzeitig gestellten Anträgen ist im Grundbuche zu vermerken, daß die Eintragungen gleichen Rang haben (§ 46). Außer dem Antrage ist zur Eintragung erforderlich die Bewilligung desjenigen, dessen Recht von der Eintragung betroffen wird (formelles Konsensprinzip (§ 19). Die Bewilligung und die sonstigen zur Eintragung erforderlichen Erklärungen (z. B. Zustimmung der dinglich berechtigten nach § 876 Abs. 2 BGB.) müssen entweder vor dem Grundbuchamte zu Protokoll erklärt oder durch öffentliche oder öffentlich beglaubigte Urkunden nachgewiesen werden (§ 29). Die Anträge bedürfen dieser Form nicht, außer wenn sie zugleich eine der zur Eintragung erforderlichen Erklärungen enthalten (§ 30). Urkunden und Anträge öffentlicher Behörden bedürfen keiner Beglaubigung RG. 1. 5. 78 RGBl. 98. Sie müssen aber ordnungsmäßig unterschrieben und untersiegelt sein (Art. 9 AG. z. GBO.). Eintragungen sollen ferner nur dann er folgen, wenn derjenige, dessen Recht betroffen wird, als Berechtigter eingetragen ist (§ 40), ausgenommen dann, wenn er Erbe des eingetragenen Berechtigten ist (§ 41). Der Eintragung steht es gleich, wenn bei einer Briefhypothek der Gläubiger sein Recht durch eine fortlaufende Reihe öffentlich beglaubigter Abtretungen (§ 1155 BGB.) nachweisen kann. Bei Briefhypotheken, Grundschulden und Rentenschulden muß außerdem noch der Brief vorgelegt werden (§§ 42 f.). Der Grundbuchrichter hat die Rechtsgültigkeit der vollzogenen Auflassung, Eintragungs- und Löschungsbewilligung nach Form und Inhalt zu prüfen[1]) (also Identität, Handlungs- und Verfügungsfähigkeit des Bewilligenden, Legitimation der etwaigen Bevollmächtigten), nicht das Rechtsgeschäft selbst, welches der Auflassung oder Bewilligung zugrunde liegt. Erben werden auf Grund des Erbscheins oder der letztwilligen Verfügung eingetragen (§ 36). Jede Eintragung soll datiert und mit der Unterschrift der Grundbuchbeamten (Richter und Gerichtsschreiber) versehen werden (§ 45). Wird ein Recht für mehrere gemeinschaftlich eingetragen, so sind die Anteile nach Bruchteilen oder das zugrundeliegende Rechtsverhältnis (z. B. Gütergemeinschaft) anzugeben (§ 48). Bei Belastung mehrerer Grundstücke mit demselben Rechte ist auf dem Blatte jedes Grundstückes die Mithaft der anderen zu vermerken (§ 49). Von jeder Eintragung sind der Antragsteller, der Eigentümer und alle eingetragenen Personen zu benachrichtigen, zu deren Gunsten die Eintragung erfolgt ist, oder deren Recht durch sie betroffen wird, von der Eintragung eines Eigentümers auch der Hypotheken-, Grundschuld-, Rentenschuldgläubiger, Reallastberechtigte oder der an einem solchen Rechte Be-

---

[1]) Über die Frage, ob die Unterschrift unter der Eintragungsbewilligung auch dem Vermerk der erfolgten Genehmigung und Vorlesung vorangehen darf, vgl. KGer. JMBl. 06, 86.

rechtigte (RG. 14. 7. 05 RGBl. 707). Geht ein Grundstück unbelastet auf einen Eigentümer über, dessen Grundbesitz nicht eingetragen zu werden braucht (s. S. 66 f.), so ist es auf seinen Antrag aus dem Grundbuche auszuscheiden (§ 90). Ist von einem Grundbuchblatte alles abgeschrieben, so wird es geschlossen (§§ 18 f. Allg. V.). — Für das Verfahren zwecks Wiederherstellung zerstörter und Anlegung neuer Grundbücher bleiben die für die einzelnen Landesteile gegebenen bisherigen Vorschriften in Kraft. Diese sind ergänzt durch Kgl. V. 13. 11. 99 GS. 519.

Nach Art. 189 EG. bleiben bezüglich des Liegenschaftsrechtes die alten Gesetze maßgebend, bis das Grundbuch als angelegt anzusehen ist. Dieser Zeitpunkt wird durch Kgl. V. bestimmt (Art. 186). In Preußen war schon nach der oben erwähnten V. 13. 11. 99 das Grundbuch mit Ausnahme weniger Bezirke als angelegt anzusehen.

Ein Recht an einem Grundstücke wird, soweit nicht Ausnahmen bestehen, z. B. bei der Briefhypothek (§ 1155 BGB.) dem Übergang kraft Gesetzes (z. B. Zwangsversteigerung, Gütergemeinschaft, Erbschaft) nur dadurch erworben, daß der Erwerber als Berechtigter in das Grundbuch eingetragen wird. Ebenso muß bei jeder anderen Rechtsänderung Eintragung ins Grundbuch erfolgen. Die Eintragung für sich allein hat aber keine rechtserzeugende Kraft, es muß noch die Einigung der Parteien über die Rechtsänderung hinzukommen. Die Einigung kann der Eintragung vorausgehen oder nachfolgen. Auf die Gültigkeit des der Einigung zugrunde liegenden obligatorischen Geschäftes (Kauf usw.) kommt es nicht an. Die Unwirksamkeit dieses Geschäftes (z. B. infolge mangelnder Willensübereinstimmung oder auf Grund erfolgreich durchgeführter Anfechtung) begründet lediglich einen persönlichen Anspruch gegen den Erwerber auf Rückübertragung des Rechtes. Die formlose Einigung wird für die Beteiligten bindend, wenn sie öffentlich beurkundet oder vor dem Grundbuchamte abgegeben oder diesem eingereicht oder wenn dem Erwerber eine ordnungsmäßige Eintragungsbewilligung ausgehändigt ist (§ 873). Zur Aufhebung eines Rechtes an einem Grundstücke ist die Verzichtserklärung des Berechtigten und die Löschung im Grundbuche erforderlich (§ 875). Die Zustimmung eines an dem Recht Berechtigten ist nötig (§ 876).

Die Rangordnung der einzelnen Rechte bestimmt sich nach der Reihenfolge und bei Eintragung in den verschiedenen Abteilungen nach dem Tage der Eintragung (§ 879). Die Rangordnung kann durch Einigung zwischen dem vor- und dem zurücktretenden Gläubiger — bei Hypotheken, Grund- und Rentenschulden mit Zustimmung des Eigentümers — und Eintragung im Grundbuche abgeändert werden. Zwischenliegende Rechte werden davon nicht berührt (§ 880). — Der Eigentümer kann sich vorbehalten, vor dem einzutragenden Rechte späterhin ein anderes von bestimmtem Umfange eintragen zu lassen. Dieses kommt vor, wenn der Erwerber eines Grundstücks für den Kaufpreis eine Hypothek bestellt und sich die Eintragung einer anderen Hypothek vor dieser Hypothek vorbehält, z. B. um das für Bauausführungen auf dem Grundstücke erforderliche Geld zu bekommen (s. § 881).

Hat jemand einen Anspruch darauf, daß ihm ein Recht an einem

Grundstücke bestellt werde, so kann er zur Sicherung dieses Rechtes eine Vormerkung eintragen lassen; hierdurch wird dem später eingetragenen Rechte zugleich der Rang, den die Vormerkung einnahm, gesichert (§ 883). Über Löschung der Vormerkung s. §§ 886—888. — Ein Recht an einem Grundstücke erlischt nicht, wenn der Eigentümer das Recht oder der Berechtigte das Eigentum am Grundstück erwirbt (§ 889). — Der Eigentümer kann mehrere Grundstücke dadurch zu einem vereinigen, daß er sie im Grundbuche als ein Grundstück eintragen läßt; ebenso kann er ein Grundstück einem anderen als Bestandteil zuschreiben lassen (§ 890). Die Umschreibung im Grundbuche soll aber nur erfolgen, wenn hiervon Verwirrung nicht zu besorgen ist (§ 5 GBO.).

§ 891 stellt die Vermutung auf, daß ein eingetragenes Recht auch besteht, und daß ein gelöschtes Recht nicht mehr besteht. Das Grundbuch genießt öffentlichen Glauben, d. h. sein Inhalt gilt zugunsten eines gutgläubigen Dritten, der ein Recht an einem Grundstücke durch Rechtsgeschäft erwirbt, für richtig; der Dritte erwirbt das Recht, so wie es eingetragen ist, mag es auch (z. B. wegen fehlerhafter Eintragung) in Wirklichkeit gar nicht bestehen. Verfügungsbeschränkungen des Berechtigten bedürfen zu ihrer Wirksamkeit gegen gutgläubige Dritte ebenfalls der Eintragung ins Grundbuch (§ 892, mit Ausnahme der drei in Art. 22 AG. z. GBO. genannten, dem Bergrecht und Rentenrecht angehörigen Rechte). Steht der Inhalt des Grundbuches mit der wirklichen Rechtslage nicht im Einklang, so kann der hierdurch Beeinträchtigte Berichtigung des Grundbuches verlangen (§§ 894 ff.), auch einen Widerspruch gegen Richtigkeit des Grundbuches eintragen lassen (§ 899). — Ist jemand der tatsächlichen Rechtslage zuwider als Eigentümer im Grundbuche eingetragen, so erwirbt er nach 30 Jahren von der Eintragung an das Eigentum, sofern er während dieser Zeit das Grundstück im Eigenbesitz gehabt hat (§ 900). Diese sog. Tabularersitzung findet außer beim Eigentum auch bei den in § 900 Abs. 2 bezeichneten Rechten (Nießbrauch, Dienstbarkeiten) statt. Eingetragene Rechte sowie der Anspruch auf Berichtigung des Grundbuches unterliegen nicht der Verjährung (§§ 898, 902). Ist jedoch ein Recht zu Unrecht gelöscht, so erlischt es, wenn der Anspruch des Berechtigten gegen den Eigentümer verjährt ist (§ 901).

Dritter Abschnitt. Eigentum (§§ 903—1011).

I. Titel. Inhalt des Eigentums (§§ 903—924).

I. **Inhalt des Eigentums.** Eigentum ist die tatsächliche und rechtliche, unumschränkte und ausschließliche Herrschaft einer Person über eine Sache innerhalb der durch Gesetz oder Rechte Dritter gezogenen Grenzen (vgl. § 903). Es erstreckt sich bei Grundstücken auf den Raum über der Oberfläche und den Erdkörper unter der Oberfläche (§ 905). Jedoch kann der Eigentümer Einwirkungen nicht verbieten, die in einer solchen Höhe oder Tiefe vorgenommen werden, daß er an ihrer Ausschließung kein Interesse hat (§ 905; wegen der Telegraphen- und Telephondrähte Telegraphenwegegesetz 18. 12. 99 § 12; wegen des Bergrechts EG. Art. 67 und RGer. 28, 152). Jeder, den die Gesetze nicht besonders ausschließen, kann Eigentum erwerben (Preuß. Verf. 31. 1. 50 Art. 12). Wegen des Grunderwerbes durch juristische Personen s. oben S. 7.

Es streitet eine Vermutung für die Uneingeschränktheit des Eigentums (§ 985) Einschränkungen müssen also durch Natur, Gesetze oder Willenserklärungen bestimmt sein.

II. **Gesetzliche Einschränkungen des Eigentums.**

A. Zum Besten des Allgemeinen, also öffentlich-rechtlicher Natur.

Gesetz 11. 6. 74 über die Enteignung von Grundeigentum EG. Art. 109; Allg. V. 20. 5. 99 MBl. 89, welche die Anpassung an das BGB. behandelt).

Tit. I. Zulässigkeit der Enteignung. Das Grundeigentum kann nur aus Gründen des öffentlichen Wohles, für ein Unternehmen, dessen Ausführung die Ausübung des Enteignungsrechtes erfordert, gegen „vollständige Entschädigung" entzogen oder beschränkt werden (§ 1). Dazu ist königliche Verordnung nötig (§ 2, s. jedoch S. 82), wenn es sich nicht lediglich um Geradelegung oder Erweiterung öffentlicher Wege oder um Umwandlung von Privatwegen in öffentliche Wege handelt und wenn zugleich das dazu in Anspruch genommene Grundeigentum außerhalb der Städte und Dörfer belegen und nicht mit Gebäuden besetzt ist; hier hat anstatt des Königs der BezA. [1]) die Zulässigkeit der Enteignung auszusprechen (§ 3). Vorübergehende Beschränkungen (bis zu 3 Jahren) ordnet ebenfalls diese Behörde an, gegen deren Beschluß in beiden Fällen binnen 2 Wochen Beschwerde an den Minister der öffentlichen Arbeiten offen steht (§ 4; ZG. § 150; LVG. § 51). Die Bestimmungen über die Entziehung und Beschränkung des Grundeigentums gelten auch für die Entziehung und Beschränkung der Rechte am Grundeigentum (§ 6; vgl. § 11).

Tit. 2. Von der Entschädigung. Diese soll in dem „vollen Werte" des abzutretenden Grundstückes bestehen (§ 8), worunter man gewöhnlich den Neuanschaffungspreis eines Ersatzgrundstückes versteht (vgl. § 10). Wird nur ein Teil des Grundstückes in Anspruch genommen, so kann der Eigentümer doch die Übernahme des ganzen verlangen, wenn der Rest zu der bisherigen Bestimmung nicht mehr zweckmäßig benutzt werden kann; immer gilt das für Gebäude, welche angeschnitten werden (§ 9). Eine Wertserhöhung, die das abzutretende Grundstück erst infolge der neuen Anlage erhält, kommt bei Bemessung der Entschädigung natürlich nicht in Anschlag (§ 10), ebensowenig die Möglichkeit einer besseren Verwertung (RGer. 30, 294); anderseits mindert die Belastung mit Grundgerechtigkeiten den Wert an sich nicht (RGer. 30, 176). Die dinglich Berechtigten sind besonders zu entschädigen (§ 11).

Tit. 3. Enteignungsverfahren. Zunächst erfolgt die vorläufige Feststellung des Planes, und zwar durch den Minister der öffentlichen Arbeiten für die Eisenbahnunternehmungen (G. 3. 11. 38 §§ 4, 14), sonst durch den Regierungspräsidenten [2]) (ZG. § 150); sodann die definitive

---

[1]) In Berlin anstatt des BezA. hier immer die 1. Abt. des Polizeipräsidiums.

[2]) In Berlin den Polizeipräsidenten (LVG. § 42).

Feststellung, wenn die Beteiligten sich nicht gütlich einigen, auf Antrag des Unternehmers durch den BezA. (ZG. § 150), gegen dessen Beschluß binnen 2 Wochen Beschwerde an den Minister offen steht (§§ 15—22). Im Grundbuche ist eine Vormerkung über die Einleitung des Enteignungsverfahrens einzutragen, deren Löschung nach vollzogener Enteignung erfolgt (§ 24). Über die Feststellung der Entschädigung beschließt der BezA. nach kommissarischer, unter Zuziehung von Sachverständigen zu führender Verhandlung mit den Beteiligten (§§ 24—29). Gegen diesen Beschluß steht sowohl dem Unternehmer wie den übrigen Beteiligten (z. B. auch den Hypothekengläubigern) innerhalb 6 Monaten nach der Zustellung die Beschreitung des Rechtsweges ausschließlich bei dem Gericht, in dessen Bezirk die Sache belegen ist, zu (§ 30). Ist dies alles erledigt und die festgestellte Entschädigungssumme gezahlt oder hinterlegt, so spricht der BezA. die Enteignung des Grundstücks aus, welche die Einweisung in den Besitz in sich schließt (§ 32), und trägt beim Grundbuchamte auf Eintragung des neuen Eigentümers an (§ 33). In dringlichen Fällen kann der BezA. auf Antrag des Unternehmers noch vor Erledigung des Rechtsweges die Enteignung gegen Zahlung oder Hinterlegung der von ihm vorläufig festgesetzten Entschädigungs- oder Kautionssumme aussprechen (§ 34). Hinterlegt muß die Entschädigungssumme immer werden, wenn neben dem Eigentümer noch andere Entschädigungsberechtigte vorhanden sind, deren Ansprüche an die Entschädigungssumme zurzeit noch nicht feststehen, und wenn Reallasten, Hypotheken oder Grundschulden auf dem Grundstücke haften (§ 37).

Tit. 4. Wirkungen der Enteignung. Mit Zustellung des Enteignungsbeschlusses an die Parteien geht das Eigentum des Grundstücks an den Unternehmer über (§ 44). Das enteignete Grundstück wird von da ab von allen darauf haftenden privatrechtlichen Verpflichtungen frei, soweit der Unternehmer dieselben nicht vertragsmäßig übernommen hat (die Hypotheken werden gelöscht usw.). An die Stelle des enteigneten Grundstücks tritt rücksichtlich aller dinglichen Ansprüche die Entschädigungssumme (§ 45). — Aus den Schlußbestimmungen des Gesetzes sei noch bemerkt, daß wegen aller abgetretenen Teile eines Grundstücks dem bisherigen Eigentümer das Vorkaufsrecht für den Fall zusteht, daß späterhin das Abgetretene ganz oder teilweise für den bestimmten Zweck nicht weiter notwendig ist und veräußert werden soll (§ 57). — Wegen der Enteignung im Bergrecht s. §§ 135 f. des Allgem. BergG. in der Fassung vom 28. 7. 1909.

Erwähnt seien hier ferner noch diejenigen Beschränkungen, welche Grundeigentümer sich behufs Legung des trigonometrischen Netzes (G. 7. 10. 65) und in der Umgebung (den drei Rayons) von Festungen (RG. 21. 12. 71) gegen Entschädigung gefallen lassen müssen; sowie auf Grund des G. 6. 7. 75 betr. Schutzwaldungen und Waldgenossenschaften, wonach gegen Entschädigung Aufforstung zum Schutze der Umgegend gegen Versandung, Überschüttung mit Geröll usw. angeordnet oder Abforstung aus ähnlichen Gründen untersagt werden kann (aufrecht erhalten durch EG. Art. 83, wie überhaupt die Entziehung von Eigentum und Rechten im öffentlichen Interesse der Landesgesetzgebung überlassen bleibt, ebd. Art. 109).

Demgemäß gelten noch die §§ 35—82 ALR. I, 8 über die Beschränkung der Baufreiheit. Durch KO. 20. 6. 30 (GS. 113) wird angeordnet, daß Stadtgemeinden nicht ohne Genehmigung des Regierungspräsidenten ihre Stadtmauern, Tore, Türme, Wälle beseitigen dürfen. Statuen oder Denkmäler auf öffentlichen Plätzen darf niemand (selbst nicht die Gemeinde, die sie errichtet hat) ohne staatliche Erlaubnis wegnehmen oder einreißen (§ 35 ALR. I, 8; ZG. §§ 16, 30; wegen der dem Kultusminister unterstellten Denkmalspflege s. KO. 1. 7. 44 und 19. 11. 91). Städtische Gebäude an Straßen und Plätzen dürfen nicht zerstört werden, so daß wüste Baustellen entstehen (§ 36 ALR. I, 8). Vernachlässigt der Eigentümer die Instandhaltung so weit, daß Gefahr für das Publikum zu besorgen ist, so muß die zuständige Ortsbehörde ihn zu der notwendigen Reparatur anhalten, eventuell diese auf seine Kosten bewirken. Kann er die Kosten nicht herbeischaffen, so wird das Gebäude unter der Bedingung der Wiederherstellung öffentlich verkauft. Das überschießende Kaufgeld erhält der Eigentümer und die Hypothekengläubiger. Eventl. wird es diesen und im äußersten Falle der Stadtgemeinde zugeschlagen (§§ 37—57 ALR. I, 8). Dasselbe gilt von Gebäuden (auch ländlichen?), die durch Feuer oder anderes Unglück zerstört sind, wo die Feuerversicherungsgelder dem Übernehmer des Bauplatzes zugute kommen (§§ 58f. ALR. I, 8). Das Haus bewohnbar zu machen, kann die Polizei den Eigentümer nicht zwingen (OVG. 28. 3. 96; s. auch Bd. 26, 406).

Aus den übrigen baupolizeilichen Vorschriften, die jetzt meistens durch Baupolizeiordnungen ersetzt sind, sei der Grundsatz erwähnt, daß für alle Bauten polizeiliche Prüfung und Genehmigung erfordert wird (s. Strafe StrGB. § 367 Nr. 15). Ist der ohne Anzeige vorgenommene Bau für das Publikum schädlich oder gefährlich oder gereicht er zur Verunstaltung der Straße, so muß er geändert und gegebenenfalls beseitigt werden (§§ 71f. ebda.). Diese Befugnis der Polizei ist durch

Gesetz gegen die Verunstaltung von Ortschaften und landschaftlich hervorragenden Gegenden 15. 7. 07 (GS. 260)

auf ganz Preußen ausgedehnt. Außerdem kann durch Ortsstatut der Baupolizei das Recht gegeben werden, Baugenehmigungen zu versagen wegen Beeinträchtigung der Eigenart der Orts- oder Straßenbilder oder einzelner geschichtlich oder künstlerisch wichtiger Bauwerke durch Gebäude (§ 2) oder Reklameschilder usw. (§ 3). Ferner können durch Ortsstatut (nicht nur durch Baupolizeiverordnungen) Baubeschränkungen für Landhausviertel, Prachtstraßen usw. eingeführt werden und zwar nach Anhörung Sachverständiger (§§ 4—6). Für Gutsbezirke werden die Vorschriften vom Kreisausschuß erlassen (§ 7); für landschaftlich hervorragende Gegenden kann der Regierungspräsident die Versagung der Baugenehmigung vorschreiben, wenn die dadurch zu befürchtende Verunstaltung durch Wahl eines anderen Bauplatzes oder anderer Baugestaltung oder Materialverwendung vermieden werden kann (§ 8; AusfAnw. 4. 8. 09 MBl. 281). Außerdem ist der Regierungspräsident auf Grund des Gesetzes gegen die Verunstaltung landschaftlich hervorragender Gegenden 2. 6. 1902 (GS. 159) berechtigt zum Schutz des Landschaftsbildes außerhalb der geschlossenen Ortschaften Reklameschilder durch Polizeiverordnungen zu verbieten (ME. 16. 6. 02 MBl. 132).

An der Straße selbst haben die angrenzenden Hausbesitzer ein grunddienstbarkeitsähnliches Recht, bedingt und begrenzt durch die Zweckbestimmung der Straße (RGer. 37, 252; 67, 87), wonach sich ihr Entschädigungsanspruch wegen Veränderung der Straße regelt (wegen der Mieter s. RGer. 36, 272; 56, 101; s. PrVBl. 24, 213 u. 823). Ferner ist hervorzuheben, daß jeder Hauseigentümer den Bürgersteig, soweit er das Pflaster zu unterhalten hat, und sofern er die Straße nicht verengt, verunreinigt oder verunstaltet (§ 78 ALR. I, 8), worüber die Polizei zu entscheiden hat, nutzen kann (§ 81 ebda.). Aus § 81 läßt sich übrigens nicht eine allgemeine gesetzliche Pflicht der Hauseigentümer zur Herstellung und Unterhaltung des Bürgersteiges herleiten. Diese der Gemeinde obliegende Pflicht kann nur durch Observanz (langdauernde Übung mit dem Bewußtsein der Rechtsnotwendigkeit)[1]) oder durch Ortsstatut festgestellt werden. Polizeiverordnungen genügen hierzu nicht (KGer. 24, C. 41). Daß der Bürgersteig zur Straße zu rechnen, ist ausdrücklich bestimmt in dem hier einzuschaltenden

Gesetz 2. 7. 75 betr. die Anlegung und Veränderung von Straßen und Plätzen in Städten und ländlichen Ortschaften. (GS. 561).

Dieses Gesetz verfolgt den Zweck, den Gemeidebehörden die ihnen naturgemäß zustehenden Selbstverwaltungsbefugnisse auch hier zu sichern, das Verfahren zu regeln und die angrenzenden Eigentümer, welche in manchen Fällen bisheriges Ackerland in wertvolle Baustellen verwandelt bekommen, in billiger Weise zu den Kosten der Straßenanlegung heranzuziehen. Demgemäß zerfällt es in 3 Teile.

1. Zuständigkeit der Behörden bei der Beschlußfassung über den Plan. Der Gemeindevorstand setzt im Einverständnisse mit der Gemeinde bzw. deren Vertretung die Straßen- und Baufluchtlinien unter Zustimmung der Ortspolizeibehörde fest. Die Ortspolizeibehörde[2]) kann die Festsetzung von Fluchtlinien verlangen, wenn die von ihr wahrzunehmenden polizeilichen Rücksichten (s. § 3) die Festsetzung „fordern" (d. h. notwendig, nicht bloß für den Verkehr usw. wünschenswert erscheinen lassen). Zu einer Straße im Sinne dieses Gesetzes gehört der Straßendamm und der Bürgersteig. Die Straßenfluchtlinien bilden in der Regel zugleich die Baufluchtlinien, d. h. die Grenzen, über welche hinaus (in die Straße hinein) die Bebauung ausgeschlossen ist. Aus besonderen Gründen (um Vorgärten herzustellen) kann aber eine von der Straßenfluchtlinie verschiedene, jedoch in der Regel höchstens 3 Meter von dieser zurückreichende Baufluchtlinie festgesetzt werden (§ 1). Die Festsetzung der Fluchtlinien kann für einzelne Straßen und Straßenteile oder auch durch Aufstellung von umfassenderen Bebauungsplänen erfolgen. Handelt es sich um die Wiedererbauung ganzer, zerstörter Ortsteile, so muß die Gemeinde schleunigst einen neuen Bebauungsplan (sog. Retablissementsplan) feststellen (§ 2). Bei Festsetzung der Fluchtlinien ist auf Förderung des Ver-

---

[1]) So in Berlin durch die Brunnen- und Gassenordnung 14. 8. 1660 (C. C. M. Bd. V, 314; OVG. 6, 212).

[2]) In Berlin der Magistrat als örtliche Straßenbauverwaltung auf Grund der K.O. 28. 12. 75 und der Polizeipräsident als Verkehrs-, Feuer- und Gesundheitspolizeibehörde (Abt. X).

kehrs, der Feuersicherheit und der öffentlichen Gesundheit Bedacht zu nehmen, auch Verunstaltung der Straßen und Plätze zu vermeiden (§ 3). Jede Festsetzung muß eine genaue Bezeichnung der davon betroffenen Grundstücke und Grundstücksteile nebst Höhenbestimmung und Entwässerungsplan enthalten (§ 4). Die Zustimmung der Ortspolizeibehörde darf nur versagt werden, wenn die von derselben wahrzunehmenden polizeilichen Rücksichten (s. § 3) die Versagung „fordern". Gegen letztere kann die Gemeinde Beschwerde an den Kreisausschuß und bei Städten über 10000 Einwohner an den Bezirksausschuß [1]) einlegen (ZG. § 146 Abs. 2). Dasselbe Recht hat die Ortspolizeibehörde, wenn sie die Festsetzung verlangt und der Gemeindevorstand eine solche ablehnt (§ 5). Betrifft der Plan eine Festung oder berührt er öffentliche Flüsse, Chausseen, Eisenbahnen oder Bahnhöfe sowie fiskalische Grundstücke (MR. 17. 7. 91 MBl. 156), so hat die Ortspolizeibehörde die beteiligten Behörden rechtzeitig zur Wahrnehmung ihrer Interessen zu benachrichtigen (§ 6). Für die Städte Berlin, Potsdam, Charlottenburg und deren nächste Umgebung bedarf es stets Königlicher Genehmigung (§ 10), ebenso bezüglich der Straßennamen (KO. 20. 12. 13); wegen der Benennung nach Mitgliedern des Königlichen Hauses s. V. 9. 7. 74 u. 16. 1. 94 (MBl. 33).

2. Verfahren. Nach erfolgter (bzw. ergänzter) Zustimmung der Ortspolizeibehörde hat der Gemeindevorstand den Plan offen zu legen und dies mit dem Bemerken bekannt zu machen, daß Einwendungen binnen einer präklusivischen, auf mindestens 4 Wochen zu bemessenden Frist bei dem Gemeindevorstande anzubringen sind. Werden nur einzelne Grundstücke betroffen, so genügt eine Mitteilung an deren Eigentümer (§ 7). Erhobene Einwendungen sucht der Gemeindevorstand durch Verhandlung mit den Beschwerdeführern zu begleichen; eventuell beschließen darüber auch hier wieder der Kreis- bzw. Bezirksausschuß. Ist dies erledigt, so stellt der Gemeindevorstand den Plan förmlich fest, legt ihn wieder öffentlich aus und macht letzteres bekannt (§ 8). — Sind mehrere Ortschaften beteiligt, so haben die betr. Gemeindevorstände über die in den einzelnen Ortschaften getroffene Festsetzung zu verhandeln. Über die Punkte, wegen deren sie sich nicht einigen, beschließen hier ebenfalls die vorgenannten Behörden (§ 9). Jede, sowohl vor, als nach Erlaß dieses Gesetzes getroffene Fluchtlinienfestsetzung kann nur nach Maßgabe der vorstehenden Bestimmungen aufgehoben oder abgeändert werden (§ 10).

Der Rechtsweg ist gegen die auf Grund dieses G. getroffene Festsetzung von Fluchtlinien ausgeschlossen (Kompetenzgerichtshof 8. 1. 76, MBl. 78).

3. Verhältnisse der Gemeinde zu den betreffenden Grundeigentümern. Mit dem Tage, an welchem die zweite Offenlegung (also des förmlich festgestellten Planes, § 8) beginnt, tritt die Beschränkung des Grundeigentümers, daß Neubauten, Um- und Ausbauten über die Fluchtlinie hinaus versagt werden können, endgültig ein. Namentlich aus diesem Worte „endgültig" folgert das OVG. 8, 324, daß die Polizei schon während des noch schwebenden Verfahrens jene Neubauten usw. untersagen

---

[1]) In Berlin an den Minister für öffentliche Arbeiten (ZG. § 146 Abs. 2).

kann, wenn die Zustimmung der Gemeindevertretung zu dem Vorschlage des Gemeindevorstandes vorhanden ist (OVG. 14, 384). Die Versagung der Erlaubnis zu den Neubauten usw. bezweckt, die Gemeinde dagegen zu schützen, daß ihr das für die Straße zu erwerbende Land verteuert wird. Die Polizeibehörde ist aber nicht verpflichtet, die Bauerlaubnis zu versagen (OVG. 53, 403). Als „Bebauung" gelten auch Schuppen, Türme, Denkmäler, Tore, Mauern; doch wird damit das Recht jedes Grundeigentümers, sein Besitztum soweit nötig zu umwehren, nicht berührt. Auch wird die Erlaubnis unter der Bedingung erteilt werden können, daß die Baulichkeit wieder entfernt werde, sobald die Straße eingerichtet wird. — Mit dem vorhergedachten Tage der zweiten Offenlegung erhält auch die Gemeinde das Recht, die durch die festgesetzten Straßenfluchtlinien für Straßen und Plätze bestimmte Grundfläche dem Eigentümer zu entziehen (§ 11), ohne daß es zu solcher Enteignung hier der landesherrlichen Genehmigung bedarf. — Durch Ortsstatut[1]) kann verboten werden, daß an Straßen oder Straßenteilen, welche noch nicht gemäß den (durch besondere PolVer. festzustellenden) baupolizeilichen Bestimmungen des Ortes für den öffentlichen Verkehr und den Anbau fertig hergestellt sind, Wohngebäude, die nach diesen Straßen einen Ausgang haben, errichtet werden (§ 12); ausgenommen sind längst bestehende sog. „historische" Straßen, die nach dem früheren Rechte für den öffentlichen Verkehr und den Anbau fertig hergestellt waren, OVG. 3, 304; 9, 318; 15, 147; doch hilft hier § 9 KAG. 14. 7. 93 den Gemeinden). Das Ortsstatut bedarf der Bestätigung des Bezirksausschusses [2]), gegen dessen Beschluß binnen 2 Wochen Beschwerde an den Provinzialrat zulässig ist (ZG. § 16, LVG. § 121). Eine Entschädigung kann wegen der nach § 12 eintretenden Beschränkung der Baufreiheit (an unregulierten Straßen) überhaupt nicht und wegen der Entziehung oder Beschränkung des von der Festsetzung neuer Fluchtlinien betroffenen Grundeigentums nur in folgenden Fällen gefordert werden:

a) wenn die zu Straßen und Plätzen bestimmten Grundflächen auf Verlangen der Gemeinde für den öffentlichen Verkehr abgetreten werden;

b) wenn die Straßen- oder Baufluchtlinie vorhandene Gebäude (d. h. ein bebautes Grundstück, also auch ein bisher bebaut gewesenes; RGer. 21, 212) trifft und das Grundstück bis zu der neuen Fluchtlinie von Gebäuden freigelegt wird (d. h. gewöhnlich, wenn der Eigentümer mit dem Neubau an der neuen Fluchtlinie ernst macht);

c) wenn die Straßenfluchtlinie einer neu anzulegenden Straße (Querstraße) ein unbebautes, aber zur Bebauung geeignetes Grundstück trifft, welches zur Zeit der Feststellung dieser Fluchtlinie an einer bereits stehenden und für den öffentlichen Verkehr und den Anbau fertiggestellten anderen Straße belegen ist, und die Bebauung in der Fluchtlinie der neuen Straße erfolgt (auch hier also soll der Eigentümer der un-

---

[1]) In Berlin Ortsstatut I v. 11. 1. 10.

[2]) In Berlin des Ministers des Innern (ZG. § 146). — Da ein Ortsstatut für Gutsbezirke nicht erlassen werden kann, können auch Fluchtlinien für diese nicht festgesetzt werden (OVG. 55, 244).

bebauten, aber bebauungsfähigen Baustelle erst mit der Bebauung ernst machen; ist letztere durch die neue Querstraßen-Festsetzung wegen zu bedeutender Verringerung der nun noch bebaubaren Fläche nicht tunlich, so kann er natürlich fordern, daß die Gemeinde ihm das Grundstück gegen die Enteignungsentschädigung abnimmt; RGer. 7, 273).

Die Entschädigung wird gewährt für den zur Straße genommenen Grund und Boden und in denjenigen Fällen unter b), in welchen es sich um eine Beschränkung des Grundeigentums infolge der Festsetzung einer von der Straßenfluchtlinie verschiedenen Baufluchtlinie (zur Beschaffung von Vorgärten, deren Grund und Boden ja dem bisherigen Eigentümer verbleibt) handelt, für die Beschränkung des bebaut gewesenen Teiles des Grundstücks (Enteignungs-G. 11. 6. 74 § 12). Der Eigentümer kann stets die Übernahme des ganzen Grundstücks verlangen, wenn es durch die Fluchtlinie entweder ganz oder soweit in Anspruch genommen wird, daß das Restgrundstück nach den baupolizeilichen Vorschriften des Ortes nicht mehr zur Bebauung geeignet ist (vgl. wegen der angeschnittenen Gebäude § 9 Abs. 3 des Enteign.-G.) oder hierbei nach seiner bisherigen Bestimmung nicht mehr zweckmäßig benutzt werden kann (RGer. 31, 273). Unter Bezeichnung „Grundstück" gilt jeder im Zusammenhange stehende Grundbesitz des nämlichen Eigentümers (§ 13). Für die Feststellung der nach § 13 zu gewährenden Entschädigungen und die Vollziehung der Enteignung kommen die §§ 24 f. des Enteignungs-G. zur Anwendung. Die Entschädigungen werden von der Gemeinde bezahlt, in der das betr. Grundstück belegen ist (§ 14). — Durch Ortsstatut[1]) kann festgesetzt werden, daß bei Anlegung einer neuen oder Verlängerung einer schon bestehenden Straße sowie bei Anbau an schon vorhandenen bisher unbebauten Straßen und Straßenteilen von dem Unternehmer der neuen Anlage oder von den angrenzenden Eigentümern — von letzteren sobald sie Gebäude an der neu angelegten Straße errichten (OVG. 36, 64; 43, 3) — die Freilegung (wozu auch der erforderliche Grunderwerb gehört, OVG. 13, 162), erste Einrichtung, Entwässerung und Beleuchtung der Straße in der dem Bedürfnisse entsprechenden Weise beschafft bzw. die Kosten dafür der Gemeinde erstattet werden; ferner, daß sie die Straße zeitweise, jedoch höchstens auf fünf Jahre unterhalten bzw. einen verhältnismäßigen Beitrag oder den Ersatz der nötigen Kosten leisten. Zu diesen Verpflichtungen können die angrenzenden Eigentümer aber nicht für mehr als die Hälfte der Straßenbreite, und wenn die Straße breiter als 26 Meter ist, nicht für mehr als 13 Meter Breite herangezogen werden. Bei Berechnung der Kosten sind die Kosten der gesamten Straßenanlage und deren Unterhaltung zusammen zu rechnen und den Eigentümern nach Verhältnis der Länge ihrer, die Straße berührenden Grenze zur Last zu legen; doch kann das Ortsstatut auch eine sog. Spaltung der Kosten für die einzelnen Aufwendungen (OVG. 42, 25) sowie einen anderen Maßstab, insbesondere auch nach der bebauungsfähigen Fläche, vorsehen (KAG. § 10). Für die Bestätigung usw. des Ortsstatuts ist auch hier § 12 maßgebend (§ 15; die Straßenbaukosten haben den Charakter einer dinglichen Gemeinde-

[1]) In Berlin Ortsstatut II v. 25. 6. 06.

abgabe und die Zahlungspflicht geht auf jeden Nachfolger im Besitz des Grundstücks über (OVG. 44, 106). Die Erteilung der Baugenehmigung soll an die Bedingung der Erfüllung der durch das Ortsstatut auferlegten Verpflichtungen (gegen die Gemeinde) nicht geknüpft werden können (OVG. 4, 364); auch kann den Anliegern die Verpflichtung zur Sicherheitsstellung für die ihnen nach § 15 obliegenden Leistungen ortsstatutarisch nicht auferlegt werden (OVG. 15, 147). Für die Rechtsmittel gegen die Veranlagung, die Verjährung der Abgabe gelten jetzt §§ 69 ff., 87 ff. KAG.

Außer diesem Straßenanlegungs-G. kommen noch einige andere, die Verfügungsfreiheit über Grundeigentum beschränkende G. in Betracht. Zunächst das für die östlichen Provinzen und Westfalen erlassene

G. betr. die Gründung neuer Ansiedlungen vom 10. 8. 04. (GS. 227) mit AusfAnw. 28. 12. 04,

das an die Stelle des Absch. II d. G. 25. 8. 1876 (GS. 405) u. 16. 9. 99. (GS. 497) getreten ist. Es fordert für jedes außerhalb einer Ortschaft zu errichtende Wohnhaus oder den Umbau zu diesem Zweck eine Ansiedlungsgenehmigung der Ortspolizeibehörde, desgleichen bei Errichtung von ländlichen Stellen in einer Ortschaft bei Zerteilung eines Landgutes oder eines Teiles (§§ 13, 13a). Für die Provinzen Westpreußen und Posen bedarf es ferner noch einer Bescheinigung des Regierungspräsidenten, daß die Ansiedlung nicht mit den Zielen des AnsiedlG. 26. 4. 86 im Widerspruch steht (§ 13b); dasselbe gilt für Ostpreußen, Schlesien, die Reg.-Bez. Frankfurt, Stettin und Cöslin. Bei Versagung des Bescheids entscheidet der Oberpräsident endgültig; im übrigen findet wegen Versagung das Verwaltungsstreitverfahren gemäß § 18 statt. — Ferner gehören hierher das G. 14. 8. 76, betr. die Verwaltung der den Gemeinden, öffentlichen Anstalten gehörigen Holzungen, und G. 14. 3. 81 für gemeinschaftliche Holzungen. Solche Holzungen unterliegen der Oberaufsicht des Staates; ihre Benutzung und Bewirtschaftung muß sich „innerhalb der Grenzen der Nachhaltigkeit bewegen". Maßgebend sind die, dem schon erwähnten G. 6. 7. 75, betr. Schutzwaldungen usw. zugrunde liegenden Rücksichten. Deshalb können die Gemeinden auch, event. mit Staatsbeihilfe, angehalten werden, unkultivierte, zu landwirtschaftlicher oder gewerblicher Nutzung nicht geeignete Grundstücke, wenn ein dringendes Bedürfnis der Landeskultur dazu vorliegt, mit Holz anzubauen. — Weitere Beschränkungen enthalten §§ 1—3 des DeichG. 28. 1. 48 und § 1 G. zur Verhütung von Hochwassergefahren 16. 8. 05 (GS. 342) und bezüglich der Anlegung einer Feuerstelle Feld- und ForstPolG. 1. 4. 80 §§ 47 ff. — Wegen der Einschränkungen und Rechte der Eigentümer von Grundstücken an öffentlichen und Privatflüssen §§ 96—101 ALR. I 8 s. das Nähere oben beim Verkehrswesen.

B. Zum Besten der Nachbarn.

1. Nach BGB. Einwirkung auf fremdes Eigentum ist gestattet im Falle der Notselbsthilfe (§ 904), d. h. wenn die Einwirkung zur Abwendung einer gegenwärtigen Gefahr notwendig und der drohende Schaden gegenüber dem aus der Einwirkung entstehenden Schaden unverhältnismäßig groß ist (z. B. Benutzung eines fremden Kahnes zur Rettung eines Ertrinkenden). Der Eigentümer kann Ersatz verlangen. — Grundsätzlich

kann der Eigentümer jede auch noch so geringe Einwirkung auf sein Grundstück verbieten. § 906 schränkt dieses Verbietungsrecht bezüglich der sog. Immissionen (d. h. Zuführung von Gasen, Dämpfen, Rauch, Ruß, Wärme, Geräusch, Erschütterungen usw.; Immissionen durch städtische Kanalisationsgewässer Gruchot 48, 938) dahin ein, daß der Eigentümer sie dulden muß, sofern die Benutzung seines Grundstückes dadurch nicht oder nicht wesentlich beeinträchtigt wird, oder sofern solche Immissionen nach den örtlichen Verhältnissen (z. B. Fabrikviertel einer Stadt s. RGer. 57, 227) üblich sind. Herstellung von Anlagen auf Nachbargrundstücken, die eine unzulässige Einwirkung auf sein Grundstück zur Folge haben würden, kann der Eigentümer verbieten (§ 907). Ist die Anlage aber gewerbepolizeilich genehmigt, so kann der Eigentümer nach § 26 GewO. nicht die Einstellung des Betriebes, sondern nur Herstellung schützender Einrichtungen und Zahlung einer Entschädigungssumme verlangen. Ein Grundstück darf nicht soweit vertieft werden, daß die Sicherheit der Nachbargrundstücke gefährdet wird (§ 909). Eingedrungene Wurzeln und überhängende Zweige darf der Eigentümer abschneiden und für sich behalten, aber dann nicht, wenn sie die Benutzung seines Grundstückes nicht beeinträchtigen (§ 910). Früchte, die von einem Baume oder Strauche auf ein Nachbargrundstück fallen, gelten als Früchte dieses Grundstücks (§ 911). Einen Überbau (Bau über die Grenze) hat der Eigentümer dann zu dulden, wenn er nicht vor oder sofort nach der Grenzüberschreitung Widerspruch erhoben hat und dem Bauenden weder Vorsatz noch grobe Fahrlässigkeit zur Last fällt (§ 912, RGer. 47, 114). Der Eigentümer ist aber durch eine jährlich im voraus zahlbare Rente zu entschädigen (§ 913), die nicht ins Grundbuch eingetragen wird (§ 914 s. aber Satz 4; Ablösung § 915). Die Gestattung eines Notweges kann der Eigentümer von den Nachbarn ebenfalls gegen Zahlung einer Rente verlangen, wenn seinem Grundstück die notwendige Verbindung mit einem öffentlichen Wege fehlt (§ 917). Raine zwischen benachbarten Grundstücken, Zwischenräume (sog. Winkel) zwischen Häusern, andere Grenzscheiden wie Mauern, Hecken, Planken usw. können die Nachbarn gemeinschaftlich benutzen, sofern die Einrichtung nicht einem allein gehört (keine Vermutung des Miteigentums RGer. 53, 307); die Unterhaltungskosten hat dann jeder Nachbar zur Hälfte zu tragen (§§ 921, 922). Ein auf der Grenze stehender Baum gehört den Nachbarn zu gleichen Teilen (§§ 923 f.). Bestehen zwischen zwei Grundstücken keine festen Grenzzeichen, oder sind die bestehenden unrichtig, oder sind sie unkenntlich geworden, so kann jeder Nachbar vom anderen Mitwirkung zur Abmarkung verlangen (§ 919; über das Verfahren § 362 f. ALR I 17). Läßt sich die Grenze nicht ermitteln, so entscheidet der Besitzstand; kann auch dieser nicht festgestellt werden, so ist jedem Grundstück ein gleich großes Stück der streitigen Fläche zuzuteilen; in letzter Linie entscheidet billiges Ermessen des Richters (§ 920). Diese aus dem Nachbarrecht sich ergebenden Ansprüche unterliegen nicht der Verjährung (§ 924).

2. Nach ALR. gemäß EG. Art. 124 und AG. z. BGB. Art. 89:

Licht und Aussicht (Fensterrecht). Es kommt darauf an, ob man sich diese verschaffen oder ob man sie dem Nachbar verbauen will. Im ersteren Falle herrscht vollständige Freiheit: Jeder kann Öffnungen und Fenster in seine eigene Wand oder Mauer machen, auch wenn dieselben eine Aussicht über die benachbarten Gründe gewähren (§ 137 I 8). Nur wenn die Wand oder Mauer unmittelbar an des Nachbars Hof oder Garten stößt, müssen die Öffnungen (auch solche, die nicht des Lichtes wegen angebracht werden), falls der Raum, in welchem sie angelegt werden sollen, hoch genug dazu ist, sechs Fuß vom Boden dieses Raumes erhöht, in allen Fällen aber mit eisernen, nur zwei Zoll voneinander stehenden Stäben oder mit einem Drahtgitter verwahrt sein (§ 138). — Will man dagegen des Nachbars Fenster verbauen, indem man hart an der Grenze selber baut, so kommt es darauf an, ob die Nachbarfenster schon mindestens zehn Jahre vorhanden sind. In diesem Falle wird weiter unterschieden, ob die betreffenden Räume des Nachbars nur von dieser Seite her Licht haben; dann muß der neue Bau soweit zurückbleiben, daß es dem Nachbar möglich ist, aus seinen ungeöffneten Erdgeschoß-Fenstern den Himmel zu sehen; bekommen die Räume aber noch von einer anderen Seite (auch von oben, RGer. 36, 217) Licht, so gilt letzteres von den Festern des 2. Stockes (§ 142 f., RGer. 2, 195). Sind die Fenster des Nachbars noch nicht zehn Jahre vorhanden, so ist der Bauende lediglich an diejenige Entfernung gebunden, welche das Landrecht überhaupt für neu zu errichtende Gebäude bestimmt[1]) (drei Fuß und von einem unbebauten Platz des Nachbars anderthalb Fuß § 139, 140). An dessen Stelle treten die örtlichen Bauordnungen, die meistens Brandmauern auf der Grenze oder erheblich größere Abstände (Bauwich) von den Nachbarfenstern fordern[2]).

Neue **Türen**, die unmittelbar auf des Nachbars Grund und Boden führen, dürfen wider dessen Willen nicht angelegt werden (§ 148).

Bei Zäunen und Wellerwänden (Fachwerk-, Lehmwänden usw.) ist in der Regel jeder Besitzer städtischer Grundstücke und Gärten den **Zaun rechter Hand vom Eintritt in den Haupteingang zu bauen und zu unterhalten** schuldig (§ 162 f.); eine Verpflichtung zum Bau eines bisher nicht vorhanden gewesenen Grenzzaunes besteht nicht (OTr. 43, 1), es sei denn, daß die Wegnahme eines Gebäudes ihn nötig macht (§ 164).

Erhöhungen und Erniedrigungen des Bodens müssen 3 Fuß von der nachbarlichen Verzäunung zurückbleiben (§§ 185—187).

Schließlich sei hervorgehoben, daß die Baubeschränkungen wie Grunddienstbarkeiten zum Besten des Nachbars anzusehen sind, also erlöschen, wenn der Nachbar den ihn schädigenden Bau wissentlich hat geschehen lassen (OTr. StrA. 40, 248; RGer. Gruchot 29, 823); und daß diese Beschränkungen als Ausnahmen von der Freiheit des Eigentums, wie derartige **Ausnahmen überhaupt, streng ausgelegt** werden müssen

---

[1]) Nach den „Spezialbauobservanzen" für Berlin, die nach Art. 3 PublPat. des ALR. als Ortsstatut in Kraft geblieben sind, aber nur für das am 1. Juni 1794 vorhandene Weichbild gelten, geht die Baufreiheit weiter: Fenster in der Wand des Nachbars, sie mögen so lange vorhanden sein wie sie wollen, schränken den anderen in der Befugnis, hart an der Grenze zu bauen, nicht ein, auch wenn dadurch den Räumen des Nachbars das Licht entzogen wird (ObTr. 45, 73 f.).

[2]) In Berlin BauPolV. 15. 8. 97 § 5 Z. 3: 6 m.

und keine ausdehnende oder analoge Anwendung finden dürfen (OTr. StrA. 71, 351).

Gegen das wild ablaufende Wasser kann jeder Eigentümer sein Grundstück schützen; kann aber der Oberlieger es nicht abführen, so muß der Unterlieger diesem auf seine Kosten die Vorflut gestatten. Jeder zur Unterhaltung eines Grabens oder Wasserabzuges Verpflichtete kann polizeilich zur Auskrautung oder Räumung angehalten werden (§§ 102—117 ALR. I 8; Vorfluts-G. 15. 11. 11 und G. 23. 1. 46 betr. das für Entwässerungsanlagen einzuführende Aufgebotsverfahren; § 7 G. 28. 2. 43 über die Benutzung der Privatflüsse).

In diesem Zusammenhange ist ferner die durch Art. 62, 69, 113 bis 115, 118—120 EG. aufrecht erhaltene

Agrargesetzgebung

zu erwähnen.

Als Ziele der sog. Agrargesetzgebung lassen sich ihrem Werdegange nach bezeichnen: die auf Schaffung freier Verfügung über das Grundeigentum gerichtete Regulierung der gutsherrlich-bäuerlichen Verhältnisse unter Beseitigung der persönlichen Abhängigkeit und Ablösung der Reallasten (Dienste, Zinsen usw.); sodann die Aufhebung kulturschädlicher Gemeinheiten und die Zusammenlegung zerstückelt oder versprengt liegender Grundstücke verschiedener Eigentümer nebst Ablösung kulturschädlicher Servituten; daran schließt sich die Rücksichtnahme auf innere Kolonisation.

Den Grund legte das Edikt 9. 10. 1807 betr. den erleichterten Besitz und den freien Gebrauch des Grundeigentums sowie die persönlichen Verhältnisse der Landbewohner. Demnächst folgten zwei Edikte 14. 9. 11 zur Beförderung der Landeskultur und betr. die Regulierung der gutsherrlichen und bäuerlichen Verhältnisse (d. h. bezüglich der sog. lassitischen, nicht zu Eigentum ausgetanen, mit bäuerlichen Wirten zu besetzenden Stellen).

Sodann erging die sehr wichtige, an die Stelle der §§ 311—361 ALR. I 17 tretende

GemeinheitsteilungsO. 7. 6. 21 (GS. 53)

zur Aufhebung der kulturschädlichen Weide-, Forst- u. dgl. Nutzungen, ohne Unterschied, ob sie auf einem gemeinschaftlichen bzw. Gesamteigentum oder auf einseitigen oder wechselseitigen Dienstbarkeitsrechten beruhen (§ 2). — Das G. 2. 3. 50, betr. die Ergänzung und Abänderung der GemeinheitstO. (GS. 139) erklärte noch fernere 8 Servituten (darunter namentlich Fischerei in Privatgewässern und Torfnutzung) für ablösbar. — Die Befugnis der Miteigentümer, auf Teilung (Auseinandersetzung) anzutragen (§§ 4 f.), kann weder durch Willenserklärungen noch durch Verträge, noch Verjährung oder frühere Erkenntnisse behindert werden (§§ 26 ff.). Die Abfindung geschieht nach den Teilnehmerrechten der Beteiligten (§§ 30 ff.). In der Regel muß jeder Teilnehmer durch Land abgefunden werden (§ 66), und zwar möglichst in einer zusammenhängenden wirtschaftlichen Lage (§ 61); eventuell kann die Entschädigung auch durch Rente, Naturalleistungen oder Kapital gewährt werden (§ 60). Die Abfindung ist ein Ersatz der dafür abgetretenen Grundstücke oder dadurch abgelösten Berechtigungen und tritt daher in Ansehung ihrer Rechte und Lasten (z. B. gegenüber den Hypothekengläubigern) an Stelle der abgetretenen Grundstücke und Rechte (§§ 147 ff.). Der durch die anderweite Verteilung des Landes betroffene Pächter kann die Pacht kündigen (§§ 159 ff.). Abgesehen von der Aufhebung der Gemeinheit kann jeder Beteiligte verlangen, daß die Teilungsrechte der Servitut- und Mitberechtigten auf ein bestimmtes Maß festgesetzt werden (§§ 166 ff.).

Zur Ergänzung und Abänderung der GemeinheitsteilungsO., deren Vorschriften auf das nichtlandrechtliche Gebiet ausgedehnt sind, ist insbesondere noch ergangen das G. 2. 4. 72 betr. die Ausdehnung der GemeinheitsteilungsO. auf die Zusammenlegung von Grundstücken, welche einer gemeinschaftlichen Benutzung nicht unterliegen (§ 1 Abs. 1: „Die wirtschaftliche Zusammenlegung der in vermengter Lage befindlichen Grundstücke verschiedener Eigentümer einer Feldmark findet statt, wenn dieselbe von den Eigentümern von mehr als der Hälfte der nach dem Grundsteuer-Kataster berechneten Fläche der umzulegenden Grundstücke, welche gleichzeitig mehr als die Hälfte des Katastral-Reinertrages repräsentieren, beantragt und nach Begutachtung durch die Kreisvermittlungsbehörde durch Beschluß der Kreisversammlung für zulässig erklärt wird. Handelt es sich um Grundstücke einer städtischen Feldmark, welche einem Kreisverbande nicht angehört, so bedarf es des zustimmenden Beschlusses des Magistrats und der Stadtverordneten, nachdem eine von denselben gewählte sachverständige Kommission ihr Gutachten abgegeben hat"); ferner das G. 26. 6. 75 betr. die Berichtigung des Grundsteuerkatasters und der Grundbücher bei Auseinandersetzungen vor Bestätigung des Rezesses; das für die östlichen Provinzen und Westfalen gegebene G. 25. 8. 76 betr. die Verteilung der öffentlichen Lasten bei Grundstücksteilungen und die Gründung neuer Ansiedlungen Abschnitt I (wegen Abschnitt II s. oben S. 84) und das G. 2. 4. 87 (GS. 105) betr. die durch ein Auseinandersetzungsverfahren begründeten gemeinschaftlichen Angelegenheiten, wodurch für letztere (z. B. Wege, Triften, Gräben, Tränkstätten, Lehm-, Sand-, Kalk- und Mergelgruben, Kalk- oder andere Steinbrüche) die Vertretung der Gesamtheit von der Auseinandersetzungsbehörde dem Gemeindevorstand übertragen werden kann (OVG. 21, 143). Besonders wichtig für die ganze Agrargesetzgebung war ein zweites G. v. 2. 3. 50, das

Gesetz 2. 3. 50, betr. die Ablösung der Reallasten und die Regulierung der gutsherrlichen und bäuerlichen Verhältnisse (GS. 77),

welches das Regulierungsedikt 14. 9. 11 und die sonstigen Regulierungs- und Ablösungsgesetze aufhob. Es milderte die Ablösungsbedingungen, während ein drittes G. von demselben Tage die Errichtung von Rentenbanken anordnete und damit denjenigen Verpflichteten zu Hilfe kam, die das Ablösungskapital nicht auf einmal zahlen konnten.

Das AblösungsG. 2. 3. 50 hebt zunächst gewisse gutsherrliche Realrechte ohne Entschädigung auf, namentlich das Obereigentum des Lehns-, Guts- oder Grund- und des Erbzinsherrn, das Eigentumsrecht des Erbverpächters, das grund- oder gutsherrliche Heimfallsrecht an Grundstücken und Gerechtsamen jeder Art, die Näher-, Retrakt- und Vorkaufsrechte an Immobilien (soweit die Vorkaufsrechte nicht auf Verträgen oder letztwilligen Verfügungen beruhen oder den Miteigentümern oder Expropriaten zustehen), das Recht, der Zerstückelung eines abgaben- oder leistungspflichtigen Grundstückes zu widersprechen, alle Abgaben und Leistungen der Nichtangesessenen an die bisherige Guts-, Grund- oder Gerichtsherrschaft, soweit sie aus diesem Verhältnis herzuleiten sind, die Befugnis des Gutsherrn, über die, nicht zu den Wegen nötigen, freien Plätze innerhalb der Dorflage zu verfügen, soweit jene aus der gutsherrlichen Polizeigerichtsbarkeit hergeleitet wird (das Eigentum daran fällt der Ortsgemeinde zu, die dagegen auch die Instandhaltung der Dorfstraßen, der Brücken usw. zu tragen hat), alle unmittelbaren Gegenleistungen des Gutsherrn bezüglich der aufgehobenen Leistungen der Bauern (§§ 2—5). — Alle anderen (nicht aufgehobenen) Reallasten (natürlich mit Ausschluß der öffentlichen Lasten, wie Gemeinde-, Kirchen-, Schulabgaben und Leistungen) sind ablösbar (§ 6). Auf Ablösung und Regulierung ist sowohl der Berechtigte wie der Verpflichtete anzutragen befugt (§ 94). Lasten, die nach diesem G. ablösbar sind, dürfen einem Grundstücke nicht auferlegt werden, mit Ausnahme fester Geldrenten, bei welchen aber auch die Kündigung nicht länger als für 30 Jahre ausgeschlossen werden kann (§ 91). Bei der Berechnung der Ablösungssumme wird zunächst der Geldwert der etwa auch dem Berechtigten obliegenden Leistungen von denen des Verpflichteten abgezogen. Der Verpflichtete hat die Wahl, das 18fache des Jahreswertes als Ablösung zu zahlen oder den Jahreswert in Form einer Rente weiter zu zahlen. Die Vermittelung übernimmt die Rentenbank, die den Berechtigten mit Rentenbriefen in 20fachem Betrage abfindet und ihrerseits die Rente $56^1/_{12}$ oder $41^1/_{12}$ Jahre einzieht. Der Berechtigte kann stets Rentenbriefe verlangen, auch wenn der Verpflichtete den 18fachen Barbetrag anbietet (AblG. § 64). — Die Rentenbanken stehen unter Aufsicht des Landwirtschafts- und Finanzministers (AE. 2. 7. 59, GS. 421); ihre Renten bedürfen nicht der Eintragung im Grundbuch und werden wie Staatssteuern erhoben (RentenbankG. §§ 18—27).

Nach G. 27. 4. 72, betr. die Ablösung der den geistlichen und Schulinstituten sowie den frommen und milden Stiftungen usw. zustehenden Realberechtigungen, sind letztere in eine Roggenrente umzuwandeln; diese ist nach dem jährlichen, gemäß §§ 20—25 G. 2. 3. 50 ermittelten Marktpreise in Geld abzuführen (§ 3) und nach § 4 ablösbar zum 25fachen oder, wenn der Antrag von dem Berechtigten ausgeht, zum $22^2/_9$fachen Betrage (§ 5). Provokationen und Rezesse, bei welchen geistliche Institute beteiligt sind, bedürfen der kirchenaufsichtlichen Genehmigung (Erl. 14. 5. 95, KG. u. VBl. 50).

Die Ausführung der Agrargesetze ist nicht den Gerichten, sondern besonderen, zum Teil mehrere Provinzen umfassenden Generalkommissionen überwiesen. Maßgebend für deren Tätigkeit sind hauptsächlich: die V. 20. 6. 17, das G. 7. 6. 21 über Ausführung der Gemeinheitst.- und Ablösungs-O., die V. 30. 6. 34 wegen des Geschäftsbetriebes in den Angelegenheiten der Gemeinheitsteilungen, Ablösungen und Regulierung der gutsherrlich-bäuerlichen Verhältnisse und das auf Grund des Art. 7 G. 22. 9. 99 in neuer Fassung veröffentlichte G. 10. 10. 99 (GS. 403). Über Berufungen und Beschwerden entscheidet das Oberlandeskulturgericht in Berlin, gegen dessen Urteil Revision beim RGer.

gegeben ist, wenn es sich um einen Anspruch handelt, der an die ordentlichen Gerichte gehört (§§ 66 ff. G. 10. 10. 99). Die Generalkommissionen haben auch von Amts wegen die Interessen des Staates und der Körperschaften sowie der entfernten Teilnehmer wahrzunehmen (V. 17 § 4; V. 34 § 11); insbesondere sollen sie und ihre Organe (Spezial-, Ökonomiekommissare) vermitteln, daß für die ausgewiesenen Planlagen eine geeignete Verbindung durch Wege und Triften hergestellt wird (G. 21 § 9). Ihr ferneres Organ sind die Kreisvermittelungsbehörden, die bei Einigung beider Teile die Auseinandersetzung herbeiführen können (V. 34 §§ 2—4), auch können die Geschäfte anderen Staats- und Kommunalbeamten übertragen werden (V. 17 §§ 62—64).

Erweitert ist der Wirkungskreis der Generalkommissionen namentlich durch die Gesetzgebung über die Rentengüter.

Eingeschaltet sei zunächst, daß auf Grund G. 11. 7. 91 (GS. 303) bei der Generalkommission oder deren Kommissar auch der Antrag auf Eintragung eines einem Auseinandersetzungsverfahren unterliegenden Grundstücks in die vom Amtsgericht geführte Höfe- oder Landgüterrolle gestellt werden kann. Dieses überwiegend in Westfalen, Hannover (s. G. 28. 7. 09) und Lauenburg benutzte Institut des Höferechts ist auch in den anderen Provinzen durch die seit Anfang der achtziger Jahre ergangenen Landgüterordnungen eingeführt worden. Dieselben enthalten kein eigentliches Agrarrecht, bezwecken vielmehr zur Vermeidung der Zerstückelung eine Erbfolge, bei der unter mehreren Miterben ein Anerbe gegen eine Taxe das Gut übernehmen und die Miterben abfinden kann. Das Gut erhält diese Eigenschaft durch Eintragung im Grundbuch; in Westfalen und dem landrechtlichen Teil der Rheinprovinz besteht für Landgüter ein gesetzliches Anerbenrecht (G. 2. 7. 98, GS. 139).

Das G. 8. 6. 96 (dazu Erl. 10. 8. u. 24. 9. 96, MBl. 152 u. 184; EG. Art. 64) schuf noch ein besonderes Anerbenrecht für Renten- und Ansiedlungsgüter (s. unten), welche durch Eintragung der Anerbengutseigenschaft im Grundbuche von Amts wegen Anerbengüter werden. Dies Anerbenrecht gilt nur für die Abkömmlinge und Geschwister des Erblassers sowie deren Nachkommen. Erfolgt bei der Erbteilung eine Einigung, zu deren Herbeiführung die Generalkommission angerufen werden kann, nicht, so können die Miterben ihre Erbanteile nur in einer Erbabfindungsrente beanspruchen. (Eintragung des Rechts s. V. 22. 1. 00, JMBl. 34.)

Rentengüter.

Nachdem das Institut der Rentengüter zunächst durch das G. 26. 4. 86, betr. die Beförderung deutscher Ansiedelungen in den Provinzen Westpreußen und Posen, und Bereitstellung von 350 Mill. ins Leben gerufen war, ergingen G. über Rentengüter 27. 6. 90 für ganz Preußen und auch für Privatpersonen. (Zirkular 14. 11. 90 betr. den Normalentwurf zu einem Rentengutskaufvertrage MBl. 264; G. 7. 7. 91 betr. die Beförderung der Errichtung von Rentengütern dazu AusfV. 16. 11. 91 MBl. 236; Zirkular 2. 8. 95 MBl. 220 betr. die Erfüllung der wirtschaftlichen Vorbedingungen; G. 12. 7. 00 GS. 300 über die Gewährung von Zwischenkredit.) Das BGB. läßt diese Vorschriften unberührt (Art. 62 EG.).

Diese Gesetzgebung bezweckt, nachdem die Agrargesetzgebung das ländliche Grundeigentum von kulturschädlichen und wirtschaftlich nachteiligen Beschränkungen befreit hat, die Erwerbung von Grundbesitz seitens der weniger kapitalkräftigen Personen zu erleichtern und ist in Verbindung mit den oben erwähnten Gesetzen über das Anerbenrecht dazu übergegangen, bei den Renten- und Ansiedelungsgütern für die hauptsächlichsten Gründe der Verschuldung aus dem ersten Besitzerwerbe und aus der Intestaterbfolge die kündbare Hypothek durch eine unkündbare, amortisable Rentenschuld zu ersetzen.

Das G. 27. 6. 90 läßt die eigentümliche Übertragung eines Grundstücks frei von Hypotheken und Grundschulden gegen Übernahme einer festen Geldrente zu, deren Ablösbarkeit, Ablösungsbetrag und Kündigungsfrist vereinbart werden kann. Diese Vereinbarung sowie die vertragsmäßige Ausschließung der Ablösbarkeit müssen aus dem Grundbuche ersichtlich sein, widrigenfalls für dritte die Rente als eine nach sechsmonatlicher Kündigung ablösbare gilt. Der Rentenberechtigte darf, wenn er die Ablösung beantragt, einen höheren als den 25fachen Betrag nicht fordern. Bei den Abveräußerungen zur Bildung von Rentengütern kann das Unschädlichkeitsattest (s. unten S. 109) unbeschadet der Sicherheit der Realberechtigten auch für größere Trennstücke erteilt werden (§ 1). Die §§ 3—5 behandeln besondere Beschränkungen des Erwerbers hinsichtlich der Zerteilung des Grundstücks oder Abveräußerung von Teilen sowie der Erhaltung des baulichen Zustandes der Gebäude oder des Inventars usw. gegen den Willen des Berechtigten, welche Beschränkungen nur durch Entscheidung der Auseinandersetzungsbehörde unwirksam gemacht oder beseitigt werden können.

Das G. 7. 7. 91 bietet Erleichterungen in der Bildung von ländlichen Rentengütern mittleren und kleineren Umfangs, insofern Privatpersonen die Vermittlung der Generalkommissionen zur Bildung von Rentengütern und die der Rentenbanken zur Beleihung der Güter in Anspruch nehmen können.

Die Rentenbank kann außer der Abfindung, die sie dem Berechtigten zahlt, und für die die Rentenbankrente eingetragen wird (§ 1), den Rentengutsbesitzern zur erstmaligen Aufführung der notwendigen Wohn- und Wirtschaftsgebäude Darlehen in $3^1/_2$- oder 4prozentigen Rentenbriefen oder in barem Gelde gewähren, deren Kündbarkeit so lange ausgeschlossen ist, als der Schuldner seinen Verpflichtungen nachkommt oder nicht in Konkurs gerät (§ 2). Abfindung und Darlehen werden von Rentengutsbesitzern in $60^1/_2$ oder $56^1/_{12}$ Jahren durch Zahlung einer Rentenbankrente verzinst und getilgt, die durch Aufschlag eines halben Prozentes auf den $3^1/_2$- oder 4prozentigen Zinsfuß gebildet wird (§§ 1, 2, 3). Solange die Rentenbankrente haftet, ist zur Aufhebung der wirtschaftlichen Selbständigkeit, zur Zerteilung des Rentenguts sowie zur Abveräußerung von Teilen die Genehmigung der Generalkommission nötig (§ 4).

Die Begründung des Rentenguts kann von Anfang an durch Vermittlung der Generalkommission als Auseinandersetzung nach den Regeln der Gemeinheitsteilungen erfolgen, um die aus der hypothekarischen Belastung des Hauptguts entstehenden Hindernisse zu beseitigen. Wenn die Generalkommission den Antrag auf Begründung des Rentenguts für zulässig erachtet, hat sie die eingeleitete Begründung im Grundbuche vermerken zu lassen, wodurch spätere Belastungen dem Rentengutsübernehmer gegenüber unwirksam werden. Die Generalkommission läßt den aufgenommenen Vertrag über die Begründung des Rentenguts mit ihrer Bestätigung dem Grundbuchrichter zugehen. Das Eigentum an dem Rentengute wird dann auf ihr Ersuchen durch die Eintragung des Eigentumsübergangs im Grundbuch, also ohne Auflassung, erworben. — Die Generalkommissionen haben auch die Wirtschaftsführung der mit staatlichem Kredit begründeten Rentengüter zu kontrollieren, um den Fiskus vor Verlusten zu schützen (Zirk. 30. 4. 95, MBl. 163). — Um die zur Ablösung der Lasten und Hypotheken sowie zur Beschaffung der Baudarlehen nötigen Mittel (den Zwischenkredit) zu beschaffen, ist das G. 12. 7. 00 (GS. 300) ergangen, das für diese Zwecke 10 Mill. des Reservefonds der Banken heranzieht. — Ferner ist zu erwähnen das

G. 30. 6. 94 über die Landwirtschaftskammern.

Zum Zweck der korporativen Organisation des landwirtschaftlichen Berufsstandes können durch königliche Verordnung nach Anhörung des Provinziallandtages Landwirtschaftskammern errichtet werden, welche in der Regel das Gebiet einer Provinz umfassen. Sie haben die Gesamtinteressen der Land- und Forstwirtschaft ihres Bezirks wahrzunehmen und besitzen Korporationsrechte; ihr gehören zwangsweise alle Besitzer einer selbständigen Ackernahrung an, die den Geldbedarf durch Beiträge aufzubringen haben und nach Maßgabe des Grundsteuerreinertrags die Mitglieder auf 6 Jahre wählen (Etats-, Kassen- und Rechnungswesen s. V. 14. 6. 03; 16. 6. 06 und wegen Staatsbeihilfen 14. 10. 08 LMBl. 09, 3 u. 25). Obersten Beirat des Landwirtschaftsministers und gemeinsame Geschäftsstelle der Kammern bildet das Landesökonomiekollegium (Satzungen 10. 12. 98 MBl. 99, 15).

An verwaltungsrechtlichen Akten, welche das Interesse der Landwirtschaft berühren, sind noch zu verzeichnen: G. 31. 7. 95 betr. die Errichtung einer Zentralanstalt zur Förderung des genossenschaftlichen Personalkredits nebst 4. Novelle 13. 7. 09. Die mit einem Grundkapital von 75 Mill. M. ausgestattete Preußische Zentralgenossenschaftskasse fördert den Personalkredit der kleineren Landwirte und Handwerker, indem sie den Genossenschaften und Darlehenskassen zu billigen Sätzen Gelder überweist und überschüssige Beträge verzinst. Außer den von den Landschaften errichteten Pfandbriefanstalten sind ferner zu nennen die 5 Landeskulturrentenbanken (G. 13. 5. 79 GS. 367) zur Gewährung von Darlehen zur Bodenverbesserung, die Hypothekenbanken (G. 13. 7. 99 RGBl. 375) und das G. 20. 8. 06 (GS. 389) über die Zulassung einer Verschuldungsgrenze für land- oder forstwirtschaftlich genutzte Grundstücke. Diese wird von einer öffentlichen Kreditanstalt (§ 15) ermittelt und im Grundbuch auf Antrag des Eigentümers mit der Wirkung eingetragen, daß eine Belastung darüber hinaus ausgeschlossen ist.

Für die Provinzen Westpreußen und Posen (G. 16. 4. 86) besteht zur Beförderung deutscher Ansiedlungen der durch G. 20. 3. 08 (GS. 29) auf 350 Mill. erhöhte Fonds und zugleich die Ermächtigung, bis zu 70 000 ha nötigenfalls durch Enteignung zu erwerben (Art. I Z. 10 G. 08).

II. Titel. Erwerb und Verlust des Eigentums an Grundstücken (§§ 925—928).

Bei Übertragung des Eigentums an Grundstücken muß die nach § 873 erforderliche Einigung bei gleichzeitiger Anwesenheit beider Parteien (oder ihrer Vertreter, auch desselben für beide RGer. 21, 292) vor dem Grundbuchamte erklärt werden (Auflassung). Die Auflassung darf weder bedingt noch befristet sein (§ 925). Übergabe (Tradition) des Grundstücks ist zum Eigentumserwerbe nicht erforderlich, hat aber noch Bedeutung für Übergang der Gefahr (vgl. § 446). Ohne Auflassung geht das Eigentum über u. a. in der Zwangsversteigerung; durch Enteignung; bei Übereignung eines buchungsfreien Grundstücks, sofern es auch nach der Übertragung der Eintragung des Eigentümers nicht bedarf (AG. Art. 27); bei Gesamtnachfolge in ein Vermögen, z. B. als Erbe, Ehegatte bei Eintritt der Gütergemeinschaft; bei Aufhebung der Gütergemeinschaft oder einer Erbengemeinschaft ist jedoch zum Übergange des Eigentums auf einen der Ehegatten oder Erben Auflassung erforderlich (vgl. § 99 GBO.). In allen diesen Fällen bedarf es auch keiner Eintragung im Grundbuche; diese muß aber dann erfolgen, wenn der Erwerber (ausgenommen der Erbe § 41 GBO.) das Grundstück weiter veräußern oder belasten will (vgl. § 40 GBO.).

Sofern nach dem Willen der Beteiligten das Zubehör mit veräußert werden sollte, was im Zweifel anzunehmen ist, geht das Eigentum an diesem zugleich mit dem Eigentum am Grundstücke auf den Erwerber über, wenn das Zubehör dem Veräußerer selbst gehörte. Gehörte es einem Dritten, so regelt sich der Eigentumsübergang nach den §§ 932 ff. (§ 926).

Eigentumserwerb durch Ersitzung seitens einer nicht eingetragenen Person ist ausgeschlossen (über Ersitzung des zu Unrecht als Eigentümer Eingetragenen vgl. § 900, oben S. 76). Einen Ersatz hierfür bietet § 927. Ist hiernach das Grundstück 30 Jahre im Eigenbesitze eines anderen als des Eigentümers gewesen, so kann dieser im Wege des Aufgebotsverfahrens mit seinem Rechte ausgeschlossen werden; wenn er im Grundbuche eingetragen war, jedoch nur, sofern er gestorben oder verschollen ist und eine seiner Zustimmung bedürfende Eintragung innerhalb der 30 Jahre nicht erfolgt ist. Wer das Ausschlußurteil erwirkt hat, erwirbt durch seine Eintragung das Eigentum.

Aufrecht erhalten sind durch Art. 65 EG. die landesgesetzlichen Vorschriften, welche den Eigentumserwerb kraft Uferrechts regeln. Hiernach gelten noch §§ 223—274 ALR. I 9:

1. Avulsion. Wird durch die Gewalt des Stromes ein Stück Land abgerissen und an ein fremdes Ufer angelegt, so kann der Eigentümer des letzteren es sich durch Besitzergreifung zueignen, wenn der vorige Besitzer es nicht binnen Jahresfrist zurückverlangt hat (§§ 223 f.).

2. Alluvion. Verbreiterungen des Ufers durch das allmähliche (sich durch bloße Naturkräfte vollziehende) Anspülen fremder Erdteile sowie anwachsende Erdzungen und Halbinseln kommen dem Uferbesitzer von selber zugute (§§ 225 f., 228—231), soweit als seine Grenze der Länge nach reicht; verlängert sich der Anwuchs (die Erdzunge) darüber hinaus, so hat der Nachbar das Eigentum an dem überschießenden Teile (§§ 232 f.), falls er nicht geduldet hat, daß jener auch dieses Stück drei Jahre hindurch ruhig nutzte (§ 235). Niemand darf für die Anspülungen der Natur zu

Hilfe kommen; wohl aber kann jeder (mit Genehmigung der Landespolizeibehörde) durch Uferbefestigungen sein Ufer gegen Abspülungen sichern (§§ 237—241).

3. Inseln. In Privatflüssen und da, wo die Inseln in öffentlichen Flüssen nicht nach Provinzialgesetzen Vorbehalt des Staates sind, können die Besitzer desjenigen Ufers, welchem die (neu entstehende oder bisher herrenlose) Insel am nächsten liegt, sich den bis zur Mitte des Flusses reichenden, seinem Ufer gegenüberliegenden Teil durch Besitznehmung zueignen (§§ 242—257). Dem Staat bleibt das Recht gewahrt, An- und Zuwüchse der Ufer und Inseln zu durchstechen oder wegzuräumen. Eventuell sind dann die Eigentümer zu entschädigen (§§ 258—262).

4. Zugelandete oder verlassene Flußbetten (Flußbett ist der Raum, durch welchen das Wasser seinen natürlichen Lauf nimmt; Ufer ist der Rand des Flußbettes, der zwischen diesem und dem festen Lande liegt, OTr. StrA. 71, 239). Bei künstlichen Zulandungen oder Verengerungen können die angrenzenden Uferbesitzer sich den gewonnenen Grund und Boden durch Besitznehmung bis zur Mitte des vormaligen Flußbettes (§§ 263 ff.) aneignen; an dem vom Wasser überströmten Bett besteht kein Eigentum (OVG. 37, 292). — Hat der Fluß durch Naturgewalt sein Bett verändert, so gehört das verlassene Bett den benachbarten Uferbesitzern so weit, wie die in einem Flusse entstandenen Inseln ihnen gehören; doch müssen diejenigen, welche durch das neugebildete Bett des Flusses beeinträchtigt sind, zunächst aus dem verlassenen Flußbette entschädigt werden (§§ 270 f., 273). Das Bett abgelassener Landseen verbleibt den Eigentümern derselben (§§ 267—269). Wegen einer durch die Natur veranlaßten bloßen Schmälerung oder Erweiterung des Flußbettes kann keine Vergütung gefordert werden (§ 274). —

Das Eigentum an einem Grundstücke kann dadurch aufgegeben werden, daß der Eigentümer auf sein Eigentum dem Grundbuchamte gegenüber verzichtet und dieser Verzicht in das Grundbuch eingetragen wird. Hierdurch wird das Grundstück herrenlos. Die Aneignung steht dem Landesfiskus zu, der das Eigentum dadurch erwirbt, daß er sich als Eigentümer in das Grundbuch eintragen läßt (§ 928). Tut er dies nicht, so muß die Zwangsversteigerung gegen einen zu bestellenden Vertreter des Eigentümers (§§ 58, 787 ZPO.) durchgeführt werden. Nach EG. Art. 129 können nach Landesgesetz andere Personen an Stelle des Fiskus aneignungsberechtigt sein. Hiernach bleibt das Recht der Städte bestehen, vermöge besonderen Privilegiums das Eigentum an den innerhalb ihres Gebiets belegenen herrenlosen Grundstücken in Anspruch zu nehmen [1]).

III. Titel. Erwerb und Verlust des Eigentums an beweglichen Sachen (§§ 929—984).

I. Übertragung (§§ 929—936).

Wie zur Übertragung des Eigentums an einem Grundstück Einigung (Auflassung) und Eintragung, so ist zur Übereignung einer beweglichen Sache Einigung und Übergabe erforderlich (§ 929). Auch hier ist, ebenso wie bei der Auflassung, der Eigentumsübergang von der Gültigkeit des zugrunde liegenden Geschäftes (Kauf, Schenkung) im allgemeinen unabhängig; da aber die Einigung (im Gegensatz zur Auflassung) auch befristet oder bedingt sein kann, so ist es möglich, die Einigung und damit den Eigentumsübergang von der Gültigkeit des Kausalgeschäftes abhängig zu

[1]) Z. B. Danzig G. 16. 2. 57 (GS. 87); Weißenfels: Weichbildurkunde (Simon, Rechtssprüche 1, 236).

machen. Dies geschieht im Verkehr sehr häufig. — Die Übergabe der Sache ist in 3 Fällen nicht erforderlich:

1. Ist der Erwerber bereits im Besitze der Sache, so genügt die Einigung zur Eigentumsübertragung (brevi manu traditio). (§ 929 Satz 2).
2. Es kann zwischen dem besitzenden Eigentümer und dem Erwerber ein Rechtsverhältnis vereinbart werden, vermöge dessen der Erwerber mittelbarer Besitzer wird (sog. constitutum possessorium) (§ 930).
3. Befindet sich die Sache im Besitze eines Dritten, so wird die Übergabe durch die Abtretung des Herausgabeanspruches ersetzt (§ 931). Der Dritte behält aber dem Erwerber gegenüber sämtliche Einreden, welche er gegen den bisherigen Eigentümer hatte (§ 986 Abs. 2).

Abweichend vom römischen Rechte, aber entsprechend dem deutschen Rechte hat das BGB. den Grundsatz „Hand muß Hand wahren" durchgeführt (§§ 932ff.), d. h. der Eigentümer, der seine Sache freiwillig aus der Hand gegeben hat, kann sie von einem Dritten, der sie gutgläubig erworben hat, nicht mehr fordern, denn nach § 932 wird der Erwerber, dem die Sache übergeben worden ist, auch dann Eigentümer, wenn die Sache nicht dem Veräußerer gehörte. Der Erwerber muß aber gutgläubig sein, d. h. es darf ihm zur Zeit der Besitzübertragung nicht bekannt oder aus grober Fahrlässigkeit unbekannt sein, daß die Sache nicht dem Veräußerer gehört. Im Falle der brevi manu traditio wird er nur dann Eigentümer, wenn er den Besitz von dem Veräußerer erlangt hatte (§ 932), im Falle des constitutum possessorium erst dann, wenn ihm die Sache späterhin von dem Veräußerer übergeben wird und er in diesem Zeitpunkte noch in gutem Glauben ist (§ 933). Wird eine Sache durch Abtretung des Herausgabeanspruches (§ 931) veräußert, so wird der Erwerber, wenn der Veräußerer mittelbarer Besitzer war, mit der Abtretung des Anspruches, andernfalls dann Eigentümer, wenn er die Sache von dem Dritten erlangt (§ 934).

Ist die Sache dem Eigentümer oder dem unmittelbaren Besitzer gestohlen worden, verloren gegangen oder sonst abhanden gekommen, so erwirbt auch der gutgläubige Dritte an ihr kein Eigentum, es sei denn, daß es sich um Geld oder Inhaberpapiere handelt, oder die Sache im Wege öffentlicher Versteigerung veräußert wird (§ 935). — Rechte, mit denen die veräußerte Sache belastet ist, gehen unter, falls nicht der Erwerber beim Besitzerwerbe diese Rechte kannte oder kennen mußte (nicht in gutem Glauben war) (§ 936).

II. Ersitzung (§§ 937—945).

Sie ist Rechtserwerb durch Zeitablauf. Gegenüber den früheren Rechten ist ihre Bedeutung im BGB., da dieses auch den Rechtserwerb vom Nichteigentümer kennt (§§ 932ff.), andererseits die Ersitzung des nicht eingetragenen Eigentümers ausschließt, erheblich vermindert. Sie kommt nur noch zur Geltung bei Sachen, die dem Eigentümer gestohlen worden, verloren gegangen oder sonst abhanden gekommen sind. Voraussetzung der Ersitzung ist zehnjähriger Eigenbesitz und guter Glaube des

Eigenbesitzers (§ 937). Eine Vermutung für die Fortdauer des Eigenbesitzes stellt § 938 auf. Ist die Verjährung des Eigentumsanspruchs gehemmt, so kann die Ersitzung nicht beginnen bzw. nicht fortgesetzt werden (§ 939). Sie wird unterbrochen durch Verlust des Eigenbesitzes, sofern dieser nicht innerhalb eines Jahres wieder erlangt wird (§ 940) und durch gerichtliche Geltendmachung des Eigentumsanspruches (§ 941). Bezüglich des Unterganges der Rechte Dritter an der ersessenen Sache vgl. § 945.

III. Verbindung. Vermischung. Verarbeitung (§§ 946 bis 952).

1. Verbindung. Wird eine bewegliche Sache (gleichgültig von wem) mit einem Grundstücke so verbunden, daß sie wesentlicher Bestandteil des Grundstückes wird, so erstreckt sich das Eigentum an dem Grundstücke auch auf diese Sache (§ 946). Werden bewegliche Sachen mit einander so verbunden, daß sie wesentliche Bestandteile einer einheitlichen Sache werden, so werden regelmäßig die bisherigen Eigentümer Miteigentümer der einheitlichen Sache, und zwar nach dem Verhältnisse des Wertes der verbundenen Sachen. Ist aber nach der Verkehrsanschauung eine der verbundenen Sachen als Hauptsache anzusehen, so wird der Eigentümer dieser Sache Alleineigentümer der einheitlichen Sache (§ 947).

2. Vermischung. Werden bewegliche Sachen miteinander vermischt oder vermengt, und ist die Trennung ausführbar, so ändert sich in den Eigentumsverhältnissen nichts. Ist die Trennung nicht oder nur mit unverhältnismäßigen Kosten möglich, so tritt gemäß § 947 Miteigentum oder, wenn die eine Sache als Hauptsache anzusehen ist, Alleineigentum ein (§ 948).

3. Verarbeitung. Wer durch Verarbeitung oder Umbildung eines Stoffes eine neue bewegliche Sache herstellt, wird Eigentümer dieser Sache, sofern nicht der Wert der Verarbeitung oder Umbildung erheblich geringer ist als der Wert des Stoffes. Dem Verarbeiten ist gleichgestellt das Schreiben, Zeichnen, Malen, Drucken und Gravieren einer Oberfläche (§ 950).

In allen vorstehenden Fällen ist guter Glaube zum Eigentumserwerbe nicht erforderlich. Der neue Eigentümer ist aber, sofern er nicht wegen unerlaubter Handlung (§ 823 ff.) schärfer haftet, jedenfalls zu einer Vergütung in Geld auf Grund der Bereicherung verpflichtet (§ 951). Bei Verbindung mehrerer Sachen hat der Besitzer das Recht der Abtrennung und Aneignung gemäß § 997.

4. Ist über eine Forderung ein Schuldschein ausgestellt, so steht das Eigentum an dem Schuldscheine dem jeweiligen Gläubiger zu; dasselbe gilt für Hypotheken-, Grundschuld- und Rentenschuldbriefe (§ 952). Es gibt also z. B. kein besonderes Pfandrecht am Hypothekenbrief (Gruch. 49, 365).

IV. Erwerb von Erzeugnissen und sonstigen Bestandteilen einer Sache (§§ 953—957).

Erzeugnisse und sonstige Bestandteile einer Sache gehören auch nach der Trennung dem Eigentümer der Sache (§ 953), doch erwirbt die getrennten Erzeugnisse zu Eigentum:

1. wer vermöge eines Rechtes an einer fremden Sache befugt ist, sich Erzeugnisse oder sonstige Bestandteile dieser Sache anzueignen (Nießbraucher § 1030, Pfandgläubiger §§ 1212, 1213),

2. der gutgläubige Eigenbesitzer, sowie wer eine Sache zum Zwecke der Ausübung eines Nutzungsrechtes an ihr gutgläubig besitzt (§ 955),

3. wem der Eigentümer oder ein an der Sache dinglich Berechtigter gestattet, sich Erzeugnisse oder Bestandteile der Sache anzueignen (§ 956).

V. Aneignung (§§ 958—964).

Bewegliche Sachen, die noch in niemands Eigentum standen, z. B. der Fisch im Meere, oder solche Sachen, deren Besitz der Eigentümer aufgegeben hat, in der Absicht auf das Eigentum zu verzichten, „herrenlose" Sachen (§ 959), kann jedermann in Eigenbesitz nehmen und dadurch Eigentum an ihnen erwerben. Wilde Tiere in Freiheit sind herrenlos; ein gezähmtes wildes Tier wird herrenlos, wenn es die Gewohnheit ablegt, an den ihm bestimmten Ort zurückzukehren (§ 960). Herrenlose wilde Tiere unterliegen, sofern sie nicht „jagdbar" (s. unten) sind, dem freien Tierfange. Tauben, die nach Gemeindebeschlüssen zur Saat- und Erntezeit im Freien und besonders auf den Äckern betroffen werden, sind Gegenstand des freien Tierfanges (§ 111 f. ALR. I 9; Johow 25, C. 84); sonst überhaupt alle Tiere, die weder zur Jagd- noch zur Fischereigerechtigkeit gerechnet sind (§ 114 ebda.). Die Vorschriften über den Vogelschutz, denen die meisten Staaten — nicht Italien — beigetreten sind, sind jetzt im RGBl. 317 durch Bek. 3. 6. 08 neu veröffentlicht (Verbot des Dohnenstiegs § 2 Abs. 1b; Verbot des Handels mit Vögeln RG. 29. 6. 08 s. GewO. § 35 Abs. 2). Für die Militärbrieftauben enthält das RG. 28. 5. 94 (RGBl. 453) besondere Schutzbestimmungen. Schwärmende Bienen kann der Eigentümer auch auf fremdem Grund und Boden verfolgen; er hat dann den entstandenen Schaden zu vergüten und verliert sein Recht mit der Aufgabe der Verfolgung (§§ 961—964).

Beute. Sie ist nur Soldaten im Kriege mit Genehmigung der Oberen und nur an beweglichen Sachen gestattet (§§ 193—219 ALR. I 9). Auf dem Meere deckt die neutrale Flagge das Eigentum feindlicher Untertanen, ausgenommen die Kriegskontrebande (Pariser Dekl. 16. 4. 56; Haager Abkommen 29. 7. 99 RGBl. 01, 482).

Durch Aneignung wird Eigentum aber nicht erworben, a) wenn die Aneignung gesetzlich verboten ist (Kugel-, Geschoßaneignung § 291 StrGB.) oder b) wenn ein anderer ausschließlich aneignungsberechtigt ist. Hierher gehören namentlich die Jagd- und Fischereirechte.

A. **Das Jagdrecht**, nicht mehr Regal (§§ 30 ff. ALR. II 16) oder Teil der Grundherrlichkeit, ist Bestandteil des Grundeigentums (G. 31. 10. 48) und jetzt für fast ganz Preußen [1]) durch die

Jagdordnung 15. 7. 07 (GS. 207; Berichtigung 270; AusfAnw. 29. 7. 09 LMBl. 279)

geregelt.

[1]) Nur für Hannover, Hohenzollern und Helgoland gelten besondere Gesetze.

1. Die jagdbaren Tiere zählt § 1 auf; sie dürfen nur auf Eigenjagdbezirken oder gemeinschaftlichen Jagdbezirken gejagt werden.

2. Größe und Bildung der Jagdbezirke (§§ 4—28). Zur eigenen Ausübung der Jagd auf seinem Grund und Boden ist der Eigentümer nur befugt auf zusammenhängenden, durch kein fremdes Grundstück unterbrochenen, land- oder forstwirtschaftlich benutzten Flächenräumen von mindestens 75 ha — eine Trennung durch Wege, Eisenbahnen oder Gewässer wird als Unterbrechung des Zusammenhanges nicht angesehen —, ferner auf allen dauernd und vollständig gegen den Einlauf von Wild eingefriedigten Grundstücken (§ 4). Steht der Eigenjagdbezirk im Miteigentum von mehr als 3 Personen, so müssen sie die Jagd höchstens dreien von ihnen übertragen oder sie ruhen lassen, verpachten oder durch einen angestellten Jäger ausüben lassen. Juristische Personen, Aktienges., G. m. b. H. dürfen das Jagdrecht nur durch höchstens 3 Jäger ausüben lassen (§ 6). Alle übrigen Grundstücke eines Gemeinde- oder Gutsbezirkes, welche nicht zu einem Eigenjagdbezirk gehören und 75 ha umfassen, bilden den gemeinschaftlichen Jagdbezirk. Mit Genehmigung des KrA. und, wenn eine Stadt beteiligti ist, des BezA. können jedoch aus ihnen auch mehrere selbständige gemeinschaftliche Jagdbezirke (in der Regel von wenigstens 250 ha) gebildet werden. Grundstücke, welche von einem in einer Hand befindlichen, über 750 ha im Zusammenhange großen Walde zum mindestens 90 % umschlossen sind, müssen dem Eigenjagdbezirk des Waldeigentümers auf sein Verlangen angeschlossen werden (§ 7).

Die Eigentümer eines gemeinschaftlichen Jagdbezirks bilden eine Jagdgenossenschaft, die Rechtsfähigkeit besitzt; ihre Verwaltung und Vertretung geschieht durch den Jagdvorsteher, den Vorsteher der Gemeinde (Bürgermeister, Gemeinde- oder Gutsvorsteher § 16). Er hat die Verpachtung (§§ 21 ff.) vorzunehmen, wenn die Jagd nicht mit Genehmigung des KrA. oder BezA. gänzlich ruhen oder durch höchstens 3 angestellte Jäger ausgeübt werden soll (§ 20). Die Einnahmen werden durch ihn nach Verhältnis der Größe der beteiligten Grundstücke an die Besitzer der letzteren verteilt. Gegen seinen Bescheid ist Klage beim KrA. oder BezA. gegeben (§ 25; s. die übrigen Rechtsmittel § 26).

3. Jagdschein (§§ 29—38). Jeder, der die Jagd ausüben will, muß einen in der Regel auf ein Jahr und die Person lautenden Jagdschein bei sich führen, für welchen 15 Mk. zu erlegen sind (Jahresjagdschein; für den Tagesjagdschein 3 Mk.; Ausländer, die einen Bürgen stellen müssen, zahlen 100 Mk. bzw. 20 Mk. § 32); daneben ist der Stempel gemäß Tarifstelle 31 G. 26. 6. 09 von 7,50 bzw. 1,50 Mk., von Ausländern 50 bzw. 10 Mk. zu entrichten.

4. Schonzeit (§§ 39—50). Soweit über Verlängerung, Verkürzung oder Aufhebung der gesetzlichen Schonzeit im Verwaltungswege Bestimmung getroffen werden kann, steht solcher Beschluß und zwar endgültig dem BezA. zu (für weibl. Elchwild dem Landw.Minister § 40 Abs. 1). Wegen der Verkaufsbeschränkungen 14 Tage nach Ablauf der Schonzeit s. §§ 43 f.

5. Wildschadenersatz (§§ 51—60). Ersatzpflichtig für den durch Schwarz-, Rot-, Elch- und Damwild sowie Rehwild und Fasanen (BGB. § 835) auf und an Grundstücken angerichteten Schaden sind die vom

Jagdvorsteher vertretenen Grundbesitzer eines gemeinschaftlichen Jagdbezirks nach Verhältnis der Größe der beteiligten Fläche. Bei Enklaven ist der Inhaber des umschließenden Jagdbezirks ersatzpflichtig, sofern er die Jagd auf der Enklave angepachtet oder die angebotene Anpachtung abgelehnt hat (§ 53). Der Ersatzanspruch hängt von schriftlicher oder protokollarischer Anmeldung bei der Ortspolizeibehörde binnen drei Tagen nach erhaltener Kenntnis ab (§ 55). Die Ortspolizeibehörde hat nach einer an Ort und Stelle unter Zuziehung der Beteiligten erfolgten Sachuntersuchung den Schaden zu schätzen und einen Vorbescheid zu erlassen, welcher endgültig vollstreckbar wird, wenn nicht binnen zwei Wochen nach der Zustellung beim KrA., in Stadtkreisen beim BzA., Klage erhoben wird (§§ 56—60).

6. Zur Wildschadenverhütung (§§ 61—68) kann die Jagdpolizeibehörde den Abschuß während der Schonzeit anordnen oder die Grundbesitzer zur Tötung des übertretenden Wilds ermächtigen. Schwarzwild darf jeder Grundbesitzer töten und behalten (§ 64). Vorbehaltlich der Beschwerden an den BzA. und weiter an die Minister des Innern und für Landwirtschaft kann die Jagdpolizeibehörde die Besitzer von Obst-, Gemüse-, Blumen- und Baumschulanlagen an Stelle der Erteilung des Jagdscheines ermächtigen, Vögel und Wild, welche in den genannten Anlagen Schaden anrichten, zu jeder Zeit mittels Schußwaffen zu erlegen. Die erlegten Tiere müssen gegen das übliche Schußgeld dem Jagdberechtigten überlassen werden, soweit sie seinem Jagdrechte unterliegen. Ähnliches gilt für Eigentümer und Pächter von Seen und Teichen, die nicht zum Eigenjagdbezirk gehören (§ 13 Abs. 1), bezüglich der der Fischerei schädlichen Tiere (§§ 66 f.).

7. Jagdpolizeibehörde ist der Landrat, in Stadtkreisen die Ortspolizeibehörde (§ 69; Beschwerde und Verwaltungsstreitverfahren s. §§ 70 f.).

8. Strafvorschriften enthalten die §§ 72—80.

9. Übergangs- und Schlußbestimmungen s. §§ 81—86.

B. **Das Fischereirecht** ist in den gemäß Art. 69 EG. in Kraft gebliebenen §§ 170 ff. ALR. I 9; Fischereigesetz für den preußischen Staat 30. 5. 74 (GS. 197) und G. 30. 3. 80 (GS. 228) enthalten.

Hiernach ist nur die Fischerei auf offenem Meere (nach Maßgabe der Staatsverträge s. RGBl. 1884, 25 u. 48) frei, die in den deutschen Küsten- und Binnengewässern dagegen nicht. Sie steht in den öffentlichen Gewässern dem Staate (Regal[1]) s. §§ 38 ff. ALR. II 15), in stehenden Gewässern dem Eigentümer des Wassers (§ 177 I 9), in Privatflüssen den Uferbesitzern zu, soweit nicht besondere Fischereiberechtigungen bestehen. Wo aber bisher die Berechtigung von allen Einwohnern einer Gemeinde ausgeübt wurde (ohne daß sie mit einem bestimmten Grundstücke verbunden war) oder wo bisher freier Fischfang bestand, ist nach §§ 6 u. 7 G. 30. 5. 74 die Fischereiberechtigung auf die politische Gemeinde übergegangen. Die Gemeinden können ihr Recht nur durch angestellte Fischer oder durch Verpachtung ausüben (§ 8 ebd.). Zum Zwecke der Erhaltung des Fischbestandes können Vorschriften über das Mindestmaß fangbarer Fische,

[1]) Nicht in Westpreußen § 72 G. 19. 4. 44.

Schonzeiten und Schonreviere getroffen (§§ 22 ff.), auch können zwecks geregelter Aufsichtsführung und auch zur gemeinschaftlichen Bewirtschaftung und Benutzung der Fischgewässer von den Berechtigten eines gewissen Bezirkes Genossenschaften mit korporativem Charakter gebildet werden (§§ 9 ff.).

Die besonderen Fischereiberechtigungen können, wenn schädlich, beschränkt oder aufgehoben werden (§ 5; ZG. § 102), das auf einer Grunddienstbarkeit beruhende Recht der Fischerei ist ablösbar (G. 2. 3. 50 Art. 1 Z. 7). Die staatliche Aufsicht kann besonderen Fischereibeamten (LVG. § 134 Abs. 1) übertragen werden (§§ 46 f.). Ob ein Gewässer als ein geschlossenes anzusehen ist, entscheidet im Streitfalle der Bezirksausschuß (ZG. § 102); wegen der Strafen s. StrGB. §§ 296 u. 370 Z. 4.

C. **Das Bergrecht** ist kodifiziert im Allg. Berggesetz für die preußischen Staaten 24. 6. 65 (GS. 705), das durch EG. Art. 67, 68 in Kraft erhalten ist (Abg. durch AG. z. BGB. Art. 37 und 16 Novellen, zuletzt durch G. 8. 7. 07 GS. 119 u. 28. 7. 09 GS. 677). Danach sind die im § 1 genannten Metalle und Erze, Stein-, Braunkohle, Graphit und Salze von dem Verfügungsrechte des Grundeigentümers ausgeschlossen; die Aufsuchung und Gewinnung der Steinkohle, des Steinsalzes sowie der Kali-, Magnesia- und Borsalze nebst Solquellen steht allein dem Staat zu (G. 18. 6. 07)[1]). Er kann das Recht bezüglich der Salze (gegen Entgelt und auf Zeit) an andere Personen übertragen, ebenso das Recht bezüglich der Steinkohle, aber nur auf einen bis zum 8. 7. 11 gestellten Antrag; auch bedarf es hierzu eines besonderen Gesetzes, und es bleiben ihm (außer seinem Besitz) 250 Maximalfelder (s. § 27 Abs. 1 Z. 2) vorbehalten (§ 2). Das Aufsuchen — das Schürfen — der dem Staat nicht vorbehaltenen Materialien ist jedem gestattet (§§ 3—11; der fremde Grundbesitzer muß das Schürfen gegen Entschädigung erlauben). Hat der Schürfer ausreichend Mineral entdeckt, so kann er das Gesuch um Verleihung des Bergwerkeigentums — die Mutung — beim Oberbergamt anbringen (§§ 12—21). Die Verleihung erfolgt durch eine öffentlich bekannt zu gebende Urkunde (§§ 22—38), worauf amtliche Vermessung des Feldes gefordert werden kann (§§ 39 f.). Die Vereinigung von Bergwerken (Konsolidation) bedarf der Bestätigungdes Oberbergamts (§§ 41—49). Das Bergwerkseigentum (§§ 50 bis 64) umfaßt auch das Recht zu Abtretung des erforderlichen Grund und Bodens (über Anlegung des Grundbuchblatts s. AG. z. GBO. Art. 22—28). Mehrere Mitbeteiligte eines Bergwerks (Gewerken) bilden eine Gewerkschaft mit juristischer Persönlichkeit (§§ 94—134); ihre Anteile (Kuxe) betragen 100—1000, sind unteilbar, gehören zum beweglichen Vermögen und werden in das Gewerkenbuch eingetragen. Sie verpflichten zur Zahlung der Beiträge (§ 102) bis zur Umschreibung im Gewerkenbuch (§ 107) oder Rückgabe des Kuxscheins zwecks Versteigerung des Anteils (§§ 130 f.). Die Rechtsverhältnisse zwischen den Bergbautreibenden und den Grundbesitzern regeln §§ 135—155; Titel 7 (§§ 156—186 p) regelt die der Knappschaftsvereine mit Kassenzwang und Zwangskassen für Invaliden-, Krankenunterstützung §§ 171 b ff., Witwenpension, Erziehungsbeihilfe, Be-

---

[1]) Ausgenommen sind nur Ostpreußen, Brandenburg, Pommern und Schleswig-Holstein bez. der Steinkohle (§ 2).

gräbniskosten §§ 172a ff. Bergbehörden (§§ 187—195) sind die Revierbeamten, die 6 Oberbergämter und der Minister für Handel und Gewerbe, die die Bergpolizei (§§ 196—209a) ausüben. —

Bernstein ist nur in Ostpreußen und in Westpreußen, soweit er im Meere oder am Strande gefunden wird, dem Staat vorbehalten (G. 22. 2. 67 u. 4. 8. 65).

Durch G. 6. 6. 04 (GS. 105) ist ein Teil des Allg. BergG. auf die Gewinnung von Erdöl ausgedehnt, und durch RG. 25. 5. 1910 (RBl. 775) über den Absatz von Kalisalzen ist die Beteiligungsziffer der 68 Kaliwerke an der jährlich festzustellenden Gesamtmenge des Absatzes, der Verkaufspreis im In- und Ausland (§§ 20—25), die Abgabe an die Reichskasse (§§ 26—27) für dieses bis jetzt nur in Deutschland gefundene wertvolle Düngemittel bis zum 31. 12. 1925 reichsgesetzlich geregelt.

Bezüglich der Aneignung von „strand- oder seetriftigen“ Gütern vgl. Strandungsordnung 17. 5. 74 (RGBl. 73; geändert §§ 25, 43 durch RG. 30. 12. 01 RGBl. 02, 1), betr. Rettung von Menschen und Bergung des Eigentums durch die Strandämter. Dadurch ist das sog. Strandrecht des Fiskus und der Strandbewohner (§§ 81 f. ALR. II 15) auf Aneignung aufgehoben.

VI. Fund (§§ 965—983).

Wer eine verlorene Sache findet und an sich nimmt, muß dem Verlierer oder dem Eigentümer oder dem sonstigen Empfangsberechtigten unverzüglich Nachricht geben.

Kennt der Finder die Empfangsberechtigten nicht, so hat er bei Sachen im Werte von mehr als 3 Mk. der Polizeibehörde Anzeige zu machen (§ 965). Der Finder, der nur für Vorsatz und grobe Fahrlässigkeit haftet (§ 968), hat die Sache aufzubewahren (§ 966); er kann sie auch der Polizeibehörde (s. E. 27. 10. 99 MBl. 211 u. V. 7. 3. 00 MBl. 138) abliefern und muß dieses tun, wenn diese es verlangt (§ 967). Der Finder wird dem Empfangsberechtigten gegenüber durch Rückgabe der Sache an den Verlierer befreit, auch wenn dieser die Sache zu Unrecht in seinem Gewahrsam hatte (z. B. Dieb) (§ 969). Der Finder kann die Aufwendungen auf die Sache ersetzt verlangen (§ 970) und hat Anspruch auf den Finderlohn (§ 971). Meldet sich innerhalb eines Jahres kein Empfangsberechtigter, so erwirbt der Finder oder, wenn dieser verzichtet, die Gemeinde des Fundortes das Eigentum an der Sache (§§ 973—976); jedoch muß noch innerhalb 3 Jahren nach dem Eigentumserwerb dem Empfangsberechtigten das Erlangte nach den Vorschriften über ungerechtfertigte Bereicherung herausgegeben werden (§ 977). Bezüglich der in den Geschäftsräumen oder den Beförderungsmitteln einer öffentlichen Behörde oder einer dem öffentlichen Verkehr dienenden Verkehrsanstalt (Eisenbahn [s. auch Fundordnung 17. 11. 04 Eisenbahn-VBl. 355] Post, Straßenbahn, Droschke, Geschäftsräume eines Bankinstituts) verlorenen Sachen gelten die besonderen Vorschriften der §§ 978—983.

VII. Schatz ist eine bewegliche Sache, die so lange verborgen gelegen hat, daß der Eigentümer nicht mehr zu ermitteln ist. Wer einen Schatz, sei es zufällig, sei es nach Suchen entdeckt und an sich nimmt, wird Eigentümer der Hälfte des Schatzes; die andere Hälfte fällt in das Eigentum des Eigentümers der Sache, in welcher der Schatz gefunden wurde (§ 984).

IV. Titel. Ansprüche aus dem Eigentum (§§ 985—1007).

In diesem Titel sind drei verschiedene Klagen geregelt: In §§ 985 ff. die auf Herausgabe der Sache gehende, der rei vindicatio des römischen Rechts entsprechende Klage, in § 1004 die Eigentumsfreiheitsklage (actio negatoria) und in § 1007 eine (die actio Publiciana ersetzende) Klage aus dem früheren Besitze.

1. Die Eigentumsklage des § 985: Der Eigentümer kann von dem Besitzer die Herausgabe der Sache verlangen. Die Klage kann gegen den unmittelbaren wie auch gegen den mittelbaren Besitzer gerichtet werden, nicht aber gegen den Besitzdiener. Die Verurteilung des mittelbaren Besitzers kann nur dahin gehen, daß er seine Ansprüche gegen den unmittelbaren Besitzer an den Eigentümer abzutreten habe. Der Eigentümer hat sein Eigentum an der Sache zu beweisen. Bei Grundstücken genügt der Nachweis, daß er als Eigentümer im Grundbuche eingetragen ist. Bei beweglichen Sachen kommt ihm die Vermutung des § 1006 zustatten. Es genügt hier der Nachweis, daß er früher Besitzer der Sache war, und daß er den Besitz unfreiwillig verloren hat. Der Besitzer kann die Herausgabe der Sache verweigern, wenn er oder der mittelbare Besitzer, von dem er sein Recht zum Besitz ableitet, dem Eigentümer gegenüber zum Besitz berechtigt ist, z. B. der Eigentümer hat ihm die Sache geliehen oder vermietet. Dieselben Einwendungen hat der Besitzer gegen denjenigen, dem die Sache durch Abtretung des Herausgabeanspruches übertragen worden ist (§ 986).

Der gutgläubige Besitzer braucht weder die vor der Rechtshängigkeit des Eigentumsanspruches nach den Regeln einer ordnungsmäßigen Wirtschaft gezogenen Früchte herauszugeben, noch ist er wegen Verschlechterung der Sache schadensersatzpflichtig (§ 993). Nur wenn er die Sache unentgeltlich erlangt hat, hat er die gezogenen Nutzungen herauszugeben, soweit er durch sie noch bereichert ist (§ 988). Nach dem Eintritte der Rechtshängigkeit hat er alle gezogenen Früchte herauszugeben und für solche, die er den Regeln einer ordnungsmäßigen Wirtschaft zuwider schuldhaft nicht gezogen hat, Ersatz zu leisten (§ 987). Auch ist er schadensersatzpflichtig, wenn durch sein Verschulden die Sache verschlechtert wird, untergeht, oder aus einem anderen Grunde nicht herausgegeben werden kann (§ 989). Der bösgläubige Besitzer, d. h. derjenige, welcher weiß oder wissen muß, daß er dem Eigentümer gegenüber zum Besitze nicht berechtigt ist, haftet vom Beginn des bösen Glaubens ab wie ein gutgläubiger Besitzer nach der Rechtshängigkeit. Ist er durch Mahnung des Eigentümers in Verzug gesetzt worden, so haftet er auch für zufälligen Untergang oder Verschlechterung der Sache (§ 990). Hat der Besitzer sich durch verbotene Eigenmacht oder durch eine strafbare Handlung in den Besitz der Sache gesetzt, so hat er dem Eigentümer den gesamten Schaden zu ersetzen und steht auch für zufälligen Untergang oder Verschlechterung der Sache ein (§ 992).

Für notwendige, d. h. zur Erhaltung der Sache unentbehrliche Verwendungen auf die Sache, zu denen auch die Aufwendungen gehören, die zur Bestreitung der Lasten der Sache gemacht werden (§ 995), kann der gutgläubige Besitzer Ersatz verlangen, sofern er sie vor der Rechtshängigkeit gemacht hat. Gewöhnliche Unterhaltungskosten sowie die laufenden Lasten erhält er jedoch nicht ersetzt, solange ihm die Nutzungen der Sache gebühren (§ 994). Andere als notwendige Verwendungen kann nur der gutgläubige Besitzer ersetzt verlangen und auch nur dann, wenn er sie vor der Rechtshängigkeit gemacht hat und die Sache zur Zeit der Herausgabe durch sie noch einen höheren Wert besitzt (§ 996). Der bösgläubige Besitzer erhält für andere als notwendige Verwendungen überhaupt keine und für notwendige nur dann vollen Ersatz, wenn die Aufwendungen dem Interesse und dem mutmaßlichen oder wirklichen Willen des Eigentümers entsprochen haben. Anderenfalls hat er nur einen Anspruch auf Herausgabe der ungerechtfertigten Bereicherung (§§ 994, 683, 684). Hat der Besitzer mit der herauszugebenden Sache eine andere Sache verbunden, so kann er sie abtrennen und sich aneignen (§ 997). Für seine Aufwendungen hat der Besitzer zunächst nur ein Zurückbehaltungsrecht, einen selbständigen klagbaren Anspruch erst dann, wenn der Eigentümer die Sache wiedererlangt oder die Verwendungen genehmigt hat (§§ 1000—1003).

2. Die Eigentumsfreiheitsklage ist dem Eigentümer dann gegeben, wenn sein Eigentum in anderer Weise als durch Entziehung oder Vorenthaltung des Besitzes beeinträchtigt wird, z. B. durch Anmaßung einer Dienstbarkeit, durch unzulässige Zuführung von Lärm, Geruch usw. Die Klage geht auf Beseitigung der Beeinträchtigung, wenn weitere Störungen zu befürchten sind, auf Unterlassung (§ 1004).

3. Wer eine bewegliche Sache früher im Besitz gehabt hat, kann schon allein auf Grund dessen die Sache von dem jetzigen Besitzer herausverlangen, sofern dieser bei dem Erwerbe des Besitzes nicht in gutem Glauben war, oder sofern der frühere Besitzer den Besitz der Sache ohne oder gegen seinen Willen verloren hatte. Der Besitzer kann, außer den Einwendungen des § 986, geltend machen, daß er ein besseres Recht zum Besitz habe. Dies tut er durch den Nachweis, daß der frühere Besitzer beim Erwerbe des Besitzes im bösen Glauben war oder den Besitz freiwillig aufgegeben hat, oder daß er selbst Eigentümer der Sache ist oder die Sache ihm vor der Besitzzeit des früheren Besitzers abhanden gekommen ist (§ 1007).

V. Titel. **Miteigentum** (§§ 1008—1011).

Das Eigentum an einer Sache kann mehreren nach Bruchteilen zustehen. Es gelten dann, da es sich hierbei um eine Gemeinschaft handelt, die Vorschriften der §§ 741—758. Die gemeinschaftliche Sache kann auch zugunsten eines der Miteigentümer belastet werden (§ 1009). Vereinbarungen unter den Miteigentümern eines Grundstücks über seine Verwaltung und über die Aufhebung der Gemeinschaft sind gegen den Sondernachfolger eines Miteigentümers nur wirksam, wenn sie im Grundbuche eingetragen sind (§ 1010). Jeder Miteigentümer kann die Ansprüche aus dem Eigentum dritten gegenüber selbständig geltend machen (§ 1011).

Vierter Abschnitt. Erbbaurecht (§§ 1012—1017).

Ein Grundstück kann in der Weise belastet werden, daß demjenigen, zu dessen Gunsten die Belastung erfolgt, das vererbliche und veräußerliche Recht zusteht, auf oder unter der Oberfläche des Grundstücks ein Bauwerk zu haben: Erbbaurecht (§ 1012). Das Erbbaurecht kann nicht auf einen Teil eines Gebäudes beschränkt werden (§ 1014), dagegen erhalten sich die bereits bestehenden superfiziarischen Rechte mit ihrem bisherigen Inhalte (EG. Art. 184). Für das Erbbaurecht gelten die gleichen Bestimmungen wie für Grundstücke (§ 1017), namentlich wird es durch „Auflassung" bestellt (§ 1015).

Fünfter Abschnitt. Dienstbarkeiten (§§ 1018—1093).

Wegen der Beschränkungen zugunsten der Nachbarn s. oben S. 84 f.

I. Titel. Grunddienstbarkeiten.

Nach § 1018 kann ein Grundstück zugunsten des jeweiligen Eigentümers eines anderen, nicht notwendig benachbarten, Grundstückes derart belastet werden:

a) Daß dieser das Grundstück in einzelnen Beziehungen benutzen darf, oder
b) daß auf dem Grundstücke gewisse Handlungen nicht vorgenommen werden dürfen, oder
c) daß die Ausübung eines Rechtes ausgeschlossen ist, das sich aus dem Eigentum an dem belasteten Grundstücke dem anderen Grundstücke gegenüber ergibt.

Die Belastung muß dem Grundstücke des Berechtigten Vorteil gewähren (§ 1019). Sie darf unter keinen Umständen weiter gehen, als es das Bedürfnis des herrschenden Grundstücks erfordert; eine darüber hinausgehende Belastung ist nichtig. Bei Ausübung der Dienstbarkeit muß der Berechtigte auf die Interessen des Eigentümers gebührende Rücksicht nehmen (§ 1020). Er muß sich, wenn die Ausübung der Dienstbarkeit sich auf einen Teil des Grundstücks beschränkt (z. B. ein Wegerecht), die Verlegung auf einen anderen geeigneten Teil des Grundstücks auf Kosten des Eigentümers gefallen lassen, sofern die bisherige Ausübung für den Eigentümer besonders beschwerlich war (§ 1023). Anlagen auf dem belasteten Grundstücke, welche zur Ausübung der Dienstbarkeit gehören, hat im Zweifel der Berechtigte zu unterhalten; jedoch ist eine andere Vereinbarung unter den Beteiligten zulässig (§§ 1020 ff.). Wird das herrschende Grundstück geteilt, so besteht die Dienstbarkeit für jeden Teil fort, ausgenommen, wenn sie nur einem Teile zum Vorteil gereicht; in diesem Falle erlischt sie für die anderen Teile (§ 1025). Das Gleiche gilt bei Teilung des dienenden Grundstücks (§ 1027). — Dienstbarkeiten können seit dem 1. 1. 1900 nur durch Einigung der Beteiligten und Eintragung im Grundbuche entstehen. Dienstbarkeiten, welche am 1. 1. 00 bereits bestanden, bleiben jedoch in Kraft, auch ohne daß sie ins Grundbuch eingetragen werden. Es kann indes der Eigentümer sowohl des herrschenden, wie auch des dienenden Grundstücks ihre Eintragung auf seine Kosten verlangen (EG. Art. 187; durch Landesgesetz kann ein Zwang zur Eintragung geschaffen werden; Preußen hat hiervon noch keinen Gebrauch gemacht). — Eingetragene Dienstbarkeiten erlöschen durch Verzicht des Berechtigten gegenüber dem Grundbuchamte oder dem Eigentümer des dienenden Grundstücks und durch die darauf erfolgende Löschung im Grundbuche. Die Zustimmung von Personen, welche an dem herrschenden Grundstücke Rechte haben (z. B. Hypothekengläubiger), ist ebenfalls erforderlich, sofern durch den Fortfall der Dienstbarkeit ihre Rechte beeinträchtigt werden (z. B. das Grundstück dadurch eine Wertverminderung erleidet). Ferner erlischt die Dienstbarkeit, wenn auf dem belasteten Grundstücke eine Anlage besteht, durch welche die Ausübung der Dienstbarkeit beeinträchtigt wird, und wenn der Anspruch auf Beseitigung dieser Anlage verjährt ist (§ 1028). Nichteingetragene Dienstbarkeiten erlöschen nach den Vorschriften des bisherigen Rechtes (§§ 43—51 ALR. I 22) durch Verzicht des Berechtigten, durch Nichtgebrauch während der Verjährungszeit (30 Jahre), durch Geschehenlassen von Einrichtungen, die die Ausübung des Rechtes unmöglich machen RGer. 50, 79 und nach den Bestimmungen der Landeskulturgesetze (s. oben S. 87). Wird der Berechtigte in der Ausübung der Dienstbarkeit beeinträchtigt, so hat er nach § 1027 ein Klagerecht auf Beseitigung der Beeinträchtigung und auf Unterlassung; auch genießt er nach § 1029 Besitzesschutz wie der Besitzer.

Eine Unterscheidung der Dienstbarkeiten in städtische und ländliche, wie sie das ALR. kannte, kennt das BGB. nicht mehr. Nach EG. Art. 115 bleiben aber die bisherigen Gesetze bestehen, soweit sie das Maß und den Inhalt der Dienstbarkeit regeln. Im ALR. I 22 sind nach dieser Richtung hin hervorgehoben: das Balkenrecht, d. h. die Befugnis, auf die Mauer eines anderen zu bauen oder Balken zu legen (§ 55—58); das Traufrecht (§ 59—61) und das Recht der freien Aussicht, welches die Befugnis in sich schließt, auch in einer an des Verpflichteten Hof oder Garten unmittelbar anstoßenden Mauer neue Fenster zu öffnen (§ 62), Unter den ländlichen Servituten werden besonders behandelt die Wegegerechtigkeiten (§ 64—79), die Hütungs- und Weidegerechtigkeiten (§ 80—196), die Holzgerechtigkeit (§ 197—239).

II. Titel. Nießbrauch (§§ 1030—1084).

I. Nießbrauch ist das unveräußerliche (§ 1059) und unvererbliche (§ 1061), dingliche Recht an einer Sache, kraft dessen der Nießbraucher berechtigt ist, die Nutzungen der Sache zu ziehen (§ 1030).

Zur Begründung des Nießbrauches an Sachen (§ 1030 bis 1067) gehört Einigung der Beteiligten und bei Grundstücken Eintragung ins Grundbuch, bei beweglichen Sachen Besitzübergabe, bei letzteren ist auch Ersitzung möglich (§ 1033). Der Nießbrauch endigt durch Wegfall des Berechtigten (§ 1061) oder Untergang der Sache, ferner bei Grundstücken durch Verzicht des Berechtigten und Löschung im Grundbuche, bei beweglichen Sachen durch Verzicht (§ 1064), oder wenn er mit dem Eigentum in einer Person zusammentrifft (§ 1063). — Der Nießbraucher ist zum Besitze der Sache berechtigt, er darf ihre Nutzungen ziehen, aber die Sache nicht umgestalten oder wesentlich verändern. Er erwirbt das Eigentum an allen gezogenen Früchten, ist aber ersatzpflichtig, wenn er Früchte entgegen der ordnungsmäßigen Wirtschaft im Übermaß zieht (§§ 1036—1039). Er hat die Sache zu erhalten und gewöhnliche Ausbesserungen vorzunehmen, sie gegen Brandschaden usw. zu versichern, auch die gewöhnlichen Lasten (insbesondere die Hypothekenzinsen) zu tragen. Über das zu einem Grundstücke gehörende Inventar darf er in ordnungsmäßiger Weise verfügen (§§ 1041—1048). Verletzt der Nießbraucher seine Pflichten und wird dadurch die Besorgnis einer erheblichen Verletzung der Rechte des Eigentümers begründet, so kann dieser Sicherheitsleistung und auch Sequestration (d. h. Herausgabe an einen vom Gericht zu bestellenden Verwalter) verlangen (§ 1051 ff.). Nach Beendigung des Nießbrauches hat der Nießbraucher die Sache herauszugeben; hat er die Sache vermietet oder verpachtet, so tritt bei Beendigung des Nießbrauches der Eigentümer in den Miet- oder Pachtvertrag ein, hat aber das Recht, diesen Vertrag unter Einhaltung der gesetzlichen Kündigungsfrist zu kündigen (§ 1056).

Sind verbrauchbare Sachen Gegenstand des Nießbrauches so wird der Nießbraucher Eigentümer dieser Sachen und muß später den Wert der Sachen ersetzen (§ 1067).

II. Nießbrauch an Rechten ist nur zulässig, soweit das Recht übertragbar ist; er wird durch Übertragung des Rechtes bestellt (§ 1069). Der Nießbraucher einer Forderung darf diese kündigen und einziehen, aber nicht anderweitig über sie verfügen (z. B. verpfänden oder mit ihr aufrechnen) (§ 1074). Ist die Forderung verzinslich, so ist die Kündigung nur gemeinsam vom Eigentümer und Nießbraucher zulässig, auch darf die Forderung nur an beide gemeinsam gezahlt werden (§§ 1076 ff.). Das eingezogene Kapital muß mündelsicher angelegt werden (§ 1079). Bei Nießbrauch an Inhaber- und Orderpapieren steht der Besitz an den Zins-, Renten- und Gewinnanteilscheinen dem Nießbraucher allein, an dem Papier selbst und den Erneuerungsscheinen dem Eigentümer und Nießbraucher gemeinschaftlich zu (§§ 1081 ff.).

III. Die Vorschriften über den Nießbrauch an einem Vermögen und an einer Erbschaft (§§ 1085—1089), bei welchem der Nießbraucher den Nießbrauch an jedem einzelnen zu dem Vermögen gehörenden Gegenstand erlangt, regeln nur das Verhältnis der Gläubiger des Bestellers zum Nießbraucher.

III. Titel. Beschränkte persönliche Dienstbarkeiten (§§ 1090—1093).

Sie sind nur an Grundstücken möglich und bestehen in einer Belastung des Grundstücks zugunsten eine bestimmten Person dahin, daß diese berechtigt ist, das Grundstück in einzelnen Beziehungen zu benutzen, oder daß ihr eine sonstige Befugnis zusteht, die den Inhalt einer Grunddienstbarkeit bilden kann (§ 1090). Sie sind nicht übertragbar (§ 1092); ihr Umfang bestimmt sich nach den persönlichen Bedürfnissen des Berechtigten (§ 1091). Besonders geregelt ist das sog. Wohnungsrecht im § 1093.

Sechster Abschnitt. Vorkaufsrecht (§§ 1094—1104).

Das oben S. 36 abgehandelte persönliche Verkaufsrecht kann — aber nur bei Grundstücken — mit dinglicher Wirkung ausgestattet werden (§ 1094). Dieses dingliche Vorkaufsrecht bedarf zu seiner Wirksamkeit der Eintragung ins Grundbuch. Im Zweifel erstreckt es sich auch auf das Zubehör des Grundstücks (§ 1096). Im allgemeinen kommen die Vorschriften der §§ 504—514 über das persönliche Vorkaufsrecht zur Anwendung, mit der Ausnahme, daß es auch dann ausgeübt werden kann, wenn der Verkauf durch den Konkursverwalter aus freier Hand erfolgt (§ 1098).

Siebenter Abschnitt. Reallasten (§§ 1105—1112).

Wird ein Grundstück in der Weise belastet, daß wiederkehrende Leistungen aus ihm zu entrichten sind, so spricht man von einer Reallast. Sie kann für eine bestimmte Person oder für den jeweiligen Eigentümer eines Grundstücks bestellt werden (§ 1105). Für die einzelnen Leistungen haftet das Grundstück, ferner aber auch sein Eigentümer für die während der Dauer seines Eigentums fällig werdenden Leistungen persönlich, d. h. mit seinem ganzen Vermögen (§ 1108).

Von den landesrechtlich noch bestehenden Reallasten sind zu erwähnen: das Laudemium bei Erbzinsgütern (oben S. 7), der Kirchenzehnte und namentlich das sog. Leibgeding, (Altenteil, Auszug, Leibzucht): dasjenige was der Übernehmer eines Landgutes (Rustikalstelle) dem vorigen Besitzer zu dessen Versorgung auf Lebenszeit anweist (EG. Art. 96; ausführlich AG. Art. 15, dessen §§ 8 und 9 bei Unfrieden zwischen den Parteien die Ablösung der Leistungen durch eine Geldrente vorsieht). Über Rentengüter s. oben S. 90f.

Achter Abschnitt. Hypothek. Grundschuld. Rentenschuld (§§ 1113—1203).

In diesem Abschnitte werden die Grundstückspfandrechte abgehandelt. Pfandrecht ist ein dingliches Recht an einer Sache, kraft dessen der Pfandgläubiger berechtigt ist, zur Sicherung seiner Forderung Befriedigung aus der Substanz der Sache zu verlangen. Das BGB. gebraucht den Ausdruck „Pfandrecht" jedoch nur bei beweglichen Sachen, und spricht bei Grundstücken von Hypotheken, Grundschulden und Rentenschulden.

Während im römischen und gemeinen Rechte das Pfandrecht streng akzessorisch war, d. h. nur zur Sicherheit für eine persönliche Forderung bestellt werden konnte und von dem Bestehen dieser Forderung abhing, ist die neuere Entwickelung, namentlich im preußischen Eigentumserwerbsgesetze von 1872 und jetzt auch im BGB., dahin gegangen, Grundstückspfandrechte zu schaffen, die von einer persönlichen Forderung vollkommen unabhängig sind. Diese „abstrakten" Pfandrechte sind die Grundschuld und Rentenschuld (§§ 1191—1203). Streng akzessorisch ist im BGB.

noch die Sicherungshypothek (§§ 1184—1190), während die gewöhnliche (Verkehrs-)Hypothek zwar grundsätzlich eine Forderung voraussetzt, aber infolge der Vorschriften der §§ 1138 und 1157 in der Hand eines Erwerbers fortbesteht, der sie nach dem Untergange der persönlichen Forderung gutgläubig erworben hat. Sodann kennt das BGB. noch die sog. Eigentümerhypothek. Ist nämlich die persönliche Forderung überhaupt nicht zur Entstehung gelangt oder späterhin erloschen (§ 1163) oder verzichtet der Gläubiger auf die Hypothek (§ 1168), so geht letztere (und zwar sowohl die Sicherungs- wie auch die Verkehrshypothek) kraft Gesetzes auf dem Eigentümer des Grundstücks über. Dieser kann nunmehr vom Gläubiger die Zustimmung zur Berichtigung des Grundbuches sowie Herausgabe des Hypothekenbriefes verlangen und auch zur Sicherung seines Rechtes einen Widerspruch eintragen lassen. Die Eigentümerhypothek wird wie eine Grundschuld behandelt (§ 1177). Der Zweck dieses Institutes ist, das Vorrücken der nachstehenden Gläubiger trotz Erledigung der Post zu verhindern und dem Eigentümer die Möglichkeit der Verfügung über die Hypothek zu erhalten.

Jede Art der Grundstückspfandrechte kann durch Vertrag zwischen dem Eigentümer und dem Gläubiger (ohne Zustimmung der gleich- oder nachstehenden Gläubiger) und Eintragung im Grundbuche in ein anderes Grundstückspfandrecht umgewandelt werden, z. B. eine Rentengrundschuld in eine Sicherungshypothek (§§ 1186, 1198, 1203).

Gegenstand der Grundstückspfandrechte können sein: Grundstücke, Erbbaurechte und (nach Landesrecht) Bergwerke und andere selbständige Gerechtigkeiten, soweit sie ein Blatt im Grundbuche haben (wegen der Bahneinheit s. G. $\frac{19.\ 8.\ 95.}{8.\ 7.\ 02.}$ unten beim Wegerecht).

I. Titel. **Hypothek** (§§ 1113—1203).

a) Verkehrshypothek.

Zur Entstehung der Hypothek (auch an dem Anteile eines eingetragenen Miteigentümers zulässig § 1114) ist erforderlich die Einigung des Eigentümers und des Gläubigers über die Begründung der Hypothek und ihre Eintragung im Grundbuche. Die Eintragung erfolgt auf Grund einer Eintragungsbewilligung des Eigentümers und eines von ihm oder dem Gläubiger zu stellenden Antrages. Der Eigentümer braucht zur Zeit der Bewilligung noch nicht eingetragen zu sein (RGer. 11, 325); es genügt (gemäß § 185), wenn er späterhin eingetragen wird. — Die Eintragung muß enthalten: die Bezeichnung des Gläubigers, den Geldbetrag der Forderung, den Zinssatz und den Geldbetrag etwaiger Nebenleistungen; im übrigen kann zur Bezeichnung der Forderung (z. B. Kündigung, Ort der Rückzahlung usw.) auf die Eintragungsbewilligung Bezug genommen werden (§ 1115). Sind Kapitalien zinslos oder mit weniger als 5% verzinslich eingetragen, so ist die auf 5% erhöhte Eintragung zulässig, ohne daß die gleich- oder nachstehenden Gläubiger einzuwilligen brauchen (§ 1119).

Über jede Hypothek ist ein Hypothekenbrief zu erteilen (Briefhypothek), wenn nicht die Ausschließung im Grundbuche eingetragen wird (Buchhypothek) (§ 1116). Bei Gesamthypotheken darf nur ein Brief erteilt werden. — Der vom Grundbuchamte auszufertigende Brief ist dem Eigentümer des Grundstücks auszuhändigen (§ 60 GBO.). Der Gläubiger erwirbt die Hypothek dann erst mit der Übergabe des Briefes an ihn; bis dahin ist sie Eigentümerhypothek. Wird vereinbart, daß der Gläubiger berechtigt sein soll, sich den Brief vom Grundbuchamte aushändigen zu lassen, so steht diese Vereinbarung der Übergabe gleich (§ 1117). Wenn der Brief infolge Umwandlung einer Buchhypothek in eine Briefhypothek erst nachträglich erteilt wird, so ist er dem Gläubiger auszuhändigen (§ 60 GBO.).

Die Erfordernisse des Briefes ergeben sich aus §§ 56—58 GBO., AG. z. GBO. 26. 9. 99 und §§ 37 ff. der Allg. Verfg. 20. 11. 99. Hiernach tragen die Briefe am Kopfe den preußischen Adler und eine Überschrift, welche die Bezeichnung „Preußischer Hypothekenbrief" und die Angabe der Hypothek nach dem Grundbuche, den Nummern des Bandes und des Blattes, der Eintragungsnummer und dem Geldbetrage enthält. Sodann folgt: 1. der Inhalt der die Hypothek betreffenden Eintragung; 2. aus dem Bestandverzeichnisse: die Bezeichnung des belasteten Grundstücks (Gemarkung, Größe, Grundsteuerreinertrag, Gebäudesteuernutzungswert, Artikel der Grundsteuermutterrolle und Nummer der Gebäudesteuerrolle); 3. aus der Abteilung I: Erwerbspreis, soweit er im Grundbuch vermerkt ist und nicht über zehn Jahre zurückliegt, sowie eingetragene Schätzungs- und Versicherungssummen mit Angabe der Jahreszahl; 4. die Bezeichnung des Eigentümers; 5. aus Abteilung II und III: die kurze Bezeichnung der der Hypothek im Range vorgehenden oder gleichstehenden Lasten, unter Angabe des Zinsfußes, sofern dieser 5 % übersteigt. Der Brief muß sodann noch mit Unterschrift (Richter und Gerichtsschreiber) und Siegel versehen sein. Die bei einer Hypothek eingetragenen Veränderungen oder Löschungen werden vom Grundbuchamte auf dem Hypothekenbriefe vermerkt. Zu diesem Zwecke ist der Brief bei jeder Eintragung dem Grundbuchamte vorzulegen (§ 62 GBO.).

Im Falle der Teilung der Forderung kann über jeden Teil (auch ohne Zustimmung des Eigentümers) ein besonderer „Teilhypothekenbrief" erteilt werden; zuständig zur Ausfertigung des Teilhypothekenbriefes ist sowohl das Grundbuchamt wie auch ein Notar (§ 61 GBO). — Besteht über die persönliche Forderung, für welche die Hypothek bestellt ist, eine Schuldurkunde, so muß diese mit dem Briefe durch Schnur und Siegel verbunden werden (§ 58 GBO.). Nach der Löschung wird der Brief unbrauchbar gemacht (§ 69 GBO). Verlorene Briefe können im Aufgebotsverfahren für kraftlos erklärt werden.

Das Grundstück haftet für die Kapitalsumme, die Nebenleistungen, vertraglichen und Verzugszinsen und die Kosten (Mahnung, Prozeß) (§ 1118).

Der Hypothek haftet das Grundstück einschließlich aller (wesentlichen und unwesentlichen) Bestandteile, auch wenn sie erst nach der Eintragung hinzutreten. Wird ein Grundstück einem anderen zugeschrieben (s. § 890), so erstrecken sich die an diesem bestehenden Hypotheken auch auf das zugeschriebene Grundstück. Die auf letzterem ruhenden Lasten gehen jedoch diesen Hypotheken vor (§ 1131). Bei der Veräußerung eines Teiles zum Zwecke der Bildung von Rentengütern ist in Fällen, wo die Veräußerung für die Berechtigten unschädlich ist, deren weitläufige Zustimmung zu ersparen, die zuständige Auseinandersetzungsbehörde oder landschaftliche Kreditdirektion befugt, ein Unschädlichkeitszeugnis auszustellen (s. G. 3. 3. 50; 25. 3. 89 und 15. 7. 90; EG. Art. 120 und EG. Art. 19).

Der Hypothek sind ferner unterworfen die vom Grundstück getrennten Erzeugnisse und Bestandteile sowie das Zubehör, und zwar erstere dann, wenn sie mit der Trennung Eigentum des Eigentümers oder des Eigenbesitzers des Grundstücks geworden sind, letzteres, soweit es dem Grundstückseigentümer gehört (§ 1120). Diese Sachen werden von der Haftung frei, wenn sie innerhalb der Grenzen einer ordnungmäßigen Wirtschaft von dem Grundstücke getrennt und vor der Beschlagnahme durch den Gläubiger dauernd vom Grundstück entfernt werden, und bei Zubehör, wenn ihre Eigenschaft als Zubehör dauernd aufgehoben wird. Sind bei der Trennung oder der Aufhebung der Zubehöreigenschaft die Grenzen einer ordnungsmäßigen Wirtschaft überschritten, so muß noch hinzukommen, daß die Sachen veräußert, d. h. einem dritten (z. B. auf Grund eines Kaufvertrages) zum Eigentum übertragen sind (§§ 1121, 1122). Ist das Grundstück vermietet oder verpachtet, so erstreckt sich die Hypothek auch auf die Miet- und Pachtzinsen; fällige Forderungen werden mit Ablauf eines Jahres seit dem Tage der Fälligkeit von der Haftung frei. Verfügungen über den Miet- und Pachtzins (z. B. Einziehung, Abtretung, Verpfändung usw.), die vor der Beschlagnahme des Grundstücks erfolgen, sind dem Hypothekengläubiger gegenüber insoweit unwirksam, als sie sich auf eine spätere Zeit als das zur Zeit der Beschlagnahme laufende und das folgende Vierteljahr erstrecken (§§ 1123, 1124). (Der Mieter kann also mit Sicherheit nur für ein Vierteljahr im Voraus zahlen). Sind Gegenstände, die der Hypothek unterliegen, versichert, so haftet dem Gläubiger auch die Versicherungssumme. Besondere Vorschriften gelten bei Versicherung eines Gebäudes (§§ 1127—1130).

Für eine Forderung können mehrere Grundstücke zugleich mit einer Hypothek belastet werden (Gesamthypothek). Der Gläubiger kann dann nach seiner Wahl seine Befriedigung aus allen Grundstücken zusammen oder nur aus einem oder mehreren von ihnen suchen, sowie auch die Hypothek auf die einzelnen Grundstücke derart verteilen, daß jedes nur für einen bestimmten Betrag haftet (§ 1132). In letzterem Falle ist für jedes Grundstück ein neuer Brief zu erteilen (§ 64 GBO.).

Für die Übertragung der Hypothek gilt der Grundsatz, daß Forderung und Hypothek immer zusammen übertragen werden müssen (§ 1153). Zur Abtretung ist bei der Buchhypothek Umschreibung im Grundbuche, bei der Briefhypothek immer die Übergabe des Briefes erforderlich sowie ferner entweder Eintragung der Abtretung im Grundbuche oder Erteilung einer schriftlichen Abtretungserklärung, die der bisherige Gläubiger auf Verlangen und auf Kosten des neuen Gläubigers öffentlich beglaubigen lassen muß (§ 1154). Ist der frühere Gläubiger im Grundbuche eingetragen, so kommt dem neuen Gläubiger der öffentliche Glaube des Grundbuches (auch bezüglich der persönlichen Forderung §§ 1138, 1157) ohne weiteres zustatten, anderenfalls nur dann, wenn sein Gläubigerrecht sich aus einer zusammenhängenden, auf einen eingetragenen Gläubiger zurückführenden Reihe von öffentlich beglaubigten Abtretungen ergibt (§ 1155). Rechtsgeschäfte in Ansehung der Hypothek, die der Eigentümer in Unkenntnis von der Abtretung mit dem bisherigen Gläubiger vorgenommen hat, braucht, mit Ausnahme der Kündigung, der neue Gläubiger nicht gegen sich gelten zu lassen; wohl aber muß er dieses, wenn es sich um Zinsen oder Nebenleistungen handelt, die bereits fällig waren oder im laufenden oder folgenden Vierteljahr fällig werden (§§ 1158, 1159). — Eine besondere Vorschrift für die Buchhypothek gibt noch § 1139. Ist eine solche für ein Darlehn eingetragen worden, so genügt zur Eintragung eines Widerspruchs wegen Nichtempfangs des Darlehns ein Antrag des Eigentümers, sofern er innerhalb eines Monats nach Eintragung der Hypothek gestellt wird. Wird der Widerspruch noch innerhalb derselben Frist eingetragen, so hat er rückwirkende Kraft.

Der Eigentümer kann gegen Aushändigung des Briefes und der anderen zur Löschung der Hypothek erforderlichen Urkunden den Gläubiger (auch durch Hinterlegung oder Aufrechnung) befriedigen, sobald die Forderung ihm gegenüber fällig geworden oder der persönliche Schuldner zur Leistung berechtigt ist. Die Hypothek wird hierdurch zur Eigentumshypothek und, wenn der Eigentümer nicht zugleich persönlicher Schuldner ist, geht auch die Forderung gegen diesen auf ihn über (§§ 1142—1145). Befriedigt der persönliche Schuldner den Gläubiger, so geht die Hypothek insoweit auf ihn über, als er von dem Eigentümer Ersatz fordern kann; ist letzteres nicht der Fall, so entsteht eine Eigentümerhypothek (§§ 1164 ff.). Bei einer Gesamthypothek erwirbt der Eigentümer, der den Gläubiger befriedigt, nur die Hypothek an seinem Grundstücke, die Hypotheken an den übrigen Grundstücken erlöschen (sie werden also nicht zu Eigentümerhypotheken); kann er von den anderen Eigentümern Ersatz verlangen, so geht die Hypothek an den übrigen Grundstücken insoweit auf ihn über. Ähnliche Bestimmungen gelten, wenn der persönliche Schuldner den Gläubiger befriedigt. Ist die Forderung überhaupt nicht zur Entstehung gelangt oder verzichtet der Gläubiger auf die Hypothek, so steht diese den Eigentümern gemeinschaftlich zu; jeder kann jedoch Verteilung der Hypothek auf die einzelnen Grundstücke verlangen (§§ 1172—1175).

Einwirkungen auf das Grundstück, durch welche eine die Sicherheit der Hypothek gefährdende Verschlechterung zu besorgen ist, berechtigen den Gläubiger zur Klage auf Unterlassung und zum Antrag auf Sicherungsmaßregeln (§ 1134), bei wirklicher Gefährdung der Sicherheit kann nach fruchtlos verlaufener Frist Befriedigung aus dem Grundstück verlangt werden (§ 1133). Eine Vereinbarung, durch die sich der Eigentümer dem Gläubiger gegenüber verpflichtet, das Grundstück nicht zu veräußern oder weiter zu belasten, ist nichtig (§ 1036).

Der Gläubiger kann im Wege der Klage Befriedigung aus dem Grundstücke verlangen, sobald die Hypothek fällig ist. Hängt die Fälligkeit von einer Kündigung ab, so ist diese nur wirksam, wenn sie von dem Gläubiger an den im Grundbuche eingetragenen Eigentümer oder umgekehrt erfolgt (§ 1141). Klageberechtigt ist bei der Briefhypothek nur der im Besitze des Briefes befindliche Gläubiger, sofern er außerdem entweder im Grundbuche eingetragen ist oder sein Gläubigerrecht nach § 1155 (s. S. 110) nachweisen kann (§ 1160). Die Klage muß gegen den eingetragenen Eigentümer gerichtet werden. Der Eigentümer, mag er zugleich persönlicher Schuldner sein oder nicht, kann dem ursprünglichen Gläubiger sämtliche Einreden sowohl aus der persönlichen Forderung wie auch aus der Hypothek entgegenstellen.

Gegen einen gutgläubigen Sondernachfolger hat er aber wegen des öffentlichen Glaubens des Grundbuchs nur solche Einreden, die in dessen Person entstanden sind oder sich aus dem Grundbuche oder Hypothekenbriefe (§ 1140) ergeben oder dem Gläubiger beim Erwerbe der Hypothek bekannt waren (§§ 1138, 1157 gegenüber der Regel des § 404). Ein Hypothekengläubiger, dessen Anspruch vollstreckbar geworden ist, kann auf gerichtliche Zwangsverwaltung oder Zwangsversteigerung antragen (§ 1147), und zwar (wegen der durchgreifenden Dinglichkeit des Rechtes) auch dann, wenn seit Zustellung der Klage ein anderer Eigentümer des Grundstücks geworden ist. — Eine Vereinbarung, durch welche der Eigentümer vor Fälligkeit der Forderung dem Gläubiger das Recht einräumt, zum Zwecke der Befriedigung die Übertragung des Grundstücks zu verlangen oder dieses anders als im Wege der Zwangsvollstreckung zu veräußern, ist nichtig (§ 1149).

Wird der Gläubiger aus dem Grundstücke befriedigt, so erlischt die Hypothek (§ 1181) auch ohne Löschung im Grundbuche (keine Eigentümerhypothek). Im übrigen ist zur Aufhebung der Hypothek notwendig die Aufgabeerklärung des Gläubigers, die Zustimmung des Eigentümers und die Löschung im Grundbuche. — Ist der Gläubiger unbekannt, und sind seit der letzten die Hypothek betreffenden Eintragung 10 Jahre verstrichen, ohne daß der Eigentümer nach § 208 das Recht des Gläubigers anerkannt hat, so kann er im Wege des Aufgebotsverfahrens (§§ 982 bis 987 ZPO.) mit seinem Rechte ausgeschlossen werden. Mit dem Erlaß des Ausschlußurteils erwirbt der Eigentümer die Hypothek (§ 1170). Der unbekannte Gläubiger kann weiterhin noch mit seinem Rechte ausgeschlossen werden, wenn der Eigentümer zu seiner Befriedigung oder zur Kündigung berechtigt ist und den Betrag der Forderung unter Verzicht auf die Rücknahme hinterlegt (§ 1171).

Revenüenhypotheken, d. h. Hypotheken, die nur die Einkünfte eines Grundstücks, nicht seine Substanz belasten, sind nur noch bei Familienfideikommissen zulässig. Ferner können nach BGB. bei Grundstücken antichretische Pfandverträge (bei denen dem Pfandgläubiger die Früchte des Grundstücks statt der Zinsen zufallen) nicht mehr mit dinglicher Wirkung begründet werden.

b) Bei der Sicherungshypothek, welche im Grundbuche als solche bezeichnet werden muß, bestimmt sich das Recht des Gläubigers nur nach der Forderung, und er kann sich zum Beweise der Forderung nicht auf die Eintragung berufen (§ 1184). Er ist, da § 1138 keine Anwendung findet, sämtlichen Einreden ausgesetzt, die zur Zeit der Abtretung gegen die Forderung bestanden. Die Kündigung muß zwischen Gläubiger und persönlichem Schuldner erfolgen. Notwendige Sicherungshypotheken sind (auch ohne daß sie im Grundbuche als solche bezeichnet werden) die Hypotheken, die für eine Forderung aus einer Inhaberschuldverschreibung, aus einem Wechsel oder aus einem anderen indossablen Papiere bestellt werden, sowie die sog. Maximalhypotheken, d. h. Hypotheken, bei denen nur der Höchstbetrag, für welchen das Grundstück haften soll, eingetragen wird, und im übrigen die Feststellung der Forderung vorbehalten bleibt (§§ 1185—1190). Eine Sicherungshypothek darf zwangsweise nur für eine Forderung über 300 Mk. eingetragen werden (§ 866 ZPO. für das VerwZw.Verf. s. Art. 80 AusfAnw. 28. 11. 99).

II. Titel. Grundschuld. Rentenschuld (§§ 1191—1203).

Bei der Grundschuld wird ein Grundstück in der Weise belastet, daß dem Gläubiger eine bestimmte Geldsumme (auch mit Zinsen oder anderen Nebenleistungen) aus dem Grundstücke zu zahlen ist (§ 1191). Die Vorschriften über die Hypothek finden entsprechende Anwendung (§ 1192). Das Kapital wird erst nach sechsmonatiger Kündigung fällig (§ 1193) und ist im Zweifel am Sitze des Grundbuchamtes auszuzahlen (§ 1194). Die Grundschuldbriefe können auch (aber nur mit staatlicher Genehmigung S. 57) auf den Inhaber ausgestellt werden (§ 1195). Der Eigentümer kann auch für sich selbst eine Grundschuld eintragen lassen (§ 1196), ist aber nicht befugt, zum Zwecke seiner Befriedigung die Zwangsvollstreckung zu betreiben (§ 1197).

Eine Grundschuld kann in der Weise bestellt werden, daß in regelmäßig wiederkehrenden Terminen eine bestimmte Geldsumme aus dem Grundstücke zu zahlen ist (Rentenschuld). Die Rentenschuld ist gegen Zahlung eines im Grundbuche anzugebenden Betrages ablösbar. Das Ablösungsrecht steht nur dem Eigentümer zu, der es nach voraufgegangener sechsmonatiger Kündigung ausüben kann (§§ 1199—1202).

Die Befriedigung aus dem Grundstück erfolgt auf Grund des

> RG. über die Zwangsversteigerung und Zwangsverwaltung 24. 3. 97 (in der Fassung vom 20. 5. 1898 RGBl. 713)

durch das Amtsgericht der belegenen Sache (auch im VerwZwVerf. V. 15. 11. 99 § 51 f.). Nach stattgehabtem Aufgebot der Gläubiger (§ 37) wird vom Amtsgericht das geringste Gebot festgestellt, das die Kosten des Verfahrens, die der Zwangsverwaltung, den Liedlohn und die öffentlichen Lasten (§ 10 Z. 1—3), sowie alle dem Anspruch des betreibenden Gläubigers vorgehenden Rechte decken muß (§ 44, Deckungsprinzip). Unter diesen Betrag wird ein Gebot im Versteigerungstermin (§§ 66 f.) nicht zugelassen; der das geringste Gebot übersteigende Betrag des Meistgebots sowie die vorgenannten Kosten usw. sind im Verteilungstermin (§ 105 f.) bar zu zahlen (§ 49). Durch den Zuschlag wird der Ersteher Eigentümer, und es erlöschen alle Rechte, die nicht im geringsten Gebot berücksichtigt oder vom Ersteher besonders übernommen sind (§§ 90 f.). Während des Verfahrens verbleibt Verwaltung und Benutzung des Grundstücks dem Eigentümer; soll ihm diese entzogen werden, bedarf es der Zwangsverwaltung (§ 146 f.) durch den vom Amtsgericht zu bestellenden Zwangsverwalter (wegen seiner Geschäftsführung und Vergütung s. V. 8. 12. 99 JMBl. 791). — Der Mieter und Pächter gehört zu den Beteiligten (§ 9 Z. 2), die ihre Rechte anmelden müssen und eventuell nach § 59 den Wegfall des dem Ersteher zum nächsten gesetzlichen Termin zustehenden Kündigungsrechts (§ 57) verlangen können.

Neunter Abschnitt. Pfandrecht an beweglichen Sachen und an Rechten (§§ 1204—1296).

I. Titel. Pfandrecht an beweglichen Sachen (§§ 1204—1272).

Zur Begründung des Pfandrechtes ist (außer der Einigung des Eigentümers und Gläubigers über die Bestellung des Pfandrechtes) regelmäßig Übertragung des Besitzes der verpfändeten Sache auf den Gläubiger erforderlich. War der Gläubiger bereits vorher im Besitz der Sache, so genügt die Einigung allein. Bei mittelbarem Besitz des Eigentümers reicht die Übertragung des mittelbaren Besitzes auf den Gläubiger und Anzeige an den unmittelbaren Besitzer aus (§ 1205). Auch wenn die Sache nicht dem Verpfänder gehört, erwirbt der gutgläubige Pfandgläubiger gleichwohl das Pfandrecht (§ 1207). Das Pfand haftet für die Forderung in ihrem jeweiligen Bestande, insbesondere für Zinsen und Vertragsstrafen, ferner für die Ansprüche des Pfandgläubigers wegen Verwendungen, Kosten der Kündigung und Rechtsverfolgung. Durch ein nach der Verpfändung zwischen Schuldner und Gläubiger abgeschlossenes Rechtsgeschäft wird die Haftung nicht erweitert, wenn der Eigentümer der Pfandsache nicht zugleich persönlicher Schuldner ist (§ 1210). Der Verpfänder kann dem Pfandgläubiger sämtliche Einreden aus der Forderung entgegensetzen, und verliert sie nicht dadurch, daß der persönliche Schuldner auf sie verzichtet (§ 1211). Das Pfandrecht erstreckt sich auch auf die Erzeugnisse der Sache (§ 1211). Es kann auch in der Weise bestellt werden, daß der Pfandgläubiger berechtigt sein soll, die Nutzungen des Pfandes zu ziehen (§ 1213). Der Reinertrag der Nutzungen ist auf die Kosten, Zinsen und zuletzt auf die Forderung anzurechnen (§ 1214). Der Pfandgläubiger muß das Pfand verwahren (§ 1215). Für Verwendungen kann er wie ein unbeauftragter Geschäftsführer Ersatz verlangen (§ 1216). Verletzt er erheblich die Rechte des Verpfänders (wird z. B. infolge schlechter Verwahrung das Pfand beschädigt), so kann dieser Hinterlegung, auch die Rückgabe des Pfandes gegen Befriedigung des Gläubigers verlangen (§ 1217). Ist Verderb oder Wertverminderung des Pfandes zu besorgen, so kann der Verpfänder das Pfand zurücknehmen, wenn er anderweitig Sicherheit leistet (§ 1218), tut er dies nicht, so ist der Pfandgläubiger berechtigt, nach vorheriger Androhung das Pfand öffentlich versteigern zu lassen (§§ 1219—1221). Nach Erlöschen des Pfandrechtes ist das Pfand zurückzugeben (§ 1223). Der Verpfänder kann den Gläubiger auch durch Hinterlegung und Aufrechnung befriedigen, sobald der persönliche Schuldner zur Leistung berechtigt ist (§§ 1224, 1225). Ersatzansprüche aus dem Pfandverhältnisse verjähren in 6 Monaten (§ 1226). — Die Befriedigung des Pfandgläubigers aus dem Pfande erfolgt durch Verkauf. Dieser ist zulässig, sobald die Forderung fällig ist (§ 1228). Eine vor Fälligkeit getroffene Vereinbarung, daß dem Gläubiger bei nicht rechtzeitiger Befriedigung das Eigentum an dem Pfande zufallen soll (sog. lex commissoria), ist unwirksam (§ 1229). Der Verkauf ist dem Eigentümer anzuzeigen und darf erst einen Monat nach der Anzeige vorgenommen werden (§ 1234). Er erfolgt regelmäßig im Wege der öffentlichen Versteigerung am Aufbewahrungsorte; Zeit und Ort sind bekannt zu machen und außerdem dem Eigentümer und Dritten Berechtigten besonders mitzuteilen. Beim Verkauf muß ausbedungen werden, daß der Käufer den Kaufpreis sofort bar entrichtet; fehlt diese Bedingung, so gilt der Kaufpreis als vom Pfandgläubiger in Empfang genommen, auch wenn dies tatsächlich nicht der Fall sein sollte. Pfandgläubiger und Eigentümer können mitbieten (§ 1235—1239); besondere Vorschriften gelten bei Gold- und Silbersachen (§ 1240). Von dem Ergebnis des Verkaufes ist der Eigentümer zu benachrichtigen (§ 1241). Bei rechtmäßiger Veräußerung erlangt der Erwerber die gleichen Rechte, wie wenn er die Sache vom Eigentümer erworben hätte, d. h. er wird Eigentümer der Pfandsache. Anderweite Rechte an der Sache erlöschen (§ 1242). Bei nicht rechtmäßiger Veräußerung erwirbt der gutgläubige Dritte nur nach den Vorschriften der §§ 932 ff. Eigentum (§ 1244). Abweichende Vereinbarungen über die Art des Pfandverkaufes sind zulässig (§ 1245). — Zugunsten des gutgläubigen Pfandgläubigers gilt der Verpfänder als Eigentümer (§ 1248). Dritte, die durch den Verkauf ein Recht an dem Pfande verlieren würden, sind zur Befriedigung des Gläubigers berechtigt (sog. Ablösungsanspruch, § 1249).

Mit der Übertragung der Forderung geht das Pfandrecht auf den neuen Gläubiger über. Eine selbständige Abtretung des Pfandrechtes ist unwirksam (§ 1250). Der neue Gläubiger kann von dem bisherigen Gläubiger die Herausgabe des Pfandes verlangen (§ 1251). — Das Pfandrecht erlischt zugleich mit der Forderung; mit der Rückgabe des Pfandes an den Eigentümer oder Verpfänder; durch Verzicht diesen gegenüber; oder wenn es mit dem Eigentum in einer Person zusammentrifft, es sei denn, daß in letzterem Falle der Eigentümer ein rechtliches Interesse an dem Fortbestehen des Pfandrechtes hat (§§ 1252—1256). Die bisher erörterten Vorschriften finden auch mit Ausnahme der Bestimmungen über den Rechtserwerb im guten Glauben auf ein kraft Gesetzes entstandenes Pfandrecht Anwendung (§ 1257). (Rechtsp. der OLG. 2, 219; Bl. f. Rechtspfl. 13, 73).

Die §§ 1259—1271 behandeln das Pfandrecht an Schiffen, die im Schiffsregister eingetragen sind. Zur Gültigkeit des Pfandrechtes ist seine Eintragung im Schiffsregister erforderlich. — Besonderes gilt noch in bezug auf die sog. Tierpfändung, wenn Tiere auf dem Lande Schaden angerichtet haben. Dafür ist jetzt maßgebend die FeldpolizeiO. 1. 11. 47 (nebst AbändG. 13. 4. 56) § 33 und das Feld- und ForstpolizeiG. 1. 4. 80 §§ 69—88, die durch EG. Art. 89, AG. Art. 89 Ziffer 16 aufrecht erhalten sind.

II. Titel. Pfandrecht an Rechten (§§ 1273—1296).

Die Bestellung erfolgt durch Übertragung des Rechtes (§ 1274). Aufhebung oder Änderung des Rechtes bedarf der Zustimmung des Pfandgläubigers (§ 1276). Dieser kann Befriedigung aus dem Rechte nur auf Grund eines vollstreckbaren Titels im Wege der Zwangsvollstreckung suchen (§ 1277). Ist eine Forderung verpfändet, so muß dieses dem

Schuldner bei Vermeidung der Ungültigkeit der Verpfändung angezeigt werden (§ 1280). Der Schuldner kann vor der Fälligkeit der gesicherten Forderung nur an den Pfandgläubiger und seinen Gläubiger gemeinschaftlich leisten; jeder der letzteren kann verlangen, daß die zu leistende Sache hinterlegt werde (§ 1281). Nach der Fälligkeit der gesicherten Forderung darf er nur noch an den Pfandgläubiger leisten (§ 1282). Über die Kündigung der verpfändeten Forderung s. § 1283. Mit der Leistung des Schuldners erwirbt der Gläubiger den geleisteten Gegenstand und der Pfandgläubiger ein Pfandrecht an diesem (§ 1287 s. auch § 1288). Das Pfandrecht an einer Forderung erstreckt sich auch auf die Zinsen der Forderung (§ 1289). Die §§ 1290—1296 geben besondere Vorschriften über Pfandrechte an einem Grundstückspfand und an Wertpapieren.

Viertes Buch. I. Familienrecht (§§ 1297—1921).

Erster Abschnitt. Bürgerliche Ehe (§§ 1297—1588).

I. Titel. Verlöbnis (§§ 1297—1302).

Aus einem Verlöbnis kann nicht auf Eingehung der Ehe geklagt werden; seine Folgen bestehen darin, daß der vom Verlöbnis ohne wichtigen Grund zurücktretende oder den Rücktritt des anderen schuldhafterweise veranlassende Verlobte dem anderen Verlobten den ihm erwachsenden Schaden (z. B. Aufgabe seiner Stellung) und ihm sowie seinen Eltern und dritten Personen den Schaden zu ersetzen hat, der infolge von Aufwendungen, die in Erwartung der Ehe gemacht sind, entstanden ist (z. B. Reisekosten, Kleidung zur Hochzeit) (§ 1297 ff.). Hat die unbescholtene Braut (hierüber RG. 52, 46; JW. 06, 65) ihrem Verlobten die Beiwohnung gestattet, so kann sie eine billige Geldentschädigung verlangen (sog. Deflorationsanspruch § 1300). Unterbleibt die Eheschließung, so sind die gegenseitigen Geschenke zurückzugeben, außer im Fall des Todes (§ 1301). Der die Auflösung der Verlobung verschuldende Verlobte kann die Geschenke nicht zurückverlangen (§ 815). Die sämtlichen aus dem Verlöbnis entspringenden Klagen verjähren in 2 Jahren. (Über Erbverträge der Brautleute s. § 2276 f. Der Verlobte ist berechtigt sein Zeugnis vor Gericht zu verweigern: ZPO. § 383; StrPO. § 51).

II. Titel. Eingehung der Ehe (§§ 1303—1323).

Die Bestimmungen hierfür sowie für die Form der Eheschließung befinden sich z. T. im RG. 6. 2. 75 über die Beurkundung des Personenstandes und die Eheschließung RGBl. 23, abgeänd. 14. 4. 05 RGBl. 251; MV. 4. 8. 05, MBl. 131; s. dazu AusfBek. 25. 3. 99 RGBl. 225.

a) Erfordernisse der Ehe bzw. Ehehindernisse sind:

1. Ehemündigkeit. Der Mann muß volljährig (oder für volljährig erklärt) sein, die Frau muß das 16. Lebensjahr vollendet haben; für Frauen die Befreiung durch den Justizminister zulässig (§ 1303; KV. 16. 11. 99 Art. 10 GS. 562 nebst AllgV. 14. 12. 99 JMBl. 784).

2. Einwilligung des gesetzlichen Vertreters für alle beschränkt Geschäftsfähigen (s. S. 9); einer Einwilligung des VormGer. bedarf es nicht. Dieses kann aber die des Vormundes oder Pflegers im Falle deren Weigerung ersetzen (§ 1304).

3. Einwilligung des Vaters oder der Mutter für alle ehelichen, unter 21 Jahr alten Kinder; auch diese kann das VormGer. ersetzen, wenn das Kind für volljährig erklärt ist (§§ 1305—1308).

4. Doppelehe. Niemand darf eine Ehe eingehen, bevor seine frühere Ehe aufgelöst oder für nichtig erklärt ist (§ 1309, Strafe: StrGB. § 171).

5. Verwandtschaft. Schwägerschaft. Verboten ist die Ehe zwischen Verwandten in gerader Linie (in diesem Fall gilt auch der Vater des unehelichen Kindes als mit diesem verwandt), zwischen voll- und halbbürtigen Geschwistern; zwischen Verschwägerten in gerader Linie (Schwiegereltern und Schwiegerkindern; Stiefeltern und Stiefkindern); zwischen Personen, von denen die eine mit Eltern, Voreltern oder Abkömmlingen der anderen Geschlechtsgemeinschaft gepflogen hat (außereheliche Schwägerschaft in gerader Linie; affinitas illegitima); zwischen Adoptiveltern und -kindern, sowie deren Abkömmlingen (§§ 1310 f.), solange das Adoptivverhältnis besteht (Bestrafung der Blutschande StrGB. § 173).

6. Ehebruch. Die Ehe mit dem im Scheidungsurteil genannten Ehebrecher ist verboten (§ 1312, ZPO. § 624; Befreiung durch den Justizminister V. 16. 11. 99).

7. Wartezeit von zehn Monaten nach Ende der ersten Ehe für Frauen (§ 1313; Befreiung durch das AGer.; V. 16. 11. 99 Art. 11).

8. Auseinandersetzung des zur zweiten Ehe schreitenden Ehegatten mit seinen minderjährigen oder bevormundeten Abkömmlingen (§ 1314; Zeugnis vom VormGer. FrwG. §§ 35, 43).

9. Dienstliche Erlaubnis (§ 1315) für Militärpersonen (s. RMG. 2. 5. 74 § 38 A) und die vorläufig in ihre Heimat beurlaubten Rekruten und Freiwilligen (RMG. §§ 40, 60); wegen der Beamten (Anzeigepflicht) s. Beamtenrecht.

10. Ausländer bedürfen ein Zeugnis ihrer Heimatsbehörde über die Abwesenheit von Ehehindernissen und Beibehaltung der Staatsangehörigkeit trotz der Eheschließung (§ 1315; AG. Art. 43), soweit nicht Staatsverträge anders bestimmen (z. B. mit der Schweiz 4. 6. 80 RZBl. 162, 241). Vgl. hierzu MV. 13. 3. 03 MBl. 28, 32; für Bayern (Verehelichungszeugnis, außer in der Pfalz) ME. 19. 12. 99 MBl. 00, 8; 6. 7. 03 MBl. 173; ferner für russische Staatsangehörige 17. 2. 05 MBl. 39; 26. 8. 09 MBl. 194; MV. 19. 2. 04 MBl. 49; 19. 10. 06 MBl. 335.

b) Form der Eheschließung (§§ 1316—1321).

Notwendig ist, daß die Verlobten persönlich und bei gleichzeitiger Anwesenheit vor einem Standesbeamten erklären, die Ehe miteinander eingehen zu wollen, und der Standesbeamte zur Entgegennahme der Erklärungen bereit ist (§ 1317). Außerdem soll ein Aufgebot durch den zuständigen Standesbeamten vorausgehen, das zwei Wochen auszuhängen hat und nach sechs Monaten seine Kraft verliert (PersonenstandsG. §§ 44 f., 1316); Befreiung gewährt für Reichsinländer der zuständige Regierungspräsident, in Berlin der Oberpräsident, sonst der Minister des Innern; Abkürzung der Frist in dringenden Fällen die Aufsichtsbehörde KönV. 16. 11. 99 Art. 12 in der Fassung der V. 12. 7. 10 GS. 111; wegen der Bescheinigung des erfolgten Aufgebots s. V. 25. 3. 99 zur Ausf. des PersonenstandsG. RGBl. 225; Muster für Aufgebotsanmeldung V. 2. 6. 99 MBl. 100; wegen der Eheschließung in der Karwoche ME. 3. 3. 03 MBl. 28).

Bei der Eheschließung sollen zwei volljährige, im Besitze der bürgerlichen Ehrenrechte befindliche Zeugen zugegen sein; sie soll vor dem zuständigen Standesbeamten erfolgen (zuständig ist der Beamte, in dessen Bezirk einer der Verlobten seinen Wohnsitz oder gewöhnlichen Aufenthaltsort hat; mit dessen schriftlicher Ermächtigung auch ein anderer Standesbeamter §§ 1320 f.); übt ein Nichtstandesbeamter das Amt öffentlich aus, so gilt er als legitimiert, wofern die Verlobten den Mangel nicht kannten (§ 1319). Die Ehe soll in das Heiratsregister eingetragen werden (§ 1318).

Das BGB. läßt die kirchlichen Verpflichtungen betreffend die Trauung unberührt (§ 1588); sie darf aber (bei Strafe) der bürgerlichen Eheschließung erst nachfolgen (PersonenstandsG. § 69); für die preußische Landeskirche gelten KirchenG. betr. die Trauungsordnung 27. 7. 80 und betr. Verletzung kirchlicher Pflichten 30. 7. 80 (KirchlG. u. VBl. 109 u. 116).

III. Titel. Nichtigkeit und Anfechtbarkeit der Ehe (§§ 1324—1347).

a) Nichtig ist die Ehe nur im Fall der: 1. Verletzung der wesentlichen Form der Eheschließung; 2. Geschäftsunfähigkeit, Bewußtlosigkeit, Geisteskrankheit; 3. Doppelehe; 4. Blutschande; 5. Heirat mit dem Ehebrecher (§§ 1324—1328). Die Nichtigkeit kann regelmäßig nur im Wege der Nichtigkeitsklage geltend gemacht werden (§ 1329; auch vom Staatsanwalt s. ZPO. § 632).

b) Anfechtbar ist eine Ehe, weil vorliegt: 1. Der Mangel der Einwilligung des gesetzlichen Vertreters (nicht der der Eltern) seitens des Vertreters und des geschäftsfähig gewordenen Ehegatten; 2. Irrtum über die Tatsache der Eheschließung; 3. Irrtum über die Person (Identität) oder über wesentliche persönliche Eigenschaften des Ehegatten (z. B. Jungfernschaft [RGer. 48, 157], ansteckende Krankheit, entehrende Strafen); 4. Arglistige Täuschung (aber nicht über Vermögensverhältnisse); 5. Widerrechtliche Drohung (§§ 1331—1335); 6. Irrtum über das Leben des für tot erklärten ersten Ehegatten (§ 1350). Die Anfechtung erfolgt durch die binnen 6 Monaten zu erhebende Anfechtungsklage (§§ 1339 f., ZPO. §§ 606 ff.) und bewirkt, daß die Ehe als von Anfang an nichtig angesehen wird (§ 1343).

IV. Titel. Wiederverheiratung im Falle der Todeserklärung (§§ 1348—1352).

Mit der Schließung der neuen Ehe wird die frühere Ehe aufgelöst, es sei denn, daß beide Ehegatten wissen, daß der Verschollene die Todeserklärung überlebt hat. In diesem Fall ist die neue Ehe nichtig. — Im übrigen kann jeder der neuen Ehegatten, wenn er gutgläubig war, die neue Ehe anfechten.

V. Titel. **Wirkungen der Ehe im allgemeinen** (§§ 1353—1362).

Die Ehe verpflichtet zur ehelichen Lebensgemeinschaft; der Mann hat in ehelichen Angelegenheiten die Entscheidung, bestimmt Wohnort und Wohnung; die Frau erhält seinen Namen (§§ 1353 f.); seine Staatsangehörigkeit und seinen Unterstützungswohnsitz. Verletzung der ehelichen Pflichten berechtigt zur Klage auf Herstellung des ehelichen Lebens (ZPO. §§ 606 ff.) und auf Ehescheidung. Durch die Ehe ändert sich die volle Prozeß- und Geschäftsfähigkeit der Frau nicht (ZPO. § 52). Innerhalb ihres häuslichen Wirkungskreises (der sog. Schlüsselgewalt) vertritt die Frau den Mann und verpflichtet ihn unmittelbar; mit Wirkung gegen gutgläubige Dritte kann diese Haftung des Ehemannes nur durch Eintragung in das Güterrechtsregister ausgeschlossen werden (§§ 1357, 1435). — Verträge, durch die sich eine Frau zu persönlichen Leistungen verpflichtet (Lehrerin, Wirtschafterin), kann der Ehemann mit Ermächtigung des VormGer. kündigen (§ 1358). Eheleute sind zum gegenseitigen Unterhalt verpflichtet (§ 1360) jedoch die Frau dem Manne gegenüber nur bei Notdurft; zugunsten der Gläubiger des Mannes wird vermutet, daß die beweglichen Sachen mit Ausnahme der zum Gebrauch der Frau bestimmten dem Ehemann gehören (§ 1362, sog. praesumtio Muciana, KonkO. § 45).

VI. Titel. **Eheliches Güterrecht** (§§ 1363—1563).

Für den Güterstand einer am 1. 1. 00 bestehenden Ehe bleiben die bisherigen Gesetze maßgebend (EG. Art. 200; AG. Art. 61 § 2 und die auf Grund dessen erlassene V. 20. 12. 99 betr. den Güterstand bestehender Ehen GS. 607). — Für die seit dem 1. 1. 00 geschlossenen Ehen tritt das gesetzliche Güterrecht des BGB. (§§ 1363—1425) ein, nach welchem dem Ehemann die Verwaltung und die Nutznießung an dem eingebrachten Vermögen der Frau zusteht. Ist dieses Recht des Ehemannes gesetzlich (z. B. im Falle des § 1364) oder vertraglich ausgeschlossen, so tritt Gütertrennung ein.

Durch Ehevertrag (§ 1434) kann eine Abänderung des gesetzlichen Güterrechts festgesetzt werden.

Das BGB. regelt besonders:

1. Die allgemeine Gütergemeinschaft (§§ 1437—1518 f. u.).
2. Die Errungenschaftsgemeinschaft, bei welcher, was der Mann oder die Frau während der Gemeinschaft erwirbt, gemeinschaftliches Vermögen beider Ehegatten (Gesamtgut) wird (§§ 1519—1548).
3. Die Fahrnisgemeinschaft, bei der ein gemeinschaftliches Eigentum des beweglichen Vermögens und der Errungenschaft besteht (§§ 1549—1557).

I. Der gesetzliche Güterstand.

1. Bei dem gesetzlichen Güterrecht ist zu unterscheiden eingebrachtes und vorbehaltenes Gut der Frau. Zu ersterem gehört

auch das Vermögen, das die Frau während der Ehe (z. B. durch Schenkung, Erbschaft) erwirbt; letzteres zerfällt in das gesetzliche Vorbehaltsgut — die ausschließlich zum Gebrauch bestimmten Sachen und alles, was die Frau durch ihre Arbeit oder durch den selbständigen Betrieb eines Erwerbsgeschäfts erwirbt (§ 1367) — und vertragsmäßiges Vorbehaltsgut (§§ 1368, 1432); außerdem ist Vorbehaltsgut der Erwerb der Frau, bei welchem der Erblasser oder Geschenkgeber ausdrücklich bestimmt haben, daß es Vorbehaltsgut sein solle (§ 1369). Über das Vorbehaltsgut und das, was an seine Stelle tritt (§ 1370), kann die Frau dem Manne gegenüber frei verfügen (§ 1385); dritten gegenüber wirkt die Vorbehaltseigenschaft nur, wenn sie im Güterrechtsregister eingetragen oder ihnen bekannt war (§ 1435).

2. Verwaltung und Nutznießung. a) Rechte und Pflichten des Mannes: Er trägt den ehelichen Aufwand (§ 1389); er ist berechtigt, das eingebrachte Gut in Besitz zu nehmen; ohne Zustimmung der Frau kann er

1. über Geld und andere verbrauchbare Sachen der Frau verfügen,
2. mit ihr gehörigen Forderungen gegen Forderungen der Gläubiger der Frau aufrechnen,
3. eine Verbindlichkeit der Frau durch Leistung des betreffenden eingebrachten Gegenstandes erfüllen (§ 1376);

im übrigen bedarf er, um die Frau durch Rechtsgeschäfte zu verpflichten oder über eingebrachtes Gut zu verfügen, z. B. Kündigung einer Hypothek der Frau (KGer. im „Recht" V, 562), ihrer Zustimmung, die eventuell durch das VormGer. ersetzt wird (§§ 1375, 1379); Gelder hat er mündelsicher anzulegen, mit diesen Erworbenes wird im Zweifel Eigentum der Frau (§§ 1377, 1381). Als Nutznießer trägt er die Kosten der Gewinnung der Nutzungen und die der Erhaltung der eingebrachten Gegenstände, die öffentlichen und privatrechtlichen Lasten, die auf ihnen ruhen, sowie die Kosten der Versicherung (§§ 1384 f.). Außerdem ist er zur Zahlung der Prozeßkosten über ihr Eingebrachtes und der Verteidigungskosten im Strafprozeß verpflichtet (§ 1387). Für alle diese Lasten und Kosten haftet er der Frau, aber auch neben der Frau den Gläubigern als Gesamtschuldner (§ 1389).

b) Rechte der Frau: Bei Gefährdung ihrer Rechte am Eingebrachten kann sie Sicherheitsleistung verlangen, insbesondere, daß ihre Inhaberpapiere bei der Reichsbank mit der Bestimmung niedergelegt werden, daß die Herausgabe nur mit ihrer Zustimmung erfolgen darf (§§ 1391 f.). Über ihr Eingebrachtes kann sie nur mit Einwilligung des Mannes verfügen; verfügt sie ohne diese, so muß die Genehmigung des Mannes eingeholt werden; schweigt er 2 Wochen nach der Aufforderung zur Genehmigung, so gilt dies als Verweigerung (§§ 1397 f.). Führt die Frau einen Prozeß ohne Zustimmung des Mannes, so ist das Urteil dem Manne gegenüber in Ansehung des Eingebrachten unwirksam; er kann einer Zwangsvollstreckung in das Eingebrachte gemäß ZPO. §§ 774, 771 widersprechen; aber auch wenn er dem Prozeß zugestimmt hat, muß wegen Gestattung der Zwangsvollstreckung in das Eingebrachte gegen ihn geklagt werden (ZPO. § 739). In Fällen der Krankheit oder Abwesenheit ist die Genehmignng des Mannes entbehrlich (§ 1401). Handelt es sich um Erledigung persönlicher Angelegenheiten der Frau, so kann sie vom VormGer. ersetzt werden (§ 1402). — Zu Verfügungen in einem Erwerbsgeschäfte, das die Frau mit Einwilligung oder mit Wissen des Mannes selbständig betreibt, bedarf die Frau keiner Zustimmung; ebenso nicht bei den in §§ 1406, 1407 aufgezählten sieben Rechtsgeschäften und Handlungen; in diesen Fällen ist das Urteil auch gegenüber dem Manne wirksam. — Mit der Unkenntnis der Eigenschaft einer Frau als Ehefrau kann sich ein Dritter nicht entschuldigen (§ 1404).

3. Schuldenhaftung. a) Das Vermögen des Mannes haftet für die Schulden des Mannes; für die der Frau nur, soweit sie das Hauswesen (Schlüsselgewalt § 1357) oder die laufenden Lasten und Kosten betreffen (§§ 1385 f.).

b) Das Vorbehaltsgut der Frau haftet unbeschränkt für alle Schulden der Frau (§§ 1365 ff.).

c) Das Eingebrachte: Die Substanz als Eigentum der Frau haftet nicht für Schulden des Mannes (§ 1410); auch die Nutzungen nur in beschränktem Maße (ZPO. § 861). — Es haftet für alle vorehelichen, für die durch Gesetz begründeten oder aus unerlaubten Handlungen herrührenden Schulden der Frau, wegen aller ehelichen mit Zustimmung des Ehemannes durch Rechtsgeschäft gemachten Schulden der Frau und für alle Prozeßkosten, auch wenn das Urteil dem Mann gegenüber nicht wirksam ist (§ 1412). —

Die bloße Zustimmung des Mannes begründet niemals seine persönliche Haftung, er hat dann nur die Zwangsvollstreckung in das Eingebrachte zu dulden (ZPO. § 739).

4. Beendigung der Verwaltung und der Nutznießung (§§ 1418—1425) tritt ein mit Auflösung der Ehe (Tod, Scheidung); Rechtskraft des Urteils, das auf Antrag der Frau die Aufhebung bestimmt; Konkurseröffnung über das Vermögen des Mannes; Todeserklärung des Mannes; durch Bestimmung im Ehevertrag (nicht durch bloßen Verzicht des Mannes, der ja auch Pflichten übernimmt § 1374). Die Klage auf Aufhebung ist der Frau in fünf Fällen gegeben (§ 1418). Nach Beendigung hat der Mann das Eingebrachte an die Frau herauszugeben und ihr Rechenschaft zu legen (§ 1421); es tritt

5. Gütertrennung (§§ 1426—1431) ein. In diesem Fall stehen sich beide Vermögen als tatsächlich und rechtlich getrennte Massen gegenüber; die Frau hat die Stellung wie eine unverheiratete Frau. Abgesehen von der Festsetzung durch Ehevertrag tritt sie kraft Gesetzes ein:

a) als Strafe für den Ehemann, der ohne Einwilligung des gesetzlichen Vertreters der beschränkt geschäftsfähigen Frau diese geheiratet hat (§ 1364);

b) wenn das zwischen den Eheleuten bestehende Güterrecht anders als durch Ehevertrag oder Auflösung der Ehe endet;

c) wenn durch Ehevertrag die ehemännliche Verwaltung und Nutznießung ausgeschlossen ist (§ 1436);

d) wenn die durch Urteil aufgehobene eheliche Gemeinschaft nachträglich wiederhergestellt wird (§ 1587).

Sie wirkt Dritten gegenüber nur, wenn sie im Güterrechtsregister eingetragen oder ihnen bekannt war (§ 1431).

II. Vertragsmäßiges Güterrecht.

1. Allgemeine Vorschriften (§§ 1432—1436): Eheverträge müssen bei gleichzeitiger Anwesenheit beider Teile vor Gericht oder Notar geschlossen werden (§ 1434, FrwG. Art. 31, 40; PreußFrwG. Art. 31 f.); eine öffentliche Bekanntmachung erfolgt nicht mehr; aber die Ausschließung oder Änderung des ehemännlichen Verwaltungs- und Nutznießungsrechts wirkt gegen gutgläubige Dritte nur, wenn sie im Güterrechtsregister eingetragen war.

2. Allgemeine Gütergemeinschaft (§§ 1437—1518): Das Vermögen und der Erwerb des Mannes sowie das der Frau werden ein gemeinschaftliches (Gesamtgut) ohne besondere Übertragung. Daneben bilden die durch Rechtsgeschäft nicht übertragbaren Gegenstände (Lehen, Fideikommißgut, höchstpersönliche Rechte, z. B. Nießbrauch (Invalidenrentenanspruch RG. 13. 7. 99 § 40) das Sondergut und die durch Vertrag (aber nur durch Vertrag) vorbehaltenen Gegenstände das Vorbehaltsgut eines Ehegatten.

a) Rechte des Mannes. Er hat die Verwaltungs-, Verfügungs- und (auch prozessuale) Vertretungsbefugnis bezüglich des Gesamtguts; er bedarf aber der Einwilligung der Frau

1. zur Verfügung über das Gesamtgut im ganzen (§ 1444);
2. zur Verfügung über ein Grundstück, seine Belastung usw. (§ 1445);
3. zu Schenkungen aus dem Gesamtgut und zu Schenkungsversprechen (§ 1446).

b) Rechte der Frau. Sie kann bei Verletzung ihrer Rechte ohne Mitwirkung des Mannes direkt gegen Dritte klagen (§ 1449); vertritt den Mann bei Krankheit und Abwesenheit (§ 1450); sie ist selbständig berechtigt, Erbschaften und Vermächtnisse anzunehmen oder auszuschlagen (§ 1453); ebenso ist sie als Handels- und Gewerbefrau selbständig (§§ 1452, 1405).

c) Schuldenhaftung. Im allgemeinen sind alle Schulden der Eheleute Gesamtgutsverbindlichkeiten; daneben haftet der Ehemann noch persönlich als Gesamtschuldner für Schulden seiner Frau, die Gesamtgutsverbindlichkeiten sind (§ 1459); einseitige Schulden der Frau sind nur die ohne die notwendige Zustimmung des Mannes und die auf ihr Vorbehaltsgut eingegangenen Verbindlichkeiten (§§ 1460, 1462). Bei Eröffnung des Konkurses über das Vermögen des Mannes fällt das Gesamtgut in die Konkursmasse; Konkurs über das Vermögen der Frau berührt das Gesamtgut nicht (KonkO. § 2).

d) Beendigung erfolgt durch Auflösung der Ehe, durch Ehevertrag und durch Aufhebung infolge Urteils, das die Frau gegen den Mann in den fünf Fällen des § 1468 und der Mann gegen die Frau wegen Überschuldung beantragen kann (§ 1469). In diesem Fall hat die Auseinandersetzung gemäß §§ 1471—1481 zu erfolgen.

e) Fortgesetzte Gütergemeinschaft tritt dann ein, wenn nach dem Tode des einen Ehegatten gemeinschaftliche Abkömmlinge vorhanden sind (§§ 1483—1518).

3. Die Errungenschaftsgemeinschaft wird in den §§ 1519 bis 1549,

4. die Fahrnisgemeinschaft in den §§ 1549—1557 abgehandelt.

III. Das Güterrechtsregister (§§ 1558—1563) wird beim Amtsgericht geführt (über seine Einrichtung s. FrwG. §§ 161; 162; Allg. V. 6. 11. 99 Nr. III JMBl. 299). Die Eintragungen erfolgen beim

AGer. des Wohnsitzes des Ehemannes und müssen bei Verlegung des Wohnsitzes wiederholt werden.

VII. Titel. Scheidung der Ehe (§§ 1564—1587).

Scheidung ist zulässig:

1. wegen Ehebruchs (Begriff RGer. in JW. 02 Beil. 215) oder eines gemäß §§ 171, 174 StrGB. strafbaren Sittlichkeitsvergehens, wenn der andere Ehegatte nicht zugestimmt oder teilgenommen hat (§ 1565),
2. wegen Lebensnachstellung (§ 1566),
3. wegen böswilliger Verlassung (§ 1567),
4. wegen schwerer Verletzung der ehelichen Pflichten oder ehrlosen oder unsittlichen Verhaltens, so daß dem anderen Ehegatten eine Fortsetzung der zerrütteten Ehe nicht zugemutet werden kann (§ 1568), z. B. Trunksucht (JW. 06, 140); schwere Beleidigungen (JW. 01, 203; 06, 389),
5. wegen dreijähriger unheilbarer Geisteskrankheit (§ 1569) und dadurch bewirkter Aufhebung der geistigen Gemeinschaft zwischen den Eheleuten (hierüber JW. 01, 297).

Die Scheidungsklage (ZPO. § 606 ff.) muß innerhalb sechs Monaten nach Kenntnis von dem Scheidungsgrund erhoben werden. Das Gericht kann die Aussetzung des Verfahrens anordnen (§ 620 ZPO. MV. 22. 1. 10 JMBl. 15). Statt auf Scheidung kann auf Aufhebung der ehelichen Gemeinschaft geklagt werden; die Folgen sind dieselben wie bei der Scheidung, nur ist Wiederverheiratung ausgeschlossen (§§ 1575, 1586); jeder Ehegatte kann aber die Scheidung verlangen. Im Urteil ist der Beklagte oder beide Teile für schuldig an der Scheidung auszusprechen, was Folgen für die Unterhaltspflicht (§§ 1578—1582), Namensführung (§ 1577), Überlassung der Kinder (§§ 1635 f.) hat.

VIII. Titel (§ 1588).

Die kirchlichen Verpflichtungen in Ansehung der Ehe werden durch das BGB. nicht berührt (s. o. S. 118), ferner AV. 27. 8. 79 JMBl. 260; 23. 6. 03 JMBl. 136; 31. 8. 04 JMBl. 240, betr. Benachrichtigung der evangelischen und katholischen Geistlichen und der Rabbiner von der Ansetzung von Sühneterminen.

Zweiter Abschnitt. Verwandtschaft (§§ 1591—1772).

I. Titel. Allgemeine Vorschriften.

In gerader Linie verwandt ist, wer von einander abstammt, in der Seitenlinie, wer von derselben dritten Person abstammt, ohne in gerader Linie verwandt zu sein. Der Grad der Verwandtschaft bestimmt sich nach der Zahl der sie vermittelnden Geburten (z. B. Vettern: 4. Grad). Ein uneheliches Kind und sein Vater sind nicht verwandt. Verschwägert ist ein Ehegatte mit den Verwandten des andern; die Schwägerschaft besteht auch nach Auflösung der Ehe fort (§§ 1589 f.).

II. Titel. Eheliche Abstammung (§§ 1591—1600).

Als eheliches Kind gilt jedes nach Eingehung der Ehe geborene Kind, wenn die Frau es vor oder während der Ehe empfangen und der Mann innerhalb der Empfängniszeit (dem 181. bis zum 302. Tage einschließlich vor der Geburt) der Frau beigewohnt hat. Für die Beiwohnung des Ehemannes spricht die Vermutung. Die Ehelichkeit kann in diesem Fall nur vom Ehemann durch Klage gegen das Kind angefochten werden und zwar nur binnen Jahresfrist vom Zeitpunkt der Kenntnis der Geburt. (Wegen Anmeldung der Geburt beim Standesamt innerhalb einer Woche, totgeborener am nächsten Tage; Beweiskraft des Geburtsregisters s. PersonenstandsG. 6. 2. 75 §§ 17 ff., 15[1]). Bei Wiederverheiratung der Frau gilt ein vor dem 270. Tage nach Auflösung der ersten Ehe geborenes Kind als Kind des ersten Mannes (§ 1600).

III. Titel. Unterhaltspflicht (§§ 1601—1615)

besteht zwischen Verwandten in gerader Linie (nicht zwischen Geschwistern; das Verhältnis der Armenverbände zu den Verwandten ist im UnterstützungswohnsitzG. $\frac{6.\ 6.\ 1870}{30.\ 5.\ 1908}$ § 62 geregelt und vom BGB. nicht berührt EG. Art. 103). Der eine Teil muß außerstande sein sich selbst zu unterhalten, der andere ohne Gefährdung seines standesmäßigen Unterhalts in der Lage sein, Unterhalt (und zwar standesgemäßen, bei schuldhafter Verarmung oder Verfehlung notdürftigen §§ 1610 f.) zu gewähren; Eltern haben indes für ihre minderjährigen, unverheirateten Kinder alle verfügbaren Mittel zu ihrem und der Kinder Unterhalt gleichmäßig zu verwenden. Der Unterhalt ist in der Regel durch Entrichtung einer Geldrente zu leisten. Gegenüber dem Anspruch auf Unterhalt fallen die Pfändungsbeschränkungen bezüglich des Diensteinkommens (ZPO. § 850 Abs. 4); des Dienstlohns (G. 21. 6. 69) usw. (s. o. § 400) fort. Tod des Berechtigten oder des Verpflichteten endet den Anspruch, doch hat der Verpflichtete die von den Erben nicht zu erlangenden Beerdigungskosten zu tragen (§ 1615).

IV. Titel. Rechtliche Stellung der ehelichen Kinder.

I. Rechtsverhältnis zwischen den Eltern und dem Kinde im allgemeinen (§§ 1616—1625). Das Kind erhält den Familiennamen des Vaters; es hat während der Zugehörigkeit zum elterlichen Hausstand im Hauswesen und im Geschäfte zu helfen. Die Eltern haben der mit ihrer Einwilligung sich verheiratenden Tochter eine Aussteuer (in natura, nicht in Geld) zu geben; eine zur Verheiratung oder Erlangung der Selbständigkeit gegebene Ausstattung gilt nicht als Schenkung, falls sie das übliche Maß nicht übersteigt (§ 1624). Zur Ausstattung besteht keine Pflicht.

II. Das Kind steht, solange es minderjährig ist, unter elterlicher Gewalt (§§ 1626—1683). 1. Die elterliche Gewalt des Vaters umfaßt Recht und Pflicht des Vaters, für die Person und das Ver-

[1] Über Berichtigung des Standesregisters §§ 65, 66 Personenstandsgesetz MB. 31. 1. 04 MBl. 32; 24. 2. 05 MBl. 40. Über Schreibart der Namen: ME. 10. 6. 03 MBl. 137 und (Vornamen) ME. 25. 9. 06 MBl. 273.

mögen des Kindes zu sorgen, d. h. es zu vertreten, zu erziehen, zu beaufsichtigen und seinen Aufenthalt zu bestimmen. Neben dem Vater hat die Mutter die Sorge für die Person des Kindes (Vertretungsbefugnis hat sie nur bei Behinderung §§ 1634, 1685); der schuldige Teil bei geschiedener Ehe muß die Sorge für die Person des Kindes dem anderen Ehegatten überlassen; sind beide Teile schuldig, so steht die Sorge für die Töchter stets der Mutter, ebenso die für Söhne unter 6 Jahren, die für Söhne über 6 Jahren dem Vater zu, der aber seine Vertretungsbefugnis für sämtliche Kinder behält (§ 1635). — Die Vermögensverwaltung durch den Vater kann vom Erblasser oder Schenker ausgeschlossen werden (§ 1638; dann ist für dieses Vermögen ein Pfleger zu bestellen § 1909; die Nutznießuug bleibt dem Vater). In den im § 1643 genannten Fällen, in denen der Vormund die Genehmigung des VormGer. bedarf, hat sie auch der Vater einzuholen. Die Vermögensverwaltung endet durch den Konkurs über das Vermögen des Vaters (§ 1647). Das VermGer. kann sie ihm nach Beendigung des Konkurses wieder übertragen. — Die Nutznießung am Vermögen des Kindes steht dem Vater beim sog. freien Vermögen des Kindes nicht zu; zu diesem gehört:

a) Die ausschließlich zum persönlichen Gebrauch des Kindes bestimmten Sachen (Arbeitsgeräte, Kleider, Bücher);
b) der Erwerb durch ein selbständiges Geschäft (s. § 112);
c) die Zuwendungen, bei denen durch Erblasser oder Schenker die Nutznießung ausgeschlossen ist (§§ 1650, 1651).

Die Nutznießung des Vaters steht der Befriedigung der Gläubiger des Kindes aus dessen Vermögen nicht entgegen (§ 1659); sie endet mit der unter elterlicher Einwilligung erfolgten Verheiratung (§ 1661); der Vater haftet dem Kinde gegenüber nur mit der Sorgfalt, die er in eigenen Angelegenheiten anzuwenden pflegt (§ 1664).

Bei Gefährdung des geistigen oder leiblichen Wohls des Kindes durch den Vater (Mißbrauch der Gewalt, Vernachlässigung des Kindes; ehrloser oder unsittlicher Lebenswandel) hat das VormGer. einzugreifen, insbesondere das Kind zur Erziehung in einer Familie oder Erziehungs- oder Besserungsanstalt unterzubringen (§ 1666). Gemäß Art. 135 EG. haben alle deutschen Bundesstaaten die öffentliche Erziehung verwahrloster und gefährdeter Kinder durch besondere Gesetze über die Zwangs-(Fürsorge-) erziehung geregelt. In Preußen gilt das

G. 2. 7. 00 über die Fürsorgeerziehung Minderjähriger (GS. 264),

Danach kann für Minderjährige unter 18 Jahren die Fürsorgeerziehung angeordnet werden:

1) zur Verhütung der Verwahrlosung, wenn der Fall des § 1666 oder 1838 BGB. vorliegt;

2) zur Verhütung weiterer sittlicher Verwahrlosung nicht strafmündiger Delinquenten;

3) zur Verhütung des völligen sittlichen Verderbens auch ohne Verschulden beim Versagen der normalen Erziehung.

Die Fürsorgeerziehung wird unter Staatsaufsicht von den Provinzialverbänden, in der Provinz Hessen-Nassau von den Bezirksverbänden, den

Kommunalverbänden Lauenburg und Hohenzollern und der Stadt Berlin ausgeführt. Die Kosten der ersten Unterbringung trägt der Ortsarmenverband, die übrigen Kosten des Unterhalts und der Erziehung der Kommunalverband, der hierzu einen Staatszuschuß in Höhe von zwei Dritteln der Kosten erhält (§ 15 d. G.). Die Fürsorgeerziehung endigt, wenn sie nicht vorher durch Beschluß des Kommunalverbandes oder im Falle der Ablehnung des Entlassungsantrages vom Vormundschaftsgericht aufgehoben wird, mit der Minderjährigkeit (§ 13 d. G.); für die in Familien Untergebrachten wird ein Fürsorger bestellt (§ 11 d. G.). AusfBestimmungen 18. 12. 00 MBl. 1901 27 nebst V. 22. 2. 01 MBl. 73, 12. 5. 10 (MBl. 157); AusfV. des Justizministers 6. 2. 01 u. 19. 3. 01 JMBl. 31 u. 73 und zahlreiche Einzelverfügungen.

Im Fall der Gefährdung des Vermögens des Kindes hat der Vorm.-Richter einzuschreiten, der seinerseits dem Kinde bei Pflichtverletzung verantwortlich ist (§§ 1667—1674).

Die elterliche Gewalt ruht, wenn der Vater geschäftsunfähig, in der Geschäftsfähigkeit beschränkt oder durch Abwesenheit an der Ausübung verhindert ist (§§ 1676—1679); sie endigt im besonderen mit der Todeserklärung und durch Verwirkung imfolge von Bestrafung wegen einer an dem Kinde verübten Straftat. Bei Ruhen oder Beendigung ist das Vermögen unter Rechnungslegung dem Kinde herauszugeben (§ 1681).

2. Die elterliche Gewalt der Mutter (§§ 1684—1698) tritt ein, wenn der Vater:

a) gestorben und für tot erklärt ist, b) die elterliche Gewalt verwirkt hat und die Ehe aufgelöst ist.

Während des Ruhens der Gewalt des Vaters übt die Mutter die elterliche Gewalt — aber ohne Nutznießung — aus (§ 1685). Das VormGer. hat der Mutter einen Beistand zu bestellen (§ 1687), wenn 1. der Vater die Bestellung gemäß § 1777 (Benennung eines Vormundes im Testament) angeordnet hat, 2. die Mutter es beantragt, 3. das VormGer. es für nötig erachtet.

Der Beistand soll die Mutter unterstützen und überwachen; für seinen Wirkungskreis ist die Bestellung entscheidend; liegt ihm die Vermögensverwaltung ob, so hat er die Stellung eines Pflegers (§ 1693); im übrigen gelten für ihn die Vorschriften für den Gegenvormund (§ 1694).

Bei Wiederverheiratung endet die elterliche Gewalt der Mutter (§ 1697).

V. Titel. Rechtliche Stellung der Kinder aus nichtigen Ehen (§§ 1699—1704).

Ein Kind aus nichtiger Ehe gilt als ehelich, wenn nicht beide Ehegatten bei der Eheschließung die Nichtigkeit kannten. Gilt es als unehelich, so hat es doch Anspruch auf Unterhalt gegen den Vater, wie ein eheliches Kind. Kannte nur der Vater die Nichtigkeit, so erlangt die Mutter die elterliche Gewalt, kannte sie die Mutter, so hat sie nur die Stellung einer für schuldig erklärten geschiedenen Frau. Ist die Ehe wegen Formmangels nichtig und auch nicht in das Heiratsregister eingetragen, so gelten die Kinder in allen Beziehungen als unehelich.

VI. Titel. Rechtliche Stellung der unehelichen Kinder (§§ 1705—1718).

Das uneheliche Kind tritt in die Familie der Mutter, aber nicht in deren elterliche Gewalt, bedarf also stets eines Vormundes; es erhält den Mädchennamen der Mutter. Der Vater hat ihm bis zum vollendeten 16. Jahre und bei mangelhafter Entwickelung noch darüber hinaus den der Lebensstellung der Mutter entsprechenden Unterhalt in Form einer in Vierteljahrsteilen vorauszahlbaren Rente zu gewähren; die Erben können das Kind mit dem für ein eheliches Kind zu berechnenden Pflichtteil abfinden. Der Mutter sind die Entbindungs- und Sechswochenkosten und der Ersatz etwa noch notwendiger Aufwendungen zu gewähren; dieser Betrag, sowie die erste Vierteljahrsrate sind ev. auf Grund einstweiliger Verfügung (ZPO. § 935 ff.) zur rechtzeitigen Zahlung vor der Geburt zu hinterlegen (§ 1717). Als Vater gilt, wer innerhalb des 181. bis 302. Tage vor der Geburt der Mutter beigewohnt hat; der Einwand, daß auch andere innerhalb der Zeit der Mutter beigewohnt haben, ist unzulässig, wenn die Vaterschaft in einer öffentlichen Urkunde anerkannt ist (§ 1718). Der Ehemann der Mutter kann deren unehelichem Kind mit ihrer beider Zustimmung seinen Namen geben (§ 1706) hierzu MV. 24. 3. 04. MBl. 204. Über Erteilung des Namens des unehelichen Vaters MV. 9. 8. 67 MBl. 246; 20 I 10 MBl. 18.

VII. Titel. Legitimation unehelicher Kinder.

1. Durch nachfolgende Ehe der Eltern. Das Kind erhält die rechtliche Stellung eines ehelichen auch hinsichtlich der Familie des Vaters (§§ 1719—1722; über die Anerkennung vor dem Standesbeamten bei der Geburtsanzeige bzw. der Eheschließung s. AG. Art. 70. über die Erteilung von Geburtsscheinen statt der Auszüge aus dem Geburtsregister für Schulunterrichts- und Konfirmationszwecke, s. MV. 24. II. 05. MBl. 40, nicht aber für die Zwecke der Eheschließung MV. 26. 7. 05. MBl. 130. 4. 11. 09 MBl. 228.

2. Durch Ehelichkeitserklärung mittels Verfügung der Staatsgewalt, bei staatenlosen Deutschen des Reichskanzlers, für Preußen des Justizministers (§§ 1723—1740) Art. 13 f. AusfV. 16. 11. 99 GS. 562; AusfV. des Justizministers 14. 12. 99 JMBl. 784). Handelt es sich um die Gewinnung des Adels, so verfügt der König. Sie begründet nur eine Verwandtschaft zwischen Vater und Kind nebst dessen Abkömmlingen.

VIII. Titel. Annahme an Kindesstatt (§§ 1741—1772)

erfolgt durch einen vom AGer. zu bestätigenden gerichtlichen oder notariellen Vertrag (FrwG. § 65 ff.), bei dem der Annehmende das 50. Lebensjahr vollendet haben und 18 Jahre älter sein muß als das Kind (Dispens durch den Justizminister V. 16. 11. 99 Art. 14) und keine ehelichen Abkömmlinge haben darf. Auch weibliche Personen können adoptieren: ein Ehegatte aber nur mit Einwilligung des anderen, falls sie nicht das Kind gemeinschaftlich annehmen. Das Kind erhält die rechtliche Stellung eines ehelichen Kindes und den Familiennamen des Annehmenden (oder den Mädchennamen der Frau), dem es seinen früheren Namen zufügen darf; ein Erbrecht für den Annehmenden wird nicht begründet (das Kind erhält das volle Erbrecht eines ehelichen Kindes), wohl aber tritt das Kind in seine elterliche Gewalt und erwirbt ein Recht auf Unterhalt (§ 1766); im übrigen bleibt sein Verhältnis zu seiner Familie unberührt und es tritt in kein Verwandtschaftsverhältnis zum Ehegatten oder der Familie des Annehmenden (§ 1763 f.). Die Aufhebung durch Vertrag erfolgt in derselben Weise wie die Annahme (§§ 1768—1772). Nichtig ist der Annahmevertrag, wenn er nicht der Begründung eines familienrechtlichen Verhältnisses sondern nur die Übertragung des Namens zum Zweck hat (s. oben S. 3 bei § 12.

Dritter Abschnitt. Vormundschaft (§§ 1773—1921).

Das BGB. behandelt das gesamte materielle Vormundschaftsrecht, während die formelle Behandlung der den AGer. zugewiesenen Vorm.-Sachen im FrwG. 17. 5. 98 (§§ 35—64; vgl. dazu Pr. FrwG. 21. 9. 99) geregelt ist.

I. Titel. Vormundschaft über Minderjährige (§§ 1773—1895).

1. **Anordnung der Vormundschaft** (§§ 1773—1792). Ein Minderjähriger erhält einen Vormund, wenn er nicht unter elterlicher Gewalt steht, oder wenn die Eltern weder in den die Person noch in den das Vermögen betreffenden Angelegenheiten zur Vertretung des Minderjährigen berechtigt sind; ferner auch dann, wenn sein Familienstand nicht zu ermitteln ist (z. B. Findelkinder). Der Vormund wird stets vom Vorm.-Ger. bestellt mit Ausnahme des nach EG. Art. 136 zulässigen Falls der sog. gesetzlichen Vormundschaft des Vorstandes einer staatlichen oder kommunalen Erziehungs- oder Verpflegungsanstalt und des für alle durch öffentliche Armenpflege unterstützten Minderjährigen gegebenen Falles bestellten Beamten der Armenverwaltung (in Preußen: AG. Art. 78 §§ 1—4); wegen der Anzeigepflicht der Standesbeamten s. V. 30. 11. 99 MBl. S. 228; 27. I. 04 MBl. 30.

Die Vormundschaft wird unentgeltlich geführt. Ersatz für Aufwendungen kann nach den Regeln des Auftrages (§ 669 BGB.) verlangt werden. Das VormGer. kann eine angemessene Vergütung bewilligen (§ 1836).

Man unterscheidet: a) berufene Vormünder.

Als Vormünder sind der Reihe nach berufen: 1. wer vom Vater (der zur Zeit des Todes die elterliche Gewalt haben muß) in letztwilliger Verfügung; 2. wer von der Mutter in gleicher Weise benannt ist; 3. der Großvater des Mündels väterlicher Seite und 4. der mütterlicher Seite (für ein uneheliches Kind also nur dieser).

Für eine Ehefrau darf der Ehemann an erster Stelle, für ein uneheliches Kind die Mutter vor dem Großvater berufen werden. Im übrigen dürfen sie ohne ihre Zustimmung nur aus den in den §§ 1780—1784 genannten Fällen übergangen werden und keinen Mitvormund erhalten (§ 1778).

b) Vom Waisenrat vorgeschlagene Vormünder:

Mangels eines Berufenen ist nach Anhörung des Waisenrats ein geeigneter Vormund unter Berücksichtigung der Religion des Mündels zu wählen, und zwar zunächst aus den Verwandten und Verschwägerten des Mündels (§ 1779).

Unfähig ist, wer geschäftsunfähig (§ 104) oder wegen Geistesschwäche, Verschwendung oder Trunksucht entmündigt ist (§ 6). (§ 1780). Die Gründe der Untauglichkeit zählen §§ 1781—1784 auf.

Es sollen nicht bestellt werden: 1. Minderjährige und vorläufig Bevormundete (§ 1906); 2. wer einen Pfleger gemäß § 1910 erhalten hat; 3. Gemeinschuldner während des Konkurses; 4. mit Verlust der bürgerlichen Ehrenrechte Bestrafte (s. StrGB. § 34 Nr. 6, § 36) (§ 1781); 5. von den Eltern in letztwilliger Verfügung Ausgeschlossene (§ 1782); 6. Ehefrauen ohne Zustimmung des Ehemanns (§ 1783); 7. Beamte und Religionsdiener ohne die für sie vorgeschriebene Erlaubnis (für die preuß. Beamten, Art. 72 AG. z. BGB.; das gleiche gilt für die Reichsbeamten in Preußen nach § 19 RBG. 18. 5. 07 und für die Militärbeamten und -personen nach RMilG. 2. 5. 74 § 41 RGBl. 45). Bei Versagung oder Zurücknahme der Erlaubnis ist der Beamte als Vormund zu entlassen (§ 1888; auch zur Annahme des Amts als Waisenrat bedarf er der Erlaubnis Erl. d. FinMin. 19. 2. 76).

Die Pflicht zur Übernahme der Vormundschaft besteht für jeden Deutschen als allgemeine Staatsbürgerpflicht. Die grundlose Ablehnung macht schadenersatzpflichtig (§ 1787); auch kann das VormGer. durch dreimalige Ordnungsstrafe von höchstens je 300 M. zur Annahme anhalten (§ 1788).

Die Ablehnungsgründe enthält § 1786.

Die Übernahme der Vormundschaft kann ablehnen 1. eine Frau; 2. wer das sechzigste Lebensjahr vollendet hat; 3. wer mehr als vier minderjährige eheliche Kinder hat; ein von einem anderen an Kindesstatt angenommenes Kind wird nicht gerechnet; 4. wer durch Krankheit oder durch Gebrechen verhindert ist, die Vormundschaft ordnungsmäßig zu führen; 5. wer wegen Entfernung seines Wohnsitzes von dem Sitze des Vormundschaftsgerichts die Vormundschaft nicht ohne besondere Belästigung führen kann; 6. wer nach § 1844 zur Sicherheitsleistung angehalten wird; 7. wer mit einem anderen zur gemeinschaftlichen Führung der Vormundschaft bestellt werden soll; 8. wer mehr als eine Vormundschaft oder Pflegschaft führt; die Vormundschaft oder Pflegschaft über mehrere Geschwister gilt nur als eine; die Führung von zwei Gegenvormundschaften steht der Führung einer Vormundschaft gleich.

Das Ablehnungsrecht erlischt, wenn es nicht vor der Bestellung bei dem Vormundschaftsgerichte geltend gemacht wird.

Der Vormund wird durch das VormGer. mittels Handschlags an Eidesstatt (keine wesentliche Form!) zu treuer und gewissenhafter Führung der Vormundschaft bestellt und erhält als Ausweis eine Bestallung (§§ 1789—1792).

Ein Gegenvormund soll neben dem Vormund bestellt werden, wenn eine erhebliche Vermögensverwaltung vorhanden ist (§ 1792). Er hat darauf zu achten, daß der Vormund pflichtmäßig handelt (§ 1799).

2. **Führung der Vormundschaft** (§§ 1793—1836).

Der Vormund hat das Recht und die Pflicht, für die Person und das Vermögen des Mündels zu sorgen, insbesondere den Mündel zu vertreten (§ 1793). Die Vertretungsmacht fällt fort, soweit ein Pfleger bestellt ist, und bei Interessenkollision (§ 1794 f.). Mehrere Vormünder führen ihr Amt gemeinschaftlich; bei Meinungsverschiedenheiten entscheidet das VormGer., das auch die Verwaltung teilen kann (§ 1797 f.).

A. Die Sorge für die Person des Mündels bestimmt sich nach den Vorschriften über die elterliche Gewalt (§§ 1631—1633); bei verschiedenem Religionsbekenntnis kann die religiöse Erziehung dem Vormund entzogen werden (§ 1800 f.).

B. Die Sorge für das Vermögen des Mündels.

a) Der Vormund hat ein Vermögensverzeichnis dem VormGer. einzureichen (§ 1802); er hat die Anordnungen des Erblassers oder Geschenkgebers zu befolgen (§ 1803); darf keine Schenkungen außer den üblichen machen (§ 1804); von dem Vermögen nichts für sich verwenden (§ 1805), (andernfalls hat er es zu verzinsen (§ 1834), allen Schaden zu ersetzen (§ 1833) und macht sich strafbar nach StrGB. § 266); er hat das Geld verzinslich in mündelsicheren Werten anzulegen (§ 1806).

Mündelsicher sind nach § 1807 BGB. in Verbindung mit den preußischen Ausführungsbestimmungen in Preußen:

1. sichere Hypotheken, Grundschulden oder Rentenschulden an inländischen Grundstücken (wenn sie innerhalb des 15- bzw. 20fachen des Grundsteuerreinertrages oder bei ländlichen Grundstücken innerhalb 2/3, bei städtischen innerhalb 1/2 der Taxe eines öffentlichen Instituts zu stehen kommen s. AG. Art. 73 § 1 u. 2; wegen der gerichtlichen Taxe AGO. Teil II tit. 6);

2. Schuldverschreibungen des Reichs und der Bundesstaaten und die in das Reichs- oder Staatsschuldbuch eingetragenen Forderungen;

3. verbriefte Forderungen, deren Verzinsung Reich oder Bundesstaat gewährleistet;

4. vom Bundesrat für mündelsicher erklärte Wertpapiere, insbesondere Pfandbriefe und Kommunalanleihen;

5. Sparkassenbücher einer öffentlichen Sparkasse, die durch den Regierungspräsidenten im Einvernehmen mit dem Landgerichtspräsidenten für geeignet erklärt ist (AG. Art. 75);

6. nach EG. Art. 212 u. AG. Art. 74: a) Rentenbriefe der Rentenbanken; b) Schuldverschreibungen einer deutschen kommunalen Körperschaft bzw. ihrer Kreditanstalt oder einer Kirchengemeinde bzw. kirchlichen Verbandes, sofern sie amortisiert werden oder von den Inhabern kündbar sind; c) die mit staatlicher Genehmigung ausgegebenen Pfandbriefe öffentlicher Kreditanstalten; d) die auf den Inhaber lautenden Schuldverschreibungen einer preußischen Hypothekenaktienbank, ausgegeben auf Grund von Darlehen an preußische Körperschaften des öffentlichen Rechts.

Kann die Anlegung so nicht erfolgen, so ist das bare Geld bei der Reichsbank (die gemäß Bek. 3. 12. 78 keine Zinsen zahlt), einer Staatsbank oder bei einer durch Landesgesetz für geeignet erklärten Bank (s. die im AG. Art. 76 genannten Banken; die ordentlichen Hinterlegungsstellen des G. 14. 3. 79 nehmen bares Geld von Mündeln nicht an) anzulegen (§ 1808); in diesem Falle und bei Einzahlung in eine Sparkasse ist zu bestimmen, daß zur Erhebung des Geldes Gegenvormund oder VormGer. zustimmen muß (vom Bundesrat sind für geeignet erklärt die in der Bek. 7. 7. 01 RGBl. 263 gekennzeichneten verbrieften Forderungen gegen eine inländische kommunale Körperschaft oder deren Kreditanstalt).

b) Die Genehmigung des Gegenvormundes ist erforderlich zu allen Verfügungen über Forderungen, Rechte auf Leistung und Wertpapiere, ausgenommen zur Annahme einer geschuldeten Leistung in den in § 1813 genannten fünf Fällen; die Genehmigung wird durch die des VormGer. ersetzt (§ 1812 f.).

c) Hinterlegung. Die Inhaberpapiere und die mit Blanko-

Indossament versehenen Orderpapiere müssen nebst den Erneuerungsscheinen (Talons; nicht mit den Zinsscheinen, Kupons) bei der Reichsbank oder einer Hinterlegungsstelle (solche sind die Reg.-Hauptkassen usw. gemäß HinterlegungsO. s. V. 15. 12. 99 MBl. 5 und die besonders hierzu gemäß AG. Art. 85 durch Erlaß 17. 12. 99 bestimmten Anstalten[1]) hinterlegt werden. Eine Außerkurssetzung der Papiere findet nicht mehr statt (EG. Art. 176); dagegen können Inhaberpapiere statt hinterlegt auf den Namen des Mündels umgeschrieben (§ 806) oder durch Eintragung in das Reichs- oder Staatsschuldbuch (s. S. 22) sicher gestellt werden. Das VormGer. kann für die Hinterlegung erleichternde oder noch weiter gehende Vorschriften erlassen (§ 1817 f.).

d) Genehmigung des Vormundschaftsgerichts. Außer den Fällen der Verfügung über ein hinterlegtes Vermögensobjekt (§ 1819) und nach Umwandlung in ein Namenspapier oder Buchforderung (§ 1820) bedarf der Vormund der Genehmigung des VormGer.:

1. zur Verfügung über ein Grundstück (auch zur Belastung mit Hypotheken, Grund- und Rentenschulden KGer. in Rechtspr. der OLG. 5, 404) oder über ein Recht an einem Grundstücke; eine Verfügung über eine bereits bestehende Hypothek usw. fällt darunter nicht (§ 1821 Abs. 2);

2. zur Verfügung über eine Forderung, die auf Übertragung des Eigentums an einem Grundstück oder auf Begründung oder Übertragung eines Rechtes an einem Grundstück oder auf Befreiung eines Grundstücks von einem solchen Rechte gerichtet ist;

3. zur Eingehung der Verpflichtung zu einer der in Nr. 1, 2 bezeichneten Verfügungen;

4. zu einem Vertrage, der auf den entgeltlichen Erwerb eines Grundstücks oder eines Rechtes an einem Grundstücke gerichtet ist (§ 1821),

und ferner gemäß § 1822:

1. zu einem Rechtsgeschäfte, durch das der Mündel zu einer Verfügung über sein Vermögen im ganzen oder über eine ihm angefallene Erbschaft oder über seinen künftigen gesetzlichen Erbteil oder seinen künftigen Pflichtteil verpflichtet wird, sowie zu einer Verfügung über den Anteil des Mündels an einer Erbschaft;

2. zur Ausschlagung einer Erbschaft oder eines Vermächtnisses, zum Verzicht auf einen Pflichtteil sowie zu einem Erbteilungsvertrage;

3. zu einem Vertrage, der auf den entgeltlichen Erwerb oder die Veräußerung eines Erwerbsgeschäfts gerichtet ist sowie zu einem Gesellschaftsvertrage, der zum Betrieb eines Erwerbsgeschäfts eingegangen wird;

4. zu einem Pachtvertrag über ein Landgut oder einen gewerblichen Betrieb;

5. zu einem Miet- oder Pachtvertrag oder einem Vertrage, durch den der Mündel zu wiederkehrenden Leistungen verpflichtet wird, wenn das Vertragsverhältnis länger als ein Jahr nach der Vollendung des 21. Lebensjahrs des Mündels fortdauern soll;

6. zu einem Lehrvertrage, der für längere Zeit als ein Jahr geschlossen wird (s. GewO. § 126 ff.; HGB. § 76 f.);

7. zu einem auf die Eingehung eines Dienst- oder Arbeitsverhältnisses gerichteten Vertrage, wenn der Mündel zu persönlichen Leistungen für längere Zeit als ein Jahr verpflichtet werden soll;

8. zur Aufnahme von Geld auf den Kredit des Mündels;

9. zur Ausstellung einer Schuldverschreibung auf den Inhaber oder zur Ein-

[1]) In Berlin (außer der Reichsbank und der Kasse der Ministerial-, Militär- und Baukommission) die Seehandlung, Preuß. Zentralgenossenschafts- und die Kur- und Neumärkische Ritterschaftliche Darlehnskasse.

gehung einer Verbindlichkeit aus einem Wechsel oder einem anderen Papiere, das durch Indossament übertragen werden kann;

10. zur Übernahme einer fremden Verbindlichkeit, insbesondere zur Eingehung einer Bürgschaft;

11. zur Erteilung einer Prokura;

12. zu einem Vergleich oder einem Schiedsvertrag, es sei denn, daß der Gegenstand des Streites oder der Ungewißheit in Geld schätzbar ist und den Wert von 300 Mk. nicht übersteigt;

13. zu einem Rechtsgeschäfte, durch das die für eine Forderung des Mündels bestehende Sicherheit aufgehoben oder gemindert wird.

Die Genehmigung kann nur gegenüber dem Vormunde erteilt, in Ansehung der zu 8—10 genannten Gegenstände kann er vom VormGer. allgemein ermächtigt werden (§§ 1828, 1825). Ein ohne Genehmigung des VormGer. oder Gegenvormunds abgeschlossener Vertrag bedarf der nachträglichen Genehmigung des Gerichts oder des volljährig gewordenen Mündels, es gelten ähnliche Vorschriften, wie nach § 109 s. oben S. 9, 10; ein einseitiges Rechtsgeschäft ist ohne die Genehmigung unwirksam (§§ 1829 bis 1832).

Vormund und Gegenvormund sind dem Mündel für den von ihnen verschuldeten Schaden verantwortlich; verwenden sie Geld des Mündels für sich, so haben sie es (mit 4% § 246) zu verzinsen (§§ 1833 f.; StrGB. § 266 Untreue).

Der Vormund muß alljährlich (längstens 3jährig) dem VormGer. Rechnung legen (§§ 1841—1843). Das Gericht kann von ihm Sicherheitsleistung (§ 1844) verlangen; er kann aber dann das Amt ablehnen (§§ 1786, 6).

3. **Fürsorge und Aufsicht des VormGerichts** (§§ 1837—1848).

Das VormGer. hat die Aufsicht über die gesamte Tätigkeit des Vormundes und Gegenvormundes (Auskunftspflicht des Vorm. und Gegenv. § 1839; Sicherheitsleistung). Ordnungsstrafrecht des VormGer bis 300 Mk. (§ 1837). Anordnung der Zwangserziehung nach § 1838 oder der Fürsorgeerziehung nach § 1 Abs. 1 Ges. 2. 7. 00 s. oben S. 125.

Vor einer Entscheidung hat es tunlich Verwandte oder Verschwägerte des Mündels anzuhören; verletzt der VormRichter vorsätzlich oder fahrlässig seine Pflichten, so haftet er dem Mündel (§§ 1848, 839 Abs. 1, 3). Wegen der Haftung des Staates s. Beamtenrecht.

4. **Mitwirkung des Gemeindewaisenrats** (§§ 1649—1651).

Für jede Gemeinde oder örtlich abzugrenzende Gemeindeteile sind ein oder mehrere Gemeindemitglieder als Gemeindewaisenrat zu bestellen; das Amt ist ein unentgeltliches Gemeindeamt; doch können die Verrichtungen auch besonderen Abteilungen oder bestehenden Organen der Gemeindeverwaltung übertragen werden. Zur Unterstützung können Frauen als Waisenpflegerinnen bestellt werden (AG. Art. 77 §§ 1—2).

Der Gemeindewaisenrat überwacht die Erziehung und körperliche Pflege der in seinem Bezirk befindlichen Mündel, hat auch in Fällen der Vermögensgefährdung Anzeige zu machen. Er schlägt die Vormünder, Pfleger, Beistände vor und macht von der Notwendigkeit der Bestellung dem VormGer. Anzeige (§ 1849; FrwG. § 49).

Das VormGer. hat dem Waisenrat von der Anordnung der Vor=

mundschaft und der Bestellung des Vormundes und Gegenvormundes sowie deren Wechsel Mitteilung zu machen; anderseits hat der Waisenrat die Mitteilung des Vormundes, daß der Aufenthalt des Mündels in einen anderen Bezirk verlegt ist, dem Gemeindewaisenrat des neuen Bezirks zu übermitteln.

Die Tätigkeit des GWR. betreffen d. Verf. des JM. 25. 1. 06 JMBl. 24 (Frauen als Vormünder) 28. 5. 06, MBl. 204; 15. 11. 09, MBl. 228.

5. **Befreite Vormundschaft** (§§ 1852—1857). Der vom Vater oder der ehelichen Mutter gemäß §§ 1776f. benannte Vormund kann befreit werden von der Mitwirkung des Gegenvormundes, der Hinterlegungspflicht, der Rechnungslegung (statt dessen: Vermögensübersicht alle 2 – 5 Jahre § 1854). Nicht befreit werden kann der Vormund von der Einreichung des Inventars (§ 1802) und der Schlußrechnung (§ 1890); das VormGer. kann im Interesse des Mündels die Befreiung aufheben (§ 1857).

6. **Familienrat** (§§ 1858—1881). Der (aus dem französischen Recht stammende) Familienrat ersetzt das VormGer. (§ 1872). Er soll vom VormGer. eingesetzt werden

a) wenn es der Vater oder die eheliche Mutter angeordnet haben (§ 1858),

b) wenn es ein Verwandter, Verschwägerter, der Vormund oder Gegenvormund beantragt und das VormGer. die Einsetzung für angemessen erachtet (§ 1859).

Die Einsetzung unterbleibt, wenn der Vater oder die eheliche Mutter sie untersagt hat oder wenn die erforderliche Anzahl geeigneter Mitglieder nicht vorhanden ist (§§ 1858, 1859).

Der Familienrat besteht aus dem VormRichter als Vorsitzendem, der in Eilfällen vorläufig allein handeln darf (§ 1876), und aus zwei bis sechs Mitgliedern, die durch die Eltern berufen, andernfalls durch das VormGer. soweit ausgewählt werden, daß eine Beschlußfähigkeit (Vorsitzender und zwei Mitglieder § 1874) möglich ist. Weitere Mitglieder und die Ersatzmitglieder wählt der Familienrat (§§ 1860—1864).

Unfähig zum Mitglied sind Geschäftsunfähige und wegen Geistesschwäche, Verschwendung oder Trunksucht Entmündigte (§ 1865).

Untauglich ist der Vormund, der zum Vormund Untaugliche (§§ 1781, 1782) und der von den Eltern Ausgeschlossene. In der Regel sollen nur Verwandte und Verschwägerte des Mündels Mitglieder werden; Frauen sind nicht ausgeschlossen; eine Verpflichtung zur Ubernahme des Amtes besteht nicht (§§ 1866 – 1869). Die Mitglieder werden wie Vormünder verpflichtet und haften dem Mündel wie der VormRichter (§§ 1870, 1872). Entlassung gegen den Willen durch das Landgericht (§ 1878).

Der Familienrat wird vom Vorsitzenden einberufen; dies muß auf Antrag von zwei Mitgliedern, des Vormundes oder Gegenvormundes geschehen. Ausbleibende, unentschuldigte Mitglieder sind in die dadurch entstandenen Kosten zu verurteilen; außerdem hat der VormRichter das Recht, Ordnungsstrafen bis zu 100 Mk. zu verhängen. Abstimmung § 1874.

Die Aufhebung des Familienrats erfolgt durch das VormGer., wenn dauernde Beschlußunfähigkeit vorhanden oder der Fall eingetreten ist, für welchen der Vater oder die Mutter die Aufhebung angeordnet hatte (§§ 1879, 1880).

7. **Beendigung der Vormundschaft.** Die Vormundschaft als solche endet, außer beim Tode des Mündels, wenn die Voraussetzungen des § 1773 wegfallen, also ein Kind volljährig wird oder die Eltern die Vertretung für die Person oder das Vermögen des Mündels (wieder) erhalten oder das Findelkind durch Bekanntwerden seines Familienstandes in die elterliche Gewalt tritt (§ 1882) sowie ferner bei Todeserklärung des Mündels mit Erlassung des Urteils (§ 1884). Für den Fall der Legitimation durch nachfolgende Ehe (§ 1719 ff.) bedarf es aber noch der besonderen Anordnung der Aufhebung durch das VormGer. oder eines die Vaterschaft feststellenden rechtskräftigen Urteils (§ 1883).

Das Amt des Vormundes endet mit seinem Tode [Anzeigepflicht der Erben (§ 1894)], Entmündigung, Todeserklärung oder Entlassung (§§ 1885 ff.).

Entlassen kann ein Vormund werden:

1. wegen Gefährdung des Mündelvermögens (§ 1886);
2. wegen Eintritts einer der Untauglichkeitsgründe des § 1781;
3. wegen Verheiratung einer Frau, die Vormund ist (§ 1887);
4. wegen mangelnder Zustimmung des Ehemannes einer Frau, die Vormund ist (§ 1887).
5. bei Versagung oder Rücknahme der Erlaubnis für Beamte oder Religionsdiener (§ 1888);
6. auf seinen Antrag wegen wichtiger Gründe, insbesondere der zur Ablehnung berechtigenden (§§ 1889, 1786).

Nach Beendigung des Amtes hat der Vormund das verwaltete Vermögen herauszugeben und unter Mitwirkung des Gegenvormundes (Schluß-) Rechnung zu legen; er hat die Bestallung zurückzugeben; er kann vom Mündel Rechnungsabnahme und Quittungsleistung gemäß § 368 verlangen; das VormGer. hat dies zu vermitteln (§ 1892).

II. Titel. Vormundschaft über Volljährige (§§ 1896—1908).

Ein Volljähriger erhält einen Vormund, wenn er entmündigt ist (s. § 6 oben S. 2); ist die Entmündigung beantragt, so kann er vom VormGer. unter vorläufige Vormundschaft gestellt werden (§§ 1906 bis 1908; FrwG. § 52). — Im allgemeinen gelten die Bestimmungen des ersten Titels, nur fällt das Benennungsrecht der Eltern fort; in erster Linie sind Vater und Mutter zu berufen, der Ehegatte darf aber vor ihnen, die Ehefrau für ihren Mann ohne dessen Zustimmung, die uneheliche Mutter vor ihrem Vater bestellt werden. Nur mit Genehmigung des VormGer. kann der Vormund eine Ausstattung aus dem Mündelvermögen zusichern oder gewähren oder ein Miet- oder Pachtverhältnis für länger als vier Jahre eingehen (§ 1902). Der Vater und die eheliche Mutter sind kraft Gesetzes befreite Vormünder (§§ 1903 f.).

III. Titel. Pflegschaft (§§ 1909—1921).

Eine allgemeine Bestimmung, nach welcher eine Pflegschaft eingeleitet werden kann, gibt es nicht; wohl aber bestehen eine große Anzahl von Fällen, in welchen eine Pflegschaft reichsrechtlich oder landesrechtlich vorgeschrieben ist (s. § 1141; ZPO. §§ 57, 494, 779; Güterpfleger bei der Vermögensbeschlagnahme §§ 334, 480 StrPO.).

Nach BGB. ist insbesondere ein Pfleger zu bestellen:

1. Für Personen unter elterlicher Gewalt oder Vormundschaft, wenn der Gewalthaber an der Erledigung der Angelegenheit verhindert ist (Interessenwiderspruch, Anordnung des Geschenkgebers oder Erblassers (§ 1909);
2. für gebrechliche Volljährige (insbes. Taube, Blinde, Stumme) mit deren Einwilligung, falls eine Verständigung mit ihnen möglich ist (§ 1910);
3. für diejenigen, die durch unbekannten oder weit entfernten Aufenthalt an der Besorgung ihrer Angelegenheiten verhindert sind (Abwesenheitspflegschaft § 1911; FrwG. § 39);
4. für eine Leibesfrucht im Bedarfsfalle (§ 1912) FrwG. § 40;
5. für die *unbekannten oder ungewissen* Beteiligten bei einer Angelegenheit insbesondere für Nacherben, die noch nicht erzeugt oder deren Persönlichkeit erst durch ein künftiges Ereignis bestimmt wird (§ 1913);
6. für ein zu einem vorübergehenden Zweck *öffentlich gesammeltes Vermögen* nach Wegfall der zur Verwaltung berufenen Personen (§ 1914).

Fünftes Buch. Erbrecht.

Erster Abschnitt. Erbfolge (§§ 1922—1941).

1. Allgemeine Grundsätze: *Mit dem Tode einer Person (Erbfall) geht deren Vermögen (Erbschaft) als ganzes auf eine oder mehrere andere Personen (Erben) über*, d. h. kraft Gesetzes erwirbt der Erbe ohne weiteres als Universalnachfolger die Erbschaft („der Tote erbt den Lebendigen", § 1922).

Erbe kann nur werden, wer zur Zeit des Erbfalls lebt (der bereits Erzeugte, aber noch nicht Geborene gilt als vor dem Erbfall geboren (§ 1923).

2. Die *gesetzliche Erbfolge* (im Gegensatz zur gewillkürten, d. h. vom Erblasser bestimmten) erfolgt in fünf Ordnungen:

I. *Ordnung: Die Abkömmlinge des Erblassers.* Der lebende Nachkomme schließt seine Abkömmlinge aus; die Abkömmlinge des toten Nachkommen treten an dessen Stelle (Erbfolge nach Stämmen); Kinder erben zu gleichen Teilen (im Beispiel: Erblasser ist F. Ka, Kb und Ec sind vorher gestorben; Ea 1/6, Eb 1/6, UE 1/3, Kc 1/3; § 1924).

II. *Ordnung: Die Eltern des Erblassers und deren Abkömmlinge.* Leben die Eltern, so erben sie allein und zu gleichen

Teilen (Beispiel: V und M je 1/2); lebt nur Vater oder Mutter, so erbt er oder sie alles (Schoßfallrecht); sind daneben Abkömmlinge, so erben sie nach Stämmen wie in der I. Ordnung (M tot, so erbt V 1/2, B und S je 1/4).

III. Ordnung: Die Großeltern des Erblassers und deren Abkömmlinge; leben sie, so erben sie allein und zu gleichen Teilen (Ga, Gb, Gc, Gd je 1/4); ist einer der vier Großeltern gestorben, so treten an seine Stelle die Abkömmlinge (Ga und O tot, so erben: T 1/8, Va und Vb je 1/16, Gb, Gc, Gd je 1/4); leben die väterlichen oder die mütterlichen Großeltern nicht mehr und sind keine Abkömmlinge vorhanden, so erben die anderen Großeltern oder ihre Abkömmlinge allein (Ga, Gc, Gd, O tot, so erben: T 1/4, Va 1/8, Vb 1/8 Gb 1/2; § 1926).

Wer in der I., II. und III. Ordnung verschiedenen Stämmen angehört (infolge Heirat einer Verwandten), erhält den in jedem dieser Stämme ihm zufallenden Anteil als besonderen Erbteil (§ 1927).

IV. Ordnung: Die (acht) Urgroßeltern des Erblassers und deren Abkömmlinge. Leben die ersteren, so erben sie allein und zu gleichen Teilen (UGa und UGg leben und erhalten je 1/2); leben keine Urgroßeltern, so erbt der dem Erblasser zunächst stehende Abkömmling, mehrere gleich nahe erben zu gleichen Teilen (wenn GO und GTa tot sind, erbt GTb allein; leben letztere, so erhält GO, GTa und GTb je 1/3, sind diese drei tot, so erbt Vx, Vy, Vz je 1/3; § 1928).

V. Ordnung: Die entfernteren Voreltern und deren Abkömmlinge (§ 1929; z. B. der Vetter des Großvaters: Z). Ein Verwandter ist nicht zur Erbfolge berufen, solange ein solcher aus der vorhergehenden Ordnung vorhanden ist (§ 1930).

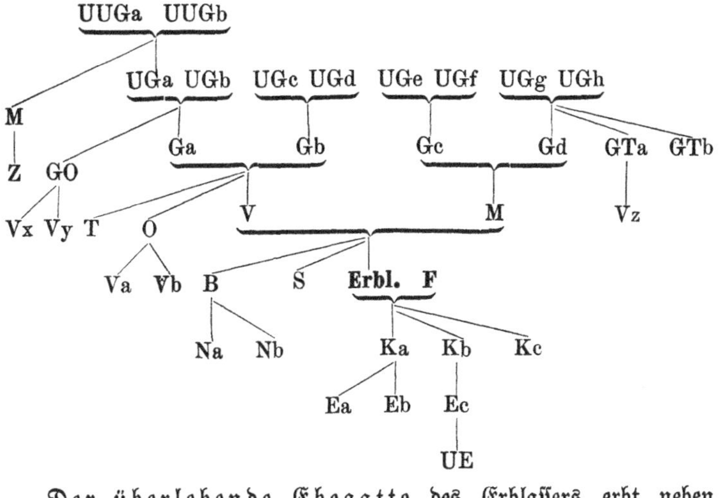

Der überlebende Ehegatte des Erblassers erbt neben Verwandten der I. Ordnung 1/4, neben solchen der II. Ordnung oder neben Großeltern 1/2 der Erbschaft; sind neben Großeltern noch Abkömmlinge der Großeltern vorhanden, so schließt der Ehegatte diese aus (es leben Gc und T und O, so erbt Gc 1/4, F 3/4). Leben keine Verwandten der I. und II. Ordnung und keine Großeltern, so erbt der Ehegatte alles (§ 1932). Neben Verwandten der II. Ordnung und neben Großeltern erhält der Ehegatte außerdem die zum ehelichen Haushalt gehörigen Gegenstände, soweit sie nicht Grundstückszubehör sind, und die Hochzeitsgeschenke als Voraus wie ein Vermächtnis. Das Erbrecht des Ehegatten fällt fort, wenn Ehescheidungs- bzw. Ehetrennungsklage erhoben war (§ 1932 f.)[1]).

Ist zur Zeit des Erbfalls kein Verwandter noch Ehegatte vorhanden, so ist der Fiskus des Bundesstaats gesetzlicher Erbe; gehört der Deutsche keinem Bundesstaat an (s. § 6), G. 15. 3. 88 betr. Rechtsverhältnisse der Schutzgebiete, so erbt der Reichsfiskus[2]).

3. Gewillkürte Erbfolge.

Durch einseitige Verfügung von Todes wegen (Testament, letztwillige Verfügung) kann der Erblasser den Erben bestimmen; durch Testament kann er Verwandte oder Ehegatten von der gesetzlichen Erbfolge ausschließen (auch ohne einen Erben einzusetzen) und ein Vermächtnis aussetzen, sowie den Erben oder Vermächtnisnehmer zu einer Leistung verpflichten (ohne einem anderen das Recht auf diese Leistung zuzuwenden; sog. Auflage §§ 1937—1940). Schließlich kann durch Erbvertrag ein Erbe eingesetzt, sowie Vermächtnis und Auflage angeordnet werden. Der Erbe bzw. Vermächtnisnehmer kann sowohl der andere Vertragschließende, wie ein Dritter sein (§ 1941; das Nähere s. unten im 3. Abschnitt).

Zweiter Abschnitt. Rechtliche Stellung des Erben (§§ 1942—2063).

I. Titel. Annahme und Ausschlagung der Erbschaft (§§ 1942—1959). Fürsorge des Nachlaßgerichts (§§ 1960—1966).

Wird man, wie oben gesagt, ohne weiteres Erbe, so hat man doch noch die Wahl, ob man die Erbschaft annehmen oder ausschlagen will (§ 1942). Für die Annahme bedarf es keiner besonderen Erklärung, sie

[1]) In der Mark Brandenburg ist für die am 1. Januar 1900 bestehenden Ehen nach Art. 46 AG. die constitutio Joachimica von 1527 und das Erbschaftsedikt 30. 4. 1765 in Geltung geblieben. Hiernach tritt nach dem Tode eines Ehegatten gewissermaßen nachträglich eine Gütergemeinschaft ein; der überlebende Ehegatte hat die Wahl, sein eigenes Vermögen herauszunehmen und den Nachlaß des Verstorbenen an dessen Blutsverwandte zu überlassen oder sein eigenes einzuwerfen und dann die Hälfte der so gebildeten Masse für sich zu nehmen. Da dies Erbrecht zugleich ein Pflichtteilsrecht ist, so kann der Gatte nicht weniger bekommen, aber auch nicht mehr; denn die zweite Hälfte fällt an die anderen gesetzlichen oder testamentarischen Erben, eventuell an den Fiskus. — Hat der überlebende Ehegatte so viel Schulden, daß nach Abzug derselben von dem gemeinschaftlichen Vermögen die Miterben weniger als die Hälfte von dem alleinigen Vermögen des Verstorbenen erhalten würden, so können sie der Einwerfung dieses verschuldeten Vermögens widersprechen und die Hälfte des reinen Nachlasses des Verstorbenen für sich verlangen. Nach Art. 46 § 3 AG. kann der überlebende Ehegatte statt dieser Rechte binnen der Ausschlagungsfrist die Erbfolge nach BGB. wählen.

[2]) Das Erbrecht der Armenanstalten ist durch EG. Art. 139 aufrechterhalten, ebenso die Vorschriften der Landesgesetze, nach denen für erblose Hinterlassenschaften eine andere Körperschaft des öffentlichen Rechts an Stelle des Fiskus tritt (EG. Art. 138), z. B. Berlin auf Grund des Vertrages mit Kurfürst Joachim I. v. 27. 12. 1508.

kann formlos erfolgen; die Ausschlagung kann nur binnen sechs Wochen vom Tage der Kenntnis der Berufung (bei Berufung durch Verfügung von Todes wegen stets erst vom Tage der Verkündung) an gerechnet beim Nachlaßgericht in öffentlich beglaubigter Form erklärt werden; für den Fall, daß der Erblasser seinen Wohnsitz nur im Ausland gehabt hat oder der Erbe bei Beginn der Frist sich im Ausland aufgehalten hat, verlängert sich die Frist auf sechs Monate (§ 1944). Ist die Erbschaft einmal angenommen, kann sie nicht mehr ausgeschlagen werden; ist die Ausschlagungsfrist verstrichen, so gilt die Erbschaft als angenommen (§ 1943). Annahme und Ausschlagung können nicht unter Bedingung oder Zeitbestimmung erfolgen (§ 1947), ebensowenig nur für einen Teil der Erbschaft (§ 1950); dagegen kann der durch Testament oder Erbvertrag eingesetzte Erbe die Erbschaft ausschlagen und als gesetzlicher Erbe sie annehmen (§ 1948). Das Recht, die Erbschaft auszuschlagen, ist vererblich; für die Erben der Erben läuft deren Ausschlagungsfrist; von ihnen kann jeder den seinem Erbteil entsprechenden Teil der Erbschaft ausschlagen (§ 1952). — Wird die Erbschaft ausgeschlagen, so gilt der Anfall als nicht erfolgt, und die Erbschaft fällt nunmehr an denjenigen, der Erbe geworden wäre, wenn der Ausschlagende nicht gelebt hätte (§ 1953). Vor der Annahme kann ein gegen den Nachlaß gerichteter Anspruch gegen den Erben nicht geltend gemacht werden (s. ZPO. § 778; KonkO. § 9); besorgt der Erbe vor der Ausschlagung erbschaftliche Geschäfte, so wird er wie ein Geschäftsführer ohne Auftrag angesehen (§ 1958).

Die fürsorgende Tätigkeit des Nachlaßgerichts betrifft die Sicherung des Nachlasses (Siegelung, Hinterlegung von Wertgegenständen, Nachlaßverzeichnis, Nachlaßpflegschaft), bis die Erbschaft angenommen ist und soweit ein Bedürfnis besteht, oder ferner, wenn der Erbe unbekannt oder es ungewiß ist, ob er angenommen hat (§ 1960); auf Antrag eines Gläubigers muß in solchem Fall ein Nachlaßpfleger bestellt werden (§ 1961).

Ist in angemessener Frist nach öffentlicher Bekanntmachung kein Erbe ermittelt, so erklärt das Nachlaßgericht, daß außer dem Fiskus kein Erbe vorhanden ist, womit die Vermutung begründet wird, daß der Fiskus Erbe ist (§§ 1964—1966).

II. Titel. Haftung des Erben für Nachlaßverbindlichkeiten (§§ 1967—2017).

I. Für alle Nachlaßverbindlichkeiten, insbesondere die Schulden des Erblassers, die Verbindlichkeiten aus Pflichtteilsrechten, Vermächtnissen, Auflagen, sowie die Kosten der standesmäßigen Beerdigung haftet der Erbe; den im Hausstand befindlichen, vom Erblasser unterhaltenen Familienangehörigen hat er 30 Tage nach dem Eintritt des Erbfalls noch Unterhalt und Wohnung zu belassen.

II. Um sich über die Verschuldung des Nachlasses zu unterrichten hat der Erbe zunächst eine Frist von 3 Monaten nach der Annahme der Erbschaft, binnen deren er die Berichtigung einer Nachlaßverbindlichkeit verweigern darf. Die Frist endet aber spätestens mit der Inventarerrichtung (§ 2014). Er kann ferner, um sich vor den Folgen der Bevorzugung eines Gläubigers zu schützen, ein gerichtliches Aufgebot zur Anmeldung der Forderungen beantragen (s. §§ 1970—1974; ZPO. § 989—1000). Seine Folge ist, daß nach ergangenem Ausschlußurteil (ZPO. § 952 ff.) der Erbe die Befriedigung eines ausgeschlossenen Gläubigers insoweit verweigern kann, als der Nachlaß durch Befriedigung der nicht ausgeschlossenen Gläubiger erschöpft ist; einen etwaigen Überschuß hat er dem ausgeschlossenen Gläubiger herauszugeben (§ 1973); der Erbe hat während des Aufgebotsverfahrens gegen den Nachlaßgläubiger eine die Zwangsvollstreckung aufschiebende Einrede (§§ 2015 ff. ZPO. §§ 305, 782). Die Unterlassung des Aufgebotsantrags kann den Erben oder Nachlaßverwalter schadensersatzpflichtig machen (§§ 1980, 1985).

III. Will der unbeschränkt haftende Erbe die Beschränkung seiner Haftung auf den Nachlaß herbeiführen, so ist die amtliche Liquidation durch Nachlaßverwaltung oder Nachlaßkonkurs herbeizuführen (§§ 1975—1992). Mit dem Augenblick, wo die Nachlaßverwaltung angeordnet oder (bei Überschuldung) der Nachlaßkonkurs eröffnet ist, tritt eine vollständige Trennung zwischen dem Nachlaß und dem Vermögen des Erben ein; durch Vereinigung erloschene Rechte leben wieder auf usw.; der Erbe haftet für seine Handlungen bis zur Annahme der Erbschaft als Geschäftsführer ohne Auftrag, für die Zeit nach der Annahme als Beauftragter. Gutgläubige Befriedigung eines Gläubigers müssen die anderen Gläubiger sich gefallen lassen (§ 1979); dagegen macht die auf Fahrlässigkeit beruhende Unkenntnis der Überschuldung den Erben schadensersatzpflichtig; vgl auch § 1980 oben II, a. E.

1. Die Nachlaßverwaltung ist vom Nachlaßgericht auf Antrag des Erben stets, auf Antrag eines Nachlaßgläubigers dann anzuordnen, wenn die Befriedigung der Gläubiger durch das Verhalten oder die Vermögenslage des Erben gefährdet erscheint und seit Annahme der Erbschaft noch nicht zwei Jahre verstrichen sind; ihre Anordnung kann wegen Mangel einer die Kosten deckenden Masse abgelehnt werden (§ 1982). Sind mehrere Erben vorhanden, so ist sie ausgeschlossen, wenn der Nachlaß geteilt ist (§ 2062). Das Verfahren ist ähnlich dem Konkursverfahren; es endet mit der Ausantwortung des etwaigen Nachlaßrestes an den Erben (§ 1986) oder mit der Eröffnung des Konkurses (§ 1988).

2. Über den Nachlaßkonkurs s. KonkO. §§ 214—235. In dem Fall, daß wegen Mangels ausreichender Kosten die Nachlaßverwaltung nicht angeordnet und der Konkurs nicht eröffnet wird, steht dem Erben zur Geltendmachung der beschränkten Haftung die sog. „Abzugseinrede“ zu (§§ 1990, 1991 und ähnlich §§ 1992, 1989, 1974), wonach er die Befriedigung eines Gläubigers soweit verweigern kann, als der Nachlaß nicht ausreicht und er dafür das vom Nachlasse noch Vorhandene herausgeben muß, damit die Befriedigung des Gläubigers mittels Zwangsvollstreckung daraus erfolge.

IV. Inventarerrichtung (§§ 1993—2012). Unbeschränkte Haftung des Erben (§ 2013).

1. Die Inventarerrichtung bewirkt nicht die Beschränkung der Haftung des Erben auf den Nachlaß; umgekehrt aber haftet er, wenn er das Inventar auf Antrag eines Nachlaßgläubigers innerhalb einer vom Nachlaß-

gericht zu bestimmenden Frist nicht oder nicht ordnungsmäßig errichtet, unbeschränkt (§§ 1994, 2005). (Über die Wirkungen der unbeschränkten Haftung s. § 2013). Er ist aber auch ohne Aufforderung berechtigt, ein Verzeichnis des Nachlasses (Inventar) bei dem Nachlaßgericht einzureichen (§ 1993) und erhält dadurch den Vorteil, daß durch das rechtzeitig errichtete Inventar die Vermutung eintritt, daß weitere Nachlaßgegenstände als die angegebenen nicht vorhanden gewesen sind (§ 2009). Indes muß die Aufnahme des Inventars unter Zuziehung einer zuständigen Behörde oder eines Beamten oder Notars erfolgen oder auf Antrag durch das Nachlaßgericht bzw. die durch dieses beauftragte Urkundsperson (§§ 2002, 2003).

Die Inventarfrist soll mindestens einen, höchstens drei Monate vom Tage der Zustellung betragen (§§ 1995 f.); ihre Bestimmung wird unwirksam im Falle der Nachlaßverwaltung oder des Nachlaßkonkurses (§ 2000). Dem Fiskus, dem Nachlaßpfleger (§§ 1960, 1961) und dem Nachlaßverwalter kann eine Inventarfrist nicht bestimmt werden (§§ 2011, 2012).

Abgesehen von der allgemein unbeschränkten Haftung haftet der Erbe gegenüber einzelnen Nachlaßgläubigern unbeschränkt:

a) wenn er den Offenbarungseid über das Inventar verweigert (s. § 2006), gegenüber dem beantragenden Gläubiger,
b) wenn die Beschränkung der Haftung in einem Urteil nicht ausgesprochen ist, gegenüber dem Kläger,
c) bei Verzicht auf die beschränkte Haftung gegenüber dem begünstigten Gläubiger.

III. Titel. Erbschaftsanspruch (§§ 2018—2031).

Der Erbe kann von jedem, der auf Grund eines ihm in Wirklichkeit nicht zustehenden Erbrechts etwas aus der Erbschaft erlangt hat (Erbschaftsbesitzer), die Herausgabe des Erlangten verlangen (§ 2018). Der Erbschaftsbesitzer, sowie jeder, der eine Sache aus dem Nachlaß in Besitz nimmt, hat über den Bestand der Erbschaft und über den Verbleib der Erbschaftsgegenstände Auskunft zu erteilen (§ 2027); diejenigen die zur Zeit des Erbfalls in häuslicher Gemeinschaft mit dem Erblasser gelebt haben, sind zu besonderer Auskunfterteilung verpflichtet, die sie ev. durch den Offenbarungseid bekräftigen müssen (§ 2026). Die Ersitzung einer Erbschaftssache kann nicht eingewendet werden, solange nicht der Erbschaftsanspruch (in 30 Jahren) verjährt ist (§ 2026). Über die Haftung des Erbschaftsbesitzers wegen der Surrogate, Nutzungen, Bereicherung, infolge Unredlichkeit oder verbotener Eigenmacht s. §§ 2019—2025.

IV. Titel. Mehrheit von Erben (§§ 2032—2063).

I. Rechtsverhältnis der Erben untereinander. Hinterläßt der Erblasser mehrere Erben, so wird der Nachlaß gemeinschaftliches Vermögen der Erben bis zur Auseinandersetzung. Jeder Miterbe kann über seinen Anteil am Nachlaß durch gerichtlich oder notariell beurkundeten Vertrag verfügen (aber nicht über seinen Anteil an den einzelnen Nachlaßgegenständen). Die übrigen Miterben haben ein gesetzliches, vererbliches Vorkaufsrecht innerhalb zwei Monaten nach erfolgter

Anzeige des Verkaufs (§ 510) und zwar mit dinglicher Wirkung auch gegen den Käufer (§ 2035).

Die Verwaltung des Nachlasses steht den Erben gemeinschaftlich zu; gehört ein Anspruch zum Nachlaß, so kann der Verpflichtete nur an alle Erben gemeinschaftlich leisten und muß auf Verlangen eines Miterben die zu leistende Sache für alle Erben hinterlegen oder an einen gerichtlich bestellten Verwahrer abliefern. Umgekehrt können die Erben über einen Nachlaßgegenstand nur gemeinschaftlich verfügen und der Schuldner einer Nachlaßforderung nicht mit einem Anspruch gegen einen Miterben aufrechnen (§§ 2038—2041).

Die Auseinandersetzung kann jeder Erbe verlangen, sobald die Erbteile bestimmbar sind und die ev. vom Erblasser gesetzte Frist (s. § 2044) verstrichen ist. Nach Berichtigung der Nachlaßverbindlichkeiten (Zurückbehaltung des Betrages der nichtfälligen oder strittigen) ist der Überschuß nach Verhältnis der Erbteile zu verteilen; Familienpapiere ꝛc. bleiben gemeinschaftlich (§ 2047). Hat der Erblasser die Übernahme eines Landguts durch einen Miterben angeordnet, so gilt im Zweifel als Wert der Ertragswert, der sich seinerseits nach dem Durchschnittsreinertrag bestimmt (§ 2049).

Zur Ausgleichung (§§ 2050—2057) haben die Abkömmlinge als gesetzliche Erben (die testamentarischen nur, wenn für sie die gesetzliche Erbfolge bestimmt ist; s. § 2052) zu bringen, 1. was sie vom Erblasser bei dessen Lebzeiten als Ausstattung erhalten haben, 2. andere Zuwendungen unter Lebenden, wenn der Erblasser bei der Zuwendung die Ausgleichung angeordnet hat; Zuschüsse, die gegeben sind, um als Einkünfte verwendet zu werden, sowie Aufwendungen für die Berufsvorbildung sind insoweit zur Ausgleichung zu bringen, als sie das den Vermögensverhältnissen des Erblassers entsprechende Maß überstiegen haben (§ 2050). Fällt ein zum Ausgleich verpflichteter Erbe vor oder nach dem Erbfall weg, so sind die an seine Stelle tretenden Abkömmlinge zur Ausgleichung verpflichtet (§ 2051); dagegen braucht ein Abkömmling Zuwendungen nicht zur Ausgleichung zu bringen, die er als entfernterer Abkömmling bei Lebzeiten des näheren, ihn von der Erbfolge ausschließenden Abkömmlings (ein Enkel bei Lebzeiten seines Vaters) oder als Ersatzerbe oder vor Erlangung der rechtlichen Stellung eines Abkömmlings erhalten hat (§ 2053). Die Ausgleichung findet nicht durch Herauszahlung, sondern in der Weise statt, daß zunächst sämtliche ausgleichungspflichtige Zuwendungen dem Nachlaß zugerechnet werden und der Wert seiner Zuwendung dem betreffenden Erben angerechnet wird (§ 2055); hat er durch die Zuwendung mehr erhalten, als ihm bei der Auseinandersetzung zukommen würde, so braucht er das Mehr nicht herauszuzahlen (§ 2056). Für jeden Miterben besteht die Pflicht zur Auskunfterteilung und Ableistung des Offenbarungseides (§ 2057).

II. Rechtsverhältnis zwischen den Erben und den Nachlaßgläubigern (§§ 2058—2063).

Die Erben haften für die gemeinschaftlichen Nachlaßverbindlichkeiten als Gesamtschuldner. Dieser Grundsatz erleidet erhebliche Einschränkungen. Zunächst kann bis zur Teilung jeder Miterbe die Haftung aus seinem übrigen Vermögen verweigern und den Gläubiger auf seinen Erbanteil verweisen. Nach der Teilung haftet jeder Miterbe nur für den dem Erbteil entsprechenden Teil der Schuld gegenüber den Gläubigern,

1. die im Aufgebotsverfahren ausgeschlossen sind, 2. die ihre Forderung erst nach fünf Jahren seit dem Erbanfall geltend machen, 3. die ihre Ansprüche erst nach Verteilung der Nachlaßkonkursmasse oder dem Zwangsvergleich geltend machen, 4. die sich auf eine von den Erben öffentlich erlassene Privataufforderung nicht gemeldet haben und dem Erben sonst nicht bekannt gewesen sind.

Das Recht zur öffentlichen Privataufforderung der Gläubiger auf seine Kosten hat jeder Miterbe (§ 2061); dagegen muß die Nachlaßverwaltung (vor der Teilung) von allen Erben gemeinsam beantragt werden; die Errichtung eines Inventars durch einen Erben kommt allen Erben zustatten, soweit sie nicht unbeschränkt haften (§ 2063).

Dritter Abschnitt. Testament.

I. Titel. Allgemeine Vorschriften (§§ 2064—2086).

Ein Testament, d. i. jede einseitige Verfügung von Todes wegen (Kodizille und Nachzettel kennt das BGB. nicht), kann der Erblasser nur persönlich errichten. Hat er seine gesetzlichen Erben bedacht, so sind diejenigen bedacht, die zur Zeit des Erbfalls gesetzliche Erben sein würden; es wird ferner angenommen, daß, wenn die Kinder bedacht sind, an deren Stelle dann Abkömmlinge treten, wenn dies bei der gesetzlichen Erbfolge der Fall sein würde; dagegen kommen als „Abkömmlinge eines dritten" nur die in Betracht, die zur Zeit des Erbfalls erzeugt waren (§§ 2066—2070). Sind Geschäfts- oder Hausangehörige bedacht, so gelten hierfür die zur Zeit des Erbfalls im Geschäfts- oder Dienstverhältnis stehenden (§ 2071) und als „die Armen" die öffentliche Armenkasse der Gemeinde des letzten Wohnsitzes behufs Verteilung an die Armen ihres Bezirks (§ 2072). Eine letztwillige Verfügung zugunsten des Ehegatten ist unwirksam, wenn die Ehe nichtig oder zu Lebzeiten aufgelöst war oder die Berechtigung zur Scheidungsklage vorlag (§ 2077).

Anfechtbar ist eine letztwillige Verfügung 1. soweit der Erblasser über den Inhalt seiner Erklärungen im Irrtum war oder 2. eine Erklärung dieses Inhalts überhaupt nicht abgeben wollte oder anzunehmen ist, daß er die Erklärung bei Kenntnis der Sachlage nicht abgegeben haben würde, 3. soweit er zu der Verfügung durch a) die irrige Annahme oder Erwartung des Eintritts oder Nichteintritts eines Umstandes oder b) widerrechtlich durch Drohung bestimmt worden ist, und 4. wegen Übergehung eines zur Zeit des Erbfalls — aber nicht zur Zeit der Errichtung — vorhandenen Pflichtteilsberechtigten, falls nicht anzunehmen ist, daß der Erblasser auch trotz Kenntnis der Sachlage die Verfügung getroffen haben würde (§ 2078 f.). Die Anfechtung hat beim Nachlaßgericht innerhalb eines Jahres von Tage der Kenntnis des Grundes zu erfolgen (§§ 2080 bis 2083); sie bewirkt nur die Unwirksamkeit der besonderen, angefochtenen Verfügung; auch soll im Zweifel die die Aufrechterhaltung der Verfügung ermöglichende Auslegung vorgezogen werden (§ 2085).

II. Titel. **Erbeinsetzung** (§§ 2087—2099).

Die Bezeichnung „Erbe" ist nicht notwendig; wesentlich ist, daß der Erblasser sein Vermögen oder einen Bruchteil davon dem Bedachten zuwendet; sind nur einzelne Gegenstände (z. B. Mobiliar) zugewendet, so ist der so Bedachte im Zweifel nicht Erbe, auch wenn er so genannt ist, sondern Vermächtnisnehmer (§ 2087). Ist nur ein Erbe und dieser auf einen Bruchteil (z. B. 1/8) eingesetzt, so tritt im übrigen die gesetzliche Erbfolge ein, ebenso wenn die Bruchteile das Ganze nicht erschöpfen und nicht feststeht, daß die eingesetzten Erben die alleinigen Erben sein sollen (§ 2088). Sind mehrere Erben in der Weise eingesetzt, daß sie die gesetzliche Erbfolge ausschließen, und fällt einer der Erben vor oder nach dem Eintritt des Erbfalls weg, so wächst dessen Erbteil den übrigen Erben nach dem Verhältnis ihrer Erbschaft an (Anwachsungsrecht § 2094). Der durch Anwachsung anfallende Erbteil gilt in bezug auf Vermächtnisse und Auflagen und Ausgleichungspflicht als **besonderer Erbteil** (§ 2095).

Ersatzerbe ist, wer als Erbe eingesetzt ist für den Fall, daß der zunächst berufene Erbe nicht Erbe sein kann oder will. Das Recht des Ersatzerben geht dem Anwachsungsrecht vor (§§ 2096—2099).

III. Titel. **Einsetzung eines Nacherben (fideikommissarische Substitution)** (§§ 2100—2146).

Der Erblasser kann einen Erben in der Weise einsetzen, daß dieser erst Erbe wird, nachdem zunächst ein anderer (der Vorerbe, häufigster Fall: der Ehegatte) Erbe geworden ist (Nacherbe) (§ 2100). Ein zur Zeit des Erbfalls noch nicht erzeugter Erbe wird als Nacherbe angesehen (andernfalls ist die Einsetzung unwirksam); ebenso eine juristische Person, die erst nach dem Erbfall zur Entstehung kommt (§ 2101). Ein Nacherbe ist im Zweifel auch Ersatzerbe; für die Zeit, bis zu welcher kein Vorerbe oder nach welcher kein Nacherbe bestimmt ist, treten die gesetzlichen Erben (aber nicht der Fiskus) ein (§§ 2102—2106). Hat der Nacherbe den Erbfall, aber nicht mehr den Fall der Nacherbfolge erlebt, so geht sein Recht im Zweifel auf seine Erben über (§ 2108).

Die Einsetzung eines Nacherben wird mit dem Ablauf von 30 Jahren nach dem Erbfall unwirksam (außer in den zwei im § 2109 genannten Fällen). Das Verhältnis zwischen Vor- und Nacherben ist in den §§ 2110 bis 2146 ausführlich geregelt. Dem Vorerben steht während der Dauer seines Rechts die Verwaltung und Nutzung der Erbschaft zu, der Nacherbe hat nun eine Anwartschaft mit dinglicher Wirkung. Die Verfügung des Vorerben über ein Erbschaftsgrundstück ist insoweit unwirksam, als sie das Recht des Nacherben vereiteln oder beeinträchtigen würde (s. a. GO. § 52, wonach das Recht des Nacherben im Grundbuch von Amts wegen einzutragen ist). Eine Hypothekenforderung, Grund- oder Rentenschuld kann er selbständig kündigen und einklagen, indes bedarf er zur Auszahlung an ihn der Einwilligung des Nacherben, andernfalls muß er Hinterlegung für sie beide beantragen (2114); ebenso ist eine den Nacherben beeinträchtigende Verfügung im Wege der Zwangsvollstreckung,

Arrestvollziehung oder durch den Konkursverwalter unwirksam (§ 2115; s. ZPO. § 773, KonkO. § 128). Zu seiner Sicherung kann der Nacherbe Bestandsfeststellung (§ 2121 ff.), Auskunftserteilung (§ 2127) und schließlich Sicherheitsleistung oder Herausgabe an einen gerichtlich bestellten Verwahrer (Sequestration) (§ 2128) verlangen. Von einer großen Zahl der Beschränkungen und Verpflichtungen kann der Vorerbe vom Erblasser befreit werden; diese Befreiung gilt als ausgesprochen, wenn der Nacherbe nur auf das eingesetzt ist, was bei Eintritt der Nacherbfolge übrig ist, oder der Vorerbe testamentarisch „die freie Verfügung" erhalten hat (§ 2137). Mit der Nacherbfolge hört der Vorerbe auf, Erbe zu sein (§ 2139); der Nacherbe kann nunmehr die Erbschaft ausschlagen, ihm kommt die Beschränkung der Haftung des Vorerben sowie dessen Inventarerrichtung zugute (§ 2142 f.). Der Vorerbe ist den Nachlaßgläubigern gegenüber verpflichtet, den Eintritt der Nacherbfolge dem Nachlaßgericht unverzüglich anzuzeigen; die Anzeige des Nacherben ersetzt sie (§ 2146).

IV. Titel. **Vermächtnis** (§§ 2147—2191).

Ein Vermächtnis (Legat), d. h. die durch Verfügung von Todes wegen erfolgende Zuwendung eines Vermögensanteils (ohne Erbeinsetzung) kann dem Erben oder dem Vermächtnisnehmer auferlegt sein, im Zweifel dem ersteren (§ 2147); durch ein Vorausvermächtnis (das einem Erben zugewendete Vermächtnis; Prälegat) wird der Bedachte mitbeschwert, die Erbmasse mindert sich um den Betrag des Prälegats. Aus der ausführlichen Behandlung ist hervorzuheben: das Vermächtnis ist unwirksam, wenn der Bedachte zur Zeit des Erbfalls nicht mehr lebt (§ 2160); es bleibt im Zweifel wirksam, auch wenn der Beschwerte nicht Erbe oder Vermächtnisnehmer wird, dann tritt der ein, welchem der Wegfall des zunächst Beschwerten zustatten kommt (§ 2161). Ein bedingtes oder befristetes Vermächtnis wird (mit den im § 2163 genannten dem § 2109 [Nacherbschaft] entsprechenden Ausnahmen) 30 Jahre nach dem Erbfall unwirksam (§ 2163). Der Vermächtnisnehmer hat lediglich eine Forderung (keinen dinglichen Anspruch!) auf Leistung des vermachten Gegenstands; die Forderung kommt zur Entstehung kraft Gesetzes (ohne Annahme- oder Antrittserklärung des Bedachten) mit dem Erbfall (Anfall des Vermächtnisses) oder dem Eintritt der Bedingung oder des Termins (§ 2176 f.), mit dem Rechte der Ausschlagung (§ 2180).

V. Titel. **Auflage** (§§ 2192—2196).

Die Auflage (modus) bedeutet hier eine Verfügung von Todes wegen die für den damit beschwerten Erben oder Vermächtnisnehmer die erzwingbare Verpflichtung zu einer Leistung begründet, ohne einem anderen einen Anspruch auf die Leistung zuzuwenden (z. B. Vorschriften über die Art der Bestattung und Beisetzung). Im allgemeinen finden die für das Vermächtnis geltenden Grundsätze Anwendung (s. § 2192). Die Vollziehung einer Auflage nötigenfalls im Prozeßwege können der Erbe, der Miterbe und derjenige verlangen, dem der Wegfall des mit der Auflage zunächst Beschwerten unmittelbar zustatten kommen würde; liegt die Vollziehung im öffentlichen Interesse, so kann auch die zuständige Behörde die Vollziehung verlangen (§ 2194; s. Art. 7 V. 16. 11. 99 GS. 652).

VI. Titel. Testamentsvollstreckung (§§ 2197—2228).

Der Erblasser kann durch Testament einen (oder mehrere) Testamentsvollstrecker (und Substituten) ernennen. Er übt sein Amt aus eigenem Recht, in eigenem Namen aus auf Grund des vom Gesetz getragenen letzten Willens des Erblassers und zum Zweck der Vollziehung dieses Willens (RGer. 32, 152 ff.). Seine Aufgabe ist es, die letztwilligen Verfügungen des Erblassers zur Ausführung zu bringen, die Auseinandersetzung unter den Erben zu bewirken und den Nachlaß zu verwalten (§§ 2203—2205). Er kann den Nachlaß in Besitz nehmen, über Nachlaßgegenstände verfügen, Verbindlichkeiten für den Nachlaß eingehen; unentgeltliche Verfügungen darf er aber nur auf Grund einer sittlichen Pflicht oder aus Anstandsrücksichten machen (§ 2205 ff.). Der Erbe kann über einen der Verwaltung des TestV. unterliegenden Nachlaßgegenstand nicht verfügen (§ 2211); über Eintragung des TestV. im Grundbuch s. GO. § 53). Für den Nachlaß kann nur der TestV. klagen, gegen den Nachlaß kann ein Anspruch sowohl durch Klage gegen den TestV., wie gegen den Erben geltend gemacht werden (s. ZPO. § 327); aber der Pflichtteilsanspruch kann nur durch Klage gegen den Erben festgestellt werden (§ 2213; ZPO. § 748). Für das Rechtsverhältnis zwischen dem TestV. und den Erben gelten die entsprechenden Vorschriften wie für den Auftrag (§ 2218). Der TestV. hat dem Erben ein Verzeichnis der von ihm verwalteten Gegenstände mitzuteilen, den Nachlaß ordnungsgemäß zu verwalten, Nachlaßgegenstände, deren er nicht bedarf, dem Erben herauszugeben, Auskunft zu erteilen und das im eigenen Interesse verwendete Geld zu verzinsen (§ 668); von diesen Vorschriften kann ihn der Erblasser nicht befreien (§ 2220). — Das Amt des TestV. beginnt mit der Annahmeerklärung gegenüber dem Nachlaßgericht; diese muß unbedingt und unbefristet sein (§ 2202); im übrigen ist das Nachlaßgericht nur tätig: wenn ihm die Ernennung des TestV. übertragen ist (§ 2200); bei Außerkraftsetzung von Anordnungen des Erblassers über die Verwaltung (§ 2216); bei Entscheidung von Meinungsverschiedenheiten zwischen mehreren TestV. (2224); bei Entlassung der TestV. (aus wichtigen Gründen, insbesondere grober Pflichtverletzung oder Unfähigkeit § 2227); bei Entgegennahme der Kündigung des Amtes (§ 2226); bei Ausstellung eines Zeugnisses über die Ernennung (§ 2368).

VII. Titel. Errichtung und Aufhebung eines Testaments (§§ 2229—2264).

1. Unfähig zur Testamentserrichtung sind Geschäftsunfähige und Minderjährige unter 16 Jahren (§§ 104, 105), ferner die wegen Geistesschwäche, Verschwendung oder Trunksucht Entmündigten (§ 114) schon vom Tage der Stellung des Antrags an (§§ 2253 ff., 2229). Sie sind aber zum Widerruf berechtigt. (Tatsächlich sind außerstande zu testieren:

Taubstumme, die nicht schreiben können, und Stumme bzw. der Sprache beraubte Personen, die minderjährig sind oder Geschriebenes nicht lesen oder nicht schreiben können, §§ 2238, 2247, 2243). Minderjährige über 16 Jahre können ohne Zustimmung des gesetzlichen Vertreters testieren.

2. Die Testamentsformen sind die ordentlichen oder außerordentlichen.

A. Ordentliche sind:

a) vor einem Richter (nebst Gerichtsschreiber oder zwei Zeugen) oder vor einem Notar (nebst einem zweiten Notar oder zwei Zeugen);

b) durch eine von dem Erblasser unter Angabe des Ortes und Tages (wahrheitsgemäß! RGer. 51, 166) eigenhändig geschriebene und unterschriebene Erklärung (sog. holographisches d. h. ganz geschriebenes Testament) (§ 2231 f.).

Das gerichtliche oder notarielle Testament ist vom Erblasser vor Richter oder Notar mündlich zu erklären oder als Schrift mit der mündlichen Erklärung zu übergeben, daß die Schrift den letzten Willen enthalte; ein Minderjähriger und, wer Geschriebenes nicht lesen kann, kann das Testament nur durch mündliche Erklärung errichten (2238). Über den Hergang ist ein Protokoll aufzunehmen, das nebst dem Testament in besondere amtliche Verwahrung zu nehmen ist; der Erblasser erhält einen Hinterlegungsschein (§§ 2240—2246; AG. Art. 81).

Das holographische Testament darf von Minderjährigen oder Personen, die Geschriebenes nicht lesen können, nicht errichtet werden; es kann privatim aufbewahrt, aber auch in gerichtliche Verwahrung gegeben werden (§ 2247 f.) Nach dem Tode ist es unverzüglich an das Nachlaßgericht abzuliefern.

B. Außerordentliche Testamentsformen sind bei Besorgnis nahen Todes

a) die Errichtung vor dem Gemeindevorsteher (oder Vorsteher eines selbständigen Gutsbezirks AG. Art. 80) und zwei Zeugen (§ 2249, s. V. 19. 1. 00 MBl. 80 und Anweisung 23. 6. 00 Anl. z. JMBl. Nr. 32). An Stelle des Gemeindevorstehers kann vom Justizminister eine besondere Vorstandsperson bestellt werden (Art. 80 Abs. 2 AG. AllgV. 15. 3. 04 JMBl. 90 nebst Anw. für die Urkundsperson).

b) bei Verkehrssperre in derselben Form oder mündliche Erklärung vor drei Zeugen (§ 2250) und

c) auf Seereisen mündliche Erklärung zu Protokoll vor drei Zeugen (§ 2251).

Die Geltungsdauer dieser Testamente beträgt nur drei Monate, wenn der Erblasser dann noch lebt. Daneben besteht noch das Militärtestament (s. RMilG. 2. 5. 74 § 44 und RG. 28. 5. 1901 betr. die freiw. Gerichtsbarkeit in Heer und Marine). Über die abweichende Form des Testaments beim Anerbenrecht (Rentengüter) s. § 32 G. 8. 6. 96, aufrecht erhalten durch EG. Art. 64.

3. Die Aufhebung des Testaments erfolgt durch Widerruf (§ 2253 bis 2257) oder durch ein späteres widersprechendes Testament (§ 2258). Ein gerichtliches oder notarielles Testament gilt als widerrufen, wenn es

aus der amtlichen Verwahrung zurückgegeben ist; ein eigenhändiges bleibt trotzdem gültig, wenn es nicht vernichtet worden ist (§§ 2256, 2255).

4. Die Eröffnung des Testaments. Das Nachlaßgericht hat einen Eröffnungstermin unter Ladung der Beteiligten zu bestimmen und den nichtanwesenden Beteiligten Kenntnis von dem sie betreffenden Inhalt des Testaments zu geben. Ein Verbot des Erblassers, das Testament zu eröffnen, ist nichtig; die Einsichtnahme und Beantragung einer beglaubigten Abschrift steht jedem Interessenten frei (§§ 2259—2264).

VIII. Titel. Gemeinschaftliches Testament (§§ 2265—2273).

Es kann nur von Ehegatten errichtet werden, aber es genügt, daß dem gültigen Testament des einen die eigenhändig ge- und unterschriebene, mit Orts- und Tagesbezeichnung versehene Erklärung des anderen Ehegatten beigefügt wird, daß das Testament auch als das seinige gelten solle (§ 2267). Im Zweifel wird angenommen, daß die gegenseitigen Zuwendungen oder die an Verwandte des einen voneinander abhängig sind, so daß die Nichtigkeit oder der Widerruf der einen Verfügung die Unwirksamkeit der anderen zur Folge hat (§ 2270). Der Widerruf ist nach dem Tode des einen Ehegatten ausgeschlossen, der Ehegatte kann nur seine Verfügung aufheben, wenn er das Zugewendete ausschlägt. Zurückgenommen aus der amtlichen Verwahrung kann es nur von beiden Ehegatten gemeinsam werden. Bei Eröffnung sind tunlichst nur die Bestimmungen des Verstorbenen zu verkünden, dann ist das Testament wieder verschlossen in Verwahrung zu nehmen (§ 2273). Auflösung der Ehe macht im Zweifel das Testament unwirksam (§§ 2268, 2077).

Vierter Abschnitt. Erbvertrag (§§ 2274—2302).

Ein Erbvertrag kann nur persönlich vor Richter oder Notar geschlossen werden; er erfordert unbeschränkte Geschäftsfähigkeit, nur für Ehegatten und Verlobte gelten Ausnahmen (§§ 2275 f.). Er wird wie ein Testament in Verwahrung genommen (§ 2277). Gegenstand der vertragsmäßigen Bindung können nur Erbeinsetzungen, Vermächtnisse und Auflagen sein (§ 2278). Der Vertrag kann gemäß §§ 2078, 2079 nur wegen Irrtums oder Pflichtteilsverletzung auch vom Erblasser angefochten werden (§§ 2281 f.). Im übrigen ist der Erblasser durch den Erbvertrag in seinen Verfügungen von Todes wegen gebunden, aber in Verfügungen unter Lebenden — soweit es sich nicht um absichtliche Beeinträchtigung des Vertragserben handelt — unbeschränkt (§§ 2286 bis 2289). Aufgehoben wird der Erbvertrag durch Vertrag in denselben Formen (§ 2290), außerdem kann der Erblasser in den Fällen der §§ 2293—2297 vom Erbvertrag zurücktreten. — Ein Vertrag, durch den sich jemand verpflichtet, eine Verfügung von Todes wegen zu errichten oder nicht zu errichten, aufzuheben oder nicht aufzuheben, ist nichtig (§ 2302).

Fünfter Abschnitt. Pflichtteil (§§ 2303—2338).

Pflichtteilsberechtigt sind Abkömmlinge, Eltern oder Ehegatten. Der Pflichtteil beträgt die Hälfte des gesetzlichen Erbteils. Entferntere Ab-

10*

kömmlinge und die Eltern sind insoweit nicht pflichtteilsberechtigt, als ein sie ausschließender Abkömmling den Pflichtteil verlangen kann oder die Zuwendung annimmt (§§ 2303, 2309). Erreicht der dem Pflichtteilsberechtigten ausgesetzte Erbteil nicht die Höhe seines Pflichtteils, so kann er Ergänzung verlangen; ist er größer wie sein Erbteil, aber mit Auflagen usw. beschwert, so hat er die Wahl, den beschwerten Erbteil oder den Pflichtteilsbetrag anzunehmen (§§ 2305—2308). Über die Berechnung des Pflichtteils und der auf die Erben zu verteilenden Pflichtteilslast s. §§ 2310—2324. Der Anspruch auf den Pflichtteil entsteht mit dem Erbfall; er ist vererblich und übertragbar (§ 2317). Hat der Erblasser bei Lebzeiten Schenkungen gemacht, so hat der Pflichtteilsberechtigte Anspruch auf Ergänzung des Pflichtteils zunächst gegen den Erben; soweit dieser aber wegen seiner beschränkten Haftung oder eigenen Pflichtteilsrechts nicht aufzukommen hat, gegen den Beschenkten (§ 2329). Dieser Anspruch, ebenso wie der Pflichtteilsanspruch verjährt in drei Jahren von dem Zeitpunkt der Kenntnis des Erbfalls und der Beeinträchtigung an gerechnet, jedenfalls aber in 30 Jahren seit dem Erbfall (§ 2332). Aus fünf bestimmten Gründen kann dem Abkömmling, aus drei Gründen den Eltern und aus den Ehescheidungsgründen (§§ 1565—1568) dem Ehegatten der Pflichtteil durch letztwillige Verfügung des Erblassers entzogen werden (§§ 2333—2336); außerdem kann gemäß § 2338 die Beschränkung des Pflichtteilsrechts in guter Absicht erfolgen, um den Erbteil für die Erben eines überschuldeten Abkömmlings zu retten.

Sechster Abschnitt. Erbunwürdigkeit (§§ 2339—2345).

Erbunwürdigkeit (des Erben, Vermächtnisnehmers und Pflichtteilsberechtigten) ist die Folge von bestimmten strafbaren Verfehlungen gegen den Erblasser (Tötung, Nötigung, Drohung, Betrug, Fälschung usw.); sie wird von denjenigen, die durch den Wegfall des Erbunwürdigen Vorteil haben, im Wege der Anfechtungsklage geltend gemacht und hat zur Folge, daß der Anfall als nicht erfolgt gilt.

Siebenter Abschnitt. Erbverzicht (§§ 2346—2352).

Verwandte sowie der Ehegatte des Erblassers können durch gerichtlich oder notariell zu beurkundenden Vertrag mit diesem auf ihr gesetzliches Erbrecht einschließlich des Pflichtteilsrechts oder nur auf dieses, der Testamentserbe und Vermächtnisnehmer auf die Zuwendung verzichten. Der Erblasser kann den Vertrag nur persönlich schließen; der Verzicht gilt zugleich für die Abkömmlinge des Verzichtenden.

Achter Abschnitt. Erbschein (§§ 2353—2370).

Der Erbschein ist ein vom Nachlaßgericht auf Antrag erteiltes Zeugnis über das Erbrecht oder über den Anteil eines Miterben; er wird sowohl dem gesetzlichen, wie dem eingesetzten Erben erteilt und gewährt eine Legitimation (§ 2361), die die Vermutung für die Richtigkeit des Inhalts (§ 2365) und öffentlichen Glauben zugunsten gutgläubiger Dritter in sich schließt (§ 2366). Über seinen Inhalt RGer. 64, 173.

Der gesetzliche Erbe hat bei seinem Antrag anzugeben: die Zeit des Todes des Erblassers; sein Verhältnis zu ihm; die etwaigen näheren Erben; ob eine Verfügung von Todes wegen besteht, und ob ein Rechtsstreit über sein Erbrecht anhängig ist (§ 2354). Der eingesetzte Erbe hat außerdem die Verfügung zu bezeichnen, auf der sein Erbrecht beruht (§ 2355). Die Angaben sind durch öffentliche Urkunden oder Vorlage des Testaments nachzuweisen, und es ist, falls sie nicht offenkundig sind oder das Gericht diese Forderung nicht nachläßt, vor Gericht oder vor einem Notar an Eidesstatt zu versichern, daß dem Erben nichts bekannt sei, was der Richtigkeit seiner Angaben entgegensteht (§ 2356). Der Erbschein ist nur zu erteilen, wenn das Nachlaßgericht nach seinen Ermittelungen oder öffentlicher Aufforderung die Angaben des Erben für festgestellt erachtet (§§ 2358 f.); ergibt sich, daß der ausgestellte Erbschein unrichtig ist, so hat das Gericht ihn einzuziehen oder ihn für kraftlos zu erklären (§ 2361). Die Einsetzung eines Testamentsvollstreckers und die eines Vor- und Nacherben ist im Erbschein anzugeben (§§ 2363 f.). Der erstere erhält außerdem auf Antrag ein Zeugnis über seine Ernennung (§ 2368). Gehören zu einer Erbschaft, für die kein deutsches Nachlaßgericht zuständig ist, Gegenstände, die sich im Inlande befinden, so kann ein Erbschein für diese Gegenstände verlangt werden (§ 2369).

Neunter Abschnitt. Erbschaftskauf (§§ 2371—2385).

Der Erbschaftskauf — ein obligatorischer, auf Übertragung einer angefallenen Erbschaft oder eines Erbteils gerichteter Vertrag — bedarf der gerichtlichen oder notariellen Beurkundung (§ 2371). Der Verkäufer hat dem Käufer die zur Zeit des Verkaufs vorhandenen Erbschaftsgegenstände bzw. die für sie beschafften Gegenstände herauszugeben (§ 2374); seine Haftung wegen Gewährleistung beschränkt sich darauf, daß ihm das Erbrecht unbeschränkt zusteht; für Fehler einer einzelnen Sache haftet er nicht (§ 2378). Der Käufer übernimmt die Verpflichtung, die Nachlaßverbindlichkeiten zu erfüllen gegenüber dem Käufer (§ 2378) und gegenüber den Gläubigern (§ 2382), denen gegenüber der Verkäufer verpflichtet ist, den Verkauf der Erbschaft und den Namen des Käufers dem Nachlaßgericht unverzüglich anzuzeigen (§ 2384). Vom Abschluß des Kaufes an trägt der Käufer die Gefahr des zufälligen Untergangs und der zufälligen Verschlechterung der Erbschaftsgegenstände, sowie die Lasten, er erhält dagegen die Nutzungen (§ 2380).

Handelsrecht.

1. Handelsgesetzbuch.

(Schon seit 1849 ist an einem Allg. deutschen Handelsgesetzbuch gearbeitet worden. Es ist durch G. vom 24. 6. 61 seit 1. 3. 62 als Landesgesetz in Preußen eingeführt, sodann als Bundesgesetz am 5. 6. 69 und als Reichsgesetz durch RG. 16. 4. 71 betr. die Verf. des deutschen Reiches. Mit dem 1. 1. 1900 ist das 905 Paragraphen zählende Handelsgesetzbuch vom 10. 5. 97 in Kraft getreten). Eine Abänderung (§ 553) ist durch RG. 12. 5. 04 RGBl. 167 und (§§ 787 ff. Seeversicherung) durch RG. 30. 5. 08 RGBl. 307 erfolgt.

Nach dem EG. Art. 2 kommen in Handelssachen zunächst die Vorschriften des Handelsgesetzbuches selbst und die des Einführungsgesetzes, und sodann erst das Bürgerliche Recht zur Anwendung. Gleichwertig neben dem Handelsgesetzbuche steht das Handelsgewohnheitsrecht. Es wird aber nur beachtet, wenn es gemeines, d. h. in ganz Deutschland herrschendes Gewohnheitsrecht ist. Die Handelsgebräuche sog. Usanzen schaffen kein Recht, sondern geben nur Auslegungsregeln für einzelne Rechtsverhältnisse. Sie können lokaler oder allgemeiner Natur sein.

Erstes Buch. Handelsstand.

1. Kaufmann ist, wer ein Handelsgewerbe betreibt (§ 1). Unternehmer, deren Geschäft in kaufmännischer Weise eingerichtet ist, sind, auch wenn sie kein „Handelsgewerbe" betreiben, Kaufleute, sobald sie in das Handelsregister eingetragen sind. Die Eintragung kann erzwungen werden (§ 2 z. B. Bauunternehmer, Ziegeleibesitzer usw.; Ausnahme bei land- und forstwirtschaftlichen Betrieben s. § 3). Als Kaufleute gelten auch die Handelsgesellschaften (§ 6; offene Handelsges., Aktienges. usw.), ferner auch eingetragene Genossenschaften (RG. 1. 5. 89 § 17). Öffentliche Banken (Reichsbank; Seehandlung, K. Bayr. Bank) sind Kaufleute (aber ohne Registerpflicht; § 36 HGB. § 66. Rbankg.) Versicherungsvereine a. G. gelten nach § 16 RGes. über die privaten Vers. Unt. als Kaufleute). Auch Frauen sind Kaufleute, sofern sie ein Handelsgewerbe betreiben. Die Einwilligung des Ehemanns ist zur Begründung ihrer Kaufmannseigenschaft nicht erforderlich, hat vielmehr nur vermögensrechtliche Folgen. Bei erteilter Einwilligung haftet für die Handelsschulden der Ehefrau bei der Verwaltungsgemeinschaft das eingebrachte Gut der Ehefrau; bei der allgemeinen Gütergemeinschaft, bei der Errungenschafts- und bei der Fahrnisgemeinschaft das Gesamtgut. Hat der Ehemann seine Einwilligung nicht

erteilt (s. BGB. § 1405), so haftet nur das Vorbehaltsgut der Ehefrau. Die Einwilligung gilt als erteilt, wenn die Ehefrau mit Wissen des Ehemannes das Handelsgewerbe betreibt, es sei denn, daß dieser einen Einspruch hiergegen in das Güterrechtsregister hat eintragen lassen. — Gegenüber den sog. Vollkaufleuten sind Minderkaufleute: Handwerker und solche Personen, deren Gewerbebetrieb nicht über den Umfang des Kleingewerbes hinausgeht (Höker, Trödler, Hausierer, kleinere Wirte, Fuhrleute usw.). Für diese gelten die Bestimmungen über die Firmen, die Handelsbücher und die Prokura nicht; ihre Vereinigungen bilden keine Handelsgesellschaften (§ 4).

2. In die Handelsregister, welche von den Amtsgerichten[1]) (auch von einem für mehrere Bezirke — FrwG. § 125 — z. B. Berlin-Mitte für 9 andere Berliner und Vorortsgerichte) geführt werden (AG. z. GVG. § 25) sind die im HGB. angeordneten Eintragungen aufzunehmen (§§ 8 bis 16; V. 7. 11. 99 über die Führung der Handelsregister). Jeder kann sie einsehen, auch gegen Erlegung der Kosten Abschrift der Eintragungen verlangen (§ 9). Die Eintragungen sind vom Gericht im Reichsanzeiger und in mindestens einem öffentlichen, jedes Jahr zu bestimmenden und bekannt zu gebenden Blatte zu veröffentlichen (§§ 10, 11) (MV. 9. 5. 02, JMBl. 110 19. 10. 09 JMBl. 349) und gelten demnächst Dritten gegenüber als bekannt (§ 15). Die frühere Einteilung in ein Firmen-, Prokura- und Gesellschaftsregister ist fortgefallen.

3. Die Firma eines Kaufmanns ist der Name, unter dem er im Handel seine Geschäfte betreibt und die Unterschrift abgibt (§ 17). Sie hat den Familiennamen des Kaufmanns und mindestens einen ausgeschriebenen Vornamen zu enthalten (§ 18; über das Anbringen der Firma am Eingange des offenen Ladens s. EG. Art. 9). Die Firma einer Aktiengesellschaft, sowie einer Kommanditgesellschaft auf Aktien ist in der Regel von dem Gegenstande des Unternehmens zu entlehnen, und hat die Bezeichnung „Aktiengesellschaft" oder „Kommanditgesellschaft auf Aktien" zu enthalten. Die Firma einer offenen Handelsgesellschaft muß den Namen wenigstens eines der Gesellschafter mit einem die Gesellschaft andeutenden Zusatze (& Co.) oder die Namen sämtlicher Gesellschafter enthalten; bei der Kommanditgesellschaft muß wenigstens ein persönlich haftender Gesellschafter mit Zusatz genannt sein (§§ 19, 20). Indes kann ein durch Vertrag oder Erbgang erworbenes Handelsgeschäft unter der bisherigen Firma mit Bewilligung des bisherigen Inhabers oder des Erben fortgeführt werden (§ 22). (Die Firma allein ohne das Handelsgeschäft ist unübertragbar § 23). Im Falle der Fortführung der alten Firma haftet neben dem bisherigen Inhaber der neue Inhaber bzw. Erbe für alle im Betriebe des Geschäftes begründeten Verbindlichkeiten des früheren Inhabers (§§ 25, 27). Gegen diesen verjähren die Ansprüche spätestens 5 Jahre nach dem Eintritte des neuen Inhabers (§ 26). Wird die Firma nicht fortgeführt, so haftet der neue Inhaber nur, wenn die Übernahme der Verbindlichkeiten von ihm in

[1]) In den Schutzgebieten von besonders bestellten Beamten: SchutzgebG. § 2; in den Konsulargerichtsbezirken: die Konsuln (KonsGG. § 7).

handelsüblicher Weise bekannt gemacht ist oder ein sonstiger Verpflichtungsgrund vorliegt (§ 25). Die ursprüngliche Firma kann auch beibehalten werden, wenn in ein bestehendes Handelsgeschäft jemand als persönlich haftender Gesellschafter oder als Kommanditist eintritt (§ 24); die hierdurch gebildete Gesellschaft haftet, auch wenn die Firma nicht fortgeführt wird, für alle Geschäftsverbindlichkeiten des früheren Inhabers (§ 28). Die auf die Schuldenhaftung sich beziehenden Vorschriften der §§ 25 und 28 können mit Wirksamkeit Dritten gegenüber abgeändert werden, sofern die abweichende Vereinbarung in das Handelsregister eingetragen und bekannt gemacht oder dem Dritten besonders mitgeteilt worden ist. Im Falle der Verheiratung oder Wiederverheiratung einer Handelsfrau kann diese, trotz der dadurch herbeigeführten Änderung ihres Namens, ihren früheren Namen als Firma weiterführen (§ 21). Jede neue Firma muß sich von allen bereits an demselben Orte[1]) bestehenden deutlich unterscheiden, nötigenfalls durch Zusätze (§ 30). Sie ist am Orte der Haupt- wie der etwaigen Zweigniederlassung in das Handelsregister einzutragen (§ 29); ebenso jede Änderung, auch des Inhabers, und das Erlöschen (§ 31). Das Amtsgericht hat die Beteiligten zur Anmeldung der Firma, ihrer Änderung und ihres Erlöschens von Amts wegen durch Ordnungsstrafen anzuhalten und in gleicher Weise gegen den Gebrauch unzulässiger Firmen einzuschreiten (§§ 14, 37). Das Erlöschen einer Firma ist von Amts wegen einzutragen, sofern die Anmeldung des Erlöschens durch die Verpflichteten nicht herbeigeführt werden kann (§ 31). Der unbefugte Gebrauch einer Firma macht schadensersatzpflichtig (§ 37); vgl. auch § 14 Warenzeichengeſ.; § 16 Unl. Wettb. Ges.

4. Jeder Kaufmann muß **Handelsbücher**, die gebunden und mit fortlaufenden Blatt- oder Seitenzahlen versehen sein müssen, in einer lebenden Sprache und deren Schriftzeichen führen (§ 43). Aus den Büchern müssen seine Handelsgeschäfte und seine Vermögenslage vollständig zu ersehen sein; er muß ferner von den abgesendeten Handelsbriefen eine Abschrift zurückbehalten und diese Abschriften sowie die empfangenen Handelsbriefe aufbewahren (§ 38). Bei Beginn seines Handelsgewerbes und demnächst für jedes Geschäftsjahr, das mit dem Kalenderjahr nicht zusammenzufallen braucht, hat er ein Verzeichnis seines ganzen Aktiv- und Passivvermögens (**Inventar**) und einen Abschluß (**Bilanz**) aufzustellen und zu unterschreiben. Bei großem Geschäftsumfange braucht das Inventar nur alle zwei Jahre aufgenommen zu werden (§ 39). Die Handelsbücher sind zehn Jahre seit der letzten Eintragung aufzubewahren, ebenso die Abschriften der abgesendeten und die empfangenen Handelsbriefe, die Inventare und die Bilanzen (§ 44). (Wenn ein Kaufmann Depotgeschäfte betreibt, muß er ein Depotbuch führen und die Wertpapiere gesondert unter äußerlicher Kenntlichmachung des Eigentümers aufheben RG. 5. 7. 96 § 1). — Die Beweiskraft der Handelsbücher, deren Vorlegung das Gericht auf Antrag oder von Amts wegen anordnen kann (§ 45), unterliegt der freien richterlichen Würdigung (§ 286 ZPO.); Unterlassung der auf die

[1]) Mehrere Nachbarorte können als ein Ort erklärt werden § 30; vgl. Art. 1 AG. z. BGB.; MV. 28. 9. 08 JMBl. 359.

Führung der Handelsbücher bezüglichen Pflichten ist in der Regel nur im Falle der Zahlungseinstellung und des Konkurses (s. KonkO. §§ 239 ff.) strafbar: (vgl. jedoch Priv. Vers. Unt. Ges. § 60 und preuß. Pfandleihges. 17. 3. 81).

5. Prokurist ist, wer von dem Inhaber des Handelsgeschäfts (Prinzipal) oder seinem gesetzlichen Vertreter (Vater, Vormund unter Genehmigung des Vormundschaftsgerichts §§ 1822, 1643 BGB.) mittels ausdrücklicher Erklärung beauftragt ist, im Namen und für Rechnung des Prinzipals das Handelsgewerbe zu betreiben (§§ 48 f.). Die Prokura ermächtigt zu allen Geschäften, die der Betrieb eines Handelsgewerbes mit sich bringt; nur zur Veräußerung und Belastung von Grundstücken muß der Prokurist besonders bevollmächtigt sein (§ 49). Sie ist jederzeit widerruflich und selbst bei Einwilligung des Prinzipals nicht übertragbar; sie ermächtigt zur Bestellung von Handlungsbevollmächtigten; sie erlischt nicht mit dem Tode des Prinzipals (§ 52).

Eine Beschränkung des Umfanges der Prokura ist Dritten gegenüber ohne Wirkung, selbst wenn diese die Beschränkung kannten (§ 50); es sei denn, daß die Beschränkung dahin geht, daß der Prokurist nur gemeinsam mit einem anderen Prokuristen oder einem offenen Handelsgesellschafter oder einem Vorstandsmitgliede einer Aktiengesellschaft zur Vertretung befugt sein soll, oder die Prokura auf den Betrieb einer von mehreren Niederlassungen des Prinzipals beschränkt ist, sofern die Niederlassungen unter verschiedenen Firmen betrieben werden. Der Prokurist zeichnet in der Weise, daß er der Firma einen die Prokura andeutenden Zusatz (ppa.) und seinen Namen beifügt (§ 51). Die Erteilung und das Erlöschen der Prokura sind in das Handelsregister einzutragen (§ 53). — Wer von einem Prinzipale ohne Prokuraerteilung zum Betriebe eines Handelsgewerbes oder zu einer bestimmten Art von Geschäften oder zu einzelnen Geschäften in dessen Handelsgewerbe bestellt ist (Handlungsbevollmächtigter), hat Vollmacht zu allem, was der Betrieb eines derartigen Handelsgewerbes oder die Vornahme derartiger Geschäfte gewöhnlich mit sich bringt; doch gehört zur Veräußerung und Belastung von Grundstücken, zum Eingehen von Wechselverbindlichkeiten, zur Aufnahme von Darlehen und zur Prozeßführung besondere Ermächtigung. Sonstige Beschränkungen sind einem Dritten gegenüber nur dann wirksam, wenn dieser sie kannte oder kennen mußte (§ 54). Ein nach auswärts gesandter Handlungsreisender ist an sich auch Handlungsbevollmächtigter; er kann insbesondere den Kaufpreis aus den von ihm abgeschlossenen Verkäufen einziehen und Zahlungsfristen bewilligen. Anzeigen von Mängeln einer Ware sowie Erklärungen, daß die Ware zur Verfügung gestellt werde, kann er persönlich entgegennehmen (§ 55). Wer in einem Laden oder offenen Warenlager angestellt ist, gilt als ermächtigt zu Verkäufen und Empfangnahmen, die daselbst gewöhnlich geschehen (§ 56). Anders wie beim Prokuristen kann der Handlungsbevollmächtigte seine Handlungsvollmacht mit Zustimmung des Prinzipals auf einen Dritten übertragen (§ 58). — Der Dritte, mit dem der Prokurist oder der Handlungsbevollmächtigte Rechtsgeschäfte abschließt, tritt dadurch lediglich mit dem Prinzipal, nicht mit dem Prokuristen in ein Rechtsverhältnis. Ist der Prokurist oder der Handlungsbevollmächtigte zugleich Handlungsgehilfe, so finden die Bestimmungen des 6. Abschnittes s. unten Anwendung.

6. H a n d l u n g s g e h i l f e n sind die in einem Handelsgewerbe zur Leistung kaufmännischer Dienste gegen Entgelt angestellten Personen. Welche Dienste als kaufmännische anzusehen sind, ist nach der Verkehrsauffassung zu beurteilen. Den Gegensatz bilden namentlich Dienste technischer und häuslicher Natur (Gewerbegehilfen, Dienstboten). In Ermangelung anderweitiger Vereinbarungen haben die Handlungsgehilfen die dem Ortsgebrauch entsprechenden Dienste zu leisten und die dem Ortsgebrauch entsprechende Vergütung zu beanspruchen (§ 59); der Handlungsgehilfe darf ohne Einwilligung des Prinzipals weder ein Handelsgewerbe betreiben, noch in dem Handelszweige des Prinzipals für eigene oder fremde Rechnung Geschäfte machen. Bei Zuwiderhandlungen kann der Prinzipal Schadensersatz fordern oder das Geschäft als sein eigenes betrachten (§§ 60, 61). Der Prinzipal ist verpflichtet, den Betrieb und die Arbeitszeit so zu regeln, insbesondere auch für die Wohn- und Schlafräume, sowie die Verpflegung so zu sorgen, daß der Handlungsgehilfe an seiner Gesundheit nicht geschädigt wird und die Aufrechterhaltung der guten Sitten und des Anstandes gesichert ist, andernfalls ist er zum Schadensersatz nach §§ 842 bis 846 BGB. verpflichtet (§ 62). Werden Handlungsgehilfen durch unverschuldetes Unglück zeitweise dienstunfähig, so behalten sie Anspruch auf Gehalt und Unterhalt jedoch höchstens auf 6 Wochen (§ 63). Sind sie krankenversicherungspflichtig (unten bei der GewO.), so darf ihnen das Krankengeld vom Prinzipal nicht angerechnet werden (§ 63)[1]. Die Gehaltszahlung muß am Schluß jedes Monats erfolgen (§ 64). Das Dienstverhältnis ist von beiden Seiten sechs Wochen (d. i. am 43. Tag) vor dem Schluß eines Kalendervierteljahrs kündbar (§ 66); eine vertragsmäßige Kündigungsfrist muß mindestens einen Monat betragen und für beide Teile gleich sein, sie ist nur für den Schluß eines Monats zulässig (§ 67). Die Kündigungsvorschriften gelten nicht für Angestellte mit mindestens 5000 Mk. Jahresgehalt oder für außereuropäische Handelsniederlassungen (§ 68), wenn der Prinzipal die Kosten der Rückreise übernommen hat; oder bei vorübergehender Aushilfe unter drei Monaten (§ 69)[2]. Wichtige Gründe für die Kündigung ohne Einhaltung der Frist (§ 70) s. § 71 für den Gehilfen und § 72 für den Prinzipal. Der Handungsgehilfe kann die Ausstellung eines Zeugnisses, auf besonderen Wunsch auch über Führung und Leistungen beim Abgang verlangen; die polizeiliche Beglaubigung des Zeugnisses ist kosten- und stempelfrei (§ 73). Eine Vereinbarung über die Beschränkung der Tätigkeit des Handlungsgehilfen nach dem Abgang (sog. K o n k u r r e n z k l a u s e l) darf sein Fortkommen nicht unbillig erschweren, sich nicht auf länger als drei Jahre erstrecken und ist gegenüber einem Minderjährigen nichtig; die Verpflichtung erlischt

[1]) Die Bestimmung, daß das Krankengeld nicht auf das Gehalt angerechnet werden darf, darf durch Vertrag nicht abgeändert werden (§ 63 Abs. 2 Satz 2). Ob auch Vereinbarungen, wonach der Handlungsgehilfe für die Dauer der Krankheit überhaupt oder teilweise auf das Gehalt verzichtet, nichtig sind, ist in der Literatur und Rechtsprechung lebhaft bestritten, aber überwiegend verneint worden.

[2]) Sog. „Probeengagements“ mit täglicher Kündigung sind nichtig; zulässig sind nur Annahmen auf bestimmte Zeit, z. B. „auf 2 Wochen“.

bei grundloser Kündigung durch den Prinzipal, wenn nicht das Gehalt für die Dauer der Beschränkung weiter gezahlt wird (§§ 74 f.). Die §§ 60—63, 74, 75 finden auch auf Handlungslehrlinge Anwendung (§ 76), für welche im übrigen ähnliche Bestimmungen gelten wie für die gewerblichen Lehrlinge (§§ 76—82). Wegen ihrer Beschäftigung an Sonn- und Festtagen s. GewO. § 105 b Abs. 2. Wegen der Nachtruhe (10 bis 11 Stunden) und Mittagspause (1½ Std.) GewO. § 139 c; Ausnahmen § 139 d; 9 Uhr Ladenschluß 139 e; auf Antrag von ⅔ der Geschäftsinhaber eines Ortes 8 Uhr-Schluß (§§ 139 f.).

Für Rechtsstreitigkeiten zwischen Handlungsgehilfen (mit nicht mehr als 5000 Mk. Gehalt) und dem Prinzipal sind die Kaufmannsgerichte zuständig RG. 6. 7. 04 RGBl. 266; AusfE. 20. 9. 04 MBl. f. Hand.- u. GewV. 413 (Musterstatut 30. 11. 04 JMBl. 315), deren Verfassung ähnlich und deren Verfahren übereinstimmend mit dem der Gewerbegerichte geordnet ist.

7. Handlungsagent ist, wer — ohne als Handlungsgehilfe angestellt zu sein — ständig damit betraut ist, für das Handelsgewerbe eines anderen Geschäfte zu vermitteln oder im Namen des anderen abzuschließen. Von dem Abschluß des Geschäftes hat er dem Geschäftsherrn sofort Nachricht zu geben (§ 84). Ist der Agent damit betraut gewesen, Geschäfte im Namen des Geschäftsherrn abzuschließen, so kommt das Geschäft zustande, sobald der Agent es abgeschlossen hat. War er dagegen nur mit der Vermittlung von Geschäften betraut, so kommt das Geschäft erst zustande, sofern der Geschäftsherr nicht unverzüglich nach Empfang der Mitteilung dem Dritten gegenüber erklärt, daß er das Geschäft ablehne (§ 85). Zur Annahme von Zahlungen ist der Agent nur mit Genehmigung des Geschäftsherrn befugt, ebenso zu nachträglichen Bewilligungen von Zahlungsfristen. Mängelrügen sowie die Erklärung; daß die Ware zur Verfügung gestellt werde, können dem Agenten gegenüber rechtsgültig abgegeben werden (§ 86). Für jedes zur Ausführung gelangte Geschäft gebührt ihm, falls nicht ein anderes vereinbart ist, eine Provision nach Eingang der Zahlung und zwar, wenn er für einen bestimmten Bezirk bestellt ist, im Zweifel auch dann, wenn er bei dem Geschäfte nicht mitgewirkt hat (§§ 88, 89). Für die geschäftsüblichen Auslagen und Kosten kann er Ersatz nur verlangen, wenn es besonders vereinbart ist (§ 90). Die gesetzliche Kündigungsfrist ist die sechswöchige zum Kalendervierteljahrsschluß; bei wichtigem Grunde entfällt die Kündigungsfrist (§ 92). Im Gegensatze zum Rechte des Handlungsgehilfen ist aber die Vereinbarung jeder Kündigungsfrist zulässig.

8. Handelsmäkler. Das alte HGB. bezeichnete als solche die amtlich bestellten und vereidigten Vermittler für Handelsgeschäfte. Das neue HGB. kennt derartige Mäkler nicht mehr; es kennt nur noch Privatmäkler, d. h. Personen, die gewerbsmäßig für andere — ohne von ihnen auf Grund eines Vertragsverhältnisses ständig damit betraut zu sein — die Vermittlung von Verträgen über Anschaffung oder Veräußerung von Waren oder Wertpapieren, über Versicherungen, Beförderungen usw. übernehmen. Werden andere als derartige Geschäfte vermittelt, z. B. Miets- oder Dienstverträge, Verkäufe ganzer Geschäfte, namentlich aber Geschäfte

über unbewegliche Sachen, so finden die Vorschriften des HGB. keine Anwendung, selbst wenn es sich um Handelsmäkler handelt (§ 93). Der Handelsmäkler ist immer Kaufmann (§ 1 Nr. 7). Er haftet beiden Parteien für den durch sein Verschulden entstandenen Schaden (§ 98), auch wenn er nur von einer Partei mit der Vermittlung beauftragt worden ist. Über jedes von ihm vermittelte Geschäft hat er eine von ihm unterzeichnete Schlußnote auszufertigen und jeder der Parteien zuzustellen (Stempelpflicht, RStempG. § 12). Die Schlußnote hat den wesentlichen Inhalt des Geschäftes zu enthalten (§ 94). Der Mäkler kann sich in der Schlußnote die Bezeichnung der anderen Partei vorbehalten. Das Geschäft wird alsdann unter den Parteien perfekt, sofern er innerhalb der ortsüblichen oder angemessenen Frist die andere Partei nachträglich bezeichnet und begründete Einwendungen gegen diese nicht zu erheben sind. Andernfalls ist die eine Partei befugt, den Mäkler selbst auf die Erfüllung des Geschäftes in Anspruch zu nehmen (§ 95). Ferner hat er ein Tagebuch zu führen und in dieses sämtliche abgeschlossene Geschäfte unter Angabe ihres wesentlichen Inhaltes einzutragen (§ 100). Zahlungen oder sonstige Leistungen darf er nicht in Empfang nehmen (§ 97). Der vereinbarte, sonst ortsübliche Mäklerlohn ist fällig, sobald das Geschäft geschlossen ist und wird in Ermangelung besonderer Parteivereinbarungen und eines abweichenden Ortsgebrauches von jeder Partei zur Hälfte geschuldet (§ 99; BGB. § 652).

Zweites Buch. Von den Handelsgesellschaften.

Das HGB. behandelt offene Handels-, Kommandit-, Aktien- und stille Gesellschaften. Nur die ersten Arten sind nach außen und innen Gesellschaften, die letzte ist es nur nach innen. In besonderen Gesetzen sind behandelt die Gesellschaften mit beschr. Haftung und der Genossenschaften.

1. Offene Handelsgesellschaft (§ 105—160).

Sie ist vorhanden, wenn zwei oder mehrere Personen ein Handelsgewerbe (jedoch kein Kleingewerbe) unter gemeinschaftlicher Firma betreiben, und bei keinem der Gesellschafter die Haftung gegenüber den Gesellschaftsgläubigern beschränkt (d. h. keiner bloß „Kommanditist" oder „stiller Gesellschafter") ist (§ 105). Es gelten die Vorschriften des BGB. über die Gesellschaft soweit nicht das HGB. ein anderes bestimmt. Der Gesellschafsvertrag ist formlos; verpflichtet sich jedoch in dem Vertrage einer der Gesellschafter ein Grundstück in die Gesellschaft einzubringen, so ist der Vertrag bei Vermeidung der Nichtigkeit nach § 313 BGB. gerichtlich oder notariell zu beurkunden. Die Gesellschaft ist von sämtlichen Gesellschaftern zur Eintragung in das Handelsregister bei dem Gerichte des Ortes anzumelden, an dem die Gesellschaft ihren Sitz hat (§§ 106, 108).

A. Das Verhältnis der Gesellschafter untereinander richtet sich in erster Linie nach dem Gesellschaftsvertrage (§ 109). Sonst gilt folgendes: Die von jedem Gesellschafter in die Gesellschaft eingebrachten vertretbaren oder verbrauchbaren Sachen werden Eigentum der Gesellschaft; alle übrigen Sachen dann, wenn sie nach einer Schätzung, die nicht bloß für die Gewinnverteilung bestimmt ist, beigetragen werden (§ 706 BGB.).

Kein Gesellschafter braucht die Einlage über den vertragsmäßigen Betrag zu erhöhen oder die durch Verlust verminderte zu ergänzen (§ 707 BGB.). Im Zweifel sind die Einlagen für jeden Gesellschafter gleich groß (§ 706 ebda). Jeder ist verpflichtet, dieselbe Sorgfalt wie in eigenen Angelegenheiten anzuwenden (§ 708 ebda.). Keiner darf ohne Genehmigung der anderen im Handelszweige der Gesellschaft Geschäfte machen, noch an einer anderen gleichartigen Handelsgesellschaft als persönlich haftender Gesellschafter teilnehmen (§ 112). Bei Verletzung dieser Verpflichtung kann der Gesellschafter entweder Schadensersatz fordern oder verlangen, daß der Gesellschafter das Geschäft als für Rechnung der Gesellschaft eingegangen gelten lasse (§ 113). Ist im Gesellschaftsvertrage die Geschäftsführung nicht einem oder mehreren Gesellschaftern übertragen (die dann die übrigen von der Geschäftsführung ausschließen), so sind alle zum Betriebe der Geschäfte berechtigt und verpflichtet (§ 114); dem von der Geschäftsführung ausgeschlossenen Gesellschafter verbleibt das Recht, die Handelsbücher und die Papiere der Gesellschaft einzusehen und sich aus ihnen eine Bilanz zu fertigen (§ 118). Eine Handlung, der einer der geschäftsführenden Gesellschafter widerspricht, muß unterbleiben (§ 115). Stimmeneinheit aller ist, auch wenn die Geschäftsführuug einem oder mehreren übertragen worden ist, für Geschäfte nötig, die über den gewöhnlichen Betrieb hinausgehen (§ 116), ferner zur Verminderung der Einlage oder des Anteils eines Gesellschafters (§ 122) und zur Abberufung der Liquidatoren (§ 147). Zur Bestellung eines Prokuristen müssen sämtliche geschäftsführenden Gesellschafter und, wenn solche nicht ernannt sind, sämtliche Gesellschafter ihre Einwilligung erteilen, außer wenn Gefahr im Verzuge ist; die Aufhebung der Prokura kann mit Wirkung gegen Dritte durch jeden zur Vertretung berechtigten Gesellschafter erfolgen (§ 116). Am Schlusse jedes Geschäftsjahres wird auf Grund der Bilanz Gewinn und Verlust ermittelt und der betr. Teil dem Anteile eines jeden Gesellschafters zu- oder abgeschrieben (§ 120). Sofern Gewinn gemacht ist, erhält jeder Gesellschafter zunächst einen Anteil in Höhe von 4% seines Kapitalanteils. Reicht der Jahresgewinn hierzu nicht aus, so erhält er einen entsprechend niedrigeren Satz. Ist der Jahresgewinn größer, so wird der überschießende Teil unter die Gesellschafter nach Köpfen verteilt. Bei Verlust erfolgt regelmäßig Teilung nach Köpfen (§ 121). Jeder Gesellschafter darf auf seinen Anteil Geld bis zum Betrage von 4% seines für das letzte Jahr festgestellten Kapitalanteils erheben und, soweit es nicht zum Schaden der Gesellschaft gereicht, auch verlangen, daß ihm sein Anteil am Gewinne des letzten Jahres, soweit er den eben erwähnten Betrag übersteigt, ausgezahlt wird (§ 122).

B. Verhältnis der Gesellschaft zu Dritten. Dritten gegenüber tritt die Gesellschaft schon mit dem Beginne ihrer Geschäfte, sonst mit ihrer Eintragung in das Handelsregister in Wirksamkeit; der letztere Zeitpunkt ist allein maßgebend, sofern die Gesellschaft Geschäfte der in § 2 bezeichneten Art betreibt (§ 123) s. S. 150; sie kann unter ihrer Firma Rechte erwerben, Verbindlichkeiten eingehen, Eigentum und andere dingliche Rechte auch an Grundstücken erwerben, vor Gericht klagen und verklagt werden. Zwangsvollstreckungen in das Gesellschaftsvermögen können nur auf Grund eines Schuldtitels erfolgen, der gegen die Gesellschaft als solche (nicht gegen die einzelnen Gesellschafter) gerichtet ist (§ 124). Die Gesellschafter haften für alle Verbindlichkeiten der Gesellschaft als Gesamtschuldner mit ihrem ganzen Vermögen (§ 128); wer in eine schon bestehende Gesellschaft eintritt, haftet gleich den anderen Gesellschaftern auch für alle früher eingegangenen Verbindlichkeiten; abweichende Vereinbarungen sind Dritten gegenüber unwirksam (§ 130). Wird ein Gesellschafter wegen einer Verbindlichkeit der Gesellschaft in Anspruch genommen, so kann er dem Gläubiger alle Einreden entgegensetzen, die von der Gesellschaft erhoben werden könnten; er kann die Befriedigung des Gläubigers verweigern; sofern und solange die Gesellschaft das der Verbindlichkeit zugrunde liegende Rechtsgeschäft anfechten oder der Gläubiger sich durch Aufrechnung gegen eine fällige Forderung der Gesellschaft befriedigen kann. Soll wegen einer Gesellschaftsschuld eine Zwangsvollstreckung in das Privatvermögen eines Gesellschafters erfolgen, so bedarf der Gläubiger eines gegen den betr. Gesellschafter gerichteten vollstreckbaren Schuldtitels; ein Schuldtitel gegen die Gesellschaft als solche genügt nicht (§ 129).

Die Privatgläubiger eines Gesellschafters können sich nicht an das im Gesamteigentum der Gesellschafter stehende Gesellschaftsvermögen, sondern nur an dasjenige halten, was ihrem Schuldner an Zinsen, an Gewinnanteilen und schließlich bei der Auseinandersetzung zusteht; jedoch gilt dies nicht für Rechte (z. B. Hypotheken- und Pfandrechte), welche an den von einem Gesellschafter eingebrachten Gegenständen bereits zur Zeit des Einbringens bestanden. Eine Aufrechnung zwischen Forderungen der Gesellschaft und Privatforderungen des Gesellschaftsschuldners gegen einen einzelnen Gesellschafter findet erst nach Auflösung der Gesellschaft statt, wenn und soweit die Gesellschaftsforderung dem Gesellschafter bei der Auseinandersetzung überwiesen ist (§ 719 BGB). Beim Konkurs der Gesellschaft werden deren Gläubiger aus dem Gesellschaftsvermögen abgesondert befriedigt, d. h. es findet über dieses ein selbständiges Konkursverfahren statt; aus dem Privatvermögen der Gesellschafter können sie nur wegen des Ausfalles ihre Befriedigung suchen (KonkO. § 209 ff.); die Privatgläubiger dagegen haben kein Recht auf Absonderung des Privatvermögens eines Gesellschafters.

Zur Vertretung der Gesellschaft ist jeder Gesellschafter ermächtigt, sofern er nicht durch den Gesellschaftsvertrag oder durch gerichtliche Entscheidung beim Vorliegen eines wichtigen Grundes von der Vertretung ausgeschlossen ist (§ 125). Über Gesamtvertretung und Vertretung in Gemeinschaft mit einem Prokuristen s. § 125 Abs. 2 u. 3. Die Vertretungsmacht erstreckt sich auf alle gerichtlichen und außergerichtlichen Geschäfte, auch auf Veräußerung und Belastung von Grundstücken, Erteilung und Widerruf der Prokura. Der Umfang dieser Vertretungsmacht kann Dritten gegenüber nicht beschränkt werden.

C. Die Auflösung der Gesellschaft erfolgt durch Eröffnung des Konkurses über das Vermögen der Gesellschaft oder eines der Gesellschafter, durch den Tod eines Gesellschafters (falls der Vertrag nicht die Fortsetzung mit den Erben bestimmt), durch einstimmigen Beschluß aller Gesellschafter, durch Ablauf der vertragsmäßig festgesetzten Dauer, durch die seitens eines Gesellschafters geschehene, mindestens sechs Monate vor Ablauf des Geschäftsjahres zu bewirkende Aufkündigung, falls die Gesellschaft — was auch für eine auf Lebenszeit eines Gesellschafters eingegangene angenommen wird (§ 134) — auf unbestimmte Dauer eingegangen ist (§ 131). Wenn „wichtige" Gründe vorhanden sind (namentlich grobe Pflichtverletzungen eines Gesellschafters), so kann auf Antrag eines Gesellschafters vor Ablauf der vertragsmäßigen Zeit und ohne Kündigung die Auflösung der Gesellschaft durch richterliche Entscheidung ausgesprochen werden (§ 133). Die Auflösung tritt mit der Rechtskraft der Entscheidung ein.

Auch der Privatgläubiger eines Gesellschafters kann, wenn in dessen bewegliches Vermögen innerhalb der letzten sechs Monate eine Zwangsvollstreckung fruchtlos versucht und ihm der dem Gesellschafter bei der Auseinandersetzung zukommende Anteil auf Grund eines nicht bloß vorläufig vollstreckbaren Schuldtitels überwiesen ist, die Gesellschaft sechs Monate vor dem Ende des Geschäftsjahres für diesen Zeitpunkt kündigen (§ 135). In solchem Falle können jedoch die übrigen Gesellschafter auf Grund einstimmigen Beschlusses für sich die Gesellschaft weiterführen (§ 141). Dasselbe gilt, wenn die Gesellschafter vor der Auflösung übereingekommen sind, daß, ungeachtet des Ausscheidens eines oder mehrerer von ihnen, die Gesellschaft unter den übrigen fortgesetzt werden soll (§§ 138, 141); auch können sie, sofern die Voraussetzungen des § 133 vorliegen, anstatt der Auflösung der Gesellschaft die Ausschließung des betr. Gesellschafters durch richterliches Urteil beantragen (§ 140). Der Ausgeschiedene oder Ausgeschlossene muß sich die Beendigung der zur Zeit der Erhebung der Ausschließungsklage oder seines Austrittes laufenden Geschäfte nach dem Ermessen der verbleibenden Gesellschafter gefallen lassen; an den späteren Geschäften nimmt er keinen Anteil mehr. Sein Anteil wird ihm in einer Geldsumme ausgezahlt. — Soll die Gesellschaft nach dem Tode eines Gesellschafters mit dessen Erben fortgesetzt werden, so können diese verlangen, daß ihnen die Stellung von Kommanditisten eingeräumt werde, und, wenn die übrigen Gesellschafter hiermit nicht einverstanden sind, ohne Einhaltung einer Kündigungsfrist aus der Gesellschaft ausscheiden (§ 139). Sind nur zwei Gesellschafter vorhanden, so kann im Falle des § 135 oder wenn in der Person des einen Gesellschafters Gründe vorliegen, die seine Ausschließung rechtfertigen, der andere Gesellschafter auf seinen Antrag ermächtigt werden, das Geschäft *ohne Liquidation* mit Aktiven und Passiven zu übernehmen (§ 142).

D. *Die Liquidation der Gesellschaft* erfolgt nach der Auflösung[1]) durch die bisherigen Gesellschafter oder andere dazu bestellte Personen als Liquidatoren (§§ 145, 146), die in das Handelsregister einzutragen sind (§ 148). Eine Liquidation findet nicht statt: 1. im Falle des § 142, 2. wenn die Gesellschafter eine andere Art der Auseinandersetzung vereinbart haben, 3. beim Konkurs (§ 145). Die Liquidatoren haben die laufenden Geschäfte zu beendigen, das Gesellschaftsvermögen festzustellen, zu versilbern und zu verteilen, und zu diesem Zwecke sowohl bei Beginn

[1]) Anmeldung der Auflösung zum HR. außer bei Konkurs.

wie bei Beendigung der Liquidation eine Bilanz aufzustellen (§§ 149, 154, 155). Bis zur Beendigung der Liquidation bleibt im übrigen in bezug auf das Rechtsverhältnis der bisherigen Gesellschafter untereinander und zu Dritten alles beim alten (§ 156). Nach Beendigung der Liquidation ist das Erlöschen der Firma zum Handelsregister anzumelden; die Bücher und Papiere der Gesellschaft werden einem der Gesellschafter oder einem Dritten in Verwahrung gegeben (§ 157). Die Ansprüche gegen einen Gesellschafter aus Verbindlichkeiten der Gesellschaft verjähren in fünf Jahren nach Eintragung der Auflösung der Gesellschaft oder des Ausscheidens eines einzelnen Gesellschafters in das Handelsregister, falls der Anspruch gegen die Gesellschaft nicht einer kürzeren Verjährung unterliegt (§ 159).

2. Kommanditgesellschaft (§§ 161—177).

Eine Kommanditgesellschaft ist vorhanden, wenn bei einem unter gemeinschaftlicher Firma betriebenen Handelsgewerbe ein oder mehrere Gesellschafter nur mit einer Vermögenseinlage haften (Kommanditisten), während bei einem oder mehreren Gesellschaftern (persönlich haftende Gesellschafter oder Komplementäre) eine Beschränkung der Haftung nicht stattfindet (§ 161).

In Ansehung der letzteren ist die Gesellschaft zugleich eine offene (§ 161); die Komplementäre haften als Gesamtschuldner neben der Gesellschaft unbeschränkt und in erster Reihe (§§ 161, 128 HGB.). Die Regeln der offenen Handelsgesellschaften greifen auch hier, mit folgenden Änderungen, Platz (§ 161): bei der Veröffentlichung (aber nicht bei der Eintragung, §§ 162, 174 f.) unterbleibt die Angabe der Namen der Kommanditisten und ihrer Einlagen (§ 162), es ist nur die Zahl der Kommanditisten zu veröffentlichen; die Geschäftsführung sowie die Vertretung nach außen wird ausschließlich durch die persönlich haftenden Gesellschafter besorgt (§ 170); der Kommanditist kann für eigene oder fremde Rechnung auch gleichartige Geschäfte treiben (§ 165); er nimmt an dem Verluste nur bis zum Betrage seiner Einlage teil; was er an Gewinn — der ebenso berechnet wird, wie bei den Komplementären (§§ 167, 168) — bezogen, hat er wegen späterer Verluste nicht zurückzuzahlen, jedoch wird, solange seine ursprüngliche Einlage durch Verlust vermindert ist, der jährliche Gewinn zur Deckung des Verlustes verwendet (§ 167 f.); Tod und Verfügungsunfähigkeit eines Kommanditisten haben die Auflösung der Gesellschaft nicht zur Folge (§ 177).

3. Aktiengesellschaft (§§ 178—319).

Während das alte HGB. noch zur Gründung einer jeden AG. behördliche Genehmigung forderte, wurde durch das Bundesgesetz vom 11. 6. 70 und sodann durch das RG. 18. 7. 84 betr. die Kommanditgesellschaften auf Aktien und die Aktiengesellschaften ein System der „Normativbestimmungen" eingeführt, d. h. die AG. trat von selbst ins Leben, sofern die Gründer bei der Gründung diese Bestimmungen beobachteten. Diesem Vorgehen hat sich das neue HGB. angeschlossen. Aus den ins einzelne gehenden Bestimmungen des HGB. über die Aktiengesellschaften sind als die wesentlichsten folgende hervorzuheben:

I. Bei der AG. ist das Grundkapital in eine bestimmte Anzahl Anteile (Aktien) zerlegt; jeder Gesellschafter ist mit einer oder mehreren Aktien an der Gesellschaft beteiligt, ohne persönlich für deren Verbindlichkeiten zu haften (§ 178). Die Aktien sind unteilbar, können auf den Inhaber oder auf Namen lauten und müssen auf einen Beitrag von mindestens 1000 M. gestellt sein (§§ 179, 180). Der Bundesrat kann indessen einen geringeren Betrag, jedoch nicht unter 200 M., zulassen, wenn das Unternehmen ein gemeinnütziges ist und die Aktien auf Namen lauten, oder wenn eine Behörde oder sonstige öffentliche Korporation auf die Aktien einen bestimmten Ertrag ohne Bedingung und Zeitbeschränkung gewährleistet hat. Auf Namen lautende Aktien, deren Übertragung an die Einwilligung der Gesellschaft gebunden ist (sog. vinkulierte Namensaktien) dürfen in ihrem Betrage ebenfalls auf 200 M. herabgehen. Die vorstehenden Bestimmungen gelten auch für Interimsscheine, d. h. vor der Aktienausgabe ausgestellte, den Aktienbezug zusichernde Anteilsscheine (die nicht auf den Inhaber lauten dürfen §§ 179, 170).

II. Gründung. Sie beginnt mit der Feststellung des Gesellschaftsvertrages (Satzung) in gerichtlicher oder notarieller Verhandlung durch mindestens fünf Personen (Gründer, § 187; Inhalt der Satzung s. § 182). Simultangründung liegt vor, wenn die Gründer (bei Feststellung der Satzung oder in einer besonderen gerichtlichen oder notariellen Verhandlung) sämtliche Aktien übernehmen. Mit der Übernahme der Aktien gilt die AG. als errichtet (§ 188). Gleichzeitig mit der Errichtung haben die Gründer den ersten Aufsichtsrat und den Vorstand zu bestellen (§ 190). — Übernehmen die Gründer nicht sämtliche Aktien (Sukzessivgründung), so hat der Errichtung der Gesellschaft die Zeichnung der übrigen Aktien vorherzugehen. Die Übernahme erfolgt durch schriftliche Erklärung (Zeichnungsschein, § 189). Nach vollständiger Zeichnung des Grundkapitals ist von den Gründern eine Generalversammlung zu berufen, zum Zwecke der Wahl des Aufsichtsrates und des Vorstandes (§ 190).

Auf jede der übernommenen Aktien muß sodann mindestens 1/4 des Nennbetrages (bei Überpari-Emission auch der gesamte Übertrag) an den Vorstand bar eingezahlt werden (§ 195), sofern nicht den Aktionären anstatt der Barzahlung das Einbringen von Sachen durch den Gesellschaftsvertrag gestattet ist. Hierauf ist durch die Mitglieder des Vorstandes und des Aufsichtsrates der Hergang der Gründung zu prüfen, ein schriftlicher Prüfungsbericht zu erstatten und sodann die AG. zur Eintragung in das Handelsregister bei dem Gericht ihres Sitzes anzumelden. Der Anmeldung sind sämtliche auf die Gründung Bezug habenden Urkunden (Satzung, Gründungsbericht, Doppel der Zeichnungsscheine usw.) beizufügen (§ 195). Sind sämtliche Erfordernisse erfüllt, so trägt das Gericht bei der Simultangründung die AG. sofort ein, während es bei der Sukzessivgründung vorher noch eine Generalversammlung zur Beschlußfassung über die Errichtung der Gesellschaft beruft (§ 196) und erst nach erfolgter Beschlußfassung die Eintragung vornimmt. Die Eintragung (§ 198) ist zu veröffentlichen (§ 199). Von dem Tage der Eintragung an besteht die Aktien-Gesellschaft (§ 200).

Besondere Vorschriften bestehen bezüglich der sog. qualifizierten Gründung (d. h. bei Einbringung von Sacheinlagen durch die Aktionäre, Übernahme von Anlagen usw., Gewährung besonderer Vorteile an die Aktionäre). Derartige Abreden sind in dem Gesellschaftsvertrage und in den Zeichnungsscheinen bei Vermeidung der Unwirksamkeit genau aufzuführen (§§ 186, 189). Der Gründungshergang ist außer vom Vorstand und Aufsichtsrat noch von zwei Revisoren zu prüfen, die ebenfalls einen schriftlichen Prüfungsbericht zu erstatten haben (§ 192).

III. Organe der Aktien-Gesellschaft.

a) Vorstand. Er kann aus einer oder mehreren Personen (auch Aktionären) bestehen; unmittelbaren Preußischen Staats- und den Reichsbeamten ist jedoch die mit Vermögensvorteilen verbundene Teilnahme an der Verwaltung bei allen Aktiengesellschaften untersagt G. 10. 6. 74. u. RBG. § 16). Die Bestellung ist jederzeit widerruflich. Der Vorstand vertritt die Gesellschaft gerichtlich und außergerichtlich (§ 231). Besteht der Vorstand aus mehreren Mitgliedern, so kann durch die Satzung bestimmt werden, daß jedes Mitglied selbständig oder nur in Gemeinschaft mit einem oder mehreren anderen Mitgliedern oder einem Prokuristen zur Vertretung der AG. befugt sein soll (§ 232). Eine Beschränkung des Umfanges der Vertretungsbefugnis ist Dritten gegenüber unwirksam (§ 235). Der Vorstand kann mit Genehmigung des Aufsichtsrates einen Prokuristen bestellen (§ 238). Er führt die gesamten Geschäfte, stellt am Schlusse eines jeden Geschäftsjahres eine Bilanz, Gewinn- und Verlustrechnung, sowie einen Geschäftsbericht auf (§ 260 ff.), beruft die Generalversammlung (§ 253) und muß dieses tun, wenn der Verlust die Hälfte des Grundkapitals erreicht; stellt sich Zahlungsunfähigkeit oder Unterbilanz heraus, so muß er den Konkurs anmelden (§ 240). Über das Verbot des Betreibens eines Handelsgewerbe für eigene oder fremde Rechnung und seine Wirkungen s. § 236.

b) Aufsichtsrat (§ 243 ff.). Er besteht aus mindestens drei Mitgliedern und wird auf längstens fünf Jahre bestellt; er hat die ganze Geschäftsführung des Vorstandes zu überwachen, ist aber zur Vertretung der AG. nur bei Geschäften und Klagen mit dem Vorstande befugt. Die Mitglieder können jederzeit durch Beschluß der Generalversammlung entlassen werden.

c) Generalversammlung. In dieser üben die Aktionäre die ihnen in den Angelegenheiten der AG. zustehenden Rechte aus (§ 250), namentlich in bezug auf die Führung der Geschäfte, Prüfung der Bilanz, Bestimmung der Gewinnverteilung, Wahl des Aufsichtsrats, Entlastung von Vorstand und Aufsichtsrat (Berufung s. § 253). Aktionäre, deren Anteile zusammen 1/20 des Grundkapitals darstellen, können unter schriftlicher Angabe des Zweckes und der Gründe die Berufung der GV. verlangen (§ 254). Jeder Beschluß der GV. bedarf zu seiner Gültigkeit der gerichtlichen oder notariellen Beurkundung (§ 259); er kann von einem Aktionär, der zu Protokoll Widerspruch erhoben hat oder nicht ordnungsmäßig geladen ist, durch Klage beim Landgericht innerhalb eines Monats angefochten werden (§§ 271 ff.). Das Stimmrecht wird nach Aktienbeträgen ausgeübt, so zwar, daß jede Aktie eine Stimme gewährt (§ 252). Im allgemeinen entscheidet einfache Stimmenmehrheit (§ 251); doch gibt das Gesetz hiervon zahlreiche Abweichungen.

IV. Rechtsverhältnisse der Gesellschaft und der Gesellschafter.

Die AG. ist juristische Person und gilt immer als Handelsgesellschaft, auch wenn der Gegenstand des Unternehmens nicht im Betriebe eines Handelsgewerbes besteht (§ 210). — Neben den Kapitaleinlagen, deren Betrag durch den Nennwert bzw. Ausgabepreis der Aktien begrenzt wird (§ 211), kann den Aktionären durch das Statut die Verpflichtung zu anderen, wiederkehrenden, nicht in Geld bestehenden Leistungen (z. B. Rübenlieferungen bei Aktien-Zuckerfabriken) auferlegt werden (§ 212). — Die Aktionäre haben nur einen Anspruch auf den Reingewinn (§ 213) und bei wiederkehrenden Leistungen auf eine angemessene Vergütung für diese (§ 216). Zinsen von bestimmter Höhe (außer für die Zeit der Vorbereitung des Unternehmens sog. Bauzinsen) dürfen den Aktionären weder zugesichert noch ausbezahlt werden (§ 215). — Zahlt ein Aktionär die Kapitaleinlage nicht rechtzeitig, so kann er nach vorheriger Androhung seines Anteilsrechtes und der bereits geleisteten Einzahlungen für verlustig erklärt werden (§§ 219 f., sog. Kaduzierung). — Auf Namen lautende Aktien sind in das Aktienbuch einzutragen; sie können, wenn sie nicht vinkuliert sind, ohne Einwilligung der AG., auch durch Indossament, übertragen werden (§ 222). Der AG. gegenüber gilt der im Aktienbuch vermerkte als Aktionär. Eigene Aktien soll die AG. weder erwerben noch zum Pfande nehmen (§ 226). Einziehung (Amortisation) von Aktien darf nur erfolgen, wenn sie im Gesellschaftsvertrage zugelassen ist (§ 227).

Der Gesellschaftsvertrag kann durch Beschluß der GV. abgeändert werden (§§ 275—277); namentlich kann eine Erhöhung des Grundkapitales durch Ausgabe neuer Aktien (zulässig erst nach voller Einzahlung des bisherigen Kapitals § 278) oder seine Herabsetzung durch Verminderung des Nennbetrages oder der Zahl der Aktien (Zusammenlegung, Ankauf usw.) erfolgen; Einzelvorschriften hierüber in den §§ 278—291. Alle diese Veränderungen sind zur Eintragung ins Handelsregister anzumelden.

V. Die AG. wird aufgelöst 1. durch den Ablauf der im Gesellschaftsvertrage bestimmten Zeit, 2. durch Beschluß einer Mehrheit von $^3/_4$ des in der GV. vertretenen Grundkapitals, 3. durch Konkurs über das Vermögen der AG. (§ 292), 4. durch Veräußerung des Vermögens im ganzen (§§ 303 ff.). Die Liquidation erfolgt im Zweifel durch die Vorstandsmitglieder als Liquidatoren (§ 294 ff.). Das nach Berichtigung der Schulden verbleibende Vermögen wird nach dem Verhältnis der Aktienbeträge unter die Aktionäre verteilt, jedoch frühestens nach Ablauf eines Jahres (Sperrjahres) seit dem Tage, an welchem die öffentliche Aufforderung an die Gesellschaftsgläubiger, ihre Forderungen anzumelden (§ 297), zum dritten Male erfolgt ist (§ 301). Nach Beendigung der Liquidation und Legung der Schlußrechnung ist das Erlöschen der Firma zum Handelsregister anzumelden (§ 302). Besondere Bestimmungen bei Fusion zweier AG. s. §§ 305 ff. Wegen Gefährdung des Gemeinwohls kann keine Auflösung, wohl aber die Entziehung der Rechtsfähigkeit erfolgen (§§ 43, 44 BGB.); anders für Vers. Gesellsch. (Priv. Vers. UntG. § 67, Abs. 3).

4. Kommanditgesellschaft auf Aktien (§§ 320—334).

Sie unterscheidet sich von der gewöhnlichen Kommanditgesellschaft dadurch, daß die Gesamteinlagen der Kommanditisten in Aktien (auf Inhaber oder Namen lautend) zerlegt werden; von der Aktiengesellschaft dadurch, daß den Gläubigern ein Gesellschafter mindestens unbeschränkt haftet, während die Haftung der Kommanditisten nicht über deren Einlagen hinausgeht. Das Rechtsverhältnis der persönlich haftenden Gesellschafter untereinander und gegenüber den Kommanditisten und Dritten bestimmt sich nach den Vorschriften über die Kommanditgesellschaft; im übrigen gelten mit wenigen Abweichungen die für die Aktiengesellschaft gegebenen Bestimmungen. Hervorzuheben ist, daß der Gesellschaftsvertrag in gerichtlicher oder notarieller Verhandlung durch mindestens fünf Personen, unter denen sich sämtliche persönlich haftende Gesellschafter befinden müssen, festzustellen ist (§ 321); darin muß Name, Stand und Wohnort jedes Komplementärs enthalten sein (§ 322); die Komplementäre haben die gleichen Rechte und Pflichten wie der Vorstand einer AG. (§ 325); sie haben, auch wenn sie Aktien besitzen, kein Stimmrecht in der Generalversammlung; die Beschlüsse der letzteren bedürfen jedoch, soweit es sich um Akte der Geschäftsführung handelt, der Zustimmung der Komplementäre; durch Beschluß der GV. und sämtlicher Komplementäre kann die Umwandlung in eine Aktiengesellschaft erfolgen (§ 332). Die Liquidation erfolgt durch die persönlich haftenden Gesellschafter und die von der GV. zu wählenden Personen (§ 331).

5. Die Gesellschaft mit beschränkter Haftung.

RG. 20. 4. 92 betr. die Gesellschaften mit beschränkter Haftung (unerheblich geändert durch EGHGB. 10. 5. 97 Art. 11).

Sie sind ein „Mitteldinq zwischen der bisherigen streng individualistischen Gesellschaftsform der offenen Handelsgesellschaft und der kapitalistischen Aktiengesellschaft". Diese zu jedem zulässigen (nicht nur Erwerbs-) Zweck gestattete Gesellschaft ist auf Grund notariellen oder gerichtlichen Vertrages zu errichten und muß in ihrer Firma den Zusatz „mit beschränkter Haftung" enthalten (§§ 1—4). Die Beteiligung der Gesellschaft erfolgt — abgesehen von Sacheinlagen usw. — durch Stammeinlagen im Nominalbetrage von mindestens 500 Mk. Das Stammkapital muß mindestens 20000 Mk. betragen. Zur Eintragung in das Handelsregister ihres Sitzes, durch welche die Gesellschaft erst entsteht (§ 11), ist der Nachweis der Bareinzahlung von 1/4 der Stammeinlagen, mindestens aber von 250 Mk. für jede erforderlich (§ 7). Die Gesellschaft gilt als Handelsgesellschaft im Sinne des HGB. und hat juristische Persönlichkeit, es haftet den Gläubigern nur das Gesellschaftsvermögen (§ 13). Zu ihrer Vertretung und zur Geschäftsführung sind Geschäftsführer zu bestellen (§§ 35 f.), der Gesellschaftsvertrag kann außerdem Generalversammlungen und besondere Regeln für die Beschlußfassung der Gesellschafter vorsehen, andernfalls gelten die Vorschriften der §§ 47—52, wonach je 100 Mk. Geschäftsanteil eine Stimme gewähren und der Besitz von 1/10 des Stammkapitales zum Antrag auf Berufung der Gesellschafterversammlung berechtigt (§ 51). Die Geschäftsanteile sind vererblich, ihre Veräußerung seitens der Gesellschafter bedarf der gerichtlichen oder notariellen Form (§§ 15—17). Die Vorschriften über den Verfall der Stammeinlage wegen unpünktlicher Einzahlungen (Kaduzierung) (§§ 19—25), über die Geschäftsführung sowie über die Auflösung der Gesellschaft sind denen für die Aktiengesellschaft ähnlich; doch kann sie auch aufgelöst werden bei Unerreichbarkeit des Endzwecks oder aus anderen wichtigen Gründen durch gerichtliches Urteil auf Klage von Gesellschaftern, deren Geschäftsanteile mindestends 1/10 des Stammkapitals darstellen, und im Verwaltungsstreitverfahren auf Betreiben der Verwaltungsbehörde wegen das Gemeinwohl gefährdender gesetzwidriger Beschlüsse der Gesellschaft oder wissentlichen Geschehenlassens solcher Handlungen der Geschäftsführer (§§ 60—62).

6. Stille Gesellschaft (HGB. §§ 335—342).

Eine solche ist vorhanden, wenn sich jemand an dem Betriebe des Handelsgewerbes eines anderen mit einer Vermögenseinlage beteiligt (§ 335). Der stille Gesellschafter ist nur im Innenverhältnis ein wirklicher Gesellschafter; nach außen tritt er nicht hervor und wird nicht in das Handelsregister eingetragen. Andererseits ist er nicht etwa bloß ein Darlehnsgeber (s. RGer. 31, 33). Die Bestimmung, daß er am Verlust nicht teilnimmt, ist gestattet, dagegen kann seine Beteiligung am Gewinn nicht ausgeschlossen werden (§ 336). Sein Name darf in der Firma des Inhabers des Handelsgewerbes nicht enthalten sein. Er ist lediglich Gläubiger des Inhabers des Handelsgewerbes und kann bei dessen Konkurse seine Einlage abzüglich seines vertragsmäßigen Verlustanteils als Konkursgläubiger geltend machen (§ 341); doch können die Konkursgläubiger alle Rechtshandlungen anfechten, durch die innerhalb des letzten Jahres die Einlagen des stillen Gesellschafters ganz oder teilweise zurückgewährt oder sein Anteil am Verlust ganz oder teilweise erlassen worden ist (§ 342). Durch den Tod des stillen Gesellschafters wird die Gesellschaft nicht aufgelöst.

Drittes Buch. Handelsgeschäfte (§§ 343—473).

a) Allgemeines. Handelsgeschäfte sind sämtliche Geschäfte, die ein Kaufmann (auch Minderkaufmann) im Betriebe seines Handelsgewerbes abschließt. Es gehören dazu nicht nur diejenigen Geschäfte, die dem betr. Handelsgewerbe sein Gepräge geben und es von anderen Handelsgewerben unterscheiden, sondern auch alle fremden Geschäfte, die insofern mit zum Betriebe des Handelsgewerbes gehören, als sie seinen Betrieb ermöglichen oder zu fördern geeignet sind. Namentlich können hiernach auch Geschäfte über unbewegliche Sachen (z. B. Miete eines Ladens, Kauf eines Fabrikgrundstückes) Handelsgeschäfte sein; ferner gehören dazu Beschaffung der Ladeneinrichtung, Annahme des Personals usw. Nur solche Geschäfte eines Kaufmanns sind keine Handelsgeschäfte, welche er lediglich zu Privatzwecken z. B. für seinen Haushalt abschließt, sowie ferner Geschäfte, die ihrer Natur nach mit seinem Handelsbetriebe nichts zu tun haben z. B.

Geschäfte des Familien- und Erbrechts. Geschäfte eines Nichtkaufmanns sind niemals Handelsgeschäfte.

§ 344 stellt die Vermutung auf, daß alle von einem Kaufmann abgeschlossenen Geschäfte im Zweifel (d. h. wenn nicht aus der Natur des Geschäfts das Gegenteil hervorgeht oder solange nicht ein Gegenbeweis geführt ist) zum Betriebe seines Handelsgewerbes gehören. Bei Schuldscheinen gilt diese Vermutung nur dann als widerlegt, wenn sich aus der Urkunde selbst das Gegenteil ergibt. — Bei jedem Rechtsgeschäfte, welches auf der Seite auch nur eines der Vertragsparteien ein Handelsgeschäft ist, sind die Bestimmungen des dritten Buches in Beziehung auf beide Teile gleichmäßig anzuwenden, sofern nicht das Gesetz etwas anderes vorschreibt (§ 345).

Unter Kaufleuten sind die Handelsgebräuche und Gewohnheiten (Usancen) zu berücksichtigen (§ 346). Wer aus einem Geschäfte, welches auf seiner Seite ein Handelsgeschäft ist, einem anderen zur Sorgfalt verpflichtet ist, muß die Sorgfalt eines ordentlichen Kaufmanns anwenden, außer wenn er nach den Vorschriften des BGB. nur grobe Fahrlässigkeit zu vertreten oder für diejenige Sorgfalt einzustehen hat, die er in eigenen Angelegenheiten anwendet (§ 347). — Eine Vertragsstrafe, die von einem Kaufmann im Betriebe seines Handelsgewerbes versprochen ist, kann nicht auf Grund der Vorschriften des § 343 BGB. durch Urteil auf einen angemessenen Betrag herabgesetzt werden (§ 348). Die Höhe der gesetzlichen Zinsen, insbesondere auch der Verzugszinsen, ist bei beiderseitigen Handelsgeschäften 5 % (§ 352). Kaufleute untereinander können für ihre Forderungen aus beiderseitigen Handelsgeschäften vom Tage der Fälligkeit an Zinsen (nicht aber Zinseszinsen) fordern (§ 353). Im übrigen können Verzugszinsen spätestens vom Tage der Mahnung an gefordert werden. Beim Kontokurrentverkehr (d. h. wenn jemand — auch ein Nichtkaufmann — mit einem Kaufmann derart in Geschäftsverbindung steht, daß die daraus entspringenden beiderseitigen Ansprüche und Leistungen nebst Zinsen in Rechnung gestellt und in regelmäßigen Zeitabschnitten, z. B. jährlich einmal, durch Feststellung des für den einen oder anderen Teil sich ergebenden Überschusses [Saldo] ausgeglichen werden) können Zinsen von dem ganzen Betrage des Überschusses vom Tage des Abschlusses an gefordert werden, auch wenn in der Rechnung bereits Zinsen enthalten sind (§ 355). — Anweisungen und Verpflichtungsscheine von Kaufleuten über Geld oder sonstige vertretbare Sachen, in denen die Verpflichtung nicht von einer Gegenleistung abhängig gemacht ist, können, wenn sie an Ordre lauten, durch Indossament, wie Wechsel, übertragen werden (§ 363 Abs. 1). Dasselbe gilt für Konnossemente der Seeschiffer und Ladescheine der Frachtführer, Auslieferungsscheine (Lagerscheine, Warrants) über Waren oder andere bewegliche Sachen, welche von einer zur Aufbewahrung solcher Sachen staatlich ermächtigten Anstalt ausgestellt sind, ferner für Bodmereibriefe und Transportversicherungspolicen (§ 363 Abs. 2). — Die Vorschriften des BGB. §§ 932—936 und 1207 über den Erwerb des Eigentums oder eines Pfandrechtes durch den gutgläubigen Dritten (s. S. 95, 114) finden auch im Handelsrechte Anwendung und sind durch § 366 HGB.

dahin erweitert, daß der Dritte schon dann als gutgläubig gilt, wenn er zwar wußte, daß der veräußernde oder verpfändende Kaufmann nicht Eigentümer der Sache war, ihn aber für berechtigt gehalten hat über die Sache zu verfügen. Dagegen gilt nach § 367 ein Bankier, der ein dem Eigentümer gestohlenes, verloren gegangenes oder sonst abhanden gekommenes Inhaberpapier erwirbt oder als Pfand annimmt, schon dann als bösgläubig, wenn zur Zeit des Erwerbes der Verlust des Papieres im Deutschen Reichsanzeiger bekannt gemacht war und seitdem nicht mehr als ein Jahr verstrichen ist, gleichgültig ob der Bankier die Bekanntmachung kannte oder nicht. Bezüglich der Verpfändung einer beweglichen Sache und der Befriedigung aus dem Pfande kommen die Vorschriften des BGB. (s. S. 114f) zur Anwendung mit der einen Ausnahme, daß, wenn die Verpfändung ein beiderseitiges Handelsgeschäft ist, der Verkauf bereits eine Woche nach Androhung stattfinden kann (§ 368). Der Gläubiger hat unter Kaufleuten wegen der fälligen Forderungen ein Zurückbehaltungsrecht an allen, mit dem Willen des Schuldners auf Grund von Handelsgeschäften in seinen Besitz gekommenen beweglichen Sachen und Wertpapieren des Schuldners (§ 369) mit der Befugnis, sich aus ihnen gemäß § 371 zu befriedigen. Selbst wegen der nicht fälligen Forderungen gilt das gleiche, wenn über das Vermögen des Schuldners der Konkurs eröffnet ist, oder wenn dieser seine Zahlungen eingestellt hat, oder wenn eine Zwangsvollstreckung gegen ihn fruchtlos ausgefallen ist (§ 370); dagegen ist es ebenso wie sein Pfandrecht bei Wertpapieren Dritter, die ihm ein Kaufmann als „fremde" übergeben hat (RG. 5. 7. 96 § 8 Abs. 2), auf die Forderungen wegen seiner Aufwendungen beschränkt.

Die Handelsgeschäfte unterliegen den Formvorschriften des BGB. Abweichend vom BGB. sind aber formfrei: Bürgschaft, Schuldversprechen und Schuldanerkenntnis, sofern die Bürgschaft für den Bürgen, die beiden anderen Geschäfte für den Schuldner Handelsgeschäfte sind (§ 350). Ferner hat im gleichen Falle der Bürge auch nicht die Einrede der Vorausklage (§ 349). Minderkaufleute sind jedoch auch in diesen Fällen an die Formen des BGB. gebunden (§ 351).

Eine Ausnahme von den im BGB. gegebenen Regeln über Antrag und Annahme eines Vertragsantrages enthält § 362. (Schweigen gilt als Annahme, wenn einem Kaufmann, der die Geschäftsbesorgung gewerbsmäßig betreibt, ein Antrag solcher Art zugeht.)

Einzelheiten über die Auslegung bei Zeitbestimmungen enthalten die §§ 358 u. 359.

b) Handelskauf (§§ 373—382). Er ist ein Kauf, der auf seiten mindestens eines der Vertragsteile ein Handelsgeschäft ist. Gegenstand des Handelskaufes können nur bewegliche Sachen und Wertpapiere sein (§ 381 Abs. 1). Liefert ein Unternehmer für die von ihm herzustellende bewegliche, vertretbare oder unvertretbare Sache den Stoff, so finden die Vorschriften über den Handelskauf Anwendung (§ 381 Abs. 2). Für den Handelskauf gelten nachstehende Besonderheiten:

Ist der Käufer mit der Annahme der Ware in Verzuge, so kann der Verkäufer die von ihm inzwischen aufzubewahrende Ware auf

Gefahr und Kosten des Käufers in einem öffentlichen Lagerhause oder sonst in sicherer Weise hinterlegen; er darf sie auch nach vorheriger Androhung öffentlich versteigern oder, wenn die Ware einen Markt- oder Börsenpreis hat, durch einen zu solchen Verkäufen öffentlich ermächtigten Handelsmäkler oder durch eine zu öffentlichen Verkäufen befugte Person (Gerichtsvollzieher) freihändig verkaufen lassen (Selbsthilfeverkauf; § 373). Der Selbsthilfeverkauf, der für Rechnung des Käufers erfolgt, muß in der Regel dort vorgenommen werden, wo sich die Ware zur Zeit der Annahmeverweigerung des Käufers befindet (also meistens Absendungs- oder Bestimmungsort). Die Zeit des Selbsthilfeverkaufes kann der Verkäufer beliebig wählen; nur darf er hierbei die Interessen des Käufers nicht vorsätzlich oder grob fahrlässig verletzen. — Außer dem im § 373 gegebenen Rechte hat der Verkäufer beim Annahmeverzug des Käufers auch noch die ihm nach dem BGB. zustehenden Rechte (§ 374). — Beim sog. Spezifikationskauf, d. h. wenn dem Käufer die nähere Bestimmung über Form, Maß oder ähnliche Verhältnisse vorbehalten ist, muß der Käufer innerhalb der vertragsmäßigen eventl. angemessenen Frist die vorbehaltene Bestimmung treffen. Kommt er hiermit in Verzug, so kann der Verkäufer die Bestimmung selbst treffen; seine Bestimmung wird maßgebend, nachdem er sie dem Käufer mitgeteilt hat und dieser nicht innerhalb einer angemessenen Frist eine anderweitige Bestimmung trifft. Anstatt die Bestimmung selbst zu treffen, kann der Verkäufer nach seiner Wahl Schadensersatz wegen Nichterfüllung fordern oder vom Vertrage zurücktreten (§ 375). Bei zweiseitigen Handelsgeschäften muß der Käufer die Ware unverzüglich nach der Ablieferung durch den Verkäufer untersuchen und von Mängeln dem Verkäufer unverzüglich Anzeige machen, widrigenfalls die Ware als genehmigt gilt. Mängel, die bei der Untersuchung nicht erkennbar waren (sog. heimliche Mängel), sind sofort anzuzeigen, sobald sie sich herausstellen (§ 377). Gleiches gilt, wenn eine andere als die bedungene Ware oder eine andere als die bedungene Menge geliefert ist, sofern die Abweichung nicht so erheblich ist, daß der Verkäufer die Genehmigung des Käufers als ausgeschlossen betrachten muß (§ 378). Beide Teile können den Zustand der Ware (für deren einstweilige Aufbewahrung der Käufer zu sorgen hat § 379) durch vom Amtsgericht zu ernennende Sachverständige feststellen lassen (§ 488 ZPO. § 13 EG. z. ZPO.); ist die Ware dem Verderben ausgesetzt, so kann der Käufer sie verkaufen lassen (§ 379). — Ist der Preis nach dem Gewicht der Ware zu bemessen, so kommt das Gewicht der Verpackung (Taragewicht) in Abzug (§ 380). — Ist der Käufer mit der Zahlung des Kaufpreises oder ist der Verkäufer mit der Übergabe der Ware im Verzuge, so hat der andere Teil die in § 326 BGB. bestimmten Rechte. Etwas anderes gilt nur bei Fixgeschäften (§ 376), d. h. wenn die Leistung des einen Teiles genau zu einer festbestimmten Zeit oder innerhalb einer festbestimmten Frist bewirkt werden soll. Hier kann, wenn die Leistung nicht rechtzeitig erfolgt, der nichtsäumige Teil Erfüllung nur dann beanspruchen, wenn er dies dem anderen Teile sofort nach Ablauf der Frist anzeigt (§ 376). Wegen der Börsentermingeschäfte s. oben S. 53f. Für bestimmte Waren kann der Bundesrat Einheiten der Zahl, Länge und des Gewichtes im Einzelverkehr vorschreiben (RG. 7. 6. 09 über den unlauteren Wettbewerb s. unten GewO.).

c) Kommissionsgeschäft (§§ 383—406). Kommissionär ist, wer gewerbsmäßig in eigenem Namen für Rechnung eines Auftraggebers (Kommittenten) Waren oder Wertpapiere kauft oder verkauft (§ 383). Er allein (nicht der Kommittent) wird Dritten gegenüber dadurch berechtigt und verpflichtet; Forderungen aus einem Geschäft, das der Kommissionär abgeschlossen hat, müssen erst an den Kommittenten abgetreten werden (§ 392), ebenso wird der Einkaufskommissionär Eigentümer der für den Kommittenten gekauften Waren (ROHandGer. 19, 78). Nach innen besteht zwischen dem Kommissionär und dem Kommittenten ein Rechtsverhältnis wie bei dem Dienstvertrage, jedoch kommen nach § 675 BGB. die wesentlichen Bestimmungen über den Auftrag zur Anwendung. Jener hat nur im Interesse des letzteren zu handeln und ihm über das Geschäft ordnungsmäßig Nachricht und Rechenschaft zu geben (§ 384); auch wenn er zu vorteilhafteren Bedingungen abschließt, als der Kommittent ihm gestellt hatte, gebührt der Vorteil dem Kommittenten allein (§ 387). Der Kommissionär kann den Ersatz seiner Auslagen fordern (§ 670 BGB.), außerdem aber auch, wenn das Geschäft zur Ausführung gekommen, die Provision (§ 396). Eine besondere Vergütung (del credere=Provision) hat er zu erhalten, wenn er für seinen Kontrahenten einsteht (§ 394). Wegen aller seiner Ansprüche hat der Kommissionär an dem Kommissionsgut, solange es in seiner Verfügungsgewalt ist, ein gesetzliches Pfandrecht (§§ 397f.). Er darf, falls das Gut einen Börsen- oder Marktpreis hat, selber als Verkäufer oder Käufer auftreten (Selbsteintritt: §§ 400—405). Über seine Verpflichtung, binnen drei Tagen nach der Ausführungsanzeige bzw. nach Bezug der anzukaufenden Wertpapiere ein Verzeichnis der Stücke zu übersenden, s. §§ 3f. RG. 5. 7. 96 über die Pflichten der Kaufleute bei Aufbewahrung fremder Wertpapiere.

d) Speditionsgeschäft (§§ 407—415). Spediteur ist, wer gewerbsmäßig in eigenem Namen für fremde Rechnung Güterversendung durch Frachtführer oder (See-) Schiffer zu besorgen übernimmt (§ 407). Er haftet für den Schaden, der aus der Vernachlässigung der Sorgfalt eines ordentlichen Kaufmanns bei der Empfangnahme und Aufbewahrung des Gutes, bei der Wahl der Frachtführer, Schiffer und Zwischenspediteure und überhaupt bei der Ausführung der übernommenen Versendung entsteht (§§ 407f.). Er kann Erstattung seiner Auslagen, Vorschüsse und Kosten und sobald er das Gut dem Frachtführer oder dem Verfrachter zur Beförderung übergeben hat, auch Provision fordern (§ 409). Er darf dem Versender keine höhere als die mit dem Frachtführer bedungene Fracht berechnen (§ 408 Abs. 2). Wegen Fracht, Provision, Auslagen, Verwendungen und Vorschüsse hat der Spediteur ein gesetzliches Pfandrecht an dem in seiner Verfügungsgewalt befindlichen Gute (§ 410), auch wenn er nur mittels Ladescheins, Lagerscheins oder Konnossements darüber verfügen kann; bedient er sich eines Zwischenspediteurs, so hat dieser zugleich die seinem Vormanne zustehenden Rechte, insbesondere das Pfandrecht, auszuüben. Soweit der Vormann wegen seiner Forderung von dem Nachmanne befriedigt ist, geht die Forderung und das Pfandrecht des Vormannes kraft Gesetzes auf den Nachmann über. Dasselbe gilt in bezug auf die Forderung und das Pfandrecht des von dem Zwischenspediteur befriedigten Frachtführers (§ 411). Führt der Spediteur den Transport selbst aus, so hat er zugleich die Rechte und Pflichten eines Frachtführers (§ 412). Ansprüche wegen Verlustes, Minderung, Beschädigung, Verspätung, Ablieferung des Gutes verjähren (wenn nicht Vorsatz vorliegt) in einem Jahre, und zwar bei Verlust oder Verspätung von dem Tage, wo die Ablieferung hätte bewirkt sein müssen, bei Beschädigung von dem Tage der geschehenen Ablieferung an gerechnet; Einreden sind erloschen, wenn nicht die Anzeige binnen einem Jahre an den Spediteur abgesandt ist (§ 414). Im übrigen gelten die für den Kommissionär insbesondere in §§ 388—390 gegebenen Bestimmungen auch hier (§ 407 Abs. 2).

e) Lagergeschäft (§§ 416—424). Lagerhalter ist, wer gewerbsmäßig die Lagerung und Aufbewahrung von Gütern übernimmt (§ 416). Im allgemeinen gelten die Regeln wie beim Kommissionsgeschäft (§ 417). Der Lagerhalter hat dem Einlagerer die Besichtigung des Gutes, die Entnahme von Proben und die zur Erhaltung des Gutes notwendigen Handlungen zu gestatten (§ 418). Diese Handlungen selbst vorzunehmen, ist er außer bei Gefahr im Verzuge nicht verpflichtet. Er hat die Waren getrennt zu lagern und darf vertretbare Sachen mit Sachen gleicher Art und Güte nur dann vermischen, wenn ihm dies ausdrücklich gestattet worden ist; er erwirbt auch in diesem Falle kein Eigentum an dem Gute (§ 419). Er hat Anspruch auf Lagergeld und auf Erstattung der Auslagen für Fracht und Zölle und der sonstigen Verwendungen auf das Gut (§ 420). Wegen des Lagergeldes hat er an dem Gute ein gesetzliches Pfandrecht (§ 421), wegen seiner Auslagen usw. nur ein Zurückbehaltungsrecht. Er hat das Gut während der bedungenen Lagerzeit und, wenn eine solche nicht bedungen ist, mindestens drei Monate aufzubewahren; eine frühere Rücknahme kann er nur verlangen, wenn ein wichtiger Grund vorliegt (§ 422). Der Einlagerer kann die Rückgabe des Gutes gegen Zahlung der Lagerkosten usw. jederzeit verlangen (BGB. §§ 695, 699). Für die Verjährung der Ansprüche gegen den Lagerhalter gelten dieselben Vorschriften wie beim Speditionsgeschäft (§§ 414, 423).

f) Frachtgeschäft (§§ 425—452). Frachtführer ist, wer es gewerbsmäßig übernimmt, die Beförderung von Gütern (also nicht auch von Personen) zu Lande oder auf Flüssen und Binnengewässern (also nicht auch zur See) auszuführen (§ 425). Er kann die Ausstellung eines Frachtbriefes (s. dessen Inhalt in § 426) verlangen. Dieser dient als Beweis des Vertrages zwischen ihm und dem Absender (§ 426). Der Frachtführer haftet für Beschädigungen und Verlust des Frachtgutes in der Zeit von der Annahme bis zur Ablieferung, sofern erstere nicht auf Umständen beruhen, die durch die Sorgfalt eines ordentlichen Frachtführers nicht abgewendet werden konnten; für Kostbarkeiten, Gelder und Wertpapiere nur dann, wenn ihm die Beschaffenheit oder der Wert des Gutes angegeben ist (§§ 429 f.). Ferner haftet er für den durch Versäumung der bedungenen oder üblichen Lieferungszeit entstandenen Schaden (§ 429) und auch für die Personen (namentlich auch die anderen Frachtführer), deren er sich zur Ausführung der Beförderung bedient (§§ 431 f.). Am Orte der Ablieferung hat er Gut und Frachtbrief dem Empfänger auszuhändigen. Dieser kann nach Ankunft des Frachtgutes die Rechte aus dem Frachtvertrage gegen Erfüllung der Verpflichtungen in eigenem Namen gegen den Frachtführer geltend machen (§ 435). Er hat nach Maßgabe des Frachtbriefes Zahlung zu leisten, sobald er Gut und Frachtbrief angenommen hat (§ 436). Ist der Empfänger nicht zu ermitteln, verweigert er die Annahme, oder ergibt sich ein sonstiges Ablieferungshindernis, so hat der Frachtführer dem Absender unverzüglich Kenntnis zu geben und dessen Anweisungen einzuholen. Ist dieses untunlich, oder wird die Erteilung der Anweisung verzögert, so kann er das Gut in einem öffentlichen Lagerhause oder sonst in sicherer Weise niederlegen. Ist das Gut dem Verderben ausgesetzt, so kann er es gemäß § 373 verkaufen lassen (§ 437). Durch Annahme des Gutes und Bezahlung der Fracht erlischt jeder Anspruch gegen den Frachtführer; nur wegen Verlustes oder einer Beschädigung, die bei der Ablieferung äußerlich nicht erkennbar war, kann der Frachtführer nachher noch in Anspruch genommen werden, ebenso wenn die Beschädigung des Gutes vor der Annahme durch amtlich bestellte Sachverständige festgestellt worden ist (§ 438). Klagen und Einreden verjähren wie bei der Spedition (§ 439). Der Frachtführer hat wegen aller seiner Forderungen ein Pfandrecht an dem Frachtgut, welches hier noch drei Tage nach der Ablieferung geltend gemacht werden kann, wenn das Gut sich noch bei dem Empfänger oder bei dem Dritten, der es für diesen besitzt, befindet. Er kann zu seiner Befriedigung das Gut ganz oder teilweise verkaufen lassen (§ 440). Wegen Übergangs des Pfandrechts vom ersten Frachtführer auf andere gilt das bei der Spedition Gesagte (§§ 441 f.). Die durch die Versendung und die Beförderung entstandenen Pfandrechte (von denen das später entstandene dem früher entstandenen vorgeht) haben sämtlich den Vorrang vor dem des Kommissionärs, des Lagerhalters und dem des Spediteurs für Vorschüsse (§ 443). — Absender und Frachtführer können übereinkommen, daß der letztere dem ersteren einen Ladeschein (s. den Inhalt eines solchen in § 445) ausstellt, d. i. eine Urkunde, durch welche der Frachtführer sich zur Aushändigung des in ihr bezeichneten Gutes verpflichtet (§ 444); er entscheidet die Rechtsverhältnisse zwischen Frachtführer und Empfänger und verpflichtet den Frachtführer zur Aushändigung des Gutes an den genannten oder den durch Indossament legitimierten Empfänger gegen Rückgabe des Ladescheins nebst Quittung (§§ 446 f.). — Die vorstehenden Bestimmungen gelten für die Postanstalten nur insoweit, als für sie nicht durch besondere Gesetze ein anderes bestimmt ist (s. G. 28. 10. 71 über das Postwesen); wohl aber finden sie Anwendung auf die Frachtgeschäfte von Eisenbahnen und anderen öffentlichen Transportanstalten, soweit nicht in den §§ 453—473 Sonderregeln gegeben sind.

g) Beförderung von Gütern und Personen auf den Eisenbahnen (§§ 453—473). Eine dem öffentliche Güterverkehr dienende Eisenbahn darf die Übernahme von Gütern zur Beförderung nach einer für den Güterverkehr eingerichteten Station innerhalb des Deutschen Reiches nicht verweigern, wenn a) die Güter nach der Eisenbahnverkehrsordnung, den auf Grund dieser erlassenen Vorschriften oder den Einrichtungen der Bahn zur Beförderung sich eignen, b) der Absender sich den geltenden Beförderungsbedingungen und den sonstigen allgemeinen Anordnungen der Bahn unterwirft, c) die regelmäßigen Beförderungsmittel der Bahn genügen, d) die Beförderung nicht durch Umstände, die als höhere Gewalt zu betrachten sind, verhindert wird oder nach gesetzlicher Vorschrift oder aus Gründen der öffentlichen Ordnung verboten ist (§ 453) [1]).

Die Haftung der Eisenbahnen für Verlust und Beschädigung von Gütern ist strenger als die des Frachtführers, da sie nur dann nicht haftet, wenn der Schaden durch Verschulden des Absenders selbst, durch höhere Gewalt, durch äußerlich nicht erkennbare Mängel oder durch die natürliche Beschaffenheit des Gutes verursacht ist (§ 456). Ausnahmen von dieser Haftung in § 459, namentlich dann, wenn der Absender selbst geringere Vorsichtsmaßregeln gegen Verlust oder Beschädigungen trifft oder zugelassen sehen will, als eigentlich nötig wären (Verladung in offen gebauten Wagen, mangelhafte Verpackung des Gutes), ferner wenn er selbst das Auf- und Abladen der Güter oder deren Begleitung übernimmt, oder wenn er Güter aufgibt, die ihrer Beschaffenheit nach der besonderen Gefahr der Beschädigung ausgesetzt sind. Aber auch in diesen Fällen haftet die Eisenbahn für nachweisbares Verschulden (§§ 459, 458). Neben den gesetzlichen Vorschriften der HGB. waren von jeher die Reglements und Tarife der einzelnen Bahnen und später der Bahngemeinschaften (z. B. des Vereins deutscher Eisenbahnverwaltungen) Grundlagen der Frachtverträge. Seitdem die Zuständigkeit des Reiches auch die Reglementierung des Eisenbahnverkehrs umfaßt, sind einheitliche Frachtregeln in den Betriebsreglements, geschaffen worden, an deren Stelle im Jahre 1892 die Eisenbahnverkehrsordnung trat. Eine neue am 1. Januar 1900 in Kraft getretene EVO. hatte im Gegensatz zu der früheren Gesetzeskraft (§ 454 HGB.). Jetzt gilt die EVO. vom 23. 12. 08 RGBl. 09, 93 in Kraft getreten am 1. 4. 09. Der internationale Güterverkehr ist durch das internationale Übereinkommen über den Eisenbahnfrachtverkehr vom 11. 10. 1890 in Kraft getreten 1. 1. 93 [mehrfach ergänzt und geändert, zuletzt 19. 9. 06 RGBl. 08, 515] geregelt.

Viertes Buch. Seehandel (§§ 474—905).

(Das vierte Buch nimmt etwa die Hälfte des ganzen HGB. in Anspruch. Da diese ausführlichen und eingehenden Bestimmungen nur für einige Gewerbe in Seestädten von Interesse sind, so wird hier auf die ausführliche Wiedergabe des Inhaltes verzichtet und nur die kurze Kennzeichnung und Erläuterung der dem Seerechte eigentümlichen Rechtsinstitute versucht.)

a) Allgemeines. Für die zum Erwerbe durch die Seefahrt bestimmten Schiffe (über deren Begriff s. RGer. 32, 104), welche die deutsche Reichsflagge [2]) (s. RVerf. Art. 55) zu führen berechtigt sind, ist ein (öffentliches) Schiffsregister zu führen (BundesG. 25. 10. 67, betr. die

[1]) Zwang zur Personenbeförderung gilt nach der EVO. § 11.

[2]) Schwarz-weiß-rot AV. 25. 10. 67 RGBl. 39; 8. 11. 92 das. 1050. Über das Recht der Führung der Flagge mit dem eisernen Kreuz AE. 7. 2. 03 RGBl. 1903, 199.

Nationalität der Kauffahrteischiffe und ihre Befugnis zur Führung der Bundesflagge nebst ergänzendem RG. 22. 6. 99 RGBl. 319 betr. das Flaggenrecht der Kauffahrteischiffe nebst AusfBest. 10. 11. 99 RZBl. 380; Pr. FrwG. 21. 9. 99 Art. 29, 30; Allg. V. 11. 12. 99 über die Führung des Schiffsregisters JMBl. 753 AV. 9. 3. 07 JMBl. 58); jedes Seeschiff muß vermessen werden (RSchiffsvermessungsO. 30. 6. 88 RGBl. 140 in der Fassung vom 1. 3. 95 RGBl. 161; mehrfach ergänzt). Über Eintragung in das Schiffsregister wird ein Zertifikat (der frühere Beilbrief; Formular 5. 11. 91 in der Bek. 25. 11. 91 RZBl. 320) ausgefertigt. Bei der Veräußerung eines Schiffes oder eines Anteils am Schiffe (Schiffspart) kann vereinbart werden, daß das Eigentum ohne Übergabe, vermöge der bloßen Vereinbarung, übergeht (§ 474). Wegen des Pfandrechts an Schiffen s. BGB. §§ 1259—1271 oben S. 115. Ein zum Abgehen fertiges (segelfertiges) Schiff kann wegen Schulden nur mit Beschlag belegt werden, wenn diese zum Behufe der anzutretenden Reise gemacht sind (§ 482).

b) Reeder und Reederei (§§ 484—510). Reeder ist der Eigentümer eines ihm zum Erwerbe durch die Seefahrt dienenden Schiffes (§ 484). Er haftet mit dem Schiffe für den Schaden, den die Schiffsbesatzung (§ 481) einem Dritten bei ihrer Dienstverrichtung zufügt (§ 485); der Schiffsbesatzung haftet er aus den Dienst- und Heuerverträgen außer mit dem Schiffe auch persönlich (§ 487). Bei dem Miteigentum mehrerer (Mitreeder) an einem Schiffe besteht eine Reederei (§ 489). Die Mitreeder beschließen, gewinnen und haften nach Verhältnis ihrer Schiffsparten (§§ 491, 500, 502, 507), falls nicht durch Vertrag etwas anderes bestimmt ist (§ 490). Sie können einen Korrespondentrheder bestellen, der als Bevollmächtigter die Geschäfte führt und die Reederei vertritt (§§ 492 ff.). Jeder Mitreeder kann seine Schiffspart ohne Einwilligung der übrigen verkaufen (§§ 503 f.).

c) Schiffer (Verfrachter, §§ 511—555). So heißt der Führer des Schiffes (Schiffskapitän, § 511). Er haftet für die Sorgfalt eines ordentlichen Schiffers nicht nur gegenüber dem Reeder, sondern auch gegenüber dem Befrachter (Absender), Ablader (der an Bord liefernde) und Ladungsempfänger, dem Reisenden, der Schiffsbesatzung und dem Gläubiger, der zur Erhaltung des Schiffes Kredit gegeben, insbesondere dem Bodmereigläubiger (§ 512). Er hat ein Tagebuch zu führen (§§ 519 f.; hierzu ME. 6. 2. 04 HMBl. 30), in dem auch die Beurkundung von Geburten und Sterbefällen gemäß §§ 61 f. des PersonenstandsG. 6. 2. 75 zu erfolgen hat, und über alle Begebenheiten, insbesondere die Unfälle während der Reise vor Gericht oder Konsulat eine Verklarung abzulegen, d. h. einen Bericht, auf Grund dessen die Feststellung des Herganges erfolgt (§§ 520 ff.). Außerhalb des Heimathafens kann er für den Reeder alle zur Ausführung der Reise nötigen Geschäfte vornehmen, auch im Notfall Kredit nehmen und sogar das Schiff nach Feststellung der Notwendigkeit durch das Gericht (öffentlich) verkaufen lassen (§§ 527 ff.). Er kann, auch wenn das Gegenteil vereinbart ist, jederzeit vom Reeder entlassen werden, jedoch unbeschadet seiner Entschädigungsansprüche (§§ 545 ff.).

d) Schiffsmannschaft[1]). Sie untersteht nach § 6 der GewO. nicht deren Bestimmungen. Die betreffenden Vorschriften des HGB. sind durch die RSeemannsO. 2. 6. 02 RGBl. 175 ff. nebst RG. 23. 3. 03 RGBl. 757 und 12. 5. 04 RGBl. 167 betreffend Abänderung der SeemannsO. ersetzt. Sie bestimmt über Seefahrtsbücher, Musterung, den Miets- (Heuer)vertrag mit den Seeleuten, über die vom Schiffer zu übende Disziplinargewalt usw. — Schiffsleute, die mit der Heuer (auch im Ausland) entlaufen, sind straffällig gemäß § 298 StrGB. Bezüglich ihrer Unfallversicherung s. SeeunfallversG. 5. 7. 00 nebst AusfB. 9. 8. 00 MBl. 287 und V. 29. 8. 00 GS. 317 über die Zuständigkeit des BzAussch.; wegen der Invaliditätsversicherung § 167 des InvalidenVersG. 13. 7. 99; wegen der Stellenvermittlung RG. 2. 6. 10 RGBl. 860; wegen der Pflicht der Heimschaffung hilfsbedürftiger Seeleute RG. 2. 6. 02 RGBl. 212.

e) Frachtgeschäft zur Beförderung von Gütern (§§ 556 bis 663). Der Frachtvertrag bezieht sich entweder a) auf das Schiff im ganzen oder einen verhältnismäßigen oder bestimmt bezeichneten Teil oder b) auf einzelne Güter (Stückgüter, § 556). Im Falle a kann jede Partei die Errichtung einer schriftlichen Urkunde (Chartepartie) verlangen (§ 557); der Schiffer hat, sobald er zur Einnahme der Ladung bereit ist, dies dem Befrachter anzuzeigen; mit dem auf die Anzeige folgenden Tage beginnt die Ladezeit, die sich nach örtlichen Verordnungen oder Ortsgebrauch bestimmt. Für die Zeit über die Ladezeit hinaus (Überliegezeit) muß der Befrachter dem Verfrachter eine Vergütung (Liegegeld) gewähren. Ist Überliegezeit, aber nicht deren Dauer vereinbart, so beträgt sie 14 Tage (§§ 567 ff.). Hat der Befrachter bis zum Ablaufe der Zeit, während welcher der Verfrachter auf die Abladung zu warten verpflichtet ist (Wartezeit), die Abladung nicht vollständig bewirkt, so kann der Verfrachter, wenn der Befrachter nicht von dem Vertrage zurücktritt, die Reise antreten und seine Forderung geltend machen. Zurücktreten kann der Befrachter vor Antritt der Reise gegen Zahlung der Hälfte der bedungenen Fracht als „Fautfracht" (§§ 579 ff.). Für die Löschzeit im Hafen der Bestimmung des Schiffes gelten ähnliche Vorschriften wie für die Ladezeit im Hafen der Abfahrt (§§ 592 ff.). Der Verfrachter haftet für allen, nicht erweislich durch höhere Gewalt entstandenen Schaden an den Gütern (§§ 606 ff.; s. jedoch § 607); wegen seiner Forderungen hat er ein Pfandrecht an den Gütern bis zur Ablieferung, danach noch, wenn er es binnen 30 Tagen gerichtlich geltend macht und die Güter noch in der Verfügungsgewalt des Empfängers sind (§§ 623 ff.). Der Frachtvertrag tritt außer Kraft, wenn vor Antritt der Reise das Schiff oder die Güter durch einen Zufall verloren gehen; geht nach Antritt der Reise das Schiff durch einen Zufall verloren, so hat der Befrachter, soweit Güter gerettet sind, die Fracht im Verhältnis der zurückgelegten Reise zu zahlen (Distanz-

[1]) Über die Vorbildung und Prüfung der Seeschiffer und Steuerleute auf deutschen Kauffahrteischiffen ist ergangen Bek. des RK. 16. 1. 04 RGBl. 3, mehrfach geändert. Die Ausbildung geschieht in Navigationsvorschulen (Ordng. 25. 7. 04 HMBl. 363) und -schulen (Ordng. vom 6. 6. 04 das. 284); über die der Maschinisten 7. 1. 09 RGBl. 210, 320. Über die Schiffsingenieure ME. 14. 3. 10. (HMBl. 82).

fracht; §§ 629 ff.). Der Schiffer muß nach Beendigung jeder einzelnen Abladung dem Ablader ein an Order stellbares Konnossement (über den Empfang, den Bestimmungsort der Güter usw. gleich dem Ladeschein) in so vielen Exemplaren ausstellen, wie der Ablader verlangt (§§ 642 ff.). Das Konnossement ist, wie der Ladeschein, ein Traditionspapier, d. h. seine Übergabe ersetzt die der Waren, der Schiffer muß daher im Löschungshafen dem legitimierten Inhaber auch nur eines der Exemplare die Güter ausliefern; melden sich mehrere Konnossementsinhaber, so hat er die Güter zu hinterlegen (§§ 645 ff.).

f) Frachtgeschäft zur Beförderung von Reisenden (§§ 664 bis 678). Wenn der Reisende vor dem Antritte der Reise den Rücktritt von dem Überfahrtsvertrage erklärt oder stirbt, krank wird usw., so ist nur die Hälfte des Überfahrtsgeldes zu zahlen (§ 667). Für Schaden an den Reiseeffekten haftet der Schiffer ähnlich wie für die Frachtgüter (§ 673). Er hat daran wegen des Überfahrtsgeldes ein Pfandrecht (§ 674).

g) Bodmerei (Bome, Boden, Schiffskiel; §§ 679—699). Dies ist ein Darlehnsgeschäft, welches von dem Schiffer als solchem auf der Reise unter Zusicherung einer Prämie (statt der Zinsen) und unter Verpfändung von Schiff, Fracht und Ladung (oder von einem oder mehreren dieser Gegenstände) in der Art eingegangen wird, daß der Gläubiger wegen seiner Ansprüche sich nur an die verpfändeten (verbodmeten) Gegenstände halten kann und zwar erst nach Ankunft des Schiffes an dem Bestimmungsort der Bodmereireise (§ 679). Der Schiffer ist zur Eingehung von Bodmerei erst befugt, wenn die Reise angetreten ist und das Darlehn für die Fortsetzung der Reise oder für die Erhaltung und Weiterbeförderung der Ladung notwendig ist (§ 680). Über die Verbodmung hat er einen Bodmereibrief auszustellen (§§ 682 f.). Die Bodmereischuld ist im Bestimmungshafen am achten Tage nach Ankunft des Schiffes an den legitimierten Inhaber auch nur eines Exemplares des Bodmereibriefes zu zahlen (§§ 687 ff.). Wird nicht gezahlt, so kann der Gläubiger den öffentlichen Verkauf von Schiff und Ladung und die Überweisung der Fracht bei Gericht beantragen (§ 696).

h) Haverei (§§ 700—733). Alle Schäden, welche dem Schiffe oder der Ladung oder beiden zum Zwecke der Errettung beider aus einer gemeinsamen Gefahr von dem Schiffer oder auf dessen Gefahr vorsätzlich zugefügt werden, sowie auch die durch solche Maßregeln ferner verursachten Schäden, ingleichen die Kosten, welche zu demselben Zwecke aufgewendet werden, sind große oder gemeinschaftliche Haverei (§ 700). Den Gegensatz zur großen Haverei bildet die besondere Haverei, d. h. alle nicht zur großen Haverei gehörigen, durch einen Unfall verursachten Schäden und Kosten, soweit letztere nicht unter den § 621 fallen (§§ 701, 707). Diese wird vom Eigentümer des betroffenen Gegenstandes, des Schiffes oder der Ladung, von jedem besonders getragen, dagegen die große von Schiff, Fracht und Ladung gemeinschaftlich (§§ 700 f.). Die Feststellung und Verteilung der Schäden erfolgt in dem Hafen, wo die Reise endet (§ 727), durch sog. Dispache, deren Aufmachung der Schiffer ohne Verzug bei der zuständigen Behörde beantragen muß, d. i.

in Deutschland die bestellten oder vom Gericht besonders ernannten Dispacheure (§§ 728 f.).

Vom Schaden durch Zusammenstoß von Schiffen handeln die §§ 734—739. (Vgl. auch: RStrandungsO. 17. 5. 74; geänd. RG. 30. 12. 01; RG. 9. 1. 75, betr. Seewarte; Kaiserl. V. 26. 12. 75, betr. den Geschäftskreis usw. der deutschen Seewarte RGBl. 11, 385 nebst abändernder V. 4. 2. 95 RGBl. 151; RG. 27. 7. 77 und 11. 6. 78, betr. die Untersuchung von Seeunfällen; Verordnung 9. 5. 97, betr. die Verhütung des Zusammenstoßens der Schiffe auf See RGBl. 203, abgeändert durch Verordnung 5. 2. 1906 RGBl. 115. Hierzu ist ergangen die Seestraßenordnung v. 5. 2. 06; Bek. v. 10. 2. 06 RGBl. 120; Lotsensignalordnung 7. 2. 07 RGBl. 27; über die Behandlung feindlicher Kauffahrteischiffe im Kriege: Int. Abk. 18. 10. 07 RGBl. 1910, 181.

i) Bergung und Hilfsleistung in Seenot (§§ 740—753). Wird in einer Seenot ein Schiff oder dessen Ladung, nachdem sie der Verfügung der Schiffsbesatzung entzogen, von dritten Personen in Sicherheit gebracht, so haben diese Anspruch auf Bergelohn; wird außer vorstehendem Falle ein Schiff oder dessen Ladung durch Dritte gerettet, so haben sie nur Anspruch auf Hilfslohn (§§ 740 ff.). Die Höhe des Lohnes wird in Ermangelung einer Vereinbarung vom Richter festgesetzt (§§ 742 ff.). Der Bergelohn soll 1/3 des Wertes der geborgenen Gegenstände nicht übersteigen (§ 746), der Hilfslohn ist stets unter dem Betrage festzusetzen, welchen der Bergelohn bei sonst gleichen Umständen erreicht haben würde (§ 747).

k) Schiffsgläubiger (§§ 754—777). Die Rechte eines Schiffsgläubigers sind gewährt: für die Kosten beim Zwangsverkauf eines Schiffes, für die öffentlichen Schiffahrtsabgaben, die Lohnforderungen der Schiffsbesatzung, die Beiträge des Schiffes zur großen Haverei, die Forderungen der Bodmereigläubiger, die Forderungen wegen Nichtablieferung oder Beschädigung der Ladungsgüter, die Forderungen aus Rechtsgeschäften, die der Schiffer als solcher kraft seiner gesetzlichen Befugnisse geschlossen hat, die Forderungen aus dem Verschulden einer Person der Schiffsbesatzung (§ 754). Die Schiffsgläubiger haben ein, auch gegen Dritte verfolgbares Pfandrecht am Schiff und an der Bruttofracht der Reise, aus welcher die Forderung entstanden ist (§§ 755 ff.). Vor anderen Pfand- oder sonstigen Gläubigern steht ihnen der Vorzug zu § 776; wegen der Zwangsvollstreckung in Schiffe ZwVG. 24. 3. 97 §§ 162 ff.).

l) Versicherung gegen die Gefahren der Seeschiffahrt (§§ 778—900). § 782 aufgehoben; §§ 787—791 abgeändert durch RG. über den Versicherungsvertrag 30. 5. 1908.

m) Verjährung (§§ 901—905). —

2. Im Anschluß an das Handelsrecht seien hier erwähnt:

A. Die beiden umfangreichen, aber nur das besondere Gewerbe berührenden Spezialgesetze:

1. RG. 15. 6. 95, betr. die privatrechtlichen Verhältnisse der Binnenschiffahrt mit einer ähnlichen Einteilung wie das HGB. in 142 Paragraphen in neuer Fassung gemäß Art. 12. 13 EGBGB.

RGBl. 98, 868. Wegen der Führung des Schiffsregisters s. S. 172; ferner MV. 2. 5. 04 (MBl. 218).

2. RG. 15. 6. 95, betr. die privatrechtlichen Verhältnisse der Flößerei.

B. Die Handelskammern, kaufmännische Korporationen, Börsen.

Für die ersteren ist maßgebend das

G. 24. 2. 70 über die Handelskammern mit Abänderung 19. 8. 97 in neuer Redaktion als G. $\frac{24.\ 2.\ 70}{16.\ 8.\ 97}$ (GS. 355).

Die Handelskammern sollen die Gesamtinteressen der Handel- und Gewerbetreibenden ihres Bezirkes wahrnehmen und die Behörden in der Förderung von Handel und Gewerbe durch Mitteilungen, Gutachten usw. unterstützen (§ 1). Die Errichtung einer Handelskammer unterliegt der Genehmigung des Ministers für Handel und Gewerbe (§ 2). Zur Wahl der Mitglieder sind die Inhaber der eingetragenen Firmen, die Handel treibenden Genossenschaften und Gesellschaften, die Bergwerkseigentümer, auf Antrag auch die land- und forstwirtschaftlichen Nebenbetriebe und die Landwirtschafts- und Handwerksgenossenschaften im Bezirke berechtigt (§§ 3 ff.). Über Einwendungen gegen die Wählerliste (binnen einer Woche anzubringen) beschließt die Handelskammer selbst; gegen den Beschluß findet binnen zwei Wochen Beschwerde an den Regierungspräsidenten [1]) statt, der endgültig entscheidet (§ 11); gegen den über einen Einspruch gegen die Wahl erfolgten Beschluß der Handelskammer ist innerhalb zwei Wochen die Klage bei dem BzA. gegeben, gegen dessen Urteil nur die Revision zulässig ist (§ 15; ZG. § 138). Die Mitglieder werden auf sechs Jahre gewählt, alle zwei Jahre scheidet 1/3 aus (§ 16); die Handelskammer kann ein Mitglied, das nach ihrem Urteile die öffentliche Achtung verloren hat, durch einen Beschluß, gegen den dieselben Rechtsmittel zulässig sind, entfernen (§ 19). Die etatsmäßigen Kosten für die Handelskammer werden auf die Wahlberechtigten nach dem Fuße der staatlich veranlagten Gewerbesteuer veranlagt und eventuell als Zuschlag zur Kommunalgewerbesteuer mit dem Privileg der Gemeindeabgaben und (auf Ersuchen der Handelskammer) zugleich mit diesen gegen Vergütung erhoben (§§ 26 ff.). Die Erhebung eines 10 % der Gewerbesteuer vom Handel übersteigenden Zuschlags unterliegt der Genehmigung des Ministers für Handel und Gewerbe (§ 31). Zum Geschäftskreis der Handelskammern gehört auch die Begründung und Unterhaltung von Handelsschulen u. dgl. (§ 38). Bis Ende Juni jeden Jahres haben die Handelskammern über Lage und Gang des Handels während des vorhergegangenen Jahres an den Minister zu berichten (§ 38; ME. 19. 1. 07 HMBl. 11); sie dürfen auch sonst direkt an die Zentralbehörden berichten (§ 36); sie haben die Rechte juristischer Personen und führen ein Siegel (§ 35). Die Handelskammer ernennt am Orte ihres Sitzes unter Vorbehalt der Bestätigung des Regierungspräsidenten [1]) die Handelsmäkler (§ 40, s. S. 155), sie schlägt die Handelsrichter vor (GVG. § 112 MV. 10. 12. 03 JMBl. 291, HMBl. 393 MV. 11. 3. 05 das. 59), kann Dispacheure usw. anstellen und vereidigen

[1]) In Berlin ist der Oberpräsident zuständig.

und hat die Ursprungsatteste und andere dem Handelsverkehr dienende Bescheinigungen auszustellen (§ 42). Börsen und andere für den Handelsverkehr bestehende öffentliche Anstalten können unter die Aufsicht der Handelskammern gestellt werden (§ 41). Sie selbst unterstehen der Aufsicht des Ministers für Handel und Gewerbe, der ihre Auflösung durch das Staatsministerium beantragen kann (§ 43).

Auf die zu Berlin, Stettin, Tilsit, Königsberg, Danzig, Memel und Elbing bestehenden kaufmännischen Korporationen findet dieses Gesetz mit Ausnahme der §§ 33 (Öffentlichkeit), 38 (Geschäftskreis) und 42 keine Anwendung (§ 44). Für diese Korporationen („Kaufmannschaften“) gelten ihre besonderen Statuten, die aber privatrechtliche Vorschriften nicht mehr enthalten dürfen; ihre Umwandlung in Handelskammern ist vorgesehen (§ 36; G. 2. 6. 02 GS. 161)[1]).

Die Errichtung einer Börse bedarf nach dem die Materie jetzt regelnden

Börsengesetz 22. 6. 96 in der Fassung der Bek. 27. 5. 08 RGBl. 215

der Genehmigung der Landesregierung, die auch die Aufsicht führt (§ 1) und zu diesem Behufe einen Staatskommissar bestellt (§ 2). Die für jede Börse zu erlassende Börsenordnung[2]) ist von der Landesregierung zu genehmigen und kann von ihr, im Interesse der Vertretung der landwirtschaftlichen und Müllereiinteressen, abgeändert werden (§§ 4 ff.). Eine Reihe von Personen sind vom Besuch der Börse ausgeschlossen (§ 7), andere können vom Börsenvorstand wegen Ungebühr entfernt und mit zeitweiligem Ausschluß bestraft werden (§ 8). Ein Ehrengericht, in zweiter Instanz eine Berufungskammer entscheidet bei Vergehungen gegen die kaufmännische Ehre und das Vertrauen (§§ 9—27). Von der Feststellung des Börsenpreises und des Maklerwesens handeln §§ 29—35, von der Zulassung von Wertpapieren zum Börsenhandel (§§ 36—49, vom Börsenterminhandel §§ 50—70; hierbei s. bei § 764 BGB. oben S. 53 f. §§ 71—87 setzten ein besonderes Ordnungsstrafverfahren wegen verbotener Termingeschäfte fest; hierzu MB. 13. 6. 08 HMBl. 233. Die Strafbestimmungen (§§ 88—95) treffen Personen, die betrügerisch auf den Börsen- oder Marktpreis einwirken.

Als Gutachter für den Bundesrat besteht ein Börsenausschuß (§ 3). Die im §§ 44 vorgesehenen Bestimmungen des Bundesrats über die Zulassung von Wertpapieren zum Börsenhandel sind am 4. 7. 10 RGBl. 917 erlassen.

Behufs schärferer Kontrolle der Hypothekenbanken ist ergangen das Hypothekenbankgesetz 13. 6. 99 RGBl. 375, das außerdem zum Schutz der Besitzer von Pfandbriefen den „Treuhänder“ (Überwachung des Vorhandenseins der Deckungsmittel, Mitverwahrung der Urkunden) einführt (§ 29 f. d. G.).

---

[1]) Die kaufmännischen Korporationen in Magdeburg und Altona sind in Handelskammern umgewandelt. In Berlin ist neben der Korporation „Die Ältesten der Kaufmannschaft“ eine Handelskammer durch V. 19. 12. 01 MBl. 404 geschaffen, der vom 1. 5. 03 ab die Börsenaufsicht übertragen ist (ME. 27. 3. 03 HandMBl. 87).

[2]) Für Berlin BörsenO. 7. 12. 08 (ME. 23. 12. 08 HandMBl. 09, 42). Für Magdeburg 13. 11. 08 HMBl. 384; Stettin 26. 11. 08 das. 379

C. Eingetragene Genossenschaften.

Diese gelten, wie schon oben S. 150 bemerkt, als Kaufleute im Sinne des HGB. Ihre erste gesetzliche Anerkennung und Regelung fanden sie durch das BundesG. 4. 7. 68 nebst Dekl. 19. 5. 71. Jetzt gilt für sie das

RG. 1. 5. 89, betr. die Erwerbs- u. Wirtschaftsgenossenschaften mit den am 1. 1. 1900 in Kraft getretenen Änderungen des Art. 10 EG. z. HGB., in neuer Paragraphenfolge veröffentlicht RGBl. 98, 810.

Gesellschaften von nicht geschlossener Mitgliederzahl, welche die Förderung des Erwerbes oder der Wirtschaft ihrer Mitglieder mittels gemeinschaftlichen Geschäftsbetriebes bezwecken (Genossenschaften), namentlich Vorschuß- und Kreditvereine, Rohstoffvereine, Absatzgenossenschaften, Magazinvereine, Produktivgenossenschaften, Konsumvereine, Vereine zur Herstellung von Wohnungen erwerben die Rechte einer „eingetragenen Genossenschaft" nach Maßgabe dieses Gesetzes (§ 1). Genossenschaften zur Darlehnsgewährung dürfen ihren Geschäftsbetrieb nicht über den Kreis ihrer Mitglieder ausdehnen. Konsumvereine und auch Konsumanstalten der Arbeitgeber dürfen nur noch an Mitglieder, die durch eine amtlich genehmigte Legitimation (§ 30a; ME. 6. 11. 96, MBl. 238) sich ausweisen, bei Vermeidung von Strafe (§ 145a—c) verkaufen; ausgenommen sind die rein landwirtschaftlichen Konsumvereine ohne offnen Laden). Die Genossenschaften können errichtet werden:

a) dergestallt, daß die einzelnen Genossen für die Verbindlichkeiten der Genossenschaft dieser, sowie schließlich unmittelbar den Gläubigern derselben mit ihrem ganzen Vermögen haften (eingetragene Genossenschaft mit unbeschränkter Haftpflicht). Hier darf keiner mit mehr als einem Geschäftsanteil beteiligt sein. Die Beitrittserklärungen müssen vorstehende Haftpflicht ausdrücklich enthalten. Im Falle der Zahlungsunfähigkeit und des daraus folgenden Konkurses sind neben der Genossenschaft die einzelnen Genossen solidarisch und mit ihrem ganzen Vermögen den Konkursgläubigern für den Ausfall, den diese bei der Schlußverteilung erleiden, verhaftet. Ist ein Konkursgläubiger drei Monate nach der für vollstreckbar erklärten Nachschußberechnung (s. unten S. 182) noch nicht voll befriedigt, so kann er wegen der Restforderung sofort die einzelnen Genossen unmittelbar im Prozeßwege angreifen, sowie nach drei weiteren Monaten auch jeden in den letzten zwei Jahren ausgeschiedenen, soweit es sich um eine bis zu dessen Ausscheiden eingegangene Verbindlichkeit der Genossenschaft handelt (§§ 2, 112—119);

b) dergestalt, daß die Genossen zwar mit ihrem ganzen Vermögen, aber nicht unmittelbar den Gläubigern der Genossenschaft verhaftet, vielmehr nur verpflichtet sind, die zur Befriedigung der Gläubiger erforderlichen Nachschüsse aufzubringen (eingetragene Genossenschaft mit unbeschränkter Nachschußpflicht). Hier gilt alles wie bei a; nur ist, falls die Konkursgläubiger in den dort gedachten drei Monaten nicht voll befriedigt sind, auf Grund einer besonderen Berechnung von den innerhalb der letzten 18 Monate vor der Konkurseröffnung ausgeschiedenen Genossen die gesamte Restforderung aller Gläubiger-, gleichviel ob die Verbindlichkeit vor oder nach dem Ausscheiden des einzelnen Genossen eingegangen, in dem S. 182 zu erwähnenden Umlageverfahren beizutreiben.

Daneben geht, wie auch bei a, die Einziehung der Nachschüsse von den nicht ausgeschiedenen Genossen fort, und die ausgeschiedenen können, sobald die Konkursgläubiger befriedigt sind, aus den Nachschüssen der nicht ausgeschiedenen ihre Beiträge erstattet erhalten (§§ 2, 120—124);

c) dergestalt, daß die Haftpflicht der Genossen für die Verbindlichkeiten der Genossenschaft im voraus auf eine bestimmte Summe beschränkt ist (eingetragene Genossenschaft mit beschränkter Haftpflicht). Die (durch das Statut zu bestimmende) Haftsumme darf nicht niedriger sein, als der Betrag, bis zu welchem sich die einzelnen Genossen statutenmäßig mit Einlagen beteiligen können (Geschäftsanteil); die Bestimmung der Haftsumme ist zu veröffentlichen (§§ 2, 7, 125—136).

Die Firma der Genossenschaft muß von dem Gegenstande des Unternehmens entlehnt sein und die Art der Genossenschaft (ob a, b oder c) bezeichnen (§ 3). — Die Zahl der Genossen muß mindestens sieben betragen (§ 4). Der Beitritt ist schriftlich zu erklären (§ 15). — Das Statut, dessen Grundlinien im Gesetze bestimmt werden, sowie die jeweiligen Mitglieder des Vorstandes sind in das bei dem Amtsgerichte neben dem Handelsregister zu führende Genossenschaftsregister einzutragen (§§ 5—8, 10, 26, 28; über die Führung des Registers s. Bek. 11. 7. 89 RGBl. 55 u. Bek. 1. 7. 99. RGBl. 347 nebst V. 8. 11. 99 JMBl. 334 19. 10. 09 JMBl. 349). Das eingetragene Statut ist vom Gerichte im Auszuge zu veröffentlichen (§ 12). Auch eine auf dem Laufenden zu erhaltende Liste der Genossen wird dem Gerichte eingereicht (§§ 11. 28. 67). Vor erfolgter Eintragung in das Register ihres Sitzes hat die Genossenschaft die Rechte einer eingetragenen Genossenschaft nicht (Art. 10 No. I EG. z. HGB.).

Die eingetragenen Genossenschaften sind juristische Personen und gelten als Kaufleute im Sinne des HGB. (§ 17). Wer in die Genossenschaft eintritt, haftet auch für die vorher eingegangenen Verbindlichkeiten (§ 23).

Der aus mindestens zwei, von der Generalversammlung gewählten Mitgliedern bestehende Vorstand vertritt die Genossenschaft (§ 24 ff. und Art. 10 EG. z. HGB.). Er hat binnen sechs Monaten nach Ablauf jedes Geschäftsjahres die Bilanz und die Zahl der Genossen zu veröffentlichen (§ 31). Der die Geschäftsführung des Vorstandes überwachende Aufsichtsrat besteht aus mindestens drei Mitgliedern, die ebenfalls von der Generalversammlung gewählt werden (§ 34 ff.) Prokuristen oder Handlungsbevollmächtigte zum gesamten Geschäftsbetriebe werden nicht bestellt (§ 40). Die Generalversammlung, in der jeder Genosse eine Stimme hat, beschließt über die Genehmigung der Bilanz und setzt den auf die Genossen fallenden Gewinn- oder Verlustbetrag fest, ebenso den Betrag, den Anleihen der Genossenschaft und Spareinlagen bei ihr nicht überschreiten sollen, sowie die Grenzen für Kreditgewährungen an die Genossen (§ 41 ff. und Art. 10 EG. z. HGB.).

Die Genossenschaften müssen in jedem zweiten Jahre ihre Einrichtungen und Geschäftsführung durch einen ihnen nicht angehörigen, vom Gericht zu bestellenden Sachverständigen revidieren lassen. Nur für diejenigen, die einem, gewissen gesetzlichen Anforderungen genügenden Verbande angehören, hat der letztere den Revisor zu bestellen (§§ 51 bis 62). Musterstatut für Revisionsverbände MV. 24. 5. 97 MBl. 121.

Jeder Genosse kann mittels dreimonatiger Aufkündigung am Schlusse eines Geschäftsjahres seinen Austritt erklären (§ 63 ff.), auch kann er wegen Verlustes der bürgerlichen Ehrenrechte und wegen Mitgliedschaft in einer gleichartigen Genossenschaft an demselben Orte ausgeschlossen werden (§ 66 ff.). Er erhält dann sein Geschäftsguthaben oder muß, wenn das Vermögen zur Deckung der Schulden nicht ausreicht, von dem Fehlbetrage einen nach der Kopfzahl der Genossen zu berechnenden Teil an die Genossenschaft zahlen (§ 71). Wird die Genossenschaft binnen sechs Monaten nach dem Ausscheiden des Genossen aufgelöst, so gilt das Ausscheiden als nicht erfolgt (§ 73). Zu jeder Zeit kann ein Genosse sein Geschäftsguthaben einem anderen übertragen und hierdurch austreten, sofern der Erwerber an seiner Stelle Genosse wird oder sofern der Erwerber schon Genosse ist und sein bisheriges Guthaben mit dem neu erworbenen den Geschäftsanteil nicht übersteigt. Wird die Genossenschaft binnen sechs Monaten aufgelöst, so hat der Ausscheidende im Falle der Konkurseröffnung die Nachschüsse, zu denen er verpflichtet gewesen sein würde, insoweit zu leisten, als der Zessionar dazu nicht vermögend ist (§ 74). Stirbt ein Genosse, so gilt er mit den Schlusse des Geschäftsjahres als ausgeschieden (§ 75).

Die Auflösung einer Genossenschaft erfolgt, abgesehen vom Falle der Konkurseröffnung: 1. durch einen einer Mehrheit von drei Viertel der anwesenden Genossen bedürfenden Beschluß der Generalversammlung (§ 76); 2. durch Ablauf der im Statute bestimmten Zeitdauer (§ 77); 3. durch Herabsinken der Mitgliederzahl unter 7 (§ 78) und 4. durch die Staatsbehörde, falls die Genossenschaft durch gesetzwidrige Handlungen oder Unterlassungen das Gemeinwohl gefährdet, oder falls sie andere als die im § 1 bezeichneten geschäftlichen Zwecke verfolgt (§ 79; Entscheidung des BzAussch. auf die vom Regierungs-Präsident anzustellende Klage, V. 28. 5. 90, GS. 135). Die Auflösung ist in das Genossenschaftsregister einzutragen und dreimal bekannt zu machen (§ 80). Die Liquidation erfolgt durch den Vorstand oder bestellte Liquidatoren (§ 81 ff.). Eine Verteilung des Vermögens unter den Genossen darf nicht vor Tilgung oder Deckung der Schulden und nicht vor Ablauf eines Jahres seit der dritten öffentlichen Aufforderung an die Gläubiger vollzogen werden (§§ 88, 80). Jeder Genosse und jedes Mitglied des Vorstandes und des Aufsichtsrates kann im Wege der Klage beantragen, daß die Genossenschaft für nichtig erklärt werde, wenn das Statut nicht die wesentlichen Bestimmungen enthält oder eine dieser Bestimmungen nichtig ist. Ein Mangel dieser Art kann jedoch durch einen Beschluß der Generalversammlung geheilt werden, sofern bei dem Beschlusse die für Abänderung des Statuts erforderlichen Förmlichkeiten gewahrt sind (Art. 10 Nr. XI EG. z. HGB.)

Das Konkursverfahren findet im Falle der Zahlungsunfähigkeit, nach Auflösung der Genossenschaft (bis zur vollzogenen Verteilung des Vermögens) auch im Falle der Überschuldung statt (§§ 91 ff., 115, 134).

Soweit die Konkursgläubiger wegen ihrer bei der Schlußverteilung — KonkO. § 149 — berücksichtigten Forderungen aus dem zur Zeit der Konkurseröffnung vorhandenen Vermögen der Genossenschaft nicht befriedigt werden, tritt nunmehr die Haftpflicht der Genossen in der Weise ein, daß sie Nachschüsse zur Masse leisten müssen, und zwar wenn nicht das Statut etwas anderes bestimmt, nach Köpfen. Beiträge, zu deren Leistung einzelne unvermögend sind, werden auf die übrigen verteilt (§§ 98, 107). Schon vor der Nachschußberechnung, sofort nach der Konkurseröffnung, hat der Konkursverwalter auf Grund der Bilanz eine vorläufige, vom Gericht für vollstreckbar zu erklärende Vorschußberechnung über den voraussichtlichen Fehlbetrag aufzustellen und den letzteren durch Umlage von den Genossen, wenn nötig durch Zwangsvollstreckung, einzuziehen (§ 99 ff.). Soweit Ausfälle entstehen, hat der Konkursverwalter eine Zusatzberechnung aufzustellen, für welche die gleichen Bestimmungen gelten (§ 106). — Nunmehr haften bei Genossenschaften mit beschränkter Haftpflicht die einzelnen Genossen nicht über ihre Haftsumme hinaus weder auf Leistung von Nachschüssen, noch den Konkursgläubigern (§ 135); bei den anderen Genossenschaften können sie auch bezüglich ihres persönlichen Vermögens, bei der Form a schließlich auch direkt von den Konkursgläubigern belangt werden.

Umwandeln kann sich eine Genossenschaft mit unbeschränkter Haftpflicht in eine mit unbeschränkter Nachschußpflicht nur unter Beobachtung der für die Verteilung des Genossenschaftsvermögens im Falle der Auflösung maßgebenden Bestimmungen. Dasselbe gilt, wenn sich eine Genossenschaft jener beiden Arten in eine solche mit beschränkter Haftpflicht umwandeln will (§ 137 ff.).

Zur Förderung des genossenschaftlichen Personalkredites ist durch G. 31. 7. 95 nebst Novellen 8. 6. 96, 20. 4. 98, 3. 8. 05, 13. 7. 09 die „Preuß. Zentralgenossenschaftskasse" geschaffen (s. hierüber oben S. 92; über den als Beirat vorgesehenen Ausschuß s. V. 4. 10. 95 GS. 533 3. 8. 05 GS. 333.

D. Versicherungswesen. Versicherung ist die Übernahme eines Risikos gegen die Leistung des Versicherten. Nach dem Verhältnis des Staates zum Versicherungsnehmer unterscheidet man die Zwangsversicherung von der freiwilligen Versicherung, nach der Person des Versicherers: die Versicherung durch öffentliche Versicherungsanstalten und die Versicherung durch Private. Von den Hauptgebieten der staatlichen Zwangsversicherung: Kranken-, Unfall-, Invaliditätsversicherung ist in anderem Zusammenhang zu sprechen. Öffentliche Versicherungsanstalten bestehen, abgesehen von den Versicherungsträgern bei den eben genannten Versicherungsarten, landesrechtlich in den öffentlichen Feuerversicherungsanstalten (Feuersozietäten). Die Rechtsverhältnisse dieser öffentlichen Versicherungsanstalten sind reichsrechtlich nicht geregelt. Sie unterliegen auch nicht der Aufsicht des Reiches, sondern es ist für sie lediglich das Landesrecht maßgebend. Ihre Errichtung und Rechtsverhältnisse regelt in Preußen Ges. 25. 7. 10 GS. 241. Nur müssen sie statistische Nachweise über ihren Geschäftsbetrieb an das kaiserliche Aufsichtsamt für Privatversicherung einreichen (§ 19 PrivVersUntGes.). Über die öffentlich-rechtlichen Verhältnisse der privaten Versicherungsunternehmungen ist das Reichsges. 12. 5. 01 RGBl. 139 über die privaten Versicherungsunternehmungen (PrivVersUntGes.; AusfAnw. 4. 5. 02 MBl. 86) ergangen. Derartige Unternehmungen bedürfen zum Geschäftsbetriebe der Erlaubnis der Aufsichtsbehörde und unterliegen ständig deren Kontrolle. Aufsichtsbehörde im Reiche ist das kaiserliche Aufsichtsamt für Privatversicherung in Berlin (§§ 64—85; V. 23. 12. 01 RGBl. 498 geänd. 15. 8. 08 RGBl. 499 MV. 15. 5. 03 JMBl. 112; Versicherungsbeirat § 72 und Bek. 21. 11. 08 RGBl. 634) Landesaufsichtsbehörde in Preußen die Regierungspräsidenten [1]) (k. Verordnung 30. 6. 01 GS. 141) gegen deren Verfügung binnen Monatsfrist Klage beim OVG.

Die Erlaubnis zum Betriebe darf Personenvereinigungen, welche die Versicherung ihrer Mitglieder nach dem Grundsatze der Gegenseitigkeit betreiben wollen, nur erteilt werden, wenn diese Vereinigungen in der Form von Versicherungsvereinen auf Gegenseitigkeit errichtet werden.

Zum Betriebe der verschiedenen Arten der Lebensversicherung sowie zum Betriebe der Unfall-, Haftpflicht-, Feuer- oder Hagelversicherung darf die Erlaubnis außer Versicherungsvereinen auf Gegenseitigkeit nur an Aktiengesellschaften erteilt werden.

Als Lebensversicherung im Sinne dieses Gesetzes gilt auch die Invaliditäts-, Alters-, Witwen-, Waisen-, Aussteuer- und Militärdienstversicherung, gleichviel ob auf Kapital oder Renten.

Die Erlaubnis zum Geschäftsbetriebe darf nur versagt werden, wenn

1. der Geschäftsplan gesetzlichen Vorschriften zuwiderläuft;
2. nach dem Geschäftsplane die Interessen der Versicherten nicht hinreichend gewahrt sind oder die dauernde Erfüllbarkeit der aus den Versicherungen sich ergebenden Verpflichtungen nicht genügend dargetan ist;
3. Tatsachen vorliegen, welche die Annahme rechtfertigen, daß ein den Gesetzen oder den guten Sitten entsprechender Geschäftsbetrieb stattfinden wird.

Die Erlaubnis kann von der Stellung einer angemessenen Sicherheit abhängig gemacht werden, wobei deren Zweck und die Bedingungen für die Rückgabe festzustellen sind (§§ 6, 7).

Besondere Bestimmungen sind für die Versicherungsvereine auf Gegenseitigkeit gegeben (§§ 15—53).

Unberührt sind die landesrechtlichen Vorschriften über die polizeiliche Überwachung der Feuerversicherungsverträge nach ihrem Abschluß und der Auszahlung der Brandentschädigung geblieben (§ 121 des Ges.). Maßgebend ist hier für Preußen das G. 8. 5. 37 über das Mobiliar-Feuerversicherungswesen. Danach ist der Polizei eine besondere Aufsicht über das Versicherungswesen eingeräumt, um absichtlichen Brandstiftungen vorzubeugen. Überversicherung ist verboten (§ 20 ff.), und die Auszahlung der Brandentschädigung darf erst geschehen, wenn die Polizei nicht binnen acht Tagen Widerspruch erhebt (§ 18). Vergl. ferner MV. 10. 9. 04; 10. 2. 05 MBl. 241. 41 über die Buchführung der Feuerversicherungsagenten.

Das Versicherungsprivatrecht ist jetzt vollständig durch Reichsrecht geregelt, die Seeversicherung im HGB. das übrige Versicherungsrecht im RG. über den Versicherungsvertrag 30. 5. 08 RGBl. 263. Nicht geregelt ist die Rückversicherung. Auf die Versicherung bei öffent-

[1]) In Berlin der Polizeipräsident.

lichen Versicherungsanstalten, die kraft staatlichen Zwanges geschieht (landesrechtlich bei der Immobiliarfeuerversicherung) bezieht sich das Gesetz nicht, im übrigen gilt bei Versicherungen bei öffentlichen Versicherungsanstalten Vertragsfreiheit, so daß die zahlreichen zwingenden Vorschriften des Gesetzes keine Anwendung finden. Das Gesetz zerfällt in fünf Abschnitte. Der erste Abschnitt enthält Vorschriften für sämtliche Versicherungszweige; der zweite Abschnitt die Schadenversicherung uud zwar zuerst allgemeine Vorschriften und im 2.—6. Titel Sonderbestimmungen für die Feuer-, Hagel-, Vieh-, Transport- und Haftpflichtversicherung. Der dritte Abschnitt behandelt die Lebensversicherung; der vierte die Unfallversicherung; der fünfte Schlußvorschriften (Ausnahmebestimmungen, Vorbehalte usw.).

Aus den allgemeinen Vorschriften ist hervorzuheben: Die Versicherung kann auch auf einen in der Vergangenheit liegenden Moment rückwirkend genommen werden. Kennt hierbei der Versicherer die Unmöglichkeit des Eintritts des Versicherungsfalles (z. B. das versicherte Schiff ist bereits wieder im Heimathafen), so erhält er keine Prämie. Kennt der Versicherungsnehmer die Tatsache des bereits geschehenen Eintritts des Versicherungsfalles (z. B. er hat gerade erfahren, daß das Schiff untergegangen ist), so steht ihm die Versicherungssumme nicht zu. — Für den Vertrag ist keine Form vorgeschrieben. Der Versicherungsschein (Police) muß zwar dem Versicherungsnehmer ausgehändigt werden, er ist aber nicht wesentliches Moment des Vertragsschlusses, sofern die Versicherungsbedingungen dies nicht vorschreiben. Der Versicherungsschein kann auch auf den Inhaber gestellt sein (§ 4). Eine etwa vertragsmäßig ausgemachte unbedingte Bindung an den Inhalt der Police ist nur mit der Maßgabe zulässig, daß der Versicherungsnehmer binnen Monatsfrist keinen Widerspruch erhoben hat (§ 5). Eine Verwirkung der Rechte aus dem Vertrage wegen Versäumung von Obliegenheiten, die dem Versicherungsnehmer vorgeschrieben sind, tritt, wenn sie vor dem Versicherungsfall zu erfüllen sind, nicht ein, wenn die Verletzung unverschuldet ist; handelt es sich um Verletzungen von Obliegenheiten, die nach dem Eintritt des Versicherungsfalles zu erfüllen sind, dann nicht, wenn die Verletzung weder auf Vorsatz noch auf grober Fahrlässigkeit beruht (§ 6). Bei tage-, wochen- oder monatweiser Versicherung dauert die Versicherung von Mittag bis Mittag (§ 7). Eine stillschweigende Verlängerung ist nur auf ein Jahr zuläßig. Auf eine Vereinbarung, nach der die Leistung des Versicherers erst mit der Feststellung des Anspruches durch Anerkenntnis, Vergleich oder rechtskräftiges Urteil fällig werden soll, kann sich der Versicherer nicht berufen (§ 11). Die Ansprüche aus dem Versicherungsvertrag verjähren in zwei Jahren, bei der Lebensversicherung in fünf Jahren von dem Schlusse des Jahres, in dem die Leistung verlangt werden kann. Im Falle des Konkurses des Versicherers endet das Versicherungsverhältnis mit dem Ablauf eines Monats seit der Eröffnung. — Der Versicherungsnehmer muß alle für die Gefahrsübernahme erheblichen Momente anzeigen (§ 16). Unrichtige Anzeige über erhebliche und solche Umstände, nach denen ausdrücklich schriftlich gefragt ist, berechtigen binnen Monatsfrist seit der Kenntnis der Unrichtigkeit zum Rücktritt (§§ 17, 18, 20). Nach dem Eintritt des Versicherungsfalles ist der Rücktritt nur gegeben, wenn der verschwiegene Umstand von Einfluß auf den Eintritt des Schadens war. Bei der Lebensversicherung Rücktritt nur binnen zehn Jahren außer bei Arglist (§ 163). Das Recht zur Anfechtung wegen arglistiger Täuschung bleibt unberührt. Der Versicherungsnehmer darf keine Erhöhung der Gefahr vornehmen. Bei Zuwiderhandlungen nach Umständen Kündigung oder Rücktritt (§§ 24—32). Nach dem Eintritt des Versicherungsfalles unverzügliche Anzeige (§ 33); Auskunftspflicht (§ 34). — Der Versicherungsnehmer hat die Prämie, und wenn laufende Prämien bedungen sind, die erste sofort, nach dem Vertragsschluß zu zahlen (§ 35). Übersendungspflicht (§ 36). Nichtzahlung der ersten oder der einzigen Prämie befreit den Versicherer, wenn der

Versicherungsfall vor der Zahlung eintritt und gibt ihm im übrigen ein Kündigungsrecht mit Monatsfrist. Die Zahlung einer laufenden Prämienrate hat den Fortfall der Haftpflicht und das Recht, fristlos zu kündigen, nur dann zur Folge, wenn die schriftlich gesetzte Nachfrist fruchtlos verlaufen ist (§ 39; für die drei Jahre bestehende Lebensversicherung Verwandlung in eine prämienfreie Versicherung [§ 175]) außer bei den kleinen Vereinen des § 53 PrivVersUntG. und der Sterbegeld-Volksversicherung u. a. [§ 189].) Der vierte Titel regelt das Recht der Versicherungsagenten (§§ 43 ff.). Diesen ist eine umfangreiche gesetzliche Vollmacht zur Annahme von Erklärungen des Versicherungsnehmers gegeben (§ 43). Bei Verträgen, die ein Agent vermittelt oder abgeschlossen hat, ist das Gericht seiner gewerblichen Niederlassung oder seines Wohnsitzes für Klagen gegen den Versicherer zuständig. Die Zuständigkeit kann nicht ausgeschlossen werden.

Bei der Schadensversicherung ist eine Überversicherung ausgeschlossen (§ 55). Es wird jeweils höchstens der Betrag des wirklichen Schadens ersetzt. Bei Unterversicherungen mindert sich der zu zahlende Betrag nach dem Verhältnis der Versicherungssumme zu dem Werte der Sache (§ 56). Ist die Versicherung bei mehreren Versicherern genommen, so muß jedem Anzeige gemacht werden. Wegen der Ansprüche bei der Doppelversicherung s. §§ 59, 60. Herbeiführung des Versicherungsfalles durch Vorsatz oder grobe Fahrlässigkeit befreit den Versicherer. Der Schaden ist, soweit möglich, zu mindern (§ 62). Aufwendungen hierzu trägt der Versicherer (§ 63). Der Anspruch des Versicherungsnehmers auf Ersatz des Schadens gegen einen schuldigen Dritten geht auf den Versicherer über, soweit er den Schaden ersetzt, gegenüber einem Dritten, der ein in häuslicher Gemeinschaft mit dem Versicherungsnehmer lebender Familienangehöriger ist, jedoch nur bei Vorsatz (§ 67).

Die Lebensversicherung kann auf die Person des Versicherungsnehmers oder eines anderen genommen werden. Wird die Versicherung für den Fall des Todes eines anderen genommen, so ist zur Gültigkeit des Vertrags die schriftliche Einwilligung des anderen erforderlich. Ist der andere geschäftsunfähig oder in der Geschäftsfähigkeit beschränkt und steht die Vertretung in den seine Person betreffenden Angelegenheiten dem Versicherungsnehmer zu, so kann dieser den anderen bei der Erteilung der Einwilligung nicht vertreten.

Nimmt der Vater oder die Mutter die Versicherung auf die Person eines minderjährigen Kindes, so bedarf es der Einwilligung des Kindes nur, wenn nach dem Vertrage der Versicherer auch bei Eintritt des Todes vor der Vollendung des siebenten Lebensjahrs zur Leistung verpflichtet sein soll und die für diesen Fall vereinbarte Leistung den Betrag der gewöhnlichen Beerdigungskosten übersteigt. Hat für solche Versicherungen die Aufsichtsbehörde einen bestimmten Höchstbetrag festgesetzt, so ist dieser an Stelle des Betrags der gewöhnlichen Beerdigungskosten maßgebend (§ 159).

Sind laufende Prämien zu entrichten, so kann der Versicherungsnehmer jederzeit für den Schluß der laufenden Versicherungsperiode kündigen. Bei einer Kapitalversicherung ist im Zweifel anzunehmen, daß dem Versicherungsnehmer die Befugnis vorbehalten ist, ohne Zustimmung des Versicherers einen Dritten als Bezugsberechtigten zu bezeichnen sowie an die Stelle des so bezeichneten Dritten einen anderen zu setzen. Die Befugnis des Versicherungsnehmers, an die Stelle des bezugsberechtigten Dritten einen anderen zu setzen, gilt im Zweifel auch dann als vorbehalten, wenn die Bezeichnung des Dritten im Vertrag erfolgt ist.

Soll bei einer Kapitalversicherung die Leistung des Versicherers nach dem Tode des Versicherungsnehmers erfolgen und ist die Zahlung an die Erben ohne nähere Bestimmung bedungen, so sind im Zweifel diejenigen, welche zur Zeit des Todes als Erben berufen sind, nach dem Verhältnis ihrer Erbteile bezugsberechtigt. Eine Ausschlagung der Erbschaft hat auf die Berechtigung keinen Einfluß. Der Fiskus als Erbe hat kein Bezugsrecht. — Selbstmord, außer bei Geistesstörung, befreit den Versicherer. Ist die Versicherung auf die Person eines anderen genommen, so wird der

Versicherer frei, wenn der Versicherungsnehmer den anderen vorsätzlich und widerrechtlich getötet hat (§§ 169, 170). — Nach dreijähriger Dauer der Versicherung kann der Versicherungsnehmer jederzeit für den Schluß der laufenden Versicherungsperiode die Umwandlung der Versicherung in eine prämienfreie verlangen. Es tritt dann an die Stelle des vereinbarten Kapital- oder Rentenbetrages der Betrag, der sich für das Alter desjenigen, auf dessen Person die Versicherung genommen ist, als Leistung des Versicherers ergibt, wenn die auf die Versicherung entfallende Prämienreserve als einmalige Prämie angesehen wird (nicht anwendbar bei kleinen Versicherungsvereinen usw.; s. S. 185 oben bei § 39).

Bei der Unfallversicherung tritt Befreiung des Versicherers nur bei vorsätzlicher Herbeiführung des Schadens ein (§ 181). Bei der Minderung der Folgen des Unfalls muß der Versicherungsnehmer billige Anweisungen des Versicherers, z. B. hinsichtlich der Behandlung, befolgen (§ 183).

F. Verlagsrecht. Dieses ist durch

RG. 19. 6. 01 über den Verlagsvertrag RGBl. 217

geregelt. Durch den Verlagsvertrag verpflichtet sich der Verfasser, ein Werk der Literatur oder Tonkunst dem Verleger zur Vervielfältigung und Verbreitung zu überlassen, wozu der Verleger sich seinerseits verpflichtet. Der Verleger ist, in Ermangelung anderer Vereinbarung, nur zu einer Auflage berechtigt. Das Verlagsverhältnis endigt, sobald die vereinbarten Auflagen vergriffen sind. Während der Vertragsdauer darf der Verfasser das Werk weder selbst vervielfältigen noch einem zweiten Verleger überlassen.

G. Urheberrecht[1]).

Das Urheberrecht an Werken der Literatur und der Tonkunst wird geregelt durch das RG. 19. 6. 01 RGBl. 227, abgeänd. durch G. 22. 5. 10 RGBl. 793.

Das Urheberrecht steht den Erben des Urhebers noch 30 Jahre nach dessen Tode, jedenfalls aber 10 Jahre seit der Veröffentlichung des Werkes zu (§ 29; wegen der in Leipzig geführten Eintragsrolle s. Bek. 13. 9. 01 RZBl. 335 u. Bek. 28. 4. 03 RGBl. 211). Die Strafverfolgung und Entschädigungsklage wegen Nachdrucks verjähren nach § 50 in drei Jahren. Hierher gehören ferner: das RG. 9. 1. 07 betr. das Urheberrecht an Werken der bildenden Künste und der Photographien RGBl. 7, das RG. 11. 1. 76, betr. das Urheberrecht an Mustern und Modellen, welches die Geschmackmuster durch Eintragung in das Musterregister des Amtsgerichts, (auf 1—3 ausnahmsweise 15 Jahre) schützt, während das RG. 1. 6. 91, betr. den Schutz von Gebrauchsmustern die ausschließliche Verwertung von sog. kleinen Erfindungen zum Arbeits- oder Gebrauchszwecke auf drei bzw. sechs Jahre durch Eintragung in die Musterrolle des Patentamts sichert. Der Schutz der Warenzeichen sichert RG. 12. 5. 94 RGBl. 441 AusfB. 30. 6. 94, RGBl. 495; s. das Weitere und wegen des RPatentG. 7. 4. 91 unten am Schluß des Gewerberechts.

H. Das Wechselrecht (aus dem kaufmännischen Verkehr entstanden, aber keineswegs bloß für Kaufleute von Bedeutung). Die Allg. Deutsche

[1]) Internationales Urheberrecht: Internat. Verband 13. 11. 08 RGBl. 1910, 965; RG. 13. 01. 08 RGBl. 10, 793; AusfB. 12. 7. 10 RGBl. 989 und zahlreiche Einzelverträge. Für die deutschen Schutzgebiete gilt die kais. V. 15. 10. 08 RGBl. 627.

WechselO. ist am 24. 11. 48 vom damaligen Reichstage beschlossen und im RGBl. am 27. 11. 48 publiziert. In Preußen ward sie durch oktroyierte V. 6. 1. 49 mit Geltungskraft v. 1. 2. 49 eingeführt: dieser Termin ist unberührt geblieben durch das fernere EinfG. 15. 2. 50, welches im übrigen die V. 6. 1. 49 aufhob. Das G. 27. 5. 63 (sog. Nürnberger Novellen) hat durch Zusätze einige Streitfragen entschieden. Durch BundesG. 5. 6. 69 wurde die A. D. Wechselordnung Reichsgesetz. In der Folge ist sie abgeändert worden durch EGHGB. Art. 8 Abs. 2 und wesentlich durch das Gesetz betr. die Erleichterung des Wechselprotestes 30. 5. 08 RGBl. 321. Sie wurde durch Bek. 3. 6. 08 RGBl. 327 in neuer Fassung als „Wechselordnung" veröffentlicht. Über die Besteuerung des Wechselverkehrs (Wechselstempel) s. RG. 15. 7. 09 in der Fassung v. 20. 7. 09 RGBl. 825; AusfBest. 26. 7. 09 RZBl. 402.

Die Hauptbestimmungen der WechselO. sind folgende:

1. Wechselfähig ist jeder, der sich durch Verträge verpflichten kann (Art. 1). In der Geschäftsfähigkeit beschränkte Personen bedürfen der Genehmigung ihrer gesetzlichen Vertreter; die Genehmigung braucht aber nicht auf dem Wechsel selbst zu stehen. Finden sich auf einem Wechsel Unterschriften nicht wechselfähiger Personen, so hat dies auf die Verbindlichkeit der übrigen Wechselverpflichteten keinen Einfluß (Art. 3).

2. Begriff, rechtliche Natur und Erfordernisse des Wechsels. Der Wechsel ist eine datierte, das Wort „Wechsel" enthaltende Urkunde, in welcher der Aussteller (Trassant) die Zahlung einer bestimmten Geldsumme an den Remittenten an einem bestimmten Orte zu einer bestimmten Zeit entweder selbst zu leisten verspricht (eigener oder trockener Wechsel) oder sie einem Dritten (Bezogenen, Trassaten) aufträgt (gezogener Wechsel, Tratte; Art. 4, 96). Der Wechsel ist gewissermaßen ein Geldpapier auf die Kasse Privater; die Verpflichtung daraus wird lediglich durch die Namensunterschrift begründet. — Ist kein besonderer Zahlungsort angegeben, so gilt hierfür der bei dem Namen des Bezogenen angegebene Ort. Einen anderen Zahlungsort bestimmen kann nur der Aussteller; ein solcher Wechsel mit einem vom Wohnorte des Bezogenen verschiedenen Zahlungsorte heißt Domizilwechsel (Art. 24). Der Wechsel kann aber auch eine am Wohnorte des Bezogenen befindliche Zahlstelle angeben. Dann ist er dieser Person zur Zahlung zu präsentieren und gegen sie event. Protest zu erheben (Art. 43 Abs. 2). Bei dem eigenen Wechsel gilt der Ausstellungsort, wenn nicht ein besonderer Zahlungsort angegeben ist, als Zahlungsort und zugleich als Wohnort des Ausstellers (Art. 97). — Die Wechselsumme muß in sich bestimmt sein; eine beigefügte Verzinsung gilt als nicht geschrieben (Art. 7). — Die Zahlungszeit kann für die gesamte Geldsumme nur eine und dieselbe sein; sie kann festgesetzt werden: auf einen bestimmten Tag, auf Sicht (Vorzeigung, a vista usw.) oder auf eine bestimmte Zeit nach Sicht, auf eine bestimmte Zeit nach dem Tage der Ausstellung (nach dato), auf eine Messe oder einen Markt (Meß- oder Marktwechsel; Art. 4 Nr. 4); ein auf Kündigung gestellter Wechsel ist ungültig, ebenso Fristwechsel (RObHandGer. 2, 361; 11, 170). — Jeder, der auf dem

Wechsel unterschrieben hat (Aussteller, Akzeptant, Indossant, Avalist d. i. Bürge), haftet dem Wechselinhaber persönlich und solidarisch; dieser kann wählen, ob er alle zusammen oder wen er zuerst in Anspruch nehmen will (Art. 81). Der Wechselschuldner kann nur solche Einreden geltend machen, die aus dem Wechselrecht selbst hervorgehen (z. B. Wechselunfähigkeit, Fälschung) oder ihm unmittelbar gegen den betreffenden Kläger zustehen (z. B. vertragswidrige Ausfüllung des hingegebenen Blankoakzepts, Prolongationsversprechen). — Der Wechsel ist als gesetzliches Orderpapier indossabel, falls er nicht ausdrücklich „nicht an Order" gestellt ist. Das Indossament (Giro), durch das der Wechsel übereignet wird, ist ein auf den Wechsel (gewöhnlich seiner Rückseite, auch auf die mit ihm verbundene Allonge) gesetzter Übertragungsvermerk, meistens „an die Order von N". Doch ist auch gestattet, in Blanko zu indossieren, wobei der Name des Indossatars offen bleibt oder nur der Name des Indossanten hingeschrieben wird (Art. 9 f.). Das Indossament überträgt den wechselmäßigen Anspruch an einen anderen, unter selbständiger Haftung des Indossierenden für die Zahlung am Verfalltage (Art. 9—11, 71); die früheren Inhaber heißen „Vormänner", die späteren „Nachmänner". — Wer gezahlt hat, kann sich an einen beliebigen Vormann (oder alle zusammen) halten (sog. Sprungregreß). Zum Akzept genügt die einfache Namensunterschrift auf der Vorderseite des Wechsels; gewöhnlich setzt man sie auf die linke Seite quer.

3. Verschiedene Formen und Arten des Wechsels. (Im folgenden sind nur die wesentlichen Erfordernisse der verschiedenen Formen der Wechsel angegeben; im gewöhnlichen Verkehr ist es üblich, die Wechselsumme noch rechts oben in Ziffern hinzuzusetzen, während sie im Texte in Buchstaben steht (bei Abweichungen gilt die in Buchstaben ausgedrückte Summe, Art. 5), ferner, den gezogenen Wechsel „Primawechsel", den eigenen „Solawechsel" zu benennen, am Schlusse einen (das innere Verhältnis zwischen Aussteller und Bezogenen andeutenden) Vermerk, wie „Wert erhalten" oder „Wert in Rechnung" zu nehmen u. dergl.)

a) Gezogener Wechsel (Tratte; Art. 4):

a. gewöhnliche Form: Berlin, 15. November 1910.

Am 1. Juli k. Js. zahlen Sie gegen diesen Wechsel an Herrn Julius Remittent hierselbst oder dessen Order 1000 Mark.

An Herrn Rudolf Trassat Max Trassant.
in Stettin.

b. Tratte an eigene Order (Art. 6): Berlin, 15. November 1910.

Drei Tage nach Sicht zahlen Sie gegen diesen Wechsel an die Order von mir selbst 1000 Mark.

An Herrn Rudolf Trassat Max Trassant.
in Stettin.

c. Trassiert-eigener Wechsel (bei welchem der Trassant auf sich selber zieht, also namentlich ein Handlungshaus auf seine Kommandite; nur zulässig, wenn die Zahlung an einem anderen Orte als dem der Ausstellung geschehen soll; Art. 6).

b) Eigener (trockener) Wechsel (Art. 96):

Berlin, 15. November 1910.

Dreißig Tage nach dato zahle ich gegen diesen Wechsel an Herrn Julius Remittent hierselbst oder dessen Order 1000 Mark.

Emil Aussteller.

4. Präsentation. Die Präsentation bei dem Bezogenen zur Annahme muß auf dem Wechsel schriftlich geschehen (Art. 21). Sie kann durch Postauftrag erwirkt werden, RPostO. 20. 3. 00 § 18). Vor dem Verfalltage ist sie nur notwendig, wenn der Wechsel auf eine bestimmte Zeit nach Sicht lautet (Art. 19) oder (beim Domizilwechsel) die Präsentation zur Annahme vorgeschrieben ist. Protest mangels Annahme s. Art. 18; 24, 2. Präsentation zur Zahlung beim Akzeptanten, Domiziliaten, Zahlstelle, oder dem Aussteller des eigenen Wechsels und Protest mangels Zahlung ist immer nötig. Der Akzeptant haftet jedem Inhaber, Indossatar und Aussteller wechselmäßig (Art. 23). Blankoannahme ist zulässig.

5. Protest mangels Zahlung ist spätestens am zweiten Werktage nach dem Zahlungstage beim Akzeptanten (Domiziliaten, Zahlungsstelle Art. 43) oder beim Aussteller eines eigenen Wechsels zur Erhaltung des Wechselrechts gegen den Aussteller und die Indossanten nötig (Art. 41)[1]); gegen den Akzeptanten selbst bleibt das Wechselrecht auch ohne Protest bestehen (Art. 44); ebenso gegen den Aussteller eines eigenen Wechsels (Art. 99 Abs. 3). Proteststunden 9—6 Uhr (Art. 92, 2). Etwa angebotene Teilzahlungen sind nach Quittung auf dem Wechsel anzunehmen (Art. 38). Die Zahlung kann an den Protestbeamten erfolgen (Art. 89a) Wer den Wechsel mangels Zahlung hat protestieren lassen, muß binnen zwei Tagen von der Nichtzahlung seinem unmittelbaren Vormann Nachricht geben, dieser sodann ebenfalls seinem unmittelbaren Vormann usw. (Art. 45). — Der Protest ist eine in bestimmten Formen gehaltene Urkunde zur Konstatierung einzelner wichtiger Tatsachen (Art 87 f.), seine Erhebung kann nicht bloß durch einen Notar, sondern auch durch einen Gerichtsschreiber oder Gerichtsvollzieher oder einen Postbeamten erfolgen (§§ 70 u. 77 des Preuß. AusfG. zum GVG. 24. 4. 78; GerVollzieherO. 31. 3. 00 JMBl. 345 M. E. 16. 9. 08 JMBl. 339. § 3 d. Ges. betr. d. Erleichterung des Wechselprotestes (s. S. 187); Bek. d. Reichskanzlers 5. 8. 08 betr. die Erhebung des Wechsel- und Scheckprotestes durch Postbeamte[2]) § 18a der Postordnung; hierzu Dienstanweisungen für den Postprotest Berlin, Deckers Verlag.

6. Wechselverjährung. Für die Wechselklagen gibt es einen besonderen, schleunigen Prozeß (ZPO. §§ 592—605). Die Klage des Inhabers gegen den Akzeptanten verjährt binnen drei Jahren vom Verfalltage ab (Art. 77), gegen die Vormänner (einschließlich des Ausstellers) binnen 3, 6, 18 Monaten nach dem Tage der Protesterhebung, je nach der Entfernung des Zahlungsortes (Art. 78). Die Regreßklage eines Indossanten, der den Wechsel hat bezahlen müssen, gegen den Aussteller und die übrigen Vormänner (bestehend in der gezahlten Summe nebst 6 % Zinsen, den Kosten und einer Provision von 1/3 %: Art. 51) verjährt in denselben letztgedachten Fristen (von der Zahlung ab gerechnet)

[1]) Im Geschäftslokal oder Wohnung. Ist als Wohnort fälschlich ein Nachbarort angegeben, z. B. Berlin statt Charlottenburg, so ist das ohne Belang (Art. 91a). Der Bundesrat bestimmt die Orte, die als benachbart im Sinne dieser Vorschrift zu betrachten sind. Vgl. Bek 9. 1. 09 RGBl. 249.

[2]) Ausgeschlossen ist der Postprotest mangels Zahlung bei Wechseln und Schecks über 800 Mk., für solche in fremder Sprache; auf ausländische Münzsorten mit der Bezeichnung „effektiv"; bei Wechseln mit Notadressen und Ehrenakzepten, für Wechsel in mehreren Exemplaren oder mit Kopien.

(Art. 79). Der Anspruch gegen den Aussteller eines eigenen Wechsels verjährt auch in drei Jahren vom Verfalltage ab (Art. 100). Ausnahmsweise unterbricht hier die gerichtliche Streitverkündung die Verjährung, auch gibt Art. 83 dem Inhaber eines verjährten oder mangels Protesterhebung kraftlos gewordenen (präjudizierten) Wechsels gegen den durch seinen Schaden bereicherten Aussteller oder Akzeptanten eine besondere Klage, die in der gewöhnlichen Zeit, also nach 30 Jahren verjährt.

7. Verlorene Wechsel. War eine Tratte noch nicht akzeptiert, so wird der Verlierer den Bezogenen ungesäumt von dem Verlust benachrichtigen und sich vom Aussteller ein Duplikat des Wechsels geben lassen (Art. 66), welches dann die Stelle des verlorenen Wechsels vertritt. War bereits akzeptiert, so muß das Amortisationsverfahren eintreten (Art. 73); ebenso natürlich immer beim eigenen Wechsel (Art. 98; ZPO. §§ 946 f., 1003 f.).

I. Ein ähnliches die Barzahlung wie der Wechsel ersetzendes Papier ist der Scheck. Die Rechtsverhältnisse des Schecks sind durch

RG. 11. 3 08 RGBl. 71 (Scheckgesetz)

geregelt. Danach ist der Scheck eine von dem Aussteller unter Angabe des Tages und Ortes der Ausstellung unterschriebene als Scheck bezeichnete Anweisung an den Bezogenen aus dem Guthaben des Ausstellers eine bestimmte Summe zu zahlen. Bezogene können nur sein: öffentliche oder unter staatlicher Aufsicht stehende Anstalten und eingetragene Genossenschaften, die sich mit der Annahme von Geld und der Zahlung für fremde Rechnung befassen und amtlich beaufsichtigte Sparkassen, sowie in das Handelsregister eingetragene Firmen, die Bankiergeschäfte betreiben (§ 2). Der Scheck kann auf den Inhaber oder eine bestimmte Person lauten (auch auf den Aussteller). Enthält er keinen Empfänger oder den Vermerk „oder Überbringer", so gilt er als Inhaberscheck (§ 4). Lautet er auf eine bestimmte Person, so kann er durch Indossament übertragen werden (§ 8), wenn dies nicht durch die Worte „nicht an Order" ausgeschlossen ist. Eine Annahme des Schecks findet nicht statt; der Annahmevermerk gilt als nicht geschrieben. Der Scheck ist bei Sicht zahlbar (§ 7). Der Scheck muß binnen zehn Tagen zur Zahlung am Zahlungsorte oder bei einer Abrechnungsstelle (§ 12) vorgelegt werden. Wegen der Vorlegungsfristen für Auslandsschecks s. § 11 Abs. 2 und Bek. 19. 3. 08 RGBl. 85. Wird der Scheck nicht rechtzeitig vorgelegt, so kann der Bezogene Zahlung leisten, braucht es aber nicht (§ 13). Für die Einlösung des Schecks haften dem Inhaber der Aussteller und die Indossanten (§ 15). Der Regreß ist abhängig von der rechtzeitigen, aber vergeblichen Vorlegung, die entweder durch eine Bescheinigung des Bezogenen auf dem Scheck, eine Bescheinigung der Abrechnungsstelle oder einen Protest nachzuweisen ist (§ 16). Der Regreß ist auch hier Sprungregreß (§ 18). Benachrichtigung der Vormänner über den Umfang der Regreßforderung ähnlich wie im Wechselrecht (§ 17). Der Regreßanspruch verjährt, wenn der Scheck in Europa mit Ausnahme von Island und den Faröern zahlbar ist, in

3 Monaten, anderenfalls in 6 Monaten. Beginn der Verjährung: § 20 Abs. 2. Trägt der Scheck den quergeschriebenen Vermerk: „nur zur Verrechnung", so wird er nicht bar, sondern nur durch Verrechnung bezahlt (§ 14). Der Scheckprotest wird wie der Wechselprotest erhoben. Auf den Scheckprozeß finden die Bestimmungen über den Wechselprozeß (§§ 602—605 ZPO.) entsprechende Anwendung. Vgl. hierzu die beim Wechselrecht (oben S. 189) angeführte MV. 16. 9. 08 JMBl. 339. Über den Scheckverkehr der Sparkassen MV. 20. 4. 09 MBl. 126; 28. 2. 10 MBl. 53. — Wegen der Stempelpflicht — 10 Pf. — s. §§ 70 bis 77 Reichsstempelges. 15. 7. 09 RGBl. 833, Tarifstelle 10. AusfBest. 30. 8. 09 RZBl. 794. Wegen des Postschecks s. Postscheckordnung 6. 11. 08 RGBl. 587; abgeändert 22. 10. 09 RGBl. 938; 20. 3. 10 RGBl. 593.

Gewerberecht.

Die Kodifikation des Gewerberechts bildet die Gewerbeordnung. Sie war unter dem 21. 6. 69 für den Norddeutschen Bund erlassen. Nachher ist sie auf das Deutsche Reich (auf Elsaß-Lothringen erst durch das RG. 27. 2. 88 mit Modifikation) ausgedehnt worden und durch RG. 1. 7. 83 mit den bis dahin ergangenen Änderungen im RGBl. neu publiziert. Die zur Erteilung der betreffenden Konzession, zur Untersagung des Gewerbebetriebes oder zur Zurücknahme der Konzession zuständige Behörde ist gemäß § 12 ZG. der Königl. Verordnung vorbehalten. Diese ist unter dem 31. 12. 83 (GS. 1884, 7) erlassen; s. ferner ZG. §§ 109 bis 133, § 161; V. 19. 8. 97 (GS. 401); 30. 7. 00 (GS. 308); 4. 2. 07 (GS. 27). Nachdem 21 Novellen zur GewO. ergangen sind, hat der Reichskanzler auf Grund Art. 17 des G. 30. 6. 00 einen neuen Text festgestellt, der unter dem 26. 7. 00 im RGBl. (S. 871) veröffentlicht ist, aber durch die 22.—26. Novelle v. 14. 10. 05; 7. 1. 07; 30. 5., 29. 6. und 18. 12. 08 schon wieder abgeändert ist. Hierzu ist unter Aufhebung früherer AusfAnw. ergangen AusfAnw. 1. 5. 04 (HMBl. 123; abg. 12. 6. u. 28. 12. 08 HMBl. 240; abg. 09, 9 und 20. 5.; 29. 10.; 25. 11. 09 HMBl. 275, 492, 506 und 14. 4. 10 HMBl. 151). —Die GewO. zerfällt in 10 Titel:

I. Titel. Allgemeine Bestimmungen.

A. Begriff der Gewerbetreibenden. Das Wort „Gewerbe" wird nicht definiert (man kann sagen „jede erlaubte, auf Erwerb gerichtete, gleichmäßig fortgesetzte Privattätigkeit"); der § 6 bestimmt, daß die GewO. keine Anwendung findet auf die Fischerei (s. G. 30. 5. 74), die Errichtung und Verlegung von Apotheken (s. unten S. 234), das Unterrichts- und Erziehungswesen, die Rechtsanwalts- und Notariatspraxis (s. RechtsanwaltsO. 1. 7. 78 und GebührenO. für Rechtsanwälte G. 21. 3. 10 GS. 15 und 261; für Notare: Pr. FrwG. Art. 77—103; AusfV. 21. 12. 99 JMBl. 834; GebührenO. 6. 10. 99 abg. 6. 8. 10 GS. 183; aber es ist ein Gewerbe im Sinne des G. 15. 3. 70 über die Doppelbesteuerung RGer. 55, 167), den Gewerbebetrieb der Auswanderungsunternehmer (s. RG. 9. 6. 97 RGBl. 463 unten), der Versicherungsunternehmer (s. RG. 21. 5. 01 oben 183) und der Eisenbahnunternehmungen (s. G. 3. 11. 38; KleinbahnG. 28. 7. 92, unter das auch die Pferde- und Straßenbahnen fallen), auf die Befugnis zum Halten öffentlicher Fähren und die Rechtsverhältnisse der Seeleute (s. oben S. 174 SeemannsO. 2. 6. 02 nebst Nov. 23. 3. 03 u. 12. 5. 04, wogegen die Flußschiffer unter die GewO. fallen, RGer. 22, 3); — auf Bergwesen, Ausübung der Heilkunde (s. unten), Verkauf von Arzneimitteln (V. 22. 10. 01 RGBl. 380; Erl. 27. 8. 07 HMBl. 345 betr. allg. PolVer. über den Verkehr mit Geheimmitteln usw.), Vertrieb von Lotterielosen und auf Viehzucht nur insoweit, als die GewO. ausdrückliche Bestimmungen darüber enthält. Man ist aber darin einig, daß auch Ackerbau, die Landschaftsgärtnerei (wohl aber die Kunst- und Handelsgärtnerei s. V. 20. 1. 02 HMBl. 44), Forstwirtschaft, Jagd, literarische und künstlerische Tätigkeit, sowie der Geschäftsbetrieb der Gerichtsvollzieher nicht unter die Vorschriften der GewO. fallen. Auch finden auf Gehilfen und Lehrlinge in Apotheken die Bestimmungen der GewO. §§ 105—133 e, 139 c—m überhaupt nicht, auf die in Handelsgeschäften nur gemäß § 154 Anwendung, dagegen unterstehen die Rechtskonsulenten der GewO. (s. §§ 35 Abs. 3; 38 Abs. 2; 40 Abs. 2; 148 Abs. 1 Z. 4 GewO.).

B. Grundsatz der Gewerbefreiheit. Der § 1 besagt: „Der Betrieb eines Gewerbes ist jedermann gestattet, soweit nicht durch dieses Gesetz Ausnahmen oder Beschränkungen vorgeschrieben oder zugelassen sind." Dieser Grundsatz der Gewerbefreiheit bezieht sich auf die persönliche Zulassung zum Gewerbebetriebe; die Art und Weise der Ausübung kann durch die Landesgesetzgebung und namentlich durch Polizeiverordnungen geregelt werden, ebenso ist die Besteuerung der Gewerbe der Landesgesetzgebung unverschränkt (vgl. § 5). Auch vertragsmäßig kann man sich Einschränkungen der Gewerbefreiheit nicht unterwerfen, wenn sie bezwecken, das Publikum zu benachteiligen, oder gegen die öffentliche Ordnung sind. — „Den Zünften und kaufmännischen Korporationen steht ein Recht, andere vom Betriebe eines Gewerbes auszuschließen, nicht zu." So schreibt § 4 vor; wie später dieser Grundsatz zugunsten der Zünfte (Innungen) verlassen ist, s. unten bei Titel VI. Eine große Anzahl von Beschränkungen sind durch besonderes RGes. eingeführt, z. B. MargarineG. 15. 6. 97; HypothekenbankG. 13. 7. 99; PatentanwaltsG. 21. 5. 00; WeinG. 7. 4. 09; BauforderungsG. 1. 6. 09; WettbewerbG. 7. 6. 09; ViehseuchenG. 26. 6. 09. — Ausschließliche Gewerbeberechtigungen, Zwangs- und Bannrechte werden, wo sie noch bestehen, gemäß §§ 7—9 aufgehoben oder für ablösbar erklärt. — Frauen, die ein Gewerbe mit Einwilligung des Ehemanns (s. § 1405 oben S. 121) betreiben, haften für die daraus entstandenen Verbindlichkeiten mit ihrem Vermögen (§ 11 a; s. EG. Art. 36; über Kauf- oder Handelsfrauen s. oben S. 150). — Die in betreff des Gewerbebetriebes der Soldaten und Beamten und ihrer Angehörigen bestehenden Beschränkungen werden durch die Gewerbeordnung nicht berührt (§ 12). Vom Besitze des Bürgerrechts darf die Zulassung zum Gewerbebetriebe nirgends abhängig sein (§ 13, vgl. § 5 Z. 4 b StO.; OVG. 25, 19).

II. Titel. Stehender Gewerbebetrieb.

A. Anmeldung. Wer den selbständigen Betrieb eines stehenden Gewerbes anfängt (oder seinen Betrieb nach einer anderen Gemeinde verlegt, OVG. 11, 318), muß in jedem Falle, auch wenn der Betrieb nicht konzessionspflichtig ist, der Gemeindebehörde[1]) davon Anzeige erstatten, welche der Ortspolizeibehörde Mitteilung macht (§ 14, Strafe § 148 Z. 1 u. AusfAnw. 1. 5. 04 Z. 7). Daneben besteht noch die Pflicht der Anzeige an die Ortspolizeibehörde für die im § 14 Abs. 2 u. § 35 genannten Gewerbetreibenden und die Anzeigepflicht auf Grund der Steuergesetze, z. B. der Branntwein-, Tabak-, Brausteuer- usw. Gesetze vom 15. 7. 09. § 15a fordert die Anbringung des Familiennamens mit Vornamen an der Außenseite eines Ladens oder einer Gast- oder Schankwirtschaft (Strafe § 148 Abs. 1 Z. 14).

B. Erfordernis einer besonderen Genehmigung §§ 16—40 (welche bei Strafe bis 300 Mk., eventuell Haft, einzuholen, § 147):

1. Für gewisse gewerbliche Anlagen. Dies trifft solche, „welche durch die örtliche Lage oder Beschaffenheit der Betriebsstätte für die Besitzer oder Bewohner der benachbarten Grundstücke oder für das Publikum überhaupt erhebliche Nachteile, Gefahren oder Belästigungen herbeiführen können". Der § 16 zählt sie einzeln auf, und dies Verzeichnis kann (wie schon mehrfach geschehen) durch Beschluß des Bundesrats, vorbehaltlich der Genehmigung des Reichstages, abgeändert werden. — Die Genehmigung ist überall erneut nachzusuchen, wenn eine Veränderung in der Betriebsstätte oder im Betriebe vorgenommen werden soll (§ 25). — Den Genehmigungen geht öffentliche Bekanntmachung voran. Einwendungen sind binnen 14 Tagen anzubringen (§§ 17 ff.; wegen des Verfahrens s. AusfAnw. Z. 11—35). Gegen den darauf ergehenden Bescheid ist Rekurs, ebenfalls binnen 14 Tagen, zulässig (§ 20; LVG. § 122); vernommene Sachverständige sind bei Strafe zur Verschwiegenheit über Betriebsgeheimnisse verpflichtet (§§ 21a, 145a). — Nach Genehmigung der Anlagen können Klagen nicht mehr auf Einstellung des Betriebes, sondern nur auf Herstellung von Einrichtungen, welche die Nachteile für die Nachbarn ausschließen, oder auf Schadloshaltung gerichtet werden (§ 26). Die Genehmigung enthält auch die Baugenehmigung (OVG. 37, 309).

Zuständig für die Genehmigung und das Verfahren für die im § 109 ZG. genannten Anlagen ist der Kreis- oder Stadtausschuß (in Städten, die einem Landkreise angehören, aber mehr als 10000 Einwohner haben, der Magistrat; technische Anleitung s. AusfAnw. Z. 25); für die in § 109 ZG. nicht genannten Anlagen der BzA.[2]) (ZG. § 110), als Beschwerdeinstanz der Minister für Handel und Gewerbe (ZG. § 113; bei Stauanlagen § 23 ist eventuell der Landwirtschaftsminister zuzuziehen).

Anlagen, deren Betrieb mit ungewöhnlichem Geräusch verbunden ist, und die nicht schon nach §§ 16—25 genehmigungspflichtig sind, sind der Ortspolizeibehörde anzuzeigen, welche den Beschluß des BzA.[2]) über etwaige Untersagung wegen der Nähe der öffentlichen Gebäude einholt (§ 27; ZG. § 111). — Nach erteilter Genehmigung gibt es auch hier keine Klage auf Einstellung des Betriebes mehr, auch keine Nachprüfung durch die ordentlichen Gerichte (RGer. 62, 278).

Einer besonderen Erlaubnis bedürfen die Anlagen zur Anfertigung

---

[1]) In Berlin der Verwaltung der direkten Steuern (AusfAnw. Z. 7 Abs. 4).
[2]) Auch im Landespolizeibezirk Berlin (ZG. § 161).

von Sprengstoffen (RG. 9. 6. 84) und die Anlage von Dampfkesseln (§ 24; G. 3. 5. 72; Anw. 9. 3. 00 MBl. 139; Erl. 9. 12. u. 22. 3. 00 u. 28. 11. 97 MBl. 139; 181; 277).

2. Für gewisse Gewerbetreibende. Es sind dies vornehmlich solche, die durch ihren Betrieb der Gesundheit oder Moralität Schaden bringen können. Hier wird zunächst der Approbation der Ärzte und Apotheker gedacht (§ 29); es ist bei Strafe verboten, daß jemand, ohne hierzu approbiert zu sein, sich als Arzt oder mit einem ähnlichen Titel bezeichnet, der den Glauben erweckt, der Inhaber sei eine geprüfte Medizinalperson (§ 147 Nr. 3; OVG. 17, 357; s. unten S. 234). Hebammen, Hufschmiede (G. 18. 6. 84; AusfAnw. Z. 37), Seeschiffer (RG. 15. 6. 95), Lotsen (s. auch § 34 Abs. 3 u. AusfAnw. Z. 38—43), Maschinisten (Bek. 7. 1. 09 RGBl. 210) bedürfen eines Prüfungszeugnisses (§§ 30, 30a, 31), Unternehmer von Privatkranken- usw. Anstalten (§ 30; Vorschriften im Erl. 19. 8. 95 MBl. 261; wegen der Aufnahme von Irren s. V. 26. 3. 01 MBl. 104; 16. 9. 01; 25. 1. u. 8. 9. 02; 27. 2. 03 u. 3. 10. 04), sowie Schauspielunternehmer (§ 32) einer Konzession des BzA.[1]), gegen dessen Beschluß eventuell Verhandlung beim BzA. im Verwaltungsstreitverfahren[2]) und schließlich nur Revision zulässig ist (ZG. §§ 115, 118).

Für Gastwirtschaft (auch bloße Fremdenbeherbergung OVG. 16, 352), Schankwirtschaft (aber nicht Milchverkauf KGer. 17, 340) oder Kleinhandel mit Branntwein oder Spiritus ist die Erlaubnis bei dem Kreis- oder Stadtausschuß (bzw. in den Städten eines Landkreises mit mehr als 10 000 Einwohnern beim Magistrat) nachzusuchen, nachdem zuerst die Gemeinde- und Ortspolizeibehörde gutachtlich gehört ist (OVG. 27, 309). Widerspricht von diesen niemand, so beschließt der KrA. usw. und zwar endgültig, wenn er die Erlaubnis erteilt; versagt er sie, so kann der Antragende mündliche Verhandlung im Verwaltungsstreitverfahren fordern. Widerspricht die Gemeinde- oder Polizeibehörde, so erfolgt solche Verhandlung stets. In zweiter Instanz entscheidet endgültig der BzA. (ZG. § 114). Die — persönliche und unübertragbare — Erlaubnis darf nach § 33 nur dann versagt werden, wenn Tatsachen die Annahme rechtfertigen, daß der Nachsuchende das Gewerbe zur Förderung der Völlerei, des verbotenen Spieles, der Hehlerei oder der Unsittlichkeit mißbrauchen werde, oder wenn das Lokal wegen Beschaffenheit oder Lage den polizeilichen Anforderungen nicht genügt. (Diese polizeilichen Erfordernisse können ein für allemal durch Polizeiverordnung bestimmt werden s. MErl. 26. 8. 86, 1. 3. 90 u. 10. 1. 02 MBl. 182, 51 u. 32.) Ferner können die Landesregierungen bestimmen, daß a) die Erlaubnis zum Ausschänken von Branntwein und zum Kleinhandel mit Branntwein und Spiritus allgemein, b) die Erlaubnis zum Betriebe der Gastwirtschaft oder zum Ausschänken von Wein, Bier und anderen nicht unter a) fallenden geistigen Getränken in Ortschaften mit weniger als 15 000 Einwohnern, sowie in größeren,

[1]) Im Landespolizeibezirk Berlin des Polizeipräsidenten (ZG. 161; G. 13. 6. 00; 27. 3. 07; 7. 3. 08; 23. 6. 09).

[2]) Im Landespolizeibezirk Berlin ist gegen den Beschluß des Polizeipräsidenten die Klage beim BzA. gegeben (§ 161 Abs. 2 Z. 9).

für welche dies durch Ortsstatut (§ 142) festgesetzt werden kann, von dem Bedürfnisnachweise abhängig sein solle. Diesfällige bereits bestehende Vorschriften bleiben dann in Kraft; so für Preußen zu a) die KO. 7. 2. 35 u. 21. 6. 44 GS. 18 u. 214; zu b) gelten die Bekanntmachungen 14. 9. u. 25. 11. 79 MBl. 254 und 1880, 17. Diese Vorschriften gelten auch für Konsumvereine, die den Verkauf auf ihre Mitglieder beschränken (§ 33 Abs. 5; Verfahren s. AusfAnw. Z. 45—48)[1]. — Wegen der Betriebs- und Wirtschaftskonzessionssteuer s. unten; wegen des Rauminhalts der Schankgefäße G. v. 20. 7. 81 u. 14. 7. 09 RGBl. 891.

Gewerbsmäßige Schaustellungen, Gesangs- und deklamatorische Vorträge, Schaustellungen von Personen und theatralische Vorstellungen (worunter nicht Instrumentalmusikaufführungen fallen, OVG. 17, 386), die nicht auf ein höheres Interesse der Kunst oder Wissenschaft Anspruch machen können (s. MV. 8. 6. 95 MBl. 169), bedürfen der Erlaubnis ohne Rücksicht auf die etwa bereits erwirkte Konzession zum Gewerbe als Schauspielunternehmer. Die Erlaubnis ist nur auf Grund von Tatsachen, welche Gefährdung der Sittlichkeit befürchten lassen, wegen polizeiwidrigen Lokales oder wegen mangelnden Bedürfnisses zu versagen (§ 33a). Das Verfahren beginnt mit dem Beschluß des Kreis- (Stadt-)ausschusses, sodann ist es ebenso, wie bei der Schankerlaubnis. Die Erlaubnis kann auf Grund von Tatsachen, welche Gefährdung der Sittlichkeit befürchten lassen, zurückgenommen werden (§ 33a Abs. 3). Hierüber entscheidet auf Klage der Ortspolizeibehörde der KrA., in Stadtkreisen und Städten eines Landkreises mit mehr als 10000 Einwohnern der BzA. Das Rechtsmittel ist die Berufung (V. 31. 12. 83 § 4).

Wer Schaustellungen usw. der in Rede stehenden Art im Umherziehen oder auf öffentlichen Straßen, Plätzen usw. gewerbsmäßig darbieten will, bedarf der vorgängigen Erlaubnis der Ortspolizeibehörde (§ 33b; hierher gehört auch die Vorführung eines Kinematographen OVG. 43, 309); und zwar außer dem nach § 55 Z. 4 etwa erforderlichen Wandergewerbescheine. Hofräume, Gärten usw. sind keine öffentlichen Plätze. Gegen die sog. Rummelplätze kann also nur auf Grund der § 10 ALR. II 17 eingeschritten werden (OVG. 29, 312; 47, 328).

Abhaltung von öffentlichen Tanzlustbarkeiten ohne polizeiliche Erlaubnis kann durch Polizeiverordnungen auf Grund des PolizeiVerwG. 11. 3. 50 § 6e u. i untersagt werden (§ 33c).

Zum Pfandleihgewerbe (s. auch § 38 u. G. 17. 3. 81; Erl. 16. 7. 81 MBl. 169 in der Bek. 10. 4. 08 HMBl. 202; AG. z. BGB. Art. 41) gehört eine Erlaubnis, die zu versagen ist, wenn Tatsachen vorliegen, welche die Unzuverlässigkeit des Nachsuchenden in bezug auf den Gewerbebetrieb dartun, oder wenn die ortsstatutarisch eingeführte Bedürfnisfrage verneint wird (§ 34; AusfAnw. Z. 50). Gegen den Beschluß des Kreis- (Stadt-)ausschusses bzw. Magistrats kann mündliche Verhandlung im Verwaltungsstreitverfahren verlangt werden. In zweiter Instanz entscheidet endgültig der BzA. (V. 30. 7. 00 GS. 308). Wer Gift feilhalten will, erhält die Genehmigung nur, wenn sich die Behörden von seiner Zu-

[1] Für das Verfahren im Stadtkreis Berlin gilt MErl. 19. 8. 00 (AusfAnw. Z. 48 Abs. 5).

verlässigkeit in bezug auf den Gewerbebetrieb überzeugt haben (§ 34 und G. 22. 6. 61 § 49; PolV. 22. 2. 06 HMBl. 115 nebst Verzeichnis).

Aus gleichem Grunde wie vorstehend bei dem Pfandleihgewerbe kann die gewerbsmäßige Erteilung von Tanz-, Turn- und Schwimmunterricht, der Handel mit lebenden Vögeln, der Kleinhandel mit Garnabfällen usw., mit Sprengstoffen, mit Losen, der Trödelhandel (Erl. 26. 7. 02 HMBl. 299), das Gewerbe des Volksanwalts (Vorschriften s. unten S. 198), der Viehverstellung, des Viehhandels (s. § 17 Abs. 4 ViehseuchenG. 26. 6. 09) und des Handels mit ländlichen Grundstücken (WucherG. 19. 6. 93), das Gewerbe gewisser Vermittlungsagenten, der Auskunfteien und Auktionatoren (über den Geschäftsbetrieb der Versteigerer s. Erl. 10. 7. 02 HMBl. 279, den der Vermittlungsagenten für Immobilien V. 29. 11. 07 MBl. 405), und Bücherrevisoren, sowie der Handel mit Drogen (Erl. 22. 12. 02 MBl. 03, 21) und der Kleinhandel mit Bier, endlich der Betrieb des Gewerbes als Bauunternehmer, Bauleiter oder einzelner Zweige des Baugewerbes, untersagt werden. Alle vorgedachten Personen müssen vom Beginn ihres Gewerbebetriebes der Ortspolizeibehörde Anzeige machen (§ 35 Abs. 7). Über die Untersagung entscheidet auf Klage der Ortspolizeibehörde der KrA., in Stadtkreisen und Landkreisstädten mit mehr als 10 000 Einwohnern der BzA. (ZG. § 119 Z. 1). Die durch RG. 7. 1. 07 geschaffene Klage gegen unzuverlässige Bauunternehmer usw. kann wegen mangelnder theoretischer Vorbildung nicht erhoben werden, wenn diese die im § 35 a genannten Zeugnisse besitzen.

Mit dem 1. 10. 10 ist an Stelle der Vorschriften für die Stellenvermittler (auch für Schiffsleute RG. 2. 6. 02) das

Stellenvermittlergesetz 2. 6. 10 RGBl. 860

getreten. Es macht die Erlaubnis künftig auch vom Bedürfnis abhängig (§ 2), verbietet den Betrieb gewisser Gewerbe (Gast-, Schankwirtschaft, Kleiderhandel u. a.) daneben (§ 3), regelt die Gebührenfestsetzung (§ 5; für Schiffsleute setzt der Regierungspräsident, sonst der Oberpräsident die Taxe fest [HME. 17. 6. 10[1])]), — die Gebühr darf nur erhoben werden, wenn der Vertrag durch den Vermittler zustande kommt, sie ist vom Arbeitgeber und Arbeitnehmer je zur Hälfte zu zahlen, wenn beide den Vermittler angegangen sind, niemals ganz vom Arbeitgeber, — verbietet die Einbehaltung der Ausweispapiere (§ 6) und überträgt der Landeszentralbehörde das Recht zum Erlaß weiterer Vorschriften (§ 8) auch für nicht gewerbsmäßig betriebene Stellen- und Arbeitsnachweise. Die Erlaubnis erteilt der Kreis-(Stadt-) Ausschuß oder der Magistrat, an Stellenvermittler für Bühnenangehörige der BzA.[2]) (Kön. V. 25. 7. 10 GS. 155; Vorschriften 16. 8. 10 HMBl. 455 über die Geschäftsbücher, die Verzeichnisse für Kellnerinnen und Ammen, Rückzahlung der Gebühr usw.). Für den Geschäftsbetrieb der Herausgeber von Stellen- und Vakanzenlisten (§ 8) sind ergangen Vorschriften 18. 8. 1910 HMBl. 470; für den Betrieb nicht gewerbsmäßiger Stellenvermittlungen (§ 15) die Vorschriften 21. 8. 1910 HMBl. 474.

Die nach den betr. Gesetzen verliehene besondere Glaubwürdigkeit haben Feld- oder Landmesser (Regl. 26. 8. 85 GS. 319; abg. 22. 12. 87 u. 26. 2. 94; Prüfungs-V. Erl. 21. 2. 01), Auktionatoren Güterbestätiger, Wäger usw. nur, wenn sie von den befugten Behörden oder Korporationen (z. B. die Dispacheure der Handelskammern) angestellt sind (§ 36).

---

[1]) Für Berlin Taxe 12 9. 10.

[2]) Im Landespolizeibezirk Berlin an Stelle des BzA. der Polizeipräsident; gegen die Versagung ist Klage beim BzA. gegeben (V. 25. 7. 10. § 2).

Die Unterhaltung des öffentlichen Verkehrs innerhalb der Orte, sowie das Gewerbe der Personen, die auf öffentlichen Straßen ihre Dienste anbieten, unterliegt der Regelung durch die Ortspolizeibehörde (§ 37; AusfAnw. Z. 52); sie kann für den Betrieb des Straßengewerbes polizeiliche Genehmigung vorschreiben (KGer. 9, 179); bei Festsetzung von Taxen bedarf sie der Zustimmung der Gemeindebehörde (bei Straßenbahnen s. G. 28. 7. 92). Über die Untersagung wird gemäß ZG. § 119 Z. 1 entschieden. § 38 gibt den Zentralbehörden das Recht, Vorschriften über den Betrieb bestimmter Gewerbe zu erlassen (s. Bek. über Pfandleihgewerbe 10. 4. 08 HMBl. 102; Versteigerer 10. 7. 02 (S. 279); Immobilienmakler 29. 11. 07 (S. 405); Rechtskonsulenten 28. 11. 01 und 4. 12. 06 (S. 349 u. 399); Sprengstoffhändler 14. 9. 05 (S. 282).

Die Landesgesetze können die Einrichtung von Schornsteinfegerkehrbezirken gestatten (für Preußen durch G. 24. 4. 78; AusfAnw. Z. 54 Erl. 28. 2; 27, 4; 9. 7; 10. 9. 07 u. 24. 10. 08); aber die Aufhebung oder Veränderung ist ohne Entschädigung zulässig (§ 39). Hierüber beschließt der BzA.[1]) (ZG. § 132).

C. Umfang, Ausübung und Verlust der Gewerbebefugnisse. In der Wahl des Arbeits- und Hilfspersonals finden keine anderen Beschränkungen statt als die durch die Gewerbeordnung selbst festgestellten (§ 41; s. §§ 45 f., 106 f., 126, 126a, 130, 135 ff.). Soweit gemäß §§ 105b—h im Handelsgewerbe Sonntagsruhe herrscht, darf in offenen Geschäften (auch Konsumvereinen) ein Gewerbebetrieb nicht stattfinden mit geringen, von 2/3 der betreffenden Gewerbetreibenden beim Regierungspräsidenten[2]) beantragten Ausnahmen (§§ 41a und b). — Das Feilbieten von Waren seitens ansässiger Personen in ihrem Orte oder in bestimmten Ortsteilen kann die Behörde nach Anhörung der Gemeinde von einer Erlaubnis abhängig machen; für Kinder unter 14 Jahren ist es überhaupt verboten (§ 42b). Wer gewerbsmäßig Druckschriften oder andere Schriften oder Bildwerke auf Straßen oder an anderen öffentlichen Orten verkaufen, verteilen, anheften will, bedarf dazu der Erlaubnis der Ortspolizeibehörde und hat den Legitimationsschein bei sich zu führen. Diese Erlaubnis ist jedoch nicht erforderlich für Verteilung von Stimmzetteln und Druckschriften zu Wahlzwecken bei der Wahl zu gesetzgebenden Körperschaften in der Zeit von der amtlichen Bekanntmachung des Wahltages bis zur Beendigung des Wahlaktes; und ebensowenig für die nichtgewerbsmäßige Verteilung von Druckschriften und Stimmzetteln zu Wahlzwecken, sowie von Druckschriften oder anderen Schriften oder Bildwerken in geschlossenen Räumen (§ 43; vgl. RPreßG. 7. 5. 74 § 5; für das Anschlagen gelten noch §§ 9—11 PrPreßG. 12. 5. 51). Klage gegen versagende Verfügung der Ortspolizeibehörde bei dem KrA. bzw. dem BzA. wie oben (ZG. § 116); Rechtsmittel nur Revision (ZG. § 118).

Wer außerhalb des Gemeindebezirkes Warenbestellungen aufsucht oder Waren ankauft — selbst oder durch Reisende —, bedarf einer Legitimationskarte (§§ 44, 44a; AusfAnw. Z. 67), die die Paßbehörden ausstellen

---

[1]) Auch im Landespolizeibezirk Berlin (ZG. § 161).

[2]) Im Landespolizeibezirk Berlin beim Polizeipräsidenten (AusfAnw. Z. 2).

(Nachweisung HMBl. 06, 155 u. 395). Stellvertreter im Gewerbebetriebe müssen den für das betr. Gewerbe etwa vorgeschriebenen besonderen Erfordernissen genügen (§ 45). Die Witwe, wenn sie hierzu befähigt ist, oder ihr bzw. ihrer minderjährigen Kinder Stellvertreter kann den Gewerbebetrieb eines Verstorbenen fortsetzen (§ 46).

Bei Erteilung der Genehmigung für die Anlagen in §§ 16 und 24, sowie für Privat-, Kranken-, Entbindungs- und Irrenanstalten, Schauspielunternehmungen und Gastwirtschaft, Schankwirtschaft und Kleinhandel mit Branntwein oder Spiritus kann eine Frist festgesetzt werden, binnen welcher das Unternehmen begonnen werden muß. Ist solche Frist nicht bestimmt, so erlischt die Genehmigung, wenn nicht binnen einem Jahre von ihr Gebrauch gemacht oder die Frist verlängert wird. Sie erlischt ebenfalls, wenn der Inhaber seinen Betrieb drei Jahre lang einstellt (§ 49, vgl. OVG. 17, 400).

Wegen überwiegender Nachteile und Gefahren für das Gemeinwohl kann die fernere Benutzung einer jeden gewerblichen Anlage durch den BzA.[1]) zu jeder Zeit untersagt werden; doch ist der Besitzer alsdann zu entschädigen. Gegen die untersagende Verfügung ist die Beschwerde an den Minister für Handel und Gewerbe, wegen der Entschädigung der Rechtsweg gegeben (§§ 51 f., ZG. §§ 112 f.).

Die Approbationen des § 29 können wegen Unrichtigkeit der Nachweise oder Ehrverlust, die Genehmigungen und Bestallungen der §§ 30, 30a, 32, 33, 34 u. 36 auch dann zurückgenommen werden, wenn aus Handlungen oder Unterlassungen des Inhabers der Mangel derjenigen Eigenschaften, die nach dem Gesetz vorausgesetzt wurden, klar erhellt (§ 53; auch wenn der Inhaber, selbst unverschuldet, die erforderliche technische Befähigung verloren hat, OVG. 17, 365). Klage nur der Ortspolizeibehörde (OVG. 34, 310) wegen Zurücknahme der Branntwein-, Schank- usw. Konzession, sowie der Konzession zum Pfandleih-, Stellenvermittlungsgewerbe und zum Handel mit Giften beim KrA. bzw. BzA. (ZG. § 119 Z. 2; wegen Zurücknahme der sonst im § 53 gedachten Approbationen, Genehmigungen und Bestallungen beim BzA. (ZG. § 120 Z. 1); AusfAnw. Z. 59—62; wegen der Erlaubnis für Gesindevermieter RG. 2. 6. 10 f. S. 197). — Nach Ablauf eines Jahres kann die Landeszentralbehörde die Wiederaufnahme des Gewerbebetriebes gestatten, falls nicht — wie im § 34 — eine Konzession erforderlich ist (Erl. 4. 12. 02 HMBl. 415). Auf Grund des § 53a kann bei mangelhafter Bauausführung die Ausführung und Leitung eines Baues von der Ortspolizeibehörde (AusfAnw. Z. 3d) untersagt werden (Verfahren § 54 Abs. 2; Klage beim BzA. V. 4. 2. 07 GS. 27; Erl. 7. 2. 07 HMBl. 50).

III. Titel. Gewerbebetrieb im Umherziehen (§§ 55—63; AusfAnw. Z. 63—84)

liegt vor, wenn jemand außerhalb seines Gemeindebezirks ohne gew. Niederlassung selbst ohne vorherige Bestellung Waren feilbietet oder zum Weiterverkauf ankauft, Warenbestellungen aufsucht, gew. Leistungen an-

[1]) Auch im Landespolizeibezirk Berlin (ZG. § 161).

bietet oder Musik- usw. Aufführungen ohne Kunstinteresse darbietet (§ 55). Zur Legitimation dient der Wandergewerbeschein (§§ 57—59) des Regierungspräsidenten[1]); ausgenommen sind die im § 56 genannten Gegenstände, die im § 56a genannten Gewerbe sowie gewisse kleine Betriebe und Vertrieb der eigenen ländlichen Produkte (§ 59). (Wegen der Besteuerung dieses Betriebes s. G. 3. 7. 76 u. G. 23. 12. 96; wegen der der Wanderlager G. 27. 2. 80 u. GewSteuerG. 24. 6. 91 § 1; über den Gewerbebetrieb der Ausländer, auch der Reisenden, s. AusfBest. 27. 11. 96 (RGBl. 745).

IV. Titel. Marktverkehr.

Für den Besuch, Kauf und Verkauf besteht Gleichberechtigung (§ 64). Die Zahl, Zeit und Dauer der Messen, Jahr- und Wochenmärkte wird von der zuständgen Verwaltungsbehörde festgesetzt (§ 65). Dies ist für die Kram- und Viehmärkte der Provinzialrat[2]); Beschwerde geht an den Minister für Handel und Gewerbe (ZG. § 127); für Wochenmärkte, sowie für die auf denselben feil zu bietenden Artikel ist es der BzA.[3]); und zwar haben hier in betreff der Zahl, Zeit und Dauer der Wochenmärkte die Gemeindebehörden des Marktortes zuzustimmen (ZG. § 128). Als „Wochenmärkte" gelten auch die in allen öffentlichen Markthallen abgehaltenen Märkte (OVG. 15, 367). Die Gegenstände des Wochenmarktverkehrs werden im § 66 genannt, die des Jahrmarktverkehrs im § 67. Der Marktverkehr darf nur mit solchen Abgaben belastet werden, die eine Vergütung für den überlassenen Raum und den Gebrauch von Buden und Gerätschaften bilden (§ 68 vgl. G. 26. 4. 72, betr. die Erhebung von Marktstandgeld u. ZG. § 130, wonach der BzA.[4]) über Einführung neuer und über Abänderung bestehender Marktstandsgelder beschließt). Die Ortspolizeibehörde kann im Einverständnisse mit der Gemeindebehörde die Marktordnung (enthaltend Gegenstände, Dauer, Abfuhr, Feuerversicherung usw.) nach dem örtlichen Bedürfnisse festsetzen (§ 69). Für bestehende Spezialmärkte, z. B. Woll-, Viehmärkte, Weihnachtsmärkte, gilt PrGewO. 17. 1. 45 § 85 (§ 70; AusfAnw. Z. 86). Verbot wegen Krankheiten oder Seuchengefahr s. RG. 30. 6. 00 § 15 u. Viehseucheng. 26. 6. 09 § 28; s. auch RG. betr. Preisfeststellung beim Markthandel mit Schlachtvieh 8. 2. 09 (RGBl. 269).

V. Titel. Taxen.

Grundsätzlich sollen Taxen (polizeiliche Preisfestsetzungen s. RGer. 70, 195) nicht vorgeschrieben werden (§ 72). Aber die Bäcker und Verkäufer von Backwaren können polizeilich angehalten werden, Preise und Gewicht durch Anschlag zur Kenntnis des Publikums zu bringen (§§ 73 f.,

---

[1]) Im Landespolizeibezirk Berlin des Polizeipräsidenten (AusfAnw. Z. 2).

[2]) In Berlin der Oberpräsident (LVG. § 43); die Festsetzung der Messen erfolgt durch den König § 105 ALR. II 8.

[3]) Auch in Berlin (ZG. § 161); Beschwerde an den Minister für Handel und Gewerbe an Stelle des Provinzialrates (LVG. § 43).

[4]) Auch in Berlin (ZG. § 161); Beschwerde an den Minister für Handel und Gewerbe an Stelle des Provinzialrates (LVG. § 43).

Strafe § 148 Nr. 8); ebenso die Gast-(nicht auch Schank-)wirte zum Anschlag eines der Polizei vorzulegenden Preisverzeichnisses in den Gastzimmern, wo dann auf Beschwerden der Reisenden die OrtsPolBeh. vorbehaltlich des Rechtsweges entscheidet (§ 75). Gesindevermieter und Stellenvermittler haben ihre Taxen der OrtsPolBeh. einzureichen, in den Geschäftsräumen anzuschlagen und dem Stellensuchenden mitzuteilen (RG. 2. 6. 10.) Für Personen, die auf öffentlichen Straßen usw. ihre Dienste anbieten, sowie für die Benutzung der öffentlich zum Gebrauch aufgestellten Transportmittel kann die OrtsPolBeh. in Übereinstimmung mit dem Gemeindevorstand Taxen aufstellen (s. oben § 37; § 76); ebenso für Bezirks-Schornsteinfeger (§ 77; Erl. 5. 2. 07 HMBl. 25); für die Apotheker gilt seit 1. 4. 05 die deutsche Arznei-Taxe (Bek. 23. 2. 05 RGBl. 40, die alljährlich neu festgesetzt wird); für Ärzte gilt freie Vereinbarung und mangels einer solchen in Preußen nach der durch G. 27. 4. 96 erfolgten Aufhebung der veralteten Taxen die Gebührenordnung 15. 5. 96 (MBl. 105, erg. 13. 3. 06) für approbierte Ärzte und Zahnärzte (§ 80); bezügl. der Hebammen setzt der Regierungspräsident[1]) die Gebührenordnung fest (G. 10. 5. 1908 GS. 103).

VI. Titel. Innungen, Innungsausschüsse, Handwerkskammern, Innungsverbände.

Es besteht das Bestreben, diese zu Privatgesellschaften herabgesunkenen, aber mit Korporationsrechten versehenen Vereine durch Privilegien zu stärken und dadurch zu beleben (s. Nov. 26. 7. 97 AusfAnw. Z. 88 ff.). Zwar ist ein Prüfungszwang (Befähigungsnachweis) in Hinblick auf die Erfahrungen, die damit infolge der V. 9. 2. 49 in Preußen gemacht sind, nicht eingeführt, wohl aber ist auf Antrag die Errichtung von Zwangsinnungen durch den Regierungspräsident[2]) ermöglicht, sofern die Mehrheit der beteiligten Gewerbetreibenden der Einführung des Beitrittszwanges zustimmt, der Bezirk der Innung die Beteiligung am Genossenschaftsleben und die Benutzung der Innungseinrichtungen gestattet und schließlich die Zahl der Handwerker zur Bildung einer leistungsfähigen Innung ausreicht (§ 100); sie umfaßt nicht diejenigen, die das Gewerbe fabrikmäßig betreiben; für den Besitzer mehrerer Betriebe ist das Hauptgewerbe maßgebend (§ 100 f.) Streitigkeiten über die Zugehörigkeit entscheidet die Aufsichtsbehörde, in zweiter Instanz der Regierungspräsident (§ 100h[3]) AusfAnw. Z. 109).

Die Zwangsinnungen haben denselben Zweck wie die Innungen (§ 100c): Pflege des Gemeingeistes, Stärkung der Standesehre, Herbergswesen und Arbeitsnachweis für die Gesellen, Ausbildung und Fürsorge für die Lehrlinge nebst Lehrlingsschiedsgericht, sowie Prüfungswesen (§ 81a u. b.); außerdem können sie Fachschulen errichten, Gesellen- und Meisterprüfungen veranstalten sowie Unterstützungs-, Kranken- und Sterbekassen und ein Schiedsgericht mit der vollen Kompetenz eines GewGer. errichten (§ 81b).

---

[1]) Im Landespolizeibezirk Berlin der Polizeipräsident.
[2]) Im Stadtkreis Berlin der Oberpräsident (AusfAnw. Z. 2).
[3]) Im Stadtkreis Berlin der Polizeipräsident (ZG. § 161).

Einen gemeinsamen Geschäftsbetrieb darf die Innung (§ 81 b Z. 5), nicht aber die Zwangsinnung errichten (§ 100 n). Die Innung ist eine juristische Person (§ 86) und steht unter Aufsicht der unteren VerwBehörde (§ 96; Magistrat bzw. Landrat AusfAnw. Z. 3). Diese überwacht die Befolgung der gesetzlichen und statutarischen Vorschriften mit Ordnungsstrafgewalt, entscheidet Streitigkeiten über die Aufnahme und Ausschließung der Mitglieder, über die Wahlen zu den Innungsämtern und die Rechte und Pflichten der Amtsinhaber und hat zu jeder Versammlung, die über Statutenänderung oder die Auflösung beschließen will, einen Vertreter zu entsenden, widrigenfalls der Beschluß ungültig ist. Gegen ihre Entscheidung ist binnen vier Wochen Beschwerde zulässig (§ 96). Das Statut mit seinen 15 Erfordernissen (§ 83; s. Entwürfe für freie und Zwangsinnungen in der Bek. 19. 3. 98 RZBl. 156 und 173) bedarf der Genehmigung (§ 84; BzA. ZG. § 124 [1])). Die Geschäfte werden von der Innungsversammlung und dem von ihr gewählten Vorstande besorgt (§ 92 f., 100 r). Gegen die Entscheidungen der Innungen (§ 81 a Nr. 4) und der Schiedsgerichte (§ 81 b Z. 4) ist binnen einem Monat die Klage beim ordentlichen Gericht statthaft (§ 91 b), womit die Kompetenz des GewGer. eingeengt ist. Dasselbe gilt von den auf Grund des G. errichteten Innungskrankenkassen (§ 90 u. § 100 l), die den Bestand der Ortskrankenkassen und vielfach die Versicherten selbst durch den Wechsel ihrer Versicherungsverhältnisse schädigen. — Außerdem schafft das G. 26. 7. 97 zur Vertretung der Interessen des Handwerks von der Landes-Zentral-Behörde zu errichtende H a n d w e r k s k a m m e r n (§§ 103 bis 103 q), Zwangsorganisationen, deren Mitglieder (AusfAnw. Z. 118) von den Handwerkerinnungen und den Gewerbevereinen oder sonstigen Vereinigungen zur Förderung der Interessen des Handwerks aus der Zahl ihrer Angehörigen gewählt werden (§ 103 a, AusfAnw. Z. 117 bis 123). Ihr Zweck ist: Wahrung der Gesamtinteressen (Nov. 30. 5. 08 RGBl. 356) des Handwerks, insbes. Regelung des Lehrlingswesens, Durchführung der diesbezüglichen Vorschriften, Abgabe von Gutachten und Mitteilungen an die Staats- und Gemeindebehörden, Bildung von Prüfungsausschüssen für die Gesellenprüfung, Einrichtung von Fachschulen ꝛc. (§ 103 e); sie ist den Innungen und Innungsausschüssen vorgesetzt (§ 103 f) und wird von einem Kommissar der Aufsichtsbehörde kontrolliert (§ 103 h). Ein Gesellenausschuß (§ 103 i) hat bei Abfassung von Vorschriften für die Lehrlinge und Gesellen und bei der Entscheidung über Beanstandung von Beschlüssen der Prüfungsausschüsse (§ 131 ff.) mitzuwirken (§ 103 k). Die Kosten tragen die Gemeinden oder weiteren Kommunalverbände, welche sie von den Handwerksbetrieben wieder einziehen können (§ 103 l; in Preußen die Gemeinden V. 26. 5. 00 MBl. 216). Die Handwerkskammern unterliegen der Aufsicht der höheren Verwaltungsbehörde (§ 103 o; Regierungspräsident AusfAnw. Z. 2) [2]).

Für die mehrere Innungen verschiedener Bezirke umfassenden Innungsverbände sind die Vorschriften in den §§ 104—104 n enthalten.

---

[1]) Im Stadtkreis Berlin der Polizeipräsident (ZG. § 161).

[2]) Im Stadtkreis Berlin (und Danzig) der Oberpräsident.

VII. Titel. Gewerbliche Arbeiter (Gesellen, Gehilfen, Lehrlinge, Betriebsbeamte, Werkmeister, Techniker, Fabrikarbeiter).

I. Allgemein gilt, daß der Arbeitsvertrag der freien Übereinkunft unterliegt, soweit nicht die GewO. Bestimmungen trifft. Dazu gehört das Verbot der Verpflichtung zur Sonntagsarbeit (auch für Handlungsgehilfen § 154; RG. 18. 12. 08) und das Gebot der vollen Sonntagsruhe für die im § 105 b Abs. 1 gen. Gewerbe; im Handelsgewerbe (§ 105 b Abs. 2; AusfAnw. Z. 141—180) darf das Personal am ersten Weihnachts-, Oster- und Pfingsttage überhaupt nicht, an den übrigen Sonn- und Festtagen (s. G. 12. 3. 93 betr. gesetzl. Feiertage) nur fünf Stunden unter Freilassung der Gottesdienstzeit beschäftigt werden. Durch Ortsstatut (§ 142) kann diese Zeit noch verkürzt werden. In derselben Zeit muß der Gewerbebetrieb in offenen Verkaufsstellen (§ 41 a, auch denen der Konsum- und anderer Vereine s. o.) und regelmäßig der Hausierhandel ruhen (§ 55 a). Für die übrigen Bestimmungen, die ausdrücklich nur das Gast-, Schank- und Verkehrsgewerbe und Lustbarkeiten (§ 105 i) ausnehmen, sind Erweiterungen und Dispense durch die Verwaltungsbehörden, Bundesrat oder kais. Verordnung (AusfAnw. Z. 133 bis 179; GewInspektion: ME. 17. 4. 1910 HMBl. 151; s. wegen der Sonntagsheiligung S. 18) vorgesehen. Widersprechende Vertragsbestimmungen sind nichtig (§ 105 a), Zuwiderhandlungen machen strafbar (§ 146 a). — Der Ehrenrechte ermangelnde Arbeitgeber dürfen Personen unter 18 Jahren nicht anleiten, andernfalls die Entlassung polizeilich erzwungen werden kann (§ 106). — Aus der Volksschule entlassene, minderjährige Personen müssen ein von der Polizei ausgestelltes Arbeitsbuch haben (§§ 107 bis 112, 146 Nr. 3 150 Nr. 1—3; AusfAnw. Z. 181—191), in welches vom Arbeigeber Zeit und Art der Beschäftigung mit Tinte einzutragen ist. — Jedem Arbeiter ist auf Antrag ein Zeugnis über Art und Dauer der Arbeit beim Abgang auszustellen, auf Verlangen auch über seine Führung und Leistungen; die Polizei muß es kosten- und stempelfrei beglaubigen (§ 113 f.). Für bestimmte Gewerbe kann der Bundesrat Lohnbücher oder Arbeitszettel vorschreiben, die der Arbeitgeber zu beschaffen und in die er Art und Umfang der Arbeit, die Lohnsätze, die Bedingungen für Stellung von Werkzeug und Stoff, ev. auch für gewährte Kost und Wohnung einzutragen hat (§ 114 a; s. Bek. 9. 12. 02 RGBl. 295 betr. Lohnbücher für die Kleider- und Wäschekonfektion). — Die Löhne sind bar auszuzahlen (Verbot des sog. Trucksystems), in Gast- und Schankwirtschaften sowie Verkaufsstellen nur mit behördlicher Erlaubnis. Waren dürfen nicht kreditiert, nur Lebensmittel für den Preis der Anschaffungskosten, andere Naturalien für den der durchschnittlichen Selbstkosten unter Verrechnung auf den Lohn verabfolgt werden. Ist trotzdem z. B. eine Uhr dem Arbeiter auf Borg gegeben, so kann er jederzeit den baren Lohn verlangen, und die Uhr verfällt der Kranken- oder Armenkasse (§§ 114—119, 146 Z. 1). Durch Ortsstatut können bestimmte Fristen von mindestens einer Woche und längstens einem Monat für die Lohnzahlungen festgesetzt, ferner bestimmt werden, daß der Lohn von Minderjährigen an Eltern oder Vormünder und nur mit deren schriftlicher Erlaubnis an die Arbeiter ausgezahlt, schließlich daß den Eltern oder Vormündern über die gezahlten Löhne in bestimmten Fristen von den Arbeitgebern Nachricht gegeben werde. Für Kinder unter 13 Jahren sowie die noch Volksschulpflichtigen über 13 Jahre gilt das

RG. 30. 3. 03. betr. Kinderarbeit in gewerbl. Betrieben,

das für eigene (§§ 12—17) und fremde (§§ 4—11) Kinder Schutzbestimmungen gibt, für letztere eine Arbeitskarte (§ 11) vorschreibt. Lohneinbehaltungen wegen Vertragsbruchs (nicht auch wegen anderer Ansprüche) dürfen nur in Höhe eines Viertels des fälligen Lohnes und im ganzen nur in Höhe eines Wochenlohnes gemacht werden (§ 119 a, wegen der Beschlagnahme des Lohnes s. G. 21. 6. 69 u. 29. 3. 97). Die Bestimmungen der §§ 114 a—119 a gelten auch für die sog. Hausgewerbetreibenden (§ 119 b). — Arbeitern unter 18 Jahren muß unter Berücksichtigung der Gottesdienststunden Zeit zum Besuch einer Fortbildungsschule gegeben werden, der durch Ortsstatut obligatorisch gemacht werden kann (§ 120). Die §§ 120 a—e enthalten Bestimmungen für den Arbeiterschutz, zu deren Durchführung die Polizei Maßnahmen treffen, bezw. der Bundesrat Vorschriften erlassen kann. Solche sind in großer Zahl erlassen z. B. Bek. 9. 5. 88. für die Zigarrenfabriken; 31. 7. 97 für die Buchdruckereien und Schriftgießereien RGBl. 614; Bek. 22. 10. 02 RGBl. 269 für Roßhaarspinnereien usw.; 26. 4. 99 für Thomasschlacke-Mahlanlagen RGBl. 42; 31. 5. 09 für Steinbrüche und Steinmetzbetriebe; 23. 1. 02 RGBl. 33 über die Beschäftigung in Gast- und Schankwirtschaften nebst AusfAnw. 12. 3. 02 MBl. 72; Entw. zur Bäckerei-PolV. 10. 10. 06 HMBl. 368); auch über eine Maximalarbeitszeit (s. Bek. 4. 3. 96 betr. den Betrieb von Bäckereien usw. RGBl. 55 und AusfAnw. 15. 4. 96 MBl. 84).

II. Gesellen und Gehilfen haben mangels anderer Verabredung Anspruch auf 14 tägige und stets für beide Teile gleich lange Kündigungsfrist (§ 122). Vor Ablauf der Zeit und ohne Kündigung können sie entlassen werden bzw. die Arbeit ihrerseits verlassen aus den in § 123 bzw. § 124 angegebenen Gründen, außerdem bei längerer als 14tägiger Kündigungsfrist oder vierwöchiger Arbeitsdauer aus anderen wichtigen Gründen (§ 124 a). Bei einer widerrechtlichen Lösung des Arbeitsverhältnisses (Vertragsbruch, Streik) gibt § 124 b dem vertragstreuen Kontrahenten der an keinen Schadensnachweis gebundenen Anspruch auf Zahlung des ortsüblichen Tagelohns für den Tag des Vertragsbruchs und jeden folgenden Tag bis zu einer Woche; dies gilt auch für Betriebsbeamte, aber nicht für Fabriken mit Arbeitsordnungen (§§ 133 e, 134). Ein zum Verlassen der Arbeit verleitender Arbeitgeber haftet für den Schaden als Selbstschuldner, ebenso wie der Arbeitgeber, der einen Gesellen oder Gehilfen in Kenntnis von einem noch bestehenden Arbeitsverhältnis annimmt (§ 125).

III. Die Lehrlingsverhältnisse sind durch die §§ 126—132 a des G. 26. 7. 97 neugeregelt. Der Lehrherr hat den Lehrling selbst oder durch einen geeigneten, ausdrücklich dazu bestellten Vertreter auszubilden (§ 127; RGer. 34, 1); er untersteht seiner väterlichen Zucht (§ 127 b); wegen der Aufsicht und Haftpflicht gemäß § 832 BGB. s.

RGer. 50, 69. Die Befugnis zum Halten von Lehrlingen kann pflichtvergessenen, unmoralischen oder sonst ungeeigneten Personen entzogen werden (§ 126a); der Lehrvertrag ist bei Strafe (§ 150 Z. 4a) binnen vier Wochen schriftlich abzuschließen; er ist kosten- und stempelfrei und auf Erfordern der Polizei einzureichen (§ 126b). — Das Lehrverhältnis kann während der ersten vier Wochen durch einseitigen Rücktritt aufgelöst werden, welche Probezeit auf höchstens drei Monate verlängert werden darf. Im übrigen kann der Lehrling vor Beendigung der Lehrzeit aus den im § 123 angegebenen Gründen entlassen werden, aber auch, wenn er die ihm im § 127a auferlegten Pflichten wiederholt verletzt oder den Besuch der Fach- oder Fortbildungsschule vernachlässigt (§ 127b). Von seiten des Lehrlings kann die Auflösung des Lehrverhältnisses in den im § 124 unter 1, 3—5 vorgesehenen Fällen erfolgen, sowie wenn der Lehrherr seine gesetzlichen Pflichten in einer die Gesundheit, die Sittlichkeit oder die Ausbildung des Lehrlings gefährdenden Weise vernachlässigt oder das Recht der väterlichen Zucht mißbraucht oder zur Erfüllung der ihm vertragsmäßig obliegenden Verpflichtungen unfähig wird (§ 127b). Verläßt der Lehrling unrechtmäßigerweise die Lehre, so kann der Anspruch auf Rückkehr bei der Polizei nur binnen einer Woche und nur dann geltend gemacht werden, wenn der Lehrvertrag schriftlich geschlossen ist (§ 127d); auch Entschädigungsansprüche, für die § 127g einen Normalsatz ähnlich dem § 124b feststellt, sind nur zulässig, wenn der Vertrag schriftlich geschlossen ist (§ 127f; vgl. § 127g Abs. 2). Nach § 128 kann eine Maximalzahl für das Halten von Lehrlingen vorgeschrieben werden.

Den Wünschen des Handwerks entsprechend, haben die G. 26. 7. 97 u. 30. 5. 08 noch besondere Bestimmungen für Handwerkerlehrlinge getroffen. Hier ist die Berechtigung zur Anleitung von einem Alter von 24 Jahren und dem Nachweis der Meisterprüfung oder über die nach gehöriger Lehrlingszeit bestandene Gesellenprüfung bzw. über fünfjährige selbständige Ausübung des Handwerks abhängig gemacht (§ 129); bei gemischten Betrieben muß der Unternehmer diesen Voraussetzungen für einen der Betriebe entsprechen (§ 129a), die Lehrzeit soll 3, höchstens 4 Jahr betragen (§ 130a) und mit der Gesellenprüfung abschließen, die vor dem Prüfungsausschuß der Zwangsinnungen bzw. Innungen oder Handwerkskammern abzulegen ist (§§ 131—132a; AusfAnw. 204—213; Erl. 12. 7. 08 HMBl. 305).

IIIa. Den **Meistertitel** in Verbindung mit der Bezeichnung eines Handwerks dürfen nur Handwerker führen, die die Meisterprüfung bestanden und das 24. Jahr zurückgelegt haben (§ 133; Nov. 30. 5. 08; wegen des Titels Baumeister oder Baugewerksmeister s. Abs. 2; Prüfungsvorschriften vom 1. 4. 06 § 26). Übergangsbestimmungen s. G. 26. 7. 97 Art. 7 u. 8 u. G. 30. 5. 08 Art. 2.

IIIb. Das **Dienstverhältnis** der gegen feste Bezüge beschäftigten Personen, die mit der Leitung oder Beaufsichtigung des Betriebes (**Betriebsbeamte, Werkmeister** usw.) oder mit höheren technischen Dienstleistungen (**Maschinen- und Bautechniker, Chemiker, Zeichner** usw.) betraut sind, ist mangels anderer Vereinbarung 6 Wochen vor dem Quartalsersten aufzukündigen (§ 133a), falls nicht die im § 133c und d genannten oder sonstige wichtige Gründe (§ 133b) zur Auflösung ohne Kündigung vorliegen. Die Kündigungsfrist muß für beide Teile gleich sein und mindestens 1 Monat betragen (§ 133aa; Ausn. im § 133ab und ac). Über die Konkurrenzklausel s. den durch Art 9 EG. z. HGB. 10. 5. 97 eingefügten § 133f.

IV. Besondere Bestimmungen für Betriebe, in denen in der Regel mindestens 10 Arbeiter beschäftigt werden (§§ 133g—139aa). Unter A (§§ 133h—134h) sind die Sonderbestimmungen für Betriebe mit mindestens 20 Arbeiter enthalten. Hier darf wegen Kontraktsbruchs nur höchstens ein Wochenlohn als Entschädigung gefordert werden, wenn diese Verwirkung vorher ausbedungen war; für jeden minderjährigen Arbeiter ist auf Kosten des Arbeitgebers (ohne Mitwirkung der Polizei s. V. 1. 11. 00 MBl. 296) ein Lohnzahlungsbuch einzurichten (§ 134). Für solche Betriebe muß ferner binnen 4 Wochen nach Betriebseröffnung eine Arbeitsordnung mit den in den §§ 134a—f enthaltenen Bestimmungen nach Anhörung der großjährigen Arbeiter oder eines Arbeiterausschusses (§ 134h) erlassen werden, die der Polizei binnen 3 Tagen einzureichen, an zugänglicher Stelle auszuhängen und jedem Arbeiter bei seinem Eintritt zu behändigen ist. Die Polizei kann ungesetzliche Arbeitsordnungen abändern, wogegen binnen 2 Wochen Beschwerde an den Regierungspräsidenten[1]) gegeben ist (§ 134e, f; AusfAnw. Z. 218—222). Für Betriebe mit mindestens 10 Arbeitern gilt: Kinder unter 13 Jahren dürfen überhaupt nicht, über 13 Jahre alte nur, wenn sie nicht mehr volksschulpflichtig sind; Arbeiterinnen nicht von 8 Uhr abends bis 6 Uhr früh, an Sonn- und Vorabenden vor Festtagen nicht nach 5 Uhr nachmittags beschäftigt werden. Die Maximalarbeitszeit für Kinder unter 14 Jahren beträgt 6, die für junge Leute von 14—16 Jahren 10 (nicht vor 6 Uhr morgens beginnend und nicht über 8 Uhr abends dauernd nebst den in § 136 vorgeschriebenen Pausen), die für Arbeiterinnen über 16 Jahre 10 Stunden täglich (nicht nachts von 8 Uhr bis 6 Uhr und an Sonnabenden und Vorabenden vor Festtagen nicht nach 5 Uhr nachmittags). Ausnahmen können die Polizeiorgane, Gewerbeinspektoren (für § 138a, 139 AusfAnw. Z. 3c) und der Reichskanzler gestatten (§ 139), auch kann der Bundesrat sowohl allgemeine Dispensationen für einzelne Fabrikzweige erlassen, als auch die Frauen- und Kinderarbeit ganz verbieten (§ 139a; s. z. B. für Fisch- und Obstkonserven Bek. 25. 11. 09; für Walz- und Hammerwerke 02, 170, abg. 6. 7. 06; für Ziegeleien Bek. 15. 11. 03). Wöchnerinnen dürfen vor und nach der Entbindung im ganzen 8 Wochen nicht arbeiten und zwar jedenfalls erst 6 Wochen nach der Niederkunft (§ 137); Heimarbeit über die Maximalarbeitszeit darf weiblichen und jugendlichen Arbeitern nicht zugewiesen werden (§ 137a).

V. Die Aufsicht über die Ausführung der vorstehenden Bestimmungen führt der bei jeder Regierung angestellte Regierungs- und Gewerberat mit den Gewerbeinspektoren (KO. 27. 4. 91 GS. 165 und

---

[1]) In Berlin an den Oberpräsidenten.

Dienstanweisung 23. 3. 92 MBl. 160; Vorsch. f. d. inneren Dienst der GewJnsp. 3. 6. 01, erg. zuletzt 4. 10. 09), die auch bei Nacht Zutritt zu den Arbeitsräumen haben, statistisches Material von den Arbeitgebern erhalten und Jahresberichte zu erstatten haben (§ 139b). (Vorbildungs- und Prüfungs-O. für die Gewerbeaufsichtsbeamten v. 7. 9. 97 und Anw. dazu 13. 11. 97 s. MBl. 98, 29.) Für die Bewilligung von Ausnahmen des §§ 105c und 105f. s. ME. 17. 4. 10 HMBl. 151; Annahme von GewReferendaren Erl. 15. 5. 07 HMBl. 182).

VI. Gehilfen, Lehrlinge und Arbeiter in offenen Verkaufsstellen (§ 139c—139m; AusfAnw. 259—271). Jn offenen Verkaufsstellen und den dazu gehörenden Schreibstuben (Kontoren) und Lagerräumen ist den Gehilfen, Lehrlingen und Arbeitern nach Beendigung der täglichen Arbeitszeit eine ununterbrochene Ruhezeit von mindestens 10 (in Gemeinden mit mehr als 20000 Einwohnern bei zwei oder mehr Hilfskräften mindestens 11) Stunden, außerdem eine angemessene Mittagspause zu gewähren (für außerhalb Speisende mindestens 1½ Stunde). § 139e bestimmt als gesetzlichen Ladenschluß 9 Uhr abends bis 5 Uhr morgens (Ausnahme §§ 139d und e). Auf Antrag von mindestens ⅔ der beteiligten Geschäftsinhaber einer Gemeinde kann angeordnet werden, daß der Ladenschluß bereits in der Zeit zwischen 8—9 Uhr abends und 5—7 Uhr morgens stattfindet (§ 139f; s. Bek. 25. 1. 02 RGBl. 38). Die Geschäftsinhaber haben gemäß § 139i die Gehilfen und Lehrlinge unter 18 Jahren zum Besuch der Fortbildungs- und Fachschule anzuhalten (s. HGB. § 76; GewO. § 120) und für jede offene Verkaufsstelle, in der in der Regel mindestens 20 Gehilfen und Lehrlinge beschäftigt werden, eine Arbeitsordnung zu erlassen (§ 139k; AusfAnw. Z. 269, 270).

Für die Entscheidung der Streitigkeiten gilt nach Aufhebung des früheren § 120a durch das RG. 29. 7. 90 das

Gewerbegerichtsgesetz 30. 6. 01 (RGBl. 353)

(Normalstatuten s. V. 23. 12. 01 HMBl. 02, 10). Zur Errichtung dieser, die Zuständigkeit der odentlichen Gerichte ausschließenden Sondergerichte (§ 6) ist jeder Gemeinde- bzw. Kommunalverband berechtigt, event. kann sie auf Antrag der Interessenten vom Minister erzwungen werden (§ 1), für Gemeinden mit mehr als 20000 Einwohnern muß ein GewGer. errichtet werden (§ 2; wegen der Dienstaufsicht s. MV. 30. 5. 99 MBl. 93). Sie entscheiden ohne Rücksicht auf den Wert des Gegenstandes Streitigkeiten über:

1. Antritt, Fortsetzung, Auflösung des Arbeitsverhältnisses, Aushändigung und Jnhalt des Arbeitsbuchs, Zeugnisses, Lohnbuchs, Arbeitszettels, Lohnzahlungsbuchs;
2. Leistungen aus diesem Verhältnis;
3. Rückgabe von Zeugnissen, Papieren, Kautionen, Gerätschaften usw., die aus Anlaß der Arbeit übergeben sind;
4. Ansprüche auf Schadensersatz oder auf Vertragsstrafen wegen Nichterfüllung der Verpflichtungen betr. die in Nr. 1—3 bezeichneten Gegenstände, sowie wegen gesetzwidriger oder unrichtiger Eintragungen in die Arbeitsbücher usw.;

5. Berechnung der Krankenversicherungsbeiträge (§§ 53a; 65, 72, 73 KrankVersG.);
6. Ansprüche der Mitarbeiter untereinander auf Grund Übernahme einer gemeinsamen Arbeit (§ 4).

Hierbei gelten als Arbeiter die unter den Tit. VII der GewO. fallenden Personen, Betriebsbeamte u. dergl. mit weniger als 2000 Mk. Jahresverdienst; ausgenommen sind die dem Lehrlings- bzw. Innungsschiedsgericht (§§ 81a Nr. 4, 81b Nr. 4, 91—91b GewO.) unterstehenden Lehrlinge und Gesellen (§ 4), die Gehilfen und Lehrlinge in Apotheken und Handelsgeschäften, sowie das Personal der Militär- und Marineverwaltung (§ 76); hinzu kommen aber die Hausgewerbetreibenden (§ 5).

Die Kosten des GewGer. — soweit sie nicht in seinen Einnahmen Deckung finden — trägt die Gemeinde (§ 9). Der Vorsitzende und sein Vertreter sind vom Magistrat auf mindestens 1 Jahr zu wählen, dürfen nicht Arbeitgeber oder Arbeiter sein und bedürfen der Bestätigung des Regierungspräsidenten [1]), falls sie nicht staatlich ernannte oder bestätigte Beamte sind (§§ 11, 15, 20). Die Beisitzer (mindestens 4) werden auf 1—6 Jahre durch unmittelbare, geheime Wahl zur Hälfte von den Arbeitgebern (s. § 16), zur Hälfte von den Arbeitern aus deren Mitte gewählt (§ 12), sie müssen zum Schöffenamt fähig, 30 Jahre alt, nicht Almosenempfänger sein und mindestens zwei Jahre im Gerichtsbezirk Wohnung oder Beschäftigung gehabt haben (§ 11). Die Wähler müssen im Bezirk des GewGer. Wohnung oder Beschäftigung haben und 25 Jahre alt sein. Die Wahl regelt sich nach dem Statut, sie kann nach den Grundsätzen der Verhältniswahl erfolgen (§ 15). Amtsenthebung erfolgt durch den BzA. [2]), Amtsentsetzung auf die durch den Regierungspräsidenten [2]) beantragte Klage des Staatsanwalts (§ 21). Beschlußfähig ist das GewGer. mit 2 Beisitzern; die Zahl der Arbeiter und Arbeitgeber muß stets die gleiche sein (§ 24).

Für das Verfahren (§§ 26—61) gilt im allgemeinen die ZPO. mit folgenden wichtigen Besonderheiten: Zuständig ist das Gericht des Erfüllungsortes oder das, in dessen Bezirk sich die gew. Niederlassung des Arbeitgebers befindet oder beide Parteien ihren Wohnsitz haben. Unter diesen hat der Kläger die Wahl (§ 27); Rechtsanwälte und geschäftsmäßige Vertreter dürfen nicht auftreten; es können aber nicht prozeßfähige Parteien gehört werden; die Ladungen und Zustellungen erfolgen von Amts wegen. Der erste Termin kann ohne Beisitzer erfolgen (§ 54); erscheint eine Partei nicht, so kann Versäumnisurteil ergehen, gegen das der Einspruch binnen 3 Tagen vom Tage der Zustellung beim GewGer. erhoben werden kann (§ 39); kommt es zum Vergleich, Anerkenntnis, Klagezurücknahme oder auf Antrag beider Parteien zum Urteil in spruchreifer Sache, so ist das Verfahren beendet, falls nicht der Wert des Streitgegenstandes die Summe von 100 Mk. übersteigt, in welchem Fall die Berufung an das Landgericht (ZPO. §§ 511—544) gegen die Urteile offen steht (§ 55).

---

1) In Berlin des Oberpräsidenten (V. 23. 9. 90 MBl. 206).
2) In Berlin den Oberpräsident.

Andernfalls ist sofort ein zweiter Termin zu verkünden, zu dem die Beisitzer zuzuziehen sind (§ 54); erscheinen in diesem Termine die Parteien oder eine nicht, so kann das Gericht die Beweisaufnahme vornehmen bzw. beschließen oder die Sache ruhen lassen, aber auch ein Urteil fällen, gegen das der nicht erschienenen Partei der Einspruch binnen 3 Tagen zusteht (§ 42). Im etwaigen dritten Termin ist beim Nichterscheinen einer Partei wieder auf Antrag Versäumnisurteil zu erlassen; bleiben beide Parteien aus, so ruht das Verfahren (§§ 42, 39, 40). Die Beweisaufnahme erfolgt nach den Regeln der ZPO.; doch ist die Beeidigung der Zeugen nicht obligatorisch (§ 44) und der Beweis durch Eid modifiziert (§§ 45 f.).

Das Ortsstatut kann geringere Kosten, als die nach § 58 anzusetzenden, oder Gebührenfreiheit vorschreiben (§ 58). Die Kosten werden wie Gemeindeabgaben beigetrieben (§ 59). Die ordentlichen Gerichte haben den GewGer. gemäß GVG. Rechtshilfe zu leisten (§ 61).

Außerdem kann das GewGer. bei Streitigkeiten über die Bedingungen der Wiederaufnahme oder Fortsetzung der Arbeit (Streik) als Einigungsamt (§§ 62—74) fungieren. Es muß zusammentreten, wenn beide Teile es anrufen und die beteiligten Arbeiter und Arbeitgeber — letztere nur, wenn es mehr als 3 sind, — bevollmächtigte Vertreter (gewöhnlich 3) bestellen, außerdem kann der Vorsitzende zur Einleitung der Verhandlung und in deren Verlauf an den Streitigkeiten beteiligte Personen vorladen und vernehmen und zwar — auch wenn das Einigungsamt nur von einem Teil angerufen war — unter Strafandrohung (bis 100 Mk.; § 66: Verhandlungszwang). Das mindestens mit 4 Vertrauensmännern besetzte Einigungsamt hat nach Klarstellung der Sachlage eine Einigung, die dann öffentlich bekannt zu geben ist, zu versuchen (§§ 69, 70), andernfalls einen Schiedsspruch abzugeben, wobei der Vorsitzende bei Stimmengleichheit beider Parteien sich der Abstimmung enthalten und den Spruch als nicht zustande gekommen erklären kann. Der Schiedsspruch ist den Parteien zur Erklärung zuzustellen; Schweigen binnen bestimmter Frist gilt als Ablehnung. Der Schiedsspruch und event. sein Mißlingen sind ebenfalls zu veröffentlichen (§§ 71 f.).

Das GewGer. ist ferner verpflichtet, auf Ansuchen von Behörden Gutachten über gewerbliche Fragen abzugeben, zu welchem Zweck Ausschüsse gebildet werden können, und berechtigt, in dergl. Fragen Anträge an die Behörden zu richten (§ 75). —

Wo ein Gewerbegericht nicht besteht, kann in den Fällen der Nr. 1 und 5 des § 4 die vorläufige Entscheidung des Gemeindevorstehers bzw. seines hierzu ernannten Vertreters angerufen werden, gegen die der Rechtsweg beim ordentlichen Gericht mittels Erhebung der Klage binnen 10 Tagen beschritten werden kann (§§ 76—80). Daß die Innungen auf Grund des § 84 ihre Sondergerichte daneben behalten haben, ist bereits erwähnt. Für das BergGewGer. gibt § 82 besondere Normen. —

VIII. Titel. Gewerbliche Hilfskassen (§ 140).

Das sind — als erster Beginn der staatlichen Sorge für die Versicherung der Arbeiter — Kranken-, Hilfs- und Sterbekassen, bei denen, wie in der Pr. GewO. 17. 1. 45, durch Ortsstatut Beitrittszwang für Gesellen, Gehilfen und Fabrikarbeiter eingeführt werden konnte (§§ 141—141 f, durch RG. 7. 4. 76 eingeschoben und durch § 87 des KrankVersG. 15. 6. 83 aufgehoben). Die auf freier Übereinkunft beruhenden Kassen haben durch RG. über die eingeschriebenen Hilfskassen 7. 4. 76 ihre Regelung gefunden, die aber durch das KrankenVersG. 10. 4. 92 und das RG. 1. 6. 84 erhebliche Umgestaltung erfahren hat.

Danach haben die Kassen den Versicherten jetzt ebenfalls freie ärztliche Behandlung und ein Krankengeld nach dem ortsüblichen Tagelohn des Beschäftigungsortes zu gewähren; sie befreien zwar von der Versicherungspflicht bei der Zwangskasse, weil aber die Beiträge ausschließlich vom Arbeiter zu tragen sind, so liegt ihre Bedeutung in ihrer Stellung als Zuschußkasse, da der Arbeiter daneben noch der Zwangskasse angehören darf. Sie stehen unter Aufsicht der Ortspolizei (höhere Instanz ist der Regierungspräsident [1])) und erlangen durch Eintragung in das daselbst zu führende Register juristische Persönlichkeit, sowie das Recht, rückständige Zahlungen im Verwaltungswege einziehen zu lassen. Ihre weitere Ausbildung hat die hier angestrebte Versicherung der Arbeiter durch die sog.

„sozialpolitische Gesetzgebung“ [2])

auf Grund der Allerh. Botschaft 17. 11. 81 gefunden. Zuerst ist zu nennen das:

Krankenversicherungsgesetz 10. 4. 92 (RGBl. 417),

das an die Stelle des RG. 15. 6. 83 getreten ist; Erweiterung auf den Kreis der Hausgewerbetreibenden durch Bundesratsbeschluß s. das RG. 30. 6. 00 (RGBl. 332); Erhöhung der Leistungen durch RG. 25. 5. 03 (RGBl. 233). (AusfAnw. 10. 7. 92 MBl. 300, erg. 30. 5. 03 HMBl. 205).

A. Versicherungszwang: Personen, die gegen Gehalt oder Lohn (Tantieme, Unterhalt, Naturalbezüge) beschäftigt sind

1. in Bergwerken und dergl., Fabriken, Hüttenwerken, beim Eisenbahn-, Binnenschiffahrts- und Baggereibetrieb, auf Werften und bei (Hoch- und Tief-, auch Regie-) Bauten;
2. im Handelsgewerbe, Handwerk und sonstigem stehenden Gewerbebetrieb;

2a. im Geschäftsbetrieb der Anwälte, Notare, Gerichtsvollzieher, Krankenkassen, Berufsgenossenschaften und Versicherungsanstalten;

3. in Betrieben mit Dampfkesseln und anderen durch elementare Kraft bewegten Triebwerken (§ 1);
4. im Betriebe der Post-, Telegraphen-, Marine- und Heeresverwaltung (§ 1 Abs. 2),

sind mit dem Beginn der Beschäftigung kraft Gesetzes (§ 19 Abs. 2) gegen Krankheit versichert, falls sie nicht die Mitgliedschaft bei einer freien Hilfskasse geltend machen (§ 75) oder sofern nicht die Arbeit durch ihre Natur oder im voraus durch den Vertrag auf weniger als eine Woche beschränkt ist; Handlungsgehilfen nur, wenn ihnen die Rechte aus § 63 HGB. (Fort-

---

[1]) In Berlin der Oberpräsident.

[2]) **Beim Erscheinen des Werks tagt eine Reichstagskommission zur Beratung der Reichsversicherungsordnung, die die Kranken-, Unfall- und Invalidenversicherung in ein Gesetz zusammenfaßt.**

bezug des Gehalts auf mindestens 6 Wochen) gekürzt sind und wenn sie — ebenso wie die Betriebsbeamten usw., sowie das Bureaupersonal unter 2a — weniger als 2000 Mk. Jahresverdienst haben (§ 2b). Durch Kommunalstatut kann der Versicherungszwang auf die Tagearbeiter, die im Kommunaldienst oder -betrieb tätigen Personen, auf Familienangehörige des Unternehmers, auf selbständige Hausgewerbetreibende (hier auch durch Beschluß des Bundesrats RG. 30. 6. 00 Art. 1), alle Handlungsgehilfen und das in der Land- und Forstwirtschaft beschäftigte Personal ausgedehnt werden (§ 2); letzteres ist meistens[1]) geschehen. Auf Personen im Dienste des Reichs oder eines Staates kann der Versicherungszwang durch Verfügung des Reichskanzlers (z. B. für die Post V. 4. 12. 92) oder der Zentralbehörde erstreckt werden (§ 2a). Ausgenommen sind Soldaten, Gehilfen und Lehrlinge in Apotheken und das Gesinde, das nur im Haushalt tätig ist (OVG. 16, 364), sowie solche Personen, denen Reich, Staat oder Kommunalverband im Fall der Krankheit den Fortbezug des Gehalts oder Lohns für 13 Wochen — und bei Fortdauer für 13 weitere Wochen — zusichern (§ 3; z. B. E. 23. 12. 92 EisenbahnVBl. 604 betr. die Staatseisenbahnverw.).

Befreiungsanträge können invalide Arbeiter (die sonst schwer Arbeit finden werden) mit Zustimmung des Armenverbandes, und die durch Zusicherung ihres Arbeitgebers auf 13 Wochen gesicherten Arbeiter, ferner Lehrherren für ihre ähnlich gestellten Lehrlinge und die Arbeiterkolonien usw. für ihre Insassen (§§ 3a u. b) beim Kassenvorstand stellen.

B. Organe der Versicherung sind die Betriebs- (Fabrik-), Bau- und Innungskrankenkassen. Das Gesetz behandelt (§§ 4—15) aus redaktionellen Gründen zuerst die Gemeindekrankenversicherung, d. h. die subsidiäre, auf die Mindestleistungen des § 6 beschränkte Versicherung durch die Gemeinde ohne besondere Organisation in dem für Preußen seltenen Fall, daß keine organisierten Kassen bestehen. Für ihre Leistungen ist der durch den Regierungspräsidenten[1]) festzusetzende ortsübliche Tagelohn maßgebend (§ 8), die Beiträge sollen nicht mehr als $1\frac{1}{2}$%, höchstens 3% dieses Tagelohns betragen (§§ 9f.). —

a) Die Ortskrankenkassen sind von der Gemeinde für ein oder mehrere (oder alle) Gewerbe bzw. Betriebe ihres Bezirks errichtete Kassen. Sie müssen ein vom Bezirksausschuß zu genehmigendes (§ 24), den Anforderungen des § 23 entsprechendes und jedem Mitglied auszuhändigendes Statut haben, besitzen juristische Persönlichkeit (§ 25) und stehen unter Aufsicht der Gemeindebehörden bei Gemeinden mit mehr als 10000 Einwohnern, sonst unter der des Landrats und unter Oberaufsicht des Regierungspräsidenten (§ 44)[2]). Ihre Organe sind: 1. die Generalversammlung, die bei mehr als 500 großjährigen Kassenmitgliedern aus Vertretern bestehen muß (§ 37) und in der die Arbeitgeber höchstens $\frac{1}{3}$ der Stimmen haben, und 2. der durch geheime Wahl von der Generalversammlung zu wählende Vorstand, der die Kasse nach außen vertritt, und in dem die Arbeitgeber ebenfalls nur $\frac{1}{3}$ der Stimmen haben. Die

---

[1]) Auch in Berlin, s. Ortsstatut 29. 12. 92 bzw. 10. 2. 93. — Die Reichsversicherungsordnung sieht Zwangsversicherung (auch des gesamten Gesindes) vor.

[2]) In Berlin des Oberpräsidenten (AusfAnw. 10. 7. 92).

Arbeitgeber können sich durch Geschäftsführer vertreten lassen; beteiligen sie sich nicht an den Wahlen, so ruht ihre Vertretung; verweigern die Kassenmitglieder die Wahl, so ernennt den Vorstand bzw. die Vertreter die Aufsichtsbehörde. Diese hat auch durch ein Vorstandsregister für die Legitimation des Vorstandes zu sorgen (§ 35), gegen pflichtvergessene Vorstandsmitglieder ein Ordnungsstrafrecht und die Befugnis jederzeitiger Kontrolle und Einberufung der Kassenorgane (§ 45). Das Vorstandsamt ist ein unbesoldetes Ehrenamt, doch kann das Statut eine Entschädigung vorsehen; es kann nur aus den Ablehnungsgründen für die Vormundschaft bei Vermeidung des Stimmrechtsverlustes abgelehnt werden (§ 34). — Nach § 35 Abs. 3 kann der Vorsitzende gesetzwidrige Beschlüsse beanstanden; gemäß § 42 Abs. 4—7 ist ein Vorstandsmitglied seines Amtes zu entheben (Musterstatut Bek. 1. 7. 03 RZBl. 243).

Das Vermögen der Kasse, deren Reservefonds mindestens die Höhe der durchschnittlichen Jahresausgabe der letzten 3 Jahre zu erreichen hat (§ 32), ist mündelsicher anzulegen (§ 40), widrigenfalls die Schuldigen, abgesehen von ihrer Bestrafung (§ 266 StrGB.) durch die Aufsichtsbehörde zur Verzinsung mit 8—20 % herangezogen werden können (§ 42). Jährlich sind Übersichten und Rechnungsabschlüsse auf vorgeschriebenem Formular (s. Bek. 16. 11. 92 RZBl. 671) einzureichen; ergeben diese eine Unzulänglichkeit des Vermögens, so ist die Erhöhung der Beiträge und bzw. oder Herabsetzung der Leistungen durch den Regierungspräsidenten [1]) mittels Beschlußfassung der Kasse herbeizuführen oder in eiligen Fällen zu verfügen (§ 33). —

Ein Verband mehrerer (oder aller) Ortskrankenkassen innerhalb eines Bezirks zum gemeinsamen Geschäftsbetrieb hat nach Genehmigung seiner Statuten ebenfalls die Rechte einer juristischen Person (§§ 64 f.).

Die (freiwillige) Auflösung, sowie die Schließung einer Kasse, deren Mitgliederzahl dauernd unter 50 sinkt oder die die nötige Deckung nicht aufbringen kann, erfolgt durch Beschluß des BzA. (§§ 47, 48).

b) Betriebs-(Fabrik-)Krankenkassen. Berechtigt zur Errichtung einer Betriebs-(Fabrik-)Krankenkasse ist ein Unternehmer, welcher in einem oder mehreren Betrieben 50 oder mehr dem Krankenversicherungszwange unterworfene Personen beschäftigt, sowie auch derjenige, der zwar weniger Personen beschäftigt, aber dem Regierungspräsidenten [1]) gegenüber nachweist, daß die nachhaltige Leistungsfähigkeit der Kasse ausreichend sichergestellt ist. Verpflichtet zur Errichtung der Kasse kann er durch den Regierungspräsidenten [1]) werden, wenn er mehr als 50 Personen beschäftigt und die Gemeinde oder die Krankenkasse, der dieselben angehören, es beantragen, oder, bei Beschäftigung von weniger Personen, wenn der Betrieb besonders gesundheitsschädlich ist (§§ 60 f.). Im übrigen finden die für die Ortskrankenkasse gegebenen Vorschriften auch hier Anwendung, insbesondere gehört das gesamte Personal mit dem Tage der Errichtung zwangsweise (eventuell mit Ausnahme der Hilfskassenmitglieder, § 75) der Kasse an. Besonderheiten sind: Das Kassenstatut ist von dem Betriebsunternehmer nach Anhörung der beschäftigten Personen oder ihrer ge-

---

[1]) In Berlin zuständig der Oberpräsident (vgl. AusfAnw. 10. Juli 1892).

wählten Vertreter zu errichten; er kann sich den Vorsitz im Vorstande und in der Generalversammlung vorbehalten; den Rechnungs- und Kassenführer hat er auf seine Kosten zu bestellen; er hat erforderlichen Falles Vorschüsse zu leisten; werden die gesetzlichen Mindestleistungen der Kasse (§ 20) durch die Beiträge, nachdem diese 4 % der durchschnittlichen Tagelöhne oder des Arbeitsverdienstes erreicht haben, nicht gedeckt, so hat er die zur Deckung nötigen Zuschüsse aus eigenen Mitteln zu leisten (§§ 64—66). Mehrere Kassen für Betriebe desselben Unternehmers können sich zu einer Kasse vereinigen (§ 67c); bei Übergang eines der Betriebe in andere Hände ist dann Kassenteilung vorzunehmen (§ 67g). — Die Kasse ist zu schließen, wenn der Betrieb oder die Betriebe, für welche sie errichtet worden, aufgelöst werden, wenn die Zahl der Mitglieder dauernd unter 50 sinkt und die dauernde Leistungsfähigkeit der Kasse nicht genügend sichergestellt wird und wenn der Betriebsunternehmer (dem dann gewisse Nachteile auferlegt werden können) es unterläßt, für ordnungsmäßige Kassenführung zu sorgen. Die Kasse kann nach Anhörung der beteiligten Gemeinden aufgelöst werden, wenn der Betriebsunternehmer unter Zustimmung der Generalversammlung dies beantragt (§ 68). — Wegen der Krankenkassen der Betriebe der Heeresverwaltung s. AusfAnw. 10. 7. 92 (MBl. 300) u. 27. 7. 96 (MBl. 144).

c) Baukrankenkassen. Sie sind für Arbeiter, welche sich bei Eisenbahn-, Kanal-, Wege, Strom-, Deich- und Festungsbauten, sowie bei anderen vorübergehenden (umfangreichen) Baubetrieben zeitweilig in größerer Zahl zusammenfinden, auf Anordnung des Regierungspräsidenten durch die Bauherren zu errichten. Mit Genehmigung des Regierungspräsidenten kann diese Verpflichtung auf Unternehmer, welche die Ausführung des Baues oder eines Teiles desselben für eigene Rechnung übernommen haben, übertragen werden (§§ 69 f.). Die Kassen sind zu schließen mit der Beendigung des Baues und dann, wenn der Bauherr oder Unternehmer es unterläßt, für ordnungsmäßige Kassenführung zu sorgen. Im übrigen gelten für sie die Vorschriften über die Betriebs-(Fabrik-)Krankenkassen (§ 72).

d) Innungskrankenkassen. Auf diese Kassen, die von Innungen für die Gesellen und Lehrlinge ihrer Mitglieder errichtet werden, finden die Vorschriften der §§ 19 Abs. 5, 20—22, 26—33, 39—42, 46, 46a, 46b Abs. 2, 49a Abs. 4, 51—53a, 54a—58, 65 Abs. 2 Anwendung (§ 73). Auch sie sind Zwangskassen, so daß das gesamte Personal eines Innungsmitgliedes mit dem Beginn der Beschäftigung bei der Innungskasse versichert ist. — Die Innungskrankenkasse besitzt keine juristische Persönlichkeit, der Innungsvorstand vertritt sie nach außen; im Fall der Insuffizienz muß die Innung Zuschüsse leisten.

C. Gegenstand der Versicherung. Als Mindestleistungen haben diese Kassen zu gewähren:

1. im Falle einer Krankheit (d. h. jeder anormalen Störung der Gesundheit, die ärztliche Behandlung, Arznei oder Heilmittel erfordert, vom Beginn derselben ab, freie ärztliche Behandlung (wegen der zwangsweisen Bereitstellung s. E. 20. 2. 04 MedMBl. 91), Arznei, sowie Brillen, Bruchbänder und ähnliche (d. h. „kleine") Heilmittel;

2. im Falle der Erwerbsunfähigkeit, vom 3. Tage nach dem Tage der Erkrankung (sog. Karenzzeit) für jeden Arbeitstag den halben Tagelohn nach dem Statut als Krankengeld, beides bis zum Ablauf der 26. Woche von Beginn der Erkrankung bzw. der Erwerbsunfähigkeit (§ 20). Endigt letztere später, so dauert der Anspruch auf die in Nr. 1 genannten Leistungen ebenso lange (§ 6);
3. an Wöchnerinnen, die im letzten Jahr vor der Entbindung mindestens 6 Monate einer Zwangskasse angehört haben, eine Unterstützung in Höhe des Krankengeldes für 6 Wochen. (Führt das Wochenbett zur Krankheit, so sind natürlich die Leistungen zu 1 und 2 zu gewähren);
4. ein Sterbegeld im 20fachen Betrage des Tagelohns, wenn das Mitglied innerhalb der 26 Wochen oder bei andauernder Erwerbsunfähigkeit an derselben Krankheit innerhalb eines Jahres nach dem Ablauf der Krankenunterstützung stirbt, zahlbar an den Besorger des Begräbnisses. Einen etwaigen Überschuß erhält der Ehegatte bzw. die nächsten Erben, mangels solcher die Kasse.

Der für die Kasse durch den Regierungspräsidenten [1]) festgesetzte Durchschnittstagelohn ist nur bis zum Betrage von 4 Mk. zu berücksichtigen, bei Klasseneinteilung nach Individuallohn kann er bis zu 5 Mk. festgestellt werden.

An die Stelle von Nr. 1 und 2 kann freie Kur und Verpflegung in einem Krankenhaus treten und zwar für unverheiratete oder an ansteckender Krankheit leidende bzw. fortgesetzt zu beobachtende Kranke immer; für verheiratete, denen die Inhaber einer eigenen Haushaltung und die Mitglieder einer Familienhaushaltung gleichstehen, nur dann, wenn sie zustimmen oder die Krankheit die Überführung erfordert oder sie wiederholt den von der Kasse erlassenen Krankenverhaltungsvorschriften (§ 6a Abs. 2) zuwider gehandelt haben.

Den bisher von dem Kranken unterhaltenen Angehörigen ist in diesem Fall die Hälfte des Krankengeldes (also ¼ des Tagelohns) zu gewähren.

Dagegen kann das Statut folgende Beschränkungen vorsehen: gänzlicher oder teilweiser Wegfall des Krankengeldes auf die Dauer von 12 Monaten nach Begehung einer die Kasse schädigenden ehrlosen Straftat, sowie bei Zuziehung der Krankheit durch Vorsatz, Raufhandel oder Trunkfälligkeit; Gestellung bestimmter Kassenärzte, Apotheken usw. mit der Folge, daß dic Bezahlung anderer, außer in dringenden Fällen, nicht erfolgt; Aufrechnung des Krankengeldes mit den wegen vorschriftswidrigen Verhaltens verwirkten Ordnungsstrafen, Zusammenrechnen mehrerer Krankheitsperioden in einem Jahr bei chronischen Leiden, Karenzzeit für freiwillig beitretende Mitglieder bis zur Dauer von 6 Wochen und Erfordernis vorheriger ärztlicher Untersuchung. Außerdem ist die Kürzung des Krankengeldes bei Doppelversicherung und demgemäß eine Anzeigepflicht für diese vorgesehen (§ 26a Abs. 1), die das Statut aber beseitigen kann. — Erweiterungen sind in folgendem Umfange erlaubt: Leistung der Unterstützung bis zur Dauer eines Jahres; Zahlung des Krankengeldes auch

[1]) In Berlin durch den Polizeipräsidenten.

für Sonn- und Festtage; Wegfall der Karenzzeit; Erhöhung des Krankengeldes auf $^3/_4$ des Tagelohns, des Sterbegeldes auf das 40fache des Tagelohns eventuell einen Mindestsatz von 50 Mk.; Zahlung eines sog. Taschengeldes bis zu $^1/_4$ des Tagelohnes an das im Krankenhaus befindliche, keine Angehörigen unterstützende Mitglied; Gewährung größerer Heilmittel sowie der Leistungen unter Nr. 1 auch an Familienangehörige auf besonderen Antrag (unter Erhebung eines Zusatzbeitrages, § 22) oder allgemein, ebenso der Wöchnerinnenunterstützung an nicht versicherte Ehefrauen von Mitgliedern; eine Schwangerschaftsunterstützung für 6 Wochen; Angehörigenkrankengeld bis zu $^1/_2$ des Tagelohns; Zahlung von $^2/_3$ bzw. $^1/_2$ des Sterbegeldes, wenn die nicht versicherte Ehefrau oder ein Kind des Mitgliedes stirbt; Rekonvaleszentenfürsorge (§ 21).

D. Die Rechte und Pflichten der Mitglieder sind wesentlich folgende: Beginn der Mitgliedschaft und des Anspruchs auf Krankenunterstützung mit dem Beginn der versicherungspflichtigen Beschäftigung (§§ 19 Abs. 2, 26 Abs. 1). Beisteuer zum Kassenvermögen, insofern als sie sich den Abzug des Eintrittsgeldes (§ 26) und von $^2/_3$ der Beiträge von ihrem Lohn gefallen lassen müssen; diese $^2/_3$ haben sie übrigens in dem Fall selbst zur Kasse zu zahlen, wenn ihrem Arbeitgeber infolge Insolvenz durch die Aufsichtsbehörde verboten ist, wegen der Beiträge Lohnabzüge zu machen (§§ 51, 52a). Während der Krankenunterstützung bleibt die Mitgliedschaft gewahrt, auch sind im Fall der Erwerbsunfähigkeit keine Beiträge zu entrichten (§ 54a). Nichtversicherungspflichtige, in demselben Gewerbe tätige Personen mit weniger als 2000 Mk. Jahresarbeitsverdienst können freiwillige Mitglieder unter Zahlung der vollen Beiträge werden (§ 19 Abs. 3). Ausscheidende und in keine andere Zwangsversicherung übertretende Mitglieder können bei fernerem Aufenthalt in Deutschland freiwillige Mitglieder werden, wenn sie dies binnen einer Woche dem Vorstand anzeigen oder (stillschweigend) innerhalb dieser Zeit den vollen Beitrag selbst zahlen; ihnen kann bei auswärtigem Aufenthalte durch das Statut an Stelle der Krankenunterstützung ein Barbetrag in Höhe des $1^1/_2$fachen Krankengeldes gewährt werden. Ihre Mitgliedschaft erlischt bei Rückstand zweier aufeinanderfolgender Beitragszahlungen (§ 27). Abgesehen hiervon behält ein Mitglied, das arbeitslos wird, den Anspruch auf die gesamten Mindestleistungen für Unterstützungsfälle, die in den nächsten 3 Wochen und während der Arbeitslosigkeit eintreten, falls es vor dem Ausscheiden ununterbrochen 3 Wochen einer Zwangskasse angehört hat (§ 28). Die Unterstützungsansprüche verjähren in 2 Jahren vom Tage ihrer Entstehung; sie sind weder zessibel, verpfändbar noch pfändbar, ausgenommen zur Deckung eines Vorschusses und der im § 850 Abs. 4 ZPO. genannten Forderungen der Verwandten, des Ehegatten (auch des früheren), der Kinder und des Armenverbandes; aufrechnungsfähig nur auf Geldstrafen, die er wegen Übertretung der Verhaltungsmaßregeln (§ 26a Abs. 2, § 6a Abs. 2) verwirkt hat, auf Vorschüsse und auf zu Unrecht erhaltene Unterstützung; doch darf die untere Verwaltungsbehörde Ausnahmen genehmigen (§ 56). Versicherte Personen sind vom gerichtlichen Kostenvorschuß befreit; die zur Führung ihrer Nachweise notwendigen Bescheinigungen (Sterbe-, Geburts-, Heiratsurkunden usw.) sind gebühren- und stempelfrei. —

Bei Streitigkeiten mit der Kasse wegen ihres Versicherungsverhältnisses, ihrer Unterstützungsansprüche und wegen der von ihnen (als freiwilligen Mitgliedern oder gemäß § 52a) gezahlten Beiträge haben sie zuerst die Aufsichtsbehörde[1]) anzurufen, gegen deren Entscheidung binnen vier Wochen die Klage im ordentlichen Rechtswege erhoben werden kann (§ 58 Abs. 1); bei Streitigkeiten mit dem Arbeitgeber wegen Verrechnung der Beiträge und des Eintrittgeldes ist das Gewerbegericht zuständig (§ 53a, s. S. 208); Beschwerden über verhängte Ordnungsstrafen wegen Übertretung der Verhaltungsvorschriften für Kranke entscheidet die binnen zwei Wochen anzurufende Aufsichtsbehörde endgültig (§ 76e), ebenso Beschwerden wegen zurückgewiesener Befreiungsanträge (§ 3a Abs. 2). Streitigkeiten zwischen den Kassen und den Gemeinden bzw. Ortsarmenverbänden, auf die kraft Gesetzes der Unterstützungsanspruch eines von ihnen Verpflegten übergeht (§§ 58 Abs. 2, 65 Abs. 3, 72 Abs. 4, 73), werden im Verwaltungsstreitverfahren entschieden (V. 9. 8. 92 GS. 239). Die Entscheidung zwischen zwei Krankenkassen (§ 57b) ist maßgebend für die Entscheidung gemäß § 58 (RGer. 46, 57).

E. Außer der Beteiligung an der Verwaltung hat das G. für die Arbeitgeber nur Pflichten: Sie haben den Versicherungspflichtigen binnen drei Tagen nach Beginn der Beschäftigung bei der Kasse bzw. der etwa errichteten gemeinsamen Meldestelle unter Angabe des Lohnes anzumelden, in derselben Frist (die durch Statut bis zum letzten Werktag der betreffenden Woche erstreckt werden kann) etwaige Veränderungen anzuzeigen und ebenfalls binnen drei Tagen die Abmeldung zu bewirken (§ 48). Die Unterlassung macht strafbar (§ 81); außerdem macht die vorsätzliche oder fahrlässige Unterlassung der Anmeldung regreßpflichtig für alle Aufwendungen, die die Kasse für den vor der Anmeldung erkrankten Arbeiter gemacht hat (§ 50) und sind bei unterbliebener Abmeldung die Beiträge bis zur Abmeldung ohne Rücksicht auf das Ende der Beschäftigungszeit zu zahlen (§ 52; RGer. 50, 36). Dem Arbeitgeber liegt ferner die Zahlung der eventuell für volle Wochen zu entrichtenden Beiträge ob. Diese sollen bei Errichtung der Kasse für die Arbeiter nicht mehr als 3 % des Tagelohns betragen und nur dann bis auf 4 % erhöht werden, wenn auch die Vertretung der Arbeitgeber es beschließt (§ 31); dasselbe muß beim Wegfall der Karenzzeit und Zahlung des Krankengeldes auch für Sonn- und Festtage geschehen, sofern der gesetzlich vorgeschriebene Reservefonds noch nicht erreicht ist (§ 21 Nr. 1a). Der Arbeitgeber ist berechtigt, das Eintrittsgeld und 2/3 der Beiträge bei der Lohnzahlung und, ist dies unterblieben, noch bei der nächsten Lohnzahlung abzuziehen; ist durch Zwangsbeitreibungsverfahren seine Zahlungsunfähigkeit festgestellt, so ist er zu diesen Abzügen und zur sofortigen Abführung an die Kasse verpflichtet (§ 53); ist ihm sodann eine entsprechende Verfügung der Aufsichtsbehörde zugegangen, so hat er nur das auf ihn entfallende Drittel an die Kasse zu zahlen und die Arbeitnehmer anzuweisen, ihren Teil direkt an die Kasse abzuführen. Die Arbeitgeber können ihre Pflichten an Betriebsbeamte übertragen, doch haften sie eventuell neben diesen (§ 82e). Schwere Strafe trifft den Arbeitgeber, der die abge-

[1]) In Berlin die städtische Gewerbedeputation.

zogenen Beiträge der Arbeiter rechtswidrig der Kasse vorenthält (§ 82a). Bei Zweifel über die Zugehörigkeit seines Betriebes wird der Arbeitgeber gut tun, die Aufsichtsbehörde zu befragen (s. §§ 18a, 19, Abs. 4, 5a). Bei Streitigkeiten zwischen ihm und der Kasse wegen des Versicherungsverhältnisses, der Beiträge oder des Ersatzanspruchs wegen unterlassener Meldung (§ 50) ist ebenfalls erst die Aufsichtsbehörde und dann binnen vier Wochen das ordentliche Gericht mittels Klage anzugehen. —

Für die Unfallversicherung ist ergangen das RG. 30. 6. 00 betr. die Abänderung der Unfallversicherungsgesetze (RGBl. 335; das sog. Mantel- oder Hauptgesetz), dessen § 28 den Reichskanzler zur Bekanntmachung des neuen Textes ermächtigt für

1. das GewerbeunfallG. (an Stelle der ersten UnversG. 6. 7. 84);
2. das UnfallversicherungsG. für Land- und Forstwirtschaft (an Stelle des G. betr. die Unfall- u. Krankenversicherung der in land- und forstwirtschaftlichen Betrieben beschäftigten Personen 5. 5. 86);
3. das BauunfallG. (an Stelle des RG. 11. 7. 87);
4. das SeeunfallversicherungsG. (an Stelle des RG. betr. die Unfallversicherung der Seeleute und andere bei der Seeschiffahrt beteiligten Personen 13. 7. 87).

Diese vier Gesetze haben nunmehr sämtlich das Datum vom 30. 6. 00 (Bek. 5. 7. 00 RGBl. 573ff.); das Mantelgesetz enthält die für sie gemeinsamen Bestimmungen über die Abänderung der bisherigen Gesetze (das sog. AusdehnungsG. 28. 5. 85 wird aufgehoben, ebenso vom Land- und ForstwirtschG. 5. 5. 86 der Abschnitt A), die Errichtung neuer Berufsgenossenschaften, Schiedsgerichte, Reichsversicherungsamt (V. über den Geschäftsgang und Verfahren 19. 10. 00 RGBl. 983), Regelung des Gebührenwesens, Landesversicherungsämter usw. Die Unfallversicherung lehnt sich in sofern an die Krankenversicherung an, als die letztere immer, auch bei Betriebsunfällen, für die ersten 13 Wochen der Arbeitsunfähigkeit einzutreten hat. Erst von da ab, oder schon vorher, wenn der Verletzte früher stirbt, hat für ihn oder seine Hinterbliebenen die Unfallversicherung zu sorgen. Ferner sei schon hier hervorgehoben, daß, während bei der Krankenversicherung die Arbeitnehmer einen Teil ($^2/_3$) der Kosten zu tragen, die Unfallversicherung auf alleinige Kosten der Arbeitgeber erfolgt. Die Arbeitnehmer tragen nur indirekt durch ihre Beiträge zu den Krankenkassen bei.

Die wichtigsten Bestimmungen des

GewerbeunfallversicherungsG. 30. 6. 00

sollen hier folgen:

I. Versicherungszwang. Es sind gegen Betriebsunfälle versichert 1. alle in Bergwerken u. dergl., auf Werften und Bauhöfen, in Fabriken und Hüttenwerken beschäftigten (freien, nicht die in Haft befindlichen) Arbeiter, nebst den an Lohn und Gehalt nicht über 3000 M. jährlich beziehenden Betriebsbeamten; 2. die in den Baugewerbebetrieben (Maurer, Zimmerer, Dachdecker oder sonst durch Bundesrat für versicherungspflichtig erklärte Bauarbeiter), in dem Gewerbebetriebe zur Ausführung von Steinhauer-, Schlosser-, Schmiede- oder Brunnenarbeiten, sowie im Schornsteinfeger-, Fensterputzer- und Fleischergewerbe;

3. die im gesamten Betriebe der Post-, Telegraphen- und Eisenbahnverwaltungen, im Betriebe der Marine- und Heeresverwaltungen (einschl. der Regiebauten); 4. im gewerbsmäßigen Fuhrwerks-, Binnenschiffahrts-, Flößerei-, Fähr-, Treidelei- und Baggereibetrieb; 5. im gewerbsmäßigen Speditions-, Speicherei-, Lagerei- und Kellereibetrieb; 6. im Gewerbebetriebe der Güterpacker, Güterlader und 7. in Lagerungs-, Holzfällungs- oder der Beförderung von Personen oder Gütern dienenden Berrieben, wenn sie mit einem im Handelsregister eingetragenen Handelsgewerbe gebunden sind, beschäftigten Personen (die gesperrt gedruckten sind erst seit 1. 1. 01 versicherungspflichtig, V. 2. 12. 01, RGBl. 493, wobei für die Schmiede eine neue BerufsGen. durch Bek. 5. 10. 01, RZBl. 382 errichtet ist); § 2 definiert das Wort Fabrik; § 3 erstreckt die Versicherung auch auf häusliche Dienste, zu denen versicherte Personen nebenbei herangezogen werden. Durch statutarische Bestimmung kann die Versicherungspflicht auf Betriebsbeamte mit einem 3000 M. übersteigenden Jahresverdienste, auf Hausgewerbetreibende, sowie Unternehmer mit weniger als 3000 M. Verdienst erstreckt und auch zugelassen werden, daß Unternehmer versicherungspflichtiger Betriebe berechtigt sind, sich oder andere, nicht versicherungspflichtige Personen gegen Betriebsunfälle zu versichern (§ 5).

II. Organe der Versicherung sind die unter Aufsicht des RVA. stehenden 66 gewerblichen und 48 landwirtschaftlichen Berufsgenossenschaften, welche die gesamten versicherungspflichtigen Betriebe eines oder mehrerer Gewerbe innerhalb des ganzen Deutschen Reichs oder eines kleineren Bezirks zusammenfassen und juristische Persönlichkeit haben (§ 28). Ihre Verwaltung erfolgt nach Maßgabe eines vom Reichsversicherungsamt zu genehmigenden (§ 39), den Vorschriften des § 37 entsprechenden Statuts durch die Genossenschafts- (d. i. General-)Versammlung und den von dieser zu wählenden Vorstand. Durch das Statut kann die Dezentralisation der Verwaltung durch Einteilung in Sektionen, sowie durch Vertrauensmänner für bestimmte Bezirke herbeigeführt werden (§ 38). Für Betriebe der Post-, Telegraphen-, Eisenbahn-, Marine- und Heeresverwaltung, tritt an Stelle der Berufsgenossenschaft das Reich bzw. der Staat, für dessen Rechnung die Verwaltung geführt wird (§§ 128—133). Eine Vereinigung mehrerer Berufsgenossenschaften, sowie die Ausscheidung einzelner Industriezweige ist vorgesehen (§ 52 f.) und den Genossenschaften erlaubt, sich zur gemeinsamen Tragung der Entschädigungslasten zu verbinden (§ 51).

III. Die Mittel zur Deckung der Versicherungskosten werden von den Unternehmern nach Maßgabe der in ihren Betrieben von den Versicherten verdienten Löhne und Gehälter bzw. des Jahresarbeitsverdienstes jugendlicher und ungelernter Arbeiter (wobei der 1500 M. übersteigende Jahresbetrag an Gehalt oder Lohn mit dem überschießenden Betrag nur zu 1/3 in Ansatz kommt), sowie der für die Genossenschaft etwa bestehenden Gefahrentarife (§ 49) alljährlich aufgebracht (§ 29). Sobald der Bedarf der Genossenschaft (Leistungen an die Postverwaltung, Krankenkassen usw., Reservefonds, Verwaltungskosten) feststeht, ist jedem Mitglied ein Auszug aus der Heberolle mit den Grundlagen der Beitragsberechnung mitzuteilen. Dieses sich alljährlich wiederholende Umlageverfahren hat gegenüber dem Kapitaldeckungsverfahren (s. unten) den Vorteil, daß die Beiträge anfangs geringer sind und der Beharrungszustand erst im 75. Jahre eintritt. Um anderseits die Leistungsfähigkeit der Genossenschaft, die nur mit einem Jahresbetrag wirtschaftet, nicht in Frage zu stellen, ist die Bildung von sehr beträchtlichen Reservefonds vorgeschrieben (§ 34).

IV. Gegenstand der Versicherung ist Ersatz des durch einen Unfall herbeigeführten Schadens durch Gewährung freier ärztlicher Behandlung, Arznei, Heil- und Hilfsmittel (Krücken 2c.), eines Sterbegeldes im Mindestbetrage des 15. Teils des Jahresarbeitsverdienstes und einer Vollrente bei völliger Erwerbsunfähigkeit bzw. einer der verminderten Erwerbsfähigkeit entsprechenden Teilrente vom Beginn der 14. Woche nach Eintritt des Unfalls an. Bei völliger Hilfslosigkeit ist für deren Dauer die Rente auf 100% zu erhöhen (§ 9); auch kann bei Arbeitslosigkeit infolge des Unfalls die Teilrente vorübergehend bis zum Betrage der Vollrente erhöht werden. (Betriebsunfall ist ein mit dem Betriebe in Verbindung stehendes, zeitlich bestimmtes Ereignis, nicht also eine bei dem Betriebe durch Blei, Quecksilber usw. allmählich entstehende Berufskrankheit; RGer. 21, 77). Ist der Verletzte (Arbeiter und Beamte mit weniger als 2000 M. Verdienst) nicht gegen Krankheit versichert, so hat der Unternehmer die gesetzliche Krankenunterstützung (s. S. 213) aus eigenen Mitteln zu leisten, außerdem hat der Arbeitergeber der Krankenkasse das Mehr des Krankengeldes zu ersetzen, um das diese das Krankengeld von der fünften Woche an zu erhöhen hat (§ 12 Abs. 2, s. Bek. des RVersAmts 30. 9. 85). Die Vollrente beträgt bei voller Erwerbsunfähigkeit $66^2/_3$ % des letzten Jahres-Arbeitsverdienstes, wobei von dem 1500 M. übersteigenden Verdienst nur $^1/_3$ in Anrechnung kommt (z. B. 320 Arbeitstage, 1800 M. Verdienst: $\frac{1600}{320} \cdot 300 \cdot {}^2/_3 = 1000$ M.) Im Fall der Tötung erhalten die Hinterbliebenen ein Sterbegeld von $^1/_{15}$ des Verdienstes (§ 15), mindestens aber 50 M.; die Witwe erhält eine Rente in Höhe von 20% bis zu ihrem Tode oder der Wiederverheiratung (in letzterem Fall wird sie durch Zahlung von 60% abgefunden) und für jedes Kind bis zum beendeten 15. Lebensjahr weitere 20% (§ 16; doch Witwen und Kinder zusammen nie über 60%, § 20); das gleiche gilt wenn die unfallversicherte Ehefrau, die den Unterhalt der Familie bestritten hat, verletzt wird (s. § 17); ferner erhalten die Aszendenten, wenn die Vorgenannten nicht schon den Höchstbetrag beanspruchen, und der Tote ihren Lebensunterhalt ganz oder überwiegend bestritten hatte, 20% des Arbeitsverdienstes (§§ 18, 20); schließlich erhalten die elternlosen Enkel, die ganz oder überwiegend vom Verstorbenen ernährt worden sind, bis zum 15. Lebensjahr 20%, falls der Höchstbetrag 60% nicht schon durch die vorgenannten Berechtigten absorbiert ist (§§ 19, 20). Der Anspruch fällt nur dann auch für den Verletzten fort, wenn er den Unfall vorsätzlich herbeigeführt hat (§ 8). Die Rentenzahlung erfolgt vorschußweise durch das Postamt am Wohnsitz des Berechtigten (§ 97 f.: die Postverwaltung kann die Vorschüsse von den Genossenschaften einziehen RG. 15. 7. 09 RGBl. 743 Art. I § 6).

V. Rechte und Pflichten der Unternehmer. Sie werden mit der Versicherungspflicht ihres Betriebes zwangsweise Mitglieder der betreffenden Genossenschaft und haben ihren Betrieb binnen einer Woche beim Landrat bzw. in Städten von mehr als 10 000 Einwohner bei der Ortspolizeibehörde bei Vermeidung von Ordnungsstrafen anzuzeigen (§§ 55, 35); nach Einreihung in das Genossenschaftskataster wird ein Mitgliedsschein ausgefertigt, gegen dessen Erteilung oder Versagung binnen einer zweiwöchigen Frist nach erfolgter Zustellung des Scheins oder des ablehnenden Bescheides Beschwerde an das RVersAmt zulässig ist (§§ 58, 59). Ebenso sind Wechsel in der Person des Unternehmers und Änderungen des Betriebes dem Genossenschaftsvorstande anzuzeigen (§§ 60, 61). Der jedem Genossenschaftsmitglied aus dem Heberollenauszug ersichtliche Beitrag ist binnen zwei Wochen einzuzahlen (§ 101) und gegen die Veranlagung nur Widerspruch beim Vorstand und dann die Beschwerde an das RVersAmt gegeben (§ 102). Jeder Unfall, der eine Arbeitsunfähigkeit von mehr als drei Tagen oder den Tod zur Folge hat, ist binnen drei Tagen nach Kenntnis auf vorgeschriebenem Formular der Polizei anzuzeigen (§ 63). Die Überwachung des Betriebes durch Beauftragte der Genossenschaft behufs Durchführung der Unfallverhütungsvorschriften ist zu dulden, auch die Einsicht in die Lohnbücher zu gestatten (§ 119 f.). Die Haftpflicht der Unternehmer ist beschränkt auf den die Unfallrente übersteigenden Betrag und hat zur Voraussetzung die durch Strafurteil festgestellte Tatsache, daß der Unternehmer den Unfall vorsätzlich herbeigeführt hat (§ 135 f. o. BGB. § 823 S. 59).

VI. Rechte und Pflichten der Arbeiter. Obwohl die Kosten der Versicherung vollständig auf den Schultern der Unternehmer ruhen, ist eine Vertretung der Arbeiter, zu deren Wohl ja die Versicherung besteht, vorgesehen. Die Arbeiter wirken mit als Beisitzer der Schiedsgerichte (Mantelgesetz § 3 f.; InvalVersG. § 104), die wiederum sechs Vertreter als nicht ständige Mitglieder des ReichsVersAmts wählen (MantelG. §§ 11, 12 Abs. 3, 14), die bei den Entscheidungen der Senate gemäß § 16 mitzuwirken haben; ferner sind von den Genossenschaftsvorständen bei der Beratung und Beschlußfassung der Unfallverhütungsvorschriften Vertreter der Arbeiter zuzuziehen, die von den Ausschüssen der Inv.-Vers.-Anstalten gewählt werden (§§ 113, 114). Die Übertretung dieser Vorschriften zieht für den Arbeiter eine Geldstrafe bis zu 6 M. (für die Unternehmer die Strafe höherer Einschätzung und Geldstrafen bis zu 1000 M.) nach sich (§§ 112—117). Schließlich können Bevollmächtigte der Krankenkasse an den Unfalluntersuchungen teilnehmen (§ 65).

VII. Verfahren. Nach erfolgter Unfallanzeige (ist sie unterblieben, kann der Entschädigungsberechtigte den Anspruch binnen einer präklusivischen Frist von zwei Jahren vom Tage des Unfalls beim Vorstand anmelden; § 72) hat die Ortspolizei unter Zuziehung der Beteiligten eine Unfalluntersuchung vorzunehmen (§ 64). Nachdem sodann dem Berechtigten die Unterlage der Berechnung mit 2 Wochen Frist zur Äußerung mitgeteilt sind (§ 70), ist ihm ein schriftlicher Bescheid zuzustellen (§ 75). Gegen diesen steht dem Berechtigten binnen 1 Monat nach Zustellung die Berufung beim Schiedsgericht zu, in dessen Bezirk der Betrieb belegen ist

(§ 76). Als Schiedsgericht gelten „die Schiedsgerichte für Arbeiterversicherung" gemäß § 3 MantelG. (KV. 22. 11. 00 RGBl. 1017). Gegen seine Entscheidung steht dem Verletzten oder den Hinterbliebenen binnen 1 Monat nach Zustellung des Bescheids Rekurs an das Reichsversicherungsamt zu (§ 80). Dieses besteht aus einem Präsidenten und einer beständig wachsenden Zahl von Berufsbeamten als ständigen und den vom Bundesrat, den Genossenschaftsvorständen und den Arbeitervertretern gewählten nichtständigen Mitgliedern (§§ 11—19 MantelG.) bzw. den nach RG. 16. 5. 92 bestellten Vertretern. Über die Rekurse entscheidet es in Anwesenheit von 5 Mitgliedern, unter denen je ein Vertreter der Arbeiter und der Genossenschaftsvorstände sich befinden müssen und unter fernerer Zuziehung von 2 richterlichen Beamten (§ 16; Kais. V. 19. 10. 00 RGBl. 983). —

Die Gebühren der Rechtsanwälte vor Schiedsgerichten u. RVA. werden durch Kaiserl. V. bestimmt (§ 20 MantelG.; V. 22. 12. 01 RGBl. 497).

An Stelle des RVAmts kann ein Bundesstaat ein Landesversicherungsamt errichten (§§ 21, 22 MantelG.).

VIII. Die Schluß- und Strafbestimmungen sind in den §§ 146—155 enthalten; die zur Durchführung der Unfallverhütung eingezogenen Strafgelder der Arbeiter verfallen der Krankenkasse, die übrigen der Genossenschaftskasse (§ 154). Die besonderen Vorschriften für die Reichs- und Staatsbetriebe enthalten die §§ 128 bis 133 (für die preußische Staatsbauverwaltung V. 24. 9. 00 MBl. 233).

Es folgt das Unfallfürsorgegesetz für Reichsbeamte und Personen des Soldatenstandes 18. 6. 1901 (das an die Stelle des

RG. 15. 3. 86, betr. die Fürsorge für Beamte und Personen des Soldatenstandes infolge von Betriebsunfällen getreten ist)[1]),

welches für die in einem reichsgesetzlich der Unfallversicherung unterliegenden Betriebe beschäftigten Beamten der Reichs-Zivilverwaltung, des Reichsheeres und der Marine und die Personen des Soldatenstandes die Unfallfürsorge durch Ergänzung der Pensions- und Reliktengesetzgebung regelt, also gewissermaßen nur eine Novelle zum Pensionsgesetz bildet. Es erhalten solche Beamte, wenn sie durch einen Betriebsunfall (Blitzschlag s. RGer. 50, 76) im Dienste dauernd dienstunfähig werden, als Pension $66^2/_3$ % des jährlichen Diensteinkommens, und wenn sie infolge des Unfalles nicht dauernd dienstunfähig geworden, aber in ihrer Erwerbsfähigkeit beeinträchtigt worden sind, bei ihrer Entlassung aus dem Dienste im Falle völliger Erwerbsunfähigkeit denselben Betrag, sonst einen nach dem Maße der verbliebenen Erwerbsfähigkeit zu bemessenden Bruchteil, für die Dauer der Hilflosigkeit eventuell bis zu 100 % des Diensteinkommens. Überall bleiben die ihnen etwa anderweit gesetzlich zustehenden höheren Ansprüche gewahrt (§ 1). Ist infolge des Unfalles der Tod eingetreten, so erhalten die Hinterbliebenen als Sterbegeld (sofern sie nicht Anspruch auf Gnaden-Quartal oder -Monat haben) den Betrag des einmonatlichen

[1]) Für die Personen des Soldatenstandes gelten jetzt das OffizierpensionsG. 31. 5. 06 RGBl. 565 und MilVersorgungsG. 31. 5. 06 RGBl. 593.

Diensteinkommens bzw. der einmonatlichen Pension, jedoch mindestens 50 M., ferner eine Rente, welche beträgt: für die Witwe 20 % des jährlichen Diensteinkommens des Verstorbenen, jedoch nicht unter 216 und nicht über 3000 M.; für jedes Kind bis zum vollendeten 18. Lebensjahre ebenfalls 20 % und nicht weniger als 160 und nicht mehr als 1600 M.; für Aszendenten, deren Ernährer der Verstorbene ganz oder überwiegend war, 20 % des Diensteinkommens, jedoch nicht unter 160 und nicht über 1600 M.; ebensoviel die elternlosen Enkel (§ 2). Die hier in Rede stehenden Beamten usw. haben keinen Anspruch auf Schadensersatz wegen des Unfalles an die Betriebsverwaltung, in deren Dienst sie verunglückt sind (§ 10); die Bestimmungen der Reichs-Unfallversicherungsgesetze finden auf sie nicht Anwendung (§ 13), desgl. nicht auf Staats- und Kommunalbeamte, für die eine den § 1—7 entsprechende Fürsorge getroffen ist (§ 14).

Das vorstehende Gesetz ist durch das preußische

G. 18. 6. 87, betr. die Fürsorge für Beamte infolge von Betriebsunfällen (hierzu AusfBest. 16. 9. 87 MBl. 207 für Bauverw.; 24. 3. 05 u. 6. 7. 07 MBl. 53, 254 für Verw. des Innern u. Landw.) in der neuen Fassung des G. 2. 6. 02 GS. 153

in allen seinen wesentlichen Bestimmungen auf die preußischen unmittelbaren Staatsbeamten, die in reichsgesetzlich der Unfallversicherung unterliegenden Betrieben beschäftigt sind, übertragen worden.

Es folgte in der Reichsgesetzgebung das

RG. 5. 5. 86, betr. die Unfall- und Krankenversicherung der in land- und forstwirtschaftlichen Betrieben beschäftigten Personen.

Dieses Gesetz hatte besonders deshalb eine hervorragende Bedeutung, weil es nicht weniger als 7 Millionen Personen der arbeitenden Klassen der Unfallversicherung unterwarf, während die früheren Gesetze sich nur auf etwa $3^1/_2$ Millionen bezogen. Von dem Gesetz gilt nur noch der die Krankenversicherung behandelnde Teil B §§ 133—142, die Unfallversicherung ist jetzt enthalten im

Unfallversicherungsgesetz für Land- und Forstwirtschaft 30. 6. 00.

Im ganzen sind die Grundbestimmungen des GewUnfallG. beibehalten. Die Abweichungen beziehen sich auf die Eigentümlichkeiten der land- und forstwirtschaftlichen Betriebe und vornehmlich auf die Organisation und Verwaltung: Die Versicherungspflicht kann durch Statut auf die Betriebsunternehmer ausgedehnt werden, auch sind diese berechtigt, in ihrem Betriebe beschäftigte, nach dem Gesetze nicht der Versicherung unterliegende Personen und, sofern ihr Jahresarbeitsverdienst 3000 Mk. nicht übersteigt, sich selbst zu versichern (§§ 1 f.). Durch Statut kann bestimmt werden, daß bis zu $^2/_3$ der Rente solchen Personen, welche ihren Lohn oder ihr Gehalt ganz oder zum Teil in Naturalien beziehen, sowie den Hinterbliebenen oder Angehörigen solcher Personen, nach Verhältnis ebenfalls in dieser Form mit deren Zustimmung gewährt wird; Trunksüchtigen kann die Rente ganz in Naturalleistungen gewährt werden (§ 26). Für die Landwirtschaft besteht Zwangskrankenversicherung nicht; eine solche kann hier also für die ersten 26 Wochen nach dem Unfall nicht die Fürsorge übernehmen, falls sie nicht durch Ortsstatut eingeführt ist. Anstatt des Betriebsunternehmers, der bei den der regelmäßigen Unfallversicherung unterliegenden, nicht gegen Krankheit versicherten Arbeitnehmern dafür subsidiär eintritt, sind hier die Gemeinden des Beschäftigungsortes für das Notwendigste, d. h. freie Kur, in den ersten 26 Wochen verpflichtet worden (§ 27). Zur Errichtung eines Reservefonds sind alljährlich mindestens 2 % des Jahresbedarfs abzuführen, bis er den Betrag des doppelten Jahresbedarfs erreicht (§ 37). Die Berufsgenossenschaften können die laufende, ihren Vorständen obliegende Verwaltung durch Vertrag an Organe der Selbstverwaltung abtreten (§ 42). Sie können beschließen, daß die Beiträge (von welchen übrigens kleine Unternehmer befreit werden dürfen) nach direkten Steuern, namentlich der Grundsteuer, umgelegt werden (§§ 57, 58), in erster Linie sollen dieselben aber nach den Gefahrenklassen und dem Arbeitsbedarf berechnet werden (§ 51). Die Anmeldung der Betriebe wird durch Nachweisungen der Gemeinden ersetzt (§ 52). Als Schiedsgerichte gelten auch hier die im § 3 des MantelG. genannten. Die Beiträge werden in den einzelnen Gemeinden durch die Gemeindebehörden eingezogen und an den Genossenschaftsvorstand abgeliefert (§ 110). Zur Beratung über Unfallverhütungsvorschriften werden Vertreter der Arbeiter aus den Beisitzern der Schiedsgerichte (§§ 120—125) zugezogen. Endlich ist der Landesgesetzgebung die Befugnis eingeräumt, die Organisation der Versicherung, die Verwaltung der Berufsgenossenschaften, den Umlagefuß und das Verfahren bei Aufbringung der Beiträge selbständig, auch abweichend vom Reichsgesetz, zu regeln (§§ 141—145). In Gemäßheit dieser Bestimmung ist in Preußen ergangen das

G. 16. 6. 02, betr. die Abgrenzung und Gestaltung der Berufsgenossenschaften auf Grund des § 141 UnfallG. für Land- und Forstwirtschaft (GS. 261, das an Stelle des G. 20. 3. 87 getreten ist).

Die provinziellen Berufsgenossenschaften zerfallen in Sektionen. Jeder Kreis bildet eine Sektion (Art. I f.). Für jede Gemeinde bezeichnet die Gemeindevertretung oder, wo solche nicht besteht, die Gemeindebehörde aus den der Gemeinde angehörenden Unternehmern oder bevollmächtigten Betriebsleitern einen Wahlmann. Die Wahlmänner jedes Kreises wählen aus ihrer Mitte einen Vertreter. In den Stadtkreisen wird der Vertreter durch die Gemeindevertretung bezeichnet. Diese Vertreter bilden die Genossenschaftsversammlung (§ 39 des G.; Art. III). Die Versammlung kann die Verwaltung der Genossenschaft bzw. der Sektion, soweit sie den Vorständen zustehen würde, dem Provinzialausschuß bzw. dem Kreis-(Stadt-) Ausschuß übertragen [1]) (Art. IV). Die Bezeichnung der Behörden usw. ist erfolgt durch AusfB. 19. 8. 00 (MBl. 293).

Weiter ist die Reichsunfallversicherung ausgedehnt durch das

an Stelle des RG. 11. 7. 87, betr. die Unfallversicherung der bei Bauten beschäftigten Personen, getretenen Bauunfallversicherungsgesetz 30. 6. 1900 RGBl. 698,

---

[1]) In Berlin wird der Sektionsvorstand nach näherer Bestimmung des Genossenschaftsstatuts gebildet (Art. IV, RG. § 38).

durch welches alle bei Bauten (auch Regiebau) tätigen Arbeiter und Betriebsbeamten, soweit sie nicht schon versichert waren, versicherungspflichtig geworden sind. Die Versicherung erfolgt bei gewerbsmäßiger Ausführung der Bauarbeiten durch die (Baugewerks- bzw. die Tiefbau-) Berufsgenossenschaft oder durch den die Arbeiten ausführenden Staat bzw. den durch den Minister für leistungsfähig erklärten Kommunalverband (§§ 1, 4). Die Berufsgenossenschaft, der übrigens Reich, Staat und Kommunalverband beitreten können (§ 5), bringt ihre Mittel durch das Deckungs-, nicht durch das Umlageverfahren auf, d. h. durch die Beiträge ist der Kapitalwert der zu zahlenden Renten nebst den übrigen Leistungen der Genossenschaft aufzubringen (§ 10).

Für die nichtgewerbsmäßigen Bauarbeiten (Regiebauten) erfolgt die Versicherung durch die bei den Berufsgenossenschaften gebildeten besonderen Versicherungsanstalten (§§ 16 f.) und zwar gegen feste Prämien nach einem Tarif (§§ 23 f.), wenn die Arbeit mehr als 6 Tage dauert (§ 21 a), andernfalls gegen Beiträge, welche auf die Gemeinden bzw. größeren Verbände (§ 30), in Preußen auf die Kreise (Bek. 16. 12. 87) umgelegt werden (§ 21 b). —

Die Verwaltungsbehörden sind für das Bau- und SeeunfallversG. bestimmt durch V. 9. 8. 00 MBl. 287 [1]).

Hieran schließt sich das

SeeunfallversicherungsG. 30. 6. 00 RGBl. 716,

das an Stelle des RG. v. 13. 7. 87 getreten ist und die gesamte Schiffsbesatzung auf Seefahrzeugen, die auf deutschen Seefahrzeugen in inländischen Häfen, in Docks, Lotsenbetrieb, für Rettung oder Bergung von Personen und Sachen, für Bewachung, Beleuchtung oder Instandhaltung der Seegewässer beschäftigten Personen umfaßt (§ 1).

Die letzte Erweiterung hat diese Versicherung gefunden durch das am 1. 1. 01 in Kraft getretene

G. betr. die Unfallfürsorge für Gefangene 30. 6. 1900 RGBl. 536.

Es schließt sich an die Bestimmungen des GewUnfallG. an; als Jahresarbeitsverdienst wird der 200fache Betrag des ortsüblichen Tagelohns (§ 8 KrankenVersG.) zugrunde gelegt. Maximalbetrag der Vollrente ist 300 Mk., der Witwenrente 90 Mk. und der gesamten Familienrente 270 Mk. An Stelle der Genossenschaft treten Ausführungsbehörden (§ 8; G. 28. 7. 02 GS. 293, die von Amts wegen zu handeln haben, § 10; über die entscheidenden Verwaltungsbehörden s. V. 28. 7. 02 GS. 294).

Mit der nun zu behandelnden letzten Stufe der sozialpolitischen Gesetzgebung ist eine Höhe erklommen, die manchem für menschliche Kraft zu erhaben schien; besonders da es einen Rückweg nicht gibt. Noch nie hat vorher ein Staat sich die Riesenaufgabe gestellt, die ganze Arbeiterbevölkerung (über 13 Mill.) pensionsberechtigt zu machen [2]).

---

[1]) In Berlin tritt an Stelle des Regierungspräsidenten der Polizeipräsident.

[2]) Um eine Witwen- und Waisenversicherung zu ermöglichen, sah § 15 des ZollG. 25. 12. 02 (erg. 11. 12. 09) die Einbehaltung von Zolleinnahmen seit 1898 vor. Die Versichernng ist jetzt im Entwurf der Reichsversicherungsordnung vorgesehen. —

Ferner ist die Zwangs-Pensionsversicherung der Privatangestellten jetzt Gegenstand der Beratung der Reichsregierung.

Das Invalidenversicherungsgesetz vom 13. 7. 99 (RGBl. 463), das an die Stelle des am 1. 1. 1891 in Kraft getretenen

RG. 22. 6. 89, betr. die Invaliditäts- und Altersversicherung, getreten ist, trifft folgende Hauptbestimmungen:

I. Versicherungszwang. Versicherungspflichtig sind alle über 16 Jahre alten, gegen Lohn oder Gehalt (bez. Naturalbezüge, Tantieme) beschäftigten Arbeiter, Gesellen, Gehilfen, Lehrlinge, Dienstboten, ferner Betriebsbeamte, Techniker, Handlungsgehilfen und Lehrlinge (ausschließlich der in Apotheken beschäftigten), sonstige Angestellte, deren dienstliche Beschäftigung ihren Hauptberuf bildet (z. B. Bibliothekare, Privatsekretäre), sowie Lehrer und Erzieher mit Gehalt oder Lohn bis 2000 Mk. jährlich und endlich die Schiffsleute (§ 1). Der Bundesrat kann die Pflicht auf Gewerbetreibende und sonstige Betriebsunternehmer, die nicht regelmäßig wenigstens einen Lohnarbeiter beschäftigen, und auf Hausgewerbetreibende (auch die von Zwischenpersonen beschäftigten) ausdehnen (§ 2); letzteres ist geschehen bezüglich der Hausgewerbetreibenden der Tabak- und Textilindustrie seit dem 4. 1. 92 bzw. 2. 7. 94 (Bek. 16. 12. 91 RGBl. 395 und Bek. 1. 3. 94 nebst Zusatz 9. 11. 95 RGBl. 324 bzw. 452). Wo die Ausdehnung durch den Bundesratsbeschluß unterbleibt, können derartige Personen, falls sie das 40. Lebensjahr noch nicht vollendet haben und nicht dauernd erwerbsunfähig sind, sich freiwillig in einer beliebigen Lohnklasse selbst versichern; das gleiche Recht haben Betriebsbeamte usw., Lehrer mit einem Jahresverdienst zwischen 2000—3000 Mk. sowie Gewerbetreibende, die nicht mehr als 2 Lohnarbeiter beschäftigen (§ 14). Beamte des Reiches und der Bundesstaaten, die mit Pensionsberechtigung angestellten Beamten von Kommunalverbänden und der durch Bundesratsbeschluß ihnen gleichgestellten Körperschaften und Verbände (§ 7, s. Bek. 9. 3. 96 RZBl. 80), Lehrer und Erzieher an öffentlichen Schulen und solche, die den Unterricht zu ihrer wissenschaftlichen Ausbildung betreiben, sowie Personen des Soldatenstandes, welche dienstlich als Arbeiter beschäftigt werden, unterliegen der Versicherungspflicht nicht; ebensowenig diejenigen Personen, welche dauernd nicht mehr imstande sind, 1/3 des für ihren Beschäftigungsort üblichen Verdienstes zu verdienen (§ 5). Danach ist hier nicht, wie bei der Kranken- und Unfallversicherung, die Versicherung an bestimmte Betriebe geknüpft, sondern die gesamte arbeitende Bevölkerung in der Landwirtschaft, Industrie, in der Hauswirtschaft, im Reichs-, Staats-, Kirchen-, Schuldienste ist versicherungspflichtig, ohne Unterschied, ob Ausländer, ob verheiratet, ob verwandt mit dem Arbeitgeber oder nicht (s. die ausführliche Anleitung, betr. den Kreis der versicherten Personen 19. 12. 99 Amtl. N. d. RVA. 00, 277). Ausgenommen sind nur — abweichend von den bisherigen Gesetzen — Personen unter 16 Jahren, sowie solche, die nur freien Unterhalt beziehen (§ 3) oder nur vorübergehende Arbeiten nach Maßgabe des Bundesratsbeschlusses (s. Bek. 27. 12. 99 Amtl. N. d. RVA. 1900, 181) verrichten oder im Jahre durchschnittlich nur 12 Wochen bzw. 50 Tage gegen Lohn arbeiten (s. Bundesratsbeschluß 24. 12. 99 Amtl. N. 00, 179) bzw. behördlich vorübergehend als Ausländer zur Arbeit im Inlande zugelassen sind (§ 4; über die für diese zu zahlenden Barbeträge s. V. 7. 5. 02 MBl. 134). Befreit werden können auf ihren

Antrag durch die untere Verwaltungsbehörde (Ortspolizeibehörde, Gemeinde- oder Gutsvorstand [1]), s. Anw. 20. 2. 90 u. Bek. 17. 3. u. 26. 6. 90 RAnz. Nr. 61, 92 u. 159) Personen, welche Pensionen bzw. Wartegelder oder eine Unfallrente im Mindestbetrag der Invalidenrente (116 Mk.) beziehen (§ 6), und pensionsberechtigte Beamten von öffentlichen Korporationen usw., für die der Bundesrat auf Antrag die Befreiung ausgesprochen hat (§ 7).

II. Träger der Versicherung sind die 31 Versicherungsanstalten (§ 41, in Preußen für jede Provinz und Berlin je eine) und die besonderen (10) Kasseneinrichtungen der Reichs-, Staats- oder Kommunalbetriebe, die durch Bundesratsbeschluß neben den Anstalten zugelassen sind (§§ 8, 10, 173 f., s. Bek. 13. 7. 99 RZBl. 448), insbesondere die Seeberufsgenossenschaft (§§ 11—13). Die von dem Bundesrat zu genehmigenden Anstalten haben juristische Persönlichkeit (§ 68), ihr Vorstand hat die Eigenschaft einer öffentlichen Behörde, seine Geschäfte werden von Beamten des Kommunalverbandes wahrgenommen, zu demselben müssen Vertreter der Arbeitgeber und Versicherten gehören (§ 74). Daneben ist ein Ausschuß von mindestens je 5 Vertretern der Arbeitgeber und der Versicherten zu bilden (§§ 76—78). Als besondere örtliche Organe können für die in §§ 57—59 genannten Geschäfte Rentenstellen als Organe der Versicherungsanstalt mit der Eigenschaft einer öffentlichen Behörde errichtet werden, denen die Landeszentralbehörde einen Teil der Tätigkeit übertragen kann (§§ 79—86, 129). — Zur Ausgleichung der verschiedenartigen Finanzlage (die landwirtschaftlichen Bezirke der Versicherungsanstalten Ostpreußen und Niederbayern arbeiteten mit Unterbilanzen) ist das Vermögen jeder Versicherungsanstalt geteilt in Gemeinlast [$^3/_4$ sämtlicher Altersrenten, die Grundbeträge aller Invalidenrenten, die Rentensteigerungen infolge von Krankheitswochen (§ 40) und die Rentenabrundungen (§ 38)] und die Sonderlast (§ 33). Zur Deckung der Gemeinlast werden vom 1. 1. 00 ab $^4/_{10}$ der Beiträge buchmäßig ausgeschieden (Gemeinvermögen) und verzinst (Bek. 31. 1. 01 RGBl. 24). Der Rest und der Vermögensbestand am 31. 12. 99 ist Sondervermögen und darf bis 31. 12. 1910 nicht zur Deckung der Gemeinlast herangezogen werden (§ 33). Im einzelnen regelt die Geschäftsführung das vom RVA. zu genehmigende Statut (§§ 70—72).

III. Die Aufbringung der Mittel erfolgt hier durch die Arbeitgeber, welche berechtigt sind, die Hälfte der Beiträge den Versicherten abzuziehen, und durch die Gesamtheit der Steuerzahler des Reichs. Das Reich schießt für jede Rente jährlich 50 Mk. zu. Die Beiträge werden in Form von Marken der Versicherungsanstalt erhoben (s. Bek. 27. 10. 99 und V. 23. 11. 99 MBl. 251), die in die Quittungskarte des Versicherten (s. Bek. 10. 11. 99 RGBl. 667) von demjenigen Arbeitgeber zu verwenden ist, bei dem jener in der Woche zuerst in versicherungspflichtigem Arbeitsverhältnis gestanden hat; als Beitragswochen gelten auch die Zeit der Militärpflicht und der militärischen Dienstleistungen sowie die bescheinigten (Anw. 16. 10. 99 MBl. 248 nebst Korrektur v. 25. 3. 00) Krankheitszeiten (§§ 30, 130—141).

---

[1] In Berlin die Magistratsabteilung für Invaliditäts- und Altersversicherungssachen.

Daneben kann die Landeszentralbehörde oder mit deren Genehmigung das Statut der Versicherungsanstalt bzw. ein Ortsstatut die Einziehung der Beiträge von den Arbeitgebern durch die Organe der Krankenkasse und durch die Gemeindebehörde bzw. Hebestellen anordnen (§§ 148—153 Anw. 5. 6. 03 MBl. 166; bez. der Beiträge der Reeder für die Schiffsmannschaft s. § 167, Bek. 20. 12. 94 RZBl. 481).

Für die Berechnung der Beiträge sind Lohnklassen gebildet, in welche die Versicherten lediglich nach Maßgabe des für ihre Kranken- bzw. Unfallversicherung festgesetzten Tagelohns oder Jahresarbeitsverdienstes eingereiht werden; für Nichtkrankenversicherungspflichtige gilt als Arbeitsverdienst der 300fache Betrag des ortsüblichen Tagelohns (§§ 20, 26a Abs. 2 Ziffer 6 des KrankVersG.; § 34). Die Lohnklassen und die bis 31. 12. 1910 vorläufig festgesetzten, aber gemäß § 32 alle 10 Jahre veränderlichen Beiträge für jede derselben sind:

Lohnklasse	I	bis 350 Mk. einschl.,	Marke zu	14 Pf.,
„	II	mehr als 350—550 Mk.,	„ „	20 „
„	III	„ „ 550—850 „	„ „	24 „
„	IV	„ „ 850—1150 „	„ „	30 „
„	V	„ „ 1150 Mk.	„ „	36 „

(§ 34; Klasse V besteht seit 1. 1. 00).

Die demgemäß zu entrichtenden Beiträge sollen die Verwaltungskosten, die zur Zurückerstattung von Beiträgen nötigen Summen sowie — nebst Reichszuschuß — den Kapitalwert der von der Anstalt in dem betreffenden Zeitraum voraussichtlich zu bewilligenden Renten decken (§ 32).

IV. Gegenstand der Versicherung ist der Anspruch auf Gewährung einer Alters- bzw. Invalidenrente.

Altersrente erhält ein Versicherter, der das 70. Lebensjahr und eine Wartezeit von 1200 Wochen vollendet hat (§ 15 Abs. 2; § 29).

Invalidenrente erhält der Versicherte, dessen Erwerbsfähigkeit infolge von Alter, Krankheit oder anderen Gebrechen dauernd auf weniger als $^1/_3$ herabgesetzt ist. Dies ist dann anzunehmen, wenn er nicht mehr imstande ist, durch eine seinen Kräften und Fähigkeiten entsprechende Tätigkeit, die ihm unter billiger Berücksichtigung seiner Ausbildung und seines bisherigen Berufs zugemutet werden kann, ein Drittel desjenigen zu erwerben, was körperlich oder geistig gesunde Personen derselben Art mit ähnlicher Ausbildung in derselben Gegend durch Arbeit zu verdienen pflegen (§ 5 Abs. 4). Seine Wartezeit beträgt, wenn mindestens 100 Marken auf Grund der Versicherungspflicht verwendet sind, 200, andernfalls 500 Beitragswochen; freiwillige Beiträge (§ 14) kommen nur in Betracht, wenn 100 Zwangsbeiträge geleistet worden sind (§ 29). Invalidenrente erhält aber auch derjenige nicht dauernd Erwerbsunfähige, der während 26 Wochen ununterbrochen erwerbsunfähig gewesen, für die weitere Dauer seiner Erwerbsunfähigkeit (§ 17).

Berechnet werden die Renten nach den Lohnklassen (§ 34) und nach Jahresbeträgen. Sie bestehen aus einem in der Höhe verschiedenen Betrag, den die Versicherungsanstalten aufbringen, und einem festen Reichszuschuß von 50 Mk.

Bei der Invalidenrente wird einem Grundbetrage für jede Lohnklasse von 60, 70, 80, 90, 100 Mk. für jede Woche der Steigerungssatz der betreffenden Lohnklasse mit 3, 6, 8, 10, 12 Pf. hinzugerechnet (sind z. B. 150 Marken V., 250 Marken IV., 100 Marken III. Lohnklasse verwendet, so beträgt der Anteil der Versicherungsanstalt $\frac{150 \cdot 100 + 250 \cdot 90 + 100 \cdot 80}{500}$ $= 91$ Mk. Grundbetrag $+ 150 \cdot 12 + 250 \cdot 10 + 100 \cdot 8 = 51$ Mk. Steigerungssatz, also 142 Mk., dazu 50 Mk. Reichszuschuß; also die Rente 192 Mk. Für die Zeit der anrechnungsfähigen Krankheiten und die Militärzeit wird die II. Lohnklasse bei der Berechnung zugrunde gelegt; die danach für letztere zu zahlenden 6 Pf. pro Woche übernimmt das Reich (§ 40).

Der feste Anteil der Versicherungsanstalten an der Altersrente beträgt nach den Lohnklassen 60, 90, 120, 150, 180 Mk., so daß bei 1000 Marken II. und 200 Marken III. Lohnklasse der Grundbetrag ist: $\frac{1000 \cdot 90 + 200 \cdot 120}{1200} = 90{,}50$ Mk., wozu 50 Mk. Reichszuschuß kommt, so daß die Rente 140,50 Mk. beträgt. Die Renten sind auf volle 5 Pf. für den Monat nach oben abzurunden und in monatlichen Teilbeträgen im voraus zu zahlen (also erhöht sich die Altersrente auf 141 Mk.). — Steht infolge Krankheit Erwerbsunfähigkeit zu befürchten, so ist die Versicherungsanstalt zur Abwendung des Rentenbezugs ein Heilverfahren vorzuschreiben berechtigt (§§ 18—26).

Erscheint der Empfänger einer Invalidenrente nicht mehr als erwerbsunfähig, so kann ihm die Rente entzogen werden (§ 47). Der Anspruch auf Rente ruht für die Empfänger einer Unfallrente, soweit letztere unter Hinzurechnung der Invaliden- oder Altersrente der $7^1/_2$fache Grundbetrag der Invalidenrente (bei obigem Beispiel $7^1/_2 \cdot 91 = 682{,}50$ Mk.) übersteigt; für die in §§ 5, 6 und 7 bezeichneten Beamten und Soldaten, soweit deren Pension den obengenannten Betrag übersteigt; ferner so lange der Berechtigte eine Freiheitsstrafe von mehr als 1 Monat verbüßt oder in einem Arbeitshause oder in einer Besserungsanstalt untergebracht ist und endlich so lange er nicht im Inlande seinen gewöhnlichen Aufenthalt hat (§ 48; Ausn. für Grenzbezirke s. Beschl. 16. 10. 00 Amtl. N. 740).

Erstattung von Beiträgen solcher Personen, die nicht in den Genuß einer Rente gelangen, ist unter der Voraussetzung vorgesehen, daß für mindestens 200 Wochen Beiträge entrichtet sind. Dann steht weiblichen Personen, die eine Ehe eingehen — sowie erwerbsunfähig gewordenen Personen, die keine Rente erhalten können —, die Erstattung der Hälfte der für sie geleisteten Beiträge zu, die binnen 1 Jahr nach Eheschließung zu beantragen ist. Verstirbt ein männlicher Versicherter, so erhalten seine Witwe, oder in Ermangelung einer solchen die Kinder unter 15 Jahren, diese Hälfte. Verstirbt eine weibliche Versicherte, so haben die vaterlosen Kinder unter 15 Jahren den gleichen Anspruch. Derselbe fällt da fort, wo den Hinterbliebenen aus Anlaß des Todes des Versicherten eine Unfallrente gewährt wird (§§ 42—45).

V. Die Rechte und Pflichten der Versicherten bestehen zunächst in der Mitwirkung an der Verwaltung in der Stellung als Mitglieder des Vorstandes, des Ausschusses, der Rentenstelle, als Vertrauensmänner usw., wobei sie ein Ehrenamt bekleiden (§ 92) und der Anstalt wie Vormünder haften (§ 93); sie sind ferner Beisitzer beim Schiedsgericht und RVAmt (§§ 104, 110 f.). Der Versicherte hat sich eine Quittungskarte von der Ortspolizeibehörde ausstellen zu lassen, deren Formular durch Beschluß des Bundesrats 10. 11. 99 (RGBl. 667; erg. 3. 7. 05) festgestellt ist (§§ 131—139; Anw. 17. 11. 99, MBl. 00, 16; erg. 22. 10. 04; 20. 3. 06; 16. 9. 09). Die auf der ersten Quittungskarte genannte Anstalt ist auch auf allen folgenden zu vermerken, so daß sich sämtliche Karten des Versicherten bei der Anstalt des ersten Beschäftigungsortes sammeln, wo sie in Sammelkarten vereinigt werden können (s. Bek. 21. 7. 01, RZBl. 273). Wenn die 52 Felder enthaltende Karte mit Marken gefüllt, ist der Umtausch gegen eine zweite, dritte usw. Karte zu bewirken, wobei die Ortspolizeibehörde eine Aufrechnungsbescheinigung über die eingereichte Karte ausstellt, in welche zugleich die nachgewiesenen Krankheiten und militärischen Dienstleistungen vermerkt werden und die im Besitz des Versicherten bleibt. Die Karte ist dem Arbeitgeber zur Verwendung von Marken vorzulegen (§ 131). Sie gilt für 2 Kalenderjahre, denn die Anwartschaft aus einem Versicherungsverhältnisse erlischt, wenn während 2 aufeinander folgenden Kalenderjahren für weniger als 20 Beitragswochen Beiträge entrichtet sind (§ 46). Sie lebt wieder auf, sobald das Versicherungsverhältnis erneuert und danach eine Wartezeit von 200 Beitragswochen zurückgelegt ist (§ 47). — Nach dem Ausscheiden aus dem Versicherungsverhältnis ist eine freiwillige Fortsetzung bzw. Erneuerung desselben ermöglicht, und zwar durch Verwendung von selbst zu beschaffenden Marken (§§ 14, 145).

Die Marken (es sind nach der Bek. 27. 10. 99 solche für 1, 2 und 13 Wochen auszugeben, Amtl. N. 00, 183) müssen entwertet, d. h. mit dem Entwertungstage in Ziffern (z. B. 15. 3. 10) bezeichnet werden (Bek. 9. 11. 99 RGBl. 665; erg. 3. 7. 05 RGBl. 590).

VI. Die Rechte und Pflichten der Arbeitgeber bestehen außer der nämlichen Pflicht zur Übernahme der Ehrenämter, von der sie nur die für den Vormund geltenden Befreiungsgründe entbindet, in der Einklebung der von der Postverwaltung zu kaufenden Versicherungsmarken in die Quittungskarte, wozu sie der Vorstand der Versicherungsanstalt mit Ordnungsstrafen bis zu 300 Mk. anhalten kann (§§ 130, 176). Hat der Versicherte keine Karte, so hat der Arbeitgeber das Recht, eine solche — nunmehr auf Kosten des Versicherten — zu beschaffen (§ 131). Der Arbeitgeber ist berechtigt, die Hälfte des Beitrages, wie oben erwähnt, bei der Lohnzahlung — aber nur, wie bei der Krankenversicherung, für die beiden letzten Lohnperioden — in Abzug zu bringen (§ 142) und ferner, die Marken durch Bezeichnung des Datums zu entwerten; ein anderes Zeichen ist verboten und macht ihn, ebenso wie jeder Vermerk auf der Quittungskarte (§§ 139, Bek. 9. 11. 99; § 184) oder ein Zurückbehalten derselben (§§ 139, 181 Nr. 4), straffällig. Ein Versicherungspflichtiger ist berechtigt, die Beiträge an Stelle des Arbeitgebers zu entrichten, er hat dann Anspruch auf Erstattung der Hälfte gegen seinen Arbeitgeber (§ 144; über zahlungsunfähige Arbeitgeber s. § 142 Abs. 4).

Der Arbeitgeber ist berechtigt, seine Pflichten auf bevollmächtigte Leiter seines Betriebes zu übertragen, doch muß er Namen und Wohnort derselben dem Vorstand der Anstalt anzeigen (§ 177). —

Streitigkeiten über die Frage, ob oder zu welcher Versicherungsanstalt oder in welcher Lohnklasse Beiträge zu entrichten sind, entscheidet die untere Verwaltungsbehörde (Bek. 26. 8. 99, MBl. 165) oder der Vorsitzende der Rentenstelle des Beschäftigungsortes (§ 65), gegen deren Entscheidung den Beteiligten binnen 1 Monat nach Zustellung die Beschwerde bei der höheren Verwaltungsbehörde (Regierungspräsident)[1]) zusteht (§ 155). Im übrigen entscheidet die untere Verwaltungsbehörde Streitigkeiten über die Abzüge bei der Lohnverrechnung und über die Dauer der Arbeit endgültig (§ 157). Ebensowenig, wie hier eine Mitwirkung der Gerichte stattfindet, ist dies der Fall beim

VII. Rentenfeststellungsverfahren. Der Rentenanspruch ist vom Antragsteller bei der für seinen Wohnort zuständigen unteren Verwaltungsbehörde (s. PrAnw. betr. das Verfahren gemäß §§ 57—64 vom 15. 11. 08 HMBl. 369) unter Überreichung der letzten Quittungskarte, Aufrechnungsbescheinigungen und sonstigen Beweisstücke anzumelden (§ 112). Diese hat den Antrag vorzubereiten und zu begutachten. Fällt ihr Gutachten zu Ungunsten des Versicherten aus, so ist auf dessen Antrag oder von Amts wegen eine mündliche Verhandlung unter Zuziehung je eines Vertreters der Versicherten und der Arbeitgeber (die von den Krankenkassenvorständen gewählt werden; Reihenfolge V. 6. 12. 99 MBl. 254) anzuberaumen (§ 59). Der Antrag wird an den Vorstand der für den Bezirk der unteren VerwBehörde zuständigen VersAnstalt übersandt (§ 112 Abs. 2). Stellt der Vorstand die Rente fest, was auch bei Invalidität infolge eines Unfalls zu geschehen hat (§ 113), so hat er dem Antragsteller einen schriftlichen Bescheid mit Angabe der Bezüge und der mit der Zahlung beauftragten Postanstalt auszufertigen (§ 112 Abs. 4). Ist der Anspruch auf Rente abgelehnt, oder verlangt der Antragsteller eine höhere Rente, so ist gegen den Bescheid die binnen 1 Monat vom Tage der Zustellung einzulegende Berufung an das Schiedsgericht gegeben (§ 114). Dasselbe besteht aus einem Staatsbeamten als Vorsitzenden (Geschäftsanw. 2. 2. 01 MBl. 83) und je 2 Beisitzern aus dem Kreise der Arbeitgeber und Versicherten (§§ 103—107; V. 22. 11. 00, betr. das Verfahren vor den Schiedsgerichten, RGBl. 1017; V. betr. Verfahren 20. 12. 00, MBl. 01, 9 u. 18. 12. 05 MBl. 06, 9); die Kosten der Schiedsgerichte und die Gehälter der Hilfsbeamten trägt die VersAnst. (§ 104 Abs. 3, 107). Die schiedsgerichtliche Entscheidung ist sodann durch die ebenfalls binnen 1 Monat einzulegende Revision beim Reichs- oder Landesversicherungsamt anfechtbar; doch muß dieselbe auf Rechtsverletzung, Verstoß gegen den Akteninhalt oder Mängel des Verfahrens gestützt sein (§§ 116, 117; V. 19. 10. 00, betr. das Verfahren vor dem RVAmt, RGBl. 983). —

---

[1]) In Berlin beim Oberpräsidenten (Bek. 26. 8. 99).

VIII. Strafbestimmungen insbesondere wegen Mißbrauchs der Marken und Quittungskarte, Schädigung des Versicherten, sowie zur Durchführung der Kontrolle enthalten die §§ 175—188. Die Übergangsbestimmungen (§§ 189—193) gewähren erhebliche Erleichterungen für die Wartezeit.

Zum Schluß sei als der gesamten Versicherung gemeinsam hervorgehoben, daß Krankengeld, Unfall-, Alters- und Invalidenrente nicht als Armenunterstützung gelten, daß dieselben mit rechtlicher Wirkung nicht verpfändet und übertragen, noch für andere als die Alimentationsforderung der Ehefrau und ehelichen Kinder, sowie den Ersatzanspruch des Armenverbandes gepfändet werden können, daß die Versicherten für ihre Legitimations- und Beweisurkunden Gebühren- und Stempelfreiheit genießen, und daß die rückständigen Beiträge im Verwaltungszwangsverfahren wie Gemeindeabgaben beigetrieben werden. —

Was ferner das Verhältnis der 3 Versicherungen unter einander und zu der Unterstützungspflicht der Armenverbände anlangt, so tritt im Fall der Hilfsbedürftigkeit zuerst der Armenverband ein; für Unterstützungen, die er geleistet hat, ist ihm von der Krankenkasse, Berufsgenossenschaft oder Versicherungsanstalt Ersatz zu leisten (s. § 25 GewUnfG.). Streitigkeiten hierüber entscheidet der BezAusschuß (V. 29. 8. 00, GS. 317). Abgesehen davon hat die Krankenkasse jedenfalls für die ersten 26 Wochen aufzukommen und, falls ein Unfall im versicherungspflichtigen Betriebe vorliegt und die Erwerbsunfähigkeit über die 4. Woche andauert, hiervon der zuständigen Berufsgenossenschaft Nachricht zu geben, die dann vom Beginn der 14. Woche eintritt, aber auch das Heilverfahren der Krankenkasse gegen Vergütung in Höhe des halben Krankengeldes überlassen kann (§ 11 GewUnfG.). Leistet die Krankenkasse über die 13. Woche Unterstützung, also auch Sterbegeld, so ist ihr von der Berufsgenossenschaft Ersatz durch Überweisung eines Teiles der Rente bzw. des Sterbegeldes zu leisten. Ist Invalidenrente für den Unfallverletzten gezahlt, so geht der Anspruch auf die Versicherungsanstalt über, die selbständig die Feststellung der Unfallrente betreiben kann (§ 113 InvG.).

IX. Titel. Ortsstatuten.

Diese können die ihnen durch das Gesetz überwiesenen gewerblichen Gegenstände ordnen. Sie werden nach Anhörung beteiligter Gewerbetreibender und Arbeiter auf Grund eines Gemeindebeschlusses abgefaßt und bedürfen der Genehmigung des BzA.[1]) (§ 142 und ZG. § 122; AusfAnw. Z. 272).

X. Titel. Strafbestimmungen: § 143—153.

Hervorgehoben seien § 152, der alle Verbote und Strafbestimmungen gegen Gewerbetreibende und Angestellte wegen Verabredung und Vereinigung zur Erlangung günstiger Lohn- und Arbeitsbedingungen, insbesondere mittels Einstellung der Arbeit oder Entlassung der Arbeiter aufhebt, und § 153, der Gefängnisstrafe androht für den, der andere durch Anwendung

---

1) In Berlin des Oberpräsidenten (LVG. § 43).

körperlichen Zwanges, Drohungen, Ehrverletzung, Verrufserklärung bestimmt oder zu bestimmen versucht, an solchen Verabredungen teilzunehmen oder hindert, davon zurückzutreten. Wegen der privatrechtlichen Haftung auf Grund des § 826 BGB. s. RGer. 51, 369; 64, 53; 66, 379; 71, 108).

Im Anschluß an die Gewerbeordnung seien noch folgende Bestimmungen und Gesetze verzeichnet:

A. zum Schutz der Erfinder

a) das Patentgesetz 7. 4. 91 (RGBl. 79).

Dieses an die Stelle des G. 25. 5. 77 getretene RG. schützt neue Erfindungen, welche eine erlaubte gewerbliche Verwertung gestatten, auf die Dauer von höchstens 15 Jahren seit dem auf die Anmeldung folgenden Tage (§§ 1 f.). Die bei dem Patentamt zu Berlin einzureichende Anmeldung wird nach Vorprüfung durch ein Mitglied der Anmeldeabteilung von dieser mit provisorischer Wirkung bekannt gemacht (§§ 21, 23, 27), worauf innerhalb zweier Monate wegen Nichtpatentfähigkeit jedermann, wegen unbefugter Entlehnung der Verletzte, Einspruch erheben kann. Danach wird über die Erteilung des Patents Beschluß gefaßt und diese im Patentblatt und RAnz. veröffentlicht (§§ 19, 24). Gegen den Beschluß ist die mit einem Monat befristete Beschwerde an die Beschwerdeabteilung gegeben (§ 26). Das Patent gibt dem Inhaber das ausschließliche Recht, gewerbsmäßig den Gegenstand der Erfindung herzustellen, in Verkehr zu bringen, feil zu halten oder zu gebrauchen; ist es für ein Verfahren erteilt, so bezieht sich dies auch auf die dadurch unmittelbar hergestellten Erzeugnisse (§ 4). Der Anspruch auf Erteilung ist ebenso wie das Recht aus dem Patent veräußerlich und vererblich; rechtswirksam wird die Übertragung erst durch Eintragung in die Patentrolle (§§ 6, 19). Das Patent erlischt durch Verzicht des Inhabers, bei nicht rechtzeitiger Zahlung der mit 50 Mk. beginnenden und jährlich um 50 Mk. steigenden Gebühren, ferner bei Zurücknahme des Patents durch das Patentamt, weil der Inhaber innerhalb dreier Jahre es unterlassen hat, im Inland die Erfindung in angemessener Weise zur Ausführung zu bringen oder dem öffentlichen Interesse zuwider sich geweigert hat, die Erlaubnis zur Ausführung gegen Vergütung an andere (Lizenzen) zu erteilen (§ 11) und schließlich durch Nichtigkeitserklärung, weil der Gegenstand nicht patentfähig ist (§ 10). Über die Zurücknahme des Patents sowie die Nichtigkeitserklärung entscheidet auf Antrag die Nichtigkeitsabteilung des Patentamts, gegen dessen Entscheidung binnen 6 Wochen nach Zustellung die Berufung an das Reichsgericht eingelegt werden kann (§§ 28 f., 39; V. 6. 12. 91 RGBl. 389). Im einzelnen regelt das Verfahren die AusfV. 11. 7. 91 RGBl. 349 nebst V. 25. 10. 99 ebenda 661; diese ist zugleich ergangen für

b) das RG. 1. 6. 91, betr. den Schutz von Gebrauchsmustern (s. auch § 9 V. 30. 6. 94 RGBl. 495).

Dieses will im Gegensatz zu dem die sog. Geschmacksmuster schützenden RG. 11. 1. 76 (s. S. 186) die neuen Modelle von Arbeitsgerätschaften oder Gebrauchsgegenstände auf 3 bzw. 6 Jahre schützen, deren Patentierung dem Erfinder zu kostspielig oder nicht lohnend ist. Die Gebühr für

3 Jahre beträgt nur 15 Mk., für weitere 3 Jahre 60 Mk. Die Muster werden hier ohne Vorprüfung auf Grund der Anmeldung beim Patentamt in die Gebrauchsmusterrolle eingetragen und im Reichsanzeiger veröffentlicht. Die Streitigkeiten werden von den ordentlichen Gerichten, in letzter Instanz vom Reichsgericht entschieden. Wer das Muster wissentlich rechtswidrig benutzt, ist straffällig; entschädigungsverpflichtet schon bei grober Fahrlässigkeit (§§ 9—11); dasselbe gilt bei der Patentverletzung (§§ 35—37 PatentG.; Buße bis zu 10 000 Mk.).

B. **Zum Schutz der Gewerbetreibenden für ihre Warenzeichen** das RG. 12. 5. 94 zum Schutz der Warenbezeichnungen (RGBl. 441).

Das mit dem 1. 10. 94 an Stelle des RG. 30. 11. 74 getretene Gesetz gestattet einem jeden Geschäftstreibenden sich zur Unterscheidung seiner Waren von denen anderer eines Warenzeichens zu bedienen, das nicht ausschließlich aus Zahlen, Buchstaben oder solchen Wörtern besteht, welche Angaben über Zeit, Ort und Art der Herstellung usw. enthalten, oder ein öffentliches Wappen darstellt bzw. Ärgernis oder Täuschung zu erregen imstande und schließlich nicht ein sog. Freizeichen ist (§§ 1, 4, 16). Das Zeichen wird nach erfolgter Anmeldung und Zahlung einer Gebühr von 30 Mk. in die Zeichenrolle des Patentamts eingetragen, nachdem geprüft ist, ob dasselbe nicht mit einem anderen, für dieselben oder gleichartige Waren auf Grund des RG. 30. 11. 74 oder dieses Gesetzes früher angemeldeten Zeichen übereinstimmt. Die Eintragung des Warenzeichens verleiht das ausschließliche Recht, Waren der angemeldeten Art, deren Verpackung, sowie Ankündigungen, Preislisten, Geschäftsbriefe usw. mit dem Zeichen zu versehen (§ 12). Wer wissentlich unberechtigte Waren usw. mit dem geschützten Zeichen versieht oder in den Verkehr bringt oder feilhält, ist straffällig; entschädigungspflichtig schon bei grober Fahrlässigkeit (§ 14); ebenso aber auch der, welcher zum Zweck der Täuschung Waren oder Verpackung, Umhüllung, Briefe usw. mit einer — nicht eingetragenen — Ausstattung versieht, die in den beteiligten Kreisen als Kennzeichen gleichartiger Waren eines anderen gilt (§ 15). — Die Löschung des Zeichens erfolgt auf Antrag des Inhabers jederzeit; sonst von Amts wegen erstens nach 10 Jahren seit Anmeldung oder Erneuerung, falls nicht auf die Anzeige die Erneuerung nachgeholt wird, zweitens wenn sich herausstellt, daß das Zeichen nicht hätte eingetragen werden dürfen (§ 8), oder auf den im Prozeßweg zu stellenden Antrag Dritter wegen Verletzung ihres Zeichens, mangelnder Berechtigung des Inhabers oder Täuschungsverdachtes (§ 9). Gelöschte Zeichen dürfen für einen anderen als den letzten Inhaber erst nach Ablauf von 2 Jahren wieder eingetragen werden (§ 4 Abs. 2). AusfV. 30. 6. 94 (RGBl. 495). Wegen des Schutzes des roten Kreuzes s. G. 22. 3. 02 (GS. 125) § 7.

Der gewerbliche Rechtsschutz wird nach Maßgabe der internationalen Union und des Unionsvertrages auch im Ausland gewährt (s. Bek. 3. 4. 03 RGBl. 147); daneben bestehen besondere Verträge mit einzelnen Staaten.

Zum Schutze der Gewerbetreibenden im allgemeinen ist ferner noch das

RG. 7. 6. 09 gegen den unlauteren Wettbewerb (RGBl. 499)

ergangen. — An Stelle des G. 27. 5. 96 gibt es im § 1 einen Anspruch auf Schadensersatz bei jedem Verstoß gegen die guten Sitten zum Zweck des Wettbewerbs; außerdem ahndet es schwindelhafte Anzeigen (besonders bei Ausverkäufen) §§ 3—10; Verschleierung der vom Bundesrat festgesetzten Vorschriften über Zahl, Maß, Gewicht, Herkunft von Waren § 11 (Garn: Bek. 20. 11. 90; Kerzen: 4. 12. 01); Bestechung der Angestellten § 12; die unwahre Nachrede § 14; die Benutzung von Namen, Firmen usw., um durch Verwechslung unlauteren Gewinn zu erzielen und 6. den Verrat von Geschäfts- und Betriebsgeheimnissen §§ 17, 18.

C. **Einzelne Gewerbetreibende.**

1. Ärzte. Die Ausübung der Heilkunde ist frei. Die Approbation (s S. 195) gibt Recht auf den Arzttitel, zu amtlichen Verrichtungen und zur Ausübung im Umherziehen. Prüfungsordnung 28. 5. 01 (RZBl. 136, abg. 12. 2. 07, 30. 3. 08, 2. 2. 09). Für sie ist ferner ergangen G. 25. 5. 87 betr. Errichtung einer ärztlichen Standesvertretung (in jeder Provinz eine Ärztekammer) nebst V. 6. 1. 96 (GS. 1) und G. betr. ärztliche Ehrengerichte, Umlagerecht und Kassen der Ärztekammern 25. 11. 99 (GS. 565) nebst V. 28. 2. 00 (MBl. 129). Gebührenordnung s. o. S. 201. Neugeregelt ist die Stellung der beamteten Ärzte durch das am 1. 4. 01 in Kraft getretene G. 16. 9. 99 (GS. 172) betr. Dienststellung des Kreisarztes (Dienstanweisung 1. 9. 09 MBl. 381; GebO. s. G. 14. 7. 09 GS. 625) und Bildung von Gesundheitskommissionen (Geschäftsanweisung 13. 3. 01 MMBl. 66). Für Tierärzte PrüfungsO. 13. 7. 89, abg. 26. 7. 02 u. 14. 12. 05 (RZBl. 421 248, 385); für Zahnärzte PrüfungsO. 15. 3. 09 (RZBl. 85).

2. Für die Apotheker gelten die §§ 456—473 des ALR. II. Teil 8. Titel nebst der revidierten ApothekerO. 11. 10. 1801 (N.C.C. XI. 555) und bez. der Gifte G. 13. 8. 95 (GS. 519); PrüfungsO. 18. 5. 04 (RZBl. 150). Wegen Einrichtung einer Standesvertretung (Apothekerkammern und Apothekerkammerausschuß) s. V. 2. 2. 01 (GS. 49). Vorschriften über Einrichtung und Betrieb in der ApothekenbetriebsO. 18. 2. 02 (MMBl. 63); Aufsicht führt der Kreisarzt; über das Verfahren bei Konzessionierung durch den Oberpräsidenten KO. 5. 10. 46, 7. 7. 86 u. 30. 6. 94. Was zu Arzneimitteln und Giften gehört, deren ausschließlicher Verkauf ihnen obliegt, bestimmt Kais. V. (§ 6 Abs. 2 GewO.; s. V. 22. 10. 01 RGBl. 380, erg. 1. 10. 03, 29. 7. u. 17. 12. 07, 11. 4. 08). Den Handel mit Giften in und außerhalb der Apotheken regelt MinPolVer. 22. 2. 06. Arzneibuch für das Deutsche Reich IV. Ausg. 30. 6. 00 gültig seit 1. 1. 01; Arzneitaxe s. S. 201.

3. Hebammen. Über ihre Vorbildung und Prüfung ist ergangen AV. 6. 8. 83 (MBl. 211); wegen ihrer Vereidigung und Aushändigung des Prüfungszeugnisses s. V. 24. 2. 00 (MBl. 100); wegen der Gebühren G. 10. 5. 08 (GS. 103); AusfV. 25. 8. 08 (MMBl. 306); Bezirkshebammen der Kreise s. V. 83 §§ 7—11.

4. In betreff der Auswanderungsunternehmer: RG. 9. 6. 97 über das Auswanderungswesen (RGBl. 463) nebst MBek. 11. 2. 98 MBl. 35 u. Bestimmungen über den Geschäftsbetrieb 14. 3. 98 (RGBl. 39, erg. 23. 8. 03 RGBl. 274). Die Erlaubnis für Unternehmer erteilt der Reichskanzler unter Zustimmung des Bundesrats, für Agenten die höhere Verwaltungsbehörde (§§ 2, 12 des G.; § 120 ZG.). — Die Vorschriften

über Auswandererschiffe s. Bek. 14. 3. 98 (RGBl. 57), erg. zuletzt 3. 8. 09 (RGBl. 904).

5. Patentanwälte. RG. 21. 5. 00 (RGBl. 233), wonach beim kaiserlichen Patentamt eine Liste derselben geführt wird. Die Rechtskenntnisse sind durch eine Prüfung nachzuweisen, nachdem eine staatliche oder akademische Fachprüfung bestanden, ein Jahr praktisch und zwei Jahre im praktischen Vorbereitungsdienst gearbeitet ist (§ 3; Prüfungsordnung 25. 7. 00 RZBl. 475).

D. für die Errichtung öffentlicher, ausschließlich zu benutzender Schlachthäuser: G. 18. 3. 68, neugefaßt 29. 5. 02 (GS. 162), mit AbänderungsG. 0. 3. 81, welches in den §§ 7—12 die Grundsätze und das Entschädigungsverfahren für die Besitzer der außer Gebrauch gesetzten Privatschlachtanstalten festsetzt, wobei gegen die Feststellung des Regierungskommissars der Rechtsweg an die ordentlichen Gerichte binnen 4 Wochen gegeben ist. Im Anschluß hieran ist zu nennen das ViehseuchenG. 26. 6. 09 (RGBl. 519), nach dessen Inkrafttreten das G. 23. 6. 90 u. 1. 5. 94 aufgehoben wird (§ 82) und das G. über die Rinderpest 7. 4. 69 (BGBl. 105), die den durch die Zwangstötung geschädigten Viehbesitzern Entschädigung gewähren; sowie das RG. betr. die Schlachtvieh- und Fleischbeschau 3. 6. 00 (RGBl. 547), das Rindvieh, Schweine, Schafe, Ziegen, Pferde und Hunde, deren Fleisch zur menschlichen Nahrung verwendet werden soll, einer amtlichen Untersuchung unterwirft und die Einfuhr erschwert bzw. verbietet (s. §§ 12—25; zum Teil in Kraft getreten gemäß V. 30. 6. 00 u. 16. 2. u. 7. 7. 02 RGBl. 775, 47 u. 241; PreußG. 28. 6. 02 GS. 229 betr. Ausführung des Schlachtvieh- und FleischbeschauG., erg. 23. 9. 04 GS. 257; Muster zur FreibankO. s. V. 24. 6. 09 LMBl. 254.

Staats- und Verwaltungsrecht.

I. Verfassung.

Das ALR. handelt in dem 18 §§ umfassenden, „Von den Rechten und Pflichten des Staates überhaupt“ überschriebenen 13. Titel II. Teiles fast ausschließlich von der Stellung des Staatsoberhauptes. Wenn auch diese im wesentlichen als allgemeine Grundsätze zu bezeichnenden Vorschriften nicht völlig bedeutungslos geworden sind (vgl. OVG. 33, 1), so treten sie doch zurück gegenüber den inzwischen ergangenen grundlegenden Gesetzen. Naturgemäß hat sich die Darstellung des Verfassungsrechts um die Verfassung des Reiches und Preußens zu gruppieren.

I. Das Deutsche Reich ist, wie die Schweiz und die Vereinigten Staaten von Nordamerika, ein Bundesstaat, d. h. eine dauernde Vereinigung der deutschen Einzelstaaten, die, soweit es die Unterordnung unter das ganze erfordert, ihre Souveränitätsrechte aufgegeben haben. Das Reich hat sich entwickelt aus dem Norddeutschen Bunde und hat dessen Verf. 24. 6. 67 und Gesetze im wesentlichen mit herübergenommen (RG. 16. 4. 71, betr. die Verf. des D. Reiches, RG. 22. 4. 71, betr. die Einführung Nordd. Bundesg. in Bayern). —

Die auf den Verträgen von Versailles und Berlin (BGBl. 70, RGBl. 71) beruhende

Verfassung des Deutschen Reiches 16. 4. 71

enthält folgende hauptsächliche Bestimmungen:

Die Reichsgesetze gehen den Landesgesetzen vor (Art. 2).

Für ganz Deutschland besteht ein gemeinsames Indigenat mit der Wirkung, daß der Angehörige eines jeden Bundesstaates in jedem anderen Bundesstaate als Inländer zu behandeln ist (Art. 3; s. das G. über die Erwerbung und den Verlust der Bundes- und Staatsangehörigkeit 1. 6. 70 unten zu II).

Der Beaufsichtigung und Gesetzgebung des Reiches unterliegen nach Art. 4 die nachstehenden Angelegenheiten:

1. Die Bestimmungen über Freizügigkeit, Heimats- und Niederlassungsverhältnisse, Staatsbürgerrecht (s. Vertrag 22. 2. 68 zwischen Norddeutschem Bunde und V. St. von N. Amerika, BGBl. 228), Paßwesen und Fremdenpolizei, Gewerbebetrieb einschließlich des Versicherungswesens, Kolonisation und Auswanderung (s. die G. über Paßwesen 12. 10. 67, Freizügigkeit 1. 11. 67, Erwerb und Verlust der Reichs- und Staatsangehörigkeit 1. 6. 70, dazu EBGB. Art. 41, Unterstützungswohnsitz 6. 6. 70 mehrfach geändert, neue Fassung 7. 6. 08, RGBl. 380.

Gleichberechtigung der Konfessionen in bürgerlicher und staatsbürgerlicher Beziehung 3. 7. 69, Beseitigung der Doppelbesteuerung 13. 5. 70, neue Fassung 24. 3. 09 RGBl. 331, Auswanderungswesen 9. 6. 97, GewO. 21. 6. 69, neue Fassung 26. 7. 00, dazu Abänderungen 14. 10. 05, 7. 1. 07, 30. 5., 29. 6. u. 28. 12. 08.;

2. die Zoll= und Handels= und Reichssteuergesetzgebung (s. Art. 35 und 70, dieser neu gefaßt 14. 5. 04);

3. die Ordnung des Maß=, Münz= und Gewichtssystems (s. unten Absch. XI);

4. die allg. Bestimmungen über das Bankwesen;

5. die Erfindungspatente (Patentgesetz 7. 4. 91 und 25. 5. 77);

6. der Schutz des geistigen Eigentums (s. S. 186);

7. Schutz des deutschen Handels im Auslande und der deutschen Schiffahrt, nebst Anordnung gemeinsamer konsularischer Vertretung; s. Art. 54—56, KonsulG. 8. 11. 67, BGBl. 137, dazu EBGB. Art. 38, Allg. Dienst. Instr. 6. 6. 71 und Nachtrag 22. 2. 73, RG. 7. 4. 00 (RGBl. 213) betr. die Konsulargerichtsbarkeit, dazu V. 25. 10. 00 (RGBl. 999) und Anordnung 27. 10. 00 (RZBl. 574) sowie G. 17. 5. 1910 (RGBl. 847), SeemannsO. 2. 6. 02, abgeänd. 23. 3. 03, 16. 6. 03, 12. 5. 04, 7. 1. 09, 21. 5. 09, ferner Gesetz vom 2. 6. 02 betr. heimzuschaffende Seeleute und 2. 6. 10 betr. Stellenvermittelung (RGBl. 860), sowie RG. betr. Führung der Reichsflagge 22. 6. 99 (RGBl. 319, dazu RG. 29. 5. 01, RGBl. 184, VO. 5. 7. 03 RGBl. 257), Schiffsvermessungs O. in neuer Fassung 1. 3. 95 (RGBl. 160) dazu Abänderungen 22. 5. 99, 7. 9. 99 u. 12. 4. 08 (RGBl. 310, RZBl. 311 u. 149), GewO. §§ 31, 40, Seestraßenordnung v. 5. 2. 06 RGBl. 120;

8. Eisenbahnwesen und Herstellung von Land= und Wasserstraßen im Interesse der Landesverteidigung und des allg. Verkehrs (s. unten Absch. XI);

9. Flößerei und Schiffahrt auf den mehreren Staaten gemeinsamen Wasserstraßen, Wasserzölle, Seeschiffahrtszeichen (G. 3. 3. 73);

10. Post und Telegraphenwesen (s. Art. 48—52, unten Absch. XI);

11. Wechselseitige Vollstreckung von Erkenntnissen in Zivilsachen und Erledigung von Requisitionen überhaupt (s. G. 21. 6. 69, betr. die Gewährung von Rechtshilfe u. GVG. §§ 157 ff. u. für das Verwaltungsrecht G. 9. 6. 95 über den Beistand bei Einziehung von Abgaben und Vollstreckung von Vermögensstrafen (RGBl. 256), s. § 2 RG. über freiw. Gerichtsbarkeit 17. 5. 98;

12. Beglaubigung öffentlicher Urkunden;

13. Gemeinsame Gesetzgebung über das gesamte bürgerliche Recht, das Strafrecht und das gerichtliche Verfahren (dies ist die neue Fassung dieser Nr. 13 in dem RG. 20. 12. 73; — s. G. betr. Aufhebung der Schuldhaft 29. 5. 68 (BGBl. 237), die Erwerbs= und Wirtschaftsgenossenschaften 1. 5. 89, Gesellschaften mit beschr. Haftung 20. 4. 92, Konkursordnung 10. 2. 77, diese 3 Gesetze jetzt in der Fassung vom 20. 5. 98 (RGBl. 810, 846, 612), Einführung der Wechselordnung 5. 6. 69 (BGBl. 382, neue Fassung 3. 6. 08 RGBl. 326), Handelsgesetzbuch 10. 5. 97 (RGBl. 219), Beschlagnahme des Arbeits= und

Dienstlohnes 21. 6. 69, StrGB. 31. 5. 70, für das Reich proklamiert durch das G. 15. 5. 71, betr. die Redaktion des StrGB. für d. Nordd. Bund als StrGB. f. d. R. mehrfach geänd., dazu EBGB. Art. 34; HaftpflichtG. 7. 6. 71, dazu EBGB. Art. 42, Ges. betr. Verkehr mit Kraftfahrzeugen 3. 5. 09, PersonenstandsG. 6. 2. 75, dazu EBGB. Art. 46, GVG. und ZPO. in der Fassung vom 17. 5. 98 (RGBl. 252, 256), beide Ges. abgeänd. 1. 6. 09, ZPO. auch 5. 6. 05 u. 22. 5. 10, StPO. 1. 2. 77, dazu EBGB. Art. 35, BGB. 18. 8. 96 nebst EG.,

14. Militärwesen (s. unten Absch. VI);

15. Maßregeln der Medizinal- und Veterinärpolizei (s. unten Absch. IX);

16. Presse und Vereinswesen (das RPreßG. wird unten Absch. XII erörtert). Das Vereins- und Versammlungsrecht ist geregelt durch G. 19. 4. 08 RGBl. 151; vgl. unten Anhang.

Die Reichsgesetzgebung wird durch den Bundesrat und den Reichstag ausgeübt. Die Übereinstimmung der Mehrheitsbeschlüsse beider Versammlungen ist zu einem RG. erforderlich (Art. 5). Dem Kaiser steht die Ausfertigung und Verkündigung der Reichsgesetze und die Überwachung ihrer Ausführung zu (Art. 17).

Der Bundesrat besteht aus 58 Vertretern der beteiligten 25 Staaten (einschließlich der 3 freien Städte). Preußen hat von den 58 Stimmen 17. Der Bundesrat bildet aus seiner Mitte dauernde Ausschüsse für die auswärtigen, die Militär-, See-, Zoll-, Handels-, Eisenbahn-, Post- und Telegraphen-, Justiz- und Rechnungsangelegenheiten (Art. 6—8). Zur Ablehnung von Verfassungsänderungen genügen 14 Stimmen (Art. 78). Nicht aus der Mitte des Bundesrats, aber durch seine Wahl wird zur Begutachtung der durch das BörsenG. 22. 6. 96 (neue Fassung 27. 5. 08) seiner Beschlußfassung überwiesenen Angelegenheiten ein Börsenausschuß gebildet, der Anträge an den Reichskanzler zu stellen befugt ist. Ebenso wird der auf Grund G. 9. 6. 97 zur Mitwirkung bei Ausübung der dem Reichskanzler auf dem Gebiete des Auswanderungswesens zustehenden Befugnisse zu bildende Beirat vom Bundesrat gewählt. Vgl. auch §§ 30f. KaliG 25. 5. 10 (RGBl. 275).

Das Präsidium des Bundes steht dem Könige von Preußen als Deutschem Kaiser zu, der das Reich völkerrechtlich vertritt, Krieg erklärt, Frieden schließt, Bündnisse und andere Verträge mit fremden Staaten abschließt, Gesandte beglaubigt und empfängt. Zur Kriegserklärung ist die Zustimmung des Bundesrates erforderlich, außer bei einem Angriffe auf das Bundesgebiet. Verträge über die oben angegebenen, nach Art. 4 in den Bereich der Reichsgesetzgebung gehörenden, Angelegenheiten bedürfen zum Abschluß der Zustimmung des Bundesrates und zur Gültigkeit der Genehmigung des Reichstages. Der Kaiser beruft, eröffnet, vertagt und schließt den Bundesrat und den Reichstag. Beide werden alljährlich berufen (Art. 12—14). Jener kann ohne diesen berufen werden, aber nicht umgekehrt.

Der Kaiser übt im Namen des Reiches die Staatsgewalt in Elsaß-Lothringen (RG. 9. 6. 71, § 3) und die ihm durch G. 17. 4. 86 (10. 9. 00) übertragene, alle Zweige der Staatsgewalt umfassende, Schutzgewalt in den Schutzgebieten aus (s. unten Anhang).

Dem Statthalter von Elsaß-Lothringen, der dem Reichskanzler nicht untergeordnet ist, können auf Grund G. 4. 7. 79 (RGBl. 165) durch Kaiserl. Verordnung landesherrliche Befugnisse übertragen werden; für den jetzigen ist es durch V. 23. 11. 07 (RGBl. 759) geschehen. Die außerordentlichen Gewalten des Statthalters (sog. Diktaturparagraph) sind durch RG. 18. 6. 02 (RGBl. 231) aufgehoben.

Der vom Kaiser zu ernennende Reichskanzler hat den Vorsitz im Bundesrat und die Leitung der Geschäfte. Er zeichnet die Anordnungen und Verfügungen des Kaisers gegen und übernimmt damit die Verantwortlichkeit (Art. 15—17). Seine Stellvertretung ist durch G. 17. 3. 78 geregelt (RGBl. 7). Alle Reichsbehörden sind, soweit sie nicht, wie die richterlichen und Finanzbehörden, selbständige Verantwortlichkeit tragen, lediglich Organe des Kanzlers (Reichsamt des Innern, auswärtiges Amt, Reichsmarine-, Justiz-, Schatz-, Eisenbahn-, Post-, Kolonialamt).

Vom Reichsschatzamt ressortieren u. a. die Reichshauptkasse und die Reichsschuldenverwaltung; dazu Reichsschuldenordnung 19. 3. 00 (RGBl. 129); abgeänd. 22. 2. 04 (RGBl. 66); dazu Ges. betr. d. Reichsschuldbuch 31. 5. 91, abgeänd. 28. 6. 04 u. 6. 5. 10, neu gef. 30. 5. 10 (RGBl. 840); ferner die Kais. Technische Prüfungsstelle (Allerh. E. 5. 4. 08 RGBl. 148). Vom Reichspostamt ressortiert die Reichsdruckerei, vom Reichsmarineamt die deutsche Seewarte (RG. 9. 1. 75, V. 26. 12. 75 u. 4. 2. 95). Vom Reichsamt des Innern ressortieren zahlreiche Ämter, wie statistisches Amt, Gesundheitsamt, Versicherungsamt, physikalisch-technische Reichsanstalt, Schiffsvermessungsamt, Kanalamt in Kiel, Normaleichungskommission, Bundesamt für das Heimatwesen, Patentamt, Biologische Anstalt für Land- und Forstwirtschaft. Vom Reichsjustizamt ressortiert das Reichsgericht. Dem Reichskanzler unmittelbar unterstehen: Reichsbankdirektorium, Reichsamt für die Eisenbahnen in Elsaß-Lothringen, Reichsinvalidenfonds, Reichsschuldenkommission (auch für den Reichskriegsschatz).

Der Rechnungshof des deutschen Reiches, ebenfalls dem Reichskanzler unterstehend, ist mit der Preußischen Oberrechnungskammer verbunden. Auf Grund seiner Kontrolle erteilen Bundesrat und Reichstag dem Reichskanzler Decharge. Auch die Kontrolle des Reichs- und Landeshaushalts von Elsaß-Lothringen sowie des Haushalts der Schutzgebiete ist der Preuß. Oberrechnungskammer unter der Benennung „Rechnungshof des Deutschen Reichs" übertragen. Die Befugnisse, das Verfahren usw. regelt RG. 21. 3. 10 (RGBl. 521), welches zugleich die Übertragung der Kontrolle bis zum Jahre 1914 ausspricht. Beim Kolonialamt sind an Stelle des früheren Kolonialrats unter Hinzuziehung von Sachverständigen Kommissionen zur beratenden Unterstützung des Kolonialamts gebildet (Allerh. E. 17. 2. 08 RGBl. 28).

Die Preuß. Oberrechnungskammer kontrolliert nach dem RG. 21. 3. 10 auch die Reichsbank, für die RBankG. 14. 3. 75, 7. 6. 99 und 1. 6. 09 (RGBl. 515) maßgebend ist. Die Reichsbank ist danach eine Aktiengesellschaft (abw. Sächs. OVG. DJZ. 06, 1100) mit 180 Millionen M. Grundkapital und besitzt besondere Vorrechte und Pflichten; über den steuerfreien Notenumlauf s. Bek. 5. 6. 02, 14. 4. 06 (RGBl. 462).

Der Kaiser ernennt die Reichsbeamten (Art. 18; s. RBeamtenG. 31. 3. 73, Fassung 18. 5. 07, RGBl. 245).

Wenn Bundesmitglieder ihre verfassungsmäßigen Bundespflichten nicht erfüllen, so kann gegen sie vom Bundesrate Exekution beschlossen werden, die vom Kaiser zu vollstrecken ist (Art. 19).

Der Kaiser kann, wenn die öffentliche Sicherheit im Bundesgebiet bedroht ist, einen jeden Teil desselben in Kriegszustand erklären. Für die Form der Verkündigung und die Wirkungen einer solchen Erklärung gilt das Preuß. Gesetz über den Belagerungszustand 4. 6. 51 (Art. 68).

Der Reichstag geht aus allgemeinen und direkten Wahlen mit geheimer Abstimmung hervor (Art. 20; WahlG. 31. 5. 69, abgeänd. durch § 23 Abs. 1 RVereinsges. 19. 4. 08) nebst WahlRgl. 28. 5. 70, BundesGBl. 145 u. 275; s. auch ME. 20. 11. 97, MBl. 98, 2, und Bek. 14. 4. 98 u. 8. 9. 98 (RZBl. 220, 393); das WahlRgl. ist ergänzt 28. 4. 03 (RGBl. 202). Wahlberechtigt ist nach dem WahlG. jeder 25 Jahre alte, in die vorher ausgelegten Wahllisten eingetragene Deutsche, der die bürgerlichen Ehrenrechte besitzt, nicht unter Vormundschaft oder Pflegschaft steht, nicht im Konkurs ist und keine öffentliche Armenunterstützung (z. Begriff Armenunterstützung: G. 15. 3. 09 RGBl. 319) erhält oder im letzten Jahre erhalten hat. Für die aktiven Militärpersonen ruht die Berechtigung zum Wählen (WahlG. 31. 5. 69 § 2, RMilG. 2. 5. 74 § 49, Abs. 1). Wählbar ist jeder Wahlberechtigte, der seit mindestens einem Jahre Angehöriger eines Bundesstaates oder Schutzgebietes ist (auch Militär). Beamte bedürfen zum Eintritt in den Reichstag keines Urlaubs. Unter Zugrundelegung von durchschnittlich 100 000 Einwohnern ist das Reich in 397 Wahlkreise geteilt, deren jeder einen Abgeordneten wählt (Wahlg. § 5, RVerf. Art. 20, RG. 25. 6. 73). Die Wahlkreise werden wiederum in Wahlbezirke geteilt. Die Wähler haben dem Wahlvorstande ihre Stimmzettel, welche vorher unbeobachtet in einen Umschlag zu stecken sind, zu überreichen. Allen wahlberechtigten Deutschen ist die Anwesenheit bei der Wahlhandlung gestattet, ohne Rücksicht auf den Wahlbezirk, welchem sie angehören (ZV. 18. 7. 92, MBl. 294). Entscheidend ist absolute Stimmenmehrheit (WG. § 12).

Die Legislaturperiode des Reichstages dauert 5 Jahre; zur Auflösung ist ein Beschluß des Bundesrates unter Zustimmung des Kaisers nötig (Art. 24 i. d. Fassg. des G. 19. 3. 88). Nach Auflösung sind binnen 60 Tagen die Wähler und binnen 90 Tagen nach der Auflösung der Reichstag zu versammeln (Art. 25). Der Reichstag darf ohne seine Zustimmung nicht über 30 Tage und während derselben Session nicht wiederholt vertagt werden (Art. 26). Er prüft die Legitimation seiner Mitglieder und entscheidet darüber (Art. 27). Er beschließt mit absoluter Stimmenmehrheit; zur Beschlußfassung ist die Anwesenheit der Mehrheit der gesetzlichen Anzahl der Mitglieder erforderlich (Art. 28). Wegen seiner Abstimmungen und Äußerungen in Ausübung des Berufs darf kein Mitglied verfolgt, auch darf keines ohne Genehmigung des Reichstages während der Sitzungsperiode wegen einer mit Strafe bedrohten Handlung zur Untersuchung gezogen oder verhaftet werden; auf Verlangen des Reichstages wird jedes Strafverfahren gegen ein Mitglied sowie jede Untersuchungs- oder Zivilhaft für die Dauer der Sitzungsperiode aufgehoben (Art. 30 f., StGB. § 11). Die Mitglieder des Reichstages dürfen als solche keine Besoldung, und Entschädigung nur nach Maßgabe des G. betr. die Gewährung einer Entschädigung usw. v. 21. 5. 06 (RGBl. 468; insgesamt jährlich 3000 Mk. nach näherer Bestimmung und freie Fahrt während der Sitzungsperiode; dazu Bek. 27. 6. 06, RGBl. 850) beziehen; G. 21. 5. 06 betr. Änderg. des Art. 32 RV. (RGBl. 467).

Die weiteren Bestimmungen der RVerf. (Art. 33—78) betreffen das Zoll- und Handels-, Eisenbahn-, Post- und Telegraphenwesen, Marine und Schiffahrt, das Konsulats-, Reichskriegswesen, die Reichsfinanzen, Schlichtung von Streitigkeiten und Straf- sowie allgemeine Bestimmungen.

Durch RG. 15. 12. 90 ist Helgoland mit dem Deutschen Reiche und durch G. 18. 2. 91 mit Preußen vereinigt und dem Kreise Süderdithmarsen zugeteilt worden; dazu G. 22. 3. 91, 14. 12. 92 u. 24. 7. 93 betr. die Einführung von RG., und G. 22. 3. 91, betr. die Einführung von Preuß. LandesG. —

Anhang:

1. Vereinsrecht.

Bis zum Jahre 1908 war für Preußen die V. 11. 3. 50 (sog. Vereinsgesetz) maßgebend, welche entsprechend den Art. 29 u. 30 d. Pr. Verf. den Grundsatz der Versammlungs- und Vereinsfreiheit, wenn auch mit zahlreichen Einschränkungen und polizeilichen Kautelen aufstellte. Eine reichsrechtliche Regelung erfolgte erst durch das

Vereinsgesetz v. 19. 4. 08 (RGBl. 151)

AusfV. 8. 5. 08 (MBl. 127 u. MBl. 09, 11), 13. 5. 08 (MBl. 09, 14), 13. 8. 08 (MBl. 166), 7. 4. 09 (MBl. 141). Das G. 19. 4. 08 veränderte den bisherigen Rechtszustand Preußens in verschiedenen Punkten (Gegenüberstellung MV. 13. 5. 08, MBl. 09, 14). Nach dem RG. haben alle Reichsangehörigen (nicht Ausländer; bez. ihrer Teilnahme an Vereinen und Versammlungen entscheidet das pflichtgemäße Ermessen der Polizei, OVG. 53, 265; vgl. auch 53, 271, MV. 13. 5. 08 zu 1) das Recht, zu Zwecken, die den Strafgesetzen nicht zuwiderlaufen (eine bloße Befürchtung solchen Zweckes genügt nicht MV. 13. 5. 08 zu 10), Vereine zu bilden und sich zu versammeln; das Gesetz bezieht sich sinngemäß nur auf solche Versammlungen, welche öffentlich sind und in denen öffentliche Angelegenheiten erörtert werden sollen (Sächs. OLG. 30, 55; öffentliche Tanzlustbarkeiten unterliegen weiter den Polizeiverordnungen, Johow 36 C. 50). Dieses Vereins- und Versammlungsrecht unterliegt polizeilich nur den im G. selbst oder anderen RG. enthaltenen Beschränkungen; sicherheitspolizeiliche landesrechtliche Bestimmungen finden Anwendung nur, soweit es sich um die Verhütung unmittelbarer Gefahr für Leben und Gesundheit von Versammlungsteilnehmern handelt (§ 1); diese Begrenzung bezieht sich aber nur auf Polizeivorschriften vereinsrechtlicher Natur (KG. wegen des Tragens roter Schleifen und Fahnen bei Begräbnissen, DJZ. 1910, 92 u. 488); die Übung der Theaterzensur gegen Vereine hat die Öffentlichkeit der Aufführungen zur Voraussetzung (OVG. 29, 429). Ein Verein, dessen Zweck den Strafgesetzen zuwiderläuft, kann aufgelöst werden; die Auflösungsverfügung ist im Wege des Verwaltungsstreitverfahrens anfechtbar, in Preußen wahlweise im Beschwerde- oder Verwaltungsstreitverfahren (§§ 127 ff. LVG., MV. 13. 5. 08 zu 17); die endgültige Auflösung ist zu veröffentlichen (§ 2). Jeder politische Verein, d. h. ein solcher, der eine Einwirkung auf politische Angelegenheiten (zum Begriff MV. 13. 5. 08 Nr. 2; OLG. Braunschweig DJZ. 09, 1272; das G. gibt keine Definition, erforderlich ist „die bewuße Absicht, die Mitwirkung und Inanspruchnahme des Staates und seiner Organe bezüglich sozialer Verhältnisse in Versammlungen zu erörtern" OVG. PrVBl. 18, 396; z. B. kommunale Wahlen [das. 22, 410], Propaganda für Feuerbestattung [39, 440]) bezweckt (gelegentliche Besprechung solcher Angelegenheiten genügt nicht), muß einen Vorstand und eine Satzung haben, welche binnen zwei Wochen, grundsätzlich in deutscher Fassung, nebst einem Verzeichnis der Vorstandsmitglieder bei der zuständigen Polizeibehörde einzureichen ist; entsprechendes gilt für Satzungs- und Vorstandsänderungen. Über die Einreichung ist eine kostenfreie Bescheinigung auszustellen (§ 3). Die Mitgliedschaft von Personen unter 18 Jahren ist untersagt (§ 17). Nicht als politische Vereine gelten Personenmehrheiten, die vorübergehend zur Vorbereitung für bestimmte Wahlen zu öffentlichen Körperschaften (Parlamenten, Kommunalbehörden, Handelskammern, Gewerbegerichten, Krankenkassen usw., MV. 13. 5. 08 Nr. 4) zusammentreten und zwar vom Tage der amtlichen Bekanntmachung des Wahltags an bis zur Beendigung der Wahlhandlung (§ 4).

Wegen der Vereine, die nicht einen wirtschaftlichen Zweck verfolgen, vgl. oben S. 4, 5.

Durch RG. 11. 12. 99 (RGBl. 699) ist es den inländischen Vereinen jeder Art gestattet, miteinander in Verbindung zu treten. Militärpersonen ist durch § 49 G. 2. 5. 74 (RGBl. 45) die Teilnahme an politischen Vereinen untersagt. Bes. geregelt sind die Verhältnisse der Kriegervereine (KabO. 22. 2. 42 MBl. 98; MV. 29. 3. 1910 MBl. 103), OVG. 54, 277.

Wer eine öffentliche Versammlung (maßgebend für den Begriff der Öffentlichkeit ist, in welchem Umfange eine nach Zahl, Art und Individualität unbestimmte Personenmehrheit tatsächlich und vorsätzlich eingelassen werden soll und eingelassen worden ist KG. DJZ. 09, 608; vgl. RGerStrafs. 21, 256; MV. 13. 5. 08 Nr. 5; auch eine Vereinsversammlung kann eine öffentliche sein, OVG. 54, 282; vgl. das. 295) zur Erörterung politischer Angelegenheiten („politische Versammlung"; dazu gehören auch sozialpolitische, wenn ein unmittelbarer Einfluß auf staatliche Behörden oder Gesetzgebung beabsichtigt wird, OLG. Braunschweig DJZ. 09, 1272, KG. a. O.) veranstalten will (zum Begriff des Veranstaltens KG. DJZ. 1910, 832), hat mindestens 24 Stunden vor dem Beginn unter Angabe von Ort und Zeit bei der Polizeibehörde Anzeige zu erstatten, worüber sofort eine kostenfreie Bescheinigung zu erteilen ist (§ 5). Von der Anzeigepflicht sind ausgenommen: a) öffentlich, d. h. gemäß den von der Landeszentralbehörde zu erlassenden Vorschriften (MV. 8. 5. 08 MBl. 127, vgl. auch MV. 8. 5. 08 MBl. 09, 11 zu 1) bekannt gemachte Versammlungen; b) Versammlungen der Wahlberechtigten gem. § 4 Ges.; die Anwesenheit von Nichtwahlberechtigten ist unerheblich (OLG. Breslau DJZ. 09, 152); c) Versammlungen von Gewerbetreibenden und ihren Angestellten und ähnlichen Personenklassen zur Erörterung (aber nur für den konkreten Fall MV. 13. 5. 08 zu 9) von Verabredungen und Vereinigungen zwecks Erlangung günstiger Lohn- und Arbeitsbedingungen, insbesondere mittels Arbeitseinstellung oder Arbeiterentlassung (§ 6). Die Bestimmung bezieht sich also auf die im § 152 GewO. bezeichneten Personenkreise und Zwecke (MV. a. O.), nicht auch auf die Herbeiführung von Gesetzesänderungen und Verwaltungsmaßregeln (OLG. Braunschweig DJZ. 09, 1272; OLG. Hamm DJZ. 1910, 152); d) auf gesetzlich oder behördlich angeordnete Versammlungen (§ 20). Polizeilicher Genehmigung bedürfen öffentliche Versammlungen unter freiem Himmel und Aufzüge (z. Begr. KGer. DJZ. 1910, 600, OVG. PrVBl. 31, 616) auf öffentlichen Straßen und Plätzen. Die Genehmigung ist von dem Veranstalter in der Frist und Form der Anzeige des § 5 nachzusuchen und ist schriftlich zu erteilen; sie ist sowohl für Versammlungen wie für Aufzüge stempelfrei (MV. 13. 8. 08 MBl. 166; MV. 7. 4. 09 MBl. 141). Die Genehmigung darf nur bei einer (durch bestimmte Tatsachen begründeten, vgl. OVG. 45, 451; 55, 277) Gefahr für die öffentliche Sicherheit versagt werden und zwar durch sofortigen kostenfreien Bescheid mit Angabe der Gründe (§ 7). Die Zurücknahme der einmal erteilten Genehmigung ist nur auf Grund neuer Tatsachen, welche eine Gefährdung der öffentlichen Sicherheit begründen, zulässig; also z. B. nicht infolge nachträglicher Vergrößerung der Teilnehmerzahl OVG. 53, 262. Eine Versammlung, die in einem geschlossenen Raum veranstaltet wird, wird durch die Teilnahme außerhalb des Raumes befindlicher Personen oder durch die Verlegung in einen anschließenden umfriedeten Hof oder Garten nicht zu einer solchen unter freiem Himmel (§ 8), es sei denn, daß besondere Umstände, z. B. die Teilnehmerzahl von vornherein die Abhaltung der Versammlung im geschlossenen Raum als nur vorgespiegelt erscheinen lassen (MV. 13. 5. 08 zu 11). Die Landeszentralbehörde kann die formelle Genehmigung durch Anzeige oder öffentliche Bekanntmachung ersetzen. Ebenso kann sie bestimmen, welche Aufzüge einer Anzeige oder Genehmigung nicht bedürfen. Das Gesetz selbst erklärt sie als nicht erforderlich für die üblichen Züge von Hochzeitsgesellschaften oder gewöhnliche Leichenbegängnisse (§ 9). Unter Leichenbegängnis ist nicht nur der in Bewegung befindliche Trauerzug, sondern auch die Versammlung am Grabe zu verstehen KG. Johow. 37 C. 48 u. 38 C. 37. Auch die Mitwirkung von Geistlichen schließt nach der Ansicht des KGer. die Anwendung des § 9 nicht aus; denn § 24 Ges., welcher für kirchliche und religiöse Versammlungen die Bestimmungen des Landesrechts aufrecht erhält, werde in Ansehung der Leichenbegängnisse durch die erschöpfende Regelung des § 9 G. ausgeschlossen. Ungewöhnliche Leichenbegängnisse sind solche, die in irgendeiner Hinsicht von dem hergebrachten abweichen (KG. a. O.); bezüglich des Haltens von Laienreden am Grabe ist dies also Tatfrage (KG. a. O. u. DJZ. 09, 1156). Veranstalter ist, wer durch sein Verhalten dem Leichenbegängnis den Stempel des Ungewöhnlichen aufgedrückt (Johow. 37 C. 48). Polizeiverordnungen über das Halten von Laienreden sind nach §§ 1, 9 G. nicht mehr anwendbar, Johow. 37 C. 58 (abw. PrVBl. 31, 163).

Jede öffentliche politische Versammlung muß einen Leiter haben; der Veranstalter kann die Leitung selbst übernehmen oder die Wahl des Leiters veranlassen. Der Leiter und bis zu seiner Bestellung der Veranstalter haben für Ruhe und Ordnung zu sorgen und sind berechtigt, die Versammlung für aufgelöst zu erklären (§ 10). Auf sämtliche öffentliche, auch nicht politische, Versammlungen beziehen sich die Bestimmungen der §§ 11 bis 16: In einer solchen Versammlung oder in einem öffentlichen Aufzug darf niemand bewaffnet erscheinen, falls er nicht durch öffentlichen Beruf oder durch behördliche Ermächtigung (die z. B. allgemein bei genehmigten Aufzügen von Schützengilden, Umzügen von Studenten usw. vorliegt, MV. 13. 5. 08 zu 12) dazu berechtigt ist. Die Verhandlungen sind in deutscher Sprache zu führen; ausgenommen sind internationale Kongresse; desgl. Wahlversammlungen für die gesetzgebenden Versammlungen des Reichs und der Bundesstaaten innerhalb der Frist des § 4. Weitere Ausnahmen regelt die Landesgesetzgebung; für Preußen MV. 8. 5. 08 II Abs. 2, MBl. 127; ferner ist in Landesteilen, in denen zur Zeit des Inkrafttretens des G. alteingesessene Bevölkerungsteile nichtdeutscher Muttersprache vorhanden sind, sofern diese Bevölkerungsteile nach dem Ergebnisse der jeweilig letzten Volkszählung 60% der Gesamtbevölkerung übersteigen, während der ersten 20 Jahre nach dem Inkrafttreten des G. (15. 5. 08, § 25) der Mitgebrauch der nichtdeutschen Sprache gestattet, wenn der Veranstalter der öffentlichen Versammlung mindestens 72 Stunden vor ihrem Beginn der Polizeibehörde entsprechende Anzeige erstattet hat, worüber sofort kostenfrei eine Bescheinigung zu erteilen ist (§ 12 Abs. 3). „Landesteile" sind die Bezirke der unteren Verwaltungsbehörden (für Preußen Verzeichnis nach dem Stande von 1900 Anl. z. MV. 8. 5. 08 MBl. 09 S. 11). Beauftragte der Polizeibehörde — mehr als zwei dürfen nicht entsendet werden — haben sich dem Leiter, bzw. dem Veranstalter zu erkennen zu geben; es ist ihnen ein angemessener Platz einzuräumen (§ 13); die Polizei hat somit in jeder Versammlung, welche unter das Gesetz fällt und öffentlich ist, ein Recht der Anwesenheit ohne Rücksicht auf den Gegenstand der Erörterung, auf etwaige Anzeige, Genehmigungspflicht oder Abhaltung unter freiem Himmel; Sächs. OVG. DJZ. 09, Sp. 1096). Die Beauftragten sind, wenn einer der 6 Gründe des § 14 G. vorliegt (1. Nichtvorlegung der Bescheinigung der Anzeige aus § 12 Abs. 3; 2. Mangel der Genehmigung aus § 7; 3. Verweigerung der Zulassung der Polizeibeauftragten; 4. Nichtentfernung unbefugt anwesender Bewaffneter; 5. Erörterung von Anträgen oder Vorschlägen, die zu Verbrechen usw. auffordern oder anreizen; 6. Nichtentziehung des Wortes gegenüber verbotswidrig nicht deutsch Sprechenden trotz Aufforderung der Polizeibeauftragten) befugt, die Versammlung unter Angabe des Grundes für aufgelöst zu erklären; unter den Gründen fehlt die Anwesenheit von Ausländern, OVG. 53, 265 u. 271. Die mit Tatsachen zu belegenden Gründe der Auflösung sind dem Leiter schriftlich mitzuteilen, falls er es binnen drei Tagen beantragt; die Anfechtung der Auflösung erfolgt wie die der Auflösung eines Vereins (s. oben; OVG.

PrVBl. 31, 573). Alsbald nach der Auflösung der Versammlung haben sich alle Anwesenden sofort zu entfernen. Personen unter 18 Jahren dürfen an öffentlichen politischen Versammlungen nicht teilnehmen (ihre Anwesenheit ist aber kein Auflösungsgrund MV. 13. 5. 08 Z. 18).

Strafbestimmungen enthalten die §§ 18 und 19. Die Strafen sind Geldstrafen bis zu 300 M. und Haft und richten sich gegen Leiter, Veranstalter, Redner und Vereinsvorstände, welche den Bestimmungen des Gesetzes zuwiderhandeln. Die Bestimmung darüber, welche Behörden unter den verschiedenen im Gesetz genannten Behörden zu verstehen sind, ist den Landeszentralbehörden überlassen; gem. V. 8. 5. 08 MBl. 127 Z. III ist unter „Polizeibehörde" die Ortspolizeibehörde, unter „Untere Verwaltungsbehörde" der Landrat, in Stadtkreisen die Gemeindebehörde, unter „Höhere Verwaltungsbehörde" der Regierungspräsident bzw. der Polizeipräsident von Berlin zu verstehen. Übergangsbestimmungen enthalten die §§ 22—24. Gem. § 24 bleiben unberührt die landesgesetzlichen Vorschriften über 1. kirchliche und religiöse Vereine, Prozessionen u. a., geistliche Orden und Kongregationen; hierfür gilt also das preußische Vereinsg. 11. 3. 50 (GS. 277); 2. das gesamte Vereins- und Versrecht für die Zeiten von Krieg, Kriegsgefahr, Belagerungszustand und Aufruhr (RV. Art. 68; G. 4. 6. 51, GS. 451); 3. Verabredungen ländlicher Arbeiter und Dienstboten zur Einstellung oder Verhinderung der Arbeit (§ 3 G. 24. 4. 54, GS. 214); 4. die Vorschriften zum Schutze der Feier der Sonn- und Festtage (KO. 7. 2. 37, GS. 6); jedoch sind für Sonntage, die nicht zugleich Festtage sind, Beschränkungen des Versrechts nur bis zur Beendigung des vormittägigen Hauptgottesdienstes zulässig.

2. Kolonialrecht.

Für die deutscher Schutzgebiete (Deutsch-Ostafrika, Kamerun, Togo, Deutsch-Südwestafrika, Neu-Guinea, Karolinen, Palauinseln und Marianen, Marschallinseln, Kiautschou, Samoa) ist maßgebend SchutzgebietG. 17. 4. 86 (RGBl. 75) in der Fassung 10. 9. 00 (RGBl. 812) und AusfV. 9. 11. 00 (RGBl. 1005), abg. 28. 9. 07 (RGBl. 735). Danach wird die Schutzgewalt vom Kaiser im Namen des Reiches ausgeübt (§ 1). Die Verwaltung untersteht dem Reichskolonialamt, AE. 17. 5. 07, (RGBl. 239; s. oben). Auf die Rechtspflege (für Kiautschou V. 28. 9. 07, RGBl. 735) finden die Vorschriften des G. über die Konsulargerichtsbarkeit 7. 4. 00 (RGBl. 213) Anwendung; jedoch treten an die Stelle des Konsuls Kolonialbeamte (§ 2). Über deren Stellung ist ergangen KolonialbeamtenG. 8. 6. 10 (RGBl. 881). Die Verwaltung und Eingeborenenrechtspflege regelt V. 3. 6. 08 (RGBl. 397), das Verwaltungszwangsrecht V. 14. 7. 05 (RGBl. 717); die Verhältnisse der Kaiserlichen Schutztruppen in den afrikanischen Schutzgebieten und die Wehrpflicht daselbst G. 18. 7. 96, RGBl. 653, abg. durch G. 25. 6. 02, RGBl. 237; gemäß § 18 dieses G. ist ergangen V. 5. 12. 02 (RGBl. 297), welche die Erfüllung der Dienstpflicht im südwestafrikanischen Schutzgebiete ermöglicht (s. unten Abschn. VI). Die strafgerichtliche Verfolgung der Militärpersonen der Kaiserlichen Schutztruppen hat V. 2. 11. 09 (RGBl.

943; AusfBest. 6. 11. 09, RGBl. 954) zum Gegenstande. Die Finanzwirtschaft der Schutzgebiete beruht auf RG. 30. 3. 92 (RGBl. 369), abg. durch G. 18. 5. 08 (RGBl. 207); die Bildung von Kommunalverbänden wird durch V. 3. 7. 99 (RGBl. 366) angeregt, durch G. 3. 6. 05 (RGBl. 541) näher geregelt. Zu erwähnen sind noch: Bez. der Enteignung V. 14. 2. 03 (RGBl. 27), des Telegraphenwesens V. 15. 6. 06 (RGBl. 843), der Verleihung der Landesangehörigkeit V. 24. 10. 03 (RAnz. Nr. 258), des Diamantenhandels in Südwestafrika V. 16. 1. 09 (RGBl. 270), des Bergrechts V. 8. 8. 05 u. 27. 2. 06 (RGBl. 727 und 363).

II. Preußen.

Das Grundgesetz des Staates ist die Preußische Verfassungsurkunde 31. 1. 50. Sie ist außer Kraft für diejenigen Angelegenheiten, in welchen nach dem vorstehend unter I Bemerkten, Gesetzgebung und Verwaltung auf das Deutsche Reich übergangen sind.

Unter dem Titel „von den Rechten der Preußen" (Art. 3—42) zählt sie eine Reihe von sog. Grundrechten, Grundregeln für die Gesetzgebung und Verwaltung auf.

1. Die Staatsangehörigkeit (Art 3) ist jetzt geregelt durch das BundesG. über die Erwerbung und den Verlust der Bundes- (Reichs-) und Staatsangehörigkeit 1. 6. 70. Dazu EBGB. Art. 41.

Hier sei folgendes eingeschaltet. Hauptsächlich Deutschland, Österreich, Schweden und die Schweiz legen das Gewicht auf die Nationalität der Eltern, nicht auf den Ort der Geburt; nationale Eltern erzeugen auch im Auslande nationale Kinder, solange sie dort ihre Nationalität bewahren, und Kinder fremder, nicht naturalisierter Eltern bleiben Generationen hindurch Ausländer. Ferner lassen die meisten Länder die Staatsangehörigkeit durch Naturalisation im Auslande, einige sogar durch Auswanderung erlöschen. Vornehmlich aber Deutschland und die Vereinigten Staaten von Nordamerika lassen die Nationalität ihrer Bürger auch nach vollzogenem Übertritt in einen fremden Staatsverband fortdauern (v. Martitz in Hirths Annalen 1875).

Die Staatsangehörigkeit und damit die Reichsangehörigkeit wird erworben durch Abstammung und Legitimation; für Frauen durch Verheiratung; ferner durch „Aufnahme" von Reichsangehörigen und durch „Naturalisation" Fremder. Aufnahme und Naturalisation erfolgen durch eine von der höheren Verwaltungsbehörde (Regierungs-Präsident, ZG. § 155, jedoch bis auf weiteres mit Zustimmung des Min. d. Innern [ME. 3. 2. 95, MBl. 26], wieder eingeschränkt durch ME. 17. 2. 96, MBl. 36) ausgefertigte Urkunde. Die Aufnahme-Urkunde wird gemäß § 7 G. ohne weiteres jedem Angehörigen eines Bundesstaates erteilt, der darum nachsucht und nachweist, daß er sich in dem anderen Bundesstaate niedergelassen habe (vgl. ME. 8. 2. 96, MBl. 22). Dagegen darf die Naturalisations-Urkunde (an Ausländer) nur erteilt werden, wenn die Ausländer 1. nach den Gesetzen ihrer bisherigen Heimat verfügungsfähig sind, 2. einen unbescholtenen Lebenswandel geführt haben, 3. an dem Orte, wo sie sich niederlassen wollen, eine eigene Wohnung oder ein Unterkommen finden, und 4. an diesem Orte sich und ihre Angehörigen zu ernähren imstande sind. Über diese Erfordernisse zu 2—4 ist die betr.

Gemeinde bzw. der Ortsarmenverband zu hören (§ 8). Eine vorbehaltlose Bestallung höherer Verwaltungsbehörden für einen in den unmittelbaren oder mittelbaren Staatsdienst oder in den Kirchen-, Schul- oder Kommunaldienst aufgenommenen Ausländer oder Angehörigen eines anderen Bundesstaates vertritt die Stelle der Naturalisations- bzw. Aufnahme-Urkunde (§ 9). Da nach dem FreizügigkG. 1. 11. 67 und § 7 StAngehörigkG. früheren Reichsangehörigen, deren Rückkehr in den Heimatstaat unerwünscht ist, und aus dem Gebiete eines Bundesstaates ausgewiesenen Reichsausländern auf Grund der in einem anderen Bundesstaate erworbenen Reichsangehörigkeit die Möglichkeit gegeben ist, sich in dem Gebiete des früheren Staates niederzulassen bzw. die Staatsangehörigkeit zu erwerben, soll auf Naturalisationsgesuche solcher Reichsausländer oder früherer Reichsangehöriger nicht eher Entscheidung getroffen werden, als bis den interessierten Bundesstaaten Gelegenheit zur Äußerung gegeben ist (BundesratsBeschl. 22. 1. 91, ZV. 12. 10. 91, MBl. 171; ME. 31. 10. 97 nebst Verzeichnis der zu befragenden Behörden, MBl. S. 214 f.)[1]). Ausländern, welche im Reichsdienst angestellt sind, ein Diensteinkommen aus der Reichskasse beziehen, aber ihren dienstlichen Wohnsitz im Auslande haben, muß die Staatsangehörigkeit in dem Staate verliehen werden, bei welchem sie diese nachsuchen (RG. 20. 12. 75, RGBl. 324). Ausländern, welche in den Schutzgebieten sich niederlassen, sowie Eingeborenen kann durch Naturalisation die Reichsangehörigkeit von dem Reichskanzler verliehen werden (§ 9 SchutzgebG. Wegen Verleihung deutsch-ostafrikanischer Landesangehörigkeit und ihrer Rechtsfolgen AV. 24. 10. 03, RAnz. Nr. 258). — Ein Anspruch auf Naturalisation besteht nicht; das VerwStreitVerf. ist nicht zulässig, OVG. PrVBl. 23, 742.

Verloren geht die Staatsangehörigkeit: bei Frauen durch Verheiratung mit einem Nichtdeutschen, sonst durch Legitimation; durch 10 jährigen ununterbrochenen (Unterbrechung durch Eintragung in die Matrikel eines Konsulats, hierzu OVG 14, 388; 38, 393 u. 40, 417; dagegen RGer. 16. 12. 95; Standpunkt des Ministers ME. 27. 8. 03 MBl. 187) Aufenthalt im Auslande (Schutzgebiete gelten als Inland); durch Entlassung auf Antrag; durch Ausspruch der Behörde. Die zehnjährige Frist kann durch Staatsvertrag mit ausländischen Staaten bis auf eine fünfjährige vermindert werden (§ 21 Abs. 3). (Durch den sog. Bancroftvertrag zwischen dem Norddeutschen Bunde und den Vereinigten Staaten von Nordamerika 22. 2. 68 [BGBl. 228] ist festgesetzt, daß Angehörige des einen Staates, welche 5 Jahre in dem anderen zugebracht haben und dort naturalisiert sind, als dessen Angehörige betrachtet werden; daß, wenn ein Naturalisierter sich wieder in seinem Heimatslande, ohne die Absicht, in das Adoptivvaterland zurückzukehren, niederläßt, dies als Verzicht auf jene Naturalisation angesehen werden soll, und daß dieser Verzicht angenommen werden kann, wenn der Naturalisierte sich über 2 Jahre in dem Gebiete des anderen Staates aufgehalten hat. Eine solche Bestimmung, wie sie der nordamerikanisch-belgische Vertrag enthält, daß nämlich der Naturalisierte,

---

[1]) In Berlin der Polizeipräsident.

welcher sich 5 Jahre im Staate der Naturalisierung aufgehalten hat, im früheren Staate nicht zum Militärdienste herangezogen werden kann, kennt das deutsch-amerikanische Abkommen nicht). Die Entlassung wird jedem Staatsangehörigen erteilt, welcher nachweislich in einem anderen Bundesstaate die Staatsangehörigkeit erworben hat. In Ermangelung dieses Nachweises darf sie nicht erteilt werden: 1. Wehrpflichtigen im Alter von 17—25 Jahren, bevor sie ein Zeugnis der Kreisersatzkommission darüber beigebracht haben, daß sie die Entlassung nicht bloß in der Absicht nachsuchen, um sich der Militärdienstpflicht zu entziehen (WO. 22. 7. 01 § 27). 2. Militärpersonen, Offizieren des Beurlaubtenstandes und Beamten, bevor sie aus dem Dienst entlassen sind, und 3. Reservisten und Landwehrpflichtigen, nachdem sie zum aktiven Dienst einberufen sind. Für die Zeit eines Krieges oder einer Kriegsgefahr kann das Bundespräsidium besondere Anordnung erlassen. Vgl. auch G. 2. 5. 74 (RGBl. 45). — Die Landespolizeibehörde ist nicht berechtigt, ihrerseits die Entlassung bis zur Berichtigung etwaiger Steuerrückstände zu verweigern (OVG. 15, 405; 49, 395). — Gegen den Bescheid des Regierungspräsidenten, wodurch die Aufnahmeurkunde oder die Entlassungsurkunde in Friedenszeiten versagt wird, findet binnen 2 Wochen Klage beim OVG. statt (ZG. § 155). — Durch Ausspruch der Zentralbehörde des Heimatsstaates geht die Staatsangehörigkeit verloren: bei der Nichtbeachtung der Aufforderung zur Rückkehr im Falle des Krieges und bei unerlaubtem Eintritt in fremden Staatsdienst. — Deutsche, welche die Staatsangehörigkeit durch Nichtgebrauch verloren haben, haben, wenn sie zurückkehren, Anspruch auf Erteilung der Aufnahmeurkunde in dem Bundesstaate, in welchem sie sich niederlassen (§ 21 Abs. 5 f. dazu OVG. PrVBl. 19, 121). Ihr früherer Heimatsstaat kann sie ihnen, wenn sie keine andere Staatsangehörigkeit erworben haben, auch ohne Niederlassung wieder verleihen (§ 21 Abs. 4). Nach OVG. 14, 388; 26, 376 u. 29, 423 setzt auch der Fall des § 21 Abs. 5 voraus, daß der Abwesende inzwischen nicht eine fremde Staatsangehörigkeit erworben hat, selbst wenn er sie inzwischen wieder verloren hat (OVG. PrVBl. 27, 626). Die Wiederaufnahme darf nicht, falls nicht die Voraussetzungen der §§ 2—5 FreizG. vorliegen, durch Verwehrung der Niederlassung und Ausweisung aus dem Staatsgebiete vereitelt werden (OVG. 30, 399). Demjenigen, welcher die Staatsangehörigkeit durch Entlassung auf Antrag verloren hat, kann die Staatsangehörigkeit nicht nach § 21 Abs. 4 u. 5 G. 1. 6. 70, sondern nur unter den in § 2 Nr. 5, § 8 vorgeschriebenen Formen wieder verliehen werden (MV. 9. 5. 91, MBl. 63; OVG. PrVBl. 23, 742). Bezüglich der Kinder Ausgewanderter vgl. OVG. 22, 389 u. MBl. 94, 39. Die früheren Vorschriften über die Behandlung der Renaturalisationsanträge der in Rußland lebenden ehemaligen Preußen sind veraltet (ZV. 30. 1. 97, MBl. 29).

2. Gleiches Recht für alle (Art. 4).

Hierdurch ist im wesentlichen der vom Adelstande handelnde Titel IX ALR. II beseitigt; es bestehen aber auch jetzt noch (abgesehen von den den Mitgliedern des Königlichen und des Hohenzollernschen Fürstenhauses und der 1866 depossedierten Häuser zustehenden Rechten) gewisse Vorrechte (Ebenbürtigkeit, Hausgesetze, Befreiung vom Militärdienst, Standesgerichte in Strafsachen) für die früher reichsunmittelbaren Grafen und Fürsten. Die in Titel IX ALR. II über Erwerb, Verlust und Nachweis des Adels enthaltenen Vorschriften sind vom BGB. nicht berührt (s. auch EBGB. Art. 58; vgl. KGer. JMBl. 08, 255 u. RGer. JMBl. 09 Nr. 48).

3. Die persönliche Freiheit ist gewährleistet (Art. 5; vgl. G. zum Schutze der persönlichen Freiheit 12. 2. 50, zum Teil ersetzt durch die §§ 112—132 StrPO.) (s. dazu ReichsseuchenG. 30. 6. 00, RGBl. 306 §§ 12 und 14). — Die Wohnung ist unverletzlich (Art. 6). — Niemand darf seinem gesetzlichen Richter entzogen werden (Art. 7). — Strafen können nur in Gemäßheit des Gesetzes angedroht oder verhängt werden (Art. 8). — Das Eigentum ist unverletzlich; es kann nur aus Gründen des öffentlichen Wohles gegen vorgängige Entschädigung nach Maßgabe des Gesetzes entzogen werden (Art. 9; vgl. EnteignungsG. 11. 6. 74, oben S. 77).

4. Freiheit des religiösen Bekenntnisses Art. 12; vgl. G. 3. 7. 69 (BGBl. 292) betr. die Gleichberechtigung der Konfessionen in bürgerlicher und staatsbürgerlicher Beziehung, s. unten Abschn. XIV.

5. Freie Meinungsäußerung in Wort und Schrift; die Zensur darf nicht eingeführt werden, jede andere Beschränkung der Preßfreiheit nur im Wege der Gesetzgebung (Art. 27; s. RPreßG. 7. 5. 74, unten Abschn. XII). Nach den Entsch. OVG. 24, 311 u. DJZ. 03, Sp. 372 kommt Art. 27 bei der durch die Polizeibehörden geübten sog. Theaterzensur (diese gilt auch für kinematographische Vorführungen OVG. DJZ. 1910 Sp. 263) nicht in Frage. Vergehen, welche durch Wort, Schrift, Druck oder bildliche Darstellung begangen werden, sind nach den allgemeinen Strafgesetzen zu bestrafen (Art. 28).

6. Versammlungs- und Vereinsrecht (Art. 29 f.; s. oben).

7. Petitionsrecht; Petitionen unter einem Gesamtnamen sind nur Behörden und Korporationen gestattet (Art. 32. Für Personen des Soldatenstandes Art. 39).

Nach Art. 111 und dem G. über den Belagerungszustand 4. 6. 51 (GS. 451) können die Art. 5—7, 27—30 u. 36, wenn der Belagerungszustand erklärt ist oder auch ohne diese Erklärung im Falle des Krieges oder Aufruhrs bei dringender Gefahr für die öffentliche Sicherheit vom Staatsministerium für bestimmte Orte oder Bezirke außer Kraft gesetzt werden (vgl. Art. 68 RVerf.).

Der Ausführung durch Gesetze, welche die Verfassung in Aussicht stellt, harren noch u. a.: Aufhebung des Kirchenpatronats (Art. 17); und aus den folgenden Titeln der Verfassung steht namentlich ein MinisterverantwortlichkeitsG. (Art. 61), ein allg. BeamtenG. (Art. 98, s. Abschn. IV), und ein, die unten zu erwähnende WahlV. v. 30. 5. 49 ersetzendes WahlG. (Art. 72 und 115) noch zu erwarten.

Die weiteren Verfassungstitel enthalten Vorschriften über die Regierung und Verwaltung des Staates, die eigentliche Staatsverfassung:

A. Vom Könige. Die Person des Königs ist unverletzlich (Art. 43). Die von ihm zu ernennenden Minister sind verantwortlich. Alle Regierungsakte des Königs bedürfen zu ihrer Gültigkeit der Gegenzeichnung eines Ministers, der dadurch die Verantwortlichkeit übernimmt (Art. 44). Der König hat die vollziehende Gewalt (Art. 45), das Recht der Begnadigung und Strafmilderung (Art. 49). Er beruft den Landtag und schließt dessen Sitzungen; er kann das Abgeordnetenhaus auflösen, dann müssen aber innerhalb 60 Tagen die Wähler und innerhalb 90 Tagen der Landtag versammelt werden (Art. 51, 77). Er kann den Landtag vertagen, aber ohne dessen Zustimmung nicht über 30 Tage und nicht wiederholentlich in derselben Session (Art. 52). — (Zur Erhaltung der ganzen Königlichen Familie, des Hofstaates und der dahin gehörigen Institute dient der „Kronfideikommißfonds", an welchen aus Staatsmitteln eine jährliche Rente (Zivilliste) entrichtet wird. Diese beträgt nach den G. 30. 4. 59, 27. 1. 68, 20. 2. 89 u. 17. 6. 10 betr. die Erhöhung der Krondotation, gegenwärtig 17 719 296 M., wovon durch G. 17. 1. 1820 (bestätigt Verf. Art 59) die ursprüngliche Summe von 7 719 296 M. auf die Einkünfte der Domänen und Forsten angewiesen ist und deshalb nicht im Etat erscheint. Vom Kronfideikommißfonds sind zu unterscheiden das von Friedr. Wilh. I. gestiftete Königl. Hausfideikommiß und von Friedr. Wilh. III. herrührend das Prinzliche Fideikommiß und der Krontresor. Das Privatvermögen, über welches der König bei Lebzeiten nicht verfügt hat, fällt dem Thronfolger ausschließlich zu. Die persönlichen und Vermögensangelegenheiten des Königl. Hauses verwaltet das Hausministerium, das auch in nichtstreitigen gerichtlichen und Standesamtssachen zuständig ist). Die Landestrauer hat G. 14. 4. 03 (GS. 115) zum Gegenstand. Wegen der Regentschaft vgl. Art. 56—58 Verf.

B. Von den Kammern (jetzt die beiden Häuser des Landtages G. 30. 5. 55.) Sie üben mit dem Könige gemeinschaftlich die gesetzgebende Gewalt aus (Art. 62). An die Stelle der 1. Kammer ist das Herrenhaus getreten (G. 7. 5. 53 u. V. 12. 10. 54), welches aus den großjährigen Königl. Prinzen und den vom Könige mit erblicher Berechtigung oder auf Lebenszeit berufenen Mitgliedern besteht. Das Abgeordnetenhaus (früher 2. Kammer) hat jetzt 443 Mitglieder (Art. 69; G. 30. 4. 51, 27. 6. 60, 17. 5. 67, 23. 6. 76 u. 28. 6. 06), die aus mittelbaren (durch Wahlmänner vermittelten) Dreiklassenwahlen hervorgehen. Die Art. 70—72 d. Verf. sind gemäß Art. 115 (dazu Art. IV G. 28. 6. 06, GS. 318) bis zum Erlaß des WahlG. suspendiert; es gilt die VO. 30. 5. 49 (GS. 205), abg. G. 28. 6. 06 (GS. 318). Auf jede Vollzahl von 250 Seelen ist ein Wahlmann zu wählen. Wahlberechtigt ist jeder selbständige Preuße, der das 24. Lebensjahr vollendet hat, sich im Vollbesitz der bürgerlichen Ehrenrechte befindet, in der betr. Gemeinde 6 Monate wohnt oder sich aufhält und nicht aus öffentlichen Mitteln für sich oder seine Familie Armenunterstützung erhält (§ 8 der WahlV. 30. 5. 49). Für aktive Militärpersonen ruht die Wahlberechtigung (RMilG. 2. 5. 74. § 49). Die Einteilungen in die 3 Abteilungen (Klassen) geschieht, und zwar gemeindeweise oder, falls der Urwahlbezirk mehrere Gemeinden oder eine Gemeinde mehrere Urwahlbezirke umfaßt, für jeden Urwahlbezirk nach Maßgabe der direkten Staats-, Provinzial-, Bezirks-, Kreis- und Gemeindesteuern bzw., wo direkte Gemeindesteuern nicht erhoben werden, nach Maßgabe der vom Staat veranlagten Grund-, Gebäude- und Gewerbesteuern derartig, daß auf jede Abteilung ein Drittel der Gesamtsumme der Steuerbeträge aller Urwähler fällt (§ 10 VO. 30. 5. 49, § 4 G. 29. 6. 93, Regl. 20. 10. 06 § 3, MBl. 07, 1).

Jede, nicht zur Staatseinkommensteuer veranlagte Person wird statt dessen mit 3 M. zum Ansatz gebracht und wählt in der 3. Urwählerabteilung; verringert sich dadurch die auf die 1. und 2. Abteilung fallende Gesamtsteuersumme, so wird die übrig bleibende Summe auf beide Abteilungen geteilt (G. 29. 6. 93 §§ 1, 3). Die Wahlen erfolgen durch öffentliche Stimmabgabe zu Protokoll. Über ihre Ausführung bestimmt jetzt das Reglement 14. 3. 03 (RAnz. Nr. 161), neu gefaßt 20. 10. 06 und veröffl. 30. 11. 06 (MBl. 07, 1), AusfE. 8. 4. 08 (MBl. 65). Aus dem Reglement sei folgendes hervorgehoben: Kein Urwahlbezirk darf weniger als 750 und mehr als 1749 Seelen umfassen. Die Militärpersonen sind mitzuzählen. Maßgebend ist die letzte allgemeine Volkszählung. Die Urwählerliste ist in jeder Gemeinde 3 Tage öffentlich auszulegen; über Einwendungen entscheidet in den Städten die Gemeindeverwaltungsbehörde, sonst der Landrat; sie stellen auch die Urwählerliste auf. Nach Auslegung der Urwählerlisten werden die Abteilungslisten aufgestellt, und zwar in Gemeinden, die für sich einen Urwahlbezirk bilden, und in Urwahlbezirken, die aus mehreren Gemeinden bestehen, nur eine. Ist eine Gemeinde in mehrere Urwahlbezirke geteilt, so wird für jeden Bezirk eine besondere Abteilungsliste gefertigt. Die Abteilungslisten werden wieder öffentlich ausgelegt. (Formular zur Urwahl-Abt.-Liste s. Anl. A. zu § 5 Abs. 2 des Regl., abg. ME. 23. 3. 08, dazu ME. 8. 4. 08, MBl. 65 unter I.) Auch ihre Feststellung erfolgt von der Gemeindeverwaltungsbehörde bzw. dem Landrat. Nach Erledigung der etwaigen Reklamationen werden die Urwähler zur Wahl der Wahlmänner zusammenberufen; weg. Zulässigkeit der Fristwahl anstatt der Terminswahl bei den Wahlen der Urwähler und ihrer sowie der Gruppenwahl bei den Wahlen der Wahlmänner s. Art. I §§ 3, 4, G. 28. 6. 06 (GS. 518). Der Wahlvorsteher ernennt den Protokollführer und 3—6 Beisitzer. Die Regierungspräsidenten[1]) bestimmen die Wahlkommissare für die Abgeordnetenwahl. —

Wählbar zum Abgeordneten ist jeder Preuße, der das 30. Lebensjahr vollendet hat, im Vollbesitze der bürgerlichen Ehrenrechte und, wenn er Nichtdeutscher war, 1 Jahr Preuß. Staatsangehöriger ist (Art. 74, § 29 der WahlV., Art. 3 RVerf.). — Die Legislaturperiode ist 5 jährig (Art. 73 und G. 27. 5. 88). — Die Einberufung des Landtages durch den König erfolgt zwischen dem 1. November und 15. Januar (G. 18. 5. 57). Beschlußfähig ist das Abgeordnetenhaus bei Anwesenheit der Mehrheit der gesetzlichen Mitgliederzahl; das Herrenhaus bedarf nur 60 Anwesender (Art. 80 u. G. 30. 5. 55 § 2). Die Abgeordneten erhalten Reisekosten und Diäten (Art. 85 i. d. Fassg. G. 24. 7. 76); sonst sind ihre Rechte denen der Reichstagsabgeordneten ähnlich (Art. 83 f.).

---

[1]) In Berlin der Oberpräsident.

— Zu Verfassungsänderungen gehören 2 Abstimmungen mit Zwischenraum von 21 Tagen (Art. 107).

Über die Staatsfinanzen bestimmen Art. 99—104: Alle Einnahmen und Ausgaben müssen für jedes Jahr im voraus veranschlagt und auf den Staatshaushaltsetat gebracht werden. Dieser wird jährlich durch ein G. festgestellt (Art. 99). Zu Etatsüberschreitungen ist die nachträgliche Genehmigung des Landtages erforderlich; die Rechnungen über den Etat werden von der Ober-Rechnungskammer geprüft und festgestellt (Art. 104). Dieser Art. 104 sagt darüber: „Die Rechnungen über den Staatshaushaltetat werden von der Ober-Rechnungskammer geprüft und festgestellt. Die allgemeine Rechnung über den Staatshaushalt jeden Jahres, einschließlich einer Übersicht der Staatsschulden, wird mit den Bemerkungen der Ober-Rechnungskammer zur Entlastung der Staatsregierung den Kammern vorgelegt. Ein besonderes Gesetz wird die Einrichtung und die Befugnisse der Ober-Rechnungskammer bestimmen." Dies ist erfüllt durch G. 27. 3. 72 nebst Regulativ 22. 9. 73 u. Allerh. Erl. 11. 5. 77 u. 27. 7. 74. Das Staatshaushalts-(Komptabilitäts-)G. 11. 5. 98 (GS. 77, dazu Ausführungsbestimmungen 8. 6. 98, MBl. 133 und V. 13. 5. 99, AbgZBl. 164) regelt die Aufstellung des Etats (§§ 1—12), die Führung des Staatshaushaltes und die Rechnungslegung und Kontrolle. Defekten dürfen — abgesehen von der Unmöglichkeit der Einziehung — nur auf Grund einer durch Königl. Bestimmung erteilten Ermächtigung niedergeschlagen werden (vgl. § 17 G. 27. 3. 72). Steuern und Abgaben für die Staatskasse dürfen nur, soweit sie in den Etat aufgenommen oder durch besondere G. angeordnet sind, erhoben werden (Art. 100). In betreff der Steuern können Bevorzugungen nicht eingeführt werden (Art. 101). Aufnahme von Anleihen und Übernahme von Garantien zu Lasten des Staates finden nur auf Grund eines Gesetzes statt (Art. 103). Die Hauptverwaltung der Staatsschulden ist eine selbständige Behörde, welche der Kontrolle der aus je drei Mitgliedern des Abgeordneten- und Herrenhauses und dem Präsidenten der Oberrechnungskammer gebildeten Staatsschuldenkommission unterliegt. Durch G. 8. 3. 97, § 3 abg. durch G. 3. 5. 03 ist eine regelmäßige Tilgung eingeführt. Vom Etatsjahr 1898/99 ab muß dazu eine Summe von mindestens 3/5 Prozent der jeweiligen Staatskapitalschuld bereit gestellt sein; weitere Tilgung erfolgt durch die etwaigen Überschüsse des Staatshaushalts nach Ergänzung des Eisenbahnausgleichsfonds (G. 3. 5. 03). — Für Preußen war bereits vor der Einführung des Reichsschuldbuchs durch G. 20. 7. 83 ein Staatsschuldbuch eingerichtet (dazu EBGB. Art. 97). Nach dem ErweiterungsG. 8. 6. 91 können die Inhaber von Schuldverschreibungen sämtlicher konsolidierten Anleihen davon Gebrauch machen. AusfBest. zu beiden G. 18 u. 19. 6. 91 (MBl. 77), abg. 6. 8. 04 (MBl. 219); AbänderungsG. 24. 7. 04, AusfBest. 1. 8. 04 (MBl. 232). Auf Grund des neuen AbänderungsG. 22. 5. 10 (GS 47) ist die Fassung neu veröffentlicht 27. 5. 10 (GS. 55); die Buchschulden können danach auch ohne Umwandlung gegen Barzahlung begründet werden.

II. Allgemeine Verwaltung.

I. Allgemeines.

Die Organisation der Verwaltung gründet sich auf die V. 27. 10. 1810 (GS. 3) über die veränderte Verfassung der obersten Staatsbehörden und auf das Publikandum 26. 12. 1808 (s. GS. 1817, 282) über die Provinzialbehörden, vornehmlich aber auf die Geschäfts-Instr. für die Regierungen 23. 10. 1817 (GS. 248) nebst der KO. und Geschäftsanweisung 31. 12. 1825 und die Instr. für die Oberpräsidenten von demselben Tage (GS. 1826, 1). Gewissermaßen außerhalb oder über der Staatsverwaltung steht der durch V. 27. 10. 1810 (GS. 3) u. 20. 3. 1817 (GS. 67) begründete, durch Allerh. Erlaß 12. 1. 52 (MBl. 21) reaktivierte Staatsrat zur Begutachtung der Gesetze, und sodann die sehr bedeutsame, schon 1723 zur Kontrolle der ganzen Staatsverwaltung eingerichtete Ober-Rechnungskammer, welche auch als Rechnungshof des D. Reiches (s. G. 4. 7. 68, 18. 2. 89) zur Kontrolle des Reichshaushaltes und des Landeshaushaltes von Elsaß-Lothringen sowie der Rechnungen der Reichsbank fungiert (vgl. S. 239, 252). Die Ober-Rechnungskammer ist dem Könige unmittelbar untergeordnet, den Ministern gegenüber selbständig. Der König ernennt ihre Mitglieder, welche den Vorschriften der Gesetze über die Dienstvergehen der Richter 7. 5. 51, 26. 3. 56, 9. 4. 79 unterliegen.

II. Die einzelnen Behörden.

A. Zentralbehörde: Das Staatsministerium, gegenwärtig aus 9 Ministerien zusammengesetzt, nämlich: für die Finanzen; das Innere; die geistlichen, Unterrichts- und Medizinal-Angelegenheiten; Handel und Gewerbe (v. 1. 4. 90 ab auch für die Verwaltung des Berg-, Hütten- und Salinenwesens zuständig, G. 26. 3. 90); öffentliche Arbeiten (Eisenbahnen, Bauten); Landwirtschaft, Domänen und Forsten; Auswärtiges (jetzt fast ganz Reichsangelegenheit); Krieg (desgl.); Justiz. Dem Staatsministerium stehen vornehmlich zu: Beschlußfassung über Gesetzentwürfe und Anordnungen allgemeiner Art für den Staat, Entscheidung von Meinungsverschiedenheiten zwischen den einzelnen Ministern, Vorschläge wegen Anstellung von Präsidenten, Direktoren und ähnlichen höheren Beamten, Einleitung einer Regentschaft, Erklärung des Belagerungszustandes, Entscheidung von Disziplinarsachen in höchster Instanz. Unmittelbar unterstellt sind dem Staatsministerium u. a. der Disziplinarhof für nichtrichterliche Beamte, das Oberverwaltungsgericht, der Gerichtshof zur Entscheidung der Kompetenzkonflikte (dieser nach der V. 1. 8. 79, betr. die Kompetenzkonflikte zwischen den Gerichts- und Verwaltungsbehörden, abgeändert durch G. 22. 5. 02, GS. 145, bestehend aus 11, vom Könige auf Vorschlag des Staatsministeriums ernannten Mitgliedern, wovon 6 Mitglieder des Kammergerichts, die anderen 5 für den höheren Verwaltungsdienst oder zum Richteramt befähigt sein müssen).

Dem Min. der öff. Arbeiten steht auf Grund G. 1. 6. 82. zur Wahrnahme der Interessen der beim Eisenbahntransport beteiligten Personen ein Landeseisenbahnrat zur Seite. § 10c G. 1. 6. 82 ist geändert durch V. 31. 12. 94 (GS. 95, 1), § 10 durch G. 15. 6. 06 (GS. 321); vgl. V. 10. 10. 06 (GS. 412; ME. 9. 11. 09, EVBl. 389). Das Landesökonomiekollegium (Satzungen 10. 12. 98, MBl. 99, 15) ist technischer Beirat des Ministers für Landwirtschaft. Neben der Generalstaatskasse existieren die Generallotterie-, die Generalmilitär- und die Staatsschuldentilgungskasse als selbständige Zentralkassen. Die General-Lotteriedirektion und die Seehandlung ressortieren vom Finanzministerium, die Porzellanmanufaktur und das Landesgewerbeamt vom Handelsministerium.

B. Provinzial-, Regierungsbezirks- und Kreisbehörden. Für diese ist jetzt grundlegend: Das auch die Beteiligung des Laienelementes und das Verwaltungsstreitverfahren regelnde

G. über die allgemeine Landesverwaltung 30. 7. 83 (GS. 195).

Im Jahre 1875 war im Anschluß an die Kreis- und Provinzialordnung ein Verwaltungsger.G. mit ZusatzG. von 80 sowie 1876 ein ZuständigkeitsG. ergangen. Demnächst erschien eine gesetzliche Feststellung der teilweise abgeänderten Einrichtung der älteren unmittelbaren Staatsbehörden (Oberpräsidien, Regierungen) und zugleich eine Klarstellung der neuen Organisation und des Verfahrens bei den mannigfachen Behörden nötig. Das zu diesem Zwecke erlassene G. über die Organisation der allgemeinen Landesverwaltung v. 80 ist inzwischen wieder aufgehoben und durch das jetzige LVG. v. 83 ersetzt. In dieses ist zugleich das VerwaltungsgerG. v. 75 mit hineinverarbeitet worden, mit Ausnahme der das OVG. betreffenden, noch geltenden Bestimmungen; es sind dies die §§ 17—28, 30, 30a u. 88 des VerwaltungsgerG. 3. 7. 75 bzw. 2. 8. 80. Der § 29 des letzteren G. ist geändert durch G. 27. 5. 88, wonach, wenn ein Senat des OVG. in einer Rechtsfrage von einer früheren Entscheidung eines anderen Senats oder des Plenums abweichen will, über die streitige Rechtsfrage die Entscheidung des Plenums einzuholen ist.

Fernere Änderungen der §§ 26—30 enthält das G. 26. 3. 93, welches die Einteilung des Steuersenats in Kammern zuläßt (Regulativ für den Geschäftsgang 22. 2. 92, MBl. 133 und Nachtrag 15. 5. 93, MBl. 123).

Durch das G. über die allg. Landesverw. und die Zuständigkeit der Verwaltungs- und Verwaltungsgerichtsbehörden in der Prov. Posen 19. 5. 89 (GS. 108) sind nun das LVG. und das ZG. auch in diese letzte der preuß. Provinzen eingeführt, und zwar mit Modifikationen, welche daraus folgen, daß die Kreis- und ProvO. noch nicht für Posen erlassen sind, und mit Ausnahme der §§ 2—6 ZG., welche von Angelegenheiten der Kreise und Amtsverbände handeln. Um die durch Nichteinführung der ProvO. gelassene Lücke auszufüllen, ist die V. 5. 11. 89 (GS. 177), betr. die Verwaltung des provinzialständischen Verbandes der Prov. Posen erlassen worden (vgl. G. 19. 5. 89, GS. 108). Hiernach beträgt die Zahl der vom Provinziallandtage zu wählenden Mitglieder des Provinzialausschusses 9. Im übrigen wird über den Provinzialausschuß, seine Zusammensetzung und Geschäfte, über die Provinzialbeamten

(Landesdirektor usw.) und in betreff der Aufsicht über die Verwaltung der Angelegenheiten des Provinzialverbandes ähnliches bestimmt, wie in den übrigen Provinzen durch die für sie erlassenen ProvO. bestimmt ist; vgl. hierzu G. 4. 8. 04 (GS. 241).

Nach dieser Vorbemerkung folgt der Inhalt des LandesverwaltungsG.:

Titel 1. Grundlagen der Organisation (§§ 1—7).

Die Geschäfte der allgemeinen Landesverwaltung werden, soweit sie nicht anderen Behörden überwiesen sind, unter Oberleitung der Minister, in den Provinzen von den Oberpräsidenten, in den Regierungsbezirken von den Regierungspräsidenten und den Regierungen, in den Kreisen von den Landräten geführt.

Zur Mitwirkung bei den Geschäften der allgemeinen Landesverwaltung bestehen für die Provinz neben dem Oberpräsidenten der Provinzialrat, für den Regierungsbezirk neben dem Regierungspräsidenten und den Regierungen der BzAussch., für den Kreis neben dem Landrat der KrAussch. An die Stelle des letzteren tritt in den durch die G. vorgesehenen Fällen in den Stadtkreisen der Stadtausschuß und in den, einem Landkreise angehörigen Städten mit mehr als 10000 Einwohnern der Magistrat.

Die Verwaltungsgerichtsbarkeit wird durch die Kr=(Stadt=) Aussch. und die BzAussch. in ihrer Eigenschaft als Verwaltungsgerichte, und in höchster Instanz durch das Oberverwaltungsgericht in Berlin ausgeübt. „Die Entscheidungen ergehen unbeschadet aller privatrechtlichen Verhältnisse“; dies will besagen: wenn auch die Verwaltungsgerichte das öffentlichrechtliche Verhältnis entgültig entscheiden, z. B. die Kommunalsteuerpflicht einer Person oder eines Grundstücks, so bleibt doch die Entscheidung des privatrechtlichen Anspruchs, z. B. aus Verträgen zwischen Käufer und Verkäufer, den ordentlichen Zivilgerichten vorbehalten (vgl. unten Tit. 4, s. auch OVG. 26, 93, 264; 32, 64, 246). Wo in einzelnen G. schlechtweg das Verwaltungsgericht genannt wird, ist darunter im Zweifel der BzAussch. zu verstehen. — Nach dem G. zur Ergänzung des § 7 des G. über die allg. Landesverwaltung vom 27. 4. 85 kann für Streitigkeiten, welche nach reichsgesetzlichen Vorschriften im Verwaltungsstreitverfahren zu entscheiden sind, die Zuständigkeit der vorstehend bezeichneten Behörden, soweit sie nicht anderweit gesetzlich feststeht, sowie der Instanzenzug, durch Königl. V. bestimmt werden (s. bez. Invalidenversicherungsgesetz V. 23. 8. 99, GS. 166, bez. Unfallversicherungsgesetze V. 29. 8. 00, GS. 317, auch V. 19. 8. 97, GS. 401 betr. Befugnis zum Halten von Lehrlingen, und V. 28. 7. 02 (GS. 294).

Titel 2. Verwaltungsbehörden.

a) Provinzialbehörden (§§ 8—16).

1. An der Spitze der Provinzialverwaltung steht der Oberpräsident (LVG. § 3). Nach der Instr. f. d. Oberpräs. 31. 12. 25 vertritt er die obersten Staatsbehörden in besonderem Auftrage und bei außerordentlichen Anlässen; er verwaltet die Angelegenheiten, welche die ganze Provinz oder mehrere ihrer Regierungsbezirke angehen; er nimmt gewisse staatliche Rechte gegenüber der evangelischen und katholischen Kirche wahr; er hat die Genehmigung für Apotheken, gemeinnützige An=

stalten, Sparkassenreglements, gemeinsame Witwen-, Sterbe- und Aussteuerkassen, Synagogenstatuten, Kollekten (außer Kirchenkollekten), Ausspielungen zu erteilen; er ernennt die Amtsvorsteher und Standesbeamten. Ferner ist er Aufsichtsinstanz über die Behörden der Provinz (Regierungen, Provinzialschulkollegium, Generalkommission, Provinzialsteuerdirektion usw.; s. auch Allerh. Erl. 12. 5. 97, GS. 227). Jetzt ist er auch in Polizei- und Kommunalaufsichtssachen usw. eine selbständige, in der Regel endgültig beschließende Verwaltungsbeschwerdeinstanz geworden, zum Teil unter Mitwirkung des Provinzialrates (KrO. § 177, LVG. § 127 ff.).

2. Der Provinzialrat besteht aus dem Oberpräsidenten als Vorsitzendem, einem vom Minister des Inneren ernannten höheren Verwaltungsbeamten im Nebenamte und aus 5, vom Provinzialausschusse auf 6 Jahre gewählten Provinzialangehörigen.

3. Generalkommissionen existieren zu Frankfurt a. O. für Brandenburg (u. Berlin) und Pommern, zu Breslau für Schlesien, Westpreußen und Posen (die GK. in Bromberg ist durch G. 24. 7. 09 aufgehoben), zu Hannover für Hannover und Schleswig-Holstein, zu Königsberg für Ostpreußen, in Merseburg für Sachsen, in Münster für Westfalen, in Kassel für Hessen-Nassau, in Düsseldorf für die Rheinprovinz.

b) Bezirksbehörden (§§ 17—35).

1. Jeder Regierungsbezirk hat eine Regierung. Sie zerfällt in 3, früher durchweg kollegialisch formierte Abteilungen; die 1. (Abteilung des Innern) wird jetzt, nachdem die Selbstverwaltungsorgane (Bezirksausschuß usw.) einen großen Teil der Befugnisse übernommen haben, nicht mehr kollegialisch, sondern vom Regierungspräsidenten allein versehen; die 2. (für Kirchen- und Schulsachen) ist kollegialisch formiert geblieben, während bei der 3. (direkte Steuern, Domänen und Forsten) durch V. 4. 6. 95 (GS. 187) u. 19. 5. 03 (GS. 172) für 12 Regierungen die Verwaltung der direkten Steuern einerseits und die der Domänen und Forsten anderseits unter die Leitung je eines besonderen und für seinen Geschäftskreis verantwortlichen Dirigenten gestellt sind.

2. Der BzAusch. besteht aus dem Regierungspräsidenten als Vorsitzendem, aus zwei, vom Könige auf Lebenszeit ernannten Mitgliedern, von denen eines zum höheren Verwaltungsdienst, das andere zum Richteramte befähigt sein muß (eines davon mit dem Titel Verwaltungsgerichts-Direktor zum Stellvertreter des Regierungspräsidenten ernannt) und aus 4 anderen, vom Provinzialausschusse auf 6 Jahre gewählten Bezirkseinwohnern.

c) Kreisbehörden (§§ 36—40). An der Spitze des Kreises steht der Landrat, der zugleich den Vorsitz im Kreisausschuß führt. Die Zusammensetzung des KrAusch. ist in der KrO. geregelt (s. unten Abschn. III.).

Der Stadtausschuß besteht aus dem Bürgermeister bzw. dessen gesetzlichem Stellvertreter als Vorsitzendem und 4 Mitgliedern, welche der Magistrat aus seiner Mitte für die Dauer ihrer Mitgliedschaft im Magistrate wählt. Ist der Bürgermeister und sein Stellvertreter behindert, so wählt der Stadtausschuß den, der Bestätigung des Regierungspräsidenten bedürfenden Vorsitzenden aus seiner Mitte. Der Vorsitzende oder ein Mitglied des Stadtausschusses muß zum Richteramte oder zum höheren Verwaltungsdienste befähigt sein.

Der Kr-(Stadt-)Aussch. ist beschlußfähig, wenn mit Einschluß des Vorsitzenden 3 Mitglieder anwesend sind. Die Beschlüsse werden nach Stimmenmehrheit gefaßt. Ist eine gerade Zahl von Mitgliedern anwesend, so nimmt das dem Lebensalter nach jüngste gewählte Mitglied, falls es nicht Berichterstatter ist, an der Abstimmung nicht teil.

Für das Verfahren vor dem Provinzialrat, BzAussch. und StadtAussch. sind ergangen Regulative 28. 2. 84 (MBl. 35 f.).

d) Behörden für den Stadtkreis Berlin (§§ 41—47).[1])

e) Stellung der Behörden (48). Die dienstliche Aufsicht über die Geschäftsführung des Kr-(Stadt-)Aussch. wird vom Regierungspräsidenten[2]), über die des BzAussch. vom Oberpräsidenten, über die des Provinzialrates vom Minister des Innern geführt. —

Über die Gruppierung der Verwaltungsbehörden s. die Übersicht auf nächster Seite.

---

[1]) Da Berlin nicht bloß einen Stadtkreis, sondern in gewisser Hinsicht auch einen Regierungsbezirk und einen Provinzialverband für sich bildet, so machten sich hier eigene Bestimmungen nötig:

Der Oberpräsident der Provinz Brandenburg ist zugleich Oberpräsident von Berlin. Ingleichen fungieren das Provinzialschulkollegium, das Medizinalkollegium, die Generalkommission und die Direktion der Rentenbank für die Provinz Brandenburg auch für den Stadtkreis Berlin. An Stelle des Regierungspräsidenten führt der Oberpräsident die Staatsaufsicht über die Gemeindeangelegenheiten und hat auch alle sonstigen Zuständigkeiten der Abteilung des Innern der Regierung zu Potsdam in bezug auf Berlin, mit Ausnahme der Verwaltung der Invalidenpensions- und Unterstützungsangelegenheiten, welche dem Polizeipräsidenten von Berlin übertragen ist (§ 42 in Verbindung mit der V. 26. 1. 81. Die sonstigen Zuständigkeiten des Berliner Polizeipräsidiums sind, als die damalige Berliner Regierung aufgehoben worden, im Regl. 18. 9. 22 [Amtsbl. der königl. Reg. zu Potsdam 1824 Nr. 28, vgl. auch KO. 16. 5. 30] zusammengefaßt, s. auch G. 12. 6. 89, GS. 129 u. G. 13. 6. 00, GS. 247). An die Stelle des Provinzialrates tritt, wo dieser in erster Instanz beschließt, gleichfalls der Oberpräsident, sonst der zuständige Minister. — Für den Berliner BzAussch. tritt an die Stelle des Regierungspräsidenten ein vom König ernannter Vorsitzender. Die zu wählenden Mitglieder werden durch Magistrat und Stadtverordnetenversammlung in gemeinsamer Sitzung unter dem Vorsitze des Bürgermeisters gewählt. Die Mitglieder beider städtischen Behörden sind nicht wählbar. Der BzAussch. von Berlin ist für die Verwaltungsstreitsachen wie jeder andere BzAussch. zuständig; für die Beschlußsachen nur in den in § 161 ZG. aufgeführten Fällen; sonst tritt hier, abgesehen von den in § 161 Abs. 2 bezeichneten, dem Polizeipräsidenten vorbehaltenen Fällen, der Oberpräsident an die Stelle des BzAussch.

In Angelegenheiten der kirchlichen Verwaltung tritt der Polizeipräsident an die Stelle der Regierungsabteilung für Kirchen- und Schulwesen. Das Volksschulwesen ressortiert schon seit der Bekanntmachung 16. 2. 26 von dem Provinzialschulkollegium. Das landesherrliche Patronat wird von der Min.-Baukommission wahrgenommen, V. 5. 9. 77 (GS. 215).

In Steuerangelegenheiten tritt für Berlin an die Stelle der Regierung die Direktion für die Verwaltung der direkten Steuern. Die zu wählenden Mitglieder der nach §§ 46 ff. EinkSteuerG. 19. 6. 06 zu bildenden Berufungskommission werden von Magistrat und Stadtverordnetenversammlung in gemeinschaftlicher Sitzung unter dem Vorsitze des Bürgermeisters gewählt.

Hervorgehoben sei hier noch die eigentümliche Stellung des königlichen Polizeipräsidiums zu Berlin. Es ist durch das Reglement 18. 9. 22 wiederhergestellt, während zugleich die bis dahin vorhandene Berliner Regierung aufgehoben ward. Es hat die Orts- und zugleich die Landespolizei für Berlin wahrzunehmen; außerdem die staatliche „Oberaufsicht resp. Verwaltung solcher Privatstiftungen, die nicht zu geistlichen und Schulzwecken oder geistlichen und Schulanstalten oder dgl. Bediensteten zugunsten errichtet, oder von den Stiftern geistlichen und Schulbehörden oder dgl. einzelnen Beamten zur Aufsicht oder Verwaltung besonders anvertraut worden"; ferner die Rechte des Staates auf herrenloses Gut, erblose Verlassenschaften. — Nach dem G. 12. 6. 89 können dem Polizeipräsidium zu Berlin polizeiliche Befugnisse in den Kreisen Teltow und Niederbarnim sowie im Stadtkreise Charlottenburg durch den Minister des Innern mit Zustimmung des Provinzialrates der Provinz Brandenburg übertragen werden; von der Erstreckung dieser Zuständigkeit bleiben aber ausgeschlossen: die Bau-, Gewerbe-, Schul-, Markt-, Feld-, Forst-, Gesinde-, Armen-, Wege-, Wasser-, Fischerei- und Feuerpolizei (so daß sich die Zuständigkeit also auf die Sicherheitspolizei beschränkt). Durch G. 13. 6. 00 (GS. 247), 27. 3. 07 (GS. 37), 7. 3. 08 (GS. 21) u. 23. 6 09 (GS. 533); dazu V. 26. 6. 09 (GS. 534) u. V. 1. 7. 09 (GS. 610) ist aus den Stadtkreisen Berlin, Charlottenburg, Schöneberg, Rixdorf, Dtsch.-Wilmersdorf und Lichtenberg sowie den Landgemeinden Boxhagen-Rummelsburg und Stralau ein Landespolizeibezirk gebildet worden, an dessen Spitze der Polizeipräsident von Berlin steht.

[2]) In Berlin vom Oberpräsidenten.

Übersicht über die Verwaltungsorganisation

in aufsteigender Reihenfolge der wesentlichsten Behörden und Körperschaften:

(die zugleich oder ausschließlich als „Verwaltungsgerichte" fungierenden sind gesperrt gedruckt).

Dorfschulze (Gemeindevorsteher), Schöffen, Gemeinde-Versammlung (=Vertretung), Gutsvorsteher.

Amtsvorsteher, Amtsausschuß. Magistrat, Stadtverordnetenversammlung in kleineren Städten.

Landrat, KrAussch., Kreistag. Magistrat, Stadtverordnetenversammlung, Stadtausschuß, Polizeidirektion in großen Städten.

Regierungspräsident, Regierung, BzAussch.[1]).

Oberpräsident, Provinzialrat. Provinzialausschuß, Provinziallandtag, Landeshauptmann (=Direktor). Provinzialsteuerdirektion. Generalkommission. Provinzialschulkollegium. Medizinalkollegium.

Disziplinarhof für nichtrichterliche Beamte. Oberverwaltungsgericht. Gerichtshof zur Entscheidung der Kompetenzkonflikte. Bundesamt für das Heimatswesen. Oberlandeskulturgericht.

Staatsministerium, die neun Ressortminister. Staatsrat. Oberrechnungskammer.

---

[1]) Für Berlin kommen hier noch in Betracht: Die Direktion für die Verwaltung der direkten Steuern in Berlin, der Polizeipräsident, die 1. Abteilung des Polizeipräsidiums und die Ministerial-, Militär- und Baukommission.

Titel 3. Verfahren.

a) Gemeinschaftliche Bestimmungen für das Verwaltungsstreit- und Beschlußverfahren (§§ 50—60). Die Frist für Beschwerden gegen Beschlüsse des KrAussch. usw. sowie für die Klage im VerwStreitverfahren beträgt in der Regel 2 Wochen seit der Zustellung (welche bei polizeilichen Verfügungen auch mündlich zu Protokoll erfolgen kann, OVG. 17, 441; vgl. RGer. Zivils. 61, 101). (Diese Frist ist denn auch überall da gemeint, wo in dieser Darstellung eine andere nicht angegeben wird.) Die Regel bezieht sich aber nicht auf Beschwerden gegen Beschlüsse des KrAussch. als Kreiskommunalbehörde sowie anderer Behörden in Fällen, wo eine Frist gesetzlich überhaupt nicht besteht (OVG. 9, 141; 12, 235).

Wann das Verwaltungsstreitverfahren einzutreten hat und wann das Beschlußverfahren, ist in den Gesetzen nicht generell bestimmt, sondern in den einzelnen Fällen, besonders durch das ZG., vorgeschrieben.

Das Verwaltungsstreitverfahren greift in allen Angelegenheiten Platz, wo die Gesetze von Entscheidung in streitigen Verwaltungssachen, Erledigung im Streitverfahren oder von einer, bei dem Kr.- oder BzAussch. anzubringenden Klage sprechen. In den anderen Fällen (wo das sog. Beschlußverfahren Platz greifen soll) wird immer gesagt: der KrAussch. usw. beschließt. Das Oberverwaltungsgericht verfährt nur im Streit-, der Provinzialrat nur im Beschlußverfahren; Kr.- (Stadt-) und BzAussch. haben beide Funktionen. Eine im Streitverfahren beteiligte Justizbehörde wird durch die Staatsanwaltschaft bei demjenigen Oberlandesgericht vertreten, in dessen Bezirk die Behörde ihren Sitz hat (MV. 19. 1. 98).

Vollstreckungen der Entscheidungen und Beschlüsse erfolgen im Verwaltungszwangsverfahren. Die Vollstreckung der verwaltungsgerichtlichen Urteile steht ausschließlich den Verwaltungsgerichten selbst zu (OVG. 30, 441). Die Regelung dieses Verfahrens ist nach § 5 des AusfG. zur ZPO. im Anschlusse an diese durch Kgl. VO. 15. 11. 99 (GS. 545), abg. VO. 18. 3. 04 (GS. 36) erfolgt. Dadurch sind die V. 7. 9. 79 und 4. 8. 84 ersetzt. AusfAnw. 28. 11. 99 (GS. 00, 39), erg. 4. 7. 04 (MBl. 257).

Die wesentlichsten Bestimmungen sind:

1. Allgemeine Bestimmungen. Die Zwangsvollstreckung wegen aller derjenigen Abgaben, Gefälle und sonstigen Geldbeträge, welche nach den bestehenden Vorschriften der Beitreibung im Verwaltungszwangsverfahren unterliegen, erfolgt ausschließlich nach den Vorschriften der Verordnung (§ 1). Inwieweit über die Verbindlichkeit zur Entrichtung der geforderten Geldbeträge der Rechtsweg stattfindet, richtet sich nach den hierüber bestehenden Vorschriften. Wegen vermeintlicher Mängel des Zwangsverfahrens ist dagegen, unbeschadet der Vorschriften über die Rechtsmittel im Falle der zwangsweisen Ausführung polizeilicher Verfügungen (LVG. §§ 127 ff., 132 ff.), nur die Beschwerde bei der vorgesetzten Dienstbehörde des Beamten zulässig, dessen Verfahren angefochten wird (§ 2). § 3 regelt das Verfahren gegen Dritte (insbes. Erben, Ehegatten, Eltern oder Nießbraucher).

Diejenigen Behörden und Beamten, welchen die Einziehung der

Geldbeträge zusteht, bilden die zur Anordnung und Leitung des Zwangsverfahrens zuständigen Vollstreckungsbehörden (§ 4). Vollstreckungsmaßregeln außerhalb des Geschäftsbezirks sind von der entsprechenden auswärtigen Behörde zu bewirken (§ 5). Die Ausführung geschieht durch eidlich zu verpflichtende Vollziehungsbeamte; bei Mangel eines solchen bestimmt die Bezirksregierung [1]) die Vollstreckungsbehörde; auch der Gerichtsvollzieher kann in Tätigkeit treten (§ 6). Der Zwangsvollstreckung soll in der Regel eine Mahnung mit dreitägiger Frist vorhergehen; bei Gerichtskosten vertritt die Kostenrechnung die Stelle der Mahnung (§ 7). Die Zustellungen regeln §§ 9—14.

2. Zwangsvollstreckung in das bewegliche Vermögen. Sie erfolgt durch Pfändung, soweit diese zur Deckung der Schuld und der Kosten der Vollstreckung erforderlich ist; sie unterbleibt, wenn sich von Verwertung der zu pfändenden Gegenstände ein Überschuß über diese Kosten nicht erwarten läßt (§ 17, vgl. § 803 ZPO.). Der Schuldner kann sich gegen die Pfändung nur durch Vorzeigung einer Fristbewilligung oder Quittung bzw. Postschein über die Zahlung des Betrages schützen. Zur Empfangnahme von Geld ist der Vollziehungsbeamte nur nach Maßgabe eines schriftlichen Auftrages ermächtigt (§ 18, vgl. §§ 754, 775 [4, 5] ZPO.). Dritte haben ihre gegen die Vollstreckung gerichteten Einwendungen klagend geltend zu machen (§ 19, vgl. §§ 771, 805 ZPO.). Bei nicht vollständiger Befriedigung kann der Schuldner zum Offenbarungseid geladen werden (daß er nach bestem Wissen sein Vermögen so vollständig angegeben habe, als er dazu imstande sei). Für das Eidesverfahren (§§ 900—915 ZPO.) ist zuständig das Amtsgericht des Wohnsitzes bzw. Aufenthaltes.

Die Pfändung körperlicher, im Gewahrsam des Schuldners (oder eines zur Herausgabe bereiten Dritten) befindlicher Sachen wird durch Inbesitznahme seitens des VollzBeamten bewirkt; beläßt er sie im Gewahrsam des Schuldners, was bei Geld, Kostbarkeiten und Wertpapieren nicht geschehen soll, so hat er durch Anlegung von Siegeln oder anders die Pfändung ersichtlich zu machen (§§ 22 f., vgl. §§ 808 f. ZPO). Früchte können nicht früher als 1 Monat vor der gewöhnlichen Reifezeit gepfändet werden (§ 24, vgl. § 810 ZPO.). Die in § 811 ZPO. angeführten Gegenstände sind der Pfändung nicht unterworfen. Die gepfändeten Sachen sind, in der Regel nicht vor Ablauf 1 Woche nach der Pfändung, nach öffentlicher Bekanntmachung von Zeit und Ort, auf schriftliche Anordnung der VollstrBehörde, gewöhnlich durch den VollzBeamten, öffentlich zu versteigern; das Verfahren richtet sich nach ZPO §§ 816 Abs. 4, 817 Abs. 1—3, 818. Gold- und Silbersachen dürfen nicht unter ihrem Gold- oder Silberwert zugeschlagen, jedoch event. freihändig zu diesem Preise verkauft werden (§§ 26 ff., vgl. §§ 816 f. ZPO.). Wertpapiere, die einen Börsen- oder Marktpreis haben, sind aus freier Hand zum Tageskurse zu verkaufen, sonst in gewöhnlicher Art zu versteigern (§ 30, vgl. § 821 ZPO.). Die Versteigerung gepfändeter, von dem Boden noch nicht getrennter Früchte ist erst nach der Reife zulässig (§ 31, vgl. § 824 ZPO.). Ein auf Namen lautendes Wertpapier kann von der Vollstreckungsbehörde auf den Namen des Käufers umgeschrieben werden (§ 32, vgl. §§ 822, 823 ZPO.).

[1]) In Berlin das Polizeipräsidium.

Auf Antrag des Schuldners oder aus Zweckmäßigkeitsgründen können besondere Maßregeln zwecks Verwertung von Pfandstücken getroffen werden (§ 33, vgl. § 825 ZPO.).

Die Pfändung bereits gepfändeter Sachen (Anschlußpfändung) wird durch die in das Protokoll aufzunehmende Erklärung des VollzBeamten, daß er die Sachen zur Deckung der nach Art und Höhe zu bezeichnenden Geldbeträge pfände, bewirkt. Ist die frühere Pfändung im Auftrage einer anderen Vollstreckungsbehörde oder durch einen Gerichtsvollzieher erfolgt, so ist diesen eine Abschrift des Protokolls zuzustellen (§ 34, vgl. § 826 ZPO.). Die erste Pfändung begründet ausschließlich die Zuständigkeit zur Ausführung der Versteigerung. Diese erfolgt für alle beteiligten Gläubiger auf Betreiben eines jeden derselben, die Verteilung des Erlöses aber nach der Reihenfolge der Pfändungen oder nach Vereinbarung. Ist der Erlös zur Deckung der Forderung nicht ausreichend und verlangt der Gläubiger, für welchen die zweite oder eine spätere Pfändung erfolgt ist, ohne Zustimmung der übrigen eine andere Verteilung, oder ist die Pfändung gleichzeitig für mehrere Gläubiger bewirkt, so ist die Sachlage unter Hinterlegung des Erlöses dem Amtsgerichte des Bezirks, wo die Pfändung stattgefunden, anzuzeigen. Die Verteilung erfolgt dann gemäß den §§ 873—882 ZPO. d. h. das Amtsgericht entwirft einen Verteilungsplan, gegen den ein widersprechender Gläubiger binnen 1 Monat Klage (bei demselben Amtsgericht, event. wenn dieses wegen des Streitgegenstandes nicht zuständig ist, bei dem Landgericht) erheben kann (§ 35, vgl. §§ 827, 854² ZPO.).

Soll eine Geldforderung gepfändet werden, so hat die Vollstreckungsbehörde dem Drittschuldner zu verbieten, an den Schuldner zu zahlen und dem Schuldner zu gebieten, sich jeder Verfügung über die Forderung zu enthalten (§ 36, vgl. § 829 ZPO.). Die Pfändung von Forderungen aus Wechseln und anderen Papieren, welche durch Indossament übertragen werden können, wird dadurch bewirkt, daß der VollzBeamte diese Papiere in Besitz nimmt (§ 38, vgl. § 831 ZPO.). Die gepfändete Geldforderung ist dem Gläubiger durch die Vollstreckungsbehörde zur Einziehung zu überweisen (§ 39, vgl. § 835 ZPO.). Die Überweisung ersetzt die förmliche Erklärung; für Hypotheken kommen §§ 830, 837 ZPO. in Betracht. Der Schuldner muß die über die Forderung vorhandenen Urkunden herausgeben (die ihm im Weigerungsfalle durch den VollzBeamten wegzunehmen sind) und event. den Offenbarungseid dahin leisten, „daß er die Urkunden nicht besitze, auch nicht wisse, wo dieselben sich befinden". Sind sie im Gewahrsam eines Dritten, so ist der Anspruch auf Herausgabe dem die Zwangsvollstreckung betreibenden Gläubiger gemäß § 39 zu überweisen (§ 40, vgl. § 836 ZPO.). Auf Verlangen des Gläubigers hat der Drittschuldner binnen 2 Wochen nach Zugang des Zahlungsverbots dem Gläubiger zu erklären, ob er die Forderung anerkenne und zahlen wolle, ob andere Anspruch an sie machen, und ob sie bereits für andere gepfändet sei. Der Drittschuldner haftet dem Gläubiger für den aus der Nichterfüllung dieser Verpflichtung entstehenden Schaden (§ 41, vgl. § 840 ZPO.). Schon vor der Pfändung kann die für die Einziehung zuständige Stelle dem Drittschuldner und dem Schuldner die Benachrichtigung, daß die Pfändung bevorstehe, zustellen lassen mit der Aufforderung an den Drittschuldner, nicht an den Schuldner zu zahlen, mit der Aufforderung an den Schuldner, sich jeder Verfügung über die Forderung zu enthalten. Die Benachrichtigung an den Drittschuldner hat die Wirkung eines Arrestes (§ 930 ZPO.), sofern die Pfändung der Forderung binnen 3 Wochen nach der Benachrichtigung bewirkt wird (§ 42, vgl. § 845 ZPO.). — Die Zwangsvollstreckung in Ansprüche, welche die Herausgabe oder Leistung körperlicher Sachen zum Gegenstande haben, erfolgt nach den Vorschriften der §§ 36—42 mit der Maßgabe, daß bei beweglichen Sachen die Vollstreckungsbehörde die Herausgabe an den VollzBeamten, bei unbeweglichen an einen vom Amtsgerichte zu bestellenden Sequester anordnet (§§ 43—45, vgl. §§ 846—848 ZPO.). Der Pfändung sind nicht unterworfen: 1. die auf gesetzlicher Vorschrift beruhenden Alimentenforderungen, auch die gemäß § 844 BGB. festgesetzte Rente, 2. die fortlaufenden, für den Unterhalt des Schuldners, seiner Ehefrau und seiner noch unversorgten Kinder nötigen Einkünfte desselben aus Stiftungen u. dgl., 3. die aus Kranken-, Hilfs- oder Sterbekassen zu beziehenden Hebungen, 4. der Sold und die Invalidenpension der Unteroffiziere und Soldaten und die gemäß G. 28. 2. 88 (RGBl. 59) gewährten Familienunterstützungen, 5. das Diensteinkommen der zu einem mobilen Truppenteil oder zur Besatzung eines in Dienst gestellten Kriegsfahrzeuges gehörenden Militärpersonen, 6. und 7. die Pensionen der Witwen und Waisen und die ihnen aus Witwen- und Waisenkassen zukommenden Bezüge, die Erziehungsgelder und Studienstipendien, die Pensionen invalider Arbeiter, das Diensteinkommen und die Pensionen der Offiziere, Deckoffiziere, Militärärzte, der Beamten, Geistlichen, und der Ärzte und Lehrer an öffentlichen Lehranstalten, sowie das nach ihrem Tode den Hinterbliebenen zu gewährende Sterbe- oder Gnadengehalt, soweit alle diese Bezüge nicht 1500 Mk. übersteigen; andernfalls unterliegt 1/3 des Mehrbetrages der Pfändung (s. Abschn. IV). Bei Einziehung von öffentlichen Abgaben, Disziplinar- und Zwangsstrafen, welche durch die vorgesetzte Dienstbehörde festgesetzt sind, findet für das Diensteinkommen und die Pension der Beamten das Privilegium überhaupt nicht statt. Die zur Bestreitung eines Dienstaufwandes bestimmten Einkünfte und auch der Servis der Offiziere und Militärbeamten sind weder der Pfändung unterworfen, noch bei der Ermittelung, ob und bis zu welchem Betrage ein Diensteinkommen der Pfändung unterliege, zu berechnen. Für den laufenden Arbeits- oder Dienstlohn, Honorar usw. bewendet es bei dem BundesG. 21. 6. 69 in der Ausdehnung der Novelle 29. 3. 97 (auch EZPO. 17. 5. 98 Art. III) wonach sie der Beschlagnahme nur für kurrente (nicht seit über 3 Monate fällige) direkte persönliche Abgaben und für bestimmte Alimente der Familienmitglieder und eines unehelichen Kindes unterworfen sind (§ 46; dieses LohnbeschlagnahmeG. ist nicht anwendbar auf die Dienstbezüge der öffentlichen Beamten und insoweit der Gesamtbetrag der Vergütung 1500 Mk. jährlich übersteigt; vgl. § 850 ZPO.). §§ 851 f. ZPO. sind entsprechend anzuwenden. Ist eine Forderung auf Anordnung mehrerer Vollstreckungsbehörden oder auf Anordnung einer solchen und eines Gerichts gepfändet, so finden die Vorschriften §§ 853—856 der ZPO. entsprechende Anwendung, d. h. der Drittschuldner ist berechtigt und auf Verlangen eines der Pfändenden verpflichtet, den Schuldbetrag zu hinterlegen, bzw. die bewegliche Sache dem Gerichtsvollzieher und die unbewegliche dem zu ernennenden Sequester herauszugeben (§ 48). Wegen der Rechtshilfe der entsprechenden Behörden des Wohn- oder Aufenthaltsortes vgl. § 50a.

3. Zwangsvollstreckung in das unbewegliche Vermögen. Sie erfolgt als gerichtliche Zwangsvollstreckung und ist nur zulässig, sobald feststeht, daß durch Pfändung die Beitreibung des Geldbetrages nicht erfolgen kann. Die erforderlichen Anträge sind von der Vollstreckungsbehörde zu stellen (§ 51).

b) Verwaltungsstreitverfahren (§§ 61—114). (Wegen der Grundsätze der Verf. vgl. OVG. DJZ. 03, Sp. 108: Anwendbarkeit der ZPO.; DJZ. 05, Sp. 366: Beweislast; 54, 298: Feststellungsklage; DJZ. 09, Sp. 1094: Vergleich). Die Klage ist bei dem zuständigen Gericht schriftlich einzureichen, die beim KrAussch. kann zu Protokoll erklärt werden; wegen d. Klagebegründung s. OVG. 47, 449. Die gegen orts- und kreispolizeiliche Verfügungen gerichtete Klage soll bei derjenigen Behörde angebracht werden, gegen deren Verfügung sie gerichtet ist; indessen gilt die Frist als gewahrt, wenn die Klage bei der zur Entscheidung darüber zuständigen Behörde angebracht ist (§ 129). — Erscheint die Klage sofort als rechtlich unzulässig oder unbegründet, so kann sie ohne weiteres durch einen mit Gründen versehenen Bescheid zurückgewiesen werden. Scheint dagegen der Anspruch rechtlich begründet, so kann durch einen ähnlichen Bescheid dem Beklagten ohne weiteres Klaglosstellung des Klägers aufgegeben werden (s. OVG. 30, 457). Der Vorsitzende des Kreis- und der des BzAussch., dieser im Einverständnis mit den ernannten Mitgliedern, können auch namens der Ausschüsse solche Bescheide erlassen. Den Parteien ist dabei zu eröffnen, daß sie innerhalb 2 Wochen mündliche Verhandlung beantragen oder mit dem zulässigen Rechtsmittel die höhere Instanz angehen können. Wird ein derartiger Bescheid nicht erlassen, so erhält der Beklagte die Klage zur Gegenerklärung binnen einer, von 1—4 Wochen zu bemessenden Frist zugefertigt. Hat weder der Kläger noch der Beklagte die Anberaumung der mündlichen Verhandlung ausdrücklich verlangt, oder haben beide Teile ausdrücklich darauf verzichtet, so kann das Gericht und zwar auch noch nach stattgehabtem Schriftwechsel (OVG. 12, 63) ohne solche Verhandlung seine Entscheidung nach freier Überzeugung in Form eines mit Gründen versehenen Bescheides fällen. Beweiserhebung erfolgt von Amts wegen (§ 76). — Die Parteien sind in der Wahl ihrer Bevollmächtigten unbeschränkt. Gemeindevorsteher bedürfen zur Vertretung ihrer Gemeinde keiner Vollmacht. Vollmachtstempel s. ME. 26. 6. 96 (MBl. 116). Sonst besteht Stempelfreiheit (§ 102). Über die Gebührenfreiheit gerichtlicher Handlungen s. Pr. Gerichtskosteng. (Fassung 25. 7. 10, GS. 184) § 7. — Gegen die Bescheide und die Entscheidungen des KrAussch. steht die Berufung an den BzAussch., gegen die des BzAussch. solche an das OVG. zu, soweit nicht eine besondere gesetzliche Regelung (wie z. B. in Armensachen) erfolgt ist. Die Berufung ist binnen 2 Wochen seit Zustellung bei dem Gerichte, gegen dessen Entscheidung sie gerichtet ist, schriftlich anzumelden und zu rechtfertigen; vgl. OVG. DJZ. 07 Sp. 1094. Ist die Rechtfertigung versäumt, so wird die Berufung ohne weiteres zurückgewiesen. Im übrigen gelten ähnliche Regeln für das Verfahren wie in 1. Instanz, jedoch ist Klageänderung und Erweiterung unzulässig, OVG. PrVBl. 29, 302. — Gegen die vom BzAussch. in 2. Instanz erlassenen Urteile steht in der Regel nur das Rechtsmittel der Revision an das OVG. zu, wenn behauptet wird, daß bestehendes Recht nicht oder unrichtig angewendet sei, oder daß das Verfahren an wesentlichen Mängeln leide. Die Anmeldung und Rechtfertigung der Revision hat bei dem Gerichte, welches in 1. Instanz entschieden, zu erfolgen. Zur Wahrung des öffentlichen Interesses kann ein Kommissar bestellt und seitens der Vorsitzenden der Ausschüsse die Berufung bzw. Revision eingelegt werden. Reformatio in pejus ist unzulässig, OVG. 52, 146. — Über die Kosten bestimmen die §§ 102—109.

c) Beschlußverfahren (§§ 115—126). Der Vorsitzende des Kreis-(Stadt-)Aussch., des BzAussch. und des Provinzialrates kann, soweit das Gesetz nicht die Zustimmung des Kollegiums ausdrücklich als erforderlich bezeichnet, in schleunigen oder klar liegenden Fällen allein im Namen des Ausschusses und Provinzialrates Verfügungen erlassen und Bescheide erteilen. Den abgewiesenen Beteiligten ist darin zu eröffnen, daß sie binnen 2 Wochen auf Beschlußfassung durch das Kollegium antragen oder das zuständige Rechtsmittel einlegen können. Die Behörden beschließen auf Grund der verhandelten Akten, sofern nicht das Gesetz ausdrücklich mündliche Verhandlung vorschreibt. Gegen die in 1. Instanz ergangenen Beschlüsse findet innerhalb 2 Wochen die Beschwerde an den BzAussch. bzw. den Provinzialrat statt; sie ist bei derjenigen Behörde anzubringen, gegen deren Beschluß sie sich richtet. Sie steht aus Gründen des öffentlichen Interesses auch den Vorsitzenden der Behörden zu. Die auf die Beschwerden ergehenden Bescheide sind, soweit das Gesetz nicht anders bestimmt, endgültig, doch kann sie der Vorsitzende bei Kompetenzüberschreitung oder Rechtsverletzung mit der Verwaltungsklage beim OVG. anfechten.

Für Gewerbe-, Armen- und Disziplinarsachen gelten besondere Bestimmungen (§ 157, s. unten Abschn. IV, X).

Titel 4. Rechtsmittel gegen polizeiliche Verfügungen.

Die Befugnis der Polizeibehörden, polizeiliche Verfügungen zu erlassen, beruht, soweit solche nicht auf Grund von Polizeiverordnungen oder spezialgesetzlichen Bestimmungen ergehen, auf § 10 II 17 ALR. (s. unten Abschn. VIII). Die Ortspolizei wird in den Städten, soweit sie nicht staatl. Behörden übertragen ist, vom Magistrat ausgeübt, auf dem Lande vom Amtsvorsteher. Die Identität des, die Ortspolizei verwaltenden und des, den Vorsitz im Magistrat führenden Bürgermeisters hat übrigens zur Folge, daß dieser in derselben Sache nur eine von beiden Funktionen zu üben, die andere aber seinem gesetzlichen Stellvertreter zu überlassen hat (OVG. 3, 381; 4, 339).

Zur Anfechtung polizeilicher Verfügungen war früher nur das G. 11. 5. 42 über die Zulässigkeit des Rechtsweges in bezug auf polizeiliche Verfügungen vorhanden. Nach den Bestimmungen in § 127 ff. LVG.

sind nur noch die §§ 4—6 von Bedeutung geblieben: nach § 4 findet der Rechtsweg statt, wenn für den polizeilichen Eingriff in Privatrechte nach gesetzlichen Bestimmungen Entschädigung gewährt werden muß; im übrigen findet eine Klage nicht einmal gegen einen Dritten statt (RGer. JMBl. 94, 77); § 5 gibt eine Klage, wenn der Polizei nur die vorläufige Anordnung mit Vorbehalt der Rechte der Beteiligten zusteht, oder wenn der, dem die polizeiliche Verfügung eine Verpflichtung auferlegt, behauptet, daß diese ganz oder teilweise einem anderen obliege; § 6 bestimmt, daß, wenn eine polizeiliche Verfügung auf Beschwerde als gesetzwidrig oder unzulässig aufgehoben wird, über die Haftpflicht des Beamten nach den allgemeinen Gesetzen entschieden wird. Nach § 131 LVG. ist dieser § 6 auch anzuwenden, wenn eine polizeiliche Verfügung im Verwaltungsstreitverfahren rechtskräftig aufgehoben ist, vgl. OVG. 22, 409. Der Rechtsweg ist erst nach der Aufhebung der Vfg. zulässig, OVG. PrVBl. 32, 137.

Das LVG. hat die Rechtsmittel gegen polizeiliche Verfügungen durch Zulassung des Verwaltungsstreitverfahrens beträchtlich erweitert:

A. Gegen polizeiliche Verfügungen des Regierungspräsidenten oder seiner Stellvertreter (OVG. 30, 290) ist die Beschwerde an den Oberpräsidenten und gegen dessen Bescheid die Klage beim OVG. zulässig. Die Klage kann jedoch nur auf Nichtanwendung oder unrichtige Anwendung des bestehenden Rechtes (namentlich auch der von den Behörden innerhalb ihrer Zuständigkeit erlassenen Verordnungen) sowie darauf gestützt werden, daß die tatsächlichen Voraussetzungen für die Berechtigung zum Erlaß der polizeilichen Verfügung fehlten (§ 130); also ist hier das streitige Tatsachenmaterial nur soweit zu prüfen, um über die rechtliche Zulässigkeit der Verfügung klar zu werden, nicht aber die Frage, ob die Maßregel im gegebenen Falle notwendig oder angemessen gewesen.

B. Gegen polizeiliche Verfügungen der unteren Behörden (Orts- und Kreispolizeibehörden) hat man die Wahl zwischen Beschwerde und Klage:

a) Beschwerde:

α. gegen Verfg. der Ortspolizeibehörden auf dem Lande oder einer zu einem Landkreise gehörigen Stadt bis zu 10 000 Einwohnern geht sie an den Landrat und weiter an den Regierungspräsidenten;

β. Gegen Verfg. der Ortspolizeibehörden eines Stadtkreises, einer zu einem Landkreise gehörigen Stadt mit über 10 000 Einwohnern, oder des Landrates: an den Regierungspräsidenten und weiter an den Oberpräsidenten [1]);

γ. gegen die letztinstanzlichen Bescheide (des Regierungspräsidenten bzw. des Oberpräsidenten) findet die Klage bei dem OVG. in der unter A erwähnten Beschränkung statt (§ 127).

b) Klage:

An Stelle dieser Beschwerde kann man die Klage — aber auch nur in jener Beschränkung — anstellen, und zwar

---

[1]) In Berlin an den Oberpräsidenten; im Landespolizeibezirk Berlin gegen Verfügungen der Polizeibehörden der Vororte an den Polizeipräsidenten zu Berlin (§ 2 Nr. 1 G. 13. 6. 00, OVG. 43, 209).

α. gegen Verfügungen wie oben unter a) α. bei dem KrAusſch.,
β. „ „ „ „ „ a) β. bei dem BzAusſch.[1]
(§ 128).

Beſchwerde und Klage (mit Ausnahme der Klage unter a) c., welche dem OVG. direkt einzureichen) ſind bei der Behörde anzubringen, welche die angegriffene Verfügung erließ, doch wahrt die Einreichung bei der angerufenen Behörde die Friſt. Ein Rechtsmittel ſchließt das andere aus. Im Zweifel gilt die Schrift als Beſchwerde (§ 129).

C. Schließlich ſei noch darauf hingewieſen, daß die polizeilichen Verfügungen — in der Regel, obgleich dies kein unterſcheidendes Merkmal iſt — ſich an einzelne (phyſiſche oder juriſtiſche) Perſonen richten, denen eine beſtimmte Handlung oder Unterlaſſung geboten wird. Auch wenn die Polizei zur Abſtellung eines Übelſtandes unmittelbar tatſächlich eingreift, liegt eine polizeiliche Verfügung in dem hier in Rede ſtehenden Sinne vor. Dasſelbe gilt für polizeiliche Beſcheide, durch welche die erforderliche und nachgeſuchte polizeiliche Erlaubnis erteilt oder verſagt wird (z. B. eine Bauerlaubnis, vgl. RGer. 59, 72). — (Eine dauernd wirkende polizeiliche Verfügung hat den Fortbeſtand der Vorbedingung ihres Erlaſſes [z. B. der Schädlichkeit des Waſſers eines polizeilich geſchloſſenen Brunnens] zur Vorausſetzung. Wird der Fortfall dieſes Fortbeſtandes behauptet, die Verfügung aber dennoch aufrecht erhalten, ſo liegt hierin eine neue polizeiliche Verfügung, die wie jede andere angefochten werden kann; OVG. 15, 413).

Eine polizeiliche Verfügung darf ſich nur auf polizeiliche Motive ſtützen, z. B. nicht die künſtleriſch für angemeſſen erachtete Umgeſtaltung eines Bauprojektes verlangen (OVG. Bd. 20, 228).

Titel 5. Zwangsbefugniſſe.

Hier iſt nur von den Zwangsbefugniſſen der in dieſem Titel benannten Behörden die Rede; diejenigen anderer Behörden, insbeſondere der Regierungen nach § 11 der Reg.-Inſtruktion 23. 10. 17 u. § 34 ff. V. 26. 12. 1808, bleiben unberührt.

Der § 132 beſtimmt: der Regierungspräſident, der Landrat, die Ortspolizeibehörde und der Gemeinde- (Guts-) Vorſtand ſind berechtigt, die von ihnen in Ausübung der obrigkeitlichen Gewalt getroffenen, durch ihre geſetzlichen Befugniſſe gerechtfertigten Anordnungen durch Anwendung folgender Zwangsmittel durchzuſetzen:

a) wenn tunlich hat die Behörde die zu erzwingende Handlung durch einen Dritten ausführen zu laſſen und den vorläufig zu beſtimmenden Koſtenbetrag im Zwangswege von dem Verpflichteten einzuziehen;

b) iſt dies nicht tunlich oder ſteht feſt, daß der Verpflichtete die Koſten nicht bezahlen kann, oder ſoll eine Unterlaſſung erzwungen werden, ſo können Geld- und evt. Haftſtrafen angedroht und feſtgeſetzt werden, und zwar durch

[1] Auch in Berlin, weil ja in Verwaltungsſtreitſachen hier auch ſtets der BzAusſch. zuſtändig bleibt. Gegen ortspolizeiliche Verfügungen aus dem G. 12. 6. 89 (ſ. oben S. 257 Anm. Abſ. 5) findet die Beſchwerde an den Oberpräſidenten oder die Klage beim BzAusſch. zu Potsdam ſtatt (§ 3 G.).

a. die Gemeinde- (Guts-) Vorstände bis 5 M., im Unvermögensfalle 1 Tag Haft,

b. die Ortspolizeibehörde und die städtischen Gemeindevorstände in einem Landkreise bis 60 M., event. 1 Woche,

c. die Landräte sowie die Polizeibehörden und Gemeindevorstände in einem Stadtkreise bis 150 M., event. 2 Wochen,

d. den Regierungspräsidenten bis 300 M., event. 4 Wochen.

Der Ausführung durch einen Dritten sowie der Festsetzung einer Strafe muß immer eine schriftliche Androhung (Stempel genügt OVG. 31, 428; 47, 407; Zustellung ist nicht erforderlich, RGer. 61, 100) mit Fristbestimmung bei einer zu erzwingenden Handlung vorhergehen; die Androhung kann auch die höchste Strafgrenze als solche enthalten (MV. 31. 7. 95, MBl. 230). Ob neben Androhung gerichtlicher Strafe solche polizeilicher Zwangsstrafe zulässig sei, ist streitig, OVG. 2, 295; aber 5, 278, 7, 300 u. a.; vgl. ME. 25. 11. 84 (PrVBl. 6, 113), jedoch neuerdings OVG. 52, 302f., 310.

c) unmittelbarer Zwang darf nur angewendet werden, wenn die Anordnung ohne einen solchen unausführbar ist. Sämtliche Mittel des Zwanges sind gegeben.

Den Polizeibehörden stehen, auch wenn sie als Organe der Staatsanwaltschaft handeln (§§ 153 GVG., 159, 161 StrPO.), die Zwangsmittel des § 132 zu. Beschwerden über ihr Verfahren sind an die Staatsanwaltschaft abzugeben (ME. 9. 5. 96, MBl. 79; OVG. 26, 386).

Der § 133 bestimmt: Gegen die Androhung eines Zwangsmittels finden dieselben Rechtsmittel (also Beschwerde und Klage, s. oben Tit. 4) statt, wie gegen die Anordnungen (polizeilichen Verfügungen), um deren Durchsetzung es sich handelt. Die Rechtsmittel erstrecken sich zugleich auf diese Anordnungen, sofern sie nicht bereits Gegenstand eines besonderen Beschwerde- und Verwaltungsstreitverfahrens geworden sind. Diese Prüfung der polizeilichen Verfügung selbst tritt also auch dann noch ein, wenn die für die Anbringung des Rechtsmittels gegen die Verfügung vorgeschriebene Frist bereits verstrichen ist. Ist aber nicht erst Androhung, sondern schon Festsetzung und Ausführung des Zwangsmittels in Rede, so findet dagegen in allen Fällen nur die Beschwerde im Aufsichtswege (auch innerhalb der gewöhnlichen Frist von 2 Wochen) statt. — Haftstrafen dürfen vor der endgültigen Beschlußfassung oder rechtskräftigen Entscheidung bzw. vor Ablauf der Rechtsmittelfrist nicht vollstreckt werden.

Titel 6. Polizeiverordnungsrecht (s. unten Abschn. VIII).

Titel 7. Übergangs- und Schlußbestimmungen.

Im Zusammenhang mit dem LVG. ist zu erwähnen das

G. 1. 8. 83 (GS. 237) über die Zuständigkeit der Verwaltungs- und Verwaltungsgerichtsbehörden.

Die durch die neue Gesetzgebung geschaffenen neuen Behörden übernahmen nicht in Bausch und Bogen bestimmte Teile der von den bisherigen Staatsbehörden geführten Geschäfte. Es ließ sich nicht einfach sagen: der Provinzialrat, BzAussch., KrAussch. tritt an die Stelle des

Oberpräsidenten, des Regierungspräsidenten und der Regierung, des Landrates, denn diese sollten ja einen großen Teil ihrer Wirksamkeit behalten. Vielmehr schoben sich die neuen Behörden in die bisherige Organisation ein, und noch dazu in doppelter Eigenschaft: als verwaltungsgerichtliche oder als lediglich mit der Verwaltungsbeschlußfassung betraute Instanzen. In letzter Hinsicht hat das frühere VerwaltungsgerichtsG. den Satz an die Spitze gestellt, daß Streitsachen über Ansprüche und Verbindlichkeiten aus dem öffentlichen Rechte den Gegenstand der Verwaltungsgerichtsbarkeit (des Verwaltungsstreitverfahrens) bilden. Hiermit aber war die Grenze doch nicht klar genug gezogen. Man war gezwungen, anstatt einer Generalklausel für jeden einzelnen Fall festzusetzen, ob das Streitverfahren oder das Beschlußverfahren einzutreten habe. Danach sind die neuesten Verwaltungsgesetze gearbeitet worden; sie enthalten überall diese unterscheidenden Festsetzungen zugleich mit Angabe der zuständigen Behörden. Aber wo hiervon in den vielen älteren G. (wie StO., GewO. usw.) noch nicht die Rede sein konnte, mußte ein besonderes ZG. die Lücken ausfüllen. Eigentlich stellt es sich für die einzelnen einschlagenden Gesetze als Ergänzungs- oder auch Abänderungs-G. (sog. Novelle) dar.

Bei der Zuständigkeitsabgrenzung und Feststellung kommt dreierlei in Betracht:

1. Abgrenzung der Zuständigkeit der neuen Behörden (Kr.- und BzAussch., Provinzialräte nnd Oberverwaltungsgericht) gegen die alten Staats- und Kommunalbehörden;

2. die vorher schon hervorgehobene Abgrenzung zwischen Beschluß- und Verwaltungsstreitverfahren;

3. Abgrenzung der Verwaltungs- gegen die ordentliche (Zivil)-Gerichtsbarkeit. Sie ist erleichtert worden durch die Bestimmung in § 13 des GVG., wonach „alle bürgerlichen Rechtsstreitigkeiten, für welche nicht entweder die Zuständigkeit von Verwaltungsbehörden oder Verwaltungsgerichten begründet ist", vor die ordentlichen Gerichte gehören. Hiernach bedurfte es eigentlich keiner weiteren Vorschriften, durch welche in den einzelnen Fällen für die den Verwaltungsgerichten überwiesenen Angelegenheiten noch ausdrücklich der ordentliche Rechtsweg ausgeschlossen wird. Dessenungeachtet erschien dies doch da wünschenswert, wo ein früheres Gesetz ausdrücklich die Entscheidung der ordentlichen Gerichte für zulässig erklärt, z. B. die §§ 9, 10, 15 des G. 24. 5. 61 über die Erweiterung des ordentlichen Rechtsweges und § 79 ALR. II 14, welche hiernach bei streitigen Abgaben an die Kommunal-, Schul-, Landarmen-, Synagogenverbände usw. nicht mehr anzuwenden sind (s. § 160 ZG.; OVG. 17, 217).

Das ZG. teilt seine Vorschriften für die einzelnen Verwaltungsgebiete in 24 Titel ein (Angelegenheiten der Provinzen, Kreise, Amtsverbände, Stadtgemeinden, Landgemeinden, Armen-, Schul-, Wege-, Gewerbe-, Bau-, Enteignungsangelegenheiten usw.). In einzelnen Fällen geht das G. über seine eigentliche Aufgabe, die betreffenden alten, bestehenden Gesetze lediglich durch Kompetenzbestimmungen zu ergänzen, hinaus. Wenn es z. B. in § 17 bestimmt, daß Meinungsverschiedenheiten zwischen Magistrat und Stadtverordneten nicht vor einer höheren Instanz zum Austrag gebracht werden können, falls die Angelegenheit auf sich beruhen bleiben kann, so ist das keine zusätzliche Kompetenz-, sondern eine Abänderungsbestimmung zur StO. (und zwar eine sehr wichtige und richtige). — Der § 156 enthielt eine Vorschrift, betr. die Vereinigung von Gemeinden und Gutsbezirken zu gemeinschaftlichen Einschätzungsbezirken für die Klassensteuer; jetzt § 32 EinkStG. 19. 6. 06. Bezügl. §§ 16 u. 31 vgl. § 77 KAG. Bezügl. § 18 s. StO. §§ 4 u. 52; s. ferner Abschn. III I B.

Die vorliegende Arbeit fügt die Bestimmungen des ZG. da ein, wohin sie dem Stoffe nach gehören.

III. Selbstverwaltung.

I. Städte.

Mit der Regelung der städtischen Verhältnisse hat in Preußen die Selbstverwaltungsgesetzgebung eingesetzt. Die im ALR. II 8 §§ 1—178 niedergelegten Bestimmungen über die Städte und ihre Einwohner wurden durch die „Ordnung für sämtliche Städte der Preuß. Monarchie von 19. 11. 1808" ersetzt. Hierdurch ist die große Tat vollbracht worden, welche die Städtebürger von der beengenden Vormundschaft unmittelbarer Staatsbeamten befreite und sie zur Selbstverwaltung ihrer Angelegenheiten berief. Zwei, aus der Wahl der Bürger hervorgegangene Körperschaften erhielten die Leitung: die Stadtverordnetenversammlung als vertretende, Beschluß fassende, kontrollierende Körperschaft und der Magistrat als ausführende und verwaltende Stadtbehörde. Die Aufsicht des Staates durch die Provinzialbehörden wurde bestimmt in den Gesetzen geregelt. Unter dem 17. 3. 31 erging die revidierte Städteordnung, welche in den Grundlagen nichts änderte, sondern nur die Klassifikation der Städte beseitigte und die Möglichkeit, durch Ortsstatuten Sonderbestimmungen zu treffen, erweiterte. Demnächst hat die GemeindeO. 11. 3. 50 versucht, die Gemeindeverfassung für die Städte, Landgemeinden und selbständigen Gutsbezirke im ganzen Staatsgebiet einheitlich zu regeln. Dieses Gesetz wurde indessen, bevor es durchgeführt worden, durch G. 24. 5. 53 aufgehoben. Die demnächst für die östlichen Provinzen erlassene StädteO. 30. 5. 53 gab im wesentlichen die Bestimmung der GemeindeO. wieder, nur wurde die Stellung des Magistrats in der Weise geändert, daß er das Recht erhielt den von ihm auszuführenden Beschlüssen der Stadtverordnetenversammlung zuzustimmen oder sie zu verwerfen. Die Städte in Neuvorpommern und Rügen behielten ihre auf besonderen Gesetzen, Patenten, Rezessen nebst einem G. 31. 5. 53 beruhende Verfassung. Für andere Landesteile ist die gedachte Städteordnung nachgeahmt worden; ziemlich wörtlich für Westfalen (19. 3. 56), mit bedeutenderen Abänderungen für Frankfurt a. M. (25. 3. 67) und Schleswig-Holstein (14. 4. 69). Die Städteordnung für die Rheinprovinz (15. 5. 56) beruht auf der sogen. Bürgermeistereiverfassung: anstatt des Magistrats führt der Bürgermeister, der zugleich Vorsitzender der Stadtverordnetenversammlung ist, die Verwaltung. Für Hessen-Nassau ist am 4. 8. 97 eine StO. erlassen und für Sigmaringen und Hechingen die Hohenzollernsche Gemeindeordnung vom 2. 7. 00. In der Provinz Hannover gilt noch die hann. revidierte StO. 24. 6. 58 Hann. GS. 141. Zu den StO. für Westfalen und die Rheinprovinz ist ergangen: ErgänzungsG. 20. 5. 96.

Hier soll nur die Städteordnung für die östlichen Provinzen in Betracht gezogen werden. Sie ist durch die neuere Gesetzgebung, namentlich durch das ZG., das KAG., die (auch für die westfälische, rheinische, schleswig-holsteinische und Frankfurter StO. ergangene) Novelle 1. 3. 91, das G. 29. 6. 93 betr. Änderung des Wahlverfahrens, das G. betr. Bildung der Wählerabteilungen 30. 6. 00, Komm.BeamtenG. 30. 7. 99, die LGO., das Kreis- und Provinzialabgabengesetz vom 23. 4. 1906 vielfach durchlöchert, geändert und ergänzt worden. Deshalb soll dieses wichtige, erste Selbstverwaltungs-Gesetz nachstehend unter Weglassung der aufgehobenen und Einschiebung (mit gesperrter Schrift) der neuen Bestimmungen, also in seiner jetzigen Geltung, vollständig wiedergegeben werden. Die erläuternden Bemerkungen zu einzelnen Paragraphen sind unmittelbar hinter ihnen mit kleinerer Schrift abgedruckt.

A. Städteordnung für die Provinzen Preußen, Brandenburg, Pommern, Schlesien, Posen und Sachsen v. 30. 5. 53.

§ 1. (Enthält Einführungs-Bestimmungen, die jetzt veraltet sind.)

Titel I. Von den Grundlagen der städtischen Verfassung.

§ 2. Den städtischen Gemeindebezirk (Stadtbezirk) bilden alle diejenigen Grundstücke, welche demselben bisher angehört haben[1]).

Grundstücke, welche bisher noch keinem Gemeinde- oder selbständigen Gutsbezirke angehört haben, können nach Vernehmung der Beteiligten und nach Anhörung des Kreistages durch Beschluß des Bezirksausschusses[2]) mit dem Stadtbezirk vereinigt werden. (ZG. § 8.)

Eine Vereinigung eines ländlichen Gemeinde- oder eines selbständigen Gutsbezirks mit einer Stadtgemeinde kann nach Anhörung der beteiligten Gemeinde oder des Gutsbesitzers sowie des Kreisausschusses mit Königlicher Genehmigung erfolgen, wenn die Beteiligten hiermit einverstanden sind. Wenn ein Einverständnis der Beteiligten nicht zu erzielen ist, so ist die Zustimmung derselben, sofern das öffentliche Interesse dies erheischt, im Beschlußverfahren nach erfordertem Gutachten des Kreistages durch den Bezirksausschuß[2]) zu ersetzen. Gegen den Beschluß des Bezirksausschusses[2]) steht den Beteiligten und nach Maßgabe des § 123 des Gesetzes über die allgemeine Landesverwaltung vom 30. Juli 1883 (Gesetz-Samml. S. 195) dem Vorsitzenden des Bezirksausschusses die weitere Be-

[1]) Eigennamen selbständiger Kommunen dürfen nur mit Königlicher Genehmigung geändert werden (MB. 9. 11. 03 MBl. 242). Auch Berichtigungen aus Gründen der Rechtschreibung sind unstatthaft, z. B. Biesental statt Biesenthal. Vgl. auch OVG. 38, 421; MB. 29. 7. 97 MBl. 135.

[2]) Für die Stadt Berlin tritt an die Stelle des Bezirksausschusses in Beschlußsachen (im Gegensatz zu Verwaltungs-Streitsachen, bei denen auch in Berlin der Bezirksausschuß entscheidet) der Oberpräsident (LVG. § 43). Die einzelnen Fälle, bei denen dies geschieht, sind hier überdies noch durch Anmerkungen kenntlich gemacht. Für den hier in Rede stehenden § 2 der StO. vergl. auch § 41 des LVG., wonach der Oberpräsident von Berlin zugleich Oberpräsident der Berlin umschließenden Provinz Brandenburg ist, also in diesen Differenzen zwischen Berlin und einer der Provinz Brandenburg angehörenden Gemeinde wohl entscheiden kann.

schwerde an den Provinzialrat zu. Erachtet der Oberpräsident das öffentliche Interesse durch den Beschluß des Provinzialrats für gefährdet, so steht demselben in der gleichen Weise (§ 123 a. a. O.) die Beschwerde an das Staatsministerium offen. Der mit Gründen zu versehende Beschluß des Staatsministeriums ist dem Oberpräsidenten behufs Zustellung an die Beteiligten zuzufertigen. (LGO. § 2 Nr. 6, 3.)

Die Abtrennung einzelner Teile von einem Stadtbezirk und deren Vereinigung mit einem angrenzenden Gemeinde- oder selbständigen Gutsbezirk sowie die Abtrennung einzelner bisher zu einer anderen Gemeinde oder zu einem selbständigen Gute gehörender Grundstücke und deren Vereinigung mit einem angrenzenden Stadtbezirk kann nach erfordertem Gutachten des Kreistages durch Beschluß des Bezirksausschusses[1]) vorgenommen werden, wenn außer den Vertretungen der beteiligten Gemeinden und den beteiligten Gutsbesitzern auch die Eigentümer jener Grundstücke darin einwilligen oder wenn beim Widerspruche Beteiligter das öffentliche Interesse es erheischt. Gegen den Beschluß des Bezirksausschusses steht den Beteiligten und dem Vorsitzenden des Bezirksausschusses die weitere Beschwerde an den Provinzialrat[2]) und gegen den Beschluß des Provinzialrats dem Oberpräsidenten die fernere Beschwerde an das Staatsministerium nach Maßgabe des Abs. 3 offen. Soll aus den abgetrennten Grundstücken ein neuer Gemeinde- oder Gutsbezirk gebildet werden, so ist die königliche Genehmigung erforderlich. (LGO. § 2, Nr. 6, 4.)

Ein öffentliches Interesse im Sinne des Abs. 3 und 4 ist nur dann als vorliegend anzusehen,

a) wenn Landgemeinden oder Gutsbezirke ihre öffentlich-rechtlichen Verpflichtungen zu erfüllen außerstande sind.

Bei Beurteilung dieser Frage sind Zuwendungen, welche Gemeinden und Gutsbezirken vom Staate oder größeren Kommunalverbänden zustehen, nicht als bestimmend zu erachten;

b) wenn die Zersplitterung eines Gutsbezirkes oder die Bildung von Kolonien in einem Gutsbezirke die Abtrennung einzelner Teile desselben und deren Zuschlagung zu einer Stadtgemeinde notwendig macht;

c) wenn infolge örtlich verbundener Lage mehrerer Landgemeinden oder von Gutsbezirken oder Teilen derselben mit Stadtgemeinden ein erheblicher Widerstreit der kommunalen Interessen entstanden ist, dessen Ausgleichung auch durch Bildung von Verbänden im Sinne der §§ 128 ff. LGO. vom 3. Juli 91 nicht zu erreichen ist. (LGO. § 2 Nr. 5.)

In den vorstehend bezeichneten, der königlichen Genehmigung unterliegenden Fällen ist vor deren Erwirkung der Beschluß des Bezirksausschusses[3]) oder des Provinzialrats[4]) sowie das Gutachten des Kreistags den Beteiligten mitzuteilen. (LGO. § 2 Nr. 7.)

Über die infolge solcher Veränderung notwendig werdende Auseinandersetzung zwischen den Beteiligten beschließt der Bezirks-

---

[1]) (Siehe vorige Seite Anm. 2.)

[2]) In Berlin tritt an die Stelle des Provinzialrates in den Fällen, in denen er in 1. Instanz beschließt, der Oberpräsident, in den übrigen Fällen der zuständige Minister (LVG. § 43).

[3]) In Berlin zuständig der Oberpräsident.

[4]) In Berlin des Ministers des Innern.

ausschuß[1]), vorbehaltlich der den Beteiligten gegeneinander zustehenden Klage im Verwaltungsstreitverfahren bei dieser Behörde[2]).

Bei dieser Auseinandersetzung sind erforderlichen Falles Bestimmungen zur Ausgleichung der öffentlich-rechtlichen Interessen der Beteiligten zu treffen. Insbesondere können einzelne Beteiligte im Verhältnis zu anderen Beteiligten, welche für gewisse kommunale Zwecke bereits vor der Vereinigung für sich allein Fürsorge getroffen haben, oder solche Beteiligte, welche vorwiegend Lasten in die neue Gemeinschaft bringen, zu Vorausleistungen verpflichtet werden. Auch kann, wenn eine Gemeinde oder der Besitzer eines Gutsbezirks durch die Abtrennung von Grundstücken eine Erleichterung in öffentlich-rechtlichen Verpflichtungen erfährt, der Gemeinde, welcher, oder dem Gutsbezirke, welchem jene Grundstücke einverleibt werden, ferner der neuen Gemeinde oder dem neuen Gutsbezirk, welche aus letzteren gebildet werden, eine Beihilfe zu den ihnen durch die Bezirksveränderung erwachsenden Ausgaben bis zur Höhe des der anderen Gemeinde oder dem Gutsbesitzer dadurch entstehenden Vorteils zugebilligt werden. Im Falle der Vereinigung von Gemeinden geht das Vermögen derselben auf die neugebildete Gemeinde über. (LGO. § 3.)

Privatrechtliche Verhältnisse dürfen durch dergleichen Veränderung niemals gestört werden.

Eine jede solche Veränderung ist durch das Amtsblatt bekannt zu machen. Veränderungen, welche bei Gelegenheit einer Gemeinheitsteilung vorkommen, unterliegen diesen Bestimmungen nicht.

Streitigkeiten über die bestehenden Grenzen der Stadtbezirke unterliegen der Entscheidung im Verwaltungsstreitverfahren.

Über die Festsetzung streitiger Grenzen beschließt vorläufig, sofern es das öffentliche Interesse erheischt, der Bezirksausschuß[1]). Bei dem Beschlusse behält es bis zur rechtskräftigen Entscheidung im Verwaltungsstreitverfahren sein Bewenden[3]). (ZG. § 9.)

Wegen Abänderung der Grenzen von Stadtkreisen vgl. § 3 der KrO.

§ 3. Alle Einwohner des Stadtbezirks, mit Ausnahme der servisberechtigten Militärpersonen des aktiven Dienststandes, gehören zur Stadtgemeinde.

Als Einwohner werden diejenigen betrachtet, welche in dem Stadtbezirk nach den Bestimmungen der Gesetze ihren Wohnsitz haben.

Zu Abs. 1: § 38 RMilG. 2. 5. 74; s. das Verzeichnis der servisberechtigten Militärpersonen RGBl. 1910, 552.

Zu Abs. 2: LGO. § 7, BGB. § 7.

§ 4. Alle Einwohner des Stadtbezirks sind zur Mitbenutzung der öffentlichen Gemeindeanstalten der Stadt berechtigt und zur Teilnahme an den städtischen Gemeindelasten nach den Vorschriften des Kommunalabgabengesetzes v. 14. 7. 93 (GS. 152) verpflichtet.

Die Bestimmungen besonderer Stiftungen, welche mit dergleichen städtischen Gemeindeanstalten verbunden sind, sowie die hinsichtlich solcher Anstalten auf besonderen Titeln ruhenden Privatrechte werden hierdurch nicht berührt.

Inwieweit die im Offiziersrange stehenden Militärpersonen des Friedensstandes, welche der Heranziehung zur Einkommensteuer unterliegen, neben den nach den bestehenden Bestimmungen (§ 1 Ziffer 1 der V. v. 23. Sept. 1867, GS. 1648) bereits zu entrichtenden

[1]) In Berlin zuständig der Oberpräsident.

[2]) Für das Verwaltungsstreitverfahren ist hier für Berlin das OVG. zuständig (ZG. § 21).

[3]) In Berlin ist in den Fällen des § 9 ZG. für das Verwaltungsstreitverfahren an Stelle des BzAussch. das OVG zuständig (ZG. § 21).

Kommunalabgaben vom Grundbesitz und Gewerbebetriebe, von dem aus sonstigen Quellen fließenden außerdienstlichen Einkommen eine Abgabe zu den Gemeindezwecken an die Gemeinde des Garnisonortes zu entrichten haben, bestimmt das G. v. 29. Juni 1886 (GS. 181), betreffend die Heranziehung von Militärpersonen zu Abgaben für Gemeindezwecke nebst dem AbänderungsG. 22. 4. 92 (GS. 101).

Die Heranziehung der Staatsdiener, der Beamten, Elementarlehrer und unteren Kirchendiener zur Gemeindeeinkommensteuer ist durch Gesetz v. 16. 6. 1909 GS. 489 geregelt. Das Gesetz findet aber nur auf die Beamten usw. Anwendung, die nach dem 31. März 1909 in das Amtsverhältnis eingetreten sind. Für die anderen Beamten, die Militärpersonen und die Geistlichen sind nach § 41 KAG. die Vorschriften der Verordnung v. 23. September 1867 GS. 1648 anzuwenden.

Das notwendige Domizil der Beamten findet bei der Kommunalbesteuerung keine Anwendung. (§ 12 G. 27. 7. 85 u. § 41 KAG.)

Auf Beschwerden und Einsprüche betreffend das Recht zur Mitbenutzung der öffentlichen Gemeindeanstalten sowie zur Teilnahme an den Nutzungen und Erträgen des Gemeindevermögens beschließt der Gemeindevorstand. (ZG. § 18, vgl. § 49 StO.) Gegen den Beschluß findet binnen zwei Wochen die Klage bei dem Bezirksausschusse statt. Der Gemeindevorstand kann zur Wahrnehmung seiner Rechte in diesem Verfahren einen besonderen Vertreter bestellen. (ZG. §§ 18, 21, LVG. §§ 63, 86.)

Der Entscheidung im Verwaltungsstreitverfahren unterliegen desgleichen Streitigkeiten zwischen Beteiligten über ihre in dem öffentlichen Rechte begründete Berechtigung zu den im Abs. 7 bezeichneten Nutzungen.

Es wird auf die hinter dieser St. folgende Darstellung des KAG. verwiesen.

Zu Abs. 1: Öffentliche Gemeindeanstalten sind Einrichtungen, die zu treffen die Gemeinde entweder kraft öffentlichen Rechtes verpflichtet ist (z. B. Volksschulen) oder deren Benutzung im Falle ihrer Einrichtung auf gesetzlicher Vorschrift oder behördlicher Anordnung beruht (z. B. Schlachthäuser); andere Anstalten dann, wenn sie nach dem Willen der Gemeinde als öffentliche Gemeindeanstalten begründet sind (z. B. Gasanstalten) (OVG. 20, 22; Pr. VBl. 29, 911). Für die öffentlichen Gemeindeanstalten kann die Gemeinde den Gemeindegliedern die Voraussetzungen, Bedingungen und Art der Benutzung vorschreiben (OVG. 21, 124).

Zu Abs. 2: Zu den hier genannten Militärpersonen gehören: Offiziere, Sanitätsoffiziere, obere Militärbeamte, Marineingenieure, Gendarmerieoffiziere (§ 42 KAG.); nicht aber Offiziere des Beurlaubtenstandes, auch nicht während der Übungen (OVG. 3. 7. 06 MBl. 296; OVG. 48, 65).

Zu Abs. 7 und 8: Wegen der Rechtsmittel gegen die Heranziehung zu den Gebühren s. §§ 69, 70 KAG.

§ 5. Das Bürgerrecht besteht in dem Rechte zur Teilnahme an den Wahlen sowie in der Befähigung zur Übernahme unbesoldeter Ämter in der Gemeindeverwaltung und zur Gemeindevertretung.

Jeder selbständige Preuße erwirbt dasselbe, wenn er seit einem Jahre

1. Einwohner des Stadtbezirks ist und zur Stadtgemeinde gehört (§ 3);
2. keine Armenunterstützung aus öffentlichen Mitteln empfangen;
3. die ihn betreffenden Gemeindeabgaben gezahlt hat und außerdem
4. entweder
   a) ein Wohnhaus im Stadtbezirk besitzt (§ 16), oder
   b) ein stehendes Gewerbe selbständig als Haupterwerbsquelle und in Städten von mehr als 10000 Einwohnern mit wenigstens 2 Gehilfen selbständig betreibt, oder
   c) zur Einkommensteuer oder zu einem fingierten Normalsteuersatze von 4 Mark veranlagt ist, oder ein Jahreseinkommen von mehr als 660 Mark hat.

Steuerzahlungen, Einkommen, Haus- und Grundbesitz der Ehefrau werden dem Ehemann, Steuerzahlungen, Einkommen, Haus- und Grundbesitz der minderjährigen, beziehungsweise der in väterlicher Gewalt befindlichen Kinder dem Vater angerechnet.

In den Fällen, wo ein Haus durch Vererbung auf einen andern übergeht, kommt dem Erben bei Berechnung der Dauer des einjährigen Wohnsitzes die Besitzzeit des Erblassers zugute.

Als selbständig wird nach vollendetem vierundzwanzigsten Lebensjahre ein jeder betrachtet, der einen eigenen Hausstand hat, sofern ihm nicht das Verfügungsrecht über sein Vermögen oder dessen Verwaltung durch richterliche Erkenntnis entzogen ist.

Inwiefern über die Erlangung des Bürgerrechts von dem Magistrat eine Urkunde (Bürgerbrief) zu erteilen ist, bleibt den statutarischen Anordnungen vorbehalten.

Zu Abs. 2: Wer Preuße ist s. RG. 1. 6. 70, EGBGB. Art. 41; die preußische Staatsangehörigkeit braucht nicht ein Jahr lang zu bestehen (OVG. Pr. VBl. 21, 503); Frauen besitzen weder das volle Bürgerrecht noch das Wahlrecht (OVG. 51, 12); über Armenunterstützung s. OVG. 37, 14. Auch vorübergehende Unterstützung (Krankenhauspflege usw.) gehört hierher. Die Vorschriften des RG. betr. die Einwirkung von Armenunterstützung auf öffentliche Rechte v. 15. 3. 09 RGBl. 319 finden hier keine Anwendung. Zu Nr. 4b: Für die Bestimmung der Einwohnerzahl ist die letzte Volkszählung maßgebend; aktive Militärpersonen bleiben dabei außer Berechnung (MR. 3. 5. 66, 16. 2. 72). — Vgl. zu dieser Nr. den unten im § 52 eingeschobenen § 13 der GewO. Zu Nr. 4c: vgl. §§ 79—82 EinkStG. 19. 6. 06 (§ 82 Abs. 3 bezieht sich nicht auf die StO.). Vgl. ferner Anm. zu § 13 Abs. 2.

Zu Abs. 5: Einen „eigenen Hausstand" hat jeder, der über einen oder mehrere Wohnräume selbständig verfügt, also auch ein Chambregarnist u. dgl. (OVG. 14, 170), nicht ein Schlafbursche OVG. 37, 14), MV. 13. 7. 00 (MBl. 209). Vgl. auch OVG. Pr. VBl. 26, 601.

§ 5a. Die Gemeindevertretung beschließt auf Beschwerden und Einsprüche, betr. den Besitz oder den Verlust des Bürgerrechts, sowie des Rechts zur Bekleidung einer den Besitz des Bürgerrechts voraussetzenden Stelle in der Gemeindeverwaltung oder Gemeindevertretung. (ZG. § 10 Nr. 1.)

Der Beschluß der Gemeindevertretung bedarf keiner Genehmigung oder Bestätigung von seiten des Gemeindevorstandes oder der Aufsichtsbehörde. Gegen den Beschluß der Gemeindevertretung findet binnen zwei Wochen die Klage bei dem Bezirksausschuß statt, die auch dem Gemeindevorstande zusteht. Sie hat keine aufschiebende Wirkung. Die Gemeindevertretung und der Gemeindevorstand können zur Wahrnehmung ihrer Rechte im Verwaltungsstreitverfahren einen besonderen Vertreter bestellen. (ZG. §§ 10, 11, 21; LVG. § 63.)

§ 6. Verlegt ein Bürger seinen Wohnsitz nach einer anderen Stadt, so kann ihm das Bürgerrecht in seinem neuen Wohnort, wenn sonst die Erfordernisse zur Erlangung desselben vorhanden sind, von dem Magistrate im Einverständnisse mit der Stadtverordnetenversammlung (§ 12) schon vor Ablauf eines Jahres verliehen werden.

Diese Bestimmungen finden auch auf den Fall Anwendung, wenn der Besitzer eines, einen besonderen Gutsbezirk bildenden Gutes oder ein stimmberechtigter Einwohner einer Landgemeinde seinen Wohnsitz nach einer Stadt verlegt.

Der Magistrat ist im Einverständnis mit der Stadtverordnetenversammlung befugt, Männern, welche sich um die Stadt verdient gemacht haben, ohne Rücksicht auf die oben gedachten besonderen Erfordernisse das Ehrenbürgerrecht zu erteilen, wodurch keine städtischen Verpflichtungen entstehen.

Das Ehrenbürgerrecht geht verloren, sobald der Ehrenbürger aufhört, Preuße zu sein (OVG. 30, 1).

§ 7. Wem durch rechtskräftiges Erkenntnis die bürgerlichen Ehrenrechte aberkannt sind, der verliert dadurch dauernd die von ihm bisher bekleideten Ämter in der Gemeindeverwaltung und Gemeindevertretung sowie für die im Urteile bestimmte Zeit das Bürgerrecht überhaupt und die Fähigkeit, dasselbe zu erwerben. (StrGB. §§ 33, 34, 36.)

Die rechtskräftig erfolgte Aberkennung der Fähigkeit zur Bekleidung öffentlicher Ämter hat den dauernden Verlust der bisher bekleideten Ämter in der Gemeindeverwaltung und Gemeindevertretung sowie für die im Urteile bestimmte Zeit die Unfähigkeit zur Übernahme solcher Ämter zur Folge. (StrGB. §§ 35, 36.)

Ist gegen einen Bürger wegen eines Verbrechens oder eines Vergehens, welches die Aberkennung der bürgerlichen Ehrenrechte zur Folge haben muß oder kann, das Hauptverfahren eröffnet, oder ist derselbe zur Untersuchungshaft gebracht, so ruht die Ausübung des ihm zustehenden Bürgerrechts so lange, bis das Strafverfahren beendet ist. (StrPO. §§ 196 ff.)

Das Bürgerrecht geht verloren, sobald eines der zur Erlangung desselben vorgeschriebenen Erfordernisse bei dem bis dahin dazu Berechtigten nicht mehr zutrifft.

Verfällt ein Bürger in Konkurs, so verliert er dadurch das Bürgerrecht und erlangt es erst wieder, wenn das Verfahren beendet ist. (AusfG. z. KonkO. 6. 3. 79 § 52.)

Die Verurteilung zur Zuchthausstrafe hat die dauernde Unfähigkeit zur Bekleidung öffentlicher Ämter zur Folge (StrGB. § 31; LGO. § 43 Abs. 4), auch des Stadtverordnetenmandates (OVG. 50, 12).

§ 8. Wer in einer Stadt seit einem Jahr mehr als einer der drei höchstbesteuerten Einwohner sowohl an direkten Staats- als an besonderen direkten Gemeindeabgaben und Zuschlägen zur Staatseinkommensteuer entrichtet bzw. einer höheren Veranlagung zu den durch § 1 Nr. 1 u. 2 des Gesetzes wegen Aufhebung direkter Staatssteuern v. 14. 7. 93 GS. 119 gegenüber der Staatskasse außer Hebung gesetzten Steuern als einer der drei höchstveranlagten Einwohner unterliegt, ist, auch ohne im Stadtbezirke zu wohnen oder sich daselbst aufzuhalten, berechtigt, an den Wahlen teilzunehmen, falls bei ihm die übrigen Erfordernisse dazu vorhanden sind.

Dasselbe Recht haben juristische Personen, wenn sie in einem solchen Maße in der Gemeinde besteuert sind.

(§ 5 AufhebungsG. 14. 7. 93, §§ 23 Abs. 1, 25 Abs. 1, 29 Abs. 1, 37 Abs. 1 KAG.)

Wegen Ausübung des Stimmrechts vgl. § 25 Abs. 2 und MR. 5. 12. 81 (MBl. 1882, 30). — Der Fiskus hat das Recht nicht (OVG. 17, 94), auch nicht Gesellschaften mit beschränkter Haftung (OVG. 30, 1) oder eingetragene Genossenschaften (OVG. 24. 3. 97, PVBl. 18, 349) ungeachtet ihrer Steuerpflicht.

§ 9. Die Stadtgemeinden sind Korporationen; denselben steht die Selbstverwaltung ihrer Angelegenheiten nach näherer Vorschrift dieses Gesetzes zu.

§§ 25 ALR. II 6, 108 ALR. II 8; BGB. §§ 31, 89; über Schenkungen bestimmt Art. 6 ABGB., daß sie von 5000 M. aufwärts der königlichen Genehmigung bedürfen. Näheres siehe oben S. 7.

§ 10. In den Städten wird ein Magistrat (kollegialischer Gemeindevorstand) und eine Stadtverordnetenversammlung (Gemeindevertretung) gebildet, welche nach näherer Vorschrift dieses Gesetzes dieselben vertreten. Der Magistrat ist die Obrigkeit der Stadt und verwaltet die städtischen Gemeindeangelegenheiten. Die Ausnahmen bestimmt Tit. VIII.

§ 11. Jede Stadt ist befugt, besondere statutarische Anordnungen zu treffen:

1. über solche Angelegenheiten der Stadtgemeinden sowie über solche Rechte und Pflichten ihrer Mitglieder, hinsichtlich deren das gegenwärtige Gesetz Verschiedenheiten gestattet oder keine ausdrücklichen Bestimmungen enthält;
2. über sonstige eigentümliche Verhältnisse und Einrichtungen, insbesondere hinsichtlich der den gewerblichen Genossenschaften bei Einteilung der stimmfähigen Bürger und bei Bildung der Wahlversammlungen und der städtischen Vertretung zu gewährenden angemessenen Berücksichtigung.

Dergleichen Anordnungen bedürfen der Bestätigung des Bezirksausschusses[1]. (ZG. § 16 Abs. 3.)

Zu Abs. 1: Wo ein einfacher Gemeindebeschluß genügt, liegt kein Grund vor, ein Statut zu schaffen wie in den Fällen der §§ 5, 12, 19—21, 29, 59, 70 StO.; für bloße Beschlüsse ist keine

[1] In Berlin des Oberpräsidenten. Die Beschwerde geht an den Minister des Innern (LVG. § 43).

Publikation vorgeschrieben (OVG. 25, 16); für Ortsstatuten wird man sie aber fordern müssen, wenn sie gegen Dritte wirksam sein sollen (vgl. auch RGer. 42, 314). Die Gemeinde darf ihre eigenen Pflichten nicht durch Ortsstatut auf Gemeindeangehörige abwälzen, z. B. die Einrichtung der Bürgersteige, die Straßenreinigung, wo diese der Gemeinde obliegt, auf die Adjazenten (OVG. 16, 49; Pr. VBl. 27, 177).

Zu Abs. 2: Die Beschwerde geht an den Prov.-Rat (LVG. § 121)[1].

Titel II. Von der Zusammensetzung und Wahl der Stadtverordnetenversammlung.

§ 12. Die Stadtverordnetenversammlung besteht aus zwölf Mitgliedern in Stadtgemeinden von weniger als 2500 Einwohnern,

aus	18	in	Gemeinden	von	2 500	bis	5 000 Einwohnern
„	24	„	„	„	5 001	„	10 000 „
„	30	„	„	„	10 001	„	20 000 „
„	36	„	„	„	20 001	„	30 000 „
„	42	„	„	„	30 001	„	50 000 „
„	48	„	„	„	50 001	„	70 000 „
„	54	„	„	„	70 001	„	90 000 „
„	60	„	„	„	90 001	„	120 000 „

In Gemeinden von mehr als 120 000 Einwohnern treten für jede weiteren 50 000 Einwohner sechs Stadtverordnete hinzu.

Wo die Zahl der Stadtverordneten bisher eine andere gewesen ist, verbleibt es bei dieser Zahl, bis durch statutarische Anordnung, welcher überhaupt abweichende Festsetzungen über die Zahl der Stadtverordneten vorbehalten werden, eine Änderung getroffen ist[2].

§ 13. Zum Zweck der Wahl der Stadtverordneten werden die stimmfähigen Bürger (§ 5 bis 8) nach Maßgabe der von ihnen zu entrichtenden direkten Staats-, Gemeinde-, Kreis-, Bezirks- und Provinzialsteuern in drei Abteilungen geteilt, und zwar in der Art, daß auf jede Abteilung ein Dritteil der Gesamtsumme der Steuerbeträge aller Wähler fällt.

Für jede nicht zur Staatseinkommensteuer veranlagte Person ist an Stelle dieser Steuer ein Betrag von drei Mark zum Ansatz zu bringen.

Steuern, die für Grundbesitz oder Gewerbebetrieb in einer anderen Gemeinde entrichtet werden, sowie Steuern für die im Umherziehen betriebenen Gewerbe sind bei der Bildung der Abteilungen nicht anzurechnen.

Wo direkte Gemeindesteuern nicht erhoben werden, tritt an deren Stelle die vom Staate veranlagte Grund-, Gebäude- und Gewerbesteuer.

Personen, welche vom Staate zu einer Steuer nicht veranlagt sind, wählen stets in der dritten Abteilung.

Verringert sich infolgedessen die auf die erste und zweite Abteilung entfallende Gesamtsteuersumme, so findet die Bildung dieser Abteilungen in der Art statt, daß von der verbleibenden Summe auf die erste und zweite Abteilung je die Hälfte entfällt (§ 1. G. betr. die Bildung der Wählerabteilungen bei den Gemeindewahlen 30. 6. 00, GS. 185).

---

[1]) In Berlin des Oberpräsidenten. Die Beschwerde geht an den Minister des Innern (LVG. § 43).

[2]) Berlin hatte bei Einführung der Städteordnung von 1853 bei etwa 453000 Einwohnern 102 Stadtverordnete, also annähernd die vorgeschriebene Zahl. Gegenwärtig hat es bei etwa 2100000 Einwohnern 144 Stadtverordnete, während es nach § 12 StO. 294 haben müßte. Breslau mit 470000 Einwohnern hat mit 102 Stadtverordneten eine verhältnismäßig größere Zahl. Königsberg in Preußen mit nur 223770 Einwohnern hat 117 Stadtverordnete, dagegen Magdeburg mit 240633 Einwohnern nur 73 Stadtverordnete.

In denjenigen Gemeinden, die nach der jedesmaligen letzten Volkszählung mehr als 10 000 Einwohner zählen, wird die Dritteilung derart verändert, daß jeder Wähler, dessen Steuerbetrag den Durchschnitt der auf den einzelnen Wähler treffenden Steuerbeträge übersteigt, stets der zweiten oder ersten Abteilung zugewiesen wird. Im übrigen wählen Personen, welche vom Staate zu einer Steuer nicht veranlagt sind, stets in der dritten Abteilung. Bei Berechnung des durchschnittlichen Steuerbetrages sind die Wähler, welche zur Staatseinkommensteuer nicht veranlagt sind, und, wo das Wahlrecht an einen Einkommensteuersatz von 6 Mark geknüpft ist, auch die zu diesem Satze veranlagten Wähler sowie die Steuer, mit welcher dieselben in der Wählerliste eingetragen sind, außer Betracht zu lassen.

Erhöht oder verringert sich infolgedessen die auf die erste oder zweite Abteilung entfallende Gesamtsteuersumme, so findet die Bildung dieser beiden Abteilungen in der Art statt, daß von jener Summe auf die erste und zweite Abteilung je die Hälfte fällt. Eine höhere Abteilung darf niemals mehr Wähler zählen als eine niedere.

In Gemeinden mit mehr als 10000 Einwohnern kann durch Ortsstatut bestimmt werden,

1. daß bei der Bildung der Wählerabteilungen an Stelle des auf einen Wähler entfallenden durchschnittlichen Steuerbetrages ein den Durchschnitt bis zur Hälfte desselben übersteigender Betrag tritt;
2. daß auf die erste Wählerabteilung $^5/_{12}$, auf die zweite $^4/_{12}$ und auf die dritte $^3/_{12}$ der Gesamtsumme der Steuerbeträge aller Wähler fallen, eine höhere Abteilung aber nicht mehr Wähler zählen darf als eine niedere. (§§ 2, 3 G. 30. 6. 00.)

Unberührt bleiben die Bestimmungen, nach welchen die Ausübung des Wahlrechts an die Entrichtung bestimmter Steuersätze geknüpft ist oder geknüpft werden kann. (§ 5 G. 30. 6. 00.)

In die erste, beziehungsweise zweite Abteilung gehört auch derjenige, dessen Steuerbetrag nur teilweise in das erste, beziehungsweise zweite Dritteil fällt.

Kein Wähler kann zweien Abteilungen zugleich angehören.

Läßt sich weder nach dem Steuerbetrage, noch nach der alphabetischen Ordnung der Name bestimmen, welcher unter mehreren Wählern zu einer bestimmten Abteilung zu rechnen ist, so entscheidet das Los.

Jede Abteilung wählt ein Drittel der Stadtverordneten, ohne dabei an die Wähler der Abteilung gebunden zu sein.

Zu Abs. 9: Einführung, Abänderung oder Aufhebung des Ortsstatuts bedarf $^2/_3$ Mehrheit der Stadtverordnetenversammlung und der Bestätigung (§ 4, G. 30. 6. 00). Ausführungsanw. zum G. 30. 6. 00 vom 20. 9. 00 MBl. 225.

§ 14. Gehören zu einer Abteilung mehr als 500 Wähler, so kann die Wahl derselben nach dazu gebildeten Wahlbezirken geschehen. Enthält eine Stadtgemeinde mehrere Ortschaften, so kann dieselbe mit Rücksicht hierauf in Wahlbezirke eingeteilt werden. Die Anzahl und die Grenzen der Wahlbezirke sowie die Anzahl der von einem jeden derselben zu wählenden Stadtverordneten werden nach Maßgabe der Zahl der stimmfähigen Bürger von dem Magistrat festgesetzt.

Ist eine Änderung der Anzahl oder der Grenzen der Wahlbezirke oder der Anzahl der von einem jeden derselben zu wählenden Stadtverordneten wegen einer in der Zahl der stimmfähigen Bürger eingetretenen Änderung oder aus sonstigen Gründen erforderlich geworden, so hat der Magistrat die entsprechende anderweitige Festsetzung zu treffen, auch wegen des Übergangs aus dem alten in das neue Verhältnis das Geeignete anzuordnen. Der Beschluß des Magistrats bedarf der Bestätigung von Aufsichtswegen. (ErgG. 1. 3. 91.)

Der Magistrat ist befugt, an Stelle oder innerhalb der Wahlbezirke, in denen je eine bestimmte Anzahl Stadtverordneter zu wählen ist, Bezirke zum Zwecke der Stimmabgabe (Abstimmungsbezirke) zu bilden, oder die Wähler in anderer Weise in Gruppen zu teilen und für jeden Abstimmungsbezirk beziehungsweise jede Gruppe einen eignen Wahlvorstand zu bestellen. — Soweit er von dieser Befugnis Gebrauch macht, hat er zugleich die für die Feststellung des Gesamtergebnisses der Wahl, sowie für das Verfahren bei notwendig werdenden engeren Wahlen erforderlichen Anordnungen zu treffen.

Der Wahlvorstand besteht in den einzelnen Wahlabstimmungsbezirken oder Gruppen aus dem Bürgermeister und aus zwei von der Stadtverordnetenversammlung gewählten Beisitzern; für den Vorsitzenden werden von dem Bürgermeister und für die Beisitzer von der Stadtverordnetenversammlung je ein oder mehrere Vertreter aus der Zahl der stimmfähigen Bürger bestellt. (§ 6, G. 30. 6. 00.)

§ 15. Bei Stadtgemeinden, welche mehrere Ortschaften enthalten, kann durch Beschluß des Bezirksausschusses nach Verhältnis der Einwohnerzahl bestimmt werden, wie viel Mitglieder der Stadtverordnetenversammlung aus jeder einzelnen Ortschaft zu wählen sind. (ZG. § 12 Nr. 1.)

§ 16. Die Hälfte der von jeder Abteilung zu wählenden Stadtverordneten muß aus Hausbesitzern (Eigentümern, Nießbrauchern und solchen, die ein erbliches Besitzrecht haben) bestehen.

Der als Hausbesitzer Gewählte verliert sein Mandat nicht, wenn er später aufhört, Hausbesitzer zu sein (OVG. 26, 102), vgl. § 17 Anm. zu Nr. 6).

Miteigentümer gelten nicht als Hausbesitzer (OVG. 38, 26; 41, 29; 45, 16 [Miteigentümer zu einem Hunderttausendstel!]), auch nicht die Gesellschafter einer offenen Handelsgesellschaft, die mehrere Häuser besitzt.

§ 17. Stadtverordnete können nicht sein:

1. diejenigen Beamten und die Mitglieder derjenigen Behörden, durch welche die Aufsicht des Staates über die Städte ausgeübt wird (§ 76);
2. die Mitglieder des Magistrats und alle besoldeten Gemeindebeamten; die Ausnahmen bestimmen §§ 72 und 73;
3. Geistliche, Kirchendiener und Elementarlehrer;
4. die richterlichen Beamten, zu denen jedoch die technischen Mitglieder der Handels-, Gewerbe- und ähnlichen Gerichte nicht zu zählen sind;
5. die Beamten der Staatsanwaltschaft;
6. die Polizeibeamten.

Vater und Sohn, sowie Brüder dürfen nicht zugleich Mitglieder der Stadtverordnetenversammlung sein. Sind dergleichen Verwandte zugleich erwählt, so wird der ältere allein zugelassen.

Zu Nr. 3: Elementarlehrer ist, wer an einer Schule unterrichtet, die der Erfüllung der allgemeinen Schulpflicht dient, zu deren Besuch die Kinder angehalten werden können, und die keinem Kinde verschlossen sind (OVG. 20, 120; 18, 176). Sie sind nicht nur in der Gemeinde, in der sie den Schuldienst versehen, sondern überall von der Wählbarkeit ausgeschlossen (OVG. 12. 7. 01 ZBl. f. d. UVer. 974).

Zu Nr. 6: Auch die Eisenbahnpolizeibeamten (OVG. 16, 72); auch ein den Landrat vertretender Kreisdeputierter während der Vertretungszeit, als stellvertretender Polizeibeamter (OVG. 25, 20). Die Voraussetzungen der Wählbarkeit müssen schon zu der Zeit, da die Wahl erfolgt, gegeben sein, insbesondere darf schon zu dieser Zeit der Gewählte nicht dem Kreise derjenigen Beamten usw. angehören, die „nicht Stadtverordnete sein können". (OVG. wie vorher und 28, 9.) Auch muß z. B. der zu Wählende den für die Wählbarkeit erforderlichen Grundbesitz bereits am Tage der Wahl besitzen, so daß ein späterer Erwerb außer Betracht bleibt (MR. 26. 4. 82, PVBl. 3, 372).

Staatsbeamte bedürfen einer Genehmigung der vorgesetzten Dienstbehörde (Staatsministerialbeschluß 2. 3. 51, MBl. 38), ebenso aktive Militärpersonen (RMilitG. 2. 5. 74 § 47). Rechtsanwälte und Notare bedürfen keiner Genehmigung. Ebensowenig Reichsbeamte, da § 16 RBG. nur Nebenbeschäftigung mit fortlaufender Remuneration verbietet.

Zu Abs. 2: Es ist nicht nötig, daß die Wahlen zugleich erfolgen (OVG. PVBl. 24, 807). — Brüder in diesem Sinne sind auch Halbbrüder (OVG. PVBl. 27, 323).

§ 18. Die Stadtverordneten werden auf sechs Jahre gewählt. Jedoch verliert jede Wahl ihre Wirkung, sobald einer der Fälle eintritt, in denen nach den Bestimmungen im § 7 der Gewählte des Bürgerrechts verlustig geht oder von der Ausübung desselben für eine gewisse Zeit ausgeschlossen wird. Tritt einer der Fälle ein, in denen nach jenen Bestimmungen die Ausübung des Bürgerrechts ruhen muß, so ist der Gewählte zugleich von der Teilnahme an den Geschäften der Stadtverordnetenversammlung einstweilen bis zum Austrage der Sache ausgeschlossen. Alle zwei Jahre scheidet ein Dritteil der Mitglieder aus und wird durch neue Wahlen ersetzt. Die das erste und zweite Mal Ausscheidenden werden für jede Abteilung durch das Los bestimmt.

Wegen der Einsprüche, Beschwerden über die Wählbarkeit usw. vgl. § 5a. Die Auslosung ist Aufgabe des Magistrats, soweit ein Ortsstatut nichts anderes bestimmt (OVG. 48, 28).

§ 19. Eine Liste der stimmfähigen Bürger, welche die erforderlichen Eigenschaften derselben nachweist, wird von dem Magistrat geführt und alljährlich im Juli berichtigt.

Dir Liste wird nach den Wahlabteilungen und im Falle des § 14 nach den Wahlbezirken eingeteilt.

§ 20. Vom 1. bis 15. Juli schreitet der Magistrat zur Berichtigung der Liste.

Vom 15. bis zum 30. Juli wird die Liste in einem oder mehreren zu öffentlicher Kenntnis gebrachten Lokalen in der Stadtgemeinden offen gelegt.

Während dieser Zeit kann jedes Mitglied der Stadtgemeinde gegen die Richtigkeit der Liste bei dem Magistrat Einwendungen erheben.

Die Stadtverordnetenversammlung hat darüber bis zum 15. August zu beschließen. Der Beschluß bedarf der Zustimmung des Magistrats nicht. (ZG. § 11.)

Soll der Name eines einmal in die Liste aufgenommenen Einwohners wieder ausgestrichen werden, so ist ihm dieses acht Tage vorher von dem Magistrate unter Angabe der Gründe mitzuteilen.

Gegen den Beschluß der Stadtverordnetenversammlung in betreff der Richtigkeit der Wählerliste findet binnen zwei Wochen die unmittelbar bei dem Bezirksausschusse anzubringende Klage statt, welche auch dem Magistrat zusteht. Sie hat keine aufschiebende Wirkung; jedoch dürfen Ersatzwahlen vor ergangener rechtskräftiger Entscheidung nicht vorgenommen werden. Die Stadtverordnetenversammlung und der Magistrat können zur Wahrnehmung ihrer Rechte im Verwaltungsstreitverfahren einen besonderen Vertreter bestellen. (ZG. §§ 10, 11, 21.)

Zu Abs. 2: In dem Recht auf Einsicht der Liste ist nicht das Recht zum Abschreiben enthalten (OVG. 27, 16), auch nicht das Recht, die Liste selbst anzufassen und umzublättern (OVG. 47, 46; vgl. ferner OVG. 21. 9. 06 PVBl. 28, 672 [Verhinderung der Einsicht auf unerhebliche Zeit]). Die auf Geheimhaltung der Verhältnisse der Steuerpflichtigen abzielenden Vorschriften des Einkommensteuergesetzes haben das Recht auf Kenntnisnahme von dem Inhalte der Liste der stimmfähigen Bürger nicht beschränkt (OVG. 27. 21).

Zu Abs. 5: Instruktionelle Vorschrift, deren Nichtbeachtung das Berichtigungsverfahren nicht nichtig macht (OVG. 7. 7. 03; Kunze-Kautz, Rechtsgrundsätze, Erg.-Bd. 05/06, S. 20.).

Zu Abs. 6: Aus der fehlenden aufschiebenden Wirkung ergibt sich hinsichtlich der regelmäßigen Ergänzungswahlen, daß selbst ein mit Erfolg durchgeführter Angriff bezüglich der Wählerlisten das Wahlresultat nicht beseitigen kann (OVG. 20, 9).

§ 21. Die Wahlen zur regelmäßigen Ergänzung der Stadtverordnetenversammlung finden alle zwei Jahre im November statt. Bei dem zunächst vorhergehenden wöchentlichen Hauptgottesdienst ist auf die Wichtigkeit dieser Handlung hinzuweisen. Die Wahlen der dritten Abteilung erfolgen zuerst, die der ersten zuletzt.

Außergewöhnliche Wahlen zum Ersatze innerhalb der Wahlperiode ausgeschiedener Mitglieder müssen angeordnet werden, wenn die Stadtverordnetenversammlung oder der Magistrat es für erforderlich erachten, oder wenn der Bezirksausschuß[1]) dies beschließt. Der Ersatzmann bleibt nur bis zum Ende derjenigen sechs Jahre in Tätigkeit, auf welche der Ausgeschiedene gewählt war.

Alle Ergänzungs- oder Ersatzwahlen werden — unbeschadet der Vorschrift im zweiten Absatz des § 14 — von denselben Abteilungen und Wahlbezirken (§ 14) vorgenommen, von denen der Ausgeschiedene gewählt war. Ist die Zahl der zu wählenden Stadtverordneten nicht durch drei teilbar, so ist, wenn nur einer übrig bleibt, dieser von der zweiten Abteilung zu wählen. Bleiben zwei übrig, so wählt die erste Abteilung den einen und die dritte Abteilung den andern.

Die in den §§ 19—21 bestimmten Termine können durch statutarische Anordnungen abgeändert werden.

Zu Abs. 3: Der eingeschaltete Passus entstammt ebenso wie der zweite Abs. des § 14 dem ErgG. 1. 3. 91. — Über die Natur der Vorschrift des Abs. 3 als einer Aushilfebestimmung zu den §§ 13 und 18 vgl. OVG. 28, 22.

§ 22. Der Magistrat hat jederzeit die nötige Bestimmung zur Ergänzung der erforderlichen Anzahl von Hausbesitzern (§ 16) zu treffen.

Ist die Zahl der Hausbesitzer, welche zu wählen sind, nicht durch die Zahl der Wahlbezirke teilbar, so wird die Verteilung auf die einzelnen Wahlbezirke durch das Los bestimmt.

Mit dieser Beschränkung können die ausscheidenden Stadtverordneten jederzeit wieder gewählt werden.

§ 23. Vierzehn Tage vor der Wahl werden die in der Liste (§§ 19 und 20) verzeichneten Wähler durch den Magistrat zu den Wahlen mittels schriftlicher Einladung oder ortsüblicher Bekanntmachung berufen.

Die Einladung oder Bekanntmachung muß das Lokal, die Tage und die Stunden, in welchen die Stimmen bei dem Wahlvorstande aufzugeben sind, genau bestimmen.

Zu Abs. 2: Es ist zulässig, die Wahlen zu den drei Abteilungen an einem Tage vorzunehmen (OVG. 19, 7); im übrigen ist es ebenso zulässig, nur die Stunde des Beginnes des Wahlaktes anzugeben wie nach pflichtgemäßem Ermessen einen Endtermin für die Entgegennahme der Stimmen zu bezeichnen (OVG. 25, 7). Durch unzweckmäßig angesetzte Wahlzeit darf das Wahlrecht nicht verkümmert werden (OVG. 27, 24). Ein Recht auf besondere schriftliche Einladung besteht nicht (OVG. PrVBl. 28. 693).

§ 24. Der Wahlvorstand besteht aus dem Bürgermeister oder von diesem ernannten Stellvertretern als Vorsitzenden und aus zwei von der Stadtverordnetenversammlung gewählten Beisitzern. Für die Beisitzer werden von der Stadtverordnetenversammlung Stellvertreter gewählt.

Vgl. dazu § 6 II G. 30. 6. 00, oben § 14. Ein in ungesetzlicher Weise gebildeter Wahlvorstand macht die Wahlhandlung ungültig (vgl. z. B. OVG. 3. 4. 08 PVBl. 29, 787), ebenso eine unvollständige Besetzung des Wahlvorstandes, wenn sie so lange gewährt hat, daß durch die während dieser Zeit vorgenommenen Wahlen das Ergebnis der Wahl beeinflußt sein kann (OVG. 17, 117). — Die Zuziehung eines bloßen Protokollführers, der sich in die Wahlhandlung nicht mischt, beeinflußt die Gültigkeit der Wahlhandlung nicht (OVG. 28, 18; 45, 33).

§ 25. Jeder Wähler muß dem Wahlvorstande mündlich und laut zu Protokoll erklären, wem er seine Stimme geben will. Er hat soviele Personen zu bezeichnen als zu wählen sind. Werden die Ersatzwahlen mit den Ergänzungswahlen in ein und demselben Wahlakte verbunden, so hat jeder Wähler getrennt zunächst soviel Personen zu bezeichnen als zur regelmäßigen Ergänzung der Stadtverordnetenversammlung, und sodann so viel Personen als zum Ersatze der innerhalb der Wahlperiode ausgeschiedenen Mitglieder zu wählen sind.

Nur die in § 8 erwähnten juristischen oder außerhalb des Stadtbezirks wohnenden, höchstbesteuerten Personen können ihr Stimmrecht durch Bevollmächtigte ausüben. Die Bevollmächtigten müssen selbst stimmfähige Bürger sein. Ist die

[1]) In Berlin der Oberpräsident.

Vollmacht nicht in beglaubigter Form ausgestellt, so entscheidet über die Anerkennung derselben der Wahlvorstand endgültig.

Zu Abs. 1: Der dritte Satz entstammt dem ErgG. 1. 3. 91 und verwirft die wiederholt ausgesprochene Ansicht des OVG. von der Unzulässigkeit einer Verbindung der Ersatz- und Ergänzungswahlen. Für die Zulassung zur Wahl ist die Eintragung in die Wählerliste entscheidend (OVG. 31, 10). Der Wähler ist berechtigt, weniger Personen, als zu wählen sind, zu bezeichnen (OVG. 32, 5). Unberechtigte Zurückweisung eines Wählers macht die Wahl nur dann ungültig, wenn durch sie das Ergebnis der Wahl beeinflußt worden ist (OVG. PrVBl. 24, 807).

§ 26. Gewählt sind diejenigen, welche bei der ersten Abstimmung die meisten Stimmen und zugleich absolute Stimmenmehrheit (mehr als die Hälfte der Stimmen) erhalten haben.

Wenn sich bei der ersten Abstimmung nicht für so viel Personen, als zu wählen sind, die absolute Stimmenmehrheit ergeben hat, wird zu einer zweiten Wahl geschritten.

Der Wahlvorstand stellt die Namen derjenigen Personen, welche nächst den gewählten die meisten Stimmen erhalten haben, soweit zusammen, daß die doppelte Zahl der noch zu wählenden Mitglieder erreicht wird. Diese Zusammenstellung gilt alsdann als die Liste der Wählbaren.

Zu der zweiten Wahl werden die Wähler durch eine, das Ergebnis der ersten Wahl angebende Bekanntmachung des Wahlvorstandes sofort oder spätestens innerhalb acht Tagen aufgefordert. Bei der zweiten Wahl ist die absolute Stimmenmehrheit nicht erforderlich.

Unter denjenigen, die eine gleiche Anzahl von Stimmen erhalten haben, gibt das Los den Ausschlag.

Wer in mehreren Abteilungen oder Wahlbezirken gewählt ist, hat zu erklären, welche Wahl er annehmen will.

Zu Abs. 1: Über die Feststellung des Wahlergebnisses s. OVG. 32, 129, über die Beweiskraft der Wahlprotokolle OVG. PrVBl. 27, 283.

Zu Abs. 4: Im übrigen gelten für diese Aufforderung zur 2. Wahl die Regeln des § 23 (OVG. 15, 34).

§ 27. Die Wahlprotokolle sind vom Wahlvorstande zu unterzeichnen und vom Magistrate aufzubewahren. Der Magistrat hat das Ergebnis der vollendeten Wahlen sofort bekannt zu machen.

Gegen die stattgehabten Wahlen kann von jedem stimmfähigen Bürger innerhalb zwei Wochen nach Bekanntmachung des Wahlergebnisses bei dem Magistrate Einspruch erhoben werden. (ZG. § 10 Abs. 2. §§ 11, 21.)

Über die Gültigkeit der Wahlen beschließt die Stadtverordnetenversammlung. (ZG. § 10 Nr. 2.)

Für einen Ungültigkeitsgrund ist es nicht zu erachten, wenn die der betreffenden geistlichen Behörde anheimzugebende Hinweisung auf die Wichtigkeit der Wahl (§ 21) unterblieben ist.

Gegen den Beschluß der Stadtverordnetenversammlung findet binnen zwei Wochen die, unmitelbar bei dem Bezirksausschusse anzubringende Klage statt, in Ansehung deren die gleichen Vorschriften wie im § 20 Absatz 6 zur Anwendung kommen.

Zu Abs. 3: Auch wenn kein Einspruch erfolgt ist (OVG. 14, 56; 25, 20).

Zu Abs. 5: Nur der im eigenen Rechte Verletzte und der den Einspruch erhoben hat, ist klageberechtigt (PrVBl. 24, 322). Bei der Entscheidung sind auch die Gründe der Ungültigkeit zu prüfen, auf die sich der Einspruch nicht gestützt hat (PrVBl. 24, 322). Mehrere Streitsachen über dieselbe Wahl sind zu verbinden (OVG. 47, 48).

§ 28. Die bei der regelmäßigen Ergänzung neu gewählten Stadtverordneten treten mit dem Anfang des nächstfolgenden Jahres ihre Verrichtungen an; die Ausscheidenden bleiben bis zur Einführung der neu gewählten Mitglieder in Tätigkeit.

Der Magistrat hat die Einführung der Gewählten und deren Verpflichtung durch Handschlag an Eidesstatt anzuordnen.

Verzögert sich die Ergänzung, so bleiben die alten Stadtverordneten auch über ihre 6jährige Wahlzeit in Funktion (ME. 23. 2. 61, MBl. 65), und zwar jeder einzelne bis zur Einführung seines Nachfolgers (OVG. 16, 59).

Zu Abs. 2: Es wird Anfang Januar die Einführung aller neu gewählten Stadtverordneten, auch derer, deren Wahl angefochten ist, zu erfolgen haben, wenn nicht bereits die Ungültigkeit der Wahl (auch nur in 1. Instanz seitens der Stadtverordnetenversammlung) ausgesprochen ist. Die Einführung kann auch von dem Stadtverordnetenvorsteher vorgenommen werden (PrVBl. 16, 438).

Titel III. Von der Zusammensetzung und Wahl des Magistrats.

§ 29. Der Magistrat besteht aus dem Bürgermeister, einem Beigeordneten oder zweiten Bürgermeister als dessen Stellvertreter, einer Anzahl von Schöffen (Stadträten, Ratsherren, Ratsmännern) und, wo das Bedürfnis es erfordert, noch aus einem oder mehreren besoldeten Mitgliedern (Syndikus, Kämmerer, Schulrat, Baurat usw.).

Es gehören zum Magistrat in Stadtgemeinden von weniger als

		2500	Einwohnern 2	Schöffen,
2500	bis	10000	„ 4	„
10001	„	30000	„ 6	„
30001	„	60000	„ 8	„
60001	„	100000	„ 10	„

Bei mehr als 100000 Einwohnern treten für jede weiteren 50000 Einwohner zwei Schöffen hinzu.

Wo die Zahl der Mitglieder des Magistrats bisher eine andere gewesen ist, verbleibt es bei dieser Zahl, bis durch statutarische Anordnung, welcher überhaupt abweichende Festsetzungen über die Zahl der Magistratsmitglieder vorbehalten werden, eine Änderung getroffen ist.

Zu Abs. 1: Der Bürgermeister ist mittelbarer Staatsbeamter §§ 68, 69 ALR. II 10; auf ihn und die übrigen besoldeten Magistratsmitglieder ist KBG. 30. 7. 99 (GS. 141) §§ 1 (Satz 1) 4—7, 14, 15, 24—27 anwendbar. Über die Stellung des Bürgermeisters innerhalb des Magistrats s. PrVBl. 22, 470. Über den Titel „Stadtrat" vgl. ME. 15. 2. 73 (MBl. 59).

Zu Abs. 2—3: Unter „Schöffen" sind nur unbesoldete Mitglieder zu verstehen. Wie bei der Zahl der Stadtverordneten herrschen auch bei der Zahl der Magistratsmitglieder manche Verschiedenheiten. Berlin mit 2100000 Einwohnern hat 16 unbesoldete und 17 besoldete Magistratsmitglieder. Da die 17 besoldeten nicht mitzählen, müßte es nach der Städteordnung 50 unbesoldete, im ganzen also 67 Magistratsmitglieder haben. Charlottenburg mit 239000 Einwohnern hat 25 Magistratsmitglieder und nur ein unbesoldetes Mitglied weniger als Berlin. Breslau mit 470904 Einwohnern hat gleichfalls 15 unbesoldete und 14 besoldete Mitglieder. Potsdam mit nur 61000 Einwohnern hat 12 besoldete Magistratsmitglieder.

§ 30. Mitglieder des Magistrats können nicht sein:

1. diejenigen Beamten und die Mitglieder derjenigen Behörden, durch welche die Aufsicht des Staates über die Städte ausgeübt wird (§ 76);
2. die Stadtverordneten, ingleichen Gemeindebeamte und in Städten über 10000 Seelen die Gemeindeeinnehmer (§ 56 Nr. 6);
3. Geistliche, Kirchendiener und Lehrer an öffentlichen Schulen;
4. die richterlichen Beamten, zu denen jedoch die technischen Mitglieder der Handels-, Gewerbe- und ähnlicher Gerichte nicht zu zählen sind;
5. die Beamten der Staatsanwaltschaft;
6. die Polizeibeamten.

Vater und Sohn, Schwiegervater und Schwiegersohn, Brüder und Schwäger dürfen nicht zugleich Mitglieder des Magistrats sein.

Entsteht die Schwägerschaft im Laufe der Wahlperiode, so scheidet dasjenige Mitglied aus, durch welches das Hindernis herbeigeführt worden ist.

Vater und Sohn, Schwiegervater und Schwiegersohn sowie Brüder dürfen nicht zugleich Mitglieder des Magistrats und der Stadtverordnetenversammlung sein.

Personen, welche die im Gesetze vom 10. Februar 1835 (Gesetzsammlung Seite 18) bezeichneten Gewerbe betreiben, können nicht Bürgermeister sein.

Letztere Gewerbe sind Gast- und Schankwirtschaft.

Positives Erfordernis für die Wahl zum unbesoldeten Magistratsmitglied ist der Besitz des Bürgerrechts, besoldete Magistratsmitglieder brauchen nicht Bürger zu sein.

§ 31. Der Beigeordnete und die Schöffen (§ 29) werden auf sechs Jahre, der Bürgermeister und die übrigen Magistratsmitglieder dagegen auf zwölf Jahre von der Stadtverordnetenversammlung gewählt. Auch können Beigeordnete mit Besoldung angestellt werden, und erfolgt in diesem Falle deren Wahl gleichfalls auf zwölf Jahre.

Alle drei Jahre scheidet die Hälfte der Schöffen aus und wird durch neue Wahlen ersetzt. Die das erste Mal Ausscheidenden werden durch das Los bestimmt. Die Ausscheidenden können wieder gewählt werden. Wegen der außergewöhnlichen Ersatzwahlen kommt die Bestimmung § 21 zur Anwendung.

Die Wahl des Bürgermeisters und der übrigen besoldeten Magistratsmitglieder kann auch auf Lebenszeit erfolgen. (G. 25. 2. 56.)

Besoldete Magistratsmitglieder können, wenn nicht ein erheblicher Nachteil für das gemeine Beste zu besorgen ist, jederzeit aus dem Amte scheiden (§§ 94, 95 ALR. II 10).

§ 32. Für jedes zu wählende Mitglied des Magistrats wird besonders abgestimmt. Die Wahl erfolgt durch Stimmzettel. Wird die absolute Stimmenmehrheit bei der ersten Abstimmung nicht erreicht, so werden diejenigen vier Personen, auf welche die meisten Stimmen gefallen sind, auf eine engere Wahl gebracht. Wird auch hierdurch die absolute Stimmenmehrheit nicht erreicht, so findet unter denjenigen zwei Personen, welche bei der zweiten Abstimmung die meisten Stimmen erhalten haben, eine engere Wahl statt. Bei Stimmengleichheit entscheidet das Los.

§ 33. Die gewählten Bürgermeister, Beigeordneten, Schöffen und besoldeten Magistratsmitglieder bedürfen der Bestätigung. Die Bestätigung steht zu:

1. Dem Könige hinsichtlich der Bürgermeister und Beigeordneten in Städten von mehr als 10000 Einwohnern;
2. dem Regierungspräsidenten hinsichtlich der Bürgermeister und Beigeordneten in Städten, welche nicht über 10000 Einwohner haben, sowie hinsichtlich der Schöffen und der besoldeten Magistratsmitglieder in allen Städten, ohne Unterschied ihrer Größe [1]). (ZG. § 13 Abs. 1.)

Die Bestätigung kann von dem Regierungspräsidenten nur unter Zustimmung des Bezirksausschusses [1]) versagt werden. Lehnt der Bezirksausschuß die Zustimmung ab, so kann dieselbe auf den Antrag des Regierungspräsidenten durch den Minister des Innern ergänzt werden.

Wird die Bestätigung von dem Regierungspräsidenten unter Zustimmung des Bezirksausschusses [1]) versagt, so kann sie auf Antrag des Magistrats oder der Stadtverordnetenversammlung von dem Minister des Innern erteilt werden. (ZG. § 13 Abs. 2, 3.)

Wird die Bestätigung endgültig versagt, so schreitet die Stadtverordnetenversammlung zu einer neuen Wahl. Wird auch diese Wahl nicht bestätigt, so ist der Regierungspräsident [1]) berechtigt, die Stelle einstweilen auf Kosten der Stadt kommissarisch verwalten zu lassen.

Dasselbe findet statt, wenn die Stadtverordneten die Wahl verweigern oder den nach der ersten Wahl nicht Bestätigten wieder erwählen sollten.

Die kommissarische Verwaltung dauert so lange, bis die Wahl der Stadtverordnetenversammlung, deren wiederholte Vornahme ihr jederzeit zusteht, die Bestätigung des Königs, beziehungsweise des Regierungspräsidenten [1]) erlangt hat.

MR. 5. 5. 68 (MBl. 153) handelt von einer gegebenen Falles vorzunehmenden Prüfung des zu Bestätigenden.

§ 34. Die Mitglieder des Magistrats werden vor ihrem Amtsantritt durch

---

[1]) In Berlin hat der Oberpräsident das Bestätigungsrecht der Stadträte; der BzAussch. (Abs. 2 u. 3) wirkt nicht mit.

den Bürgermeister in öffentlicher Sitzung der Stadtverordnetenversammlung in Eid und Pflicht genommen; der Bürgermeister wird vom Regierungspräsidenten[1]) oder einem von diesem zu ernennenden Kommissar in öffentlicher Sitzung der Stadtverordnetenversammlung vereidet.

Magistratsmitgliedern, welche ihr Amt mindestens neun Jahre mit Ehren bekleidet haben, kann in Übereinstimmung mit der Stadtverordnetenversammlung von dem Magistrat das Prädikat „Stadtältester" verliehen werden.

Zu Abs. 1: V. 6. 5. 67 (GS. 715) enthält die Eidesformel. Wegen des Tragens von Amtsketten s. KabO. 9. 5. 51 (MBl. 86; MR. 1. 2. 48 MBl. 34).

Titel IV. Von den Versammlungen und Geschäften der Stadtverordneten.

§ 35. Die Stadtverordnetenversammlung hat über alle Gemeindeangelegenheiten zu beschließen, soweit sie nicht ausschließlich dem Magistrat überwiesen sind. Sie gibt ihr Gutachten über alle Gegenstände ab, welche ihr zu diesem Zwecke durch die Aufsichtsbehörden vorgelegt werden. Über andere als Gemeindeangelegenheiten durfen die Stadtverordneten nur dann beraten, wenn solche durch besondere Gesetze oder in einzelnen Fällen durch Aufträge der Aufsichtsbehörde an sie gewiesen sind.

Die Stadtverordneten sind an keinerlei Instruktion oder Aufträge der Wähler oder der Wahlbezirke gebunden.

Die Stadtverordnetenversammlung ist eine politische Körperschaft im Sinne des § 197 StrGB. Die sog. „laufende Verwaltung" führt der Magistrat ohne Befragung der Stadtverordneten, s. dazu §§ 111, 112, 119, 123, 126, 127 ALR. I 14 und § 152 ALR. II 6; vgl. hierzu PrVBl. 29, 770; OVG. 50, 4.

Gemeindeangelegenheit ist nicht bloß das, was den Bestand der Gemeinde als solcher und ihrer Organe betrifft, sondern auch die Einrichtung und Erhaltung alles dessen, was für das leibliche, geistige und gesellschaftliche Wohl aller oder eines großen Teiles erforderlich oder wünschenswert ist (Ledermann, StO. 40). Auch Angelegenheiten, die in erster Linie eine allgemeine politische Bedeutung haben, können dadurch zu Gemeindeangelegenheiten werden, daß sie die örtlichen Interessen der Gemeinde in besonderem Maße berühren (OVG. 41, 35, 37). Diesem Grundsatze entsprechend wurde eine Petition der Stadtverordneten zu Stettin gegen die Erhöhung der Getreidezölle für erlaubt erachtet. Denn sie habe zum Zwecke gehabt, die besonderen lokalen Interessen des Verkehrs, des Handels und der Schiffahrt von Stettin, hervorragend wichtige materielle Interessen der städtischen Bevölkerung nach Maßgabe der Verhältnisse besonders dieser Stadt in jener steuerpolitischen Frage zu vertreten. Sie beträfe also Gemeindeangelegenheiten (OVG. 13, 89).

§ 36. Die Beschlüsse der Stadtverordneten bedürfen, wenn sie solche Angelegenheiten betreffen, welche durch das Gesetz dem Magistrate zur Ausführung überwiesen sind, die Zustimmung des letzteren. Versagt dieser die Zustimmung, so hat er die Gründe dieser Versagung der Stadtverordnetenversammlung mitzuteilen. Erfolgt hierauf keine Verständigung, zu deren Herbeiführung sowohl von dem Magistrat als den Stadtverordneten die Einsetzung einer gemeinschaftlichen Kommission verlangt werden kann, so beschließt der Bezirksausschuß[3]) über die entstandene Meinungsverschiedenheit, wenn von einem Teile auf Entscheidung angetragen wird, und zugleich die Angelegenheit nicht auf sich beruhen kann. (ZG. § 17 Nr. 1.)

Die Stadtverordnetenversammlung darf ihre Beschlüsse in keinem Falle selbst zur Ausführung bringen.

Zu Abs. 1: vgl. § 56 Ziff. 2.

§ 37. Die Stadtverordnetenversammlung kontrolliert die Verwaltung. Sie ist daher berechtigt, sich von der Ausführung ihrer Beschlüsse und der Verwendung aller Gemeindeeinnahmen Überzeugung zu verschaffen. Sie kann zu diesem Zwecke von dem Magistrat die Einsicht der Akten verlangen, und die Ausschüsse aus ihrer Mitte ernennen, zu welchen der Bürgermeister ein Mitglied des Magistrats abzuordnen befugt ist.

---

[1]) In Berlin hat der Oberpräsident das Bestätigungsrecht der Stadträte; der BzAusch. (Abs. 2 u. 3) wirkt nicht mit.

[2]) In Berlin der Oberpräsident.

[3]) In Berlin ist der Oberpräsident zuständig.

Damit ist ihr ein „Aufsichtsrecht" über den Magistrat und die städtischen Beamten nicht gegeben (v. Kamptz, Annalen 39, 381). Die Ausschüsse dürfen nur aus Stadtverordneten bestehen. Die Hinzuziehung Fremder, z. B. Sachverständiger, ist unzulässig (OVG. 45, 42).

§ 38. Die Stadtverordnetenversammlung wählt jährlich einen Vorsitzenden, sowie einen Stellvertreter desselben, und einen Schriftführer, sowie einen Stellvertreter desselben aus ihrer Mitte; doch kann auch die Stelle des Schriftführers ein von den Stadtverordneten nicht aus ihrer Mitte gewählter, in öffentlicher Sitzung hierzu von dem Bürgermeister vereideter Protokollführer vertreten. Diese Wahlen erfolgen in dem § 32 vorgeschriebenen Verfahren.

Die Stadtverordneten versammeln sich, so oft es ihre Geschäfte erfordern.

Der Magistrat wird zu allen Versammlungen eingeladen und kann sich durch Abgeordnete vertreten lassen. Die Stadtverordneten können verlangen, daß Abgeordnete des Magistrats dabei anwesend sind. Der Magistrat muß gehört werden, so oft er es verlangt.

§ 39. Die Zusammenberufung der Stadtverordneten geschieht durch den Vorsitzenden; sie muß erfolgen, sobald es von einem Viertel der Mitglieder oder von dem Magistrat verlangt wird.

§ 40. Die Art und Weise der Zusammenberufung wird ein- für allemal von der Stadtverordnetenversammlung festgestellt.

Die Zusammenberufung erfolgt unter Angabe der Gegenstände der Verhandlung; mit Ausnahme dringender Fälle muß dieselbe wenigstens zwei freie Tage vorher statthaben.

§ 41. Durch Beschluß der Stadtverordneten können auch regelmäßige Sitzungstage festgesetzt, es müssen jedoch auch dann die Gegenstände der Verhandlung mit Ausnahme dringender Fälle mindestens zwei freie Tage vorher den Stadtverordneten und dem Magistrat angezeigt werden.

§ 42. Die Stadtverordnetenversammlung kann nur beschließen, wenn mehr als die Hälfte der Mitglieder zugegen ist. Eine Ausnahme hiervon findet statt, wenn die Stadtverordneten zum zweiten Male zur Verhandlung über denselben Gegenstand zusammenberufen, dennoch nicht in genügender Anzahl erschienen sind. Bei der zweiten Zusammenberufung muß auf diese Bestimmung ausdrücklich hingewiesen werden.

Bei Berechnung der „Hälfte" ist die gesetzlich bzw. statutarisch vorgeschriebene Mitgliederzahl zugrunde zu legen, nicht die Zahl der tatsächlich amtierenden Mitglieder (OVG. 18, 48).

Durch Umlaufzettel u. dgl. dürfen Beschlüsse nicht herbeigeführt werden.

§ 43. Die Beschlüsse werden nach Stimmenmehrheit gefaßt. Bei Stimmengleichheit entscheidet die Stimme des Vorsitzenden. Wer nicht mitstimmt, wird zwar als anwesend betrachtet, die Stimmenmehrheit wird aber lediglich nach der Zahl der Stimmenden festgestellt.

S. aber §§ 32 und 38.

§ 44. An Verhandlungen über Rechte und Verpflichtungen der Stadtgemeinde darf derjenige nicht teilnehmen, dessen Interessen mit dem der Gemeinde in Widerspruch steht. Kann wegen dieser Ausschließung eine beschlußfähige Versammlung nicht gehalten werden, so hat der Magistrat, oder, wenn auch dieser aus dem vorgedachten Grunde einen gültigen Beschluß nicht zu fassen befugt ist, der Bezirksausschuß[1]) für die Wahrung des Gemeindeinteresses zu sorgen und nötigenfalls einen besonderen Vertreter für die Stadtgemeinde zu bestellen. (ZG. § 17 Nr. 2.)

Sollte ein Prozeß der Stadtgemeinde gegen alle oder mehrere Mitglieder des Magistrats aus Veranlassung ihrer Amtsführung notwendig werden, so hat der Regierungspräsident[2]) auf Antrag der Stadtverordnetenversammlung zur Führung des Prozesses einen Anwalt zu bestellen.

§ 45. Die Sitzungen der Stadtverordneten sind öffentlich. Für einzelne Gegen-

---

[1]) In diesem Falle auch in Berlin (ZG. § 161).

[2]) In Berlin der Oberpräsident (ZG. § 7).

stände kann durch besonderen Beschluß, welcher in geheimer Sitzung gefaßt wird, die Öffentlichkeit ausgeschlossen werden. Die Sitzungen dürfen nicht in Wirtshäusern oder Schänken gehalten werden.

§ 46. Der Vorsitzende leitet die Verhandlungen, eröffnet und schließt die Sitzungen und handhabt die Ordnung in der Versammlung. Er kann jeden Zuhörer aus dem Sitzungszimmer entfernen lassen, welcher öffentliche Zeichen des Beifalls oder des Mißfallens gibt oder Unruhe irgendeiner Art verursacht.

§ 47. Die Beschlüsse der Stadtverordnetenversammlung und die Namen der dabei anwesend gewesenen Mitglieder sind in ein besonderes Buch einzutragen. Sie werden von dem Vorsitzenden und wenigstens drei Mitgliedern unterzeichnet.

Dem Magistrat müssen alle Beschlüsse der Stadtverordneten, auch diejenigen, welche ihm durch das Gesetz zur Ausführung nicht überwiesen sind, mitgeteilt werden.

§ 48. Den Stadtverordnetenversammlungen bleibt es überlassen, unter Zustimmung des Magistrats eine Geschäftsordnung abzufassen und darin Zuwiderhandlungen der Mitglieder gegen die zur Aufrechterhaltung der Ordnung gegebenen Vorschriften mit Strafen zu belegen; diese Strafen können nur in Geldbußen bis zu fünfzehn Mark, und bei mehrmals wiederholten Zuwiderhandlungen in der auf eine gewisse Zeit oder für die Dauer der Wahlperiode zu verhängenden Ausschließung aus der Versammlung bestehen.

Versagt der Magistrat seine Zustimmung, so tritt das im § 36 vorgeschriebene Verfahren ein.

Die Stadtverordnetenversammlung beschließt über die Strafen, welche gegen ihre Mitglieder wegen Zuwiderhandlung gegen die Geschäftsordnung zu verhängen sind. (ZG. § 10.) Der Beschluß bedarf keiner Genehmigung oder Bestätigung von seiten des Magistrats oder der Aufsichtsbehörde. Gegen den Beschluß findet binnen zwei Wochen die Klage bei dem Bezirksausschuß statt, welche auch dem Magistrate zusteht. Die Stadtverordnetenversammlung, beziehungsweise der Magistrat können zur Wahrnehmung ihrer Rechte im Verwaltungsstreitverfahren einen besonderen Vertreter bestellen. (ZG. §§ 11, 21 LVG. § 63.)

Zu Abs. 1: Daneben kann die Geschäftsordnung dem Vorsteher Disziplinarmittel erteilen (Ordnungsruf usw.); s. auch OVG. 35, 83).

Ein Disziplinarverfahren kann gegen Stadtverordnete niemals stattfinden (§ 80; ZG. § 20 Abs. 3); auch nicht als Mitglieder einer städtischen Deputation (OVG. 25, 415).

§ 49. Die Stadtverordneten beschließen über die Benutzung des Gemeindevermögens; die Deklaration vom 26. Juli 1847 (GS. 327) bleibt dabei maßgebend.

Über das Vermögen, welches nicht der Gemeindekorporation in ihrer Gesamtheit gehört, kann die Stadtverordnetenversammlung nur insofern beschließen, als sie dazu durch den Willen der Beteiligten oder durch sonstige Rechtstitel berufen ist.

Auf das Vermögen der Korporationen und Stiftungen haben die zur Stadtgemeinde gehörenden Einwohner (§ 3) als solche, und auf dasjenige Vermögen, welches bloß den Hausbesitzern oder anderen Klassen der Einwohner gehört, haben andere Personen keinen Anspruch.

In Ansehung der Verwaltung und Verwendung des Vermögens der Stiftungen bewendet es bei den stiftungsmäßigen Bestimmungen. Soweit es hierbei auf den Begriff von Bürger ankommt, sind die Bestimmungen des gegenwärtigen Gesetzes (§ 5) an sich selbst nicht maßgebend.

Zu Abs. 1: Die Deklaration ist zur GemeinheitsteilungsO. 7. 6. 21 ergangen und verbietet, daß Kämmerei- oder auch Bürgervermögen durch Gemeinheitsteilung in Privatvermögen der Gemeindemitglieder verwandelt wird. Über den Inhalt der Gesetze s. oben S. 87 f.

Durch § 49 sind die Rechte des Magistrats, insbesondere auch zur Führung der laufenden Geschäfte, nicht beschränkt. Das Verfahren bei Streitigkeiten und Beschwerden ist durch ZG. § 18 geregelt.

Zu Abs. 4: s. § 80 BGB.; Art. 7 ABGB. V. 16. 11. 99 (GS. 562).

§ 50. Die Genehmigung des Bezirksausschusses[1]), in dem Falle zu Ziffer 2 des Regierungspräsidenten[1]) ist erforderlich:

1. zur Veräußerung von Grundstücken und solchen Gerechtsamen, welche jenen gesetzlich gleichgestellt sind;
2. zur Veräußerung oder wesentlichen Veränderungen von Sachen, welche einen besonderen wissenschaftlichen, historischen oder Kunstwert haben, namentlich von Archiven oder Teilen derselben;
3. zu Anleihen, durch welche die Gemeinde mit einem Schuldenbestand belastet oder der bereits vorhandene vergrößert wird, und
4. zu Veränderungenn in dem Genusse von Gemeindenutzungen (Wald, Weide, Heide, Torfstich u. dgl. (ZG. § 16 Abs. 1 u. 3.)

Der Vertrag der Stadtgemeinde mit dem Dritten ist schon vor der Genehmigung perfekt (RGer. 9. 6. 81; Zeitschrift f. Preuß. R. 2, 232; PrVBl. 3, 14).

Zu 1: Vgl. § 96 BGB.; Art. 67, 68 EBGB.; Art. 40 ABGB.

Zu 2: KabO. 20. 6. 30 (GS. 113); MR. 31. 7. 44 (MBl. 219); ME. 6. 5. 04; 17. 6. 05 (UZBl. 04. 482; 05, 494). Über die Verpflichtung zur Beseitigung von Verunstaltungen OVG. 47, 52. Dem Schutz und der Erhaltung von Baudenkmälern dient jetzt besonders auch das Gesetz v. 15. 7. 07 gegen die Verunstaltung von Ortschaften und landschaftlich hervorragenden Gegenden (GS. 260). AusfAnw. dazu v. 4. 8. 07 (MBl. 281).

Zu 3: Für Inhaberpapiere vgl. G. 17. 6. 33 (GS. 75); V. 16. 11. 99 (GS. 562); über die Genehmigungsgrundsätze s. ME. 1. 6. 91 (MBl. 84); ME. 6. 8. 92 (MBl. 321); 3. 12. 00; 14. 8. 02 (MBl. 174); 23. 8. 07 (MBl. 26).

§ 51. Die freiwillige Veräußerung von Grundstücken usw. (§ 50 Nr. 1) darf nur im Wege der Lizitation auf Grund einer Taxe stattfinden.

Zur Gültigkeit der Lizitation gehört:

1. einmalige Bekanntmachung durch das Amtsblatt des Regierungsbezirks und die für Bekanntmachungen des Magistrats üblichen öffentlichen Blätter;
2. eine Frist von sechs Wochen von der Bekanntmachung bis zum Lizitationstermine und
3. Abhaltung dieses Termines durch eine Justiz- oder Magistratsperson.

Das Ergebnis der Lizitation ist der Stadtverordnetenversammlung mitzuteilen und kann nur mit deren Genehmigung der Zuschlag erteilt werden.

In besonderen Fällen kann der Bezirksausschuß[2]) auch den Verkauf aus freier Hand, sowie einen Tausch gestatten, sobald er sich überzeugt, daß der Vorteil der Gemeinde dadurch gefördert wird. (ZG. § 16 Abs. 3.)

Für das Grundbuchamt genügt zum Nachweise, daß der Vorschrift dieses Paragraphen genügt worden, die Bestätigung des Vertrages durch den Bezirksausschuß[2]). (§ 1 KGBO. 24. 3. 97, ZG. § 16 Abs. 3.)

Zu Abs. 2, Z. 3: Justizperson ist der zuständige Richter der freiwilligen Gerichtsbarkeit oder ein Notar. Eine Magistratsperson ist nur dann zuständig, wenn sie nach Art. 12 ABGB. § 2 zum Urkundsbeamten bestellt ist.

§ 52. Durch Gemeindebeschluß, welcher der Genehmigung des Bezirksausschusses[2]) bedarf (ZG. § 16 Abs. 3), kann die Entrichtung von

1. Bürgerrechtsgeld bei Erwerb des Bürgerrechtes (§ 5),
2. Einkaufsgeld anstatt oder neben einer jährlichen Abgabe für die Teilnahme an den Gemeindenutzungen (§ 50 Nr. 4)

angeordnet werden.

Von der Zahlung des Bürgerrechtsgeldes sind befreit die unmittelbaren und mittelbaren Staatsbeamten, die Lehrer und Geistlichen, welche gemäß dienstlicher Verpflichtung ihren Wohnsitz in der Stadt nehmen, Militärpersonen, welche sich zwölf Jahre im aktiven Dienststande befunden haben, bei der ersten Niederlassung, sowie die vorstehend erwähnten Personen bei der ersten Verlegung des Wohnsitzes nach ihrem Ausscheiden aus dem aktiven Dienste. Wird die

---

[1]) In Berlin zuständig der Oberpräsident (ZG. § 7; LVG. §§ 42, 43).

[1]) In Berlin zuständig der Oberpräsident.

Entrichtung eines Bürgerrechtsgeldes eingeführt, so darf vor dessen Berichtigung das Bürgerrecht nicht ausgeübt werden. Die Zulassung zum Gewerbebetriebe soll in keiner Gemeinde und bei keinem Gewerbe von dem Besitze des Bürgerrechts abhängig sein. Nach dem begonnenen Gewerbebetriebe ist, soweit dies in der bestehenden Gemeindeverfassung begründet ist, der Gewerbetreibende auf Verlangen des Magistrats nach Ablauf von 3 Jahren verpflichtet, das Bürgerrecht zu erwerben. Es darf jedoch in diesem Falle von ihm das sonst vorgeschriebene oder übliche Bürgerrechtsgeld nicht gefordert und ebenso nicht verlangt werden, daß er sein anderweit erworbenes Bürgerrecht aufgebe.

Abstufungen in dem Betrage der Abgabe sind statthaft. Sie darf innerhalb derselben Gemeinde von niemandem zweimal erhoben werden.

Durch die Entrichtung des Einkaufsgeldes wird die Ausübung des Bürgerrechtes niemals bedingt. Die Verpflichtung zur Zahlung des Einkaufsgeldes, sowie der demselben entsprechenden Abgabe ruht, solange auf die Teilnahme an den Gemeindenutzungen verzichtet wird.

Hinsichtlich der Verjährung und der Reklamationen findet das Gesetz vom 18. Juni 1840 jedoch nur mit der Maßgabe Anwendung, daß die nicht zur Hebung gestellten Bürgerrechts- und Einkaufsgelder erst in zwei Jahren nach Ablauf desjenigen Jahres, in welchem die Zahlungsverbindlichkeit entstanden ist, verjähren. G. 14. 5. 60, betr. das Einzugs-, Bürgerrechts- und Einkaufsgeld, noch gültig in den §§ 2, 6—9; G. 2. 3. 67, betr. die Aufhebung der Einzugsgelder und gleichartigen Kommunalabgaben; GewO. § 13; KAG. § 96, Abs. 7).

Die mit dem Besitze einzelner Grundstücke verbundenen oder auf sonstigen besonderen Rechtstiteln beruhenden Nutzungsrechte sind den Bestimmungen dieses Paragraphen nicht unterworfen.

Für Beschwerde- und Verwaltungsstreitverfahren, betr. die Entrichtung von Bürgerrechts- oder Einkaufsgeld, greift ZG. § 18 Nr. 2 Platz, weil die §§ 69, 70 KAG. Bürgerrechts- und Einkaufsgeld nicht betreffen. — Die Einspruchsfrist beträgt, da das Bürgerrechtsgeld als indirekte Abgabe im Sinne des § 2 G. 18. 6. 40 anzusehen ist, nach § 2 das. ein Jahr; von einem Nichtpreußen kann es nicht gefordert werden (OVG. 20. 10. 97, PrVBl. 19, 175; Ehrenbürger haben es nicht zu entrichten (§ 6). Über Bürgerrechtsgeld bei Eingemeindungen s. OVG. 34, 80. Alle Einwohner einer Stadt sind übrigens, ob sie Bürger sind oder nicht, im Regelfall gleichberechtigt zur Nutzung des Bürgervermögens (PVBl. 22, 20). Wegen des Beginnes der Verjährung der Forderung auf das Bürgerrechtsgeld OVG. 48, 34 f.

§ 53. Soweit die Einnahmen aus dem städtischen Vermögen oder sonstigen Quellen nicht hinreichen, um die durch das Bedürfnis oder die Verpflichtungen der Gemeinde erforderlichen Geldmittel zu beschaffen, können die Stadtverordneten die Aufbringung von Gemeindesteuern beschließen.

Die Stadtverordneten im Verein mit dem Magistrat (§§ 36, 56, 66). Maßgebend ist jetzt KAG. 14. 7. 93, s. unten zu B II.

§ 54. Die Steuerpflichtigen können durch Gemeindebeschluß zu Naturaldiensten (Hand- und Spanndienst) herangezogen werden. (KAG. § 68.)

§ 55. Die in bezug auf die Behandlung der Gemeindewaldungen für die einzelnen Landesteile erlassenen Gesetze und Bestimmungen bleiben in Kraft, bis ihre Änderung im gesetzlichen Wege erfolgt sein wird.

Vgl. ZG. § 16 Abs. 2. — Jetzt ist maßgebend das G. 14. 8. 76, betr. die Verwaltung der den Gemeinden und öffentlichen Anstalten gehörigen Holzungen. Die Aufsichtsbehörde ist hier nicht die Kommunalaufsichtsbehörde (Regierungspräsident oder Landrat), sondern der Regierungspräsident allein (OVG. 27, 296). Für die Anstellungsverhältnisse der Kommunalforstbeamten ist KBG. § 23 maßgebend.

Titel V. Von den Geschäften des Magistrats.

§ 56. Der Magistrat hat als Ortsobrigkeit und Gemeindeverwaltungsbehörde insbesondere folgende Geschäfte:

1. die Gesetze und Verordnungen sowie die Verfügungen der ihm vorgesetzten Behörden auszuführen:

Zu 1: Dem Magistrat als Ortsobrigkeit, der in dieser Eigenschaft der Kontrolle der Stadtverordnetenversammlung nicht unterliegt (Staatsverwaltungsorgan), stehen die Zwangsbefugnisse der §§ 132 ff. LVG. zu; bez. Stadtausschuß s. oben S. 256 f., Gewerbegericht s. oben S. 207 f., Kaufmannsgericht S. 155, Innungsaufsicht s. oben S. 202.

2. die Beschlüsse der Stadtverordnetenversammlung vorzubereiten und sofern er sich mit denselben einverstanden erklärt, zur Ausführung zu bringen.

Der Magistrat ist verpflichtet, die Zustimmung und Ausführung zu versagen, wenn von den Stadtverordneten ein Beschluß gefaßt ist, welcher deren Befugnisse überschreitet, gesetz- oder rechtswidrig ist, das Staatswohl oder das Gemeindeinteresse verletzt. In den beiden ersten Fällen ist nach den Bestimmungen im § 15 des Gesetzes über die Zuständigkeit der Verwaltungs- und Verwaltungsgerichtsbehörden vom 1. August 1883 (§ 77 dieser Städteordnung) im übrigen nach den Bestimmungen im § 36 StO. zu verfahren;

Zu 2: Gesetzesverletzung ist auch falsche Gesetzesauslegung (OVG. 7, 115). Erfolgt also die Beanstandung deswegen, weil der Beschluß die Befugnisse der StV. überschreitet, gesetz- oder rechtswidrig ist, so findet gegen den Beanstandungsbeschluß des Magistrats die Klage im Verwaltungsstreitverfahren statt, sonst beschließt der Bezirksausschuß, wenn die Angelegenheit nicht auf sich beruhen bleiben kann (OVG. 50, 4).

3. die städtischen Gemeindeanstalten zu verwalten und diejenigen, für welche besondere Verwaltungen eingesetzt sind, zu beaufsichtigen;

Zu 3: Gemeindeanstalten sind nicht nur die öffentlichen Gemeindeanstalten (s. oben zu § 4 StO.), sondern alle „Veranstaltungen der Gemeinde", auch gewerbliche Unternehmungen, auch Einrichtungen, deren äußere Angelegenheiten der Verwaltung der Stadt unterstehen, z. B. Schulen, Gewerbegericht, Kaufmannsgericht usw. Auch die städtischen Sparkassen, die ein Sondervermögen der Stadtgemeinde darstellen (PrVBl. 8, 449) gehören dazu; grundlegend für sie ist das Regl. 12. 12. 38 (GS. 39, 5), inzwischen vielfach ergänzt; für die Mündelsicherheit vgl. Art. 75 AVBGB. Wegen der Verwendung der Überschüsse einer städtischen Sparkasse OVG. 49, 5.

4. die Einkünfte der Stadtgemeinde zu verwalten, die auf dem Etat oder besonderen Beschlüssen der Stadtverordneten beruhenden Einnahmen und Ausgaben anzuweisen und das Rechnungs- und Kassenwesen zu überwachen. Von jeder regelmäßigen Kassenrevision ist der Stadtverordnetenversammlung Kenntnis zu geben, damit sie ein Mitglied oder mehrere abordnen könne, um diesem Geschäfte beizuwohnen; bei außerordentlichen Kassenrevisionen ist der Vorsitzende oder ein von demselben ein- für allemal bezeichnetes Mitglied der Stadtverordnetenversammlung zuzuziehen;

Zu 4: Über Festsetzung und den Ersatz von Defekten der Gemeindebeamten beschließt nach Maßgabe V. 24. 1. 44 (GS. 52) der Bezirksausschuß (ZG. § 17 Nr. 5)[1].

5. das Eigentum der Stadtgemeinde zu verwalten und ihre Rechte zu wahren;
6. die Gemeindebeamten, nachdem die Stadtverordneten darüber vernommen worden, anzustellen und zu beaufsichtigen. Die Anstellung erfolgt, soweit nicht ein Kommunalamt nur als Nebenamt oder als Nebentätigkeit ausgeübt wird, oder es sich um ein Kommunalamt handelt, das seiner Art oder seinem Umfange nach nur als eine Nebentätigkeit anzusehen ist, durch Aushändigung einer Anstellungsurkunde. Die Anstellung der städtischen Beamten erfolgt auf Lebenszeit. Für die Beamten der städtischen Betriebsverwaltungen findet Anstellung auf Lebenszeit nur insoweit statt, als die Stadtgemeinden dies beschließen.

[1]) Auch in Berlin.

Welche Verwaltungszweige zu den städtischen Betriebsverwaltungen zu rechnen sind, kann durch Ortsstatut festgesetzt werden. Abweichungen von dem Grundsatze der Anstellung auf Lebenszeit können durch Ortsstatut oder in einzelnen Fällen mit Genehmigung der Aufsichtsbehörde festgesetzt werden. Soweit hiernach eine Anstellung auf Kündigung zulässig ist, darf die Kündigung nur auf Grund eines Beschlusses des Magistrats erfolgen. Der Anstellung kann eine Beschäftigung durch Probe vorangehen. Dieselbe darf in der Regel die Dauer von zwei Jahren nicht übersteigen. Eine Ausdehnung der probeweisen Beschäftigung ist nur mit Genehmigung der Aufsichtsbehörde zulässig. Im übrigen hat bei Beamten, welche probeweise oder zu vorübergehenden Dienstleistungen oder zum Zwecke der Vorbereitung beschäftigt werden, die Regelung der Annahmebedingungen vor dem Antritt der Beschäftigung zu erfolgen, ihre Anstellung hat gleichfalls durch Aushändigung einer Anstellungsurkunde zu erfolgen.

Durch die vorstehenden Bestimmungen werden die Vorschriften über die Besetzung der Subaltern- und Unterbeamtenstellen der Kommunalverbände mit Militäranwärtern nicht berührt. (KBG. 30. 7. 99 §§ 1, 2, 8, 9, 10.)

Die von den Gemeindebeamten zu leistenden Kautionen bestimmt der Magistrat nach Anhörung der Stadtverordnetenversammlung. In Städten bis zu 10000 Einwohnern (§ 30, 2) können die Geschäfte des Gemeindeeinnehmers nach Vernehmung der Stadtverordnetenversammlung und mit Zustimmung des Bezirksausschusses dem Kämmerer übertragen werden (ZG. § 16 Abs. 3);

Zu Abs. 6: Obrigkeitliche Funktionen dürfen nur angestellten Beamten übertragen werden (OVG. 20, 39, 128; 27, 431). Angestellte mit anderen Funktionen können zwar als Beamte angestellt werden, haben aber darauf keinen Anspruch (PrVBl. 27, 663 [Bureauassistent der Gas- und Wasserwerke]). Durch das Kommunalbeamtengesetz 30. 7. 99 (GS. 141), das teilweise oben aufgenommen ist, wurden die Meinungsverschiedenheiten zwischen Reichsgericht und OVG. über den Anstellungsakt der Kommunalbeamten beseitigt (das ReichsG. hatte auch konkludente Anstellung angenommen). Nach dem KBG. ist die Bestallung wesentliche Voraussetzung für die Begründung des Beamtenverhältnisses (PrVBl. 24, 209). Diese konstitutive Wirkung hat aber die Bestallung nicht bei Aushändigung an Angestellte, die vor dem Inkrafttreten des KBG. in den Dienst getreten sind (PrVBl. 26, 465). Ausführungs-Anw. zum KBG. 12. 10. 99 (MBl. 192). Das KAG. erstreckt sich ebensowenig wie § 56 Nr. 6 auf die ehrenamtlichen, unbesoldeten Organe; wohl aber, soweit nicht Ausnahmen ausdrücklich vorgesehen sind, auch auf die besoldeten Magistratsmitglieder (vgl. MV. 12. 5. 03 MBl. 122). Auch die Lehrer an Gemeindeschulen gehören nicht hierher RGer. 37, 298. Städtische Polizeibeamte bedürfen der Bestätigung des Regierungspräsidenten[1]) (§ 4 G. 11. 3. 50 über die Polizeiverwaltung). Der Magistrat kann den Beamten Amtsbezeichnungen, aber nicht Titel im engeren Sinne beilegen (Preuß. VerfassungsU. Art. 50; OVG. 6, 52; 41, 44).

Hinsichtlich der Verpflichtung zur Anstellung von Militäranwärtern (das sind die auf Grund des Gesetzes betr. die Versorgung der Personen der Unterklassen des Reichsheeres, der kais. Schutztruppen und der kais. Marine vom 31. 5. 1906 RGBl. 593 durch Verleihung des Zivilversorgungsscheines versorgten Militärpersonen) sind für die Städte maßgebend G. 21. 7. 92 (GS. 214) nebst Ausführungsanweisung 30. 9. 92 (GS. 285) und 1. 12. 99 (GS. 235) sowie die Grundsätze, betr. die Besetzung der mittleren Kanzlei- und Unterbeamtenstellen bei den Kommunalbehörden usw., vom Bundesrat gefaßt am 20. 6. 07 (RZBl. 345), vgl. MV. 3. 9. 07 (MBl. 293, 308); die Grundsätze lassen das G. 21. 7. 92 soweit bestehen, als es für die Militäranwärter günstiger ist. Danach besteht folgender Rechtszustand: Anstellungsberechtigt ist ein Militäranwärter nur, wenn er seit 2 Jahren die preußische Staatsangehörigkeit besitzt. Ausschließlich mit Militäranwärtern sind zu besetzen, wenn die Besoldung der Stellen ausschließlich der Nebenbezüge mindestens 600 M. beträgt: 1. die Stellen im Kanzleidienst einschließlich derjenigen der Lohnschreiber; 2. sämtliche Stellen, deren Obliegenheiten im wesentlichen in mechanischen Dienstleistungen bestehen. Mindestens zur Hälfte mit Militäranwärtern sind zu besetzen die Stellen der mittleren Beamten im Bureaudienst, ausgenommen: 1. die Stellen, für welche eine

[1]) In Berlin des Oberpräsidenten.

besondere wissenschaftliche oder technische Vorbildung erfordert wird; 2. die Stellen derjenigen Kassenvorsteher, welche eigene Rechnung zu legen haben, und derjenigen Kassenbeamten, welche Kassengelder einzunehmen, zu verwahren oder auszugeben haben. In welchem Umfange die übrigen mittleren Kanzlei- und Unterbeamtenstellen mit Militäranwärtern zu besetzen sind, ist unter Berücksichtigung der Anforderungen des Dienstes und sinngemäßer Zugrundelegung der für die Reichs- und Staatsbehörden jeweilig geltenden Verzeichnisse über die den Militäranwärtern vorbehaltenen Stellen zu bestimmen. Welche Subaltern- und Unterbeamtenstellen und gegebenenfalls in welcher Anzahl sie den Militäranwärtern vorzubehalten sind, hat die Kommunalaufsichtsbehörde festzustellen. (Beschwerde.) Die Berücksichtigung der Bewerbungen setzt genügende Befähigung und die Ablegung der für gewisse Dienststellungen oder Gattungen von Dienststellen vorgeschriebenen Prüfungen voraus. Die Zulassung der Prüfung oder die Annahme der Bewerbung überhaupt können erforderlichenfalls (d. h. wenn die Eigentümlichkeit des Dienstzweiges dies erheischt, nicht aber aus anderen, z. B. finanziellen Rücksichten, im allgemeinen auch nicht für die unteren Stellen des Polizeidienstes, MR. 31. 12. 94 MBl. 95, 3) von einer vorgängigen informatorischen, in der Regel nicht über 3 Monate auszudehnenden Beschäftigung in dem betreffenden Dienstzweige abhängig gemacht werden.

Über die Zulässigkeit der Besetzung der vorbehaltenen Stellen mit anderen als Militäranwärtern im Sinne des § 15 des RG. vom 31. 5. 1906 s. Anstellungsgrundsätze § 8 und G. vom 21. 7. 92 § 7, 5; ME. 30. 9. 92.

Muß von einer regelrechten Besetzung einzelner Beamtenstellen mit Militäranwärtern abgewichen werden, so hat unter Bereitstellung anderer Stellen eine Ausgleichung stattzufinden; auch die Unterbrechung der Reihenfolge auf Grund ausnahmsweiser Verleihung bzw. die Besetzung einer ausschließlich den Militäranwärtern vorbehaltenen Stelle mit einem Bediensteten des Kommunalverbandes ist auszugleichen. Vgl. auch MV. 16. 4. 09 betr. Bekanntgabe der Stellen für Militäranwärter im Kommunaldienst (MBl. 84).

7. die Urkunden und Akten der Stadtgemeinde aufzubewahren;

Zu 7: Hier handelt es sich um eine obrigkeitliche Tätigkeit, die nicht der Kontrolle der Stadtverordnetenversammlung untersteht (OVG. 35, 92).

8. die Stadtgemeinde nach außen zu vertreten und namens derselben mit Behörden und Privatpersonen zu verhandeln, den Schriftwechsel zu führen und die Gemeindeurkunden in der Urschrift zu vollziehen. Die Ausfertigungen der Urkunden werden namens der Stadtgemeinde von dem Bürgermeister oder seinem Stellvertreter gültig unterzeichnet; werden in denselben Verpflichtungen der Stadtgemeinde übernommen, so muß noch die Unterschrift eines Magistratsmitgliedes hinzukommen; in Fällen, wo die Genehmigung der Aufsichtsbehörde erforderlich ist, muß dieselbe in beglaubigter Form der gedachten Ausfertigung beigefügt werden;

Zu 8: Dritten gegenüber verpflichtet der Magistrat die Stadtgemeinde, auch wenn er bei Verträgen usw. seine Befugnisse überschritten, namentlich ohne die notwendige Zustimmung der Stadtverordnetenversammlung gehandelt hat (ROHandGer. 13, 332).

Bei vorangegangener Offerte stellt das Schriftstück, welches die Annahme mitteilt, die Ausfertigung der Urkunde dar, worin die Verpflichtung der Stadtgemeinde übernommen wird (RGer. 31, 325).

Da Sparkassenbücher städtischer Sparkassen keine die Stadtgemeinde verpflichtende Urkunden bilden, so sind sie nach Ziffer 13 des Reglements 31. 12. 38 von der „Sparkasse" auszustellen und daher nur von ein bzw. zwei Mitgliedern des als städtische Deputation (§ 59 StO.) anzusehenden Sparkassenkuratoriums zu vollziehen (MR. 11. 11. 95 MBl. 246).

Die vom Magistrat ausgestellten Urkunden sind öffentliche im Sinne § 437 ZPO.

9. die städtischen Gemeindeabgaben und Dienste nach den Gesetzen und Beschlüssen auf die Verpflichteten zu verteilen und die Beitreibung zu bewirken.

Zu 9: Für die Beitreibung gilt die V. 15. 11. 99 (GS. 545), abgeändert durch V. 18. 3. 04 GS. 545; hierzu AusfAnw. 28. 11. 99, abgeändert 4. 7. 04.

§ 57. Der Magistrat kann nur beschließen, wenn mindestens die Hälfte, in Stadtgemeinden, welche mehr als 100000 Einwohner haben, mindestens ein Drittel seiner Mitglieder zugegen ist.

Die Beschlüsse werden nach Stimmenmehrheit gefaßt. Bei Stimmengleichheit ist die Stimme des Vorsitzenden entscheidend. Den Vorsitz führt der Bürgermeister oder sein Stellvertreter. Der Vorsitzende ist verpflichtet, wenn ein Beschluß des Magistrats dessen Befugnisse überschreitet, gesetz- oder rechtswidrig ist, das Staatswohl oder das Gemeininteresse verletzt, die Ausführung eines solchen Beschlusses zu beanstanden. Es beschließt, soweit nicht die Bestimmungen im § 15 des Gesetzes über die Zuständigkeit der Verwaltungs- und Verwaltungsgerichtsbehörden vom 1. August 1883 (§ 77 dieser Städteordnung) zur Anwendung zu bringen sind, der Bezirksausschuß[1]) über die zwischen dem Vorsitzenden und dem Magistratskollegium entstandenen Meinungsverschiedenheiten, wenn von einem Teile auf Entscheidung angetragen wird, und zugleich die Angelegenheit nicht auf sich beruhen kann. Der Beigeordnete nimmt auch außer dem Falle der Stellvertretung an den Verhandlungen und Beschlüssen teil. (ZG. § 17 Nr. 1.)

Bei Beratungen über solche Gegenstände, welche das Privatinteresse eines Mitgliedes des Magistrates oder seiner Angehörigen berühren, muß dasselbe sich der Teilnahme an der Beratung und Abstimmung enthalten, auch sich während der Beratung aus dem Sitzungszimmer entfernen.

Zu Abs. 2: ZG. § 17 Nr. 1 kommt also zur Anwendung, wenn der Beschluß wegen Verletzung des Staatswohls oder des Gemeininteresses beanstandet ist.

Zu Abs. 3: Wird durch Privatinteressen der Mitglieder der Magistrat beschlußunfähig, so erübrigt nur, von Aufsichts wegen einen Kommissar ad hoc zu bestellen und ihm die Beschlußfassung zu übertragen (OVG. 25, 46). Um Privatinteressen handelt es sich nicht, wenn über einen Rechtsstreit verhandelt wird, den ein Magistratsmitglied als Rechtsanwalt für die Stadt führt (OVG. PrVBl. 22, 324). Vermögensinteressen der Stadtgemeinde sind keine Privatinteressen des Bürgermeisters (OVG. PrVBl. 27, 176).

§ 58. Der Bürgermeister leitet und beaufsichtigt den ganzen Geschäftsgang der städtischen Verwaltung.

In allen Fällen, wo die vorherige Beschlußnahme durch den Magistrat einen nachteiligen Zeitverlust verursachen würde, muß der Bürgermeister die dem Magistrat obliegenden Geschäfte vorläufig allein besorgen, jedoch dem letzteren in der nächsten Sitzung behufs der Bestätigung oder anderweitigen Beschlußnahme Bericht erstatten.

Zur Erhaltung der nötigen Disziplin steht dem Bürgermeister das Recht zu, den Gemeindebeamten Geldbußen bis zu neun Mark und außerdem den untern Beamten Arreststrafen bis zu drei Tagen aufzulegen (§§ 15, 19 und 20 des Gesetzes v. 21. Juli 1852, GS. 465).

Gegen die Strafverfügungen des Bürgermeisters findet innerhalb zwei Wochen die Beschwerde an den Regierungspräsidenten[1]) und gegen den auf die Beschwerde ergehenden Beschluß des Regierungspräsidenten[1]) innerhalb zwei Wochen die Klage bei dem Oberverwaltungsgerichte statt. (ZG. § 20, LVG. § 63.)

Zu Abs. 1: Für den Geschäftsgang soll nach Art. 13 der AusfInstruktion zu StO. 20. 6. 53 (MBl. 138) die Instruktion für die Stadtmagistrate 25. 5. 35 maßgebend sein, soweit dies mit der StO. verträglich ist. Wegen der Beurlaubung der Magistratsmitglieder s. MR. 5. 12. 67 und MV. 10. 12. 98 (MBl. 99, 4).

Zu Abs. 3: Zu den Gemeindebeamten zählen hier die Beigeordneten und Stadträte nicht (OVG. 50, 434). Aber nach der Entsch. des OVG. 17, 443 soll auch gegen sie der Bürgermeister Warnungen und Verweise als Disziplinarstrafe verhängen können. Gegen Stadtverordnete, selbst als Mitglieder von Verwaltungsdeputationen, stehen ihm auch diese Disziplinarmittel niemals zu (OVG. 25, 415). Anhörung des Beschuldigten nicht erforderlich (OVG. 51. 434).

§ 59. Zur dauernden Verwaltung oder Beaufsichtigung einzelner Geschäftszweige sowie zur Erledigung vorübergehender Aufträge können besondere Deputationen entweder bloß aus Mitgliedern des Magistrates oder aus Mitgliedern beider Gemeindebehörden oder aus letzteren und aus stimmfähigen Bürgern gewählt werden. Zur Bildung gemischter Deputationen aus beiden Stadtbehörden ist der übereinstimmende Beschluß beider erforderlich.

Zu diesen Deputationen und Kommissionen, welche übrigens in allen Beziehungen dem Magistrate untergeordnet sind, werden die Stadtverordneten und stimmfähigen Bürger von der Stadtverordnetenversammlung gewählt, die Magistratsmitglieder dagegen von dem Bürgermeister ernannt, welcher auch unter letzteren den Vorsitzenden zu bezeichnen hat.

Durch statutarische Anordnungen können nach den eigentümlichen örtlichen Ver-

---

[1]) In Berlin zuständig der Oberpräsident.

hältnissen besondere Festsetzungen über die Zusammensetzung der bleibenden Verwaltungsdeputationen getroffen werden.

Die Deputationen sind Organe des Magistrats; sie sind öffentliche Behörden, die der Stadtverordnetenversammlung angehörenden Mitglieder und die Bürgermitglieder (Bürgerdeputierte) unterliegen aber nicht den Bestimmungen des DisziplG. Ihre Entfernung aus dem Amte hat nach Vorschrift des § 75 Abs. 2 der StO. zu erfolgen (OVG. 25, 415). Daneben unterstehen sie gemäß Instruktion 25. 5. 35 den Erinnerungen und Zurechtweisungen des Vorsitzenden.

Einzelne Deputationen: 1. Schuldeputation, Volksschulunter-haltungsG. 28. 7. 06 § 43 ff., dritte AusfAnw. dazu 6. 11. 07 (UZBl. 865). 2. Gesundheitskommission, G. betr. Dienststellung des Kreisarztes und die Bildung von Gesundheitskommissionen 16. 9. 99 (GS. 172, ME. 13. 3. 01, MMBl. 66). 3. Servis- und Einquartierungsdeputation § 5 G. 25. 6. 68 BGBl. 523. 4. Armendeputation RG. 6. 6. 70, 30. 5. 08 über den Unterstützungswohnsitz und Preuß. AusführG. 8. 3. 71 in der Fassung 11. 7. 91 (GS. 300).

§ 60. Städte von größerem Umfange oder von zahlreicherer Bevölkerung werden von dem Magistrat nach Anhörung der Stadtverordneten in Ortsbezirke geteilt.

Jedem Bezirk wird ein Bezirksvorsteher vorgesetzt, welcher von den Stadtverordneten aus den stimmfähigen Bürgern des Bezirks auf sechs Jahre erwählt und vom Magistrat bestätigt wird. In gleicher Weise wird für den Fall der Verhinderung des Bezirksvorstehers ein Stellvertreter desselben angestellt.

Die Bezirksvorsteher sind Organe des Magistrats und verpflichtet, seinen Anordnungen Folge zu leisten, ihn namentlich in den örtlichen Geschäften des Bezirks zu unterstützen. Vgl. § 74a.

§ 61. Jedes Jahr, bevor sich die Stadtverordnetenversammlung mit dem Haushaltsetat beschäftigt, hat der Magistrat in öffentlicher Sitzung derselben über die Verwaltung und den Stand der Gemeindeangelegenheiten einen vollständigen Bericht zu erstatten. Tag und Stunde werden wenigstens zwei freie Tage vorher in der Gemeinde bekannt gemacht.

§ 62. Der Bürgermeister hat nach näherer Bestimmung der Gesetze folgende Geschäfte zu besorgen:

I. wenn die Handhabung der Ortspolizei nicht Königlichen Behörden übertragen ist:
   1. die Handhabung der Ortspolizei;
   2. die Verrichtung eines Hilfsbeamten der Staatsanwaltschaft nach Maßgabe des § 153 des Gerichtsverfassungsgesetzes vom 27. Januar 1877 (17. Mai 98) und der auf Grund dieses Gesetzes erlassenen besonderen Bestimmungen;
   3. die Verrichtungen eines Amtsanwaltes bei dem Amtsgerichte, das in der Stadt seinen Sitz hat, gegen entsprechende Entschädigung aus Staatsfonds nach Maßgabe der Vorschriften der §§ 64 und 65 des Preußischen Ausführungsgesetzes zum Deutschen Gerichtsverfassungsgesetze, vom 24. April 1878 (GS. 230), sofern nicht eine andere Person mit diesem Amte betraut wird;

II. alle örtlichen Geschäfte der Kreis-, Bezirks-, Provinzial- und allgemeinen Staatsverwaltung, namentlich auch die Standesamtsgeschäfte nach Maßgabe der Bestimmungen des Reichsgesetzes vom 6. Februar 1875 (RGBl. 23), sofern nicht ein besonderer Beamter für sie bestellt ist.

Einzelne dieser unter I. und II. erwähnten Geschäfte können mit Genehmigung des Regierungspräsidenten[1]) einem anderen Magistratsmitgliede übertragen werden. (ZG. § 7, LVG. § 18.)

Zu I: s. PolizeiVerwG. 11. 3. 50 §§ 1—4, für Städte mit königl. Polizeiverwaltung PolizeikostenG. 3. 6. 08 GS. 149.

Zu II: Wahlen zum Abgeordnetenhaus V. 30. 5. 49 (GS. 205); G. 29. 6. 93 (GS. 103); 28. 6. 06 GS. 318; Regl. 14. 3. 03 Reichs- u. Staatsanzeiger Nr. 161, jetzt in der Fassung v. 20. 10. 06

---

[1]) In Berlin zuständig der Oberpräsident (LVG. § 42).

MBl. 07, 1. Reichstagswahlen § 16 RG. 31. 5. 69 BGBl 145; Regl. 28. 5. 70 BGBl. 275, abgeänd. 28. 4. 1903 RGBl. 202. Die Kosten für die Reichstagswahlen fallen den Städten zur Last (OTr. 67, 217).

§ 63. In betreff der Befugnis der Stadtbehörden, ortspolizeiliche Verordnungen zu erlassen, kommen die darauf bezüglichen Gesetze zur Anwendung.

S. PolizeiVerwG. § 5 ff. und LVG. § 132 ff.

Titel VI. Von den Gehältern und Pensionen.

§ 64. Der Normaletat aller Besoldungen wird vom Magistrat entworfen und von den Stadtverordneten festgesetzt. (Abs. 1.)

Ist ein Normalbesoldungsetat überhaupt nicht oder nur für einzelne Teile der Verwaltung festgestellt, so werden die in solcher Weise nicht vorgesehenen Besoldungen vor der Wahl festgesetzt. (Abs. 2.)

Hinsichtlich der Bürgermeister und der besoldeten Magistratsmitglieder unterliegt die Festsetzung der Besoldungen in allen Fällen der Genehmigung des Bezirksausschusses[1]). Der Regierungspräsident[1]) ist ebenso befugt als verpflichtet, zu verlangen, daß ihnen die zu einer zweckmäßigen Verwaltung angemessenen Besoldungsbeträge bewilligt werden. (ZG. § 16 Abs. 3 und 7.)

Den Beigeordneten, insofern ihnen nicht eine Besoldung besonders beigelegt ist (§ 31), können mit Genehmigung des Bezirksausschusses feste Entschädigungsbeträge bewilligt werden. Schöffen und Stadtverordnete erhalten weder Gehalt noch Remuneration, und ist nur die Vergütung barer Auslagen zulässig, welche für sie aus der Ausrichtung von Aufträgen entstehen. (ZG. § 16.) (Abs. 4.)

Die Zahlung des Gehalts an Kommunalbeamte erfolgt in Ermanglung besonderer Festsetzungen vierteljährlich im voraus. (Abs. 5.)

Über die Art und Höhe der Reisekostenentschädigung, welche den Kommunalbeamten, einschließlich der auf Probe, zu vorübergehenden Dienstleistungen oder zur Vorbereitung angestellten Beamten, bei Dienstreisen zugebilligt werden sollen, können die Kommunalverbände Vorschriften erlassen. Kommen solche in Fällen, in welchen ein Bedürfnis der Regelung besteht, nicht zustande, so kann die Aufsichtsbehörde die erforderlichen Vorschriften erlassen, welche solange in Geltung bleiben, bis anderweite Bestimmungen seitens der Kommunalverbände getroffen sind. (§§ 3, 6 KBG.) (Abs. 6.)

Der Bezirksausschuß beschließt über streitige vermögensrechtliche Ansprüche der Kommunalbeamten einschließlich der auf Probe zu vorübergehenden Dienstleistungen oder zur Vorbereitung angestellten Beamten aus ihrem Dienstverhältnisse, insbesondere über Ansprüche auf Besoldung, Reisekostenentschädigung, Pension, sowie über streitige Ansprüche der Hinterbliebenen der Beamten auf Gnadenbezüge oder Witwen- und Waisengeld. Die Beschlußfassung erfolgt, soweit sie sich auf die Frage erstreckt, welcher Teil des Diensteinkommens bei Feststellung der Pensionsansprüche als Gehalt anzusehen ist, vorbehaltlich der den Beteiligten innerhalb zwei Wochen bei dem Bezirksausschuß gegeneinander zustehenden Klage im Verwaltungsstreitverfahren. Im übrigen finden gegen den in erster oder auf Beschwerde in zweiter Instanz ergangenen Beschluß binnen einer Beschlußfrist von sechs Monaten nach Zustellung derselben die Klage im ordentlichen Rechtswege statt. Die Beschlüsse sind vorläufig vollstreckbar. (Abs. 7.)

---

[1]) In Berlin der Oberpräsident (LVG. §§ 42, 43).

Die Aufsichtsbehörde[1]) kann in Fällen eines auffälligen Mißverhältnisses zwischen der Besoldung und den amtlichen Aufgaben der Beamtenstelle verlangen, daß den städtischen Beamten die zu einer zweckmäßigen Verwaltung angemessenen und der Leistungsfähigkeit der Stadtgemeinde entsprechenden Besoldungsbeträge bewilligt werden, insoweit nicht die Besoldung der betreffenden Stelle durch Ortsstatut festgesetzt ist. Im Falle des Widerspruchs der Stadtgemeinde erfolgt die Feststellung der Besoldungsbeträge durch Beschluß des Bezirksausschusses[2]). (§§ 7, 11 KBG.) (Abs. 8.)

Zu Abs. 3: Die „Angemessenheit" ist im Prozeß nicht nachzuprüfen (OVG. 13. 68; 26, 144. Auch Gehaltsänderungen bedürfen der Genehmigung (PrVBl. 21, 195); s. aber PrVBl. 22, 293. Die Genehmigung ist nicht stempelpflichtig (MB. 13. 8. 04 MBl. 240).

Zu Abs. 5 u. 7: bezieht sich nicht auf Magistratsmitglieder.

Zu Abs. 6: bezieht sich auch auf Magistratsmitglieder.

Zu Abs. 7: Zur Erzwingung der Anerkennung eines Angestellten als Gemeindebeamten und Aushändigung der Bestellung ist das Beschlußverfahren nicht gegeben (OVG. 44, 48).

§ 65. Den Bürgermeistern und den besoldeten Mitgliedern des Magistrats sind, sofern nicht mit Genehmigung des Bezirksausschusses[3]) (ZG. § 16.) eine Vereinbarung wegen der Pension getroffen ist, bei eintretender Dienstunfähigkeit, oder wenn sie nach abgelaufener Wahlperiode nicht wieder gewählt werden, folgende Pensionen zu gewähren:

1/4 des Gehalts nach 6 jähriger Dienstzeit,
1/2 " " " 12 " " (Abs. 1.)

Vom vollendeten 12. Dienstjahre ab bis zum 24. steigt die Pension alljährlich um 1/60 (KBG. § 14). (Abs 2.)

Die Pension fällt fort oder ruht insoweit, als der Pensionierte durch anderweitige Anstellung im Staats- oder Gemeindedienste ein Einkommen oder eine neue Pension erwirbt, welche mit Zurechnung der ersten Pension sein früheres Einkommen übersteigen. (Abs. 3.)

Die städtischen Beamten erhalten bei eintretender Dienstunfähigkeit — sofern nicht mit Genehmigung des Bezirksausschusses ein anderes festgesetzt ist — Pension nach den für die Pensionierung der unmittelbaren Staatsbeamten geltenden Grundsätzen, wobei Artikel III des Gesetzes vom 31. März 1882, betreffend die Abänderung des Pensionsgesetzes vom 27. März 1872 (GS. 133), insoweit er nicht durch das Gesetz vom 1. März 1891 (GS. 19) abgeändert ist, unberührt bleibt. (Abs. 4.)

Als pensionsfähige Dienstzeit wird, unbeschadet der über die Anrechnung der Militärdienstzeit bei Militäranwärtern und forstversorgungsberechtigten Personen des Jägerkorps geltenden Bestimmungen und in Ermangelung anderweiter Festsetzungen nur die Zeit gerechnet, welche der Beamte im Dienste der betreffenden Gemeinde zugebracht hat. (Abs. 5.)

Die Bestimmungen des Gesetzes vom 31. März 1882, betreffend die Abänderung des Pensionsgesetzes vom 27. März 1872 (GS. 1882, 133), in betreff der Beamten, welche das 65. Lebensjahr vollendet haben, können durch Ortsstatut auch für Kommunalbeamte in Kraft gesetzt werden. (§ 12 KBG.) (Abs. 6.)

Das Recht auf den Bezug der Pension ruht, wenn und solange ein Pensionär im Staats- oder Kommunaldienst ein Diensteinkommen

---

1) Zuständig der Regierungspräsident, in Berlin Oberpräsident (§ 7 ZG. § 43 LVG.).

2) Dagegen Beschwerde an Provinzialrat, in Berlin zuständig der Oberpräsident, gegen ihn Beschwerde an Minister d. I. (LVG. §§ 1, 43 u. 121).

3) In Berlin des Oberpräsidenten (LVG. § 42).

oder eine neue Pension bezieht, insoweit als der Betrag des neuen Einkommens unter Hinzurechnung der zuvor erdienten Pension den Betrag des von dem Beamten vor der Pensionierung bezogenen Diensteinkommen übersteigt. (§ 13 KBG.) (Abs. 7.)

Die Witwen und Waisen der pensionsberechtigten Beamten der Stadtgemeinden, einschließlich der Magistratsmitglieder erhalten — sofern nicht mit Genehmigung des Bezirksausschusses ein anderes festgesetzt ist — Witwen und Waisengeld nach den für die Witwen und Waisen der unmittelbaren Staatsbeamten geltenden Vorschriften unter Zugrundelegung des von dem Beamten im Augenblick des Todes erdienten Pensionsbetrages; dabei tritt an die Stelle der für das Witwengeld bei unmittelbaren Staatsbeamten vorgeschriebenen Höchstsätze der Höchstsatz von 2000 Mark. (Abs. 8.)

Auf das Witwen- und Waisengeld kommen die Bezüge, welche von öffentlichen Witwen- und Waisenanstalten oder von Privatgesellschaften gezahlt werden, in demselben Verhältnisse in Anrechnung, in welchem die Stadtgemeinde sich an den vertraglichen Gegenleistungen beteiligt hat. Als Beteiligung der Stadtgemeinde wird es auch, soweit die Zeit vor dem 1. April 1900 in Betracht kommt, angesehen, wenn die Gegenleistung seitens der Beamten auf Grund ausdrücklicher, bei der Anstellung übernommener Verpflichtung oder anderweiter Festsetzungen erfolgt ist. (§ 15 KBG.) (Abs. 9.)

Ist die nach Maßgabe des Abs. 4—9 zu bemessende Pension eines Beamten geringer als die Pension, welche ihm hätte gewährt werden müssen, wenn er am 31. März 1900 nach den bis dahin für ihn geltenden Bestimmungen pensioniert worden wäre, so wird diese letztere Pension an Stelle der ersteren bewilligt, jedoch unbeschadet der Feststellung des Witwen- und Waisengeldes nach Maßgabe vorstehender Bestimmungen, soweit nicht auch in dieser Beziehung bereits erworbene Rechte bestehen. (§ 24 KBG.) (Abs. 10.)

Die Hinterbliebenen eines Kommunalbeamten erhalten für das auf den Sterbemonat folgende Vierteljahr noch die volle Besoldung des Verstorbenen (Gnadenvierteljahr); war der Verstorbene pensioniert, so gebührt ihnen die Pension noch für den auf den Sterbemonat folgenden Monat (Gnadenmonat). Dabei finden die für die unmittelbaren Staatsbeamten geltenden Bestimmungen mit der Maßgabe Anwendung, daß an Stelle der Genehmigung des Verwaltungschefs und der Provinzialbehörde, auf deren Etat die Pension übernommen war, die Genehmigung der Kommunalverwaltungsbehörde tritt. (§ 4 KBG.) (Abs. 11.)

In dem Genusse der von dem verstorbenen Beamten bewohnten Dienstwohnung ist die hinterbliebene Familie in Ermangelung anderweiter Festsetzungen nach Ablauf des Sterbemonates noch drei fernere Monate zu belassen. Hinterläßt der Beamte keine Familie, so ist denjenigen, auf welche sein Nachlaß übergeht, unter der gleichen Voraussetzung eine vom Todestage an zu rechnende einmonatige Frist zur Räumung der Dienstwohnung zu gewähren. (Abs. 12.)

In jedem Falle müssen Arbeits- und Sitzungszimmer, sowie sonstige für den amtlichen Gebrauch bestimmte Räumlichkeiten, sofort geräumt werden. (§ 5 KBG.) (Abs. 13.)

Abs. 1, 2 u. 3 beziehen sich ausschließlich auf Magistratsmitglieder.
Abs. 4, 5, 6, 7 u. 10 beziehen sich auf die übrigen Kommunalbeamten.
Abs. 8, 9, 11, 12 u. 13: auf die städtischen Beamten einschließlich der Magistratsmitglieder.

Zu Abs. 1: Nur das bare Gehalt ist bei Pensionierung der Magistratsmitglieder zu berücksichtigen (MBl. 68, 63). Über den Begriff „Gehalt" s. OVG. PrVBl. 29, 126.

Zu Abs. 3: Maßgebend ist das gesamte Diensteinkommen unter Abzug der Dienstaufwandsgelder.

Zu Abs. 4: Hier sind, abgesehen von den Magistratsmitgliedern, alle städtischen Beamten, auch die auf Zeit oder Kündigung angestellten, gemeint.

Für das Verfahren der zwangsweisen Pensionierung (auch der Magistratsmitglieder) wegen Dienstunfähigkeit kommt G. 21. 7. 52 GS. 465 und ZG. § 20 in Betracht; danach wird das Verfahren — nach Prüfung durch den Magistrat — vom Regierungspräsidenten[1]), der auch den Untersuchungskommissar ernennt, eingeleitet; 1. Instanz BzAusſch[2]), 2. Instanz Oberverwaltungsgericht[2]); der Vertreter der Staatsanwaltschaft wird in 1. Instanz vom Regierungspräsidenten[1]), in 2. vom Minister d. J.[2]) ernannt.

Über die für Staatsbeamte geltenden Pensionsgrundsätze s. unten Abschn. IV Nr. XI.

Zu Abs. 8: s. unten Abschn. IV Nr. XII.

Zu Abs. 11: Hinterbliebene sind im Regelfall nur die Witwe und die eheliche Deszendenz.

Titel VII. Von dem Gemeindehaushalte.

§ 66. Über alle Ausgaben, Einnahmen und Dienste, welche sich im voraus bestimmen lassen, entwirft der Magistrat jährlich spätestens im Januar einen Haushaltsetat. Mit Zustimmung der Stadtverordneten kann die Etatsperiode bis auf drei Jahre verlängert werden.

Der Entwurf wird acht Tage lang, nach vorheriger Verkündigung in einem oder mehreren von dem Magistrat zu bestimmenden Lokalen zur Einsicht aller Einwohner der Stadt offen gelegt und alsdann von den Stadtverordneten festgestellt. Eine Abschrift des Etats wird sofort der Aufsichtsbehörde eingereicht.

Zu Abs. 1 u. zu §§ 69, 70: Da nach § 95 KAG. das Rechnungsjahr vom Jahre 1895 ab durchweg am 1. April beginnen muß (OVG. PrVBl. 24, 520), so sind folgerichtig auch die Fristen für die Aufstellung des Etats sowie für die frühere Legung und Feststellung der Jahresrechnung um ein Vierteljahr zu verlängern.

Zu Abs. 2: Aufsichtsbehörde ist der Regierungspräsident[3]) (ZG. § 7). Die Stadtverordneten können unzweifelhaft die vorgeschlagenen Ausgabeposten streichen oder herabmindern. Hierzu OVG. 50, 8. Neue Ausgabeposten einstellen können sie ohne Zustimmung des Magistrats nicht (§ 36 Satz 1). Wenn über die Höhe des Steuersatzes zwischen Magistrat und Stadtverordneten Einigkeit nicht zu erzielen ist, so greift § 59 KAG. Platz. — Zwangsetatisierung erfolgt nach § 19 ZG., s. unten § 78.

§ 67. Der Magistrat hat dafür zu sorgen, daß der Haushalt nach dem Etat geführt werde.

Ausgaben, welche außer dem Etat geleistet werden, bedürfen der Genehmigung der Stadtverordneten.

Falls die Magistratsmitglieder zivilrechtlich für Etatsüberschreitungen herangezogen werden können, haften sie nur, insoweit der Stadt Schaden erwachsen ist.

§ 68. Gebühren, einschließlich der nach einem von der Aufsichtsbehörde festgestellten Tarife erhobenen Vergütungen (Kurtaxen usw.), Beiträge, Steuern und Kosten, sowie die Abgaben für die Teilnahme an den Nutzungen (§ 52) und die sonstigen Gemeindegefälle unterliegen der Beitreibung im Verwaltungszwangsverfahren nach Maßgabe der Verordnung v. 15. 11. 99 GS. 545. (Abgeänd. 15. 3. 04 GS. 36.) Sind Naturaldienste zu leisten, so ist der Magistrat bei Säumnis der Pflichtigen befugt, die Dienste durch Dritte leisten und die entstehenden Kosten von den Ersteren im Verwaltungszwangsverfahren beitreiben zu lassen. (KAG. § 90.)

Bezüglich Gebühren s. § 4 KAG. Gemeindegefälle gehören hierher nur, soweit sie öffentlichrechtlichen Charakters sind.

§ 69. Die Jahresrechnung ist von dem Einnehmer[4]) vor dem 1. August des folgenden Rechnungsjahres zu legen und dem Magistrate einzureichen. Dieser

---

[1]) In Berlin zuständig der Oberpräsident.

[2]) Auch in Berlin.

[3]) In Berlin der Oberpräsident.

[4]) In Berlin gilt als solcher der Rendant der Stadthauptkasse (Ortsstatut $\frac{31.\ 12.}{19.\ 8.}$ 54).

hat die Rechnung zu revidieren und solche mit seinen Erinnerungen und Bemerkungen den Stadtverordneten zur Prüfung, Feststellung und Entlastung vorzulegen.

Vgl. KAG. § 95 und oben Anm. zu 66.

§ 70. Die Feststellung der Rechnung muß vor dem 1. Januar nächsten Jahres bewirkt sein.

Der Magistrat hat der Aufsichtsbehörde sofort eine Abschrift des Feststellungsbeschlusses vorzulegen.

Durch statutarische Anordnungen können auch andere Fristen, als vorstehend für die Legung und Feststellung der Rechnung bestimmt ist, festgesetzt werden.

Vgl. KAG. § 95.

§ 71. Über alle Teile des Vermögens der Stadtgemeinde hat der Magistrat ein Lagerbuch zu führen. Die darin vorkommenden Veränderungen werden den Stadtverordneten bei der Rechnungsabnahme vorgelegt.

Nach MR. 5. 11. 54 (MBl. 55, 2) müssen auch Gegenstände wissenschaftlichen, geschichtlichen und künstlerischen Wertes aufgenommen werden.

Titel VIII. Von der Einrichtung der städtischen Verfassung ohne kollegialischen Gemeindevorstand für Städte, welche nicht mehr als 2500 Einwohner haben.

§ 72. In Städten von nicht mehr als 2500 Einwohnern kann auf Antrag der Gemeindevertretung unter Genehmigung des Bezirksausschusses (ZG. § 16) die Einrichtung getroffen werden, daß

1. die Zahl der Stadtverordneten bis auf 6 vermindert, und
2. statt des Magistrats nur ein Bürgermeister, welcher den Vorsitz in der Stadtverordnetenversammlung mit Stimmrecht zu führen hat, und zwei oder drei Schöffen, welche den Bürgermeister zu unterstützen und in Verhinderungsfällen zu vertreten haben, gewählt werden.

§ 73. Wird eine Einrichtung nach Maßgabe der Bestimmung unter 2 in § 72 getroffen, so gehen alle Rechte und Pflichten, welche in den Vorschriften der Titel I bis VII dem Magistrate beigelegt sind, auf den Bürgermeister mit denjenigen Modifikationen über, welche sich als notwendig daraus ergeben, daß der Bürgermeister zugleich stimmberechtigter Vorsitzender der Stadtverordnetenversammlung ist. Demselben steht insonderheit ein Recht der Zustimmung zu den Beschlüssen der Stadtverordneten nicht zu; er ist aber in den im zweiten Satze unter 2 des § 56 bezeichneten Fällen die Ausführung der Beschlüsse der Stadtverordnetenversammlung zu beanstanden verpflichtet. — Im übrigen finden bei den Städten, welche die gedachte Einrichtung angenommen haben, die Vorschriften der Titel I bis VII gleichfalls, jedoch mit der Maßgabe Anwendung, daß die Schöffen zugleich Stadtverordnete sein können, und daß es genügt, wenn die Beschlüsse der Stadtverordnetenversammlung (§ 47) nur von dem Vorsitzenden und einem Mitgliede unterzeichnet werden.

Zu Satz 2: Nach der Beanstandung entweder Beschluß (§ 17 ZG.) oder Urteil des Bezirksausschusses (§ 15 ZG.).

Titel IX. Von der Verpflichtung zur Annahme von Stellen und von dem Ausscheiden aus denselben wegen Verlustes des Bürgerrechts.

§ 74. Ein jeder stimmfähige Bürger ist verpflichtet, eine unbesoldete Stelle in der Gemeindeverwaltung oder Vertretung anzunehmen, sowie eine angenommene Stelle mindestens drei Jahre lang zu versehen.

Zur Ablehnung oder zur früheren Niederlegung einer solchen Stelle berechtigen nur folgende Entschuldigungsgründe:

1. anhaltende Krankheit;
2. Geschäfte, die eine häufige oder lange dauernde Abwesenheit mit sich bringen;
3. ein Alter über sechzig Jahre;

4. die früher stattgehabte Verwaltung einer unbesoldeten Stelle für die nächsten drei Jahre;
5. die Verwaltung eines anderen öffentlichen Amtes;
6. ärztliche oder wundärztliche Praxis;
7. sonstige besondere Verhältnisse, welche nach dem Ermessen der Stadtverordnetenversammlung eine gültige Entschuldigung begründen.

Wer sich ohne einen dieser Entschuldigungsgründe weigert, eine unbesoldete Stelle in der Gemeindeverwaltung oder Vertretung anzunehmen oder die noch nicht drei Jahre lang versehene Stelle ferner zu versehen, sowie derjenige, welcher sich der Verwaltung solcher Stellen tatsächlich entzieht, kann durch Beschluß der Stadtverordneten auf drei bis sechs Jahre der Ausübung des Bürgerrechts verlustig erklärt und um ein Achtel bis ein Viertel stärker zu den direkten Gemeindeabgaben herangezogen werden. Dieser Beschluß bedarf keiner Genehmigung von seiten des Magistrats oder der Aufsichtsbehörde. Gegen denselben findet binnen zwei Wochen die Klage bei dem Bezirksausschusse statt. Sie steht auch dem Magistrat zu. Die Stadtverordneten und der Magistrat können zur Wahrnehmung ihrer Rechte in diesem Verfahren einen besonderen Vertreter bestellen. (ZG. §§ 10. 11, 21 LVG. § 63.)

Zu Abs. 2 Nr. 6: gilt nicht für die Mitgliedschaft der Gesundheitskommission gemäß § 10 G. 16. 9. 99 (GS. 172).

Zu Abs. 3: Warnung oder Strafandrohung nicht erforderlich OVG. II, 261; Kunze-Kautz 05/06, 26.

§ 74a. Über die Gültigkeit von Wahlen solcher Gemeindebeamten, welche der Bestätigung nicht bedürfen, beschließt, soweit die Beschlußfassung der Aufsichtsbehörde zusteht, der Bezirksausschuß[1]). (ZG. § 14.)

Diese Vorschrift gilt für Einsprüche usw. gegen die Wahl von Bezirksvorstehern und ähnlichen unbesoldeten Beamten.

§ 75. Wer eine das Bürgerrecht voraussetzende Stelle in der Verwaltung oder Vertretung der Stadtgemeinde bekleidet, scheidet aus derselben aus, wenn er des Bürgerrechts verlustig geht; im Falle des ruhenden Bürgerrechts tritt die Suspension ein (§ 7).

Die zu den bleibenden Verwaltungsdeputationen gewählten stimmfähigen Bürger (§ 59) und anderen von der Stadtverordnetenversammlung auf eine bestimmte Zeit gewählten unbesoldeten Gemeindebeamten, zu denen jedoch die Schöffen nicht zu rechnen sind, können durch einen übereinstimmenden Beschluß des Magistrats und der Stadtverordneten auch vor Ablauf ihrer Wahlperiode von ihrem Amte entbunden werden.

Zu Abs. 2: Es ist vielfach angenommen worden, daß die Mitwirkung des Magistrates nach §§ 10 u. 11 ZG. (oben in § 5 vorletzter und letzter Absatz) hier wegfällt. Aber um das (nach § 11 ZG. im Verwaltungsrechtsstreit zu erweisende) Recht zur Bekleidung des Amtes handelt es sich hier nicht, sondern um eine Art Disziplinarmaßregel.

Titel X. Von der Oberaufsicht über die Stadtverwaltung.

§ 76. Die Aufsicht des Staates über die Verwaltung der städtischen Gemeindeangelegenheiten wird in erster Instanz von dem Regierungspräsidenten[2]), in höherer und letzter Instanz von dem Oberpräsidenten[3]) geübt, unbeschadet der in den Gesetzen geordneten Mitwirkung des Bezirksausschusses und des Provinzialrates.

Beschwerden bei den Aufsichtsbehörden in städtischen Gemeindeangelegenheiten sind in allen Instanzen innerhalb zwei Wochen anzubringen. (ZG. § 7.)

---

[1]) Auch in Berlin (ZG. § 161).
[2]) In Berlin dem Oberpräsidenten.
[3]) In Berlin dem Minister des Innern (ZG. § 7 Abs. 2).

An Stelle der Aufsichtsbehörde beschließt der Bezirksausschuß[1]):

1. über die Art der gerichtlichen Zwangsvollstreckung wegen Geldforderungen gegen Stadtgemeinden (§ 15 Nr. 4 EinfG. zur ZPO. in der Fassung des Art. II G. 17. 5. 98 (RGBl. 332);
2. über die Feststellung und den Ersatz der Defekte der Gemeindebeamten nach Maßgabe der V. 24. Jan. 1844 (GS. 52); der Beschluß ist, vorbehaltlich des ordentlichen Rechtsweges, endgültig. (ZG. § 17 Nr. 4 u. 5.)

§ 77. Beschlüsse der Stadtverordneten oder des Magistrats, welche deren Befugnisse überschreiten oder die Gesetze verletzen, hat der Magistrat, beziehungsweise der Bürgermeister, entstehenden Falles auf Anweisung der Aufsichtsbehörde, mit aufschiebender Wirkung, unter Angabe der Gründe zu beanstanden. Gegen die Verfügung des Magistrates (oder des Bürgermeisters) steht den Stadtverordneten (beziehungsweise dem Magistrate) binnen zwei Wochen die Klage bei dem Bezirksausschusse[2]) zu. Die Stadtverordneten und der Magistrat können zur Wahrnehmung ihrer Rechte in diesem Verfahren einen besonderen Vertreter bestellen. (ZG. §§ 15, 21 u. LVG. § 63.)

Die in den Gemeindeverfassungsgesetzen begründete Befugnis der Aufsichtsbehörden, aus anderen als den vorstehend angegebenen Gründen eine Beanstandung der Beschlüsse der Stadtverordneten oder des Magistrates herbeizuführen, wird aufgehoben. (ZG. § 15.)

Zu Abs. 1: Eine Beanstandung negativer Beschlüsse, die eine Ausführung ausschließen, ist nicht möglich (OVG. PrVBl. 24, 805). Beanstandet kann auch ein einem Beschlusse des Magistrats zustimmender Stadtverordnetenbeschluß werden (OVG. 51, 6).

§ 78. Unterläßt oder verweigert eine Stadtgemeinde, die ihr gesetzlich obliegenden, von der Behörde innerhalb der Grenzen ihrer Zuständigkeit festgestellten Leistungen auf den Haushaltsetat zu bringen oder außerordentlich zu genehmigen, so verfügt der Regierungspräsident[1]) unter Anführung der Gründe die Eintragung in den Etat beziehungsweise die Feststellung der außerordentlichen Ausgabe.

Gegen die Verfügung des Regierungspräsidenten[3]) steht der Gemeinde binnen zwei Wochen die Klage bei dem Oberverwaltungsgerichte zu.

Eine Feststellung des Stadtetats durch die Aufsichtsbehörde findet fortan nicht statt. (ZG. § 19, LVG. § 63.)

Zu Abs. 1 u. 2: s. RV. 30. 12. 90 (MBl. 91, 6). — Die Stadtverordneten sind legitimiert, im Streitverfahren über Zwangsetatisierungen an Stelle oder neben dem an erster Stelle hierzu berufenen Magistrat die Rechte der Stadtgemeinde zu wahren. Die Verfügungen der Aufsichtsbehörde sind aber jedenfalls bis zur Beschlußfassung der Stadtverordneten an den Magistrat zu richten, so daß auch von der Zustellung an diesen ab die Klagefrist für die Stadtverordneten beginnt (OVG. 19, 118). — Es bedarf der vorgängigen Feststellung selbst dann, wenn die Leistung nur ihrem Grunde, nicht dem Betrage nach streitig ist (OVG. 25, 1). Die Zwangsetatisierung setzt stets eine gesetzlich obliegende, nicht eine vertragsmäßig übernommene Leistung voraus (OVG. 16, 218; 28, 95). Stets ist die Angabe des einzutragenden Geldbetrages erforderlich (OVG. PrVBl. 27, 26).

§ 79. Durch Königliche Verordnung auf den Antrag des Staatsministeriums kann eine Stadtverordnetenversammlung aufgelöst werden.

Es ist sodann eine Neuwahl derselben anzuordnen und muß diese binnen sechs Monaten vom Tage der Auflösungsverordnung an erfolgen. Bis zur Einführung

---

[1]) In Berlin der Oberpräsident (ZG. § 7 Abs. 2), aber zu 2 auch in Berlin der BzAussch. (ZG. § 161).

[2]) In Berlin dem OVG. (ZG. § 21).

[3]) In Berlin zuständig der Oberpräsident.

der neugewählten Stadtverordneten steht die Beschlußfassung in den zur Zuständigkeit der Stadtverordnetenversammlung gehörigen Angelegenheiten dem Bezirksausschusse[1]) zu. (ZG. § 17 Nr. 3.)

§ 80. In betreff der Dienstvergehen der Bürgermeister, Beigeordneten, Magistratsmitglieder und sonstigen Gemeindebeamten kommen die Bestimmungen des Gesetzes vom 21. Juli 1852 (GS. 465) mit folgenden Maßgaben zur Anwendung:

1. Gegen die Bürgermeister, Beigeordneten und Magistratsmitglieder, sowie gegen die sonstigen Gemeindebeamten kann an Stelle der Bezirksregierung und innerhalb des derselben bisher zustehenden Ordnungsstrafrechtes der Regierungspräsident[1]) Ordnungsstrafen festsetzen. Gegen die Strafverfügungen des Regierungspräsidenten findet innerhalb zwei Wochen die Beschwerde an den Oberpräsidenten, gegen den auf die Beschwerde ergehenden Beschluß des Oberpräsidenten findet innerhalb zwei Wochen die Klage bei dem Oberverwaltungsgerichte statt[2]).
2. In dem Verfahren auf Entfernung aus dem Amte wird die Einleitung des Verfahrens von dem Regierungspräsidenten[1]) beziehungsweise dem Minister des Innern verfügt und von demselben der Untersuchungskommissar ernannt; an die Stelle der Bezirksregierung beziehungsweise des Disziplinarhofes tritt als entscheidende Disziplinarbehörde erster Instanz der Bezirksausschuß; an die Stelle des Staatsministeriums tritt das Oberverwaltungsgericht; den Vertreter der Staatsanwaltschaft ernennt bei dem Bezirksausschusse der Regierungspräsident[1]) bei dem Oberverwaltungsgerichte der Minister des Innern.

Gegen Mitglieder der Stadtverordnetenversammlung findet ein Disziplinarverfahren nicht statt. (ZG. § 20 Abs. 1 Nr. 1 u. 3, Abs. 3.)

Der § 78 des DisziplinarG. 21. 7. 52 ist durch obige Bestimmungen als beseitigt anzusehen (OVG. 18, 432). — Scheidet ein Beamter während des Disziplinarverfahrens freiwillig aus dem Amte, so kann nicht mehr auf Amtsentsetzung erkannt werden. Wegen der vor dem Beginn des Dienstes begangenen Handlungen findet ein Disziplinarverfahren nur dann statt, wenn der Beschuldigte früher Beamter war (OVG. 49, 415). — Der Regierungspräsident ist nicht befugt, wegen der im förmlichen Verfahren verfolgten Beamtenhandlungen, auch wenn das Verfahren eingestellt war, Ordnungsstrafen festzusetzen. Die nach § 33 DisziplinarG. dem Ressortminister zustehende Befugnis, nach Abschluß der Voruntersuchung und vor Eingang der Anschuldigungsschrift die Einstellung des Verfahrens zu beschließen, ist bezüglich städtischer Gemeindebeamten auf das Verwaltungsgericht 1. Instanz übergegangen (§ 157 zu 2 LVG.). Beschließt der BzAussch. Einstellung des Verfahrens ohne Feststellung, daß dem Angeschuldigten Dienstvergehen nicht zur Last fallen, so ist der Beschluß mit der Beschwerde aus § 110 LVG. anfechtbar (OVG. 26, 417; teilweise abweichend OVG. 50, 431 [der Angeschuldigte kann nicht im Wege der Beschwerde die Fortsetzung des Verfahrens verlangen]). Dem DisziplinarG. unterstehen auch die unbesoldeten Magistratsmitglieder.

Titel XI. Ausführungs- und Übergangsbestimmungen.

§ 81. Die zur Ausführung dieses Gesetzes erforderlichen Bestimmungen werden vom Minister des Innern getroffen.

Dies ist durch die Instruktion 20. 6. 53 MBl. 138 geschehen.

(Die Schlußparagraphen 82—85 enthalten lediglich veraltete Übergangsbestimmungen.)

---

[1]) In Berlin zuständig der Oberpräsident.

[2]) In Berlin binnen 2 Wochen unmittelbar Klage beim OVG. gegen die Strafverfügung des Oberpräsidenten.

B. Gemeindeabgaben.

I. Die staatlich veranlagten Steuern.

Das Gemeindeabgabenwesen hat durch das G. wegen Aufhebung direkter Staatssteuern (AufhG.) und das Kommunalabgabengesetz (KAG.), beide v. 14. 7. 93, die gleichzeitig in Kraft getreten sind, eine einheitliche Regelung erfahren. Der Staat verzichtete — neben der völligen Aufhebung der öffentlichen Bergwerksabgaben (AufhG. § 2) — auf die Grund- und Gebäudesteuer und auf die Steuern vom stehenden Gewerbebetrieb, indem er sie, um den Gemeinden diese Steuerquellen zu eröffnen und damit eine Einschränkung der Einkommensteuerzuschläge im Gemeindehaushalte zu bewirken, der Staatskasse gegenüber außer Hebung setzte (AufhG. § 1).

Der Ersatz der ausfallenden Staatseinkünfte bestand in dem Mehrertrage der durch das Einkommensteuergesetz 24. 6. 91 [1]) reformierten Staatseinkommensteuer, in der Ersparnis, die sich für den Staat aus der Aufhebung des G. 14. 5. 85, betreffend Überweisung von Beträgen aus landwirtschaftlichen Zöllen an die Kommunalverbände (AufhG. § 28) ergab und in der, durch G. 14. 7. 93 neu eingeführten Ergänzungssteuer [2]).

Die Gesetze über die staatliche Grund-, Gebäude- und Gewerbesteuern haben aber ungeachtet des Umstandes, daß sie für den Staat außer Hebung gesetzt sind, ihre Bedeutung nicht verloren, vielmehr bilden sie auch jetzt noch, soweit nicht nach Maßgabe des KAG. besondere Gemeinde-, Grund- oder Gewerbesteuern erhoben werden, die Grundlage für die Erhebung dieser Steuerarten in den Gemeinden.

Die Verwaltung und Veranlagung der Grund-, Gebäude- und Gewerbe-(Betriebs-)steuern ist, soweit dabei den Gemeinden nicht Geschäfte übertragen sind, auf Staatskosten dem Staate verblieben, unter Ausdehnung der Veranlagung auf die bisher staatssteuerfreien, nach dem KAG. der Kommunalabgabenpflicht unterliegenden Liegenschaften, Gebäude- und Gewerbebetriebe (§§ 3 f.). In die Staatskasse fließt auch das Aufkommen an Gebühren, Kosten und Strafen (§ 14). Die Kosten der jetzt den Gemeinden obliegenden Hebung und Beitreibung dieser Steuern tragen diejenigen Gemeinden, welche zum Bezuge des entsprechenden Steueraufkommens berechtigt sind; sie verlieren die Vergütung für die ihnen bei der Veranlagung der Gewerbe- und Einkommensteuer übertragenen Geschäfte (§§ 14—16, 11). Folgerichtig ist auch das Recht auf Nachsteuern, auf Erlaß oder Ermäßigung veranlagter Grund-, Gebäude- oder Gewerbesteuern auf die Gemeinden übergegangen (§§ 9, 11).

In Ausführung des § 16 Abs. 2 ist durch V. 22. 1. 94 (GS. 95, 5) den Gemeinden und selbständigen Gutsbezirken die Verpflichtung zur unentgeltlichen Erhebung und Abführung sämtlicher direkten Staatssteuern, der Domänen-, Rentenbank- und Grundsteuerentschädigungsrenten auferlegt worden.

---

[1]) Jetzt in der Fassung des G. v. 19. 6. 06 (GS. 241 [260]), erg. durch G. v. 26. 5. 09 (GS. 349).
[2]) Jetzt in der Fassung v. 19. 6. 06 (GS. 241 [294]).

A) Grundsteuer. (Gesetz 21. 5. 61 betr. die anderweitige Regelung der Grundsteuer [GrundstGes.] GS. 253; Min. Anw. 31. 3. 77. Ges. 8. 2. 67 GS. 185). Die Grundsteuer war eine Repartitions- oder kontingentierte Steuer, d. h. ihr Betrag wurde festgelegt und dann auf die Grundstücke verteilt. Es entfiel auf jedes Grundstück in den östlichen Provinzen 9,574 % des bei ihrer Einführung ermittelten Reinertrages. Nicht zur Grundsteuer veranlagt werden die der Gebäudesteuer unterliegenden Gebäude nebst Höfen und Gärten, deren Größe 1 Morgen (25 a 53 qm) nicht übersteigt (§ 1).

Befreiungen s. unten KAG. S. 315.

Die Grundsteuer an sich bleibt unverändert. Ab- und Zugänge entstehen, wenn steuerpflichtige Grundstücke gesetzlich steuerfrei werden oder umgekehrt, oder bei Überschwemmungen, wenn die Grundsteuer wegen herbeigeführter Ertragsunfähigkeit auf ein oder mehrere Jahre erlassen oder wegen verminderter Ertragsfähigkeit in einer geringeren Klasse des Klassifikationstarifes angesetzt wird. Diese Änderungen sowie Eigentumsveränderungen sind beim Katasterkontrolleur [1]) anzumelden (Fortschreibung) (§ 10 GrundstG., §§ 1 ff. MinAnw. und § 1 G. 15. 4. 89). Über den Zusammenhang des Grundbuchs mit dem Kataster s. S. 67.

Ansprüche auf Entschädigung für die bei Einführung der Grundsteuer befreit oder bevorzugt gewesenen Grundstücke aus dem besonders ergangenen GrundsteuerentschädigungsG. 21. 5. 61, sowie aus §§ 15—17 G. 11. 2. 70 (neue Landesteile) finden nicht mehr statt, vielmehr ist eine Rückerstattung der auf Grund §§ 1—4 G. 21. 5. 61 und §§ 1, 15 G. 11. 2. 70 geleisteten Entschädigungen zum Zwecke der Staatsschuldentilgung vorgesehen. Die Rückerstattung bleibt ausgeschlossen bei den nach erfolgter Entschädigung durch lästiges Rechtsgeschäft veräußerten und den durch lukratives Geschäft an Nichterben gekommenen Liegenschaften und bei Erbgang zu dem Teile, zu welchem der derzeitige Eigentümer weder mittelbar noch unmittelbar den Entschädigten beerbt hat. Dies gilt auch für die Besitzer solcher Grundstücke, auf welche die einer Stadtgemeinde überwiesene Entschädigungssumme verteilt worden ist (§§ 17—20).

Kapitalbeträge über 25 Mark können auch in $60\frac{1}{2}$ Jahren durch eine vierteljährlich fällige Jahresrente von 4% gemäß §§ 18—27 G. 2. 3. 50 entrichtet werden, wobei die Regierung an die Stelle der Rentenbank tritt (§§ 24, 26). Die Verpflichtung zur Rückerstattung ruht auf den Liegenschaften als öffentliche, auf jeden Besitzer übergehende Last (§ 25).

B. Gebäudesteuer. (Gesetz vom 21. 5. 61 betr. die Einführung einer allg. Gebäudesteuer (GebStG., GS. 317) nebst MinAnw. 31. 3. 77). (MBl. 212) und Veranlagungsgrundsätzen (VeranlGrunds. 1. 2. 78).

---

[1]) Der Kataster zerfällt in:

a) das Flurbuch, das die Ergebnisse der Vermessung nach der Lage der Grundstücke angibt und durch Flurkarten, die diese Lage landkartenmäßig darstellen, ergänzt wird;

b) die Grundsteuermutterrolle, in der alle in einem Katasterbezirke (Kreise) belegenen Grundstücke nach deren Eigentümern in Artikel zusammengestellt sind; und

c) die Gebäudesteuerrolle, die über die Gebäude und deren Hofräume und Gärten, die einen Morgen nicht übersteigen, Auskunft gibt.

Zur Gebäudesteuer veranlagt werden die Baulichkeiten, die zur Erreichung dauernder Zwecke hergestellt sind, die dazu gehörigen Hofräume und Gärten bis zu 1 Morgen (§ 1 GrundstG. und §§ 3 ff. VeranlGrunds.).

Befreiungen s. unten KAG. S. 315.

Der Steuerbetrag wird nach dem Bruttonutzungswerte (also ohne Abzug der Unterhaltungskosten, Mietsausfälle, Hypothekenzinsen) festgestellt (§ 28 VeranlGrunds.), und zwar wird er mit 2 % berechnet für Gebäude, welche ausschließlich oder vorzugsweise zum Gewerbebetriebe dienen, für die anderen mit 4 % (§§ 5 ff. GebStG. u. §§ 22 ff. VeranlGrunds.).

Jedes neu erbaute oder gänzlich erneuerte Gebäude oder eine derartige Verbesserung (Vergrößerung an einem Gebäude) bleibt das Rechnungsjahr hindurch, in welchem die Bewohnbarkeit oder Nutzbarkeit eingetreten oder die Verbesserung vollendet ist, befreit (KAG. § 26) Die Anzeige an den Katasterkontrolleur muß binnen 3 Monaten nach Ablauf des Rechnungsjahres erfolgen (§ 17 GebStG. und § 8 AufhebG.). Die Steuerpflicht erlischt mit Beginn des Monats, in welchem ein Gebäude gänzlich abgebrochen oder sonst vernichtet wird, wenn die Anzeige an den Katasterkontrolleur noch in demselben Monat erfolgt, sonst mit Beginn des auf die Anzeige folgenden Monats (§§ 17, 19 GebStG. u. § 30 MinAnw.).

Während die Grundsteuer an sich unveränderlich ist, wird die Gebäudesteuer alle 15 Jahre einer allgemeinen Revision unterzogen (§ 20 GebStG.). Die erste Festsetzung galt vom 1. 1. 65 ab; die gegenwärtige Festsetzung läuft seit 1910. Maßgebend ist bei diesen Festsetzungen in Städten und Ortschaften, in denen entsprechende Vermietungen vorkommen, der mittlere jährliche Mietswert der letzten 10 Jahre (§ 6 GebStG.); in den übrigen Ortschaften ist Größe, Bauart, Beschaffenheit und Gesamtlage zu berücksichtigen (§§ 7, 8 GebStG.).

Reklamationen gegen die Veranlagung sind binnen 4 Wochen bei dem, von der Regierung bestellten Ausführungskommissar des Veranlagungsbezirks anzubringen. Es entscheidet darüber nach Einholung des Gutachtens der unter seinem Vorsitz arbeitenden Kommission die Regierung. Gegen diese Entscheidung ist binnen 6 Wochen der Rekurs an den Finanzminister zulässig (§ 10 GebStG., § 4 AufhG.). Ist ein Gebäude durch Unglücksfälle nicht gänzlich, aber doch bis zum Verluste eines Drittels des jährlichen Nutzungswertes zerstört worden, so wird Nachlaß an der Steuer bewilligt; sie fällt gänzlich fort, wenn das Gebäude während des ganzen Jahres unbenutzt geblieben ist (§ 19 GebStG.). Einwendungen gegen die jährlichen, beim Wechsel des Etatsjahres auszulegenden Heberollen sind binnen 3 Monaten danach bei dem Katasterkontrolleur anzubringen (§ 18 MinAnw.).

C. Gewerbesteuer. Die Gewerbesteuer, eingeführt für das stehende Gewerbe durch Gesetz vom 30. 5. 20, wurde durch das GewerbesteuerG. (GewStG.) 24. 6. 91 (GS. 205) neu geregelt. AusfAnw. des FinMin. 4. 11. 95. Ferner G. 22. 4. 92 (GS. 93) betr. Deklaration der Vorschriften des (jetzt als § 78 abgeänderten) § 72 Abs. 1 EinkommensteuerG. 24. 6. 91 u. § 51 Abs. 1 GewStG. (betrifft Tagegelder und Reisekosten).

Was die Besteuerung des Wandergewerbes betrifft, so ist der eigentliche Gewerbebetrieb im Umherziehen auch jetzt noch nicht Gegenstand der Gemeindebesteuerung (§ 28 Abs. 4 KAbgGes. G. 3. 7. 76 GS. 247; 23. 12. 96 GS. 273 betr. Wandergewerbescheine zum Aufsuchen von Bestellungen oder Ankauf von Waren). Die Steuer wird bei Lösung des sog. Hausierscheines (Wandergewerbeschein) (§ 57—59 GewO.) entrichtet s. S. 200. Die Erträgnisse der (staatlichen) Wanderlagersteuer [G. 27. 2. 80 (SG. 174). Anw. 4. 3. 80; GewStG. § 1; allg. V. 31. 1. 93 DRAnz. Nr. 35] fließen dagegen den Gemeinden zu. Die Wanderlagerabgabe beträgt in Orten bis 2000 Einwohnern 30 Mk.; bis 50000 Einwohnern 40 Mk.; sonst 50 Mk. wöchentlich. Über die Warenhaussteuer s. S. 309.

Objektive Steuerpflicht. Objektiv steuerpflichtig sind die in Preußen betriebenen, stehenden Gewerbe, selbst wenn sie außerhalb Preußens ihren Sitz haben, aber in Preußen durch Errichtung einer Zweigniederlassung, einer Fabrikations-, Ein- oder Verkaufsstätte oder sonst Betriebe unterhalten (§§ 1 f. GewStG.). Jedoch findet das G. nicht Anwendung auf die Betriebe mit einem Ertrage von weniger als 1500 Mk. jährlich oder einem Anlage- und Betriebskapital von weniger als 3000 Mk. (§ 7). Ferner sind ausgenommen die Land- und Forstwirtschaft, Viehzucht, Jagd, Fischzucht, Obst- und Weinbau, Gartenbau (soweit er nicht Kunst- und Handelsgärtnerei ist) einschließlich des Absatzes der selbstgewonnenen Erzeugnisse in rohem Zustande oder nach einer Verarbeitung, welche in dem Bereich des betreffenden Erwerbszweiges liegt. Da keines beider Merkmale auf die als landwirtschaftliche Nebengewerbe betriebenen Zucker- und Stärkefabriken zutrifft (AusfAnw. Art. 8), sind diese steuerpflichtig, ebenso die gewerbsweise Gewinnung der Milch oder Mästung des Viehs von erkauftem Futter, die abgesonderte Pachtung der Milch einer Herde, des Obstes eines Gartens, des Fischfanges in geschlossenen Gewässern u. dergl. Der GewSt. unterliegen nicht: der Markthandel, der Betrieb von Eisenbahnen, welche der Eisenbahnabgabe nach den G. 30. 5. 53 u. 16. 3. 67 unterliegen, die Ausübung eines amtlichen Berufs, auch als Arzt, Rechtsanwalt, vereideter Land- und Feldmesser, Markscheider, die Ausübung einer wissenschaftlichen, schriftstellerischen, unterrichtenden oder erziehenden Tätigkeit (§ 4). Die Befreiungen des § 4 Nr. 2—4 sind weggefallen durch § 28 KAG.

Subjektive Befreiungen. Von der GewSt. sind befreit: Das Deutsche Reich, die landwirtschaftlichen Kreditverbände und die öffentlichen Versicherungsanstalten, Kommunalverbände hinsichtlich der gemeinnützigen Geld- und Kreditanstalten, der Kanalisations- und der nicht über den Gemeindebezirk hinaus betriebenen Wasserwerke, der Schlachthäuser und Viehhöfe, der Markthallen, der Volksbäder und der Anstalten zur Beleihung von Pfandstücken. Der Finanzminister kann den Kommunalverbänden auch für andere im öffentlichen Interesse unternommene gewerbliche Betriebe GewSteuerfreiheit gewähren, ebenso im Falle gemeinnützigen Betriebes noch anderen als von Kommunalverbänden eingerichteten Unternehmungen (Volksküchen, Volksbibliotheken). Für ertraglose Betriebe muß den Kommunalverbänden auf Antrag GewSteuerfreiheit gewährt werden (§ 3). Steuerfrei sind ferner: Konsumvereine ohne offenen Laden (nicht aber mit offenem Laden, d. h. Verkaufslokale im Kleinverkehr, auch nicht im Nebenbetriebe unterhaltene Konsumanstalten mit offenem Laden, s. KGer. 18, 238), eingetragene Genossenschaften, Kreditvereine, Korporationen, welche nur die eigenen Bedürfnisse der Mitglieder zu beschaffen bezwecken und satzungsgemäß und tatsächlich weder Gewinn, noch im Falle der Auflösung das angesammelte Vermögen unter die Mitglieder verteilen, Molkereigenossenschaften, Winzervereine und andere Vereinigungen zur Bearbeitung und Verwertung der selbstgewonnenen Erzeugnisse der Teilnehmer (wie Kohlen- und Koaksvereine) gelten nicht als Gewerbebetriebe, wenn der gleiche Geschäftsbetrieb eines einzelnen Mitgliedes hinsichtlich seiner selbstgewonnenen Erzeugnisse nicht steuerpflichtig wäre (s. oben Landwirtschaft; auch § 67) (§ 5).

Die vier Steuerklassen.

Veranlagung und Steuersätze (§§ 6, 10, 11, 12, 14).

	Jährlicher Ertrag oder	Anlage- und Betriebskapital	Mittelsatz	geringster u. höchster Steuersatz	Veranlagungsbezirke[1])
Kl. I.	mindestens 50000 M.	mindestens 1000000 M.			7 Prov., verein. u. einzelne Reg.-Bezirke.
„ II.	20000 bis ausschl. 50000 M.	150000—1000000 M. ausschl.	300 M.	156—480 M.	die Reg.Bez.
„ III.	4000 „ „ 20000 „	30000— 150000 „ „	80 „	32—192 „	in der Regel die einzeln. Kreise.
„ IV.	1500 „ „ 4000 „	3000— 30000 „ „	16 „	4— 36 „	die Kreise.

Betriebe (jedoch nicht Konsumvereine und Anstalten), deren Zugehörigkeit zu Kl. I—III lediglich durch die Höhe des Anlage- und Betriebskapitals bedingt ist, sind auf Antrag nach dem Ertrage zu klassifizieren, wenn dieser zwei Jahre lang in Kl. I unter 30000 Mk., in Kl. II unter 15000 Mk., in Klasse III unter 3000 Mk. geblieben ist (§ 8).

Die Steuer beträgt in der Kl. I bei einem Ertrage von 50 bis 54800 Mk. ausschließlich 524 Mk. und steigt bei je 4800 Mk. Ertrag um 48 Mk.; im übrigen ist für jeden Betrieb der Kl. I die Steuer auf 1% festgesetzt. Sie darf nicht unter 300 Mk. herabgehen (§ 9). Die Steuersätze der Kl. II—VI sollen bis zu 40 Mk. um je 4, von da bis 96 Mk. um je 8, weiter bis 192 Mk. um je 12 und weiter bis 480 Mk. um je 36 Mk. steigend abgestuft werden (§ 14). Steuergesellschaften: Während die Steuerpflichtigen der Kl. I einzeln nachgewiesen werden, bilden die Steuerpflichtigen der Kl. II—IV auf Grund namentlicher Nachweisungen (§§ 29, 30) in jeder Klasse eine Steuergesellschaft, die für das Veranlagungsjahr die Summe der für jeden Betrieb in Ansatz kommenden Mittelsätze aufzubringen hat, d. h. jede Klasse muß soviel mal den Mittelsatz aufbringen, als sie Angehörige zählt. Dabei soll die Steuer der einzelnen Betriebe den für Kl. I vorgeschriebenen Prozentsatz des Ertrages

[1]) Berlin bildet für alle Klassen einen Veranlagungsbezirk (Bek. 11. 7. 92, D. R.- u. St.-Anz. Nr. 168).

unter Berücksichtigung der einzelnen Steuersätze nicht übersteigen (§§ 13, 15 Nr. 2). — Steuerausschüsse: Die Veranlagung erfolgt nach Bezirken durch Steuerausschüsse, deren Mitgliederzahl der Finanzminister bestimmt und in Kl. I mindestens 6 betragen muß [1]). Zwei Drittel der Mitglieder für Kl. I wählt der Provinzialausschuß [2]) für 3 Jahre aus den Gewerbetreibenden des Bezirks. Ein Drittel und den Vorsitzenden ernennt der Finanzminister (§ 10). In Kl. II—IV wählen die Steuergesellschaften die Abgeordneten zu den Steuerausschüssen auf 3 Jahre aus ihrer Mitte, zu denen ein Kommissar der Bezirksregierung tritt (§ 15). Die Wählbarkeit setzt das erreichte 25. Lebensjahr und den Besitz der Ehrenrechte voraus. S. im übrigen über die Bildung und Geschäftsführung der SteuerAusſch. §§ 46—51; Pflicht zur Geheimhaltung § 49. Veranlagungsgrundsätze (§§ 17—24): Hervorzuheben: Bei den von mehreren Personen gemeinschaftlich betriebenen Gewerben bildet zum Unterschiede von der Einkommensteuer das gewerbliche Einkommen eine Einheit bei Solidarhaftung für die Steuer (§ 18). Befugnisse des Steuerausschusses und des Vorsitzenden (§§ 25—27, 54 ff.). Auch das Aufhören eines Gewerbes ist dem Vorsitzenden des zuständigen Steuerausschusses anzuzeigen (§ 58 und AufhG. § 10 AusfAnw. Art. 28, 3). Anmeldung eines neuen Betriebes (§§ 52 f.). Besondere Verpflichtung juristischer Personen § 28. Die aus den Steuerlisten der einzelnen Steuerklassen zusammenzustellende Gewerbesteuerrolle wird für jede Gemeinde gebildet (§ 31, AusfAnw. Art. 39). Das Ergebnis der Veranlagung hat der Vorsitzende des SteuerAusſch. jedem Steuerpflichtigen bekannt zu machen (§ 32). Die Steuerpflicht beginnt mit dem Anfange des auf die Eröffnung des Betriebes folgenden Kalendervierteljahres und endet mit dem Ablauf des Vierteljahres, in welchem das Gewerbe abgemeldet wird (§ 33).

Rechtsmittel. Gegen das Ergebnis der Veranlagung steht den Steuerpflichtigen binnen 4 Wochen vom Tage nach der Zustellung an der Einspruch bei dem SteuerAusſch. zu und gegen dessen Entscheidung dem Steuerpflichtigen und dem Vorsitzenden binnen gleicher Frist von der Zustellung bzw. der Entscheidung an die Berufung an die Regierung (§ 35 f.). Gegen deren Entscheidung hat der Steuerpflichtige noch wegen Nicht- oder unrichtiger Anwendung des Gesetzes und wegen wesentlicher Mängel im Verfahren die Beschwerde an das OVG. (§ 37). Beschwerden gegen das Verfahren des SteuerAusſch. und des Vorsitzenden gehen an die Regierungen [3]) und in weiterer Instanz an den Finanzminister, dem überhaupt die oberste Leitung des Veranlagungsgeschäftes im Staate gebührt (§ 76).

Betriebssteuer. Anw. des FinMin. zur Veranlagung 5. 3. 94. Auf Gastwirtschaften, Schankwirtschaften und den Kleinhandel mit Branntwein oder Spiritus [4]) ist noch eine jährliche Betriebssteuer gelegt (§ 59). Sie ist den Kreisen überwiesen. Die Gemeinden können auch über den

[1]) In Berlin hat der Steuerausschuß der Kl. I 12 Mitglieder (Bek. 11. 7. 92. I. 3).
[2]) In Berlin Magistrat und Stadtverordnetenversammlung in gemeinschaftlicher Sitzung.
[3]) In Berlin Direktion für die Verwaltung der direkten Steuern.
[4]) Ausgenommen denaturierten Spiritus.

staatlich veranlagten Satz hinaus eine Betriebssteuer zur Gemeindekasse erheben (KAG. § 58, AufhG. § 12, MV. 31. 1. 95, MBl. 36). Die Festsetzung erfolgt durch den Landrat, in Stadtkreisen den Gemeindevorstand[1]). Die Erhebung der 2 Wochen nach erfolgter Behändigung der Steuerzuschrift auf einmal fälligen Betriebs-St. erfolgt durch die Gemeinden. Die Landgemeinden (Gutsbezirke) haben die Beträge — bei etwa eingeführter besonderer Betriebssteuer den dem gesetzlichen Maßstabe entsprechenden Betrag — vierteljährlich an die Kreiskommunalkasse abzuführen. Bei alkoholartige Getränke verabfolgenden, sich über mehrere Gemeinden erstreckenden Betrieben ist von jeder Betriebsstätte der volle, bei anderen an jeden Kreis der halbe Steuersatz zu entrichten (AufG. §§ 12 f.). Bei gewerbesteuerfreiem Ertrag beträgt die Betriebssteuer 10 Mk., im übrigen in Kl. IV der GewerbeSt. 15 Mk., III 25, II 50, I 100 Mk. (§ 60 GewStG.). Der Betrieb kann nach fruchtloser Zwangsvollstreckung bis zur völligen Entrichtung des Rückstandes der Betriebssteuer untersagt und die Einstellung durch Schließung und Versiegelung der Geschäftsräume erzwungen werden (§ 63). Beschwerden über die Steuerpflicht oder die Höhe der Steuer werden von der Regierung und in weiterer Instanz endgültig vom Finanzminister entschieden (§ 65).

Strafen. Es werden bestraft und zwar zunächst durch Festsetzung der Regierungen, falls sie nicht davon Abstand nehmen oder der Beschuldigte hierauf verzichtet:

a) das Unterlassen der rechtzeitigen Anmeldung eines steuerpflichtigen Gewerbes mit dem Doppelten der von der Regierung festzusetzenden einjährigen Steuer; doch können die Regierungen eine mildere Strafe in Anwendung bringen;
b) die Verletzung der Mitteilungspflichten der Steuerpflichtigen aus §§ 28, 54—56 und die Verweigerung der Einsicht der gewerblichen Anlagen, der Betriebsstätten oder Vorräte mit Geldstrafe bis zu 300 Mk. (§§ 70, 71, 73).

Das gerichtliche Verfahren findet unter Anwendung subsidiärer Haftstrafe stets statt, wenn der Beschuldigte die vorläufig festgesetzte Strafe nicht zahlt oder in Preußen keinen Wohnsitz hat. Dabei ist bezüglich des Steuersatzes die Entscheidung der Regierung maßgebend (§ 73). Die Verletzung der Pflicht der Geheimhaltung wird stets im gerichtlichen Verfahren bestraft. Die Strafverfolgung muß stattfinden, wenn der Betroffene es motiviert und nicht Rücksichten des öffentlichen Wohles entgegenstehen (§ 72).

Nachsteuer, Rückstände. Die Verpflichtung zur Entrichtung der Nachsteuer seitens steuerfrei gebliebener oder übergangener, nicht strafbarer Steuerpflichtiger erstreckt sich auf drei Steuerjahre von dem Feststellungsjahre der Verkürzung zurück; gegen Erben bis zur Höhe des Erbteils (§ 78).

Rückstände verjähren in 4 Jahren vom Ablaufe des Etatsjahres an, in welches ihr Zahlungstermin fällt (§ 79; G. 18. 6. 40 § 8. KAG § 88).

[1]) In Berlin Direktion für die Verwaltung der direkten Steuern.

D. Warenhaussteuer.

Wie das G. 27. 2. 80 betr. Besteuerung der Wanderlager, so verfolgt das WarenhaussteuerG. 18. 7. 00 (GS. 294) weniger fiskalische als soziale Zwecke. Wer das stehende Gewerbe des Kleinhandels mit mehr als einer folgender Gruppen, — 1. Lebens- und Genußmittel, Apothekerwaren, Droguen, 2. Bekleidungsgegenstände, Betten, Möbel, Garne, Stoffe, Teppiche, 3. Haushaltungsgegenstände, Möbel, Teppiche, 4. Wert- und Kunstsachen, Papierwaren, Bücher, Waffen, Sportartikel, Nähmaschinen, Spielwaren, Instrumente, — betreibt, und einen Umsatz von mehr als 400 000 Mk. erzielt, unterliegt einer Warenhaussteuer, die bei einem Jahresumsatz von 400 000—450 000 Mk. 4000 Mk. beträgt und allmählich aufsteigend bei einem Umsatz von 1 100 000—1 200 000 Mk. die Höhe von 22 000 Mk. erreicht (§§ 1, 2, 6) usw. — Vereine, eingetragene Genossenschaften und Korporationen, welche gewerbesteuerfrei sind, unterliegen auch nicht der Warenhaussteuer, ebenso die gemäß § 3 GewStG. und § 28 KAG. von der Gewerbesteuer befreiten Betriebe; von der Besteuerung eines nicht in Preußen wohnenden Pflichtigen handelt § 3. Die Steller soll — wenn ein entsprechender Antrag gestellt wird — nicht höher als 20 % des gewerbesteuerpflichtigen Ertrages sein, muß aber mindestens die Hälfte der oben angegebenen Sätze erreichen (§ 5). Sie ist eine auf Gesetz beruhende Gemeindesteuer und **muß** von der berechtigten Gemeinde in vierteljährlichen Beträgen **erhoben** werden. Die von den Betrieben zu erhebenden Gewerbesteuern sind auf die Warenhaussteuern anzurechnen. Das Aufkommen der Warenhaussteuer ist von den Gemeinden zur Erleichterung der in den Gewerbesteuerklassen III und IV zu entrichtenden Steuerprozente oder wenn solche nicht entrichtet werden, oder durch den Ertrag der Warenhaussteuer bereits beglichen sind, zur Bestreitung von Gemeindebedürfnissen vorzugsweise im Interesse der kleinen Gewerbetreibenden zu verwenden (§ 14 f. ME. 2. 4. 03, MBl. der Handels und GewV. 142). Die Veranlagung erfolgt alljährlich im Anschluß an die allg. Gewerbesteuer durch den für Gewerbesteuerklasse I zuständigen Steuerausschuß (§ 8). Gutsbezirke haben die erhobenen Beträge an die Kreiskommunalkasse abzuführen. Die Kreise sollen diese Beträge gleichfalls im Interesse der kleinen Gewerbetreibenden verwenden (§ 14).

II. **Kommunalabgabengesetz (KAG.) vom 14. 7. 93.** AusfAnw. 10. 5. 94, Novelle 30. 7. 95, 24. Juli 06, 22. 6. 07.

Vorbemerkung.

Das KAG. behandelt nicht nur Abgaben (Steuern, Gebühren und Beiträge), sondern auch die Naturaldienste. Es unterscheidet zwischen indirekten (einschl. Luxus-) und Aufwandssteuern (§ 23). Letztere sollen das **Einkommen** nach einem besonderen Maßstabe treffen. Da die Luxussteuern zu den indirekten Steuern gerechnet werden, so ist für das KAG. also nicht der althergebrachte Begriff maßgebend, nach dem indirekten Steuern solche sind, bei denen der nach der Absicht des Gesetzgebers durch die Steuer zu Belastende (Steuerträger) nicht der Steuerzahler ist. Andererseits trifft auch die Unterscheidung nicht zu, nach welcher die indirekte Besteuerung nicht die Steuerquellen selbst, sondern nur Steuerobjekte ermittelt, welche auf die Steuerkraft der Steuerquellen einen Schluß gestatten — da die in dieser Weise zu veranlagenden Miets- und Wohnungssteuern hier zu den Aufwandssteuern gerechnet worden. Gutsbezirke haben nicht das Recht, die Abgaben des KAG. zu erheben (vgl. unten § 69); sie werden aber als Gemeinden mitgezählt, wenn es sich zur Vermeidung von Doppelbesteuerung um Ermittelung des auf die beteiligten Gemeinden entfallenden Teilbetrages der Einkommensteuer handelt (§ 52).

Teil I. Gemeindeabgaben.

I. Titel. Allgemeine Bestimmungen.

Soweit die Ausgaben nicht durch sonstige Einnahmen insbesondere aus dem Gemeindevermögen, aus Gebühren, Beiträgen und vom Staate oder von den weiteren Kommunalverbänden überwiesenen Mitteln gedeckt werden, dürfen die Gemeinden indirekte Steuern erheben[1]) und den noch verbleibenden Rest des Steuerbedarfs durch direkte Steuern aufbringen, unbeschadet der durch nicht finanzielle, namentlich polizeiliche Rücksichten gebotenen (Hunde-, Lustbarkeits-) Steuern und Naturaldienste (§ 1 f.). Die Verwaltung rein gewerblicher Unternehmungen der Gemeinden soll grundsätzlich aus deren Einnahmen bestritten werden (§ 3).

II. Titel. Gebühren und Beiträge (§§ 4—12).

Gebühren und Beitrage unterscheiden sich begrifflich dadurch, daß eine Gebühr für die spezielle Inanspruchnahme einer Anstalt, die den Interessenten offen gehalten wird, erhoben wird, während Beiträge Abgaben sind, die von den Interessenten um der *Herstellung* oder *Unterhaltung* einer öffentlichen Veranstaltung willen eingezogen werden. Während die Gebühr, welche entrichtet wird, dem Benutzer unmittelbar den Genuß der Veranstaltung verschafft, werden die Beiträge erhoben auch wenn der einzelne aus dem daran interessierten Kreise keinen unmittelbaren Genuß von der Veranstaltung hat, wenn sich nur das Bestehen der Veranstaltung in wirtschaftlichen Vorteilen einer bestimmten Klasse von Einwohnern, zu der er gehört, äußert. Das KAG. enthält im Titel Gebühren und Beiträge nur allgemeine Grundsätze und regelt nicht im einzelnen die Zulässigkeit der Erhebung von Gebühren und Beiträge für bestimmte Zwecke. Es läßt jedoch, soweit in Spezialgesetzen die Erhebung von Gebühren und Beiträgen vorgeschrieben ist, diese (zum Teil modifiziert) bestehen. Es bleiben danach die Gemeinden befugt für einzelne Handlungen, ihrer Organe (Erteilung von Führungs-, Marktpreis- und Holzwert-, Holz- und Wildursprungsattesten, Bescheinigungen über Besitzverhältnisse zum Privatgebrauche usw.) Verwaltungsgebühren zu erheben (§ 6). Aufrechterhalten sind ferner die bestehenden Vorschriften über Verleihung des

---

[1]) Auch die indirekten Steuern werden frei zur Deckung des Gemeindebedarfs verwendet. Die früheren Vorschriften über die Verwendung des Aufkommens der indirekten Steuern für bestimmte Zwecke [Hundesteuer für die Militärbehörden; Wildpretsteuer für die Armenkassen Allerh. O. v. 29. 4. 1829; v. Kamptz, Ann. XIII, 354; 24. 4. 1848 (GS. 130)] sind aufgehoben (§ 17 KAG.).

Rechtes auf Verkehrsabgaben und Feststellung der Tarife für solche (§ 5, 8, hierzu KO. 28. 1. 08 GS. 38; ME. 10. 3. 08 MBl. 60, 25. 6. 1909). In Kraft bleiben ferner die Vorschriften über die Erhebung von Bürgerrechtsgeldern, Einkaufsgeldern und ähnlichen Abgaben (§ 96 Abs. 7); die Vorschriften des Fluchtliniengesetzes vom 2. Juli 1875 (GS. 561) unter Freigabe des Maßstabes zur Bemessung der im § 15 daselbst vorgesehenen Beiträge (§ 10), die Vorschriften des Gesetzes vom 26. 4. 1872 (GS. 513) betreffend die Erhebung von Marktstandgeld. Schließlich behält es bei den Bestimmungen der Gesetze über die Errichtung öffentlicher Schlachthäuser vom 18. März 1868 (GS. 277 und 9. März 1881 GS. 273) sein Bewenden. Jedoch dürfen für die Schlachthausbenutzung Gebühren nur bis zu einer solchen Höhe erhoben werden, daß durch ihr jährliches Aufkommen die Kosten der Unterhaltung der Anlagen und des Betriebes sowie ein Betrag von 8 % des Anlagekapitals und der etwa gezahlten Entschädigungssumme gedeckt werden (vgl. auch AbändG. 29. 5. 02 GS. 162). Wegen der Gebühren für die Fleischuntersuchung vgl. § 11 Abs. 3 KAG.; ferner G. 28. 6. 02 (GS. 129 bez. Ausf. des Fleischbeschaugesetzes und Nov. dazu 23. 9. 04 GS. 257; OVG. 21. 1. 06 PrVBl. 28, 822). Im einzelnen bestimmt das KAG.:

A. Gebühren. Gebühren, die von den Gemeinden für die von ihnen im öffentlichen Interesse unterhaltenen Veranstaltungen erhoben werden (sog. Benutzungsgebühren), sind so zu bemessen, daß die Verwaltungs- und Unterhaltungskosten der Veranstaltung einschließlich der Verzinsung und Tilgung des Anlagekapitals gedeckt werden. Sie müssen erhoben werden, wenn die Veranstaltung einzelnen Gemeindeangehörigen oder einzelnen Klassen von solchen vorzugsweise zum Vorteil gereicht und soweit die Ausgleichung nicht durch Beiträge oder durch eine Mehr- oder Minderbelastung bei den direkten Gemeindesteuern erfolgt. Auf Unterrichts- und Bildungsanstalten, Krankenhäuser, Heil- und Pflegeanstalten sowie auf vorzugsweise den Bedürfnissen der unbemittelten Volksklassen dienende Veranstaltungen findet dies keine Anwendung. Hier besteht weder ein Gebührenzwang noch eine Pflicht zur Bemessung in bestimmter Höhe. Nur für höhere Lehranstalten und Fachschulen muß ein angemessenes Schulgeld erhoben werden. Dagegen besteht kein Zwang zur Erhebung von Chaussee-, Wege-, Pflaster- und Brückengeldern (§ 4 Abs. 6).

Überwiegt bei Veranstaltungen, für deren Benutzung ein rechtlicher oder tatsächlicher Zwang besteht, das öffentliche Interesse, so kann eine entsprechende Ermäßigung der Gebührensätze eintreten, auch die Erhebung unterbleiben (§ 4, ME. 11. 6. 96, MBl. 129). Gebühren dürfen nicht erhoben werden, wenn die Veranstaltung nur im besonderen Gemeindeinteresse errichtet und der öffentlichen Benutzung verschlossen ist (OVG. PrVBl. 21, 104), ebenso dürfen öffentlich rechtliche Gebühren nicht verlangt werden, wenn es sich um Vergütung für Einräumung privater Rechte handelt (OVG. 45, 160; 28, 76; 35, 28.

Ferner können die Gemeinden und Amtsbezirke Verwaltungsgebühren erheben für die baupolizeiliche Genehmigung und Aufsichtsführung, für die ordnungs- und feuerpolizeiliche Beaufsichtigung von Messen und Märkten, Musikaufführungen, Schaustellungen, theatralischen

Vorstellungen und sonstigen Lustbarkeiten (jedoch nicht neben Lustbarkeitssteuern) und nach den bereits bestehenden Bestimmungen für einzelne Handlungen der Verwaltungsorgane (§ 6).

Gebühren sind im voraus nach festen Formen und Sätzen zu bestimmen. Eine Berücksichtigung Unbemittelter ist nicht ausgeschlossen. Die Gebührensätze können auch nach der Leistungsfähigkeit bis zur gänzlichen Freilassung abgestuft werden (§ 7 KAG.; DeklGes. 24. 7. 06 GS. 376).

Beschwerden und Einsprüche gegen die von den Amtsbezirken erhobenen Gebühren richten sich nach §§ 70a u. 71 KrO. (MV. 3. 3. 96 MBl. 43). Bezüglich der Gebühren in den Gemeinden und Landesteilen, in denen die Baupolizei durch Staatsbeamte verwaltet wird, s. Allerh. Erl. 30. 12. 95 (GS. 96, 8). In betreff der Erhebung von Baupolizeigebühren findet der Rechtsweg nicht statt (Entsch. d. KompGerichtshofes 10. 4. 97 JMBl. 243). Über die Voraussetzungen einee GebO. vgl. auch OVG. 30, 97. Überschüsse sollen nicht herausgewirtschaftet werden (PrVBl. 22, 156).

Die Ermäßigung oder das Fallenlassen von Benutzungsgebühren, sowie die Erhebung der Verwaltungsgebühren bedarf der Genehmigung des BzAussch.[1]), in Landgemeinden des KrAussch.; auch müssen die die letzteren betreffenden Gemeindebeschlüsse nebst Plan und Kostenanschlag bekannt gemacht werden (§§ 8, 9, 77). Für Feststellung von Schulgeld ist die Schulaufsichtsbehörde zuständig.

B. Beiträge. Die Gemeinden können behufs Deckung der Kosten für Herstellung und Unterhaltung von Veranstaltungen, welche durch das öffentliche Interesse gefordert werden, von denjenigen Grundeigentümern und Gewerbetreibenden, denen hierdurch besondere wirtschaftliche Vorteile erwachsen (OVG. PrVBl. 24, 805) Beiträge zu den Kosten der Veranstaltung erheben. Beiträge müssen in der Regel, d. h. wenn nicht besondere Abweichungen genehmigt werden, erhoben werden, wenn sonst die Herstellungskosten und Unterhaltungskosten einschließlich der Ausgaben für Verzinsung und Tilgung des Anlagekapitales durch Steuern aufzubringen sein würden (§ 9 KAG.; PrVBl. 19, 185; OVG. 45, 153).

Der Beschluß, der die Erhebung von Beiträgen zum Inhalt hat, bedarf der Genehmigung. Er ist öffentlich bekannt zu machen mit dem Hinweis, daß Einwendungen binnen mindestens 4 Wochen bei dem Gemeindevorstand anzubringen seien. Der Plan der Veranstaltung nebst einem Nachweis der Kosten ist offen zu legen.

Eine besondere Art der Beiträge ist neuerdings durch das G. vom 1. 8. 09 (GS. 733) eingeführt. Danach können die Gemeinden und weiteren Kommunalverbände für die von ihnen eingerichteten gewerblichen und kaufmännischen Fortbildungsschulen Beiträge von den Arbeitgebern erheben. Die Festsetzung erfolgt durch Ortsstatut. Sie dürfen für gewerbliche Fortbildungsschulen nicht 10, für kaufmännische nicht 30 M. im Jahr für den Schüler übersteigen. Obwohl hier der Beitrag unmittelbar für eine Leistung der Kommune entrichtet wird, handelt es sich doch nicht um eine Gebühr. Diese setzt begrifflich voraus, daß der sie entrichtet,

[1]) Für Berlin s. §§ 41 f. LVG.

der von einer Einrichtung Gebrauch macht. Das ist aber in diesem Falle der Arbeitnehmer, nicht der Arbeitgeber, der an dem Bestehen der Einrichtung als solcher, nicht an der Ausbildung des einzelnen Schülers ein wirtschaftliches Interesse hat.

III. Titel. Gemeindesteuern.

Die Einführung neuer direkter und indirekter Gemeindesteuern, sowie die Veränderung (auch zeitweise Außerhebungsetzung PrVBl. 27, 592) bestehender indirekter und solcher direkter Steuern, welche nicht in Prozenten der vom Staate veranlagten Steuern erhoben werden, darf nur durch Steuerordnungen erfolgen, die der Genehmigung bedürfen (§§ 18, 23, 77) und ebenso wie diese stempelfrei sind (MV. 16. 10. 96, MBl. 202). Die Einführung neuer und die Erhöhung bestehender indirekter Gemeindesteuern darf im Aufsichtswege nicht angeordnet werden (§ 78).

1. Abschnitt. Indirekte Gemeindesteuern.

Die Gemeinden sind zur Erhebung indirekter Steuern innerhalb der durch die Rechtsgesetze gezogenen Grenzen befugt. Schon bei Einführung des KAG. waren die Gemeinden hinsichtlich der Neueinführung von Verbrauchsabgaben sehr beschränkt (Art. 10 AusfAnw.; Zollvereinsvertrag 8. 7. 67 BGBl. 81 Art. 5 I und II § 7, AbändG. 27. 5. 85 RGBl. 109). Seitdem hat sich der Kreis der noch zugelassenen Gebrauchsabgaben weiter verengert. Während § 14 KAG. bestimmte, daß Steuern auf den Verbrauch von Fleisch, Getreide, Mehl, Backwerk, Kartoffeln und Brennstoffen aller Art (auch Gas OVG. 50, 100 ME. 12. 2. 07 MBl. 110) zwar nicht neu eingeführt oder in ihren Sätzen erhöht werden dürfen, jedoch bestehen bleiben sollten und es wegen der Forterhebung der Schlachtsteuer bei den Bestimmungen des Gesetzes vom 25. 5. 73 GS. 222 sein Bewenden haben sollte, ist durch § 13 ZollTarG. vom 25. 12. 02 bestimmt, daß Steuern auf Fleisch, Getreide, Mehl und andere Mühlenfabrikate, Backwaren, ferner auf Hülsenfrüchte, Vieh, Fleischwaren und Fette vom 1. 4. 1910 ab nicht mehr erhoben werden dürfen. Daher ist auch die Schlachtsteuer weggefallen. Von den vor 1902 eingeführten Steuern ist also allein die Steuer auf Kartoffeln und Brennstoffen bestehen geblieben, darf aber nicht neu eingeführt werden. Zu den verbotenen Fleischsteuern gehören aber nicht die Steuern auf Wildbret und Geflügel. Sie fallen nicht unter den Begriff „Fleisch" im Sinne des ZollTarG. (MV. 19. 11. 09 MBl. 242 OVG. 39, 100). Die Steuersätze für diese Steuer sind an die Vorschriften des Erl. 24. 4. 48 GS. 131 nicht gebunden. — Die Biersteuer ist in gewissen Grenzen den Gemeinden freigestellt (§ 58 Brausteuergesetz in der Fassung vom 15. Juli 09, RGBl. 773 Mustersteuerordnung MV. 29. 1. 10 MBl. 24. Hierzu MV. 17. 9. 06 MB. 295, 7. 12. 06 MB. 07, 33 (bierähnliche Getränke). Gänzlich von der Entrichtung der Verbrauchsabgaben befreit sind die Militärspeiseeinrichtungen (§ 19 KAG.).

Als andere nicht zu den Verbrauchsabgaben gehörende indirekte Steuern kommen in Betracht: Hundesteuern neben solchen als Kreissteuern § 6 Kr. und ProvAbgG., Mustersteuerordnung s. AusAnw. und

PrVBl. 19, 497, und wegen des Zusammentreffens einer Kreis- und Gemeindehundesteuer OVG. 30 110, Steuern von Lustbarkeiten und dgl. (§§ 13—16). Über Lustbarkeitssteuerordnungen vgl. MV. 24. 1. 95 MB. 34, 11. 12. 09 MBl. 1910, 3, OVG. 30, 113; 32, 105. PrVBl. 21, 467; 28, 840; Theaterbillettsteuer OVG. 29, 50; 46, 72; Schankkonzessionssteuer für die eigene Kreise bildenden Städte. Kreis- und ProvinzialabgabenG. 30. 4. 06 GS. 159 § 6, 2. ME. 12. 3. 07 MB. 119.

Sehr wichtig ist die Umsatzsteuer vom Grundbesitzwechsel geworden, Mustersteuerordnung 7. 6. 06 MBl. 221, MV. 13. 6. 05 MBl. 94 (Freilassung von Erwerbungen von Todes wegen und bei Besitzveränderungen aus Gründen des öffentlichen Wohles. Die Umsatzsteuer gibt zugleich die Möglichkeit, den unverdienten Wertzuwachs zu besteuern (Wertzuwachssteuer). Über ihre Einführung s. MV. 09 MB. 148. — Das zu erwartende Steueraufkommen muß mit den Unkosten und der Belästigung des Publikums im richtigen Verhältnisse stehen. Ungeeignet zur Einführung sind nach ministerieller Anordnung Steuern auf das Halten von Klavieren und anderen Musikinstrumenten, von Fahrrädern, Wagen, Pferden und ähnliche Luxussteuern (ME. 22. 12. 94), ferner Steuern, auf das Halten von Tauben, Enten, Gänsen, Katzen (ME. 9. 3. 95 MBl. 115) und Schußwaffen, auf alkoholfreie Getränke (ME. 8. 12. 09 MBl. 243) und Automobile (ME. 5. 6. 09 MBl. 149).

Zur Einführung oder Veränderung bestehender indirekter Steuern sind Steuerordnungen nötig, die der Genehmigung bedürfen. Publikation ist zur Wirksamkeit nicht erforderlich (OVG. 38, 99).

2. Abschnitt. Direkte Gemeindesteuern.

I. Allg. Bestimmungen. Die direkten GemSteuern sind nach festen gleichmäßigen Grundsätzen auf die Pflichtigen zu verteilen. Die Mehr- oder Minderbelastung eines Bezirks oder einer Klasse[1]) — falls für eine öffentl. Veranstaltung keine Beiträge erhoben werden, s. oben Tit. II — bedarf der Genehmigung (§ 20)[2]). Soweit nicht ein anderer Entschädigungsmaßstab feststeht, können die auf besonderem Rechtstitel beruhenden Befreiungen einzelner Grundstücke von Gemeindesteuern mit dem zwanzigfachen Jahreswerte nach dem Durchschnitt der letzten 3 Rechnungsjahre abgelöst werden (§ 21). Die direkten GemSteuern werden erhoben vom Grundbesitz und Grundbetrieb (Realsteuern), sowie als Einkommensteuern, die zum Teil durch Aufwandssteuern (über den Begriff des Aufwandes s. PrVBl. 20, 215 ff.) ersetzt werden können. Das Weiterbestehen der Miets- und Wohnungsteuern[3]) hängt von der Prüfung ihrer Übereinstimmung mit den Vorschriften des KAG. und erneuter, bis 1. 4. 98 zu

---

[1]) Wegen des Begriffes KommBer. 22; OVG. PrVBl. 20, 440.

[2]) Vgl. hierzu DeklG. v. 24. 7. 06 (GS. 376):

„Die §§ 7, 70, 27 KAG. stehen einer Abstufung der Gebühren und Steuersätze nicht entgegen. Insbesondere ist es zulässig, ... einzelne Grundstücksarten oder Besitzgruppen mit verschiedenen Sätzen zu den Steuern vom Grundbesitze heranzuziehen.

Ebensowenig schließt § 27 aus, daß einzelne Grundstücksarten oder Besitzgruppen nach verschiedenen Normen besteuert werden.“ Einen anderen Standpunkt hatte das OVG. (47, 78 f.) eingenommen.

[3]) Bestehen nur noch in Danzig.

erteilender, an die Zustimmung der Minister des Innern und der Finanzen gebundener Genehmigung ab (§ 23).

II. Besondere Bestimmungen.

1. Realsteuern.

a) vom Grundbesitz (bebauten und unbebauten Grundstücken). Befreit sind: Kgl. Schlösser und, Gegenseitigkeit vorausgesetzt, die fremden Staaten gehörigen Botschafts- oder Gesandschaftsgebäude, ferner die zum öffentl. Dienste oder Gebrauche bestimmten Grundstücke des Staates, der Provinzen, Kreise, Gemeinden und Kommunalverbände, die mit Genehmigung des Staates zum öffentl. Gebrauche angelegten Brücken, Kunststraßen, Schienenwege der Eisenbahnen, Deichanlagen, die den unmittelbaren Zwecken der Universitäten, öffentl. Unterrichtsanstalten, Kirchen, Kapellen, mit Korporationsrechten versehenen Religionsgesellschaften, öffentl. Krankenhäusern, Armen-, Waisen-, Gefängnis-, Besserungs-, Bewahr-Anstalten dienenen Grundstücke und Gebäude und unter gleichen Voraussetzungen die Gebäude milder Stiftungen; ferner im bisherigen Umfange die Dienstgrundstücke und Dienstwohnungen der Geistlichen, Kirchendiener und Volksschullehrer (§ 24).

Alle anderen, nicht auf einem besonderen Rechtstitel beruhenden Befreiungen, insbesondere auch diejenigen der Dienstgrundstücke und Dienstwohnungen der Beamten sind aufgehoben (§ 24 Abs. 2 KAG.). Hinsichtlich der zu öffentlichen und gemeinnützigen Zwecken bestimmten Grundstücke s. KO. 8. Juni 34 (GS. 87), die auf alle Gemeinden ausgedehnt ist (KAG. § 24 Abs. 4).

Steuern vom Grundbesitz können entweder besondere Steuern sein, oder sie werden in Prozenten der staatlich veranlagten Grund- und Gebäudesteuern erhoben (§ 25). Die Umlegung der besonderen Steuern vom Grundbesitz kann nach verschiedenem Maßstabe erfolgen, insbesondere nach dem Reinertrage oder Nutzungswerte eines oder mehrerer Jahre, nach dem Pacht- oder Mietswert oder dem gemeinen Wert. Über den Begriff Reinertrag und Nutzungswert s. OVG. 17, 389; 39, 71; 45, 57 ff. Wegen der Auslegung des Begriffs „gemeiner Wert" s. OVG. 32, 158 und öfter. Er fällt in der Regel mit dem Verkaufswert zusammen und läßt sich dadurch berechnen, daß der Bodenwert mit dem Bauwert der Gebäude zusammengerechnet wird (PrVBl. 24, 210; 30, 405). Eine Mustersteuerordnung für die Gemeindegrundsteuer enthält ME. 2. 10. 1899 MBl. 160, die Einführung der Grundsteuern nach dem gemeinen Werte betrifft die MV. 21. 5. 04 MBl. 149 nebst Mustersteuerordnung, vgl. ferner MV. 14. 6. 07 MBl. 235 betr. die Heranziehung der land- und forstwirtschaftlichen Grundstücke zur Steuer nach dem gemeinen Wert. Für die nach Prozenten der staatlich veranlagten Grund- und Gebäudesteuern zu erhebenden Gemeindesteuern bestimmt § 26 KAG., daß bei Neubauten, Wiederaufbauten und Verbesserungen der Gebäude die Besteuerung mit Ablauf des Rechnungsjahres beginnt, in welchem die Bewohnbarkeit und Nutzbarkeit eintritt oder die Verbesserung vollendet ist.

Für alle Steuern vom Grundbesitz gilt, daß sie nach gleichen Normen und Sätzen zu erheben sind. Vgl. jedoch hierzu das Dekl. Gesetz vom 24. 7. 06 (s. S. 314 Anm. 2), ferner ME. 7. 8. 06 MBl. 234,

OVG. 50, 107 (Gültigkeit früherer Grundsteuerordnungen). Liegenschaften, d. h. unbebaute Grundstücke, welche durch die auf Grund G. 2. 7. 75 erfolgte Festsetzung von Baufluchtlinien in ihrem Werte erhöht sind, können durch besondere Steuerordnung entsprechend höher als die übrigen Liegenschaften herangezogen werden (Bauplatzsteuer; § 27, OVG. 30, 67). Dauernde Werterhöhung ist nicht Voraussetzung (PrVBl. 22, 156). Diese Steuer soll nur den Wertzuwachs erfassen (AusfAnw. Art. 18). Über die Wertzuwachssteuer s. auch OVG. 17. 1. 1910 MBl. 73.

b. vom Gewerbebetrieb.

Der Gewerbesteuer unterliegen in den Betriebsgemeinden die nach dem GewStG. 24. 6. 91, unbeschadet des § 7 daselbst, zu veranlagenden stehenden Gewerbe und alle Branntweinbrennereien; ferner der Bergbau, die gewerbsmäßige Gewinnung von Bernstein, Ausbeutung von Torfstichen, von Sand-, Kies-, Lehm-, Mergel-, Ton- und dergl. Gruben, von Stein-, Schiefer-, Kalk-, Kreide- u. dgl. Brüchen; die Gewerbebetriebe des Staates, der Kommune und anderer öffentl. Verbände Preußens und der Reichsbank. Staatseisenbahnen und der Eisenbahnabgabe unterliegende Privateisenbahnen sind gewerbesteuerfrei; nicht aber Kleinbahnen (§ 40 Kleinbahngesetz 28. 7. 92, GS. 225).

Besondere Gewerbesteuern können eingeführt werden (§ 29). Für ihre Maßstäbe ist ein weiter Spielraum gelassen. Vgl. hierzu MV. 21. 6. 97 MBl. 150, MV. 22. 11. 05, MBl. 203); wegen der Besteuerung der Filialen MV. 15. 4. 08 und 6. 7. 08 (MBl. 118, 159) 26. 1. 10 (MBl. 23). Vor der Einführung besonderer Gewerbesteuern sind die Pflichtigen zu hören (MV. 30. 1. 95 MBl. 35).

Sind besondere GewSt. nicht eingeführt, so erfolgt die Besteuerung nach Prozenten der vom Staate veranlagten GewSteuer sämtlicher Betriebe (§ 30). Von der Zulässigkeit verschiedener Abstufung der Gewerbesteuersätze und Prozente handelt § 31, von der Festsetzung der auf verschiedene Gemeinden entfallenden Teilbeträge § 32.

2. Gemeindeeinkommensteuer (GESt.).

a) Steuerpflicht. Gemeindeeinkommensteuerpflichtig sind: 1) hinsichtlich des Gesamteinkommens die Personen (falls nicht von § 39 Gebrauch gemacht wird, sowohl Bundesangehörige wie Ausländer), welche in der Gemeinde einen Wohnsitz haben, 2) aus ihrem Einkommen in der Gemeinde aus Grundvermögen, Handels- oder gewerblichen Anlagen (auch Privateisenbahnen), aus Bergwerken, Handels- oder Gewerbebetrieb einschließlich des Bergbaues oder der Beteiligung an einer Gesellschaft mit beschränkter Haftung (vgl. § 67): a) die sog. Forensen, das sind Grundeigentümer und Gewerbetreibende usw., die in der Gemeinde keinen Wohnsitz haben[1]). b. Aktiengesellschaften, Kommandit-Ges. auf Aktien (s. OVG. 41, 72), Berggewerkschaften, eingetragene Genossenschaften, deren Geschäftsbetrieb über den Kreis ihrer Mitglieder hinausgeht, und ohne diese Ein-

---

[1]) Wegen der Ermittlung der Höhe des staatlich veranlagten Steuerbetrages s. § 36 Abs. 2, § 37 Abs. 3 KAG).

schränkung auch dann, wenn sie zum gemeinsamen Einkauf von Lebens- und hauswirtschaftlichen Bedürfnissen im großen und Absatz im kleinen bestimmt sind insbes. Konsumvereine mit offenem Laden, juristische Personen (auch Gemeinden und weitere Kommunalverbände), Vereine[1]. 3) der Staatsfiskus hinsichtlich des Einkommens aus den von ihm betriebenen Eisenbahn-, Bergbau- und sonstigen gewerblichen Unternehmungen, Domänen und Forsten (jedoch hier Voraussetzung die Ermittelung eines Grundsteuerreinertrages) (§ 44).

Öffentliche Sparkassen sind steuerfrei, da sie keine gewerblichen Zwecke verfolgen (OVG. 34, 134). Neuanziehende ohne Wohnsitz in der Gemeinde können zur GESt. herangezogen werden, wenn ihr Aufenthalt die Dauer von 3 Monaten übersteigt (§ 33). Befreit sind öffentliche Korporationen wegen bebauter oder unbebauter Grundstücke, soweit solche zu einem öffentlichen Dienste oder Gebrauche bestimmt sind (§§ 34, 24, AusfAnw. Art. 16). Welche Grundstücke und Gebäude darunter zu begreifen sind, ergeben die §§ 4c bzw. 3 Nr. 2 des GrundsteuerG. und des GebäudesteuerG. 21. 5. 61; jedoch sind Dienstwohnungen und Dienstgrundstücke der Beamten, mit Ausnahme der Repräsentationsräume (ME. 13. 6. 95, PrVBl. 16, 471), sowohl im Rahmen des § 24 KAG. wie der KO. 8. 6. 34 nicht mehr befreit (OVG. 29, 41). Über die Dienstwohnungen der Offiziere s. OVG. 30, 81; 36, 84. Die Steuerpflicht eines Betriebes wird in einer Gemeinde (selbst für den Verpächter) begründet durch Sitz, Zweigniederlassung, Betriebs-, Werk-, Verkaufsstätte oder eine zur selbständigen Abschließung von Rechtsgeschäften ermächtigte Agentur (§ 35). GESteuern werden in der Regel in Form von gleichmäßigen Zuschlägen zur StaatsESt. erhoben (§ 36). Neu einzuführende, besondere — der Genehmigung bedürfende — GESt. sind an die Veranlagung zur Staatssteuer und die Stufen des EStG. 19. 6. 06 GS. 260 gebunden; innerhalb der Stufen ist eine Änderung der Steuersätze entsprechend zulässig (§ 37). Die Freilassung und die Heranziehung von Steuerpflichtigen (also auch jur. Personen) mit einem Einkommen von nicht mehr als 900 Mark zu geringeren Prozentsätzen, als denen des § 74 EStG. 19. 6. 06, bedarf der Genehmigung (§ 38). Unbeschränkt persönlich befreit sind nur die Mitglieder des Königl. Hauses und des Hohenzollernschen Fürstenhauses. Beschränkt befreit, d. h. unter Voraussetzung der Gegenseitigkeit und nicht in den Fällen, in denen Forensen (und Gesellschaften) steuerpflichtig sind (§ 33 Ziff. 2), sind die beglaubigten Vertreter fremder Mächte und die zum Bundesrat Bevollmächtigten nebst ihren Beamten und in ihrem und ihrer Beamten Dienst stehenden Ausländern, sowie die sonst nach staatlicher Übereinkunft oder völkerrechtlich auf Gegenseitigkeit beruhenden Grundsätzen befreiten Personen. Die 1866 depossedierten Häuser sind nicht befreit, wohl aber die im Besitze der Gemeindesteuerfreiheit befindlichen standesherrlichen Häuser (§ 40). Über Forensensteuer der Standesherrn als Grundbesitzer s. OVG. 35, 139; 44, 41ff.

Für die Heranziehung der Beamten, Geistlichen, Kirchendiener und

---

[1] Abänderungsgef. v. 22. 6. 07 GS. 199.

Elementarschullehrer — gleichgültig welcher Religion OVG. 34, 168 — und deren Witwen und Waisen gilt auch jetzt noch (§ 41) (für die Beamten, Elementarlehrer und unteren Kirchendiener aber nur, soweit sie vor dem 1. April 1909 angestellt worden sind) die V. 23. 9. 67 GS. 1648. Beamte sind hier alle in unmittelbaren Diensten des Staates oder der ihm untergeordneten Obrigkeiten, Kollegien, kommunalen und ständischen Korporationen stehenden, mit fester Besoldung angestellten, beziehentlich in Ruhestand getretenen öffentlichen Beamten, einschließlich der Militär- und Hofbeamten; jedoch nicht die nur vorübergehend als außerordentliche Gehilfen im öffentlichen Dienst Beschäftigten. Zu den Beamten gehören auch die Mitglieder der kirchenregimentlichen Behörden, d. h. des evangelischen Oberkirchenrats und der Konsistorien (OVG. 22, 36). Das Diensteinkommen darf nur mit der Hälfte zur Quotisierung gebracht und veranlagt werden. An direkten Beiträgen aller Art und zu sämtlichen Gemeindebedürfnissen darf bei Gehalten unter 750 M. nicht mehr als 1 %, bei Gehalten von 750—1500 M. nicht mehr als 1½ % und bei höheren Gehalten nicht mehr als 2 % des Diensteinkommens gefordert werden. Steuergemeinde ist diejenige des Wohnsitzes, nicht die des Sitzes der Behörde (KAG. § 41). Ganz befreit sind die aus Staatsfonds oder einer öffentlichen Versorgungskasse zu zahlenden Witwenpensionen und Erziehungsgelder, Wartegelder und Pensionen unter 750 M., Sterbe- und Gnadenmonate, Besoldungen und Emolumente der Geistlichen (mit Einschluß der Militär- und Gefängnisanstaltsgeistlichen — OVG. 18, 114 —) und Schullehrer und deren Ruhegehalte, Besoldungen und Emolumente der aktiven servisberechtigten Militärs und der auf Inaktivitätsgehalt gesetzten Offiziere. Zu den Elementarlehrern gehören Seminarlehrer nicht. Auch Elementarlehrer, welche an anderen als Volksschulen (Mittelschulen, Vorschulen oder höheren Lehranstalten) unterrichten, haben keinen Anspruch auf diese Steuerbefreiung (OVG. 17, 157). Als Kirchendiener gelten auch die angestellten Kirchenkassenrendanten (OVG. 15, 79).

Die Heranziehung der nach dem 1. April 1909 angestellten Beamten usw. zur Gemeindeeinkommensteuer regelt das G. v. 16. 6. 09 GS. 489. Danach werden Beamte, Elementarlehrer und untere Kirchendiener im vollen Umfange zur Gemeindeeinkommensteuer herangezogen, soweit diese 125 % der Staatseinkommensteuer nicht übersteigt. Mit einem höheren Zuschlage darf nur das außerdienstliche Einkommen herangezogen werden. Werden besondere Einkommensteuern erhoben (darunter fallen aber nicht als Ersatz für Einkommensteuern eingeführte Aufwandssteuern, z. B. Mietssteuern), so darf kein höherer Betrag erhoben werden, als einem Zuschlage von 125 % zur Staatseinkommensteuer entsprechen würde. Unter den nach dem 1. April 1909 in das Amtsverhältnis tretenden Beamten sind die zu verstehen, die nach diesem Zeitpunkte zum ersten Male, sei es auch nur zur Vorbereitung oder zur Probe, ein Amt erhalten haben. Wer vorher angestellt gewesen ist, aber ausgeschieden und nach dem 1. April 1909 wieder eingetreten ist, behält die früher begründeten Rechte (MV. zur Ausführung des G. v. 16. 6. 09 MBl. 163.

Militärpersonen sind, wie sie zu den auf Grundbesitz und Gewerbe gelegten Kommunallasten beitragen müssen, auch mit dem aus diesen Quellen fließenden Einkommen steuerpflichtig. Diese Vorschrift der V. 23. 9. 67 war durch V. 22. 12. 68 auf das ganze Bundesgebiet ausgedehnt worden. Nachdem in Abänderung der letzteren V. des RG. 28. 3. 86 der Landesgesetzgebung weiteren Spielraum ließ, gilt jetzt für die Heranziehung des sonstigen, nicht auf Grundbesitz und Gewerbebetrieb beruhenden selbständigen, außerdienstl. Einkommens auch der im Offiziersrang stehenden Militärpersonen des Friedensstandes das durch G. 22. 4. 92 GS. 101 mit dem EinkStG. 19. 6. 06 im Einklang gebrachte G. 29. 6. 86 GS. 181. Gegenstand der Besteuerung ist nur das soeben bezeichnete (Kapital-) Einkommen der Offiziere unter Hinzurechnung des etwaigen besonderen Einkommens der zu ihrem Haushalt gehörigen Familienglieder gemäß § 10 EinkStG. Außer Ansatz bleibt jedoch bei den vor dem 1. 4. 87 in den Ehestand getretenen Offizieren derjenigen Chargen, welche bei Nachsuchung des Heiratskonsenses zur Führung des Nachweises eines bestimmten außerdienstlichen Einkommens verpflichtet sind, der vorschriftsmäßige Satz des letzteren. Die Gemeinde des Garnisonortes erhebt von dem danach berechneten Einkommen 100 % der zu entrichtenden Staatssteuer; bei einem abgabepflichtigen Einkommen bis 660 Mark inkl. 2,40 Mark, sonst mindestens aber den Satz der 1. Stufe der Einkommensteuer (G. 22. 4. 92). Die Feststellung des Einkommensbetrages und der Steuerstufe erfolgt durch den Vorsitzenden der Einkommensteuer-Veranlagungskommission. Hiergegen steht beiden Teilen binnen 2 Monaten die Beschwerde bei der Bezirksregierung[1]) frei, bei deren Entscheidung es bewendet. Derselbe Instanzenzug gilt für die Entscheidung über den Antrag auf Ermäßigung gemäß § 63 EinkStG. (§ 8).

Die mit Pension zur Disposition gestellten Offiziere werden, solange sie inaktiv bleiben, hinsichtlich der Gemeindesteuerpflicht verabschiedeten Offizieren gleichgestellt, die vor dem 1. 4. 86 zur Disposition gestellten jedoch nur dann, wenn ihre Militärpension auf Grund des RG. 21. 4. 86 RGBl. 78 entsprechend erhöht worden ist.

Die Gemeinden können mit Genehmigung (§ 77) an Stelle der GemEink.- und Gewerbesteuer von fabrikmäßigen Betrieben und Bergwerken einen für mehrere Jahre im voraus zu bestimmenden, festen jährlichen Steuerbeitrag vereinbaren (§ 43).

b) Berechnung des steuerpflichtigen Einkommens der fiskalischen Domänen, Staats- und Privatbahnen (§§ 44 bis 46).

Die Vorschriften entsprechen den §§ 6, 5, 4 des sog. KommunalsteuerNotG. 27. 7. 85 GS. 322. Kleinbahnen sind den allgemeinen Bestimmungen des KAG. unterworfen (§ 40 G. 28. 7. 92 und § 46 KAG.).

c) Vermeidung von Doppelbesteuerung (§§ 47—51), dazu G. 30. 7. 95 GS. 409, welches durch Einschaltung des § 48a und Änderung der §§ 49, 50 KAG. die Besteuerung des in außerpreußischen Wohnsitzgemeinden erzielten Einkommens aus Grundbesitz oder Gewerbebetrieb regelt. Vgl. ME. 1. 1. 96 MBl. 66. Das Gesetz vom 6. Mai 1910 GS. 43 ermächtigt zur Beseitigung der Doppelbesteuerung bei Heranziehung zu direkten Kommunalsteuern in Preußen und einem anderen Bundesstaate, den Minister des Inneren und den Finanzminister nach Anhörung der preuß. Kommunalverbände, Vereinbarungen zu treffen und Anordnungen zu erlassen, durch die die Steuerpflicht unter Wahrung des Grundsatzes der Gegenseitigkeit auch abweichend von den in Preußen geltenden Vorschriften geregelt wird.

Wo ein Gewerbe- oder Bergbau-Unternehmen sich über mehrere Gemeinden erstreckt, wird bei Versicherungs-, Bank- und Kreditgeschäften derjenigen Gemeinde, in welcher die Leitung des Gesamtbetriebes statt-

---

[1]) In Berlin bei der Direktion f. d. Verw. d. dir. Steuern.

findet, $1/10$ des steuerpflichtigen Einkommens vorab überwiesen, dagegen der Überrest nach Verhältnis der in den einzelnen Gemeinden erzielten Bruttoeinnahme verteilt; in den übrigen Fällen wird das Verhältnis der in den einzelnen Gemeinden erwachsenen Ausgaben an Gehältern, Löhnen und Tantièmen des Verwaltungs- und Betriebspersonals zugrunde gelegt (§ 47). Erwachsen ist der Lohn in der Gemeinde, wo die Arbeit geleistet ist, oder am Orte des Unternehmens, OVG. 21, 80; 32, 35. Kommen auch nichtpreußische Gemeinden in Frage, so finden zur Ermittelung des den Steuerpflichtigen in den verschiedenen Gemeinden zufließenden Einkommens obige Vorschriften des § 47 sinngemäße Anwendung (§ 48a); für die Staatseisenbahnen sind noch besondere Vorschriften gegeben (§ 47).

Im Verhältnis der Wohnsitz- zur Forensalgemeinde ist die Wohnsitzgemeinde besser gestellt; sie kann zwar das Forensaleinkommen aus Grundvermögen, Handels- oder gewerbliche Anlagen oder Betrieben, einschließlich der Bergwerke, und Gewinn aus der Beteiligung an einer Gesellschaft mit beschränkter Haftung nicht besteuern; aber es wird das Gesamteinkommen eingeschätzt und dem Verhältnis des Forensaleinkommens zu dem Gesamteinkommen entsprechend der Steuerbetrag des Gesamteinkommens herabgesetzt. Auch kann die Wohnsitzgemeinde, wenn das in ihr steuerpflichtige Einkommen weniger als $1/4$ des Gesamteinkommens beträgt, durch generellen Gemeindebeschluß ein volles Viertel des Gesamteinkommens unter entsprechender Verkürzung des der preußischen Forensalgemeinde zur Besteuerung zufallenden Einkommenteiles für sich zur Besteuerung in Anspruch nehmen (§ 49). Dieselbe Vorschrift kommt sinngemäß zur Anwendung, wenn bei der Einschätzung von Personen mit mehrfachem Wohnsitz innerhalb oder außerhalb des preußischen Staatsgebiets in ihren preußischen Wohnsitzgemeinden das sonst der Belegenheits- oder Betriebsgemeinde verbleibende Einkommen mehr als $3/4$ des Gesamteinkommens beträgt. Im übrigen dürfen Personen, welche wegen eines mehrfachen Wohnsitzes innerhalb des preußischen Staatsgebietes in mehreren Gemeinden einkommensteuerpflichtig sind, in jeder dieser Gemeinden nur von einem der Zahl der Gemeinden entsprechenden Bruchteile ihres Einkommens herangezogen werden (§ 50). Die Veranlagung muß noch während des Aufenthaltes erfolgen (OVG. 29, 19). Wohnsitzgemeinden (auch Aufenthaltsgemeinden! OVG. 30, 16), in welchen der Steuerpflichtige oder seine Familie sich in dem vergangenen Jahre gar nicht oder weniger als 3 Monate aufgehalten haben, werden hierbei nicht mitgezählt (§ 50). Zu §§ 49, 50 vgl. OVG. 34, 105; 46, 36. — Übersteigt die Summe der Teile des in mehreren preußischen Gemeinden der Staatseinkommensteuer unterliegenden Gesamteinkommens eines Steuerpflichtigen den Höchstbetrag der staatlich ermittelten Steuerstufe, so findet eine Prüfung der Teile und verhältnismäßige Herabsetzung gemäß §§ 71—74 statt. Der Besitz verschiedener Steuerquellen in einer Gemeinde gilt auch für juristische Personen als Ganzes (§ 51) (OVG. 43, 65ff.).

3. Verpflichtung der Betriebsgemeinden zur Leistung von Zuschüssen. § 53 KAG. gibt den sog. Arbeiterwohngemeinden, d. h. den bürgerlichen Gemeinden (OVG. 33, 175; 34, 119), die dem

Wohnbedürfnis von Arbeitern dienen, die in anderen Gemeinden (Betriebsgemeinden) in Arbeit stehen, das Recht, Zuschüsse zu den Lasten des Schulwesens, des Armen- und Polizeiwesens von den Betriebsgemeinden zu fordern, wenn folgende Voraussetzungen vorliegen:

1. Es muß sich um Betriebsarbeiter handeln, die in der Betriebsgemeinde in Berg-, Hütten- oder Salzwerken, Steinbrüchen, Ziegeleien, Fabriken oder Eisenbahnen beschäftigt sind;

2. die Arbeiter müssen wegen der Beschäftigung in der Wohngemeinde zugezogen oder dort verblieben sein (Kausalzusammenhang);

3. durch die Arbeiter müssen für die erwähnten Zwecke Mehrausgaben in erheblichem Umfange erwachsen, die eine unbillige Mehrbelastung der Steuerpflichtigen herbeizuführen geeignet sind.

Die Zuschüsse dürfen in keinem Falle mehr als die Hälfte der von den Betrieben der Betriebsgemeinde zukommenden direkten Gemeindesteuern betragen. Bei der Bemessung der Zuschüsse sind auch die nachweisbar der Arbeiterwohngemeinde durch die Betriebe erwachsenen Vorteile, soweit sie in der Steuerkraft zum Ausdruck kommen, zu berücksichtigen.

Liegt der Betrieb in einem Gutsbezirk, so richtet sich der Anspruch gegen den Gewerbetreibenden.

Streitigkeiten zwischen den Gemeinden über die Zuschüsse werden von dem Kreis-, bei Beteiligung von Städten [1]) vom Bezirksausschuß entschieden. Der Anspruch muß vor Ablauf des Rechnungsjahres, für das er gestellt ist, bei der in Anspruch zu nehmenden Gemeinde angemeldet werden. Er erlischt ferner, wenn nicht binnen dreier Monate nach Zustellung des ablehnenden Bescheides der Betriebsgemeinde Antrag auf Entscheidung bei der Beschlußbehörde gestellt ist. Gegen den Beschluß findet das Verwaltungsstreitverfahren binnen 2 Wochen statt.

Der § 53 hat seine jetzige Fassung durch die Novelle vom 24. Juni 1906 GS. 337 erhalten. Vgl. dazu v. Tzschoppe, die Zuschußpflicht der Betriebsgemeinden Preußens PrVBl. 30, 17 ff., 33 ff.

4. Verteilung des Steuerbedarfs auf die verschiedenen Steuerarten (§§ 54—59). ME. 7. 1. 95 MBl. 96, 5 und MV. 10. 6. 96 MBl. 138.

Die vom Staate veranlagten Realsteuern sind in der Regel mindestens zu dem gleichen und höchstens zu einem um die Hälfte höheren Prozentsatze zur Kommunalsteuer heranzuziehen, als Zuschläge zur Staatseinkommensteuer erhoben werden. Die Zuschläge zur Einkommensteuer können zu noch geringeren Prozenten erfolgen, ja unterbleiben, wenn die Realsteuern 100 % des staatlich veranlagten Satzes nicht übersteigen. Werden mehr als 150 % Realsteuern erhoben und ist die Staatseinkommensteuer mit 150 % belastet, so können bei dem Mehrbetrage für jedes Prozent der staatlich veranlagten Realsteuern 2 % Staatseinkommensteuer erhoben werden. Mehr als 200 % Realsteuern dürfen in der Regel nicht erhoben werden (§ 54). S. MV. 2. 5. 95 MBl. 119; über die Prüfung der Steuersätze durch die Verwaltungsgerichte s. OVG. 30, 43. Müssen aus

[1]) Berlin hat hier keine Sonderbehörde. Im Falle des § 58 LVG. bestimmt, wenn Berlin beteiligt ist, stets der Minister des Innern den BzAussch., welcher zu beschließen hat.

besonderen Gründen Abweichungen von diesen Regeln oder müssen Zuschläge über den vollen Satz der Staatseinkommensteuer genehmigt werden, so dient als Maßstab, daß, sofern die Ausgleichung nicht durch Gebühren, Beiträge, Mehr- oder Minderbelastung erfolgt, die überwiegend dem Grundbesitz und Gewerbebetrieb nützenden Aufwendungen durch Realsteuern zu decken sind (§ 55).

Innerhalb der Realsteuern selbst sind die Grund-, Gebäude- und Gewerbesteuern zur Deckung ihres Gesamtbedarfs in der Regel zu gleichen Prozentsätzen heranzuziehen.

Erfolgt jedoch die Ausgleichung der den Grundbesitzern oder Gewerbetreibenden aus den Gemeindeveranstaltungen erwachsenden besonderen Vorteile oder der von ihnen verursachten besonderen Kosten nicht durch Beiträge, Gebühren oder Mehrbesteuerung, so ist der durch Realsteuern aufzubringende Steuerbedarf nach dem Verhältnis des vom Staate veranlagten Steuersolls des Grundbesitzes zu dem des Gewerbebetriebes anderweitig unterzuverteilen. Ausnahmen können die Minister des Innern und der Finanzen aus besonderen Gründen zulassen. Die Prozentsätze der Grund- und Gebäudesteuer dürfen hierbei höchstens doppelt so hoch sein als die der Gewerbesteuer und umgekehrt. — Die Unterverteilung auf die Grundsteuer im Verhältnis zur Gebäudesteuer folgt derselben Regel. Diese Unterverteilungen bedürfen der Genehmigung (§ 56).

Das Aufkommen besonderer Gemeindesteuern ist bei der Verteilung des Steuerbedarfs auf den Teil zu verrechnen, welcher durch Prozente der entsprechenden, vom Staate zu veranlagenden Steuer aufzubringen ist. Betriebs- und Bauplatzsteuern bleiben außer Ansatz (§§ 57 f.). Fehlt in einer Gemeinde bis zum Ablauf der ersten 3 Monate des Rechnungsjahres ein gültiger Gemeindebeschluß über die Verteilung des Steuerbedarfs gemäß §§ 54—57, so werden, bis ein Beschluß innerhalb solcher Zeit zustande kommt, falls die Aufsichtsbehörde nicht die Deckung gemäß §§ 54 f. anordnet, die Realsteuern mit einem um die Hälfte höheren Prozentsatz als die Einkommensteuer, unter sich nach gleichen Prozentsätzen herangezogen (§ 59) MV. 28. 11. 96 MBl. 97, 3. Die Notwendigkeit und Zweckmäßigkeit der durch Gemeindebeschluß festgestellten Belastung der einzelnen Steuerarten kann nicht im Verwaltungsstreitverfahren angefochten werden (OVG. 34, 63).

5. Zeitliche Begrenzung der Steuerpflicht.

Die gesetzliche Steuerpflicht beginnt mit dem ersten Tage des auf die Begründung des Wohnsitzes oder Sitzes, auf den Erwerb des Grundvermögens oder den Beginn des Betriebes folgenden und des nach dem Ablauf der maßgebenden Aufenthaltsfrist (§ 33 Abs. 4) beginnenden Monats, im letzteren Falle mit Zurückziehung auf den ersten Tag des auf die Aufenthaltsnahme folgenden Monats. Die Steuerpflicht erlischt mit dem Ablauf des Sterbemonats, mit dem Ablauf des Monats, in welchem Wohnsitz, Sitz oder Aufenthalt tatsächlich aufgegeben worden (hier, bei unterlassener Anzeige, des folgenden Monats, wobei jedoch die Anzeige im Wege der gewöhnlichen polizeilichen Abmeldung genügt OVG. 49, 42 ff.) und mit dem Ablauf des Monats, in welchem die Veräußerung des die Steuerpflicht bedingenden Grundvermögens oder Betriebes erfolgt ist (§ 60).

6. Veranlagung und Erhebung (§§ 61—67). Muster eines Gemeindebeschlusses betr. Veranlagung und Erhebung der direkten Gemeindesteuern s. MBl. 95, 115; dazu ME. 4. 4. 96, MBl. 66.

Die Veranlagung erfolgt durch den Gemeindevorstand oder einen besonderen Gemeindesteuerausschuß, für den die §§ 55 Abs. 3—56 Staatseinkommensteuergesetz 19. 6. 06 maßgebend sind. Wenn nicht durch Gemeindebeschluß besondere Mitteilung an die Steuerpflichtigen angeordnet ist, so geschieht statt dessen die Bekanntmachung der auf unveränderlicher Grundlage der staatlichen Veranlagung erfolgenden Erhebung durch ortsübliche Veröffentlichung der Prozentsätze bzw. Zuschläge und die Bekanntmachung besonderer Realsteuern an die physischen Personen des Gemeindebezirks durch zweiwöchige Auslegung der Hebeliste (§ 65). Die Heranziehung zu indirekten Steuern, Gebühren und Beiträgen kann nicht durch allgemeine Bekanntmachung erfolgen (OVG. 30, 103).

Fällig ist die Steuer nach erfolgter Bekanntmachung in den ersten 8 Tagen jedes Monats oder einer etwa eingeführten 2- oder 3 monatlichen Hebeperiode. Die Gemeinden können bestimmte Hebetermine beschließen, die sich bei Prozentsätzen der Realsteuern oder Einkommensteuerzuschläge unter 50 % auch auf Hebung des jährlichen oder halbjährlichen Betrages beziehen können. Vorausbezahlung mehrerer Raten ist stets zulässig (§ 66).

IV. Titel. Naturaldienste.

Durch Gemeindebeschlüsse, die, soweit sie von den gesetzlichen Regeln nicht abweichen, keiner Genehmigung bedürfen (OVG. 29, 123 u. 30, 138), können alle Steuerpflichtigen, einschließlich der Personen mit Einkommen bis 900 Mk., zu Hand- und die gespannhaltenden Grundbesitzer zu Spanndiensten herangezogen werden. Über den Begriff der Naturaldienste s. OVG. 30, 140; 34, 173. Stellvertretung oder Leistung eines angemessenen Geldbetrages können zugelassen werden. Die nach §§ 40—42 Steuerfreien sind von den auf ihren Grundstücken lastenden Naturaldiensten nicht befreit (§ 68).

V. Titel. Rechtsmittel (§§ 69—76, 89).

Die auf Grund der Einlegung von Rechtsmitteln erfolgte Erhöhung oder Ermäßigung der veranlagten Staatssteuern (bei der Einkommensteuer auch die Erhöhung oder Ermäßigung gemäß §§ 62 f. EinkommensteuerG.) zieht die entsprechende Abänderung der Veranlagung zu den Gemeindesteuern nach sich (§§ 26, 30, 36). Einsprüche gegen den der Veranlagung zugrunde liegenden Staatssteuersatz und bei besonderer Gemeindeeinkommensteuer (§ 37) gegen die Höhe des zur Staatseinkommensteuer veranlagten Einkommens sind unzulässig (§ 69 u. § 4 AufhG.). Derartige Einsprüche sind gelegentlich der staatlichen Veranlagung anzubringen.

Einspruch und Klage haben keine aufschiebende Wirkung § 75. Einsprüche gegen die Veranlagung zu Gebühren, Beiträgen, Steuern und Naturaldiensten (bzw. gegen die Unterverteilung der Armen- und Quartierlasten im Gutsbezirk) sind binnen 4 Wochen seit dem ersten Tage nach Ablauf der Auslegung der Hebelisten, nach der besonderen Bekanntmachung oder nach der Zahlungsaufforderung bzw. Leistung beim Gemeindevorstande anzubringen (§ 69). Gegen dessen Beschluß findet binnen 2 Wochen von der Zustellung, in Landgemeinden beim KrAussch., in Stadtgemeinden beim BzAussch., die Klage statt; in 2. Instanz ist für Stadtgemeinden nur Revision zulässig. Ebenso unterliegen der Entscheidung im Verwaltungsstreitverfahren Streitigkeiten zwischen den Beteiligten über ihre im öffentlichen Recht begründeten Verpflichtungen zu jenen Lasten (§ 70). — Die Festsetzung der durch unrichtige Angaben in wesentlichen Punkten verursachten, vom Abgabenpflichtigen zu ersetzenden Ermittlungskosten muß in der Entscheidung über den Einspruch erfolgen (§ 89). — An Stelle des Einspruchs kann ein in mehreren Gemeinden Steuerpflichtiger die Verteilung seines Einkommens auf die steuerberechtigten Gemeinden beim Kr.= bzw. BezAussch., der nötigenfalls nach § 58 LVG. bestimmt wird, beantragen und zwar binnen 4 Wochen vom Tage der seitens der 2. oder 3. Steuergemeinde geschehenen Bekanntmachung der Steuer (§ 71), MV. 17. 12. 96 MBl. 97, 4, wobei es unerheblich ist, ob die Heranziehung zu Recht erfolgte oder nicht (OVG. 37, 80).

Gegen den Beschluß des Kr.= oder BzAussch. findet binnen 2 Wochen auf ferneren Antrag sowohl des Steuerpflichtigen wie einer beteiligten Gemeinde, sämtliche Beteiligte ergreifend, das Verwaltungsstreitverfahren statt (§ 72).

Die Erhebung weiterer Steuerforderungen während des schwebenden Verfahrens und nach rechtskräftig entschiedener Sache betreffen §§ 73, 74.

Über die Anwendung der Rechtsmittel aus §§ 35—38 GewStG. auf die Gemeindebesteuerung s. § 76.

VI. Titel. Aufsicht (§§ 77 f.).

Die im KAG. vorbehaltenen Genehmigungen werden bei Stadtgemeinden vom BezAussch.[1]), bei den Landgemeinden vom KrAussch. erteilt. Sie bedürfen bei Neueinführung oder grundsätzlicher Veränderung (über diese s. PrVBl. 19, 421; 26, 720; 27, 84) direkter oder indirekter Gemeindesteuern, auch der Umsatzsteuer, bei Abweichungen von den Regeln der Verteilung des Steuerbedarfs auf die Steuerarten (§ 54) und bei Zuschlägen über den vollen Satz der Staatseinkommensteuer der Zustimmung der Minister des Innern und der Finanzen.

Diese Befugnisse der Zustimmung kann den höheren Aufsichtsbehörden, das sind bei Landgemeinden der Regierungspräsident, bei Stadtgemeinden der Oberpräsident, übertragen werden. Dies ist in weitem Umfange geschehen. Nach den jetzt maßgebenden Vorschriften des ME. v. 26. 6. 07 MBl. 236 regelt sich die Zuständigkeit dahin, daß die Zustimmungsbefugnis in allen Orten unter 100000 Einwohnern den Aufsichtsbehörden übertragen ist, soweit sie überhaupt übertragbar ist, also nicht bei der Genehmigung der anderweiten Unterverteilung der Realsteuern (§ 56, 2). In Orten über 100000 Einwohnern ist den Ministern außer der zuletzt

[1]) In Berlin vom Oberpräsidenten.

genannten Zuständigkeit, ferner die Zuständigkeit zur Zustimmung bei der Genehmigung von Abweichungen von den Verteilungsregeln des § 54 (Verhältnis der Realsteuern zu der Einkommensteuer) und von Erhebung von Einkommensteuern über den vollen Satz der Staatseinkommensteuern hinaus verblieben. Für einige Fälle ist den Regierungs- und Oberpräsidenten die Einholung einer Ermächtigung des Ministers vor der Erteilung der Zustimmung vorgeschrieben (vgl. Nöll-Freund, KAG. 7. Aufl., 363)[1]). Was die Genehmigung selbst anlangt, so steht gegen den auf Beschwerde ergehenden Beschluß des Provinzialrats, bei Landgemeinden des BzAussch., den Vorsitzenden dieser Behörden aus Gründen des öffentlichen Interesses unter Beobachtung des § 123 LVG. die weitere Beschwerde an jene Minister zu (§ 77). Die Behandlung der beim Inkrafttreten des KAG. seinen Vorschriften zuwider bestehenden Ordnungen und derartiger Gemeindebeschlüsse über die Aufbringung von Gemeindeabgaben und Diensten usw. betrifft § 78 KAG., s. hierzu OVG. 34, 159.

VII. Titel. Strafen (§§ 79—82).

Das Gericht befaßt sich mit der Bestrafung wissentlich unrichtiger oder unvollständiger Angaben bei der Auskunftserteilung oder Begründung eines Einspruches nur, wenn der Beschuldigte nicht die vom Gemeindevorstand vorläufig festgesetzte Strafe nebst Kosten rechtzeitig zahlt oder in Preußen keinen Wohnsitz hat. Der Gemeindevorstand kann von der Festsetzung Abstand nehmen, der Beschuldigte auf sie verzichten. Strafe: der 4—10fache Betrag der stattgehabten oder beabsichtigten Verkürzung und mindestens 100 Mk., event. Haft und, wenn die Absicht der Steuerhinterziehung fehlt, 3—100 Mk. Berichtigung vor erfolgter Anzeige oder Einleitung der Untersuchung nebst rechtzeitiger Entrichtung der Steuer machen straffrei (§§ 79—81). Die Hinterziehung öffentlicher Verkehrsabgaben wird bestraft gemäß G. 2. 5. 00 GS. 123. Als Antragsdelikt und nur im gerichtlichen Verfahren wird die Verletzung der Pflicht der Geheimhaltung seitens des Gemeindevorstandes, seiner Mitglieder, der Mitglieder der Steuerausschüsse sowie der bei der Veranlagung beteiligten Gemeindebeamten verfolgt. Geldstrafe bis 1500 Mk., an deren Stelle bei Unbeitreibbarkeit Haft oder Gefängnis bis zu 3 Monaten tritt (§ 80 f.). Sonstige Zuwiderhandlungen können auf Grund der Steuerordnungen mit Geldstrafen bis zu 30 Mk. geahndet werden, die der Gemeindevorstand festsetzt und nach eingetretener Rechtskraft (§ 459 StrPO.) im Verwaltungszwangsverfahren beitreibt (§ 82). Beispiele gibt: KGer. 1. 10. 06, 21. 3. 07, 19. 6. 05 v. Kamptz-Delius Rechtsprechung des Reichs- und des Kammergerichts auf dem Gebiete des öffentlichen Rechtes II, 894.

VIII. Titel. Nachforderungen und Verjährungen.

Gegen den die hinterzogene direkte Steuer selbst festsetzenden Beschluß des Gemeindevorstandes findet Einspruch und Klage gemäß §§ 69 f. statt. Die Verbindlichkeit zur Nachzahlung verjährt in 10 Jahren und gegen

[1]) Für Berlin hat, da der Oberpräsident selbst Genehmigungsinstanz ist, eine Übertragung der Zustimmungsbefugnis von der Ministerialinstanz nicht stattfinden können.

die Erben (nicht Vermächtnisnehmer) auf Höhe des Erbteils in 5 Jahren (§ 83). Bei irrtümlichen Übergehungen, irrtümlichem Freilassen (nicht aber bei irrtümlich zu niedrig erfolgter Veranlagung zu besonderen direkten Gemeindesteuern, vgl. § 85 EinkommensteuerG. 19. 6. 06 OVG. 32; 40, 44 PrVBl. 22, 348; 26, 751) ist die Nachsteuer für 3 Steuerjahre rückwärts vom Jahre der Festsetzung zu entrichten, von den Erben bis zur Höhe des Erbteils (§ 84). Die staatliche Festsetzung einer Nachsteuer gemäß § 73, 85 EinkommensteuerG. zieht die Nachzahlung der entsprechenden Zuschläge an die Gemeinde nach sich (§ 85). Eine Nachforderung der Gemeinde, die sich auf eine infolge der Einlegung von Rechtsmitteln oder anderweiter Veranlagung (§ 62 EinkommensteuerG.) eingetretene Erhöhung der vom Staate veranlagten Steuer stützt, muß binnen 1 Jahr seit dem Tage der endgültigen Entscheidung geltend gemacht werden (§ 86). — Verbrauchsabgaben können nur binnen 1 Jahre vom Tage des Eintritts der Zahlungsverpflichtung und sonstige indirekte Steuern, Gebühren, Beiträge nebst Kosten nur binnen 3 Jahr vom Ablauf des Entstehungsjahres ab geltend gemacht werden. Noch nicht zwecklos gewordene Naturaldienste können nur im laufenden Rechnungsjahre nachgefordert werden (§ 87). Die Verjährungsfrist für zur Hebung gestellte rückständige oder gestundete Gemeindeabgaben und Kosten ist die vierjährige vom Ablauf des Jahres des Zahlungstermins ab; sie beginnt nach Ablauf des Jahres der letzten Zahlungsaufforderung, verfügten Zwangsvollstreckung oder Fristbewilligung von neuem (§ 88).

IX. Titel. **Kosten und Zwangsvollstreckung.**

§ 14 Abs. 1 des Gesetzes wegen Aufhebung direkter Staatssteuern bestimmt: „Die Kosten der Veranlagung und Verwaltung der Steuern (§ 3 Abs. 2, § 4) werden, soweit sie nicht durch die den Gemeinden hierbei übertragenen Geschäfte entstehen, aus der Staatskasse bestritten."

Im übrigen fallen die Kosten der Veranlagung und Erhebung der Abgaben der Gemeindekasse zur Last. Jedoch sind diejenigen Kosten, welche durch die gelegentlich eines Einspruches erfolgenden Ermittelungen veranlaßt werden, von dem Abgabepflichtigen zu erstatten, wenn sich seine Angaben in wesentlichen Punkten als unrichtig erweisen. Die Festsetzung dieser Kosten kann nur in der Entscheidung über den Einspruch erfolgen (§ 89). Selbstverständlich tragen die Gemeinden auch die Kosten der Hebung und Beitreibung der besonderen Gemeindesteuern.

Gebühren, Beiträge, Steuern und Kosten sowie die nach einem von der Aufsichtsbehörde festgestellten Tarife erhobenen Vergütungen (Kurtaxen usw.) unterliegen der Beitreibung im Verwaltungszwangsverfahren nach Maßgabe der Verordnung vom 15. November 1899 GS. 545 und 18. März 1904 GS. 36.

Sind Naturaldienste zu leisten, so ist der Gemeindevorstand bei Säumnis der Pflichtigen befugt, die Dienste durch Dritte leisten und die entstehenden Kosten von den ersteren im Verwaltungszwangsverfahren beitreiben zu lassen (§ 90).

II. Teil. Kreis- und Provinzialsteuern (§§ 91—93).

Die §§ 91—93 bezweckten, die bestehenden Kreis- und Provinzialsteuern mit den Vorschriften des KAG. in Einklang zu bringen. Sie sind durch § 35 des Kreis- und Provinzialabgabengesetzes vom 23. 4. 06 GS. 159 am 1. 4. 07 außer Kraft gesetzt worden (s. unten S. 341, 347).

Schluß-, Ausführungs- und Übergangsbestimmungen.

Die Fristen des KAG. sind Ausschlußfristen und beginnen in der Regel mit dem auf die Zustellung folgenden Tage (§ 94). Im übrigen kommen §§ 186—193 BGB. in Betracht.

Das Rechnungsjahr dauert vom 1. 4.—31. 3.; es kann eine 2- oder 3jährige Periode beschlossen werden (§ 95).

Die bisherigen Ordnungen (Observanzen, Statuten, Regulative, Gemeindebeschlüsse) über die Aufbringung von Gebühren, Beiträgen, Steuern, Diensten bleiben bis zur Abänderung durch rechtsgültigen Gemeindebeschluß oder Anordnung der Aufsichtsbehörde (§ 78) bestehen (§ 96). (OVG. 30, 88).

II. Landgemeinden.

Die Landgemeindeordnung für die 7 östl. Provinzen v. 3. 7. 91 (GS. 233).

AusfAnw. I v. 7. 11. 91, betr. die erstmalige Bildung der Gemeindeversammlungen und Vertretungen, dazu ME. 18. 12. 93, MBl. 94, 16.; AusfAnw. II v. 28. 12. 91, betr. die Gestaltung der Gemeinde- und Gutsbezirke und die Bildung von Gemeindeverbänden; AusfAnw. III 29. 12. 91, betr. die Verfassung und Verwaltung der Landgemeinden.

I. Titel. Allgemeine Bestimmungen.

Die Annahme der Landgemeindeordnung durch Stadtgemeinden und der Städteordnung durch Landgemeinden (s. dazu § 18 ALR. II 7) erfolgt auf deren Antrag durch Kgl. Verordnung nach Anhörung des Kreistages und Provinziallandtages (1). Über die Neugründung von Ansiedelungen s. G. 25. 8. 76 GS. 405; 16. 9. 99 GS. 498; 10. 8. 04 GS. 227, AusfAnw. 28. 12. 04 MBl. 05, 2.

1. Durch Beschluß des KrAusch. kann erfolgen:

a) Nach Vernehmung der Beteiligten die Vereinigung bisher nicht eingemeindeter Grundstücke mit einer Landgemeinde oder einem Gutsbezirke, ferner auch ohne Vernehmung (ME. 11. 4. 93, MBl. 109) die Zuschlagung von Grundstücken, die aus Landgemeinden oder Gutsbezirken entstehen, welche auf Kgl. Anordnung wegen zu geringer Leistungsfähigkeit aufgelöst sind (§ 2 1. 2); über die Behandlung des Schulzendienstlandes und Gemeindegrundbesitzes s. V. 9. 1. 95 MBl. 18;

b) mit Einwilligung der beteiligten Gemeinden und Gutsbezirks- und Grundstücksbesitzer die Abtrennung einzelner Teile und die Vereinigung abgetrennter Teile einer Gemeinde oder eines Gutsbezirkes mit einer anderen Gemeinde- oder einem Gutsbezirke (§ 2[4]).

2. Mit Kgl. Genehmigung kann erfolgen:

a) Nach Vernehmung der Beteiligten die Bildung besonderer Gemeinden aus bisher nicht eingemeindeten Grundstücken (§ 2[1]), sowie

b) nach Anhörung und beim Einverständnis der beteiligten Gemeinden, Gutsbezirksbesitzer (ME. 11. 4. 93, 18. 4. 93, MBl. 109, 129) und des KrAussch. die Vereinigung von Landgemeinden und Gutsbezirken mit anderen Landgemeinden und Gutsbezirken und die Umwandlung von Landgemeinden in Gutsbezirke und umgekehrt (§ 2[3]);

c) die Bildung eines neuen Gemeinde- oder Gutsbezirkes aus abgetrennten Teilen eines Gemeinde- oder Gutsbezirkes (§ 2[4]).

Die Wirksamkeit des Kgl. Erlasses beginnt mit dem Zeitpunkt der Mitteilung an die Beteiligten (ME. 9. 11. 93 MBl. 235).

In den Fällen zu 1b und 2b kann das Einverständnis der Beteiligten, sofern das öffentliche Interesse dies erheischt, durch den KrAussch. im Beschlußverfahren ersetzt werden. Wegen des sich daran schließenden Beschwerdeverfahrens, des Vorliegens des öffentlichen Interesses und der infolge der Grenzveränderung notwendig werdenden Auseinandersetzung vgl. oben StO. § 2 wo der Inhalt der §§ 2[3—7] u. 3 LGO. mit der Abänderung wiedergegeben ist, daß dort die Zwischeninstanz des KrAussch. wegfällt. Sie tritt aber hinzu, wo es sich lediglich um Landgemeinden und Gutsbezirke handelt. § 3 greift auch bei Umwandlung eines Gutsbezirks in eine Landgemeinde Platz (OVG. 26, 93). Über die Einverleibung von Landgemeinden und Gutsbezirken in eine Stadtgemeinde s. auch ME. 13. 12. 99 MBl. 56; über Eingemeindungsverträge MV. 25. 10. 08 MBl. 230, OVG. 49, 48.

II. Titel. Landgemeinden.

Rechtliche Stellung. (1. Abschnitt.)

Die Landgemeinden sind öffentliche Körperschaften, und zwar sind sie wie die Städte ausschließlich Selbstverwaltungskörper, nicht auch Bezirke der Staatsverwaltung wie die Kreise und Provinzen. Ihre statutarischen Anordnungen bedürfen der Genehmigung des KrAussch.[1]) [Beschwerde an den Bezirksausschuß (§ 121 LVG.)] und können Gemeindeangelegenheiten betreffen, hinsichtlich deren das Gesetz Verschiedenheiten gestattet oder auf ortsstatutarische Regelung verweist (vgl. LGO. §§ 41, 49, 74, 89, 109, 112, 118, 131 ff.; ferner z. B. GewO. §§ 23, 33, 34, 105 b, 119 a, 120, 139 c, 142; RG. betr. die GewGer. vom 30. Juni, 29. Sept. 01 RGBl. 01, 353 Baufluchtl.-G. 2. 7. 75 (§§ 12, 15), G. betr. Wählerabteilungen 30. 6. 00 GS. 185, Kommunalbeamten G. 30. 7. 99 GS. 141 Kaufmannsgerichtsgesetz vom 6. 7. 04 RGBl. 266 Gesetz gegen die Verunstaltung von Ortschaften usw. 15. 7. 07 GS. 260 dazu

---

[1]) Ein Ortsstatut, das die Anstellung besoldeter Schöffen festsetzt, bedarf der Zustimmung des Ministers des Innern (G. 20. 5. 02 GS. 143).

AusfAnw. 4. 8. 07 MBl. 281, sowie Angelegenheiten, deren Gegenstand nicht durch Gesetz geregelt ist (§ 6), jedoch bleiben:

„Rechte und Pflichten, welche auf besonderen Titeln des öffentlichen Rechts (Teilungsrezessen, Abgabenverteilungsplänen) beruhen, insoweit in Kraft, als diese Titel von den bisherigen allgemeinen und besonderen gesetzlichen Vorschriften, Ordnungen, Gewohnheitsrechten und Observanzen abweichende Bestimmungen enthalten. Eine solche Abweichung wird nicht vermutet" (§ 146 Abs. 3).

Gemeindeangehörige. Ihre Rechte und Pflichten. (2. Abschnitt).

Gemeindeangehöriger ist mit Ausnahme der nicht angesessenen, servisberechtigten Militärpersonen des aktiven Dienststandes (hierzu OVG. 44, 48, 48, 66, 73) jeder, der in der Gemeinde eine Wohnung unter Umständen inne hat, die auf die Absicht dauernder Beibehaltung einer solchen schließen lassen (§ 7). Die GemAngehörigen müssen an den Gemeindeabgaben und Lasten teilnehmen und sind zur Mitbenutzung der öffentlichen Gemeindeanstalten und Einrichtungen berechtigt (§ 8), zur Teilnahme an den Gemeindenutzungen aber nur entsprechend den aus den Verleihungsurkunden, vertragsmäßiger Festsetzungen und hergebrachter Gewohnheit sich ergebender Bedingungen (§ 70).

Auf Beschwerden und Einsprüche betr. das Recht zur Mitbenutzung der öffentlichen Gemeindeanstalten beschließt der Gemeindevorsteher (Gemeindevorstand) vorbehaltlich der Klage im Verwaltungsstreitverfahren (§ 9).

Die §§ 10—38 enthielten Gemeindefinanzrecht (Gemeindeauflagen). Hiervon ist nur § 28 in Kraft geblieben, der die Fortleistung oder Ablösung der Abgaben ursprünglich bäuerlicher, zu selbständigen Gütern eingezogener Grundstücke regelt, die Bestandteile der Landgemeinde geblieben sind, deren Lage aber nicht mehr festgestellt werden kann. §§ 36—38 haben noch für die Einkaufsgelder und die jährlichen Abgaben für die Teilnahme an den Gemeindenutzungen Bedeutung (s. Abschnitt: Gemeindevermögen). Im übrigen ist das KAG. an die Stelle dieser Vorschriften getreten.

Gemeindevermögen. (5. Abschnitt.)

Dem Gemeindevermögen steht das sog. Interessentenvermögen (s. AusfAnw. III C. 1., Dekl. 26. 7. 47, GS. 327, G. 2. 4. 87, GS. 105) gegenüber, dessen Nutzungen den Beteiligten nicht in ihrer Eigenschaft als Gemeindeglieder, sondern aus anderen Rechtsgründen gebühren.

Das Gemeindevermögen zerfällt in das dem finanziellen Bedürfnisse der Gemeinde dienende „für die Zwecke des Gemeindehaushaltes bestimmte" Gemeindevermögen im engeren Sinne und in das nutzbare Gemeindegliedervermögen, an welchem auch die Gemeindeangehörigen nach dem Verhältnisse ihrer Beteiligung an den Gemeindelasten teilnehmen, wenn der Maßstab nicht anderweitig feststeht (§§ 68, 70). Gemeindevermögen im engeren Sinne darf nur von schuldenfreien Gemeinden in Gemeindegliedervermögen umgewandelt werden und nur dann, wenn die Neueinführung oder Erhöhung von Gemeindeabgaben für absehbare Zeit ausgeschlossen ist. Gemeindegliedervermögen darf mit Zustimmung des KrAussch. in engeres Gemeindevermögen umgewandelt werden, wenn der Gemeindebeschluß einzelnen als solchen berechtigten Gemeindegliedern oder Einwohnern die Nutzungsrechte wider ihren Willen nicht schmälert (§ 69).

Auf Beschwerden und Einsprüche betr. das Recht zur Teilnahme an den Nutzungen und Erträgen des Gemeindevermögens oder besondere, an örtliche Teilbezirke oder Klassen der Gemeindeangehörigen geknüpfte Anrechte beschließt der Gemeindevorsteher (Vorstand) vorbehaltlich des ohne aufschiebende Wirkung stattfindenden Verwaltungsstreitverfahrens. Diesem unterliegen auch Streitigkeiten zwischen Beteiligten über ihre im öffentlichen Recht begründeten Ansprüche an den Nutzungen und Erträgen des Gemeindevermögens (§ 71). Die Landgemeinden können mit Genehmigung des KrAussch. für die Teilnahme an den Gemeindenutzungen die Entrichtung eines Einkaufsgeldes anstatt oder neben einer jährlichen Abgabe beschließen. Verzicht auf die Teilnahme befreit von diesen Leistungen (§ 72). Die Ausübung des Gemeinderechtes ist von der Entrichtung des Einkaufsgeldes nicht abhängig.

Die Beitreibung der Einkaufsgelder und jährlichen Abgaben für die Teilnahme an den Gemeindenutzungen erfolgt im Verwaltungszwangsverfahren (§§ 36, 73). Über Einlegung von Einsprüchen und Beschwerden, Nachforderung und Verjährung s. § 37. Jedoch verjähren die nicht zur Hebung gestellten Einkaufsgelder erst in 2 Jahren vom Ablauf des Jahres, in welchem die Zahlungsverbindlichkeit entstanden ist (§ 73). Gegen den Beschluß des Gemeindevorstehers findet die Klage im Verwaltungsstreitverfahren statt. Die Rechtsmittel haben keine aufschiebende Wirkung (§ 38). Ist im Falle des § 28 die Gemeindeabgabenpflicht selbst streitig, so tritt ebenfalls das Verfahren nach § 38 ein (OVG. 28, 118).

Gemeindeglieder; deren Rechte und Pflichten. (3. Abschnitt.)

Gemeindeglieder sind alle Gemeindeangehörigen, denen das Gemeinderecht, d. h. Stimmrecht in der Gemeindeversammlung (bzw. wo eine gewählte Gemeindevertretung besteht, Teilnahme an den Gemeindewahlen) und das Recht zur Bekleidung unbesoldeter Gemeindeämter zusteht (§§ 39, 40). Letzteres geht durch Zuchthausstrafe dauernd verloren (§ 43 Abs. 4). Voraussetzung des Gemeinderechts und seiner Ausübung sind: 1. Selbständigkeit, d. h. Besitz eignen Hausstandes nach zurückgelegtem 24. Lebensjahr ohne Verfügungsbeschränkung durch richterlichen Beschluß (§§ 41, 44 Ziff. 2), 2. Reichsangehörigkeit, 3. Besitz der bürgerlichen Ehrenrechte (§§ 41, 44 Ziff. 1), 4. in der Regel Wohnsitz in der Gemeinde seit einem Jahre (§§ 42, 45, 41 Abs. 4), 5. Nichtempfang öffentlicher Armenunterstützung in den letzten 6 Monaten (§§ 41, 44 Ziff. 3), 6. Besitz eines Wohnhauses oder staatliche Veranlagung im Gemeindebezirk zu mindestens 3 Mark Grund- und Gebäudesteuer oder Veranlagung zu der StaatsESt. oder Kommunalbesteuerung nach einem Jahreseinkommen von mehr als 660 Mark. Auch ruht die Ausübung bei Nichtentrichtung der Gemeindeabgaben nach der Mahnung bis zur Entrichtung (§§ 41, 44 Ziff. 4). Wegen der anderen Gründe des Ruhens der Ausübung des Gemeinderechts s. § 44, Ziff. 1—3. Über die Pflicht der Gemeindemitglieder zur Annahme unbesoldeter Ämter, Ablehnungs- und Niederlegungsgründe s. § 65.

Gemeindeorgane:

a) Gemeindeversammlung. (3. u. 8. Abschnitt.)

Die Gemeindeversammlung besteht aus den Gemeindegliedern. Besonders geregelt ist das Stimmrecht, welches der Grundbesitz gibt.

Unter der Voraussetzung des mindestens einjährigen Besitzes eines im Gemeindebezirk gelegenen Grundstücks vom Umfange einer Ackernahrung, welche die Haltung von Zugvieh zur Bewirtschaftung erfordert, oder eines mindestens gleichwertigen Wohnhauses, einer solchen Fabrik oder gewerblichen Anlage sind stimmberechtigt: juristische Personen, Aktiengesellschaften, Kommanditgesellschaften auf Aktien, Berggewerkschaften, eingetragene Genossenschaften und der Staatsfiskus, sowie beim ferneren Vorhandensein der sonstigen Voraussetzungen des Gemeinderechts auch Frauen und nicht selbständige Personen, ebenso Forensen, wenn sie, vom Wohnsitz abgesehen, die persönlichen Voraussetzungen des Gemeinderechts haben (§ 45).

Diejenigen, die das Stimmrecht wegen ihres Grundbesitzes haben, aber es selbst nicht ausüben dürfen, werden hierbei vertreten. Die Vertreter müssen 24 Jahre sein und die oben zu 2, 3, 5 genannten Erfordernisse für das Gemeinderecht erfüllen. Ehefrauen werden durch ihre Ehemänner, Minderjährige durch ihre gesetzlichen Vertreter vertreten, wobei aber der Stiefvater dem Vormund vorgeht. Juristische Personen werden durch ihre verfassungsmäßigen Vertreter oder Pächter und Nießbraucher, volljährige Bevormundete durch ihren Vormund vertreten. Andere lediglich stimmberechtigte Personen können Gemeindeglieder bevollmächtigen. Das steht auch juristischen Personen frei. Volljährige Besitzer unter 24 Jahren, unverheiratete Besitzerinnen und Witwen werden durch Gemeindeglieder vertreten (§§ 46, 47). Eine schriftliche Vollmacht ist nicht erforderlich (MV. 28. 4. 05 MBl. 85).

Mindestens zwei Drittel der Stimmen in der Gemeindeversammlung müssen auf die z. Z. der Wahl (OVG. 26, 102) mit Grundbesitz angesessenen Mitglieder (OVG. 49, 103) entfallen, nach welchem Verhältnis die Stimmen der Nichtangesessenen (wenn ihre Anzahl das letzte Drittel übersteigen würde) durch eine entsprechende Zahl auf 6 Jahre zu wählender Abgeordneter verringert werden.

Mehr als ein Drittel der Gesamtzahl der Stimmen darf ein Einzelner nicht führen. Es berechtigen:

Die Veranlagung zu 20—49 M.	der Grund- bzw. GebSteuer	die 3. Steuerklasse	der Gewerbesteuer d. G. 24. 6. 91	zu 2 Stimmen,
" " " 50—99 "		" 2. "		" 3 "
" " von 100 " an		" 1. "		" 4 "

Die Sätze der Grund- und Gebäudesteuer können auf Antrag des KrAusſch. durch Beschluß des Provinziallandtages erhöht oder, jedoch höchstens um die Hälfte, ermäßigt werden; die Simmen der Angesessenen und Gewerbetreibenden können nicht über 3, 4 u. 5 vermehrt werden (§ 48 s. dazu AusfAnw. III A I). Die Gemeindeversammlung ist bei der ersten Beratung eines Gegenstandes beschlußfähig, wenn mehr als 1/3 der Stimmberechtigten anwesend sind. Die Stimmenmehrheit wird nach der Zahl der abgegebenen Stimmen festgestellt (§§ 106, 107). Die Öffentlichkeit kann in geheimer Sitzung ausgeschlossen werden; sonst dürfen alle männlichen volljährigen, die Ehrenrechte besitzenden und Gemeindeabgaben zahlenden Gemeindeangehörigen bzw. Stimmberechtigten zuhören (§ 109). Die Zusammenberufung, Leitung, Protokollführung und Disziplin behandeln die §§ 110, 111, 112.

Zur Zuständigkeit der Gemeindeversammlung gehören:

Überwachung der Verwaltung, Beschlußfassung über alle durch das Gesetz nicht dem Gemeindevorsteher ausschließlich überwiesenen Gemeinde-Angelegenheiten (§§ 102, 103, 113). Bei Beschlußfassungen über die Verwaltung oder Benutzung des Gemeindevermögens bedarf es in den dem § 50 der StO. entsprechenden Fällen (s. oben S. 287) ebenfalls der Genehmigung des Regierungspräsidenten oder des KrAussch. und des letzteren außerdem noch zu einseitigen Verzichtleistungen und Schenkungen und zur neuen Belastung der Gemeindeangehörigen ohne gesetzliche Verpflichtung (§ 114).

Über Veräußerungen und Verpachtungen von Grundstücken und Gerechtsamen (in der Regel im Wege öffentlichen Meistgebots) s. §§ 115 bis 116. Eintragung im Grundbuch §§ 115, 88 Ziff. 7 Abs. 3.

b) Gemeindevertretung. (4. u. 8. Abschnitt.)

Die Gemeindevertretung tritt in Gemeinden mit mehr als 40 Stimmberechtigten notwendig an die Stelle der Gemeindeversammlung und besteht aus dem Gemeindevorsteher, den Schöffen und aus auf sechs Jahre gewählten Gemeindeverordneten, deren Zahl die der Schöffen mindestens um das Dreifache übersteigen muß und durch Ortsstatut auf 12, 15, 18, 24 erhöht werden kann (§§ 49, 54). Außergewöhnliche Ersatzwahlen für die laufende Wahlperiode müssen auf Erfordern der Gemeindevertretung oder des Gemeindevorstehers oder Beschluß des KrAussch. angeordnet werden (§ 54). Im öffentlichen Interesse kann auch bei einer geringeren Anzahl als 40 Stimmberechtigten durch Ortsstatut oder Beschluß des KrAussch. eine Gemeindevertretung eingeführt werden (§ 49). Die Bildung der Wählerabteilungen erfolgt nach Vorschriften des G. 30. 6. 00 GS. 185 s. oben bei § 13 StO. Alle zwei Jahre findet das Ausscheiden eines Drittels der Gemeindeverordneten jeder Abteilung und Neuwahl im März statt (§§ 54, 58, 64). Zwei Drittel der Mitglieder der Gemeindevertretung müssen Angesessene sein, das Drittel der Nichtangesessenen wird auf die drei Abteilungen gleichmäßig verteilt (§ 52).

Beim Vorhandensein von mehr als 500 Wählern in einer Abteilung können Wahlbezirke gebildet werden; auch mehrere zu einer Gemeinde gehörige Ortschaften können für sich wählen. Zu der von dem Gemeindevorsteher vorzunehmenden Änderung der Wahlbezirke gehört Genehmigung des KrAussch. (§ 51). Von der Auslegung der Wahllisten vom 15. bis 30. Januar handelt § 56. Es ist absolute Mehrheit erforderlich (§ 62).

Einsprüche gegen die Gültigkeit der Wahlen sind innerhalb zwei Wochen nach der Bekanntmachung des Wahlergebnisses beim Gemeindevorsteher anzubringen (§ 63).

Als Gemeindeverordnete sind nicht wählbar: Beamte und Mitglieder der Aufsichtsbehörden (wozu der Kreissekretär nicht gehört), die besoldeten Gemeinde-, richterlichen, Staatsanwaltschafts- und Polizei-Exekutiv-Beamten, Frauen, Geistliche, Kirchendiener, Volksschullehrer. Sind Vater und Sohn zugleich gewählt, so wird nur der Vater zugelassen (§ 53).

Ohne Genehmigung des Gemeindevorstehers oder Bestätigung der Aufsichtsbehörde — jedoch anfechtbar durch die auch dem Gemeindevorsteher zustehende Klage im Verwaltungsstreitverfahren — erfolgt die Beschlußfassung der Gemeindevertretung (wo eine solche nicht besteht, des Gemeindevorstehers): auf Beschwerden und Einsprüche, betr. den Besitz oder den Verlust des Gemeinderechts, die Zugehörigkeit zu einer Abteilung, die Wählbarkeit, die Ausübung des Stimmrechts, die Richtigkeit der Gemeindewählerliste, die Gültigkeit der Wahlen zur Gemeindevertretung, der Berechtigung der Ablehnung oder Niederlegung, so wie die Verhängung von Nachteilen gegen Gemeindeglieder wegen Pflichtversäumnis (§ 66). Ersatzwahlen für eine für ungültig erklärte Wahl werden durch ein schwebendes Verwaltungsstreitverfahren gehindert (§ 67). Im übrigen gelten hinsichtlich der Zuständigkeit und Beschlußfähigkeit der Gemeindevertretung die für die Gemeindeversammlung gegebenen Regeln, nur bedarf es zur Beschlußfähigkeit der Gemeindevertreter der Anwesenheit von mehr als der Hälfte der Mitglieder (§ 106). Neben ordnungswidrigem Benehmen in den Versammlungen unterliegt unentschuldigtes Ausbleiben aus den Versammlungen den Strafen und dem Verfahren des § 112.

c) Gemeindevorsteher und Schöffen (Gemeindevorstand). (6. Abschnitt. Verwaltung der Landgemeinden.)

Der Gemeindevorsteher und zwei Schöffen als seine Vertreter in Behinderungsfällen, deren Zahl durch Ortsstatut auf sechs vermehrt werden kann, werden von der Gemeindeversammlung aus den Gemeindegliedern auf sechs Jahre gewählt und bedürfen der Bestätigung durch den Landrat. In Gemeinden mit mehr als 3000 Einwohnern kann die Gemeindevertretung die Anstellung eines besoldeten Gemeindevorstehers beschließen, dessen auf zwölf Jahre erfolgende Wahl auf die Gemeindeglieder nicht beschränkt ist (§§ 74, 75); auch können in größeren Gemeinden besoldete Schöffen, höchstens $^1/_3$ der Gesamtzahl, auf 12 Jahre gewählt werden, die nicht Gemeindeglieder sein müssen (G. 20. 5. 02 GS. 143). Vom Wahlmodus und der Bildung des Wahlvorstandes handeln die §§ 76 bis 83. Bestätigung durch den Landrat. Zur Versagung ist Zustimmung des KrAussch. nötig (§ 84). Vereidigung § 85.

Der Gemeindevorsteher ist die Obrigkeit der Landgemeinde und hat den Vorsitz in der Gemeindeversammlung oder Vertretung, deren Beschlüsse er vorbereitet und ausführt. Er ist verpflichtet, die Ausführung von Beschlüssen auszusetzen, welche das Gemeinwohl oder das Gemeininteresse verletzen und die Entscheidung des KrAussch. innerhalb zweier Wochen einzuholen, wenn die Gemeindeversammlung (Vertretung) bei nochmaliger

Beratung bei ihrem Beschlusse beharrt. Im übrigen führt der Gemeindevorsteher die Gesetze und Verordnungen, sowie Verfügungen vorgesetzter Behörden aus, ist das Organ des Amtsvorstehers (in Posen des Distriktskommissars) für die Polizeiverwaltung und insbesondere berechtigt und verpflichtet zu sofortigem Einschreiten zur Wahrung der öffentlichen Ruhe, Ordnung und Sicherheit, zur vorläufigen Festnahme, Ausübung der Polizeiaufsicht und Aufnahme der Meldung Neuanziehender (§§ 88, 90, 91). Er hat ferner die laufende Verwaltung des Vermögens und der Einkünfte der Gemeinde zu führen, einschließlich der Beaufsichtigung des Rechnungs- und Kassenwesens (soweit er es nicht selbst führt) und der Verteilung und Einziehung der Gemeindeabgaben und Dienste (§ 88 Ziff. 4 u. 8). Dem kollegialischen Gemeindevorstande, welcher in größeren Gemeinden aus dem Gemeindevorsteher und den Schöffen ortsstatutarisch gebildet werden kann (§ 74), können gleichzeitig die Befugnisse der §§ 9, 51, 71, 88 Nr. 2—4 und 8, 119, 120 überwiesen sein (§ 89). Der Gemeindevorsteher stellt die Gemeindebeamten an und vertritt die Gemeinde nach außen. Zur Gültigkeit von Urkunden und Vollmachten ist Anführung des betr. Gemeindebeschlusses und der etwa erforderlichen Genehmigung oder Entschließung der Aufsichtsbehörde, Unterschrift des Gemeindevorstehers und eines Schöffen und Gemeindesiegel nötig. Eine solche Vollmacht steht der gerichtlichen oder Notariatsvollmacht gleich (§ 88). Über die Stellung des Gemeindevorstandes zur Gemeindeversammlung s. OVG. 37, 116.

§ 86 LGO. wiederholt nunmehr auch für die Provinz Posen den § 28 KrO. hinsichtlich der Pflicht des Gemeindevorstehers, für den Nießbrauch von Landdotationen, die der Gutsherr für die Verwaltung des Schulzenamtes ausgewiesen hat, auch ferner die Geschäfte des Gutsherrn wahrzunehmen.

Die aus dem Gemeindevorstand und den Schöffen bestehenden Dorfgerichte (§ 79 ALR. II 7) sind zuständig für die Sicherung von Nachlässen, für Taxen, öffentliche Versteigerungen und Verpachtungen, Art. 104—110, 119, 126 PrG. über freiwillige Gerichtsbarkeit 21. 9. 99 GS. 249. Dazu Anw. über Verfahren und Gebühren 20. 12. 99 JMBl. 806.

Aufhebung der mit dem Besitze gewisser Grundstücke verbundenen Berechtigung und Verpflichtung zur Verwaltung des Schulzenamtes. (7. Abschnitt.)

Durch die §§ 36—45 der KrO. 13. 12. 72/19. 3. 81 wurde schon das Erbschulzenamt beseitigt; die LGO. 3. 7. 91 hat dies in den §§ 92 bis 101 wiederholt s. auch RundVerf. und Instr. 20. 9. 73, MBl. 258 zur Ausführung der drei ersten Abschnitte des 2. Titels der KrO.

Besoldete Gemeindebeamte, deren Gehälter und Pensionen. (9. Abschnitt.)

Die §§ 117, 118 regeln die Befugnis der Landgemeinden, die Anstellung besoldeter Gemeindebeamten für einzelne Dienstzweige oder Dienstverrichtungen zu beschließen. Die Festsetzung der Gehalts- und Dienstbezüge ist nötigenfalls der Beschlußfassung des KrAussch. unterstellt; sie kann auch ortsstatutarisch geregelt werden. Kommt, trotz vorhandenen Bedürfnisses eine statutarische Regelung nicht zustande, so kann auf Antrag der Aufsichtsbehörde der KrAussch. beschließen, daß für die Anstellung, Pensionierung und Reliktenversorgung die für städtische Beamte geltenden Grundsätze maßgebend sind (§ 18 ff. KBG. 30. 7. 99, GS. 141). Der KrAussch. entscheidet auch, vorbehaltlich des Verwaltungsstreitverfahrens unter den Beteiligten, darüber, welcher Teil des Diensteinkommens bei Feststellung der Pensionsansprüche als Gehalt anzusehen ist. Über die Dienstvergehen der Gemeindeorgane und Beamten s. Titel V.

Gemeindehaushalt. (10. Abschnitt.)

Über alle voranschlagsfähigen Einnahmen und Ausnahmen entwirft der Gemeindevorsteher (Gemeindevorstand) für das Rechnungsjahr oder eine von der Gemeindeversammlung (Vertretung) festzusetzende, höchstens dreijährige Rechnungsperiode einen Voranschlag, welcher, nachdem er zwei Wochen lang ausgelegen hat, vor Beginn des neuen Rechnungsjahres durch die Gemeindeversammlung (Vertretung) festgestellt werden muß. Der KrAussch. erhält eine Abschrift des festgesetzten Voranschlages. Außerordentliche, sowie besonderer Beschlußfassung vorbehaltene Ausgaben und Etatsüberschreitungen bedürfen vorheriger Genehmigung der Gemeindeversammlung (Vertretung).

Ausnahmsweiser Erlaß der Festsetzung des Voranschlags durch den KrAussch. ist zulässig § 119. Gemeinderechnungen und Revision § 120. Der KrAussch. beschließt vorbehaltlich des ordentlichen Rechtsweges endgültig an Stelle der Aufsichtsbehörde über Feststellung und Ersatz der bei Kassen und anderen Verwaltungen der Landgemeinden vorkommenden Defekte gemäß V. 24. 11. 44 und beschließt ferner über die Art der gerichtlichen Zwangsvollstreckung gegen Landgemeinden wegen Geldforderungen (§ 121 LGO., § 15 zu 3 EinfG. zu ZPO. 17. 5. 98). — Über Zwangetatisierung s. Titel V.

III. Titel. Selbständige Gutsbezirke.

Der Gutsbesitzer ist für den Bereich des selbständigen Gutsbezirks (s. über den Begriff OVG. 20, 176; 47, 136, PrVBl. 28, 670) zu den den Gemeinden im öffentlichen Interesse gesetzlich obliegenden Pflichten und Leistungen verbunden (§ 122). Er kann sich weder durch Parzellierungen noch durch Unterverteilung der Ortskommunallasten auf die Gutsinsassen seiner Verpflichtung entziehen (OVG. 16, 246; ME. 31. 1. 75, 21. 11. 75 und 9. 4. 78, MBl. 76, 14 u. 76 und MBl. 78, 78). Kreisabgaben werden auf die innerhalb des Gutsbezirks wohnenden Kreisangehörigen gelegt. Über Kriegsleistungen, Quartier- und Naturalleistungen im Frieden s. § 6 RG. 13. 6. 73, § 5 RG. 25. 6. 68, § 8 RG. 13. 2. 75 in der Fassung vom 24. 5. 98. Vgl. auch § 8 ff. AusfG. 8. 3. 71 zum Unterstützungs-Wohnsitzgesetz. Ferner § 28 Preuß. Seuchengesetz vom 28. 8. 05; § 46 Schulunterhaltungsgesetz 28. 7. 06.

Der Gutsbesitzer übt die entsprechenden obrigkeitlichen Befugnisse eines Gemeindevorstehers (§§ 90, 91) aus und bedarf in der Eigenschaft als

Gutsvorsteher ebenso wie sein Stellvertreter der Bestätigung durch den Landrat, die nur mit Genehmigung des KrAussch. versagt werden kann. Mit der Vereidigung kann auch der Amtsvorsteher beauftragt werden (§§ 123, 125).

Über die Ernennung eines Stellvertreters des Gutsvorstehers durch den Landrat s. §§ 124—126, 127.

Verheiratete Frauen werden durch den Ehemann, unter väterlicher Gewalt stehende Kinder durch den Vater, Minderjährige durch den Vormund vertreten[1]). Auch die Übertragung der Geschäfte des Gutsvorstehers an den Vorsteher einer benachbarten Gemeinde kann ganz oder teilweise stattfinden (§ 123).

IV. Titel. Verbindung nachbarlich belegener Gemeinden und selbständiger Gutsbezirke behufs gemeinsamer Wahrnehmung kommunaler Angelegenheiten.

Die Bildung von Gemeinde- oder Zweckverbänden kann zur Wahrnehmung einzelner kommunaler Angelegenheiten nach Anhörung der beteiligten Gemeinden und Gutsbesitzer unter tunlichster Rücksichtnahme auf die sonst bestehenden Verbände (Amtsbezirke, Kirchspiele, Schul- und Wegebau-, Armenverbände, vgl. ZG. § 139, KrankenversG. 10. 4. 92, § 13) durch Beschluß des KrAussch. erfolgen, wenn die Beteiligten einverstanden sind. Im öffentlichen Interesse, welches hier im Gegensatz zu der zwangsweisen Konstituierung von Gemeinden dem freien Ermessen unterliegt, können diese Organisationen auch durch den Oberpräsidenten erfolgen, wenn der KrAussch. das mangelnde Einverständnis der Beteiligten durch Beschluß ersetzt (§§ 128, 129). Die Gemeindearmenverbände, denen die öffentliche Armenpflege obliegt, bilden Gesamtarmenverbände im Sinne des § 12 G. 8. 3. 71 (GS. 130) (§ 131). Die nicht mit öffentlichem Korporationsrecht ausgestatteten Zweckverbände sind nur „Sozietäten von Einzelgemeinden und Gutsbezirken" (§ 129). Die gemeinsamen Ausgaben werden, wenn es nicht anders beschlossen wird (§ 130, von den Einzelkommunen gemäß § 59 Abs. 1 Satz 2 KAG. aufgebracht (§ 137). In jedem Falle sind die Rechtsverhältnisse durch ein der Genehmigung des KrAussch. unterliegendes Statut zu ordnen (§§ 132, 137), Verbandsvorsteher § 136, Verbandsausschuß § 137, Vereinigung von Stadtgemeinden mit Landgemeinden oder Gutsbezirken zu Gemeindeverbänden § 138.

V. Titel. Aufsicht des Staates.

Soweit nicht schon die staatliche Aufsicht in der sonst angeordneten Mitwirkung des KrAussch. und durch das Verwaltungsstreitverfahren gegeben ist, wird sie vom Landrate und in letzter Instanz vom Regierungspräsidenten geübt. Die Beschwerdefrist beträgt in allen Instanzen zwei Wochen (§ 139). Aus eigenem Antriebe und auf Anweisung der Aufsichtsbehörde hat der Gemeinde- oder Verbandsvorsteher Beschlüsse der

[1]) Steht der minderjährige Gutsbesitzer unter der elterlichen Gewalt der Mutter oder unter Vormundschaft einer Frau, so muß ein Vertreter nach § 124 bestellt werden.

Gemeindeversammlung, Gemeindevertretung oder Gemeindeverbände, welche deren Befugnisse überschreiten oder die Gesetze verletzen, zu beanstanden, wogegen die Klage im Verwaltungsstreitverfahren statthat (§ 140). Die Zwangsetatisierung durch Verfügung des Landrats setzt voraus, daß eine Landgemeinde, ein Gutsbezirk oder Gemeindeverband eine ihnen gesetzlich obliegende, von der zuständigen Behörde festgestellte Leistung nicht auf den Voranschlag bringt oder eine so festgestellte außerordentliche Ausgabe nicht genehmigt (vgl. OVG. 46, 11). (Feststellung und Anordnung dürfen also nicht verbunden werden. MV. 30. 12. 90, MBl. 91, 6.) Gegen die Verfügung Klage beim BzAussch. (§ 141), die aufschiebende Wirkung hat (vgl. aber § 53 LVG., OVG. 46, 14). Über die Anordnung der Aufnahme wiederkehrender Leistungen in mehrere oder alle künftigen Etats s. OVG. 30, 142. Wird eine Gemeindevertretung durch Königliche Verordnung aufgelöst, so beschließt an deren Stelle bis zur Einführung der neu gewählten Gemeindeverordneten der KrAussch. Die Neuwahl muß binnen sechs Wochen von der Auflösungsverordnung an stattfinden (§ 142). Bezüglich der Dienstvergehen der Gemeinde-, Guts-, Verbandsvorsteher und Schöffen, sowie der sonstigen Beamten bleiben § 157 Nr. 2 LVG. und G. 21. 7. 52 mit folgender Maßgabe in Kraft. Die Befugnis, Ordnungsstrafen zu verfügen, steht innerhalb ihres Ordnungsstrafrechtes dem Landrat und dem Regierungspräsidenten zu, an welchen binnen zweier Wochen die Beschwerde gegen die Strafverfügungen des Landrats geht. Gegen die Strafverfügungen des Regierungspräsidenten geht die Beschwerde in gleicher Frist an den Oberpräsidenten. Gegen den in letzter Instanz ergehenden Beschluß des Regierungs- oder Oberpräsidenten Klage beim OVG. Das Verfahren auf Dienstentsetzung und über die Tatsache der Dienstunfähigkeit wird vom Landrate oder Regierungspräsidenten eingeleitet. An die Stelle der Bezirksregierung als Disziplinarbehörde tritt der KrAussch.; an die Stelle des Staatsministeriums das OVG. (§ 143).

Für das Verwaltungsstreitverfahren können die Gemeindeversammlung, die Gemeindevertretung, der Gemeindevorsteher und der Gemeindeverband einen besonderen Vertreter bestellen. In erster Instanz ist der KrAussch. zuständig, sofern nicht im einzelnen anders bestimmt ist. Klagefrist zwei Wochen (§ 144).

Gehört einem Gemeindeverbande eine Stadtgemeinde an, so tritt gemäß ZG. an die Stelle des Landrats als Aufsichtsbehörde der Regierungspräsident und als Beschlußbehörde an Stelle des KrAussch. der BzAussch. (§ 145).

VI. Titel. Ausführungs- und Übergangsbestimmungen.

§ 146 s. o. Tit. II, Abschn. I. § 147 enthält Übergangsbestimmungen hinsichtlich des Fortbestehens älterer Rechtsnormen innerhalb des dem Statutarrechte überlassenen Gebiets. —

Durch G. 4. 7. 92 GS. 142 ist die LGO. in Schleswig-Holstein besonders eingeführt worden. Die LGO. für die Prov. Hessen-Nassau datiert v. 4. 8. 97 GS. 301. Die Hohenzollernsche Gemeindeordnung v. 3. 7. 00 GS. 189. In der Rheinprovinz gilt die Gemeindeordnung

v. 23. 7. 45 GS. 523; in Westfalen die Landgemeindeordnung 19. 3. 56 GS. 265; in Hannover die Landgemeindeordnung 28. 4. 59 Hannov. GS. 393 u. 409.

III. Kreise und Provinzen.

A. Die Kreisordnung 13. 12. 72, mit dem Abänderungsgesetz 19. 3. 81, unter letzterem Datum in neuer Fassung veröffentlicht GS. 179 ff. Durch § 146 LGO. sind die §§ 22—45 und 53 KrO. aufgehoben worden, die §§ 51, 51a und 55a Abs. 2 aber ausdrücklich aufrecht erhalten. Über die durch das Kreis- und Provinzialabgabengesetz vom 23. 4. 06 (K. u. Pr. AG.) eingetretenen Abänderungen s. unten S. 342 ff., 347.

Die KO. war zuerst nur für die östlichen Provinzen (mit Ausnahme von Posen) erlassen; inzwischen ist sie, immer nebst den anderen Selbstverwaltungsgesetzen, auf die übrigen Provinzen (außer Posen) mit geringen Abänderungen übertragen worden; KrO. für Hannover 6. 5. 84 GS. 181, für Hessen-Nassau 7. 6. 85 GS. 193, für Westfalen 31. 7. 86 GS. 217, 1887, 10, für die Rheinprovinz 30. 5. 87 GS. 209, für Schleswig-Holstein 26. 5. 88 GS. 139; Hohenzollern 2. 4. 73 dazu G. 2. 7. 00 GS. 189; in Posen gilt KrO. 20. 12. 28 GS. 29, 3, geändert durch G. 19. 5. 89 GS. 108 und 4. 8. 04 GS. 241, dazu MV. 4. 10. 04 MBl. 238.

Titel 1. Grundlagen der Kreisverfassung.

Jeder Kreis bildet einen Verwaltungsbezirk (§ 1) und einen Kommunalverband zur Selbstverwaltung seiner Angelegenheiten mit den Rechten einer Korporation (§ 2) und ist zum Erlasse statutarischer Anordnungen und Reglements befugt (§§ 20, 176).

Die s. g. großen Städte, d. h. diejenigen, welche mit Ausschluß der aktiven Militärpersonen mindestens 25 000 Einwohner haben, können einen eigenen Kreisverband (Stadtkreis) bilden; durch Königl. Verordnung kann ihnen dies auch bei geringerer Einwohnerzahl gestattet werden. Über die Auseinandersetzung beschließt der BzAussch. (ZG. § 2). Kreisangehöriger ist, abgesehen von Militärpersonen, wer im Kreise einen Wohnsitz hat; er ist berechtigt, an der Verwaltung und den Einrichtungen und Anstalten des Kreises teilzunehmen, und verpflichtet, die Kreisabgaben aufzubringen und unbesoldete Ämter in der Verwaltung und Vertretung des Kreises zu übernehmen (§§ 6 ff.).

Die Bestimmungen der §§ 9—19 KrO., welche von der Heranziehung der Kreisangehörigen zu den Abgaben handelt, ist durch das Kreis- und Provinzialabgabengesetz v. 23. 4. 06 GS. 159 ersetzt worden. Das Gesetz gelangt unten S. 342 ff., 347 im Zusammenhang zur Darstellung.

Titel 2. Gliederung und Ämter des Kreises. Dazu Instruktion 20. 9. und 18. 6. 73 MBl. 259, 153.

Die Stadtkreise haben eine weitere Gliederung nicht. Die Landkreise zerfallen in Amtsbezirke und Stadtbezirke Die Amtsbezirke werden aus einer oder mehreren Landgemeinden (oder Gutsbezirken) gebildet. An der Spitze der Verwaltung steht für den Kreis der Landrat, für den Amtsbezirk der **Amtsvorsteher**, für die Landgemeinde der **Gemeindevorsteher**, für den Gutsbezirk (hierüber siehe oben LGO. III. Titel S. 335) der **Gutsvorsteher** (§ 21).

Neben dem Amtsvorsteher steht der **Amtsausschuß** (§ 50). Er setzt sich bei Amtsbezirken, welche aus mehreren Gemeinden (Gutsbezirken) bestehen, aus Vertretern der letzteren zusammen; bei Amtsbezirken, die nur eine Gemeinde umfassen, nimmt die Gemeindeversammlung (Vertretung) die Geschäfte des Amtsausschusses wahr; bei denen, welche nur aus einem Gutsbezirke bestehen, fällt er weg (§ 51). Dem Amtsausschusse steht namentlich zu: die Bewilligung und Kontrolle der Ausgaben der Amtsverwaltung und die Beschlußfassung über die vom Amtsvorsteher zu erlassenden Polizeiverordnungen (§ 52). Versagt der Amtsausschuß die Zustimmung zu letzteren, so kann sie durch endgültigen Beschluß des KrAussch. ergänzt werden (§ 62). — Zur Erteilung der Genehmigung von Beschlüssen des Amtsausschusses betr. die Festsetzung von Gebühren für die Genehmigung und Beaufsichtigung von Neubauten usw. (§§ 6, 7, 8, KAG.) ist der KrAussch. zuständig (§§ 77, 1 KAG. MV. 2. 1. 95, MBl. 17).

In den zusammengesetzten Amtsbezirken werden die Amtsabgaben (für die Kosten der Verwaltung usw.) nach dem für die Kreisabgaben geltenden Maßstabe unter die zugehörigen Gemeinden und Gutsbezirke verteilt (§ 70). Auf Beschwerden gegen diese Heranziehung und Veranlagung beschließt der Amtsausschuß. Die Beschwerden sind binnen 2 Monaten nach Bekanntmachung der Abgabebeiträge bei dem Amtsvorsteher anzubringen. Gegen den Beschluß des Amtsausschusses findet binnen 2 Wochen Klage beim Kreisausschuß statt (§ 70a). In Gemeinden und Gutsbezirken, die einen Amtsbezirk für sich bilden, werden die Kosten gleich den übrigen Gemeindebedürfnissen aufgebracht. Solche Amtsbezirke erhalten die Staatsbeiträge, die nach § 70 den anderen gewährt werden, nicht (§ 71). Gegen Zwangsetatisierung (durch den Landrat) steht dem Amtsverbande binnen zwei Wochen Klage beim BzAussch. zu (§ 72). — Zu den Amtsverwaltungskosten gehört die Polizeilast nicht; diese ist nach wie vor von den Gemeinden und Gutsbezirken zu tragen (OVG. 17, 75).

Der Amtsvorsteher wird auf Vorschlag des Kreistags vom Oberpräsidenten auf 6 Jahre ernannt; aber da, wo der Amtsbezirk nur aus einer Gemeinde (Gutsbezirk) besteht, ist der Gemeinde- (Guts-) Vorsteher zugleich Amtsvorsteher (§ 56). Für jeden Amtsvorsteher wird in gleicher Weise ein Stellvertreter ernannt; in dem letztgedachten Falle ist dies einer der Schöffen (§ 57). Ist keine geeignete Persönlichkeit zu ermitteln und eine Stellvertretung nicht einzurichten, so bestellt der Oberpräsident auf Vorschlag des KrAussch. einen „kommissarischen Amtsvorsteher“ (§ 58). Der Amtsvorsteher verwaltet die öffentlichen Angelegenheiten des Amtsbezirkes, insbesondere die **Polizei** (§ 59); er hat das Recht der vorläufigen Straffestsetzung (§ 63) nach dem G. 23. 4. 83 GS. 65 (s. unten Absch. VIII).

Der **Landrat** wird vom Könige ernannt. Geeignet zur Bekleidung der Stelle eines Landrates sind diejenigen Personen, welche

1. die Befähigung zum höheren Verwaltungsdienst oder zum höheren Justizdienst erlangt haben oder

2. dem Kreise seit mindestens einem Jahre durch Grundbesitz oder Wohnsitz angehören und zugleich mindestens während eines vierjährigen Zeitraumes entweder

a) als Referendar im Vorbereitungsdienst bei den Gerichten und Verwaltungsbehörden oder

b) in Selbstverwaltungskörpern des betreffenden Kreises, des Bezirkes oder der Provinz — jedoch nicht lediglich als Stellvertreter oder als Mitglieder von Kreiskommissionen — tätig gewesen sind.

Zu seiner Stellvertretung werden vom Kreistage 2 vom Oberpräsidenten zu bestätigende Kreisdeputierte auf 6 Jahre gewählt (§ 75). Der Landrat führt als Organ der Staatsregierung die Geschäfte der allgemeinen Landesverwaltung im Kreise, überwacht namentlich auch die ganze Polizeiverwaltung und zwar auch diejenigen Städte, in denen gemäß § 7 ZG. die Kommunalaufsicht vom Regierungspräsidenten geführt wird (ME. 15. 3. 74, MBl. 103); zugleich leitet er als Vorsitzender des Kreistages und KrAussch. die Kommunalverwaltung des Kreises (§§ 76 f.). Vgl. LVO. §§ 139, 143. Wegen der Vertretung des Landrats s. § 75 und § 136 Abs. 2 (Vorsitz im Kreisausschuß).

Titel 3. Vertretung und Verwaltung des Kreises.

a) Kreistag. Bezüglich der ergangenen AusfV., betr. die Zusammensetzung des Kreistages (zuletzt 2. 5. 88, MBl. 103) vgl. OVG. 19, 1. Der Kreistag besteht aus mindestens 25 Mitgliedern. Sie werden durch 3 Wahlverbände gewählt: den der größeren Grundbesitzer (die von ihrem im Kreise belegenen ländlichen Grundeigentum mindestens 225 Mk. Grund- und Gebäudesteuer zahlen, ferner die Gewerbetreibenden und Bergwerksbesitzer, die in Klasse I und II zu mindestens 300 Mk. Gewerbesteuer veranlagt sind), der Landgemeinden und der Städte Die Zahl der städtischen Abgeordneten wird nach dem Verhältnis der durch die letzte allgemeine Volkszählung festgestellten städtischen und ländlichen Bevölkerung bestimmt; sie darf die Hälfte, und da, wo nur eine Stadt vorhanden, ein Drittel der Gesamtzahl aller Abgeordneten nicht übersteigen. Von der nach Abzug der städtischen Abgeordneten übrig bleibenden Zahl der Kreistagsabgeordneten erhalten die Verbände der größeren Grundbesitzer und der Landgemeinden ein jeder die Hälfte (§§ 84—114). OVG. 26, 10. Für die Kreise Teltow und Niederbarnim ist durch G. 6. 6. 00 GS. 147 eine besondere Regelung eingeführt; danach muß bei den Großgrundbesitzern mindestens die Hälfte des Mindestsatzes auf die Grundsteuer entfallen; Orte über 6000 Einwohner gelten als Städte.

Der Kreistag hat insbesondere statutarische oder reglementarische Anordnungen, Ausgaben und Anleihen oder Vermögensverwendungen sowie Abgaben zur Deckung der Ausgaben zu beschließen, den Kreishaushaltsetat festzustellen und wegen der Jahresrechnung Entlastung zu erteilen, die Zahl und Besoldung der Kreisbeamten, für die § 23 KBG. 30. 6. 99 GS. 141 nähere Bestimmungen trifft, s. oben S. 290, 335, zu bestimmen, die Wahlen zum Kreisausschusse zu vollziehen (§ 116). Bezüglich der Anleihen s. oben S. 287.

b) Kreisausschuß. Er ist Kommunalverwaltungsbehörde, indem er die wirtschaftlichen Angelegenheiten des Kreises besorgt, aber er hat auch Geschäfte der allgemeinen Landesverwaltung wahrzunehmen (§ 130). Er besteht aus dem Landrate als Vorsitzenden und 6 von dem Kreistage auf 6 Jahre gewählten Mitgliedern (§§ 131—133). Er hat die Beschlüsse des Kreistages vorzubereiten und auszuführen, die Kreisangelegenheiten demgemäß zu verwalten, die Beamten des Kreises zu ernennen und zu beaufsichtigen (§§ 134, 3 § 68, das Ordnungsstrafrecht steht auch dem Landrate zu), die ihm durch Gesetze aufgetragenen Geschäfte der allgemeinen Landesverwaltung zu führen (§ 134). Der Landrat leitet und beaufsichtigt den Geschäftsgang, führt die laufenden Geschäfte der Verwaltung und vertritt den KrAussch. nach außen (§§ 136 f.). Zur Beschlußfähigkeit genügt die Anwesenheit dreier Mitglieder mit Einschluß des Vorsitzenden (§ 138). Die Mitglieder des KrAussch. können an den Sitzungen des Kreistages mit beratender Stimme teilnehmen (§ 123).

Titel 4. Stadtkreise.

In Stadtkreisen werden die Geschäfte des Kreistages und des Kreisausschusses, diese, soweit sie sich auf die Verwaltung der Kreiskommunalangelegenheiten beziehen (sonst tritt der Stadtausschuß ein), von den städtischen Behörden nach den Vorschriften der Städteordnung wahrgenommen. Der Tit. 1 Abschn. 2, Tit. 2 und 3 finden also auf sie keine Anwendung (§ 169). Über die Bildung des Stadtausschusses s. §§ 37 f. LVG.

Titel 5. Oberaufsicht über die Kreisverwaltung.

Gewisse wichtige Beschlüsse des Kreistages bedürfen der Bestätigung des BzAussch. (Veräußerung von Immobilien, Aufnahme von Anleihen) oder des Ministers des Innern oder des Landesherrn (§ 176 Ziff. 1 und 4—6). Vgl. ferner Kr. u. PrAG. § 19. — Die Aufsicht über die Landkreise führt der Regierungspräsident und in letzter Instanz der Oberpräsident, unbeschadet der in den Gesetzen geordneten Mitwirkung des BzAussch. und des Provinzialrates. Zwangsetatisieren kann der Regierungspräsident gegen Kreise ebenso wie gegen Städte (§ 180; StO. § 78 oben S. 300).

B. Die Kreisabgaben.

Das Kreisabgabenwesen ist durch das Kreis- und Provinzialabgabengesetz vom 23. April 1906 GS. 159 auf eine neue Grundlage gestellt worden. Nach dem bisherigen Recht hatte der Kreis lediglich das Recht, direkte Steuern und als indirekte Steuer eine Hundesteuer zu erheben. Dagegen fehlte es an dem Rechte der Erhebung öffentlichrechtlicher Gebühren und Beiträge, und es durften keine besonderen Realsteuern erhoben werden. Was die Grundlage der bisherigen direkten Steuern anbelangt, so beruhte das Steuerrecht auf der Individualbesteuerung einerseits der Kreisangehörigen, andererseits der Kreisforensen, Erwerbsgesellschaften und juristischen Personen, die in § 14 KrO. aufgeführt sind. Diese Gruppen der Zensiten wurden mit Zuschlägen zu den Staats- und staatlich veranlagten Steuern herangezogen, und zwar, was die Einkommensteuer anbelangt, die erste Gruppe in der Wohnsitzgemeinde, die zweite in den Gemeinden, in denen die Einkommenteile gewonnen werden (OVG. 1, 71; 7, 86). Die hiernach für die einzelnen Gemeinden festgestellten Kontingente wurden ihnen zur Unterverteilung auf die Steuerpflichtigen, Einziehung und Abführung an den Kreis überwiesen. Selbst wenn die Gemeinde die Übernahme des Kreissteuersolls auf den Haushaltsetat beschlossen und demgemäß dem Kreise gegenüber die Abgabenpflicht unmittelbar übernommen hatte, trat sie damit noch nicht an die Stelle der zu ihr gehörigen Kreisabgabenpflichtigen als alleinige Zensitin, vielmehr blieben die ihr angehörigen Kreisabgabenpflichtigen die eigentlichen Pflichtigen (OVG. 4, 55; 39, 23). Dagegen beruht das Kr. u. PrAG. auf dem Grundsatze, daß steuerpflichtig dem Kreise gegenüber nicht die Kreisangehörigen, sondern die Gemeinden und Gutsbezirke sind.

a) Allgemeines. Nach dem Kr. u. PrAG. sind die Kreise berechtigt, zur Deckung ihrer Ausgaben, Gebühren und Beiträge indirekte und direkte Steuern zu erheben. Hinsichtlich der Chausseegelder und anderer Verkehrabgaben, der Jagdscheinabgaben, der Kosten im Verwaltungsstreit- und Beschlußverfahren sowie hinsichtlich der Erhebung der Betriebs-, der Wanderlager und der Warenhaussteuer für Rechnung der Kreise bewendet es bei den bestehenden Bestimmungen (§ 1). Die Steuern haben wie nach dem KAG. auch hier den Charakter der Subsidiarität. Sie dürfen, abgesehen von der polizeilichen Interessen dienenden Hundesteuer, nur erhoben werden, soweit die sonstigen Einnahmen insbesondere aus dem Kreisvermögen, aus Gebühren, Beiträgen und aus den den Kreisen vom Staate oder von Bezirks- oder Provinzialverbänden überwiesenen Mitteln zur Deckung ihrer Ausgaben nicht ausreichen (§ 2 Abs. 1). Unter den Steuern wiederum sind die direkten Steuern erst in zweiter Linie zu erheben, soweit nach Abzug des Aufkommens der indirekten Steuern noch ein Bedarf übrig bleibt. Hinsichtlich der Verwaltung gewerblicher Unternehmungen der Kreise hat das Gesetz den gleichen Grundsatz wie § 3 KAG. (Rentabilität) aufgenommen. Das Rechnungsjahr für den Kreishaushalt ist allgemein auf den 1. April bis 31. März festgesetzt.

b) Gebühren und Beiträge. Für die Benutzung der von den Kreisen im öffentlichen Interesse unterhaltenen Veranstaltungen (Anlagen, Anstalten, Einrichtungen) können nach festen Normen und Sätzen im voraus bestimmte Gebühren erhoben werden, die auch nach der Leistungsfähigkeit bis zur gänzlichen Freilassung abgestuft sein können (§ 4). Die Gebühren sind nur Benutzungsgebühren. Verwaltungsgebühren für die Inanspruchnahme von Amtshandlungen der Kreisorgane, wie nach § 6 KAG., sind nicht zulässig. Die Beitragserhebung ist ähnlich wie § 9 KAG. geregelt (§ 5). Sowohl für Gebühren und Beiträge besteht aber die Abweichung vom KAG., daß ein Zwang zu ihrer Erhebung nicht stattfindet. Die Beiträge können auch in Naturalleistungen (z. B. Wegebaumaterialien) bestehen, die nach bestimmten vom Kreistage festzustellenden Grundsätzen erhoben werden. Über die Erhebung von Gebühren und Beiträgen beschließt der Kreistag. Die Erhebung von Beiträgen, nicht aber von Gebühren bedarf der Genehmigung des Bezirksausschusses (§ 19 Ziff. 1).

c) Indirekte Steuern. Der Kreistag kann beschließen, mittels Erlasses von Steuerordnungen indirekte Steuern zu legen 1. auf den Erwerb von Grundstücken und diesen gleichstehenden Rechten (z. B. Erbbaurecht, Bergwerkseigentum, mit dem Eigentum an dem Grundstücke verbundenen Apothekenkonzession PrVBl. 27, 627) (Umsatzsteuer). Freizulassen ist der Übergang durch Erbgang oder im Wege des Überlassungsvertrages zwischen Verwandten auf- und absteigender Linie. 2. Auf die Erlangung der Erlaubnis zum ständigen Betriebe der Gastwirtschaft, Schankwirtschaft oder des Kleinhandels mit Branntwein oder Spiritus (Schankkonzessionssteuer). 3. Auf das Halten von Hunden. (Vgl. hierzu AusfBest. 29. 9. 06 MBl. 277. Anlage 1, 2, 3 [Mustersteuerordnungen], ferner MB. 28. 07 MBl. 91 MB. 12. 3. 07 MBl. 119 (OVG. 6. 1. 10 MBl. 74) [Schankkonzessionssteuer]. Eine Abstufung der indirekten Steuer insbesondere nach Kreisteilen, nicht aber deren völlige Freilassung ist zulässig. Die Steuerordnungen müssen vom Kreistag erlassen werden. Übertragung auf den Kreisausschuß ist nicht zulässig. Sie dürfen sich keine rückwirkende Kraft beilegen. Ihre Veröffentlichung ist nicht gesetzliches Erfordernis, aber ministeriell vorgeschrieben (AusfAnw. C 1 Abs. 2). Die Veranlagung der indirekten Steuer erfolgt durch den Kreisausschuß. Über die Rechtsmittel gegen die Heranziehung auf die Nachforderung, Verjährung und Beitreibung, auf die Mitwirkung der Gemeinden und Gutsbezirke und auf die Strafen beziehen sich §§ 16 und 17 KAG.

d) Direkte Steuern. Die einzigen Zensiten der direkten Kreissteuern sind die Gemeinden und Gutsbezirke. Die Beilegung der Eigenschaft von Gemeinden an die Gutsbezirke enthält eine Ausnahme von dem sonstigen Recht. Eine direkte Heranziehung anderer juristischer und physischer Personen ohne Vermittelung der Gemeindebesteuerung erfolgt nach § 7 Abs. 6 bei den Personen, die nicht Gemeinde, wohl aber kreissteuerpflichtig sind (Mitglieder des königlichen und Hohenzollernschen Hauses, Standesherrn und hinsichtlich des Ansiedlungsfiskus. Eine unterschiedliche Behandlung der Gemeinden- und Gutsbezirke findet aber darin statt, daß in den Gutsbezirken auch die Unterverteilung der Steuern auf die Bezirksangehörigen vorgenommen wird (durch den KrAussch. §§ 13, 14). Während in den Gemeinden die Unterverteilung lediglich den Gemeinden überlassen ist (§ 12). Eine Veranlagung durch den Kreisausschuß findet aber auch in den Gemeinden statt, soweit eine Steuerart in einer Gemeinde nicht zu den Gemeindeabgaben herangezogen wird und bei der unten zu besprechenden Grundwertsteuer (§ 7 Abs. 4, § 8).

Der Bedarf an direkten Steuern wird nach Abzug der oben erwähnten unmittelbar aufzubringenden Steuer (§ 7 Abs. 6) auf die Gemeinden- und Gutsbezirke verteilt (Kontingente) (§ 11). Als Maßstab für die Verteilung der Kreissteuern auf die Verbände dient das Soll der Einkommensteuer und der vom Staate veranlagten Realsteuer einschließlich der Betriebssteuer, wie es der Gemeindebesteuerung zugrunde zu legen ist. Auch wo besondere Steuern in der Gemeinde erhoben werden, wird nicht das Soll dieser, sondern das Soll der staatlich veranlagten Steuern zugrunde gelegt. Maßgebend für die Verteilung ist das Steuersoll des dem jedesmaligen Etatsjahre vorangegangenen Rechnungsjahres nach dem Stande des ersten Januar und zwar unter Berücksichtigung der bis zu diesem Zeitpunkt endgültig eingetretenen Berichtigungen und Veränderungen. Steuerbeträge, die erst nach dem ersten Januar für das Rechnungsjahr veranlagt werden, obwohl die Steuerpflicht schon vor diesem Zeitpunkt begonnen hatte, werden dem Steuersoll des nächsten Rechnungsjahres hinzugerechnet; Steuerbeträge, welche für Vorjahre veranlagt worden sind, werden dem Steuersoll des Jahres, in dem die Veranlagung erfolgt ist, oder dem des nächsten Rechnungsjahres hinzugerechnet, je nachdem die Veranlagung vor oder nach dem ersten Januar erfolgt ist (§ 7 Abs. 5). Ein Hilfsmittel gegen Schädigungen der Gemeinden oder Gutsbezirke durch Ausfälle gibt § 15 (Erstattung des Mehrbetrages des Ausfalls als 10 % durch den Kreis).

Die Verteilung des durch die Grund- und Gebäudesteuer aufzubringenden Teiles des Kreissteuerbedarfs kann auch dadurch ersetzt werden, daß der Kreis eine Grundwertsteuer erhebt (§ 8). Diese Grundwertsteuer kann sich auf den gemeinen Wert oder den Ertragswert stützen. Für land- und forstwirtschaftlich dauernd benutzte Grundstücke soll in der Regel der Reinertrag zugrunde gelegt werden, den die Grundstücke nach ihrer bisherigen wirtschaftlichen Bestimmung bei ordnungsmäßiger Bewirtschaftung nachhaltig gewähren. Über die Erhebung der Grundwertsteuer beschließt der Kreistag mittels Erlasses einer Steuerordnung. Die Steuer wird vom Kreisausschuß veranlagt (Hierzu AusfAnw. D. 2).

e) Verteilung des Steuerbedarfs auf die Steuerarten. Hierfür bestimmt § 9, daß die Realsteuer in der Regel mit dem gleichen Prozentsatz wie die Einkommensteuer belastet werden soll. Das gemäß einer Grundwertsteuer zu erhebende Steuersoll ist nach der Steuersumme zu bemessen, mit der die Grund- und Gebäudesteuer im Kreise herangezogen werden darf.

Kommt eine Veranstaltung nicht allen Kreisteilen in gleichem Maße zugute, so kann eine Mehr- oder Minderbelastung der Kreisteile bei der Verteilung des direkten Steuerbedarfs erfolgen (§ 10).

f) Rechtsmittel. Ein Einspruch gegen die Veranlagung durch den Kreis kommt in Betracht a) bei den nach § 7 Abs. 6 besonders zu veranlagenden Personen, b) bei der Heranziehung zur Kreissteuer in den Gutsbezirken (§ 14). Gegen die Verteilung der Kreissteuern steht nur den Gemeinden und den Gutsbezirken der Einspruch zu. Durch ihn kann aber die Veranlagung der einzelnen Steuerbeträge nur angegriffen werden, soweit eine in der Gemeinde nicht erhobene Steuerart (§ 7 Abs. 4) oder die Grundwertsteuer vom Kreise veranlagt ist. Der Einspruch ist binnen 4 Wochen beim Kreisausschuß anzubringen; gegen den Beschluß findet binnen 2 Wochen die Klage beim Bezirksausschuß, dagegen Revision beim OVG. statt (§ 11).

Für die Nachforderung, Verjährung und Beitreibung von Kreisabgaben gelten §§ 87, 88, 90 KAG. Die Gemeinden- und Gutsbezirke sind zur Wahrnehmung örtlicher Geschäfte der Veranlagung und Erhebung von Kreisabgaben nach Anweisung des Kreisausschusses verpflichtet. Im übrigen finden §§ 62, 63 KAG. Anwendung (§ 16).

In den Steuerordnungen können Strafen wegen Zuwiderhandlungen bis zu 30 Mk. angedroht werden. Die Strafen werden durch den Kreisausschuß festgesetzt und im Verwaltungszwangsverfahren beigetrieben (§ 17).

Die Genehmigung des Bezirksausschusses ist für Beschlüsse des Kreistages nötig, die betreffen: 1. Die Erhebung von Beiträgen, 2. den Erlaß oder die Abänderung von Steuerordnungen über indirekte Kreissteuern, 3. die Heranziehung der einzelnen Steuerarten zu den direkten Steuern mit verschiedenen Prozentsätzen und die Vornahme einer Revision des Verteilungsmaßstabes vor Ablauf von 5 Jahren, 4. die ausschließliche Belastung und die Mehr- oder Minderbelastung einzelner Kreisteile, 5. die Erhebung direkter Kreissteuern in einem 50% des zugrunde liegenden Steuersolls übersteigenden Betrage, 6. Erlaß oder Abänderung von Grundwertsteuerordnungen. Wird die Genehmigung versagt, so geht die Beschwerde an den Provinzialrat (§ 19). Zu §§ 2 und 6 ist Zustimmung des Ministers des Innern und des Finanzministers nötig. Übertragung der Zustimmungsbefugnis auf die Oberpräsidenten ist zulässig (§ 20).

C. Die Provinzialordnung 29. 6. 75 mit dem AbänderungsG. 22. 3. 81, unter letzterem Datum in neuer Fassung veröffentlicht GS. 233.

Ursprünglich nur für die östlichen Provinzen, mit Ausnahme von Posen erlassen, ist sie inzwischen auch, mit geringen Abänderungen, auf die anderen Provinzen (außer Posen) übertragen worden, so auf Hannover (G. 7. 5. 84, GS. 243), auf Hessen-Nassau (G. 8. 6. 85 u. 16. 12. 87, GS. 242, 487), auf Westfalen (G. 1. 8. 86, GS. 254), auf die Rheinprovinz (G. 1. 6. 87, GS. 249), auf Schleswig-Holstein (G. 27. 5. 88, GS. 191), Hohenzollern (2. 7. 00, GS. 228). In Posen gilt das Gesetz wegen Anordnung der Provinzialstände 27. 3. 24 GS. 141 abgeändert durch das LVG. und das ZG. für die Provinz Posen vom 19. 5. 89 GS. 108 und des G. vom 4. 8. 04 GS. 241.

Titel 1. Grundlagen der Provinzialverfassung.

Die Provinz bildet einen mit Korporationsrechten ausgestatteten Kommunalverband zur Selbstverwaltung seiner Angelegenheiten (§ 1)[1]. Alle Angehörigen der zur Provinz gehörigen Kreise sind Provinzialangehörige und haben als solche das Recht an der Verwaltung und der Benutzung der Provinzialeinrichtungen teilzunehmen, dem die Pflicht zu den Provinziallasten beizutragen gegenübersteht (§ 5 f.). Die Provinzialverbände können statutarische Anordnungen und Reglements über besondere Einrichtungen des Verbandes erlassen (§ 8).

Titel 2. Vertretung und Verwaltung der Provinzialverbände.

Der Provinziallandtag besteht aus Abgeordneten der Land-

---

[1] § 2: „Die Haupt- und Residenzstadt Berlin scheidet aus dem Kommunalverbande der Provinz Brandenburg aus." Aber auch in Beziehung auf die Staatsverwaltung ist Berlin aus der Provinz ausgeschieden und bildet einen besonderen Verwaltungsbezirk, der die Eigenschaften eines Stadtkreises, eines Regierungsbezirks und einer Provinz in sich vereinigt (vgl. S. 257).

und Stadtkreise. Jeder Kreis wählt in der Regel mindestens 2; und zwar erfolgt die Wahl für die Landkreise durch die Kreistage, für die Stadtkreise durch Magistrat und Stadtverordnetenversammlung in gemeinsamer Sitzung. Die Dauer der Wahlperiode ist 6 Jahre (§§ 9—24).

Der Oberpräsident, als königl. Kommissarius, ladet die Mitglieder zu den Sessionen des Prov.-Landtages, der mindestens alle zwei Jahre einmal vom König berufen wird, ein. Er ist befugt, den Sitzungen beizuwohnen und in ihnen gehört zu werden. Auch die Mitglieder des Provinzialausschusses, der Landesdirektor und die ihm zugeordneten höheren Beamten können den Sitzungen mit beratender Stimme beiwohnen. Den Vorsitzenden wählt sich der Provinziallandtag selber (§§ 25—33).

Der Provinziallandtag beschließt über den Erlaß von Statuten und Reglements, über die Verwendung der der Provinz überwiesenen Fonds und ihres sonstigen Vermögens, über Aufnahme von Anleihen, über Ausschreibung von Provinzialgaben, Veräußerung von Immobilien, Feststellung des Haushaltsetats, Verwaltungsgrundsätze, Einrichtung von Provinzialämtern; er wählt den Landesdirektor und die ihm zugeordneten oberen Beamten (s. § 22 KBG. 30. 7. 99), sowie den Provinzialausschuß (§§ 34—44).

Der Provinzialausschuß verwaltet die Angelegenheiten des Provinzialverbandes; er hat die Beschlüsse des Provinziallandtages vorzubereiten und auszuführen, die Provinzialbeamten zu ernennen und zu beaufsichtigen. Zwei andere wichtige Befugnisse des Provinzialausschusses finden sich nicht in der neuen Fassung der ProvinzialO., sondern im LVG. (s. S. 255 ff.) §§ 10—12 und 28; es sind dies die Wahlen von Mitgliedern des Provinzialrates und des BzAussch. — Der Provinzialausschuß besteht aus 1 Vorsitzenden und 7—13 Mitgliedern — sämtlich auf 6 Jahre vom Provinziallandtage gewählt — und dem Landesdirektor (§§ 45—61).

Der Provinzialrat wird in der ProvinzialO. nur beiläufig (§ 100) erwähnt. Die Bestimmungen über ihn befinden sich im LVG., s. S. 254 ff.

Der Landesdirektor (Landeshauptmann) hat die laufenden Verwaltungsgeschäfte wahrzunehmen und vertritt den Provinzialverband nach außen. Er wird vom Provinziallandtage auf 6—12 Jahre gewählt und vom Könige bestätigt (§§ 87—92).

Titel 3. Aufsicht über die Kommunalverwaltung der Provinzialverbände. Sie führt der Oberpräsident und in höherer Instanz der Minister des Innern. Gewisse wichtigere Beschlüsse (vgl. oben KrO. Tit. 5) bedürfen der landesherrlichen oder ministeriellen Genehmigung (§§ 114—122).

Zur Zuständigkeit der Provinzialverbände gehört insbesondere das Landarmenwesen, das Korrigendenwesen (Arbeitshäuser) s. Abschn. X, die Fürsorge für Geisteskranke, Taubstumme, Blinde und Idioten (§ 128), die Fürsorgeerziehung G. 2. 7. 00 GS. 264. Die Schulaufsicht gemäß G. 11. 3. 72 über die öffentlichen Taubstummen- und Blindenanstalten ist in der Provinzialinstanz dem Provinzial-Schulkollegium überwiesen (Allerh. Erl. 27. 7. 85, GS. 350). Die Ausübung der gesundheitspolizeilichen Aufsicht über die Provinzialanstalten und die Schulaufsicht über die Provinzial-Zwangserziehungsanstalten ist dem Geschäftskreise des Oberpräsidenten überwiesen (Allerh. Erl. 12. 5. 97, GS. 227), ebenso die Schulaufsicht über die Idiotenanstalten (Allerh. Erl. 10. 7. 06 GS. 371).

Erwähnt seien noch die G. 30. 4. 73 GS. 187 und 8. 7. 75 GS. 497, betr. die Dotation der Provinzial- und Kreisverbände.

Sie hatten hauptsächlich den Zweck, aus Staatsfonds die Provinzen für die Übernahme bisheriger Staatslasten, insbesondere der Chaussee-Unterhaltung zu entschädigen; dazu V. 12. 9. 77 GS. 227 betr. Verteilung. Den Provinzialverbänden sind ferner durch G. 2. 6. 02 GS. 167 zur Erleichterung der Armen-, Wege- und Brückenbau- bzw. Unterhaltungslasten Renten aus Staatsmitteln überwiesen; dazu V. 22. 6. 02 GS. 258 betr. Verteilung. AusfVf. 5. 7. 02 MBl. 147.

D. Provinzialabgaben.

Die Provinzialabgaben beschränken sich auf Gebühren und Beiträge und direkte Steuern (§ 21 Kr. und PAG. Der Grundsatz der Subsidiarität der Steuern und der Rentabilität gewerblicher Unternehmungen gilt auch hier (§§ 22, 23). Über die Erhebung der Gebühren und Beiträge beschließt der Provinziallandtag. Ihre Festsetzung kann dem Provinzialausschuß übertragen werden (§ 24). Im übrigen gilt dasselbe wie für die Kreisgebühren. Einspruch und Klage § 31.

Die Provinzialsteuern müssen von den Stadt- und Landkreisen aufgebracht werden (§ 29). Als Maßstab der Verteilung gilt auch hier das Steuersoll des vorhergehenden 1. Januar (§ 25). Realsteuern und Einkommensteuern sind mit dem gleichen Prozentsatz heranzuziehen (§ 26). Die Mehr- oder Minderbelastung einzelner Kreise ist (wie nach § 10 für einzelne Kreisteile zulässig) (§ 27). Den Steuerbedarf stellt der Provinziallandtag fest. Die Verteilung nimmt der Provinzialausschuß vor (Bekanntmachung durch die Amtsblätter, Einspruchsfrist 4 Wochen; gegen den Beschluß des Provinzialausschusses Klage beim OVG. Einspruch und Klage haben keine aufschiebende Wirkung (§ 28). § 30 enthält eine besondere Vorschrift für Hessen-Nassau. Nach § 32 beginnt das Rechnungsjahr für den Haushalt des Provinzialverbandes mit dem 1. April und endet am 31. März.

Der Genehmigung des Ministers des Innern bedarf 1. die Festsetzung von Beiträgen, 2. die ausschließliche Belastung und die Mehr- und Minderbelastung einzelner Kreise. Die Erhebung von Provinzialsteuern in einem Betrage, der 25% des ihnen zugrunde liegenden Steuersolls übersteigt, bedarf der Genehmigung des Ministers des Innern und des Finanzministers (§ 33).

IV. Beamte.

I. Begriff und Stellung der Beamten. Die Begriffe Staatsdiener und Beamter decken sich nicht (OVG. 20, 126). Auch nach Entziehung des Amtes bleiben die zur Disposition gestellten oder einstweilen in den Ruhestand Versetzten Beamte.

Von den Beamten unterscheiden sich diejenigen Personen, die, wie Schöffen, Geschworene, Mitglieder von Einschätzungskommissionen kraft gesetzlicher Verpflichtnng amtliche Verrichtungen haben. Der § 1 ALR. II. 10 sagt: Militär- und Zivilbediente sind vorzüglich bestimmt, die Sicherheit, die gute Ordnung und den Wohlstand des Staates unterhalten und befördern zu helfen. Eine Begriffsbestimmung ist hierin nicht gegeben; sie findet sich auch sonst nicht in den Gesetzen. (Vgl. OVG. 13, 123, RGer. 67, 117). Nach StrGB. § 359 sind unter Beamten im strafrechtlichen Sinne zu verstehen „alle im Dienste des Reiches oder im unmittelbaren oder mittelbaren Dienste eines Bundesstaates auf Lebenszeit, auf Zeit oder nur vorläufig angestellten Personen, ohne Unterschied, ob sie einen Diensteid geleistet haben oder nicht, ingleichen Notare, nicht aber Advokaten und Anwälte." Diese Vorschrift bezieht sich aber nur auf das Strafrecht und hat keine allgemeine Gültigkeit.

Um als Beamter angestellt zu werden, muß auf seiten der Anstellungsbehörde der Wille, die Person als Beamten anzustellen, vorhanden sein (OVG. 13, 135, 139). Dieser Wille braucht sich aber nicht notwendig in der Ausstellung einer Urkunde zu äußern, sondern kann auch aus den Umständen hervorgehen, „wenn nämlich dem Angestellten öffentliche Verpflichtungen, die über die privatrechtliche Pflicht zur Erfüllung bestimmter Dienstleistungen hinausgehen, insbesondere die Verpflichtung zur besonderen Treue und Gehorsam dem Staatsoberhaupt gegenüber übertragen werden (OVG. 48, 59; PrVBl. 28, 333). Wenn auch bei der Anstellung eines Beamten in der Regel ein Dienstvertrag nicht abgeschlossen wird, hindert doch der Abschluß eines solchen nicht immer die Beamteneigenschaft (OVG. 22. 12. 03 Kuntze-Kautz Erg.-Bd. 05/06, 131). Für Reichsbeamte (§ 4 RBG., RGer. 37, 226; OVG. 29. 4. 04 Kuntze-Kautz a. a. O.) und für Kommunalbeamte in Preußen (§ 1 KBG. AusfAnw. 12. 10. 99 Art. 1, 2) ist die Erteilung einer Anstellungsurkunde wesentliches Moment für die Begründung der Beamteneigenschaft. (Vgl. auch Bayr. BeamtenG. 16. 8. 08 Art. 1, 3).

Diensteid ist keine wesentliche Voraussetzung (RBG. § 45, 2; KO. 11. 8. 32 GS. 204 u. OTr. 20. 1. 68 StrA. 71, 35 RGer. 6, 105). Auch ist es nicht nötig, daß der Dienst eines besoldeten Beamten dessen volle Tätigkeit in Anspruch nimmt, daß sein Einkommen im Haushaltsetat aufgenommen, und daß ihm eine Pension zugesichert ist (OVG. 12, 52; 13, 123, 128; § 38 RBG.). Auch die Besoldung ist nicht entscheidend, ebensowenig die berufsmäßige Führung eines Amtes (Nebenamt). OVG. 22. 12. 03, s. oben).

Privatbeamte sind keine Beamten im öffentlich rechtlichen Sinne. Eine MV. 9. 4. 95 spricht aus, daß für die Frage, ob ein im Staatsdienst beschäftigter pensionierter Beamter nicht in ein privatrechtliches Verhältnis getreten, sondern die Eigenschaft eines Staatsbeamten wiedererlangt hat, namentlich entscheidend sein wird, ob der Betreffende der Disziplinargewalt unterworfen ist oder der Invaliditäts- und Altersversicherung nicht unterliegt (MBl. 88).

Die rechtliche Stellung des Beamten beruht nicht auf einem privatrechtlichen Vertrage — einem Quasikontrakte, wie das Obertribunal

52, 320, s. dazu RGer. 18, 175, angenommen hatte — sondern auf einem öffentlich rechtlichen Dienstverhältnis, das die Ausübung öffentlich rechtlicher Funktionen zum Gegenstande hat. Daß für den Beamten daraus vermögensrechtliche Ansprüche entstehen, ändert daran nichts s. RGer. 37, 243.

„Die Eigenschaft eines Beamten wird erworben durch die Übertragung eines Amtes, d. h. eines durch das öffentliche Recht begrenzten Kreises von Geschäften, in dem Organismus des Reiches, des Staates, der öffentlichen Gemeinden, Verbände oder Korporationen seitens der zuständigen Person oder der zuständigen Behörde und durch den Abschluß eines Dienstvertrages, welcher bezüglich des Amtes ein Gewaltverhältnis begründet, vermöge dessen der Gewalthaber zum Schutze und zur Gewährung des zugesicherten Diensteinkommens verpflichtet ist, der Angestellte aber in eine besondere Gehorsams-, Treue- und Dienstpflicht gegenüber dem Gewalthaber tritt." Vgl. auch RGer. 53, 427.

Die über den Begründungsakt des Beamtenverhältnisses bei städtischen Beamten zwischen OVG. und RGer. hervorgetretene Meinungsverschiedenheit ist durch KBG. aus der Welt geschafft (s. S. 290, 352.)

II. Verschiedene Arten der Beamten.

Man unterscheidet

A. Militär- und Zivil-Beamte. Von den letzteren ist im folgenden vornehmlich zu handeln. Zu den ersteren, im engeren Sinne, gehören die Intendantur-Beamten, Militär-Geistlichen, Militärjustizbeamten usw. Staatsbeamte sind aber auch, außer diesen „Militärbeamten", alle Personen, welche dem berufsmäßigen Militärdienste angehören (Offiziere und Unteroffiziere, Militärärzte), nicht aber diejenigen anderen Militärpersonen, welche ihre Militärpflicht erfüllen. Militärbeamte sind Reichsbeamte, denn die Heeresverwaltung ist Reichsverwaltung, Offiziere sind dagegen mit Ausnahme der vom Kaiser ernannten: Landesstaatsdiener, denn das deutsche Heer ist ein Kontingentsheer.

Militärbeamte sind nach der gesetzlichen Begriffsbestimmung in der Anlage zum MStGB.: „Alle im Heere und in der Marine, sowie bei den Schutztruppen für das Bedürfnis des Heeres oder der Marine oder der Schutztruppen dauernd oder auf Zeit Angestellten nicht zum Soldatenstande gehörenden und unter dem Kriegsminister oder dem Staatssekretär des Reichsmarineamts stehenden Beamten, welche einen Militärrang haben. Militärbeamte, die im Offizierrange stehen, sind obere, alle anderen untere Militärbeamte." Die Militärbeamten gehören zu den Militärpersonen, nicht aber zu den Personen des Soldatenstandes. — Zivilbeamte der Militärverwaltung sind keine Militärbeamten und haben keinen Militärrang; sie unterstehen ausschließlich dem RBG., während für die Militärbeamten in disziplinarrechtlicher Beziehung Sondervorschriften bestehen. Für Schutztruppenbeamte s. KolonialbeamtenG. 8. 6. 10 RGBl. 881, § 40ff.

Besondere Vorschrifte für alle Militärpersonen: Schutz gegen Tätlichkeit und Beleidigung wie für die Beamten (StrGB. §§ 113, 196). Bei Zivilprozessen Gerichtsstand im Garnisonort, RMilG. 2. 5. 74, mit ErgänzG. 6. 5. 80 in neuer Fassung publiziert, § 39, ZPO. § 14 f.).

Zwangsvollstreckungen sind der Militärbehörde anzuzeigen und in Militär-Dienstgebäuden nur von dieser vorzunehmen (ZPO. §§ 752, 790). Wegen Beschränkung im Gegenstande bei der Zwangsvollstreckung gegen Offiziere und Militärbeamte s. unten VI; wegen der Pensionen und Hinterbliebenen-Versorgung XII und XIII wegen der Privilegien der Militärpersonen in bezug auf Besteuerung, Errichtung von Testamenten usw. s. Register unter „Militärpersonen." Zur Verheiratung und zum Gewerbebetrieb ist für Militärpersonen die Genehmigung ihrer Vorgesetzten erforderlich (RMilG. §§ 40, 43); für Geistliche die des Feldpropstes (Erl. 11. 2. 93, Kirchl. G. u. VBl. 5). Teilnahme an politischen Vereinen und Versammlungen ist ihnen untersagt; das Wahlrecht in betreff der Reichs- und der einzelnen Landesvertretungen ruht für sie (mit Ausnahme der Militärbeamten) (RMilG., § 49). — In Strafsachen besteht für die Militärpersonen eine eigene Gerichtsbarkeit (RMilG. § 39), s. Absch. VI. — Für die richterlichen Militärbeamten ist ein besonderes Disziplinargesetz 1. 12. 98 RGBl. 1297 ergangen. Der Erlaß 6. 1. 97 (Reichsanz. Nr. 4) betr. Ehrengerichte der Offiziere schreibt vor, daß der Ehrenrat grundsätzlich bei dem Austrag von Ehrenhändeln mitwirken soll; er hat, wenn alle Beteiligten Offiziere sind, ausschließlich das Weitere zu veranlassen; Anzeigepflicht für die betr. Offiziere; Verpflichtung alle weiteren eigenen Schritte zu unterlassen. Der Ehrenrat kann 1. Ausgleichsvorschläge machen, 2. ein ehrengerichtliches Verfahren für nötig erklären oder 3. feststellen, daß eine Ehrverletzung nicht vorliegt. Gegen 1 und 3 Berufung an höchste Stelle möglich. Auch bei Beteiligung von Nichtoffizieren Anzeigepflicht für den betr. Offizier an den Ehrenrat, der auch hier vermitteln soll. (Allerh. Erlaß vom 1. 1. 97 zur Verordnung über Ehrengerichte 2. 5. 74). Allerh. O. betreffend Erledigung von Ehrenhändeln zwischen Offizieren verschiedener deutscher Kontingente 18. 11. 07 ArmeeVBl. 452 26. 1. 09 das. 35.

B. Reichs- und Landesbeamte. Das Reich als Bundesstaat ist ein mit Rechtspersönlichkeit ausgestattetes Rechtsgebilde und steht als solches neben den Bundesstaaten, aus denen es sich zusammensetzt. Zur Verwaltung der ihm übertragenen Angelegenheiten hat es demnach auch seine eigenen Beamten (S. 239 f.). Es kann sich aber auch zur Erledigung seiner Aufgaben der Landesbeamten bedienen, entweder so, daß die Verwaltung völlig den einzelnen Bundesstaaten überlassen ist (Zoll- und Steuerverwaltung) und das Reich lediglich die ihm zukommenden Einnahmen erhält, oder daß zwar die Verwaltungsbehörden Reichsbehörden sind, im gewissen Umfange aber die Organe dieser Behörden von den Landesregierungen ernannt werden. Ist die Verwaltung überhaupt keine Reichsverwaltung, sondern besorgt sie nur Geschäfte des Reiches, während sie ausschließlich von der Landeszentralbehörde ressortiert wie die Zollverwaltung, die Reichsschuldenverwaltung (Hauptverwaltung der preußischen Staatsschulden), so sind die Beamten nur Landesbeamte. Reichsbeamte sind dagegen alle vom Kaiser angestellten Beamten und diejenigen (Landes-) Beamten, die nach der Vorschrift des RV. den Anordnungen des Kaisers Folge zu leisten verpflichtet sind. Die letzteren nennt man mittelbare Reichsbeamte. Zu dieser Klasse gehören die nicht vom Kaiser ernannten mittleren und unteren Post- und Telegraphenbeamten (Art. 50 Abs. 3 RV.), mit Ausnahme der Post- und Telegraphenbeamten in Bayern und Württemberg, und die nicht vom Kaiser ernannten Militärbeamten. Die Dienstverhältnisse der unmittelbaren und mittelbaren Reichsbeamten sind durch das Reichsbeamtengesetz v. 31. 3. 73 in der Fassung vom 18. 5. 07 RGBl. 245 geregelt (abgekürzt: RBG.). Hierzu V. betreffend Zuständigkeit der Reichsbehörden zur Ausf. d. G. 23. 11. 74; 7. 8. 88; 27. 12. 99 RGBl. 730, 14. 5. 01 RGBl. 173; 10. 2. 04 RGBl. 157, 1. 6. 06 RGBl. 732; 24. 4. 08 RGBl. 159. Das RBG. und das Beamtenhinterbliebenengesetz findet nach § 1 des Kolonialbeamtengesetzes 8. 6. 10 RGBl. 881 auch auf die Beamten in den Schutzgebieten Anwendung, soweit das KolonialBG. nichts anderes bestimmt. An die Stelle des Reiches tritt das Schutzgebiet. Der unmittelbare Reichsdienst und der Dienst in einem anderen Schutzgebiete steht dem Dienste in einem anderen Bundesstaate gleich. Die Kolonialbeamten sind also unmittelbare Reichsbeamte. Das RBG. findet auch nach § 28 RBG. vom 14. 3. 75 auch auf die Reichsbankbeamten Anwendung, die übrigens nach der Rechtsprechung des RG. überhaupt trotz der juristischen Persönlichkeit der Reichsbank als unmittelbare Reichsbeamte anzusehen sind (RGer. 36, 145; 45, 126), hierzu Kais. V. 4 11. 07 RGBl. 742. Weiter findet das RBG. auch auf die Reichstagsbeamten und die Landesbeamten in Elsaß-Lothringen Anwendung (vgl. G. 31. 5. 98 GBl. f. E.-L. 51; 6. 6. 00 GBl. 105; 19. 10. 07 GBl. 113), sie sind aber nach der Rechtsprechung OVG. keine unmittelbaren R.Beamten (OVG. 50, 125).

C. Unmittelbare und mittelbare Staatsbeamte (§ 69 ALR. II 10). Unter den letzteren versteht man solche, welche zwar berufen sind, als Organe der Staatsgewalt unter öffentlicher Autorität für die Zwecke des Staates zu wirken, welche aber ihre Tätigkeit nicht dem Staate unmittelbar, sondern einer dem Staate untergeordneten, organisch in seine Verfassung eingreifenden Korporation widmen (z. B. Kommunalbeamte; auch die Beamten der Vorstände der kaufmännischen Korporationen gehören hierher OVG. 16. 155). Die Beamten der Berufsgenossenschaften und die von den Vorständen der Landesversicherungsanstalten Angestellten gehören nicht hierher (OVG. 20, 38 u. 24, 69). Kirchenregimentliche Beamte sind ebensowenig mittelbare als unmittelbare Staatsbeamte (OVG. 20, 451).

Eine Zwischenstellung nehmen die Standesbeamten (RG. 6. 2. 75, RGBl. 23 dazu EBGB. Art. 46, AusfAnw. 25. 3. 99, RGBl. 225) ein; sie werden jederzeit widerruflich vom Oberpräsidenten bestellt (Bek. 1. 12. 75 MBl. 275); wenn der Standesamtsbezirk mit dem Gemeindegebiet zusammenfällt, nimmt der Gemeindevorsteher (Bürgermeister) oder ein von der Gemeinde mit staatlicher Genehmigung angestellter Beamter in der Regel die Standesamtsgeschäfte wahr. Die Kosten des Standesamtes werden regelmäßig von der Gemeinde getragen. — Eine ähnliche Stellung haben die Schiedsmänner (SchiedsmannsO. 29. 3. 79, GS. 321), denen Sühneversuche bei Beleidigungen, Körperverletzungen und streitigen vermögensrechtlichen Ansprüchen obliegen. In der Regel bildet jede Gemeinde einen Schiedsmannsbezirk. Die Schiedsmänner werden von der Gemeindevertretung, in zusammengesetzten Bezirken von der Kreisvertretung gewählt; sie werden vom Landgerichtspräsidenten bestätigt. Die sächlichen Kosten des Schiedsmannsamtes haben die Gemeinden zu tragen, das Amt selbst ist im übrigen Ehrenamt.

III. Beginn der Amtseigenschaft. Anstellungsurkunde ist vorgeschrieben für Reichsbeamte (§ 4 RBG. dazu V. 23. 11. 74, 9. 8. 96 und 4. 10. 07 (Landesbeamte der Schutzgebiete) Für preuß. Staatsbeamte ist eine Anstellungsurkunde üblich, aber nicht Bedingung (RGer. 37, 226, Gruchot 31, 1114). Dies bezieht sich aber nur auf unmittelbare Staatsbeamte, und auch diesen wird in der Regel eine Anstellungsurkunde erteilt. Etatsvorschriften 31. 3. 00 JMBl. 300 Nr. 36 und dazu MV. 8. 11. 02 JMBl. 264, ferner MV. 9. 6. 02 MBl. 101 u. ME. 22. 12. 02 EVBl. 554. Für preußische Kommunalbeamte ist die Aushändigung der Anstellungsurkunde wesentliches Erfordernis. KBG. § 1 oben S. 290 und dazu ME. 3. 12. 02 betr. Anstellungsurkunde für besoldete Magistratsmitglieder und MV. 12. 5. 03 MBl. 122).

IV. Diensteid. Er ist kein wesentliches Erfordernis für die Begründung des Beamtenverhältnisses. Für Reichsbeamte § 3 RBG. V. 29. 6. 71 RGBl. 303, betr. den Diensteid der unmittelbaren Reichsbeamten; V. 6. 12. 00 RGBl. 1035 für die Mitglieder des Reichsmilitärgerichts. Für die Mitglieder des Reichsinvalidenfonds § 12 G. 23. 5. 73 RGBl. 117; V. 4. 9. 92 (Landesbeamte in den Schutzgebieten). Für preußische Beamte V. 6. 5. 67 GS. 715 betr. die Form der Diensteide. Der Diensteid ist auch von den Unbesoldeten und den auf Probe und zeitweise Angestellten zu leisten. ME. 21. 3. 82 MBl. 139; 29. 5. 43 JMBl. 143; 12. 10. 67 MBl. 267. Einführung in die neuerworbenen Landesteile, Beschluß des Staatsministeriums 31. 10. 67 MBl. 326.

V. Anstellungsbedingungen. Für alle Reichs- und Landesbeamten gilt der Grundsatz des RGes. 3. 7. 69, daß die Befähigung zur Bekleidung öffentlicher Ämter vom religiösen Bekenntnis unabhängig sein soll. Ferner Art. 3 RV., wonach für alle Deutschen ein gemeinsames Indigenat besteht und jeder Angehörige eines Bundesstaates in allen Bundesstaaten als Inländer zu behandeln und — . . . „zu allen öffentlichen Ämtern wie die Inländer zuzulassen" ist. Im übrigen kennt das Reichsrecht keine allgemeinen Vorschriften. Für Preußen ist außerdem noch grundlegend Art. 4 preuß. Verf.: „die öffentlichen Ämter sind unter Einhaltung der von den Gesetzen festgestellten Bedingungen für alle dazu Befähigten gleich zugänglich", Art. 47 PrV.: „Der König besetzt alle Stellen im Heere sowie in den übrigen Zweigen des Staatsdienstes, soweit nicht das Gesetz ein anderes verordnet"; § 70 ALR. II 10: „Es soll niemandem ein Amt aufgetragen werden, der sich dazu nicht hinlänglich qualifiziert und Proben seiner Geschicklichkeit abgelegt hat"; wer wissentlich einer untauglichen Person ein Amt anvertraut, ist für alle daraus entstehenden Schäden verhaftet (§ 75 das.). Die besonderen Bedingungen für die Anstellung in einem bestimmten Ressort bildet der Nachweis der Befähigung. Allgemein gilt für alle Beamten, daß die Anstellung ein

Recht der Krone und niemandem ein Recht gerade auf eine bestimmte Stelle gegeben ist.

VI. Besondere Rechte der Beamten. Sie bedürfen keines Urlaubs zum Eintritt in den Land- und den Reichstag (Preuß.Verf. Art. 78; RV. Art. 21; für den Eintritt der Reichsbeamten in den Landtag eines Einzelstaats, vgl. Reichstags-Drucks. 07 S. 1598), ebensowenig bei Erfüllung sonstiger staatsbürgerlicher Pflichten (Geschworenendienst, Kontrollversammlungen u. dgl.); aber sie müssen die Behinderung ihrem Vorgesetzten anzeigen, damit er die Dauer kontrollieren und die Vertretung regeln kann (OVG. 16, 399; Gruchot 28, 1111). Mehrere Klassen: die ohne Disziplinarverfahren in den Ruhestand zu Versetzenden (siehe unten unter XIV 2 B), ferner Minister, richterliche und Staatsanwaltschaftsbeamte, gerichtliche und polizeiliche Vollstreckungsbeamte, Religionsdiener, Volksschullehrer, aktive Militärpersonen, ferner in Preußen namentlich die Mitglieder des OVG. und die ständigen Mitglieder des BzAussch. sind von der Berufung zum Schöffen- und Geschworenendienst befreit (GVG. § 34, 85 pr. AG. dazu 24. 4. 78 § 33, 44). — Beamte können bei Versetzung ihrer Wohnung unter Einhaltung der gesetzlichen Kündigungsfrist kündigen (BGB. § 570 s. oben S. 41). Bei Zwangsvollstreckungen gegen Beamte und deren Hinterbliebenen sind der Pfändung nicht unterworfen: a) die zur Verwaltung des Dienstes erforderlichen Gegenstände und anständige Kleidung, b) ein Geldbetrag, welcher den der Pfändung nicht unterworfenen Teil des Diensteinkommens oder der Pension (siehe unter d) für die Zeit von der Pfändung bis zum nächsten Termine der Gehalts- und Pensionszahlung gleichkommt, c) die Pension der Witwen und Waisen, deren Bezüge aus Witwen- und Waisenkassen, Erziehungsgelder, Studienstipendien, die Gnadenvierteljahre der Hinterbliebenen der Reichsbeamten (§ 69 RBG.), d) die Verstümmelungs-, Alters- und Tropenzulagen der Offiziere und Militärbeamten (OffizPGes. 31. 5. 06 § 37), s. S. 362 f., die Gnadenbezüge aus dem RJnvFonds (über diesen s. Ges. 23. 5. 73; 11. 5. 77; 2. 6. 78); 9. 6. 06; 1. 6. 09 RGBl. 469; Art. 3 § 1 Abs. 2 Ges. 22. 5. 95 RGBl. 237; § 5 Ges. 1. 7. 99 RGBl. 339 und zwar diese Bezüge gänzlich, ferner das Diensteinkommen und die Pension aller Beamten; jedoch ist hier ein Drittel des die Summe von 1500 Mk. übersteigenden Betrages pfändbar und die Unpfändbarkeit fällt ganz fort, wenn es sich um Unterhaltsbeiträge für die Verwandten, den Ehegatten und ein uneheliches Kind des Schuldners, sowie um laufende öffentliche Abgaben und Disziplinarstrafen handelt, e) die Einkünfte zur Bestreitung eines Dienstaufwandes, der Servis der Offiziere und Militärbeamten (§ 811, 850 ZPO., § 46 V. 15. 11. 99). Der vorstehende gedachte Schutz des Gehaltes usw. gegen Beschlagnahme gilt nach § 394 BGB. auch für den Fall, wenn die Behörde das von ihr zu zahlende mit einer Schuld aufrechnet, die sie von dem Beamten oder Pensionär einzufordern hat, sofern die Landesgesetze nicht die Aufrechnung zulassen. Hierzu ist aber eine Spezialbestimmung erforderlich, nicht allgemeine Vorschriften des früheren Landesrechts, die die Aufrechnung auch gegenüber unpfändbaren Forderungen allgemein zuließen (RGer. 55, 1). Die Vorschriften des §§ 51 ff. preuß. DiszG. u. f. Reichsbeamte RBG. §§ 128—130 enthalten keine Zulassung der Aufrechnung, sondern setzen eine unter bestimmten Bedingungen eintretende Gehaltsminderung fest. Ferner sind noch folgende Vorschriften des preußischen Rechts zu erwähnen: Bei Berechnung der Einkommensteuer ist (auch für Reichsbeamte, Militärpersonen, Geistliche und Lehrer an öffentlichen Unterrichtsanstalten) die etwaige Dienstaufwandsentschädigung in Abzug zu bringen. EinkStG. 19. 6. 06 § 14 Abs. 3. Über das Beamtenprivilegium hinsichtlich der Gemeindelasten s. S. 317 f; es gilt auch für Kreisabgaben (§ 15 Kr.- u. ProvAbG. Abs. 2 Satz 1). Nicht gilt es für Beamte, die kein Beamteneinkommen haben und nur in einer Nebenverrichtung Beamteneigenschaft besitzen, wie Angestellte der Privateisenbahnen, die als Bahnpolizisten vereidet sind (OVG. 2, 175), wohl aber für Personen, die nur ein besoldetes Nebenamt bekleiden (OVG. 11, 71). — Ist gegen einen nicht richterlichen Beamten, jedoch nicht gegen Geistliche OVG. 19, 420, wegen Amtshandlungen eine straf- oder bürgerlichrechtliche Verfolgung eingeleitet, oder wird auf Grund des Ges. vom 1. 8. 09 GS. 691 (siehe unten) der Staat oder der Kommunalverband in Anspruch genommen, so kann die vorgesetzte Provinzial- oder Zentralbehörde zur Vorentscheidung der Frage, ob der Beamte sich einer Überschreitung seiner Amtsbefugnisse oder der Unterlassung einer ihm obliegenden Amtshandlung schuldig gemacht habe, den Konflikt erheben. Das OVG. entscheidet; vgl. hierzu MV. 5. 7. 04 MBl. 200 (Erhebung des Konflikts zugunsten der Staatsbaubeamten). Der Konflikt kann sogar erhoben werden, wenn in einem wider den Beamten angestellten Zivilprozesse die Einrede der Unzulässigkeit des Rechtsweges rechtskräftig verworfen wurde (OVG. 24, 415). Diese Bestimmungen finden auch Anwendung auf bereits ausgeschiedene Beamte und Erben eines Beamten. Endlich sei darauf hingewiesen, daß die Dienstentsetzung der Beamten nur durch Urteil erfolgen kann (s. unten unter XIV), daß sie durch Einberufung zum Militärdienste in ihrem Zivilverhältnis keinen Schaden erleiden sollen (RMilG. 6. 5. 80 § 66), und daß sie gegen Gewalt und Beleidigung einen besonderen gesetzlichen Schutz genießen (StrGB. §§ 113, 114, 117, 196). — Für Kolonialbeamte ist noch bestimmt (§ 10 KolBG.), daß auf eine ungünstige Notiz in den Personalakten eine Entscheidung nur gegründet werden darf, wenn der Beamte angehört worden ist.

VII. Die Anordnung der Dienstkleidung, der Rang- und Gradabzeichen ist in Preußen ein Hoheitsrecht der Krone. Für die Beamten der allgemeinen Staatsverwaltung gilt der AE. 29. 7. 89 MBl. 158. Von älteren Bestimmungen ist zu erwähnen AE. 6. 10. 24 von Kamptz Jahrb. 24, 32 (Erscheinen in Uniform vor dem König). Für die anderen Ressorts, namentlich für Eisenbahn-, Bau-, Forst-, Steuer- und Zollbeamte sind zahlreiche Einzelverfügungen ergangen.

VIII. Besondere Pflichten der Beamten. Die Beamten sind der gesetzlich geordneten Disziplin unterworfen. — Amtsverschwiegenheit ist Pflicht bei allen amtlichen Angelegenheiten, deren Geheimhaltung ihrer Natur nach erforderlich oder von dem Vorgesetzten vorgeschrieben ist (§ 11 RBG., KO. 21. 11. 35 GS. 237), vgl. OVG. 20. 10. 88 in Sachen Peper wider Regierungspräsident zu Aurich; RGerStr. 28, 424). Über die besondere Verschwiegenheitspflicht der Beamten des auswärtigen

Amts s. § 353a StGB. Über Post- und Telegraphenbeamte §§ 354 bis 355 StGB. Zur Vernehmung als Zeuge und Sachverständiger bedarf der Beamte bei derartigen Angelegenheiten der Genehmigung seiner vorgesetzten Dienstbehörde (ZPO. § 376, 408, StrPO. § 53, 76). — Jeder Beamte haftet für die Gesetzmäßigkeit seiner Amtshandlungen (so ausdrücklich für Reichsbeamte § 13 RBG.). § 839 BGB. bestimmt über die zivilrechtliche Haftung der Beamten, daß die Beamten für die vorsätzliche oder fahrlässige Verletzung der Amtspflicht haften, für letztere nur, wenn der Verletzte nicht auf andere Weise Ersatz verlangen kann. Ein Richter in der Beurteilung einer Rechtssache haftet aber nur, wenn seine Pflichtverletzung mit öffentlicher Strafe bedroht ist. Durch RG 22. 5. 1910 RGBl. 798 ist die Haftung des Reiches für die in Ausübung der öffentlichen Gewalt begangenen Handlungen der Reichsbeamten (im Sinne des § 1 RBG.) und der Personen des Soldatenstandes (außer den bayrischen), für die Schutzgebietsbeamten und die Angehörigen der Schutztruppen: der Schutzgebiete geregelt. Ebenso ist auf Grund des Art. 77 EGBGB. für Preußen das G. vom 1. 8. 09 ergangen. Nach den erwähnten Gesetzen haftet das Reich, der Staat (die Kommunalverbände, Gutsbezirke, Amtsbezirke, Zweckverbände) dem Verletzten an Stelle des Beamten im Umfange des § 839 BGB. Diese Haftung tritt auch ein, wenn der Beamte dem Verletzten dadurch einen Schaden zugefügt hat, daß er im Zustande der Bewußtlosigkeit oder Geisteskrankheit gehandelt hat, und zwar in dem Umfange, als die Billigkeit eine Schadloshaltung erfordert. Ausgeschlossen ist die Verantwortung des Reichs usw. bei Beamten, die ausschließlich auf den Bezug von Gebühren angewiesen sind, des preußischen Staates auch bei solchen Amtshandlungen anderer Beamter, für welche die Beamten eine besondere Vergütung durch Gebühren zu beziehen haben, des Reiches usw. auch für Beamte des auswärtigen Dienstes, wenn nach einer amtlichen Erklärung des Reichskanzlers das Verhalten des Beamten politischen oder internationalen Rücksichten entsprochen hat. Reichsrechtlich ist ferner die Haftung des Staates für Verschulden der Grundbuchbeamten geregelt (§ 12 GrdbO.) hierzu PrAusfG. 26. 9. 99, GS. 307 § 8. Der Staat kann gegen den schuldigen Beamten Regreß nehmen, insoweit der Beamte nach § 839 BGB. verantwortlich ist (gegen Grundbuchbeamte in Preußen nur bei Vorsatz oder grober Fahrlässigkeit). Handelt es sich nicht um öffentliche Obliegenheiten der Beamten, sondern um ein Vertreten des Staates in Privatrechtsangelegenheiten, so haftet der Staat im Umfange des allgemeinen bürgerlichen Rechts (§ 31 BGB., §§ 872, 831 BGB.), wegen der Konfliktserhebung in Preußen s. oben S. 354). Nach preußischem Recht haftet auch nach ausdrücklicher Bestimmung der §§ 89—91 ALR. II 10, EGBGB. Art. 78 (s. auch BGB. § 831) der Vorgesetzte für Vernachlässigung der vorschriftsmäßigen Aufmerksamkeit und Kontrolle bei Amtsvergehen seiner Untergebenen, jedoch nur in zweiter Reihe, wenn kein anderes gesetzliches Mittel zum Ersatz des angerichteten Schadens vorhanden ist. — Die Mitglieder eines Beamtenkollegiums haften als Gesamtschuldner (§ 840 BGB.).

Beamte können Urlaub nur seitens der ihnen vorgesetzten Behörde erhalten (für Reichsbeamte § 1 V. 2. 11. 74 RBG. § 14, KolBG. § 4;

für preußische Beamte § 92 ALR. II 10. Ein Gehaltsabzug tritt erst nach 1 1/2 Monaten eines nicht durch Krankheit veranlaßten Urlaubes ein, indem das Gehalt auf die Hälfte herabgesetzt und nach 6 Monaten überhaupt nicht weiter gezahlt wird (§ 6 V. 2. 11. 74 für Reichsbeamte; AE. 15. 6. 63 MBl. 137 für preußische Beamte). Für die einzelnen Ressorts sind besondere Verfügungen ergangen, z. B.: für die allgemeine Staatsverwaltung RegInstr. 23. 10. 1817 GS. 248; § 11 der Instr. für die Oberpräsidenten 31. 12. 25 GS. 26, 1; ME. 29. 6, 56, MBl. 194; für die Beurlaubung der Justizbeamten AV. 14. 6. 09 JMBl. 207). Der abgehende Beamte darf seinen Posten erst dann verlassen, wenn wegen der Wiederbesetzung oder einstweiligen Verwaltung des Amtes Verfügung getroffen ist (§ 97 ALR. II 10). Nebenämter und Nebenbeschäftigung, letztere wenn mit ihr eine fortlaufende Remuneration verbunden ist, dürfen von Reichsbeamten und preußischen unmittelbaren Staatsbeamten nur mit Genehmigung der Reichs- oder Landeszentralbehörde übernommen werden (RBG. § 16; für Preußen KO. 13. 7. 39 GS. 235 in Verbindung mit AE. 25. 8. 09 GS. 784; ME. 25. 7. 40 MBl. 436; MV. 5. 3. 1910 MBl. 55). Beamte dürfen ferner ohne Genehmigung nicht Mitglieder des Vorstandes, Verwaltungs- oder Aufsichtsrates einer Erwerbsgesellschaft sein und überhaupt nicht, wenn damit Vermögensvorteile verbunden sind (RBG. § 16; G. 10. 6. 74 GS. 249). Die Übernahme von Nebenämtern ist genehmigungspflichtig, auch wenn keine Besoldung gezahlt wird. Hinsichtlich der öffentlichen Ämter, deren Übernahme eine Staatsbürgerpflicht ist, hat das Reichsrecht nur für die Militärbeamten und Zivilbeamten der Militärverwaltung (RMilG. § 41) die Genehmigungspflicht festgesetzt. Nach § 19 RBG. finden aber die Beamtengesetze des Sitzes der Behörde auch auf Reichsbeamte Anwendung, soweit das RBG. nichts anderes vorschreibt. Es findet daher für die in Preußen beschäftigten Reichsbeamten das preußische Recht Anwendung; danach bedürfen aber Beamte aber zur Übernahme eines unbesoldeten Amtes in der Gemeindeverwaltung (Eintritt in den Magistrat und die Stadtverordnetenversammlung) der Genehmigung (StaatsMinBeschl. 2. 3. 51 JMBl. 151); ebenso zur Übernahme des Amtes eines Schiedsmannes (§ 2 SchiedsmannsO. 29. 3. 79 GS. 321) und zur Übernahme oder Fortführung des Amtes als Vormund, Gegenvormund und Pfleger, Beistand nach Art. 72 AGBGB.; § 1784 BGB. Der Betrieb eines Gewerbes ist den Reichszivilbeamten nur für ihre Person (§ 16 RBG.), hinsichtlich der Militärbeamten [RMilG. 2. 5. 74 (6. 5. 80) § 43] und der preußischen Staatsbeamten auch den Ehefrauen, Kindern, Hausangehörigen, Dienstboten ohne Genehmigung nicht gestattet (§ 19 PrGewO. 17. 1. 45; RGewO. § 12). Die Beschränkungen hinsichtlich der Nebenbeschäftigungen gelten für die auf Wartegeld gestellten Reichsbeamten nicht (§ 16 Abs. 3 RBG., wohl aber für die preußischen Wartegeldempfänger RundE. 27. 8. 03 MBl. 190). Kolonialbeamte dürfen in dem Schutzgebiete, in dem sie angestellt sind, ohne Genehmigung des Reichskanzlers weder Grundeigentum erwerben noch sich an einer Erwerbsgesellschaft beteiligen (§ 6 KolBG.). Unmittelbare Staatsbeamte haben ihrer nächst vorgesetzten Dienstbehörde Anzeige zu machen, sobald sie eine Ehe eingegangen sind. So die Erl.

der einzelnen Ressortminister z. B. des Innern und der Finanzen 7. 4. 94 MBl. 250, für Landwirtschaft 27. 3. 96 MBl. 74. Dasselbe gilt für die Zivilbeamten der Militärverwaltung ArmeeVerordn. 97, 161. Die Militärbeamten dagegen bedürfen, wie alle Militärpersonen nach § 40 RMilG. der Genehmigung (AGBGB. Art. 42). Für Reichsbeamte bestehen außer den für die Reichsmilitärbeamten bestehenden Anordnungen keine Vorschriften. Nach § 19 RBG. gilt das Recht des Sitzes der Behörde. Über Defekte — über den Begriff s. OTr. 4. 2. 58 (Strieth. 29, 65) — bei allen öffentlichen Kassen und anderen öffentlichen Verwaltungen hat die unmittelbar vorgesetzte Dienstbehörde in betreff des Betrages und des ersatzpflichtigen Beamten einen motivierten Festsetzungsbeschluß zu fassen. Er ist sofort vollstreckbar, wenn die Behörde bei Reichsbeamten die Eigenschaft einer höheren Reichs-, bei preußischen Beamten die einer Zentral- oder Provinzialbehörde besitzt, sonst ist er erst von dieser zu genehmigen. Dem Beamten steht innerhalb eines Jahres der Rekurs an die vorgesetzte Behörde und der ordentliche Rechtsweg zu, RBG. §§ 134 ff. und V. 24. 1. 44 GS. 52. Zur Defektenniederschlagung ist Kgl. Ermächtigung erforderlich (§ 38 G. 11. 5. 98, GS. 77). Über die Feststellung und den Ersatz der Defekte der Gemeindebeamten beschließt der BzAusſch. (vgl. S. 300 den § 76 der StO.). — Die Verpflichtung der Staatsbeamten zur Kautionsleistung nach G. 25. 3. 73 ist durch G. 7. 3. 98 GS. 19 und die der Reichsbeamten nach BundesG. 2. 6. 69 durch RG. 20. 2. 98 RGBl. 29 aufgehoben unbeschadet der fortbestehenden Kautionspflicht der Gerichtsvollzieher und der Reichsbankbeamten. Die Kautionspflicht der Gemeindebeamten ist nicht berührt. Wegen der Kautionen der Sparkassenbeamten MV. 16. 11. 09 MBl. 241.

X. Gehalt und Wohnungsgeldzuschuß (s. dazu EGBGB. Art. 80, 81). Die Reichsbeamten erhalten ihr Gehalt monatlich oder nach Bestimmung des Bundesrats vierteljährlich im voraus (§ 5 RGB.), die unmittelbaren preußischen Staatsbeamten, die eine etatmäßige Stelle bekleiden, vierteljährlich im voraus (§ 1 G. 7. 3. 08 GS. 35; AusfBest. 11. 4. 08 MBl. 131). Die Gehälter sind zumeist nach Dienstaltersstufen geregelt. Maßgebend ist für Reichsbeamte das Besoldungsgesetz vom 15. 7. 09 RGBl. 573 erg. 21. 3. 10 RGBl. 524; KaisErl. 24. 7. 09 RZBl. 597 (Gehaltsvorschriften) anwendbar auf Reichsbankbeamte Kais. V. 30. 3. 10 RGBl. 597; für preußische unmittelbare Staatsbeamte, G. 26. 5. 09 GS. 185 betr. die Bereitstellung von Mitteln zu Diensteinkommenverbesserungen und die dem Gesetze beigegebene Besoldungsordnung AusfBest. 27. 5. 09 UZBl. 497 1. 6. 09 JMBl. 131. Ein Rechtsanspruch auf das Aufsteigen im Gehalt ist außer bei richterlichen Beamten nicht gegeben. Es ist abhängig von einem dienstlich und außerordentlichen befriedigenden Verhalten und kann bei erheblichen Mängeln solchen Verhaltens versagt werden (RBesG. § 12, für Preußen Gehaltsvorschriften für die Bemessung der Gehälter usw. HMBl. 1905 260, AusfBest. dazu MV. 8. 2. 08 JMBl. 33). Die Richter, deren Aufsteigen sich in Preußen ebenfalls nach Dienstaltersstufen von der etatmäßigen Anstellung an mit der Maßgabe richtet, daß ihnen von der Assessorenzeit, wenn sie über 4 Jahre beträgt, bis zu 2 Jahren angerechnet werden kann, haben einen Anspruch auf Gehaltszulage (RichterbesG. 29. 5. 07 GS. 111 AusfBest. 8. 2. 08 JMBl. 33; G. vom 26. 5. 09 GS. 85 § 6). Für die richterlichen Reichsbeamten § 11 RBesG., für die richterlichen Kolonialbeamten § 50 KolBG. Wenn etatmäßige Beamte aus einer Stelle in eine andere aus dienstlichen Rücksichten versetzt werden, so sollen sie in ihren Gehaltsverhältnissen keine Einbuße leiden. (RBesG. § 91, preuß. Gehaltsvorschr. 1. 7. 05 Ziff. B §§ 25 ff.) Für die Gehaltsbemessung bei der Versetzung auf Antrag eines Beamten das. §§ 48 ff. — Wegen der Anrechnung der Militärzeit bei der Pensionierung der Reichsbeamten s. § 47 RMilG.; für preußische Beamte AE. 14. 12 91; ME. 13. 1. 92 MBl. 80; AE. 22. 4. 07; MB. 31. 5. 07 MBl. 168. Zu dem gleichen Gegenstande sind mehrfache Erlasse der Ressortminister ergangen. Über die Anrechnung der Militärdienstzeit der Militäranwärter s. Reichsgehaltsvorschriften Ziff. 14 ff., für Preußen AE. 22. 3. 09 HMBl. 213. AusfB. der Ressortminister z. B. 13. 5. 09 (M. d. J. und Fin.) Staatsanz. Nr. 114; 20. 5. 09 EVBl. 155, 30. 6. 09 MBl. 162, 12. 3. 10 HMBl. 79. Wegen der Anrechnung der Zeit diätarischer Beschäftigung auf das Besoldungsdienstalter: RGehaltsvorschr. Ziff. 2 ff. pr. Gehaltsvorschr. C 16; für Militäranwärter StMinBeschl. 27. 3. 10 ME. 30. 3. u. 21. 4. 10 MBl. 77.

Eine Kürzung des Gehalts bei einer länger als 4 Wochen betragenden Freiheitsstrafe AE. 17. 5. 1820 MR. 15. 8. 87 UZBl. 660 findet nach dem ME. 19. 10. 03 MBl. 141 nur statt, wenn zugleich die Amtssuspension verfügt ist. Die Stellvertretungskosten sind aber zur Hälfte (ME. 10. 4. 05 MBl. 72) einzubehalten. Für Reichsbeamte besteht keine besondere Bestimmung. Ihnen kann auch während einer Freiheitsstrafe ohne Suspension das Gehalt nicht gekürzt werden. Wegen der Fortzahlung des Gehalts bei Beurlaubung s. S. 355 f.

Wohnungsgeldzuschuß erhalten die Reichsbeamten und Offiziere nach Maßgabe des Besoldungsgesetzes vom 15. 7. 09 RGBl. 573 §§ 28 ff., soweit sie nicht Anspruch auf Dienstwohnung oder Mietsentschädigung haben. Die Höhe des Zuschusses richtet sich nach dem Range der Beamten (6 Klassen) und nach Ortsklassen (A bis E) Beil. V, VI zum Reichsbesoldungsgesetz. Bei Bemessung der Pensionen wird der Durchschnittssatz des Wohnungsgeldzuschusses für alle Beamtenklassen in Anrechnung gebracht. Der Zuschuß bestimmt sich stets nach dem Orte des Dienstes, auch wenn der Beamte an einem Orte wohnt (§ 31 RBesG.). Die preußischen unmittelbaren Staatsbeamten erhalten Wohnungsgeldzuschüsse nach dem G. vom 12. 5. 73 GS. 209 abgeändert durch G. vom 25. 6. 10 GS. 105 und dem diesem Gesetze beigegebenen Tarif. AusfB. 5. 7. 10, JMBl. 274. Die Höhe des Wohnungsgeldzuschusses ist abhängig von dem Rang der Beamten und der Zugehörigkeit des dienstlichen Wohnsitzes zu einer der 5 Ortsklassen (A bis E). Für die Einreihung der Orte in die Ortsklassen gilt das für Reichsbeamte jeweils geltende Verzeichnis.

Wegen der Ansprüche auf Gehalt, Pension, Wartegeld können die Reichsbeamten erst klagen, nachdem eine Entscheidung der obersten Reichsbehörde ergangen ist, und zwar binnen einer Ausschlußfrist von 6 Monaten (§§ 149 ff. RBG.). Auch diese Bestimmung entstammt dem preußischen

Recht, nach welchem die Entscheidung des Verwaltungschefs der Klage vorausgehen muß. (G. 24. 5. 61 GS. 241 über die Erweiterung des Rechtsweges.) Es handelt sich hier nur um Ansprüche aus dem Amtsverhältnis, nicht um reine Entschädigungsansprüche. Für letztere ist der Rechtsweg ohne weiteres zulässig (RG. 7. 2. 07 JurMonSchr. f. Posen, Nr. 2, 3). Mittelbare Staatsbeamte können ohne diese Beschränkung klagen (RGer. 28, 356; ME. 18. 9. 90 MBl. 204). Wegen der Ungültigkeit der Abtretung von Gehalt s. S. 31, wegen der Beschränkung der Pfändbarkeit s. unter VI.

X. Dienstwohnungen. Für Reichsbeamte ist ergangen AE. 16. 2. 03 RZBl. 66 u. 6. 10. 09 RZBl. 1348 betr. Dienstwohnungen, anwendbar auf Reichsbankbeamte (AE. 4. 1. 04 RZBl. 10). Für Preußen: Regulativ 26. 7. 80 MBl. 264, Nachtrag 20. 4. 98 MBl. 120. Die Dienstwohnungen werden den Beamten nach einem Inventarium übergeben und können ohne Genehmigung der Aufsichtsbehörde weder unentgeltlich abgetreten noch vermietet werden. Welche Lasten der Unterhaltung den Beamten und welche den Staat treffen, wird im Regulativ einzeln bestimmt. Festsetzung der von Dienstwohnungsinhabern zu entrichtenden Entschädigung für Wasserverbrauch und die Zentralheizung s. MV. 25. 1. 09 MBl. 49 (für Reichsbeamte 30. 4. 05 RZBl. 116, 11. 9. 09 RZBl. 1298). Die vom Diensteinkommen für nicht als freie bewilligte Dienstwohnungen in Abzug zu bringende Vergütung entspricht bei etatmäßigen Beamten dem Wohnungsgeldzuschuß. Bei außeretatmäßigen Beamten werden abgezogen in den Orten der Servisklasse A 10 %, I $7^1/_2$ %, II 6 %, III 5 %, IV 4 %. Die frühere Befreiung der Dienstwohnungen der Beamten von kommunalen Realsteuern ist durch § 24 KAG. ohne Einschränkung aufgehoben (s. S. 315).

XI. Tagegelder und Reisekosten. Für Reichsbeamte ist gemäß § 18 RBG. die Höhe des den Beamten bei Dienstreisen zustehenden Satzes für Tagegelder und Reisekosten auf Grund des KaiserlErl. vom 25. 6. 01 RGBl. 241, abgeänd. 17. 7. 10 RGBl. 947, durch V. vom 8. 9. 10. RGBl. 993 geregelt. Dazu AusfBest. des Reichskanzlers 29. 9. 10. RGBl. 1071. Die Sätze der Tagegelder schwanken zwischen 35 Mk. (I. Kl.: Chefs der obersten Reichsbehörde), bis 4 Mk. (VII. Kl.: Unterbeamte). Wird die Dienstreise an demselben Tage angetreten und beendet, so werden die Sätze ermäßigt (23—3 Mk.). Erfordert die Dienstreise einen außergewöhnlichen Kostenaufwand, so können die Sätze von der obersten Reichsbehörde angemessen erhöht werden. Daneben werden Kilometergelder, deren Höhe bei den ersten 6 Klassen davon abhängig ist, daß der Beamte eine bestimmte Wagenklasse benutzt, und Ab- und Zugänge gewährt. Welche Beamte zu den einzelnen Klassen (I bis VII) gehören wird durch den Reichskanzler festgestellt (§ 26 V. 8. 9. 10). Maßgebend ist die V. des RKanzlers 23. 7. 10 RGBl. 146. Besondere Verordnungen sind erlassen für die Beamten des Reichsamtes des Innern, der Betriebsverwaltung der REisenbahnen, der Beamten der Post- und Telegraphenverwaltung, für gesandtschaftliche und Konsularbeamte, sämtlich vom 8. 9. 10 RGBl. 1000 ff. Für preußische Beamte ist maßgebend das G. 26. 7. 10 GS. 150, das bei Tagegeldern Sätze von ebenfalls 35—4 Mk.

und 7 Klassen von Beamten unterscheidet. Die 7. Klasse erhält 6 Mk., soweit die Beamten bisher zu diesem Satz berechtigt waren. Die erste Klasse bilden die aktiven Staatsminister. Vgl. dazu AusfBest. des StM. 24. 9. 10. GS. 269. Für die einzelnen Ressorts sind besondere Vorschriften erlassen worden, z. B. MBl. 249 (FinM. und M. d. Inn.), JMBl. 1910, 358—363 (für Justizbeamte), EVBl. 1910, 263 (Staatseisenbahnbeamte).

XII. Pensionen. A. Reichsbeamte. Maßgebend ist §§ 24 ff. RBG. Voraussetzung der Pensionierung ist 1. dauernde Anstellung (bei Anstellung auf Widerruf oder zur Probe, wenn die so beschäftigten Personen keine etatmäßige Stelle bekleiden, kann, muß aber nicht eine Pension bewilligt werden (§ 37 RBG.); 2. dauernde Dienstunfähigkeit nach vollendetem 10. Dienstjahr (§ 34 RBG.) vorher bei Dienstbeschädigung oder auf Grund besonderer Bewilligung des Bundesrats (§ 36), ohne den Nachweis der dauernden Unfähigkeit nach Vollendung des 65. Lebensjahres[1]). Die Pension beträgt bei vollendeter 10 jähriger oder kürzerer Dienstzeit $^{20}/_{60}$, steigt bis zum vollendeten 30. Dienstjahre um $^{1}/_{60}$ und von da um $^{1}/_{120}$ bis auf $^{45}/_{60}$. Bei der Berechnung der Pension wird der Wohnungsgeldzuschuß, meistens auch andere Nebenbezüge (§ 42, 2—4 RBG.) nicht aber Dienstaufwandsentschädigung und besondere Remunerationen angerechnet. Die Dienstzeit wird von der Vereidigung oder dem etwa früheren Beginn der Dienstzeit an gerechnet (§ 45 RBG). Frühere Dienstzeit im Reichs- und Staatsdienst und im Probedienst als Militäranwärter wird angerechnet (§ 46, 2, 3 RBG.). Wegen der Anrechnung früherer Dienstzeit s. im übrigen §§ 46—52 RBG. Das Recht auf Pension ruht, solange der Pensionär nicht im Besitze der deutschen Reichsangehörigkeit ist (§ 57, 1 RBG.) und solange er im Reichs-, Staats-, Kommunaldienst, bei den Versicherungsanstalten, ständischen oder aus Mitteln des Reichs oder eines Bundesstaats unterhaltenen Instituten ein das frühere Diensteinkommen übersteigendes Einkommen bezieht. Über erneute Pensionierung §§ 58—59 RBG. Über 65 Jahre alte Beamte können, auch wenn sie ihre Pensionierung nicht nachsuchen, nach erfolgter Anhörung ohne besonderes Verfahren pensioniert werden, bei jüngeren Beamten, die wegen Dienstunfähigkeit pensioniert werden sollen, entscheidet in einem besonderen Verfahren (§§ 62 ff. RBG.) die oberste Reichsbehörde, wogegen Rekurs an den Bundesrat zulässig ist. Hinsichtlich der Beamten, die eine kaiserliche Bestallung erhalten haben, entscheidet der Kaiser im Einvernehmen mit dem Bundesrat. Für einen Beamten, der noch nicht 10 Jahre im Dienst ist, gilt das gleiche Verfahren, wenn ihm eine Pension in Höhe des mit 10 Jahren erdienten Betrages gewährt wird, sonst muß das förmliche Disziplinarverfahren stattfinden (§ 68 RBG). Über die Pensionsverhältnisse der Reichsbeamten ist ergangen V. 23. 12. 75, abg. 3. 8. 05 RGBl. 713, 4. 11. 07 RGBl. 742. Über die Pensions- und Wartegeldansprüche der Kolonialbeamten s. KolBG. 8. 6. 10 §§ 14—31.

B. Preußische Zivilbeamte. Das preußische Beamtenpensionswesen ist geregelt durch das G. 27. 3. 72 GS. 268 mit

---

[1]) Der Reichskanzler und die Staatssekretäre erhalten nach zweijährigem Bekleiden des Amtes oder 10jähriger Dienstzeit auch ohne Dienstunfähigkeit Pension.

den Abänderungen des G. 31. 3. 82 GS. 133, wozu noch die Abänderungen des G. 30. 4. 84 GS. 126, 20. 3. 90 GS. 43, 1. 3. 91, 25. 4. 96 GS. 87 betr. Angestellte an höheren nicht staatlichen Schulen und 31. 3. 05 GS. 177 hinzutreten. Das letzte Abänderungsgesetz datiert vom 27. 5. 07 GS. 95 AusfBest. dazu 13. u. 20. 6. 07 MBl. 202, 20. 8. 07 CBBl. 316, 4. 9. 07 MBl. 253. Der Rechtsweg ist für die Pensionen der unmittelbaren Beamten beschränkt durch G. 24. 5. 61 GS. 242 und das Pensionsgesetz nebst Zusätzen; für die Pension der Kommunalbeamten durch das KBG. s. o. S. 294 und für die Volksschullehrer durch G. 6. 7. 85 GS. 298 in der Fassung vom 26. 4. 90 GS. 89, 10. 6. 07 GS. 133. Die Pensionsfähigkeit setzt außer bei Dienstbeschädigung ohne eigene Verschuldung (vgl. hierzu G. 18. 7. 87 (2. 6. 02) betr. Fürsorge von Beamten infolge Betriebsunfällen, s. o. S. 221, eine 10jährige Dienstzeit und dauernde Unfähigkeit zur Erfüllung von Amtspflichten voraus, jedoch nicht gerade nur für das von den Beamten bisher bekleidete Amt, es muß vielmehr in erster Reihe auf eine Verwendung des Beamten in einem anderen Amte von gleicher Besoldung gleichem Range Bedacht genommen werden (MV. 31. 1. 07 MBl. 89). Die Anrechnung der außerhalb des Staatsdienstes stattgefundenen Beschäftigung ist nicht ausgeschlossen (§§ 13—19). Über die Anrechnung der vorläufigen und Probeanstellung der Militäranwärter StMinBeschl. 27. 3. 10 u. ME. 30. 3., 21. 4. 10 MBl. 77. Die Zeit der Erfüllung der aktiven Militärdienstpflicht wird auf das Dienstalter angerechnet (§ 15). Hierzu KglV. 14. 12. 91, 22. 3. 09 MBl. 121, RundV. 26. 11. 00 MBl. 01, 2; 22. 4. 01 MBl. 153, RundErl. 17. 10. 07 LandwBl. 14; 10. 4. 08 das. 224, 13. 5. 09 MBl. 118. Nach vollendetem 65. Lebensjahr kann der Beamte ohne weiteres Pensionierung erhalten und fordern. Die auf Widerruf und Kündigung angestellten Beamten haben den Anspruch auf Pension nur, wenn sie eine etatmäßige Stelle bekleiden. Es kann ihnen aber Pension bewilligt werden (§ 2).

Die Dienstzeit wird vom Tage der Vereidigung, aber immer erst vom Beginn des 18. Lebensjahres an gerechnet. Sucht ein Beamter seine Pensionierung selbst nach, so genügt zum Erweise seiner Dienstunfähigkeit die Erklärung seiner unmittelbar vorgesetzten Dienstbehörde (§ 20 PensG.). Über unfreiwillige Pensionierung bestimmt das DiszG. 21. 7. 52 (s. u. unter XIV). Die Pensionen werden vierteljährlich im voraus gezahlt. Das Recht auf Pension ruht, solange der Pensionär die deutsche Reichsangehörigkeit nicht besitzt, oder solange er ein neues Amt im Reichs- und Staatsdienst (auch im mittelbaren Staatsdienst seit dem G. 27. 5. 07) innehat und sein Einkommen mit der Pension das frühere Diensteinkommen übersteigt. Es gilt hier das für Reichsbeamte oben S. 360 Gesagte. Anrechnungsbestimmungen 22. 1. 09 RZBl. 100; MBl. 63, MV. 17. 12. 04 (MBl. 05, 2). Dies bezieht sich nicht auf ein beibehaltenes Nebenamt (ME. 5. 6. 94 MBl. 101), auch nicht auf ein mit dem Fiskus eingegangenes vertragsrechtliches Privatverhältnis, in dem beide Teile gleichberechtigt gegenüber stehen (RGer. 28, 80).

Die Entscheidung der Verwaltungsbehörden, ob und von welchem Zeitpunkt ab ein Beamter in den Ruhestand zu versetzen sei, ist für richterliche

Beurteilung der vermögensrechtlichen Ansprüche maßgebend. § 5 G. 24. 5. 61 RGer. 38, 293. Erleidet ein Pensionär eine strafrechtliche Verurteilung durch die er sein Amt verloren haben würde, so ist das für das Pensionsrecht ohne Einfluß. RGer. 21, 185; wegen der Militärpersonen s. unten.

C. Militärpersonen. Für die Militärpersonen gilt a) das Gesetz über die Pensionierung der Offiziere einschließlich der Sanitätsoffiziere des Reichsheeres der kaiserlichen Marine und der Schutztruppen 31. 5. 06 RGBl. 565; b) das Versorgungsgesetz für die Personen der Unterklassen und des Reichsheeres usw. von demselben Tage RGBl. 593; AusfBest. 19. 6. 06 RZBl. 662. Die Versorgung der Offiziere ist den Bestimmungen für die Beamten angepaßt, zeigt aber gewisse besondere aus dem militärischen Dienstverhältnis herrührende Eigentümlichkeiten. Besondere derartige Bestimmungen sind z. B. die Vorschriften über die Verstümmelungszulagen (§ 11 OffPensGes.), Kriegszulagen (§ 12), Zulagen aus Rücksicht auf die Gefahren des Seedienstes und Tropenzulagen (§§ 49, 66). Offiziere des Beurlaubtenstandes haben nur Anspruch auf Versorgung, wenn sie infolge einer Dienstbeschädigung dienstunfähig werden.— Unteroffiziere und Gemeine erhalten bei Dienstbeschädigung eine Rente, Kapitulanten nach 18 jähriger Dienstzeit auch ohne solche. Die Höhe der Rente (volle Rente 900 Mk. [Feldwebel], 720 Mk. [Sergeanten], 600 Mk. [Unteroffiziere], 540 Mk. [Gemeine]) wird nach Prozenten der Erwerbsfähigkeit festgestellt. Kapitulanten erhalten nach 18 Jahren 50 % der Vollrente, für jedes weitere Dienstjahr $^{3}/_{100}$. Verstümmelungszulagen und Kriegszulagen: § 13, 14 MannschVersG. Kapitulanten haben nach 12 Jahren Anspruch auf den Zivilversorgungsschein, bei kürzerer Dienstzeit nur bei Entlassung infolge von Dienstunbrauchbarkeit und bei Würdigkeit. — Die Pensionen und Renten der Militärpersonen werden monatlich im voraus bezahlt § 20 OffPensG., § 32 MannschVersG. Pensionen und Renten fallen fort: bei Wiedereintritt zum aktiven Militärdienst und bei rechtskräftiger Verurteilung zu Zuchthausstrafe wegen Hochverrats, Kriegsverrats oder Verrats militärischer Geheimnisse § 22 OffPensG., § 33 MannschVersG. Nach Einleitung der Strafverfolgung wegen dieser Vergehen ruht der Bezug der Pension oder Rente, solange sich der Verfolgte im Auslande befindet oder der Aufenthalt unbekannt ist. Ein Ruhen der Pension und der Versorgungsgebühren findet statt, wenn der Berechtigte in einem Invalideninstitut versorgt wird (§ 24, 1 OffPensG., § 36, 1 MannschVersG.; bei Mannschaften ruht die Rente auch während des Aufenthalts in einer militärischen Kranken-, Heil- und Pflegeanstalt).

Über das Zusammentreffen von Militärpensionen und Beamtenbesoldungen bestimmt § 24 Ziff. 3, OffPensG., daß das Recht auf die Pension und den Pensionszuschuß ruhen soll: während einer Anstellung oder Beschäftigung im Zivil- oder Gendarmeriedienste, soweit das Einkommen aus diesem Dienste unter Hinzurechnung der Pension den Betrag des früheren pensionsfähigen Diensteinkommens oder, sofern es für den Pensionär günstiger ist, folgende Beträge übersteigt:

bei einer Gesamtmilitär- und Zivildienstzeit von weniger als	21 Jahren	4000 Mk.
„ „ solchen von wenigstens	21 „	4400 „
„ „ „ „ „	24 „	4800 „

bei einer solchen von wenigstens	27	„	5100 Mk.
„ „ „ „ „	30	„	5400 „
„ „ „ „ „	33	„	5700 „
„ „ „ „ „	36	„	6000 „

Als Zivildienst gilt jede Anstellung oder Beschäftigung als Beamter oder in der Eigenschaft eines Beamten im Reichs-, Staats- oder Kommunaldienste, bei den Versicherungsanstalten für die Invalidenversicherung oder bei ständischen oder solchen Instituten, welche ganz oder zum Teil aus Mitteln des Reichs, Staates oder der Gemeinden unterhalten werden.

Bei Berechnung des Zivildiensteinkommens sind diejenigen Beträge, welche für die Bestreitung eines Dienstaufwandes sowie zur Entschädigung für außergewöhnliche Teuerungsverhältnisse gewährt werden, nicht in Ansatz zu bringen; die Dienstwohnung ist mit dem pensionsfähigen oder sonst hierfür festgesetzten Werte, der Wohnungsgeldzuschuß oder eine dementsprechende Zulage mit dem pensionsfähigen Betrag oder, sofern er nicht pensionsfähig ist, mit dem Durchschnittssatz anzurechnen. Ist der wirkliche Betrag des Wohnungsgeldzuschusses oder der Zulage jedoch geringer, so ist nur dieser anzurechnen.

Bei Feststellung der Gesamtmilitär- und Zivildienstzeit findet eine Hinzurechnung von Kriegsjahren oder eine Doppelrechnung von Dienstzeit nicht statt.

Der dem Pensionär verbleibende Jahresbetrag der Militärpension ist nach oben so abzurunden, daß bei Teilung durch drei sich volle Markbeträge ergeben.

Nach dem Mannschaftsversorgungsgesetz ruht die Rente usw. während einer Anstellung und Beschäftigung im Zivildienst nach Maßgabe folgender Vorschriften: 1. Es ruhen alle unter $^{21}/_{100}$ der Vollrente zuerkannten Rententeile; 2. von höheren Renten alle $^{60}/_{100}$ der Vollrente übersteigenden Rententeile; 3. die ohne die Voraussetzung der Dienstunfähigkeit den Kapitulanten gewährte Rente soweit sie mit dem Zivildiensteinkommen 2000 Mk. übersteigt. Als Zivildienst gilt außer dem Dienste bei den eben bei dem Off. PensGes. genannten Behörden auch die Beschäftigung bei anderen Zivilstellen, welche ganz oder zum Teil den Militäranwärtern und den Inhabern des Anstellungsscheines vorbehalten sind, wenn und solange der Angestellte durch diesen Dienst ein Einkommen bezieht.

XIII. Versorgung der Hinterbliebenen (Witwen, Waisen usw.) der Beamten.

A. Gnadenvierteljahr. Die Hinterbliebenen der etatsmäßig angestellten Reichs- und unmittelbaren Staatsbeamten erhalten, auch wenn die Beamten auf Wartegeld standen, für das auf den Sterbemonat folgende Vierteljahr noch die mit dem Tode sofort fällige, volle Besoldung des Verstorbenen (Gnadenvierteljahr) und zwar kann, wenn eine Witwe, eheliche oder legitimierte Nachkommen (zu denen Adoptivkinder nicht zu rechnen sind MV. 30. 6. 08 Landw. MBl. 09, 3) nicht hinterlassen sind, mit Genehmigung im Reiche der vorgesetzten Dienstbehörde, in Preußen des Verwaltungschefs, diese Zuwendung auch an arme Verwandte aufsteigender Linie, Geschwister, Geschwisterkinder oder Pflegekinder, auch Adoptivkinder (Zirk. 1. 2. 95, MBl. 86, MV. 30. 6. 08 Landw. MBl. 09, 3), wenn sie in Bedürftigkeit hinterlassen sind oder der Nachlaß zur Deckung der Kosten der letzten Krankheit und der Beerdigung nicht ausreicht [1]). Die Dienstwohnung außer den Arbeits- und Sitzungszimmern

---

[1]) Besondere Vorschriften für Kolonialbeamte § 37 KolBG. 8. 6. 10 (Elterngeld).

verbleibt der hinterlassenen Familie während des Gnadenvierteljahrs; andere Erben haben eine dreißigtägige Räumungsfrist (§§ 7—9 RBG.; Preuß. Beamtenbesoldungsg. 7. 3. 08 GS. 35 §§ 2—5; hierzu ME. 11. 4. 08 MBl. 92). Für die Hinterbliebenen der Pensionäre bestimmt § 69 RBG. und § 31 Preuß. G. 27. 3. 72 in der Fassung vom 27. 5. 07 das gleiche hinsichtlich des Gnadenvierteljahrs. — Den Hinterbliebenen nicht etatsmäßig angestellter Reichs- und unmittelbarer Staatsbeamten, die nicht nur aushilfsweise beschäftigt waren, kann das Gnadenvierteljahr von der vorgesetzten Dienstbehörde bewilligt werden (§ 7 RBG.; § 2 G. 7. 3. 08).

Gnadenvierteljahrsbeträge sind auch von den einem nach § 16² G. 21. 7. 52 im Disziplinarwege entlassenen Beamten ausnahmsweise zuerkannten Pensionsbeträgen und von den auf Zeit bewilligten Unterstützungen dann zu gewähren, wenn der Tod des Entlassenen in die Bewilligungsfrist fällt. Ferner von allen ohne Rechtsanspruch als Ruhegehalt bewilligten Beträgen sowie von den vom Minister des Innern bewilligten Stiftspensionen (FinMinE. 30. 5. 91, JMBl. 165). Die Zahlung von unabgehoben gebliebenen widerruflichen Unterstützungen an die unbemittelten Erben ausgeschiedener Beamten und deren Witwen und Waisen ordnet V. 1. 6. 01 MBl. 155 an.

B. Witwen- und Waisengeld. Quellen: Für Reichsbeamte: Beamtenhinterbliebenengesetz 17. 5. 07 RGBl. 208; anwendbar auf Reichsbankbeamte (RG. 4. 11. 07 RGBl. 742). Für Kolonialbeamte §§ 32ff. KolonialbeamtenG. 8. 6. 10 RGBl. 881. Für preuß. Beamte G. 20. 5. 82 GS. 298 betr. die Fürsorge für die Witwen und Waisen der unmittelbaren Staatsbeamten (und Pensionäre) und AbändG. 28. 3. 88 GS. 48, 1. 6. 97 GS. 169, 27. 5. 07 GS. 99 26. 5. 09 GS. 85, AusfBest. 5. 6., 14. 6., 7. 7., 27. 9. 82 MBl. 54, 59, 114 JMBl. 114; 10. 4. 83 MBl. 54, 3 3. 00 MBl. 175, 13. 6. 07 MBl. 202, 20. 10. 04 MBl. 263, 24. 5. 05 MBl. 53. Die beiden letzteren V. beziehen sich auf die Hinterbliebenen von Beamten, die infolge eines Betriebsunfalles verstorben sind. Hierzu ist ergangen die AusfAnw. über die Berechnung der Bezüge der Hinterbliebenen von Staatsbeamten, die im Dienste einen Betriebsunfall erlitten haben 6. 7. 07 MBl. 251 (s. auch oben S. 222). — Das Witwengeld besteht in 40 % der Pension, zu welcher der verstorbene Beamte berechtigt gewesen ist oder berechtigt gewesen wäre, wenn er am Todestage pensioniert wäre; es beträgt mindestens 300 Mk. und geht bis zur Höhe von 5000 Mk. [in Preußen so hoch nur für Witwen von Staatsministern und von Beamten I. Klasse, sonst bis 3500 Mk.]. Das Waisengeld beträgt, wenn die Mutter noch lebt, $^1/_5$ des Witwengeldes für jedes Kind, anderenfalls $^1/_3$. Witwen- und Waisengeld dürfen weder zusammen noch einzeln den Betrag der Pension, zu der der Verstorbene bei seinem Tode berechtigt gewesen sein würde, übersteigen. War die Witwe über 15 Jahre jünger als der Verstorbene, so wird das Witwen- (nicht auch das Waisen-) Geld für jedes angefangene Jahr des Altersunterschiedes über 15 bis einschl. 25 Jahre um $^1/_{20}$ gekürzt unter Wiederzusetzung von $^1/_{20}$ (bei Reichsbeamten $^1/_{10}$) für jedes angefangene Jahr nach fünfjähriger Dauer der

Ehe. Da ebenso wie der Pensionsanspruch auch das Recht auf Witwen- und Waisengeld zu den Besoldungsansprüchen der Beamten gehört, so ist auch dieses Recht wegen einer im Amte begangenen, an sich mit dem Verluste des Amtes bedrohten strafbaren Handlung nicht erloschen, wenn nicht gegen den Beamten, bevor er pensioniert war, entweder eine, mit dem Verluste des Amtes verbundene Strafe durch Strafurteil ausgesprochen, oder ein mit dem Urteile auf Dienstentlassung endigendes Disziplinarverfahren eingeleitet war (RGer. 38, 321). Ein Anspruch auf Witwengeld wird nicht anerkannt, wenn der Verstorbene in den letzten drei Monaten vor seinem Tode in der Absicht geheiratet hat, seiner Ehefrau die Witwenversorgung zu sichern oder erst nach seiner Pensionierung geheiratet hat. — Witwen- und Waisengeld kann nicht gültig abgetreten, verpfändet oder sonst übertragen werden. — Das Recht darauf erlischt: 1. Für jeden Berechtigten mit dem Ablaufe des Monats, in welchem er sich verheiratet oder stirbt; 2. für jede Waise außerdem mit Ablauf des Monats, in welchem sie das 18. Lebensjahr vollendet. Es ruht, wenn der Berechtigte die deutsche Staatsangehörigkeit verliert, bis zu ihrer Wiedererlangung. — Die Berechtigten können binnen 6 Monaten nach der Entscheidung des Departementschefs über ihre Ansprüche die letzteren einklagen, s. dazu M. 10. und 23. 4. 83 MBl. 54, 59. Die Witwen- und Waisengeldbeiträge der Beamten und Pensionäre kommen nach dem G. 28. 3. 88 in Wegfall.

Das Reichs-Beamtenhinterbliebenengesetz findet auch auf die Militärbeamten Anwendung, soweit nicht das Militärhinterbliebenengesetz v. 17. 5. 07 (RGBl. 214) abweichende Bestimmungen enthält. Dieses regelt die Fürsorge für die Hinterbliebenen der Personen des Soldatenstandes, weiter gilt es für die Beamten des Beurlaubtenstandes und der Personen, die im Kriege als Heeresbeamte verwendet worden sind. Ferner ist die Kriegsversorgung der Hinterbliebenen von allen Militärbeamten geregelt.

Für die Hinterbliebenen von Reichsbeamten, die infolge eines Betriebsunfalles verstorben sind, kommt das Unfallfürsorgegesetz für Beamte v. 18. 6. 01 RGBl. 321 in Betracht. (S. oben S. 221 f.)

XIV. Disziplinarverhältnisse. Für die Reichsbeamten gelten die Disziplinarbestimmungen der §§ 72—133 des Reichsbeamtengesetzes 18. 5. 07. Zu §§ 125 ff. (Suspension) s. RGer. 35, 35. Sie sind denen des Preuß. G. nachgebildet, auf dessen unten folgende Darstellung hier verwiesen wird. Erstinstanzliche Disziplinargerichte für die Reichsbeamten sind 28 Disziplinarkammern für bestimmte Bezirke; die Berufung geht an den Disziplinarhof zu Leipzig, der aus Mitgliedern des Reichsgerichts und des Bundesrats zusammengesetzt ist. Die Disziplinarkammern und der Disziplinarhof verhandeln öffentlich. Das Reichsgericht, der Rechnungshof des Reiches und das Bundesamt für das Heimatwesen sind selber Disziplinarbehörde für ihre Mitglieder. — Wegen der Militärpersonen s. S. 350 f., wegen der Geistlichen s. Absch. XIV.

Für die richterlichen Militärjustizbeamten ist ergangen DiszG. 1. 12. 98 RGBl. 1297. Für die Kolonialbeamten s. §§ 40 ff. KolBG. 8. 6. 10 und Erl. des Reichsk. betr. die Disziplinarbehörden für die Schutzgebiete 3. 3. 97 RZBl. 72

Für Preußen gilt das

G. 21. 7. 52 (GS. 465), betr. die Dienstvergehen der nicht richterlichen Beamten, die Versetzung derselben auf eine andere Stelle oder in den Ruhestand.

Das G. bezieht sich auf sämtliche Preußische Beamte mit Ausnahme der dem DiszG. für die Richter unterliegenden s. S. 372. Jedoch sind für gewisse Beamte andere Disziplinarbehörden zuständig.

Die Verwaltungsgerichte sind entscheidende Disziplinargerichte für Gemeindevorsteher, Schöffen, Mitglieder des Gemeindevorstandes und sonstige Gemeindebeamte sowie Gutsvorsteher: 1. Instanz KrAusch., 2. Instanz OVG. (ZG. § 36);

Städt. Beamte: BzAusch., OVG. (ZG. § 20);

Gewählte Mitglieder des Kreis-(Stadt-)Ausschusses: BzAusch., OVG. (LVG. § 39);

Amtsvorsteher und Kreisbeamte: KrAusch., OVG. (KrO. § 68, 134 Nr. 3);

Gewählte und stellvertretende Mitglieder des BzAusch.: OVG. (LVG. § 32);

Gewählte und stellvertretende Mitglieder des Provinzialrates: OVG. (LVG. § 14);

Mitglieder des ProvinzAusch., Landesdirektor und ProvBeamte: Bz.-Aussch., OVG. (ProvO. § 98 Nr. 5 u. § 51);

Subaltern- und Unterbeamte des OVG.: OVG. (G. 3. 7. 75; GS. 375, bzw. 2. 8. 80, GS. 328, § 30 a).

Die Mitglieder des OVG. selbst unterliegen keinem Disziplinarverfahren. Nur bei Verurteilung wegen einer entehrenden Handlung oder zu einer Freiheitsstrafe über 1 Jahr kann durch Plenarbeschluß des OVG. die Amtsentsetzung ausgesprochen werden (ebendas. §§ 20 f.).

Für die Disziplinarentscheidungen des OVG., bei denen es sich um Amtsentsetzung oder Dienstunfähigkeit handelt, ist der aus 2 Präsidenten und 7 Räten dieses Gerichtshofes gebildete Disziplinarsenat zuständig; für Klagen, welche Verhängung von Ordnungsstrafen betreffen, der 1. Senat (G. 8. 5. 89, GS. 107) m. a. W.: die Absicht des G. ging dahin, die im Wege des förmlichen Disziplinarverfahrens zu fällenden Entscheidungen dem Disziplinarsenat, die auf Klage im Verwaltungsstreitverfahren ergehenden, dem ersten Senat zu übertragen (OVG. 28, 411). — Was nun den Inhalt des DisziplinarG. 21. 7. 52 anbelangt, dessen Vorschriften hinsichtlich des Verfahrens aus der RStrPrO. zu ergänzen sind (MV. 30. 4. 95, MBl. 110), so behandelt es nach seiner Überschrift zwei verschiedene Dinge;

1. Dienstvergehen und deren Bestrafung.

A. Dienstvergehen. Sie werden nicht spezifiziert, bis auf den einen, in den §§ 8—13 besonders hervorgehobenen Fall: unerlaubte Entfernung aus dem Dienste, die Verlust des Diensteinkommens für die betr. Zeit und wenn sie länger als 8 Wochen oder nach dienstlicher Aufforderung zur Rückkehr länger als 4 Wochen dauert, Dienstentlassung nach sich zieht[1]). Jedoch kann neben dem Verlust des Diensteinkommens

[1]) Ähnlich, aber ohne die besondere Androhung der Dienstentlassung RBG. § 14, 3.

noch anderweite disziplinare Ahndung eintreten (OVG. 22. 5. 96 bei Kunze-Kautz, Rechtsgrundsätze II, 1087). Im übrigen soll ein Beamter den Vorschriften dieses Gesetzes unterliegen, wenn er: a) die Pflichten verletzt, die ihm sein Amt auferlegt[1]), oder b) sich durch sein Verhalten in oder außer dem Amte der Achtung, des Ansehens oder des Vertrauens, die sein Beruf erfordert, unwürdig zeigt (vgl. bezügl. Schuldenmachens KO. 12. 5. 41, MBl. 202, bezügl. wiederholter Trunkenheit KO. 24. 12. 36, Annal. 1837, 21, 13). — Verstößt die betr. Handlung zugleich gegen ein Strafgesetz, so ist zunächst das gerichtliche Verfahren abzuwarten. Wird hier auf Freisprechung erkannt, so findet wegen der dabei zur Erörterung gekommenen Tatsachen ein Disziplinarverfahren nur noch insofern statt, als sie an sich und ohne Beziehung zu dem gesetzlichen Tatbestande der Übertretung, des Vergehens oder Verbrechens, welche den Gegenstand der Untersuchung bildeten, ein Dienstvergehen enthalten. Ist eine Verurteilung ergangen, welche den Verlust des Amtes nicht zur Folge hat, so bleibt es der zuständigen Behörde überlassen, ob sie außerdem noch ein Disziplinarverfahren einleiten will. Ist auf Freiheitsstrafe über ein Jahr, auf Verlust der bürgerlichen Ehrenrechte, auf Unfähigkeit zur Bekleidung öffentlicher Ämter oder Stellung unter Polizeiaufsicht erkannt, so hat solches Erkenntnis ohne erneute Entscheidung den Verlust des Amtes zur Folge (§§ 2—8). Der Disziplinarrichter ist nicht nur bei einem freisprechenden Strafurteil, sondern stets an die vorausgegangene tatsächliche Feststellung des Strafrichters gebunden (Urteil des Reichsdisziplinarhofes 1. 4. 74 RZBl. 143; OVG. 22, 429 unter Mißbilligung des Staatsministerialbeschlusses 23. 3. 81, MBl. 134, UZBl. 340). — Vor dem Eintritt in die Beamtenstellung begangene Handlungen können nicht Gegenstand disziplinarer Bestrafung sein (OVG. 22. 423), wohl aber die Handlungen in früheren Amtsstellungen (OVG. 49, 49, 415).

B. Strafen:

a) Ordnungsstrafen, nämlich: Warnung, Verweis, Geldbuße, gegen untere Beamte (Boten, Diener usw.) Arreststrafe bis zu 8 Tagen[2]), kann jeder Dienstvorgesetzte gegen seine Untergebenen erlassen, jedoch ist die Geldstrafe bei den Provinzialbehörden auf einen Höchstbetrag von 90 Mk. und gegenüber besoldeten Beamten auf den Betrag des einmonatigen Diensteinkommens (d. h. Gesamtdiensteinkommens aus Haupt- und Nebenämtern, OVG. 25, 412) begrenzt. Innerhalb dieser Grenze ist die Befugnis des Landesdirektors bis auf den Betrag von 30 Mk. beschränkt (§ 19 G. 21. 7. 52, § 98² ProvO.). Die Befugnis der unter den Provinzialbehörden stehenden Behörden, einschließlich der Landräte, geht bis auf 9 Mk.[3]) oder 3 Tage Arrest. Gegen verfügte Ordnungsstrafen ist die Beschwerde zulässig (die Klage beim OVG. für Kommunalbeamte nur im Falle des oben S. 301 in § 80 der StO. aufgenommenen § 20 [§ 36] des ZG., vgl. OVG. 16, 404; 20, 445). Gutsdiener haben die Klage aus § 36 ZG. nicht (OVG. 18, 442).

---

[1]) So auch RBG. § 72.
[2]) Das BG. kennt die Arreststrafe nicht.
[3]) Für Reichsbeamte s. §§ 74³, 81 RBG.

b) Entfernung aus dem Amte, nämlich: Versetzung in ein anderes Amt von gleichem Range jedoch mit Verminderung des Diensteinkommens und Verlust des Anspruchs auf Umzugskosten — eine Strafe, die nur bei unmittelbaren Staatsbeamten anwendbar ist —, sodann Dienstentlassung, bei welcher ein Teil der reglementsmäßigen Pension auf Lebenszeit oder auf gewisse Jahre als Unterstützung gewährt werden kann, falls „besondere Umstände" (d. h. nur solche, die bei der Strafzumessung selber in Betracht kommen, nicht hohes Lebens- oder Dienstalter u. dergl. des Angeschuldigten, MR. 14 4. 89, MBl. 161 und MV. 18. 11. 98, MBl. 99, 1) eine mildernde Beurteilung zulassen (§§ 14—17, RBG. § 75). Der Grund muß ein dringender sein. (MV. 6. 2. 03, MBl. 32; MV. 18. 5. 05 MBl. 84, 30. 5. 08, Landw. MBl. 269)[3]).

C. Disziplinar verfahren (vgl. in betreff der städtischen Beamten oben S. 301). —

Der Entfernung aus dem Amte muß stets ein Disziplinarverfahren mit Voruntersuchung und mündlicher Verhandlung vorhergehen. Jedoch ist das Verfahren im Gegensatze zu dem Reichsdisziplinarrecht (§ 103 RBG. kein öffentliches. In der Voruntersuchung sind die Zeugen eidlich durch den Untersuchungskommissar oder auf dessen Ersuchen durch das Amtsgericht (MV. 28. 12. 09 MBl. 10, 18) zu vernehmen. (Vernehmung von Beamten als Zeugen unter Hinweis auf den Diensteid ist unzulässig, ZMV. 20. 7. 94, MBl. 118). Die entscheidenden Disziplinarbehörden sind:

a) Der Disziplinarhof zu Berlin, bestehend aus einem Präsidenten und 10 anderen Mitgliedern, von welchen mindestens 4 Mitglieder des Kammergerichts (AbänderungsG. 9. 4. 79 § 13) sein müssen, in Ansehung der vom Könige oder den Ministern angestellten oder bestätigten Beamten; — hier verfügt der Ressortminister des Beamten die Einleitung des Verfahrens und ernennt den Untersuchungskommissar und den Staatsanwalt;

b) die Provinzialbehörden (Regierungen, Provinzialschulkollegien, Oberzolldirektionen, Oberbergämter, Generalkommissionen, Eisenbahndirektionen, Polizeipräsidium und Verwaltung der direkten Steuern zu Berlin usw.) in Ansehung der anderen bei ihnen angestellten oder ihnen untergeordneten Beamten; — hier verfügt die Einleitung und ernennt den Untersuchungskommissar und den Staatsanwalt der Vorsteher dieser Behörden oder der Ressortminister;

c) für diejenigen Beamtenkategorien, welche nicht unter a und b begriffen sind, die Regierung.

Der Ressortminister[1]) kann mit Rücksicht auf den Ausfall der Voruntersuchung das fernere Verfahren einstellen oder eine bloße Ordnungsstrafe verhängen, in diesem Falle trägt der Angeschuldigte die entstandenen Untersuchungskosten (ME. 26. 3. 53, MBl. 93), in jenem Falle nicht (ME. 36. 3. 80, MBl. 167, 2. 5. 92, UZBl. 542). Sonst wird die Anklageschrift gefertigt und mündliche Verhandlung anberaumt, auf Grund

---

[1]) Für Kommunalbeamte: Einstellung durch das Gericht 1. Instanz (§§ 20, 36 ZG.; § 157 LVG.), für Reichsbeamte ist die oberste Reichsbehörde zuständig.

deren die Disziplinarbehörde nach ihrer freien Überzeugung das Urteil fällt. Dies kann auch auf eine bloße Ordnungsstrafe lauten. Dabei ist die entscheidende Disziplinarbehörde an die oben angegebenen Maximalgrenzen gebunden, Staatsministerialbeschluß 31. 5. 98 UCBl. 502. Es wird mit Gründen verkündigt. Der Angeschuldigte kann Ausfertigung verlangen und ebenso wie der Staatsanwalt binnen 4 Wochen Berufung an das Staatsministerium einlegen, die in ferneren 14 Tagen zu rechtfertigen ist und in derselben Frist vom Gegner beantwortet werden kann. S. ME. 24. 8. 92 betr. die vorläufige Anmeldung des Rechtsmittels für diejenigen Fälle, in welchen die Entscheidung 1. Instanz auf Versetzung in ein anderes Amt lautet (MBl. 320), desgl. ME. 8. 7. 97 UBl. 650 und ME. 13. 12. 98 UCBl. 99, 204 für diejenigen Fälle, in welchen bei Dienstentlassung eine Unterstützung belassen ist. — Die schließliche Entscheidung, wenn sie Dienstentlassung ausspricht, ist bei Beamten, die vom Könige ernannt oder bestätigt sind, vom Könige zu bestätigen (§§ 18 bis 47). Über das Verfahren bei Begnadigungsgesuchen s. ME. 13. 5. 62 MBl. 305.

D. Vorläufige Dienstenthebung (Suspension). Diese tritt von selber, kraft des Gesetzes, ein:

a) wenn im gerichtlichen Strafverfahren die Verhaftung des Beamten beschlossen oder gegen ihn ein noch nicht rechtskräftiges Urteil erlassen ist, das auf Verlust des Amtes lautet oder diesen kraft Gesetzes nach sich zieht;

b) wenn im Disziplinarverfahren eine noch nicht rechtskräftige Entscheidung ergangen ist, welche auf Dienstentlassung lautet.

Abgesehen von diesen Fällen kann die zur Einleitung des Disziplinarverfahrens ermächtigte Behörde (für Reichsbeamte die oberste Reichsbehörde) die Suspension, sobald gegen den Beamten ein gerichtliches Strafverfahren eingeleitet oder Einleitung der Disziplinaruntersuchung verfügt ist, sowie auch demnächst im ganzen Lauf des Verfahrens bis zur rechtskräftigen Entscheidung verfügen. Ist Gefahr im Verzuge, so kann einem Beamten auch von solchen Vorgesetzten, die seine Suspension zu verfügen nicht ermächtigt sind, die Ausübung der Amtsverrichtung vorläufig untersagt werden; es ist aber darüber sofort an die höhere Behörde zu berichten. Eine Kürzung am Gehalt tritt hierdurch nicht ein (so ausdrücklich RBG. § 131).

Der suspendierte Beamte behält die Hälfte seines Diensteinkommens, die andere Hälfte dient zur Deckung der Stellvertretungs- und Untersuchungskosten. Der etwa verbleibende Rest wird dem Beamten nicht nachbezahlt, wenn auf Amtsentsetzung erkannt wird (anders RBG. § 129) Bei Freisprechung erhält er das Einbehaltene vollständig nachbezahlt; wird bloß auf Ordnungsstrafe erkannt, so werden nicht Stellvertretungskosten, sondern bloß die Untersuchungskosten und die etwaige Geldstrafe einbehalten (§§ 48—54). —

Die §§ 55—77 (abgeändert durch G. 9. 4. 79) enthalten Besonderheiten für die nichtrichterlichen Beamten der Justizverwaltung. Der § 78 mit seinen besonderen Bestimmungen für die Gemeindebeamten ist durch ZG § 20 beseitigt (OVG. 18, 432). Die §§ 79—82, betr. die

Beamten der Militärverwaltung, sind ersetzt durch Reichsbeamtengesetz §§ 120—123.

Beamte, die auf Probe, auf Kündigung oder sonst auf Widerruf angestellt sind, können natürlich ohne ein förmliches Disziplinarverfahren entlassen werden (§ 83). Gegen diese Entlassung ist lediglich Beschwerde im Aufsichtswege, nicht Klage zulässig (E. 23. 2. 61, MBl. 159; Kompetenz-Gerichtshof 30. 10. 58, CMBl. 59, 172).

2. Versetzung der Beamten auf eine andere Stelle, auf Wartegeld, in den Ruhestand:

A) Versetzung in ein anderes Amt von demselben Range und Diensteinkommen mit Vergütung der reglementsmäßigen Umzugskosten ist im Interesse des Dienstes stets ohne weiteres zulässig (§ 87)[1]);

B) ebenso können durch Königl. Verfügung bei Umbildung von Behörden[2]) alle Beamten außer den Richtern (AE. 14. 6. 48 GS. 53) und ferner unbedingt die sog. politischen Beamten (Unterstaatssekretäre, Ministerialdirektoren, Oberpräsidenten, Regierungspräsidenten und Vizepräsidenten, Staatsanwälte, Polizeidirektoren, Landräte, Gesandte) jederzeit auf Wartegeld gesetzt werden (§ 87; vgl. auch über die Höhe und Abstufungen der Wartegelder die V. 14. 6. u. 24. 10. 48)[3]);

C) endlich handelt es sich um Pensionierung der Beamten, die wegen Schwäche der körperlichen und geistigen Kräfte dauernd dienstunfähig erscheinen, aber ihre Pensionierung nicht selbst nachsuchen. Diesen wird unter Angabe der Gründe und des zu gewährenden Pensionsbetrages eröffnet, daß der Fall ihrer Versetzung in den Ruhestand vorliege. Dann können sie binnen 6 Wochen ihre Einwendungen bei der vorgesetzten Dienstbehörde anbringen, über welche der vorgesetzte Ressortminister entscheidet. Gegen diese Entscheidung steht binnen 4 Wochen Rekurs an das Staatsministerium offen. Bei Beamten, die vom König ernannt sind, entscheidet der König auf Antrag des Staatsministeriums. — Hat ein Beamter die vorerwähnte Frist von 6 Wochen ohne Einwendungen zu erheben verstreichen lassen, so wird in der Weise verfügt, als wenn er seine Pensionierung selbst nachgesucht hätte. — Das Gehalt ist noch bis zum Ablauf desjenigen Vierteljahres fortzuzahlen, welches auf den Monat folgt, in dem die schließliche Verfügung über die erfolgte Pensionierung dem Beamten mitgeteilt ist (§§ 88—92).

Ein Beamter, der noch nicht pensionsberechtigt ist, kann gegen seinen Willen nur im förmlichen Disziplinarverfahren in den Ruhestand versetzt werden. Dies gilt auch für mittelbare Staatsbeamte, für welche im übrigen, anstatt der Vorschriften unter B und C, die „wegen Pensionierung derselben bestehenden Vorschriften" in Kraft bleiben sollen. Wird dem noch nicht pensionsberechtigten Beamten eine Pension zu dem Betrage bewilligt, welcher ihm bei Erreichung seiner Pensionsberechtigung

---

[1]) Für Kolonialbeamte (§ 11 KolBG. 8. 6. 10) ist auch Versetzung in den Dienst eines anderen Schutzgebiets und ein Reichsamt zulässig. Ausnahme für richterliche Beamte § 51.

[2]) Besondere Regelung fand statt bei der Umgestaltung der Eisenbahnbehörden durch G. 4. 6. 94 und ferner beim Inkrafttreten des BGB. für die über 65 Jahre alten Richter (G. 13. 7. 99 GS. 123).

[3]) Vgl. a) § 25 RBG.; b) § 24 RBG. Höhe des Wartegeldes: § 26 RBG. Für Kolonialbeamte 12 KG. 8. 6. 10.

zustehen würde, so erfolgt seine Pensionierung nach den Vorschriften unter C (§ 93—95). — Für Reichsbeamte siehe oben Seite 360.

XV. Einzelne Beamtenarten in Preußen. 1. Verwaltungsbeamte: Über die Befähigung zum höheren Verwaltungsdienst ist ergangen G. 10. 8. 06 GS. 378 AusfAnw. 12. 8. 06 MBl. 231 mit Nachtrag 23. 8. 07 MBl. 258. Erforderlich ist 3jähriges Studium der Rechts- und Staatswissenschaften und die Ablegung zweier Prüfungen. Die erste ist die juristische, der zweiten muß eine Vorbereitungszeit von je 9 Monaten bei den Gerichts- und 3¼ Jahr bei den Verwaltungsbehörden vorausgehen. Für die Übernahme von höheren Justizbeamten zur Verwaltung s. § 10ff. G. 10. 8. 06.

Für alle Zweige des mittleren (Subaltern-) Dienstes genügen neben Erfüllung der Militärpflicht und der Fähigkeit 3 Jahre lang den eigenen Unterhalt zu bestreiten die Reifezeugnisse der höheren Lehranstalten mit 6jährigem Lehrgang oder der durch ME. 8. 5. 95 UZBl. 493 angereihten Landwirtschaftsschulen, sowie die Versetzung nach Obersekunda einer 9klassigen höheren Lehranstalt (Gymnasium, Realgymnasium, Oberrealschule) KO. 31. 10. 27; Bek. 28. 1. 01 UZBl. 274; bei besonderer praktischer Brauchbarkeit und sonstiger Ausbildung kann von diesem Erfordernis abgesehen werden. Welche Beamtenstellen als mittlere und Unterbeamtenstellen zu erachten sind, ist im Zweifel aus der Analogie der Festsetzungen über die den Militäranwärtern im preußischen Staatsdienste vorbehaltenen Stellen zu beantworten. Prüfungs-O. für die mittleren Beamten 21. 8. 94 MBl. 159 dgl. für die Polizeibeamten 11. 12. 00 MBl. 01, 2 — für das Polizei-Präsidium Berlin gelten besondere Vorschriften 30. 5. 95 MBl. 137. Besondere Rücksichten muß bei der Besetzung der mittleren und Unterbeamtenstellen auf die „Militäranwärter“ genommen werden. Dies sind Kapitulanten, die nach einer 12jährigen Dienstzeit oder (als Invaliden früher) aus dem Militärdienst ausscheiden und denen der Zivilversorgungsschein verliehen worden ist (§ 15ff. Militärversorgungsgesetz 31. 5. 06 RGBl. 593. Auf Grund des § 18 sind ergangen die Grundsätze betr. die Besetzung der mittleren, Kanzlei- und Unterbeamtenstellen bei den Reichs- und Staatsbehörden mit Militäranwärtern (Bundesratsbeschluß) 20. 6. 07. Bek. 8. 7. 07 RZBl. 309 15. 3. 10 RZBl. 82. Für Preußen nebst den Erläuterungen des Bundesrats und AusfBest. veröffentlicht MV. 3. 9. 07 MBl. 293; vgl. auch MV. 26. 2. 09 MBl. 61 Verzeichnis der den Militäranwärtern vorbehaltenen Stellen Bek. 20. 9. 07 RZBl. 442 21. 11. 08 RZBl. 506; 7. 8. 09 RZBl. 684. Verzeichnis der in Preußen vorbehaltenen Stellen 31. 10. 08 MBl. 193, JMBl. 381. Übersicht der zur Anstellung von Militäranwärtern verpflichteten Privatbahnen RZBl. 09, 172. Für die Besetzung der Kommunalbeamtenstellen in Preußen mit Militäranwärtern ist ergangen G. 21. 7. 92 GS. 214 AusfAnw. 21. 7. 92 MBl. 285; 1. 12. 99 MBl. 235; 3. 9. 07 MBl. 293 Grundsätze des Bundesrats 20. 6. 07 RZBl. 345. Zu den Kommunalbeamten gehören auch die Amtsverbände der Kreisordnung. Die Subaltern- und Unterbeamtenstellen der Landgemeinde und ländlichen Kommunalverbände mit weniger als 2000 Einwohnern können nur bezügl. der Kriegsinvaliden durch Königl. Verordnung diesem Gesetz unterworfen werden. Bezügl. der Kommunalbeamten s. im übrigen oben S. 290.

2. Justizbeamte; sie zerfallen in die Klasse der Richter und der nicht richterlichen Beamten; zwar unterstehen sie sämtlich der Aufsicht des Justizministers und der Gerichtsvorstände oder der Staatsanwaltschaft, jedoch sind die Richter in ihrer eigentlichen richterlichen Tätigkeit unabhängig (GVG. § 1, Preuß. Verfassung Art. 86, AusfG. zu GVG. 24. 4. 78, GS. 230, § 77 f.).

„Die Richter werden vom Könige auf Lebenszeit ernannt. Sie können nur durch Richterspruch aus Gründen, welche die Gesetze vorgesehen haben, ihres Amtes entsetzt oder zeitweise enthoben werden. Die vorläufige Amtssuspension, welche nicht kraft des Gesetzes eintritt, und die unfreiwillige Versetzung an eine andere Stelle oder in den Ruhestand können nur aus den Ursachen und unter den Formen, welche im Gesetze angegeben sind, und nur auf Grund eines richterlichen Beschlusses erfolgen" (Pr. Verfassung Art. 87, GVG. § 8, AusfG. § 7). In Ausführung dieser Bestimmung ist das G. 7. 5. 51, betr. die Dienstvergehen der Richter und ihre unfreiwillige Versetzung auf eine andere Stelle oder in den Ruhestaud ergangen, welches durch das G. 26. 3. 56 und infolge der neuen Gerichtsverfassung durch das G. 9. 4. 79 einige Abänderungen erfahren hat. Es ist auch anzuwenden auf die Mitglieder des Oberlandeskulturgerichts, der Oberrechnungskammer, des BzAussch. (§§ 65 bis 77 des G. v. 51, OberrechnungskG. 27. 3. 72 § 5, LVG. § 32, s. § 37 G. 1. 12. 98, RGBl. 1297). In den materiellen Bestimmungen hat dieses Disziplinargesetz viel Ähnlichkeit mit demjenigen für die nichtrichterlichen Beamten (s. oben unter XIV). Als Disziplinargerichte für die Richter sind zuständig: a) der bei dem Kammergericht mit 15 Mitgliedern gebildete große Disziplinarsenat in betreff der Präsidenten und der Senatspräsidenten der Oberlandesgerichte, b) die bei den Oberlandesgerichten mit 7 Mitgliedern gebildeten Disziplinarsenate in betreff der sonstigen Mitglieder der Oberlandesgerichte und aller übrigen Richter ihres Bezirks (G. v. 51 § 18 u. G. v. 79 §§ 4 u. 8). Gegen die von den Oberlandesgerichten gefällten Urteile steht dem Staatsanwalte und dem Angeschuldigten die Berufung an den großen Disziplinarsenat des Kammergerichts zu (G. v. 51 § 36, G. v. 79 § 8). Für die Mitglieder des Reichsgerichts bedarf es eines Plenarbeschlusses dieses Gerichts, um den Amtsverlust, die vorläufige Amtsenthebung oder die unfreiwillige Versetzung in den Ruhestand auszusprechen (GVG. § 128 f.).

Die Fähigkeit zum Richteramte wird durch die Ablegung zweier Prüfungen nach dreijährigem Universitätsstudium (wovon 3 Halbjahre auf einer deutschen Universität) erlangt (§ 2 GVG.). Der Vorbereitungsdienst der Referendare nach den Vorschriften des G. v. 6. 5. 69 GS. 656 über Prüfung und Vorbereitung für den höheren Justizdienst, ergänzt 1. 6. 74 GS. 212, dauert 4 Jahre; AusfG. § 1; Regl. 1. 5. 83 JMBl. 131 dazu AV. 12. 3. 88 JMBl. 64; 12. 7. 04 JMBl. 177: 11. 7. 06 JMBl. 232; 27. 3. 07 JMBl. 62; 30. 3. 08 JMBl. 186 (Einf. von Klausurarbeiten); 10. 11. 08 JMBl. 391; 15. 3. 09 JMBl. 63. Prüfungsgebühr für die erste Prüfung:

MB. 31. 3. 08 JMBl. 189, Prüfungsgebühr für die große Staatsprüfung MB. 10. 3. 09 JMBl. 60. MB. 11. 1. 10 JMBl. 6 Ausbildung der Referendare im Gerichtsschreiberdienste. In den Mittelpunkt des Universitätsstudiums ist durch MB. 18. 1. 97 JMBl. 19 (s. dazu 13. 5. 99 JMBl. 150) das BGB. gestellt und seminaristischer Unterricht vorgeschrieben. Zum Richteramte befähigt ist ferner jeder ordentliche öffentliche Lehrer des Rechts an einer deutschen Universität (§ 4 GVG.). — Gerichtsassessoren sind verpflichtet auf Anordnung des Justizministers die Verwaltung einer Amtsrichterstelle, die Stelle eines Hilfsrichters oder Hilfsarbeiters bei der Staatsanwaltschaft gegen Entschädigung zu übernehmen (AGGVG. § 4). Die Richter haben ein klagbares Recht auf ihr Gehalt und die nach G. 29. 5. 07 GS. 111 ihnen zustehenden etatsmäßigen Gehaltszulagen (GVG. § 9 AG. § 9).

Die Staatsanwälte sind zwar nicht richterliche Beamte, für die Vorbildung, Ernennung und die Gehaltsansprüche gelten aber dieselben Vorschriften wie für die Richter GVG. §§ 147—152 AG. §§ 60, 61, 66, 67. — Über Amtsanwälte s. AGGVG. § 62 ff. Amtsanwaltsordnung 28. 8. 79 JMBl. 260 mehrfach ergänzt; Gehaltsregelung MB. 2. 5. 07 JMBl. 376.

Die mittleren und unteren Gerichtsbeamten. — Gerichtsschreiber. G. 3. 3. 79 GS. 99 über ihre Dienstverhältnisse dazu Art. 131 G. 21. 9. 99 GS. 249 AB. 12. 12. 79 JMBl. 471; 8. 6. 06 JMBl. 165 [Titel] GerichtsschreiberO. 17. 12. 99 JMBl. 849 dazu Verf. 24. 10. 00, 4. 3. 01, 16. 3. 03, 16. 11. 06, 4. 2. 07; 15. 4. 07 (JMBl. 617, 51, 56, 540, 23, 341). DolmetscherO. 18. 12. 99 JMBl. 856 dazu V. 5. 3. 01 JMBl. 51. Geschäftsordnung für die Gerichtsschreibereien der Amtsgerichte 11. 10. 06 JMBl. 304 erg. 16. 9. 08 JMBl. 339; der Land- und Oberlandesgerichte 22. 10. 06 JMBl. 392 und der Sekretariate der Staatsanwaltschaften vom 12. 11. 06 JMBl. 484, sämtlich abgeändert 29. 1. 10 JMBl. 20.

Gerichtsvollzieher (GerichtsvollzieherO. 31. 3. 00 JMBl. 345) dazu V. von demselben Tage das. 385 mehrfach geändert, zuletzt 30. 6. 10 JMBl. 269 GeschAnw. 1. 12. 99 JMBl. 627, 789 mehrfach ergänzt und geändert zuletzt 15. 3. 10 JMBl. 91. GebührenO. 24. 6. 78; 20. 5. 98 RGBl. 683) Preuß. GebührenO. für Rechtsanwälte und Gerichtsvollzieher 27. 9. 99 (6. 10. 99) GS. 317 (385) jetzt in der Fassung des G. vom 21. 3. 10 (GS. 15). Für Gerichtsdiener ist eine DienstO. 21. 12. 99 JMBl. 862 abg. 14. 5. 07 JMBl. 371 erlassen.

Die Kanzleiordnung ist vom 27. 3. 07 JMBl. 87, 89, 327; mehrfach ergänzt und geändert. Die Kassenordnung 28. 3. 07 JMBl. 125 ebenfalls mehrfach ergänzt.

Die Notare: Amtsstellung durch preuß. G. über die freiwillige Gerichtsbarkeit 21. 9. 99 GS. 259 Art. 77 ff. geregelt; hierzu MB. 21. 12. 96 betr. das Notariat (JMBl. 834) abgeändert 19. 1. 06 JMBl. 28. Zur Bekleidung des Amtes eines Notars ist befähigt, wer in einem deutschen Bundesstaate die Fähigkeit zum Richteramte erlangt hat; sie werden vom Justizminister auf Lebenszeit ernannt, Rechtsanwälte können für die Zeit ihrer Rechtsanwaltschaft ernannt werden (Art. 77, 78 das.). GebührenO. 25. 6. 95 in der Fassung der Bek. 6. 8. 10 (GS. 133).

3. Beamte der Bauverwaltung (Hochbau-, Wasser-, Straßen-, Eisenbahn- und Maschinenbau). Auch hier wird die Ablegung von zwei Prüfungen verlangt. Der ersten muß ein mindestens 4jähriges Studium auf einer technischen Hochschule vorausgehen, zwischen der ersten und zweiten müssen mindestens 3 Jahre (im Maschinenbau 2 Jahre) praktischer Arbeit liegen, Vorschriften 1. 4. 06 MBl. 184; 5. 11. 09 MBl. 237 über Diplomprüfung s. Bek. 10. 2. 03 EVBl. 67. Annahme und Prüfung der Bauführer 19. 10. 06, MBl. 358, 367, betr. Ausbildung und Prüfung der Wasserbauwarte 16. 8. 01 MBl. 217. Nach Bestehen der zweiten Prüfung für den höheren Baudienst vor dem techn. Oberprüfungsamt in Berlin werden die in den Staatsdienst übernommenen Personen zum Regierungsbaumeister ernannt, die anderen können sich „staatlich geprüfter Baumeister" nennen. Für die Ausbildung der mittleren technischen Beamten sind ergangen Best. 10. 3. 03. Der Titel „Bauinspektor" für die angestellten höheren Baubeamten ist abgeschafft AE. 25. 8. 10; ME. 26. 8. 10 EVBl. 207.

Über die Anstellung von Staatseisenbahnbeamten trifft Verwaltungsordnung 24. 5. 07 EVBl. 135 Bestimmung. Prüfungsordnung für mittlere und untere Beamte 15. 3. 09 EVBl. 51. Vorschriften über die Befähigung von Eisenbahnbetriebsbeamten sind vom Bundesrat erlassen Bek. 8. 3. 06 RGBl. 391. Prüfungsordnung für Eisenbahningenieure 22. 1. 10 EVBl. 21.

4. Medizinalbeamte: Durch G. 16. 9. 99 GS. 172 ist die Dienststellung der Kreisärzte geregelt: Prüfungsordnung ist durch Bek. 24. 6. 09 MBl. 157 erlassen. Voraussetzungen: Ärztliche Approbation, Doktorgrad und pathologische, anatomisch hygienische, bakteriologische, gerichtlich medizinische und psychiatrische Ausbildung sowie 5jährige praktische Tätigkeit als Arzt. — Vergütungssätze G. 14. 7. 09 GS. 625 Tagegelder und Reisekosten Kgl. V. 14. 7. 09 GS. 635. Dienstanweisung für Kreisärzte 1. 9. 09 MMBl. 381 — für die Prüfung zum Kreistierarzt sind erlassen: Vorschr. 18. 6. 10 LandwMBl. 176. Dienstbezüge G. 24. 7. 04 GS. 169 ME. 15. 6. 05 GS. 254. Tagegelder und Reisekosten kgl. V. 25. 6. 05 GS. 250 der Stellvertreter MV. 5. 4. 10 MMBl. 182.

5. Forstbeamte: Der höhere Dienst erfordert nach praktischer und wissenschaftlicher Ausbildung die Ablegung von 2 Prüfungen, Best. 25. 1. 03; 23. 2. 03 MBl. 41 abgeänd. MV. 17. 5. 04 (MBl. 146); 6. 12. 04 MBl. 05, 16; 10. 11. 05 Landw. MBl. 06, 6; 20. 2. 08 das. 111. Unter- (Forstschutz) Beamte; Instrukt. 23. 10. 68 dazu V. 27. 3. 96 GS. 74 (12. 1. 00 MBl. 128) 12. 5. 06 LandwMBl. 247). Vorbedingung der Anstellung ist Militärdienst im Jägerkorps sowie das Bestehen zweier Prüfungen, Vorschr. 3. 2. 87 MBl. 49; 28. 10. 02 das. 215 Best. 30. 12. 05 LandwMBl. 06, 78:

29. 10. 06 das. 324. Für die Gemeindeforstbeamten s. ME. 9. 4. 80 MBl. 119; 1. 2. 87 MBl. 47; 12. 1. 91 MBl. 19; s. auch KBG. 30. 7. 99 GS. 141 § 23 und G. 14. 8. 76 GS. 373 betr. Verw. der den Gemeinden und öffentlichen Anstalten gehörenden Holzungen. Über Oberförster ohne Revier s. MV. 26. 2. 06 Landw. MBl. 110; 9. 2. 07 das. 250; 18. 10. 07 das. 08, 21.

V. Staatssteuern.

In dem „Von den Staatseinkünften und fiskalischen Rechten" überschriebenen XIV. Titel ALR. Teil II ist von dem Staate als Fiskus, d. h. als Berechtigtem für alle Staatseinkünfte (wie Steuern usw.) und Eigentümer des gesamten Staatsvermögens (wie Domänen usw.) die Rede. Die Vorschriften über Domänen (§ 11ff.) sind teilweise noch in Kraft, dagegen sind die über das Besteuerungsrecht seit dem Eintritte Preußens in die Reihe der konstitutionellen Staaten von Grund aus geändert. Seine Bedeutung hat behalten der § 78: „Über die Verbindlichkeit zur Entrichtung allgemeiner Anlagen [soll heißen Leistungen, Abgaben], denen sämtliche Einwohner des Staats, oder alle Mitglieder einer gewissen Klasse derselben, nach der bestehenden Landesverfassung unterworfen sind (§§ 2, 3), findet kein Prozeß statt". Die Beitreibung erfolgt vielmehr ohne weiteres im Verwaltungszwangsverfahren (vgl. § 5 des AusfG. zur ZPO. und die auf Grund dieser Bestimmung ergangene V. 15. 11. 99, GS. 545, s. oben S. 259, betr. das Verwaltungszwangsverfahren wegen Beitreibung von Geldbeträgen). Es gehören dahin namentlich alle Staats-, Gemeinde-, Amts-, Kreis- und Provinzial-, Kirchen- und Schul-Abgaben. Eine Ausnahme von jener Regel des § 78 macht der folgende § 79: „Behauptet aber jemand aus besonderen Gründen [d. h., wie aus dem nachfolgenden Zitat der §§ 4—8 erhellt: Vertrag, Privilegium, Verjährung] die Befreiung von einer solchen Abgabe (§§ 4—8), oder behauptet er, in der Bestimmung seines Anteils über die Gebühr belastet zu sein (§ 9): so soll er darüber rechtlich gehört werden." Diese Befugnis ist erweitert durch die §§ 9—12 G. 24. 5. 61 (GS. 241), betr. die Erweiterung des Rechtsweges (wenn behauptet wird, der geforderte Abgabeposten sei schon durch Zahlung oder Verjährung beseitigt — hier Klage binnen 6 Monaten nach erfolgter Beitreibung —, oder die geforderte Abgabe sei keine öffentliche, sondern eine aufgehobene gutsherrliche u. dergl. Wegen der Stempelsteuer s. unten S. 399). Der ordentliche Rechtsweg kann überall da, wo die neuen Selbstverwaltungsgesetze in Betreff von Abgabepflichten das Verwaltungsstreitverfahren zulassen, nicht mehr beschritten werden. Dies gilt für Kreisabgaben (§§ 14, 16 G. 23. 4. 06, GS. 159), Amtsabgaben (§ 70a KrO.), Provinzialabgaben (§ 31 G. 23. 4. 06), Gemeindeabgaben (KAG. § 69ff.), Armenverbandslasten (§ 44 ZG.), Schullasten und Abgaben (vgl. G. 28. 7. 06 §§ 5, 54; ZG. §§ 46, 47, 160), Synagogenabgaben (§§ 54, 160 ZG.). Dafür ist aber das Verwaltungsstreitverfahren an die Beschränkung jenes § 79 nicht gebunden, sondern hat die Abgabenpflicht in ihrem ganzen Umfange in Betracht zu ziehen. Im übrigen sind die vorgedachten Kommunalabgaben erörtert S. 310 f. und es ist hier nur von den

Staatssteuern

die Rede:

I. Indirekte Steuern (Begriffbestimmung s. oben S. 309; wegen der Stempelsteuer s. S. 392).

Das Reich erhebt sie fast alle und zwar: a) Zölle, b) Verbrauchsabgaben, c) Verkehrsabgaben. Zu ihnen treten als Reichseinnahmen ferner d) der Anteil an der Erbschaftssteuer und e) die Einnahmen aus den Reichsverwaltungen. In Aussicht genommen ist z. Zt. die Reichswertzuwachssteuer (§ 90 RStG.). Soweit die Reichseinnahmen nicht ausreichen, haben die Bundesstaaten nach Maßgabe ihrer Bevölkerung (Matrikular-) Beiträge zu leisten. Die Festsetzung erfolgt durch den Etat, die Ausschreibung durch den Reichskanzler, Art. 70 RVerf. i. d. Fassg. G. 14. 5. 04 (RGBl. 169). Damit jedoch jährlich das Bedürfnis dieser Matrikularbeiträge bzw. eines Reichstags-Festsetzungsbeschlusses entsteht, auch die Bundesstaaten an den Reichseinnahmen beteiligt werden, überweist das Reich einen Teil seiner Einnahmen den Bundesstaaten. Früher geschah dies hinsichtlich eines Teils der Zölle und der Tabakssteuer (G. 15. 7. 79, RGBl. 207, sog. Frankensteinsche Klausel), der Reichsstempelsteuer und der Branntweinverbrauchsabgabe. Nach Einschränkungen durch § 1 G. 14. 5. 04 und Art. I § 5 Abs. 2 G. 15. 7. 09 (RGB. 743) beschränkt sich die Überweisung — abgesehen von dem Anteil der Bundesstaaten an der Erbschaftssteuer — auf die Branntweinsteuer (Art. I § 5 Abs. 1, 3, G. 15. 7. 09). Das G. 15. 7. 09 „betr. Änderung im Finanzwesen“ begrenzte zugleich die Matrikularbeiträge für das Rechnungsjahr 1909 auf den Betrag von 48 512 000 M. insofern, als das Reich einen etwaigen Mehrbedarf selbst beschaffen muß; die seit dem Jahr 1906 gestundeten (§ 4 EtatG. 31. 5. 06 und § 3 G. 3. 6. 06 „betr. Ordnung des Reichshaushaltes“, RGBl. 620) Matrikularbeiträge wurden auf eine Anleihe mit verstärkter Tilgung übernommen (Art. I § 2 G. 15. 7. 09); gleichzeitig wurden Bestimmungen über die Tilgung der sonstigen Reichsanleiheschuld getroffen (§ 3 das.); die früheren Tilgungsbestimmungen des G. 28. 3. 03 (RGBl. 109) und die des § 4 G. 3. 6. 06 (RGBl. 620) wurden aufgehoben (Art. I §§ 4, 3 Abs. 6 G. 15. 7. 09).

a) Grenzzölle. Deutschland bildet ein Zoll- und Handelsgebiet, umgeben von gemeinschaftlicher Zollgrenze. Alle Gegenstände, welche im freien Verkehr eines Bundesstaates sind, können in jeden anderen Bundesstaat eingeführt und dürfen in diesem einer Abgabe nur so weit unterworfen werden, als dort gleichartige inländische Erzeugnisse einer inneren Steuer unterliegen (RVerf. Art. 33). Das Reich ausschließlich hat die Gesetzgebung über das gesamte Zollwesen (Art. 35). Die Grundlage bildet noch immer das VereinszollG. 1. 7. 69 (BGBl. 317). Der Zolltarif ist neu aufgestellt durch RG. 25. 12. 02 (RGBl. 303) und in Kraft seit dem 1. 3. 06 (VO. 27. 2. 05, RGBl. 155); das G. hat mehrfach z. B. durch G. 8. 4. 07 (RGBl. 89) u. 11. 12. 09 (RGBl. 973) (beide betreffend die im § 15 des Zolltarifs vorgesehene Hinterbliebenenversicherung) sowie durch Art. II G. 15. 7. 09 (RGBl. 743, betr. Erhöhung des Kaffee- und Teezolls) Abänderungen erfahren; ebenso ist das amtliche Warenverzeichnis wiederholt geändert worden. Durchgangs- und Ausfuhrzölle werden nicht mehr erhoben, es kommt nur auf die Einfuhrzölle an. Diese sind Finanzzölle, wenn sie Waren treffen, die im Inlande nicht erzeugt werden; Schutzzölle, wenn sie die inländischen Erzeugnisse gegen ausländische Konkurrenz schützen; (Prohibitivzölle heißen diejenigen, welche die Einfuhr der betr. Gegenstände ganz verbieten). — Der Zolltarif führt die zollpflichtigen Waren nach Gegenständen in 19 systematisch geordneten Abschnitten auf. Zollfrei sind die der Gewichtsverzollung unterliegenden Waren in Mengen bis 50 g, Warenpostsendungen aus dem Auslande bis 250 g Rohgewicht, Ausstellungsgegenstände, Kunstsachen für öffentliche Sammlungen, Erzeugnisse der im Grenzverkehr betriebenen Land- und Forstwirtschaft, Muster, Proben, Gepäck für den persönlichen Gebrauch der Reisenden usw. (ZolltarifG. § 5). RG. 20. 7. 79 (RGBl. 261), neue Fassg. 7. 2. 06, (RGBl. 109) betrifft die Statistik des Warenverkehrs des deutschen Zollgebietes mit dem Auslande. Bek. des Reichskanzlers betr. Ausführungsbestimmungen 20. 10. 96 (RZBl. 208) u. 9. 2. 06 (RZBl. 137); mehrfach ergänzt.

b) Verbrauchsabgaben. Die Tabaksteuer, eingeführt durch G. 16. 7. 79 (RGBl. 245), abgeänd. durch G. 5. 4. 85 (RGBl. 83) und zuletzt G. 15. 7. 09 (RGBl. 705) beträgt 57 M. für 100 kg der zur Fabrikation bereiteten Blätter; für ganz kleine Anpflanzungen wird eine Flächensteuer von 5,7 Pfg. für 1 qm erhoben (§§ 11, 33 f. TabaksteuerG. 15. 7. 09 in d. Fassg. d. Bek. v. 21. 7. 09, RGBl. 793). Ebenso beträgt der Zoll für Rohtabak 85 M. für 100 kg Tabakblätter und 270 M. für 100 kg Zigarren, beide mit 40 % Zuschlag (§§ 1, 2, 9 G.) Daneben bestehen besondere Vorschriften für die Besteuerung der Zigaretten (eingeführt durch G. 3. 6. 06, RGBl. 620). Die Steuer für Zigaretten und ZTabak ist nach den Kleinverkaufspreisen abgestuft; für ZHüllen ist sie 1 M. für 1000 (§ 2 ZigarettensteuerG. 3. 6. 06 in der Fassg. d. TabaksteuerabändG. 15. 7. 09 Art. III a, RGBl. 705). — Die Zuckersteuer, G. 31. 5. 91, RGBl. 295, neu gef. 27. 5. 96, RGBl. 117, abg. G. 6. 1. 03, RGBl. 1, beträgt 14 M. von 100 kg Reingewicht; die früher zwecks Bereitstellung von Ausfuhrprämien erhobenen weiteren Abgaben (Betriebssteuer usw.) sind mit der Abschaffung dieser Prämien (internat. Übereink. 5. 3. 02, RGBl. 03, 7) weggefallen. Für den 1. 4. 14 ist eine weitere Ermäßigung vorgesehen (G. 19. 2. 08, RGBl. 27 in Vbdg. m. Art. V. G. 15. 7. 09 betr. Änderung usw.). AusfBest. 25. 6. 03 (RZBl. 283), wiederholt geändert. Die Salzsteuer (ausgenommen ist das nach dem Zollauslande ausgeführte zu gewerblichen und landwirtschaftlichen Zwecken dienende Salz) beträgt 12 M. für 100 kg (Übereink. der Zollvereinsstaaten 8. 5. 67 und BundG. 12. 10. 67). Die im § 26 RG. über den Absatz von Kalisalzen 25. 5. 10 (RGBl. 775) festgesetzte Überkontingentsabgabe trägt wesentlich prohibitiven Charakter. Die Einkünfte aus der Abgabe von 60 Pf. für den Doppelzentner reines Kali (§ 27) sind für die Kosten der Ausführung des G. und zur Hebung der KIndustrie bestimmt. Die Brausteuer (vom Bier) wurde eingeführt durch G. 31. 5. 72, dieses abg. durch G. 23. 12. 76, neuerdings G. 3. 6. 06 (RGBl. 675) und 15. 7. 09 (RGBl. 695), in neuer Fassg. veröffentlicht durch Bek. 21. 7. 09 (RGBl. 773). Sie ist eine Materialiensteuer und wird von dem verwendeten Malze und Zucker erhoben; die Steuer wird nach dem Gesamtgewicht der verwendeten Braustoffe berechnet (§§ 2, 5 BraustG. 15. 7. 09), wobei für das Gewichtsverhältnis der verschiedenen Stoffe zueinander bestimmte feste Rechnungssätze gelten (§ 5 Abs. 3). Die Steuer steigt von 14 M. pro Doppelzentner für die ersten 250 Doppelzentner bis zu 20 M. für alles über 2000 Doppelzentner; sie erhöht sich für neue und ermäßigt sich für ältere kleinere Brauereien (§ 6). AusfBest. 24. 7. 09, RZBl. 413. In Bayern, Württemberg, Baden und Elsaß-Lothringen ist diese Besteuerung der Landesgesetzgebung vorbehalten (RVerf. Art. 35, G. 25. 6. 73); bei der Ausfuhr des Bieres von dort nach anderen Bundesstaaten wird eine Übergangsabgabe (jetzt 5 Mk. für 1 hl, Bek. 24. 7. 06, RZBl. 617) erhoben. Diese Staaten zahlen für die in die Landeskassen vereinnahmten Summen Ausgleichsbeträge (vgl. Art. 35 Abs. 2 RVerf., § 6 G. betr. Ordnung usw. v. 3. 6. 06, RGBl. 620, u. Art. VII Abs. 2 BraustÄndgG. 15. 7. 09, RGBl. 695). Die Branntweinsteuer ist neu geregelt durch G. 15. 7. 09, RGBl. 661, welches alle früheren Gesetze aufhob (§ 156). Sie zerfällt in eine Verbrauchsabgabe und eine Betriebsauflage. Die Verbrauchsabgabe — von ihr ausgenommen ist der zur Ausfuhr, zu gewerblichen und anderen besonderen Zwecken benutzte Branntwein (§ 3) — wird fällig beim Eintritt des Branntweins in den freien Verkehr, § 5. Die Besteuerung ist ungleichartig. Die Abgabe beträgt innerhalb eines bestimmten Quantums (sg. Kontingents) 1,05 Mk., außerhalb des Kontingents 1,25 Mk. das l. (§ 2; die an dem kontingentierten Quantum gegenüber dem nicht kontingentierten gemachte Ersparnis ist die sog. Liebesgabe). Innerhalb der Brennereien werden wieder bezüglich der Veranlagung zum Kontingente unterschieden landwirtschaftliche, Obstbrennereien und gewerbliche Brennereien (§ 27 f.). Sowohl bezüglich des Gesamtkontingents wie der Einzelkontingente bleiben die Festsetzungen des Betriebsjahres 07/08 bis zum Jahre 1917/18 bestehen und erfolgen alsdann von 10 zu 10 Jahren neu, §§ 24, 29. Wegen der Überweisung an die Einzelstaaten s. oben. Die Betriebsauflage wird von der erzeugten Alkoholmenge für das hl. erhoben und zwar von 4 M. (bei 50 hl) bis zu 14 M. (bei über 3000 hl), § 42. Für die vor dem 1. 10. 07 bestehenden Brennereien wird (wieder verschieden für die einzelnen Arten von Brennereien) ein Durchschnittsbrand festgesetzt (§ 61 f.) und von dem Überbrand ein Zuschlag zur Betriebsauflage von grundsätzlich $^{5}/_{10}$ erhoben (§ 48); die Betriebsauflage wird mit der amtlichen Feststellung oder Berechnung der in Betracht kommenden Menge fällig (§ 50) und für Vergütungen verwendet (§ 52 f.). Die Brennereien unterliegen amtlicher Bewachung (§ 73 f.). Bez. der AusfBest. vgl. Bek. 9. 9. 09 (RZBl. 945) und 28. 11. 09 (RZBl. 1411). Einer besonderen Verbrauchsabgabe von 0,30 Mk. für das kg unterliegt die im Inland aus Holzessig oder essigsauren Salzen gewonnene, nicht zur Ausfuhr oder gewerblichen Zwecken bestimmte Essigsäure (§ 110). — Durch RG. 9. 5. 02 (RGBl. 155) ist eine Schaumweinsteuer eingeführt, durch G. 15. 7. 09 (RGBl. 714) verändert worden. Der nicht verzollte, zum Verbrauch im Inlande bestimmte Schaumwein unterliegt einer Steuer von 10 Pf. für Fruchtwein, und für andern Schaumwein von 1 M. (bei einem Preis der Flasche bis 4 M.), 2 M. (bei einem Preis von 4—5 M.) und 3 M. (bei einem Preis von über 5 M.). Die Steuerzeichen sind an den Umschließungen bis zu deren Öffnung zu erhalten. Die AusfBest. zum G. 02 (19. 6. 02, AbgZBl. 119; Bek. 12. 6. 02, RZBl. 127) sind mehrfach geändert worden; zum G. 09 vgl. Bek. 24. 7. 09 (RZBl. 365 u. 391). — Die Leuchtmittelsteuer beträgt für Glühkörper zu Gasglühlicht- und ähnlichen Lampen 10 Pf.; sie ist ferner eine feste für Brennstifte zu elektrischen Bogenlampen (60 Pf. bzw. 1 M. für 1 kg). Für elektrische Glühlampen und Brenner stuft sie sich je nach der Arbeitsleistung (Watt) von 5 Pf. an ab; entsprechendes gilt für Brenner zu Quecksilberdampf- und ähnlichen Lampen, § 2 G. 15. 7. 09, RGBl. 880; (schon vorher bek. gem. als Art. III G. betr. Änderungen usw. v. 15. 7. 09, RGBl. 743), AusfAnw. und NachstO., v. 30. 8. 09 (RZBl. 799); wegen der steuerl. Behandlung alter aufgefrischter Leuchtkörper s. MB. 2. 10. 09 (AbgZBl. 369). Die Zündwarensteuer (Art. IV d. G. 15. 7. 09 und bes. veröffentlicht RGBl. 814) beträgt nach § 2 G. für Zündhölzer und ähnl. in Schachteln bis zu 30 Stck. 1 Pf. für die Schachtel, bis 60 Stck. 1½ Pf., darüber für je 60 Stck. 1½ Pf., für Zündkerzchen aus Stearin oder ähnl. für jede Schachtel mit höchstens 20 Stck. 5 Pf. und bei größeren Packungen für je 20 Zündkerzchen 5 Pf. Gem. § 3 G. tritt in den ersten fünf Jahren seit Inkrafttreten (1. 10. 09) für neue Fabriken und die den 5jährigen Durchschnitt übersteigende Jahreserzeugung alter Fabriken ein Aufschlag von 20 % ein. AusfAnw. und NachsteuerO. 30. 8. 09 (RZBl. 863).

II. Direkte Steuern.

Erwähnt sei zunächst das Doppelsteuergesetz (Bund G. 13. 5. 70, BGBl. 119, abg. G. 22. 3. 09, RGBl. 329 und in neuer Fassg. veröffentlicht RGBl. 331). Steuerpflichtig ist danach ein Deutscher hinsichtlich der direkten Staatssteuern in dem Bundesstaate seines Wohnsitzes, d. h. des Ortes, an welchem er eine Wohnung unter Umständen inne hat, welche auf die Absicht der dauernden Beibehaltung schließen lassen (also z. B. nicht zum Zweck des Studiums, Sächs. OVG. DJZ. 04 Sp. 414). Ein Deutscher ohne Wohnsitz ist in dem Bundesstaate des Aufenthaltsortes, ein Deutscher mit Wohnsitzen in verschiedenen Bundesstaaten ist in seinem Heimatsstaat zu besteuern. Staatsbeamte sind im Staate ihres Dienstwohnsitzes zu besteuern, wenn der Dienstwohnsitz zu ihren mehreren Wohnsitzen zählt oder sie in keinem Staat einen Wohnsitz im oben erwähnten Sinne haben. Grundbesitz und stehender Gewerbebetrieb unterliegen der Besteuerung des Staates, in dem sie sich befinden. Die Wirkungen des außerhalb des Reichsgebietes belegenen Wohnsitzes oder Aufenthaltes eines Deutschen werden durch das

Gesetz nicht berührt. Wegen der Doppelbesteuerung im Verh. zu Österreich s. G. 18. 4. 00 (GS. 259); wegen des Zusammenhanges der Preuß. Staats- und Kommunalsteuergesetzgebung s. oben S. 302f.

A. Einkommensteuergesetz v. 24. 6. 91 (GS. 175), abgeänd. G. 19. 6. 06 (GS. 241) u. neue Fassg. v. 19. 6. 06 (GS. 260); § 23 abg. G. 18. 6. 07 (GS. 139); §§ 5, 9, 19, 20 abg. G. 26. 5. 09 (GS. 349, Anl. 5 z. sog. Besoldungsgesetz betr. die Bereitstellung von Mitteln zu Diensteinkommensverbesserungen). AusfAnw. 25. 7. 06 G. 6. 7. 00. MV. 7. 6. 10 (JMBl. 181), betr. die von den Amtsgerichten den Steuerbehörden behufs Veranlagung der Einkommens- und Ergänzungssteuer zu machenden Mitteilungen. Aufgehoben sind das G. 1. 5. 51 nebst den Ergänzungsgesetzen 25. 5. 73, 2. 1. 74, 16. 6. 75 und Art. III u. IV G. 12. 3. 77. — Das im Anschluß an das EinkStG. ergangene G. 24. 6. 91, betr. Änderung des Wahlverfahrens ist inzwischen wieder aufgehoben.

I. Steuerpflicht (§§ 1—16).

Die beschränkte subjektive Steuerpflicht beruht auf Wohnsitz, Aufenthalt (welche nach § 21 zugleich für den Ort der Veranlagung maßgebend sind), Staatsangehörigkeit und für Reichsangehörige auf den Regeln betr. die Beseitigung der Doppelbesteuerung (§ 1).

Einkommensteuerpflichtig sind danach:

1. Die preuß. Staatsangehörigen einschl. derjenigen Reichs- und Staatsbeamten, welche im Reichsauslande ihren Dienstwohnsitz haben und dort zu entsprechenden direkten Staatssteuern nicht herangezogen werden. Ausgenommen sind (gemäß dem DoppelstG.) die, welche in einem anderen deutschen Bundesstaat oder in einem Schutzgebiete entweder ohne preuß. Wohnsitz wohnen oder sich aufhalten oder neben einem preuß. Wohnsitze ihren dienstlichen Wohnsitz haben. Auch erlischt, mit Ausnahme der erwähnten Reichs- und Staatsbeamten, die Steuerpflicht durch mehr als zweijährigen dauernden Aufenthalt im Auslande ohne Wohnsitz in Preußen (§ 1 [1]);

2. Angehörige anderer Bundesstaaten, die in Preußen ihren dienstlichen Wohnsitz haben oder ohne Wohnsitz im Heimatsstaate in Preußen wohnen oder ohne Wohnsitz im Deutschen Reich in Preußen sich aufhalten (§ 1 [2]);

3. Ausländer, die in Preußen einen Wohnsitz haben oder sich des Erwerbs wegen oder länger als ein Jahr aufhalten (§ 1 [3], dazu Vertrag mit Österreich 21. 6. 99, auch G. 18. 4. 00, s. oben);

4—6. Wenn sie in Preußen domiziliert sind: Aktiengesellschaften, Kommanditgesellschaften auf Aktien und Berggewerkschaften, eingetragene Genossenschaften mit Geschäftsbetrieb nach außen; Konsumvereine; Gesellschaften m. b. H., soweit nicht ihre Mitglieder öffentliche Korporationen oder ihre Einkünfte ausschließlich zu gemeinnützigen oder ähnlichen Zwecken zu verwenden sind.

Unbeschränkt steuerpflichtig sind alle Personen, die gedachten Gesellschaften und Rechtspersönlichkeiten mit Einkommen aus den von der preuß. Staatskasse gezahlten Besoldungen, Pensionen, Wartegeldern, aus preuß. Grundbesitz, preuß. Gewerbe- und Handelsanlagen oder sonstigen gewerblichen Betriebsstätten (§ 2). Die Veranlagung erfolgt hier am Sitz der Kasse bzw. am locus rei sitae bzw. dem Wohnort des etwa bestellten Vertreters (§ 21 Abs. 5). Wegen des Abzugs von Schuldenzinsen bzgl. dieser Einkommensquellen (§ 8 II Nr. 1 G.) vgl. Art. 24 u. 25 AusfAnw.

Unbeschränkt befreit sind die Mitglieder des Königlichen Hauses, des Hohenzollernschen Hauses und der 1866 depossedierten Häuser. Beschränkt befreit, d. h. nicht im Falle des § 2, sind die beglaubigten Vertreter fremder Mächte und zum Bundesrat Bevollmächtigten nebst ihren Beamten und in ihrem und in ihrer Beamten Dienst stehenden Ausländern, sowie sonst nach staatlicher Übereinkunft oder völkerrechtlich reziproken Grundsätzen Befreite (§ 3). Die früher noch vorgesehene Befreiung von Familien-Häuptern und -Gliedern vormals unmittelbarer Reichsstände ist durch G. 18. 7. 92 (GS. 210), betr. die Aufhebung der Befreiung von ordentlichen Personalsteuern gegen Entschädigung, aufgehoben worden. Nach den Grundsätzen der objektiven, die Einkommen von mehr als 900 M. (§ 4) umfassenden Steuerpflicht sind u. a. steuerfrei: Einkünfte, welche nach reichsgesetzlicher Vorschrift nur in einem anderen Bundesstaate besteuert werden dürfen; ferner das Einkommen der nicht des Erwerbs wegen in Preußen wohnenden oder sich aufhaltenden Ausländer aus ausländischem Grundbesitz oder Gewerbebetrieb, selbst wenn sie im übrigen gem. § 1 Nr. 3 steuerpflichtig sind; das Diensteinkommen der Unteroffiziere und Gemeinen und aller Angehörigen eines in Kriegsformation befindlichen aktiven Truppenteils; Pensionserhöhungen und Zulagen der Kriegsinvaliden sowie die mit Kriegsdekorationen verbundenen Ehrensolde; der das persönliche pensionsberechtigte Gehalt übersteigende Teil des Diensteinkommens der im Auslande dienstlich wohnenden Staats- und Reichsbeamten und Offiziere (§ 5, vgl. auch § 70); wegen des Einkommens aus G. m. b. H. s. § 71. — Das Bruttoeinkommen beschreibt § 6. Erbschaften, Schenkungen, Lebensversicherungssummen und Verdienste aus nicht zu Spekulationszwecken unternommenen Verkäufen u. ä. sind nicht steuerpflichtiges Einkommen, sondern vermehren das Stammvermögen (§ 7), im Gegensatz zum Gewinn aus spekulativen Unternehmungen (welcher für jedermann nach den Grundsätzen für das Einkommen aus Handel und Gewerbe berechnet wird, § 13) und zu Erträgnissen des Kapitalvermögens (§ 11).

Abzugsfähige Ausgaben sind nach § 8 Abs. I Werbungskosten, d. h. das zur Erwerbung, Sicherung und Erhaltung des Ertrags Verwendete; dazu zählen z. B. solche indirekten Abgaben, welche den Geschäftsunkosten zuzurechnen sind; die regelmäßigen jährlichen, nicht schon auf Betriebsausgaben verrechneten Abschreibungen für Abnutzung; aber nicht Aufwendungen zur Verbesserung und Vermehrung des Vermögens sowie Haushaltungs- und Unterhaltungskosten der wirtschaftlich unselbständigen Familienangehörigen; jedoch tritt für Gewährung gesetzlichen Unterhalts an zwei oder mehr Kinder oder andere Familienangehörige unter 14 Jahren bei Einkommen unter 6500 bezw. 9500 M. eine Ermäßigung um 1—3 Stufen ein (§ 19). Die Werbungskosten sind vom Rohertrage der betreffenden Quelle abzuziehen. Ferner sind nach Abs. II vom Gesamteinkommen abzugsfähig: Schuldenzinsen und Renten; auf Privatrechtstiteln oder Patronatsverpflichtungen beruhende dauernde Lasten; die gesetz- und vertragsmäßig zu entrichtenden eigenen Beiträge zu Kranken-, Unfall-, Alters- und Invalidenversicherungs-, Witwen-, Pensions- und Waisenkassen und Versicherungsprämien bis zu 600 M. jährlich auf Todes- oder Lebensfall, und auf rechtlicher Verpflichtung beruhende Amortisationsbeiträge zur Tilgung von Grundlasten bis zu 1 % des Kapitals bezw. 600 M. jährlich. Zur Auslegung des § 8 vgl. OVG. 53, 163 u. 55, 172.

Die Veranlagung erfolgt für die beim Beginn des StJahres vorhandenen Quellen nach dem Ergebnisse des dem StJahr unmittelbar vorangegangenen Kalender- oder Wirtschaftsjahres und, insoweit für eine Einnahmequelle ein Jahresergebnis nicht vorliegt, nach dem mutmaßlichen Jahresertrage. Das Einkommen der physischen Personen aus Handel, Gewerbe und Bergbau und aus Land- und Forstwirtschaft wird bei kaufmännischer Buchführung nach dreijährigem Durchschnitt veranlagt; ebenso allgemein das Einkommen der nichtphysischen Personen (§ 9). Dem Einkommen eines Steuerpflichtigen wird das in Preußen steuerpflichtige Einkommen seiner Ehefrau zugerechnet; dauernd getrennt lebende Ehefrauen werden selbständig veranlagt (§ 10). Einkommen der Kinder gehört zu dem des Vaters, so weit dieser die Nutznießung hat, andernfalls wird es selbständig veranlagt, Art. 6 II AusfAnw. Bei der Zusammensetzung des Einkommens aus den Erträgen verschiedener Quellen, die im Verhältnis von Haupt- und Nebenbetrieb stehen, ist die Hauptquelle für die Natur des Gesamteinkommens entscheidend. Besondere Vorschriften über die Anrechnung des Einkommens aus den einzelnen Einkommensquellen: Kapitalvermögen, Grundvermögen, Handel, Gewerbe und Bergbau, Gewinn bringender Beschäftigung und aus Rechten auf periodische Hebungen usw. (z. B. Aktienzinsen, Dividenden) enthalten die §§ 11—16. Danach gilt beispielsweise die Erhöhung des Kurswertes nicht veräußerter Wertpapiere nicht als Einkommen; bei Verpachtungen und Vermietungen treten den Zinsen die vorbehaltenen Nutzungen und die dem Pächter oder Mieter obliegenden Natural- und sonstigen Nebenleistungen zu. Zinsen des im Handels- oder Gewerbebetriebe angelegten eigenen Kapitals gelten als Geschäftsgewinn. Der für die Rechtspersönlichkeiten mit Ausnahme der Ges. m. beschr. Haftg. stattfindende besondere Abzug von $3^1/_2$ % des eingezahlten Aktienkapitals bezw. der Summen der eingezahlten Geschäftsanteile der Mitglieder der eingetragenen Genossenschaften bzw. des Grundkapitals der Berggewerkschaften gilt nicht für die Kommunalbesteuerung. Zu bestimmten Zeiten übliche Remunerationen gehören zum Diensteinkommen (ZV. 16. 11. 93, JMBl. 258, OVG. in Steuersachen I 240, II 98), ebenso allgemeine Teuerungszulagen (OVG. DJZ. 09, 719).

II. Steuersätze (§§ 17—20).

1. Steuertarif.

Die Einkommensteuer beträgt jährlich bei einem Einkommen

von mehr als: Mark	bis einschließlich: Mark	von mehr als: Mark	bis einschließlich: Mark
900	1050 : 6	3900	4200 : 92
1050	1200 : 9	4200	4500 : 104
1200	1350 : 12	4500	5000 : 118
1350	1500 : 16	5000	5500 : 132
1500	1650 : 21	5500	6000 : 146
1650	1800 : 26	6000	6500 : 160
1800	2100 : 31	6500	7000 : 176
2100	2400 : 36	7000	7500 : 192
2400	2700 : 44	7500	8000 : 212
2700	3000 : 52	8000	8500 : 232
3000	3300 : 60	8500	9000 : 252
3300	3600 : 70	9000	9500 : 276
3600	3900 : 80	9500	10500 : 300

Sie steigt bei höheren Einkommen

von mehr als: Mark	bis einschließlich: Mark	in Stufen von: Mark	um je: Mark
10500	30500	1000	30
30500	32000	1500	60
32000	78000	2000	80
78000	100000	2000	100

Bei Einkommen von mehr als 100000 M. bis einschließlich 105000 M. beträgt die Steuer 4000 M. und steigt bei höheren Einkommen in Stufen von 5000 M. um je 200 M.

Für Ges. m. beschr. Haftg. stellt der § 18 einen Tarif mit erhöhten Sätzen auf. Gemäß § 8 BesoldungsG. 26. 5. 09 (GS. 85) werden vom 1. April 1909 ab bis zu einer organischen Neuordnung der Staatssteuern (eine entsprechende Vorlage ist binnen drei Jahren einzubringen) Zuschläge erhoben, und zwar für physische Personen, Konsumvereine u. ä. Sie betragen in den Einkommensteuerstufen von mehr als

1200	bis	3000	M.	5 %
3000	„	10500	„	10 %
10500	„	20500	„	15 %
20500	„	30500	„	20 %
30500				25 %

Für die Gesellschaften treten noch höhere Zuschläge (bis zu 50 %) ein. Die mitgeteilten Steuersätze treten (ohne Rücksicht auf die Zuschläge, § 9 G. 26. 5. 09) für die Regelung des Wahl- und Stimmrechts und sonstiger nach der Besteuerung geregelten Berechtigungen an die Stelle der bisherigen Klassensteuersätze (§ 81).

2. Ermäßigung der Steuersätze.

Bei besonderen, die Leistungsfähigkeit der Steuerpflichtigen wesentlich beeinträchtigenden wirtschaftlichen Verhältnissen (Krankheit, Verschuldung, außergewöhnliche Kosten der Kinder, Verpflichtung zum Unterhalt mittelloser Angehöriger, besondere Unglücksfälle) können Einkommen bis zu

12500 Mk. um höchstens 3 Stufen herabgesetzt werden (§ 20). Bezüglich Kinder unter 14 Jahren vgl. oben bei „Abzugsfähige Ausgaben".

III. Veranlagung (§§ 21—59).

1. Veranlagungsort ist in der Regel der Wohnsitz- oder Aufenthaltsort des Steuerpflichtigen z. Z. der Aufnahme der Personenstandsliste. Ist der Steuerpflichtige nach der Personenstandsaufnahme jedoch vor der Veranlagung verzogen, so erfolgt die Veranlagung in der Regel im neuen Wohnsitze (FME. 28. 7. 02, Art. 39 Nr. 1 AusfAnw.). Hat der Steuerpflichtige im Fall eines mehrfachen Wohnsitzes von dem ihm zustehenden Wahlrechte nicht Gebrauch gemacht, so gilt die Veranlagung an dem Orte der höchsten Einschätzung. Vgl. auch oben bei §§ 1 u. 2.

2. Die Vorbereitung der Veranlagung erfolgt durch den Gemeinde- (Guts-) Vorstand mittels Aufnahme einer Nachweisung der steuerpflichtigen Personen, Rechtspersönlichkeiten sowie Grundbesitzungen und gewerblichen Unternehmungen des § 2 unter Einziehung der nötigen Nachrichten und Eintragung des mutmaßlichen Einkommens in die Einkommensnachweisung. Arbeiter, Dienstboten und Gewerbegehilfen haben den Haushaltungsvorständen, diese den Hausbesitzern, diese und (bei Einkommen bis 3000 M.) auch die Arbeitgeber der Behörde die erforderliche Auskunft zu erteilen (§§ 22—24).

3. Steuererklärungen. Jeder bereits mit mehr als 3000 M. Veranlagte ist auf die öffentliche, jeder andere auf besondere Aufforderung hin verpflichtet, binnen der gesetzten Frist, mindestens 2 Wochen, eine Steuererklärung gemäß dem amtlichen Formular abzugeben, welche den Gesamtbetrag des Einkommens getrennt nach den Quellen angibt, sowie das außerhalb des Veranlagungsbezirks vorhandene Einkommen aus Grundbesitz und Gewerbebetrieb, die beanspruchten Abzüge und das Einkommen aus Ges. m. beschr. Haftg. (vgl. § 71), bei unbestimmtem Einkommen auch die zur Schätzung erforderlichen Nachweise. Bei Nichtabgabe innerhalb der vorgeschriebenen Frist ist ein Zuschlag von 5 %, bei zweiwöchentlicher Nichtbeachtung einer nochmaligen Aufforderung von der Regierung ein Zuschlag von 25 % zur veranlagten Steuer festzusetzen, wogegen nur die Beschwerde an den Finanzminister zulässig ist (§§ 25—31). Die obige Frist zur Einreichung der Steuererklärungen beträgt gleich allen Ausschlußerklärungen des Gesetzes für Abwesende 3 Wochen, für außerhalb des Reiches Abwesende 6 Wochen und außerhalb Europas 6 Monate (§ 84).

4. Organe, Bezirke und Verfahren der Veranlagung. Die Organe zerfallen in die Voreinschätzungskommissionen, in der Regel mit der Einzelgemeinde als Voreinschätzungsbezirk unter Vorsitz des Gemeindevorstandes, in die Veranlagungskommissionen mit dem Kreise als Veranlagungsbezirk unter Vorsitz des Landrats oder eines Regierungskommissars und in die Berufungskommissionen nach Regierungsbezirken unter Vorsitz eines Kommissars des Finanzministers. Die Zahl der Mitglieder in den Voreinschätzungskommissionen und der Veranlagungskommission (vgl. Erl. d. FinMin. 13. 4. 91) wird durch die Regierung[1]),

[1]) In Berlin zuständig die Direktion für die Verwaltung der direkten Steuern (§ 83).

die der Berufungskommission durch den Finanzminister bestimmt. Die Zusammensetzung der Kommissionen geschieht zum kleineren Teil durch Ernennung der Regierung, zum größeren bei den Voreinschätzungskommissionen durch Wahl der Gemeindeversammlung bzw. -Vertretung, bei den Veranlagungskommissionen durch Wahl der Kreisvertretung bzw. in den Stadtkreisen der Gemeindevertretung, und bei den Berufungskommissionen durch Wahl des Provinzialausschusses (§§ 32, 35, 46)[1]. Für die Mitglieder und ihre Stellvertreter (die notwendig vorhanden sein müssen und deren Zahl die Regierung bestimmt) beträgt die Amtsdauer bei den Veranlagungs- und Berufungskommissionen 6 Jahre unter dreijährigem Ausscheidungsturnus je der Hälfte der Ernannten und Gewählten (§§ 35, 46). Die passive Wahlfähigkeit ist durch Alter von 25 Jahren und Besitz der bürgerlichen Ehrenrechte bedingt. Annahme und Ablehnung erfolgen gemäß §§ 8 und 25 KrO. Auch für die Vorsitzenden der Kommissionen müssen Stellvertreter ernannt bezw. gewählt werden (§ 55). Die Verletzung der Pflicht der Geheimhaltung seitens der Mitglieder der Kommissionen wie der Beamten wird auf Antrag der Regierung[2] oder des Steuerpflichtigen mit Geldstrafe bis zu 1500 M. oder Gefängnis bis zu 3 Monaten bestraft (§ 75). Die Voreinschätzungskommissionen veranlagen nur die Nichteinkommensteuerpflichtigen zu den Kommunalsteuern; ihre Hauptaufgabe besteht in der Voreinschätzung der Steuerpflichtigen mit einem Einkommen bis zu 3000 M. Sie prüfen das Personenverzeichnis der Gemeindevorstände, berichtigen und vervollständigen die Einkommensteuerliste (§ 33 u. Art. 49 AusfAnw.).

Die Festsetzung der von der Voreinschätzungskommission vorgeschlagenen Steuersätze erfolgt durch den Vorsitzenden der Veranlagungskommission bzw. durch diese selbst, wenn der Vorsitzende Vorschläge beanstandet. Die Festsetzung des Einkommens aller übrigen Steuerpflichtigen, für welche ein Vorschlag nicht vorliegt, erfolgt durch die Veranlagungskommission (§ 37). Sind bei Beanstandung nähere Erklärungen nicht abgegeben, oder werden sie dauernd beanstandet, so setzt die Veranlagungskommission den Steuersatz nach ihrem Ermessen fest (§ 41). Über die Befugnisse und Pflichten des Vorsitzenden der Veranlagungskommission s. im übrigen § 36 ff., über die Befugnisse der Veranlagungskommission zwecks Aufklärung § 40.

5. Rechtsmittel (§§ 43 54). Durch ihre Einlegung wird die Zahlung der veranlagten Steuer nicht aufgehalten (§ 68). Berufung an die Berufungskommission steht binnen 4 Wochen von der Zustellung des Ergebnisses der Veranlagung dem Steuerpflichtigen und vom Tage des Beschlusses dem Vorsitzenden der Veranlagungskommission zu; bei Einkommen bis zu 3000 M. zunächst erst Einspruch an die Veranlagungskommission und dann Berufung an die Berufungskommission. Die Einlegung des Rechtsmittels erfolgt seitens des Vorsitzenden der Veranlagungskommission bei dem Vorsitzenden der Berufungskommission;

[1] In Berlin übt die Direktion für die Verwaltung der direkten Steuern das Ernennungsrecht zu den Voreinschätzungs- und Veranlagungskommissionen und der Finanzminister hinsichtlich der Berufungskommission aus; Wahlkörper: Magistrat und Stadtverordnete.

[2] In Berlin zuständig die Direktion für die Verwaltung der direkten Steuern.

der Steuerpflichtige bringt den Einspruch und die Berufung beim Vorsitzenden der Veranlagungskommission an. Die Berufungskommission ist zu nochmaligen Erhebungen befugt (§§ 43, 44, 48). Ebenso findet beiderseitige Beschwerde gegen die Entscheidung der Berufungskommission an das OVG. statt (Einschränkung § 43 II). Die Anbringung dieses Rechtsmittels erfolgt seitens des Steuerpflichtigen beim Vorsitzenden der Berufungskommission, seitens des letzteren beim OVG. Die Beschwerde wird, wie die Revision, nach § 94 LVG. begründet. Die Entscheidung erfolgt in der Regel ohne mündliche Anhörung des Steuerpflichtigen. Wird die Beschwerde begründet gefunden, so kann das OVG. die Sache zur anderweiten Entscheidung an die Berufungskommission zurückgeben oder selbst die Steuerfestsetzung berichtigen (§§ 49—52). Das OVG. ist auch für die Beschwerden zuständig, welche das Verfahren des Vorsitzenden der Berufungskommission aus Anlaß der eingelegten Beschwerde betreffen (§ 53). Die Kosten und baren Auslagen des Verfahrens beim OVG. hat der unterliegende Steuerpflichtige zu tragen. Erhebung eines Pauschquantums bis zum Höchstbetrage von 150 M. (§ 54, LVG. § 106). Die Festsetzung der Kosten, welche durch Ermittlungen infolge der eingelegten Rechtsmittel entstehen, erfolgt durch die Regierung [1] (§ 77). Erstattung von Anwaltsgebühren ist ausgeschlossen (§ 54). Die Kompetenz zur Entscheidung über Beschwerden im weiteren Sinne, im Gegensatz zu den Rechtsmitteln, ist im Aufsichtsrecht enthalten. Der Vorsitzende der höheren Kommission, bzw. diese selbst, beaufsichtigen die Geschäftsführung des Vorsitzenden der nächst unteren Kommission bzw. dieser selbst (§§ 36, 47).

6. Geschäftsordnung der Kommissionen (§§ 55—59). Über die Befugnisse des Vorsitzenden der Veranlagungskommission, gegen die Gemeinde- und Gutsvorsteher, und die des Vorsitzenden der Berufungskommission, gegen die Vorsitzenden der Veranlagungskommission Exekutivstrafmittel zu verhängen und über disziplinarisches Vorgehen s. ZV. 17. 12. 94 (MBl. 95, 12); vgl. Art. 77 d. AusfAnw.

IV. Die Oberaufsicht (§ 60)

über das gesamte Veranlagungsgeschäft führt der Finanzminister, welcher auch über Beschwerden im weiteren Sinne entscheidet.

V. Veränderung der veranlagten Steuer innerhalb des Steuerjahres (§§ 61—66)

erfolgen durch

a) Steuererhöhung bei Vermehrung des Einkommens durch Erbanfall, Vermächtnis, Überlassungsvertrag zwischen Eltern und Kindern, Verheiratung oder Schenkung, vom Beginn des folgenden Monats ab (§ 62);

b) Steuerermäßigung infolge anderweiter Besteuerung wegfallenden Einkommens (§ 63) oder infolge Verminderung des Einkommens um mehr als ein Fünftel durch Wegfall einer Einnahmequelle oder

[1] In Berlin zuständig die Direktion für die Verwaltung der direkten Steuern.

außergewöhnliche Unglücksfälle und zwar vom Beginn des auf den Eintritt der Minderung folgenden Monats.

Auf den beim Vorsitzenden der Veranlagungskommission zu stellenden Antrag der Ermäßigung entscheidet die Regierung[1]) vorbehaltlich der binnen 4 Wochen anzubringenden Beschwerde an den Finanzminister (§ 65).

c) Zugang infolge Zuzuges aus anderen Bundesstaaten und dem Auslande, Austrittes aus einer besteuerten Haushaltung usw. und durch Abgang bei Wegfall der Voraussetzungen der Steuerpflicht (§ 64).

Steuerpflichtige haben bei Änderung des Wohnsitzes sich bei den Ortsvorständen bzw. der zuständigen Polizeibehörde ab- und binnen 2 Wochen nach erfolgtem Zuzuge unter Ausweisung ihrer erfolgten Veranlagung zur Einkommensteuer anzumelden (§ 66). Vgl. unten „Strafbestimmungen".

VI. Die Steuererhebung (§§ 67—71)

erfolgt in vierteljährlichen Beträgen in der ersten Hälfte des zweiten Monats. Niederschlagung ist zulässig, wenn die Beitreibung die wirtschaftliche Existenz gefährdet oder auch voraussichtlich ohne Erfolg sein würde (§§ 67, 69). Sie unterbleibt hinsichtlich des Teils, welcher auf Gewinnanteile an einer Ges. m. beschr. Haftg. entfällt, falls diese im letzten Jahre zur Einkommensteuer herangezogen wurde (§ 71).

VII. Strafbestimmungen (§§ 72—76)

(§ 73 s. unten Schlußbestimmungen).

Die Gerichte treten bei der Untersuchung und Entscheidung in betreff der nach §§ 72 u. 74 strafbaren Handlungen nicht in Tätigkeit, wenn der Beschuldigte in Preußen wohnt, gerichtliche Entscheidung nicht provoziert und die von der Regierung[1]) vorläufig festgesetzte Strafe nebst Kosten binnen gestellter Frist freiwillig zahlt (§ 76). Die vorläufige Festsetzung (von welcher die Regierung aber unbeschadet des gerichtlichen Verfahrens auch Abstand nehmen kann) geht wegen unterlassener An- und Abmeldung beim Wohnungswechsel der Steuerpflichtigen bis zu 20 M., ferner wegen Nichterfüllung der im § 23 (oben III, 2) auferlegten Auskunftspflicht bis zu 300 M. (§ 74). Der Steuerpflichtige, welcher in der Steuererklärung bei der Beantwortung der von zuständiger Seite gestellten Fragen oder zur Begründung seines Rechtsmittels wissentlich unvollständige oder unrichtige Angaben gemacht oder steuerpflichtiges Einkommen verschwiegen hat, wird mit dem 4 bis 10fachen Betrage der stattgehabten Verkürzung bzw. des Betrages der Jahressteuer, um welchen der Staat verkürzt werden sollte, mindestens aber mit 100 M. bestraft; eventl. mit 20—100 M., wenn das Verhalten zwar wissentlich geschah, aber nach den Umständen Hinterziehung nicht beabsichtigt war (§ 72; bei Rechtsirrtum KGer., PrVBl. 19, 218; RGerStr. 30, 14). Für den Fall freiwilliger Zahlung sind die Regierungen[1]) ermächtigt, diese im § 72 vorgeschriebenen Strafen zu mildern (§ 76). Die Straf-

[1]) In Berlin zuständig die Direktion für die Verwaltung der direkten Steuern.

verfolgung verjährt in 5 Jahren (Art. V G. 22. 5. 52, GS. 250 und § 2 EinfG. z. StrGB. 31. 5. 70). Berichtigung der falschen Angaben vor Einleitung der Untersuchung und rechtzeitige Zahlung macht straffrei (§ 72).

VIII. Kosten (§§ 77, 78).

Die Kosten der Steuerveranlagung fallen der Staatskasse zur Last, soweit dabei nicht den Gemeinden Geschäfte übertragen sind. Die Vergütung für die Mitwirkung bei der Veranlagung ist aber durch § 16 AufhebungsG. und die Vergütung für die Erhebung durch V. 22. 1. 94 aufgehoben; vgl. Art. 96 AusfAnw. § 78 handelt von den Reise- und Tagegeldern der Kommissionsmitglieder (vgl. V. 4. 7. 92, GS. 201) und den Gebühren der Zeugen und Sachverständigen.

IX. Heranziehung zu Kommunalabgaben, sowie Regelung des Wahlrechts (§§ 79—82).

Nötigenfalls werden die öffentlich nicht fortlaufend unterstützten Steuerpflichtigen mit einem Einkommen von nicht mehr als 900 M. behufs Heranziehung zu den nach dem Fuße der Staatseinkommensteuer aufzubringenden bzw. zu verteilenden Abgaben der kommunalen und öffentlichen Verbände nach folgenden fingierten Normalsteuersätzen von der Voreinschätzungskommission veranlagt:

Bei einem Einkommen bis 420 M. zu 2/5 % des steuerpflichtigen Einkommens höchstens bis	1,20 M.
von mehr als 420 M. bis 660 M.	2,40 „
von 660 M. bis 900 M.	4,00 „

(§ 79; vgl. § 38 KAG).

Die Berufung gegen die unbeanstandete Veranlagung der Voreinschätzungskommission geht binnen 4 Wochen nach Ablauf der 14tägigen öffentlichen Auslegung der Steuerlisten an die Veranlagungskommission oder gegen die, durch die Veranlagungskommission erfolgte Festsetzung des von ihrem Vorsitzenden beanstandeten Steuersatzes an die Berufungskommission (§ 80).

Die Bestimmungen der GemeindeverfassungsG., nach denen die Ausübung des Wahlrechts an die Entrichtung bestimmter Steuersätze geknüpft ist oder geknüpft werden kann, bleiben unberührt (§ 5 G. 30. 6. 00, GS. 185). Da der Beginn der Grenze des der Staatssteuer unterliegenden Einkommens gegenüber dem früheren Rechte heraufgerückt ist, so tritt also nach obigem bei einem Einkommen von 660—900 M. an Stelle des früheren Klassensteuersatzes von 6 Mk. die fingierte Veranlagung zu 4 M. bzw. das genannte Einkommen (§ 82). Es werden aber die hiernach in die Gemeindewählerlisten aufgenommenen, zur Staatssteuer nicht veranlagten (vgl. oben S. 277), ebenso wie die betr. Urwähler bei den Wahlen zum Abgeordnetenhause, bei der Aufsummierung des Gesamtsteuerbetrages des DreiklassenWahlsystems nur mit je 3 Mk. pro Wähler in Ansatz gebracht (§ 1 G. 29. 6. 93, GS. 103, § 1 G. 30. 6. 00).

Wo die Veranlagung zu fingierten Steuersätzen nicht stattgefunden hat, treten an deren Stelle die den betr. Steuerstufen entsprechenden Einkommensbezüge (§ 81). In denjenigen Landesteilen, in welchen die Wahlberechtigung an einen 6 M. übersteigenden ortsstatutarischen Steuersatz gebunden war, tritt an seine Stelle der Satz von 6 M.; auch kann, wo solche Ortsstatuten zulässig sind, das Wahlrecht von einem niedrigeren Steuersatze bzw. einem Einkommen bis 900 M. abhängig gemacht werden (§ 82; s. G. 30. 6. 00 § 5).

X Schlußbestimmungen (§§ 83—88).

Bezügl. § 83 vgl. die Anmerkungen; § 84 s. III Nr. 3.

Veranlagte und zur Hebung gestellte Steuern und Nachsteuern verjähren in 4 Jahren vom Ablauf des betr. Steuerjahres (§ 87 in Verbindung mit § 8 G. 18. 6. 40, GS. 140 und dazu AGBG. Art. 9). Die Verbindlichkeit zur Nachzahlung hinterzogener Steuern verjährt in 10 Jahren und gegen die Erben auf Höhe des Erbteils in 5 Jahren (§ 73). Bei irrtümlichen Übergehungen, irrtümlichem Freilassen und zu niedriger Veranlagung ist der entgangene Betrag für 3 Steuerjahre rückwärts vom Jahre der Feststellung zu entrichten, auch von den Erben bis zur Höhe des Erbteils (§ 85).

B. Die Hausiersteuer ist Staatssteuer geblieben (KAG. § 28 Abs. 4; vgl. darüber oben S. 305).

C. Ergänzungssteuergesetz 14. 7. 93 (GS. 134) (s. g. VermögensStG.) nebst AusfAnw. 6. 7. 00, abgeänd. G. 19. 6. 06, GS. 241, und in neuer Fassung veröffentlicht GS. 259, AusfAnw. 26. 7. 06; § 11, Abs. 1 G. abg. durch G. 26. 5. 09 (GS. 349; Anl. 5 Art. II zum BesoldungsG.) mit Wirkung für 1911 (Art. III das.).

Die Vermögenssteuer soll die Mängel der Einkommensteuer ergänzen, indem sie das auf Vermögensbesitz beruhende, fundierte Einkommen stärker heranzieht und auch da trifft, wo es von der Einkommensteuer nicht angemessen erfaßt wird. Bei der Aufbringung öffentlicher Lasten nach dem Maßstabe direkter Staatssteuern kommt sie nicht in Ansatz (§ 51). Die Ergänzungssteuer erstreckt sich nur auf physische Personen (§ 2).

Abzüglich der dinglichen und persönlichen Kapital- (nicht Haushaltungs-) Schulden und des Kapitalwertes der vom Steuerpflichtigen dauernd zu entrichtenden periodischen, geldwerten Leistungen aus gegenseitigen Verträgen oder solcher aus letztwilligen Verfügungen, Fideikommissen oder Hausgesetzen (soweit alle diese nicht zu Vermögensteilen in Beziehung stehen, welche gem. § 4 II G. außer Betracht bleiben) umfaßt das steuerbare Vermögen: in Preußen belegene Grundstücke nebst Zubehör (land- und forstwirtschaftliche werden nach dem Ertragswert, dem 25fachen des ordnungsmäßigen Reinertrages eingeschätzt, § 11); das innerhalb Preußens der Land- oder Forstwirtschaft, dem Bergbau oder einem stehenden Gewerbe dienende Anlage- und Betriebskapital; ferner überhaupt Bergwerkseigentum, Nießbrauchs- und andere geldwerte Rechte und Gerechtigkeiten, sowie das sonstige Kapitalvermögen, einschließlich der periodischen geldwerten Hebungen des Steuerpflichtigen; als solche gelten jedoch nicht: Pensionen, Bezüge aus Witwen- und Waisenkassen, Ansprüche aus einer Kranken-, Unfall- oder der gesetzlichen Invaliditätsversicherung und früheren Hausstandsangehörigen oder Dienstpersonal gezahlte oder vermachte Renten. Möbel, Hausrat und andere bewegliche körperliche Sachen gehören nur als Zubehör eines Grundstücks oder als Bestandteile eines Anlage- oder Betriebskapitals zum steuerbaren Vermögen (§§ 8, 4, 7 c). Behufs der Veranlagung werden zugerechnet: der Erbanteil an einem ungeteilten Nachlaß, der Anteil des Teilhabers einer nicht nach § 1 Ziff. 4—6 EinkommensteuerG. (s. oben S. 380 f.) steuerpflichtigen Erwerbsgesellschaft an den Anlage- und Betriebskapitalswerten, das Vermögen der nach § 10 EinkommensteuerG. nicht selbständig zu veranlagenden Ehefrau und das Vermögen von Angehörigen, an dem der Haushaltungsvorstand die Nutznießung hat. (Sie haften hinsichtlich des auf ihr Vermögen entfallenden Steueranteiles mit dem Veranlagten solidarisch, § 43.) Der Fideikommißbesitz wird als Eigentum veranlagt (§ 5).

Steuerpflichtig sind erstens die im § 1 EinkommensteuerG. zu Ziff. 1—3 (s. oben S. 380) bezeichneten Personen nach dem Gesamtwerte ihres steuerbaren Vermögens; zweitens ohne Rücksicht auf Staatsangehörigkeit, Wohnsitz und Aufenthalt, alle physischen Personen nach dem Werte ihres Preußischen Grundbesitzes und ihres dem Betriebe der Land- und Forstwirtschaft, des Bergbaues oder eines stehenden Gewerbes in Preußen dienenden Anlage- oder Betriebskapitals (§ 2). Im zweiten Falle sind auch die beglaubigten Vertreter fremder Mächte und die zum Bundesrat Bevollmächtigten nebst ihren Beamten und den in ihrem und ihrer Beamten Diensten stehenden Ausländern, sowie nach staatlicher Übereinkunft und völkerrechtlichen Grundsätzen sonst Befreite steuerpflichtig, und sie sind überhaupt auch sonst nicht befreit, wenn in den betreffenden Staaten Gegenseitigkeit nicht gewährt wird. Unbeschränkt befreit sind die Mitglieder des Preußischen und des vormals hannöverschen Königshauses und des hohenzollernschen und der 1866 depossedierten Fürstenhäuser (§ 3). Gar nicht herangezogen werden Personen mit einem steuerbaren Vermögen von nicht mehr als 6000 M.; Personen mit einem Vermögen von nicht mehr als 20 000 M. dann nicht, wenn ihr nach dem EinkommensteuerG. zu berechnendes Jahreseinkommen 900 M. nicht übersteigt; das gleiche Vermögen bleibt bei einem Jahreseinkommen von nicht mehr als 1200 M. frei für Erwerbsunfähige, vaterlose minderjährige Waisen und weibliche Personen, die minderjährige Angehörige zu unterhalten haben (§ 17). Der Berechnung und Schätzung des steuerbaren Vermögens wird in der Regel der Bestand und gemeine Wert zur Zeit der Veranlagung zugrunde gelegt. Aus den Einzelvorschriften der § 9 bis 16 sei hervorgehoben: Wertpapiere kommen nach dem Börsenkurse in Deutschland, event. nach dem Verkaufswerte, und noch nicht fällige Ansprüche auf Lebens-, Kapital- und Rentenversicherungen mit 2/3 der eingezahlten Prämien bzw. Kapitalbeiträge oder mit dem Rückkaufswerte in Anrechnung. Unbeitreibliche Forderungen bleiben außer Ansatz. Bei immerwährenden Nutzungen und Leistungen wird das 25 fache des einjährigen Betrages angenommen. Im übrigen sind für die Veranlagung der Nutzungen und Leistungen bestimmte Maßstäbe aufgestellt, §§ 13, 15.

Steuersätze. Die Steuerstufen sind von über 6000 bis 24 000 M. Vermögen durch je 2, von über 24 000 bis 60 000 M. durch je 4, von über 60 000 bis 200 000 M. durch je 10 und von mehr als 200 000 M.

Vermögen ab durch je 20 Tausende gebildet und der Steuerfuß beträgt 1/2 vom untersten Tausend jeder Stufe, also bei 6001 und noch 8000 M. Vermögen = 3 M. und bei 24001 und noch 28000 M. = 12 M. (§ 18).

Eine Veränderung dieser Sätze setzt, von den Ausnahmebestimmungen des § 49 abgesehen, eine Änderung der Einkommensteuersätze voraus (§ 50). Gemäß dem Vorbehalt im § 49 ist bis auf weiteres durch V. 25. 6. 95 (GS. 265) eine Erhöhung um 5,2 Pf. für jede M. erfolgt; gem. § 8 BesoldungsG. 26. 5. 09 (GS. 185) wird vorläufig ein Zuschlag von 25 % entsprechend dem der Einkommensteuer erhoben.

Übersteigt das Vermögen eines zur Einkommensteuer nicht Veranlagten 32000 M. nicht, so beträgt die Ergänzungssteuer höchstens 3 M., und für Personen, die mit gleichem Vermögen in den 4 untersten Stufen der Einkommensteuer veranlagt sind, muß sie mindestens um 2 M. unter der Einkommensteuer bleiben. Wenn bei einem Vermögen bis zu 52000 M. auf Grund des § 20 EinkommensteuerG. Ermäßigung gewährt wird, so kann auch die Vermögenssteuer bis um 2 Stufen ermäßigt werden (§ 19).

Die Veranlagungsperiode umfaßt 3 Jahre (§ 38). In der Regel tritt eine Veränderung in den Steuerrollen innerhalb der Veranlagungsperiode nur ein bei der Neubegründung oder dem Erlöschen einer Steuerpflicht; eine anderweite Veranlagung erfolgt nur, wenn das Vermögen durch Erb- oder Fideikommißanfall, durch Vermächtnis, Abteilungs- oder Überlassungsvertrag zwischen Eltern und Kindern, Schenkung oder Verheiratung vermehrt, bzw. infolge Wegfallens eines Vermögenteils der Gesamtwert des steuerbaren Vermögens um mehr als 1/4 vermindert oder der wegfallende Teil anderweit zur Ergänzungssteuer veranlagt worden ist (§§ 38—41). Der Steuerpflichtige wird für absichtlich unrichtige oder unvollständige Angaben über das Vermögen mit dem 10—25 fachen Betrage der hinterzogenen Jahressteuer, mindestens mit einer Buße von 100 M. und, wenn die Absicht der Hinterziehung fehlt, für verkürzende, unrichtige Angaben mit 20—100 M. bestraft. Berichtigung der falschen Angaben vor Einleitung der Untersuchung und rechtzeitige Zahlung machen straffrei (§ 44).

Die Ergänzungssteuer wird mit der Einkommensteuer zugleich gemäß §§ 67—69 EinkommensteuerG. erhoben (§ 43). Die Veranlagung erfolgt auf Grund der Personenstandsaufnahme gleichzeitig mit der Veranlagung zur Einkommensteuer durch die Veranlagungskommission, deren Vorsitzender die Steuerlisten führt, den Steuersatz vorschlägt und zugleich dem für jeden Veranlagungsbezirk zu bildenden und außer ihm aus mindestens 2 ernannten und 2 von der Veranlagungskommission abgeordneten Mitgliedern bestehenden Schätzungsausschuß angehört. Der Schätzungsausschuß erhält Kenntnis von den durch den Vorsitzenden der Veranlagungskommission gesammelten Nachrichten, hat die erforderlichen Wertermittelungen vorzunehmen und die Vermögenswerte zu begutachten (§§ 20 f.; die Vorschriften der §§ 56—59 EinkommensteuerG. über die Geschäftsordnung der Kommissionen und des § 50 ebenda [Oberaufsicht des Finanzministers] finden auch hier Anwendung, § 47). Die Steuerpflichtigen sind berechtigt, ihr Vermögen anzuzeigen. Die Veranlagungskommission ist an diese Anzeigen nicht gebunden, wenn der Pflichtige sich auf Beanstandungen nicht erklärt (§§ 26, 30). Gegen das Ergebnis der Veranlagung steht sowohl dem Steuerpflichtigen wie dem Vorsitzenden bei keiner oder einer Veranlagung nach einem Einkommen von nicht mehr als 3000 M. Einspruch an die Veranlagungskommission, gegen deren Entscheid Berufung an die Berufungskommission und gegen deren Bescheid dem Steuerpflichtigen bei einer Festsetzung von mehr als 100 000 M. Vermögen die Beschwerde an das OVG. zu; bei einer Veranlagung nach einem Einkommen von mehr als 3000 M. sofort die Berufung an die Berufungskommission und gegen deren Bescheid beiden die Beschwerde an das OVG. Berufung gegen die Einkommensteuerveranlagung kann damit verbunden werden (§§ 33—37). Wiedereinsetzung in den vorigen Stand s. § 48. Das Verfahren bei den Steuerermäßigungen und Abgangsstellungen richtet sich nach § 65 EinkommensteuerG. (§ 42). Auf die Einziehung, Festsetzung und Verjährung hinterzogener Ergänzungssteuern findet § 73 EinkommensteuerG. Anwendung (§ 45). Es sind ferner sinngemäß für anwendbar erklärt: die §§ 66 Abs. 1 und 2, 74 Abs. 2 EinkommensteuerG. hinsichtlich der An- und Abmeldung der Steuerpflichtigen und Bestrafung der Unterlassung; § 75 ebenda, betr. die Bestrafung der Verletzung der Geheimhaltungspflicht; § 76 ebenda, betr. Strafumwandlung und Strafverfahren und die §§ 84, 85 und 87 ebenda, betr. Ausschlußfristen für Abwesende, Nachbesteuerung und Verjährung, wobei der Steuererklärung die Vermögensanzeige, dem Einkommen das steuerbare Vermögen gleichstehen (§ 47).

III. Stempelsteuern.

Auf das Reich sind neben den indirekten Steuern (Zölle, Verbrauchsabgaben) auch mehrere Stempelabgaben übergegangen. Für die bei Preußen verbliebenen ist die Gesetzgebung jetzt übersichtlicher gestaltet.

A. Preußische Stempelsteuern.

1. Das Stempelsteuergesetz 31. 7. 95 (GS. 413); abg. G. 26. 6. 09 (GS. 495); neue Fassung Bek. 30. 6. 09 (GS. 535).

Zum G. 09: MV. 10. 7., 14. 7., 9. 8. 09 (AbgZBl. 299, 269, 301); AusfBest. 16. 8. 10 (AbgZBl. Beil. z. 20. Stck.). Weg. gerichtl. Stempels allg. Verf. 28. 7. 10 (JMBl. 299). — Neue Verwaltungsordnung: Allerh. Erl. 15. 1. 08 (GS. 66; dazu Gesch. Anw. f. d. Oberzolldirektionen 31. 7. 08, AbgZBl. 348, u. Beil. 3 d. AusfBest. 16. 8. 10); Allerh. E. 15. 1. 08 u. MV. 1. 4. 08 (AbgZBl. 182) betr. die Amtsbezeichnungen.

Abgesehen vom StempelG. 7. 3. 22 nebst den im § 35 des neuen G. aufgeführten KabO. seien als aufgehobene Spezialvorschriften hier noch angeführt: § 10 des AbändG. zur HypothO. 24. 5. 53; G. 25. 5. 57 betr. Revision der Aktienges.; §§ 11 und 12 G. 24. 5. 61 betr. Erweiterung des Rechtsweges; G. 22. 7. 61 betr. Übertragsverträge zwischen Aszendenten und Deszendenten; § 2 G. 21. 3. 82 betr. Gerichtskosten und Gerichtsvollziehergebühren; die AbändG. 26. 3. 73 und

19. 5. 89; G. 6. 6. 84 betr. Kauf- und Lieferungsgeschäfte im kaufmännischen Verkehr und Werkverdingungsverträge; § 9 Abs. 1 G. 15. 7. 90 betr. Notariat und Beglaubigungen; die §§ 2—4 und 46 des ErbschaftsstempelsteuerG. 30. 5. 73/19. 5. 91 und G. betr. die Gleichstellung der Notare 28. 5. 94. — Nur soweit sie sich auf Stempelsteuern beziehen, sind aufgehoben: G. 2. 3. 67 betr. die den gemeinnützigen Aktienbaugesellschaften bewilligte Sportel- und Stempelfreiheit; § 35 HinterlO. 14. 3. 79; §§ 40 und 41 SchiedmannsO. 29. 3. 79; § 3 G. betr. die Gerichtskosten bei Zwangsversteigerungen usw. 18. 7. 83. — Die Bestimmungen des Preuß. GerichtskostenG. über das Stempelwesen bleiben unberührt, soweit nicht ME. 28. 7. 10 (JMBl. 299) Abweichendes bestimmt (vgl. z. B. §§ 4, 5 das.).

Die Stempelsteuer trifft alle, unterschriftlich oder durch mechanische Herstellung des Namens vollzogenen, im Stempeltarif aufgeführten, in materieller und formeller Beziehung verbindlichen Urkunden, sowie die in der Tarifstelle 48 I erwähnten mündlichen Pacht- und Mietverträge. Kommt ein Geschäft durch Briefwechsel oder sonstige schriftliche Mitteilungen zustande, so wird ein Stempel nur erhoben, wenn nach der Verkehrssitte ein förmlicher schriftlicher Vertrag abgeschlossen zu werden pflegt und dieser Vertrag durch den Schriftwechsel ersetzt werden sollte (§§ 1, 3). Der Stempelsteuer unterliegen auch im Auslande errichtete Urkunden, welche im Inlande befindliche Gegenstände betreffen oder hier zu erfüllen sind (§ 2; wegen Prozeßvollmachten s. KGerBeschl. JMBl. 98, 7; aber RGer. Zivils. 54, 426, vgl. 60, 342). Auch die urkundliche Erwähnung eines Geschäfts, in der Absicht, es zu beurkunden, ist stempelpflichtig (§ 3). Soweit der Tarif nicht abweichende Bestimmungen enthält, beträgt die Stempelabgabe mindestens 0,50 M. und steigt in Abstufungen von je 0,50 M. (§ 11).

A. Sachliche Befreiungen (§ 4).

Sachlich befreit sind in der Regel Urkunden, deren schätzbarer Gegenstandswert 150 M. nicht übersteigt (bei Vollmachten, welche darüber nichts besagen, kann dies nachgewiesen werden); ferner Urkunden, welche lediglich wegen Leistungen an den Reichs- oder Preußischen Fiskus infolge allgemeiner Vorschriften aufgenommen werden müssen; auf die Heeresergänzung und Befreiung vom Dienste und von Übungen bezügliche amtliche Urkunden (MV. 13. 12. 96, AbgZBl. 97, 10; ME. 13. 1. 97, MBl. 25); von den Auseinandersetzungsbehörden oder auf deren Veranlassung von anderen Behörden ausgestellte Urkunden; Urkunden, welche Enteignungen betreffen; hierher gehören auch Abtretungen infolge des BaufluchtlinienG. (KGer. JMBl. 94, 329 und RGer. 69, 68); wegen Urkunden, welche das Umlegungsverfahren betreffen, vgl. G. 12. 8. 05, GS. 395, § 17; Katasterauszüge, Schiedsamtsverfügungen und Verhandlungen, soweit nicht in Vergleichen ein Rechtsgeschäft, das nicht in stempelpflichtiger Form zustande gekommen ist, anerkannt wird; endlich Urkunden, deren Gegenständen durch Gesetze oder landesherrliche Privilegien Stempelfreiheit bewilligt ist (meistens in den Tarif aufgenommen; hier sei nur hingewiesen auf die Stempelfreiheit nach § 115

ZPO.; ferner im Verwaltungsstreitverfahren nach § 102 LVG., s. jedoch über die Verwendung des Vollmachtsstempels im Verwaltungsstreitverfahren ME. 26. 6. 96, MBl. 116 und ME. 30. 5. 04, MBl. 142); vgl. ferner die fraglichen Bestimmungen der Arbeiterversicherungsgesetze.

B. Persönliche Befreiungen (§ 5).

Es sind befreit: a) der König, die Königin und die königlichen Witwen; b) der Reichs- und der Preußische Fiskus und alle für ihre Rechnung verwalteten oder solchen gleichgestellten Anstalten und Kassen (z. B. Seehandlungssozietät, die in die staatliche Verwaltung übergegangenen Eisenbahnunternehmungen, die Elementarlehrer-, Witwen- und Waisenkassen; c) deutsche Kirchen und Religionsgesellschaften mit den Rechten einer jur. Person; d) öffentliche Armen-, Kranken-, Arbeits- und Besserungsanstalten, öffentliche Waisenhäuser, vom Staat genehmigte Hospitäler, Versorgungsanstalten und Vereine für die Kleinkinderbewahranstalten sowie als milde ausdrücklich anerkannte Stiftungen (hierzu allg. Vfg. 28. 7. 10, § 5 Abs. 2, JMBl. 299); e) öffentliche Schulen (auch z. B. Prov. Hebammenlehranst. ME. 11. 11. 02, MMBl. 03, 24; vgl. im übrigen RGer. 71, 137) und Universitäten (wegen der Hospitanten ME. 5. 11. 03, MMBl. 399); f) Gemeinden und Verbände von solchen, in Armen-, Schul- und Kirchenangelegenheiten; g) gemeinnützige Baugesellschaften, welche statutengemäß die Dividende auf höchstens 4 % beschränken und für den Fall der Auflösung den den Nennwert der Anteile übersteigenden Rest des Gesellschaftsvermögens gemeinnützigen Zwecken widmen (allg. Vfg. 28. 7. 10 § 5, Abs. 3; h) die außerdem gewissen Personen, Behörden, Gesellschaften, Anstalten, Stiftungen, Vereinen usw. durch Gesetze und Privilegien bewilligten Steuerbefreiungen bleiben in Kraft[1]). Beim Vorhandensein der Reziprozität können auch auswärtige Staatsoberhäupter, fiskalische Kassen, Stiftungen usw. von der Stempelsteuer befreit werden. Bei zweiseitigen Verträgen stempelpflichtiger mit befreiten Personen muß für den Vertrag die Hälfte des Stempels und für die Nebenausfertigungen (§ 9) außerdem der vorgeschriebene Stempel entrichtet werden (§ 449 BGB. ist ohne Einfluß, ME. 29. 7. 05, MBl. 138); bei Lieferungen an die zu b Befreiten trägt der Lieferungsunternehmer den vollen Stempelbetrag; vgl. ME. 11. 1. 06 (EVBl. 11).

C. Wertermittelung und Versteuerung der Urkunden im allgemeinen.

Es wird der gemeine Wert zur Zeit der Beurkundung des Geschäfts ermittelt (§ 6). Die Steuerpflichtigen können durch vorher angedrohte Ordnungsstrafen, insgesamt bis 60 M., zur Erteilung der erforderten Auskunft angehalten werden. Ziehen die Behörden Sachverständige zu, so treffen die Steuerpflichtigen die Kosten des Ermittelungsverfahrens, wenn der ermittelte Wert den von ihnen angegebenen um mindestens 10 %

[1]) In Berlin gehören beispielsweise hierher die Rettungsinstitute und Gesindebelohnungs- und Unterstützungsanstalten.

übersteigt. Die Beschreitung des Rechtsweges hat aufschiebende Wirkung (§ 7). Die Beanstandung der Angaben des Steuerpflichtigen ist binnen 3 Jahren nach der Beurkundung zulässig (§ 27). Die Hauptzollämter sowie Stempelsteuerämter müssen gegen Erstattung von Schreibgebühren und Porto (nur unmittelbare Staatsbehörden sind kostenbefreit, MB. 29. 3. 97, AbgZBl. 116) Auskunft über die Höhe des zu verwendenden Stempels erteilen (§ 30, AusfAnw. 32). Verträge, deren Versteuerung wegen Unbestimmtheit des Gegenstandes ausgesetzt werden muß, sind innerhalb der gewöhnlichen Stempellösungsfrist der Behörde einzureichen (§ 8). Bei Alternativobligationen und solchen mit veränderbarer Leistung innerhalb bestimmter Grenzen wird die Stempelsteuer nach dem höchstmöglichen Gegenstandswerte berechnet, vorbehaltlich der Rückerstattung des den Stempel für die wirkliche Leistung übersteigenden Betrages (§ 6 Abs. 2). Bei Rechtsgeschäften über verschiedenen Steuersätzen unterliegende Gegenstände, z. B. Grundstücke (Schiffe sind i. S. des StStG. bewegliche Sachen, ME. 8. 8. 04, EBBl. 259) und Zubehör, ist es noch innerhalb der Stempellösungsfrist gestattet, die Trennung des Wertes anzugeben. Verschiedene steuerpflichtige Geschäfte in einer Urkunde werden besonders berechnet, wenn sich nicht die Einzelgeschäfte als einheitliche Bestandteile eines nach dem Tarif steuerpflichtigen Geschäfts darstellen. Z. B. gehen im Hauptgeschäfte auf: vereinbarte Konventionalstrafe für den Fall des Rücktritts, Unterwerfung unter sofortige Zwangsvollstreckung, Abtretung einer Forderung zwecks Tilgung des Kaufpreises (§ 10; dahin gehört auch die Verpfändung der eingebrachten Sachen im Mietsvertrage nebst der vereinbarten Befugnis zur freihändigen Veräußerung [MB. 2. 11. 97, AbgZBl. 433], nicht aber Verabredung eines Schiedsgerichts für entstehende Streitigkeiten, Vereinbarung eines Vorkaufsrechts [MB. 31. 1. 98, JMBl. 33]; wegen gemischter Schenkungen MB. 17. 9. 04 [AbgZBl. 230], wegen Schenkungen unter einer Auflage MB. 21. 10. 05 u. RGer. JMBl. 05, 324). Beim Vorhandensein mehrerer gleichlautender Urkunden über denselben Gegenstand muß, damit die übrigen als Nebenausfertigungen versteuert werden, das Vorhandensein einer als Hauptausfertigung versteuerten Urkunde nachgewiesen werden. Bei Notariatsverhandlungen ist der Stempel zur Urschrift zu verwenden und die erste Ausfertigung bei gehöriger Bezeichnung und Bescheinigung stempelfrei. Die Bescheinigung des zur Hauptausfertigung oder Urschrift verwendeten Stempels darf auf keiner weiteren Ausfertigung, beglaubigten Abschrift oder beglaubigten Auszügen (im amtlichen Verkehr auch der einfachen Abschrift) einer stempelpflichtigen Urkunde fehlen (§ 9; allg. Vfg. § 10; AusfAnw. 6).

D. Wertermittelung im besonderen (§ 6).

Bei kurshabenden Wertpapieren gilt der Tageskurs. Der Wert des Besitzes einer Sache wird in der Regel dem Werte des Gegenstandes gleichgeachtet; der Wert eines Pfandrechts oder der Sicherstellung einer Forderung richtet sich, wenn der Wert des Pfandes nicht geringer ist, nach dem der Forderung; der Wert einer Grunddienstbarkeit nach ihrem Werte für das herrschende Grundstück, wenn der Minderwert am dienenden Grundstück nicht größer ist. Einjährige Nutzungen sind in Ermangelung einer anderen urkundlichen oder sonst möglichen Wertung auf 4% des Wertes des Nutzungsgegenstandes anzunehmen. Der Gesamtwert der auf bestimmte Zeit eingeschränkten Nutzungen ist unter Zugrundelegung des 4prozentigen Zinsfußes nach der dem Gesetze angefügten Hilfstabelle zu ermitteln; bei immerwährenden Nutzungen und Leistungen gilt das 25fache des einjährigen Betrages; bei auf Lebenszeit gestellten wird für ein Lebensalter

von 15 Jahren oder weniger das 18fache über 55 bis 65 J. das 8½fache
über 15 Jahre bis zu 25 Jahr. „ 17 „ „ 65 „ 75 „ „ 5 „
„ 25 „ „ 35 „ „ 16 „ „ 75 „ 80 „ „ 3 „
„ 35 „ „ 45 „ „ 14 „ „ 80 „ — „ „ 2 „
„ 45 „ „ 55 „ „ 12 „

des einjährigen Wertes angenommen. Kommt das Lebensalter mehrerer Personen in Betracht, so ist das Alter der ältesten bzw. der jüngsten maßgebend, je nachdem die Nutzung oder Leistung beim Tode des erstversterbenden erlischt oder bis zum Tode des letztversterbenden fortdauert. Im übrigen wird bei Nutzungen oder Leistungen von unbestimmter Dauer das 12½fache des einjährigen Wertes angenommen. — Auf unbestimmte Zeit geschlossene Pachtverträge über bewegliche Sachen gelten nach Pos. 48, III und auf unbestimmte Zeit oder Kündigung geschlossene Verträge, welche keine andere Tarifstelle trifft, nach Pos. 71 ² des Tarifs betreffs der Steuerpflichtigkeit als auf ein Jahr geschlossen.

C. Zahlungsverpflichtung und Haftbarkeit.
(allg. Vfg. 28. 7. 10 § 4, JMBl. 299).

Zur Zahlung der Stempelsteuer sind verpflichtet: a) diejenigen, auf deren Veranlassung Urkunden von Behörden, Beamten oder Notaren aufgenommen oder erteilt sind; b) die Aussteller einseitiger Verpflichtungen oder Erklärungen; c) bei Verträgen alle Teilnehmer. (Der Tarif kennt Ausnahmen, z. B. bei Miete und Pacht.) Von mehreren Verpflichteten haftet jeder als Gesamtschuldner (§ 12). Es haften subsidiär und bei Verschulden: Beamte und Notare (nicht Schiedsmänner), wenn sie vor erfolgter oder nicht ausreichend erfolgter Stempelverwendung die von ihnen aufgenommenen Urkunden aushändigen, Ausfertigungen, Abschriften erteilen, oder wenn sie den Stempel nicht spätestens binnen zwei Wochen nach dem Ausstellungstage verwendet oder nicht binnen einer weiteren Woche die zwangsweise Einziehung des nicht beigebrachten Stempels angeordnet oder veranlaßt haben (§§ 13, 15; hierzu AusfAnw. 8, 22); ferner haften Aktiengesellschaften (wegen mehrerer Vorstandsmitglieder RGer. AbgZBl. 05, 7), eingetr. Genossenschaften, Gewerkschaften und Gesellschaften mit beschränkter Haftung für die Stempel der von ihren Organen errichteten Verhandlungen; endlich jeder rechtlich interessierte Inhaber oder Vorzeiger der betreffenden Urkunde (§ 13). Bezüglich Auktionen s. § 13 Abs. 1, b. Über die den Notaren bei der Beglaubigung der Unterschriften oder Handzeichen obliegenden Verpflichtungen s. MV. 21. 6. 97, 13. 1. 00 (JMBl. 154, 20, AusfA. 22).

F. Erfüllung der Stempelpflicht.

Sie erfolgt durch Niederschreiben auf gestempeltem Papier, Verwendung von Stempelmarken, Einreichung der steuerpflichtigen Urkunde, eventuell einer Anzeige des wesentlichen Inhalts unter Entrichtung des Betrages, Entwertung von Stempelmarken durch die dazu befugten Amtsstellen und Barzahlung der nach dem GerichtskostenG. bei den Gerichtskosten zu vereinnahmenden Abgaben; hierzu allg. Vf. 28. 7. 10 § 3. Für den Verkehr bestimmter Personen kann der Finanzminister eine jährliche Abfindungssumme gestatten (§ 14 und AusfA. 16. 8. 10 Ziff. 9 ff.).

G. Zeit der Verwendung bei Verhandlungen von Privatpersonen (insbesondere auch bei Miete und Pacht).

Bei nicht auf Stempelpapier niedergeschriebenen Verhandlungen der Privatpersonen muß spätestens binnen 2 Wochen nach dem Ausstellungstage die Versteuerung bewirkt sein und innerhalb dieser Frist, wenn die Aussteller selbst den Stempel verwenden dürfen, vor der etwaigen Aushändigung, bei den Gesellschaftsverträgen vor der Eintragung in die Handels- usw. Register. Für den rechtlich interessierten Inhaber oder Vorzeiger erstreckt sich die Frist auf 2 Wochen nach dem Empfange, für im Auslande errichtete Urkunden, bei denen ein Inländer beteiligt ist, auf 2 Wochen nach dem Tage der Rückkehr; anderenfalls soll eine im Auslande errichtete Urkunde vor dem Gebrauche im Inlande versteuert werden. Die Verpflichtung des Inhabers ist nur eine akzessorische KGer. Jur. Wochenschr. 00, 607). Bei Rechtsgeschäften, die erst durch behördliche Genehmigung oder Beitritt eines Dritten wirksam werden, beginnt die Frist mit dem Tage der erlangten Kenntnis der Rechtswirksamkeit (§ 16; über Genehmigungsvermerke ME. 15. 1. 00, AbgZBl. 14 u. 3. 10. 04, JMBl. 265, für Vormundschaftssachen). Bezüglich der Verträge mit der Heeresverwaltung für den Fall einer Mobilmachung s. § 16 Abs. 1, e. Für Miete und Pacht schreibt die Tarifst. 48: „Pacht- und Mietverträge" folgendes vor: an Stelle der Miet- und Pachtverträge sind bis Ende Januar jeden Jahres die von dem allein verpflichteten Verpächter bzw. Vermieter (selbst wenn sie befreite Personen sind, KGer. PrVBl. 19, 303) einzureichenden Pacht- bzw. Mietverzeichnisse zu versteuern, vorausgesetzt, daß der einzelne, nach der Dauer eines Jahres berechnete Mietzins mehr als 360 M. (bei Jagd- und landwirtschaftlichen Pachtverträgen 300 M.) und der für die ganze Vertragszeit zu zahlende Zins mehr als 150 M. beträgt; frei sind die Beherbergungsverträge der Gastwirte und Zimmervermieter. Macht der Vermieter vom Recht der Vorausbesteuerung Gebrauch, so setzt sich der Stempel aus der Summe der auf die einzelnen Jahre entfallenden Steuern zusammen, vorbehaltlich der Rückerstattung bei früherem Aufhören des Mietverhältnisses (MV. 16. 5. 96, AbgZBl. 302). Das Gesetz kennt weder die Anrechnung der Nebenleistungen noch den Stempel für die Nebenausfertigung. Auch wird zu den notariell oder in Protokollform geschlossenen Miet- oder Pachtverträgen über unbewegliche Sachen der Notariatsurkunden- oder Protokollstempel nicht genommen (MV. 18. 9. 97, JMBl. 240, vgl. AbgZBl. 361 und MV. 28. 7. 10 [JMBl. 299] § 1 Nr. 3). Bei Zuwiderhandlungen bezüglich der Steuerpflicht trifft den Verpächter, Vermieter eine dem Zehnfachen des hinterzogenen Stempels gleichkommende Strafe, mindestens von 30 M. (§ 17; s. auch ME. 18. 8. 00, AbgZBl. 465).

H. Festsetzung von Geld- und Ordnungsstrafen.

Von obigem Fall abgesehen, verwirkt in der Regel jeder Unterzeichner oder Aussteller (der Vorleger oder Inhaber) einer Urkunde beim Zuwiderhandeln gegen die Versteuerungspflicht eine dem 4fachen Betrage des hinterzogenen Stempels gleichkommende Geldstrafe, mindestens von 3 M. Die Strafe des Zehnfachen, mindestens von 30 M. tritt wieder ein, wenn bei Auflassungs- und Umschreibungserklärungen ein zu geringer Gesamtwert angegeben oder eine Urkunde vorgelegt wird, die den Wert der Gegenleistungen geringer als tatsächlich verabredet angibt. Ist die Feststellung des hinterzogenen Stempels unmöglich, so geht die Strafe bis 3000 M. (§ 17). An Stelle der Strafe treten Ordnungsstrafen bis zu 300 M. ein, wenn eine Stempelhinterziehung nicht hat bewirkt werden können oder nicht beabsichtigt war, oder wenn überhaupt ein Zuwiderhandeln gegen mit besonderer Strafe nicht bedrohte Vorschriften des Gesetzes oder der Ausführungsbestimmungen vorliegt (§ 18). Auch gegen Beamte und Notare wird wegen Pflichtversäumnis bei ihren amtlichen Verhandlungen gemäß § 60 G 26. 7. 97 (GS. 237; gegen Landräte setzt der Regierungspräsident die Strafe fest, MV. 3. 2. 98, AbgZBl. 114) eine Ordnungsstrafe bis zum Betrage des nicht verwendeten Stempels, jedoch nicht über 150 M. festgesetzt; die kontrahierende Partei ist hier nicht verantwortlich (§ 19, AusfA. 24, MV. 28. 7. 10 § 24). Der die Ordnungsstrafe gegen Notare festsetzende Landgerichtspräsident hat wegen der Nachbringung des Stempels die Anzeige zu machen (MV. 5. 3. 97, AbgZBl. 92). Die Strafen der §§ 17 u. 19 treten nicht ein, wenn der Stempelverwendung die Auskunft der Stempelbehörde zugrunde liegt (§ 20). Außer den Steuerbehörden haben diejenigen Staats- oder Kommunalbehörden und Beamten, welchen eine richterliche oder Polizeigewalt anvertraut ist, die Pflicht, alle bei ihren Amtshandlungen wahrgenommenen Zuwiderhandlungen gegen das Gesetz zwecks Einleitung des Strafverfahrens anzuzeigen (§ 30 Abs. 3). — Der unbefugte Handel mit Stempelzeichen wird, unter Einziehung der Vorräte, bis zu 150 Mk. gestraft, § 33.

J. Strafverfahren;

dieses richtet sich nach den Vorschriften über die Vergehen wider die Zollgesetze, — also nach G. 26. 7. 97 (GS. 237); AusfV. 15. 9. 97, JMBl. 249, s. auch Allg. V. 15. 9. 97, AbgZBl. 347 betr. Beamte und Allerh. Erl. 26. 9. 97 (GS. 402) — und nach §§ 459 f. StrPO. Die Strafbescheide sowie Festsetzungen von Ordnungsstrafen erlassen die Hauptzollämter (§ 21; § 5 G. 26. 7. 97). Der Bestrafte kann entweder binnen einer Woche nach der Bekanntmachung auf richterliche Entscheidung antragen oder Beschwerde an die höhere Verwaltungsbehörde einlegen (§ 459 Abs. 2 StrPO.; § 39 G. 26. 7. 97). Beim Nachweise der Einreichung eines Gnadengesuches wird die Vollstreckung sistiert (AusfA. zu § 22). Umwandlung der Geldstrafen in eine Freiheitsstrafe findet nicht statt; ebensowenig Beitreibung durch Versteigerung des Grundstücks eines Deutschen im Wege der Zwangsvollstreckung ohne Zustimmung des Verurteilten (§ 22; G. 26. 7. 97, § 54 Abs. 2). Der Finanzminister hat ein delegierbares, bei Ordnungsstrafen gegen Beamte und Notare jedoch ausgeschlossenes Recht auf Milderung und Niederschlagung selbst der gerichtlich erkannten Strafen und Kosten, und außer ihm sind auch die Steuerbehörden befugt, Strafaussetzung, Unterbrechung und Teilung zu gestatten (Allerh. Erl. 26. 9. 97, GS. 402). Die Weiterübertragung der Strafniederschlagungs- und Milderungsbefugnisse ist erfolgt durch MV. 6. 10. 97 (AbgZBl. 408). Strafverfolgung und Vollstreckung verjähren in 5 Jahren (§ 23).

K. Ersatz verdorbener Stempelzeichen und Erstattung bereits verwendeter Stempel.

Über Anträge auf Ersatz vor dem Verbrauch verdorbener Stempelzeichen entscheiden die Hauptzollämter, bei Zweifeln die Oberzolldirektionen (§ 24; AusfA. zu § 24). Erstattung bereits verwendeter Stempel erfolgt: a) für die Verwendung eines nicht erforderlichen Stempels, b) bei der Unmöglichkeit, die von Behörden, Beamten, Notaren verwendeten Stempel von den Verpflichteten beizutreiben, c) bei von vornherein oder infolge von Anfechtung nichtigen Geschäften, nicht aber bei Wandelung und Minderung, ME. 27. 9. 05 (AbgZBl. 742), d) auf Anordnung der Oberzolldirektionen aus Billigkeitsgründen bei unterbliebener Ausführung oder Wandelung eines Geschäfts. Zu a, c und d müssen die Erstattungsanträge binnen 2 Jahren, zu a nach der Entrichtung des Stempels, zu c und d nach der Beurkundung des Geschäfts bzw. Kenntnis der fraglichen Tatsachen oder bzw. und zu c und d binnen einem Jahre nach Eintritt der Rechtskraft des Anfechtungs- oder Wandelungsurteils gestellt sein. In den Fällen zu c und d hat die Steuerverwaltung ein Rückgriffsrecht (§ 25 und AusfA. hierzu).

L. Rechtsweg bezüglich der Verpflichtung zur Entrichtung von Stempelabgaben.

In Beziehung auf die Verpflichtung zur Entrichtung einer Stempelabgabe ist der Rechtsweg zulässig. Die Klage ist binnen 6 Monaten nach der Beitreibung oder Zahlung (hierzu RGer. 68, 55; Gerichtsferien hemmen die Frist nicht, auch ME. 4. 5. 08, AbgZBl. 251; Beschwerde braucht der Klage nicht voranzugehen, RGer. a. O.) gegen die Oberzolldirektion zu richten, in deren Bezirk die Steuer erfordert worden ist, bzw. im Falle der Vereinnahmung bei den Gerichtskosten gegen die Oberstaatsanwaltschaft (§ 26; AusfA. hierzu; § 7 MV. 28. 7. 10 [JMBl. 299], G. 14. 3. 85 [GS. 65]. MV. 23. 3. 85, MBl. 119). Zuständig sind ohne Rücksicht auf den Wert hier (wie auch bei der Erbschaftssteuer) die Landgerichte (§ 70 GVG; § 39 AGGVG. i. d. Fassg. d. G. 21. 9. 99, GS. 249; ME. 2. 5. 00, AbgZBl. 275); somit steht stets die Revision an das Reichsgericht offen.

M. Verjährung der Stempelsteuer, Fristen, Kosten.

Die auf einen Bruchteil des Gegenstandswerts zu bemessenden Stempelsteuern verjähren in 10, die sonstigen in 5 Jahren vom Ablaufe des

Kalenderjahres der Entrichtungspflicht. Zahlungsaufforderung, Handlungen der Zwangsvollstreckung und Stundung unterbrechen die Verjährung; die neue Verjährung beginnt vom Ablaufe des betr. Kalenderjahres. Angaben des Steuerpflichtigen über den Wert des Gegenstandes des Geschäfts unterliegen nur binnen drei Jahren nach der Beurkundung der Beanstandung (§ 27). Die Berechnung der Fristen des G. erfolgt nach der ZPO. (§ 28). Die Steuerpflichtigen haben die Portokosten bei Verhandlungen zu zahlen; sonst sind mit Ausnahme des Strafverfahrens die Verhandlungen kostenfrei (§ 29).

N. Verwaltung und Aufsichtsführung (vgl. hierzu d. AusfAnw. 16. 8. 10 u. VerwO. 15. 1. 08 nebst GeschAnw. 31. 7. 08).

Die Verwaltung des Stempelwesens wird unter Leitung des Finanzministers von den Oberzolldirektionen (früher Provinzialsteuerdirektionen gen.) durch die Stempelsteuerämter und Zollbehörden (Hauptzollämter) geführt (§ 30). Die nähere Aufsicht führen die Vorstände der Stempelsteuerämter (GeschBezirke, GeschAnw. s. Beil. 2 u. 3 z. AusfBest. 16. 8. 10). Sie haben das Recht, von allen Behörden, Beamten, Notaren, von den im § 31 Abs. 2 bezeichneten Gesellschaften und den gewerbsmäßigen Auktionatoren die Einsicht ihrer Akten, Bücher und Schriftstücke, ferner von allen Verpächtern und Vermietern die Einreichung der von ihnen zu führenden Verzeichnisse zu verlangen; auch müssen sich ihnen Privatpersonen über die gehörige Beobachtung der Stempelgesetze ausweisen, wenn dringende Verdachtsmomente vorliegen. Auf ihren durch Glaubhaftmachung begründeten Antrag hat das Amtsgericht des Wohnortes oder gewöhnlichen Aufenthalts der Privatperson über die Anordnung einer Beschlagnahme oder Durchsuchung Entscheidung zu treffen. Der Beschlagnahme oder Durchsuchung, bei welchen der Vorstand des Stempelsteueramts vertreten sein kann, hat eine Aufforderung zum Ausweis über die gehörige Beobachtung der Stempelsteuergesetze vorherzugehen (§ 31; § 18 G. 26. 7. 97). Von Privatpersonen nicht vorschriftsmäßig verwendete Stempelmarken gelten als nicht verwendet (§ 32). Der § 34 enthält Übergangsbestimmungen; § 35 bezeichnet die aufgehobenen oder geänderten älteren Vorschriften.

Der Tarif zum StempelsteuerG. stellt Stempelsätze auf, die entweder absolut gelten oder mit Rücksicht auf den Wert des Gegenstandes steigen. Für jene, die sog. Fixstempel, ist sehr häufig der Betrag von 1,50 Mk. oder 3 Mk. festgesetzt, so namentlich 3 Mk. für beglaubigte Abschriften und amtliche Zeugnisse in Privatsachen innerhalb der Zuständigkeit der ausstellenden Behörden oder Beamten. Daraus folgt: Unterschriftsbeglaubigungen sind, wenn nicht einer der in §§ 4, 5 G. oder unter Tarifstelle 77 (s. unten) angeführten Befreiungsgründe vorliegt, dem Zeugnisstempel von 3 Mk. stets unterworfen, wenn sie von Gerichten oder Notaren ausgehen; seitens der Polizeiverwaltungen, Magistrate, Dorfgerichte, Gemeindevorstände, Amts- und Bezirksvorsteher usw. dann, wenn diese Behörden durch Gesetz oder rechtsgültige Verordnungen ausdrücklich zur Vornahme von Beglaubigungen für zuständig erklärt worden sind oder die Behörde amtlich von der bezeugten Tatsache Kenntnis hatte und das Attest anders nicht wohl ersetzt werden kann (RGer. Zivils. 53, 271; ME. 28. 1. 05 (MBl. 37). Daher sind die von zur Beglaubigung zuständigen Behörden (aber nur von diesen, ME. 6. 7. 00, AbgZBl. 409) erteilten Beglaubigungen unter Postvollmachten und Abholungserklärungen gem. §§ 39, 42 PostO. u. § 50 PostG.

stempelpflichtig, nicht aber Beglaubigungen unter Quittungen für Zahlungen der Kassen (MV. 6. 2. 97, AbgZBl. 61). Bloße Erlaubnisscheine der Polizeibehörden zur Auszahlung von Brandentschädigungsgeldern („zur Auszahlung wird die polizeiliche Genehmigung erteilt; stempelfrei mangels Vorhandenseins einer Urschrift") sind befreit (ME. 16. 9. 96, MBl. 183). Gesundheitsatteste der Medizinalbeamten für anzustellende Militäranwärter unterliegen dem Zeugnisstempel, weil der Erl. des FinMin. 17. 2. 68 nicht auf früheren Gesetzen oder Privilegien beruht und also durch § 35 StempelsteuerG. aufgehoben ist (MV. 6. 3. 97, AbgZBl. 93; vgl. aber für Militärärzte MV. 7. 8. 00, AbgZBl. 427). Polizeiliche Bescheinigungen über das Leerstehen seitheriger Wohnungen versetzter Beamten sind stempelfrei (nicht Privatsache! Schreiben des FinMin. 26. 11. 96, MBl. 228). — Dem Fixstempel von 1,50 M. unterliegen insbes. Bestallungen und Vokationen besoldeter Beamter, Lehrer und Geistlicher; Eheversprechen; Eheverträge bei Werten unter 6000 M., (darüber 5 M.); Erbrezesse über steuerfreie Erbschaften; Approbationen für Ärzte und Apotheker; Tagesjagdscheine für Inländer; Kuxe alten Rechts; Proteste bei Werten von 150—1000 M. (darüber 3 M.). Der Stempel beträgt 1—50 M. für Automaten und Musikwerke; ferner 3 M. für Ausfertigungen amtlicher Schriftstücke mit Ausnahme der der Schiedsmänner; Auszüge aus Akten von Behörden; Duplikate stempelpflichtiger Urkunden; Legalisation von Urkunden, die nicht auf diesen selbst stattfinden; Reisepässe (für Handwerksburschen, Dienstboten u. ä. 1 M.); Grundstückstaxen. Von höheren Fixstempeln seien erwähnt: 5 Mk.: Abtretung unschätzbarer Rechte; Leichenpässe. 7,50 M.: Jahresjagdscheine für Inländer. 10 M.: Errichtung von Gelegenheitsgesellschaften. 50 M.: Annahme an Kindesstatt (Ermäßigung bis auf 5 M.). 100 M.: Namensänderung (nicht Umwandlung ins Deutsche). 150 M.: Apothekenkonzession, falls unveräußerlich und unvererblich (andernfalls $^1/_2$%, mindestens 150 M., Zweigapotheken 10 M.); Naturalisationen (Ermäßigung bis auf 5 M.). 500 M.: Verleihung des Bergwerkseigentums (Ermäßigung bis 100 M.). — Fixe Abstufungen finden sich bei Standeserhöhungen, Verleihungen von Titulaturen (Verleihung des Titels Sanitätsrat ist frei, V. 31. 8. 01, AbgZBl. 219). — Abstufung nach Gewerbesteuerklassen bei Erlaubniserteilung und Genehmigung für bestimmte Gewerbebetriebe, wie Krankenanstalten, Schauspielunternehmungen, Lustbarkeiten, Gastwirtschaften. — Abstufung nach den Kosten der Anlage bei konzessionspflichtigen Anlagen (§ 16 GewO., Privatanschlußbahnen). — Der Vollmachtstempel beträgt bei einem Wertgegenstand bis 500 M. einschl. 0,50 M. und steigt bis 1000 M. auf 1 M., bis 3000 M. und bei unschätzbaren (z. Begriff ME. 30. 5. 04, MBl. 142) Werten auf 1,50 M., bis 6000 M. auf 3 M. (Prozeßvollm. nur 2 M.), bis 10000 M. auf 5 M. (Prozeßvollm. nur 3 M.), bis 15000 M. auf 7,50 M. (Prozeßvollm. nur 4 M.), von mehr als 15000 M. auf 10 M. (Prozeßvollm. nur 5 M.); Generalvollm. von mehr als 50000 M. 20 M.; steht der Bevollmächtigte in einem Dienstverhältnisse zum Vollmachtgeber, höchstens 1,50 M. Über Vollmachten im Verwaltungsstreitverf. s. oben unter A.; über Vollmacht mit mehreren Bevollmächtigten RGer. AbgZBl. 05, 217; solche zur Akteneinsicht ist frei, KGer. AbgZBl. 06, 1446. — Nach Prozenten des Objektswertes sind angesetzt: a) mit $^1/_{20}$% der Versicherungs- (bzw. Kauf-)summe, wenn sie über 3000 M. beträgt, Lebens- und Rentenversicherungen, auch auf den Lebensfall, b) mit $^1/_2$% des Gesamtprämienbetrages Unfall- und Haftversicherungen bei Jahresprämien über 40 M., c) für jedes Jahr der Dauer mit $^1/_{1000}$% (1 Pf. von 1000 M.) der Versicherungssumme (wenn sie 3000 M. übersteigt) andere Gefahrversicherungen — und zwar in Abstufungen von 10 Pf. für je 200 M. zu a, je 20 M. zu b, je 10000 M. zu c; ferner mit $^1/_{20}$% Abtretung von Rechten und der Antrag auf Eintragung einer abgetretenen Hypothek oder Grundschuld; mit $^1/_{50}$% kaufmännische, nicht auf Order ausgestellte Verpflichtungsscheine über Leistungen von Geld (s. RGer. 44, 228); mit $^1/_{25}$% Erbrezesse (Mindestbetrag 1,50 M.); mit $^1/_{12}$%

der Antrag auf Eintragung einer Hypothek oder Grundschuld und hypothekarische oder persönliche Schuldverschreibungen aller Art, soweit es sich nicht um der Reichsstempelabgabe unterliegende Wertpapiere handelt; doch tritt für Schuldverschreibungen über höchstens innerhalb Jahresfrist zurückzuzahlende Darlehen Ermäßigung auf $^1/_{50}$% ein, und der gleiche Satz für jede Verlängerung der Rückzahlungsfrist solcher Darlehen auf höchstens 1 Jahr, bis insgesamt $^1/_{12}$% erreicht ist; Verlängerungen der von vornherein mit $^1/_{12}$% versteuerten Darlehen sind befreit; mit $^1/_{10}$%: Schiedssprüche (2 bis 100 M) — Pacht- und Mietverträge, und zwar auch mündliche, über inländische unbewegliche Sachen oder gleichgeachtete Rechte unterliegen von 360 M. an einem Stempel von $^1/_{10}$ bis 2% (bei mehr als 20000 M.) des Zinses; für zu gewerblichen oder beruflichen Zwecken bestimmte Räume bleiben 50% des Stempels unerhoben; für Jagdpachtverträge (falls über 300 M.) sind höhere Sätze (2—10 v. H.) bestimmt, ebenso für land- und forstwirtschaftliche Pachtverträge niedrigere ($^1/_{10}$—$^3/_{10}$%). Vgl. auch oben unter G und wegen der Übergangszeit § 34. — Zu versteuern sind schließlich mit $^1/_3$% Auktionen, Kauf-, Tausch- und lästige Veräußerungsgeschäfte, auch Lieferungsgeschäfte über andere als unbewegliche Sachen (s. aber Z. 10 Nr. 3), falls nicht RStempelG. zutrifft; mit 1% Leibrenten- und Rentenverträge, Auflassungen, Kauf-, Tausch- und lästige Verträge über Immobilien und gleichgeachtete Rechte; mit 3% Familien- und Fideikommißstiftungen. Für Gesellschaftsverträge ist je nach ihrem Inhalt die Stempelsteuer mannigfach normiert. Über Werkverdingungsverträge s. Tarifstelle 75.

Bezüglich der Befreiungen ist zunächst der Grundsatz zu bemerken, daß alle ausschließlich im öffentlichen Interesse zu erteilenden Ausfertigungen steuerfrei sind (ME. 25. 12. 96, AbgZBl. 97, 24), also z. B. Genehmigungen für Besoldungsfestsetzungen von Kommunalbeamten (MBl. 04, 240), Genehmigung kommunaler Steuerordnungen, Genehmigung öffentlicher Versammlungen (ME. 13. 8. 08, MBl. 166). Aus den Befreiungen des Tarifs seien hervorgehoben: Beglaubigungen der Rechtsanwälte im Prozeßverfahren, Ausfertigungen usw. in Privatangelegenheiten und von Genehmigungen in Bausachen, Heiratsgenehmigungen für Beamte und Militärpersonen, Bestallungen bzw. Vokationen der unbesoldeten Beamten bzw. Geistlichen und Schullehrer, Urkunden über Dienstkautionen, über Sicherstellung der Vormünder (§ 1844 BGB.), Lombarddarlehne, die innerhalb eines Jahres zurückzuzahlen sind, Sparkassenbücher, Schuldverschreibungen für Kommunen, Korporationen von Grundbesitzern und Grundkredit- oder Hypothekenbanken bei Ausreichung reichsstempelpflichtiger Wertpapiere und bankgeschäftliche Mitteilungen über Geldausleihung (Tarif-Pos. 58); Lehrverträge, Verträge über Transport- und Rückversicherungen und Verträge über Arbeits- und Dienstleistungen, wenn Lohn, Gehalt u. dgl. jährlich 1500 M. nicht übersteigen (auf Bahnarztverträge angewendet, ME. 12. 5. 97, EisenbVBl. 138) (Tarif-Pos. 70, 71). Endlich sind nach Tarif-Pos. 77 befreit: kirchliche Zeugnisse der Geistlichen, Zeugnisse für Hilfsbedürftige als Berechtigungsnachweise zum Genusse von Wohltaten, Stiftungen und anderen Bezügen, sowie als Rechnungsbelege dienende Zeugnisse wegen Zahlung von Wartegeldern, Pensionen, Unterstützungsgeldern, Kranken-, Witwen- und Waisengeldern, Beerdigungs- und ähnlichen Kosten und Geldern; desgl. Unterschriftsbeglaubigungen zwecks Auszahlung hinterlegter Gelder und unter Anträgen und Verhandlungen, die lediglich zu einer Eintragung oder Löschung in Grundbüchern erforderlich sind, nebst den damit verbundenen Zeugnissen über die Vertretungsbefugnis der Beteiligten.

Vgl. ferner Tarifnummer 32, Befreiungen und Ermäßigungen Ziff. 10.

2. Erbschaftssteuer. Sie war ursprünglich Landessteuer (G. 30. 5. 73; 24. 5. 91, GS. 78; AbändG. 31. 7. 95, GS. 413), ist aber durch das FinanzG. 3. 6. 06 (RGBl. 620) zur Reichssteuer geworden. Der damalige Anteil der Bundesstaaten von $^1/_3$ des Rohertrags ist durch

das FinanzG. 15. 7. 09 (RGBl. 743 Art. I § 5) auf 1/4 vermindert worden. Veröffentlicht als Erbschaftssteuergesetz 3. 6. 06, RGBl. 654; AusfBest. 16. 6. u. 11. 8. 06, RZBl. 829 u. 1103; MV. 25. 6. 06, AbgZBl. 1158; 26. 6. 06, JMBl. 174. Wegen der Vereinnahmung und Verrechnung Vf. 2. 12. 07, AbgZBl. 08, 189; ME. 6. 6. 07 betr. Statistik (RZBl. 239).

Steuerpflichtig ist der Erwerb durch Erbfolge, Vermächtnis oder Pflichtteil, durch Schenkung von Todes wegen, Erwerb durch Auflage u. ä.; ferner, was unter Lebenden unter Anrechnung auf den Pflichtteil und für einen Erbverzicht oder Ausschlagung einer Erbschaft gewährt wird, desgl. Lehens- und Fideikommißanfälle und Erwerb von Hebungen aus Familienstiftungen, sowie schließlich Vermögensvorteile, die auf Grund eines vom Erblasser unter Lebenden geschlossenen Vertrages mit seinem Tode unmittelbar erworben werden (§§ 1—3); Besonderheiten gelten für Adoptivkinder und im Fall der fortgesetzten Gütergemeinschaft (§§ 1483 f. BGB.; § 4). Der gleichen Steuer wie der Erwerb von Todes wegen unterliegen auch die Schenkungen unter Lebenden, mit der Maßgabe, daß an Stelle der Verhältnisse des Erblassers und Erwerbers die von Schenker und Beschenktem berücksichtigt werden. Als Schenkung gilt auch ein Erwerb infolge Vollziehung einer Auflage oder einer an eine Schenkung geknüpften Leistung. Einer Schenkung unter Lebenden steht gleich das auf Grund eines Stiftungsgeschäfts auf die Stiftung übergegangene Vermögen (§ 55).

Bewegliches Vermögen unterliegt der Steuer, wenn der Erblasser bei seinem Tode bzw. zur Zeit des Anfalls unter Lebenden Deutscher war und einem Bundesstaat angehörte. Die für sein im Ausland befindliches Vermögen dort gezahlte Steuer wird auf Antrag angerechnet (§ 5). Vermögen ausländischer Erblasser wird besteuert, soweit es sich im Inland befindet und falls der Erblasser zur Zeit des Todes bzw. Anfalls seinen Wohnsitz oder gewöhnlichen Aufenthalt in einem Bundesstaat hatte oder der Erwerber zur Zeit des Anfalls im Inlande seinen Wohnsitz oder gewöhnlichen Aufenthalt hat. Im Ausland gezahlte Steuer wird angerechnet; die Erhebung unterbleibt überhaupt, soweit Reziprozität besteht; auch kann der Reichskanzler mit Zustimmung des Bundesrats Abweichungen anordnen (vgl. wegen Briten, Franzosen und Dänen, Russen, Niederländern die Vf. 26. 2. 08; 8. 12. 08; 2. 11. 07; 14. 4. 08, RZBl. 106, 516, 550, 157; das Abkommen mit Österreich ist gekündigt, ME. 11. 7. 08, AbgZBl. 339). Entsprechendes gilt für einen Deutschen, der keinem Bundesstaate angehörte (§ 6).

Grundstücke werden nur versteuert, wenn sie im Inland liegen, aber dann ohne Rücksicht auf Staatsangehörigkeit und Wohnsitz des Erblassers (§ 7). Den Begriff „im Inland befindlich" bestimmt § 8.

Ermittlung des Wertes §§ 16—20. Maßgebend ist die Zeit des Anfalls. Bei Grundstücken wird der Ertragswert, das 25 fache des ordnungsmäßigen Reinertrages, zugrunde gelegt. Zeitlich begrenzte Nutzungen und Leistungen werden addiert; für Leibrenten u. ä. werden bestimmte Sätze aufgestellt; bei Nutzungen von immerwährender Dauer wird das 25 fache, bei solchen unbestimmter Dauer das 12 1/2 fache des einjährigen Betrages als Wert angenommen, wobei als einjähriger Ertrag eines Geldbetrages eine 4 %ige Verzinsung gilt. Die Berechnung der Erbschaftssteuer erfolgt für jeden einzelnen Beteiligten unter Berücksichtigung seines Verhältnisses zum Erblasser. Sie wird von dem Betrage berechnet, um welchen der Erwerber bereichert worden ist; die Nachlaßverbindlichkeiten — zu denen die Kosten der Nachlaßregulierung, nicht aber die Steuer selbst gehören — sind also abzuziehen (§§ 28, 29; vgl. RGer. 29, 180). Die dem Erben auferlegte Pflicht, die auf ein Vermächtnis fallende Einkommensteuer zu zahlen, ist eine Erhöhung des Vermächtnisses (RGer. a. O.). Die Haftung erstreckt sich über die Erwerber hinaus auf die Erben (§ 31) eventuell auch auf Testamentsvollstrecker, Nachlaßpfleger u. ä. (§ 32). Zuständig (§§ 33—35) zur Erhebung ist der Bundesstaat des Wohnsitzes des Erblassers zur Zeit des Todes bzw. Anfalls; bei mehreren Wohnsitzen der des letzten Wohnsitzes, eventuell der des gewöhnlichen Aufenthaltes; bei Grundstücken der Bundesstaat rei sitae. Die Verwaltung des Einkommensteuerwesens erfolgt in den Bundesstaaten durch die von der Landesregierung bestimmten Erbschaftssteuerämter (vgl. VerwO. 15. 1. 08, GS. 66, §§ 1, 8, 9); ihnen hat binnen einer Frist von 3 Monaten, wenn er sich im Auslande befindet von 6 Monaten, der Erwerber, Testamentsvollstrecker, Nachlaßpfleger schriftlich Nachricht von dem Anfall zu geben, welche auf Erfordern durch eine Erbschaftssteuererklärung zu ergänzen ist. Die Verpflichtung fällt weg, wenn der Erwerb auf einer von einem deutschen Gericht oder Notar eröffneten Verfügung von Todes wegen beruht, weil diesen und andern Behörden eine Anzeigepflicht von Amts wegen obliegt (§§ 36 f.). Der alsdann vom Erbschaftssteueramt zu erteilende Erbschaftssteuerbescheid, welchem eine durch Ordnungsstrafen gesicherte Untersuchung vorangehen kann, ist binnen 2 Monaten mit Beschwerde, einzureichen bei dem Erbschaftssteueramt oder der Oberbehörde (Oberzolldirektion), anfechtbar, § 46. Strafbestimmungen enthalten die §§ 49—52. Die Strafe ist bei Vorliegen einer Hinterziehungsabsicht das 2—4fache der Steuer, oder, wenn deren Betrag nicht ermittelt werden kann, Geldstrafe bis zu 20000 M.; liegt eine solche Absicht nicht vor, so wird die Nichterfüllung der gesetzlichen Verpflichtungen mit Ordnungsstrafe bis zu 150 M. belegt; freiwillige Berichtigung vor Strafanzeige oder Einleitung des Verfahrens befreit von der Strafe. Umwandlung der Geldstrafen in Freiheitsstrafen und Zwangsversteigerung von Immobilien wider den Willen des Verurteilten ist nicht zulässig. Die Steuer verjährt in 10 Jahren. Der Rechtsweg ist zulässig, die Klage binnen 6 Monaten seit Zahlung oder Stundung zu erheben (§ 57).

Die Steuer beträgt (§§ 10 f.):

I. für 1. leibliche Eltern; 2. Geschwister und deren Abkömmlinge ersten Grades . . . . 4 v. H.

II. für 1. Voreltern; 2. und 3. Schwieger- und Stiefeltern und Kinder; 4. Geschwisterabkömmlinge zweiten Grades; 5. legitimierte Kinder und deren Abkömmlinge; 6. Adoptivkinder und deren Abkömmlinge, soweit sich auf sie die Wirkung der Adoption erstreckt . . . . 6 v. H.

III. 1. für Geschwister der Eltern; 2. Verschwägerte im zweiten Grad der Seitenlinie. . . . . 8 v. H.

IV. In allen übrigen Fällen, soweit nicht nach § 12 Ermäßigung oder Befreiung eintritt . . . . 10 v. H.

Zuschläge werden bei Beträgen von mehr als 20000 M., in der I. Klasse von mehr als 50000 M. erhoben; die Gesamtbeträge steigen vom $1^{1}/_{10}$ bis zum $2^{5}/_{10}$ fachen der genannten Sätze (§ 10).

Befreit sind u. a. Erwerbe von nicht mehr als 500 M.; ferner Anfälle an den Landesfürsten und die Landesfürstin; an eheliche Kinder und ihnen gleichgestellte mit Ausnahme der Adoptierten; an uneheliche Kinder aus dem Vermögen der Mutter oder deren Voreltern; an die Abkömmlinge aller dieser befreiten Kinder; an Ehegatten; an die im § 10 I 1, II 1, 5, 6 aufgeführten Personen bei Erwerben von nicht mehr als 10000 M.; an leibliche Eltern und Voreltern für Sachen, die sie ihren Abkömmlingen zugewendet hatten; an Personen, die zum Erblasser im Dienst- oder Arbeitsverhältnis gestanden hatten, für Werte unter 3000 M.; Anfälle an Familienstiftungen auf Grund eines in einer Verfügung von Todes wegen bestehenden Stiftungsgeschäftes (§§ 11, 13). 5 v. H. beträgt die Erbschaftssteuer für Anfälle an 1. inländische Kirchen, oder 2. Stiftungen, Vereine und Anstalten, die ausschließlich kirchliche, mildtätige oder gemeinnützige Zwecke verfolgen, sofern sie juristische Personen sind (hierzu Vf. 16. 3. 07, AbgZBl. 102); 3. Zuwendungen für derartige Zwecke innerhalb des Deutschen Reichs (dazu E. d. RKanzl. 15. u. ME. 28. 5. 07, AbgZBl. 170); 4. Anfälle an Unterstützungskassen oder Anstalten des Erblassers oder seiner Unternehmen. In allen diesen Fällen findet außerdem bis zu 5000 M. Steuerfreiheit statt; in den beiden letzten Fällen kann dem Auslande Reziprozität gewährt werden (§ 12). Wegen Befreiung von Schenkungen, namentlich solchen zum Zweck des Unterhalts und der Ausbildung oder aus sittlicher Pflicht, vgl. § 56. Soweit land- und forstwirtschaftliche Grundstücke den Gegenstand des Erwerbes bilden, wird $^{1}/_{4}$ des Steuerbetrages nicht erhoben (§ 15). Wegen mehrfachen Erwerbes derselben Vermögensvorteile vgl. § 14. Auf Antrag kann eine Pauschversteuerung ohne nähere Ermittlung der Masse stattfinden (§ 44), ebenso Stundung (§ 47).

Den Bundesstaaten bleibt die Erhebung von Zuschlägen überlassen, sowie die Aufhebung oder Einschränkung der Steuerbefreiung von Abkömmlingen, Eltern und Ehegatten (§§ 58 f.; hierzu Vf. 26. 3. 07, JMBl. 328).

B. Reichsstempelsteuern:

1. Wechselstempelsteuer. Bundes- (jetzt Reichs-)G. 10. 6. 69 (BGBl. 193) nebst AbänderungsG. 4. 6. 79 (RGBl. 175); 4. 3. 09 (RGBl. 305) u. 15. 7. 09 (RGBl. 740); neue Fassg. 15. 7. 09 (RGBl. 825); AusfBest. 9. 3. 01 (RZBl. 69); 4. 2. 05 (RZBl. 28); 25. 3. u. 26. 7. 09 (RZBl. 103 u. 402); 4. 6. 10 (RGBl. 234).

Die Verwendung des Stempels (mittels gestempelter Vordrucke oder Stempelmarken, § 14) muß erfolgen, ehe ein inländischer Wechsel vom Aussteller, ein ausländischer Wechsel vom ersten inländischen Inhaber aus der Hand gegeben (z. Begriff RGerStr. 36, 33; DJZ. 4 Spruchs. Sp. 186) wird (§ 7). Die Strafe für Hinterziehungen beträgt das 50fache des Stempels, § 18; eventuell Ordnungsstrafe bis 150 M. wie bei der

Stempelsteuer (s. oben), § 20. Verjährung im Falle des § 18 in 5, im Falle des § 20 in 1 Jahr (§ 23). Die **Stempelsätze** betragen bei einer Wechselsumme bis 200 M. 0,10 M., v. 200—400 M. 0,20 M., v. 400—600 M. 0,30 M., v. 600—800 M. 0,40 M., v. 800—1000 M. 0,50 M. und von jedem ferneren angefangenen 1000 M. 0,50 M. mehr (§ 3). — Für Wechsel, deren Verfallzeit später als 3 Monate nach der Ausstellung eintritt, erhöht sich der Stempel für die nächsten 9 und für je fernere 6 Monate um das 1 fache des Betrages. Alle Wechselbeteiligten haften solidarisch für den Stempel (§§ 5, 6).

2. **Spielkartenstempel.** RG. 3. 7. 78 (RGBl. 133). Die Steuer beträgt 0,30 M. und bei mehr als 36 Blatt 0,50 M. für das Spiel. Hausierhandel mit Spielkarten ist verboten durch GewO. § 56 Abs. 2 Nr. 4.

3. **Die Reichsstempelsteuer.**

Ein RStempelG. 1. 7. 81 führte eine Urkundensteuer für den kaufmännischen Verkehr ein, welche durch ein zweites G. 29. 5. 85 zu einer Börsengeschäftssteuer (Tarif-Ziff. 4) erweitert worden ist. Nach weiteren Änderungen und erheblichen sachlichen Ausdehnungen, namentlich in den Jahren 1900, 06 u. 09, ist das Reichsstempelg. in neuer Fassung bekannt gemacht worden 21. 7. 09 als **ReichsstG.** v. 15. 7. 09 (RGBl. 833); dazu AusfBest. 15. 7. 06 (RZBl. 979), mehrfach geänd. u. erg.; 26. 7. 09 (RZBl. 560), Vfg. 27. 7. 09 (JMBl. 272 u. 290); 30. 8. 09 (RZBl. 794) u. a. Es sind danach im wesentlichen zu versteuern:

Aktien, Anteilscheine, Kuxe, Renten und Schuldverschreibungen:

Ziff. 1. a) inländische Aktien, Aktienanteilscheine, Reichsbankanteilscheine und Interimsscheine, jedoch nicht sofern die Gesellschaft ausschl. gemeinnützigen Zwecken dient, satzungsgemäß den zu verteilenden Reingewinn auf höchstens 4 % der Kapitaleinlagen beschränkt und bei Auflösung nur den Nennwert zahlt, oder sofern sie die Herstellung inländischer Eisenbahnen unter Beteiligung öffentlicher Verbände bezweckt . . . . mit 3 v. H.,

b) Anteilscheine deutscher Kolonialgesellschaften . . „ 3 v. H.,

c) ausländische Aktien, Aktienanteile und Interimsscheine, mit welchen im Inlande Geschäfte gemacht werden, „ 3 v. H.,

d) Anteilscheine gewerkschaftlich betriebener Bergwerke (Kuxe, Kuxscheine) . . . . , ... „ 5 M.,

und für Einzahlungen, die nach dem 1. 8. 09 ausgeschrieben werden und nicht nur zur Erhaltung des bisherigen Betriebs dienen. . . . . „ 3 v. H.,

Ziff. 2. a) inländische, für den Handelsverkehr bestimmte Renten und Schuldverschreibungen, auch Teilschuldverschreibungen und Interimsscheine, sofern sie nicht unter Nr. 3 fallen . . . . „ 2 v. H.,

b) Renten und Schuldverschreibungen ausländischer Staaten, Kommunen und Eisenbahngesellschaften (auch

Straßenbahnen, Vfg. 4. 2. 10, AbgZBl. 86), wenn damit im Inland Geschäfte gemacht werden . . . . mit 1 v. H.,

c) sonstige ausländische Renten und Schuldverschreibungen unter den gleichen Voraussetzungen . . . „ 2 v. H.,

(zu den befreiten Renten und Schuldverschreibungen des Reichs und der Bundesstaaten gehören auch die auf Grund der G. 2. 3. 50 u. 7. 7. 91 ausgegebenen Rentenbriefe (ZB. 20. 4. 92, AbgZBl. 190). Befreit sind auch die auf Grund RG. 8. 6. 71 abgestempelten ausländischen Inhaberpapiere mit Prämien; für Genußscheine gelten besondere feste Sätze,

Ziff. 3. inländische, auf den Inhaber lautende Renten und Schuldverschreibungen der Kommunalverbände und Kommunen, Korporationen, Grundkredit- und Hypothekenbanken oder Eisenbahngesellschaften . . . . mit 5 v. Taus.,

Gewinnanteilschein- und Zinsbogen:

Gewinnanteilscheinbogen a) von inländischen Aktien u. ä., b), von ausländischen dann, wenn sie im Inland ausgegeben werden . . . . „ 1 v. H.,

c) Zinsbogen von inländischen, für den Handelsverkehr bestimmten Renten- und Schuldverschreibungen, d), e) von öffentlichen oder für den Handelsverkehr bestimmten ausländischen Renten- und Schuldverschreibungen dann, wenn sie im Inland ausgegeben werden . . . „ 5 v. Taus.,

f) Zinsbogen inländischer auf den Inhaber lautender Renten- und Schuldverschreibungen öffentlicher Verbände, Grundkredit- und Hypothekenbanken oder Eisenbahngesellschaften . . . . „ 2 v. Taus.,

befreit sind u. a. Zinsbogen des Reichs und der Bundesstaaten; bei der ersten Ausgabe aber nicht für länger als 10 Jahre, sowie vor dem Inkrafttreten des G. (1. 8. 09) ausgegebene Talons; hierzu AusfBest. 26. 7. 09 (RZBl. 559) Nr. 11 zu § 25 a ff. Wegen Stundung des Betrages s. § 9 G.; vgl. ferner BundRBeschl. 28. 1., 3. 2., 17. 2. u. 24. 2. 10 (RZBl. 46, 64, 79, 81).

Kauf- und sonstige Anschaffungsgeschäfte (z. Begriff RGer. AbgZBl. 08, 121):

Ziff. 4. a) 1. u. 4. über ausländische Banknoten, ausländisches Papiergeld und Geldsorten sowie über Wertpapiere der oben Ziff. 2 a, 2 b und 3 bezeichneten Art. mit 2/10 v. Taus.,

2. über Anteile von bergrechtlichen Gewerkschaften oder die darüber ausgestellten Urkunden . . . . . „ 1 v. Taus.,

3. über sonstige Wertpapiere der oben unter Ziff. 1 bis 3 bezeichneten Art . . . . „ 3/10 v. Taus.,

(im Arbitrageverkehr, den der Tarif hier unter „Ermäßigung" definiert, tritt unter Umständen eine Ermäßigung ein; gleiches gilt für Kostgeschäfte, § 17 Abs. 3 Ges.);

b) Kauf- und Anschaffungsgeschäfte, welche unter Zugrundelegung von Usancen einer Börse geschlossen werden über Mengen von Waren, die börsenmäßig gehandelt werden (Loko-, Zeit-, Fix-, Termin-, Prämien- usw. Geschäfte) mit 4/10 v. Taus.

Befreit sind: Kontantgeschäfte, d. h. hier Geschäfte über ausländische Banknoten, ausländisches Papiergeld und Geldsorten, sowie ungemünztes Gold oder Silber, welche vertragsmäßig durch Lieferung des Gegenstandes seitens des Verpflichteten am Tage des Geschäftsabschlusses zu erfüllen sind; ferner sind befreit die Ausreichung der von den Pfandbriefinstituten und Hypothekenbanken als Darlehnsvaluta ausgegebenen Inhaberschuldverschreibungen an den Grundbesitzer, ferner die nach b stempelpflichtigen Geschäfte, wenn die Waren von einem der Vertragschließenden im Inlande erzeugt oder hergestellt sind, und die zur Versicherung von Wertpapieren gegen Verlosung geschlossenen Geschäfte; Geschäfte über Renten- oder Schuldverschreibungen des Reichs oder der Bundesstaaten.

Der Abgabenpflichtige hat spätestens am dritten Tage nach dem Tage des Geschäftsabschlusses eine Schlußnote in doppelter Ausfertigung auf einem vorher gestempelten oder mit Stempelmarken zu versehenden Formulare auszustellen; innerhalb der genannten Frist hat der Aussteller die eine Hälfte — falls er nur Vermittler war, auch die andere — abzusenden. Vermittler haben dies und den Stempelbetrag in ihren Geschäftsbüchern zu vermerken (§ 15). Wegen Selbsteintritt des Kommissionärs vgl. § 18 G. Schlußnoten sind von denen, die gewerbsmäßig derartige abgabepflichtige Geschäfte treiben, 5 Jahre, von andern Personen 1 Jahr aufzubewahren (§ 20). — Wegen Geschäfte in oder mit dem Ausland vgl. § 12 G.

Lotterielose.

Ziff. 5. Lose öffentlicher Lotterien, sowie Ausweise über Spieleinlagen und Wetteinsätze bei Pferderennen oder ähnlichen öffentlichen Veranstaltungen (§ 29) und zwar inländische . . . . . . mit 20 v. H.,
ausländische . . . . „ 25 v. H.,

Befreit sind Lose, deren Gesamtpreis 100 M. und bei Ausspielungen zu ausschließlich mildtätigen Zwecken 25 000 M. nicht übersteigt. Wegen des Totalisatorbetriebes und der Stempelpflichtigkeit RG. 4. 7. 05 (RGBl. 595); AusfBest. 6. 4. 06 (RZBl. 531).

Frachturkunden.

Ziff. 6. a) Schiffsfrachturkunden (Konnossemente und Frachtbriefe) im Schiffsverkehr zwischen In- und Ausland, sofern sie im Inlande ausgestellt oder hier vorgelegt bzw. ausgehändigt werden . . . . mit 1 M.,

b) bei Verkehr mit der Nord- und Ostsee, dem Kanal oder der norwegischen Küste ermäßigt sich die Steuer auf 0,10 M.

Zuschläge werden erhoben, wenn die Urkunde über die Ladung des ganzen Schiffes lautet;

c) soweit sie nicht unter a und b fallen und wenn sie über die Ladung eines ganzen Schiffes lauten bei einem Frachtbetrage bis zu 25 M. . . . . 0,20 M.,
darüber . . . . 0,50 M.

Erhöhung bei Schiffen über 150 Tonnen;

d) inländische Eisenbahnfrachtbriefe über Ladung eines ganzen Wagens bei einem Frachtbetrage von nicht mehr als 25 M. . . . . 0,20 M., darüber . . . . 0,50 M.
Ermäßigung bzw. Erhöhung bei Ladegewicht unter 5 bzw. über 10 Tonnen. Die Beförderung darf nur erfolgen, wenn die vorschriftsmäßige Urkunde vorliegt.

Personenfahrkarten.

Ziff. 7. a) Fahrscheine und sonstige Ausweise im inländischen Eisenbahnverkehr von einem Fahrpreise von 0,60 M. an. Der Stempel beginnt für die 3. (bzw. einzige) Klasse mit 5 Pf. und steigt bis zu 2 M. bei einem Fahrkartenpreise von über 50 M. Er beträgt in der Regel für die 2. Klasse das doppelte, für die 1. Klasse das vierfache dieser Sätze;

b) im inländischen Dampfschiffahrtsverkehr gilt entsprechendes. Befreit sind u. a. Militär-, Schüler- und Arbeiterfahrkarten.

Erlaubniskarten für Kraftfahrzeuge.

Ziff. 8. Für Krafträder 10 M.; für Kraftwagen Abstufung nach den Pferdekräften. Die Ausstellung erfolgt für höchstens 1 Jahr (§ 58). Erlaubniskarten für Ausländer bei vorübergehendem Aufenthalt unterliegen festen Sätzen (vgl. RG. 18. 5. 08, RGBl. 210; AusfBest. 30. 5. 08, RZBl. 201). Wegen Probefahrten vgl. ME. 12. 5. 08 (MBl. 142) u. RGerStr. 43, 214. Das Verzeichnis der zuständigen Stellen enthält MV. 23. 8. 06 (RZBl. 1149). Befreit sind Fahrzeuge im Dienste staatlicher Zwecke oder gewerbsmäßiger Personenbeförderung.

Vergütungen.

Ziff. 9. An Aufsichtsratsmitglieder von Aktien-, Aktienkommandit- und Gesellschaften m. beschr. Haftg. bei einer Gesamtsumme von über 5000 M. . . 8. v. H.
Schuldner sind die Gesellschaften (§ 67).

Schecks.

Ziff. 10. Im oder auf das Inland ausgestellte Schecks und Quittungen über Geldsummen, die aus Guthaben (wegen Debetsaldos MV. 29. 9. 09, AbgZBl. 357) des Ausstellers bei den zum Scheckverkehr zugelassenen (§ 2 RG. 11. 3. 08, RGBl. 71) Anstalten oder Firmen gezahlt werden . . . . 0,10 M.
Öffentliche Sparkassen kommen in Betracht, wenn über das Guthaben der Scheckverkehr eröffnet worden ist, ME. 20. 4. 09, 26. 1. 10 (MBl. 126 u. 22) u. 11. 3. 10 (HMBl. 124). Befreit sind Post- und dem Wechselstempel unterliegende Schecks. — Wegen der Stempelmarken usw. MV. 5. 10. 09 (JMBl. 339).

Grundstücksübertragungen.

Ziff. 11. Grundstücksübertragungen, auch durch Einbringung und Auseinandersetzung (hierzu MV. 23. 5. u. 8. 7. 10 [JMBl. 165 u. 278]) . . . . 1/3 v. H.
Befreit sind u. a. Erbesauseinandersetzungen, Überlassungsverträge zwischen Eltern und Kindern, sowie auf Antrag bestimmte geringe Objekte

nicht gewerbsmäßiger Grundstückshändler; dazu MVerf. 16. 12. 09 u. 24. 1. 10 (AbgZBl. 10, 16 u. 77); ME. 13. 12. 10 (JMBl. 423). Für Fideikommiß- und ähnliche Grundstücke werden im voraus in Zeitabschnitten von dreißig Jahren 1/8 v. H. des nach § 16 Erbschaftssteuergesetzes zu ermittelnden Wertes erhoben (§ 89). Ferner wird bis zum Inkrafttreten des für den 1. 4. 1912 in Aussicht genommenen Reichswertzuwachssteuergesetzes zu dem Grundstücksübertragungsstempel ein Zuschlag von 100 % erhoben, § 90; vgl. daselbst auch wegen der späteren eventuellen Herabsetzung.

Die allgemeinen Bestimmungen des RStG. entsprechen im wesentlichen denen der übrigen Steuergesetze. Die Verjährungsfrist beträgt 5 Jahre. Der Rechtsweg ist zugelassen. Hinsichtlich des administrativen Strafverfahrens finden die Vorschriften des Wechselstempelsteuergesetzes (§§ 23 Abs. 1, 24 das.) sinngemäße Anwendung.

VI. Militärwesen.

Über die Militärbeamten s. oben S. 349 f.

Die vom Reichsmilitärwesen handelnden Art. 57—68 der ReichsVerf. haben mannigfache Änderungen erfahren.

1. Die Marine, die rein preußisch war, ist einheitlich auf das Reich übergegangen (RV. Art. 53—55). Der letzte Absatz des Art. 53 ist durch RG. 26. 5. 93, betr. die Ersatzverteilung, aufgehoben. Durch G. 14. 6. 00 RGBl. 255 abgeänd. 5. 6. 06 RGBl. 729 6. 4. 08 RGBl. 147 ist der Schiffsbestand der deutschen Flotte mit Flottenbau und Ersatzbau bis 1917 festgesetzt. Abgesehen von Schiffsverlusten wird jeder Kreuzer und jedes Linienschiff nach 20 Jahren ersetzt.

2. Die gesamte Landmacht bildet ein einheitliches, in Krieg und Frieden unter dem Befehl des Kaisers stehendes Heer (Art. 63). Er kann jeden Teil des Reichsgebietes in Kriegszustand erklären (Art. 68). Zusammengesetzt ist das Heer aus den Kontingenten der einzelnen Bundesstaaten, die aber — bis auf das von Bayern, Württemberg und Sachsen — vollständig in das Preuß. Kontingent aufgegangen sind. Während dem württembergischen und sächsischen Kontingent nur in einigen Beziehungen eine Selbständigkeit eingeräumt ist (vornehmlich: Ernennungsrecht, Dislokationsrecht), ist das bayrische Heer im Frieden ganz selbständig. Vertr. 23. 11. 70 RGBl. 71, 9. Dem Kaiser steht nur das Inspektionsrecht zu. Im Kriege tritt auch das bayrische Heer unter den Oberbefehl des Kaisers.

a) Wehrpflicht. Jeder (zum Dienst brauchbare) Deutsche ist persönlich wehrpflichtig (Art. 57). Bedingt Brauchbare sowie wegen hoher Losnummer als überzählig nicht Eingestellte oder auf Reklamation wegen ihrer bürgerlichen Verhältnisse Berücksichtigte kommen zur Ersatzreserve. Im einzelnen sind bestimmend: das BundesG. 9. 11. 67 über die Verpflichtung zum Kriegsdienste, abgeänd. G. 15. 4. 05 RGBl. 249 Art. III das RMilG. 2. 5. 74 mit ErgänzG. 6. 5. 80, das G. 12. 2. 75 über den Landsturm, das G. 15. 2. 75, betr. die Ausübung der milit. Kontrolle über die Personen des Beurlaubtenstandes, ihre Übungen sowie die gegen sie zulässigen Disziplinarstrafmittel, die G. 11. 2. 88, 15. 4. 05 RGBl. 249, betr. die Änderung der Wehrpflicht nebst AusfBest. 11. 2. 88,

MBl. 47, Deutsche Wehrordnung 22. 7. 01 Beil. 32 zu RZBl. mit Verzeichnis der LandwehrBez. abgeänd. und erg. 20. 3. 02 RZBl. 69, 22. 1. 03 RZBl. 19, 3. 6. 04 RZBl. 179, 10. 5. 05 RZBl. 121, 13. 11. 06 RZBl. 1304, 4. 6. 07 das. 270, 30. 6. 08 das. 256, 30. 5. 09 das. 244 27. 5. 10 RZBl. 213 und Prüfungsordnung für den einjährig-freiwilligen Dienst 19. 8. 10 RZBl. 468; hierzu ME. 11. 1. 08 UZBl. 306. Die Heerordnung 29. 11. 88, (27. 8. 03, 28. 1. 04) ArmeeVBl. 03 227, 04, 27 Marineordnung 3. 4. 09 MarVBl. 94.

1. Durch das G. 15. 4. 05 ist der Art. 59 Abs. 1 der RVerf. dahin abgeändert worden: „Jeder wehrpflichtige Deutsche gehört 7 Jahre lang, in der Regel vom vollendeten 20. bis zum beginnenden 28. Lebensjahre, dem stehenden Heere, die folgenden 5 Jahre der Landwehr 1. Aufgebots und sodann bis zum 31. März des Kalenderjahres, in welchem das 39. Lebensjahr vollendet wird, der Landwehr 2. Aufgebots an.“

„Während der Dauer der Dienstpflicht im stehenden Heere sind die Mannschaften der Kavallerie und reitenden Feldartillerie die ersten drei, alle übrigen Mannschaften die ersten zwei Jahre zum ununterbrochenen Dienste bei der Fahne verpflichtet.“

Im Fall notwendiger Verstärkung ist durch kais. Anordnung Zurückbehaltung von Mannschaften zulässig. Die Mannschaften, die drei Jahre aktiv dienen, auch Freiwillige der Fußtruppen, der Feldartillerie und des Trains, bleiben nur 3 Jahre in der Landwehr I. (Art. II, § 1, 2 G. 15. 4. 05).

Die der Landwehr 2. Aufgebotes Angehörigen werden zu Übungen und Kontrollversammlungen nicht herangezogen, können ihre Meldungen auch durch Familienmitglieder erstatten und haben, abgesehen von Zeiten eines Krieges oder einer Kriegsgefahr, von ihrer Auswanderung der Militärbehörde lediglich Anzeige zu machen, ohne einer Erlaubnis zu bedürfen. Die Landwehr 2. Aufgebots rekrutiert sich auch aus den geübten Ersatzreservisten. Die Zugehörigkeit zu der zur Ergänzung des Heeres bei Mobilmachungen und zwar Bildung von Ersatztruppenteilen dienenden Ersatzreserve dauert 12 Jahre vom 1. Oktober des ersten Militärpflichtjahres ab. Nach Ablauf dieser Frist treten die Ersatzreservisten, welche geübt haben, zur Landwehr 2. Aufgebotes, die anderen zum Landsturm 1. Aufgebotes über.

Der Landsturm besteht aus allen Wehrpflichtigen vom vollendeten 17. bis zum vollendeten 45. Lebensjahre, welche weder dem Heere noch der Marine angehören. Dem 1. Aufgebot gehören die Landsturmpflichtigen bis zum 31. März des Jahres, in welchem sie ihr 39. Lebensjahr vollenden, an, dem 2. die 6 höheren Jahresklassen. Es tritt also jeder, der seine Dienstpflicht in der Landwehr vollendet hat, sofort in das 2. Aufgebot des Landsturmes über. Der Landsturm hat im Kriegsfalle an der Verteidigung des Vaterlandes teilzunehmen; er kann in Fällen außerordentlichen Bedarfs zur Ergänzung des Heeres und der Marine herangezogen werden. Ist der Landsturm nicht „aufgerufen“, so dürfen die ihm Angehörigen keinerlei milit. Kontrolle und Übung unterworfen werden. Landsturmpflichtige, die sich im Ausland befinden, müssen beim Aufruf zurückkehren. WO. § 20, 39, 100—104. — Wer die erforderliche Bildung nachweist und sich selbst bekleiden und verpflegen kann, wird zum einjährigfreiwilligen Dienst zugelassen. Über die zur Erteilung des Zeugnisses berechtigten Lehranstalten s. XIII. Abschnitt (Unterrichtswesen unter V).

Auch sonst kann den moralisch und körperlich Geeigneten durch die Ersatzbehörde gestattet werden, nach vollendetem 17. Lebensjahre (zu 2, 3 oder 4jährigen Dienste) freiwillig einzutreten und sich den Truppenteil zu wählen. Befreit von der Militärpflicht sind außer den Mitgliedern der mediatisierten und ihnen in dieser Beziehung gleichstehenden Häuser die vor dem 11. 8. 90 geborenen Helgoländer (RG. 15. 12. 90, RGBl. 207).

b) Das RG. 15. 4. 05 RGBl. 247 setzt die Friedenspräsenzstärke für des Rechnungsjahres 1909 auf 504 665 für 1910 auf 505 389 Gemeine, Gefreite und Obergefreite ohne Anrechnung der Einjährig-Freiwilligen fest. Die Infanterie zerfällt in 633 Bataillone, die Kavallerie in 510 Eskadrons, die Feldartillerie in 574 Batterien, die Fußartillerie in 40 Bataillone, die Pioniere in 29 Bataillone, die Verkehrstruppen in 12 Bataillone, der Train in 23 Bataillone (G. 25. 3. 99 § 3).

Durch G. vom 25. 3 99 RGBl. 214 ist die gesamte Heeresmacht des deutschen Reiches im Frieden in 23 Armeekorps (22 + Gardekorps) gegliedert, während das Reich in militärischer Hinsicht in 22 Armeekorpsbezirke eingeteilt ist (Art. 1).

Drei bis vier Armeekorps bilden eine Armee-Inspektion. — Die Kriegsformation entsteht durch die vom Kaiser für das ganze Reich anzuordnende Mobilmachung. Über die Vorbereitung des Kriegszustandes in Elsaß-Lothringen s. RG. 30. 5. 92 RGBl. 667; über die Kaiserl. Schutztruppen und die Wehrpflicht im afrikanischen Schutzgebiet RG. 18. 7. 96 RGBl. 653, 25. 6. 02 RGBl. 237 über die Erfüllung der Dienstpflicht bei der Kaiserl. Schutztruppe für Südwestafrika V. 5. 12. 02 RGBl. 297[3]).

Wegen der Ergänzung der Offiziere des Friedensstandes AE. 18. 3. 05 ArmeeVBl. 70 UZBl. 573), erg. AE. 2. 11. 09 ArmeeVBl. 312 nebst DienstO. f. d. OberMilPrüfsKomm. Besoldung, Wohnungsgeld, Hinterbliebenenfürsorge s. o. S. 362, 365. Das Unteroffizierskorps setzt sich aus Kapitulanten, die nach vollendeter gesetzlicher Dienstpflicht freiwillig weiterdienen, und ehemaligen Schülern der Unteroffizierschule zusammen, die mit der Verpflichtung 4 Jahre aktiv zu dienen, aufgenommen werden. Hierzu Order betr. Bestimmungen über die Beförderung der Uoff. im Frieden 28. 8. 09 ArmeeVBl. 273. Versorgung der Mannschaften S. 362 f. Wegen der Militäranwärter S. 371.

c) Die Kosten für das Militär werden aus Reichsmitteln aufgebracht. Daneben sind die Reichsangehörigen noch zu gewissen sachlichen Leistungen verpflichtet, die für Frieden und Krieg verschieden sind.

Für die Friedensleistungen kommt zunächst die Quartierleistung in Betracht. Wo die Kasernen nicht ausreichen, müssen Wohnungs- und Stallräume für Mannschaften und Pferde gewährt werden. Die Verpflichtung lastet auf allen benutzbaren Baulichkeiten, soweit sie nicht für den Wohnungs-, Wirtschafts- oder Gewerbebetrieb unentbehrlich erscheinen. Sie wird durch die Vorstände der Gemeinden und Gutsbezirke vermittelt, auf welche die Kreis-Einquartierungs-Kommission die Einquartierung verteilt hat. Die einzelnen Gemeinden können die Unterbringung in Mietsquartiere beschließen. Für die Quartierleistung wird Entschädigung (Servis nach einem, die Ortschaften in eine Sonderklasse A und 4 Servisklassen einteilenden, nach dem RG. 28. 5. 87 von 10 zu 10 Jahren zu revidierenden Tarife) gewährt; hierzu RG. 6. 7. 04 RGBl. 272; 17. 5. 06 RGB. 473 BundG. 25. 6. 68 betr. die Quartierleistung für die bewaffnete Macht während des Friedenszustandes u. Abänd. u. ErgG. 21. 6. 87. Ausf. Instr. 31. 12. 68; 19. 8. 05 RZBl. 218. Preuß. Ausf. Instr. 30. 8. 87 MBl. 88; 7. ZG. § 50. Außerdem sind noch andere Naturalleistungen, wenn der Bedarf nicht anderweit gedeckt werden kann, ebenfalls gegen Entschädigung, zu gewähren. Durch die Gemeinden werden vermittelt: Vorspannleistung, zu der die Besitzer von Zugtieren und Wagen heranzuziehen sind, ferner die Naturalverpflegung für Marsch- und Liegetage außer dem Quartier und die Fouragelieferung auf Märschen. Unmittelbar zu leisten sind: Schiffsfahrzeuge für die Marine, Eisenbahnbeförderung, Hergabe von unbebauten Grundstücken (mit Ausnahme von Gärten, Weinbergen, Schonungen) zu Truppenübungen (Unzulässigkeit des Rechtsweges s. RGer.PVBl. 423 und 22, 169), sowie die Brunnen, Tränken und Schmieden für den militärischen Bedarf (RG. über die Naturalleistungen im Frieden 13. 2. 75 u. 24. 5. 98 neugefaßt RGBl. 360, abgeänd. 9. 6. 06 RGBl. 735 dazu AusfV. 13. 7. 98, RGBl. 921, 10. 7. 04 (RGBl. 301); 16. 7. 06 RGBl. 855, 6. 8. 07 RGBl. 417 27. 5. 09 RGBl. 470. Die Militärtransportordnung für Krieg 26. 1. 87 und für Frieden 11. 2. 88 ist ersetzt durch Militärtransportordnung 18. 1. 99, RGBl. 15 (wiederholt ergänzt; gleichzeitig ist ein Militärtarif veröffentlicht).

Kriegsleistungen sind nur während des mobilen Zustandes von den Gemeinden oder besonderen Lieferungsverbänden zu gewähren. Sie betreffen die vorbenannten Gegenstände. Außerdem haben die Kreise den nicht anderweit zu beschaffenden Bedarf an Vieh, Heu, Stroh, Hafer und Brot zu leisten. Alle Pferdebesitzer müssen — immer gegen Entschädigung — die nötigen, für das Militär tauglichen Pferde hergeben RG. über die Kriegsleistungen 13. 6. 73 nebst AusfV. 1. 4. 76, 6. 6. 85, 14. 4. 88, 27. 6. 90, 29. 12. 06 RGBl. 07, 5.

Zu gedenken ist hier auch noch des RG. 28. 2. 88 RGBl. 59. Danach sind die Ehefrauen und unter 15 Jahre alten Kinder der bei Mobilmachungen oder notwendigen Verstärkungen in den Dienst eingetretenen Reserve-, Landwehr-, Ersatzreserve-, Seewehr- und Landsturm-Mannschaften zu unterstützen[1]); ältere Kinder, Aszendenten und Geschwister des Eingetretenen, sowie Aszendenten und Kinder der Ehefrau aus früherer Ehe nur, wenn sie von ihm zu unterhalten sind. Die Verpflichtung zu den Unterstützungen (welche indessen aus Reichsfonds erstattet werden) liegt den nach § 17 des RG. über die Kriegsleistungen gebildeten Lieferungsverbänden ob. Es erhalten: die Ehefrau vom Mai bis Oktober monatlich 6, sonst 9 Mk., jede andere in Betracht kommende Person monatlich 4 Mk.

---

[1]) Anwendbar auf die Schutztruppen Erl. d. Reichskanzlers 12. 7. 04 MBl. 255.

Ferner ordnet das RG. 10. 5. 92, betr. die Unterstützung von Familien der zu Friedensübungen einberufenen Mannschaften, an, daß die Familien der aus der Reserve, Landwehr oder Seewehr zu Friedensübungen und der aus der Ersatzreserve für die zweite oder dritte Friedensübung Einberufenen auf Verlangen aus öffentlichen Mitteln Unterstützungen erhalten vorausgesetzt, daß den Einberufenen nicht als Reichs-, Staats- oder Kommunalbeamten zufolge § 66 Abs. 2. RMilG. 2. 5. 74 ihr persönliches Diensteinkommen gewahrt ist. Fortbezug des Lohnes nach § 616 BGB. schließt den Anspruch nicht aus (ME. 24. 12. 04. MBl. 05, 19). Die täglichen Unterstützungen betragen für die Ehefrau 30 und für jede sonst unterstützungsberechtigte Person 10 % des ortsüblichen Tagelohnes erwachsener männlicher Arbeiter am Aufenthaltsort des Einberufenen; der Gesamtbetrag der Unterstützungen darf 60 % nicht übersteigen. Der Anspruch erlischt, wenn er nicht spätestens binnen 4 Wochen nach Beendigung der Übung bei der Gemeindebehörde des gewöhnlichen Aufenthalts, den der Unterstützungsberechtigte beim Beginne des Unterstützungsanspruchs hatte, angebracht wird. Die gezahlten Unterstützungen werden aus Reichsmitteln erstattet. Die gewährten Unterstützungen können nicht verpfändet noch an Dritte abgegeben werden, unterliegen auch keiner Art der Zwangsvollstreckung. Im übrigen erfolgt die Gewährung selbst nach den Vorschriften des RG. 28. 2. 88 aus den Kreiskommunalkassen, nicht den Kreiskassen (MR. 12. 10. 92, MBl. 365).

Die zum RG. 10. 5. 92 ergangene Bekanntmachung des Bundesrates 2. 6. 92 RGBl. 668 geändert 12. 12. 98 RGBl. 1305 enthält Ausführungs-Vorschriften hinsichtlich der Art und Weise der Anmeldung des Anspruchs, hinsichtlich der Festsetzung (§ 8 KrankenversicherungsG.) und Anweisung der Unterstützungen durch die Lieferungsverbände und ordnet an, daß die Unterstützung bis zum Tage der Rückkehr einschließlich zu zahlen ist, wenn der Einberufene nach Ablauf der festgesetzten Übungsdauer infolge einer während dieser unverschuldet eingetretenen Erkrankung an der Rückkehr verhindert ist. Dazu ZV. 20. 6. 92 und 13 3. 95 MBl. 277 u. 132, MV. 17. 9. 97 MBl. 203.

d) In Strafsachen besteht eine besondere Militärgerichtsbarkeit (Militärstrafgerichtsordnung 1. 12. 98, RGBl. 1189, EG. 1. 12. 98, RGBl. 1289). Sie erstreckt sich auf alle Militärpersonen des aktiven Heeres und der Flotte und gemäß KaisV. 2. 11. 09 (RGBl. 943), AusfBest. 6. 11. 09 (RGBl. 954) für die Militärpersonen der Schutztruppen auch auf die Offiziere z. D.; auf die Angehörigen des Beurlaubtenstandes nur in beschränktem Maße. Für Übertretungen und Ähnliches ist die niedere Gerichtsbarkeit, für alle anderen Straftaten die höhere Gerichtsbarkeit zuständig; für Offiziere stets letztere. Die niedere Gerichtsbarkeit wird von den Standgerichten (3 Offiziere), die höhere von den Kriegsgerichten (1 Kriegsgerichtsrat und 4 Offiziere) wahrgenommen. Berufung gegen die standgerichtlichen Urteile an die Kriegsgerichte und gegen die Kriegsgerichte an die Oberkriegsgerichte (2 Oberkriegsgerichtsräte und 5 Offiziere). Revision an das Reichsmilitärgericht in Berlin (Geschäftsordnung 30. 1. 02, RZBl. 59). Über die freiw. Gbarkeit in Heer und Marine RG. 28. 5. 01.

Das MilStGB. 20. 6. 72 (RGBl. 174) schreibt besondere Strafbestimmungen für militärische Verbrechen und Vergehen vor; daneben DiszStO. 31. 10. 72 (mehrfach geändert), die teilweise auch neben der MStGO. anwendbar ist. Für die farbigen Angehörigen der Schutztruppe besteht die DisziplinarVerordg. 7. 9. 10 KolBl. 789. Wegen der Ehrengerichte f. Off. s. S. 350.

VII. Gerichtswesen.

Der „Von den Rechten und Pflichten des Staates zum besonderen Schutze seiner Untertanen" handelnde Titel XVII ALR. II ist im wesentlichen durch die neuere Gesetzgebung überholt. Von den landrechtlichen Bestimmungen mögen hervorgehoben werden:

Der Staat ist für die Sicherheit seiner Untertanen, in Ansehung ihrer Personen, ihrer Ehre, ihrer Rechte und ihres Vermögens, zu sorgen verpflichtet (§ 1, vgl. § 2 Tit. 13). Dem Staate kommt es also zu, zur Handhabung der Gerechtigkeit, zur Vorsorge für diejenigen, welche sich selbst nicht vorstehen können, und zur Verhütung sowohl als Bestrafung der Verbrechen die nötigen Anstalten zu treffen (§ 2). „Die Pflicht des Staates, für die Sicherheit seiner Einwohner, ihrer Personen und ihres Vermögens zu sorgen, ist der Grund der demselben zukommenden allgemeinen und obersten Gerichtsbarkeit" (§ 3). Die Gerichtsbarkeit zerfällt in die bürgerliche (Zivil-) und die Straf- (Kriminal-) Gerichtsbarkeit. Jene hat die Untersuchung und Entscheidung der Streitigkeiten über Recht und Eigentum zum Gegenstande. Doch gehört zu ihr auch das Recht, Handlungen, die nicht streitig sind, gerichtlich zu vollziehen, zu bestätigen und zu beglaubigen (sog. nichtstreitige Gerichtsbarkeit). Die Kriminalgerichtsbarkeit umfaßt die Untersuchung und Bestrafung der strafbaren Handlungen (§§ 4—6).

Nach Art. 4 Nr. 13 der RV. und RG. 20. 12. 73 ist das Reich für die gesamte Gesetzgebung über das bürgerliche, das Strafrecht und das gerichtliche Verfahren zuständig (s. S. 237); doch sind gewisse Sondergerichte zugelassen, deren Einrichtung ebenso wie die Justizverwaltung auch fernerhin der landesgesetzlichen Regelung untersteht. Im übrigen ist jetzt maßgebend

GerichtsverfassungsG. 27. 1. 77 in der Fassung v. 17. 5. 1898 (RGBl. 371); mehrf. abg.: 20. 3. 05, 5. 6. 05, 1. 6. 09, 22. 5. 10 (RGBl. 179, 533, 475, 767).

1. Titel. Richteramt. Hiervon handelt der Titel VI der Preuß. Verf., deren Bestimmungen durch das GVG. und das Preuß. AusfG. dazu 24. 4. 78 im allgemeinen bestätigt sind. „Die richterliche Gewalt wird im Namen des Königs durch unabhängige, keiner anderen Autorität als der des Gesetzes unterworfene Gerichte ausgeübt. Die Urteile werden im Namen des Königs ausgefertigt und vollstreckt" (Art. 86, GVG. § 1). Über die persönlichen Voraussetzungen zum Richteramt und die persönlichen Verhältnisse der Justizbeamten s. oben S. 372. Wegen Entlastung v. schriftl. Arbeiten MV. 9. 11. 10 (JMBl. 393).

2. Titel. Gerichtsbarkeit. Die ordentliche streitige Gerichtsbarkeit wird durch Amtsgerichte und Landgerichte, durch Oberlandesgerichte und durch das Reichsgericht ausgeübt (§ 12). Vor die ordentlichen Gerichte gehören alle bürgerlichen Rechtsstreitigkeiten (s. RGer. 18, 125)

und Strafsachen, für welche nicht entweder die Zuständigkeit von Verwaltungsbehörden oder Verwaltungsgerichten begründet ist, oder reichsgesetzlich besondere Gerichte bestellt oder zugelassen sind; vgl. jedoch § 11 Abs. 2 EGVG., § 9 GVG., §§ 4, 5 EGZPO. (§ 13). Als besondere Gerichte sind reichsgesetzlich bestellt:

a) Konsulargerichte G. 7. 4. 00 (RGBl. 213),
b) Militärgerichte (§ 7 EGVG., RMilG. 2. 5. 74 §§ 39, 72, Militärstrafgerichts O. 1. 12. 98 (RGBl. 1189),
c) Schiedsgerichte für Berufsgenossenschaften, Invalidenversicherungsanstalten s. S. 210 f.
d) Gewerbegerichte, G. 29. 7. 90 i. d. Fassg. 29. 9. 01 (RGBl. 353) und Kaufmannsgerichte, G. 6. 7. 04 (RGBl. 266), jene im GVG. noch als „zugelassen" bezeichnet.

S. auch bezüglich der auf Grund der SeemannsO. bestehenden Seemannsämter V. 13. 3. 03 (RGBl. 42); zugelassen sind (§ 14):

1. die auf Staatsverträgen beruhenden Rheinschiffahrts- (G. 8. 3. 79, GS. 129, s. dazu V. 1. 9. 79, GS. 609 u 20. 8. 00, GS. 314; V. 28. 9. 05, GS. 371, 8. 6. 08, GS. 154) und Elbzollgerichte (§ 1 G. 9. 3. 79, GS. 132).

2. Gerichte, welchen die Entscheidung von bürgerlichen Rechtsstreitigkeiten bei der Ablösung von Gerechtigkeiten oder Reallasten, Separationen, Konsolidationen, gutsherrlich-bäuerlichen Auseinandersetzungen u. dgl. vorbehalten ist. Die erste Instanz bilden in Preußen die Generalkommissionen und die landwirtschaftlichen Spruchkollegien bei den Regierungen, die zweite das Oberlandeskulturgericht, die dritte, nach Kaiserl. V. 26. 9. 79, RGBl. 287, das Reichsgericht (AusfG. § 19, G. betr. Auseinandersetzungsverfahren in der Fassung vom 10. 10. 99, GS. 403).

3. Gemeindegerichte zur Entscheidung über vermögensrechtliche Streitigkeiten bis zu 60 M., jedoch vorbehaltlich der Berufung auf den ordentlichen Rechtsweg (Amtsgerichte); die in Preußen bestehenden sog. Dorfgerichte haben keine richterliche Tätigkeit; wegen ihrer Tätigkeit s. oben S. 334.

4. Ferner besteht weiter der mit dem Kammergericht verbundene Geheime Justizrat für die bürgerlichen Rechtsstreitigkeiten gegen Mitglieder der königlichen Familie sowie der fürstlichen Familie Hohenzollern (G. 26. 4. 51, GS. 181; EinfG. § 5, AusfG. § 18), sowie der besondere Gerichtsstand von „Austrägen" für die Standesherren in Strafsachen (EinfG. § 7; BundAkt. 18. 6. 15, Art. XIV; G. 10. 6. 54, GS. 363, Instr. 30. 5. 20, GS. 81).

Die Ausübung einer geistlichen Gerichtsbarkeit, namentlich bei Ehe- und Verlöbnissachen, ist ohne bürgerliche Wirkung (§ 15; RG. über Beurkundung des Personenstandes 6. 2. 75, RGBl. 24, § 76).

Ausnahmegerichte sind unstatthaft (§ 16).

Die Gerichte entscheiden selber über die Zulässigkeit des Rechtsweges, doch ist für Preußen die Entscheidung von Streitigkeiten zwischen den Gerichten und den Verwaltungsbehörden bzw. -Gerichten über die Zulässigkeit des Rechtsweges nach Vorschrift des § 17 GVG. durch V. 1. 8. 79 (GS. 573) und G. 22. 5. 02 (GS. 145) einem besonderen Kompetenzgerichtshof übertragen. Zur Erhebung des (sog. positiven) Konfliktes ist nur die Zentral- (auch in eigner Sache OVG.

DJZ. 06 Sp. 150) und die Provinzialverwaltungsbehörde befugt, wenn der Rechtsweg für unzulässig erachtet wird, bzw. auch dann, wenn die Zuständigkeit zur Entscheidung der Angelegenheit für die Verwaltungsgerichte in Anspruch genommen wird. Die Konfliktserhebung unterbricht das gerichtliche Verfahren, sogar die Frist zur Urteilsverkündung (§ 7 der V.; ZPO. § 249); sie ist unstatthaft, wenn die Zulässigkeit des Rechtsweges bereits durch rechtskräftiges oder ein mit Revision anfechtbares (Verkündung genügt, MV. 13. 7. 04, MBl. 232) Urteil des ordentlichen Gerichtes feststeht (GVG. § 17 Nr. 4, § 4 VO. 1. 8. 79 i. d. Fassg. G. 22. 5. 02 Art. 1); der Ausspruch des Kompetenzgerichtshofs, daß der Rechtsweg zulässig sei, hebt die etwaige Zuständigkeit von Verwaltungsbehörden auf (Art. 2 G. 22. 5. 02). — Haben sowohl die Gerichte, wie auch andererseits die Verwaltungs- oder Verwaltungsgerichtsbehörden sich für unzuständig erklärt (letzteres ist unzulässig, wenn das RGer. den Rechtsweg für ausgeschlossen erklärte, Art. 3 a. O.), so entscheidet der Kompetenzgerichtshof über den nunmehr vorliegenden negativen Konflikt auf Antrag einer bei der Sache beteiligten Partei (§ 21 VO.).

3. Titel. Amtsgerichte. Ihnen stehen Einzelrichter vor. Ist ein Amtsgericht mit mehreren Richtern besetzt, so wird einem dieser von der Landesjustizverwaltung die allgemeine Dienstaufsicht übertragen; sie kann, wenn mehr als 15 Richter vorhanden sind, geteilt werden (§ 22)[1]. Die Sitze und Bezirke der Amtsgerichte sind durch Königl. V. 5. 7. 79 bestimmt; seit dem 1. 10. 82 können sie nur durch Gesetz verändert werden (AusfG. § 21; s. für Berlin und Umgegend G. 16. 9. 99, GS. 391). Der Justizminister kann die Abhaltung von Gerichtstagen außerhalb des Gerichtssitzes anordnen (AusfG. § 22).

Zuständig sind die Amtsgerichte in Zivilsachen:

1. für Streitigkeiten über vermögensrechtliche Ansprüche, deren Gegenstand an Geld oder Geldeswert die Summe von 600 M. nicht übersteigt, soweit die Streitigkeiten nicht nach § 70 ohne Rücksicht auf den Wert des Streitgegenstandes den Landgerichten zugewiesen sind;

2. ohne Rücksicht auf den Wert des Streitgegenstandes für Streitigkeiten: a) zwischen Vermietern, Mietern und Untermietern von Wohn- oder anderen Räumen wegen Überlassung, Benutzung und Räumung sowie wegen Zurückbehaltung der eingebrachten Sachen; b) zwischen Dienstherrschaft und Gesinde, Arbeitgebern und Arbeitern hinsichtlich des Dienst- und Arbeitsverhältnisses der oben S. 207 zu 1 erwähnten Streitigkeiten, wenn sie während der Dauer des Dienst-, Arbeits oder Lehrverhältnisses entstehen; c) zwischen Reisenden und Wirten, Fuhrleuten, Schiffern, Flößern oder Auswanderungsexpedienten in den Einschiffungshäfen, welche über Zeche, Fuhrlohn, Überfahrtsgelder, Beförderung der Reisenden und ihrer Habe und über deren Verlust und Beschädigung; d) zwischen Reisenden und Handwerkern, welche aus Anlaß der Reise entstanden sind; e) wegen Viehmängel, Wildschadens (s. G. 11. 7. 91, oben S. 98), f) aus einem außerehelichen Beischlaf und g) für das Aufgebotsverfahren (§ 23).

---

[1] In Berlin führt ein Amtsgerichtspräsident die Aufsicht (G. 10. 4. 92, GS. 77, s. auch MV. 4. 9. 00, JMBl. 559).

„Im übrigen wird die Zuständigkeit und der Geschäftskreis der Amtsgerichte durch die Vorschriften dieses Gesetzes und der Prozeßordnungen bestimmt" (§ 24), nämlich für die Rechtshilfe, um welche von anderen Gerichten ersucht wird (§ 158), und nach Bestimmungen der ZPO.: für die Sicherung des Beweises (§ 486), schleunige Feststellung von Sachmängeln (§ 488), für den der Klage vorausgehenden Vergleichsversuch, auch den Sühneversuch in Ehescheidungssachen (§§ 510c u. 609), für das Entmündigungsverfahren (§§ 645 ff., 676 ff.), für das Mahnverfahren (§ 689), für die Zwangsvollstreckung als „Vollstreckungsgericht" — abgesehen von den dem Prozeßgerichte 1. Instanz verbleibenden Entscheidungen über materielle Einwendungen usw. — (§ 764 ff., 797) nebst dem Verteilungsverfahren (§ 873), der Abnahme des Offenbarungseides (§ 899) und Arresten und einstweiligen Verfügungen (§§ 919, 942). Nach der StrPO. sind die Amtsgerichte zuständig für Haftbefehle (§§ 125 f.), Freilassung Festgenommener (§§ 128 f.), Vernehmung Ergriffener (§ 132), vorbereitendes Verfahren (§§ 160 f.), Voruntersuchung (§§ 183 f.), Strafbefehle (§§ 447 f.), Verfahren nach polizeilichen Strafverfügungen (§ 455), Verfahren bei Zuwiderhandlungen gegen Abgabepflichten (§ 463), Strafvollstreckung (§§ 483 f., V. 14. 8. 79, JMBl. 237).

Ferner z. B. für das Konkursverfahren (§ 71 KonkursO. 10. 2. 77 in der Fassung von 98, RGBl. 612), für das Zwangsversteigerungs- und Verwaltungsverfahren, RG. 24. 3. 97 in der Fassung von 1898 (RGBl. 713, § 1). In Angelegenheiten der nichtstreitigen Gerichtsbarkeit sind die Amtsbezirke zuständig nach dem RG. über die Angelegenheiten der freiwilligen Gerichtsbarkeit 17. 5. 98 (RGBl. 189, neue Fassung 20. 5. das. 771), für Vormundschaftssachen (§§ 35 ff.), Verträge über Kindesannahme (§ 65), Personenstand (§ 69), Nachlaß- und Teilungssachen (§§ 72 ff.), Handels- und Genossenschaftsregister und sonstige Registersachen (§§ 125, 145—148), Dispache (§ 149), Vereins- u. Güterrechtsregister (§§ 159, 161), Untersuchung und Verwahrung von Sachen, Pfandverkauf (§§ 164 ff.), Beurkundung von Rechtsgeschäften und Beglaubigung (§ 167); PreußG. 21. 9. 99 (GS. 249, Art. 31). — Ferner für Musterregister (G. 11. 1. 76, RGBl. 11), Binnenschiffahrtsregister (BinnenschiffahrtsG. 15. 6. 95 i. d. Fassg. v. 98, RGBl. 868, § 120), Stiftungen, ABGB. Art. 1, Höfe- und Landgüterrollen s. S. 90 f. — Ferner für Grundbuchsachen, ReichsGrundbO. 1898 (RGBl. 754, § 1 und PreußAusfG. 26. 9. 99 (GS. 307), Art. 1.

4. Titel. Schöffengerichte. Sie bestehen aus dem Amtsrichter als Vorsitzenden und 2 im Ehrenamt tätigen Schöffen (§ 26). Gewisse Personen sind zu dem Schöffenamte infolge Strafurteils oder Verfügungsunfähigkeit unfähig, andere sollen dazu nicht berufen werden (unter 30 Jahre alte, Almosenempfänger [hierzu RG. 15. 3. 09, RGBl. 319], Sieche, Dienstboten, politische und richterliche Beamte [AusfG. § 33]), Religionsdiener, Volksschullehrer, Militärpersonen, s. §§ 33 f.); noch andere dürfen die Berufung dazu ablehnen (Abgeordnete, Ärzte, Apotheker ohne Gehilfen, die Schöffen und Geschworenen des Vorjahres, über 65 Jahre alte, Unbemittelte s. § 35). Der Vorsteher einer jeden Gemeinde stellt alljährlich das Verzeichnis der zum Schöffenamte geeigneten Gemeindeinsassen (die

„Urliste") auf. Er sendet sie, nach Auslegung während einer Woche, nebst den etwa erhobenen Einsprachen an den Amtsrichter, der die Urlisten des Bezirkes zusammenstellt. Ein alljährlich bei dem Amtsgericht zusammentretender Ausschuß, bestehend aus dem Amtsrichter als Vorsitzenden, einem Staatsverwaltungsbeamten, sowie 7 von den Vertretungen der Gemeinden, Kreise usw. gewählten Vertrauensmännern (AusfG. §§ 34 f.), entscheidet über die Einsprachen und wählt aus der berichtigten Urliste für das nächste Geschäftsjahr die vom Landgerichtspräsidenten bestimmte Zahl von Schöffen und Hilfsschöffen (die an die Stelle wegfallender Schöffen treten). Die Namen der gewählten Haupt- und Hilfsschöffen werden bei jedem Amtsgerichte in gesonderte „Jahreslisten" aufgenommen. Die ordentlichen Sitzungstage des Schöffengerichts werden für das ganze Jahr im voraus festgestellt. Die Reihenfolge, in welcher die Hauptschöffen an den einzelnen Sitzungen teilnehmen, wird durch Auslosung in öffentlicher Sitzung des Amtsgericht bestimmt (§§ 36 ff.); die Schöffen erhalten Reisevergütung (AusfG. § 36, s. auch MV. betr. Vorbereitungen zur Bildung der Schöffengerichte 22. 7. 79, JMBl. 195).

Zuständig sind die Schöffengerichte für alle Übertretungen; für diejenigen Vergehen, welche nur mit Gefängnisstrafe von höchstens 3 Monaten oder Geldstrafe von höchstens 600 M., allein oder neben Haft, oder in Verbindung miteinander oder in Verbindung mit Einziehung bedroht sind, mit Ausnahme der im § 320 des StrGB. (Verbot der Wieder- oder Weiterbeschäftigung eines zu einer Beschäftigung im Eisenbahn- oder Telegraphendienste gerichtlich für unfähig Erklärten) und der im § 74 GVG. genannten (Zuwiderhandlungen gegen einige Reichsgesetze betreffenden) Vergehen; für die nur auf Antrag zu verfolgenden Beleidigungen, wenn die Verfolgung im Wege der Privatklage geschieht; für die nur auf Antrag zu verfolgenden Körperverletzungen, qualifizierten Hausfriedensbruch, Bedrohung mit einem Verbrechen, gewisse Fälle des strafbaren Eigennutzes; für einfachen Diebstahl, Unterschlagung, Betrug und Sachbeschädigung (StrGB. §§ 242, 246, 263, 303), wenn der Wert des Objektes 150 M. nicht übersteigt; für Begünstigung und Hehlerei bei einfachem Diebstahl oder einfacher Unterschlagung (StrGB. §§ 258 Nr. 1 und 259), wenn die Handlung, auf welche sich die Begünstigung oder Hehlerei bezieht, zur Zuständigkeit der Schöffengerichte gehört; für die Zuwiderhandlungen gegen das Feld- und ForstpolizeiG. 1. 4. 80 (GS. 230, § 53). Bei Forstdiebstahlssachen entscheidet der Amtsrichter allein; die Schöffen werden nur zugezogen bei erschwerenden Umständen und beim dritten Rückfalle (G. 15. 4. 78, GS. 222, §§ 19, 21 ff., 30).

5. Titel. Landgerichte. Sie bestehen aus einem Präsidenten und der erforderlichen Anzahl von Direktoren und Mitgliedern; die Mitglieder können gleichzeitig Amtsrichter im Bezirk des Landgerichts sein. Es werden bei ihnen Zivil- und Strafkammern gebildet und Untersuchungsrichter bestellt (§§ 58—60). Die Zivilkammern entscheiden in der Besetzung von 3 Mitgliedern, die Strafkammern sind in der Hauptverhandlung mit 5 Mitgliedern, in der Berufungsinstanz bei Übertretungen, sowie bei Zuwiderhandlungen gegen das Forstdiebstahls- und das Feld- und ForstpolizeiG. (G. 15. 4. 78, § 19 und G. 1. 4. 80, § 58) und in Fällen

der Privatklage mit 3 Mitgliedern (immer einschließlich des Vorsitzenden) besetzt (§ 77).

Zuständig sind die Landgerichte:

1. in Zivilsachen: für alle, nicht den Amtsgerichten überwiesenen Streitigkeiten; ohne Rücksicht auf den Wert des Streitgegenstandes als ausschließliches Gericht für die Ansprüche, welche auf Grund des G. 1. 6. 70 über die Abgaben von der Flößerei oder auf Grund des RG. 31. 3. 73 über die Rechtsverhältnisse der Reichsbeamten (jetzt ReichsbeamtenG. 18. 5. 07, RGBl. 245) gegen den Reichsfiskus erhoben werden, sowie für die Ansprüche gegen Reichsbeamte wegen Überschreitung ihrer amtlichen Befugnisse oder wegen pflichtwidriger Unterlassung von Amtshandlungen (§ 70); ferner nach Maßgabe der Landesgesetzgebung (für Preußen nach Art. 39 AusfG.) für die Ansprüche der Staatsbeamten gegen den Landesfiskus aus ihrem Dienstverhältnisse, für die Ansprüche gegen den Landesfiskus wegen Verschuldens von Staatsbeamten und gegen öffentliche Beamte wegen Überschreitung ihrer amtlichen Befugnisse oder wegen pflichtwidriger Unterlassung von Amtshandlungen, für die Ansprüche gegen den Landesfiskus in betreff der Verpflichtung zur Entrichtung einer Erbschaftssteuer oder einer Stempelabgabe (AusfG. § 39 in der Fassung des Art. 130 PrFGG., G. 21. 9. 99, GS. 249; s. MV. 2. 5. 00, AbgZBl. 275) und für Anfechtung eines Generalversammlungsbeschlusses gemäß HGB. §§ 271, 272, RG. betr. Erwerbs- und Wirtschaftsgenossenschaften 20. 5. 98 (RGBl. 810), §§ 51, 109, 112. Weiter sind sie (einschließlich der Kammern für Handelssachen) zuständig für die Berufungen und Beschwerden in den vor den Amtsgerichten und Gewerbegerichten verhandelten Zivilsachen (§ 71, RG. 29. 7. 90 in der Fassung v. 29. 9. 01, RGBl. 353, § 55; RG. 6. 7. 04, RGBl. 266, § 16), und für die Beschwerden in Sachen der freiwilligen Gerichtsbarkeit (RG. 17. 5. 98, RGBl. 189, § 19), sowie solche in Konkurs-, Zwangsversteigerungs und Zwangsverwaltungssachen (KonkursO. §§ 71 f., Zwangsversteigerungs- usw. G. §§ 95 f. — Für die Verhandlung vor den Landgerichten und den höheren Instanzen besteht Anwaltszwang (ZPO. § 78).

Für die Rechtsanwälte ist maßgebend RechtsanwaltsO. 1. 7. 78 (RGBl. 177), abg. 22. 5. 10 (RGBl. 772), die auch das ehrengerichtliche Verfahren regelt; die Gebührenerhebung ist geregelt durch GebO. in der Fassung von 1898 (RGBl. 692), erg. 1. 6. 09 (RGBl. 475) u. 22. 5. 10 (RGBl. 772), dazu PreußG. 27. 9. 99 in der Fassung GS. 381, abg. 21. 3. 10 (GS. 15), neue Fassg. MV. 6. 9. 10 (GS. 261). Für die Zulassung zur Anwaltschaft ist die Fähigkeit zum Richteramt Vorbedingung. Über Prozeßagenten s. § 157 ZPO., MV. 25. 9. 99 (JMBl. 272). Vor den Gewerbe- und Kaufmannsgerichten sind sie (und ebenso Rechtsanwälte) nicht zugelassen.

2. in Strafsachen: für die Voruntersuchungsangelegenheiten und die in der StrPO. den Landgerichten zugewiesenen Geschäfte; für die Berufungen gegen die Urteile und die Beschwerden über Verfügungen und Beschlüsse der Amts- und Schöffengerichte und des Untersuchungsrichters; für die nicht zur Zuständigkeit der Schöffengerichte gehörenden Vergehen; für die mit Zuchthausstrafe von höchstens 5 Jahren bedrohten Verbrechen, ausgenommen die Fälle der §§ 86, 100 und 106 StrGB.; für die Ver-

brechen der Personen unter 18 Jahren; für das Verbrechen der Unzucht im Falle des § 176 Nr. 3, des Diebstahls in den Fällen der §§ 243 f., der Hehlerei in den Fällen der §§ 260 f., des Betruges im Falle des § 264 StrGB.; endlich für einige Zuwiderhandlungen gegen einzelne Reichsgesetze (§§ 72—74, 76; z. B. Vergehen gegen § 145a StrGB.). Die Strafkammer kann bei Eröffnung des Hauptverfahrens auf Antrag des Staatsanwalts die Verhandlung und Entscheidung bezüglich der im § 75 Nr. 1—15 genannten Vergehen dem Schöffengerichte überweisen, wenn anzunehmen ist, daß auf keine andere und höhere Strafe als 6 Monate Gefängnis oder bzw. und 1500 M. (auch neben Haft und Einziehung) und auf keine höhere Buße als 1500 M. zu erkennen sein werde (§ 75, Fassg. v. 5. 6. 05, RGBl. 533); doch ist das Schöffengericht an dieses Maß nicht gebunden.

Wo es das örtliche Bedürfnis erheischt, kann auch am Sitze eines Amtsgerichts eine Strafkammer gebildet werden.

6. Titel. Schwurgerichte. Für die Verhandlung und Entscheidung über die Verbrechen, welche nicht zur Zuständigkeit der Strafkammern oder des Reichsgerichts gehören (§ 80), treten bei den Landgerichten periodisch Schwurgerichte zusammen (§ 79). Sie bestehen aus 3 richterlichen Mitgliedern und 12, zur Entscheidung der Schuldfrage berufenen Geschworenen (§ 81). Der Vorsitzende wird für jede Sitzungsperiode von dem Präsidenten des Oberlandesgerichts ernannt (§ 83). — Die Urliste für die Auswahl der Schöffen dient zugleich als Urliste für die Auswahl der Geschworenen, und die Vorschriften der §§ 32—35 über die Berufung zum Schöffenamte finden auch auf das Geschworenenamt Anwendung (§ 85, s. MV. 22. 7. 79, JMBl. 195 und 22. 5. 82, das. 146). Aus der Schöffenurliste werden von dem, nach § 40 bei dem Amtsgerichte zusammentretenden Ausschusse jährlich die zu Geschworenen vorzuschlagenden Personen, nach dem 3fachen Betrage der auf den Amtsgerichtsbezirk durch den Landgerichtspräsidenten verteilten Zahl der Geschworenen, ausgewählt und in die „Vorschlagsliste“ aufgenommen (§§ 87 f.). Diese geht mit den Einsprachen, die sich auf die Aufgenommenen beziehen, an den Landgerichtspräsidenten. In einer Sitzung des Landgerichts wird über die Einsprachen entschieden und sodann aus der Vorschlagsliste die für das Schwurgericht bestimmte Zahl von Haupt- und Hilfsgeschworenen gewählt. Ihre Namen werden in gesonderte Jahreslisten aufgenommen (§§ 89 f.). Spätestens 2 Wochen vor Beginn der Sitzungen des Schwurgerichts werden in öffentlicher Sitzung des Landgerichts 30 Hauptgeschworene ausgelost. Ihr Verzeichnis (die Spruchliste) erhält der ernannte Vorsitzende des Schwurgerichts (§§ 91 f.), der die Geschworenen zur Eröffnungssitzung des Schwurgerichts laden läßt (§ 93) Das weitere Verfahren regeln die §§ 277 ff. StrPO.

7. Titel. Kammern für Handelssachen. Sie können nach Bedürfnis bei den Landgerichten für deren Bezirke oder für örtlich abgegrenzte Teile derselben gebildet werden (§ 100). Zuständig sind sie für diejenigen, den Landgerichten in 1. Instanz zugewiesenen bürgerlichen Rechtsstreitigkeiten, in welchen durch die Klage ein Anspruch 1. gegen einen Kaufmann im Sinne des Handelsgesetzbuches aus Geschäften, welche für beide Teile Handelsgeschäfte sind, 2. aus einem Wechsel, einem Scheck

(§ 28 RG. 11. 3. 08 RGBl. 71) oder aus einer der im § 363 des HGB. bezeichneten Urkunden, 3. aus bestimmten handelsrechtlichen Verhältnissen, namentlich aus dem der Mitglieder einer Handelsgesellschaft gegeneinander und gegen die Gesellschaft, aus dem Gebrauch der Firma, der Warenzeichen, Muster und Modelle, aus dem Erwerb eines bestehenden Handelsgeschäfts unter Lebenden zwischen dem bisherigen Inhaber und dem Erwerber, aus dem Rechtsverhältnis der Binnenschiffahrt, dem Seerecht usw., 4. aus dem G. 7. 6. 09 (unlauterer Wettbewerb, RGBl. 499, § 27), 5. aus den §§ 45—48 BörsG. (RGBl. 08, 215), 6. aus dem ReichsStG. (RGBl. 09, 833, § 94) hinsichtlich der Verpflichtung zur Entrichtung des Stempels geltend gemacht wird (Handelssachen) (§ 101), aber nur dann, wenn der Kläger die Verhandlung vor der Kammer für Handelssachen in der Klageschrift beantragt hat (§ 102); wegen des Antrages des Beklagten vgl. § 104. — Die Kammern entscheiden in der Besetzung mit einem Mitgliede des Landgerichts als Vorsitzenden und 2 im Ehrenamt tätigen Handelsrichtern; in Schiffersachen ist in 1. Instanz auch der Vorsitzende allein zuständig (§ 109). Die Handelsrichter werden auf gutachtlichen Vorschlag der gemäß G. 24. 2. 70 u. 19. 8. 97 errichteten Handelskammern (s. S. 177) aus der Zahl der in das Handelsregister eingetragenen, im Bezirke der Kammer wohnhaften Kaufleute vom Könige auf 3 Jahre ernannt (§ 112, AusfG. § 7, Allg. V. 31. 3. 94, JMBl. 93; 10. 12. 03, JMBl. 291 u. 12. 3. 04, JMBl. 65); ihre Enthebung erfolgt durch den 1. Zivilsenat des OLG. (§ 117).

8. Titel. Oberlandesgerichte. Sie werden mit einem Präsidenten und der erforderlichen Zahl von Senatspräsidenten und Räten besetzt (§ 119). Bei ihnen werden Zivil- und Strafsenate gebildet (§ 120), die in der Besetzung von 5 Mitgliedern entscheiden (§ 124). Sie sind zuständig:

1. in Zivilsachen: für Berufung gegen die in 1. Instanz erlassenen Endurteile der Landgerichte, Beschwerden gegen Entscheidungen der Landgerichte (§ 123 Nr. 1 u. 4, AusfG. § 49, KonkO. § 72f.), unmittelbar für Beschwerden über verweigerte Rechtshilfe (§ 160) und über Sitzungspolizei-Ordnungsstrafen (§ 183).

2. in Strafsachen: für Revision gegen Urteile der Strafkammern in der Berufungsinstanz, für Beschwerden gegen strafrichterliche Entscheidungen 1. Instanz, soweit nicht die Zuständigkeit der Strafkammern begründet ist, und gegen Entscheidungen der Strafkammern in der Beschwerde- und Berufungsinstanz (§ 123 Nr. 2 u. 5).

Auf Grund des EinfG. § 9 ist im Interesse der Rechtseinheit für ganz Preußen das Oberlandesgericht in Berlin („Kammergericht", Erl. 1. 9. 79) ausschließlich zuständig für die, nicht zur Zuständigkeit des Reichsgerichts gehörenden Revisionen gegen Urteile der Strafkammern in 1. Instanz, also sofern die Revision ausschließlich auf die Verletzung einer in den preußischen Gesetzen enthaltenen Rechtsnorm gestützt wird (§ 123 Nr. 3) und ferner für die Revisionen gegen Urteile der Strafkammern in der Berufungsinstanz und über alle Beschwerden gegen Entscheidungen der Strafkammern, sofern eine nach Landesrecht strafbare Handlung (z. B. Forstdiebstahl) den Gegenstand der Untersuchung bildet (AusfG. § 50).

Das Kammergericht ist auch auf dem Gebiete der freiwilligen Gerichtsbarkeit zuständig für weitere Beschwerden gemäß FreiwGerG. (RGBl. 98, 771) §§ 27, 28, 30, 194, und gemäß §§ 64, 143 das.; für weitere Beschwerden in Grundbuchsachen, ReichsGrundbO. §§ 79, 81, s. Preuß. FrGG, 21. 9. 99 (GS. 249), Art. 7, 8.

In den nichtstreitigen Rechtssachen haben die Oberlandesgerichte die Zuständigkeit der früheren Appellationsgerichte behalten (AusfG. § 49 Nr. 1), namentlich also für Lehns- und Fideikommißsachen; ferner sind sie zuständig für die Rechtsmittel in dieser nichtstreitigen Gerichtsbarkeit, sofern diese nach § 41 des AusfG. in 1. Instanz den Landgerichten zusteht (AusfG. § 49 Nr. 3).

9. Titel. Reichsgericht. Es hat seinen Sitz in Leipzig (RG. 11. 4. 77, RGBl. 415). Sein Präsident, seine Senatspräsidenten und Räte werden auf Vorschlag des Bundesrats vom Kaiser ernannt (§ 127). Bei dem Reichsgerichte werden Zivil- und Strafsenate gebildet, deren Zahl der Reichskanzler bestimmt (§ 132); sie entscheiden in der Besetzung von 7 Mitgliedern (§ 140). Der Geschäftsgang ist geregelt durch eine vom Bundesrat bestätigte, vom Reichskanzler am 8. 4. 80 veröffentlichte GeschäftsO., geändert durch Bek. 25. 7. 86 (RZBl. 190 u. 300). Das Reichsgericht ist zuständig:

1. in Zivilsachen: für die Revision gegen die Endurteile der Oberlandesgerichte (§ 135; die Revision ist nur zulässig, wenn der Wert des Beschwerdegegenstandes 4000 M. übersteigt, ferner, ohne Rücksicht auf den Wert, insoweit es sich um die Unzulässigkeit des Rechtsweges oder die Unzulässigkeit der Berufung handelt, und endlich bei Ansprüchen, für welche die Landgerichte, ohne Rücksicht auf den Wert des Streitgegenstandes, ausschließlich zuständig sind, ZPO. § 546 f.); bei bestimmten Klagegegenständen ist sie unzulässig (ZPO. § 545 Abs. 2).

2. in Strafsachen: in 1. und letzter Instanz für Hoch- und Landesverrat, insofern diese Verbrechen gegen den Kaiser oder das Reich gerichtet sind, sowie für die Revision gegen Urteile der Strafkammern in 1. Instanz, falls nicht die Oberlandesgerichte zuständig sind, und gegen Urteile der Schwurgerichte (§ 136).

Will in einer Rechtsfrage ein Zivilsenat von der Entscheidung eines anderen Zivilsenats oder der vereinigten Zivilsenate, oder ein Strafsenat von der Entscheidung eines anderen Strafsenats oder der vereinigten Strafsenate abweichen, so ist über die streitige Rechtsfrage eine Entscheidung der vereinigten Zivil- bzw. Strafsenate einzuholen. Einer Entscheidung der Rechtsfrage durch das Plenum bedarf es, wenn ein Zivilsenat von der Entscheidung eines Strafsenates oder der vereinigten Strafsenate, oder ein Strafsenat von der Entscheidung eines Zivilsenats oder der vereinigten Zivilsenate, oder ein Senat von der früher eingeholten Entscheidung des Plenums abweichen will. Die Entscheidung der Rechtsfrage durch die vereinigten Senate oder das Plenum ist in der zu entscheidenden Sache bindend. Sie erfolgt in allen Fällen ohne vorgängige mündliche Verhandlung (§ 137).

In das Reichsgericht ist das frühere Reichsoberhandelsgericht aufgegangen (EinfG. §§ 14, 19). Das Preuß. höchste Gericht (Obertribunal) ist aufgehoben (AusfG. § 12). Von der Befugnis, wonach Bundesstaaten mit mehreren Oberlandesgerichten für die nicht dem RGericht ausdrücklich zugewiesenen Sachen ein höchstes Gericht haben dürfen (EinfG. §§ 8, 10), hat nur Bayern Gebrauch gemacht. Auch bei diesem Gericht sind die Bestimmungen der §§ 137, 139 entsprechend anzuwenden.

10. Titel. Staatsanwaltschaft. Eine solche soll bei jedem Gerichte bestehen (§ 142). Das Amt wird ausgeübt: bei dem Reichsgericht durch einen Oberreichsanwalt und die Reichsanwälte, bei den Oberlandes-, Land- und Schwurgerichten durch Staatsanwälte, bei den Amts- und Schöffengerichten durch die Amtsanwälte (§ 143, AusfG. § 59). Die Oberreichs-, Reichs-, Oberstaats- und Staatsanwälte sind nicht richterliche Beamte, müssen aber zum Richterdienste fähig sein (§ 149, AusfG. § 61). Die Ober- und die Staatsanwälte werden vom König (AusfG. § 60), die Amtsanwälte durch den Oberstaatsanwalt auf Widerruf ernannt (AusfG. § 62 f.); auch können die Geschäfte des Amtsanwaltes einem Staatsanwalt, Gerichtsassessor oder Referendar übertragen werden. Die Beamten des Polizei- und Sicherheitsdienstes sind Hilfsbeamte der Staatsanwaltschaft und in dieser Eigenschaft verpflichtet, den Anordnungen der Staatsanwälte bei dem Landgericht ihres Bezirks und der diesen vorgesetzten Beamten Folge zu leisten (§ 153).

Die Zuständigkeit und Tätigkeit der Staatsanwaltschaft bei Erhebung und Verfolgung der öffentlichen Klage und bei der Strafvollstreckung regelt die StrPO. In bürgerlichen Rechtsstreitigkeiten kann sie in Ehe- und Entmündigungssachen und bei Feststellung des Rechtsverhältnisses zwischen Eltern und Kindern mitwirken (ZPO. §§ 607 [Ehesachen], 632, 640 f. [Kindschaftssachen], 646 ff. [Entmündigung]).

GeschäftsO. für die Sekretariate der Staatsanwaltschaft s. oben S. 373.

11. Titel. Gerichtsschreiber. Bei jedem Gericht wird eine Gerichtsschreiberei eingerichtet (§ 154). Die Gerichtsschreiber haben gemäß §§ 11, 31, 169 f., 182 FreiwGerichtsbG. 17. 5. 98 in Sachen der freiw. Gerichtsbarkeit Anträge entgegenzunehmen, Rechtskraftszeugnisse zu erteilen, als Urkundsperson zu dienen und Protokolle auszufertigen. Ihre Tätigkeit in Grundbuchsachen ist durch § 73 ReichsGrundbO. geregelt. Sie können auf Anordnung des Richters Wechselproteste auf-, sowie Siegelungen, Entsiegelungen und Inventuren vornehmen (AusfG. § 70). Im übrigen ist der Geschäftskreis der Gerichtsschreiber durch die Prozeßordnungen geregelt; vgl. die verschiedenen GeschäftsO.; ferner MV. 9. 11. 10 (JMBl. 393) betr. Entlastung d. Richter u. GerSchrb. Das G. 3. 3. 79 (GS. 99, dazu Preuß. G. 21. 9. 99, GS. 249, Art. 131), betr. die Dienstverhältnisse der Gerichtsschreiber ordnet für das Amt eine Prüfung an, der ein zweijähriger Vorbereitungsdienst vorangehen muß. Neben den Gerichtsschreibern können Gerichsschreibergehilfen ernannt werden. Ihre Ernennung sowie die der Gerichtsschreiber selbst steht dem Justizminister zu, welche aber diese Befugnis auf die Oberlandesgerichts-Präsidenten und Oberstaatsanwälte übertragen hat; vgl. MV. 9. 2. 08 (JMBl. 38). Auf den Vorbereitungsdienst, die Prüfung und die Anstellung der Gerichtsschreiber bezieht sich die GerichtsschreiberO. 17. 12. 99 (JMBl. 849; mehrf. geänd.) s. oben S. 373.

12. Titel. Zustellungs- und Vollstreckungsbeamte (Gerichtsvollzieher). Sie sind zuständig, Zustellungen aller Art zu bewirken (ZPO. § 166 ff., AusfG. z. ZPO. 24. 3. 79 § 1), Wechselproteste aufzunehmen, freiwillige Versteigerungen von Mobilien, von Früchten auf dem Halme und von Holz auf dem Stamme vorzunehmen, das tatsächliche Angebot einer Leistung zu beurkunden, öffentliche Verpachtungen an den Meistbietenden im Auftrage des Gerichts, sowie Siegelungen, Entsiegelungen und Inventuren im Auftrage des Gerichts oder Konkursverwalters vorzunehmen (AusfG. § 73, Art. 130 G. 21. 9. 99, GS. 249). Ihr Geschäftskreis ist durch die ProzeßO. sowie durch die GerichtsvollzieherO. 31. 3. 00, und die Geschäftsanweisung 1. 12. 99, s. oben S. 373 (beide wiederholt erg.) geregelt.

13. Titel. Rechtshilfe. Die ordentlichen deutschen Gerichte haben sich in allen Zivil- und Strafsachen und in Sachen der freiw. Gerichtsbarkeit Rechtshilfe zu leisten (§ 157, AusfG. § 87 Abs. 2 i. d. Fassg. des Art. 130 G. 21. 9. 99, ReichsG. über freiw. Gerichtsbarkeit 17. 5. 98, § 2; ferner bezüglich Patent-Amt G. 7. 4. 91, RGBl. 88, § 32; GewerbegerichteG. 29. 7. 90, RGBl. 155 i. d. Fassg. v. 29. 9. 01 (RGBl. 353); § 61 KaufmGerG. 6. 7. 04 (RGBl. 266, § 16). Falls nicht-ordentliche Gerichte beteiligt sind, kommt BundesG. 21. 6. 69 (BGBl. 305) in Betracht. Das Ersuchen um Rechtshilfe ist an das Amtsgericht zu richten, in dessen Bezirke die Amtshandlung vorgenommen werden soll (§ 158). Eine Freiheitsstrafe, welche die Dauer von sechs Wochen nicht übersteigt, ist in demjenigen Bundesstaate zu vollstrecken, in welchem der Verurteilte sich befindet (§ 163). Die Sicherheitsbeamten eines Bundesstaates sind ermächtigt, die Verfolgung eines Flüchtigen auf das Gebiet des anderen Bundesstaates fortzusetzen und den Flüchtigen daselbst zu ergreifen. Der Ergriffene ist dann unverzüglich an das nächste Gericht oder die nächste Polizeibehörde des Bundesstaates, in welchem er ergriffen ist, abzuführen (§ 168).

14. Titel. Öffentlichkeit und Sitzungspolizei (§§ 170 bis 176). Die an sich bestehende Öffentlichkeit der gerichtlichen Verhandlungen, auch der Verkündigung der Urteilsgründe kann wegen Gefährdung der öffentlichen Ordnung, insbesondere der Staatssicherheit oder der Sittlichkeit, ausgeschlossen werden. Die Aufrechterhaltung der Ordnung liegt dem Vorsitzenden ob, das Gericht kann sie durch Ordnungsstrafen erzwingen (§§ 177—185).

15. Titel. Gerichtssprache (§§ 186—193) ist die deutsche (§ 186); s. G. 28. 8. 76 (GS. 389) über die Geschäftssprache der Behörden nebst DolmetscherO. 18. 12. 99, JMBl. 856 (mehrf. erg.), s. oben S. 373.

16. Titel. Beratung und Abstimmung erfolgt nicht öffentlich (§ 195); die zur juristischen Ausbildung überwiesenen Personen dürfen anwesend sein. Die Entscheidungen erfolgen nach der absoluten Mehrheit der Stimmen. Bilden sich in Beziehung auf Summen, über welche zu entscheiden ist, mehr als zwei Meinungen, deren keine die Mehrheit für sich hat, so werden die für die größte Summe abgegebenen Stimmen den für die zunächst geringere abgegebenen solange hinzugerechnet, bis sich eine

Mehrheit ergibt. Bilden sich in einer Strafsache, von der Schuldfrage abgesehen, mehr als zwei Meinungen, deren keine die Mehrheit für sich hat, so werden die dem Beschuldigten nachteiligsten Stimmen den zunächst minder nachteiligen solange hinzugerechnet, bis sich eine Mehrheit ergibt (§ 198). Die Reihenfolge bei der Abstimmung richtet sich nach dem Dienstalter, bei den Schöffengerichten und den Kammern für Handelssachen nach dem Lebensalter; der Jüngste stimmt zuerst, der Vorsitzende zuletzt. Wenn ein Berichterstatter ernannt ist, so gibt dieser zuerst seine Stimme ab. Bei der Abstimmung der Geschworenen richtet sich die Reihenfolge nach der Auslosung. Der Obmann stimmt zuletzt (§ 199). Die Stimmenabgabe darf nicht verweigert werden (§ 197); über den Hergang ist Stillschweigen zu beobachten (§ 200). Für die Angelegenheiten, welche zu der ordentlichen streitigen Gerichtsbarkeit nicht gehören, gelten dieselben Regeln (RG. über freiw. Gerichtsbarkeit 17. 5. 98, § 8, AusfG § 90).

17. Titel. Gerichtsferien. Sie dauern vom 15. Juli bis 15. September (§ 201). Während der Ferien werden nur in Feriensachen Termine abgehalten und Entscheidungen erlassen. Feriensachen sind: Strafsachen, Arrestsachen, und die eine einstweilige Verfügung betreffenden Sachen, Meß- und Marktsachen, die S. 417 unter 2 a u. b bezeichneten Streitigkeiten, solche aus Arbeits- und Dienstverhältnis, vor den Gewerbe- und Kaufmannsgerichten sowie aus außerehelichem Beischlaf, Wechselsachen und Bausachen, wenn über Fortsetzung eines angefangenen Baues gestritten wird; s. auch noch RG. 6. 4. 92 (RGBl. 469), §§ 12, 13, Streitigkeiten wegen Störung elektrischer Anlagen und § 28 RG. 11. 3. 08 (RGBl. 71, Regreßansprüche aus Schecks). In dem Verfahren vor den Amtsgerichten hat das Gericht auf Antrag auch andere Sachen als Feriensachen zu bezeichnen. In dem Verfahren vor den Landgerichten und den höheren Instanzen soll das Gericht auf Antrag auch Sachen, welche besonderer Beschleunigung bedürfen, als Feriensachen bezeichnen (§ 202). Zur Erledigung der Feriensachen können bei den Landgerichten Ferienkammern, bei den Oberlandesgerichten und dem Reichsgerichte Feriensenate gebildet werden (§ 203). Auf das Kostenfestsetzungs-, Mahn-, das Zwangsvollstreckungs- und das Konkursverfahren sind die Ferien ohne Einfluß (§ 204). Ebenso auf die Angelegenheiten der nichtstreitigen Gerichtsbarkeit; ReichsG. über freiw. Gerichtsbarkeit 17. 5. 98, § 10, AusfG. § 91, doch kann, soweit das Bedürfnis einer Beschleunigung nicht vorliegt, in gewissem Umfange hier eine Einschränkung eintreten.

Zivilprozeß.

Das Verfahren in bürgerlichen Rechtsstreitigkeiten wird geregelt durch die

> Zivilprozeßordnung 30. 1. 77 (RGBl. 83) in der Fassung von 98 (RGBl. 410), mehrfach geändert, zuletzt 1. 6. 09 (RGBl. 475) und 22. 5. 10 (RGBl. 767). Wegen der internationalen Abkommen vgl. Einleitung S. VI.

Das erste Buch gibt die allgemeinen Bestimmungen, z. B. über Zuständigkeit, über die Parteifähigkeit (§ 50 f.; sie besitzt jedes Rechtssubjekt; ein nicht rechtsfähiger Verein kann verklagt werden) und Prozeßfähigkeit (welche mit der Fähigkeit, sich durch Verträge zu verpflichten, zusammenfällt); über Streitgenossenschaft und Beteiligung dritter am Rechtsstreit; Bevollmächtigte; Rechtsanwälte und Prozeßagenten sind vor den Gewerbe- und Kaufmannsgerichten nicht zugelassen. Jede Vollmacht muß schriftlich und auf Verlangen des Gegners beglaubigt sein; ist ein PrzB. bestellt (§ 81), so sind Zustellungen an diesen zu richten; Prozeßkosten (welche grundsätzlich der Unterliegende trägt, es sei denn, daß er den Klageanspruch sofort anerkennt und keine Veranlassung zum Prozeß gegeben hat, § 91 f. Zu erstatten sind die notwendigen Kosten. Bei teilweisem Obsiegen erfolgt Teilung auch der Kosten oder Aufrechnung unter Halbierung der Gerichtskosten, falls nicht die Zuvielforderung keine besonderen Kosten verursachte; Kosten eines Vergleichs gelten im Zweifel als aufgerechnet. Die Kostenentscheidung ist außer bei Anerkenntnisurteilen nicht allein durch Rechtsmittel anfechtbar; ist keine Entscheidung in der Hauptsache ergangen, so ist sofortige Beschwerde gegeben. Die Kostenfestsetzung erfolgt auf Gesuch durch den Gerichtsschreiber; die Entscheidung ist von Amts wegen zuzustellen; dagegen Erinnerung [binnen einer Notfrist von zwei Wochen seit Zustellung] an das Gericht. Gegen dieses sofortige Beschwerde. In den Fällen des § 105 kann der Kostenfestsetzungsbeschluß auf das Urteil gesetzt werden); Sicherheitsleistung; Armenrecht (vom Prozeßgericht auf Grund eines behördlichen Armutszeugnisses [Inhalt § 118] für jede Instanz bewilligt, falls die Rechtsverfolgung nicht aussichtslos ist). Ferner ordnet das erste Buch die Grundzüge des Verfahrens, so durch Statuierung des Prinzips der Mündlichkeit (§ 128), durch Regelung der die mündliche Verhandlung vorbereitenden und die Parteierklärungen und Ausführungen enthaltenden, an den Gegner und an das Gericht gerichteten schriftlichen Mitteilungen („vorbereitende Schriftsätze"); durch Vorschriften über die mündliche Verhandlung und das darüber aufzunehmende, vom Vorsitzenden und Protokollführer zu unterzeichnende Sitzungsprotokoll (Formalien § 159), welches den Gang der Verhandlung nur im allgemeinen angibt und insbesondere enthalten muß: die Anerkenntnisse, Verzichte, Vergleiche; die Anträge; die Aussagen vernommener Personen; die Entscheidungen und deren Verkündigung (§ 160, für das amtsgerichtliche Verfahren s. § 510a); das Sachverhältnis wird endgültig fixiert im Tatbestand des Urteils, der nur durch das Protokoll widerlegt werden, jedoch evtl. berichtigt werden kann (§§ 314, 320). Die allgemeinen Bestimmungen regeln weiter die Zustellungen (d. h. die Übergabe von Schriftstücken an die Parteien), die die Zustellung bescheinigenden ZUrkunden und die Ladungen, § 166 f. (Zust. erfolgen an die Partei selbst, im einzelnen vgl. § 180. Ist die persönliche Zustellung nicht möglich, dann a) in der Wohnung an erwachsene Familiengenossen oder dienende Personen oder an den annahmebereiten Hauswirt bzw. Vermieter oder durch Niederlegung auf dem Amtsgericht, der Postanstalt, beim Gemeindevorsteher, unter entsprechender an die Wohnungstür zu heftender Anzeige, b) in einem besonderen Geschäftslokal an einen dort anwesenden Gewerbegehilfen oder, wenn es sich um den gesetzlichen Vertreter einer Behörde, Korporation o. ä. handelt, in den gewöhnlichen Geschäftsstunden im Geschäftslokal an einen Beamten dieser Korporation. Die Ladungen und Zustellungen werden grundsätzlich von den Parteien betrieben [Parteibetrieb] und vom Gerichtsvollzieher, der sich auch der Post bedienen kann, oder von Anwalt zu Anwalt bewirkt; über öffentliche und Zust. von Amtswegen [die Regel im amtsgerichtl. Prozeß] vgl. MV. 1. 2. 10 [JMBl. 43]), sowie schließlich die Folgen von Versäumnissen (Versäumung von Notfristen heilbar durch Wiedereinsetzung in den vorigen Stand, innerhalb 2 Wochen von der Behebung des Hindernisses an, aber längstens innerhalb eines Jahres zu beantragen. Notfristen sind die Fristen, welche das Gesetz als solche bezeichnet) und die Unterbrechung und Aussetzung des Verfahrens (jene erfolgt durch die Parteien, z. B. Tod, Konkurs, diese durch das Gericht, z. B. mit Rücksicht auf andere Prozesse zwischen denselben Parteien; diese können außerdem das „Ruhen" des Rechtsstreits vereinbaren).

Zweites Buch: Verfahren in erster Instanz. Die Erhebung der Klage erfolgt durch Zustellung eines Schriftsatzes (Klageschrift), welcher die Bezeichnung der Parteien und des Gerichts, Angabe von Gegenstand und Grund des Anspruchs, den Antrag sowie die Ladung des Beklagten (welche im AmtsgerVerf. fehlen kann) enthalten muß. Die Klage kann auf Leistung bzw. Unterlassung, in bestimmten Fällen auch auf künftige Leistung oder aber auf Feststellung gehen, wenn ein rechtliches Interesse an alsbaldiger Feststellung besteht (Feststellungsklage, § 256). Die Klage wird zur Terminsbestimmung beim Gericht eingereicht und alsdann dem Gegner zugestellt, wodurch die Rechtshängigkeit begründet wird (Wirkungen: § 263 f.). Zwischen der Zustellung und dem Termin muß die grundsätzlich mindestens 2 Wochen betragende Einlassungsfrist liegen (bei dem Amtsgericht 3 Tage bzw. 1 Woche, s. § 499, bei dem Gewerbe- und Kaufmannsgericht und in Meß- und Marktsachen 1 Tag). Klagerücknahme kann ohne Einwilligung des Beklagten nur bis zum Beginn der mündlichen Verhandlung zur Hauptsache erfolgen. Bis zu diesem Zeitpunkt muß andererseits der Beklagte die sog. prozeßhindernden Einreden (und zwar alle gleichzeitig) vorbringen (Aufzählung § 274), über welche durch Zwischenurteil (ZwU. ergehen über einzelne selbständige Angriffs- oder Verteidigungsmittel oder über Zwischenstreite, d. h. prozessuale Streitpunkte, die sich anders nicht erledigen lassen; Teilurteile ergehen über einen von mehreren Ansprüchen oder über einen Teil des Anspruchs oder getrennt über Klage und Widerklage, §§ 303, 301) entschieden werden kann (§ 275). Sämtliche Angriffs- und Verteidigungsmittel sind bis zum Schluß der letzten mündlichen Verhandlung geltend zu machen. Die Entscheidung erfolgt unter freier Würdigung des Gesamtinhalts der Verhandlungen und des Ergebnisses der Beweisaufnahme. Zugestandene und bei Gericht offenkundige (notorische) Tatsachen bedürfen keines Beweises. Das Gericht kann jederzeit einen Sühne-(Vergleichs-)versuch machen (vor dem Gewerbe- und Kaufsmannsgericht obligatorisch in der ersten und am Schluß der letzten mündlichen Verhandlung).

Bei Verzicht auf den Klageanspruch erfolgt auf Antrag des Gegners Abweisung, entsprechend bei Anerkenntnis des Bekl. dessen Verurteilung. Mehr als beantragt, darf nicht zugesprochen werden. Jedes Urteil ist und zwar grundsätzlich durch Verlesen zu verkünden (sofort oder möglichst innerhalb 1 Woche nach Schluß der Verhandlung) und muß einen bestimmten Inhalt haben (Bezeichnung von Parteien und Gericht, Tatbestand, Entscheidungsgründe, Urteilsformel [sog. Tenor], §§ 311 f; Versäumnis- und Anerkenntnisurteile haben eine abgekürzte Form, wenn sie antragsgemäß ergehen); es ist von den beteiligten Richtern zu unterschreiben. Wegen Berichtigung und Ergänzung s. §§ 319 f. Soweit über den erhobenen Anspruch entschieden wurde, ist das Urteil der (materiellen) Rechtskraft fähig d. h. die Rechtsverhältnisse der Beteiligten sind insofern endgültig festgestellt. Gegen zur mündlichen Verhandlung nicht erschienene Parteien ergeht auf Antrag Versäumnisurteil; bezgl. des Bekl. gelten die Behauptungen der Klageschrift als zugestanden, so daß das Gericht noch prüfen muß, ob sie den Klageanspruch rechtfertigen. Dem Verurteilten steht binnen einer Notfrist von 2 Wochen (1 Woche bei dem Amtsgericht, 3 Tage bei dem Gewerbe- und Kaufmannsgericht) seit Zustellung des Urteils der Einspruch durch Einreichung einer Einspruchsschrift zu; Terminsladung erfolgt von Amtswegen.

Die Beweisaufnahme erfolgt nach Anordnung durch einen Beweisbeschluß (Inhalt s. § 359) vor dem Prozeßgericht oder in bes. Fällen durch ein einzelnes Mitglied oder ein anderes Gericht (beauftragter bzw. ersuchter Richter). Beweismittel sind: Augenschein, Zeugen (wegen Verweigerung des Zeugnisses s. § 383 f., wegen der Vereidigung [jetzt nach der Vernehmung] §§ 391 f.), Sachverständige, Urkunden (wegen der Beweiskraft von öffentlichen und privaten Urkunden s. § 415 f., vgl. auch § 15 PersStG. 6. 2. 75) und Eid (der Eid wird über Tatsachen, welche in Handlungen des Gegners, seiner Rechtsvorgänger oder Vertreter bestehen oder von diesen Personen wahrgenommen worden sind [auch über innere Tatsachen, über Kenntnis von Tatsachen], §§ 445 f.) „zugeschoben“, d. h. der Gegner des Beweisführers muß schwören, daß die streitigen Tatsachen wahr bzw. nicht wahr sind; der Gegner kann den Eid zurückschieben. Auf die Leistung des Eides ist grundsätzlich durch bedingtes Endurteil zu erkennen, d. h. ein solches, welches in seiner Urteilsformel die verschiedenen Rechtsfolgen für den Fall der Leistung bzw. Verweigerung des Eides ausspricht. Erst nach Rechtskraft dieses Urteils erfolgt die Eidesleistung; der Eintritt der Rechtsfolge wird dann durch bes. Endurteil [Läuterungsurteil] ausgesprochen. Eide nicht prozeßfähigerPersonen werden deren gesetzlichem Vertreter zugeschoben. In bes. Fällenkann die Eidesleistung durch Beweisbeschluß angeordnet werden, § 461. Ebenso kann das Gericht, wenn das bisherige Ergebnis nicht ausreicht, um ihm eine bestimmte Überzeugung bezüglich streitiger Tatsachen zu verschaffen, einer von beiden Parteien den Eid auferlegen. Die Form des Parteieides ist jetzt wesentlich vereinfacht; die Partei spricht nur noch die Eidesformel, nachdem der Richter die Eidesnorm [d. h. den Inhalt des Eides; für Zeugen und Sachverständige §§ 392, 410] nebst der Eingangsformel verlesen hat [§ 481]).

Das Verfahren vor den Amtsgerichten erweitert den Betrieb von Amtswegen, so insbes. hinsichtlich der Vollmachten (§§ 88 Abs. 2), der Zustellungen und Ladungen, der Aufklärung des Sachverhaltes bereits vor dem Termin, und im Termin selbst zusammen mit den Parteien. Zur Abkürzung des Verfahrens dienen insbes. folgende Bestimmungen: die Klage kann auch zu Protokoll des Gerichtsschreibers erklärt werden; die Einlassungsfrist beträgt innerhalb des Gerichtsbezirks nur 3 Tage; Fristen werden mit

Einreichung oder Anbringung eines Antrags gewahrt, wenn demnächst Zustellung erfolgt; Vertretung durch einen Rechtsanwalt ist nicht geboten; ein unzuständiges Gericht kann auf Antrag des Klägers den Rechtsstreit an das zuständige Gericht verweisen; ein Beweisbeschluß kann sofort erledigt werden, § 495 f.

Drittes Buch: Rechtsmittel. Diese sind zu 1 und 2 bei dem übergeordneten Gericht anzubringen; zu 3 bei dem angegriffenen, in Eilfällen auch bei dem übergeordneten Gericht. Rechtsmittel sind: 1. Berufung gegen erstinstanzliche Endurteile, soweit sie nicht rechtskräftig oder nach ausdrücklicher Bestimmung mit der Beschwerde anfechtbar sind; gegen VersUrteile nur, wenn die Versäumung bestritten wird und Einspruch nicht zulässig ist. Die Berufungsfrist ist eine Notfrist von 1 Monat, von der Zustellung ab laufend; vorherige Einlegung ist wirkungslos. Die Einlegung erfolgt durch Einreichung der Berufungsschrift; wegen des Inhalts s. § 518. Termin wird von Amts wegen angesetzt und bekannt gemacht. Der Gegner kann sich der Berufung anschließen, auch wenn die Frist für ihn verstrichen ist. Angriffs- und Verteidigungsmittel können neu vorgebracht werden. In gewissen Fällen, namentlich bei prozessualen Mängeln kann Zurückverweisung an die erste Instanz erfolgen. 2. Revision gegen die Endurteile der Oberlandesgerichte mit Ausnahme derer, welche einen Arrest oder eine einstweilige Verfügung betreffen. Der vorgeschriebene Revisionswert von 4000 M. ist glaubhaft zu machen. Die R. kann nur auf Verletzung von reichsrechtlichen oder über den Bezirk des BerGerichts geltenden Gesetzen (d. h. auf Nicht- oder nicht richtige Anwendung einer solchen Rechtsnorm, bestimmte Fälle s. § 551), gestützt werden; vgl. oben S. 423. Einlegung und Frist wie zu 1. Nach Ablauf der RFrist ist die R., grundsätzl. binnen eines weiteren Monats, zu begründen (Inhalt s. § 554). Neue Tatsachen können nicht vorgebracht werden; an tatsächliche Feststellungen des BerG. ist das RevG. gebunden. Bei Aufhebung des BerUrteils erfolgt grundsätzlich Zurückverweisung; Ausnahmen s. § 565. 3. Beschwerde in den besonders genannten Fällen oder gegen Entscheide, welche ohne mündliche Verhandlung ein das Verfahren betr. Gesuch zurückweisen. Nicht anfechtbar sind Entscheide der Oberlandesgerichte. Eine weitere Beschwerde ist nur bei einem neuen selbständigen BeschwGrund gegeben. Einlegung erfolgt durch Einreichung einer Beschwerdeschrift, zuweilen auch zu Protokoll des Gerichtsschreibers. Erachtet das angegriffene Gericht sie für begründet, so kann es ihr stattgeben; andernfalls ist die Sache binnen einer Woche an das BeschwGericht abzugeben. Aufschiebende Wirkung hat die B. grundsätzlich nicht, doch kann die Vollziehung der angefochtenen Entscheidung ausgesetzt werden (§ 572). Mündliche Verhandlung ist nicht erforderlich. Besonderheiten gelten für die in besonderen Fällen allein (namentlich ausschließlich in der Zwangsvollstreckung) zulässige sofortige Beschwerde. Sie ist binnen einer Notfrist von 2 Wochen einzulegen; Einlegung kann auch in nicht eiligen Fällen an das Beschwerdegericht erfolgen; das angegriffene Gericht kann seine Entscheidung nicht abändern, § 577.

Viertes Buch. Wiederaufnahme des Verfahrens, zu erzielen durch Restitutions- und Nichtigkeitsklage, diese wegen bestimmter prozessualer, jene wegen bestimmter materieller Mängel (z. B. Meineid, Urkundenfälschung seitens der Parteien oder Zeugen, Amtsverbrechen des Richters, Aufhebung eines Strafurteils u. a.), soweit die angegriffene Entscheidung auf diesen Mängeln beruhte und diese nicht rechtzeitig geltend gemacht werden konnten. Zuständig für beide Klagen ist in der Regel das Gericht, dessen Entscheidung angefochten wird (vgl. § 584); die Klagen müssen innerhalb der Notfrist eines Monats seit Kenntnis des Anfechtungsgrundes und binnen 5 Jahren seit Rechtskraft des angegriffenen Urteils erhoben werden.

Fünftes bis siebentes Buch. Besondere Prozeßarten. 1. Urkunden= und Wechselprozeß, d. h. Klagen auf Zahlung bestimmter Geldsummen oder bestimmter Quantitäten vertretbarer Sachen oder Wertpapiere, soweit der Anspruch durch Urkunden bewiesen werden kann, sowie aus Wechseln im Sinne der WO. In der Klage muß angegeben werden, daß im U.= bzw. WProzeß geklagt werden soll. Beweismitttel sind nur Urkunden und Eideszuschiebung; Eidesleistung ist durch Beweisbeschluß anzuordnen. Widerklage ist unzulässig; der Kläger kann jederzeit in den ordentlichen Prozeß übergehen. Dem verurteilten Beklagten ist die Ausführung seiner Rechte vorzubehalten; der Rechtsstreit bleibt alsdann im ordentlichen Verfahren anhängig, und es erfolgt gegebenenfalls in diesem die Aufhebung der Vorbehaltsurteils. Im Wechselprozeß ist die Einlassungsfrist erheblich abgekürzt. 2. Ehe= und Familien=, Entmündigungssachen. Hier wirkt die Staatsanwaltschaft im öffentlichen Interesse mit. In Ehesachen findet zunächst ein Sühnetermin statt, ist jederzeit Klageänderung zulässig, sind Anerkenntnisse, Geständnisse, unterbliebene Erklärungen usw. wirkungslos, kann kein Versäumnisurteil gegen Beklagten ergehen, kann das Gericht von Amts wegen das Verfahren aussetzen und sind Scheidungsurteile von Amts wegen zuzustellen; vgl., auch wegen des Urteilstenors, oben S. 123. — Die Entmündigung erfolgt auf Antrag durch Beschluß des Amtsgerichts; wegen des Antragsrechts s. §§ 646, 680 (zu diesem s. § 3 AGZPO. i. d. Fassg. 6. 10. 99, GS. 388; es muß bei Geisteskranken eine persönliche Vernehmung im Beisein von Sachverständigen vorangehen, auch kann Beobachtung in einer Irrenanstalt bis zu 6 Wochen angeordnet werden. Der Entmündigungsbeschluß ist mit der Klage, auch durch den Entmündigten, binnen Monatsfrist anfechtbar. Die Wiederaufhebung der rechtskräftigen Entmündigung erfolgt auf Antrag, auch des Entmündigten, im gleichen Verfahren. 3. Mahnverfahren. Wegen eines nicht von einer Gegenleistung abhängigen Anspruchs auf Geld oder eine bestimmte Quantität vertretbarer Sachen ist vom zuständigen (§ 689) Amtsgericht auf Antrag ein Zahlungsbefehl zu erlassen (wegen des Inhalts des Gesuchs vgl. § 690) und von Amts wegen zuzustellen; Widerspruch kann erhoben werden, solange nicht vom Gerichtsschreiber der Vollstreckungsbefehl verfügt ist, und dieser ist auf, binnen 6 Monaten zu stellenden, Antrag zu verfügen, falls die im ZahlgsB. zu setzende Frist von 1 Woche abgelaufen ist und nicht der Schuldner vor der Vollstreckbarkeitserklärung Widerspruch erhoben hat (§§ 694, 699). Bei rechtzeitigem Widerspruch gilt die Klage als bei dem Amtsgericht anhängig, doch ist Verhandlungstermin nur auf Antrag anzuberaumen (§ 696; wegen Verweisung an das Landgericht s. § 697). Gegen den Vollstreckungsbefehl, welcher einem für vorläufig vollstreckbar erklärten Versäumnisendurteil gleichsteht, ist Einspruch gegeben.

Achtes Buch. Zwangsvollstreckung. Sie findet statt auf Grund eines vollstreckbaren Titels. Solche sind vor allem Endurteile, welche (formell) rechtskräftig sind, d. h. gegen welche ein Rechtsmitttel nicht gegeben ist; das Rechtskraftzeugnis erteilt der Gerichtsschreiber (Zuständigkeit s. § 706). Fernere Titel sind für vorläufig vollstreckbar erklärte Endurteile. Diese Erklärung erfolgt entweder von Amts wegen (§ 708, z. B. Anerkenntnis-, Läuterungs-, bestimmte Alimenten- und im Urkundenprozeß erlassene Urteile) oder auf Antrag, z. B. bei Verurteilung zu weniger als 300 M.; ferner im wesentlichen in den den Amtsgerichten zugewiesenen Sachen; bei Gefährdung des Gläubigers oder wenn dieser Sicherheit leistet. Entsprechend kann aber auch der Schuldner Nichterklärung der vorläufigen Vollstreckbarkeit verlangen (§§ 709 f.). Ausländische Urteile bedürfen eines besonderen Vollstreckungsurteils. Zum Zweck der Vollstreckung erhält der Kläger eine mit der Vollstreckungsklausel (Wortlaut § 725) versehene Ausfertigung (beglaubigte Abschrift) des Urteils; dieses selbst muß spätestens beim Beginn der Zwangsvollstreckung dem Schuldner zugestellt werden (§ 750). Die Vollstreckung wird von dem Gerichtsvollzieher vorgenommen; wegen seiner Befugnisse s. § 758; wegen des aufzunehmenden Protokolls s. § 762. Soweit gerichtliche Tätigkeit erforderlich wird, greift das Vollstreckungsgericht (das Amtsgericht des Bezirks, in welchem das Vollstreckungsverfahren sich abspielt, § 764) ein; bei diesem sind z. B. Erinnerungen gegen das Verfahren des Gerichtsvollziehers (§ 766) anzubringen; entsprechendes gilt hinsichtlich der örtlichen Zuständigkeit für Klagen Dritter, welche an dem Gegenstande der Vollstreckung ein die Veräußerung hinderndes Recht behaupten (Interventionsklagen, § 771); dagegen sind Einwendungen des Schuldners bezüglich des ausgeurteilten Anspruchs selbst durch Klage beim Prozeßgericht 1. Instanz geltend zu machen (§ 767). In allen diesen Fällen kann die Vollstreckung vorläufig eingestellt werden, eventuell gegen Sicherheit. Die Entscheidungen, welche ohne mündliche Verhandlungen ergehen können, sind mit der sofortigen Beschwerde anfechtbar.

Weitere vollstreckbare Titel, z. B. Vergleiche vor einem deutschen Gericht, Kostenfestsetzungsbeschlüsse, vollstreckbare Urkunden, führt § 794 auf.

Die Vollstreckung selbst spielt sich fast in den gleichen Formen wie im Verwaltungszwangsverfahren ab; vgl. oben S. 259 f. Wegen der Unzulässigkeit der Pfändung s. §§ 811 f. (unpfändbaren Sachen), 850 f. (unpfändbare Forderungen; weg. d. Beamtengehalts s. oben S. 353). Ist eine Befriedigung des Gläubigers nicht zu erreichen gewesen, so muß Schuldner auf Antrag des Gläubigers ein Vermögensverzeichnis vorlegen und dessen Richtigkeit mit (Offenbarungs-)Eid bekräftigen. Die Eidesleistung ist durch Haft bis zu 6 Monaten (§§ 899 f.) zu erzwingen. Als Zwangsmittel des Prozeßgerichts zur Herbeiführung von nicht durch Dritten vornehmbaren Handlungen sowie von Unterlassungen ist ebenfalls Haft und daneben Geldstrafe bis zu 1500 M. gegeben (§§ 888 f.). Willenserklärungen, zu deren Abgabe der Schuldner verurteilt ist, gelten mit der Rechtskraft des Urteils als abgegeben (§§ 894 f.). Hat ein Schuldner den Offenbarungseid geleistet, so braucht er ihn innerhalb 5 Jahren nur dann nochmals zu leisten, wenn der Gläubiger glaubhaft macht, daß der Schuldner inzwischen Vermögen erworben hat. Nach 5 Jahren ist der Name des Schuldners im Schuldnerverzeichnis unkenntlich zu machen. — Einen Offenbarungseid anderer Art (s. § 883) muß der Schuldner leisten, bei welchem eine von ihm herauszugebende bestimmte Sache nicht vom Gerichtsvollzieher gefunden wird.

Der Arrest findet statt zur Sicherung von generischen Ansprüchen (§ 916); seine Vollziehung erfolgt durch Pfändung von Mobilien (Geld ist zu hinterlegen) bzw. Eintragung einer Sicherheitshypothek auf Immobilien bzw. Beschränkung der persönlichen Freiheit eventuell Haft gegenüber Personen (§§ 930 f.). Erforderlich ist zur Anordnung neben dem Anspruch ein Arrestgrund (Gefährdung der zukünftigen Vollstreckung, s. §§ 917, 918); Anspruch und Arrestgrund sind glaubhaft zu machen (Mittel s. § 294). Zuständig ist das Gericht rei sitae und das des Hauptanspruchs, § 919. Die Entscheidung erfolgt ohne mündliche Verhandlung durch Beschluß oder nach solcher durch Urteil. Gegen den Anordnungsbeschluß (Arrestbefehl) findet Widerspruch statt, über den durch Endurteil zu entscheiden ist. Ist die Hauptsache noch nicht anhängig, so ist auf Antrag Klageerhebung durch Antragsteller binnen einer bestimmten Frist anzuordnen und nach deren fruchtlosem Ablauf der Arrest aufzuheben. Die Vollziehung des Arrestbefehls ist nur innerhalb eines Monats seit Verkündung bzw. Zustellung an den Antragsteller zulässig; sie ist zulässig schon vor Zustellung an den Schuldner, wird jedoch wirkungslos, wenn diese nicht innerhalb des erwähnten Monats und außerdem innerhalb einer Woche seit Vollziehung erfolgt, § 929.

Die einstweilige Verfügung dient der Sicherung eines Individualanspruchs vermittels Anordnung hinsichtlich eines bestimmten Streitgegenstandes oder streitigen Rechtsverhältnisses (§§ 935, 940); die Mittel bestimmt das Gericht nach freiem Ermessen. Zuständig ist das Gericht der Hauptsache, nur in Eilfällen das rei sitae, §§ 937, 942. Im übrigen gelten im wesentlichen die gleichen Vorschriften wie für das Arrestverfahren.

Neuntes und zehntes Buch. 1. Aufgebotsverfahren. Aufgebot ist die öffentliche Aufforderung des (Amts-)Gerichts zur Anmeldung von Ansprüchen oder Rechten bei Androhung von Rechtsnachteilen (§ 946), auch zum Zweck der Todeserklärung. Nach öffentlicher Bekanntmachung des Aufgebots und Ablauf der vom Gericht gesetzten (Aufgebots-) Frist (nicht unter 6 Wochen) ergeht in öffentlicher Sitzung auf Antrag das Ausschlußurteil, welches nur vermittels der Anfechtungsklage und nur unter bestimmten Voraussetzungen beim Landgericht angefochten werden kann (§ 957) und zwar innerhalb der Notfrist von 1 Monat seit Kenntnis des Ausschlußurteils und längstens binnen 10 Jahren nach dessen Verkündung. Im Todeserklärungsverfahren ist die Anfechtungsklage erweitert (s. § 973 f.). 2. Schiedsrichterliches Verfahren, §§ 1025 f. Ein Schiedsvertrag über künftige Streitigkeiten muß sich auf ein bestimmtes Rechtsverhältnis beziehen. Im Zweifel ernennt jede Partei 1 Schiedsrichter; die betreibende Partei hat dem Gegner zur Ernennung eine Frist von 1 Woche zu setzen, nach deren fruchtlosem Ablauf das zuständige Gericht den Schiedsrichter ernennt. Die Schiedsrichter haben die Parteien zu hören und den Sachverhalt zu ermitteln; das Verfahren bestimmen sie im Zweifel nach freiem Ermessen. Erforderliche richterliche Handlungen sind vom zuständigen Gericht vorzunehmen (z. B. Vereidigung). Der Schiedsspruch (äußere Erfordernisse s. § 1039) hat unter den Parteien die Wirkung eines rechtskräftigen Urteils, bedarf jedoch zur Vollstreckbarkeit eines gerichtlichen Vollstreckungsurteils, welches in den Fällen des § 1041 versagt werden kann, § 1042; in den gleichen Fällen findet eine Aufhebung des Schiedsspruchs, herbeizuführen durch Klage, statt.

Konkurs.

Maßgebend ist die

Konkursordnung 10. 2. 77 (RGBl. 351), geänd. 17. 2. 98 (RGBl. 230, neue Fassg. 612), EinfG. 10. 2. 77 (RGBl. 390) u. 17. 5. 98 (das. 248), abg. HypBG. 13. 7. 99 § 43 (RGBl. 375), AusfG. 6. 3. 79 (GS. 109).

1. Buch. Konkursrecht. Das KVerfahren umfaßt das Ganze, dem Gemeinschuldner (Kridar) zur Zeit der KEröffnung gehörige, einer ZwVollstreckung unterliegende Vermögen, beim K. des Ehemanns einschl. des Gesamtgutes (s. oben S. 122) (KMasse §§ 1, 2); es dient zur gemeinschaftlichen Befriedigung aller persönlichen Gläubiger, welche in diesem Augenblick einen Vermögensanspruch haben (KGläubiger § 3). Mit der Eröffnung fällt das Verwaltungs- und Verfügungsrecht des Gemeinschuldners an den KVerwalter und treten für ihn die sonstigen Beschränkungen (z. B. hinsichtlich des Wahlrechts § 3 Nr. 2, § 4 BWahlG.; Unfähigkeit, Vormund zu werden § 1781 Nr. 3 BGB.) ein. Rechtshandlungen des Gemeinschuldners sind von diesem Augenblick an gegenüber den KGläubigern unwirksam; Prozesse über Gegenstände der KMasse kann der KVerwalter aufnehmen, auch kann er dazu geladen werden; er kann jedoch die Aufnahme ablehnen. Während des Verfahrens finden weder in die KMasse noch in das Vermögen des Gemeinschuldners Zwangsvollstreckungen oder Arreste zugunsten einzelner Gläubiger statt (§§ 7—14). Wegen Erfüllung der vom Gemeinschuldner abgeschlossenen Verträge s. §§ 17—28. Bei nicht erfüllten Verträgen kann grunds. der KVerw. Erfüllung verlangen. Vor der KEröffnung vorgenommene Geschäfte können, wenn sie die KGläubiger benachteiligten, unter bestimmten Voraussetzungen angefochten werden (§§ 29—42), namentlich nach der Zahlungseinstellung eingegangene, solche, bei denen der andere Teil die Benachteiligungsabsicht kannte und solche mit Verwandten innerhalb bestimmter Fristen, je nachdem sie entgeltlich oder unentgeltlich waren (die Anfechtung außerhalb des Konkurses regelt RG. 21. 7. 79 (RGBl. 277), neu gefaßt G. 17. 5. 98 (RGBl. 709). Eine Aussonderung bestimmter Gegenstände aus der KMasse kann auf Grund eines Rechtes (z. B. Eigentum, Miete) an einem dem Gemeinschuldner nicht gehörigen Gegenstande begehrt werden (§ 43, wegen des Verfolgungsrechtes des Verkäufers oder Einkaufskommissionärs s. § 44). Einen Anspruch auf abgesonderte Befriedigung haben Pfandgläubiger bezügl. der Pfandsache sowie gewisse ihnen gleichgestellte Gläubiger (s. oben b. Werkvertrag, S. 47) §§ 48—52. Die Aufrechnung im K. regeln §§ 53—56. Aus der KMasse sind vorweg zu berichtigen die Massekosten (d. h. im wesentlichen die Kosten des Verfahrens, § 58) und Masseschulden (die von der Masse kontrahierten oder übernommenen Schulden, § 59); diese gehen jenen vor. Die Rangordnung der KForderungen zählt § 61 auf: 1. Dienstlohn u. ä. für das letzte Jahr, 2. Steuern und Abgaben für diese Zeit, 3. ebenso Forderungen öffent-

licher Verbände und Versicherungsanstalten, der Kirchen und Schulen, 4. ebenso Forderungen der Medizinalpersonen in taxmäßiger Höhe, 5. die Forderungen der Kinder, Mündel u. ä., 6. alle übrigen Forderungen. Forderungen auf Zinsen seit KEröffnung, Kosten, Geldstrafen und solche aus Freigebigkeiten können im KVerfahren nicht geltend gemacht werden (§ 63). Wegen betagter und bedingter Forderungen s. §§ 65—67.

2. Buch. Konkursverfahren §§ 71 f. Zuständig ist zunächst das AGericht der gewerblichen Niederlassung, subsidiär das des allgemeinen Gerichtsstandes. Die Entscheidungen können ohne mündliche Verhandlung erfolgen; das Rechtsmittel ist die sofortige Beschwerde; Zustellungen erfolgen von Amts wegen. Den KVerwalter, welcher die Masse verwaltet, verwertet und verteilt, ernennt das Gericht, doch kann die nächste Gläubigerversammlung mit Genehmigung des Gerichts einen anderen wählen; am Ende seiner Tätigkeit hat er der Gläubigerversammlung Schlußrechnung zu legen. Neben ihn kann die erste Gläubigerversammlung (bis zu dieser das Gericht) einen Gläubigerausschuß stellen (§§ 78, 81, 87). Die Gläubigerversammlung wird vom Gericht berufen; unter gewissen Voraussetzungen ist eine Berufung erforderlich (§ 93). Die Berufung wird öffentlich bekannt gemacht. Stimmenmehrheit entscheidet; sie wird nach den Forderungsbeträgen berechnet. Bei Streit über die Zulassung entscheidet das Gericht. Der Gemeinschuldner ist zur Auskunftserteilung verpflichtet.

Die Eröffnung des KVerfahrens (§§ 102 f.) setzt Zahlungsunfähigkeit des Gemeinschuldners voraus, welche insbesondere bei Zahlungseinstellung vorliegt; bei Aktien- und Aktienkommanditgesellschaften, aufgelösten Genossenschaften und Nachlässen genügt Überschuldung (s. oben S. 162 f., 181). Erforderlich ist ein Antrag, der vom Gemeinschuldner oder einem Gläubiger zu stellen ist. Jener hat seine Vermögenslage schriftlich darzutun, dieser die Forderung und Zahlungsunfähigkeit glaubhaft zu machen. Das Gericht kann Sicherheitsmaßregeln treffen, insbesondere ein Veräußerungsverbot erlassen. Erforderlich ist eine den voraussichtlichen Kosten entsprechende Masse. Der Eröffnungsbeschluß muß die Stunde der Eröffnung angeben. Zugleich erfolgt gemäß § 110: 1. die Ernennung eines KVerwalters, 2. Ansetzung eines Termins zur Beschlußfassung über die Wahl eines anderen KVerwalters und Wahl eines Gläubigerausschusses (nicht über einen Monat hinaus anzusetzen), 3. Anordnung des offenen Arrestes (Wirkung §§ 118, 119), 4. Bestimmung der Frist, innerhalb welcher die KForderungen unter Angabe von Grund, Betrag und etwa beanspruchtem Vorrecht sowie unter Beifügung von Beweisurkunden anzumelden sind, 2 Wochen bis 3 Monate (§§ 138—140), 5. Festsetzung des 1 Woche bis 2 Monate nach Ablauf der Anmeldefrist abzuhaltenden Prüfungstermins; in diesem werden die nicht vom KVerwalter oder einem KGläubiger bestrittenen Forderungen „festgestellt“ (Wirkung § 145 Abs. 2); das Ergebnis der Prüfung ist in die Tabelle einzutragen; soweit der Verwalter oder ein KGläubiger eine Forderung bestreitet, muß Klage auf Feststellung im ordentlichen Verfahren erhoben werden; wegen rechtshängiger Forderungen vgl. § 146 Abs. 3. Nachträgliche Anmeldung und Prüfung belastet den betr. Gläubiger mit den besonderen Kosten. Nach dem Prüfungstermin findet, so oft hinreichende Masse vorhanden ist, eine (Abschlags-) Verteilung nach einem Prozentsatz der Forderungen, nach Verwertung der Masse mit Genehmigung des Gerichts die Schlußverteilung statt. Alsdann beschließt das Gericht die Aufhebung des KVerfahrens, nachdem ein Schlußtermin abgehalten worden ist. Ergibt sich noch nachträglich KMasse, so erfolgen Nachtragsverteilungen. Eine anderweite Beendigung des KVerfahrens hinsichtlich der nicht bevorrechtigten Gläubiger gewährt der Zwangsvergleich (Akkord), zulässig zwischen Prüfungstermin und Schlußverteilung, in einem besonderen Termin zu beschließen und in gewissen Fällen unzulässig (§§ 173 f.). Erforderlich zur Annahme ist die Mehrheit der erschienenen Gläubiger, welche zugleich $^3/_4$ aller Forderungen vertreten müssen; außer Betracht bleiben dabei u. a. der dem Vergleich zustimmende Ehegatte (§ 183). Der Zwangsvergleich bedarf der Bestätigung durch das Gericht, welche in bestimmten Fällen zu versagen ist (§§ 184 f.). Nach Rechtskraft des Zwangsvergleichs, welcher gegen alle nicht bevorrechtigten KGläubiger wirkt, erfolgt Aufhebung des Verfahrens. Er bildet hinsichtlich der festgestellten Forderungen einen vollstreckbaren Titel. Die Einstellung des KVerfahrens erfolgt schließlich auch 1. auf Antrag des Gemschuldners, wenn nach Ablauf der Anmeldefrist alle Gläubiger, welche Forderungen angemeldet hatten, zustimmen; 2. wenn sich herausstellt, daß eine die Kosten deckende Masse nicht vorhanden ist.

Besondere Bestimmungen gelten für juristische Personen; Antragsberechtigte (wegen der Antragspflicht vgl. die betr. Bestimmungen des bürgerlichen Rechts) sind die Vorstandsmitglieder, persönlich haftende Gesellschafter und Liquidatoren; vgl. oben S. 162 f., 181. Ferner für Nachlässe, für das Gesamtgut, für inländisches Vermögen von Ausländern. — Strafbestimmungen enthalten die §§ 239—244.

Strafprozeß.

Das Strafverfahren regelt die

Strafprozeßordnung v. 1. 2. 77 (RGBl. 253); abgeänd.: EGBGB. 18. 8. 96, RGBl. 604); RG. 17. 5. 98 Art. II (RGBl. 252); RG. 13. 6. 02, (RGBl. 227)[1]. — EinfG. 1. 2. 77 (RGBl. 346), abgeänd. RG. 17. 5. 98 u. 19. 4. 08, § 23 Abs. 2 f. (RGBl. 151). — Auslieferungsverträge s. Einl. S. VI.

Die StPO. zerfällt in 7 Bücher. Das erste enthält die allgemeinen Bestimmungen. Geregelt wird hier z. B. die örtliche Zuständigkeit (die sachliche Zuständigkeit bestimmt sich im wesentlichen nach dem GVG.), und zwar tritt in erster Linie der Gerichtsstand der begangenen Tat oder der des Wohnsitzes oder Aufenthaltsortes, beim Mangel dieser der Ort der Ergreifung ein; bei Druckschriften gilt als Deliktort grundsätzlich der Ort des Erscheinens (vgl. S. 489); §§ 7 f. Weiter enthält das erste Buch Bestimmungen über Ausschließung und Ablehnung der Gerichtspersonen §§ 22—32); über gerichtliche Entscheidungen und deren Bekanntmachung, welche bei Anwesenheit der betroffenen Person durch Verkündung, sonst durch Zustellung nach Maßgabe der §§ 36 f. erfolgt (§§ 33 f.); über Fristen, Zeugen (wegen des Zeugnisverweigerungsrechtes, vgl. §§ 51 ff.); öffentliche, auch verabschiedete Beamte bedürfen zur Aussage über der Amtsverschwiegenheit unterliegende

[1]) Ein Entwurf liegt zurzeit dem Reichstage vor.

Punkte der Genehmigung der vorgesetzten Dienstbehörde, welche nur versagt werden kann, wenn die Vernehmung dem Wohl des Reichs oder des Bundesstaates Nachteil bereiten würde. — Bei unberechtigter Weigerung tritt Geldstrafe bis zu 300 M., auch Zeugniszwangshaft bis zu 6 Monaten bzw. Beendigung des Verfahrens in der Instanz ein (§ 69); Sachverständige (zur Vorbereitung eines Gutachtens kann der Angeschuldigte bis zu 6 Wochen in eine öffentliche Irrenanstalt gebracht werden) und richterlichen Augenschein (Leichenschau und Leichenöffnung s. §§ 87 ff., Schriftvergleichung § 93). Den Zwecken der Untersuchung dient ferner 1. die Beschlagnahme von Gegenständen, welche als Beweismittel in Betracht kommen oder einziehbar sind, und welche durch den Richter, bei Gefahr im Verzuge durch die Staatsanwaltschaft oder deren Hilfsbeamte (Polizei- und Sicherheitsbeamte) erfolgen kann, §§ 94 f.; Postsperre §§ 99 f.; vgl. auch S. 489; 2. die Durchsuchung bei den der Tat oder der Teilnahme Verdächtigen zum Zweck der Ergreifung, oder wenn anzunehmen ist, daß sie zur Auffindung von Beweismitteln führen werde; bei anderen Personen grundsätzlich nur, wenn Tatsachen die Auffindung der gesuchten Person oder Sache vermuten lassen; Befugnis zur Anordnung wie zu 1; vgl. im einzelnen §§ 102 ff. 3. Die auf Grund eines richterlichen schriftlichen Haftbefehls erfolgende Verhaftung, welche nur erfolgen kann, wenn a) dringende Verdachtsgründe vorhanden sind und b) Fluchtverdacht oder Tatsachen vorliegen, welche eine Verdunkelung des Tatbestandes durch den Angeschuldigten (d. i. der Beschuldigte, gegen welchen öffentlich Klage erhoben ist, § 155; Beschuldigter ist jeder, gegen den ein strafrechtliches Einschreiten angeregt ist) befürchten lassen. Der Fluchtverdacht bedarf keiner Begründung, wenn ein Verbrechen vorliegt, wenn der Angeschuldigte heimatlos ist oder sich nicht ausweisen kann, oder wenn er Ausländer ist und sich voraussichtlich nicht stellen wird. Spätestens einen Tag nach der Einlieferung ist der Verhaftete von einem Richter zu hören, §§ 112 f. Noch weitere Kautelen für den Erlaß des Haftbefehls sind bei leichteren Straftaten gegeben und wenn die öffentliche Klage noch nicht erhoben ist, §§ 113, 125, 126; 4. die vorläufige Festnahme, welche erfolgen kann a) durch jedermann, wenn der Täter auf frischer Tat betroffen wird und er fluchtverdächtig oder nicht sofort zu rekognoszieren ist, b) durch die Staatsanwaltschaft und ihre Hilfsorgane, wenn die Voraussetzungen eines Haftbefehls und Gefahr im Verzuge vorliegen. Der Festgenommene ist sofort dem Amtsrichter des Festnahmebezirks vorzuführen; spätestens am nächsten Tage hat seine Vernehmung und der Erlaß eines Haftbefehls gem. § 125 bzw. die Freilassung zu erfolgen. Steckbrief s. § 131. — Wegen der Entschädigung für unschuldig erlittene Untersuchungshaft vgl. RG. 14. 7. 04 u. V. 6. 11. 04 (Schutztruppen; RGBl. 321 u. 441). Wegen der Verteidigung § 137 ff.; sie ist zulässig in jedem Stadium; notwendig in Schwur- und Reichsgerichtssachen erster Instanz, bei Tauben, Stummen und Angeschuldigten unter 16 Jahren sowie bei Verbrechen auf Antrag des Beschuldigten.

Das zweite Buch behandelt das Verfahren in erster Instanz. Die Klage ist in der Regel eine öffentliche und wird von der Staatsanwaltschaft erhoben, welche verpflichtet ist, wegen aller strafbaren Handlungen von Amts wegen einzuschreiten (Legalitätsprinzip). Ohne Klage

(Erhebung der Klage geschieht durch Antrag auf gerichtliche Voruntersuchung oder Einreichung einer Anklageschrift; § 168) erfolgt keine gerichtliche Untersuchung. Die Vorbereitung der öffentlichen Klage erfolgt durch die Staatsanwaltschaft, eilige Handlungen auch durch den Amtsrichter. Weigert die Staatsanwaltschaft sich gegenüber dem Verletzten, einzuschreiten, so hat er binnen zwei Wochen Beschwerde an die vorgesetzte Behörde, gegen deren Ablehnung binnen 1 Monat Antrag auf gerichtliche Entscheidung beim Oberlandesgericht zu stellen ist. — Im Strafverfahren ist die Wahrheit von Amts wegen zu erforschen. Hierzu dient neben der Hauptverhandlung die Voruntersuchung, obligatorisch in Reichsgerichts- und Schwurgerichtssachen, bei Strafkammersachen auf Antrag des Staatsanwalts oder bei erheblichen Gründen auch des Angeschuldigten, unzulässig bei Schöffengerichtssachen. — Führten die Ermittlungen der Staatsanwaltschaft oder die Voruntersuchung zu einem positiven Resultat, so wird gegen den Angeschuldigten nach Einreichung der Anklageschrift das Hauptverfahren eröffnet, er heißt von diesem Augenblicke an Angeklagter; §§ 196, 201. Bei negativem Ergebnis stellt die Staatsanwaltschaft das Verfahren ein, bzw. wird, wenn Voruntersuchung stattfand, der Angeschuldigte durch das Gericht außer Verfolgung gesetzt. In gewissen Fällen, namentlich, wenn der Angeklagte geisteskrank ist, wird das Verfahren vorläufig eingestellt; § 203.

In der Hauptverhandlung müssen das Gericht, die Staatsanwaltschaft, ein Gerichtsschreiber, sowie grundsätzlich der Angeklagte (Ausnahmen §§ 231 f.; Ladungsfrist 1 Woche, § 216), welcher im Fall des Ausbleibens vorzuführen oder zu verhaften ist, anwesend sein. Es erfolgt zunächst die Vernehmung des Angeklagten, alsdann die Beweisaufnahme, welche durch Vernehmung bzw. durch Verlesung von Urkunden zu erfolgen hat. Hieran schließen sich die Vorträge der Staatsanwaltschaft und des Angeklagten, welchem das letzte Wort gebührt. Das Urteil lautet auf Freisprechung, Verurteilung (jede nachteilige Entscheidung hinsichtlich der Schuldfrage bedarf einer $^2/_3$-Mehrheit; s. § 262) oder — mangels des erforderlichen Strafantrages — auf Einstellung des Verfahrens. Es ist unter Verlesung der Urteilsformel und Eröffnung der Gründe am Schluß der Verhandlung oder spätestens eine Woche danach (unterbrochene Hauptverhandlungen sind spätestens am 4. Tage fortzusetzen) zu verkünden. Besonderheiten gelten für die Schwurgerichte. Zunächst wird die Geschwornenbank durch Auslosung gebildet; Staatsanwalt und Angeklagter können je zur Hälfte so viele Geschworene ablehnen, als über 12 (es müssen mindestens 24 erscheinen) anwesend sind. Alsdann werden die G. vereidigt. Die für die Geschworenen vor den Parteivorträgen zu formulierenden Fragen zerfallen in Hauptfragen, welche sich auf die inkriminierte Tat beziehen, Hülfsfragen, welche die Tat anders qualifizieren als der Eröffnungsbeschluß, und Nebenfragen bezüglich solcher Umstände, welche die Strafbarkeit aufheben, vermindern oder erhöhen; §§ 292 f. Nach erhaltener Rechtsbelehrung durch den Vorsitzenden beraten die Geschworenen abgesondert; Schuldspruch verlangt $^2/_3$-Mehrheit; er bezieht sich nur auf die Schuldfrage. Freisprechung bzw. Strafzumessung erfolgt durch das Gericht, §§ 276—317.

Ein Verfahren gegen Abwesende (Begriff § 318) findet statt: 1. wenn die Tat nur mit Geldstrafe oder bzw. und mit Einziehung bedroht ist, § 319; 2. zur Sicherung des Beweises, §§ 327 ff.; 3. wegen Verletzung der Militärpflicht, §§ 470 ff. In den beiden ersten Fällen kann eine Vermögensbeschlagnahme stattfinden. Vgl. §§ 325 ff., 332 ff. — Fälle der Hauptverhandlung gegen Abwesende s. §§ 231 f., 319 u. 470.

Rechtsmittel sind: 1. Beschwerde gegen Beschlüsse und Verfügungen. Die BFrist beträgt in den Fällen der sofortigen Beschwerde eine Woche, §§ 346 ff.; 2. Berufung gegen die Urteile der Schöffengerichte binnen einer Woche nach der Urteilsverkündung bzw. Zustellung schriftlich oder zu Protokoll des Gerichtsschreibers einzulegen, §§ 354 ff.; 3. Revision gegen die Urteile der Landgerichte und Schwurgerichte, zu stützen nur auf Gesetzesverletzung (bestimmte Fälle § 377) und ebenso binnen einer Woche einzulegen; binnen einer weiteren Woche sind bestimmte RAnträge zu stellen und zu begründen; §§ 374 ff. — Ferner findet in bestimmten Fällen eine Wiederaufnahme des Verfahrens statt; §§ 399, 402. Personen, welche alsdann freigesprochen oder nach einem milderen Strafgesetze verurteilt werden, können nach dem RG. 20. Mai 98 (RGBl. 345), dazu V. 22. 11. 98 (JMBl. 280) Entschädigung verlangen, s. unten S. 554. Sämtliche Rechtsmittel können von dem Staatsanwalt, wie vom Beschuldigten, dessen gesetzlichem Vertreter oder dem Ehemann eingelegt werden; §§ 338 ff.

Bei Beleidigungen und Körperverletzungen, welche nur auf Antrag verfolgt werden, kann der Verletzte bzw. dessen gesetzlicher Vertreter sowie der nach den Vorschriften des materiellen Rechtes Antragsberechtigte Privatklage erheben (§§ 414 ff.); öffentliche Klage wird nur bei öffentlichem Interesse erhoben. Wohnen die Parteien in demselben Gemeindebezirke, so hat ein Sühnetermin vor dem Schiedsmann voranzugehen (§ 420, SchiedsmannsO. §§ 33 f.). Ebenso sind die gen. Personen berechtigt, sich einer etwa vom Staatsanwalt erhobenen öffentlichen Klage als Nebenkläger anzuschließen. Dieses Recht steht auch dem zu, welcher durch seinen Antrag auf gerichtliche Entscheidung die Erhebung der öffentlichen Klage herbeigeführt hat, wenn sich die strafbare Handlung gegen ihn richtete, ferner dem Bußeberechtigten und der Verwaltungsbehörde im Verfahren wegen Zuwiderhandlungen hinsichtlich öffentlicher Abgaben (§§ 435, 443, 467).

Besondere Arten des Verfahrens sind: 1. Verfahren bei amtsrichterlichen Strafbefehlen. Diese sind zulässig bei Übertretungen und Vergehen, welche mit Gefängnis bis zu 3 Monaten oder Geldstrafe bis 600 M. bedroht sind; Höchststrafen sind Geldstrafe bis zu 150 M. oder Freiheitsstrafe bis zu 6 Wochen und Einziehung. Gegen den Strafbefehl kann binnen einer Woche seit Zustellung Einspruch eingelegt werden, worauf Verhandlung vor dem Schöffengericht stattfindet; §§ 447 ff.; 2. Verfahren nach polizeilicher Strafverfügung. Hierzu vgl. unten S. 446; 3. Verfahren bei Zuwiderhandlungen hinsichtlich öffentlicher Abgaben und Gefälle. Die Strafbescheide der Verwaltungsbehörden, welche nur Geldstrafe und Einziehung festsetzen können, sind durch Antrag auf gerichtliche Entscheidung bei der VerwBehörde binnen 1 Woche seit Bekanntmachung anfechtbar. Im Fall der Ablehnung der Verfolgung seitens der Staatsanwaltschaft kann die Verwaltungsbehörde die Anklage erheben, falls ein Strafbescheid nicht erlassen worden ist (§§ 459 ff.); 4. Verfahren gegen Abwesende, welche sich der Wehrpflicht entzogen haben (§§ 470 ff.); 5. Verfahren bei Einziehung bestimmter Gegenstände (sog. objektives Verfahren) und Vermögensbeschlagnahme (§§ 477 f.); 6. ein besonderes abgekürztes Verfahren vor dem Amtsgericht ohne Zuziehung der Schöffen findet auf Grund der Ermächtigung des § 3 Abs. 3 EStPO. nach dem ForstdiebstahlG. 15. 4. 78 (GS. 222) statt; vgl. §§ 19 f. das. Vgl. auch Feld- und ForstpolizeiG. 1. 4. 80 (GS. 230) §§ 53 f.

Die Strafvollstreckung (§§ 481 f.) erfolgt nach Eintritt der Rechtskraft durch die Staatsanwaltschaft mit Ausnahme der Amtsanwälte; in Schöffengerichtssachen kann sie dem Amtsrichter übertragen werden. Wegen Vollziehung der Todesstrafe s. §§ 485 f. Das Begnadigungsrecht hat in Reichsgerichtssachen der Kaiser, sonst die Landesherren (§ 484, Art. 49 PrVerf.). Ein Aufschub der Vollstreckung findet statt, wenn der Verurteilte in Geistes- oder lebensgefährliche Krankheit verfallen ist oder sein körperlicher Zustand die Vollstreckung in der Anstalt nicht gestattet (§ 487); ferner bei Freiheitsstrafen mit Rücksicht auf eine zu erwartende Begnadigung, namentlich zugunsten erstmalig und zu weniger als 6 Monaten verurteilter Personen unter 18 Jahren; AE. 23. 10. 95, JMBl. S. 348; vgl. auch AE. 16. 3. 78 (JMBl. 55). — Die Kosten des gesamten Verfahrens hat der Verurteilte, im Fall der Freisprechung die Staatskasse bzw. der Privatkläger zu tragen. Die dem Freigesprochenen erwachsenen notwendigen Auslagen können der Staatskasse auferlegt werden. Bei wissentlich oder grob fahrlässig falschen Anzeigen können dem Anzeigenden die gesamten Kosten auferlegt werden. Entsprechende Grundsätze gelten, ohne daß es eines Verschuldens bedarf, bei Zurücknahme eines Strafantrags oder Rechtsmittels bzw. dessen erfolgloser Einlegung; §§ 496 ff.

VIII. Polizei.

Polizei und sonstige innere Verwaltung wurden in früherer Zeit meist zusammengeworfen; benennt doch z. B. noch der § 15 ALR. II 19 die Polizeiobrigkeit als diejenige Behörde, welche für die Armenpflege zu sorgen habe. Auch lag wenig Grund zu unterscheidenden Definitionen vor, so lange noch beides unterschiedslos von denselben Behörden verwaltet ward. Neuerdings ist dies anders geworden, namentlich seit der Ausdehnung der kommunalen Selbstverwaltung, der überall, wenn auch dieselben Organe mit der Wahrnehmung der verschiedenen Befugnisse betraut sind, als rein und unmittelbar staatliche Instanz die Polizei gegenüber steht; der Bürgermeister als Polizeiverwalter hat eine andere Stellung, als er als Vorsitzender des Magistratskollegiums einnimmt (s. S. 292). Die Städte und sonstigen Kommunalverbände haben ihre Angelegenheiten selbst zu verwalten; „die Gemeinde hat die Bestimmung, alle Beziehungen des öffentlichen Lebens in sich aufzunehmen; sie kann hiernach alles in den Bereich ihres Wirkens ziehen, was die Wohlfahrt des Ganzen, die materiellen Interessen und die geistige Entwicklung des einzelnen fördert" (OVG. 12, 155). Aber daneben gilt die Befugnis der Polizeibehörden, alles zu ordnen „was im besonderen Interesse der Gemeinden und ihrer Angehörigen ‚polizeilich' angeordnet werden muß" (§ 6 i des PolVerwG. 11. 3. 50 GS. 265). Die Frage, was hier „polizeilich" heißt, wird insbesondere auch noch in den Fällen von Wichtigkeit, wo es sich um Rechtsmittel gegen „polizeiliche" Verfügungen handelt. Sie sind nach dem LVG. ganz andere, als die Rechtsmittel gegen die Verfügungen der Verwaltungsbehörden.

Gegenüber der früher gebräuchlichen Einteilung der Polizei in Sicherheits- und Wohlfahrtspolizei unterscheidet man neuerdings in Hinblick auf die Gefahren, welche aus übergreifender Kraft der Menschen den Rechtszustand bedrohen, und solche Gefahren, welche die in den einzelnen Zweigen der Verwaltung geübte Wohlfahrtspflege betreffen, zwischen Sicherheits- oder Rechts- und Verwaltungspolizei. Nur in jener erscheint die Polizei als einheitliche Funktion mit eigenem Gebiete, während diese ein immanenter Teil jedes einzelnen Verwaltungsgebietes ist, in welchem sie — Strafe androhend und ihre Androhungen mit Zwangsgewalt durchführend — das negative Element bildet, im Gegensatze zu der positiven Wohlfahrtspflege auf dem betreffenden Gebiete. Die Verwaltung hat die positive Förderung der einzelnen und der ihr anvertrauten Allgemeinheit zur Aufgabe; und innerhalb der gesamten Verwaltung wirkt die Polizei insofern als negative Gewalt, als sie — vorbeugend (präventiv) oder beseitigend (repressiv) — alles bekämpft, was jener Förderung hinderlich wird; beispielsweise ist die Einrichtung und Ordnung des öffentlichen Marktes naturgemäß Sache der Verwaltung, aber der Polizeibeamte darf dem Marktverkehr nicht fehlen, um vor falschen Maßen und Gewichten u. dergl. zu schützen. Indirekt hat die Praxis der Verwaltung die Unterscheidung in Sicherheits- und Verwaltungspolizei anerkannt, indem sie neben der Sicherheits- und Ordnungspolizei die Bau-, Wege-, Gesundheits-, Forst-, Schulpolizei usw. unterscheidet. Neben der allgemeinen Polizei besteht die Zuständigkeit besonderer Polizeibehörden, insbesondere: a) Eisenbahnbehörden auf Grund §§ 23, 24, 46 G. 3. 11. 38 (GS. 505), BetriebsO. 5. 7. 92 (RGBl. 691) § 70; OVG. 38, 261; über Meinungsverschiedenheiten zwischen Bahn- und Ortspolizei s. ME. 3. 12. 02 (EVBl. 541); b) Bergbehörden auf Grund § 196 Allg. BergG. 24. 6. 65 (GS. 705); c) Forstbeamte s. §§ 62 f. Feld- und ForstpolizeiG. 1. 4. 80 (GS. 230); d) Deichschutzpolizei s. §§ 24—26 f. DeichG. 28. 1. 48 (GS. 54); e) Strom-Schiffahrts- und Hafenpolizei s. LVG. §§ 136, 138, 145; KreisO. § 59; ZustG. § 95; f) Chausseepolizei s. Absch. XI usw. Der Begriff der Sicherheitspolizei ist unverändert geblieben. Der § 10 ALR. II 17 bestimmt: „Die nötigen Anstalten zur Erhaltung der öffentlichen Ruhe, Sicherheit und Ordnung und zur Abwendung der dem Publiko oder einzelnen Mitgliedern desselben bevorstehenden Gefahr zu treffen, ist das Amt der Polizei." Die Aufgaben der Polizei sind in diesem § in dem Sinne umschrieben, daß darüber hinaus, zur Pflege der Wohlfahrtsinteressen, die Polizei nur auf Grund besonderer gesetzlicher Vorschriften zuständig ist (OVG. 15, 427; 38, 291; 39, 278). — Im § 10 II 17 ist die positive Norm für den gegenwärtigen Umfang der Polizeigewalt für ganz Preußen zu erblicken (OVG. 11, 365; 39, 390). Wenn § 6 unter i G. 11. 3. 50 bestimmt, daß zu den Gegenständen der ortspolizeilichen Vorschriften „alles (andere) gehört, was im besonderen Interesse der Gemeinden und ihrer Angehörigen polizeilich geordnet werden muß", so hat nach der ständigen Praxis der Gerichte dadurch dem Polizeiverordnungsrecht keineswegs ein ganz neues Gebiet erschlossen werden sollen, es sollte vielmehr der Polizei nur die Möglichkeit offen gehalten werden, innerhalb der Grenzen des PolizeiG. und des § 10 ALR. II 17 Polizeivorschriften ähnlicher Art zu erlassen (Johow 19, 230; ebenso RGerSt. 32, 41 u. OVG. 9, 253). Selbstverständlich ist die allgemeine Bestimmung des § 10 als Vollmacht zum beliebigen Einschreiten der Polizei nicht da anzuwenden, wo ihr in den Gesetzen für gewisse Verhältnisse besondere Befugnisse gegeben werden (OVG. 17, 357). Über die Frage, ob in den Grenzen des Polizeiverordnungsrechtes auch Polizeiverfügungen ergehen können s. OVG. 31, 233.

Aus der auf den § 10 ALR. II 17 als der Grundnorm der Polizeiverfügungen bezüglichen Judikatur des OVG. sei noch hervorgehoben: unter „öffentlicher Ruhe" ist nicht etwa der Schutz des Publikums vor störenden Geräuschen, sondern eine den die Sicherheit und Ordnung betreffenden öffentlich-rechtlichen Normen entsprechende Haltung der Einwohner zu verstehen (es stand das Schießen auf dem Schießplatz einer Schützengilde in Frage) (Erk. 6, 349); „öffentliche Ordnung" ist keineswegs gleichbedeutend mit öffentlichem oder Gemeinwohl (Erk. 9, 353).

Die öffentliche Ordnung bildet den Gegensatz zu den privatrechtlichen Beziehungen der einzelnen Rechtssubjekte zueinander und deren Schutz durch die bürgerliche Gerichtsbarkeit (OVG. 7, 374, PrVBl. 23, 246). „Gefahr" ist nicht gleichbedeutend mit Nachteil oder Belästigung, sie ist nur da anzunehmen, wo Leib, Leben, Gesundheit oder Vermögen gefährdet werden (9, 344). Nicht einschreiten kann die Polizei, um eine Gemeindebehörde zu zwingen, gutes Trinkwasser für die Einwohner zu beschaffen, falls nicht ein wahrer Notstand in gesundheitlicher Hinsicht vorliegt (12, 382). Eine Zuwiderhandlung gegen das SprachenG. 28. 8. 76 durch Anbringung polnischer Straßenbezeichnungen neben den öffentlichen ist als eine Störung der öffentlichen Ordnung zu betrachten, die die Polizeibehörde auf Grund des § 10 verhüten kann (21, 421). Auch die Feststellung der Schreibweise einer Ortschaft ist eine der Landespolizei obliegende, zur Erhaltung der öffentlichen Ordnung notwendige Maßregel (MB. 29. 6. 97 MBl. 135). Die Baupolizei kann der Gefährdung der öffentlichen Ordnung durch Verherrlichung revolutionärer Vorgänge vorbeugen (36, 403); sie kann die Entwässerung der Wohngebäude regeln (23, 316). Durch Polizeiverordnung kann die landhausmäßige Bebauung gewisser Gebietsteile vorgeschrieben werden (34, 375); auch kann der Anschluß der bebauten Grundstücke an eine von der Gemeinde hergestellte Wasser- und Abzugsleitung angeordnet werden (28, 354; 26, 51). Die Verhütung und Löschung von Bränden gehört zur Aufgabe der Polizei (30, 427).

Die Polizeibehörden sind befugt, die ihrer Amtsgewalt unterstehenden Personen zur Erteilung der nötigen Auskunft über Angelegenheiten der Polizei vorzuladen und zur Durchführung solcher Anordnungen Zwangsmittel anzuwenden (OVG. 15, 423); die Polizei ist auch unter Umständen berechtigt, in das Privateigentum einzelner, bei vorhandenen Gefahren nicht Beteiligter zur Beseitigung dieser Gefahren einzugreifen, indessen nur bei unmittelbar bevorstehender Gefahr, und wenn diese auf keine andere Weise als durch solchen Eingriff in die Eigentumsrechte eines unbeteiligten Dritten abwendbar ist (OVG. 16, 330; 24, 491 sog. Staatsnotrecht). Auch wird im allgemeinen angenommen, daß es nicht Aufgabe der Polizei ist, Gefahren abzuwenden, wenn der Bedrohte sich selber helfen kann.

Für die älteren Provinzen ist ergangen:

Das G. 11. 3. 50 über die Polizeiverwaltung (GS. 265).

Die örtliche Polizeiverwaltung wird im Namen des Königs geführt, die Ortspolizeibeamten haben die ihnen von der vorgesetzten Staatsbehörde in Polizeiangelegenheiten erteilten Anweisungen auszuführen (§ 1).

In der Regel sind die Kosten der örtlichen Polizeiverwaltung von den Gemeinden zu bestreiten (§ 3); die Gemeinden mit Königl. Polizeiverwaltung tragen ein Drittel s. u. G. 3. 6. 08 (GS. 149).

Über die für die örtliche Polizeiverwaltung erforderlichen Einrichtungen kann der Regierungspräsident besondere Vorschriften erlassen. Die Ernennung aller Polizeibeamten, deren Anstellung den Gemeindebehörden zusteht, bedarf der Bestätigung der Staatsregierung (§ 4, ZustG. § 7, MR. 6. 11. 88 MBl. 44).

In Gemeinden, wo sich eine Bezirksregierung, ein Landgericht befindet, sowie in Festungen und Gemeinden von mehr als 10000 Einwohnern kann die örtliche Polizeiverwaltung durch Beschluß des Ministers des Innern besonderen Staatsbeamten (ganz oder in einzelnen Zweigen) übertragen werden. Auch in anderen Gemeinden kann aus dringenden Gründen dieselbe Einrichtung zeitweise eingeführt werden (§ 2). Ein ErgänzungsG. zu diesem § bildet das

PolizeikostenG. v. 3. 6. 08 (GS. 149).

Der Staat bestreitet danach die Kosten der ganz oder teilweise in Gemeinden von einer Königl. Behörde geführten örtlichen Polizeiverwaltung einschließlich der Kosten des Nachtwachtwesens. Die Gemeinden tragen zu den Kosten ein Drittel bei und nehmen an den Einnahmen zu einem Drittel teil (§ 1); § 2 zählt die unmittelbaren Kosten auf[1]) und stellt den Wert der Gebäude, die der Königl. Ortspolizeiverwaltung dienen, fest (Anschaffungswert und bei alten Gebäuden den in der Anlage für 22 Städte festgelegten Wert). Die Gemeinden sind zur weiteren unentgeltlichen Belassung ihrer Grundstücke, Inventarien und Einrichtungen verpflichtet (§ 3). Vor der Anmeldung von Mehrforderungen zum Etat ist den Gemeinden Gelegenheit zur Äußerung gegeben, die — bei Nichteinigung — den Ministern mit vorzulegen ist (§ 4). Die Kostenanteile werden von den Regierungspräsidenten, für den Landpolizeibezirk Berlin vom Polizeipräsidenten vorläufig festgesetzt (§ 5). Umfaßt der Polizeibezirk mehrere Gemeinden, so setzt der BzAussch. die Unterverteilung — auch mit anderem Maßstab — fest (§ 6). Die vorläufig festgesetzten Kostenanteile (§ 5) sind vierteljährlich im voraus zu zahlen, die nach Schluß des Rechnungsjahres auf Grund des Jahresabschlusses endgültig festgesetzten Kostenanteile können binnen 4 Wochen beim BzAussch. angefochten werden; gegen dessen Beschluß ist Klage beim OVG. mit 2 Wochen Frist gegeben (§ 7).

Zu den vom Staate zu tragenden Kosten gehören nicht die des Feuerlösch- und Impfwesens (OVG. 25, 27 u. 43); überhaupt nicht die erst infolge der verwaltenden Tätigkeit entstehenden mittelbaren Polizeikosten, welche die Erhaltung oder Herstellung polizeigemäßer Zustände in der Außenwelt erforderlich machen, wie die Kosten der Zwangsheilung geschlechtlich Erkrankter, die Polizeigefangenen nicht gleichzuachten sind (OVG. 27, 62; 28, 85; RGer. 35, 296); ebenso verbleiben den Gemeinden die Kosten der Beschaffung und Anbringung von Straßenschildern (OVG. 28, 89); ebenso die Kosten des Abdeckereiwesens (PrVBl. 17, 160) u. a. m. Dagegen gehören zu den unmittelbaren staatlichen Polizeikosten die Lohnausgaben für das mit Aufsuchung und Bergung unbekannter Leichen beauftragte Personal

[1]) Von den Ausgaben und Einnahmen der königl. Polizeiverwaltung Berlin werden 5% abgesetzt als nicht auf der örtlichen Polizeiverwaltung beruhend.

(OVG. 27, 62) und die durch den Transport sinnlos Betrunkener entstandenen Kosten (PrVBl. 23, 599).

§§ 5 und 11 des PolizeiverwaltungsG. 11. 3. 50 geben der Ortspolizeibehörde und dem Regierungspräsidenten das Recht zum Erlaß von Polizeiverordnungen.

Als Einzelgegenstände zählt § 6 auf: a) Schutz der Personen und des Eigentums, b) Ordnung, Sicherheit und Leichtigkeit des Verkehrs auf öffentlichen Straßen usw., c) den Marktverkehr und das öffentliche Feilhalten von Nahrungsmitteln, d) Ordnung und Gesetzlichkeit bei dem öffentlichen Zusammensein einer größeren Anzahl von Personen (hierauf beruht die Gesetzmäßigkeit von Polizeiverordnungen, welche das Erfordernis vorangegangener Genehmigung zu öffentlichen Lustbarkeiten vorschreiben [OVG. 18, 422], zu öffentlichen Sammlungen und Kollekten [MR. 30. 10. 91 MBl. 231]), e) das öffentliche Interesse in bezug auf die Aufnahme und Beherbergung von Fremden; die Wein-, Bier- und Kaffeewirtschaften und sonstige Einrichtungen zur Verabreichung von Speisen und Getränken, f) Sorge für Leben und Gesundheit (hierauf beruht das Recht der Polizei, zu erzwingen, daß ein Grundstück mit Brunnenanlagen, Anschluß an eine Zuführungsleitung versehen wird (OVG. 28, 354; 30, 422), g) Fürsorge gegen Feuersgefahr (hier steht in der GS. kein Komma) bei Bauausführungen sowie gegen gemeinschädliche und gemeingefährliche Handlungen, Unternehmungen und Ereignisse überhaupt, h) Schutz der Felder usw., i) alles andere, was im besonderen Interesse der Gemeinden und ihrer Angehörigen polizeilich geordnet werden muß.

Im Interesse der Regelung des Feuerlöschwesens ist ergangen G. v. 21. 12. 04 (GS. 291), das für Pflichtfeuerwehren den Erlaß eines Ortsstatuts oder einer PolVer. vorsieht (AusfAnw. 7. 3. 05 MBl. 43 u. 45), wo nicht freiwillige oder Berufsfeuerwehren vorhanden sind. Spritzenverbände können auf Grund der §§ 139, 140, 160 ZG. gebildet werden.

Über das Polizeiverordnungsrecht trifft LandesverwaltungsG. 6. Tit. nähere Bestimmungen:

Soweit die Gesetze auf den Erlaß besonderer Polizeiverordnungen durch die Zentralbehörde hinweisen, sind die Minister zu ihrem Erlaß für die ganze Monarchie oder einzelne Teile, mit Strafandrohung bis 100 Mk., befugt (§ 136). Der Oberpräsident hat die Befugnis für mehrere Kreise verschiedener Regierungsbezirke, für mehr als einen Regierungsbezirk oder für die ganze Provinz mit Strafandrohung bis zu 60 Mk., unter Zustimmung des Provinzialrats; der Regierungspräsident[1]) hat die gleiche Befugnis für mehrere Kreise oder den ganzen Regierungsbezirk unter Zustimmung des BzA. Die landespolizeilichen Befugnisse erstrecken sich aber nur auf die im § 6 G. 11. 3. 50 bezeichneten Gegenstände und unterscheiden sich inhaltlich in keiner Weise von der bezüglichen Befugnis der Ortspolizeibehörde (Johow 16, 437). In Fällen, welche keinen Aufschub zulassen, dürfen der Oberpräsident und der Regierungspräsident die Polizeiverordnung vorläufig selbständig erlassen. Sie ist aber außer Kraft zu setzen, wenn ihr nicht innerhalb 3 Monaten die Zustimmung des Provinzialrates bzw. des BzA. nachträglich erteilt wird (§§ 137—139). Alle solche Polizeiverordnungen sind unter Bezugnahme auf diese §§ 136, 137 oder 138 unter der Bezeichnung „Polizeiverordnung" durch die Amtsblätter bekannt zu machen (§ 140).

---

[1]) In Berlin der Polizeipräsident als Landespolizeibehörde (s. S. 257 Anm. 1).

Dieses ist für die Rechtsgültigkeit wesentlich (OVG. MBl. 82, 72; s. dazu OVG. 27, 414; 31, 335). Die Polizeiverordnungen treten mit dem 8. Tage nach Ausgabe des Amtsblattes in Wirksamkeit, falls nicht in ihnen ein anderer Anfangstermin benannt ist (§ 141). Der Landrat erläßt Polizeiverordnungen für mehrere Ortspolizeibezirke oder den ganzen Kreis mit Strafandrohung bis 30 Mk. unter Zustimmung des KrA. (§ 142); endlich der Amtsvorsteher für eine oder mehrere Gemeinden (oder Gutsbezirke) oder den ganzen Amtsbezirk mit Strafandrohung bis 9 Mk. unter Zustimmung des Amtsausschusses, die durch den KrA. ergänzt werden kann (KrO. § 62). Kreis- und Ortspolizeiverordnungen werden unentgeltlich im Amtsblatte bekannt gemacht (ME. 18. 5. 96 MBl. 112). Sämtliche Verordnungen der Ortspolizei waren gemäß § 5 des PolVerwG. 11. 3. 50 „nach Beratung mit dem Gemeindevorstande" zu erlassen. Dies gilt nach § 143 LVG., soweit sie zum Gebiete der Sicherheitspolizei gehören, auch jetzt; sonst bedarf es jetzt in Städten der Zustimmung des Gemeindevorstandes, welche freilich durch Beschluß des BzA.[1]) ergänzt werden kann; auch hier kann in unaufschiebbaren Fällen die Polizeiverordnung vorläufig ohne jene Zustimmung (welche aber dann bei Vermeidung des Außerkrafttretens der Verordnung binnen 4 Wochen nachträglich erteilt werden muß) erlassen werden. Unter Sicherheitspolizei ist hier alles zu verstehen, was dazu dient, Gefahr von dem Einzelnen oder Gemeinwesen abzuwenden oder Person und Eigentum zu schützen. Der Königl. Befehl 24. 4. 12 (GS. 43), betr. einige nähere Bestimmungen der V. 27. 10. 10 über die veränderte Verfassung aller obersten Staatsbehörden in der preußischen Monarchie gibt in Abs. 5 folgende Definition: „Sicherheitspolizei, das ist Aufsicht auf die innere Ruhe des Staates, auf verdächtige Fremde, auf das Paßwesen, ingleichen Obsorge für die Sicherheit des Lebens, der Freiheit und des Eigentums gegen Gewalt und List." Eine Verordnung, die teils sicherheitspolizeilich ist, teils sich auf andere Gebiete bezieht, bedarf, wenn sie ein unteilbares Ganzes bildet, nicht der Zustimmung des Gemeindevorstandes (OVG. 31, 360; 26, 51). In Stadtkreisen ist das Maximum der Strafe auf 30 Mk. erhöht; im übrigen steht die Genehmigung zu höherer Strafandrohung als 9 Mk. (bis 30 Mk.) dem Regierungspräsidenten zu (§ 144). — Er hat die Befugnis, orts- oder kreispolizeiliche Verordnungen außer Kraft zu setzen, und zwar unter Zustimmung des BzA. Der Minister des Innern kann, wie schon nach § 16 PolVerwG., jede Polizeiverordnung außer Kraft setzen (§ 145). — Bei Eingemeindungen tritt nach OVG. 48, 21 das öffentliche Recht in dem eingemeindeten Gebiet ohne weiteres in Kraft; RGer. (38, 305) und KGer. (34, C. 3) sind anderer Ansicht. —

Schließlich sei noch darauf hingewiesen, daß Polizeiverordnungen, die ja ihrer Wirksamkeit nach den Gesetzen gleich stehen, natürlich nicht wie Polizeiverfügungen durch Beschwerde oder Klage (s. S. 264) angefochten werden können. Man kann die Aufhebung der Polizeiverordnungen gemäß § 145 beantragen, und im Einzelfalle, wenn man von ihnen mit Strafe bedroht ist, richterliche Entscheidung anrufen. Hierbei ist aber immer, ab-

---

[1]) In Berlin des Oberpräsidenten.

gesehen von den aus den tatsächlichen Verhältnissen des betr. Einzelfalles hergeleiteten Einwänden, nur die gesetzliche Zulässigkeit und Gültigkeit, nicht aber die Zweckmäßigkeit oder Notwendigkeit der Polizeiverordnung zu prüfen (§ 17 PolVerG.)

Wegen der Rechtsmittel gegen polizeiliche Verfügungen s. oben S. 264; wegen der Zwangsbefugnisse zur Durchführung polizeilicher Maßnahmen s. oben S. 266.

Auf §§ 453—458 StrPO. beruht G. 23. 4. 83 (GS. 65), betr. den Erlaß polizeilicher Strafverfügungen wegen Übertretungen.

§§ 453—458 StrPO. bestimmen, daß da, wo nach landesgesetzlichen Bestimmungen die Polizeibehörden eine in den Strafgesetzen angedrohte Strafe durch Verfügungen festsetzen können, diese Befugnis sich fortan nur auf Übertretungen (StrGB. §§ 1, 18) erstrecken und die Polizeibehörde nur Haft bis zu 14 Tagen oder Geldstrafe bis zu 150 Mk. verhängen darf. Demgemäß bestimmt das PrG. 23. 4. 83 (AusfAnw. 8. 6. 83 MBl. 152): wer die Polizeiverwaltung in einem bestimmten Bezirke auszuüben hat (Orts-, Strom-, Chaussee-, Eisenbahnpolizeibehörde s. oben S. 441), kann wegen der in diesem Bezirke verübten Übertretungen Geld- oder Haftstrafe bis zu 30 Mk. oder 3 Tagen sowie Einziehung der verwirkten Gegenstände verfügen; erscheint diese Strafe zu niedrig, so muß die Verfolgung dem Amtsanwalt überlassen werden. Die Strafverfügung ist auch gegen Beschuldigte im Alter von 12—18 Jahren zulässig (vgl. StrGB. §§ 56 f. unten b. Strafrecht) (§ 1). Der Beschuldigte bzw. der gesetzliche Vertreter eines im Alter von 12—18 Jahren stehenden Beschuldigten kann gegen die Strafverfügung binnen 1 Woche auf gerichtliche Entscheidung antragen (§ 3). Die Strafverfügung muß außer der Festsetzung der Strafe die strafbare Handlung, Zeit und Ort derselben, die angewandte Strafvorschrift, die Beweismittel und die Kasse, an welche die Strafe zu zahlen ist, bezeichnen; sie muß ferner die Eröffnung enthalten, daß der Beschuldigte binnen 1 Woche nach der Bekanntmachung auf gerichtliche Entscheidung antragen könne, daß dieser Antrag entweder bei der Polizeibehörde, welche die Strafverfügung erlassen hat oder bei dem zuständigen Amtsgericht anzubringen sei, und daß die Strafverfügung, wenn der Antrag nicht erfolge, vollstreckbar werde (§ 4). Die Polizeibehörde kann die Strafverfügung zurücknehmen oder mildern (ZV. 5. 9. 92, ME. 7. 1. 93 MBl. 26 und bezüglich des Eingreifens der Aufsichtsbehörden ME. 7. 3. 94 MBl. 43). Sonst übersendet sie, nachdem der Antrag auf gerichtliche Entscheidung eingegangen, die Akten an den Amtsanwalt, der sie dem Amtsgericht vorlegt. Sodann erfolgt das Verfahren vor dem Schöffengericht; dieses ist bei der Urteilsfällung an den Ausspruch der Polizeibehörde nicht gebunden, kann also auch auf eine höhere Strafe erkennen (StrPO. §§ 454—458). — Die Behändigung der Strafverfügung geschieht durch einen öffentlichen Beamten gemäß den Ausführungsbestimmungen (§ 10 der AusfAnw.) (§ 5). Die baren Auslagen trägt der endgültig Bestrafte (§ 61; AusfAnw. §§ 20, 21); die endgültig festgesetzten Geldstrafen und eingezogenen Gegenstände fallen demjenigen zu, welcher die sächlichen Kosten der Polizeiverwaltung zu tragen hat. Dieser muß dagegen die durch Festsetzung und Vollstreckung der Strafen entstehenden, von dem Beschuldigten nicht beizutreibenden Kosten tragen (§ 7; auch nach dem PolizeikostenG. 3. 8. 08 § 1). Gegen Militärpersonen dürfen die Polizeibehörden Strafen nur wegen solcher Übertretungen festsetzen, zu deren Aburteilung im gerichtlichen Verfahren die ordentlichen Gerichte zuständig sind (§ 11, s. MStrGO. 1. 12. 98 RGBl. 1189 § 2), d. h. wegen Zuwiderhandlungen gegen die Finanz- und Polizeigesetze, Jagd- und Fischereiverordnungen, wenn die Übertretungen nur mit Geldstrafe und Einziehung (nicht mit Freiheitsstrafe) bedroht sind.

IX. Gesundheitswesen.

I. Gemäß Art. 4, Nr. 15 RV. (s. oben S. 238) gehören Maßnahmen der Sanitäts- und Veterinärpolizei zu den Aufgaben des Reiches: Dementsprechend ist ergangen:

RG. betr. die Bekämpfung gemeingefährlicher Krankheiten 30. 6. 00 RGBl. 306. Dazu Anweisung zur Bekämpfung der Pest 3. 7. 02 MMBl. 03, 24; Pr. AusfBest. 26. 11. 02 ebenda. Die Bekämpfung der Cholera, Pocken, Fleckfieber, Aussatz betrifft Bek. 21. 2. 04 RGBl. 67; 5. 4. 07 RGBl. 91; Pr. AusfBest. 12. 9. 04 MMBl. 353. Desinfektionsanweisungen Bek. 11. 4. 07 RGBl. 95. Die im Reichsseuchengesetz erwähnten Krankheiten betreffen ferner: ME. betr. die Bekämpfung der Cholera in den russischen Grenzbezirken 22. 8. 07 MMBl. 288; Milzbrandstatistik 25. 4. 10 HandMBl. 147. Vorschriften über die gesundheitliche Behandlung der Seeschiffe nebst Desinfekt. Anw. 29. 8. 07 RGBl. 563. Über den Verkehr mit Krankheitserregern Bek. 4. 5. 04 RGBl. 159; MV. 6. 8. 04 MMBl. 313; Medizinaluntersuchungsstationen ME. 14. 4. 10 MMBl. 189.

Jeder Erkrankungs-, Todes- und Verdachtsfall an Aussatz (Lepra), Cholera (asiatischer), Fleckfieber (Flecktyphus), Gelbfieber, Pest (orientalischer Beulenpest), Pocken (Blattern) Milzbrand. (Bek. 24. 9. 09 RGBl. 933) ist unverzüglich von dem Arzt jeder sonst mit der Behandlung oder Pflege beschäftigten Person, dem Leichenschauer, dem Haushaltungsvorstande oder dem Hauswirte der Polizeibehörde anzuzeigen. Diese hat sofort durch den beamteten Arzt die weiteren Ermittelungen vorzunehmen (§§ 1—6). Beamtet sind Ärzte, die vom Staate oder mit seiner Zustimmung angestellt sind; also in Preußen in erster Linie die Kreisärzte (s. über diese und über die Gesundheitskommissionen oben S. 234, 293. Die Polizei hat dann gegebenen Falles die erforderlichen Schutzmaßregeln zu treffen. Als solche kommen hauptsächlich in Betracht: Beobachtung, Aufenthaltsbeschränkung, Absonderung, Einschränkung des Wassergebrauches, Räumung von Gebäuden, Desinfektion, besondere Leichenbestattung, allgemeine Verkehrsbeschränkungen (§§ 12—27). Invalidenversicherungspflichtige Personen erhalten für die Zeit der Aufenthaltsbeschränkung und Absonderung Entschädigung; sie wird auch gewährt für Gegenstände, die durch Desinfektion beschädigt oder vernichtet sind (§§ 28 f.). Strafvorschriften enthalten die §§ 44—46. Durch §§ 42 f. ist dem Kaiserl. GesundheitsA. ein ReichsgesundheitsR. zur Seite gegeben.

Neben den reichsrechtlichen Vorschriften bestehen die landesrechtlichen Vorschriften über die Bekämpfung anderer Krankheiten fort. In Preußen ist ergangen das G. über die Bekämpfung übertragbarer Krankheiten 28. 8. 05 GS. 373 in Kraft getreten 20. 10. 05. AusfBest. 15. 9. 05 MMBl. 371. Anw. zur Bekämpfung übertragbarer Krankheiten 10. 8. 06 Beil. zu Nr. 16 MMBl., hierzu MB. 9. 7. 07 MBl. 231 betr. die Verhütung der Verbreitung übertragbarer Krankheiten durch die Schulen. Über die Tätigkeit des „Roten Kreuzes" bei Seuchengefahr MB. 25. 3. 05 MBl. 78.

Das Preußische Gesetz betrifft Diphtherie (Rachenbräune), übertragbare Genickstarre, Kindbettfieber, Körnerkrankheit (Granulose), Rückfallfieber, Ruhr, Scharlach, Typhus, Milzbrand, Rotz, Tollwut oder Bißverletzung durch tolle oder verdächtige Tiere, Fleisch-, Fisch- und Wurstvergiftung, Trichinose. Bei allen diesen Krankheiten, außerdem bei Todesfällen infolge Kehlkopf- und Lungentuberkulose besteht Anzeigepflicht. Für die Ermittelung der Krankheiten gelten dem Reichsgesetz ähnliche Bestimmungen. Die Schutzmaßregeln sind für die einzelnen Krankheiten auf der Grundlage des RG. besonders geregelt (§ 8). Bei Körnerkrankheit und, soweit es sich um Gewerbsunzucht treibende Personen handelt, auch bei Syphilis, Schanker, Tripper kann Zwangsheilung angeordnet werden (§ 9). Die Entschädigungspflicht des Staates oder der Träger der ortspolizeilichen Lasten ist beschränkter als nach dem RG. Entschädigung für Erwerbsverlust, wie nach § 28 RG. wird nicht gewährt, und für Sachschaden durch Vernichtung oder Unbrauchbarmachung nur insoweit, als der Beschädigte den Schaden nicht ohne Beeinträchtigung des für ihn und seine Familie notwendigen Lebensunterhalt zu tragen vermag. Die Festsetzung der Entschädigung, auch für die Fälle des RG. geschieht durch die Ortspolizeibehörde (§ 15), wegen der Hinzuziehung Sachverständiger vgl. § 17. Die Kosten, die durch die Zuziehung des beamteten Arztes bei der Ausführung des Reichsseuchengesetzes und des preußischen Gesetzes entstehen, ebenso, wenn es sich um ärztliche Feststellung von Scharlach, Körnerkrankheit und Diphtherie handelt, fallen der Staatskasse zur Last, ferner trägt der Staat die Kosten, die durch landespolizeiliche Maßnahmen zur Bekämpfung der Seuchengefahr entstehen. Die anderen aus öffentlichen Mitteln zu bestreitenden Kosten sind ortspolizeiliche und fallen den Gemeinden und Gutsbezirken zur Last. Wenn die einer Gemeinde erwachsenden Kosten mehr als 5 % des staatlich veranlagten Einkommensteuersolls einschließlich der fingierten Normalsteuersätze in dem Etatsjahre übersteigen, so ist der Mehrbetrag der Gemeinde zu $^2/_3$ auf Antrag vom Kreise zu erstatten. Der Staat erstattet hierzu dem Kreise die Hälfte (§ 27 Abs. 3). Die Gemeinden sind verpflichtet, diejenigen Einrichtungen, die zur Bekämpfung der Seuchen notwendig sind, zu treffen und zu unterhalten. Die Einrichtung kann durch die Aufsichtsbehörde angeordnet werden. Hiergegen Beschwerde beim Kreis-, in Stadtgemeinden beim BzAussch. Weitere Beschwerde geht an den Provinzialrat[1]), dagegen Klage beim OVG. (§ 30).

Zur internationalen Seuchenbekämpfung ist die Int. Übereinkunft betr. Maßregeln gegen die Pest, Cholera, Gelbfieber vom 9. 12. 03 RGBl. 07, 425 geschlossen worden. Ferner ist zu erwähnen Abk. mit Belgien (13) 7. 8. 07 RGBl. 08, 36 betr. Nachrichtenaustausch über

[1]) In Berlin zuständig zur Anordnung nach § 30 der Oberpräsident; dagegen Beschwerde an den Minister (§ 43 LVG.)

ansteckende Krankheiten in den Grenzbezirken, und mit Rußland desgleichen über Cholera 2. 5. 07 RZBl. 2; Abk. mit Luxemburg betr. Bekämpfung von Typhus und Pocken 14. 12. 09 RZBl. 1498; Abk. mit England über Schlafkrankheit 27. 10. 08 RZBl. 471.

Das Impfwesen ist geregelt durch

RG. 8. 4. 74 RGBl. 31 und dazu AusfG. 12. 4. 75 GS. 191, Preuß. AusfVorschr. 28. 2. 00, 2. 11. 07 MMBl. 448).

Jedes Kind ist vor Ablauf des auf sein Geburtsjahr folgenden Kalenderjahres und jeder Zögling einer Schule ist in seinem 12. Lebensjahre der Schutzpockenimpfung zu unterziehen, sofern sie nicht die natürlichen Blattern überstanden haben oder in den letzten 5 Jahren erfolgreich geimpft worden sind. Bei erfolgloser Impfung ist sie ein- bis zweimal zu wiederholen. Die Bildung der Impfbezirke und die Anstellung der Impfärzte ist Aufgabe der Kreise. Zur Impfung sind ausschließlich Ärzte befugt. Beim Ausbruch einer Pockenepidemie kann eine allgemeine Zwangsimpfung erfolgen. Der Schutz gegen Einschleppung der Pocken betrifft MV. 13. 6. 00; 12. 10. 04 MMBl. 377 (Impfung ausländischer [polnischer] Saisonarbeiter).

II. Veterinärpolizei.

1. G. 7. 4. 69 BGBl. 105 betr. Bekämpfung der Rinderpest; dazu Instr. 26. 5. 69 BGBl. 149 und 9. 6. 73 RGBl. 147.

Es kann auf Grund dieses G. eine Verkehrsbeschränkung eintreten, das kranke oder krankheitsverdächtige Vieh kann abgesperrt oder getötet werden; die mit dem Vieh in Berührung gekommenen Gegenstände müssen desinfiziert und können vernichtet werden. Der durch Tötung und Vernichtung verursachte Schaden wird vom Reiche nach dem gemeinen Werte ersetzt.

2. Das Gesetz vom 26. Juni 1910 RGBl. 519 (Viehseuchengesetz).

Das Gesetz regelt die Bekämpfung aller übertragbaren Viehseuchen außer der Rinderpest. Unter Vieh sind alle nutzbaren Haustiere, auch Hunde, Katzen und Geflügel zu verstehen. Als Maßregeln gegen die Verbreitung der Seuchen kommen in Betracht:

1. Die Abwehr der Einschleppung aus dem Auslande (unbedingtes Verbot der Einfuhr kranker oder verdächtiger Tiere, Zulässigkeit von allgemeinen Tiereinfuhrverboten bei Seuchengefahr).

2. Die Anzeigepflicht. Sie ist vorgeschrieben bei Milzbrand, Rauschbrand, Wild- und Rinderseuche, Tollwut, Rotz, Maul- und Klauenseuche, Lungenseuche des Rindviehs; Pockenseuche der Schafe; Beschälseuche der Pferde; Bläschenausschlag der Pferde und des Rindviehs; Räude der Einhufer und der Schafe; Schweineseuche (bedingt) und Schweinepest; Rotlauf und Nesselfieber der Schweine; Geflügelcholera und Hühnerpest, vorgeschrittene Tuberkulose des Rindviehs.

3. Mitwirkung des beamteten Arztes (Kreistierarztes s. oben S. 374) bei der Feststellung der Krankheit.

4. Zulässigkeit der Anordnung allgemeiner veterinärpolizeilicher Aufsichtsmaßnahmen für den Viehverkehr ohne Rücksicht auf eine bestimmte Seuchengefahr.

5. Besondere Maßnahmen zur Bekämpfung der einzelnen Seuchen (Absonderung, Bewachung, Beobachtung kranker oder verdächtiger sowie

der für die Seuche empfänglichen Tiere; Beschränkung in der Benutzung und Verwertung der Tiere und der Kadaver. — Verbot des gemeinschaftlichen Weideganges der Tiere verschiedener Besitzer, u. a. Verbot des freien Umherlaufens von Haustieren mit Ausnahme der Katzen und des Geflügels. — Stall-, Gehöfts-, Ortssperre, ferner bei Ausbruch der Seuche die Sperre der Feldmark gegen den Verkehr mit Tieren und Gegenständen, die den Ansteckungsstoff übertragen können. — Weiter: die Impfung und Tötung der Tiere; die unschädliche Beseitigung der Kadaver und Ansteckungsstoffe, Desinfektion der Ställe usw. — Beschränkung der Tiermärkte usw. — Tierärztliche Untersuchung gesunder aber für die Seuche empfänglicher Tiere. — Schließlich öffentliche Bekanntmachung des Ausbruches der Seuche.

Das Gesetz gibt für die einzelnen der oben genannten Seuchen die im besonderen anzuordnenden Maßregeln an. — Für Viehverluste wird eine Entschädigung gewährt zum Teil nur dann, wenn ein Tier infolge einer polizeilichen Anordnung nach Maßgabe des Gesetzes getötet worden ist, zuweilen aber auch schon dann, wenn nur ein Verlust infolge der Seuche selbst vorliegt. Das letztere ist der Fall, wenn ein Tier, das wegen der Seuche getötet werden sollte, vorher an dieser zugrunde gegangen ist, ferner immer für die an Milzbrand und Rauschbrand verendeten Pferde und Rinder und unter der Voraussetzung rechtzeitig erstatteter Anzeige und des Vorliegens eines Falles der anzuordnenden Tötung für die an Rotz und Lungenseuche gefallenen Tiere, schließlich für die Tiere, die an den Folgen einer polizeilich angeordneten Impfung verendet sind. Ausnahmen § 70, landesrechtliche Abweichungen nach Maßgabe des § 71 zulässig Fortfall der Entschädigung § 72. Die Bestimmungen über den Träger der Entschädigungspflicht und die Feststellung der Entschädigung treffen die Einzelstaaten, für bestimmte Fälle darf aber der Staat die Last nicht abwälzen (§ 67).

Das Gesetz ist noch nicht in Kraft getreten. Es gelten bis zum Erlasse der nach § 82 mit Zustimmung des Bundesrates zu erlassenden Kaiserlichen Verordnung noch die früheren Vorschriften. Diese sind: Das Reichs-Viehseuchengesetz vom 23. 6. 80 (RGBl. 1537 in der Fassung des Gesetzes v. 1. 5. 09 RGBl. 410), Preuß. A. G. 12. 3. 81; abg. 22. 7. 05 (GS. 128, 115, 318). Neue Instr. zur Ausführung der §§ 19—29 des RG. s. Bek. 27. 6. 95, 1. 7. 97 (RGBl. 357, 590). Die auf Grund der RG. 23. 6. 80, 1. 5. 94 und 22. 4. 92 betr. Entschädigung für die an Milzbrand gefallenen Tiere zu zahlenden Entschädigungen werden auf Grund des gemeinen Wertes für die bei Rotz und Lungenseuche gefallenen Tiere aus der Staatskasse, sonst von den Provinzialverbänden gewährt.

Zu erwähnen ist ferner das Gesetz über die Beseitigung von Ansteckungsstoffen bei Viehbeförderung auf Eisenbahnen 25. 2. 76 RGBl. 163, hierzu Desinfektionsvorschriften 16.—17. Juli 04 RGBl. 311, 317. Preuß. ME. 30. 9. 04 EVBl. 311; 5. 10. 07 EVBl. 349.

Mit Österreich ist ein Viehseuchenübereinkommen vom 25. 1. 05 RGBl. 06, 287 geschlossen. AusfVorsch. 24. 4. 07 Landw. MBl. 176.

Zur Erstattung von Obergutachten in Veterinärangelegenheiten, zur Bearbeitung der Viehseuchenstatistik, zur Mitwirkung auf dem Gebiete des tierärztlichen Unterrichtswesens, der Tierheilkunde, Viehseuchenbekämpfung und der Fleischbeschau ist ein Landesveterinäramt und ein ständiger Beirat für das Veterinärwesen errichtet (V. 13. 5. 10 GS. 65).

III. Nahrungsmittel. Gemäß RG. betr. den Verkehr mit Nahrungsmitteln, Genußmitteln und Gebrauchsgegenständen 14. 5. 79 RGBl 145, dazu V. 14. 9. 83, MBl. 236, 20. 9. 05 MBl. 193, 20. 9. 05 HandMBl. 294, 2. 3. 10 HandMBl. 84 ist der Verkehr mit diesen Gegenständen unter polizeiliche Aufsicht gestellt; strafrechtlich wird die Verfälschung, sowie der Verkauf verdorbener und verfälschter Gegenstände und die Verwendung gesundheitsschädlicher Bestandteile geahndet.

Im einzelnen ist noch hervorzuheben RG. 5. 7. 87 RGBl. 277 und dazu Bek. 10. 4. 88 RZBl. 131, durch das die Verwendung von gesundheitsschädlichen Farben bei Herstellung von Nahrungsmitteln, Genußmitteln und Gebrauchsgegenständen untersagt wird; ferner RG. 15. 6. 97 RGBl. 475, 591; Bek. 24. 3., 13. 7., 7. 11. 98 MBl. 64, 199, 225, 14. 4. 02 HandMBl. 181. Danach muß Kunstbutter durch die Bezeichnung „Margarine" kenntlich gemacht werden und darf in Orten von mehr als 5000 Einwohnern nur in Räumen verkauft werden, die von den Verkaufsräumen für Naturbutter getrennt sind. Für den Verkehr mit Wein ist das Weingesetz vom 7. 4. 09 RGBl. 393 ergangen. Dazu AusfBek. 9. 7. 09 das. 549 abg. 20. 7. 10 RGBl. 945; ME. 7. 9. 09 MBl. 214; 30. 11. 09 MBl. 369; 28. 6. 10 HMBl. 358; 3. 9. 10 MBl. 296. Das Süßstoffgesetz 7. 7. 02 RGBl. 253 untersagt im wesentlichen die Herstellung, Einfuhr und Feilhaltung künstlicher Süßstoffe. Hierzu ist ergangen AusfBek. 23. 3. 03, 17. 12. 08 RZBl. 103, 322; ME. 23. 11. 04 MMBl. 12.

Der Überwachung der Fleischnahrung dient das Schlachtvieh- und Fleischbeschaugesetz vom 3. 7. 00 RGBl. 547; Bek. 10. 7. 02 RGBl. 242: AusfBest. 3. 6. 08 RZBl. Beil. 52. Pr. AG. 28. 6. 02 GS. 229; G. 23. 9. 04 GS. 257, hierzu zahlreiche AusfBest. Das zu menschlicher Nahrung bestimmte Vieh unterliegt vor und nach der Schlachtung einer amtlichen Untersuchung, zu deren Ausübung Beschaubezirke gebildet und Beschauer angestellt sind (Prüfungsvorschrift für Trichinenschauer 27. 3. 03 RZBl. 118). Das Fleisch kann entweder als tauglich oder als bedingt tauglich erklärt werden. Für die Beseitigung des untauglichen Fleisches haben die Gemeinden einen geeigneten Raum zur Verfügung zu stellen, auch haben sie nötigenfalls zur Verwertung des bedingt tauglichen Fleisches Freibänke zu beschaffen [hierzu: MV. 17. 8. 07 HandMBl. 354; 24. 6. 09 MBl. 188 (Freibankordnung)].

X. Armenwesen.

Die

öffentliche Armenpflege

auch gesetzliche oder (unrichtig) polizeiliche genannt steht im Gegensatz einmal zu der (öffentlichen oder privaten) Wohlfahrtspflege und andererseits der privaten Wohltätigkeit. Die öffentliche Wohlfahrtspflege hat die Aufgabe, das Wohl der minder begüterten Klassen der

Bevölkerung zu befördern und so das Eintreten eines die Armenpflege erheischenden Zustandes zu verhindern namentlich auch die Volksgesundheit und die Volksbildung zu heben. Die Maßnahmen auf diesem Gebiete sind mannigfach. Es gehören hierher die Einrichtung auf dem Gebiete der Wohnungsfürsorge, Heimstätten, Erholungsheime, Alterversorgungsanstalten, Volksbäder, Lehrlingsheime usw. Vorzugsweise liegen in Preußen diese (freiwilligen) Aufgaben in den Händen der Kommunen. Gesetzlich geregelt ist auf dem Gebiete der Wohlfahrtspflege die Pflicht der Provinzialverbände, der Bezirksverbände in Hessen-Nassau, der Landeskommunalverbände Lauenburg und Hohenzollern und der Stadt Berlin die Fürsorgeerziehung (mit Beihilfe des Staates zu $^{2}/_{3}$) auszuführen (s. oben S. 125 f.). Neben den als Vorbeugungsmittel gegen den Eintritt der Armenpflege anzusehenden Maßregeln der Verschaffung von Arbeit an arbeitswillige und arbeitsfähige Personen durch Arbeitsnachweise usw. sind zur besonderen Bekämpfung des Wanderbettels und des Landstreichens Arbeiterkolonien getreten. Vorzugsweise sind auch diese Einrichtungen der privaten Liebestätigkeit. Neuerdings sind aber durch das Wanderarbeitsstättengesetz 29. 6. 07 GS. 205 auch diese Einrichtungen in den Geschäftskreis der Kommunen gerückt. Wanderarbeitsstätten haben die Aufgabe, mittellosen arbeitsfähigen Männern, die außerhalb ihres Wohnortes Arbeit suchen, solche zu vermitteln und vorübergehend gegen Arbeitsleistung Beköstigung und Obdach zu gewähren. Zur Einrichtung von Wanderarbeitsstätten können Land- und Stadtkreise durch einen mit $^{2}/_{3}$ Mehrheit gefaßten Beschluß des Prov. Landtages verpflichtet werden. Ebenso können Kreise verpflichtet werden, zu dem Betriebe einer in einem anderen Kreise errichteten, aber ihnen zugute kommenden Wanderarbeitsstätte Beiträge zu leisten. Die Höhe setzt der ProvAussch. fest. Rechtsmittel § 6 Wanderarbeitsstättengesetz. Die Provinzen leisten einen Beitrag von $^{2}/_{3}$ an die Kreise. Die Höhe der erstattungsfähigen Kosten setzt der ProvAussch. fest. Rechtsmittel § 6. Die Ordnung über Einrichtung, Unterhaltung und Verwaltung der Wanderarbeitsstätten erläßt der ProvLandtag (§ 3). Zur Mitwirkung bei der Verwaltung und zur Hergabe geeigneter Räumlichkeiten für die Wanderarbeitsstätten sind die Gemeinden gegen angemessene Entschädigung verpflichtet.

Während bei der Armenpflege der völlige Mangel an Subsistenzmitteln die Voraussetzung ist und grundsätzlich nicht mehr gewährt wird, als unbedingt zur Hebung der Not und zur Darreichung des unentbehrlichen Lebensunterhaltes erforderlich ist, ist die private Wohltätigkeit von diesen Schranken frei. Der bedeutendste Unterschied zwischen der Armenpflege einerseits und der Wohlfahrtspflege und der privaten Wohltätigkeit andererseits liegt aber in der Einwirkung der Armenunterstützung auf die öffentlichen Rechte. Wenn auch der Eintritt der Armenpflege an sich keine Minderung der Rechtsfähigkeit im Gefolge hat, so ist doch mit Rücksicht auf die durch die Armenpflege eintretende Abhängigkeit in wirtschaftlicher Beziehung der Empfänger einer Unterstützung in seinen öffentlichen Rechten beschränkt. Sowohl das Recht zum Reichstag wie zum preußischen Landtag wie auch zu den Gemeindevertretungen in Preußen zu wählen, ebenso Schöffe, Geschworener, Beisitzer im Kaufmanns- und Gewerbegericht zu sein, ist vom Nichtempfang öffentlicher Unterstützung während einer gewissen Dauer abhängig (Wahlgesetz, §§ 1, 3, § 8 Preuß. Wahlverordnung 30. 5. 49; §§ 33, 85 GVG.; § 5 StO., §§ 41, 44 [3] LGO., § 11 GewGG., § 10 KaufmGG.). Grundsätzlich sind unter Armenunterstützungen in diesem Sinne nicht nur laufende Unterstützungen, sondern alle Maßnahmen zur Linderung auch eines vorübergehenden Notstandes zu verstehen (OVG. 37, 14 ff.). Reichsrechtlich ist jedoch durch das G. 15. 3. 09 (RGBl. 31) bestimmt, daß als Armenunterstützungen, soweit Reichsgesetze daran eine Minderung der öffentlichen Rechte knüpfen, nicht angesehen werden sollen: die Krankenunterstützung, die Anstaltspflege geistig oder körperlich gebrechlicher Angehöriger; Unterstützungen zum Zwecke der Jugendfürsorge, der Erziehung und der Ausbildung für einen Beruf; vorübergehende zur Hebung einer augenblicklichen Notlage gewährte Unterstützungen; erstattete Unterstützungen. Auf landesgesetzliche Beschränkungen bezieht sich das Gesetz aber nicht.

Quelle des Armenrechtes war im Preuß. Landrecht der Titel XIX Teil II „Von Armenanstalten und milden Stiftungen" § 89 ff. Er ist im wesentlichen durch die neuere unten zu behandelnde Gesetzgebung ersetzt worden. Gültig sind noch die wichtigen Grundsätze über die

öffentlichen Armen-Anstalten:

1. Verhältnis des Staates zu ihnen: „Armenhäuser, Hospitäler, Waisen- und Findel-, Werk- und Arbeitshäuser und dergl. (OTr. 40, 78; RGer. Gruchot 26, 1044) stehen unter dem besonderen Schutze des Staats" (§ 32). Die Errichtung solcher Anstalten ist dem Staate zur Prüfung der Grundsätze ihrer Verfassung anzuzeigen; dieser ordnet ihre Einrichtung, soweit dies vom Stifter nicht in zulässiger Art geschehen ist, und führt stets über sie die Oberaufsicht, die sich jedoch nicht bis zu einer regelmäßigen, fortlaufenden Kontrolle ausdehnen soll, sondern sich auf außerordentliche Visitationen und dergl. zu beschränken und hauptsächlich darauf zu achten hat, daß die Einkünfte zweck- und vorschriftsmäßig verwendet werden (§§ 33—40). „Wird wegen veränderter Umstände die in der Stiftungsurkunde vorgeschriebene Verwendungsart unmöglich oder gar schädlich, so muß der Staat die Güter und Einkünfte einer solchen Anstalt zu einem anderen, der wahrscheinlichen Absicht des Stifters so viel als möglich gemäßen Gebrauche widmen" (§ 41). Im übrigen gelten hinsichtlich der Staatsaufsicht für solche Anstalten, soweit sie eigene juristische Persönlichkeit besitzen, die einschlägigen Rechtsnormen über Anstalten und Stiftungen, soweit sie von öffentlichen Verbänden (Gemeinden, Kreisen usw.) betrieben werden, die für diese Verbände bestehenden besonderen Vorschriften. Über Stiftungen insbesondere BGB. §§ 80—88; AGBGB. Art. 4 ff.

2. Rechte der Anstalten:

a) im allgemeinen: Sie haben, wenn sie vom Staate ausdrücklich oder stillschweigend genehmigt sind, die Rechte juristischer Personen (§ 42); ihr Vermögen hat die Rechte der Kirchengüter (§ 43); ist also auch bei Veräußerungen denselben Regeln wie diese unterworfen (MR. 30. 12. 44 und 2. 6. 75, JMBl. 5 und 131). Wegen der Zuwendungen an sie gilt ABGB. Art. 6, s. S. 7. Von den unentgeltlich Aufgenommenen kann die Anstalt häusliche Dienste und andere zum Gebrauche in der Anstalt bestimmte Arbeiten fordern (§ 87 f.). Der Vorstand einer öffentlichen Erziehungs- und Verpflegungsanstalt hat den dort untergebrachten Minderjährigen gegenüber die Rechte und Pflichten eines Vormundes (§ 1, Art. 78 AGBGB.). Von der Zuständigkeit der Generalvormundschaft handelt § 4 das.

b) Erbrecht in den Nachlaß der Pfleglinge (aufrecht erhalten durch Art. 139 EGBGB.). Dies steht den Anstalten zu hinsichtlich der in eine öffentliche Anstalt zur unentgeltlichen Verpflegung Aufgenommenen und in dieser Verpflegung Verstorbenen (§ 50 f.); den ehelichen Nachkommen und der Ehefrau verbleibt aber ihr Pflichtteil, falls sie nicht, trotz hinreichenden Vermögens, die Eltern oder den Ehemann ohne Unterstützung gelassen haben (§§ 52—54). Hat der Aufgenommene vor dem Tode die Anstalt wieder verlassen, so kann diese die auf ihn verwendeten Kosten nur wie eine Schuld zurückfordern; wenn aber Kinder, die in einem Waisenhaus erzogen sind und denen dann Gelegenheit zu ihrem Fortkommen gegeben worden, vor erreichter Volljährigkeit verstorben sind, so verbleibt dem Waisenhause das Erbrecht auf das dem Kinde vor seinem Austritte schon gehörige Vermögen (§§ 55—58). Jedem Aufzunehmenden oder seinem gesetzlichen Vertreter muß das Erbrecht zu Protokoll bekannt gemacht werden, sonst kann die Anstalt lediglich Vergütigung der Kosten als eine Schuld aus dem Nachlasse fordern (§§ 60—66). Die letztere Einschränkung gilt auch für den Fall, wenn jemand nicht in die Anstalt selbst aufgenommen war, sondern ihm nur Beiträge daraus zu seinem Unterhalte bis zum Tode gereicht worden sind (§ 67)[1]). Es gründet sich diese Ersatzpflicht darauf, daß alles, was die öffentliche Armenpflege gibt, nur als Vorschuß betrachtet und zurückgefordert werden kann. Daß dies auch gegen den Unterstützten selbst, wenn er in eine bessere Vermögenslage kommt, gilt, nahm OTr. 9. 12. 53, StrA. 11, 102 an. — Die spätere Rechtsprechung ließ die Rückforderung aus dem Gesichtspunkte der nützlichen Verwendung zu (RG. bei Gruchot 24, 513). Seit dem Inkrafttreten des BGB. ist die Frage noch umstrittener. Das Institut der nützlichen Verwendung ist beseitigt. Jedoch würde der Rechtsbehelf der „ungerechtfertigten Bereicherung" anwendbar sein (vgl. hierzu Simonsohn, Zeitschr. f. Armenwesen VI, 151; Jebens PrVBl. 27, 390; Eger UWGes. 176). Hat sich jemand in eine Anstalt eingekauft (nicht bloß das übliche, keine Gegenleistung für die Leistungen der Anstalt bildende Eintrittsgeld erlegt), so fällt das Erbrecht fort (§§ 69—71). Werk- und Arbeitshäuser, in denen die Aufgenommenen nur insofern Unterhalt genießen, als sie sich ihn durch ihre Arbeit verdienen, haben kein Erbrecht (§ 72); auch Krankenanstalten können nur Ersatz der Kosten fordern (§ 74). — Wo das Erbrecht besteht, kann es durch letztwillige Verfügungen nicht geschmälert werden (§ 75); einseitige letztwillige Verfügungen gelten als aufgehoben, sobald der Testator in die Armenanstalt eintritt (StrA. 40, 346). — Wenn in einer letztwilligen Zu-

[1]) Die Berliner Armenverwaltung hat nach dem Reskript 2. 7. 1801 ein Erbrecht auf den Nachlaß der nicht in einer Anstalt verpflegten, bis zu ihrem Tode unterstützten Almosenempfänger, denen aber ebenfalls dies Recht zu Protokoll bekannt gemacht sein muß.

wendung die „Armen" bedacht sind, so kommt sie im Zweifel der Ortsarmenkasse zugute (§§ 2072 BGB., s. auch über die Geltendmachung §§ 525, 2194 BGB. und MB. 16. 11. 99, GS. 562).

(Die in Anstalten geübte öffentliche Armenpflege nennt man die „geschlossene", im Gegensatz zu der „offenen", welche durch Hingabe von Almosen usw. geschieht.)

Hier mag auch des sogen. Armenrechts, im Sinne der Befreiung Mittelloser von den Kosten eines Prozesses, gedacht werden, wenngleich es sich hier nicht um einen Akt der Armenpflege handelt und anders als bei der Armenpflege auch nicht völliger Mangel an Subsistenzmitteln die Voraussetzung der Verleihung des Armenrechtes ist, sondern nur die Unmöglichkeit, die Kosten gerade eines bestimmten Prozesses ohne Gefährdung des Unterhalts zu bestreiten. Das Recht wird vom Prozeßgerichte nach Beibringung eines Zeugnisses der obrigkeitlichen Behörde[1]) und zwar in den Städten mit Königl. Polizeiverwaltung der Gemeindebehörden (MB. 11. 10 95, MBl. 223) über das Unvermögen des Betreffenden zur Bestreitung der Kosten zugebilligt, wenn die Sache nicht mutwillig oder aussichtslos erscheint (ZPO. § 114 ff. MB. 30. 6. 06, MBl. 229). Vgl. AllgVerf. 29. 4. 94, betr. die Beiordnung von Gerichtsvollziehern JMBl. 305. Durch Art. 20 ff. des internationalen Abkommens über den Zivilprozeß 17. 7. 05 RGBl. 09, 409 (s. Einleitung) haben sich die meisten europäischen Staaten verpflichtet, die Angehörigen eines jeden der betr. Staaten zum Armenrecht zuzulassen, wie die eigenen Staatsangehörigen.

Für die

öffentliche Armenhilfe

sind folgende Gesetze einschlägig:

Bundes-, jetzt ReichsG. über die Freizügigkeit 1. 11. 67, in der Fassung des Art. 37 EGBGB.

Jeder Deutsche hat das Recht, innerhalb des Reichgebietes an jedem Orte sich aufzuhalten oder niederzulassen, wo er eine eigene Wohnung oder ein Unterkommen sich zu verschaffen imstande ist, an jedem Orte Grundeigentum zu erwerben und Gewerbe zu treiben (§ 1). Wer diese, jetzt auch aus der Reichsangehörigkeit (vgl. Art. 3 RB.; G. 1. 6. 70, S. 236, 246 f.) folgenden Befugnisse in Anspruch nimmt, hat auf Verlangen den Nachweis der Reichsangehörigkeit zu führen und, falls er unselbständig ist, die Genehmigung des gesetzlichen Vertreters zu erbringen, Ehefrauen bedürfen der Genehmigung des Ehemannes (§ 2, EBGB. Art. 37). Insoweit bestrafte Personen nach dem Landesgesetze Aufenthaltsbeschränkungen durch die Polizeibehörde unterworfen werden können, behält es dabei sein Bewenden[2]). Personen, welche solchen Aufenthaltsbeschränkungen unterliegen, und denen, welche in einem Bundesstaate innerhalb der letzten 12 Monate wegen wiederholten Bettelns oder Landstreichens bestraft sind, kann der Aufenthalt in jedem anderen Bundesstaate von der Landespolizeibehörde verweigert werden (§ 3). Zur Herbeiführung einer gleich-

[1]) In Berlin erteilt das Armutszeugnis die Armenverwaltung des Magistrats (MR. 2. 1. 92 JMBl. 8).

[2]) Diese Vorschrift bezieht sich auch auf die nach RG. unter polizeiliche Aufsicht gestellten Personen (§ 38 StGB.; MB. 30. 11. 02 MBl. 03, 8).

mäßigen Anwendung des § 3 hat sich der Bundesrat dahin geeinigt, daß den gedachten Personen in jedem anderen Bundesstaate der Aufenthalt versagt werden kann, als in demjenigen, in welchem sie die Staatsangehörigkeit oder einen Unterstützungswohnsitz (Heimatsrecht) erworben haben, und hat nachfolgende Grundsätze aufgestellt:

Zur Verweigerung des Aufenthaltes genügt eine einmalige Bestrafung innerhalb der zwölfmonatigen Frist, sofern vor ihrem Beginn bereits eine Bestrafung stattgefunden hat. Die Ausweisung darf nicht für länger als die Dauer der Aufenthaltsbeschränkungen oder die Dauer der von der Verbüßung der letzten Strafe wegen Bettelns oder Landstreicherei zu berechnenden zwölf Monate verfügt werden. Aus Bundesstaaten, in denen auf Grund landesrechtlicher Bestimmungen bereits nach einmaliger Bestrafung wegen Bettelns oder Landstreicherei eine Aufenthaltsbeschränkung polizeilich verfügt werden kann, soll wegen einer derartigen Aufenthaltsbeschränkung eine Ausweisung nicht erfolgen.

Dagegen ist eine Verständigung insofern nicht zustande gekommen, als einige Bundesstaaten das Erfordernis der in einem andern als dem Aufenthaltsstaate verfügten Strafe oder Aufenthaltsbeschränkung bestreiten und sich auch ohne diese Voraussetzung zur Ausweisung nach § 3 Abs. 2 für befugt halten. In entsprechender Anwendung dieser Auffassung sollen Angehörige Bayerns, Württembergs und Badens beim sonstigen Vorhandensein der Erfordernisse des § 3 Abs. 2 FreizG. aus Preußen auch dann ausgewiesen werden können, wenn sie in Preußen Aufenthaltsbeschränkungen unterworfen oder wegen wiederholten Bettelns oder Landstreichens bestraft worden sind (ME. 28. 7. 94, MBl. 147 und 24. 1. 95, MBl. 18). Bezüglich Hamburgs und Lübecks s. ME. 7. 2. 95 und 2. 6. und 25. 12. 95 MBl. 28; 166 und 261.

Mit Rücksicht auf § 8 Nr. 1 des G., betr. die Stellung unter Polizeiaufsicht 12. 2. 50, §§ 26—28 des (früheren) Preuß. StrGB. 14. 4. 51 und § 38f. des RStrGB. ist es streitig, ob der § 2 Nr. 2 des Preuß. G. 31. 12. 42 über die Aufnahme neu anziehender Personen noch gilt, der der Landespolizeibehörde gestattet, entlassene Sträflinge, „welche zu Zuchthaus oder wegen eines Verbrechens, wodurch der Täter sich als einen für die öffentliche Sicherheit oder Moralität gefährlichen Menschen darstellt, zu irgend einer anderen Strafe verurteilt worden oder in eine Korrektionsanstalt eingesperrt gewesen sind", von dem Aufenthalte an gewissen Orten auszuschließen. Nach der durch das OVG. (9, 415; 10, 336) gebilligten Praxis gilt diese Bestimmung noch, ist indessen nicht auf einen nur vorübergehenden Aufenthalt zu beziehen (hierzu MV. 4. 2. und 21. 3. 07, MBl. 106, 148). Daß dem infolge gerichtlichen Urteils unter Polizeiaufsicht Gestellten der Aufenthalt an einzelnen Orten polizeilich untersagt werden kann, bestimmt § 39 Nr. 1 StrGB.

Die Gemeinde darf einen neu Anziehenden nur dann abweisen, „wenn sie nachweisen kann, daß er nicht hinreichende Kräfte besitzt, um sich und seinen nicht arbeitsfähigen Angehörigen den notwendigen Lebensunterhalt zu verschaffen, und wenn er solchen weder aus eigenem Vermögen bestreiten kann, noch von einem dazu verpflichteten Verwandten

(BA. 50, 150) erhält. Die Besorgnis vor künftiger Verarmung berechtigt den Gemeindevorstand nicht zur Zurückweisung" (§ 4). Eines förmlichen Gemeindebeschlusses bedarf es dazu nicht (MR. 10. 1. 90, MBl. 35). Der Begriff der „Angehörigen" ist nicht dem bürgerlichen Recht zu entnehmen, sondern richtet sich nach den Vorschriften der Armengesetzgebung. Zu den Angehörigen im Sinne des § 4 gehört daher für den Geltungsbereich des UnterstützungswohnsitzG. nicht die gemäß § 17 G. 6. 6. 70 in Ansehung des Erwerbes des Unterstützungswohnsitzes selbständige Ehefrau nebst den ihr folgenden Kindern unter 16 Jahren (BA. 26, 34; s. dazu Grundsätze des BA. über die armenrechtliche Familieneinheit RZBl. 83, 87). Offenbart sich nach dem Anzuge die Notwendigkeit einer öffentlichen Unterstützung, bevor der neu Anziehende an dem Aufenthaltsorte einen Unterstützungswohnsitz (Heimatsrecht) erworben hat, und handelt es sich dabei nachweislich nicht bloß um eine vorübergehende Arbeitsunfähigkeit, so kann die Fortsetzung des Aufenthaltes versagt werden, d. h. wenn die Unterstützung tatsächlich gewährt ist (BA. 31, 119) (§ 5). Hat die Gemeindebehörde die Abweisung oder Versagung der Fortsetzung des Aufenthaltes (§§ 4 und 5) beschlossen, so liegt der Polizeibehörde die tatsächliche Ausführung ob, die sie aus Zweckmäßigkeitsgründen nicht ablehnen darf. Sie ist aber berechtigt zu prüfen, ob dem Antrage rechtliche Bedenken, insbesondere aus § 6 Abs. 2 FreizügigkG. entgegenstehen (ME. 29. 8. 91, MBl. 170). Nach letzterem Paragraphen darf „die tatsächliche Ausweisung aus einem Orte niemals erfolgen, bevor nicht entweder die Annahmeerklärung der (für die Übernahme des Unterstützten) in Anspruch genommenen Gemeinde oder eine, wenigstens einstweilen vollstreckbare Entscheidung über die Fürsorgepflicht erfolgt ist" (§ 6, vgl. unten §§ 28 und 34, RG. 6. 6. 70 (30. 5. 08).

Gegen die Abweisung und die polizeiliche Ausweisungsverfügung steht dem Betroffenen die Klage an die ordentlichen Verwaltungsgerichte zu (OVG. 7, 364 und BA. 21, 145).

Anzugsabgaben darf die Gemeinde von den neu Anziehenden nicht erheben; sie kann ihn nur, wenn der Aufenthalt drei Monate übersteigt, zu den gewöhnlichen Gemeindelasten heranziehen (§ 8, s. § 33 Abs. 4 KAG. 14. 7. 93 oben S. 317). Was vorstehend von den Gemeinden bestimmt ist, gilt an denjenigen Orten, wo die Last der öffentlichen Armenpflege verfassungsmäßig nicht der örtlichen Gemeinde, sondern anderen gesetzlich anerkannten Verbänden (Armenkommunen) obliegt, auch von diesen, sowie von den selbständigen Gutsbezirken (§ 9). Die landesgesetzlichen Vorschriften über die Anmeldung (vgl. das schon oben angeführte G. 31. 12. 42 § 8 f.) gelten mit der Maßgabe, daß die unterlassene Meldung nur mit einer Polizeistrafe, nie mit dem Verluste des Aufenthaltsrechtes geahndet werden darf (§ 10). —

Die beiden anderen, unmittelbar die öffentliche Armenhilfe regelnden Gesetze sind die folgenden:

II. RG. 6. 6. 70 über den Unterstützungswohnsitz (UWG.), (erg. durch Nov. 12. 3. 94), jetzt in der Fassung der Novelle v. 30. Mai 1908, Bek. 7. 6. 08 RGBl. 380, RG. 29. 3. 09 (Einf. in Helgoland)

und

III. Preuß. AusfG. dazu 8. 3. 71 GS. 130 nebst Novelle 11. 7. 91 MinInst. 10. 4. 71, MB. 20. 1. 1909 MBl. 25.

Diese Gesetze zu II und III hängen so sehr miteinander zusammen und greifen so eng ineinander ein, daß ihre gemeinsame Behandlung zweckmäßig ist. Die **fett** gedruckten Ziffern sind die Paragraphen des UWG., die anderen die des Preuß. G. von 71. — Mittelbar kommt noch die sog. Arbeiterversicherungsgesetzgebung in Betracht, insofern als dem Armenverbande, wenn er für einen Zeitraum, für welchen dem Unterstützten auf Grund der betr. Gesetze ein Entschädigungsanspruch zustand, Armenunterstützung gewährt hat, Ersatz zu leisten ist, GewUVG. § 25, LandwUVG. § 30, BauUVG. § 9, SeeUVG. § 29, JVG. § 49; der auf Grund des KrankenKG. bestehende Unterstützungsanspruch geht auf den unterstützenden Armenverband über, KrankenVG. §§ 57, 77; s. auch S. 231.

A. Geltungsbereich der Armengesetzgebung. Das Verständnis erfordert einen Rückblick. Vor der Gründung des Norddeutschen Bundes war der Anfang zur Anbahnung eines gemeinsamen Armenfürsorgerechts zunächst unter Preußen, Bayern, Sachsen und kleineren Bundesstaaten durch die Gothaer Konvention 15. 7. 51 gemacht, welche der einseitigen Beförderung lästiger Fremder an die Landesgrenze ein Ziel setzte, und in welcher sich die kontrahierenden Staaten verpflichteten, ihre Angehörigen selbst nach Verlust der Staatsangehörigkeit zu übernehmen, solange sie im anderen Staate die Staatsangehörigkeit noch nicht erlangt hatten. Ergänzt wurde die Konvention durch die Eisenacher Übereinkunft 11. 7. 53, welcher Österreich beitrat. Sie verpflichtet in der Hauptsache die beteiligten Regierungen, ohne Anspruch auf Ersatz an die öffentlichen Kassen des Heimatsstaates, dessen erkrankten Angehörigen Kur und Verpflegung bis dahin zu gewähren, wo ihre Rückkehr in den zur Übernahme verpflichteten Staat ohne Nachteil für ihre oder anderer Gesundheit geschehen kann. Dazu kam später für das Gebiet des Norddeutschen Bundes der im § 11 Abs. 2 FreizügigkG. ausgesprochene Grundsatz, daß jeder Bundesangehörige an dem Orte des Bundesgebiets, an welchem er sich niederließ, das Heimatsrecht oder den Unterstützungswohnsitz erwerben durfte, sofern dieser Erwerb durch Niederlassung oder durch bestimmte Zeit hindurch fortgesetzten Aufenthalt bedingt war. Ferner beließ es § 7 FreizügigG. für das Verfahren der nach § 5 ebenda zu vollziehenden Ausweisungen, wenn mehrere Bundesstaaten in Betracht kamen, bei der Gothaer Konvention und bestimmte gleichzeitig, daß ein Anspruch auf Ersatz der bis zur Übernahme eines Hilfsbedürftigen entstehenden Kosten unbeschadet anderweitiger Verabredungen nur insoweit stattfinde, als die Fürsorge für den Auszuweisenden länger als drei Monate gedauert hat (vgl. hierzu Schiedsspruch der Bad. StMin. 4. 3. 81, MB. 21. 12. 05 MBl. 06, 01). Bei der Errichtung des Deutschen Reiches wurde das G. über den Unterstützungswohnsitz in Bayern nicht eingeführt (Schlußprotokoll 23. 11. 70 Nr. III), so daß, nachdem im übrigen an Stelle der Landesgesetze des § 11 Abs. 2 FreizügigkG. das UnterstützungswohnsitzG. getreten war, der bayerische Staatsangehörige jetzt lediglich als Ausfluß des durch das FreizügigkG. gegebenen Aufenthaltsrechts in den übrigen Bundesstaaten einen Unterstützungswohnsitz erwerben kann ohne Rücksicht darauf, daß der Erwerb des Heimatsrechts in Bayern andern Bundesangehörigen gegenüber an erschwerende Umstände geknüpft ist. Bayern gilt dem Geltungsgebiete des UnterstützungswohnsitzG. gegenüber als Ausland. Die einschlägigen Beziehungen regeln sich, abgesehen von den aus dem FreizügigkG. sich ergebenden Konsequenzen und von § 7 Abs. 2 FreizügigkG. nach der Gothaer Konvention und der Eisenacher Übereinkunft, in Elsaß-Lothringen, das auch außerhalb des Geltungsbereichs des UWG. geblieben war, ist das UWG. auf Grund des G. 30. 5. 08 am 1. 4. 10 in Kraft getreten, in Helgoland am 1. 4. 09. Hierzu V. 26. 3. 09 RGBl. 335, Ges. 31. 3. 09, GS. 27).

Die Verträge 15. 7. 51 und 11. 7. 53 sind für das weitere europäische Vertragsrecht vorbildlich geworden. Ihr Hauptinhalt findet sich wieder in der Übereinkunft des Deutschen Reiches mit Italien 8. 8. 73, RZBl. 281; mit Dänemark 11. 12. 73, RZBl. 74, 31, ZusDekl. 25. 8. 81, 17. 7. 84, 9. 3. 98; mit Belgien 7. 7. 77, RZBl. 411, und in den Niederlassungsverträgen mit der Schweiz. Eidgenossenschaft 31. 5. 90, RGBl. 131, und den Niederlanden 17. 12. 04 Bek. 6. 12. 06, RGBl. 879, 887, AusfAnw. 31. 1. 07, 20. 1. 09, MBl. 75, 59). Die MV. 1. 9. 97 MBl. 203 enthält ein Verzeichnis derjenigen deutschen Behörden, die befugt sind: 1. gegenüber der Schweiz, 2. gegenüber deutschen Bundesstaaten das Anerkenntnis der Verpflichtung zur Übernahme eines auszuweisenden deutschen Staatsangehörigen abzugeben, 3. Heimatsscheine und Staatsangehörigkeitsausweise auszustellen. — Österreich hat seinen Beitritt zur Eisenacher Übereinkunft auch auf Elsaß-Lothringen ausgedehnt, Bek. des Reichskanzl. 29. 4. 74, GBl. für Elsaß-Lothr. 13, und an Stelle der mit den Einzelstaaten bestandenen Übereinkommen hinsichtlich der Übernahme Auszuweisender mit dem Deutschen Reiche ein Abkommen getroffen (RZBl. 75, 475). Mit Frankreich besteht ein Abkommen hinsichtlich der Übernahme hilfloser Personen, verlassener Kinder und Geisteskranker, ME. 31. 10. 80. Das Übereinkommen mit Rußland 10. 2. bzw. 29. 1. 94, MBl. 93, dazu RundV. 6. 5. 94, MBl. 93, 20. 6. 95, MBl.. 237 und 7. 6. 97, MBl. 140, betrifft die Wiederübernahme früherer Staatsangehöriger, jedoch nicht auch Personen, die die von ihren Eltern verlorene Staatsangehörigkeit selbst nie besessen haben. Schweden hat sich zur Wiederaufnahme seiner Staatsangehörigen innerhalb einer Abwesenheitsfrist von 10 Jahren verpflichtet. Wegen Norwegen MV. 14. 11. 08 MBl. 270. — Über die Maßregeln, betr. die Zulassung fremdländischer Auswanderer zum Preuß. Staatsgebiete, s. RundV. 8. 10. 93 MBl. 247 und über die Verpflichtung des Nordd. Lloyd und der Hamburg-Amerikan. Paketfahrt-Akt.-Ges. aus Anlaß der Zurückweisung mittelloser und erwerbsunfähiger Einwanderer seitens der amerikan. Einwanderungsbehörde s. V. 3. 4. 95 MBl. 124. — Über den Durchtransport Ausgewiesener durch die Deutschen Staaten s. Nr. 4 des BundesrBeschl. 9. 7. 94 MBl. 147, RundV. 12. 1. und MV. 11. 11. 95 MBl. 23 und 247, MV. 31. 1. 98 MBl. 19, MV. 20. 2. 00 MBl. 137; 11. 9. 04 MBl. 237; 22. 12. 05 MBl. 06, 2, 4. 1. 09 MBl. 8.

In Preußen sind Ausländer, auch soweit das Verhältnis der Preußischen Armenverbände untereinander in Betracht kommt, den Deutschen gleich zu erachten (§ **60**, § 64); jedoch wird hierdurch die Ausweisungsbefugnis nicht berührt (OVG. 30, 411).

B. Hilfsbedürftigkeit. Wann solche als vorliegend anzunehmen, haben die Organe der öffentlichen Armenpflege zu ermessen; der § 1 ALR. II 19 bezeichnet als Hilfsbedürftige diejenigen, „die sich ihren Unterhalt nicht selbst verschaffen und denselben auch von anderen Privatpersonen, welche nach besonderen Gesetzen dazu verpflichtet sind, nicht erhalten können". Aber auch wenn solche Personen vorhanden sind, jedoch ihre Verpflichtung verabsäumen, muß jeder Deutsche vorläufig von demjenigen Ortsarmenverbande unterstützt werden, in dessen Bezirk er sich bei dem Eintritte der Hilfsbedürftigkeit befindet; ebenso wenn ein anderer Armenverband endgültig verpflichtet ist (§ **28**). Die Unterstützungspflicht entsteht mit dem Zeitpunkte, in dem die Hilfsbedürftigkeit in einer für die Behörden des Ortsarmenverbandes erkennbaren Weise hervorgetreten ist (BA. 2, 67; 21, 60). Auch die Ausländer sind, solange ihnen der Aufenthalt in Preußen gestattet wird, in bezug auf Unterstützung und Unterstützungswohnsitz den Deutschen gleich zu behandeln (s. o. § 64). Einen Anspruch auf Unterstützung kann der sich für arm Erachtende gegen einen Armenverband niemals im Rechtswege geltend machen (§ 63); er kann wegen gänzlicher und teilweiser Verweigerung der Unterstützung nur die Beschwerde erheben, auf die (— im Geltungsbereiche des ZG. —), sofern eine Stadt von mehr als 10000 Einw. an dem Armenverbande beteiligt ist, sowie bei Landarmenverbänden, die nur aus einem Kreise bestehen, vom BzAussch.[1]), sonst vom KrAussch. endgültig Beschluß gefaßt wird (ZG. § 41). Gleichartige Beschwerden gegen Verfügungen der sonstigen Landarmenverbände gehen an die staatliche Aufsichtsbehörde des Kommunalverbandes, der den Landarmenverband vertritt oder bildet, gewöhnlich also, da er mit der Provinzialverwaltung zusammenzufallen pflegt, an den Oberpräsidenten und schließlich an den Minister des Innern.

C. Art und Maß der öffentlichen Unterstützung. Jedem Hilfsbedürftigen ist Obdach, der unentbehrliche Lebensunterhalt (d. h. alle zur Existenz eines Menschen unentbehrlichen Gegenstände, ME. 10. 4. 71, MBl. 132), die erforderliche Krankenpflege und schließlich ein angemessenes Begräbnis zu gewähren. Zahlung von Schulgeld fällt in Preußen nicht unter die Armenunterstützungen; ebensowenig die Unterbringung von Geistesschwachen, Blinden in einer zu solchen Zwecken eingerichteten Anstalt nur zu ihrer möglichsten Ausbildung und Unterweisung; doch richtet es sich nach den am Orte der vorläufigen Unterstützung geltenden Gesetzen, ob das einem Hilfsbedürftigen Gewährte als eine Leistung der Armenfürsorge anzusehen ist, z. B. Ausgaben für Erziehungszwecke in Sachsen und Hamburg. Ob eine polizeiliche Maßregel unter Umständen als ein Akt der Armenhilfe anzusehen ist, richtet sich nach der tatsächlichen Lage des Falles. Es kommt bei derartigen Maßnahmen darauf an, ob es sich um die Wahrnehmung polizeilicher oder

[1]) Auch in Berlin (ZG. § 161).

armenrechtlicher Interessen handelt, oder welche Interessen überwiegen (BA. 34, 90; 37, 75. 49). Derartige Fälle kommen besonders auf dem Gebiete der Krankenfürsorge (Zwangsheilung!), der Fürsorge für verwahrloste Kinder, hilflos Aufgefundene, Geisteskranke usw. in Frage. Geeigneten Falles (besonders auch, wenn der Hilfsbedürftige bares Geld und sonstige Gaben schlecht anwendet) kann die Unterstützung, solange sie in Anspruch genommen wird, mittels Unterbringung in einem Armen- oder Krankenhause, sowie mittelst Anweisung der den Kräften des Hilfsbedürftigen entsprechenden (und zur Beschaffung des Lebensunterhaltes geeigneten) Arbeiten außerhalb oder innerhalb eines solchen Hauses gewährt werden (§ 1).

D. Träger und Organe der öffentlichen Armenpflege sind die Land- und Ortsarmenverbände (OAV. LAV.) (§ **2**).

1. Ortsarmenverbände (OAV.) (§ **3**).

a) Gemeinden. In der Regel bildet jede Gemeinde für sich einen OAV. Die Gemeindebehörden verwalten auch die Armenangelegenheiten nach den allgemein für die Gemeindeangelegenheiten geltenden Regeln (§ 2). Auf Grund eines Gemeindebeschlusses können für die öffentliche Armenpflege besondere dem Gemeindevorstande untergeordnete Deputationen aus Mitgliedern des Gemeindevorstandes und der Gemeindevertretung, geeigneten Falles unter Zuziehung anderer Ortseinwohner (also nicht bloß stimmberechtigter Bürger, wie nach § 59 StO. f. AusfBest. 10. 4. 71, MBl. 132) gebildet werden. Den Vorsitz führt der Bürgermeister (der Gemeindevorsteher) oder ein von ihm abgeordnetes Mitglied des Gemeindevorstandes. Im übrigen gelten die näheren Bestimmungen der Gemeindeverfassungsgesetze auch für diese Verwaltungsdeputationen (§ 3). Die Gemeinden als solche sind Träger der Armenlasten, die letzteren also gewöhnliche Kommunallasten und die zur Armenpflege bestellten Beamten als Gemeindebeamte mittelbare Staatsbeamte (RGer. 5, 358). Für die Verpflichtung zur Annahme einer unbesoldeten Stelle in der Gemeindearmenverwaltung gelten im wesentlichen dieselben Regeln wie für die Verpflichtung zur Übernahme sonstiger ähnlicher Stellen in der Gemeindeverwaltung (§ 4 f.); vgl. insbesondere § 74 StO. oben S. 298 f. u. ZG. §§ 10, 11, 21, 27, 28, 37). Über die etwaige Zuschußpflicht einer Betriebsgemeinde an die Gemeinde, in welcher die im Betriebe Beschäftigten wohnen, nach § 53 KAG., s. oben S. 320 f.

b) Gutsbezirke. Diese werden den Gemeinden gleich geachtet. Die Gutsbesitzer haben in den Gutsbezirken die Kosten der öffentlichen Armenhilfe gleich den Gemeinden zu tragen. Vgl. LGO. § 122 oben S. 335. Steht der Gutsbezirk nicht ausschließlich im Eigentum des Gutsbesitzers, so ist auf dessen Antrag ein Statut zu erlassen, welches die Aufbringung der Kosten anderweit regelt, aber dann auch den heranzuziehenden Grundbesitzern oder Einwohnern eine entsprechende Beteiligung bei der Verwaltung der Armenhilfe einräumt. Die Beitragspflicht muß nach den gesetzlichen Bestimmungen über die Verteilung der Gemeindelasten in den Landgemeinden geregelt werden. Das Statut wird, wenn die Beteiligten darüber sich nicht einigen können, nach ihrer Anhörung durch den KrAusſch. festgestellt und unterliegt der Bestätigung des BzAusſch. Dieser stellt es endgültig fest, wenn er die Bestätigung wiederholt versagen mußte (§ 7 f.; ZG. § 40). — Vgl. ferner hier KAG. §§ 53 u. 69 oben S. 320 f., 323 f. —

c) Gesamtarmenverbände. Diese fassen mehrere Gemeinden oder Gutsbezirke zu einem Armenverbande zusammen (§§ 2, 9—15).

2. Landarmenverbände (LAV.). Sie fallen zumeist mit den Provinzen zusammen; die laufenden Geschäfte werden dann vom Landesdirektor geführt. Einen eigenen LAV. bilden aber jeder Stadt- und Landkreis in Ostpreußen (neben dem für das Provinzialanstalts- und Korrigendenwesen existierenden LAV. der Provinz), ferner der Kreis Herzogtum Lauenburg, die Regierungsbezirke Kassel, Wiesbaden und Sigmaringen, die Städte Berlin und Breslau und die Insel Helgoland. In den Stadtkreisen, die LAV. bilden, erfolgt die Verwaltung nach den Vorschriften für die Verwaltung der Gemeindeangelegenheiten; in allen anderen Fällen ist die Verwaltung durch Kgl. Verordnung geregelt (§§ 26 bis 28); das Jadegebiet gehört zum LAV. Hannover (G. 23. 3. 73 § 1).

Die Kosten werden auf die betr. Kreise nach dem Maßstabe der in ihnen aufkommenden direkten Staatssteuern verteilt; gegen die Verteilung: Klage beim BzAussch., nicht unmittelbar beim OVG. (OVG. 29. 3. 04, MBl. 148); die Kreisvertretungen beschließen dann über die Aufbringungsweise des auf sie fallenden Betrages (§ 29). Über die Aufbringung der Kreisabgaben vgl. oben S. 343 f. Auf Grund der Novelle 11. 7. 91 sind an Stelle des § 31 G. 8. 3. 71 folgende Vorschriften getreten:

Die LAV. — in Ostpreußen der LAV. der Provinz — sind verpflichtet, soweit es die Armenpflege erfordert (BA. 27, 53. 58) für Bewahrung, Kur und Pflege der der Anstaltspflege bedürfenden Geisteskranken, Idioten, Epileptischen, Taubstummen und Blinden in geeigneten Anstalten Fürsorge zu treffen. Zunächst verpflichtet ist (vorbehaltlich des Übernahmeanspruchs und Regresses an den LAV. des endgültig verpflichteten OAV.) derjenige LAV., welchem der vorläufig unterstützende OAV. angehört (§ 31). Der LAV. trägt die allgemeinen Verwaltungskosten der Anstalten und die Kosten der von ihnen bewirkten Beerdigung. Den Ersatz der sonstigen Kosten, vorbehaltlich anderweiter Vereinbarung, ist der LAV., soweit es sich nicht um einen landarmen Hilfsbedürftigen handelt, berechtigt, von dem endgültig unterstützungspflichtigen OAV. — mag dies der Ort des UW. oder der Dienstort (§ 29) sein (BA. 19, 115) — durch Vermittelung des Kreises zu verlangen, dem er angehört. Der Kreis hat mindestens 2/3 der aufzubringenden Kosten als Beihilfe zu gewähren. (Die Beihilfe erstreckt sich nicht auf Bekleidungs- und Überführungskosten, OVG. 20. 12. 95; 29, 136.) Auf besonderen gesetzlichen Bestimmungen oder Titeln beruhende Verpflichtungen bleiben unberührt (§ 31 a). (Unter dem mehrfach erwähnten LAV. des § 31 a ist sowohl derjenige LAV. zu verstehen, dem der vorläufig unterstützende, als derjenige, dem der endgültig fürsorgepflichtige OAV. angehört, MV. 15. 9. 91, MBl. 166.) Die Bestimmungen über die Aufnahme und Entlassung der Anstaltspflegebedürftigen, sowie über die Höhe der zu erstattenden Kosten werden in Reglements getroffen, welche der Genehmigung der zuständigen Minister unterliegen (§ 31 b).

Der Instanzenzug für die zwischen den OAV. und den Kreisen über obige Beihilfe (OVG. 28, 141; RGer. 41, 336) entstehenden Streitigkeiten ist in der Weise geregelt, daß im Verwaltungsstreitverfahren in erster Instanz der BzAussch., in zweiter das OVG. entscheidet (§ 31 c). Ein Streit über die Beihilfe setzt voraus, daß die Aufnahme des Hilfsbedürftigen in die Anstalt bereits erfolgt ist (OVG. 26, 17). So lange Land- und Stadtkreise sowie OAV. selbst in ausreichender Weise für die nach § 31 erforderliche Pflege sorgen, können sie nicht gezwungen werden, an der betr. Einrichtung des LAV. teilzunehmen oder zu den Kosten beizutragen. Land- und Stadtkreise können auch in Zukunft die Fürsorge für hilfsbedürftige Geisteskranke, Idioten, Epileptische, Taubstumme und Blinde in eigenen Anstalten mit Genehmigung des Oberpräsidenten, der auch die Ausführung regelt, übernehmen. Das OVG. entscheidet dabei entstehende Streitigkeiten. Landkreise tragen in den Fällen der Eigenpflege die allgemeinen Verwaltungskosten allein und dürfen die OAV. höchstens bis zu 1/3 der sonstigen Kosten heranziehen (§ 31 d). Zur Übernahme der unmittelbaren Fürsorge für S i e c h e sind die Landarmenverbände, Kreise und die aus mehreren Gemeinden und Gutsbezirken zusammengesetzten Kommunalverbände auch ferner befugt. Die gleiche Befugnis verbleibt solchen Kommunalverbänden und den Kreisen hinsichtlich der hilfsbedürftigen Kranken (§ 31 e).

Die LAV. können die ihrer Fürsorge gesetzlich anheimfallenden Personen dem vorläufig fürsorgepflichtigen AV. gegen Entschädigung überlassen (OVG. 25, 162). Umgekehrt sind sie aber auch verpflichtet, in ihren Armenhäusern, soweit es der Raum gestattet, gegen Entschädigung die der Fürsorge der OAV. gesetzlich anheimfallenden Personen auf Antrag dieser Verbände aufzunehmen (§ 34). Ferner müssen sie den OAV. ihres Bezirks, die ihren Verpflichtungen nicht genügen können, eine Beihilfe gewähren. Hierüber beschließt nach Anhörung des Kreistages endgültig der Provinzialrat (ZG. § 42 [§ 36]).

Die öffentliche Unterstützung derjenigen hilfsbedürftigen Deutschen, die e n d g ü l t i g (d. h. nicht bloß gemäß § 28 vorläufig) z u t r a g e n k e i n O A V. v e r p f l i c h t e t ist (der „Landarmen"), l i e g t d e n L a n d a r m e n v e r b ä n d e n o b (§ **5**). Diese bleiben verpflichtet, so lange das Unterstützungsbedürfnis fortdauert. — Muß ein Deutscher, der keinen Unterstützungswohnsitz hat, auf Verlangen ausländischer Staatsbehörden oder eines Konsuls oder Gesandten des Reiches aus dem Auslande (also hier auch Bayern) übernommen werden, und tritt die Hilfsbedürftigkeit innerhalb 7 Tagen ein, so hat in Preußen derjenige LAV. die Kosten der Unterstützung zu erstatten und den Hilfsbedürftigen zu übernehmen, innerhalb dessen der letztere seinen letzten Unterstützungswohnsitz gehabt hat; ist solcher nicht zu ermitteln, so ist derjenige LAV. verpflichtet, in dessen Bezirk die Hilfsbedürftigkeit hervorgetreten ist (§§ 37, **33**). — Ferner sind die LAV. verpflichtet, die in ihrem Bezirke festgenommenen, auf Grund § 361 Nr. 3—8 (s. auch Nr. 10) StrGB. verurteilten und nach verbüßter Strafe der Landespolizeibehörde überwiesenen Personen (Landstreicher, Bettler, Arbeitsscheue, Prostituierte, Zuhälter [§ 181 a StGB.] RGer. 13. 6. 06, JW. 485—487) auf dahin gehenden Beschluß dieser Behörde in einem Arbeitshaus unterzubringen. Die Kosten des Transports dahin aus dem Gefängnis sowie die der etwa zu gewährenden, unentbehrlichen Bekleidung trägt der Staat (§ 38, s. ME. 24. 9. 78, MBl. 251 und 21. 4. 85, MBl. 184 betr. Transportkosten).

E. Unterstützungswohnsitz:

1. Erwerb (§ **9**):

a) durch Aufenthalt. Wer innerhalb eines OAB. nach zurückgelegtem 16. Lebensjahre 1 Jahr lang ununterbrochen (tatsächlich, gleichgültig ob befugt oder unbefugt [BA. 22, 182] seinen gewöhnlichen Aufenthalt gehabt hat, erwirbt dadurch in demselben den Unterstützungswohnsitz (§ **10** in der Fassung der Novelle 30. 5. 08). Dem gewöhnlichen steht ein besuchsweiser Aufenthalt gegenüber (BA. 27, 23); 33, 9). Die Novelle vom 12. 3. 1894, die die Altersgrenze für den Erwerb und Verlust des UW. vom 24. auf das 18. Lebensjahr herabsetzte, enthielt keine Übergangsbestimmungen über das Verhältnis der neuen Bestimmungen zu dem früheren Recht. Wegen dieses Mangels von besonderen Übergangsbestimmungen verlangte das BA. zum Erwerb des UW. für diejenigen, die am 1. 4. 94 zwischen 20 und 26 Jahren standen, das Fortbestehen des Aufenthaltes bis zum Tage des Inkrafttretens der Novelle an dem Orte, an dem sie 2 Jahre gewohnt hatten (BA. 27, 9; 28, 14). Die Novelle vom 30. 5. 08, die nicht nur das Armenmündigkeitsalter auf das 16. Lebensjahr herabsetzt, sondern auch die Erwerbs- und Verlustfrist für den UW. auf ein Jahr verkürzt, bestimmt aber ausdrücklich, daß die neuen Vorschriften auf alle nach dem 1. 4. 09 eintretenden Unterstützungsfälle Anwendung finden sollen. Hieraus zieht das Bundesamt den Schluß, daß die Vorschriften der Novelle unterschiedslos auf alle nach dem 1. April eintretenden neuen Unterstützungsfälle Anwendung finden sollen, gleichviel, ob an diesem Tage der den Erwerb des UW. begründende Aufenthalt oder die den Verlust begründende Abwesenheit noch bestanden hat oder nicht (Entsch. 6. 11. 09 Die Selbstverwaltung S. 794).

α. Beginn der einjährigen Frist. Sie läuft von dem Tage (diesen immer mitgerechnet), an dem der Aufenthalt begonnen ist. Nicht begonnen wird der Aufenthalt durch Eintritt (als Pflegling) in eine Kranken-, Bewahr- und Heilanstalt (aber durch den mit freier Selbstbestimmung bewirkten Eintritt wird der bereits begonnene Lauf der Frist nicht gehemmt (BA. 16, 18; 32, 7). Wo für Gesinde, Arbeitsleute, Wirtschaftsbeamte, Pächter oder andere Mietsleute (d. h. Leute jener Klasse, die ihre Dienste vermieten, und Wohnungsmieter, BA. 7, 2; 11, 11; 23, 8) der Wechsel des Wohnortes zu bestimmten, durch Gesetz oder ortsübliches Herkommen festgesetzten Terminen stattfindet, gilt der übliche Umzugstermin als Anfang des Aufenthalts, sofern nicht zwischen diesem Termin und dem Tage, an welchem der Aufenthalt wirklich beginnt, ein mehr als 7tägiger Zeitraum gelegen hat (§ **11**). Wird der Aufenthalt unter Umständen begonnen, durch welche die Annahme der freien Selbstbestimmung bei der Wahl des Aufenthaltsortes ausgeschlossen wird (Zwang, Geisteskrankheit), so beginnt die 1jährige Frist erst mit dem Tage, an dem diese Umstände aufgehört haben (§ **12**).

b. Ruhen des Laufes der 1jährigen Frist. Die Frist ruht, wenn die zuletzt erwähnten, die freie Selbstbestimmung ausschließenden Umstände erst nach dem Beginn des Aufenthaltes eintreten, während ihrer Dauer (§ **12**); ferner während der Dauer der von einem Armenverbande gewährten öffentlichen Unterstützung, falls sie ein notwendiger Akt der öffentlichen Armenpflege ist (BA. 23, 23; 32, 34 (§ **14**); wobei es unerheblich ist, ob jemand selbst oder mittelbar, in der Person seiner Frau oder Kinder, unterstützt wird. Das „Ruhen" ist zu unterscheiden von der „Unterbrechung" der Frist; bei dieser muß die Frist von neuem begonnen werden, bei dem „Ruhen" läuft sie nach dem Aufhören des Hindernisses weiter; der Aufenthalt vor Beginn und nach dem Aufhören des Hindernisses wird zusammengerechnet.

c. Unterbrechung der 2jährigen Frist. Sie geschieht durch und mit Absendung des von einem AV. gemäß § 5 des FreizügigkG. gestellten Antrages auf Anerkennung der Verpflichtung zur Übernahme eines Hilfsbedürftigen. Einem Überführungsantrage des endgültig verpflichteten AV. ist diese Wirkung nicht ausdrücklich beigelegt; doch hat er nach der Rechtsprechung des Bundesamts f. d. Heimatsw. die Wirkung eines Übernahmeantrages, wenn er ein unbedingtes Anerkenntnis enthält und der vorläufig unterstützende AV. von den für ihn sich daraus ergebenden Rechtsfolgen Gebrauch macht (BA. 28, 42; 38, 12). Die Unterbrechung gilt als nicht erfolgt, wenn der Antrag nicht binnen 2 Monaten (d. h. bei der zuständigen Spruchbehörde) verfolgt oder wenn er erfolglos geblieben ist (§ **14**).

Im übrigen wird eine Unterbrechung auch bei einer freiwilligen Entfernung nicht angenommen, wenn aus den Umständen, unter welchen sie erfolgt, die Absicht erhellt, den Aufenthalt beizubehalten (§ **13**; z. B. Lokomotivführer, Besuchsreisende, Schiffer u. dergl., BA. 10, 5; 21, 22; 30, 6, ebensowenig durch polizeiliche Ausweisung, die eine tatsächliche Entfernung nicht zur Folge hat (OVG. 12, 405).

b) durch Verehelichung. Die Ehefrau teilt vom Zeitpunkte der Eheschließung ab (mit ihren, aus einer früheren Ehe entsprossenen ehelichen und ihren unehelichen nicht armenmündigen Kindern, auch wenn sie zur Zeit der Verheiratung bereits unmittelbar oder, durch die Kinder, mittelbar der öffentlichen Armenpflege anheimgefallen war) den Unterstützungswohnsitz (bzw. das landarmenrechtliche Verhältnis) des Ehemannes (§ **15**). Witwen und geschiedene Ehefrauen (vgl. § 1564 BGB.) behalten den bei Auflösung der Ehe gehabten Unterstützungswohnsitz so lange, bis sie ihn gemäß §§ **22—27** verloren oder einen anderen gemäß §§ **9** bis **14** erworben haben (§ **16**). Eine frühere Abwesenheit vom Orte, vor Auflösung der Ehe, wird natürlich nach dem Grundsatze des § **15** nicht mitgerechnet. Als selbständig in Beziehung auf Erwerb und Verlust des Unterstützungswohnsitzes gilt aber die Ehefrau auch während der Dauer der Ehe, wenn und solange der Ehemann sie böslich verlassen hat, ferner wenn und solange sie während der Dauer der Haft des Ehemannes oder infolge seiner ausdrücklichen (auf eine bleibende Trennung der wirtschaftlichen Existenz gerichteten) Einwilligung oder kraft der nach den Landesgesetzen (jetzt dem BGB. 1353 Abs. 2; 1564 ff.) ihr zustehenden Befugnis vom Ehemann getrennt lebt und ohne dessen Beihilfe ihre Ernährung findet (§ 17); ob bösliches Verlassen vorliegt, ist für die Zeit nach dem 1. 1. 00 nach § 1567 Abs. 2 BGB., s. Art. 201 EBGB., zu beurteilen.

c) durch Abstammung. Eheliche und den ehelichen gesetzlich gleichstehende Kinder teilen den Unterstützungswohnsitz des Vaters, bis sie diesen Unterstützungswohnsitz gemäß der oben bei § **16** angeführten §§ verloren oder einen anderen erworben haben (§ **18**); nur wenn der geschiedenen Mutter die Erziehung der Kinder rechtlich zusteht, teilen sie deren Unterstützungswohnsitz (§ **20**; vgl. § 1635 BGB; daß der Vater etwa tatsächlich die Erziehung übernommen hat, entscheidet nicht, BA. 8, 39; 14, 42; 28, 50). Auch nach dem Tode des Vaters behalten sie dessen Unterstützungswohnsitz, bis sie ihn verlieren oder einen anderen erwerben (§ **18**); aber wenn die Mutter den Vater überlebt, so teilen sie deren Unterstützungswohnsitz, ebenso wenn sie bei der Trennung vom Hausstande des Vaters (§ **17**) der Mutter gefolgt sind (§ **19**). Stiefkinder des Ehemanns teilen, wenn die Mutter gemäß § **17** unabhängig vom zweiten Ehemann einen Unterstützungwohnsitz erwirbt, diesen auch dann, wenn sie ihr nicht im Hausstande gefolgt sind (BA. 17, 62). Uneheliche Kinder teilen den Unterstützungswohnsitz der Mutter (§ **21**). Ein Kind, dessen Mutter durch Heirat die deutsche Reichsangehörigkeit verliert, wird, da es, gemäß G. 1. 6. 70 BGBl. 355, nicht mit Ausländer wird, landarm (BA. 25, 163).

2. Verlust des Unterstützungswohnsitzes (§ **22**):

a) durch Erwerbung eines anderweitigen Unterstützungswohnsitzes;

b) durch einjährige ununterbrochene Abwesenheit nach zurückgelegtem 16. Lebensjahre.

a. Beginn dieser einjährigen Frist. Hier gelten dieselben Regeln für die Abwesenheit wie oben unter 1a) a für die Anwesenheit (§ **23** f.). Aber die Anstellung oder Versetzung eines Geistlichen, Lehrers, öffentlichen oder Privatbeamten, sowie einer nicht bloß zur Erfüllung der Militärpflicht dienenden Militärperson (auch der Gensdarmen) gilt nicht als ein die freie Selbstbestimmung bei der Wahl des Aufenthaltes ausschließender Umstand (§ **26**; wohl aber gilt als solcher der Dienst als Landwehrmann, Reservist oder sog. dreijährig Freiwilliger, BA. 6, 20; 29, 45).

b. Ruhen des Laufes der 1jährigen Frist. Auch hier ist es wie beim Erwerb des UW.: treten Umstände, welche die freie Selbstbestimmung ausschließen, erst nach dem Beginn der Abwesenheit ein, so ruht der Lauf der Frist (§ **24**) und ebenso während der Dauer der von einem Armenverbande gewährten öffentlichen Unterstützung (§ **27**).

c. Unterbrechung der 1jährigen Frist: ebenso wie oben unter 1a) c (§§ **27**, **25**).

F. Ansprüche der Armenverbände:

1. gegen einander. Zwar muß jeder Deutsche vorläufig von

demjenigen OAV. unterstützt werden, in dessen Bezirk er sich bei dem Eintritte der Hilfsbedürftigkeit befindet (man darf ihn nicht „abschieben") (§ **28**), aber diese Unterstützung ist dann von dem OAV. des eigentlichen UW. oder, wenn ein UW. des Unterstützten nicht zu ermitteln ist, von dem LAV., in dessen Bezirke er sich beim Eintritte der Hilfsbedürftigkeit befand (wo diese erkennbar hervortrat) oder, falls er im hilfsbedürftigen Zustande aus einer Straf-, Kranken-, Bewahr- oder Heilanstalt entlassen wurde, von demjenigen LAV. zu erstatten, aus welchem seine Einlieferung in die Anstalt erfolgt ist.

Als Beweis der Unmöglichkeit, den UW. zu ermitteln, gilt die Darlegung des Erstattung fordernden Armenverbandes, daß er alle diejenigen Erhebungen vorgenommen hat, welche nach Lage der Verhältnisse als geeignet zur Ermittelung eines UW. anzusehen waren. Wird nach der Erstattung ein UW. ermittelt, so erstreckt sich der Ersatzanspruch des AV., welcher erstattet hat, gegen den des UW. auch auf die Kosten der nachträglichen Ermittelung (§ **30** Abs. 1 nebst Art. 1 III der Novelle 12. 3. 94). Die auf Grund UWG. zu erhebenden Erstattungs- und Ersatzansprüche verjähren in 2 Jahren vom Ablauf des Entstehungsjahres (§ **30** a). Befindet sich das Familienhaupt in dem einen und das zuerst der öffentlichen Unterstützung anheimgefallene Familienglied in dem anderen LAV., so ist der letztere der verpflichtete (BA. 27, 67; 35, 110; 38, 122); ein Armenpflegefall liegt auch dann vor, wenn ein Gefangener wegen Erkrankung vorbehaltlos aus der Haft entlassen und dadurch hilfsbedürftig wird (BA. 30, 43; 36, 63; 38, 110 anders, wenn der Gefangene zur Verfügung der entlassenen Behörde zu halten ist, BA. 24, 104; 37, 69; 40, 66).

Eine besondere Regelung hat die Haftung des Dienst- und Arbeitsortes durch die Novelle vom 30. 5. 08 erfahren. Schon früher fand durch den § **29** UWG. eine Einschränkung der Erstattungspflicht zu Lasten des Ortes statt, an dem eine Person, die daselbst in einem nicht auf eine Woche oder weniger beschränkten Dienst- und Arbeitsverhältnis stand, oder deren ihren UW. teilenden Angehörigen oder Lehrlinge erkrankten und dadurch hilfsbedürftig wurden. Es fand dann ein Erstattungsanspruch erst statt, wenn die Krankheit länger als 13 Wochen dauerte, und zudem war die Erstattungspflicht von einer vorherigen Anzeige an den Ort des UW. abhängig. Der neue § **29** erweitert diese Pflicht des Arbeits- und Dienstortes. Er statuiert nicht nur eine Befreiung des Ortes des UW. von der Erstattungspflicht zu Lasten des Arbeitsortes, sondern führte auch eine Erstattungspflicht des Arbeitsortes selbst ein und zwar nicht wie früher auf 13, sondern auf 26 Wochen. Die Voraussetzung, daß Krankheit die Ursache der Hilfsbedürftigkeit sein muß, ist geblieben. Nicht mehr erforderlich ist, daß die Person am Arbeitsorte (BA. Entsch. 27. 11. 09 Selbstverwaltung 825) erkrankt, auch nicht mehr, daß sie noch zur Zeit der Erkrankung in Arbeit gestanden hat, dagegen muß sie vor der Erkrankung mindestens eine Woche in einem und demselben Arbeits- und Dienstverhältnis am Arbeitsorte gestanden haben, und die Erkrankung hat nur dann die Zuteilung der Armenlast auf den AV. des Arbeitsortes zur Folge, wenn die Krankheit entweder während des Arbeitsverhältnisses oder binnen einer Woche seit seiner Beendigung eingetreten ist. Die Fürsorge des AV. des Arbeits- und Dienstortes für Angehörige des Arbeitstätigen ist davon abhängig, daß sich die Angehörigen bei ihm befinden und seinen UW. teilen, ferner auch, daß nicht die Haftung eines anderen Arbeitsortes für sie begründet ist. Die Zeit, in der ein solchergestalt Verpflegter auf Kosten einer Krankenkasse verpflegt worden ist, ist auf die Zeit der Haftung des Arbeisortes anzurechnen. — Schwangerschaft an sich ist nicht als Krankheit im Sinne des § **29** anzusehen.

Die Höhe der zu erstattenden Kosten richtet sich nach den den Verhältnissen des Ortes der vorläufigen Unterstützung gemäßen Sätzen für die Armenunterstützung; es muß erstattet werden, was unter gleichen Verhältnissen die Verpflegung eines ortsangehörigen Hilfsbedürftigen gekostet haben würde; allgemeine Verwaltungskosten (d. h. alle, nicht durch das individuelle Bedürfnis des einzelnen Verpflegten veranlaßten Ausgaben, BA. 10, 102; 25, 107; 26, 105; 31, 94, 106) der Armenanstalten (d. h. aller für die Armenpflege, wenn auch nicht ausschließlich für diese, getroffenen Veranstaltungen, also auch Begräbnisplätze, BA. 31, 96; 10, 101; 11, 102), sowie besondere Gebühren für die Hilfeleistung fest remunerierter Armenärzte dürfen nicht in Ansatz gebracht werden. Für Aufwendungen, deren täglicher oder wöchentlicher Betrag sich in Pauschquanten feststellen läßt (z. B. Verpflegungssätze in Kranken- oder Armenhäusern) kann in jedem Bundesstaate ein Tarif aufgestellt werden, dessen Sätze für die Erstattungsforderungen unter den AV. des betr. Bundesstaates unbedingt maßgebend sind (§ **30**). In Preußen sind die Tarife vom Minister des Innern nach Anhörung der Provinzialvertretung bzw. der Kommunallandtage aufzustellen (§ 35). Maßgebend ist der Tarif vom 30. 11. 1910, der am 1. 4. 1911 seine Wirksamkeit beginnt und den Tarif vom 2. 7. 76 ersetzt. Nach diesem Tarif ist für die innerhalb oder außerhalb eines Kranken- oder Armenhauses erfolgende Verpflegung eines Kranken oder völlig Arbeitsunfähigen über 14 Jahren: 90 Pf., einer jüngeren Person täglich 60 Pf. zu erstatten. Der Tarifsatz für die notwendig gewordene ärztliche oder wundärztliche Behandlung und Verpflegung mit Einschluß der Heilmittel, Arzeneien usw. beträgt gleichmäßig 20 Pf. für den Tag. Kosten der gelieferten Kleidungsstücke und der Mehraufwendungen für die Behandlung bei Verwundungen und schweren oder ansteckenden Krankheiten sind besonders zu berechnen. Der Tag des Beginnes und Endes der Verpflegung wird als ein Tag berechnet. Für die Beerdigung einer über 14 Jahre alten Person werden 25 für die jüngerer Personen 15 Mk. erstattet. Für die Unterstützung nicht völlig erwerbsunfähiger Personen gelten die Tarifsätze nicht. Die Aufwendungen sind besonders zu berechnen, wobei der Tarifsatz als Höchstsatz gilt. Der Tarifsatz läßt den Erstattungsanspruch gegen den Unterstützten und gegen dritte Verpflichtete unberührt (BA. 9, 113). Der Tarif findet auch gegenüber dem nach § **29** UWG. erstattungspflichtigen AV. Anwendung (Entsch. des BA. 19. 3. 10 Selbstverwaltung 299).

Der verpflichtete AV. muß, abgesehen von der Kostenerstattung, den (unmittelbar oder mittelbar unterstützten) Hilfsbedürftigen übernehmen, wenn die Unterstützung nicht bloß wegen einer vorübergehenden Arbeitsunfähigkeit oder sonst aus nur vorübergehenden Gründen notwendig geworden ist (§ **31**). Andererseits kann er auch die Überführung in seine unmittelbare Fürsorge, deren Kosten er stets zu tragen hat, verlangen, der andere Verband muß dem Folge geben, widrigenfalls er für die Zeit der (schuldbaren) Verzögerung den Anspruch auf Erstattung der Kosten verliert (§ **32**).

Soweit nach Bestimmung der Landesgesetze einzelne Zweige der öffentlichen Armenpflege den LAV. übertragen sind, gehen auf diese die Rechte und Pflichten der OAV. über (§ **32** a).

Die Armenverbände können sich, vorausgesetzt, daß die Übernahmepflicht durch rechtskräftige Entscheidung schon feststeht oder doch wenigstens Einverständnis der Parteien darüber herrscht, daß die betreffende Person dauernd hilfsbedürftig ist (BA. 28, 169; 33, 112), dahin einigen (wobei auf Anrufen eines der Beteiligten der BzAussch. zu vermitteln hat), daß der Arme an dem bisherigen Aufenthaltsorte gegen Gewährung eines bestimmten Betrages seitens des verpflichteten Verbandes verbleibt. Auf Grund solcher urkundlich erhärteten Einigung findet das Verwaltungszwangsverfahren wie auf Grund einer verwaltungsgerichtlichen Entscheidung statt (§ **55**). Ist die Ausweisung mit Gefahr für Leben und Gesundheit für den Auszuweisenden oder seine Angehörigen oder sonst mit erheblichen Härten und Nachteilen für ihn verknüpft, so kann auch bei nicht erreichter Einigung das Verbleiben in dem Aufenthaltsorte, gegen Festsetzung eines zu zahlenden Betrages, durch den BzAussch. des Aufenthaltsortes angeordnet werden. Gegen die Gewährung oder Versagung dieser Anordnung kann der eine oder andere Teil die Berufung an die zweite Instanz, in Preußen also an das Bundesamt für das Heimatswesen einlegen (§ **56**, § 59).

Das Eintreten der, an den Ablauf der zweijährigen Frist für Erwerb oder Verlust geknüpften Wirkungen kann durch Vertrag oder Verzicht der beteiligten Behörden oder Personen nicht ausgeschlossen werden (§ **64**).

2. gegen sonstige Verpflichtete.

Durch die Bestimmungen dieser Armengesetze werden Rechte und Verbindlichkeiten nur zwischen den verpflichteten Verbänden begründet; Verpflichtungen, welche aus einem anderen Rechtstitel (Familien- und Dienstverhältnis, Schadenszufügung, Kranken-, Unfall- und Invaliditäts-Versicherung, Vertrag, Genossenschaft, Stiftung usw.) eine Unterstützung Hilfsbedürftiger bedingen, werden nicht davon betroffen (§ **61**, EBGB. Art. 103). Soweit der von einem AV. Unterstützte zu Leistungen seitens solcher Verpflichteten berechtigt war, müssen letztere das Gegebene erstatten. Der Einwand, daß der unterstützende AV. den Ersatz von einem anderen AV. zu fordern berechtigt sei, darf ihm hierbei nicht entgegengestellt werden (§ **62**). Es würde sonst der eine AV. den anderen und dieser dann erst wieder den Privatverpflichteten wegen Ersatzes zu belangen haben. Der vorläufig unterstützende AV. ist berechtigt, neben seinem Erstattungsanspruch gegen den endgültig verpflichteten AV. den Ersatzanspruch an die Krankenkasse aus dem Rechte des Unterstützten insoweit geltend zu machen, als zur Deckung seines Gesamtaufwandes erforderlich ist, und ist nicht verpflichtet, das von der Krankenkasse Empfangene mit dem endgültig fürsorgepflichtigen AV. zu teilen (BA. 25, 121; 38, 140. OVG. 43, 323; PrVBl. 24. 741). — Die Frage, ob auch von dem Unterstützten selbst, wenn er wieder zu Vermögen gekommen, sowie aus seinem Nachlasse Ersatz gefordert werden kann, ist schon oben (S. 454) erwähnt. Für die außerordentliche Armenlast (oben S. 462) s. § 68 Abs. 2 AG. z. UWG. (§ 68 Abs. 2). — Die wegen Trunksucht zulässige Entmündigung (s. oben S. 2) kann auch von demjenigen AV. beantragt werden, dem die Fürsorge für den zu Entmündigenden im Falle seiner Hilfsbedürftigkeit obliegen würde (§ 6 BGB., § 3 AG. zur ZPO. 6. 10. 99 GS. 388, MV. 16. 11. 99 MBl. 227).

Durch einen, vorbehaltlich des ordentlichen Rechtsweges, endgültigen Beschluß des Kr.-(Stadt-)Aussch. (ZG. § 43) können auf Antrag des einen Hilfsbedürftigen unterstützenden AV., sowie der Kreise und der andern Kommunalverbände der §§ 31 a, d u. e, nach Anhörung der Beteiligten, der Ehemann, die Ehefrau, die ehelichen Eltern, die uneheliche Mutter sowie die Kinder angehalten werden, dem Hilfsbedürftigen nach Maßgabe ihrer gesetzlichen Unterhaltspflicht (S. 124) die erforderliche laufende Unterstützung zu gewähren (§ 65). Zwischen einer Stadtgemeinde und dem OAV. derselben Stadt besteht regelmäßig eine Identität, vermöge welcher jene „als solche beteiligt“ ist, wo dieser bei dem Stadtausschusse den Anspruch verfolgt, so daß die Substituierung eines andern Stadt- oder KrAussch. nach § 59 LVG. erforderlich ist (OVG. 18, 149). Der Beschluß des Ausschusses ist vorläufig und so lange vollstreckbar, bis eine abändernde rechtskräftige gerichtliche Entscheidung ergangen ist. Im letzteren Falle ist dem zu Unrecht in Anspruch Genommenen das bis dahin schon Geleistete zu erstatten. Hatte dieser jedoch die gerichtliche Klage nicht innerhalb 6 Monaten nach Zustellung des von ihm angefochtenen Beschlusses angebracht, so kann er nur dasjenige zurückfordern, was er für den Zeitraum seit Anbringung der Klage zu viel geleistet hat (§ 67). Die Erstattung bereits verausgabter Unterstützungskosten (im Gegensatz zu der, im § 65 nur gemeinten laufenden Unterstützung) kann, auch auf Antrag der Kreise und der anderen Kommunalverbände der §§ 31 a, d u. e gegen den Unterstützten und gegen den Unterhaltspflichtigen immer nur im ordentlichen gerichtlichen Verfahren geltend gemacht werden (§ 68 f. OVG. 16, 241). Wenn umgekehrt ein Hilfsbedürftiger, zu dessen Unterstützung ein AV. verpflichtet war, von einem nicht verpflichteten Privaten unterstützt worden ist, so ist für etwaige Entschädigungsansprüche gegen den AV. der ordentliche Rechtsweg gegeben (Kompetenzgerichtshof 8. 12. 77, MBl. 14, 14. 12. 89 (JMBl. 1890 84, 1895, 26, RGer. 41, 267).

G. Streitverfahren zwischen Armenverbänden:

1. Allgemeine Regeln. Muß ein nichtverpflichteter AV. einen hilfsbedürftigen Deutschen unterstützen, so hat er zunächst seine vollständige Vernehmung über Heimats-, Familien- und Aufenthaltsverhältnisse zu bewirken, und sodann den Anspruch auf Erstattung der aufgewendeten, bzw. noch aufzuwendenden Kosten bei Vermeidung des Verlustes dieses Anspruchs binnen 6 Monaten nach begonnener Unterstützung bei dem vermeintlich verpflichteten AV. mit der Anfrage anzumelden, ob der

Anspruch anerkannt wird. Durch verspätete Anmeldung geht nicht der Anspruch auf Übernahme verloren, sondern nur der Teil des Erstattungsanspruches, der mehr als 6 Monate hinter der Anmeldung zurückliegt (BA. 2, 104 f., 3, 114 f., 31, 167). Ist der wirklich verpflichtete AV. nicht zu ermitteln, so ist die Anmeldung binnen derselben 6 Monate bei der zuständigen vorgesetzten (Aufsichts-)Behörde des vorläufig verpflichteten AV. (bei städtischen dem Regierungspräsidenten[1]), bei ländlichem dem Landrat, ZG. §§ 7 u. 24) zu bewirken. Eine Anmeldung bei dem tatsächlich nicht verpflichteten AV. ist dem wirklich verpflichteten gegenüber ohne Wirkung (BA. 24, 181). In der Benachrichtigung ist die Aufforderung zur Übernahme des Unterstützten auszudrücken, wenn solche nach § 5 des FreizügigkeitsG. verlangt werden kann und der unterstützende OAV. von dieser Befugnis Gebrauch machen will (§ **34**). Geht auf die erlassene Anzeige innerhalb 14 Tagen nach ihrem Empfange eine zustimmende Antwort des in Anspruch genommenen AV. nicht ein, so gilt dies einer Ablehnung des Anspruches gleich (§ **35**).

2. Streitigkeiten zwischen AV. verschiedener Bundesstaaten. (Wegen Bayern s. oben S. 458 f.). Diese Streitigkeiten werden immer unmittelbar und selbständig (ohne Vermittelung von Staat zu Staat) erledigt (§ **36**), und zwar durch die nach den Landesgesetzgebungen zuständigen, den in Anspruch genommenen AV. vorgesetzten Spruchbehörden (§ **38**). Diese sind befugt, Untersuchungen an Ort und Stelle zu veranlassen, Zeugen und Sachverständige eidlich zu vernehmen, überhaupt den angetretenen Beweis in vollem Umfange zu erheben (§§ **39**, 49). Die Entscheidung der landesgesetzlichen Instanz (in Preußen der BzAussch.) ist endgültig, so weit die Organisation oder örtliche Abgrenzung der einzelnen AV. Gegenstand des Streites ist. Im übrigen findet gegen die Entscheidung nur die Berufung an das Bundesamt für das Heimatswesen statt (§§ **41**, 57). Dieses ist eine ständige und kollegialische Behörde, die in Berlin ihren Sitz hat. Sie besteht aus einem Vorsitzenden und mindestens 4 Mitgliedern, die sämtlich auf Vorschlag des Bundesrates vom Kaiser auf Lebenszeit ernannt werden. Der Vorsitzende und mindestens die Hälfte der Mitglieder müssen die Befähigung zum Richteramte besitzen (§ **42**). Die Berufung an das Bundesamt ist binnen 14 Tagen seit Behändigung der angefochtenen Entscheidung bei derjenigen Behörde, welche sie erlassen hat, schriftlich anzumelden; die Angabe der Beschwerden sowie die Rechtfertigung der Berufung kann binnen 4 Wochen nach der Anmeldung eingereicht werden (§ **46**). Die Frist zur Gegenerklärung beträgt ebenfalls 4 Wochen (§ **47**). Dann werden die Verhandlungen dem Bundesamte vorgelegt, welches etwa noch nötige Aufklärungen unter Vermittelung der zuständigen Landesbehörde vornehmen kann (§ **48** f.). Die Entscheidung, welche endgültig ist, erfolgt gebührenfrei in öffentlicher Sitzung nach erfolgter Ladung und Anhörung der Parteien (§ **50** f.).

3. Streitigkeiten zwischen Preußischen Armenverbänden. In Preußen gelten die vorstehenden Bestimmungen mit folgenden Zusätzen:

---

[1]) In Berlin dem Oberpräsidenten.

die Streitigkeiten werden im Verwaltungsstreitverfahren entschieden; in erster Instanz ist der BzAussch. zuständig, in zweiter und letzter das Bundesamt für das Heimatswesen (ZG. § 39). Wegen der Verpflichtung, sich als Zeuge und Sachverständiger vernehmen zu lassen, sind die Bestimmungen des ZPO. anzuwenden (§ 49). Die unterliegende Partei muß der Gegenpartei die ihr entstandenen baren Auslagen (LVG. § 103 ff.) und die Gebühren des sie in der öffentlichen Sitzung des Bundesamtes vertretenden Rechtsverständigen erstatten (§ 58). Beschwerden gegen Kostenfestsetzungsbeschlüsse, für die das Bundesamt nicht zuständig ist, werden nach § 108 LVG. entschieden (BA. 29, 139). Kann ein OAV. nicht zahlen, so bleiben die Kosten des Verfahrens außer Ansatz, und die Auslagen und Gebühren hat der betr. LAV. zu erstatten (§ 59). — Der Kr.-(Stadt-)Aussch. (ZG. § 43) muß sich in allen Streitigkeiten zwischen OAV. auf Antrag beider Teile der schiedsrichterlichen Entscheidung, und auf Antrag eines Teiles einem gütlichen Sühneversuche unterziehen (§ 60). Sein schiedsrichterlicher Spruch ist endgültig; er erfolgt gebühren- und stempelfrei; doch sind dem unterliegenden Teile die baren Auslagen des Verfahrens und die des obsiegenden Teiles, jedoch nicht die Gebühren eines Bevollmächtigten, zur Last zu legen. Der Spruch sowie die urkundlich festgestellte Einigung im Sühneverfahren sind im Verwaltungswege vollstreckbar (§ 62).

4. Zwangsvollstreckung. Sie ist schon nach der erstinstanzlichen Entscheidung zulässig; wird diese abgeändert, so sind die Folgen der Vollstreckung wieder rückgängig zu machen (§§ **53** f.; die Vollstreckung liegt im ersteren Falle dem BzAussch. des verpflichteten, im anderen Falle dem des klagenden Armenverbandes ob, LVG. § 60). Solange das Verfahren, betr. den Versuch einer Einigung nach § **55** oder betr. den Erlaß der im § **56** bezeichneten Anordnung (oben unter F 1) schwebt, bleibt die Vollstreckbarkeit der Entscheidung 1. Instanz ausgesetzt (§ **57**). — (Bemerkt sei hier, daß allgemein die Zwangsvollstreckung gegen den Fiskus durch Vermittlung der der betr. unteren fiskalischen Station vorgesetzten Finanzbehörde, gegen Gemeinden usw. durch Vermittelung der Staatsaufsichtsbehörde erfolgt, EinfG. zur ZPO. § 15 in Verb. mit Anh.-§ 153 zu T. 1 Tit. 24 § 45 u. § 33 T. 1 Tit. 35 AGO.; vgl. auch ZG. § 17 Nr. 4 u. § 33 Nr. 4.)

H. Pflichten anderer Korporationen und der Polizei gegenüber den Armenverbänden. Die Vorsteher von Korporationen und anderen juristischen Personen sind verpflichtet, den Gemeindebehörden auf Erfordern Auskunft über den Betrag der Unterstützungen zu erteilen, welche einem Hilfsbedürftigen des Gemeindebezirkes aus den, unter ihrer Verwaltung stehenden Wohltätigkeitsfonds gewährt werden. Die Vorsteher, welche diese Auskunft innerhalb 14 Tagen seit der Aufforderung nicht erteilen, werden mit einer (eventuell gerichtlich zu erkennenden) Geldstrafe bis zu 30 Mk. bestraft (§ 6).

Die Polizeibehörden, welche übrigens ihrer allgemeinen Befugnis gemäß (indessen nur in dringenden Fällen, OVG. 7, 129 u. 133), Hilfsbedürftigen zur Erlangung der vorläufigen Unterstützung Beistand zu leisten haben, sind, ebenso wie die Verwaltungsbehörden, verpflichtet, innerhalb ihres Geschäftskreises den Armenverbänden behufs der Ermittelung der Heimats-, Familien- und Aufenthaltsverhältnisse eines Hilfsbedürftigen auf Verlangen behilflich zu sein (§ **63**). Über polizeiliche Vorladungen OVG. 48, 430.

Ist ein Armenverband zur Zahlung der ihm endgültig auferlegten Kosten laut Bescheinigung der ihm vorgesetzten Behörde ganz oder teilweise außerstande, so hat der Bundesstaat, welchem er angehört, entweder mittelbar oder unmittelbar für die Erstattung zu sorgen (§ **59**).

J. Aufsichtsbehörden. Über die Ortsarmenverbände wird die Staatsaufsicht nach Maßgabe der Gemeindeverfassungsgesetze geführt, also über die städtischen vom Regierungspräsidenten[1]), über die ländlichen vom Landrat (§ 25, ZG. § 7 u. 24). Die Aufsicht über die Landarmenverbände, soweit diese mit den Provinzialverbänden zusammenfallen, führt der Oberpräsident und in höherer Instanz der Minister des Innern (vgl. ProvinzO. §§ 114 ff.). —

Bei der Wichtigkeit, welche die in den Armengesetzen vorkommenden Zeitbestimmungen haben, sollen sie hier zum Schluß zusammengestellt werden. Es sind, abgesehen von dem „zurückgelegten 16. Lebensjahre", für den Beginn des Erwerbs und Verlustes des Unterstützungswohnsitzes (§§ **10** u. **22**) folgende

Zeiten und Fristen:

a) 1 Jahr für Erwerb und Verlust des Unterstützungswohnsitzes (§§ **10**, **22**);

b) 2 Jahre vom Ablauf des Entstehungsjahres für die Verjährung der Ersatz- und Erstattungsansprüche (§ **30** a);

c) 6 Monate für Anmeldung des Anspruchs auf Kostenerstattung und Übernahme des Unterstützten — bei Vermeidung des Verlustes des über 6 Monate zurückliegenden Betrages (§ **34**);

d) 6 Monate für die gerichtliche Klage der durch Beschluß des Kr-(Stadt-) Aussch. zur Alimentation eines Hilfsbedürftigen herangezogenen nächsten Verwandten auf Erstattung des Geleisteten — bei Vermeidung des Verlustes des vor Anbringung der Klage Geleisteten (§ 67);

e) 2 Monate für die Weiterverfolgung des Antrages auf Übernahme eines Hilfsbedürftigen (§§ **14** u. **27**);

f) 26 Wochen Krankenverpflegung des Dienst- oder Arbeitsortes ohne Anspruch an den eigentlich verpflichteten Armenverband (§ **29**);

g) 4 Wochen nach der Anmeldung für die Rechtfertigung der Berufung von der Entscheidung des BzAussch. an das Bundesamt für das Heimatswesen und die Gegenerklärung darauf (§§ **46** f.);

h) 14 Tage für die von der Gemeindebehörde verlangte Auskunft über die Unterstützung Hilfsbedürftiger aus Wohltätigkeitsfonds (§ 6);

i) 14 Tage für die Erklärung auf die Anmeldung unter c (§ **35**);

k) 14 Tage für die Anmeldung der Berufung unter g (§ **46**);

l) 14 Tage für den Rekurs an das Bundesamt für das Heimatswesen seitens der beim BzAussch. wegen Ungehorsams in Strafe genommenen Zeugen und Sachverständigen (§ 49);

m) 7 Tage, wenn bei einem aus dem Auslande übernommenen Deutschen Hilfsbedürftigkeit eintritt (§§ **33**, 37);

n) 7 Tage für das Verhältnis des gewöhnlichen Umzugstermins von Gesinde usw., zum Beginn der Aufenthaltsfrist (§ **11**).

---

[1]) In Berlin vom Oberpräsidenten.

Zum Schluß mag noch auf die durch G. 2. 6. 02 RGBl. 212 festgelegte Verpflichtung sämtlicher deutscher Kauffahrteischiffe hingewiesen sein, deutsche, im Auslande befindliche hilfsbedürftige Seeleute nach ihrem deutschen Bestimmungsorte mitzunehmen.

XI. Verkehrswesen.

I. Das Münz-, Maß- und Gewichtssystem des Reiches.

Das durch § 16 d. MünzG. aufgehobene G. 4. 12. 71, betr. die Prägung von Reichsgoldmünzen schuf diese Münzen, und der Allerh. Erl. 17. 2. 74 bestimmte, daß die Zehnmarkstücke „Krone", die Zwanzigmarkstücke „Doppelkrone" heißen. Das Münzwesen des Reiches wurde zuerst durch das MünzG. v. 9. 7. 73 geregelt.

Jetzt gilt das MünzG. 1. 6. 09 RGBl. 507.

Das Reichsmünzwesen beruht auf der Goldwährung. Die früher bestehende sog. „hinkende Goldwährung", d. h. unvollständige Goldwährung, die dadurch veranlaßt war, daß auch die Taler als Währungsgeld anzusehen und für 3 Mk. Gold in Zahlung genommen werden mußten, ist durch Außerkurssetzung der Taler beseitigt (Bek. 27. 6. 07 RGBl. 401). Die neuen Dreimarkstücke sind Scheidemünzen (RG. 19. 5. 08 RGBl. 212, das in das neue Münzgesetz aufgenommen und daher aufgehoben ist). Außer den oben erwähnten Goldmünzen werden als Scheidemünzen ausgeprägt aus Silber: ½ Mk. (50 Pfg.), 1, 2, 3, 5 Mk.-Stücke, aus Nickel: 5, 10, 25 Pfg.-Stücke, aus Kupfer: 1 und 2 Pfg.-Stücke. § 8 MünzG. bestimmt, daß der Gesamtbetrag der Silbermünzen nicht 20 Mk., der der Nickel- und Kupfermünzen nicht 2½ Mk. auf den Kopf der Bevölkerung des Reiches übersteigen solle. Münzpolizeiliche Vorschriften des Bundesrats (betr. Herstellung von Medaillen und Marken und betr. außer Kurs gesetzte Münzen) sind erlassen durch Bek. 23. 6. 10 RGBl. 909.

Niemand braucht Reichssilbermünzen im Betrage von mehr als 20 Mk. und Nickel- und Kupfermünzen im Betrage von mehr als 1 Mk. in Zahlung zu nehmen.

Das G. 30. 4. 74 (erg. G. 5. 6. 06 RGBl. 730 hierzu Bek. 28. 4. 10 RGBl. 672), betr. die Ausgabe von Reichskassenscheinen ermächtigte den Reichskanzler, Reichskassenscheine zum Gesamtbetrage von 120 Mill. Mk. in Abschnitten zu 5 und 10 Mk. ausfertigen zu lassen, während jeder Bundesstaat das von ihm ausgegebene Staatspapiergeld möglichst schnell einzuziehen hatte. Die Ausfertigung ist der preußischen Hauptverwaltung der Staatsschulden unter der Benennung „Reichsschuldenverwaltung" übertragen. Die Reichskassenscheine werden bei allen Kassen des Reiches und der Bundesstaaten nach ihrem Nennwerte in Zahlung genommen und von der Reichshauptkasse für Rechnung des Reiches jederzeit auf Erfordern gegen bares Geld eingelöst. Im Privatverkehre findet ein Zwang zu ihrer Annahme nicht statt. Beschädigte Scheine werden ersetzt, wenn das Stück noch mehr als die Hälfte des Scheines beträgt. Durch RG. 31. 5. 91, dazu EBGB. Art. 50 RG. 28. 6. 04 RGBl. 251, jetzt in der Fassung des G. 6. 5. 10 RGBl. 665 ist ein von der Reichsschuldenverwaltung geführtes Reichsschuldbuch eingerichtet. Hierzu AusfBest. 27. 5. 10

RZBl. 217; ME. 31. 5. 10 MBl. 184; 6. 7. 10 MBl. 233. Durch Eintragung in dieses werden eingelieferte Schuldverschreibungen des Reichs in Buchschulden auf den Namen eines bestimmten Gläubigers umgewandelt, die auch auf ein anderes Konto übertragen werden können. Im Falle der Löschung erfolgt auf Antrag des legitimierten Gläubigers die Neuausfertigung von Schuldverschreibungen gleichen Nennwertes und Zinssatzes. (Bek. 4. 3. 96 über die Auszahlung der Zinsen, MBl. 41.)

Maß- und GewichtsO. 30. 5. 08 RGBl. 349, die aber noch nicht in Kraft gesetzt ist. Es gilt zurzeit noch die Maß- und GewichtsO. 17. 8. 68 mit Abänderungen durch die G. 11. 7. 84 und 26. 4. 93 (s. auch Bek. 30. 10. und 30. 12. 84 RGBl. 215 und Beil. zu Nr. 5 des RGBl. 85); durch G. 1. 6. 00 RGBl. 250 ist Art. 8 des G. vom 17. 8. 68 außer Kraft gesetzt.

Die Grundlage des Maßes und Gewichtes sind das Meter und das Kilogramm. Beide werden durch das von der Eichungskommission aufbewahrte Urmaß und Urgewicht dargestellt. Das Meter ist die Einheit des Längenmaßes; aus ihm werden die Einheiten des Flächenmaßes — Quadratmeter — und des Körpermaßes — Kubikmeter — gebildet.

Der von einem Kilogramm reinen Wassers im Zustande seiner größten Dichtigkeit unter dem absoluten Druck einer Atmosphäre eingenommene Raum heißt Liter. Es gelten folgende Bezeichnungen:

a) Längenmaße: $^1/_{1000}$ Meter = Millimeter, $^1/_{100}$ = Zentimeter, 1000 Meter = Kilometer;

b) Flächenmaße: 100 Qudratmeter = Ar, 100 Ar = Hektar;

c) Körpermaße: $^1/_{1000}$ Kubikmeter = Liter, $^1/_{10}$ Kubikmeter oder 100 Liter = Hektoliter;

d) Gewicht: $^1/_{1000}$ Kilogramm = Gramm, $^1/_{1000}$ Gramm = Milligramm, 1000 Kilogramm = Tonne, 100 Kilogramm = Doppelzentner. Verf. 7. 5. 97 AbgZBl. 186.

Zum Zumessen und Zuwägen im öffentlichen Verkehr dürfen nur gehörig gestempelte (geeichte) Maße, Gewichte und Wagen angewendet werden. Das Geschäft der Eichung und Stempelung wird ausschließlich durch obrigkeitlich besetzte Eichungsämter ausgeübt, deren Errichtung den Bundesregierungen zusteht. Eine das ganze Eichungswesen überwachende Normaleichungskommission mit dem Sitze in Berlin wird vom Reiche bestellt und unterhalten. Eichordnung 27. 12. 84 nebst in den Beilagen zum RGBl. veröffentlichten zahlreichen Ergänzungen. Ferner: SchankgefäßG. 20. 7. 81 RGBl. 249; Novelle: 24. 7. 09 RGBl. 891.

Hier ist auch zu erwähnen G. 1. 6. 98, betr. elektrische Maßeinheiten RGBl. 905; Ohm = Einheit des elektrischen Widerstandes, Ampere = Einheit der elektrischen Stromstärke und Volt = Einheit der elektrischen Kraft; dazu Bek. 6. 5. 01 RGBl. 127. — Prüfungsbestimmungen der physikalisch-technischen Reichsanstalt 31. 3. 10 RZBl. 101.

II. Postwesen.

Nachdem durch die Reichsverfassung Art. 4 Nr. 10, 48 f. die Postverwaltung auf das Reich übergegangen ist (allerdings mit Beschränkungen bez. Bayern und Württemberg), ist die Grundlage des Postrechtes das RG. über das Postwesen 28. 10. 71 RGBl. 347, abgeändert 20. 12. 75 RGBl. 318

(Eisenbahnpostgesetz), und bezüglich des Verkehrs benachbarter Orte 20. 12. 99 RGBl. 715. Es ist verboten, verschlossene Briefe und politische, mehr als einmal wöchentlich erscheinende Zeitungen entgeltlich anders als durch die Post zu versenden. Das Posttaxwesen ist geregelt durch G. 28. 10. 71 RGBl. 258, abgeändert 17. 5. 73 RGBl. 107, 3. 11. 74 RGBl. 127 u. 134, 20. 12. 99 RGBl. 715, 11. 3. 01 RGBl. 15, 22. 5. 10 RGBl. 837. G. über Portofreiheiten 5. 6. 69 BGBl. 141, Postordnung 20. 3. 00 RPABl. 143 mit mehrfachen Abänderungen. Der Postscheck und -Überweisungsverkehr ist auf Grund des G. 18. 5. 08 RGBl. 197 im Verordnungswege eingeführt. Die gesetzliche Regelung muß bis zum 1. 4. 12 erfolgen. Es ist erlassen worden: die Postscheckordnung 6. 11. 08 RGBl. 587, geänd. 22. 10. 09 RGBl. 938, 21. 3. 10 RGBl. 593. Der Weltpostvertrag stammt vom 26. 5. 06 RGBl. 07, 593. Er bezieht sich auf Briefe, Postkarten, Drucksachen, Geschäftspapiere und Warenproben. In besonderen Verträgen ist geregelt: der Wertbriefverkehr, der Postanweisungsverkehr, der Postpaketverkehr, der Postauftragsverkehr, der Zeitungsverkehr (sämtlich vom 26. 5. 06 RGBl. 07, 636—719). Die postalischen Beziehungen zu Österreich-Ungarn beruhen auf dem Postvertrag vom 7. 5. 72 RGBl. 73, 1. Zu erwähnen ist ferner: die Postzollordnung 28. 1. 09 RZBl. 39; die Rohrpostordnung für Berlin 30. 1. 09 RZBl. 22.

Für das Telegraphen- und Fernsprechwesen ist maßgebend RG. 6. 4. 92 RGBl. 467 über das Telegraphenwesen; erg. 7. 3. 08 RGBl. 72, 476 (Funkentelegraphie), hierzu Bek. 12. 12. 09 RGBl. 977 betr. den Betrieb der Funkentelegraphen auf fremden Schiffen in deutschen Hoheitsgewässern, Telegraphenordnung 16. 6. 04 RZBl. 229, Bek. 14. 6. 08 RZBl. 154, 27. 5. 09 RZBl. 228. Den Funkentelegraphenverkehr betrifft Anw. f. d. Funkentelegraphendienst 12. 8. 09 RZBl. 753. — Die Benutzung fremder Grundstücke zur Herstellung der Telegraphenleitungen sichert das TelegraphenwegeG. 18. 12. 99 RGBl. 705, dazu AusfBest. 26. 1. 00; RGBl. 7, s. unten S. 482 FernsprechgebührenO. 20. 12. 99; RGBl. 711 mit AusfBest. 26. 3. 00 RZBl. 242, mehrfach abgeändert und ergänzt[1]). Dem Weltpostverein entspricht der internationale Telegraphenverein 10./22. 7. 75, dazu AusfBest. 14. 5. 86 RPABl. 189. Der Funkentelegraphenverkehr ist durch den internationalen Vertrag vom 3. 11. 06 RGBl. 08, 411 geregelt.

III. Eisenbahnwesen.

Nach der wirtschaftlichen Bedeutung und dem Umfange des Verkehrs und Betriebs einerseits, sowie nach der Person des Eigentümers andererseits kommen zwei Hauptgruppen von Eisenbahnen in Betracht.

Die erste Hauptgruppe zerfällt in:

1. Hauptbahnen, für den großen, insbesondere durchgehenden Personen- und Güterverkehr.

2. Nebenbahnen für den mittleren Verkehr, vornehmlich innerhalb der einzelnen Länder und Provinzen.

---

[1]) Der Entwurf einer neuen Fernsprechgebührenordnung wird zur Zeit des Druckes von einer Reichstagskommission beraten. Er bezweckt die Aufhebung der Pauschgebühren und ihren Ersatz durch Gesprächsgebühren.

3. Kleinbahnen (Lokal- und Straßenbahnen), hauptsächlich für den örtlichen Verkehr innerhalb eines Gemeindebezirks oder benachbarter Gemeindebezirke.

4. Privatanschlußbahnen, welche den Verkehr der öffentlichen Bahnen (Haupt-, Neben- und Kleinbahnen) mit Privatetablissements vermitteln.

Die zweite Hauptgruppe umfaßt:

1. Reichs- und Staatsbahnen im Eigentume des Deutschen Reiches oder eines deutschen Bundesstaates.

2. Privatbahnen im Eigentume von physischen oder juristischen Personen.

Es gibt Staatsbahnen im Privatbetriebe und Privatbahnen, die vom Staate betrieben werden. In allen Bundesstaaten geht das Streben auf eine allgemeine Verstaatlichung der Haupt- und Nebenbahnen. In Preußen, das ein umfangreiches Privatbahnnetz besitzt, hat die Verstaatlichung seit den achtziger Jahren des vorigen Jahrhunderts fast alle Hauptbahnen zu Staatsbahnen gemacht. In den übrigen größeren Bundesstaaten überwogen von jeher die Staatsbahnen. In Bayern waren zwar noch bis vor kurzem die pfälzischen Bahnen im Privatbetrieb; aber auch diese sind jetzt durch das Gesetz vom 7. 12. 05 (Archiv f. Eisenbahnw. 06, 441) verstaatlicht. In Württemberg waren stets nur Zweigbahnen als Privatbahnen konzessioniert. Im Reichseigentum und -Betriebe stehen die Elsaß-Lothringischen Bahnen (Reichseisenbahnen). Diese Bahnen waren vor dem Frankfurter Frieden im Privatbetriebe, die französische Regierung hatte konzessionsmäßig das Rückkaufsrecht. Im Frankfurter Frieden wurde bestimmt, daß Frankreich von seinem Rückkaufsrecht Gebrauch machen und demnächst das Deutsche Reich an seine Stelle treten lassen sollte. Der Kaufpreis kam von der Kriegskostenentschädigung in Abzug. Im Reichsbetriebe steht die Luxemburgischen Wilhelmeisenbahn kraft Pachtvertrages 11. 11. 02 RGBl. 03, 183; ferner die Militäreisenbahn Berlin—Jüterbogk. Das preuß. G. 4. 6. 76 GS. 161 ermächtigte die Regierung, das gesamte preuß. Staatsbahneigentum auf das Reich zu übertragen. Davon ist kein Gebrauch gemacht worden. Eine Eisenbahngemeinschaft ist aber zwischen Preußen und Hessen durch Vertrag v. 23. 6. 96 GS. 215, 223 begründet worden. (Verwaltungs- und Betriebsgemeinschaft, nicht Miteigentum.)

Gemäß Art. 4^{8} RV. gehört das Eisenbahnwesen zur Zuständigkeit des Reiches. Das Reich wacht darüber, daß die Eisenbahnen der einzelnen Bundesstaaten zusammen trotz der Unterstellung unter die verschiedenen Landeshoheiten ein einheitliches Netz bilden und entsprechend verwaltet und ausgerüstet werden. Die Eisenbahnverwaltungen sind verpflichtet, die für den durchgehenden Verkehr und zur Herstellung ineinandergreifender Fahrpläne nötigen Personenzüge und Güterzüge einzuführen und direkte Expeditionen im Personen- und Güterverkehr unter Gestattung des Übergehens der Transportmittel einer Bahn auf die andere gegen die übliche Vergütung einzurichten. Für das ganze Reich sollen gleiche Bahnpolizei- und Betriebsreglements eingeführt werden. Auch steht dem Reich die Kontrolle über das Tarifwesen zu.

Diesen dem Reich durch Art. 42—45 der Verfassung gegebenen Befugnissen ist durch Erlaß folgender Verordnungen des Bundesrates Rechnung getragen worden:

a) Der Eisenbahnbau- und Betriebsordnung vom 4. November 1904 RGBl. 387;

b) der Eisenbahnverkehrsordnung vom 23. Dezember 1908 RGBl. 1909, 93;

c) der Signalordnung vom 24. Juni 1907 RGBl. 377, abgeändert 12. 3. 10 RGBl. 515;

d) der Bestimmungen über die Befähigung der Eisenbahnbetriebsbeamten vom 8. März 1906 RGBl. 391.

Ob auf Grund der Art. 42 ff. RV., welche lediglich den Bundesstaaten die Verpflichtung zu gleichen Einrichtungen auferlegt, vom Reiche allgemeine, mit Gesetzeskraft gültige Verordnungen erlassen werden dürfen, ist in der Literatur bestritten, in der Praxis ist aber die Gültigkeit der erlassenen Reichsverordnungen nicht bemängelt worden.

Wegen der Notstandstarife s. Art. 46 RV. Das Reich hat ferner das Recht, die Eisenbahnen für die ihm zugewiesenen Zwecke (Militär-, Post- und Zollwesen) zu benutzen. Vornehmlich im Interesse der Landesverteidigung sind die Rechte des Reiches umfassende (Art. 47 RV.).

Im übrigen unterliegt das Eisenbahnwesen der landesgesetzlichen Regelung.

Mit der **technischen Einheit im Eisenbahnwesen** befaßt sich das internationale Übereinkommen 25. 5. 08 RGBl. 362, mit dem **internationalen Eisenbahnverkehr** das Übereinkommen 14. 10. 90 RGBl. 92, 793, nebst Zusatz 16. 7. 95 RGBl. 465 und 16. 6. 98 RGBl. 01, 295, 19. 6. 06 RGBl. 08, 515; Liste der in Betracht kommenden Bahnen 3. 3. 09 RGBl. 280, mehrfach ergänzt; MilitärtransportO. 18. 1. 99 RGBl. 15, vielfach geändert.

Wegen der Haftpflicht der Eisenbahnunternehmer bei Eisenbahnunfällen s. oben S. 62 f., wegen der Kommunalbesteuerung der Eisenbahnen s. S. 316; wegen des Eisenbahntransportrechtes oben S. 171 f.

Das Reich übt sein Aufsichtsrecht durch das **Reichseisenbahnamt** aus RG. 27. 6. 73 RGBl. 164, GeschO. 13. 3. 76 RZBl. 197. Für die Verwaltung der Reichseisenbahnen besteht das Reichsamt für die Verwaltung der Reichseisenbahnen in Berlin (AE. 27. 5. 78 RGBl. 79, 193). Die unmittelbare Verwaltung führt die Generaldirektion in Straßburg Verwaltungsordnung 9. 7. 09 RZBl. 1448 nebst Geschäftsordnung für die Generaldirektion (RZBl. 1452).

In **Preußen** ist für die Eisenbahnen höherer Ordnung das G. über die Eisenbahnunternehmungen 3. 11. 38, aufrecht erhalten durch EGBG. Art. 112, maßgebend. Im Verhältnis zur Reichsgesetzgebung ist Landesaufsichtsbehörde nach Bek. 26. 9. 92 EisVBl. 289 der Minister der öffentlichen Arbeiten, Aufsichtsbehörde die Eisenbahnaufsichtsbehörde (Eisenbahndirektion bzw. deren Präsidenten), Landespolizeibehörde (deren Mitwirkung nur zuweilen vorgeschrieben ist, z. B. § 16 Ziff. 6 Bau- und Betriebsordnung) der Regierungspräsident. Durch G. 1. 6. 82 GS. 313 erg. 15. 6. 06 GS. 321, 15. 6. 10 GS. 99 sind zu beirätlicher Mitwirkung in Eisenbahnverkehrsfragen als Beiräte der Staatseisenbahndirektionen **Bezirkseisenbahnräte** und als Beirat der Zentralverwaltung ein **Landeseisenbahnrat** eingeführt.

Das preußische Staatsbahnnetz, einschließlich der vom Staate verwalteten Nebeneisenbahnen und einschließlich der hessischen Bahnen (G. 16. 12. 96 GS. 215) wird von 21 **Eisenbahndirektionen** verwaltet. Für die Verwaltung der Geschäfte, deren einheitliche Erledigung für alle oder mehrere Direktionsbezirke geboten ist, ist das **Eisenbahnzentralamt** eingerichtet (GeschO. 22. 5. 07 EVBl. 142). Für die **örtliche** Verwaltung bestehen in jedem Direktionsbezirk Eisenbahnbetriebs-, Eisenbahnmaschinen-, Eisenbahnverkehrs- und Eisenbahnwerkstättenämter. (Die Ersetzung der früheren Bezeichnung „Inspektion“ durch „Amt“ ordnet AE. 23. 11. 10 GS. 313; MV. 26. 11. 10 ebenda an.) Zur Leitung der Neubauausführungen können besondere Bauabteilungen eingerichtet werden. — Für die Materialabnahme, Bauüberwachung (EVBl. 08, 79) sind Abnahmeämter eingerichtet (GeschAnw. 22. 4. 10, EVBl. 129). Die staatliche Aufsicht über die Privatbahnen führen die Eisenbahndirektionspräsidenten als „königl. Eisenbahnkommissare“ (ME. 2. 3. 95 EVBl. 2307, Verwaltungsordnung für die Staatseisenbahnen 24. 5. 07 EVBl. 135, GeschAnw. für die Eisenbahndirektionen und Einzelinspektionen s. EVBl. 95, 37 ff.). — Freifahrtordnung 15. 10. 07 EVBl. 373, Nachtrag 1. 3. 10 EVBl. 43; Ermäßigung für Schulausflüge § 6, 4 EVO. 28. 5. 02 HMBl. 238; DienstgutbefO. 19. 7. 02 EVBl. 351; PrüfungsO. 15. 3. 07 EVBl. 51. Durch G. 3. 5. 03 GS. 155 ist in Abänderung des § 3 G. 8. 3. 97 GS. 43 die Bildung eines Dispositionsfonds von 30 Mill. Mk. für die Staatsbahnen aus den Überschüssen des Staatshaushalts angeordnet.

Über die Unzulässigkeit der Beschlagnahme von Fahrbetriebsmitteln der Eisenbahnen, welche Personen und Güter im öffentlichen Verkehr befördern, s. RG. 3. 5. 86 RGBl. 131 und § 56 Intern. Übereinkommens 14. 10. 90 RGBl 92, 793.

Das G. betr. das Pfandrecht an Privateisenbahnen und Kleinbahnen und die Zwangsvollstreckung in dieselben, 19. 8. 95 in der Fassung 8. 7. 02 (GS. 238) (**BahneinheitsG.**), bezieht sich sowohl auf dem G. 3. 11. 38 unterliegende Privatbahnen, wie auf Kleinbahnen, deren Unternehmer verpflichtet sind, für die Dauer der ihnen erteilten Genehmigung das Unternehmen zu betreiben (Bahneinheiten, Bahngrundbücher). Im übrigen wird die Rechtslage der Kleinbahnen durch

G. 28. 7. 92 GS. 225 über Kleinbahnen und Privatanschlußbahnen

geordnet; AusfAnw. 13. 8. 98 EVBl. 225 und Erg. 10. 1. 99, 29. 10. 00 MBl. 30 und 01, 12, 17. 9. und 17. 11. 02 MBl. 184 und 236; 19. 11. 04 das. 279; 9. 5. 05 MBl. 80; 26. 9. 06 MBl. 300; 22. 10. 08 MBl. 240, (betreffend Polizeiverordnungen über Straßenbahnen mit Maschinenkraft). Nebenbahnähnliche Kleinbahnenbetrifft Anl. 3 der AV. zum KleinbahnenG. und Muster-Polizeiverordnung ME. 2. 8. 09 EVBl. 322.

Das G. gibt als Unterscheidungsmerkmal für Kleinbahnunternehmungen an: Vermittelung des örtlichen Verkehrs innerhalb eines GemBezirks oder benachbarter Bezirke, sowie Nichtbetrieb mit Lokomotiven. Auf Anrufen der Beteiligten entscheidet das Staatsministerium, ob die Voraussetzungen des G. 3. 11. 38 vorliegen. Die Genehmigung zur Herstellung und zum Betriebe einer Kleinbahn erteilt auf Grund vorgängiger polizeilicher Prüfung: 1. bei völligem oder teilweisem Betriebe mit Maschinenkraft (im Einvernehmen mit einer Eisenbahnbehörde), 2. sofern Kunststraßen, die nicht in der Unterhaltung oder Verwaltung von Stadtkreisen stehen, benutzt, 3. sofern mehrere Kreise oder nichtpreußische Landesteile durch die Bahn berührt werden: der Regierungspräsident[1]); beim Betriebe ohne Maschinenkraft, sofern mehrere Polizeibezirke desselben Landkreises berührt werden: der Landrat, und beim Verbleiben des Unternehmens innerhalb desselben Polizeibezirks: die Ortspolizeibehörde (§§ 1 bis 4) (ME. 25. 1. 97, betr. die Genehmigung, MBl. 118 und 2. 5. 97, EisbVBl. 90). Bei der Benutzung öffentlicher Wege ist die nötigenfalls durch den Bez.- bzw. Kreisausschuß zu ergänzende Zustimmung des Wegeunterhaltungspflichtigen erforderlich (§§ 6, 7). Diese Ergänzung ist, weil nicht den Charakter einer Polizeiverfügung tragend, unanfechtbar (OVG. 29, 401). Der Wegeunterhaltungspflichtige kann für die Benutzung angemessenes Entgelt beanspruchen, auch sich den künftigen Erwerb der Bahn im ganzen gegen angemessene Schadloshaltung vorbehalten (§ 6). Auch der Staat hat ein Erwerbungsrecht (§ 30). ME. 31. 1. 00 EVBl. 36 regelt die Bedingungen über Einführung von Kleinbahnen in Staatsbahnstationen. Verpflichtungen gegen die Postverwaltung § 42. — Über die Anwendbarkeit des G. auf Straßenbahnen s. OVG. 33, 432. — Privatanschlußbahnen (im Bergbau schon lange gebräuchlich) sind Bahnen, welche dem öffentlichen Verkehr nicht dienen, aber mit Eisenbahnen höherer Ordnung oder mit Kleinbahnen in so unmittelbarer Gleisverbindung stehen, daß ein Übergang der Betriebsmittel stattfinden kann. Die Vorschriften über ihre Genehmigung und Beaufsichtigung enthalten die §§ 43 bis 51 (ME. 13. 5. 97, MBl. 116, ME. 30. 4. 02, EVBl. 209, hat Polizeiverordnung und Betriebsvorschrift für Privatanschlußbahnen zum Gegenstand).

IV. Wege- und Wasserstraßen.

I. Wegerecht.

Der „Von den Rechten und Regalien des Staats in Ansehung der Landstraßen, Ströme, Häfen und Meeresufer" überschriebene Titel 15 ALR. II enthält in Abschnitt 1 Bestimmungen über Land- und Heerstraßen, die gegenwärtig ganz unzureichend erscheinen, auch zum Teil veraltet sind (vgl. OVG. 17, 279 ff.). Vorläufig hat man sich, insbesondere hinsichtlich der so wichtigen Wegebaulast, mit Provinzial- und Lokalbestimmungen zu behelfen, die zumeist aus alter Zeit stammen, für die heutigen Verhältnisse oft gar nicht mehr passen und den Rechtszustand verwickelt und unsicher machen[2]). Für die Provinz Sachsen ist die Wege-

---

[1]) In den Fällen 1 und 2 in Berlin der Polizeipräsident; er ist auch für die den Stadtkreis Charlottenburg berührenden Kleinbahnen und Privatanschlußbahnen zuständig (ME. 2. 3. 93 E.-VBl. 148); nach § 39 bedarf es zur Anlegung von Bahnen in den Straßen Berlins und Potsdams königl. Genehmigung.

[2]) Für die Mark gilt das Edikt 18. 4. 1792 und die V. 15. 6. 1803 (s. bei Koch ALR. 4 Tit. 15 zu § 15, wo auch die für die anderen Provinzen maßgebenden Bestimmungen zu finden sind). Die nach Kur- und Neumärkischem Recht den zur Unterhaltung der öffentlichen Wege Verpflichteten obliegende Verbindlichkeit, bei der Umwandlung dieser Wege in Chausseen zum Bau und zur Unter-

ordnung 11. 7. 91 GS. 316 ergangen (dazu V. 28. 3. 92 und G. 14. 7. 92; 8. 6. 08, GS. 157); für die Provinz Hannover eine Novelle 24. 5. 94 GS. 82. Für Westpreußen Wegeordnung 27. 9. 05 GS. 357; erg. G. 8. 6. 08 GS. 165; für Posen Wegeordnung 15. 7. 07 GS. 243; AusfAnw. 29. 10. 08, MBl. 244.

Fabriken und dergl. (nicht aber Eisenbahnen oder Automobilunternehmungen OVG. 3. 6. 07, Kuntze-Kautz Erg.-Bd. 07/09, 268; PrVBl. 29, 436) können wegen der durch sie veranlaßten erheblichen Abnutzung von öffentlichen Wegen und Brücken, die eine selbständige Verkehrsanlage bilden, zu einem besonderen Beitrage zu deren Unterhaltung auf Grund G. 18. 8. 02 GS. 315 herangezogen werden. (Hierzu OVG. 48, 259; 50, 323; 51, 274; 52, 273; 53, 306). Zu einem dementsprechenden Antrage ist nur der Wegunterhaltungspflichtige berechtigt (OVG. 49, 259). Bei dauernder Abnutzung kann für die Vorausleistung ein Beitrag oder Beitragsverhältnis festgesetzt werden. Die mangels gütlicher Vereinbarung beiden Teilen zustehende Klage auf anderweite Festsetzung des Beitragsverhältnisses ist in erster Instanz bei Provinzial-, Kreis- und städtischen Wegen (bei letzteren, falls es sich um Städte mit mehr als 10000 Einwohnern handelt) an den BezAussch., sonst an den KrAussch. zu richten. Rückständige oder gestundete Vorausleistungen (vgl. OVG. 50, 327) verjähren in vier Jahren gemäß § 8, G. 18. 6. 40 GS. 140; im übrigen erfolgt die Beitreibung der Leistungen im Verwaltungszwangsverfahren.

Der Verkehr auf den öffentlichen Wegen wird durch Polizeiverordnungen geregelt. — Die unten des näheren zu erwähnenden §§ 55—57 des ZG. haben besonders in Beziehung auf die Wegebaulast etwas Ordnung zu stiften versucht. Zum Schutze der öffentlichen Wege dienen die §§ 304 f., 321, 326 Nr. 9 und 370 Nr. 1 und 2 des StrGB. Über die Verkehrssicherheit auf großstädtischen Straßen s. MV. 9. 12. 08 MBl. 09, 9.

Zu unterscheiden von den hier in Rede stehenden öffentlichen Wegen sind die Privatwege. Sie werden von dem Eigentümer des betr. Grundstücks für ihn selber gehalten oder dienen einer beschränkten Zahl von Personen. Für sie treffen §§ 65—79 Teil I ALR. Tit. 22 Bestimmungen. Nach den vorhergehenden §§ 63 und 64 kann sich jeder der gebahnten Fußsteige auf offenen Feldern bedienen, bis der Eigentümer solchen allgemeinen Gebrauch durch die üblichen Merkmale (Gräben, Schlagbäume usw.) verbietet. Privateigentum am Wegekörper schließt die Öffentlichkeit des Weges nicht aus (OVG. 20, 215; 46, 245; PrVBl. 27, 46). Übrigens genügt der tatsächlich allgemeine Gebrauch eines Weges (gewissermaßen als Besitzstand) zu der Annahme, daß der Weg ein öffentlicher sei. Das entgegenstehende Privatrecht muß bewiesen werden. Der Streit über diesen Punkt gehört nach § 56 Abs. 4 des ZG. vor die Verwaltungsgerichte. Hinsichtlich der Feststellung des Bestandes an öffentlichen Wegen kann bei Nichtübereinstimmung des Separationsrezesses mit der Karte

---

haltung einen verhältnismäßigen Beitrag zu zahlen, besteht nur dem Staat gegenüber, nicht für Kreischausseen (OVG. 22, 199, s. auch 33, 298).

letztere die maßgebende Urkunde sein (OVG. 21, 283). Im übrigen ist über die öffentlichen Wege folgendes zu merken:

A. Entstehung, Veränderung, Beseitigung (Einziehung), Unterhaltung. Hierüber bestimmen die Wegepolizeibehörden (ZG. § 55). Für die Errichtung neuer öffentlicher Wege ist die Enteignung zulässig (§ 18f. ALR. II 15); im Falle der Einziehung fällt der Grund und Boden an diejenigen, die privatrechtlich darauf Anspruch haben (z. B. bei Gemeindewegen an die Gemeinden). Gegen die Anordnungen der Wegepolizeibehörde, welche den Bau und die Unterhaltung der öffentlichen Wege oder die Aufbringung und Verteilung der dazu erforderlichen Kosten oder die Inanspruchnahme von Wegen für den öffentlichen Verkehr betreffen, findet als Rechtsmittel innerhalb zwei Wochen der Einspruch an die Wegepolizeibehörde statt (wegen sonstiger wegepolizeilicher Anordnungen hat man die gewöhnlichen Rechtsmittel gegen polizeiliche Verfügungen gemäß § 127ff. des LVG., oben 264ff.). Gegen den Beschluß der Wegebaupolizeibehörde findet die Klage im Verwaltungsstreitverfahren statt. Ebenso über Streitigkeiten der Beteiligten, die zu der Leistung herangezogen werden, untereinander; sowohl über das Bestehen der öffentlichen Verpflichtung im allgemeinen, wie über die Erfüllung der Verpflichtung im Einzelfall (RGer. 27, 207). Zuständig ist in erster Instanz der KrAussch., und in Stadtkreisen, in Städten mit mehr als 10000 Einw., sowie in allen Fällen, wo es sich um Chausseen handelt oder ein Provinzial- oder Kreiskommunalverband als solcher beteiligt ist oder wenn die Klage gegen Beschlüsse des Landrates gerichtet ist, der BezAussch. (ZG. § 56). Dieselben Behörden entscheiden auf Klagen bei Einziehung und Verlegung öffentlicher Wege, wenn die Wegepolizeibehörde die nach der öffentlichen Bekanntmachung erhobenen Einsprüche zurückgewiesen hat (ZG. § 57). Der § 57 ZG. handelt nicht von einer, nach § 4 ALR. II 15 zulässigen, von der Verlegung zu unterscheidenden Deklassierung der Land- und Heerstraßen, d. h. Versetzung in die niedere Klasse der öffentlichen Kommunikationswege (OVG. 29, 210).

Die Klage ist bezüglich der Verlegung öffentlicher Wege nur dann zulässig, wenn ausnahmsweise nicht die Wegepolizeibehörden, sondern die Generalkommissionen materiell zuständig sind (OVG. 21, 274). Ein nicht oder nicht rechtzeitig angefochtener Beschluß der Wegepolizeibehörde, durch welchen ein Weg für den öffentlichen Verkehr in Anspruch genommen wird, entscheidet über die Frage der Öffentlichkeit des Weges nicht endgültig (OVG. 23, 163). Der Eigentümer eines öffentlichen Weges hat alle die Vorkehrungen zu dulden, die durch den öffentlichen Verkehrszweck bedingt sind (OVG. 36, 237). Insbesondere ist die Telegraphenverwaltung befugt, die öffentlichen Wege für ihre öffentlichen Zwecken dienenden Telegraphenlinien zu benutzen, soweit nicht dadurch der Gemeingebrauch des Verkehrsweges beschränkt wird (§ 1, TelegraphenwegeG. 18. 12. 99, RGBl. 705). Durch § 19 PostG. 28. 10. 71 (RGBl. 347) ist vorgeschrieben, daß jedes Fuhrwerk der Post auszuweichen hat.

Über die Grenzen des Gemeingebrauchs der öffentlichen Fahrwege sagt das OVG. 50, 284:

„Die unbeschränkt öffentlichen Fahrwege stehen jedem zur Benutzung mit Fuhrwerken offen, und die Polizei ist nicht berechtigt, einem Mitgliede des Publikums diese Benutzung zu verbieten. Aber diese Benutzung muß sich in den Grenzen des gemeinen, jedem Mitgliede des Publikums gleichermaßen zustehenden Gebrauches der Wege halten. Zu einer Benutzung, die über diesen Gemeingebrauch hinausgeht, ist niemand berechtigt (OVG. 10, 194). Darüber, was unter Gemeingebrauch der Wege zu verstehen ist, bestehen keine festen Normen, vielmehr muß dies nach dem jeweiligen Stande des öffentlichen Verkehrs, nach der Entwicklung der Verkehrsbedürfnisse und Verkehrsmittel beurteilt werden." Das OVG. hält hiernach die Benutzung der Straßen durch Kraftwagen und Räder als noch in den Rahmen des Gemeingebrauchs fallend, nicht aber den Verkehr mit Straßenlokomotiven. Es war aber nie streitig, daß die Polizei aus Gründen der Verkehrssicherheit auch die Benutzung gewisser Straßen für Automobile verbieten könne. Die auf Grund des § 6 des KraftfahrzeugG. 3. 5. 09 erlassene Bundesratsverordnung über den Verkehr mit Kraftfahrzeugen vom 3. 2. 10 RGBl. 389 setzt im § 23 ausdrücklich fest, daß die Polizeibehörden allgemein oder für besondere Fälle, „soweit der Zustand der Wege oder die Eigenart des Verkehrs es erfordert, den Verkehr mit Kraftfahrzeugen überhaupt oder mit einzelnen Arten auf bestimmten Wegen, Plätzen und Brücken verbieten oder beschränken" könne. Hierzu PrMV. 25. 2. 10 MBl. 62.

Zur „Wegeunterhaltung" gehört nicht die regelmäßige, polizeilich zu erzwingende Reinigung (OVG. 26. 10. 05, PrVBl. 27, 394; 24. 11 04, PrVBl. 26, 679)[1]), wohl aber das Wegräumen des Schnees (OVG. 14, 399, 282, und 17, 324, und 45, 162). Die Wegebaupflichtigen haben auch für die Zufahrtstraßen der Brücken zu sorgen, während diese selbst, falls sie über schiffbare Flüsse führen, im allgemeinen vom Staate zu unterhalten sind (§ 53 ALR. II 15, OVG. 33, 268; 42, 206; 45, 297; aber: 47, 280). — Der Inhaber der Wegegeldgerechtigkeit kann sich nicht durch einseitigen Verzicht auf diese von der Wegeunterhaltungspflicht befreien (OVG. 16, 299; 46, 267). — (Von den öffentlichen Straßen der Städte — die in der Regel Eigentum der Stadtgemeinden sind, OVG. 10, 198 — ist hier nicht die Rede; über ihre Anlegung usw. s. oben S. 80 f.). Über die Ablösung der Wegebaupflicht der Staatsbauverwaltung s. Anw. 7. 11. 07 MBl. 239.

Wer es unternimmt, Abgaben, die nach einem von der zuständigen Behörde erlassenen Tarife für Benutzung von Verkehrsanlagen zu entrichten sind, zu hinterziehen oder solche überhebt, wird nach G. betr. Hinterziehung und Überhebung von Verkehrsabgaben 2. 5. 00 GS. 123 bestraft.

B. Verschiedene Arten der öffentlichen Wege:

1. Chausseen, auch Kunststraßen und im § 17 ALR. II 15 auch Dammstraßen genannt. Sie erhalten die Eigenschaft einer Kunststraße im rechtlichen Sinn erst dadurch, daß sie den für Chausseen erlassenen gesetzlichen und reglementarischen Bestimmungen unterworfen

---

[1]) Im Jahre 1910 ist ein Entwurf eines über das Reinigen öffentlicher Wege nebst Begründung veröffentlicht worden (vgl. Selbstverwaltung Nr. 14—16).

werden. Zu ihrem Bau gewährt der Staat seine Vorrechte (Enteignung, Anwendung der chaussee-polizeilichen Bestimmungen). Es bedarf daher zur Anlage der Chausseen der landesherrlichen Genehmigung. Das Chausseegeld ist für die Staatschausseen, die dann durch § 18 des DotationsG. 8. 7. 75 GS. 497 auf die Provinzialverbände übergegangen sind, durch G. 27. 5. 74 GS. 184 beseitigt. Im übrigen kann mit staatlicher Genehmigung (Minister der öffentlichen Arbeiten; Regierungspräsident; AE. 28. 1. 08 GS. 38; MV. 10. 3. 08 MBl. 60) Chausseegeld erhoben werden. Tarif 29. 2. 40 S. 94 erg. AE. 6. 6. 04 GS. 139 betr. Kraftfahrzeuge; 23. 4. 08 MBl. 129; vgl. auch oben S. 311. Über den Staatszuschuß zu Wege- und Brückenbauten s. auch DotatG. 2. 6. 02 GS. 167. Zum Schutze der Chausseen sind verschiedene Gesetze gegeben worden, welche sich namentlich auf die Radfelgenbreite der Fuhrwerke und das Maximum der zulässigen Belastung der letzteren beziehen (V. 17. 3. 39, betr. den Verkehr auf den Kunststraßen nebst der abändernden KO. 12. 4. 40 und dem weiter abändernden G. 20. 6. 87, GS. 301, welches im § 12 drei Kategorien von Kunststraßen bezeichnet). Die Wegepolizei bezüglich der Chausseen wird in betreff der Herstellung, Unterhaltung, Verlegung (Chausseebaupolizei) vom Regierungspräsidenten, in betreff des Schutzes und des Verkehrs vom Landrat verwaltet (s. auch ME. 5. 7. 97, MBl. 134); ihm steht bei Chausseen auch die Inanspruchnahme von Wegeteilen für den öffentlichen Verkehr zu (OVG. 21, 245; 11, 204).

2. Nichtchaussierte öffentliche Wege. Aus den verworrenen alten Vorschriften hat sich allmählich die Gewohnheit herausgeschält, daß die politischen Gemeinden und Gutsbezirke für ihren Bezirk die öffentlichen Wege zu bauen und zu unterhalten haben. Die Wegepolizei liegt den Ortsbehörden ob.

Gewöhnlich handelt es sich bei diesen nichtchaussierten öffentlichen Wegen um die sog. Kommunikations- oder Vizinalwege, die benachbarte Ortschaften miteinander verbinden. Dagegen werden unter den § 37 Nr. 1 ALR. II 7 erwähnten gemeinschaftlichen Wegen der Dorfgemeinden solche zu verstehen sein, welche als sog. Feldwege zur Erreichung der auf der Feldmark belegenen Äcker und Wiesen bestimmt sind.

Alle derartigen Wege stehen im Eigentum der betr. Gemeinde (RGer. 22, 304)[1]).

II. Wasserstraßen.

Über Vorflut s. oben S. 87.

A. Das G. 1. 4. 79 (GS. 297) hat die Bildung von Wassergenossenschaften zum Gegenstand. Es bezweckt: gemeinsame Unternehmungen in betreff der Benutzung oder Unterhaltung von Gewässern, der Ent- oder Bewässerung von Grundstücken, des Schutzes der Ufer, der Anlegung,

[1]) Die kurmärkische Observanz, nach welcher der in der Feldmark mit Grundeigentum angesessene Gutsherr zur Unterhaltung der Dorfstraße die in der bäuerlichen Feldmark nicht vorhandenen Materialien und den Arbeitslohn geben muß, ist nicht auf Straßen anwendbar, die erst nach Aufhebung der Gutsuntertänigkeit und Regulierung der gutsherrlichen bäuerlichen Verhältnisse für den regelmäßigen Anbau und den Verkehr innerhalb der geschlossenen Ortschaft bestimmt worden sind (OVG. 27, 208).

Benutzung oder Unterhaltung von Wasserläufen oder Sammelbecken, der Herstellung und Verbesserung von Wasserstraßen (Flößereien) und anderen Schiffahrtsanlagen (OVG. 47, 296; 50, 332). Sehr eingehend beschäftigt sich mit den Wasserangelegenheiten das ZG. §§ 65—95. Sowohl die Räumungsanordnung im Sinne des § 66 als der Anspruch gegen einen Drittverpflichteten müssen sich darauf stützen, daß der Inanspruchgenommene eine öffentlich-rechtliche dauernde Räumungspflicht habe (OVG. 17. 12. 96 und 3. 10. 95, PrVBl. 17, 317, OVG. 27, 273; 30, 305); die Verwaltungsgerichte entscheiden endgültig über die Räumungsverbindlichkeit (RGer. 34, 254).

B. Nur die von Natur schiffbaren Flüsse gelten (soweit sie schiffbar zu sein anfangen und schiffbar bleiben, gleichviel ob die Schiffahrt tatsächlich ausgeübt wird oder nicht, OVG. 28, 285; PrVBl. 23, 21) als öffentliche, im allgemeinen Eigentume des Staates befindliche[1]). Dieses Recht erlischt, sobald die Schiffahrt dauernd aufhört (OVG. 33, 301). Alle anderen fließenden Gewässer sind im Privateigentum (§ 38, s. OVG. 12, 244). Unter Privatflüssen sind nach § 1 des G. 28. 2. 43 Quellen, Bäche oder Flüsse, auch künstlich angelegte Wasserläufe (OVG. 28. 2. 04, PrVBl. 26, 137), sowie Seen, die einen Abfluß haben, zu verstehen. Sofern hier nicht etwa jemand das ausschließliche Eigentum des Wasserlaufes hat, stehen den Uferbesitzern Nutzungsrechte daran zu. Immer muß die Benutzung so geschehen, daß sie nicht einen anderen Adjazenten in der erlaubten eigenen, nicht außergewöhnlichen Benutzung beeinträchtigt (RGer. 21, 302). Gehören die gegenüber liegenden Ufer verschiedenen Besitzern, so hat ein jeder von beiden ein Recht auf Benutzung der Hälfte des Wassers. Im übrigen s. über Avulsion, Alluvion und Inseln oben S. 93 f.; über die Hinterziehung und Überhebung von Abgaben s. oben S. 483.

Die Befugnisse der Strombauverwaltung gegen die Uferbesitzer an öffentlichen Flüssen regelt G. 20. 8. 83 (GS. 333, ergänzt 31. 5. 84, GS. 303). Die §§ 5 und 6 bestimmen, daß der Eigentumserwerb der Adjazenten an Anlandungen, welche der Fiskus durch mittelbar wirkende Anstalten bewirkt, von selbst eintritt. Dem Fiskus steht aber Besitz und Nutzung zum Zwecke gehöriger Befestigung zu und später kann er den Adjazenten den Eigentumsbesitz so lange vorenthalten, bis sie sich zur Zahlung der Vergütung, deren Höhe den staatlichen Kostenaufwand nicht übersteigen darf, verstehen. Vgl. auch RGer. 28, 209; 33, 331. Nach § 13 G. 20. 8. 83 und dem zu diesem Paragraphen ergangenen AbändG. 31. 5. 84 verfügen die Wasserbauinspektoren in Stromverwaltungsangelegenheiten kraft eigener Amtsgewalt; dagegen sind ihre schiffahrts- und strompolizeilichen Verf. als landespolizeiliche Verf. im Sinne des § 130 LVG. anzusehen (ME. 15. 5. 97, MBl. 119).

Der RundE. 10. 12. 96 MBl. 97, 13 hat den Hochwasser- und

[1]) Zur Schiffbarmachung nicht schiffbarer Wasserläufe und zur Verbindung schiffbarer Flüsse und Wasserläufe dienen die Kanäle. In dieser Beziehung ist vornehmlich das WasserstraßenG. 1. 4. 05 GS. 179, abgeänd. 1. 8. 09 GS. 735 zu erwähnen. Es betrifft den Bau folgender Hauptkanäle: den Rhein—Weser-Kanal; den Großschiffahrtsweg Berlin—Stettin; Verbesserung der Wasserstraße zwischen Oder und Weichsel sowie der Warthe zwischen der Mündung der Netze und Posen; die Kanalisierung der Oder von der Mündung der Glatzer Neiße bis Breslau.

Eiswachdienst zum Gegenstand; MV. 21. 3. 98 MBl. 68 die Rettung von Personen bei Überschwemmungen.

Nach der KO. 24. 2. 16. darf niemand, der eines schiff- und floßbaren Flusses oder Kanals sich zu seinem Gewerbe bedient, bei Strafe von 30 bis 150 Mk. Abgänge in solchen Massen hineinwerfen, daß das Wasser dadurch nach dem Urteile der Provinzialpolizeibehörde erheblich verunreinigt werden kann.

Die Unterhaltung der Brücken über öffentliche Flüsse liegt in der Regel demjenigen ob, welcher daselbst die Nutzung des Stromes hat (§ 53 ALR. II 15); also ebenso wie das Halten der Fähren, dem Fiskus; auch sind Brücken über öffentliche Flüsse besondere, in keinem Zugehörigkeitsverhältnis zu dem Wege stehende Kommunikationsanstalten; OVG. 12, 244; 22, 189; 45, 297. — Der Fischfang in den öffentlichen Flüssen gehört zu den Regalien (den dem Staate vorbehaltenen Nutzungen) (§ 73 ALR. II 15, s. auch ZG. §§ 98—102). — Ob Inseln, die in einem öffentlichen Flusse entstehen, dem Staate gehören oder von den Ufereigentümern okkupiert werden können, richtet sich nach dem ProvinzialG. [1]) (§ 67 ALR. II 15, s. oben S. 94f.). Denselben Regeln folgt das Eigentum an dem vom Flusse verlassenen Flußbett (§ 68 das.). Dieses aber wird in jedem Falle zur Entschädigung derjenigen verwandt, welche durch den neuen Flußlauf in ihrem Eigentum geschädigt sind (§ 69 das.). Hat der Staat dem Flusse einen anderen Lauf angewiesen, so kann er stets über das frühere Bett Verfügung treffen, er muß aber die geschädigten Eigentümer und Fischereiberechtigten entschädigen (§§ 70 bis 72 das.).

C. Uferrecht. Häfen und Meeresufer gehören dem Staate (§ 80 das.), die Ufer der öffentlichen Flüsse den Eigentümern der unmittelbar daran stoßenden Grundstücke (§ 55). Aber sie müssen den Schiffern und Flößern den Leinpfad (Treidelsteg) freilassen, auf welchem durch Menschen und Pferde Schiffe oder Flöße gezogen und an welchem sie auch angelegt werden können (§ 57 das.). Aus diesem Paragraphen leitet das OVG. 7, 337; 11. 6. 06 (Kuntze Kautz ErgBd. 05/06, 213) den Satz her, daß die Landespolizeibehörde den Uferbesitzern einen Bau unmittelbar am Ufer verbieten kann. Ferner dürfen sie an hirem Ufer nichts anlegen, wodurch die Schiffahrt eingeschränkt wird, auch ohne Genehmigung der staatlichen Behörde keine sonstigen Anlagen in oder an dem Flusse aufführen (§ 61f. das.). Endlich stellt der den Uferbesitzern zustehende gemeine Gebrauch des Flusses an und für sich noch kein besonderes Privatrecht dar. Sie können daher keine Entschädigung fordern, wenn der Staat ihnen durch Erbauung einer Eisenbahn im Flusse vor ihren Grundstücken, die Gelegenheit, hier Kähne anlegen zu lassen, entzogen hat. (RGer. Gruchot 26, 713 und das. 29, 76).

Das Deichwesen ist durch das G. 28. 1. 48 GS. 54, s. auch ZG. § 96f. geordnet. Den Schutz vor Hochwassergefahren betrifft (G. 16. 8. 05, GS. 342, AusfBest. 8. 7. 08, Landw. MBl. 318). Im besonderen das Hochwassergebiet der oberen und mittleren Oder betrifft G. 12. 8. 05

---

[1]) In der Mark Brandenburg sind solche Inseln kein Vorbehalt des Staates.

GS. 357, Bereitstellung von Mitteln: G. 10. 7. 06 GS. 373, G. betr. den Nogatabschluß 30. 7. 10 GS. 131, Hochwassernachrichtendienst MV. 4. 1. 10 MBl. 34.

Das Strandungsrecht wird durch die Reichsstrandungsordnung 17. 5. 74 RGBl. 73 geregelt. Dazu RG. 30. 12. 01, RGBl. 02, 1 (Instr. 24. 11. 75, RZBl. 750. AusfAnw. zu § 25 StrO. 29. 1. 04, HandMBl. 31).

XII. Presse.

Nach Art. 4 Nr. 16 Reichsverf. untersteht die Presse der Gesetzgebung des Reiches; dementsprechend ist ergangen:

ReichspreßG. 7. 5. 74 (RGBl. 65).

Einleitende Bestimmungen. Die Freiheit der Presse unterliegt nur denjenigen Beschränkungen, welche durch dieses G. vorgeschrieben oder zugelassen sind (§ 1). Deshalb ist die Polizei nicht befugt, gegen die Wahl des Titels einer periodischen Druckschrift oder gegen gewerbliche Ankündigungen in Druckschriften präventiv einzuschreiten (OVG. 30, 418; 28, 326, s. aber KGer. 17, 447, wonach das Verbot von Geheimmittelanpreisung zulässig ist). Das G. findet Anwendung auf alle „Druckschriften", d. h. alle Erzeugnisse der Buchdruckerpresse, sowie alle anderen durch mechanische oder chemische Mittel bewirkten, zur Verbreitung bestimmten Vervielfältigungen von Schriften, bildlichen Darstellungen mit oder ohne Schrift (vgl. OVG. 47, 335) und von Musikalien mit Text oder Erläuterungen (§ 2); auch Photographien gehören hierher (s. RGerStr. 4, 362; vgl. OVG. 40, 295); wegen Postkarten mit Photographien OVG. 52, 286. Als Verbreitung einer Druckschrift gilt auch ihr Anschlagen, Ausstellen oder Auslegen in Orten, wo sie der Kenntnisnahme durch das Publikum zugänglich ist (§ 3), aber nicht z. B. kinematographische Vorführung (OVG. a. O.). Eine Entziehung der Befugnis zum selbständigen Betriebe irgendeines Preßgewerbes oder sonst zur Herausgabe und zum Vertriebe von Druckschriften kann weder im administrativen, noch im richterlichen Wege stattfinden. Im übrigen sind für den Betrieb der Preßgewerbe die Bestimmungen der GewO. maßgebend (§ 4; — nach § 14 der GewO. haben Buchdrucker, Buchhändler, Verkäufer von Druckschriften, Inhaber von Lesekabinetten usw. bei Eröffnung ihres Gewerbebetriebes dessen Lokal, sowie jeden späteren Wechsel sofort der Ortspolizeibehörde anzugeben; über den Straßenverkauf von Druckschriften usw., § 43 der GO.). Unbeschadet der Befugnis der Beschlagnahme ist die Polizeibehörde in jedem Falle nicht berechtigt, das Verteilenlassen von Reklamezetteln für die Zukunft zu untersagen, weil sich, ebenso wie der § 10 des früheren Preuß. PreßG. 12. 5. 51, die § 43 GewO. und § 5 RPreßG. nur auf Personen beziehen, welche das Ausrufen, Verteilen usw. selbst vornehmen (OVG. 23, 274). Vgl. auch unten Schlußbestimmungen u. oben S. 198.

Ordnung der Presse. Auf jeder Druckschrift muß Name und Wohnort des Druckers und, wenn sie für den Buchhandel oder sonst zur Verbreitung bestimmt ist, auch der des Verlegers oder, beim

Selbstvertriebe, der des Verfassers oder Herausgebers genannt sein. An Stelle des Namens des Druckers oder Verlegers genügt die in das Handelsregister eingetragene Firma. Ausgenommen von jener Vorschrift sind die nur zu den Zwecken des Gewerbes und Verkehrs, des häuslichen und des geselligen Lebens dienenden Druckschriften, wie Formulare, Preiszettel, Visitenkarten u. dergl. (wegen Ansichtskarten KGer. DJZ. 09, Sp. 381, RGer. DJZ. 1910, 18. SpruchS. Sp. 62), sowie Stimmzettel für öffentliche Wahlen, sofern sie nichts weiter als Zweck, Zeit und Ort der Wahl und die Bezeichnung der zu Wählenden enthalten (§ 6). „Periodische" Druckschriften, d. h. Zeitungen und Zeitschriften, welche in monatlichen oder kürzeren Fristen erscheinen, müssen außerdem auf jeder Nummer (Stück, Heft) Namen und Wohnort (vgl. RGerStr. 39, 105) des verantwortlichen Redakteurs enthalten. Bei Benennung mehrerer Redakteure muß bestimmt erhellen, für welchen Teil der Druckschrift jeder die Redaktion besorgt (§ 7). Die Redakteure müssen verfügungsfähig und im Besitze der bürgerlichen Ehrenrechte sein, auch im Deutschen Reich ihren Wohnsitz oder gewöhnlichen Aufenthalt haben (§ 8). Von jeder Nummer (Heft, Stück) einer periodischen Zeitschrift hat der Verleger, sobald die Austeilung oder Versendung beginnt, 1 Exemplar an die Polizeibehörde des Ausgabeortes unentgeltlich abzuliefern. Dies gilt nicht für Druckschriften, welche ausschließlich Zwecken der Wissenschaft, der Kunst, des Gewerbes oder der Industrie dienen (§ 9). Der Redakteur, der Anzeigen aufnimmt, muß die ihm von öffentlichen Behörden mitgeteilten amtlichen Bekanntmachungen auf deren Verlangen gegen Zahlung der üblichen Gebühren in einer der beiden nächsten Nummern des Blattes aufnehmen (§ 10); ebenso eine Berichtigung der mitgeteilten Tatsachen (selbst wenn diese Mitteilung wahr und nicht beleidigend war) auf Verlangen einer öffentlichen Behörde oder Privatperson, sofern die Berichtigung vom Einsender unterzeichnet ist, keinen strafbaren Inhalt hat und sich auf tatsächliche Angaben beschränkt. Der Abdruck muß in der, dem Empfang der Einsendung nächstfolgenden, für den Druck nicht bereits abgeschlossenen Nummer und zwar in demselben Teile der Druckschrift und mit derselben Schrift, wie der zu berichtigende Artikel geschehen. Die Aufnahme erfolgt kostenfrei, soweit die Entgegnung nicht über den Raum jenes Artikels hinausgeht (§ 11). Auf die von den deutschen Reichs-, Staats- und Gemeindebehörden und von den parlamentarischen Körperschaften ausgehenden, nur amtliche Mitteilungen enthaltenden Druckschriften finden die §§ 6—11 keine Anwendung (§ 12). Die auf mechanischem oder chemischem Wege vervielfältigten periodischen Mitteilungen (lithographierte, autographierte, metallographierte, durchgeschriebene Korrespondenzen) unterliegen, sofern sie ausschließlich an Redaktionen verbreitet werden, den für periodische Druckschriften getroffenen Bestimmungen nicht (§ 13). Die Verbreitung ausländischer periodischer Druckschriften kann der Reichskanzler bis auf 2 Jahre verbieten, wenn eine Nummer binnen Jahresfrist zweimal auf Grund der §§ 41 f. StrGB. zur Unbrauchbarmachung verurteilt worden ist; das Verbot muß innerhalb 2 Monaten seit der letzten rechtskräftigen Verurteilung erfolgen (§ 14). Öffentliche Aufforderungen mittels der Presse zur Aufbringung der wegen einer strafbaren Handlung erkannten Geldstrafen und Kosten sind verboten; das etwa daraufhin Gezahlte verfällt der Armenkasse des Ortes der Sammlung (§ 16). Die Anklageschrift und andere amtliche Schriftstücke eines Strafprozesses dürfen nicht eher veröffentlicht werden, bis sie in öffentlicher Verhandlung kund gegeben oder das Verfahren (rechtskräftig, RGerStr. 35, 275) beendet ist, § 17.

Die Verantwortlichkeit für die durch die Presse begangenen strafbaren Handlungen bestimmt sich nach den allgemeinen Strafgesetzen. Ist die Druckschrift eine periodische, so ist der verantwortliche Redakteur (z. Begr. RGer. 36, 215) als Täter zu bestrafen, wenn nicht durch besondere Umstände (Verausgabung der Druckschrift wider seinen Willen, Krankheit u. dergl.) die Annahme seiner Täterschaft ausgeschlossen wird (§ 20, vgl. auch RGerStr. 22, 65). Begründet der Inhalt einer Druckschrift den Tatbestand einer strafbaren Handlung, so sind: der verantwortliche Redakteur, der Verleger, der Drucker, derjenige, welcher die Druckschrift gewerbsmäßig vertrieben oder sonst öffentlich verbreitet hat (Verbreiter), soweit sie nicht nach § 20 als Täter oder Teilnehmer zu bestrafen sind, wegen Fahrlässigkeit mit Geldstrafe bis 1000 M. oder mit Haft oder mit Festungshaft oder Gefängnisstrafe bis zu 1 Jahr zu belegen, wenn sie nicht die Anwendung der pflichtgemäßen Sorgfalt oder Umstände nachweisen, welche diese Anwendung unmöglich gemacht haben. Die Bestrafung bleibt jedoch für jede der benannten Personen ausgeschlossen, wenn sie als den Verfasser oder den Einsender, mit dessen Einwilligung die Veröffentlichung geschehen ist, oder, falls es sich um eine nichtperiodische Druckschrift handelt, als ihren Herausgeber oder als einen in der obigen Reihenfolge vor ihr Benannten eine Person bis zur Verkündung des ersten Urteils nachweist, welche in dem Bereich der richterlichen Gewalt eines deutschen Bundesstaates sich befindet, oder, falls sie verstorben ist, sich zur Zeit der Veröffentlichung befunden hat; hinsichtlich des Verbreiters ausländischer Druckschriften außerdem, wenn sie ihm im Wege des Buchhandels zugekommen sind (§ 21; er wird durch § 20 ausgeschlossen, RGerStr. 41, 49).

Zuständig ist gemäß RG. 13. 6. 02 (RGBl. 227) betr. Abänderung des § 7 StPO. dasjenige Gericht, in dessen Bezirk die Druckschrift erschienen ist; bei Privatklagen wegen Beleidigung auch dasjenige, in dessen Bezirk die Verbreitung erfolgte, vorausgesetzt, daß der Beleidigte dort wohnt oder seinen gewöhnlichen Aufenthalt hat.

Verjährung. Die Strafverfolgung der durch Verbreitung strafbarer Druckschriften begangenen Verbrechen und Vergehen sowie der sonstigen in diesem G. mit Strafen bedrohten Vergehen verjährt in 6 Monaten seit dem Tage der Verbreitung (Veröffentlichung) (§ 22; hierzu RGerStr. 40, 270). Im übrigen finden die §§ 66 f. StrGB. Anwendung.

Beschlagnahme. Ohne richterliche Verordnung findet sie nur statt: wenn eine Druckschrift den §§ 6 f. nicht entspricht oder dem § 14 zuwider verbreitet wird, oder einem in Kriegszeiten erlassenen Verbote zuwider militärische Nachrichten bringt, oder wenn ihr Inhalt den Tatbestand einer der in den §§ 85, 95, 111, 130, 184 StGB. mit Strafe bedrohten

Handlungen begründet (§ 23). Über Bestätigung oder Aufhebung der vorläufigen Beschlagnahme entscheidet das Amtsgericht oder, wenn die Anklage bereits erhoben, der Untersuchungsrichter oder die Strafkammer. Diese Entscheidung muß von der Staatsanwaltschaft binnen 24 Stunden nach Anordnung der Beschlagnahme beantragt und vom Gericht binnen weiterer 24 Stunden erlassen werden. Hat die Polizei die Beschlagnahme ohne Anordnung der Staatsanwaltschaft verfügt, so muß sie die Verhandlungen an diese spätestens binnen 12 Stunden absenden. Die Staatsanwaltschaft hat entweder die Wiederaufhebung der Beschlagnahme sofort anzuordnen oder binnen 12 Stunden die gerichtliche Bestätigung zu beantragen. Die Beschlagnahme erlischt, wenn nicht bis zum Ablaufe des 5. Tages nach ihrer Anordnung der Behörde, von der sie angeordnet wurde, der bestätigende Gerichtsbeschluß zugegangen ist (§ 24). Gegen den die vorläufige Beschlagnahme aufhebenden Gerichtsbeschluß findet ein Rechtsmittel nicht statt (§ 25). Die vom Gericht bestätigte vorläufige Beschlagnahme ist wieder aufzuheben, wenn nicht binnen 2 Wochen die Strafverfolgung in der Hauptsache eingeleitet ist (§ 26). Die Beschlagnahme trifft die Druckschriften nur da, wo sie sich zum Zwecke der Verbreitung (z. B. in einer Restauration, nicht aber im Privatbesitz) befinden. Trennbare Teile (Beilagen einer Zeitung usw.), die nicht strafbares enthalten, sind von der Beschlagnahme auszuschließen (§ 27).

Schlußbestimmungen. Das Recht der Landesgesetzgebung, Vorschriften über das öffentliche Anschlagen, Anheften, Ausstellen, sowie die öffentliche, unentgeltliche Verteilung von Bekanntmachungen, Plakaten (auch Lichtbilderreklame, OVG. Selbstverwaltung 37, 825), Aufrufen und über Abgabe von Freiexemplaren an Bibliotheken und öffentliche Sammlungen zu erlassen (1 Exemplar aller Verlagsartikel an die Königliche Bibliothek in Berlin und an die Universitätsbibliothek der betr. Provinz, § 6 Preuß. PreßG. 12. 5. 51 [GS. 273, MVf. 9. 7. 07, MBl. 227] s. OVG. 36, 435), wird durch dieses G. nicht berührt (§ 30). Hiernach ist § 9 Preuß. PreßG., welcher sich speziell auf Anschlagzettel und Plakate bezieht, aufrecht erhalten (OVG. 5, 413), dagegen ist die Vorschrift des allgemeine Beschränkungen der Verbreitung von Druckschriften, auch durch Anheften oder Anschlagen, enthaltenden § 10 das. durch § 43 GewO. und § 5 ReichspreßG. ersetzt worden, soweit sein Verbot über § 43 Abs. 5 GewO. und die in § 30 Abs. 2 ReichspreßG. gekennzeichneten Handlungen hinausgeht. RGerStr. 35, 53, vgl. KGer. 26, C. 73; DJZ. 06, 4. SpruchS., Sp. 192.

Für Elsaß-Lothringen, auf das sich nach § 31 das ReichspreßG nicht erstreckt, gilt jetzt Elsaß-Lothringisches (Landes)G. über die Presse 8. 8. 98 (G.-S. für Elsaß-Lothringen Nr 18).

XIII. Unterrichtswesen.

Art. 26 Preuß. Verf. in der Fassung des G. v. 10. 7. 06 (GS. 333) bestimmt: „Das Schul- und Unterrichtswesen ist durch Gesetz (früher: ein besonderes Gesetz) zu regeln. Bis zu anderweiter gesetzlicher Regelung verbleibt es bei dem geltenden Recht“. Eine gesetzliche Regelung ist seit der Emanation der Verfassung nur auf einzelnen Gebieten erfolgt; so ist z. B. das staatliche Aufsichtsrecht durch G. 11. 3. 72 (GS. 183) festgelegt worden; das Gebiet des Volksschulrechts ist — aber gleichfalls nicht vollständig — durch das G. 28. 7. 06 (GS. 335) geregelt, auch sind durch zahlreiche Gesetze die Verhältnisse der Lehrer geordnet worden. Bis zur endgültigen Regelung des gesamten Schulwesens bildet das Fundament des geltenden Rechtszustandes noch immer zunächst der „von niederen und höheren Schulen" handelnde Titel XII des ALR. II.

I. Staatsaufsicht. „Schulen und Universitäten sind Veranstaltungen des Staates, welche den Unterricht der Jugend in nützlichen Kenntnissen und Wissenschaften zur Absicht haben" (§ 1 ALR. II, 12). Die Anfangsworte dieses Satzes besagen schon, daß die Aufsicht des Staates hier weit energischer eingreifen will als bei anderen (Kommunal-, kirchlichen u. dergl.) Angelegenheiten, und zwar auch da, wo der Staat nicht unmittelbar die Anstalten einrichtet und verwaltet. „Dergleichen Anstalten sollen nur mit Vorwissen und Genehmigung des Staates errichtet werden" (§ 2 das.). „Alle öffentlichen Privatunterrichts- und Erziehungsanstalten stehen unter der Aufsicht vom Staate ernannter Behörden" (Preuß. Verf. Art. 23, vgl. § 9 ALR. II, 12). Dasselbe sagt § 1 G. 11. 3. 72 (GS. 183) betr. die Beaufsichtigung des Unterrichts- und Erziehungswesens, und fügt hinzu, daß alle mit dieser Aufsicht betrauten Behörden und Beamten im Auftrage des Staates handeln. Hierdurch sollte der aus dem Landrecht und der Verfassung hergeleitete Zweifel beseitigt werden, ob nicht die Kirche und ihre Geistlichen aus eigenem Rechte eine Schulaufsicht beanspruchen könnten; daher das Recht der Aufsichtsbehörde, die Sprache auch des Religionsunterrichts zu bestimmen (OVG. 50, 176). Nach § 2 jenes G. gebührt dem Staate allein die Ernennung der Lokal- und Kreisschulinspektoren[1]), indessen bleibt nach § 3 die den Gemeinden und dessen Organen zustehende Teilnahme an der Schulaufsicht unberührt; diese regelt für die Volksschulen Abschn. 5 des G. betr. die Unterhaltung der öffentlichen Volksschulen v. 28. 7. 06 (GS. 335), insbesondere § 43 Abs. 3. In größeren Städten können auch städtische Beamte mit der Schulaufsicht betraut werden (ME. 22. 8. 98, UZBl. 723). Auch wer gewerbsmäßig in den zur Aufgabe der öffentlichen Schule gehörenden Lehrgegenständen (also z. B. auch im Turnen und wenn unentgeltlich OVG. 52, 214) Privatunterricht an schulpflichtige Personen (solche sind z. B. nicht jugendliche Arbeiter RGer. 28. 6. 10, vgl. aber OVG. a. O.) erteilen will, muß sich hinsichtlich seiner Befähigung bei der Behörde ausweisen (§§ 7 f. ALR. II, 12), desgleichen, wer Privatschul- und Erziehungsanstalten einrichtet, welche dann auch unter der Aufsicht der Staatsbehörde stehen (§§ 3—5 daselbst). Das Nähere über diese Aufsicht ist angeordnet in der KO. 10. 6. 34 (GS. 135) betr. die Aufsicht des Staates über Privatanstalten und Privatpersonen, die sich mit dem Unterricht und der Erziehung der Jugend beschäftigen, und in der Instruktion 31. 12. 39

---

[1]) In Berlin ist ihre Anstellung dem Magistrate überlassen, vorbehaltlich der Bestätigung der Personen durch die Staatsbehörde.

(MBl. 40, 94; abg. ME. 4. 2. 09, GemeindeverwBl. 270; wegen der gewerblichen Privatschulen MVerf. 8. 12. 05, HandMBl. 355; wegen der MilitVorber.-Anstalten MVerf. 13. 10. 05, UZBl. 503). Hinsichtlich des Religionsunterrichts (s. dazu EBGB. Art. 134) ist zu unterscheiden zwischen dem staatlichen (schulplanmäßigen) und demjenigen, welcher selbstverständlicher Bestandteil gemeinsamer Religionsübungen ist (nb.: die Konfessionsangehörigkeit wird durch die Taufe bestimmt, OVG. 51, 170). Auch diejenigen Religionsgesellschaften, welche Korporationsrechte nicht besitzen, können über die in diesem Gesetze gezogenen Schranken hinaus nicht behindert werden, in ihren Versammlungen und als Teil der gemeinsamen Religionsübung durch ihre Vorsteher, Prediger, Redner usw. auch die Belehrung, den Unterricht über religiöse Lehren oder Meinungen an Erwachsene wie an Kinder jedes Alters erteilen zu lassen (OVG. 22, 397). — Der § 11 ALR. II, 12 bestimmt: „Kinder, welche in einer anderen Religion, als welche in den öffentlichen Schulen gelehrt wird, nach den Gesetzen des Staates erzogen werden sollen, können, dem Religionsunterricht in derselben beizuwohnen, nicht angehalten werden.“ Nach dem Erl. 16. 1. 92 (UZBl. 435) und 6. 1. 93 (das. 662) ist ein Dissident verpflichtet, sein Kind an dem Religionsunterricht in der öffentlichen Volksschule teilnehmen zu lassen, sofern nicht sonst nach behördlichem Ermessen für das Kind ausreichend gesorgt ist. Das Kammergericht hat in der Frage geschwankt. Während es im Urteil 6. 12. 88 im § 11 cit. den Grundsatz ausgesprochen sieht, daß schulpflichtige Kinder zur Teilnahme an dem Religionsunterrichte einer Konfession, welcher sie bzw. ihre Eltern nicht angehören, nicht angehalten werden dürfen“, hat es unterm 17. 4. 93 die Auffassung des MErl. bewilligt (übereinst. Johow 36 C, 60). Dissidentenkinder dürfen aber keinesfalls nur wegen mangelhafter Kenntnisse in der Religion über das schulpflichtige Alter hinaus in der Schule zurückbehalten werden (ME. 24. 3. 97, UZBl. 631).

Durch G. 16. 9. 99 (GS. 172) sind dem Kreisarzt wichtige Verrichtungen auf dem Gebiete der Schulhygiene übertragen, s. dazu ME. 18. 12. 01 u. 9. 7. 07 (UZBl. 217 u. 615, MBl. 231).

II. Die hauptsächlichsten Schularten. Das ALR. unterscheidet nur zwischen niederen und gemeinen (Elementar-) Schulen einerseits und höheren Schulen und Gymnasien. Darüber standen die Universitäten. Öffentliche Volksschulen sind diejenigen, die der allgemeinen Schulpflicht dienen, die von einem öffentlich-rechtlichen Träger unterhalten werden, und die bei obligatorischer Besuchspflicht keinem im Schulbezirke sich aufhaltenden schulpflichtigen Kinde verschlossen sind (OVG. PrVBl. 21, 456, s. auch OVG. 20, 120).

Neben die Volksschule sind jetzt ergänzend die Fortbildungs-, Sonntagsschulen getreten. G. 4. 5. 86 (GS. 143) betr. die Fortbildungsschulen in Westpreußen und Posen, AbändG. 24. 2. 97 (GS. 41). Erl. 2. 2. 76 u. 30. 10. 95 betr. die ländlichen Fortbildungsschulen (UZBl. 123 u. 822); G. 8. 8. 04 (GS. 242) f. Hessen-Nassau; 25. 1. 09 (GS. 7) f. Hannover; 2. 7. 10 (GS. 129) f. Schlesien; GewO. § 120 und dazu MB. 31. 8. 99 (MBl. 140). Vorschriften über die Aufstellung von Lehrplänen usw. an den vom Staate unterstützten gewerblichen Fortbildungsschulen s. PrVBl. 18, 491; Normalstatut ME. 10. 12. 03 (HandMBl. 411 u. 09, 109). Wegen der Erhebung von Beiträgen durch die Kommunen G. 1. 8. 09 (GS. 733) u. ME. 21. 4. 10 (HandMBl. 142; Erhebung von den Schülern ist unzulässig). Lehrer an gewerblichen Fortbildungsschulen, zu deren Besuch durch statutarische Bestimmung der Gemeinde männliche Arbeiter unter 18 Jahren verpflichtet werden können, haben die Eigenschaft mittelbarer Staatsbeamten; sie handeln in Ausübung ihres Amtes, wenn sie während des Unterrichts eine Rüge erteilen (OVG. 30, 437); wegen der Anstellung und Besoldung ME. 15. bzw. 7. 4. 10 (HandMBl. 139 u. 141). Den Religionsunterricht hat ME. 26. 3. 97 (UZBl. 379) und den Unterricht im Deutschen und Rechnen Vorschr. 5. 7. 97 (RAnz. 181) zum Gegenstand. Wegen des Züchtigungsrechts RGerStr. 35, 182, wegen der Schulpflicht ME. 6. 9. 10, LandwMBl. 256.

Zwischen den niederen und höheren Schulen des ALR. stehen in den Städten die mindestens fünfklassigen Mittelschulen (Bürger-, Rektor-, höhere Knaben- oder Stadtschulen). Daneben bestehen die für einen bestimmten Beruf vorbereitenden Fachschulen, wie Handels-, Gewerbeschulen; s. dazu MV. 1. 2. 02 u. 15. 4. 10 (HandMBl. 74 u. 139) betr. Anstellung, Allerh. E. 27. 1. 06 (GS. 175) betr. Titel und Rang der Lehrer und ME. 18. 6. 02, HandMBl. S. 265, betr. Staatszuschüsse; ferner Baugewerkschulen (ME. 1. 6. 08, HandMBl. 247) u. a. Wegen der Aufsicht ME. 11. 11. 05 (MBl. 06, 8) und 18. 4. 1910 (HandMBl. 140).

Die Mädchenschulen zerfallen in Mädchen-Mittelschulen und höhere Mädchenschulen mit regelmäßig 10 aufsteigenden Klassen und Unterricht in fremden Sprachen und Mathematik, s. unten S. 510.

Zu den höheren Lehranstalten gehören drei je neunklassige Arten, die humanistischen Gymnasien, die Realschulen mit lateinischem Unterricht (Realgymnasien) und die Oberrealschulen; ferner sechsklassig (VI—IIb) die Progymnasien, Prorealgymnasien und Realschulen (ME. betr. Entlassungszeugnisse 30. 10. 01, UZBl. 950). Neben den Universitäten stehen die technischen Hochschulen, die Hochschulen für künstlerische Berufszweige und die landwirtschaftlichen Hochschulen.

III. Niedere (Volks-) Schulen.

A. Gesetzliche Grundlage. Das Landrecht hatte nur unzureichende Vorschriften. Die Preuß. Verfassung stellte folgende Grundsätze auf: Art. 24: „Bei der Einrichtung der öffentlichen Volksschulen sind die konfessionellen Verhältnisse möglichst zu berücksichtigen. Den religiösen Unterricht in der Volksschule leiten die betr. Religionsgesellschaften. Die Leitung der äußeren Angelegenheiten der Volksschule steht der Gemeinde zu. Der Staat stellt, unter gesetzlich geordneter Beteiligung der Gemeinden, aus der Zahl der Befähigten die Lehrer der öffentlichen Volksschulen an." Abgesehen von den in Preußen nicht zugelassenen konfessionslosen oder religionslosen Schulen unterscheidet man die konfessionelle und die paritätische (Simultan-) Schule. Das VolksschulunterhaltungsG. vom 28. 7. 06 vermeidet jedoch diese beiden Ausdrücke, deren Bedeutung nicht immer einheitlich ist; vgl. darüber unten.

Weiter sagt Art. 25 Verf. Abs. 3: „In der öffentlichen Volksschule wird der Unterricht unentgeltlich erteilt.“ Dieser Grundsatz (gewissermaßen ein Korrelat zu der nachher zu besprechenden Schulpflicht) ist von einigen Gemeinden freiwillig durchgeführt [1]), aber erst durch das G. 14. 6. 88 (GS. 240) betr. die Erleichterung der Volksschullasten nebst ErgänzungsG. 31. 3. 89 (GS. 64) durchweg zur Regel gemacht worden. Ausnahmen sind nur gestattet: 1. für solche Kinder, welche innerhalb des Bezirkes der von ihnen besuchten Schule nicht einheimisch sind, § 6 G. 06, wozu die bei Privatpersonen in unentgeltlicher Pflegebe findlichen nicht gehören (§ 6 Abs. 2); 2. im Bedarfsfall, nämlich wenn anderenfalls eine erhebliche Vermehrung der Kommunal- oder Schulabgaben eintreten müßte (§ 4 Nr. 2 G. 88; wegen der mit Volksschulen verbundenen sog. gehobenen Abteilungen oder Klassen ME. 21. 10. 03, UZBl. 536, u. 28. 6. 05, UZBl. 226). Das danach für einheimische Kinder zulässige Schulgeld ist in Landschulen mit Genehmigung des KrAussch., in Stadtschulen mit Genehmigung des BzAussch. (dem Jahresbetrage nach, AusfV. z. G. 89, v. 15. 4. 89) festzustellen. Von 5 zu 5 Jahren ist zur Weitererhebung eine neue Genehmigung erforderlich. Die einzelnen Schulgeldsätze werden von der Schulaufsichtsbehörde genehmigt (§ 18 Reg.-Instr. 23. 10. 17; AusfV. 89 a. O.; § 6 Abs. 3 G. 06).

Über „Einrichtung, Aufgabe und Ziel der Volksschule“ ist ein ME. 15. 10. 72 (MBl. 273) ergangen; Begriffsbestimmung der „Volksschule“ OVG. 16, 197; 17, 157; 20, 120. Die E. 27. 10. 82, 28. 5. 94 und 15. 3. 97 betreffen Förderung der Turn- und Jugendspiele und Bereitstellung von Spielplätzen (UZBl. 710, 431 und 378); E. betr. Mädchenturnen 20. 3. 05 (UZBl. 332).

Das Vermögen der Schule (einschließlich der Schulgebäude) genießt die Vorrechte des Kirchenvermögens (§§ 18 f. ALR. II, 12). Wegen der Verwendung der Schulräume zu anderen als unterrichtlichen Zwecken vgl. ME. 17. 11. 03 (MBl. 597).

Die staatliche Aufsicht wird durch die Lokalschulinspektoren bzw. Schuldeputationen, die Kreisschulinspektoren (vgl. § 2 G. 11. 3. 72, 3. AusfAnw. z. G. 06, III, 2 wegen des Geschäftskreises), die Kirchen- und Schulabteilungen der Regierungen [2]) (Instr. 23. 10. 17.) und in höchster Instanz von dem Kultusminister geführt. Die Aufhebung öffentlicher Volksschulen bedarf seiner Genehmigung oder Anordnung (§ 65 Abs. 2 G. 28. 7. 06). Schulinspektoren geistlichen Standes sollen nur den in der eigenen Konfession erteilten Religionsunterricht beaufsichtigen (E. 30. 12. 96; UZBl. 97, 223). Eine Dezentralisation der Schulaufsicht wird durch E. 3. 3. 97 (UZBl. 268) angestrebt, vgl. AusfAnw. a. O.

B. Die Schulunterhaltung, der wesentlichste Bestandteil der sog. „äußeren“ Schulangelegenheiten, ist nebst einigen angrenzenden Gebieten (nämlich: bestehende Schulvermögen und Verpflichtungen Dritter,

---

[1]) Zuerst wohl in Köslin; in Berlin seit 1870.

[2]) In Berlin durch das Provinzialschulkollegium (KO. 26. 5. u. 21. 12. 21), dem übrigens in wissenschaftlicher Beziehung die oberste Leitung auch außerhalb Berlins zusteht. Die Kosten der Volksschulvisitationen fallen in der Provinz Brandenburg dem Staate zur Last (OVG. 14, 95).

konfessionelle Verhältnisse, sowie Verwaltung und Lehreranstellung) geregelt worden durch das mehrfach erwähnte

Gesetz betr. die Unterhaltung der öffentlichen Volksschulen v. 28. 7. 06 (GS. 335)

AusfAnw. 25. 2., 7. 7., 6. 11. 07, 14. 3. 08 (UZBl. 305, 633, 865, 461). Das Gesetz gilt nicht für Posen und Westpreußen (§ 70), wo also noch die älteren Bestimmungen bestehen; ihm unterstehen auch nicht Garnisonsschulen, mit Anstalten (z. B. Taubstummen-, Blindenanstalten) verbundene und aus nationalpolitischen Rücksichten vom Staat gegründete und bisher unterhaltene Schulen (§ 69).

a) Träger der Schullast hinsichtlich Errichtung und Unterhaltung der öffentlichen Volksschulen sind grundsätzlich die Gemeinden und selbständigen Gutsbezirke, welche allein einen „Schulverband" oder nach Vereinigung einen „Gesamtschulverband" bilden. Jede Stadt bildet in der Regel einen Verband für sich; bei Beteiligung von Städten mit mehr als 25 Schulstellen ist eine Vereinigung nur mit Zustimmung aller Beteiligten zulässig (§§ 1, 2). Über Bildung, Veränderung, Vermögensauseinandersetzung der GesSchulVbd. beschließt die Aufsichtsbehörde; bei Widerspruch erfolgt Ergänzung durch Beschluß des KrA., bei Städten des BezA. und hiergegen binnen zwei Wochen Beschwerde an den ProvRat; bei Vermögensstreitigkeiten sogleich Klage beim BezA. (§§ 3, 4). Die Aufsichtsbehörde kann Kinder eines Schulverbandes der Schule eines anderen gastweise gegen Vergütung, welche im Streitfall der Kreis- bzw. BezA. feststellt [1]), zuweisen; Beschwerde binnen zwei Wochen wegen der Zuweisung an den ObPräs.; wegen der Vergütungsfeststellung an den ProvRat, in Berlin Klage beim OVG. (§ 5). Die bisher bestehenden anderweiten Träger der Schullast (Schulsozietäten, selbständige Schulen) fallen als solche weg (Ausnahmen § 28), ihre Funktionen und ihr Vermögen, das in einer Matrikel genau zu verzeichnen ist, gehen auf die Schulverbände über. Es findet ipso iure Universalnachfolge (§ 1922 BGB.) statt, s. 1. AusfAnw. III, 2 (§§ 24, 25). Soweit eine Kirchengemeinde Trägerin der Schullast war, ist das den Schulzwecken gewidmete Sondervermögen in toto durch Beschluß der Aufsichtsbehörde im Einvernehmen mit der kirchlichen Oberbehörde (Konsistorium, bzw. Bischöfe) dem Schulverbande zu überweisen. Bei Streit erfolgt Beschluß des ObPräs., hiergegen binnen sechs Monaten Klage im Rechtsweg (§ 27). Die Schulverbände haben das ihnen zugefallene Vermögen, entsprechend den früheren Bestimmungen, zu verwenden. (§§ 25 Abs. 1 S. 2, 27). Selbständige Schulstiftungen (§ 28), ebenso die Rechte Dritter, insbesondere der Kirchengemeinden, an dem übergegangenen Vermögen bleiben bestehen; bei gemeinschaftlichen Vermögen tritt der Schulverband an die Stelle des früheren Unterhaltspflichtigen (§ 29).

Aus diesem übergegangenen und dem eigenen Vermögen des Verbandes sind die Schullasten zu bestreiten. Dazu kommen noch 1. für vereinigte Schul- und Kirchenämter (sog. Küsterschulen) die Leistungen der kirchlichen Beteiligten und der von den Kirchengemeinden nach bisheriger Rechtsnorm zu erfüllenden Verpflichtungen, welche in eine feste Rente

---

[1]) In Berlin die Aufsichtsbehörde.

umgewandelt werden können (§ 30); 2. die durch das G. ausdrücklich aufrecht erhaltenen, auf allgemeiner Rechtsnorm beruhenden (öffentlich-rechtlichen) Verpflichtungen (vgl. z. B. OVG. PrVBl. 00, 88 und §§ 31, 40 G.); die nicht ausdrücklich aufrecht erhaltenen Verpflichtungen sind weggefallen (§ 32 Abs. 1); 3. die auf besonderen Rechtstiteln (welche durch die Genehmigung der Aufsichtsbehörde sämtlich zu öffentlichen geworden sind, OVG. PrVBl. 93, 414; vgl. § 6 G. 21. 7. 46 GS. 392) beruhenden Verpflichtungen Dritter (d. h. nicht Unterhaltsverpflichteter, § 32 Abs. 2), also insbesondere Verpflichtungen der Kirche, des Fiskus, Privater gem. § 17 AnsiedlG. 10. 8. 04 (GS. 227) und der Betriebsgemeinden gem. § 53 KAG. und § 10 dies. G.; 4. die Leistungen der ihren Zwecken zu erhaltenden selbständigen Schulstiftungen (§ 28); 5. für die Provinz Ostpreußen die Leistungen gem. § 45 SchO. 11. 12. 45 (§ 32 Abs. 4). 6. Ferner kommen zum Teil schon jetzt in Betracht die Staatszuschüsse, nämlich soweit sie ohne Rücksicht auf die Leistungsfähigkeit des Verbandes gewährt werden (§ 17; 2. AusfBest. II). Dies ist der Fall hinsichtlich der Bauzuschüsse für Schulverbände mit nicht mehr als sieben Schulstellen; solchen erstattet ohne Rücksicht auf ihre Leistungsfähigkeit der Staat ein Drittel der für Volksschulbauten (nicht Grunderwerb) entstandenen notwendigen Kosten, soweit sie im Jahre 500 M. für die Stelle überstiegen haben und weder Dritten zur Last fallen noch durch Brandschadensversicherung gedeckt sind. Sofern die Kosten im Einzelfall 2000 M. übersteigen, ist ein Voranschlag von der Aufsichtsbehörde zu genehmigen; bei Streit entscheidet der KrA. bzw. BezA., Beschwerde an den ProvRat.

Zu diesen Beträgen, welche im allgemeinen nicht ausreichen werden, treten dann die eigentlichen, von den Verbänden in verschiedener Form zu deckenden Schullasten. In den Gemeinden werden die Schullasten als Gemeindelast, also gemäß dem KAG. aufgebracht, so daß also auch juristische Personen und Forensen beteiligt sind. In Gutsbezirken trägt der Gutsbesitzer die Schullasten, doch können auf seinen Antrag in gewissen Fällen nach einem vom KrA. zu erlassenden, vom BezA. zu bestätigenden Statut die Kommunalsteuerpflichtigen des Bezirks mit herangezogen werden (§§ 7, 8). In GesSchulVbd. erfolgt die Verteilung auf die einzelnen KommVbd. zur einen Hälfte nach der Zahl der Kinder, zur andern Hälfte nach dem Verhältnis des Kreissteuersolls der einzelnen Verbände; vgl. im einzelnen § 9. Der KrA. bzw. BezA. kann eine anderweite Verteilung beschließen. Wegen des Verteilungsverfahrens vgl. § 54; die Veranlagung trifft der Verbandsvorsteher, der auch über Einsprüche entscheidet, hiergegen Verwaltungsstreitverfahren zunächst beim KrA. bzw. BezA.

Hierzu treten dann schließlich die staatlichen Ergänzungszuschüsse, deren Zahlung von der Nachweisung des Unvermögens des Verbandes abhängt, und auf welche ein Rechtsanspruch nicht besteht, § 18; vgl. OVG. 53, 189. Es ist hierbei zu unterscheiden zwischen den Verbänden mit mehr als 25 Schulstellen und den übrigen kleineren. Nur für diese ist der Staatsbeitrag gesetzlich festgelegt, auf die Landkreise dezentralisiert und den KrA. eine Mitwirkung bei der Unterverteilung eingeräumt worden (2. AusfAnw. III, 2); für jene bleibt dagegen ein Zentralfonds bestehen, welchen der UnterrMin.

verwaltet (2. AusfAnw. III, 4 f.). Bezüglich der an die kleinen Verbände zu leistenden Zuschüsse unterscheidet das G.: a) den allgemein zur Unterstützung bestimmten, durch den Etat bereitzustellenden Betrag, welcher am 31. 3. 08 hierfür den Regierungen überwiesen ist. Dieser Dispositionsfonds für widerrufliche Staatsbeihilfen, welcher bislang ungeteilt der freien Verfügung der Unterrichtsverwaltung unterstand, ist also somit hinsichtlich der kleinen Verbände gesetzlich festgelegt worden. Die Oberverteilung des Betrages auf die Provinzen erfolgt durch die Zentralbehörden (§ 19); b) Einen alljährlich bereitzustellenden Betrag von 5 Millionen M., zur Ausgleichung von Unbilligkeiten benutzt (§ 20); c) laufende Ergänzungszuschüsse aus Zentralfonds für einzelne Verbände zur Errichtung neuer Schulstellen (§ 21); d) widerrufliche Ergänzungszuschüsse, für jeden Kreis in Höhe der Hälfte des von seinen Verbänden nach § 14 anzusammelnden Baufonds bereitzustellen (§ 22); e) vorübergehend bewilligte Ergänzungszuschüsse, z. B. Bauhilfen. — Die den Provinzen gem. §§ 19, 20 zufallenden Beträge werden von den ObPräs. auf die einzelnen Landkreise verteilt. Den so entstehenden Kreisfonds wachsen die gem. § 21 den einzelnen Verbänden aus Zentralfonds bewilligten (versuchsweise Dezentralisation der Bewilligung ME. 11. 3. 10, UZBl. 430) Ergänzungszuschüsse zu, und ebenso schließlich die gem. § 22 bereitzustellenden Staatsbeiträge; dagegen verbleiben die vorübergehend bewilligten Ergänzungszuschüsse im Zentralfonds (2. ABest. II u. III, 6; gleicher ME. 11. 3. 10, a. O. 441, für Bauhilfen). Die Unterverteilung der Staatsbeihilfen zu a—d auf die Verbände geschieht nach einem vom KrA. für je 5 Jahre aufzustellenden, von der SchAufsBeh. festzustellenden Verteilungsplan; gegen die Feststellung steht dem KrA. binnen 4 Wochen Beschwerde an den UnterrMin. zu, welcher endgültig entscheidet. Abänderung des Plans erfolgt in bestimmten Fällen durch den KrA., wogegen Beschwerde an den ProvRat gegeben ist. Mindestens 5 % sind stets für einmalige Ergänzungszuschüsse bereitzustellen (§ 23). — Für die Finanzverwaltung der einzelnen SchulVerbd. sind schließlich bestimmte Regeln gegeben. Sie haben einen Schulhaushaltsetat aufzustellen (Muster im ME. 12. 5. 94, UZBl. 422) und eine Schulkasse einzurichten; soweit der Verband durch eine Gemeinde gebildet wird, genügt die Aufnahme des Etats in den allgemeinen Etat und kann die Gründung der Kasse unterbleiben; sonst ist dies nur mit Genehmigung der AufsBeh. zulässig. Ebenso sind Mittel für kleinere Reparaturen bereitzustellen und sind die kleinen Verbd. verpflichtet, nach Maßgabe des § 14 einen Baufonds anzusammeln und bei einer öffentlichen Kasse zu belegen (§§ 11—16); wegen der schon nach bisherigem Rechte bestehenden Ansammlung außerordentlicher Baufonds vgl. § 47 ZustG. (ME. 18. 7. 84, UZBl. 236, OVG. 32, 192). Die Ansammlung kann unterbleiben, wenn die AufsBeh. es zuläßt, insbesondere soweit die Baukosten von Dritten zu decken sind (§ 14 Abs. 2 und 3).

b) Maß und Umfang des zur Befriedigung des Volksschulwesens Nötigen bestimmt die AufsBeh. Einen Schutz gegen übermäßige Anforderungen gab zunächst das ZustG., am einfachsten für die Gemeinde als Trägerin der Schullast. Hat der Landrat, bzw. der Regierungspräsident für Städte, die Zwangsetatisierung verfügt, d. h. die betr. Leistung in den Etat eintragen lassen bzw. die Ausgabe festgestellt, so ist dagegen für Städte die Klage bei dem OVG. (ZG. § 19) und für Landgemeinden und Gutsbezirke (hierzu § 46 Abs. 3 SchUnterhG.) beim BezA. (§ 35 ZG., vgl. § 141 LGO.) zulässig. Für GesSchVbd. gilt nach § 54 Abs. 7 SchUnterhG. das Verfahren aus § 48 ZG.: verweigert ein Schulverband die Leistungen, so steht dem Landrate bzw. bei Stadtschulen dem Regierungspräsidenten die Zwangsetatisierung und hiergegen den Schulverbänden die Klage bei dem BezA. bzw. dem OVG. zu. — Ferner bestimmt das ZG. in § 46: auf Beschwerden, betr. die Heranziehung zu Abgaben und sonstigen nach öffentlichem Rechte zu fordernden Leistungen für Schulen, welche der allgemeinen Schulpflicht dienen, beschließt, abgesehen von Baulasten, die örtliche Behörde, welche die Ausgaben und Leistungen ausgeschrieben hat (Vorstand der Schulgemeinde); gegen den Beschluß ist unter den Kontribuenten binnen 2 Wochen Klage im Verwaltungsstreitverfahren zulässig. Der Entscheidung im Verwaltungsstreitverfahren unterliegen desgleichen Streitigkeiten zwischen Beteiligten über ihre in dem öffentliche Rechte begründete Verpflichtung zu Abgaben und Leistungen für die Schule (also z. B. Streitigkeiten aus § 32 Abs. 2 SchUnterhG.). Die Klage geht an den KrA. und bei Stadtschulen an den BezA. Der ordentliche Rechtsweg (§ 15 des G. 24. 5. 61) ist hier, sowie über streitiges Volksschulgeld, nicht mehr zulässig; auch die Rückforderung der irrtümlich zu dem Bau eines Schulhauses an den nach öffentlichem Recht Baupflichtigen geleisteten Beiträge unterliegt dem Verwaltungsstreitverfahren (OVG. 23, 131). Wegen Verteilung und Einziehung innerhalb des Gesamtschulverbandes durch den Vorsteher (binnen 4 W. Einspruch, alsdann Verwaltungsstreitverfahren) vgl. § 54 Abs. 2—6 SchUnterhG.; diese Bestimmungen entsprechen also dem § 46 ZG. — Eine Erweiterung und Abänderung dieser §§ 46 und 48 des ZG. bildet das G. 26. 5. 87 (GS. 175) betr. die Feststellung von Anforderungen für Volksschulen, welches bestimmt: Bei mangelndem Einverständnis entscheidet der KrA., bei Stadtschulen der BezA. mit Rücksicht auf das Bedürfnis der Schule und die Fähigkeit der Verpflichteten (OVG. 28, 146), sobald neue oder erhöhte Leistungen (OVG. 27, 137) verlangt werden; binnen 2 Wochen Beschwerde an den ProvRat. Die Feststellungsbefugnis dieser Beschlußbehörden bezüglich der zu steigernden Leistungen hat aber keine weiteren rechtlichen Wirkungen als die frühere der Schulaufsichtsbehörde. Wird die festgestellte Leistung demnächst erzwungen, so bleiben den Belasteten alle Rechtsbehelfe offen, welche ihnen gegen die AufsBeh. zugestanden hätten. Die Feststellung der Beschlußbehörde ist für den Verwaltungsrichter zwar bezüglich der Notwendigkeit und Zweckmäßigkeit, jedoch nicht bezüglich der Gesetz- und Rechtmäßigkeit der festgestellten Leistung bindend (PrVBl. 20, 422). Diese unterliegt vielmehr der Nachprüfung im Verwaltungsstreitverfahren, während den Antrag auf Ungültigkeitserklärung des Beschlusses nur der Oberpräsident auf Grund des § 126 LVG. stellen kann (OVG. 28, 169). Bei der Konkurrenz baulicher Anforderungen mit denjenigen einer Vermehrung der Lehrkräfte können jene nicht als notwendig anerkannt und festgestellt werden, bevor nicht diese sichergestellt ist (UZBl. 87, 657, 784; OVG. 25, 191). Auf Schulbausachen bezieht sich das Gesetz nicht; hier entscheidet die AufsBeh., gegen deren Beschluß binnen 2 Wochen Klage beim KrA. bzw. BezA. gegeben ist (§ 47 ZustG.). Gemäß § 49 des ZG. finden diese Vorschriften auch Anwendung, wenn die Schule mit der Küsterei verbunden ist. Für die Entscheidungen nach § 47 sind die von den Schulaufsichtsbehörden getroffenen allgemeinen Anordnungen (Normativbestimmungen) über die Ausführung von Schulbauten maßgebend. Insoweit hat also die Nachprüfung des Verwaltungsrichters zu unterbleiben; vgl. OVG. 26, 177. Doch kann mit der gemäß § 47 Abs. 2 gegen einen Drittverpflichteten gerichteten Klage gegen ein Bauresolut auch die Notwendigkeit (z. Begr. OVG. 51, 166) und Zweckmäßigkeit der Bauordnung der richterlichen Beurteilung unterbreitet werden (OVG. 30, 163). Die Schulbauresolute, welche von den Festsetzungen früherer ausgehen, machen beim Fortbestehen der tatsächlichen Voraussetzungen die früher ergangenen und unanfechtbar gewordenen nicht wieder anfechtbar (OVG. 25, 186). Der Erstattungsanspruch eines Lehrers für Aufwendungen, die an sich einen Teil der Schulbaulast bilden, ist rein privatrechtlicher Natur (OVG. 23, 128).

C. Bei der Regelung der konfessionellen Verhältnisse kommt sowohl die Konfession der Lehrer wie der Schüler in Betracht, jedoch nur soweit sie evangelisch oder katholisch ist. An der Spitze steht der Grundsatz, daß Kinder nur durch Lehrer ihrer Konfession unterrichtet werden sollen, ohne daß wegen des Religionsbekenntnisses die Aufnahme in die Volksschule des Wohnorts versagt werden darf (§§ 33, 34 SchUnterhG). Im übrigen soll die bisherige konfessionelle Verfassung möglichst bestehen bleiben. Die Schulen mit paritätischem Lehrerkollegium, bzw. die Verbände mit solchen Schulen sollen eine Veränderung ihrer Einrichtung nur aus besonderen Gründen mit Genehmigung der Aufsichtsbehörde erfahren. Soweit in einem Verbande Schulen mit paritätischer bzw. konfessioneller Lehrerschaft nebeneinander bestehen, soll das Verhältnis beibehalten werden. Falls Verbände nur Schulen konfessioneller Lehrerschaft haben, können aus besonderen Gründen mit Genehmigung der Aufsichtsbehörde (im Fall der Versagung Beschwerde beim ProvRat, hiergegen Klage beim OVG. [1])) Schulen mit paritätischer Lehrerschaft errichtet werden. Gegen den zu veröffentlichenden Beschluß steht den Beteiligten Einspruch beim KrA. bzw. BzA., weiter Beschwerde an den Provinzialrat und schließlich Klage beim OVG. zu [1]). Sind jedoch in einer so errichteten Schule 5 Jahre lang über 60, in Städten und in Landgemeinden mit mehr als 5000 Einwohnern über 120 Kinder einer Konfession vorhanden, so ist auf entspr. Antrag wieder eine konfessionelle Schule einzurichten, wenn eine solche im Verbande ganz fehlt (§ 36). Die Konfession des Lehrers an einklassigen und der Lehrer an Schulen mit konfessionell einheitlicher Lehrerschaft bleibt bestehen; eine Veränderung ist nur unter bestimmten Bedingungen in der zahlenmäßigen Zusammensetzung der Schüler mit Genehmigung des Unterrichtsministers zulässig; doch kann in Verbänden mit Schulen lediglich konfessionell einheitlicher Lehrerschaft die Einrichtung einer Schule der anderen Konfession verlangt werden,

[1]) In Berlin entscheidet die Schulaufsichtsbehörde und folgt dann sogleich die Klage an das OVG.

wenn 5 Jahre lang die oben angegebenen Voraussetzungen in der Zusammensetzung der Schüler bestanden haben (§ 35, 38, 39).

In Schulen mit konfessioneller Lehrerschaft soll, sobald dauernd mindestens 12 Kinder der anderen Konfession vorhanden sind, tunlichst die Einrichtung eines besonderen Religionsunterrichts erfolgen (§ 37). Bezüglich der für jüdische Kinder eingerichteten, mit jüdischen Lehrern besetzten Volksschulen gelten die gegenwärtigen Bestimmungen weiter; insbesondere die bisherigen Verpflichteten (also die jüdischen Schulsozietäten § 67 Nr. 2 G. 23. 7. 47, GS. 263) bleiben als solche bestehen und ebenso die Zuschußverpflichtung der Kommunen (§ 67 Nr. 3 a. O.). Soweit der Religionsunterricht nicht in besonderen jüdischen Schulen erteilt wird, kann bei mindestens 12 einheimischen jüdischen Kindern ein besonderer Religionsunterricht durch von der Synagogengemeinde bestellte Lehrer erteilt und dafür ein dem § 67 Nr. 3 entsprechender Zuschuß verlangt werden (§ 40). — Unter den verschiedenen Schularten haben die Eltern grundsätzlich die Wahl (§ 33 Abs. 2). Auf technische Lehrkräfte beziehen sich die gesamten konfessionellen Vorschriften nicht (§ 41).

D. Schulverwaltung. Sie ist geregelt nur hinsichtlich der kommunalen, nicht der staatlichen Schulenverwaltung und auch nur im Verhältnis nach innen, nicht zum Staat. Das Gesetz spricht von den „der Gemeinde zustehenden Angelegenheiten" (§ 43 Abs. 2), ohne diese — außer etwa durch die Beispiele des Abs. 1 — näher zu präzisieren. Nach Art. 24 Abs. 3 Preuß. Verf. sind dies im wesentlichen die sog. äußeren Schulangelegenheiten (vgl. §§ 12 f. ALR. II, 12), deren Art und Umfang nicht unstreitig ist. Den verfassungsmäßigen Gemeindeorganen oder dem Gutsvorsteher (event. der Gutsvertretung, § 46 Abs. 1) bzw. den Schulvorständen und Verbandsvorstehern in Gesamtschulverbänden ist von diesen Angelegenheiten die finanzielle Seite der Schulverwaltung einschließlich der Vertretung und der Anstellung der Beamten (nicht der Lehrer) überlassen (§§ 43 Abs. 1, 46 Abs. 1, 49). Im übrigen ist zu unterscheiden (vgl. 3. AusfAnw.): a) In Stadtgemeinden üben die sonstigen der Gemeinde zustehenden Rechte (Inhalt s. 3. AusfAnw. III, 2) die Stadtschuldeputationen, als Organ des Gemeindevorstandes und seinen Anordnungen unterworfen, aus (§ 43 Abs. 2); (weg weiterer Befugnisse s. 3. AusfAnw. a. O.).

Sie bestehen aus 1. 1—3 Mitgliedern des Gemeindevorstandes; an die Stelle eines von ihnen kann ein Stadtschulrat treten; sie werden vom Bürgermeister ernannt, der jederzeit in die Schuldeputation eintreten und mit Stimmrecht den Vorsitz übernehmen kann. 2. Ebensoviel Stadtverordneten, von der Stadtverordnetenversammlung gewählt. 3. Mindestens ebensoviel des Erziehungs- und Schulwesens kundigen Männern, darunter mindestens 1 Rektor oder Volksschullehrer; bei einer Zahl von mehr als 3 mindestens 2 Rektoren usw. oder Lehrerinnen. Die Mitglieder zu 3 werden von denen zu 1 und 2 gewählt. 4. Der im Dienstrange vorangehende oder sonst dienstälteste evangelische und katholische Ortspfarrer, bei Einverständnis zwischen der Aufsichts- und Kirchenbehörde auch ein anderer Geistlicher. 5. Bei Vorhandensein von mindestens 20 jüdischen Volksschulkindern der diensthöchste bzw. dienstälteste Ortsrabbiner. Die Zahl der Mitglieder zu 1—4 kann durch Gemeindebeschluß mit Genehmigung der Aufsichtsbehörde verändert werden; doch soll dies eine Ausnahme sein, ME. 17. 3. 08 (UZBl. 520). Die Mitglieder zu 2, 3 und 5 bedürfen der Bestätigung durch die Aufsichtsbehörde, welche bei Wiederwahl eines Nichtbestätigten und Verzögerung der Ersatzwahl einen Ersatzmann ernennen kann; wegen Nichtbestätigung von Anhängern der sozialdemokratischen Partei vgl. ME. 29. 8. 98 (UZBl. 725). Die Wahlen erfolgen auf 6 Jahre; nach 3 Jahren kann Amtsniederlegung erfolgen. Zur Beschlußfähigkeit ist bei einer ersten Beratung Anwesenheit der Hälfte der Mitglieder erforderlich, Stimmenmehrheit entscheidet. An den Sitzungen nehmen die Kreisschulinspektoren als Kommissare der Aufsichtsbehörde teil. Die Mitglieder zu 2—5 können vorbehaltlich der Klage beim BezA. von der Aufsichtsbehörde aus disziplinarischen Gründen von ihrem Amt entfernt werden.

Für bestimmte Zwecke vorhandene Schulkommissionen bleiben bestehen, auch können solche neugebildet werden. Ebenso können solche Kommissionen als Organe der Schuldeputationen für eine oder mehrere Schulen begründet werden bzw. bestehen bleiben (§§ 44, 45). Die Schuldeputation übt ferner die den Gemeinden durch das G. 11. 3. 72 (GS. 183) vorbehaltene Teilnahme an der Schulaufsicht aus; sie ist in dieser Funktion Organ der Aufsichtsbehörde und hat deren Anordnungen Folge zu leisten (§ 43 Abs. 3); vgl. ME. 7. 4. 94 (UZBl. 372) wegen Versagung der Disziplinargewalt über die Lehrer. Wegen der Unzulässigkeit anderweiter Regelung der Schuldeputation durch Ortsstatut vgl. ME. 16. 7. 08 (UZBl. 760). b) In Landgemeinden, welche einen eigenen Schulverband bilden, tritt an Stelle der Schuldeputation, welche aber in Landgemeinden mit mehr als 10000 Einwohnern durch Gemeindebeschluß, in solchen mit mehr als 3000 Einwohnern mit Zustimmung der Aufsichtsbehörde gebildet werden kann, der Schulvorstand. Wegen Zusammensetzung (im wesentlichen: Gemeindevorsteher, Lehrer, der bzw. die dienstältesten Pfarrer, eventuell Rabbiner, 2—6 Einwohner; Ortsschulinspektor als Teilnehmer) usw. vgl. § 47; die Bestimmungen ähneln denen für die Schuldeputationen. Die gewählten Mitglieder der Schulvorstände sind in dieser Eigenschaft öffentliche Beamte (Gerichtshof z. Entsch. d. Kompetenzkonfl. JMBl. 58, 282, UZBl. 79, 698); sie unterliegen den Disziplinarvorschriften, welche für die Mitglieder der SchDep. gelten (§ 47 Abs. 6); nach dem OVG. (Selbstverwaltung 37, 372) können Sozialdemokraten nicht Mitglieder sein. Wo konfessionell verschiedene Schulen bestehen, sind für die Angelegenheiten der äußeren Ordnung und der Verbindung mit dem Elternhause, welche sonst dem Schulvorstand obliegen, besondere Schulkommissionen zu bilden, § 48. c) In Gesamtschulverbänden tritt an die Stelle der Gemeindeorgane und der Stadtschuldeputation der Schulvorstand und als sein ausführendes Organ der Verbandsvorsteher, welcher aus dem Schulvorstande von der Aufsichtsbehörde ernannt wird (§§ 50, 51). Wegen der Zusammensetzung usw. vgl. §§ 50 bis 54, wegen zu bildender Schulkommissionen § 55, wegen der eventuellen Einrichtung von Schuldeputationen, welche stets erfolgt, wenn eine Stadt dem Gesamtschulverbande angehört, § 57. In gewissen Ausnahmefällen (§ 50 Abs. 9) tritt an die Stelle des Schulverbandes ein Gutsvorsteher.

E. Lehrer an den Volksschulen. Ausgebildet werden die Volksschullehrer in dreiklassigen Seminaren mit dreijährigem Kursus. Zur Vorbereitung für diese sind in neuerer Zeit die sog. Präparandenanstalten errichtet. (Am 1. 7. 01 sind erlassen Lehrpläne und methodische Anweisungen für Präparandenanstalten und Lehrerseminare, Bestimmungen über

Aufnahme und Entlassung bei Seminaren, Prüfungsordnung für die zweite Lehrerprüfung, Prüfungsordnung für Mittelschullehrer und Rektoren, UZBl. 600, 641, 644, 649, 659.). Amtsbezeichnungen ME. 5. 1. 10, UZBl. 588.

Die Seminare stehen unter der Aufsicht der Provinzialschulkollegien; wegen Anstellung ihres Lehrerpersonals ist ergangen Allerh. Erl. 14. 8. 09 (GS. 783). Während der ersten fünf Jahre nach Ablegung der ersten Lehrerprüfung sind die Seminaristen verpflichtet, jede von der zuständigen Provinzial- oder Zentralbehörde ihnen zugewiesene Stelle im öffentlichen Schuldienste zu übernehmen (Erl. 14. 5. 92, UZBl. 656).

Die formelle Anstellung der Lehrer erfolgt unter Ausfertigung einer Ernennungsurkunde durch die Schulaufsichtsbehörde; im übrigen kommt sie folgendermaßen zustande: 1. die Wahl der Lehrer erfolgt binnen bestimmter Frist nach näherer Maßgabe des § 59 Abs. 2 SchUnterhG.: a) in Verbänden mit mehr als 25 Schulstellen durch den Gemeindevorstand nach Anhörung der Schuldep. oder des Schulvorstandes; oder durch den Gutsbesitzer nach Anhörung des Schulvorstandes; oder durch den Schulvorstand; b) ebenso in den kleineren Verbänden, jedoch aus 3 von der Aufsichtsbehörde Bezeichneten. Die Aufsichtsbehörde hat in allen Fällen ein Bestätigungsrecht. Bei Verzögerung nach einmaliger oder bei zweimaliger Nichtbestätigung erlischt das Wahlrecht für den betr. Fall. An die Stelle des Gemeindevorstands tritt, wenn dieser nicht kollegialisch ist, die Schuldeputation. 2. Die Besetzung von Stellen, deren Inhabern Leitungsbefugnisse zustehen (Rektoren, Hauptlehrer), erfolgt durch die Aufsichtsbehörde nach Anhörung der Organe, welche die Wahlen zu 1 vernehmen. — Soweit bisher in selbständigen Schulverbänden die Gemeinde bzw. der Gutsbesitzer Träger der (ganzen, OVG. 55, 208) Schullast und im Besitz weitergehender Anstellungsrechte waren, wird der bisherige Zustand unter bestimmten Kautelen aufrecht erhalten; das staatliche Recht der Bestätigung und Anstellung durch Ernennungsurkunde bleibt bestehen (§§ 58—61 SchUnterhG.). Bei Versetzungen im Interesse des Dienstes (§ 87 Nr. 1 G. 21. 7. 52, GS. 465) zessiert das Wahl-, Berufungs- und Anhörungsrecht (§ 62).

Die Volksschullehrer (vgl. § 4 St.O., OVG. 17, 157) genießen Begünstigungen bezüglich des Militärdienstes — sie genügen der Militärpflicht durch einjährigen Dienst bei einem Infanterieregiment, soweit sie nicht als Einjährig-Freiwillige dienen (AE. 27. 1. 95, ME. 15. 2. 00, 3. 12. 03 (UZBl. 343, 407, 595) — und für ihr Diensteinkommen Gemeindesteuerfreiheit, falls sie bis zum 31. 3. 09 angestellt worden sind; die übrigen nur, soweit mehr als 125 % Zuschlag zur Staatseinkommensteuer erhoben werden, G. 16. 6. 09 (GS. 489), MV. 6. 7. 09 (MBl. 163); s. oben S. 318. Ob sie als unmittelbare oder als mittelbare Staatsbeamte anzusehen, hängt davon ab, ob die betr. Schule unter unmittelbarer Verwaltung des Staates steht oder nicht. Die Beurlaubung von Lehrern und Lehrerinnen öffentlicher Volksschulen, welche der Aufsicht der Regierungen unterstellt sind, über sechs Monate hinaus, steht dem Oberpräsidenten zu (ME. 9. 2. 95, UZBl. 280). Lehrer und Lehrerinnen an städtischen Schulen sind den Disziplinarvorschriften des G. 21. 7. 52 unterworfen (RGer. 37, 298).

S. auch ME. 10. 9. 97 (UZBl. 767) betr. das Ausscheiden der Lehrerinnen aus dem Schuldienste im Falle ihrer Verheiratung (RGer. a. O.).

Die Gehaltsverhältnisse. Nachdem das frühere G. 25. 7. 92, betr. das Diensteinkommen der Lehrer an den nicht staatlichen höheren Schulen die Besoldung ihrer Elementar- und Vorschullehrer zu der der Volksschullehrer in Beziehung gesetzt hatte, sind jetzt an den öffentlichen Volksschulen die Gehaltsverhältnisse durch G. 26. 5. 09 (GS. 93) geregelt, AusfAnw. 21. 6. 09 (UZBl. 625). Das frühere G. 3. 3. 97 (GS. 25) ist vorbehaltlich der Übergangsbestimmungen des neuen Gesetzes aufgehoben; die AusfBest. 20. 3. 97 (UZBl. 318) gelten weiter, soweit die betr. gesetzlichen Vorschriften nicht geändert worden sind (AusfBest. von 09).

Vom 1. 4. 08 an setzt sich das Diensteinkommen der an öffentlichen Volksschulen fest angestellten Lehrpersonen zusammen aus einem Grundgehalt von 1400 M. für Lehrer, 1200 M. für Lehrerinnen, ferner Dienstwohnung oder Mietsentschädigung, 9 nach 7jähriger Dienstzeit im öffentlichen Schuldienst beginnenden 3jährigen Alterszulagen[1]) (2 zu 200, 2 zu 250, 5 zu 200, für Lehrerinnen 2 zu 100, 7 zu 150 M.), sowie Orts- und Amtszulagen (§§ 1, 3, 7, 8, 20, 24). Das Grundgehalt erhöht sich entsprechend bei dauernder Verbindung eines Schul- und Kirchenamtes und vermindert sich um 1/5 bei einstweilig angestellten und noch nicht 4 Jahre im öffentlichen Lehrdienst stehenden Schulpersonen (§§ 5, 6). Leiter von Schulen mit 6 oder mehr aufsteigenden Klassen erhalten eine pensionsfähige Amtszulage von mindestens 700 M., andere Schulleiter, bestimmte erste sowie alleinstehende Lehrer geringere Amtszulagen (§ 24); ein Rechtsanspruch auf Gewährung von Alterszulagen besteht nicht (§ 10), eine singuläre Vorschrift, welche für die pensionsfähigen Ortszulagen nicht gilt (ME. 10. 1. 10, UZBl. 305). Diese können von den Schulverbänden unter bestimmten Voraussetzungen (§§ 20, 21) und in bestimmten Grenzen (§ 22) mit Genehmigung der Aufsichtsbehörde (binnen 2 Wochen Beschwerde an den ProvRat, in Berlin Klage beim OVG.) nach Maßgabe der örtlichen Verhältnisse gewährt werden. Die Gewährung freier Dienstwohnungen bzw. Mietsentschädigung und der Naturalleistungen behandeln §§ 12—18, 27—30. Die Berechnung der Dienstzeit erfolgt gemäß §§ 34—36, diejenige vor Beginn des 21. Lebensjahres bleibt außer Ansatz. Wegen Anrechnung bei früherer Disziplinierung ME. 18. 5. 97 (UZBl. 634), wegen des Probejahrs ME. 19. 1. 99 (UZBl. 377), wegen Dienstes an deutschen Auslandsschulen ME. 27. 3. 05 (UZBl. 338). Die Bestreitung der Alterszulagen geschieht aus den für jeden Regierungsbezirk (mit Ausnahme von Berlin)[2]) gebildeten Alterszulagekassen, deren Bedarf jährlich nach Maßgabe der an die Kasse angeschlossenen Lehrpersonen berechnet wird (§§ 39, 41). — Für die Aufstellung des Verteilungsplanes, die Einziehung der Beiträge und die Bestellung eines Kassenanwalts finden die §§ 3, 4 und 9—14 des RuhegehaltskassenG. 23. 7. 93 (GS. 194) sinngemäße Anwendung. Dem Kassenanwalt steht kein Einspruch gegen die Festsetzung der Alterszulagen zu. Die Anrechnung der Vollbeschäftigung an Privatschulen oder an Anstalten bis zum Höchstmaß von 15 Jahren — gleichgültig, ob die Beschäftigung vor oder nach dem ersten Eintritt in den öffentlichen Schuldienst erfolgte (ME. 22. 4. 97, UZBl. 405) — bedingt für die später Eintretenden die Nachzahlung von 570 bzw. 200 M. für einen Lehrer bzw. eine Lehrerin für jedes Jahr[3]) (§ 36). — Auf die Lehrer und Lehrerinnen

[1]) In Berlin hat der Bezug spätestens nach 7jähriger Dienstzeit zu beginnen und muß der Höchstbetrag spätestens nach weiteren 24 Dienstjahren erreicht sein. Die Höchstbeträge sind unverändert, jedoch Anzahl und Höhe der Stufen freigestellt (§ 9).

[2]) Dort ist eine solche Kasse nicht gebildet.

[3]) Die Stadt Berlin kann über das Höchstmaß von 15 Jahren hinausgehen und auf die Nachzahlung verzichten; die etwaige Zahlung erfolgt an die Schulkasse.

findet der Abschn. I G. 24. 5. 61, betr. die Erweiterung des Rechtsweges, mit der Maßgabe Anwendung, daß die Klage, soweit Alterszulagen in Betracht kommen, außer gegen den Schulverband auch gegen die Bezirksregierung zu richten ist, daß die Vorentscheidung statt durch den Verwaltungschef durch den Oberpräsidenten getroffen wird, und daß der richterlichen Beurteilung die auf Grund dieses G. 26. 5. 09 erfolgten Festsetzungen über das Diensteinkommen der Stellen zugrunde zu legen sind § 37). — Das Gnadenquartal, d. h. das volle Diensteinkommen des auf den Sterbemonat folgenden Vierteljahrs, gebührt der Witwe oder den ehelichen Nachkommen eines Lehrers und den ehelichen Nachkommen einer im Witwenstande verstorbenen Lehrerin. Beim Nichtvorhandensein solcher Erben bestimmt gemäß § 32 über die Zahlung an andere Personen die Aufsichtsbehörde nach Anhörung des Schulverbandes.

Streitigkeiten bei Auseinandersetzungen werden von der Aufsichtsbehörde einstweilen vollstreckbar entschieden (§ 38). — Bis zur Höchstzahl von 25 Stellen für jede politische Gemeinde gewährt die Staatskasse jährliche Beiträge zu dem Diensteinkommen und Zuschüsse an die Alterszulagekasse, welche sich nach Zahl und Art der Lehrstellen richten; sie erhöhen sich für Verbände mit nicht mehr als 7 Schulstellen und fallen bei bestimmten Kommunaleinkommensteuerverhältnissen weg (§§ 43 bis 52). Für die Gewährung von Ergänzungszuschüssen werden außerdem bestimmte Summen jährlich im Etat bereitgestellt (§§ 53—55). Übergangsbestimmungen s. §§ 56 f. — Wegen der Umzugskosten bei Versetzungen im Interesse des Dienstes vgl. § 62 Abs. 2 G. 28. 7. 06 u. § 31 LehrerbesG.; dazu Regulativ 5. 10. 10 (UZBl. 867).

Über die Pensionierung der Lehrer und Lehrerinnen an öffentlichen Volksschulen bestimmt das G. 6. 7. 85. Es ist den PensionsG. für die Staatsbeamten (s. oben S. 360 f.) nachgebildet. AusfBest. s. ZV. 2. 3. 86, MBl. 37 und 24. 10. 02, UZBl. 813; ZV. 29. 9. 96, betr. Auslegung des § 22 Abs. 1, das. 709. Ferner sind ergangen: G. 26. 4. 90, betr. Abänderung der Eingangsworte des § 11 G. 6. 7. 85 und in Ergänzung der §§ 4, 15, 26 ebendas. G. 23. 7. 93, betr. die Ruhegehaltskassen (GS. 194) nebst AusfErl. 28. 7. 93; 5. 8. 93; 14. 9. 93; 31. 1. 94, UZBl. 658, 660, 732, 360; das G. 6. 7. 85 ist schließlich abg. durch G. 10. 6. 07 (GS. 133), AusfAnw. 27. 6. 07 (UZBl. 575).

Vom 1. Juli 1893 ab ist behufs gemeinschaftlicher Bestreitung des durch den Staatsbeitrag nicht gedeckten Teiles der Ruhegehälter für die zur Aufbringung verpflichteten Schulverbände in jedem Regierungsbezirke eine Ruhegehaltskasse gebildet worden. Sie umfaßt die Gesamtheit der Schulverbände (also nicht von einer Stiftung unterhaltene Schulen, OVG. 29, 158) und bildet eine durch den Kassenanwalt vertretene öffentliche Korporation (RGer. 38, 279). Der vom Provinzialausschuß zur Wahrnehmung der Interessen der Schulunterhaltungspflichtigen gewählte Kassenanwalt hat, wenn er mit seinen Erinnerungen gegen den alljährlich von der Regierung aufgestellten Verteilungsplan nicht durchdringt, das Beschwerderecht an den Oberpräsidenten. Gegen den festgestellten und veröffentlichten Verteilungsplan haben die Schulverbände binnen vier Wochen die Klage beim BzAussch. (§§ 1—12 G. 23. 7. 93, vgl. OVG. 44, 190, auch das. 185, vgl. ferner 47, 205). Den Verteilungsmaßstab bildet die Jahressumme des ruhegehaltbedürftigen Diensteinkommens, wobei von jeder Stelle 800 M. außer Berechnung bleiben (§ 7, hierzu OVG. 50, 164). Im Falle der Verbindung eines Schulamtes mit einem kirchlichen Amte richtet sich der Beitrag nach dem Gesamtdiensteinkommen der Stelle.

Die Pension wird bis zu 700 M. aus der Staatskasse gezahlt, über diesen Betrag hinaus von den Ruhegehaltskassen, und in diese von den zur Aufbringung verpflichteten Schulverbänden. Wegen der Unterverteilung s. Art. I § 26 G. 6. 7. 85. Das Stelleneinkommen darf dazu nicht in Anspruch genommen werden (§ 26 G. 6. 7. 85 in der Fassg. G. 10. 6. 07 Art. II und §§ 5, 15 G. 23. 7. 93).

Die Entscheidung über die Versetzung in den Ruhestand und die Höhe der Pension hat die Schulbehörde (§§ 13 f., 16 G. 6. 7. 85), d. h. die Regierung [1]); wegen des Zeitpunkts der zwangsweisen Pensionierung vgl. ME. 28. 10. 09 (UZBl. 842). Die Formen und Fristen sind ähnlich wie bei den sonstigen Beamten; die Beschwerde gegen den Beschluß auf unfreiwillige Pensionierung (s. S. 370) ist binnen vier Wochen an den UnterrMin. bzw. Oberpräsidenten zu richten, ME. 5. 9. 88 (UZBl. 765); ME. 4. 8. 93 (UZBl. 727); vgl. ME. 14. 9. 04 (UZBl. 575). Gegen die Entscheidung der Schulaufsichtsbehörden über die Gewährung einer Pension bzw. deren Höhe kann der Lehrer wie der zur Unterhaltung der Schule Verpflichtete und der Kassenanwalt die Entscheidung des Oberpräsidenten anrufen, welche der sodann binnen sechs Monaten anzustellenden gerichtlichen Klage vorangehen muß (§ 15 G. 6. 7. 85, § 17 G. 23. 7. 93). Als Dienstzeit gilt das mit Genehmigung der Schulaufsichtsbehörde tatsächlich erfolgte Funktionieren als Lehrer an einer öffentlichen Volksschule (§§ 5—11 G. 6. 7. 85; ME. 6. 10. 91 u. 25. 4. 92, UZBl. 710 u. 654; RGer. 28, 196). Über die Pensionierung der Lehrer, mit deren Schulamt ein kirchliches Amt vereinigt ist, vgl. § 12 G. 85 u. OVG. 22, 140. ME. 6. 11. 95 (UZBl. 812) betrifft die Regelung der Pensionsbezüge der im Reichs- oder Staatsdienst wieder beschäftigten Lehrer.

Den Hinterbliebenen eines Lehrers gebührt außer dem Sterbemonat das Gnadenquartal; im übrigen ist die Reliktenversorgung geregelt durch G. 4. 12. 99 (GS. 587), und dazu AusfBest. 20. 2. 00, UZBl. 418; AbänderungsG. 10. 6. 07 (GS. 137). Die Witwe und hinterlassenen ehelichen (auch legitimierten; wegen Adoptivkinder bzw. adoptierter Lehrerkinder ME. 23. 3. 04 MMBl. 149) Kinder eines an einer öffentlichen Volksschule angestellt gewesenen Lehrers (bzw. Pensionärs) erhalten (Ausnahmen §§ 2, 8) Witwen- und Waisengeld; jenes beträgt 40 vom Hundert des Ruhegehaltes, mindestens 300 M., höchstens 3500 M.; dieses für Vollwaisen 1/3, für Halbwaisen 1/5 des Witwengeldes; Witwen- und Waisengeld dürfen weder einzeln noch zusammen das Ruhegehalt übersteigen. Der Staat zahlt das Witwengeld bis zum Betrage von 420 M. und das Waisengeld für Vollwaisen bis 140 M., für Halbwaisen bis 84 M. Zur Aufbringung der darüber hinaus erforderlichen Mittel sind Bezirks-, Witwen- und Waisenkassen gebildet, für die ähnliche Bestimmungen gelten wie für die Ruhegehaltskassen.

Die bisher für die Witwen- und Waisenversorgung der Elementarschullehrer sorgenden Kassen (s. G. 22. 12. 69, GS. 70, 1; 24. 2. 81, GS. 41; 19. 6. 89, GS. 131) sind für neue Beitritte geschlossen. Die aus diesen Kassen sich etwa ergebenden Kapitalbeträge sind zugunsten derjenigen Schulverbände, die sie angesammelt haben, zu verwenden. Über das Verhältnis der alten zu den neuen Kassen vgl. OVG. Selbstverwaltung 38, 39.

F. Schulpflicht (Schulzwang). Jeder Preuße (Johow 12, 255), der den nötigen Unterricht für seine Kinder nicht in seinem Hause besorgt, ist verpflichtet, sie (im Inlande) zur Schule zu schicken, bis sie „die einem jeden vernünftigen Menschen seines Standes nötigen Kenntnisse“ nach dem Befunde des Schulinspektors (G. 11. 3. 72) erworben haben (§ 46 ALR. II, 12). Die gleiche Pflicht schärft Art. 21 der PreußVerf. 31. 1. 50 ein. Der Schulbesuch soll mit dem zurückgelegten 5. Lebensjahre beginnen, indessen ist dieser Termin für einzelne Landesteile um ein, auch zwei Jahre hinausgeschoben. Als Ende der Schulpflicht wird gewöhnlich das zurückgelegte 14. Lebensjahr festgehalten. Durch unmittelbaren Zwang und

---

[1]) In Berlin das Provinzialschulkollegium.

Schulversäumnisstrafen sind die Eltern zur Erfüllung der Pflicht anzuhalten (§§ 43—46, 48 ALR. II, 12; passiver Widerstand im Unterricht ist selbst bei Billigung der Eltern keine Schulversäumnis (KGer. DJZ. 07 Sp. 885). Früher wurden diese Strafen als administrative Zwangsmaßregeln aufgefaßt (Bescheid der Min. des Kultus, der Justiz und des Innern 30. 9. 37, Annalen II, 682). Nach einer Entscheidung des Kompetenzgerichtshofes (JMBl. 63, 126) sind sie aber wie Strafen für begangene Übertretungen zu behandeln, es kann also richterliche Entscheidung angerufen werden. Der Erlaß der Strafandrohungen (wegen des Inhalts vgl. KGer. DJZ. 04, Sp. 1093) ist nicht Sache der Polizei, sondern der Schulaufsichtsbehörden (ME. 11. 7. 95, UZBl. 721). Die Verhängung der Strafe selbst erfolgt durch die Polizei (s. dazu OVG. 34, 232).

Die Kosten der Festsetzung und Vollstreckung der Schulstrafen trägt im Fall der Uneinziehbarkeit der zur Tragung der sächlichen Kosten der Polizeiverwaltung Verpflichtete bzw. hinsichtlich der Vollstreckung von Geld(nicht Haft)strafen die Schulkasse, in welche die Geldstrafen fließen, soweit die Strafen hinreichen (ME. 21. 11. 05, UZBl. 778, vgl. ME. 5. 3. 95, MBl. 141); nach Ansicht des RGer. nur der Träger der sächlichen Polizeikosten, E. 17. 2. 10, angef. Selbstverwaltung 37, Sp. 273).

G. Schulzucht. Sie gebührt dem Lehrer, der sie aber nicht bis zu gesundheitsgefährlichen Mißhandlungen ausarten lassen darf (§§ 50—53 ALR. II, 12 und KabO. 14. 5. 25 (GS. 149), RGer. Str 43, 281; vgl. OVG. 15, 443, s. dazu ME. 19. 1. 00 (UZBl. 231).

H. Auf besondere Schuleinrichtungen für nicht normal begabte Kinder weisen ME. 6. 4. 01 (UZBl. 412) u. 2. 1. 05 (UZBl. 226) hin. Ebenso auf Waldschulen ME. 5. 1. 06 (UZBl. 241). Die Rechtsstellung der sog. gehobenen Abteilungen bestimmen ME. 21. 10. 03 u. 28. 6. 05 (UZBl. 536 u. 503).

IV. Mittelschulen, d. h. Unterrichtsanstalten, welche allgemeinen Bildungszwecken dienen und zwischen den höheren Schulen und den öffentlichen Volksschulen stehen. Die Staatsaufsicht erstreckt sich auch auf die nichtstaatlichen Mittelschulen (vgl. ME. 26. 5. 94, UZBl. 431). Die Schulaufsichtsbehörde ist befugt, in gleicher Weise wie bei den Volksschulen die Erfüllung der, von den Gemeinden bei der Errichtung und Verwaltung gegen Dritte eingegangenen Verbindlichkeiten, insbesondere die Zahlung der den Lehrern zustehenden Gehälter und Pensionen zu überwachen, eventuell die Pension zu bestimmen (OVG. 23, 87). Die äußere und innere Gestaltung der Mittelschulen ist durch die Bestimmungen über Neuordnung des Mittelschulwesens 3. 2. 10 (UZBl. 343) geregelt (Grundsätze: 9 aufsteigende Jahreskurse, in der Regel 9 gesonderte Klassen; Zahlung von Schulgeld; eine angemessene Zahl von Freistellen; unter Umständen Koedukation. — Lehrpläne und Vorschriften über die Lehrpersonen sind beigefügt). Das G. 11. 6. 94 (GS. 109) trifft für die Lehrer und Lehrerinnen an öffentlichen nichtstaatlichen Mittelschulen und deren Hinterbliebene Fürsorge.

Die an solchen Schulen definitiv angestellten Lehrer und Lehrerinnen haben, ohne daß eine Beteiligung der Staatskasse an der Aufbringung des Ruhegehalts stattfindet, Anspruch auf Ruhegehalt nach den an öffentlichen Volksschulen geltenden gesetzlichen Vorschriften. Ihren Hinterbliebenen steht ein Anspruch auf das Gnadenquartal, den Witwen und Waisen zugleich auf das Witwen- und Waisengeld nach den Regeln der Fürsorge für die Hinterbliebenen der unmittelbaren Staatsbeamten zu. Die zur Aufbringung des Ruhegehalts Verpflichteten, d. h. die z. Z. der Versetzung in den Ruhestand zur Besoldung Verpflichteten konnten für die unter das Gesetz fallenden Schulstellen den auf Grund G. 23. 7. 93 gebildeten Ruhegehaltskassen bis 1. 4. 95 beitreten; für die nach diesem Zeitpunkt errichteten Unterrichtsanstalten besteht diese Befugnis bis zum 1. April des auf die Eröffnung folgenden Jahres, auch konnten die zur Aufbringung des Witwen- und Waisengeldes Verpflichteten, d. h. die während der Dienstzeit auf der letzten Schulstelle zur Besoldung Verpflichteten, die z. Z. des Erlasses des G. bestehende Mitgliedschaft bei der Allgem. Witwenverpflegungsanstalt und den Elementarlehrerwitwen- und Waisenkassen für die betreffenden Stellen fortsetzen. AusfBest. 22. 6. 94 (UZBl. 580) und zu § 7 ME. 12. 2. 95 u. 29. 2. 96 (UZBl. 293 u. 292); nach G. 25. 8. 09 (GS. 738), ME. 29. 11. 09 (UZBl. 1910, 297) ist, sobald der Beitritt zur Ruhegehaltskasse erfolgt, auch der Beitritt zu den Alterszulagekassen des BesoldungsG. 26. 5. 09 zulässig; vgl. auch ME. 10. 9. 09 z. Ausf. d. G. 25. 8. 09.

V. Höhere Schulen (Gymnasien, Realgymnasien, Oberrealschulen, Realschulen). Sie haben Korporationsrechte (§ 54 ALR. II, 12), aber sofern in der Ortsschulordnung über die Vermögensverwaltung nichts bestimmt ist, steht diese den Schulkollegien zu. Der Allerh. Erlaß 26. 11. 00 (UZBl. 854) stellt die grundsätzliche Gleichstellung von Gymnasium, Realgymnasium und Oberrealschule an die Spitze des weiteren Ausbaues der höheren Schulen; dementsprechend sind unter Aufhebung der Abschluß-Prüfung (s. ME. 20. 12. 00, UZBl. 191) neue Lehrpläne und Anweisungen über Lehraufgabe erlassen (ME. 29. 5. 01, UZBl. 471). Die Reifeprüfungen an den höheren neunstufigen Schulen sind durch PrüfungsO. geregelt (s. ME. 1. 11. 01, UZBl. 923, ME. 24. 1. 09, UZBl. 308). Die Reifezeugnisse der Gymnasien berechtigen zum vollen Universitätsstudium; die Reifezeugnisse der Realgymnasien und der Oberrealschulen zum ärztlichen Studium und zum Studium der Rechte (Bek. 12. 2. 07, ZBl. 35, 5. 4. 02 UZBl. 347), der neueren Sprachen, Mathematik und Naturwissenschaften (ME. 20. 8. 00, UZBl. 759) und zur Vorbildung für höhere Post-, Telegraphen-, Schiffs-Maschinen- und Hochbau-, Berg- und Forstbeamte (s. UZBl. 92, 341); über die wissenschaftliche Vorbildung zum Offiziersberuf s. ME. 25. 7. 02 (UZBl. 542), Allerh. VO. 18. 3. 05, UZBl. 573, Bek. 2. 11. 09, ArmeeVBl. 312, vgl. auch UZBl. 1910, 270). Eine Zusammenstellung der Bestimmungen über die Berufsprüfungen in den deutschen Staaten enthält Erl. 6. 2. 95; gegenseitige Anerkennung ist vereinbart gem. Bek. 22. 10. 09 (ZBl. 1354, UZBl. 768). — Nach § 90 WehrO. 22. 7. 01 (RZBl. Beilage Nr. 32) werden diejenigen Lehranstalten, welche gültige Zeugnisse über die wissenschaftliche Befähigung zum einjährig-freiwilligen Dienste ausstellen dürfen, durch den Reichskanzler anerkannt und klassifiziert, je nachdem der einjährige erfolgreiche Besuch der zweiten Klasse, der ersten Klasse, die Entlassungsprüfung erforderlich ist oder besondere Bedingungen festgestellt werden. Der einjährige Besuch der Sekunda darf sich nicht auf eine öffentliche Vollanstalt und eine militärberechtigte sechsstufige Privatanstalt verteilen (Erl. 29. 11. 93, UZBl. 94, 273). Periodisch wird ein Gesamtverzeichnis der anerkannten Lehranstalten durch das RZBl. veröffentlicht (Bek. für 1910: RZBl. 597). S. auch oben S. 411 f.

Aufsichtsbehörden sind die Provinzialschulkollegien (§ 55 f. ALR. II, 12, Instr. 23. 10. 17, §§ 2, 18 und KO. 31. 12. 25). Das Vermögen hat die Rechte des Kirchenvermögens (§ 57 das.). Die Schulgelder sowie alle auf gesetzlicher Verpflichtung beruhenden Leistungen an sämtliche Schulen unterliegen hinsichtlich der laufenden und zwei Jahre rückständigen Beträge der Beitreibung im Verwaltungs-Zwangsverfahren (KO. 19. 6. 36, GS. 198), vorbehaltlich des ordentlichen Rechtsweges (G. 24 5. 61), welcher jedoch nach den oben zitierten §§ 46 ZG., 54 SchUnterhG. ZG. bezüglich der Volksschulen zugunsten des Verwaltungsstreitverfahrens wieder ausgeschlossen ist.

Das Schulgeld beträgt, soweit nicht bereits höhere Sätze erhoben werden, für Vollanstalten jährlich in den 3 oberen Klassen 150, in den anderen Klassen, sowie für Progymnasien und Realprogymnasien 130 M.; für Realschulen 110, bei Verbindung mit Gymnasien oder Realgymnasien, falls ein gemeinsamer Unterbau besteht, 130 M. (ME. 6. 3. 09, UZBl. 358). Von auswärtigen Schülern kann ein höheres Schulgeld genommen werden als von einheimischen (ME. 4. 2. 96, UZBl. 252). Bei Vorschulen, die sich nicht aus eigenen Mitteln erhalten, ist eine Steigerung bis zum Betrage des in der Sexta der Hauptanstalt erhobenen Satzes vorgesehen (ME. 22. 3. 92, UZBl. 506). Schulgeldbefreiungen für Vorschulen sind ausgeschlossen (ME. 23. 2. 91, UZBl. 349).

Für die Prüfungen der Kandidaten des höheren Schulamts gilt jetzt die PrüfungsO. 12. 9. 98 (s. Beilage zu Nr. 229 RAnz. 1898) dazu V. 26. 2. 01 (UZBl. 279) und 17. 8. 06 (UZBl. 692). Der Prüfung, abzulegen vor einer der Kgl. Wissenschaftlichen Prüfungskommissionen, muß ein mindestens sechs Halbjahre umfassendes Berufsstudium nach erlangtem Reifezeugnis vorausgehen. Die Prüfungsgegenstände zerfallen in allgemeine und Fachprüfung (diese nach Wahl des Kandidaten). Für die Anstellung der Direktoren und Lehrer s. die V. 9. 12. 42 (GS. 43, 1); die Verhältnisse der anstellungsfähigen Kandidaten regelt ME. 15. 5. 05 (UZBl. 409), die praktische Ausbildung ME. 15. 3. 08 (UZBl. 503). Bes.-Normaletat 5. 6. 09. — Den kathol. Religionsunterricht an den höheren Lehranstalten betrifft ME. 9. 1. 93 (UZBl. 234).

Auch da, wo die unmittelbare Aufsicht über höhere Schulen oder die Bestellung der Lehrer Privatpersonen oder Korporationen überlassen ist, behält das Provinzialschulkollegium die maßgebende Bestimmung bei der Ernennung und gegebenenfalls Bestätigung der Lehrer sowie bei ihrer Pensionierung (G. 30. 4. 84 § 21 Abs. 3, § 22 Abs. 2, ZV. 11. 8. 85, UZBl. 595, KO. 28. 7. 92, GS. 264, ME. 2. 5. 93, UZBl. 488, G. 27. 5. 07 [GS. 95] nebst AusfBest., oben S. 361) und bei Veränderungen in der Einrichtung des Schulwesens und der Art des Unterrichts (ALR. II, 12 § 60); auch über die Abstellung von Mißständen in den Gehaltsverhältnissen hat es zu wachen (ME. 10. 2. 92, UZBl. 620).

Das G. 25. 7. 92 (GS. 219), AusfAnw. 21. 10. 92 (UZBl. 713), betr. das Diensteinkommen der Lehrer an den nichtstaatlichen öffentlichen höheren Schulen — Gymnasien, Realgymnasien, Oberrealschulen, Progymnasien, Realprogymnasien und Realschulen — dehnte, vorbehaltlich früherer Beschlußfassung der Gemeinden und Korporationen, die für das Diensteinkommen der Leiter und der wissenschaftlichen Lehrer einschließlich der Hilfslehrer an den staatlichen höheren Schulen geltenden Bestimmungen auf die von einer bürgerlichen Gemeinde als Veranstaltung derselben unterhaltenen sowie auf diejenigen öffentlichen höheren Schulen aus, welche von anderen Korporationen oder aus eigenem Vermögen oder aus anderen dazu bestimmten Fonds zu unterhalten sind.

Mit inbegriffen ist das Diensteinkommen derjenigen Zeichenlehrer, welche wöchentlich mindestens 14 Zeichenstunden und 10 Stunden anderen Unterrichts erteilen. Die Besoldung der übrigen technischen, Elementar- und Vorschullehrer an öffentlichen höheren Schulen ist in den Grenzen der entsprechenden Kategorien an staatlichen Schulen derart festzustellen, daß dieselbe hinter derjenigen der Volksschullehrer am Ort nicht zurückbleibt und ihnen außerdem eine nichtpensionsfähige Zulage von 150 M. jährlich gewährt wird, welche bei einer Versetzung an eine Volksschule wegfällt (§ 1). Die bürgerliche Gemeinde bzw. bei den Schulen der anderen Korporationen usw. die kompetente Verwaltungsbehörde können beschließen, daß das Aufrücken der wissenschaftlichen Lehrer im Gehalt statt nach dem System der Dienstalterszulagen nach Maßgabe des für die einzelne Anstalt oder für mehrere Anstalten aufzustellenden Besoldungsetats erfolgt, wobei für jede Stelle eines wissenschaftlichen Lehrers neben dem Wohnungsgeldzuschusse der Tarifklasse III das für einen staatlichen Lehrer dieser Art berechnete Durchschnittsgehalt voll in den Etat zu stellen und auf die Gesamtzahl der Stellen innerhalb der Sätze für das Mindest- und Höchstgehalt in angemessenen Abstufungen zu verteilen ist. Die Zulässigkeit der gleichen Ausnahme für die Leiter der Anstalten und die vollbeschäftigten Zeichenlehrer hängt von der Genehmigung des Unterrichtsministers ab. Das Gesetz schließt eine noch günstigere Regelung der Diensteinkommen nicht aus und berührt nicht die Befugnis der Gemeinden, Anstalten aufzuheben (§§ 2, 5, 3). Die Lehrer müssen sich in die Umwandlung einer höheren Schule in eine solche mit veränderten Berechtigungen und bei einer Verringerung des Klassenbestandes und der Lehrkräfte in die Versetzung an eine andere von derselben Gemeinde unterhaltene höhere Schule mit minderen Berechtigungen fügen; doch ist ihnen dasjenige Diensteinkommen zu gewähren, welches ihnen zustehen würde, wenn die Umwandlung oder Versetzung nicht erfolgt wäre (§ 8). Den Lehrern steht ein Rechtsanspruch auf Bewilligung eines bestimmten Diensteinkommens, Feststellung des Dienstalters oder Aufrücken im Gehalt nicht zu. Die Versagung von Alterszulagen ist nur bei unbefriedigender Dienstführung mit Genehmigung des Provinzialschulkollegiums zulässig (§ 6); wegen anderer Zulagen vgl. ME. 6. 6. 04 (UZBl. 489).

Im einzelnen seien noch erwähnt: Dienstanweisung für die Direktoren und Lehrer an den höh. Lehranstalten 12. 12. 1910 (A. Schulordnung; B. Dienstliche; C. Persönliche Verhältnisse der Direktoren und Lehrer), welche eine Reihe von ME. ersetzt. Ferner: ME. 5. 4. 94, betr. Anrechnung der Ableistung des aktiven Militärdienstes auf die Anciennetät der Schulamtskandidaten bzw. der Lehrer an höheren Lehranstalten (UZBl. 353); dazu ferner ME. 3. 3. 03 (UZBl. 273) und wegen Anrechnung der Tätigkeit an Privatschulen ME. 22. 7. 05 (UZBl. 629); G. 28. 7. 92, betr. die Titel und Rangverhältnisse der Leiter und Lehrer an den höheren Unterrichtsanstalten (dazu ME. 4. 12. 03, UZBl. 04, 200) und Allerh. Erl. 27. 1. 06 (GS. 175) sowie ME. 7. 4. 94, betr. die Amtsbezeichnung für die an höheren Lehranstalten angestellten, seminaristisch gebildeten Lehrer (UZBl. 354); V. 26. 12. 09 betr. Beschäftigung der Mittelschullehrer an den Unterstufen der Höheren Schulen (UZBl. 1910, 317). — Wegen des Züchtigungsrechts s. RGerStr. 42, 221 u. 43, 277.

Die Lehrer gelten als unmittelbare Staatsbeamte (nicht unbestritten; vgl. hierzu PrVBl. 31, 537 ff.) mit allen ihren Rechten (§ 65 ALR. II, 12); neben den PensionsG. 27. 3. 72 und 31. 3. 82 (nebst sämtlichen Veränderungen, s. oben S. 361) sind für die Lehrer und Beamten an den im § 6 Abs. 2 PensG. 27. 3. 72 bezeichneten Schulen, wenn diese nicht vom Staate allein zu unterhalten sind, noch §§ 4—9, 16—18 der V. 28. 5. 46 in Kraft (§ 6 Abs. 2 S. 2 PensG.). Vgl. G. 25. 4. 96 (AusfVerf. 1. 6. 96, UZBl. 448), welches hinsichtlich dieser Lehrer und Beamten noch besondere Vorschriften enthält; § 13 V. 28. 5. 46 gilt noch für die Pensionierung der am 1. 4. 96 an den vom Staate allein zu unterhaltenden Unterrichtsanstalten angestellten Lehrer und Beamten. (Wegen des Instanzenweges vgl. RGer. 70, 416.) Nach jener V. ist die Pension zunächst aus dem etwa vorhandenen eigentümlichen Vermögen der Lehranstalt und dann von den zur Unterhaltung der Anstalten Verpflichteten zu zahlen.

Die Provinzialschulkollegien sind die entscheidende Disziplinarbehörde erster Instanz für die Disziplinaruntersuchungen gegen Oberlehrer und Professoren einschließlich derjenigen mit dem Range der Räte vierter Klasse (§ 24 G. 21. 7. 52; ME. 2. 5. 93, UZBl. 488). Sie sind auch bei Urlaubserteilungen die vorgesetzte Behörde im Sinne des § 92 ALR. II, 10; s. Dienstanw. S. 23.

Das Höhere Mädchenschulwesen ist geregelt durch Allerh. E. 15. 8., Bestimmg. 18. 8. 08 (UZBl. 692) und 12. 12. 08 (UZBl. 887); AusfBest. 12. 12. 08 (UZBl. 886). Die höheren Mädchenschulen zerfallen in 3 Stufen mit zusammen regelmäßig 10 aufsteigenden Klassen. An sie schließt sich das Lyzeum mit ein- bis zweijähriger Unterrichtsdauer, welches zugleich als höheres Lehrerinnenseminar fungieren kann. Von der 3. bzw. 4. Schulklasse kann sich eine Studienanstalt zur Vorbereitung für den Besuch der Hochschulen abzweigen; Reifeprüfung ME. 20. 10. 10 (UZBl. 842). Alle diese Anstalten gelten jetzt als höhere Schulen und sind den Provinzialschulkollegien unterstellt. Die Gehaltsvorschriften sind ergänzt durch ME. 15. 12. 09 (UZBl. 1910, 241); den katholischen Unterricht betrifft ME. 25. 9. 94 (UZBl. 714).

VI. Hochschulen (§§ 67—129 ALR. II, 12). Die besondere Gerichtsbarkeit für die Studenten, die Spezialvorschriften über ihre Schulden usw. sind durch das G. 29. 3. 79 beseitigt. Danach stehen sie unter dem allgemeinen Recht; nur sind sie einem Universitäts-Disziplinarverfahren unterstellt, in welchem auf Verweis, Geldstrafe bis 20 M., Karzerhaft bis zwei Wochen usw. und endlich Ausschluß von dem Universitätsstudium (Relegation) erkannt werden kann. (Dazu G. 29. 5. 79, GS. 389; Vorschriften usw. 1. 10. 79 u. 7. 2. 94; ME. 6. 1. 05 u. 11. 4. 09, UZBl. 207 u. 401, dieser die Anwendbarkeit auf studierende Frauen aussprechend). Alle Universitätslehrer sind unmittelbare Staatsbeamte.

Die Fakultät im engeren Sinne hat als Disziplinarbehörde statutenmäßig in manchen Fällen die Befugnis zur Erteilung von Verweisen.

Die Disziplinarverhälnisse der Privatdozenten sind geregelt durch G. 17. 6. 98 (GS. 125); zulässige Strafen: 1. Ordnungsstrafen, (Warnung, Verweis), 2. Entziehung der Eigenschaft als Privatdozent. Zur Verhängung sind befugt außer dem Unterrichtsminister die Fakultät; der Entziehung der Eigenschaft als Privatdozent muß ein förmliches Disziplinarverfahren vorangehehen (§ 5); zur Einleitung ist außer dem Unterrichtsminister die Fakultät befugt; Untersuchungskommissar ist der Universitätsrichter. Entscheidende Behörde erster Instanz ist die Fakultät als Provinzialbehörde im Sinne G. 21. 7. 52 (davon, daß zweite Instanz das Staatsministerium ist, steht nichts im Gesetz). Wegen der technischen Hochschulen vgl. die entspr. Allerh. VO. 3. 12. 08 (GS. 219).

Wegen Zulassung der Frauen zu den Universitäten vgl. ME. 18. 8. 08 u. 23. 9. 08 (UZBl. 691 u. 819); zu den technischen Hochschulen ME. 14. 4. 09 (UZBl. 402).

XIV. Kirchenrecht.

Soweit im Nachstehenden nichts Näheres angegeben, beziehen sich die Paragraphen auf ALR. II, 11. — Die hauptsächlichste Rechtsquelle des Kirchenrechtes bildet auch heute noch der von „Kirchen- und geistlichen Gesellschaften" handelnde Titet 11 ALR. Teil II.

I. Allgemeine Grundsätze und Begriffe. Sofort aus den ersten Paragraphen des Preußischen Kirchenrechtes klingt der sonore Ton der Gewissensfreiheit herüber; Gewissensfreiheit, Gedankenfreiheit, Toleranz des Fridericianischen Geistes, glücklich vorüber lanciert bei dem Minister Wöllner, den der große König einen „betriegerischen und intriguanten Pfaffen" genannt hatte, und der nun bei der Publikation des Landrechts gerade am Regiment sein mußte. „In meinen Staaten leben alle Religionsgemeinschaften in Frieden und tragen gleichmäßig bei zum Glücke des Staates. Falscher Religionseifer entvölkert die Landschaften, Duldung hingegen ist eine zärtliche Mutter, welche sie pflegt und zur Blüte bringt. Heuchler sind ein verleumderisches Geschlecht, welches sein Gift über die Tugend ausgießt, seine eigenen Laster aber heiligt." Solche Lehren ihres königlichen Auftraggebers haben den Verfassern des Landrechts zur Richtschnur gedient: Jedweder Einwohner des Staates hat vollkommene Glaubens- und Gewissensfreiheit; über seine Privatmeinungen in Religionssachen darf ihm niemand, auch der Staat nicht, Vorschriften machen, ihn deswegen beunruhigen oder verfolgen. Selbst der Staat darf ihn zur Angabe seiner Religionspartei nur dann auffordern, wenn die Gültigkeit gewisser bürgerlicher Handlungen davon abhängt (§§ 1—6 ALR. II, 11). Der Art. 12 der Preußischen Verfassung 31. 1. 50 garantiert von neuem die Unabhängigkeit der bürgerlichen und staatsbürgerlichen Rechte vom religiösen Bekenntnisse; dasselbe geschieht durch das BundesG. 3. 7. 69 (BGBl. 292).

Auch wenn sich mehrere zu Religionsübungen verbinden, bedarf es nach jenem Art. 12 der Genehmigung des Staates (§ 10 ALR. II, 11) nicht mehr; es gelten lediglich die Vorschriften des VereinsG. 19. 4. 08.

Das Kirchenrecht zerfällt in ein öffentliches und privates.

II. Öffentliches Kirchenrecht:

A. Äußeres. Erst bei den „Kirchengesellschaften", welche sich zur öffentlichen Feier des Gottesdienstes verbunden haben (§ 11 das.), fängt das Interesse des Staates an. Sie dürfen nur Grundsätze verbreiten, die den Mitgliedern Ehrfurcht gegen die Gottheit, Gehorsam gegen die Gesetze, Treue gegen den Staat und sittlich gute Gesinnungen gegen ihre Mitbürger einflößen (§§ 13—15 das.). Dies vorausgesetzt unterscheidet man geduldete, deren Rechte entweder durch besondere Konzessionen verliehen sind (Herrnhuter, Altlutheraner, vgl. G. 23. 5. 08, GS. 155 [über die Bezeichnung evangl.-lutherisch s. OVG. 38, 435; 52, 244]) oder die lediglich nach den Normen der §§ 11 ff. ALR. II, 11 beurteilt werden, denen aber, wie den Mennoniten und Baptisten, Korporationsrechte verliehen sein können (G. 12. 6. 74, GS. 238, 7. 7. 75, GS. 374; s. dazu EBGB. Art. 84); hierzu gehören ferner die Irvingianer, die freien Gemeinden usw., welche auch, gemäß Art. 12 der Preuß. Verfassung, gemeinsame öffentliche Religionsübungen und Feierlichkeiten (z. B. Leichenbegängnisse) veranstalten können, wobei sie den Bestimmungen des VereinsG. unterworfen sind (OVG. 16, 386). Die §§ 55, 56 dies. Tit. kamen, als mit dem Art. 15 d. Verf. (s. unten) nicht mehr vereinbar, in Wegfall; der Beschluß durch welchen eine geduldete Religionsgemeinschaft ein Mitglied ausschließt, ist im Rechtswege nicht anfechtbar (RGer. 26, 281). Den Synagogengemeinden der Juden sind durch § 37 des G. 23. 7. 47 (GS. 263) über die Verhältnisse der Juden die Rechte der juristischen Personen beigelegt (§ 20 ff.); wegen des Austritts aus den Synagogengemeinden und Fortzahlung der Abgaben s. G. 28. 7. 76 (GS. 353) und § 54 ZustG. Die andere Klasse bilden ausdrücklich anerkannte oder aufgenommene Kirchengesellschaften. Dies sind die Evangelischen und die Katholiken (Patent 30. 3. 47, GS. 121) (Bestimmung der Konfession erfolgt durch die Taufe, OVG. 51, 170). Die in den altländischen Provinzen eingeführte Union hat grundsätzlich den Fortbestand der lutherischen und reformierten Kirchengesellschaften als verschiedener Religionsparteien nicht beseitigt (OVG. 35, 175). Sie bilden öffentlich privilegierte Korporationen. Die Macht dieser beiden „Kirchen" über ihre Mitglieder wird als obrigkeitliche Gewalt anerkannt, ihre Geistlichen sind öffentliche Beamte, haben, ebenso wie kirchliche Grundstücke und Gebäude, Steuerprivilegien, hatten bis zur Zivilstandsgesetzgebung (S. 416) gewisse Beurkundungen des Personenstandes und die Eheschließungen zu bewirken (daher jetzt nicht mehr Staatsbeamte); die kirchlichen Abgaben und Leistungen unterliegen der Beitreibung im Verwaltungszwangsverfahren (s. unten). Daneben ist in gewissen Grenzen analog den öffentlichen Abgaben, der Rechtsweg offen (G. 24. 5. 61, GS. 241, betr. die Erweiterung der Rechtsweges; vgl. Entsch. d. GerHofs z. Entsch. v. KompKonfl. DJZ. 07, Sp. 663). — Über die „kirchliche Gesetzgebung", die der evangelischen Kirche zusteht, s. unten. — Nach § 32 ist „die Privat- und öffentliche Religionsübung einer jeden Kirchengesellschaft der Oberaufsicht des Staates unterworfen", ein Satz, der in den folgenden §§ weiter ausgeführt wird. Der Art. 15 der Preuß. Verfassung bestimmte, daß die evangelische und katholische Kirche und jede andere Religionsgesellschaft ihre Angelegenheiten selbständig verwalten und erhielt durch G. 5. 4. 73 (GS. 143) den deklaratorischen Zusatz, daß jede Kirche den Staatsgesetzen und der gesetzlich geordneten Aufsicht des Staates unterworfen bleibe, weil die katholische Kirche in Preußen Veranlassung nahm, sich von jener staatlichen Oberaufsicht für befreit zu erachten. Dies — abgesehen von politischen und diplomatischen Motiven — war der Grund der sog. Mai- oder Kulturkampfgesetze der 70er Jahre, die sich zwar auch auf die evangelische Kirche bezogen, diese aber, welche in ihrer Verfassung und in ihrem Klerus sich wesentlich an die Staaatsgewalt anlehnt, nicht eigentlich trafen. Da die Art. 15, 16, 18 d. Verfassung dem Erlasse der kirchenpolitischen Gesetzgebung entgegenstanden, erfolgte ihre Aufhebung durch G. 18. 6. 75 (GS. 259). Das Ende des Kulturkampfes bezeichnen die G. 21. 5. 86 u. 29. 4. 87 (GS. 147 u. 127) betr. Änderung der kirchenpolitischen G.; ferner wurde durch G. 6. 5. 90 (RGBl. 65) das G. 4. 5. 74 (RGBl. 43) betr. die Verhinderung der unbefugten Ausübung von Kirchenämtern aufgehoben; gleichzeitig wurden die auf Grund des G. 4. 5. 74 ergangenen Verfügungen der Zentral- und Landespolizeibehörden außer Kraft gesetzt; endlich verfügt das G. 24. 6. 91 (GS. 227) über die Beträge, welche auf Grund des G. 22. 4. 75 (GS. 194) betr. die Einstellung der Leistungen aus Staatsmitteln für die römisch-katholischen Bistümer und Geistlichen inzwischen angesammelt worden sind, zugunsten der einzelnen Diözesen bzw. Diözesananteile. In erster Reihe sind durch besondere Kommissionen nach freiem Ermessen an solche Institute und Personen bzw. deren Erben, welche auf Grund G. 22. 4. 75 Einbuße erlitten haben, Beträge bewilligt (Art. 2); aus den Restbeträgen ist ein Diözesanfonds angelegt worden (Art. 5).

B. Inneres Kirchenrecht oder Kirchenverfassungsrecht.

1. In der evangelischen Kirche wird zumeist angenommen, daß der Landesherr als „summus episcopus" die Spitze bildet. Unter ihm stehen dann als von ihm oder der Staatsgewalt ernannte „kirchenregimentliche" Behörden: der Oberkirchenrat (eingesetzt durch Allerh. Erlaß 29. 6. 50, GS. 343) und die Konsistorien[1]) mit General-Superintendenten und Superintendenten als Hilfsorganen; neben diesen Behörden haben der Minister für die geistlichen Angelegenheiten, die Regierungen und der Landrat bei den äußeren kirchlichen Angelegenheiten mitzuwirken. Diese Verfassung heißt Konsistorialverfassung. Den Gegensatz dazu bildet die Synodal- und Presbyterialverfassung; hier wird die Kirche vom Geistlichen und von Ältesten, die durch die Gemeinde gewählt werden, und in höherer Instanz von der aus gewählten Vertretern bestehenden Synode regiert. Ohne das erstere System zu beseitigen, hat man für die östlichen Provinzen Preußens ein Stück von dem zweiten eingeführt durch die

Kirchengemeinde- und SynodalO. 10. 9. 73,

welche durch das staatliche G. 25. 5. 74 (GS. 151, 147) sanktioniert ist (dazu revidierte Instruktion 25. 1. 82, KGVBl. 1). Sie stellt an die Spitze den Grundsatz der Selbstverwaltung der Kirchengemeinden für ihre Angelegenheiten. Aber während die kommunale Selbstver-

[1]) Durch Erl. 14. 1. 95 (GS. 7) ist im Konsistorium für die Provinz Brandenburg eine Abteilung Berlin eingerichtet. AusfInstr. 24. 1. 95 (KGVBl. 19). Die Mitglieder der Konsistorien sind unmittelbare Staatsbeamte (OVG. 35, 447).

waltung das Wesen der Dinge trifft, die öffentliche Wohlfahrt in allen Zweigen der Verwaltung und die Verwaltung des Vermögens zu diesem Zwecke, hat man es hier fast nur mit der Vermögensverwaltung zu tun. Alles, was den Kern der Sache anbelangt, die Ordnung des Gottesdienstes u. dgl., bleibt dieser Selbstverwaltung entrückt.

a) Organe der Selbstverwaltung sind die Gemeindekirchenräte und die Versammlung der wahlberechtigten Gemeindeglieder bzw. anstatt dieser in Gemeinden von 500 Einwohnern und darüber die Gemeindevertretung (§§ 1 f., 27). Der Gemeindekirchenrat besteht aus dem Pfarrer als Vorsitzendem und 4—12 Ältesten (§ 3 f.), die Gemeindevertretung beträgt das Dreifache der normalen Zahl der Ältesten (§ 28). Die Ältesten und Gemeindevertreter werden auf 6 Jahre gewählt (§ 43). Wahlberechtigt sind alle männlichen, selbständigen unbescholtenen, über 24 Jahre alten Gemeindemitglieder (die Kirchengemeindemitgliedschaft wird durch die Konfirmation erworben, OVG. 51, 170), welche bereits 1 Jahr in der Gemeinde bzw., wo mehrere Gemeinden am Orte sind, an diesem Orte wohnen, zu den kirchlichen Gemeindelasten nach Maßgabe der dazu bestehenden Verpflichtung beitragen und sich zum Eintritt in die wahlberechtigte Gemeinde mündlich bei dem Vorsitzenden oder den mit Entgegennahme von Anmeldungen beauftragten Mitgliedern des Gemeindekirchenrates behufs Eintragung in die Wählerliste gemeldet haben (§ 34 und Revid. Instr. zur Kirchengemeinde und SynO. 25. 1. 82 § 1 f., § 6). Wählbar für die Gemeindevertretung sind grundsätzlich alle Wahlberechtigten, für den Gemeindekirchenrat diejenigen, welche das 30. Lebensjahr vollendet haben (§ 35). Die Entlassung der Ältesten oder Gemeindevertreter erfolgt durch den Vorstand der Kreissynode wegen Verlustes einer zur Wählbarkeit erforderlichen Eigenschaft oder grober Pflichtwidrigkeit (§ 44). — Der, die zur Wählbarkeit erforderlichen Eigenschaften besitzende Patron kann selbst in den Gemeindekirchenrat eintreten, wenn er von der Befugnis, ein wählbares Gemeindemitglied zum Ältesten zu ernennen, keinen Gebrauch macht. Macht er davon Gebrauch, so erfolgt die Ernennung auf 6 Jahre (§ 6 und KirchenG. 9. 3. 91 [KGVBl. 13] Ziff. 1). — Der Gemeindekirchenrat vertritt die Gemeinde in vermögensrechtlicher Beziehung, in streitigen wie in nichtstreitigen Rechtssachen und verwaltet das Kirchenvermögen einschließlich der kirchlichen Lokalstiftungen, welche nicht fundationsmäßig eigene Vorstände haben, sowie einschließlich des Pfarrvermögens, soweit das Recht jeweiliger Inhaber nicht entgegen steht. Zu jeder die Gemeinde verpflichtenden schriftlichen Willenserklärung bedarf es der Unterschrift des Vorsitzenden oder seines Stellvertreters und zweier Ältesten sowie der Beidrückung des Kirchensiegels (§ 22). Inwieweit die Mitwirkung der Gemeindevertretung und die Genehmigung der Aufsichtsinstanzen nötig ist, wird unten bei den einzelnen Gegenständen der Verwaltung erwähnt werden. Hinsichtlich des Patrones, der für die Vermögensverwaltung gewissermaßen die erste dieser Instanzen bildet, heißt es im § 23: dem Patron verbleiben da, wo derselbe Patronatslasten für die kirchlichen Bedürfnisse trägt, die Aufsicht über die Verwaltung der Kirchenkasse und das Recht der Zustimmung zu den nach den bestehenden Gesetzen seiner Genehmigung unterliegenden Geschäften der Vermögensverwaltung. In letzterer Beziehung gilt jedoch seine Zustimmung zu Beschlüssen des Gemeindekirchenrats und der Gemeindevertretung für erteilt, wenn er auf abschriftliche Zustellung des betreffenden Beschlusses nicht binnen 30 Tagen dem Gemeindekirchenrat seinen Widerspruch zu erkennen gibt. Geschieht dies, so steht dem Gemeindekirchenrate der Rekurs an den Regierungspräsidenten [1]) zu. Dieser kann den Widerspruch des Patrones verwerfen und dessen Einwilligung ergänzen (vgl. G. 25. 5. 74, Art. 8 und Allerh. V. 9. 9. 76, Art. III) — Für die Kirchenkassenverwaltung wählt der Gemeindekirchenrat eines seiner Mitglieder zum Rendanten; bei größeren Kassen kann er auch einen besoldeten Rendanten (dessen Rechtsstellung s. OVG. KGVBl. 89, 32) anstellen (§ 24). Er ernennt auch, soweit nicht wohlerworbene Rechte Dritter (insbesondere des Patrones) entgegen stehen, die niedrigen Kirchendiener (§ 21), zu denen jedoch Kantoren und Organisten, falls diese Funktionen nicht etwa mit dem Küsteramte verbunden sind, nicht gehören (Reskr. des Oberkirchenrats 6. 5. 76, KGVBl. 52).

b) Kreissynode. Die zu einer Diözese vereinigten Gemeinden bilden in der Regel den Kreissynodalverband. Die Kreissynode besteht aus dem Superintendenten der Diözese als Vorsitzendem, sämtlichen innerhalb des Kirchenkreises ein Pfarramt verwaltenden Geistlichen und der doppelten Anzahl gewählter Mitglieder. Die Wahl erfolgt auf 3 Jahre durch die vereinigten Gemeindeorgane. Die Gewählten müssen das 30. Lebensjahr zurückgelegt haben (§§ 49 f., §§ 42 f. GenSynO. 20. 1. 76). Den Kreissynoden steht u. a. die Mitaufsicht über die Gemeinden und Geistlichen ihres Kreises und die Prüfung des Kassen- und Rechnungswesens in den einzelnen Gemeinden zu (§ 53). Der Synodalvorstand besteht aus dem vorsitzenden Superintendenten und aus 4 von der Synode aus ihrer Mitte auf 3 Jahre gewählten Beisitzern. Er hat einige Befugnisse der Synode in der Zeit auszuüben, wo sie nicht versammelt ist (§ 54 f., s. § 43 GenSynO.). Der Kreissynodalvorstand ist beschlußfähig, sobald mindestens 3 Mitglieder, einschließlich des Vorsitzenden, an der Beschlußfassung teilnehmen (KirchenG. 9. 3. 91 Ziff. 6).

c) Die Kreissynoden jeder Provinz bilden zusammen den Verband einer Provinzialsynode (§ 58). Diese wird zusammengesetzt aus den von den Kreissynoden oder Synodalverbänden der Provinz zu wählenden Abgeordneten, einem von der evangelisch-theologischen Fakultät der Provinzialuniversität zu wählenden Fakultätsmitgliede und den vom Könige zu ernennenden Mitgliedern, deren Zahl $1/6$ der von den Kreissynoden und Synodalverbänden zu wählenden Abgeordneten nicht übersteigen soll. Die Berufung erfolgt für eine Synodalperiode von 3 Jahren (§ 59, s. § 44 GenSynO.). Zum § 45 GenSynO. ZusatzkirchenG. 13. 4. 98 KGVBl. 29). Die Provinzialsynode hat insbesondere über die Erhaltung der kirchlichen Ordnung in Lehre, Kultus und Verfassung zu wachen, Abgeordnete zur Generalsynode zu wählen und die Zustimmung zu kirchlichen, durch das Kirchenregiment für die Provinz zu erlassenden Gesetzen zu erteilen (§ 65; Art. 10 u. 11 G. 3. 6. 76 [GS. 125]). Der

[1]) In Berlin den Polizeipräsidenten.

Vorstand bleibt auch nach Beendigung der laufenden Synodalperiode bis zur Bildung des neuen Vorstandes in Tätigkeit (§ 66). Ihm liegt die Teilnahme an wichtigen Geschäften des Konsistoriums ob, namentlich bei Vorschlägen über die Besetzung kirchenregimentlicher Ämter.

Das bereits zu §§ 6 u. 54 ff. erwähnte KirchenG. 9. 3. 91, sanktioniert durch StaatsG. 7. 4. 91, ändert ferner noch die §§ 11 Abs 2 u. 3, 52 Abs. 3 u. 70 Abs. 1 hinsichtlich der Beschlußfassung des Gemeindekirchenrats, der Kreis- und Provinzialsynode, gibt dem das Verhältnis des Gemeindekirchenrats zum Prediger betreffenden § 14 Abs. 2 Kirchengemeinde- und SynO. eine andere Fassung und ändert bei der Entlassung eines Ältesten oder Gemeindevertreters die 14 tägige Berufsfrist des § 44 in eine vierwöchentliche.

d) Nach dem KirchenG. 16. 6. 95, StaatsG. 18. 6. 95 (GS. 272 u. 271) vertreten der Kreissynodalvorstand den Kreissynodalverband, und das Konsistorium unter Mitwirkung des Provinzialsynodalvorstandes den Provinzialsynodalverband in vermögensrechtlichen Angelegenheiten. Die Befugnis zur Aufnahme von Anleihen ist ausgeschlossen. Die Beschlüsse bedürfen in den Fällen des Art. 24 G. 3. 6. 76 der Genehmigung der staatlichen Aufsichtsbehörde und außerdem der kirchlichen Aufsichtsbehörde beim Erwerbe, der Veräußerung oder dinglichen Belastung von Grundeigentum, sofern der Erwerb nicht durch Zwangsversteigerung nötig wird, bei Verwendung des kirchlichen Vermögens zu anderen als den bestimmungsmäßigen Zwecken, bei neuen organischen Einrichtungen für kirchliche Zwecke und Errichtung, Übernahme oder wesentlicher Änderung von Anstalten.

Über den Kreis- und Provinzialsynoden steht die bereits erwähnte Generalsynode. Sie ist eingeführt in der, durch das staatliche G. 3. 6. 76 (GS. 125) sanktionierten

> GeneralsynodalO. 20. 1. 76 (GS. 7), dazu G. 21. 9. 98 (GS. 312), durch die der Geltungsbereich des G. auf die neun älteren Provinzen und Hohenzollern festgesetzt wird (KirchenG. 19. 9. 98); abg. für Brandenburg durch G. 16. 1. 05 (GS. 39).

Sie setzt sich zusammen aus 151 Mitgliedern, die von den Provinzialsynoden (einschließlich der Kreissyn. Hohenzollern, Art. I KirchenG. 19. 9. 98) gewählt werden, ferner aus 6 von den evangelisch-theologischen Fakultäten gewählten Mitgliedern, aus den Generalsuperintendenten der Provinzen und aus 30 vom Könige zu ernennenden Mitgliedern (§ 2). Das KirchenG. 18. 7. 92 (GS. 274) betr. eine Abänderung des § 3 der Generalsynodalordnung ordnet an, daß für jeden Abgeordneten zur Generalsynode gleichzeitig ein Stellvertreter zu wählen ist. Das StaatsG. 30. 8. 92 (GS. 273) bestätigt die Ausübung der Befugnisse der Generalsynode auch in ihrer aus jener Abänderung sich ergebenden Zusammensetzung. „Landeskirchliche Gesetze bedürfen der Zustimmung der Generalsynode und werden vom Könige kraft seines Rechtes als Träger des Kirchenregimentes erlassen“ (§ 6 GenSynO.). Die Generalsynode hat zu solchen Gesetzen das Vorschlagsrecht.

Bevor ein von einer Provinzialsynode oder von der Generalsynode beschlossenes Gesetz dem Könige zur Sanktion vorgelegt wird, ist die Erklärung des Staatsministeriums darüber herbeizuführen, ob gegen den Erlaß desselben von Staats wegen etwas zu erinnern sei (§ 6 GenSynO., Art. 13 Abs. 2 G. 3. 6. 76, § 2 G. 28. 5. 94). Die Erwähnung dieser Feststellung in der Verkündigungsklausel ist weggefallen. Ferner geht die staatliche Mitwirkung an der Kirchengesetzgebung, namentlich soweit sie die kirchliche Verwaltungsorganisation oder das kirchliche Finanzwesen betrifft, dahin, daß teils spezielle Zustimmung des Staatsministeriums, teils staatsgesetzliche Zustimmung erforderlich ist. In ersterer Beziehung ist durch §§ 3 u. 5 des eben zit. G. 28. 5. 94 bestimmt, daß bei Kirchengesetzen, durch welche neue Ausgaben zu landeskirchlichen Zwecken bewilligt werden, bei der endgültigen Vereinbarung zwischen der Generalsynode und der Kirchenregierung über die Verteilung der Umlage auf die Provinzen sowie bei Kirchengesetzen, durch welche die Einkünfte des Kirchenvermögens oder der Pfarrpfründen zu Beiträgen für kirchliche Zwecke herangezogen werden, die Zustimmung des Staatsministeriums in der Verkündigungsformel nicht mehr erwähnt werden soll. Auch ist jetzt bezüglich der letzterwähnten Heranziehung den Beteiligten gegen die Entscheidung der Staatsbehörde binnen 21 Tagen die Klage im Verwaltungsstreitverfahren beim OVG. gegeben. Der § 1 des auf 40 kirchenrechtliche Bestimmungen Bezug nehmenden G. 28. 5. 94 lautet:

„Kirchengesetze, durch welche Bestimmungen der Kirchengemeinde- und Synodalordnung 10. 9. 73 und der Generalsynodalordnung 20. 1. 76, sowie der zur Abänderung dieser beiden Ordnungen später erlassenen Gesetze abgeändert werden sollen, bedürfen der Bestätigung durch ein Staatsgesetz nur, wenn sie betreffen die §§ 1, 3, 5, 6, 11 Abs. 5, 22 Abs. 1 und 2, 23, 25 Satz 2 in bezug auf Parochialveränderungen, 27 Abs. 1 und 2, 28, 31, 34 Abs. 1—4, 49, 53 Nr. 7 in bezug auf die Repartition der Beiträge zur Kreissynodalkasse, 57, 58, 65 Nr. 3 Abs. 1 und Nr. 7, 71—73 der Kirchengemeinde- und Synodalordnung oder die §§ 1, 2 Abs. 1, 3 Abs. 1 und 2, 6 Abs. 1, 14, 15, 36 Abs. 1 Nr. 4, 38, 43, 44 Abs. 1, 46 Abs. 1 der Generalsynodalordnung.

Bestimmungen des G. 25. 5. 74, betr. die evangelische Kirchengemeinde- und Synodalordnung 10. 9. 73 für die Provinzen Preußen usw., sowie des G. 3. 6. 76, betr. die evangelische Kirchenverfassung in den neun älteren Provinzen der Monarchie, welche mit dieser Vorschrift im Widerspruch stehen, werden aufgehoben. Unberührt bleiben hiervon die Bestimmungen der Art. 8 und 21 des G. 3. 6. 76.“ —

Ein KirchenG. erhält durch die Verkündung in dem Kirchl. Gesetz- und Verordnungsblatt seine verbindliche Kraft. Diese beginnt, wenn in dem Gesetze kein anderer Anfangstermin bestimmt ist, mit dem 14. Tage nach dem Tage der Ausgabe des Blattes (§ 6 GenSynO.). Ausschließlich unterliegen der landeskirchlichen Gesetzgebung: die Regelung der kirchlichen Lehrfreiheit, die ordinatorische Verpflichtung der Geistlichen, die agendarischen Normen, die Einführung oder Abschaffung allgemeiner kirchlicher Feiertage, Änderungen der Kirchengem.- und SynO. und der GenSynO. sowie Änderungen der Kirchenverfassung, wonach das Kirchenregiment des Königs durch kollegiale, mit geistlichen und weltlichen Mitgliedern besetzte Kirchenbehörden auszuüben ist, die Kirchenzucht, sowie die Disziplinargewalt über

Geistliche und andere Kirchendiener, die kirchlichen Erfordernisse der Anstellungsfähigkeit und die kirchlichen Grundsätze über die Besetzung der geistlichen Ämter, endlich die kirchlichen Bedingungen der Trauung (§ 7; s. wegen des letzten Punktes KirchenG. 27. 7. 80 und auch 30. 7. 80). Am Schlusse jeder ordentlichen Versammlung wählt die Generalsynode auf 6 Jahre den Synodalvorstand und 18 Mitglieder, welche mit ihm den Synodalrat bilden (§§ 21—23). Dieser hat mit dem Evangelischen Oberkirchenrat über Aufgaben und Angelegenheiten der Landeskirche zu beraten (§ 37). Der Synodalvorstand wirkt mit dem Ev. Oberkirchenrat zusammen bei Feststellung der von der Kirchenregierung der Generalsynode vorzulegenden Gesetzentwürfe, bei Vorschlägen für die Besetzung der Generalsuperintendenturen u. dergl. (§ 36). —

Aus dem schon erwähnten staatlichen G. 3. 6. 76 ist hervorzuheben[1]): die Verwaltung der Angelegenheiten der evangelischen Landeskirche geht, soweit solche bisher von dem Minister der geistlichen Angelegenheiten und von den Regierungen geübt worden ist, auf den Evangelischen Oberkirchenrat und die Konsistorien als Organe der Kirchenregierung über (Art. 21, vgl. Art. I der Allerh. V. 5. 9. 77). Den Staatsbehörden verbleibt die Anordnung und Vollstreckung der zur Aufrechterhaltung der äußeren kirchlichen Ordnung erforderlichen polizeilichen Vorschriften (über das Verhältnis der Landes- und Ortspolizeibehörden vgl. OVG. 54, 180), die Regelung der streitigen Kirchen-, Pfarr- und Küstereibausachen sowie die Vollstreckung der einstweiligen Entscheidung in diesen Sachen, die Beitreibung kirchlicher Abgaben (zuständig sind in vorstehenden Fällen die Regierungspräsidenten[2]), endlich die Mitwirkung bei der Veränderung bestehender sowie bei der Bildung neuer Pfarrbezirke, die Mitwirkung bei der Besetzung kirchenregimentlicher Ämter (Art. 23). Die Beschlüsse der kirchlichen Organe bedürfen zu ihrer Gültigkeit der Genehmigung der staatlichen Aufsichtsbehörde bei der Einführung und Veränderung von Gebührentaxen, bei der Ausschreibung von Sammlungen außerhalb der Kirchengebäude, bei einer Verwendung des kirchlichen Vermögens zu anderen als den bestimmungsmäßigen Zwecken und bei den, unten zu erwähnenden wichtigsten Akten der kirchlichen Vermögensverwaltung (Art. 24). Weigert sich ein Gemeindekirchenrat oder eine Gemeindevertretung, gesetzliche Leistungen auf den Etat zu bringen oder zu genehmigen, so ist sowohl das Konsistorium als auch der Regierungspräsident[2]) unter gegenseitigem

---

[1]) In Art. 8 dieses G. war der Befugnisse der vereinigten Berliner Kreissynoden, namentlich wegen der Ausschreibung von Kirchensteuern, gedacht und ebenso einer „demnächst zu bildenden Provinzialsynode Berlin“. Die vereinigten Kreissynoden, deren Befugnisse durch G. 19. 5. 91 und Regulativ 5./13. 11. 91 geregelt waren, sind durch Art. III KirchenG. 17. 5. 95 in Wegfall gekommen. Ihre Befugnisse sind auf die Berliner Stadtsynode übergegangen, d. h. auf die Vertretung des Gesamtverbandes, zu welchem jetzt sämtliche Kirchengemeinden, die einer Berliner Kreissynode angehören und ihren Sitz in Berlin haben, unbeschadet des Verhältnisses zu ihren Kreissynoden, vereinigt sind. Analog können die Rechte und Pflichten der Berliner Stadtsynode in anderen Ortschaften, welche mehrere unter einem gemeinsamen Pfarramte nicht verbundene Parochien umfassen, mit Genehmigung des Kultusministers einem Gesamtverbande (Parochialverband) übertragen werden, KirchenG. 17. 5. 95; StaatsG. 18. 5. 95 (GS. 175); KirchenG. u. StaatsG. 4. 7. 04 (GS. 146, f. Westfalen u. Rheinprovinz). Anleihebeschlüsse der Berliner Stadtsynode bedürfen der Genehmigung des Staatsministeriums. V. über die Ausübung der Rechte des Staates 20. 10. 96 (GS. 203).

[2]) In Berlin der Polizeipräsident (Art. III V. 9. 9. 76, Art. III V. 5. 9. 77, Art. IV V. 20. 10. 96.

Einvernehmen befugt, die Eintragung in den Etat zu bewirken (Art. 27 in Verbindung mit den in der vorigen Anm. angef. VO). Das Einverständnis der Staatsbehörde muß ausdrücklich erklärt sein (OVG. 27, 127). Nur sie ist zur Beanstandung einer Etatsposition berechtigt (OVG. 51, 187). Unter Ausschluß des gewöhnlichen Rechtsweges (RGer. KGVBl. 83, 67) steht den Gemeindeorganen die Klage beim OVG. zu (Art. 27).

Durch Königliche Verordnung werden die Staatsbehörden bestimmt, welche die in dem G. 3. 6. 76 erwähnten Rechte auszuüben haben (Art. 28). Sie ist unter dem 9. 9. 76 (GS. 395) ergangen. Soweit sie die Zuständigkeit in betreff der kirchlichen Vermögensverwaltung regelt, ist sie durch G. 18. 7. 92 sanktioniert, durch G. 8. 3. 93 modifiziert. Weitere Abänderungen hat sie durch VO. 20. 7. 04 (hinsichtlich Berlins) und 23. 3. 06 (hinsichtl. der Steuerbeschlüsse) erfahren (GS. 190 u. 53). Die betreffenden Vorschriften werden unten bei den einzelnen Gegenständen erwähnt werden. Im übrigen überträgt sie die Rechte des Staates: dem Minister der geistlichen Angelegenheiten für die Bewilligung von Sammlungen außerhalb der Kirchengebäude und in mehreren Provinzen (unter Mitwirkung des Ministers des Innern) und für die Kontrolle der kirchlichen Vermögensverwaltung gegenüber dem Oberkirchenrat als dem Vertreter der evangelischen Landeskirche [1]) (durch Art. 19 G. 3. 6. 76 ist die evangelische Landeskirche in ihrer Gesamtheit befähigt, Vermögen zu erwerben); dem Oberpräsidenten für die von der Provinzialsynode beschlossenen neuen kirchlichen Ausgaben und für die Bewilligung von Sammlungen außerhalb der Kirchengebäude und in mehreren Regierungsbezirken; dem Regierungspräsidenten [2]) für die Vollstreckbarkeit der Beschlüsse über Gemeindeumlagen gemäß Art. 3 des G. 25. 5. 74 [3]), für Feststellung der Gemeindestatuten gemäß Art. 5 das., für die Ausübung der Staatshoheitsrechte gegenüber dem Patronat [4]) gemäß Art. 8 das. und § 23 der Kirchengemeinde- und SynO. 10. 9. 73, und für diejenigen Fälle des G. 3. 6. 76, für die nicht der Minister oder der Oberpräsident als zuständig erklärt sind. Gegen die Verfügung des Regierungspräsidenten geht, abgesehen von den Fällen, in denen Klage an das Oberverwaltungsgericht zulässig (z. B. Art. 27 Abs. 3 G. 3. 6. 76; Art. IV § 4 G. 14. 7. 05), Beschwerde an den Oberpräsidenten, der endgültig entscheidet.

2. In der katholischen Kirche steht der Papst an der Spitze als Oberhaupt der ganzen katholischen Christenheit und Stellvertreter Gottes auf Erden, mit souveräner Machtbefugnis über alle und alles. Die Römische Kurie und das Kardinalskollegium, welches die Päpste wählt, unterstützen ihn in seiner Verwaltung. Die Kardinäle werden von ihm ernannt. Außerhalb Roms vertreten ihn Nuntien und Legaten.

In geistlicher Tätigkeit wirken unter ihm zunächst die Erzbischöfe (Metropoliten) in ihren aus mehreren Diözesen zusammengesetzten Erzdiözesen (Kirchenprovinzen) und sodann die Bischöfe in ihren Diözesen.

---

[1]) Auch für die Feststellung des Regulativs für die Stadtsynode von Berlin.
[2]) In Berlin dem Polizeipräsidenten.
[3]) Für Berlin vgl. noch § 5 G. 18. 5. 95.
[4]) In Berlin der Min.-Baukommission (V. 5. 9. 77).

Einige „eximierte" Bischöfe sind unmittelbar dem Papste untergeordnet. Den Erzbischöfen und Bischöfen stehen (Dom-) Kapitel zur Seite, die bei nicht besetztem Stuhle (Sedisvakanz) die bischöflichen Rechte wahrzunehmen und in der Regel den Bischof zu wählen haben. In Preußen müssen sie vor dieser Wahl sich vergewissern, daß der Kandidat dem Landesherrn genehm ist (vgl. KO. 24. 2. 42).

Allgemeine Konzilien werden vom Papste berufen, der ihnen seine Vorlagen zur Beschlußfassung unterbreitet. Die Bischöfe berufen Synoden für Angelegenheiten in der Diözese.

Von den Katholiken haben sich die Altkatholiken losgesagt. Sie erkennen die in der Konstitution Pius IX. 18. 7. 70 formulierten Konzilsbeschlüsse, namentlich die dadurch zum Glaubenssatze (Dogma) erklärte Unfehlbarkeit des Papstes nicht an. Durch das G. 4. 7. 75 (GS. 333) betr. die Rechte der altkatholischen Kirchengemeinden an dem kirchlichen Vermögen sind sie als gleichberechtigt mit den anderen Katholiken und als zugehörig zur katholischen Kirche erachtet. In den katholischen Kirchengemeinden, aus welchen eine „erhebliche" Anzahl von Mitgliedern einer altkatholischen Gemeinschaft beigetreten ist, wird ihnen die Mitbenutzung des kirchlichen Vermögens, namentlich auch der Mitgebrauch der Kirche und des Kirchhofes gewährleistet. Sie haben ihren eigenen Bischof (zu Bonn), der von der Synode, dem obersten Organ der altkatholischen Kirche, gewählt wird.

III. Privat-Kirchenrecht:

A. Kirchliche Personen:

1. Evangelische Kirche:

a) Die Geistlichen:

α) Anstellung. §§ 58 f. ALR. II, 11. — Das KirchG. betr. die Anstellungsfähigkeit und Vorbildung der Geistlichen 15. 8. 98 (KGVBl. 137), dazu Instruktion 1. 7. 99 (das. 48) verlangt für die Landeskirche der älteren Provinzen ein Alter von 25 Jahren, ein Studium von mindestens 6 Semestern nach Ablegung der Reifeprüfung auf einem deutschen Gymnasium und ferner die Ablegung von 2 theologischen Prüfungen. Die Befugnis zur Ausübung der geistlichen Amtsverrichtungen wird durch die Ordination verliehen (§ 63). Die Wahl des Pfarrers erfolgt, je nach den besonderen Provinzial- und Ortsverfassungen, durch den Patron, die Gemeinde oder das Kirchenregiment (Konsistorium) (§ 324 II, 11).

Dem Patron gebührt die Wahl bei allen Patronatskirchen (§ 327, s. jedoch wegen des fiskalischen Patronats den nächsten Absatz). Er ist dabei an Geistliche, die schon im Amte stehen, oder Kandidaten, die von den geistlichen Oberen die Erlaubnis zum Predigen erhalten haben, gebunden (§ 328). Der vom Patron Gewählte muß vor der Gemeinde Probepredigt und Katechisation halten (§ 329), und die Gemeinde kann dann Einwendungen erheben (§§ 334—336; vgl. § 21 KirchG. 16. 3. 10, KGVBl. 7). Der rechtmäßig Gewählte erhält, wie auch bei den Wahlen durch die Gemeinde, eine schriftliche Vokation (§§ 374—385) und wird dann den geistlichen Oberen zur Bestätigung präsentiert (§§ 386—390). Der im § 18 G. 11. 5. 73 (GS. 191) vorgesehene staatliche Zwang zur Besetzung der Pfarrämter findet gemäß Art. 2 § 3 G. 29. 4. 87 (GS. 127) nicht mehr statt. Ist die Bestätigung versagt, so muß eine neue Wahl und Präsentation erfolgen (§ 391). Die Präsentation zu einem erledigten Pfarramte muß innerhalb 6 Monaten erfolgen (§ 393); ist dies nicht geschehen, auch eine Verlängerung der Frist nicht nachgesucht und gewährt, so fällt die Besetzung der Pfarre für diesen Fall (vermöge des sog. Devolutionsrechtes) den geistlichen Oberen anheim (§ 398); war ein hiernächst bei der Prüfung untauglich Befundener (d. h. nicht Bestätigter) präsentiert worden, so kommt dem Präsentierenden noch eine Nachfrist von 6 Wochen zustatten (§ 399); indessen kann der Patron oder die Gemeinde, solange die geistlichen Oberen von ihrem Anfallsrechte noch keinen Gebrauch gemacht haben, das Versäumte nachholen (§ 401).

Der Gemeinde soll in der Regel bei Kirchen, welche keinen Patron haben, die Wahl des Pfarrers zustehen (§ 353). Nach § 32 der KGmd- u. SynO. 10. 9. 73 werden die Wahlrechte, welche bisher kirchengemeindlichen Wahlkollegien zugestanden haben, an deren Stelle von dem Gemeindekirchenrate in Gemeinschaft mit der Gemeindevertretung geübt. Zugleich wird angeordnet, daß Pfarrstellen (abgesehen von solchen, mit deren Verleihung die gleichzeitige Übertragung eines kirchenregimentlichen Amtes verbunden werden soll), welche bisher auf Grund des fiskalischen Patronates, spezieller Statuten oder aus anderen Gründen der freien kirchenregimentlichen Verleihung unterlegen haben, in dem einen Erledigungsfalle mit, in dem andern ohne Konkurrenz einer Gemeindewahl neu besetzt werden. Über dies Wahlrecht bestimmt das Nähere das KirchenG. 15. 3. 86 (KGVBl. 39). Danach können die Gemeindeorgane in Pfarrstellen mit mehr als 3600 M. Jahreseinkommen (ausschl. freier Wohnung) nur Geistliche von mindestens 10, und bei mehr als 5400 M. von 15 Dienstjahren wählen. Nach dem KirchenG. 28. 3. 92 (KGVBl. 115) ist auch das der Gesamtheit der Mitglieder einer Kirchengemeinde gebührende Recht der Pfarrwahl — wenn es nicht ausnahmsweise auf dem Wege eines vom Oberkirchenrat genehmigten Gemeindestatuts den wahlberechtigten Gemeindegliedern zugestanden wird und abgesehen von Gemeinden unter 500 Seelen — durch die nach der KGmd- u. SynO. gebildeten, vereinigten Gemeindeorgane auszuüben. Das Wahlverfahren richtet sich nach den Vorschriften der §§ 2, 7—10 G. 15. 3. 86. Wegen Einspruchs und Versagung der Berufung s. unter i.

b) Vakanz der Pfarrstellen. Bis zur Besetzung der erledigten Stelle wird sie durch die benachbarten Geistlichen gegen Vergütung aus den Einkünften verwaltet. Das KirchenG. 18. 7. 92 (sanktioniert durch StaatsG. 8. 3. 93, GS. 21) bestimmt außerdem, daß beim Versterben des auf Lebenszeit angestellten Geistlichen im Amte während des Sterbemonats und des darauffolgenden Monats die Erben — nächst diesen, sowie während einer weiteren Gnadenzeit von 6 Monaten die Hinterbliebenen (Witwe, eheliche, Stief- und Adoptivkinder) — zur Fortsetzung des Nießbrauchs der Stelle berechtigt sind. Entsprechend gewährt § 18 PfarrbesG. 26. 5. 09 (GS. 117; vgl. § 18 das.) für dieselbe Frist den Erben bzw. Hinterbliebenen des Inhabers einer den Bestimmungen des PfarrbesG. unterworfenen Stelle den Fortbezug des gesamten Diensteinkommens für die gleiche Frist und für den Ausnahmefall des Stellenvermögens-Nießbrauchs (§§ 12, 21) den Eintritt in die Rechte und Pflichten des Stelleninhabers (vgl. § 23 des im wesentlichen aufgehobenen früheren PfarrbesG. 2. 7. 98 [KGVBl. 61]). — Der Überschuß der aus den etwa verbleibenden Einkünften einer Stelle sich bildenden sog. Vakanzkasse ist für die Stelle als Kapital anzusammeln (§ 852).

c) Pfründen und Diensteinkommen. Das Pfründerecht ist durch Art. 80 EBGB. aufrecht erhalten. Unter Pfründen werden die mit einem Kirchenamte verbundenen Einkünfte aus liegenden Gründen oder sonstigem Vermögen verstanden. Verwaltung und Nießbrauch der Pfründe, die früher dem Pfarrer zustanden, sind jetzt in der Regel auf die Kirchengemeinde übergegangen, §§ 11—13 PfarrbesG. Hinsichtlich der Pfarrgehälter sei bemerkt, daß, wo es sich nicht um Veränderung bestehender Pfarrbezirke handelt — eine Veränderung des Pfarrzwanges liegt noch nicht in der Vermehrung der geistlichen Stellen durch Annahme von Hilfs- oder Nebengeistlichen — nach Art. 21 KirchenVerfG. 3. 6. 76 die Festsetzung der Gehälter von den Regierungen auf die Konsistorien übergegangen, dagegen die Erzwingbarkeit nach Art. 27 Abs. 2 das. in der Form der dem Regierungspräsidenten miteingeräumten Zwangsetatisierung (s. oben) erhalten ist (OVG. 26, 146; PrVBl. 18, 482). Die Grundsätze der OVGEntsch. 6, 158 sind dadurch revidiert. Für den Fall einer auf Parochialveränderung hinausgehenden Anstellung eines wirklichen zweiten Pfarrers in einer Gesamtparochie s. OVG. PrVBl. 13, 515; wegen Hilfsgeistlicher OVG. PrVBl. 28, 68.

Durch das bereits erwähnte KirchenG. und StaatsG. 26. 5. 09 (GS. 117 u. 113, ein Teil des Besoldungsgesetzes (GS. 85) ist das Diensteinkommen derjenigen Geistlichen, die eine bei der Alterszulagekasse versicherte Pfarrstelle innehaben, geregelt. Festangestellte Geistliche erhalten ein Diensteinkommen, das sich zusammensetzt aus einem nach 9 Klassen entsprechend dem Stelleneinkommen eingeteilten Grundgehalt von 2400, 3000, 3600, 4200, 4500, 4800, 5100, 5400 M., aus Alterszulage und Dienstwohnung oder angemessener Mietsentschädigung. Für die Aufbringung der Alterszulagen ist eine Alterszulagenkasse gegründet, die eine für die evangelische Landeskirche gemeinsame Einrichtung ist, einen eigenen, vom König ernannten Vorstand und einen aus 55 gewählten Mitgliedern bestehenden Verwaltungsausschuß hat. Die Alterszulagen werden nach einem in § 20 der Satzungen aufgestellten Schema in dreijährigen, nach dem Dienstalter bemessenen Abschnitten gewährt. Daneben können Zuschüsse mit Genehmigung des Konsistoriums bewilligt und von diesem bis zum Betrage von 600 M., wenn es die örtlichen Verhältnisse erheischen, angeordnet werden (KG. § 4). Das Diensteinkommen hat die Kirchengemeinde zu gewähren; sie erhält dafür die Verwaltung des Stellenvermögens, aus dessen Erträgen nach Entrichtung der Lasten die Grundgehälter, die Beiträge zur Alterszulagekasse und die Zuschüsse zu bestreiten sind (§ 11 PfarrbesG.). Die Alterszulagekasse wiederum erhält außer den Beiträgen der Kirchengemeinden (§ 23 d. Satzg.), die Beiträge der Landeskirchen (§§ 11—13 d. Satzg.) und die Staatsbeiträge (8 050 000 M. Art. 3 StaatsG.). Der Staat gewährt ferner als Beihilfe an leistungsunfähige Gemeinden Zuschüsse von insgesamt 6 258 903 M.

jährlich (Art. 7 StaatsG.) in einen bereits seit früher bestehenden Zuschußfonds (§ 16 PfarrbesG.), sowie an Beihilfen für neu zu errichtende Pfarrstellen 1 200 000 M. jährlich (Art. 8 StaatsG.). Durch KirchenG. 16. 8. 98 (KGVBl. 144), AbändG. 10. 7. 09 Art. II (KGVBl. 75), ist zur Bildung eines Hilfsfonds, der auch zur Beihilfe für die Dotierung neuer Stellen bestimmt ist, eine Umlage von $1^1/_2$ % der von den Kirchenmitgliedern zu zahlenden Staatseinkommensteuer eingeführt. Daneben wird zwecks Leistung der von der Landeskirche an die verschiedenen Kassen zu zahlenden Beiträge zu diesem Fonds eine jährliche Umlage von in der Regel weiteren 5 % erhoben (G. 10. 7. 09 Art. I). Wegen der Umzugskosten der Geistlichen s. Kirchen- und StaatsG. 10. 7. 09, GS. 621 u. 622.

d) Dienstalter. Hierüber bestimmt das KirchenG. 17. 4. 86; danach umfaßt es die Zeit, die ein Geistlicher nach empfangener Ordination in einer Funktion als Geistlicher, oder vor oder nach der Ordination vom vollendeten 25. Lebensjahre ab in Preußen in einem kirchenregimentlichen oder öffentlichen Lehramte zugebracht hat. Vgl. § 30 bzw. 20 bzw. 25 der zu c), f) und h) genannten Satzg., KGVBl. 09, 161.

e) Privilegien. „Die Geistlichen der vom Staate privilegierten Kirchengesellschaften sind, als Beamte des Staates (s. S. 512), der Regel nach von den persönlichen Lasten und Pflichten des gemeinen Bürgers frei" (§ 96). Das Nähere s. in den Steuergesetzen, vgl. S. 317 f. Bemerkt sei hier nur, daß auch die Pension steuerlich dem Diensteinkommen gleichsteht, OVG. KGVBl. 85, 185). Angestellte Geistliche sind in der Ersatzreserve und im Beurlaubtenstande von dem Militärdienst mit der Waffe befreit (§ 65 G. 2. 5. 74, RGBl. 45; G. 11. 2. 88, RGBl. 11). — Wegen Abtretung und Pfändung des Gehalts S. 32 u. 353.

f) Pensionierung. Hierüber bestimmen jetzt das KirchenG. (Ruhegehaltsordnung) nebst Satzungen für die Ruhegehaltskassen 26. 5. 09; StaatsG. vom selben Tage (GS. 113, 206 u. 85).

Jeder in einer dauernd errichteten Stelle auf Lebenszeit angestellte Geistliche (ausgenommen Militär- und grundsätzlich Anstaltsgeistliche), der als dienstunfähig von der zuständigen Kirchenbehörde (§ 7) in den Ruhestand versetzt wird, erhält aus der Ruhegehaltskasse der evangelischen Landeskirche vor vollendetem 11. Dienstjahre $^{20}/_{60}$ des Diensteinkommens und von da ab jährlich bis zum vollendeten 30. Dienstjahr $^1/_{60}$, von da ab $^1/_{120}$ mehr bis zum Höchstbetrage von $^3/_4$, jedoch niemals unter 1800 und über 6000 M. (§§ 15, 18, 19 d. Satzg.). Das Ruhegehalt darf das anrechnungsfähige Diensteinkommen nicht übersteigen (das.); wegen der Berechnung des Diensteinkommens vgl. § 22 d. Satzg.

Wegen der Ansprüche auf Ruhegehalt findet der Rechtsweg gegen die Entscheidung des Oberkirchenrats nur nach Maßgabe des G. 24. 5. 61 betr. die Erweiterung des Rechtsweges statt (Art. 9 StaatsG.). — Die Ruhegehaltskasse hat nach § 11 d. Satzg. folgende Einnahmen: 1. die für der Kirchengemeinde nicht angehörige Geistliche besonders gezahlten Beiträge (§ 17); 2. die Beiträge der Landeskirchen (§§ 12, 13); 3. die Staatsbeiträge von 1 600 000 M. (§ 3 StaatsG.). Die frühere Verpflichtung zur Leistung von Pfründenabgaben und Pfarrbeiträgen

(§§ 10—12 d. KirchenG. 26. 1. 80) ist für die bei der Alterszulageklasse versicherten Pfarrstellen weggefallen, für die andern durch eine jährliche Stellenabgabe nach Maßgabe einer besonderen Tabelle ersetzt worden (§ 15 RuhegehO., Übergangsbest. das. Abs. 5). Den Landeskirchen stehen für ihre Leistungen zu Gebote: 1. die Zinsen der beim Pensionsfonds der evangelischen Kirche vorhandenen Kapitalien; 2. die soeben erwähnten Stellenabgaben; 3. erforderlichenfalls die unter c) a. E. erwähnten Umlagen, deren Höhe der Oberkirchenrat festsetzt; (§ 10 RuhegehO. u. KirchenG. 10. 7. 09). Die Ruhegehaltskasse wird durch den Vorstand und den Verwaltungsausschuß vertreten. Über die Höhe der verschiedenen Beiträge entscheidet die Kirchenbehörde endgültig; die Beitreibung erfolgt im Wege des Verwaltungszwangsverfahrens (Art. 9 StaatsG., GS. 113). Wegen Pfändung usw. vgl S. 353 f.; wegen Abtretung S. 32.

g) Die Urlaubserteilung an Geistliche ist geregelt durch Erl. 20. 1. 79 u. 17. 5. 92 (KGVBl. 36 u. 139); über Vertretung s. § 416 ALR. II, 11; ist die Dienstübung durch Krankheit oder Wahrnehmung staatsbürgerlicher Pflichten verhindert, so genügt, an Stelle des Urlaubs, Anzeige von der Verhinderung (OVG. 16, 398).

h) Versorgung der Witwen und Waisen.

Das Ruhegehalt eines Emeriten wird seiner Witwe und den ehelichen Nachkommen, sowie bedürftigen Angehörigen noch für das auf den Sterbemonat folgende Gnadenvierteljahr bezahlt (§ 25 d. unter f) erwähnten Satzg.). Im übrigen s. wegen des Sterbequartals und der Gnadenzeit oben unter b).

Die Fürsorge für die Witwen und Waisen ist geregelt durch KirchenG. 26. 5. 09 nebst Satzungen betr. den Pfarr-, Witwen- und Waisenfonds, sowie StaatsG. vom selben Tage (GS. 283, 85 u. 113).

Es gelten im wesentlichen die Regeln wie bei den Relikten der Beamten. Die im § 18 d. Satzg. angegebenen Beträge des Witwengeldes (700—1300 M.) haben durch Beschluß des VerwaltungsAussch. v. 25. 6. 09 (KGVBl. 161) noch eine Erhöhung (bis zur Höchstsumme von 1800 M.) erfahren.

Das Waisengeld beträgt:

1. für Kinder, deren Mutter lebt und zur Zeit des Todes des Geistlichen zum Bezuge des Witwengeldes berechtigt war oder zum Bezuge nur deshalb nicht berechtigt ist, weil der Geistliche verzichtet hatte, 250 M. für jedes Kind;
2. für Kinder, deren Mutter nicht mehr lebt oder zur Zeit des Todes des Geistlichen zum Bezuge von Witwengeld nicht berechtigt war, 400 M. für jedes Kind.

War die Witwe mehr als 15 Jahre jünger als der Verstorbene, so wird das Witwengeld für jedes angefangene Jahr des Altersunterschiedes über 15 bis einschließlich 25 Jahre um 1/40 gekürzt (vgl. im einzelnen §§ 20, 21 d. Satzg.). Im Falle der Verheiratung oder des Todes des Berechtigten erlischt das Recht auf den Bezug des Witwen- oder Waisengeldes mit Ablauf des Kalendervierteljahres. Das Witwen- und Waisengeld wird vom Pfarr-Witwen- und Waisenfonds der evangelischen Landeskirche gezahlt. Die Kirchenbehörde kann dem Berechtigten den Anspruch wegen unwürdigen Wandels entziehen. Dem Pfarr-Witwen- usw. Fonds stehen 1 924 739 M. jährlich vom Staate zu (Art. 3 StaatsG. GS. 113; unter gewissen Voraussetzungen außerdem noch 500 000 M., Art. 4 das.), (wogegen der Fonds alle bezüglichen Verpflichtungen der Allg. Witwenkasse übernommen hat); ferner die Zinsen der dem Fonds gehörigen Kapitalien, gewisse Beiträge, z. B. außenstehender Geistlicher, und die Beiträge der Landeskirchen (§ 10 der Satzg.; wegen der Umlagen s. oben). — Die Beiträge, Abgaben usw. können im Verwaltungszwangsverfahren beigetrieben werden. An wen die Zahlung des Witwen- und Waisengeldes gültig zu leisten ist, bestimmt die Kirchenbehörde unter Ausschluß des Rechtsweges (Art. 9 StaatsG., GS. 113). Reichen die durch Umlagen der Kirchengemeinden aufzubringenden Leistungen zum Pfarr-Witwen- und Waisenfonds nicht aus, so kann der Verwaltungsausschuß das Witwengeld auf bestimmte Beträge herabsetzen, auch die landeskirchlichen Beiträge erhöhen. Wegen des Verhältnisses zur früheren Allg. Witwenverpflegungsanstalt vgl. § 29 der Satzg. Der Rechtsweg ist gegen die Entscheidungen der Kirchenbehörden wegen der an den Pensionsfonds bzw. an den Pfarrwitwen- und Waisenfonds der evangelischen Landeskirche zu leistenden Beiträge ausgeschlossen. Wegen der Ansprüche auf Witwen- und Waisengeld findet gegen die Entscheidung der Kirchenbehörden der Rechtsweg nur nach Maßgabe des G. 24. 5. 61 statt (Art. 9 Abs. 2 u. 3 StaatsG.).

Das StaatsG. 26. 5. 09 bezieht sich auf die Geistlichen „der evangelischen Landeskirchen“. Unter dem 26. 5. 09 sind dann zugleich für die übrigen Provinzen Pfarrbesoldungskirchengesetze, Ruhegehaltsordnungen und Hinterbliebenenfürsorgegesetze ergangen.

i) Disziplinierung. Hierüber bestimmt das KirchenG. 16. 7. 86 (KGVBl. 81) betr. die Dienstvergehen der Kirchenbeamten und die unfreiwillige Versetzung derselben in den Ruhestand; erg. KirchenG. 18. 1. 04 (KGVOBl. 2). Es findet Anwendung auf alle geistlichen und nichtgeistlichen Kirchenbeamten, nicht aber auf Älteste, Gemeindevertreter und Mitglieder synodaler Körperschaften als solche. Es ist dem für die nichtrichterlichen Staatsbeamten geltenden DisziplinarG. (s. S. 366 ff.) nachgebildet. Bei der Strafe der Amtsentsetzung ist zwischen „Versetzung“ auf ein anderes Amt und „Dienstentlassung“ noch die „Amtsenthebung“ eingeschoben. Sie bewirkt den Verlust des Kirchenamtes; der Verurteilte bleibt jedoch anstellungsfähig und behält die Rechte des geistlichen Standes; wegen des Gehalts vgl. Art. I d. AusfBest. z. ErgG. 04 v. 23. 11. 04 (KGVBl. 34). Die entscheidenden Disziplinarbehörden sind das Konsistorium in 1. und der Oberkirchenrat in 2. Instanz. Handelt es sich um Irrlehren, so findet nach dem KG. 16. 3. 10 (KGVBl. 7) kein Disziplinarverfahren mehr statt, sondern auf Betreiben des evangelischen Oberkirchenrats eine Verhandlung vor dem Spruchkollegium für kirchliche Lehrangelegenheiten (§ 29), welche zu dem „Feststellungsspruch“ führen kann, daß einer weitern Wirksamkeit des Geistlichen mit der Stellung, welche er in seiner Lehre zum Bekenntnis einnimmt, unvereinbar ist (§ 11); dieser Spruch bewirkt die Erledigung des von dem Geistlichen bekleideten Kirchenamtes und den Wegfall der Rechte des geistlichen Standes (§ 14). Gehalt, Ruhegehalt usw. regeln §§ 15, 16. Würdigt ein Geistlicher das Bekenntnis oder die Ordnung der Kirche herab, so findet anstatt dieses Verfahrens das Disziplinarverfahren statt (§ 19). Ein Verfahren vor dem Spruchkollegium findet auch statt, wenn einem Geistlichen die Berufung in ein geistliches Amt wegen Mangels an Übereinstimmung mit dem Bekenntnis der Kirche versagt werden soll (§§ 26 f.), sowie bei Einsprüchen gegen einen anzustellenden Geistlichen (§§ 21 f.).

b) Die nichtgeistlichen Kirchenbeamten. Zum Teil ist der Vorschriften über sie schon im vorstehenden gedacht. Sie werden vom

Gemeindekirchenrate bzw. vom Patron, wenn ein solcher vorhanden ist, bestellt (Kirchengemeinde- u. SynO. §§ 21, 556 ff. ALR. II, 11)[1]).

Die festangestellten Organisten, Kantoren und Küster erhalten, sofern nicht ihr Amt mit einem Schulamt vereint ist und das Diensteinkommen mehr als 900 M. beträgt, Ruhegehalt; ihre Hinterbliebenen Witwen- und Waisengeld auf Grund KirchenG. und StaatsG. 7. 7. 00 (GS. 279), erg. 13 5. 10 (GS. 69). Es gelten im allgemeinen die für Staatsbeamte maßgebenden Grundsätze.

Die Stellen der Küster und Organisten, sofern solche nicht zugleich öffentliche Lehrer sind, Kalkanten, Kirchendiener, Glöckner, Totengräber sind ausschließlich mit Militäranwärtern zu besetzen. Vgl. das Verzeichnis MBl. 08, 193 zu IX, 18. Küster usw. sind invalidenversicherungspflichtig, G. 13. 7. 99, s. Anleitung des Reichsversicherungsamtes 19. 12. 99 zu 23.

c) *Die Gemeindemitglieder.* Auch sie zählen, nach Luthers bekanntem Worte, zu den „kirchlichen Personen". Die Rechte und Pflichten der „Eingepfarrten" s. unten zu V. Hier sei nur erwähnt, daß *dingliche* Lasten und Abgaben an geistliche Institute oder Kirchenbeamte von jedem Besitzer des belasteten Grundstücks, auch wenn er einer anderen Religion angehört, entrichtet werden müssen[2]) (OTr. 8. 2. 54, StrA. 12, 110; vgl. § 9 G. 14. 5. 73 (GS. 207).

Wer aus der Kirche austreten will, ohne in die andere privilegierte einzutreten, hat nach dem G. 14. 5. 73 bei dem Gerichte den darauf gerichteten Antrag zu stellen, welcher dem Gemeindekirchenrate mitgeteilt wird. Dann ist die Austrittserklärung frühestens nach 4, spätestens nach 6 Wochen aufzunehmen. Der Austretende wird von den persönlichen kirchlichen Abgaben mit dem Schlusse des folgenden, von den Baulasten aber erst mit dem Schlusse des zweitfolgenden Kalenderjahres frei; über die Bedeutung des Austritts für die Kirchensteuer s. OVG. 50, 223. Ein mit der persönlichen Kirchenangehörigkeit zusammenhängendes Herkommen ist dem gegenüber nicht mehr wirksam (RGer. 26, 292). — Der *Übergang von einer Religionspartei zur anderen* geschieht durch ausdrückliche Erklärung oder durch Teilnahme an solchen Religionshandlungen, wodurch eine Partei sich von der anderen wesentlich unterscheidet (§§ 41 f. ALR. II, 11). Nach zurückgelegtem 14. Lebensjahre kann jeder frei wählen, zu welcher Religionspartei er sich bekennen will (§ 84 ALR. II, 2; ABGB. Art 89, 1c).

2. Besonderheiten für die *katholische* Kirche:

Hier scheidet sich streng der Stand des zur Spendung des Meßopfers und Verwaltung der Sakramente berechtigten *Klerus* (Hierarchie) von dem *Laien*-Stande, der keinerlei Rechte an der Leitung der Kirche hat.

Die Aufnahme in den *Priesterstand* geschieht durch die *Ordination*, welche der Bischof bewirkt. Durch die 4 „niederen Weihen" wird man ostiarius, lector, exorcista, acolythus; sodann durch die 3 „höheren"

---

[1]) Wenn, wie in Berlin, Organisten und Kantoren ein selbständiges Amt bekleiden (nicht zugleich Küster sind), gehören sie nicht zu den niederen Kirchendienern im Sinne des § 21 Kirchengem.- u. Syn.-O. (s. auch S. 515).

[2]) Dies gilt in der Mark insbesondere auch für die Beiträge der Grundstücksbesitzer zu Kirchen- und Pfarrbauten.

subdiaconus, diaconus, presbyter (Priester). Erst die (sakramentale) Priesterweihe berechtigt zur Spendung des Meßopfers und Verwaltung der Sakramente. Sie bewirkt einen „character indelebilis“, welcher die Rückkehr in den Laienstand durchaus unmöglich macht. — Die Verwaltung der Parochien geschieht durch den Pfarrer (parochus, presbyter, parochianus, plebanus), der durch bischöfliche Kollationsurkunde bestellt wird. Bei Patronatspfarren wählt ihn der Patron, aber der Bischof hat auch hier die eigentliche Verleihung des Amtes. Den Pfarren können Hilfsgeistliche (vicarii, capellani, cooperatores) vertreten oder unterstützen. Der Jesuiten- und ihm verwandte Orden und Kongregationen sind von der Tätigkeit in Kirche und Schule ausgeschlossen (RG. 4. 7. 72 u. Bekanntmachung zur Ausf. dieses G. 5. 7. 72, RGBl. 253 f.; Aufhebg. des § 2 durch G. 8. 3. 04 (RGBl. 139). Messelesen und Sakramentspenden ist auch bei ungesetzlich angestellten Geistlichen straffrei (G. 21. 5. 86; 29. 4. 87; GS. 147, 127). Zur Anstellungsfähigkeit gehört die Absolvierung eines deutschen Gymnasiums; das Universitätsstudium kann auch auf Priesterseminarien erfolgen; die Prüfung geschieht durch den Bischof und 3 von ihm ernannte Examinatoren ohne staatliche Mitwirkung (G. 21. 5. 86, 29. 4. 87). Die deutsche Staatsangehörigkeit ist erforderlich (G. 11. 5. 73; 31. 5. 82; GS. 191, 307). Die beabsichtigte Ernennung zu Kirchenämtern ist dem Oberpräsidenten anzuzeigen, der Einspruch erheben kann (G. 11. 5. 73; 11. 7. 83; 29. 4. 87).

Das G. 26. 5. 09 (GS. 343) trifft über das Diensteinkommen der katholischen Pfarrer Bestimmungen; sie erhalten ein Diensteinkommen von mindestens 1800 M. nebst freier Dienstwohnung oder angemessener Mietsentschädigung; daneben sind 8 Alterszulagen in Abständen von 3 Jahren, die ersten 2 zu 200, die übrigen zu 300 M. zu gewähren (Art. 5); ferner können mit bischöflicher Genehmigung Ortszulagen gezahlt und, wenn es die Verhältnisse erheischen, vom Bischof angeordnet werden. Zur Beihilfe an leistungsunfähige Gemeinden sind aus Staatsmitteln jährlich 5 618 400 M. und für neu zu errichtende Stellen jährlich 400 000 M. bereitgestellt (Art. 1, 9).

Gemäß Art. 16 G. in Verbindung mit G. 29. 5. 03 (GS. 182) kann die bischöfliche Behörde zur Gewährung von Beihilfen für neu zu errichtende Pfarrgemeinden einen Diözesanfonds bilden, für welchen alljährlich eine Umlage bis zu 2 % der Staatseinkommensteuer erhoben werden kann; nach Art. 16 G. in Verbindung mit G. 21. 3. 06 (GS. 105) kann zu einem weiteren Diözesanfonds für kirchliche Diözesanbedürfnisse eine Umlage bis zu 5 % erhoben werden.

Das RG. 8. 2. 90, RGBl. 23, betr. die Wehrpflicht der Geistlichen, ordnet an, daß Militärpflichtige römisch-katholischer Konfession während des Studiums der Theologie in Friedenszeiten bis zum 1. 4. des 7. Militärjahres zurückgestellt und wenn sie bis dahin die Subdiakonatsweihe empfangen haben, der Ersatzreserve überwiesen werden und dann von Übungen befreit bleiben.

Die Bischöfe haben insbesondere das Sakrament der Ordination, die Konsekration von Bischöfen, die Firmung und das ganze Diözesanregiment. Das ihnen zur Seite stehende Domkapitel wird von dem bei der bischöflichen Kirche angestellten Klerus gebildet (canonici, capitulares, Domherren). Die erste Stelle bekleidet der Probst, dann folgt der Dekan (Dechant). — Außer dem Domkapitel gehören zur bischöflichen Kurie: der vom Bischof zu ernennende Generalvikar, das bischöfliche Ordinariat (Konsistorium), die, den Verkehr zwischen dem Bischof und dem Klerus vermittelnden Landdekane (Erzpriester), die Weihbischöfe, die Koadjutoren.

Orden sind päpstlich approbierte Vereinigungen, deren Mitglieder sich durch feierliches, für das Leben bindendes Gelübde zur Armut, Ehelosigkeit, unbedingtem Gehorsam und zur Beobachtung der Ordens-„Regel" verpflichten. Das Landrecht (§ 1175 ALR. II, 11) gestattet jederzeitige Rückkehr ins bürgerliche Leben. Die Mitglieder, welche die Ordination erhalten haben, heißen patres, die anderen (Laienmitglieder) fratres. Die Ordensniederlassungen heißen Klöster. In Preußen sind als Ordenszwecke gestattet: Krankenpflege, Übung der christlichen Nächstenliebe, Pflege noch nicht schulpflichtiger Kinder, Unterricht und Erziehung der weiblichen Jugend, Aushilfe in der Seelsorge und beschauliches Leben (G. 31. 5. 75, GS. 217, 14. 7. 80, GS. 285, 21. 5. 86, GS. 147, 29. 4. 87, GS. 127). Der Jesuiten- und die ihm verwandten Orden und Kongregationen sind vom Gebiet des Deutschen Reichs ausgeschlossen (RG. 4. 7. 72, RGBl. 253); § 2 G., betr. Zulässigkeit der Ausweisung ausländischer und der Aufenthaltsbeschränkung inländischer Jesuiten ist aufgehoben durch G. 8. 3. 04 (RGBl. 139). Laut Bekanntmachung 18. 7. 94 (RGBl. 503) hat der Bundesrat die fernere Anwendbarkeit des RG. 4. 7. 72 auf die Kongregationen der Redomptoristen und der Priester vom heiligen Geist beseitigt. Jedes Kloster ist selbständige Parochie. Die sämtlichen Mitglieder (Professen) bilden den Konvent. Dieser wählt das den engeren Rat des Klosteroberen bildende Kapitel und dieses den Oberen (Abt, Prior, Guardian) selbst. Der gesamte Orden steht unter einem General. Nach § 1199 f. ALR. II, 11 verloren Mönche und Nonnen mit dem Klostergelübde die Rechtsfähigkeit, wurden als „verstorben" angesehen; diese Bestimmung ist beseitigt durch ABGB. Art. 89, 1 c. —

B. Kirchenvermögen.

1. Evangelische Kirche.

In neuerer Zeit sind ergangen: V. 8. 3. 93 (KGVBl. 12) nebst KirchenG. 18. 7. 92, betr. die kirchliche Aufsicht über die Vermögensverwaltung der Kirchengem. (GS. 93, 21 ff.); ferner V. 30. 1. 93 (GS. 11), 20. 7. 04 (GS. 190) und 23. 3. 06 (GS. 53), betr. Abänderung der V. 9. 9. 76 über die Ausübung der Rechte des Staates (GS. 10); Erl. 17. 4. 93, betr. die Veräußerung und anderweite Benutzung geschlossener Begräbnisplätze (MBl. 127), dazu Zirk. 25. 5. 93 (KGVBl. 106). Eine 94 Paragraphen umfassende VerwaltungsO. für das kirchliche Vermögen in den östlichen Provinzen 17. 6. 93 dient zur Orientierung in den geltenden Vorschriften (KGVBl. 23). Vgl. noch unten S. 536, G. 28. 5. 94.

a) Allgemeines. Das Kirchenvermögen zerfällt in eigentliches Kirchenvermögen (§ 160 ff. ALR. II, 11 und Pfarrvermögen. Dieses umfaßt die zur Unterhaltung des Pfarrers und der übrigen Kirchenbeamten bestimmten Güter und Einkünfte, einschließlich der Stolgebühren und dergl. (§ 772 ff. das.). Hinsichtlich der Stolgebühren ist besonders zu erwähnen KO. 21. 7. 77, betr. die Aufhebung der Stolgebühren in den Militärgem., zu welcher in den Jahren 1877 und 78 Ausführungsbestimmungen und erläuternde Reskripte des Kriegsministers ergangen sind; ferner hebt das KirchenG. 28. 7. 92 die Verpflichtung zur Entrichtung von Stolgebühren für Taufen und Trauungen in ortsüblich einfachster Form, sowie für Aufgebote auf gegen eine von der Kirchengemeinde an die Geistlichen und übrigen Kirchenbeamten zu zahlende Rente, die sich nach dem Durchschnitt der Solleinnahme in den Jahren 1886—1890 einschl. bestimmt; dazu KirchenG. 6. 7. 98 (KGVBl. 135), betr. Revision der Rente. Keinen Anspruch auf Entschädigung haben die geistlichen Stellen, deren Jahreseinkommen außer freier Wohnung und Stolgebühren mindestens 6000 M. beträgt; auch wird bei geringer dotierten Stellen die Entschädigungsrente nur insoweit gezahlt, als mit ihr jene Höhe des Einkommens erreicht wird. Zum Zwecke der Gewährung von Beihilfen wird ein landeskirchlicher Fonds gebildet, in welchen zunächst eine Staatsrente fließt. Beihilfen aus ihm erhalten solche Kirchengemeinden, in welchen in unmittelbarer Folge des Inkrafttretens des G. und in Ermangelung eines ausreichenden und verfügbaren Überschusses der Kirchenkasse eine Umlage ausgeschrieben oder erhöht werden muß, ferner diejenigen Kirchengemeinden, in welchen bisher statt der berechtigten Geistlichen bzw. Kirchenbeamten die Kirchenkassen die aufgehobenen Gebühren zu beziehen hatten und diejenigen Kirchengemeinden, in welchen nach dem 1. 1. 74 diese Gebühren ganz oder teilweise abgelöst sind; hierzu KirchenG. 1. 2. 04 (KGVBl. 2). Nach dem sanktionierenden StaatsG. 3. 9. 92 (GS. 267) beträgt die dauernde, in den landeskirchlichen Fonds fließende Staatsrente jährlich 1250000 M. Die Kirchengesellschaften haben bezüglich des Vermögens die Rechte der Minderjährigen (§ 228 ALR. II, 11). Von den Steuerprivilegien ist schon früher die Rede gewesen; bemerkt sei hier nur noch, daß die Kirchengesellschaften in betreff ihrer Immobilien im allgemeinen nicht anders, als alle sonstigen juristischen Personen gestellt sind (§ 165 das.); nur die Kirchengebäude sind steuerfrei (§ 174); wegen der Dienstgrundstücke der Geistlichen vgl. OVG. KGVBl. 1910, 2; Kirchen- und Pfarrgüter als solche sind denn auch insbesondere den Kommunal-Realsteuern unterworfen. — Eigentümerin des Pfarr- wie des eigentlichen Kirchenvermögens ist die Kirchengemeinde [1]), vertreten durch den Gemeindekirchenrat (§ 160, Kirchengem.- und SynO. §§ 1, 2, 22, G. 25. 5. 74 Art. 1 und 4, OVG. PrVBl. 21, 302). Seiner Bestimmung unterliegt die Benutzung der Kirche zu anderen Zwecken als denen des Gemeindegottesdienstes, wie Missionsfesten (Erl. 12. 3. 91, KGVBl. 27). Er steht bei seiner Verwaltung unter der Aufsicht des Konsistoriums, in höherer Instanz des Evangel. Oberkirchenrats (§§ 143, 161 ff. ALR. II, 11, Kirchengem.- und SynO. § 22, G. 3. 6. 76 Art. 21). Er bedarf bei allen wichtigen Angelegenheiten, z. B. der Etatsfeststellung, der beschließenden Mitwirkung der

[1]) Nach Märkischem Provinzialrecht stellen die einzelnen Kirchen selbständige, mit eigener juristischer Persönlichkeit versehene Stiftungen dar, denen das Kirchenvermögen gehört (Instr. d. Min. der geistlichen Angel. 6. 8. 45, MBl. 212).

Gemeindevertretung (Kirchengem.- und SynO. § 31). Die Kreissynode übt eine Mitaufsicht, insbesondere durch einen Rechnungsausschuß (Kirchengem.- und SynO. §§ 53, 55). Daneben gelten die Rechte des Patrons (§ 568 ff. ALR.). Zu wesentlichen Veränderungen in der Substanz des kirchlichen Vermögens (Erwerb, Veräußerung und dingliche Belastung von Grundstücken, Veräußerung und Ablösung von Rechten, Aufnahme von Anleihen, Verzicht, Vergleich, Verwendung des Stammvermögens zur Deckung laufender Ausgaben u. ä.) bedarf es der Mitwirkung der Gemeindevertretung und der Genehmigung des Patrons (Kirchengem.- und SynO. §§ 23, 31) sowie in den Grenzen des KirchenG. 18. 7. 92 (GS. 25) der kirchlichen Aufsichtsbehörden. Danach ist, wo kirchliches Vermögen zu anderen als den bestimmungsmäßigen Zwecken verwendet werden soll, in der Regel die Mitwirkung des Oberkirchenrats (V. 8. 3. 93, KGVBl. 12) und im Falle des Art. I Ziff. 7 V. 9. 9. 76 noch die des Kultusministers erforderlich. — Die Veräußerung wichtiger Kirchengerätschaften und Inventarienstücke bedarf der Genehmigung des Konsistoriums (§§ 179—181) bei Gegenständen, die einen geschichtlichen, wissenschaftlichen oder Kunstwert haben, der (kirchlichen) des Oberkirchenrats und (staatlichen) des Ministers der geistlichen Angelegenheiten (G. 3. 6. 76 Art. 24, V. 9. 9. 76 Art. I, G. 18. 7. 92, V. 8. 3. 93 Art. II). Kunstgegenstände (Altäre, Kanzeln, Orgeln, Altargerätschaften) sollen die Jahreszahl des Erwerbes und der Herkunft tragen (Erl. 28. 1. 91, UZBl. 291). Auch die Denkmalspflege der Kirchen unterliegt der Aufsicht der Provinzialkonservatoren (Erl. 26. 1. 93, UZBl. 304; Erl. 19. 11. 91, UZBl. 92, 390); vgl. auch Zirk. 24. 1. 44 (MBl. 38) und 6. 3. 97 (UZBl. 365).

b) Erwerbung, Veräußerung und dingliche Belastung von Immobilien. Hierzu ist, bei Strafe und Nichtigkeit des Geschäfts, die Genehmigung der kirchlichen und staatlichen Aufsichtsbehörden nötig (§ 193 f., 223, 227, 648, ALR. II, 11, KirchenG. 18. 7. 92). Übersteigt der Wert des Grundstücks oder der Belastung 100000 M., so ist die Genehmigung des Oberkirchenrats und des Ministers der geistlichen Angelegenheiten einzuholen, sonst genügt die des Konsistoriums und des Regierungspräsidenten (V. 9. 9. 76 Art. I, 30. 1. 93 Art. I und 8. 3. 93 Art. II). — Veräußerungen und dingliche Belastungen sollen nur da, wo es zum Besten der Kirche notwendig oder von erheblichem Nutzen ist, und erstere in der Regel nicht ohne öffentliche Versteigerung stattfinden (§ 221 f.).

c) Gebäude — Kirchenbaulast, aufrecht erhalten durch EBGB. Art. 132.

Neue Kirchen (wegen der Bezeichnung der Gebäude als „Kirche" vgl. OVG. 43, 164, 176; auch 38, 435) können nur unter ausdrücklicher Genehmigung des Staates (und zwar des Ministers der geistlichen Angelegenheiten, Allerh. V. 9. 9. 76 Art. I) erbaut werden (§ 176); Kirchen sind „privilegierte Gebäude des Staates" (§ 18) (wegen Klagen auf Unterlassung gegen sie und Unzulässigkeit des Rechtswegs vgl. RGer. DJZ. 04 Sp. 170). Die betr. Kirchengemeinde muß für solchen Bau erhebliche Gründe der Notwendigkeit oder des Nutzens und zugleich hinlängliche Mittel zu Bau und Unterhaltung nachweisen. Auch sollen die

Rechte anderer schon bestehender Kirchengemeinden durch Errichtung neuer Kirchen nicht beeinträchtigt werden (§§ 176—178, s. auch unten zu V).

Bei den Neu- und Unterhaltungsbauten kommt die sehr wichtige Kirchenbaulast (fabrica ecclesiae) in Frage. Die Kosten werden in folgender Ordnung getragen:

Zunächst nach Maßgabe von Verträgen, rechtskräftigen Erkenntnissen, ununterbrochenen Gewohnheiten oder besonderen Provinzialgesetzen[1]) (§ 710);

wenn es daran fehlt, trägt das Kirchenvermögen die Kosten, soweit dies ohne Nachteil der zu bestreitenden jährlichen Ausgaben geschehen kann (§ 712 f.), woneben aber bei Landkirchen die Eingepfarrten immer die erforderlichen Hand- und Spanndienste leisten müssen (§ 714); bei Stadtkirchen werden diese zu den übrigen Kosten geschlagen (§ 719);

ist das Kirchenvermögen nicht hinreichend, so muß der Ausfall vom Patron und den Eingepfarrten gemeinschaftlich getragen werden; wer eine doppelte Parochie hat, ist in beiden dazu verbunden; die Last ruht auch auf den Grundstücken als solchen; der Beitrag fällt bei Landkirchen dem Patron zu $^2/_3$, den Eingepfarrten zu $^1/_3$ zur Last, bei Stadtkirchen (wo die Hand- und Spanndienste zu barem Gelde zu veranschlagen sind) dem Patron zu $^1/_3$, den Eingepfarrten zu $^2/_3$ (§§ 720—740). Die Verteilung der Kosten unter die Eingepfarrten geschieht nach der Besteuerung (§§ 734, 741). —

Für die Gebäude der Pfarrer und sonstigen Kirchenbeamten gelten im wesentlichen dieselben Vorschriften[2]) (§§ 790, 772 ff.). Hat der Küster Wohnung im Schulhause, so trägt der Schulverband die durch das Schulbedürfnis bedingten Kosten (G. 21. 7. 46 [aufrecht erhalten gem. § 30 Abs. 3 SchUnterhG.], vgl. auch ZG. § 49 und oben S. 499). Im

---

[1]) Nach Märkischem Provinzialrecht trägt überall das Kirchenvermögen die Kosten, soweit es nicht durch die laufenden gewöhnlichen Ausgaben in Anspruch genommen wird. Doch müssen bei Landkirchen die Hand- und Spanndienste immer von der Ortsgemeinde unentgeltlich aufgebracht werden; bei Stadtkirchen werden diese Kosten zu den übrigen geschlagen (KonsistO. 1573, V. 11. 12. 1710, 11. 6. 1711 u. 20. 2. 1712, Hymmen 7, 345). Ist das Kirchenvermögen leistungsunfähig, so entscheidet zunächst eine etwaige Ortsgewohnheit. Eventuell hat der Patron — wenn er nicht schon als Eingepfarrter beisteuert — die sog. groben Baumaterialien (Holz, Steine, Kalk) herzugeben; alles übrige wird auf die Gemeinde repartiert (ebendas. und V. 11. 5. 1713, vgl OTr. 21, 313) — Das Obertribunal (52, 275, vgl. auch 66, 163) hatte aus der KonsistO. 1573 gefolgert, daß bei Stadtkirchen die Baulast, soweit sie nicht vom Patron zu tragen, der politischen Gemeinde als solcher obliege; ein schon an sich in hohem Grade anfechtbarer Satz, dem sich in den meisten Städten auch die schon bis zu dem Spruche des Obertribunals herrschend gewesene Gewohnheit wird entgegenstellen lassen. Das RGer. hat ausgesprochen (31, 204), daß die Grundsätze des Märkischen Rechts über die Kirchenbaulast durch die neue Kirchengesetzgebung nicht geändert worden seien (wiederholt 4. 3. 07, Das Recht 11, Sp. 467). In der Entsch. 13. 3. 03 hat das Kammergericht den von der Kirchengemeinde auf Grund der KonsistO. gegen die politische Gemeinde erhobenen Kirchenbauanspruch abgewiesen, da Kap. 13 der KonsistO. nur eine invitatio der Schutzherren und Eingepfarrten, aber nicht eine rechtliche Verpflichtung enthalte, auch observanzmäßig die subsidiäre Pflicht der Stadt sich nur auf die Reparaturen und den Neubau vorhandener (vgl. nächste Anm.), nicht aber auf die Begründung neuer Kirchen erstrecke. Das RGer. hat das Urteil am 13. 6. 04 bestätigt. (In Sachen St. Markus und St. Simon gegen Stadtgemeinde Berlin.)

Den Anspruch der Kirchengemeinde, daß die politische Gemeinde behufs Ausführung von Kirchen- und Pfarrhausbauten auch die Bauplätze herzugeben habe, hat das KGer. zurückgewiesen (RGer. PrVBl. 18, 309).

[2]) Nach Märkischem Recht werden die größeren Reparaturen und die Bauten der Pfarrgebäude nebst Zubehör bei Landkirchen niemals von dem Kirchenvermögen, auch wenn es zureicht, sondern von den Patronen und Eingepfarrten, nach der Art wie bei den Kirchenbauten geleistet. Wegen Stadtkirchen vgl. auch RGer. 4. 3. 07 a. O.: zunächst Pflicht des Kirchenvermögens; bei Insuffizienz Ehrenpflicht, nicht Rechtspflicht des Patrons.

übrigen verbleibt es hinsichtlich der Küsterwohnungen bei den bisherigen Bestimmungen des ALR. (ME. 19. 11. 03, UZBl. 598).

Die Baulast darf nicht auf die Pflicht ausgedehnt werden, einen neuen Bauplatz zu gewähren oder zu dessen Kosten beizutragen (OTr. 82, 115 und RGer. 9, 253). S. auch vorige Anm.

Über Notwendigkeit und Art des Baues und Aufbringung der Kosten beschließen zunächst die Kirchen-Gemeindekörperschaften. Kann eine Verständigung mit einem sonst Verpflichteten, namentlich einem Patron, nicht erzielt werden, so ist durch Vermittelung des Konsistoriums bei der Regierung [1]) die Regulierung des Interimistikums zu beantragen. Die ergehende vorläufige Entscheidung, gegen welche bezüglich der Notwendigkeit und Art des Baues Rekurs an den Minister zulässig ist, kann im Verwaltungszwangsverfahren vollstreckt werden. Die Beschreitung des Rechtsweges, welche gegen Aufbringung und Verteilung der Kosten zulässig ist, hemmt die Vollstreckung nicht (§§ 707—709, V. 27. 6. 45 (GS. 440) § 3, G. 3. 6. 76 Art. 23, Allerh. V. 5. 9. 77 Art. III). — Die Rechtspflicht der Kirchengem. zum Bau eines weiteren Pfarrhauses als der bereits vorhandenen besteht nicht vor rechtswirksamer Errichtung der weiteren Pfarrstelle (OVG. 27, 127).

Bei Bauten und Reparaturen, deren Kostenanschlag 150 M. übersteigt, ist vom Gemeindekirchenrat die Genehmignng der Gemeindevertretung und des Patrones einzuholen. Im Falle des Bedürfnisses kann die Gemeindevertretung ein für allemal die Vollmacht des Gemeindekirchenrats bis zu 900 M. erweitern (§ 704, Kirchengem.- und SynO. § 31).

Die Genehmigung des Konsistoriums ist nötig zu Neubauten, zu eingreifenden Reparaturen gottesdienstlicher Gebäude und zu Reparaturen anderer Gebäude, denen der Stelleninhaber nicht zustimmt [2]). (KirchenG. 18. 7. 92 § 1 Nr. 8, V. 8. 3. 93 Art. II, KGVBl. 12). Die durch G. 16. 8. 98 (s. oben S. 523) bereitgestellten Mittel sind auch bestimmt zu Baubeihilfen für Kirchen und Pfarrhäuser.

d) Begräbnisplätze (Kirchhöfe) (s. dazu EBGB. Art. 133). Sie gehören in der Regel den Kirchen (§§ 183, 190) und sind von diesen zu unterhalten, wenn sie sich die Grabstellen bezahlen lassen (§ 761 f., s. dazu PrVBl. 22, 125). Der Patron ist zur Unterhaltung nicht verpflichtet (§ 763). Die Anlegung neuer Begräbnisplätze soll nur aus erheblichen Ursachen und nur unter Einwilligung der Ortspolizei und des Regierungspräsidenten [3]) stattfinden (§ 764, G. 3. 6. 76 Art. 24, V. 30. 1. 93, GS. 10, ME. 24. 11. 02, MVBl. 03, 60). Auch zur Schließung und veränderten Benutzung der Begräbnisplätze bedarf es der Genehmigung des Regierungspräsidenten [3]) (G. 3. 6. 76 Art. 24). Die Herbeiführung der Genehmigung erfolgt durch Vermittlung des Konsistoriums (VerwO. 17. 6. 93 § 30). Ein Verkauf des Landes soll erst 40 Jahre nach der Schließung stattfinden. Ausnahmen sowohl

---

[1]) In Berlin beim Polizeipräsidenten.

[2]) In der Mark bedarf es der Genehmigung des Konsistoriums nicht, wenn es sich lediglich um en zur Unterhaltung und Wiederherstellung der vorhandenen kirchlichen Gebäude handelt und die Beschaffung der Mittel und den Bau selbst alle Beteiligten einverstanden sind (KO. 11. 7. 45).

[3]) In Berlin tritt an seine Stelle der Polizeipräsident.

für kirchliche wie kommunale Begräbnisplätze bedürfen der Genehmigung des Regierungspräsidenten[3]) (Erl. 17. 4. 93, MBl. 127, KO. 18. 1. 30, v. Kamptz Annal. 14, 183); vgl. hierzu OVG. 54, 180 über den Gegensatz von Schließung und zeitweiliger Sperrung durch die Ortspolizei. Die Entscheidung über die Zulässigkeit der Anlegung nichtkirchlicher Begräbnisplätze für das Geltungsgebiet des ALR. gehört zur Zuständigkeit der Ortspolizeibehörden, die sich der Zustimmung des Regierungspräsidenten vergewissern sollen (MR. 12. 8. 91, MBl. 139). Die Gemeinden sind zur Anlegung von Begräbnisplätzen nicht verpflichtet, soweit nicht ein entgegenstehendes Gewohnheitsrecht sich gebildet hat, OVG. 36, 440. Wo eine Religionsgemeinschaft keinen Begräbnisplatz besitzt und nicht Zeit hat, ihn zu erweitern (RGer. DJZ. 07, Sp. 1026), muß die andere ihr die Mitbenutzung gestatten (§ 189; bei Streit grundsätzlich ordentlicher Rechtsweg, RGer. a. O.). Im übrigen hat die Kirche ein Recht auf die Leichen ihrer Eingepfarrten, die, wenn sie anderswo begraben werden sollen, in ihrer Parochie ausgekauft werden müssen (§ 453 ff., s. auch wegen der Leichenpässe und wegen des Transports der Leichen auf Eisenbahnen § 463, KO. 9. 6. 33, GS. 73, ME. 6. 4. 88, MBl. 94, erg. 27. 6. 07 u. 31. 7. 10, MBl. 247 u. 293; Eisenbahn-VerkehrsO. 23. 12. 08, RGBl. 93, § 44 f.; wegen Transports auf dem Seewege MV. 24. 12. 06, HandMBl. 07, 3). Vor der Beerdigung muß die Eintragung des Sterbefalles in das standesamtliche Register erfolgt sein (RPersonenstandsG. 6. 2. 75 § 60). Auch soll nicht ohne Vorwissen der Polizeibehörde und in der Regel erst drei Tage nach dem Ableben beerdigt werden (StrGB § 367, Reskr. 2. 3. 27, v. Kamptz Annal. 11, 168), bei unnatürlichen Todesfällen nur mit Genehmigung des Staatsanwalts oder Amtsrichters (StrPO. § 157). Wegen einer vorübergehenden obligatorischen Leichenschau vgl. § 10 RSeuchenG. 30. 6. 00 (RGBl. 306). — Die laut Gemeindebeschluß oder Statut erfolgende Beerdigung der Selbstmörder in besonderer Reihe läuft dem § 188 ALR. II, 11 nicht zuwider (OVG. 21, 124). Doch stört die Versagung des ehrlichen Begräbnisses (sie liegt noch nicht in der Beerdigung außer der Reihe) die äußere kirchliche Ordnung (Art. 23 G. 3. 6. 76) des Begräbniswesens, OVG. 51, 200. — Die Anweisung der Grabstellen auf Begräbnisplätzen ist nicht als ein Ausfluß des staatl. Aufsichtsrechts oder als eine Befugnis der Polizeibehörde, sondern als ein Akt der Verwaltung, welcher dem Eigentümer des Begräbnisplatzes gebührt, anzusehen (MR. 29. 1. 91, MBl. 32), doch darf die äußere kirchliche Ordnung nicht gestört und gegebenenfalls von der Landespolizeibehörde eingegriffen werden (OVG. 51, 200). Kirchhofsordnungen haben, wenn sie den sonstigen Erfordernissen genügen, die Kraft von Polizeiverordnungen (KGer. 16, 312); mangels ihrer ist das Herkommen bestimmend (OVG. a. O.). Über die Verwesungsperiode, nach deren Ablauf die Grabstelle neu belegt werden kann, bestehen allgemeine Bestimmungen nicht. Nach OVG. 52, 290 kann die Polizei die Inbetriebnahme eines Krematoriums untersagen.

e) Kapitalien. Sie müssen mündelsicher angelegt werden (§ 636, f. §§ 1807 f. BGB.). Ausleihungen auf Hypothek oder Grundschuld bedürfen der Zustimmung des Patrones und sind dem Superintendenten anzuzeigen (§ 637 f.). Übersteigt das Kapital 1000 M. oder soll es nicht zur ersten Sicherheit oder an eine an der Verwaltung oder Aufsichtsführung beteiligte Person ausgeliehen werden, so muß das Konsistorium noch um Genehmigung angegangen werden[1]) (§ 629, KirchenG. 18. 7. 92, V. 8. 3. 93, KGVBl. 12). Werden ausgeliehene kirchliche Kapitalien von dem Kirchenrat oder Schuldner gekündigt, so ist dem Patrone oder in Ermangelung dessen dem Superintendenten Anzeige davon zu machen (§ 629 ff.).

f) Gebührentaxen. Zu Stolgebührentaxen und ihrer Veränderung bedarf es der Zustimmung der Gemeindevertretung (Kirchengem.- und SynO. § 31), des Konsistoriums und des Regierungspräsidenten[2]). Dasselbe gilt von Taxen für den Gebrauch der Kirchstühle, für Grabstellen, Anlegung von Grabdenkmälern, für die Besorgung der Gräber, Glockengeläut usw. (KirchenG. 18. 7. 92 § 1, V. 8. 3. 93, G. 3. 6. 76 Art. 24, V. 9. 9. 76, Art. III). — Wo die Vermietung der Kirchensitze hergebracht ist, gebührt diese dem Gemeindekirchenrat (§§ 676—685).

g) Vermietungen und Verpachtungen kirchlicher Grundstücke, die nicht einem Nießbraucher (Pfarrer usw.) zustehen, sind in der Regel mittels öffentlichen Meistgebotes zu bewirken (§ 668 f.). Der Patron muß die Genehmigung erteilen, wenn (und zwar auf länger als 10 Jahre unter Mitwirkung der Gemeindevertretung) vermietet oder verpachtet wird; geschieht dies auf länger als 12 Jahre oder an einen an der Verwaltung oder Aufsicht Beteiligten, so bedarf es der Genehmigung des Konsistoriums[3]). Dienstgrundstücke können über die Dienstzeit des Stelleninhabers hinaus nur unter Mitwirkung der Gemeindevertretung und der Genehmigung des Konsistoriums vermietet oder verpachtet werden (Kirchengem.- und SynO. § 31, KirchenG. 18. 7. 92 § 1, V. 8. 3. 93 Art. II, KGVBl. 12).

Kirchensteuern. Maßgebend ist das vielfach auf das Kommunalabg G. verweisende

> Kirchengesetz, betr. die Erhebung von Kirchensteuern in den Kirchengemeinden und Parochialverbänden der evangelischen Landeskirche der älteren Provinzen der Monarchie, v. 26. 5. 1905 (KGVBl. 31)

AusfAnw. 22. 3. 06, KGVBl. 5, Allerh. VO. 21. 3. 06, KGVBl. 1. — StaatsG. 14. 7. 05, GS. 277, dazu zwei VO. v. 23. 3. 06, GS. 52 und 53, AusfAnw. 24. 3. 06, KGVBl. 36, MBl. 69.

Danach sind die Kirchengemeinden mit Genehmigung des Konsistoriums berechtigt, von den ihnen durch Wohnsitz (z. Begr. OVG. 51, 182) angehörigen Evangelischen (hierzu OVG. 52, 233, auch Ausländern OVG. 52, 244), zur Befriedigung ihrer Bedürfnisse Steuern zu erheben, soweit die sonstigen Einnahmen nicht ausreichen (§§ 1, 2, 27). Wegen Beginn und Beendigung der Steuerpflicht vgl. § 3, wegen Personen mit mehrfachem Wohnsitz § 4 (s. OVG. 52, 231 u. 54, 185). Ein-

[1]) In der Mark bedarf es bei Ausleihung von Kirchenkapitalien ohne Unterschied der Summe einer Anzeige an den Superintendenten und der Genehmigung des Konsistoriums nicht, wenn das Geld in Staatsschuldscheinen, Pfandbriefen oder Hypotheken innerhalb 1/2 des durch gerichtliche Taxe ermittelten Grundstückswertes angelegt wird (KO. 11. 7. 45, GS. 485).

[2]) In Berlin zuständig der Polizeipräsident.

[3]) In der Mark bedarf es der Genehmigung des Konsistoriums nicht, wenn öffentliche Ausbietung gemäß §§ 670, 672 f. erfolgt (KO. 11. 7. 45).

künfte aus Grundvermögen, Handel und Gewerbe werden grundsätzlich von der Kirchengemeinde rei sitae besteuert. Der evangelische Teil einer gemischten Ehe (z. Begriff OVG. 52, 233; es gehören dahin auch Ehen zwischen Christen und Juden OVG. DJZ. 09 Sp. 236) ist, wenn nicht die Ehefrau selbständig veranlagt ist, von der Hälfte des Staatssteuersatzes heranzuziehen (§ 5). Soweit der Patron oder sonst speziell Verpflichtete für einzelne Bedürfnisse besonders beizutragen haben, sind sie hierfür, wie bisher, steuerfrei (so im Gebiet des ALR. hinsichtlich der Baulast der Patron OVG. 53, 212) § 6. Den Umlegungsmaßstab bildet grundsätzlich die Staatseinkommensteuer, daneben eventuelle Real- und Gewerbesteuern, soweit die Immobilien bzw. der Gewerbebetrieb in der Kirchengemeinde liegen; die Realsteuern dürfen nicht mit einem höheren Prozentsatz herangezogen werden als die Einkommensteuer; die Erhebung erfolgt in Form von Zuschlägen (§§ 9—11); die zu erhebenden Prozentsätze sind vorher bekannt zu geben (§ 18). Gegen die Heranziehung bzw. Veranlagung, welche durch den Gemeindekirchenrat erfolgt (§ 16), ist binnen 4 Wochen seit der Zahlungsaufforderung Einspruch gegeben (§ 19), über welchen der Gemeindekirchenrat entscheidet, und welcher die Vollstreckung nicht hindert (§ 20); hiergegen binnen der gleichen Frist durch Vermittlung des Konsistoriums Beschwerde an die Staatsbehörde und weiter bei Rechtsverletzungen und Verfahrensmängeln Klage beim OVG. (Art. IV §§ 1, 4 StaatsG.)[1]. Der Rechtsweg ist nur gegeben, wenn Tilgung oder Verjährung behauptet oder der öffentliche Charakter der Steuer bestritten wird (§§ 9, 10 G. 24. 5. 61 [GS. 241], Art. IV § 7 StaatsG.). Mangels Einspruchs wird selbst eine Veranlagung Andersgläubiger rechtskräftig, OVG. 53, 239. — Auf die Berliner Stadtsynode und Parochialverbände in größeren Orten findet das Gesetz sinngemäße Anwendung (§ 26). Wie aus Art. II VO. 23. 3. 06 (GS. 53) sich ergibt, haben sowohl der Synodalverband als auch die einzelnen Gemeinden für besondere Bedürfnisse ein Steuerrecht. — Die Beschlüsse auf Erhebung der Kirchensteuer bedürfen außer der Genehmigung des Konsistoriums (§ 1 Abs. 2 in Verbindung mit § 27 KirchenG.) auch noch der Genehmigung der staatlichen Aufsichtsbehörde (Art. I StaatsG.). (Wegen der Zuständigkeit s. Art. VII das. und VO. 23. 3. 06, GS. 53)[2]. Erst mit dieser Genehmigung beginnt das Recht der Erhebung (OVG. DJZ. 08 Sp. 651). Die Zwangsvollstreckung erfolgt im Verwaltungszwangsverfahren (Art. II § 2 StaatsG.). — Unterbleibt die von der Aufsichtsbehörde angeordnete Festsetzung einer Umlage, so erfolgt Zwangsetatisierung und Einziehung nach Maßgabe dieses G. (Art. 27 Abs. 2 G. 3. 6. 76, GS. 125, Art. V StaatsG., §25 G .). — Auf Militär- und Anstaltsgemeinden bezieht sich das Gesetz n:cht (§28).

[1]) Wegen der Freilassung von Ausländern Art. IV § 1 Abs. 3 StaatsG.; Bek. 30. 6., 7. 11. 06 u. 17. 6. 08 (GS. 322, 413, 158).

[2]) Im Falle des § 5 Abs. 2 G. 18. 5. 95, GS. 175 (im wesentlichen Einforderung eines höheren Zuschlages zur Staatseinkommensteuer als 10 %) bedürfen Steuerbeschlüsse der Berliner Stadtsynode der Genehmigung des Staatsministeriums und die der größeren Gesamtverbände der Genehmigung des Oberpräsidenten (Art. VII Abs. 2 StaatsG.; V. 23. 3. 06, GS. 53, Art. I u. II, 1); im übrigen ist die Aufsichtsbehörde der Regierungspräsident bzw. der Polizeipräsident in Berlin (V. 23. 3. 06 Art. II).

Ähnliche Gesetze sind im März 1906 auch für eine Reihe anderer Provinzen erlassen worden. Die Gesamtsumme der von der Provinzialsynode bzw. der Generalsynode zu beschließenden Umlagen für neue Ausgaben zu provinziellen bzw. landeskirchlichen Zwecken darf 6 % der Gesamtsumme der Staatseinkommensteuer der zur evangelischen Landeskirche gehörigen Bevölkerung nicht übersteigen (§ 4 G. 28. 5. 94); hierauf kommen aber die oben (S. 523) erwähnten Umlagen für die verschiedenen Kassen (G. 10. 7. 09) nach Art. 5 StaatsG. 26. 5. 09, GS. 113, nicht zur Anrechnung.

i) Kollekten. Der Ertrag aus Klingelbeutel und Becken gehört in der Regel zu den Kircheneinkünften (§ 665). Neue Kirchenkollekten bedürfen, wenn sie einmal in einer einzelnen Parochie für örtliche Bedürfnisse erhoben werden sollen, nicht mehr der Genehmigung des Konsistoriums, wohl aber Kirchenkollekten, welche auf Beschluß des Gemeinde-Kirchenrats für örtliche Bedürfnisse oder auf Beschluß einer Kreissynode in den Kirchen des Synodalkreises eingesammelt werden sollen (Erl. 19. 5. 97, KGVBl. 40); bei regelmäßig wiederkehrenden Kollekten muß, soweit es sich nur um eine Provinz handelt, die Zustimmung der Provinzialsynode, bei landeskirchlichen Kollekten die der Generalsynode der Genehmigung des Oberkirchenrates vorausgehen (Kirchengem.- u. SynO. § 65, GenSynO. § 13). Die Abhaltung von Hauskollekten zu kirchlichen Zwecken unterliegt, je nach dem Umfange des dadurch berührten Bezirkes, der Genehmigung des Regierungs-[1]) bzw. Oberpräsidenten bzw. der Minister der geistlichen Angelegenheiten und des Innern (G. 3. 6. 76, Art. 24, V. 9. 9. 76, Art. I—III, GS. 125, 395).

Die Staatsgenehmigung zur Annahme von Schenkungen und Zuwendungen, deren Gegenstand Grundeigentum im Werte von nicht über 3000 M. bildet, erteilt der Regierungspräsident[2]). Auf Beschwerden entscheidet der Oberpräsident endgültig (Erl. 9. 5. 93, KGVBl. 105, s. dazu ABGB., Art. 6).

2. Besonderheiten für die katholische Kirche:

Für das Diözesanvermögen ist maßgebend das G. 7. 6. 76 (GS. 149) über die Aufsichtsrechte des Staates bei der Verm.-Verw. in den kath. Diözesen, jetzt nebst V. 30. 1. 93 (GS. 11). Es bezieht sich auf die für die katholischen Bischöfe, Bistümer und Kapitel bestimmten Vermögensstücke sowie auf die jenen unterstellten Institute und Fonds, also auf alles kirchliche Vermögen, das nicht im Eigentum einer Gemeinde oder geistlicher Orden und Kongregationen steht. Genehmigung des Kultusministers unter Zuziehung des Ministers des Innern, wo dessen Ressort beteiligt ist, ist erforderlich bei dem Erwerb, der Veräußerung oder Belastung von Grundeigentum bis zum Werte oder Beträge von 100 000 M., bei der Veräußerung von Gegenständen, die einen geschichtlichen, wissenschaftlichen oder Kunstwert haben, bei der Errichtung neuer, für den Gottesdienst bestimmter Gebäude; der Oberpräsident erteilt die Genehmigung zu den übrigen Fällen des Erwerbes, der Veräußerung oder dinglichen Belastung von Grundeigentum, zu dauernden Anleihen, zur Anlegung von

[1]) In Berlin anstatt seiner der des Polizeipräsidenten.
[2]) In Berlin der Polizeipräsident; VO. 20. 7. 04.

Begräbnisplätzen (zur ausnahmsweisen Veräußerung solcher, Erl. 17. 4. 93, MBl. 127), zur Einführung oder Veränderung von Gebührentaxen, zu Sammlungen und Kollekten außerhalb der Kirchengebäude, zur Verwendung der Einkünfte erledigter Stellen (Vakanzeinkünfte), zur Verwendung von Vermögen für nicht stiftungsgemäße Zwecke usw. Der Oberpräsident ist die Aufsichtsbehörde und berechtigt, die Vermögensverwaltung Revisionen zu unterziehen. Gegen seine Verfügung ist Beschwerde an den Kultusminister bzw. gleichzeitig an den Minister des Innern zulässig. Bei der Genehmigung des Etats der aus Staatsmitteln subventionierten Verwaltungen ist der Finanzminister, bei der Prüfung ihrer Jahresrechnungen die Oberrechnungskammer beteiligt. Über Zwangsetatisierung s. § 5 u. 6 G. 7. 6. 76 u. Art. I V. 30. 1. 93.

Für die einzelnen Gemeinden gilt das G. 20. 6. 75 (GS. 241) über die Verm.-Verw. in den kath. Kirchengemeinden, jetzt nebst V. 30. 1. 93 (GS. 13). Es beruht auf dem landrechtlichen Grundsatze des Eigentums der Gemeinden am Kirchenvermögen, während die katholische Kirche annahm, dies Eigentum stehe der Gesamtkirche zu, und der Papst habe die Verfügung über alles Kirchenvermögen. Das G. ist im wesentlichen der Evangel. KirchengemeindeO. nachgebildet, namentlich auch hinsichtlich der Wahl und Befugnisse des Kirchenvorstandes und der Gemeindevertretung. Wo der Vorsitz eines Laien (anstatt des Pfarres) von alters her besteht, verbleibt es dabei. Geistliche können nicht wählen und gewählt werden. Wenn ein Gewählter trotz wiederholt auf ihn gefallener Wahl das Amt im Kirchenvorstand oder in der Gemeindevertretung nicht annehmen will, so ernennt der Regierungspräsident einen Vertreter; verweigern alle Gewählten die Annahme, so wird die Vermögensverwaltung durch einen Staatskommissar ausgeübt. Streitfragen, die Wahl betreffend, entscheidet der Kirchenvorstand; hiergegen ist Beschwerde an den Bischof zulässig, der dann unter Zustimmung des Regierungspräsidenten endgültig entscheidet. Gegen Disziplinarmaßnahmen des Bischofs oder des Regierungspräsidenten steht den Mitgliedern Rekurs an den Kultusminister zu. Die für die wichtigsten Verwaltungsakte erforderliche staatliche Genehmigung erfolgt zunächst auch hier durch den Kultusminister, bei Ausschreibung, Veranstaltung und Abhaltung von Sammlungen, Kollekten für kirchliche, wohltätige oder Schulzwecke außerhalb der Kirchengebäude durch den Oberpräsidenten, sonst durch den Regierungspräsidenten (V. 30. 1. 93, GS. 13). — Die Aufsichtsrechte der kirchlichen Behörden gehen nebenher. Gegen eine Versagung ihrerseits entscheidet der Oberpräsident auf Beschwerde des Kirchenvorstandes endgültig. — In bezug auf Etat, Jahresrechnung, Verwaltungskontrolle werden dieselben staatlichen Aufsichtsrechte, wie bei der Diözesanverwaltung, hier durch den Regierungspräsidenten, ausgeübt. — Kommen bei Durchführung des Gesetzes die staatlichen und bischöflichen Behörden in Streit, so entscheidet der Oberpräsident bzw. der Kultusminister. — Durch G. 29. 5. 03 (GS. 179) ist die Bildung von Gesamtverbänden durch die bischöfl. Behörde geregelt; die beteiligten Kirchengemeinden haben dabei mitzuwirken. Wegen der Ausübung der Rechte des Staats gegenüber diesen Gesamtverbänden vgl. VO. 4. 1. 04 (GS. 1). — Die Erhebung von Kirchensteuern in den Kirchengemeinden und Gesamtverbänden regelt ähnlich den Bestimmungen für die evangelische Kirche das G. 14. 7. 05 (GS. 281). Die Steuerbeschlüsse bedürfen der Genehmigung der bischöflichen und staatlichen Aufsichtsbehörde (§ 1). Ausf. Anw. 24. 3. 06, MBl. 121; VO. über die Ausübung der Rechte des Staates 23. 3. 06, GS. 56. Die Genehmigung der Steuerbeschlüsse obliegt den Regierungspräsidenten bzw. dem Polizeipräsidenten in Berlin; bei mehr als 10 % Zuschlag zur Einkommensteuer den Oberpräsidenten.

Weiter regeln die Erhebung kirchlicher Abgaben: G. betr. Bildung kirchlicher Hilfsfonds für neu zu errichtende Pfarrgemeinden 29. 5. 03, (GS. 182), dazu G. 26. 5. 09, GS. 343, Art. 16, sowie G. betr. Erhebung von Abgaben für kirchliche Bedürfnisse der Diözesen usw. 21. 3. 06 GS. 105, dazu ebenfalls Art. 16 G. 26. 5. 09; s. oben S. 527. Wegen der Verwaltung der Diözesanfonds, der Umlagebeschlüsse usw. s. Art. 2—4 G. 29. 5. 03.

IV. Patronat. Die durch Art. 17 Verf. zugesagte gesetzliche Regelung ist noch nicht erfolgt. Der Patron wird im § 568 ALR. II, 11 dahin definiert: „derjenige, welchem die unmittelbare Aufsicht über die Kirche nebst der Sorge für deren Unterhaltung und Verteidigung obliegt, wird der Kirchenpatron genannt". Man rechnet das Patronat gewöhnlich nicht dem privaten, sondern dem öffentlichen Rechte zu. Wer eine Kirche baut oder hinlänglich ausstattet, oder durch die Kirchengesellschaft damit betraut wird, erlangt ein Recht auf das Patronat, das aber erst durch den Staat verliehen werden muß (§§ 569—573). Außerdem kann es durch Ersitzung erworben werden (§§ 574—576). — Die Pflichten des Patrones konzentrieren sich insbesondere in der oben erwähnten Kirchenbaulast. Die Rechte bestehen in dem ebenfalls erwähnten Pfarrwahlrecht und Aufsichtsrecht über die kirchliche Vermögensverwaltung, der Bestellung der Küster und anderer dergleichen niederer Kirchenbeamten (§ 556), ferner in gewissen kirchlichen Ehrenrechten (§§ 588—594) und in der s. g. Kompetenz, wonach der schuldlos verarmte Patron aus dem Kirchenvermögen notdürftigen Unterhalt fordern kann (§§ 595—597). — Entsagen kann man dem Patronate, das ja überwiegend Pflichten enthält, nur mit ausdrücklicher Einwilligung der Gemeinde und Genehmigung der geistlichen Oberen (§ 610). Laut V. 30. 8. 1816 (GS. 207) ruht das Patronat für Güter, die sich im Besitz von Juden befinden.

Die neuen Kirchengesetze haben an den Rechten des zu den Patronatslasten beitragenden Patrones im wesentlichen das geändert, daß er nicht mehr, wie früher nach § 552 ff., die — jetzt durch den Gemeinde-Kirchenrat ersetzten — Kirchenvorsteher bestellt. (Bezüglich der kathol. Kirche s. RGer. 29, 147). —

V. Parochien (Kirchspiele) heißen diejenigen Distrikte, in welchen Glaubensverwandte einer vom Staate öffentlich aufgenommenen (s. oben unter II) Religionspartei (z. Begr. OVG. 52, 244, 251) zu einer gemeinschaftlichen Kirche angewiesen sind (§ 237 ALR. II, 11). Die so Eingepfarrten bilden in ihrer Gesamtheit eine Korporation, die Kirchengemeinde. Sie sind also durch den gemeinschaftlichen Wohnsitz vereinigt, nicht durch die gemeinschaftliche Überzeugung (auch Ausländer OVG. a. O., 261). Das läßt sich erklären in einer Kirche, die eine Regel für alles, was von allen geglaubt werden muß, aufstellt. Wo Nuancen zulässig sind, sollte wohl nicht die territoriale Gemeinschaft im Parochialzwange die Menschen zusammenhalten, sondern eine freie Vereinigung der Gleichdenkenden die Gemeiden bilden. Freilich aber liegt auf der Hand, daß, wo einmal das System der territorialen Abgrenzung besteht, eine Änderung, schon wegen der Vermögensrechte der Parochialkirchen, außerordentlichen Schwierigkeiten begegnen müßte. — Neue Parochien können nur vom Staat (Kultusminister bzw. Regierungen)[1]) unter Zuziehung der geistlichen Oberen (Evangel. Ober-Kirchenrat und Konsistorien) errichtet und abgegrenzt werden (§ 238, G. 3. 6. 76, GS. 125, Art. 23). Bei Veränderungen schon bestehender Parochien sind die Interessenten (Geistliche, Patron, Gemeindekirchenrat und Gemeindevertretung) zu hören (§ 239, § 25 Kirchengem.- und SynO.), der Minister hat die Entscheidung; Privat-Entschädigungsforderungen (z. B. Verluste der Kirchenbeamten an Einkommen) sind im gewöhnlichen Rechtswege geltend zu machen (§ 240). Die Unterhaltung der neuen, von der alten abgezweigten Parochie fällt den Eingepfarrten der letzteren zu; die neue Parochie hat nicht von selber Anspruch auf einen verhältnismäßigen Teil des Vermögens der Stammparochie (OTr., StrA. 89, 231). Eine Parochie kann mehrere Kirchen, auch Neben- oder Tochterkirchen haben (§§ 244 bis 246). Wer, abgesehen von den Militärs (§ 278), innerhalb eines Kirchspiels seinen ordentlichen Wohnsitz hat, ist zur Parochialkirche des Bezirks eingepfarrt (§ 260 ff.), wenn er zu der betreffenden Religionspartei gehört, und unterliegt dem Pfarrzwange (vgl. § 427 ff. und G. 3. 6. 76, GS. 154, betr. die Aufhebung der Parochialexemtionen); dazu gehört namentlich die Zahlung der Stolgebühren an die kompetente Parochie und der Kirchenabgaben (§§ 423 f., 164). Über die Zugehörigkeit zu den Militärgemeinden s. V. 19. 10. 04 (GS. 273). Aufgehoben können Parochien nur werden mit Genehmigung derselben Behörden, die bei der Errichtung maßgebend sind (§§ 306 ff., vgl. G. 13. 5. 33 über erloschene Parochien und deren Behandlung). — Ein „Simultaneum" ist vorhanden, wenn zwei Gemeinden verschiedener Religionsparteien zu einer Kirche berechtigt sind (§§ 309—317).

---

[1]) In Berlin vom Polizeipräsidenten (V. 5. 9. 77, Art. III).

Strafrecht.

Strafgesetzbuch.

Das Strafrecht ist für ganz Deutschland einheitlich geregelt (ebenso das Militärstrafrecht durch RG. 20. 6. 72). Nach § 2 des EinfG. 31. 5. 70 zum StrGB. bleiben jedoch die besonderen Vorschriften des Reichs- und Landesstrafrechtes, soweit sie Materien betreffen, die nicht Gegenstand des StrGB. sind — s. z. B. §§ 30, 31 Allg. GerOrd. III, 1 über Querulieren — namentlich auch über strafbare Verletzungen der Preßpolizei-, Post-, Steuer-, Zoll-, Fischerei-, Jagd-, Forst- u. Feldpolizei G., über Mißbrauch des Vereins- und Versammlungsrechts (hierfür Landesstrafrecht aufgehoben durch G. 19. 4. 08 § 23 Abs. 2, RGBl. 151) und über den Holz-(Forst-)Diebstahl in Kraft. Doch dürfen preußische StrG. nur Gefängnis bis zu zwei Jahren, Haft, Geldstrafe, Einziehung einzelner Gegenstände und Amtsentziehung androhen (ebenda § 5).

Das ursprünglich für den Nordd. Bund erlassene Strafgesetzbuch gilt jetzt als

Strafgesetzbuch für das Deutsche Reich 15. 5. 71

(durch Erlaß des Reichskanzlers 26. 2. 76 in neuer Fassung publiziert mit den früheren Änderungen und denen des G. 26. 2. 76). Es erschöpft keineswegs das gesamte Strafrecht; die neueren Reichs- und Preußischen Gesetze enthalten fast durchgängig besondere Strafbestimmungen. Seit dem 26. 2. 76 ist außerdem sein Text abgeändert worden durch die RWucherG. 24. 5. 80 u. 19. 6. 93 (§§ 302a—e, 367, 360 Nr. 12), das RG. 13. 5. 91 (Postschutzbestimmungen u. a.), das RG. 3. 7. 93 gegen den Verrat militärischer Geheimnisse (§§ 89, 90), das RG. 26. 3. 93 betr. Änderung des (die Verjährung betr.) § 69 StrGB., das RG. betr. Änderung des G. betr. den Unterstützungswohnsitz 12. 3. 94 (§ 361 Nr. 10), das RG. 5. 4. 88 zu § 184, wieder geändert durch RG. 25. 6. 00 (RGBl. 301), auch zu §§ 180, 181, 362 StrGB. (sog. lex Heinze); das EBGB. betreffend §§ 34, 55, 65, 145a, 171, 195, 235, 237, 238, sowie das RG. 27. 12. 99 (RGBl. 729) betr. § 316; durch EinfG. der KonkursO. 10. 2. 77 in Verbindung mit RG. 17. 5. 98 (Bek. 20. 5. 98), wodurch an Stelle der §§ 281—83 StrGB. die §§ 239—44 KO. getreten sind; RG. 12. 5. 01 über d. Privatversicherungsunternehmen (§ 108 das. zu § 360 Nr. 9 StrGB.); RG. 17. 2. 08

(RGBl. 25) betr. Majestätsbeleidigung und endlich Vereinsgesetz 19. 4. 08 (s. oben)[1]).

Einleitende Bestimmungen.

Verbrechen ist eine Handlung, welche mit dem Tode, mit Zuchthaus oder mit Festungshaft von mehr als 5 Jahren bedroht ist;

Vergehen ist eine Handlung, welche mit Festungshaft bis zu 5 Jahren, mit Gefängnis oder mit Geldstrafe von mehr als 150 M. bedroht ist;

Übertretung ist eine Handlung, welche mit Haft oder mit Geldstrafe bis zu 150 M. bedroht ist (§ 1).

(Die Zuständigkeit der Gerichte bei Verbrechen usw. s. S. 418 ff., das G., betr. den Erlaß polizeil. Strafverfügungen s. S. 446.)

Eine Handlung kann nur dann bestraft werden, wenn die Strafe gesetzlich bestimmt war, ehe die Handlung begangen wurde. Bei Verschiedenheit der Gesetze von der Zeit der begangenen Handlung bis zu deren Aburteilung ist das mildeste Gesetz anzuwenden (§ 2).

Die StrafG. des D. Reiches finden auf alle im Reichsgebiete begangenen strafbaren Handlungen Anwendung, auch wenn der Täter ein Ausländer ist (§ 3). Wegen der im Auslande begangenen Verbrechen und Vergehen findet in der Regel keine Verfolgung statt (§ 4 f.); doch kann sie stattfinden in den dort genannten Fällen, insbesondere des Hochverrats, des Münzverbrechens und des Beamtendelikts, sowie im Fall des § 12 SprengstoffG. 9. 6. 84 und bei Verrat militärischer Geheimnisse nach § 10 RG. 3. 7. 93, ferner bei Vergehen gegen den Urheberschutz; s. auch Seemannsordnung 2. 6. 02 (RGBl. 175) § 121 u. a.; im Auslande begangene Übertretungen sind nur dann zu bestrafen, wenn dies durch besondere Gesetze oder Verträge angeordnet ist (§ 6). Ein Deutscher darf zur Bestrafung dem Auslande nicht überliefert werden (§ 9).

Kein Mitglied eines Landtages oder einer Kammer eines zum Reich gehörigen Staates darf außerhalb der Versammlung, der es angehört, wegen seiner Abstimmung oder wegen der in Ausübung seines Berufes getanen Äußerungen zur Verantwortung gezogen werden (s. S. 240). Wahrheitsgetreue Berichte über Verhandlungen eines Landtages oder einer Kammer bleiben von jeder Verantwortlichkeit frei (§ 11 f., vgl. Art. 84 der Preuß., 30 u. 22 der RVerf.).

Erster (allgemeiner) Teil. Von der Bestrafung der Verbrechen, Vergehen und Übertretungen im allgemeinen.

1. Abschn. Strafen. Man unterscheidet Haupt- und Nebenstrafen, d. h. solche, die neben jenen erkannt werden.

A. Hauptstrafen:

a) Todesstrafe (§ 13); nur im Fall des § 80 (Mordversuch gegen Kaiser oder Landesherrn), § 221 (Mord), § 5 SprengstoffG. 9. 6. 84, § 1 SklavenraubG. 28. 7. 95 und an Stelle der lebenslänglichen Zuchthausstrafe, da, wo vom Kaiser gemäß Art. 68 der RVerf. der Kriegs-

[1]) Am 23. 11. 09 ist dem Reichstag der Entwurf einer Novelle (sog. „kleine Strafgesetz-Novelle") vorgelegt worden, welche Abänderungen der §§ 123, 136, 137, 288 Abs. 1, 360 Nr. 13, 186, 187, 188, 370 Nr. 5, 253 enthält und 3 neue Paragraphen (145 b [boshafte Tierquälerei], 223 a [grausame Behandlung Wehrloser] und 248 a [Notdiebstahl]) vorschlägt. Die dritte Lesung des Entwurfs steht z. Z. (Januar 1911) bevor.

zustand erklärt ist, und auf dem Kriegsschauplatz (EinfG. § 4); ihre Vollstreckung s. § 485 f. StrPO., § 14 MilStrGB.

b) Freiheitsstrafen:

a) Zuchthaus; entweder lebenslänglich oder auf Zeit, nämlich von 1 bis 15 Jahre; die Verurteilten sind in der Strafanstalt zu den eingeführten Arbeiten oder — getrennt von freien Arbeitern — zu Arbeiten außerhalb der Anstalt anzuhalten (§ 14 f.). Die Zuchthaus- und Gefängnisstrafe können in strenger Einzelhaft vollzogen werden, welche aber ohne Zustimmung des Gefangenen nicht über 3 Jahre dauern darf (§ 22); wegen der Ehrenfolgen s. B, b.

b) Gefängnis; 1 Tag bis 5 Jahre. Die Verurteilten können in einer ihren Fähigkeiten und Verhältnissen angemessenen Weise beschäftigt werden; auf ihr Verlangen muß dies geschehen (§ 16, vgl. Gefängnisordnung 21. 12. 98, JMBl. 292, abg. 14. 3. 00 und 25. 5. 06, das. 86 und 155). Gefängnis ist die gewöhnliche Strafe bei Vergehen; zu längerer Zuchthaus- oder Gefängnisstrafe Verurteilte können, nachdem sie 3/4, mindestens aber 1 Jahr der Strafe verbüßt haben, vorläufig entlassen werden (§ 23, s. dazu Regl. 21. 1. 71, JMBl. 35, Beurlaubung ME. 15. 7. 70, MBl. 197 und 29. 10. 79, MBl. 80, 17); für entlassene Strafgefangene treffen Best. 13. 6. 95 (MBl. 171) Fürsorge; dazu MV. 5. 11. 02 (das. 231); vgl. auch Grundsätze des Bundesrats über Vollziehung der Freiheitsstrafen 28. 10. 97 (RZBl. 308).

c) Festungshaft. Sie ist lebenslänglich oder zeitig (von 1 Tag bis 15 Jahre) und besteht in Freiheitsentziehung mit Beaufsichtigung der Beschäftigung und Lebensweise (§ 17). Sie ist wesentlich für mildere Fälle des Hoch- und Landesverrats, der Majestätsbeleidigung, sowie des Zweikampfs bestimmt (§§ 20, 81 ff., 95 ff., 201 ff.);

d) Haft, einfache Freiheitsentziehung (in Ausnahmefällen fakultativer Arbeitszwang §§ 361 Nr. 3—8, 362) von 1 Tag bis 6 Wochen (§ 18), wird bei Übertretungen verhängt und bei dem Vergehen der leichteren Beleidigung (§§ 360 ff., 185 f.).

c) Geldstrafe. Sie ist entweder ausschließlich angedroht oder alternativ (Freiheitsstrafe oder Geldstrafe) oder noch neben der Freiheitsstrafe. Sie beträgt bei Verbrechen oder Vergehen mindestens 3, bei Übertretungen mindestens 1 M. Ist sie nicht beizutreiben, so wird sie in Gefängnis, bei Übertretungen in Haft umgewandelt (§§ 27 ff., sofern dies nicht wie z. B. bei den Stempelhinterziehungen verboten ist).

d) Verweis, gegen jugendliche Personen (von 12—18 Jahren in besonders leichten Fällen, § 57 Nr. 4).

e) Forst- oder Gemeindearbeit. Wenn diese in den Landesgesetzen anstatt der Gefängnis- oder Geldstrafe angedroht oder nachgelassen ist, so behält es hierbei sein Bewenden (EinfG. z. StrGB. § 6).

B. Nebenstrafen:

a) Ehrenstrafe: Aberkennung der bürgerlichen Ehrenrechte. Sie hat den dauernden Verlust der aus öffentlichen Wahlen hervorgegangenen Rechte, der öffentlichen Ämter, Würden und Orden, s. ME. 25. 8. 79 (JMBl. 251), und für ihre Dauer den Verlust der Fähigkeit, Ämter und Würden zu erlangen, politische Rechte auszuüben, beim Militär zu dienen,

Zeuge bei Aufnahme von Urkunden oder Vormund (Pfleger, Beistand), zu sein, zur Folge (§§ 33 f.). Es kann neben der Todes- und Zuchthausstrafe darauf erkannt werden; neben der Gefängnisstrafe nur, wenn diese 3 Monate erreicht und an Stelle von Zuchthausstrafe (wegen mildernder Umstände) ausgesprochen wird, oder wenn das G. diese Nebenstrafe ausdrücklich zuläßt. Sie dauert bei zeitiger Zuchthausstrafe 2—10, bei Gefängnisstrafe 1—5 Jahre (§ 32). Bei Meineid (§ 161), schwerer Kuppelei (§ 181) und gewerbsmäßigem Wucher (§§ 302 d u. e) muß auf Verlust der bürgerlichen Ehrenrechte erkannt werden.

b) Unfähigkeit zur Bekleidung öffentlicher Ämter (wozu im Sinne des StrGB. auch die Anwaltschaft, der Schöffen- und Geschworenendienst gehören). Sie folgt von selber (zugleich mit der Unfähigkeit zum Militärdienst) aus der Verurteilung zu Zuchthaus (§ 31). Sie hat den dauernden Verlust der bekleideten Ämter von selber zur Folge. Im übrigen kann sie auch auf Zeit, von 1—5 Jahre, erkannt werden (§ 35).

Die Wirkung der Strafen zu a u. b tritt mit der Rechtskraft des Urteils ein; die Zeitdauer wird von dem Tage an gerechnet, wo die Hauptstrafe verbüßt, verjährt oder erlassen ist (§ 36).

c) Dauernde Unfähigkeit, als Zeuge oder Sachverständiger eidlich vernommen zu werden — muß bei Meineid und Anstiftung dazu ausgesprochen werden (§ 161).

d) Einziehung (Konfiskation). Sie betrifft nur die Gegenstände, welche durch strafbaren Vorsatz hervorgebracht sind (z. B. falsche Münzen) oder zur Ausführung eines solchen gebraucht oder bestimmt sind (z. B. Diebswerkzeuge) (§ 40). Über das Verfahren s. Str.PO. § 477 ff.

e) Unbrauchbarmachung von strafbaren Schriften usw. und den zu ihrer Herstellung dienenden Platten und Formen (§ 41 f.).

f) Vermögensbeschlagnahme (nicht Konfiskation, s. Preuß. Verf. Art. 10) — zur Sicherung bei Landes- und Hochverrat und bei Desertion (§§ 93 u. 140). Wegen des Verfahrens s. StrPO. §§ 333 ff., 480.

g) Befugnis zur öffentlichen Bekanntmachung der Verurteilung auf Kosten des Verurteilten — bei falscher Anschuldigung und öffentlicher Beleidigung (§§ 165 u. 200), in dem Marken- und MusterschutzG., NahrungsmittelG. usw.

h) Zulässigkeit von Polizeiaufsicht (§ 38). Auf Grund eines diese aussprechenden Urteils kann seitens der Polizei dem Verurteilten der Aufenthalt an einzelnen bestimmten Orten untersagt, ein Ausländer aus dem Reichsgebiete verwiesen werden; auch unterliegt dann eine Haussuchung keiner Beschränkung hinsichtlich der Zeit (§ 39; gegen die Landesverweisung steht überhaupt den Nichtreichsangehörigen die sonst gegen polizeiliche Verfügungen gegebene verwaltungsgerichtliche Klage nicht zu, LVG. § 130 Abs. 3). Auf Zulässigkeit dieser Nebenstrafe (bis 5 Jahre) kann neben Zuchthaus- und Gefängnisstrafe in den im G. genannten Fällen erkannt werden. S. Instruktion 30. 6. 00 (JMBl. 525).

i) Überweisung an die Landespolizeibehörde — gegen Bettler, Arbeitsscheue, Landstreicher, Prostituierte usw., die dann von der

Polizei entweder bis zu 2 Jahren in ein Arbeitshaus untergebracht oder zu gemeinnützigen Arbeiten verwendet bzw. als Ausländer des Landes verwiesen werden können (§ 362). S. Anw. 22. 10. 85 (MBl. 239), ME. 25. 6. 01 (MBl. 198), 18. 5. 05 (das. 88, betr. Jugendliche) 5. 9. 05 (MBl. 135).

k) Ausweisung — gegen Ausländer außer in den Fällen h u. i noch bei gewerbsmäßigem Glücksspiel (§ 284). S. Bek. 10. 12. 90 (RZBl. 378), Verf. 24. 9. 00, 5. 3. 02, 20. 7. 02, 7. 6. 06, 22. 1. 10 (MBl. 232, 71, 160, 215, 31).

2. Abschn. Versuch. Dies ist die Betätigung des Entschlusses, ein Verbrechen oder Vergehen zu verüben, durch Handlungen, welche einen Anfang der Ausführung dieses (nicht zur Vollendung gekommenen) Verbrechens oder Vergehens enthalten. Der Versuch wird bei Verbrechen immer, bei Übertretungen nie, bei Vergehen nur in den durch das G. bestimmten Fällen bestraft (§ 43). Strafbar ist auch der Versuch mit untauglichen Mitteln und am untauglichen Objekt (RGerStr. 1, 439; 17, 158; 34, 217 u. a. m., aber 33, 321: „Sympathiemittel" (z. B. Teufelsbeschwörung) sind in rechtlicher Beziehung nicht als Mittel anzusehen!). Die Strafe ist milder, als die für das vollendete Verbrechen oder Vergehen (§§ 44 f.) und fällt bei Rücktritt und sog. tätiger Reue ganz fort (§ 46).

3. Abschn. Teilnahme. Wenn mehrere eine strafbare Handlung gemeinschaftlich ausführen, so wird jeder als Täter bestraft (§ 47). Ebenso wird der Anstifter bestraft, d. i. derjenige, welcher einen anderen zu der von diesem begangenen strafbaren Handlung durch Geschenke oder Versprechen, Drohung, Mißbrauch des Ansehens oder der Gewalt, durch absichtliche Herbeiführung oder Beförderung eines Irrtums oder durch andere Mittel vorsätzlich bestimmt hat (§ 48). Als Gehilfe gilt und wird nach den für den Versuch bestehenden Vorschriften bestraft, wer dem Täter zur Begehung des Verbrechens oder Vergehens (hier also nicht Übertretung) durch Rat oder Tat wissentlich Hilfe geleistet hat (§ 49). Strafbar ist auch derjenige, welcher einen anderen (erfolglos) ernstlich zur Begehung eines Verbrechens oder zur Teilnahme an einem Verbrechen auffordert oder wer eine solche Aufforderung annimmt oder sich zur Begehung eines Verbrechens oder zur Teilnahme daran erbietet (§ 49 a, sog. Duchesne-§).

4. Abschn. Gründe, welche die Strafe ausschließen oder mildern:

a) Eine strafbare Handlung ist nicht vorhanden, wenn der Täter zur Zeit der Begehung der Handlung sich in einem Zustande von Bewußtlosigkeit oder krankhafter Störung der Geistestätigkeit befand, durch welche seine freie Willensbestimmung ausgeschlossen war (§ 51);

b) desgl., wenn er durch unwiderstehliche Gewalt oder eine für sein und seiner Angehörigen Leib oder Leben gefährliche Drohung zu der Handlung genötigt worden ist (§ 52);

c) desgl., wenn die Handlung durch Notwehr geboten war, d. h. durch diejenige Verteidigung, welche erforderlich ist, um einen gegenwärtigen rechtswidrigen Angriff von sich oder einem anderen abzuwenden (§ 53);

d) desgl., wenn die Handlung in einem unverschuldeten, auf andere Weise nicht zu beseitigenden Notstande zur Rettung aus einer gegenwärtigen Gefahr für Leib und Leben des Täters oder eines Angehörigen begangen worden ist (§ 54);

e) Kinder vor vollendetem 12. Lebensjahre können nicht strafrechtlich verfolgt, aber durch Beschluß des VormG. in einer geeigneten Familie, in einer Erziehungs- oder Besserungsanstalt untergebracht werden (§ 55, vgl. FürsorgeerziehungsG. 2. 7. 00, GS. 264, AusführungsBest. 18. 12. 00, MBl. 01, 27); oben S. 125;

f) Angeschuldigte zwischen 12 und 18 Jahren sind freizusprechen, wenn sie bei Begehung der strafbaren Handlung die zur Erkenntnis der Strafbarkeit erforderliche Einsicht nicht besaßen. Auch sie können bis zum vollendeten 20. Lebensjahre einer Anstalt überwiesen werden. Wird angenommen, daß sie die erforderliche Einsicht besaßen, so ist auf mildere Strafe (nie Tod, Zuchthaus, Verlust der Ehrenrechte; wohl aber Gefängnis bis zu 15 Jahren) zu erkennen; die Freiheitsstrafe ist in besonderen, für jugendliche Personen bestimmten Anstalten oder Räumen zu vollstrecken (§§ 56 f.); über die Zuständigkeit des Regierungspräsidenten s. ME. 2. 6. 98 (Verordnungsblatt für Strafanstalten 67), im übrigen s. über die Ausführung ME. 11. 12. 01 (MBl. 02, 17); Einführung von Jugendgerichten ME. 1. 6. 08 u. 22. 9. 09 (JMBl. 237 u. 335);

g) ein Taubstummer, welcher die zur Erkenntnis der Strafbarkeit einer von ihm begangenen Handlung erforderliche Einsicht nicht besaß, ist freizusprechen (§ 58);

h) wenn jemand bei Begehung einer strafbaren Handlung das Vorhandensein von Tatumständen (nicht Strafrechtssätzen) nicht kannte, welche zum gesetzlichen Tatbestande gehören oder die Strafbarkeit erhöhen, so sind ihm diese Umstände nicht zuzurechnen. Bei der Bestrafung fahrlässig begangener Handlungen gilt diese Bestimmung nur insoweit, als die Unkenntnis selbst nicht durch Fahrlässigkeit verschuldet ist (§ 59);

i) die Untersuchungshaft kann auf die erkannte Strafe ganz oder teilweise angerechnet werden (§ 60);

k) eine Handlung, deren Verfolgung nur auf Antrag eintritt, ist nicht zu verfolgen, wenn der zum Antrage Berechtigte den Antrag nicht binnen 3 Monaten, nachdem er von der Handlung und der Person des Täters Kenntnis erhalten, gestellt hat (§§ 61 ff.). Die Zurücknahme des Antrages ist nur in den gesetzlich besonders vorgesehenen Fällen (§§ 102—104, 194, 232, 247, 263, 292, 303, 370 Nr. 5 u. 6, s. auch viele Nebengesetze) und nur bis zur Verkündung des Urteils zulässig (§ 64), eine Teilung des Antrages ist unstatthaft (§ 63). — Als Beispiele dieser sog. Antragsvergehen seien hervorgehoben: Hausfriedensbruch (§ 123), Ehebruch (§ 172), Beleidigung (§ 194), leichte, sowie fahrlässige Körperverletzung (§ 232), Entführung (§§ 236 f.), Diebstahl, Unterschlagung, Betrug gegen Angehörige, Vormünder oder Erzieher, sowie Diebstahl und Unterschlagung bei unbedeutenden Gegenständen gegen Lehr- und Dienstherren (§§ 247, 263); ferner gehören außer den vorgenannten u. a. hierher die Verbrechen wider §§ 179, 236, die Vergehen wider §§ 182, 189, 223, 257 Abs. 3 (soweit die Haupttat Antragsdelikt ist),

288, 289, 299, 300, 302. Hiervon sind zu unterscheiden die sog. Ermächtigungsdelikte, Beleidigungen von Bundesfürsten (§§ 99, 101) und politischer Körperschaften (§ 197), die nur mit Ermächtigung des Beleidigten verfolgt werden dürfen;

l) Begnadigung (s. Preuß. Verf. Art. 49; § 484 StrPO., § 72 G. über Konsulargerichtsb. 7. 4. 00, RGBl. 213) schließt die Strafe aus (wegen der Strafaussetzung behufs Begnadigung bei erstmalig Verurteilten s. Allerh. Erl. 23. 10. 95, JMBl. 348);

m) Verjährung:

a) der Strafverfolgung. Diese wird durch Verjährung ausgeschlossen

bei Verbrechen, die mit dem Tode oder lebenslänglichem Zuchthaus bedroht sind, in 20 Jahren,
bei Verbrechen, die im Höchstbetrage mit Freiheitsstrafe über 10 Jahre bedroht sind, in 15 Jahren,
bei Verbrechen, die mit einer geringeren Freiheitsstrafe bedroht sind, in 10 Jahren,
bei Vergehen, die im Höchstbetrage mit Gefängnisstrafe über 3 Monate bedroht sind, in 5 Jahren,
bei anderen Vergehen in 3 Jahren,
bei Übertretungen in 3 Monaten.

Die Verjährung beginnt mit dem Tage der Tat; sie wird durch jede, wegen der Tat gegen den Täter gerichtete richterliche Handlung, sowie auch durch die polizeiliche Strafverfügung bei Übertretungen (StrPO. § 453) unterbrochen. Demnächst beginnt eine neue Verjährung (§§ 66 bis 68). Die Verjährung ruht, solange die Strafverfolgung auf Grund gesetzlicher Vorschrift nicht begonnen oder fortgesetzt werden kann, oder solange eine anderweit anhängige Vorfrage nicht entschieden ist. Dagegen hindert der Mangel eines zur Strafverfolgung erforderlichen Antrags oder einer Ermächtigung die Verjährung nicht (§ 69).

Wegen Verjährung der Zuwiderhandlungen gegen die Vorschriften über die Entrichtung der Branntwein-, Biersteuer usw. s. jetzt die ReichsfinanzG. 15. 7. 09; wegen Postgefälle s. § 7 EStrGB. (3 Jahre); besondere Bestimmungen über die Verjährung der Strafverfolgung enthalten ferner die meisten Spezialgesetze, z. B. ForstdiebstahlsG. § 18, PreßG. § 22, GewO. § 145, SpielkartenstempelG. § 20, usw.; besondere Fristen (6 Monate), s. ferner G. 17. 2. 08 (RGBl. 25, betr. Majestätsbeleidigung); schließlich § 171 RStrGB.;

b) der Strafvollstreckung. Die Vollstreckung rechtskräftig erkannter Strafen verjährt, wenn erkannt ist auf

Tod, lebenslängliches Zuchthaus oder Festungshaft, in 30 Jahren,
Zuchthaus oder Festungshaft über 10 Jahre, in 20 Jahren,
Zuchthaus bis 10 Jahre oder Festungshaft von 5—10 Jahren oder Gefängnis über 5 Jahre, in 15 Jahren,
Festungshaft oder Gefängnis von 2—5 Jahren oder Geldstrafe über 6000 M., in 10 Jahren,

Festungshaft oder Gefängnis bis 2 Jahre oder Geldstrafe über 150—6000 M., in 5 Jahren,

Haft oder Geldstrafe bis 150 M., in 2 Jahren.

Die Verjährung beginnt mit der Rechtskraft des Urteils; sie wird durch jede behördliche Vollstreckungshandlung unterbrochen (§§ 70—72).

5. Abschn. Zusammentreffen mehrerer strafbarer Handlungen.

a) sog. ideale Konkurrenz — wenn eine und dieselbe Handlung zugleich mehrere Strafgesetze verletzt (z. B. Raubmord). Hier wird nur dasjenige G. angewendet, welches die schwerste Strafe, und bei ungleichen Strafarten dasjenige G., welches die schwerste Strafart androht (§ 73);

b) sog. reale Konkurrenz — wenn jemand durch mehrere selbständige Handlungen mehrere Verbrechen oder Vergehen, oder dasselbe Verbrechen oder Vergehen mehrmals begangen hat. Sind dadurch mehrere zeitige Freiheitsstrafen verwirkt, so ist auf eine Gesamtstrafe zu erkennen, welche in einer Erhöhung der verwirkten schwersten Strafe besteht, aber den Betrag der verwirkten Einzelstrafen nicht erreichen und 15 Jahre Zuchthaus bzw. Festungshaft oder 10 Jahre Gefängnis nicht übersteigen darf (§ 74). Trifft Festungshaft nur mit Gefängnis zusammen, so ist auf jede dieser Strafarten gesondert zu erkennen, ebenso auf Haft, wenn diese mit einer anderen Freiheitsstrafe zusammentrifft (§§ 75—78). Diese Vorschriften finden auch Anwendung, wenn, bevor eine erkannte Strafe verbüßt, verjährt oder erlassen ist, die Verurteilung wegen einer vor der früheren Verurteilung begangenen strafbaren Handlung erfolgt (§ 79, vgl. StrPO. § 492 u. Bek. 11. 6. 85, RZBl. 270).

Zweiter (spezieller) Teil. Von den einzelnen Verbrechen, Vergehen und Übertretungen und deren Bestrafung.

In bezug auf diesen Teil kann hier wesentlich nur eine gedrängte Übersicht über den Inhalt gegeben werden.

Die Reihenfolge der Verbrechen und Vergehen beginnt mit den gegen das Staatsoberhaupt, den Staat, die Allgemeinheit gerichteten, geht dann auf die gegen Ehre, Leib und Leben, Freiheit gerichteten über, umfaßt demnächst die gegen das Eigentum und endet mit den „gemeingefährlichen" und den Amtsverbrechen und Vergehen. Zuletzt kommen die Übertretungen.

1.—5. Abschn. (§§ 80—109). Hoch- und Landesverrat, Beleidigung des Landesherrn (Majestätsbeleidigung), Beleidigung von Bundesfürsten, feindliche Handlungen gegen befreundete Staaten, Verbrechen und Vergehen in Beziehung auf die Ausübung staatsbürgerlicher Rechte (z. B. Wahlfälschung, Kauf oder Verkauf einer Wahlstimme, gewaltsame Behinderung eines Wahlberechtigten am Wählen). Die §§ 89 und 90 verdanken ihre Fassung dem RG. 3. 7. 93, RGBl. 205, das den Verrat militärischer Geheimnisse bestraft. Hoch- und Landesverrat gehören, falls sie gegen Kaiser und Reich gerichtet sind, zur Zuständigkeit des Reichsgerichts (§ 136 GVG.). Die Beleidigung des Kaisers, des Landesherrn, der Bundesfürsten usw. ist strafbar nur, wenn sie in der Absicht der Ehrverletzung, böswillig und mit Überlegung begangen wird; bei mildernden Umständen Strafermäßigung; Verjährung in 6 Monaten (RG. 17. 2. 08, RGBl. 25).

6. Abschn. Widerstand gegen die Staatsgewalt: Öffentliche Aufforderung zum Ungehorsam gegen Gesetze oder rechtsgültige Verordnungen oder gegen die von der Obrigkeit innerhalb ihrer Zuständigkeit getroffenen Anordnungen, und öffentliche Aufforderung zur Begehung einer strafbaren Handlung (§§ 110 f.; über den Begriff der Öffentlichkeit s. RGerStr. 5, 60; 21, 254; 22, 241; 31, 413); Verleitung von Soldaten zum Ungehorsam (§ 112); Widerstand gegen Beamte oder Mannschaften der bewaffneten Macht (§ 113); Nötigung von Behörden oder Beamten zu Amtshandlungen (§ 114); Aufruhr (§ 115); Auflauf (§ 116); Befreiung von Gefangenen (§§ 120 f.); Meuterei (§ 122 und SeemannsO. 2. 6. 02, RGBl. 175, §§ 100 ff.).

7. Abschn. Verbrechen und Vergehen gegen die öffentliche Ordnung: Hausfriedensbruch (§§ 123 f.); Landfriedensbruch, d. i. öffentliche Zusammenrottung und gemeinsame Verübung von Gewalttätigkeiten gegen Personen oder Sachen (§ 125) — für den bei solchen Gelegenheiten entstandenen Schaden haftet die Gemeinde, in deren Bezirk die Handlung geschehen ist, oder die, aus deren Bezirk der Überfall ausging §§ 1, 3 G. 11. 3. 50 (GS. 199), EBGB. Art. 108, s. oben S. 62. — Landzwang, d. i. Störung des öffentlichen Friedens durch Androhung eines gemeingefährlichen Verbrechens (§ 126); Geheimbündelei (§§ 128 f.); Gefährdung des öffentlichen Friedens durch öffentliche Anreizung verschiedener Klassen der Bevölkerung zu Gewalttätigkeiten gegeneinander (§§ 130 und 130 a, der sog. Kanzel-§ der RG. 10. 12. 71 u. 26. 2. 76); Erregung von Verachtung gegen Staatseinrichtungen oder Anordnungen der Obrigkeit durch öffentliche Behauptung und Verbreitung bewußt erdichteter oder entstellter Tatsachen (§ 131); unbefugte Ausübung eines öffentlichen (unmittelbaren oder mittelbaren Staats-)Amtes (§ 132); Vernichtung, Beiseiteschaffung oder Beschädigung von Urkunden, Registern, Akten u. dergl. (§ 133); böswillige Beschädigung oder Beseitigung öffentlicher behördlicher Anschläge (§ 134) oder angelegter Siegel (§ 136); Wegnahme, Zerstörung oder Beschädigung öffentlicher Hoheitszeichen (§ 135); Beiseiteschaffung oder Zerstörung behördlich gepfändeter oder in Beschlag genommener Sachen (§ 137, sog. Arrestbruch); Vorschützen unwahrer Entschuldigungsgründe seitens einer als Zeuge, Geschworener oder Schöffe berufenen Person (§ 138); Unterlassung der Anzeige von dem zur Kenntnis gekommenen Vorhaben eines Hoch-, Landesverrats-, Münzverbrechens, Mordes, Raubes, Menschenraubes oder eines gemeingefährlichen Verbrechens des 27. Abschnittes (§ 139 bzw. § 13 SprengstoffG. 9. 6. 84); Verletzung der Wehrpflicht durch unerlaubte Auswanderung, Selbstverstümmelung usw. (§§ 140, 142 f.); Verleitung zur Desertion (§ 141); Übertreten der für Sicherung des Seeverkehrs erlassenen Vorschriften (§ 145, s. V. 9. 5. 97, RGBl. 203, erg. u. als „Seestraßenordnung“ zusammengefaßt 5., veröffentlicht 10. 2. 06 (RGBl. 115 u. 120).

8. Abschn. Münzverbrechen und Münzvergehen (§§ 146—152); bezieht sich nicht bloß auf Metallgeld, sondern auch auf Papiergeld, und diesem sind gleichgestellt die auf den Inhaber lautenden Schuldverschreibungen,

Aktien usw., welche vom Staate oder von einer, zur Ausgabe solcher Papiere berechtigten Gemeinde, Korporation, Gesellschaft oder Privatperson ausgestellt sind (§ 149; s. auch RG. 26. 5. 85, RGBl. 165, betr. den Schutz des zur Anfertigung von Reichskassenscheinen verwendeten Papieres gegen unbefugte Nachahmung). Strafbar ist auch, wer unechtes Geld als echtes empfängt und es nach erkannter Unechtheit wieder ausgibt (§ 148).

9. Abschn. Meineid. Wissentlicher Meineid (§§ 153—155); falsche eidesstattliche Versicherung vor einer zur Abnahme einer solchen Versicherung zuständigen Behörde, z. B. Gerichtskassen (§ 156, Strafmilderungsgründe §§ 157 f.); Verleitung zum Meineide (§§ 159 f.); fahrlässiger Falscheid (§ 163); Eidesbruch, d. i. Zuwiderhandlung gegen eine durch eidliches Angelöbnis vor Gericht bestellte Sicherheit, oder gegen das in einem Offenbarungseide gegebene Versprechen (§ 162).

10. Abschn. Falsche Anschuldigung (wissentlich) bei einer Behörde. Anzeige an ein Organ einer Behörde, z. B. an einen Gendarmen, Schutzmann u. dergl. bedingt noch keine Strafbarkeit, wohl aber Anzeige an Polizeiwache (RGerStr. 32, 95; s. aber wegen Anzeige an den Kriminalwachtmeister eines Reviers 38, 20; 39, 358) (§ 164).

11. Abschn. Vergehen, welche sich auf die Religion beziehen (§§ 166—168); hierher wird auch Leichenraub und Gräberbeschädigung gerechnet, s. dazu auch §§ 367 Nr. 1 u. 304 (§ 168).

12. Abschn. Verbrechen und Vergehen in Beziehung auf den Personenstand: Kindesunterschiebung (§ 169); betrügliche Verleitung zur Eheschließung (§ 170).

13. Abschn. Verbrechen und Vergehen wider die Sittlichkeit (§§ 171—184). Darunter auch die sog. „lex Heinze" (25. 6. 00, RGBl. 301) bezüglich §§ 181 a, 184, 184 a, b (Zuhälter, Vertrieb unzüchtiger Schriften an Personen unter 16 Jahren).

14. Abschn. Beleidigung. Eine Definition fehlt im G.; unter Beleidigung im engeren Sinne ist jede gegen die Ehre eines anderen gerichtete vorsätzliche und rechtswidrige Kundgebung zu verstehen (RGerStr. 3, 433); erforderlich ist Bewußtsein, nicht Absicht der Ehrverletzung, mit Ausnahme von § 193 (RGerStr. 7, 169). — Auf die einfache Beleidigung folgt das schwerere Delikt der üblen Nachrede, das vorliegt, wenn jemand in Beziehung auf einen anderen eine nicht erweislich wahre Tatsache behauptet oder verbreitet, welche denselben verächtlich zu machen oder in der öffentlichen Meinung herabzuwürdigen geeignet ist (§ 186); dann das noch schwerere, die Verleumdung, wenn jemand wider besseres Wissen eine solche unwahre Tatsache behauptet oder verbreitet, wobei die Bestrafung sich verschärft, wenn es öffentlich oder in Schriften, Abbildungen oder Darstellungen geschehen ist (§ 187). In den Fällen der §§ 186 und 187 kann der in seinen Vermögensverhältnissen geschädigte Beleidigte neben der Bestrafung für sich eine Buße bis 6000 M. beantragen; eine erkannte Buße schließt die Geltendmachung eines weiteren Entschädigungsanspruches aus (§ 188, über das Verfahren s. StrPO. §§ 443 f.). Auch die Beschimpfung des Andenkens eines Verstorbenen durch Verleumdung ist strafbar (§ 189). Der Beweis der Wahrheit der behaupteten Tatsache schließt die Bestrafung dann nicht aus, wenn aus

der Form der Behauptung und aus den Umständen, unter welchen sie geschah, das Vorhandensein einer Beleidigung hervorgeht (§§ 190—192). Mit diesem Vorbehalt bleiben straflos tadelnde Urteile (Kritiken) über wissenschaftliche, künstlerische oder gewerbliche Leistungen, ingleichen Äußerungen, welche zur Ausführung oder Verteidigung von Rechten oder zur Wahrnehmung berechtigter (auch event. fremder) Interessen gemacht werden, sowie Vorhaltungen und Rügen der Vorgesetzten gegen ihre Untergebenen, dienstliche Anzeigen oder Urteile von seiten eines Beamten und ähnliche Fälle (§ 193; s. RGerStr. 19, 238. Ein allgemeines Recht der Tagespresse, vermeintliche Übelstände öffentlich zu rügen, ist nicht anerkannt, s. RGerStr. 5, 239 u. a. m.). Bei Beleidigungen von Ehefrauen kann auch der Ehemann (§ 195), bei Beleidigungen von Behörden oder Beamten in Ausübung ihres Berufs oder in Beziehung auf ihn können außer den unmittelbar Beteiligten auch deren amtliche Vorgesetzte (— z. B. Magistrat für eine Deputation [Rspr. d. RGerStr. 10, 565], Schuldeputation für Gemeindelehrer [das. 3, 655], Provinzialschulkollegium für Gymnasialdirektor [das. 5, 270] usw.) den Strafantrag stellen (§ 196). Ist eine Beleidigung auf der Stelle erwidert, so kann der Richter beide Beleidiger oder einen von ihnen für straffrei erklären (§§ 199, 233). — Schließlich sei bemerkt, daß die Staatsanwaltschaft die Anklage außer bei der Beamtenbeleidigung (§ 196) nur dann zu erheben hat, wenn dies im öffentlichen Interesse liegt (StrPO. § 416); Privatklage s. oben S. 439.

15. Abschn. Zweikampf (§§ 201—210).

16. Abschn. Verbrechen oder Vergehen wider das Leben. Mord ist vorsätzliche Tötung mit, Totschlag solche ohne Überlegung (§§ 211 f.); Kindestötung (§ 217); Aussetzung oder Verlassen hilfloser Personen (§ 221); fahrlässige Tötung (§ 222).

17. Abschn. Körperverletzung (§§ 223—233), d. i. jede vorsätzliche und rechtswidrige unmittelbar und physisch dem körperlichen Organismus zugefügte Verletzung (RGerStr. 25, 375; 32, 113). Auch hier kann der Verletzte neben der Bestrafung eine Buße bis 6000 M. beantragen (§ 231). Das den Eltern gemäß §§ 1631, 1634 BGB. zustehende Züchtigungsrecht (Überschreitung s. RGerStr. 34, 118; 42, 221; 43, 277 u. 281) ist nicht übertragbar, RGerStr. 33, 32.

18. Abschn. Verbrechen und Vergehen wider die persönliche Freiheit: Menschenraub (§ 234; s. auch RG. 28. 7. 95, RGBl. 425, betr. Sklavenraub und Sklavenhandel; darin eine Geldstrafe bis zu 100 000 M.); Kinderraub (§ 235); Entführung (§§ 236—238); Freiheitsberaubung (§ 239); widerrechtliche Nötigung eines anderen durch Gewalt oder Drohung mit einem Verbrechen oder Vergehen zu einer Handlung, Duldung oder Unterlassung (§ 240, vgl. GewO. §§ 152, 153; SeemannsO. §§ 103 f.; dieses Vergehen ist verwandt mit der Nötigung einer Behörde oder eines Beamten zur Vornahme oder Unterlassung einer Amtshandlung in § 114 und mit der Erpressung in §§ 253 ff.); Bedrohung mit einem Verbrechen (§ 241).

19. Abschn. Diebstahl und Unterschlagung:

a) Diebstahl. Ihn begeht, „wer eine fremde bewegliche Sache einem anderen in der Absicht wegnimmt, sie sich rechtswidrig zuzueignen“ (§ 242).

Dazu gehört auch Leuchtgas, Wasser aus der Leitung, dagegen nicht elektrischer Strom (Rspr. d. RGerStr. 3, 14; RGrStr. 32, 165); die Entziehung elektrischer Kraft ist aber strafbar nach RG. 9. 4. 00 (RGBl. 228). Schwerer wird bestraft, wenn gestohlen werden Gottesdienstgegenstände aus den zum Gottesdienste bestimmten Gebäuden; ferner mittels Einbruchs, Einsteigens oder Erbrechens von Behältnissen in Räumen unter Anwendung falscher Schlüssel oder anderer zur ordnungsmäßigen Eröffnung nicht bestimmter Werkzeuge; Reisegepäck u. dergl.; auf öffentlichen Straßen usw., ferner in Postgebäuden, Eisenbahnhöfen mittels Abschneidens, falscher Schlüssel u. dergl.; falls der Täter Waffen bei sich führt; Bandendiebstahl; Diebstahl zur Nachtzeit in einem bewohnten Gebäude, in welches der Täter sich eingeschlichen hatte, und Diebstahl im 2. Rückfalle (§§ 243 f.). — Das Entwenden von Nahrungs- oder Genußmitteln von unbedeutendem Werte oder in geringer Menge zum alsbaldigen Gebrauch (Mundraub) wird nur als Übertretung bestraft (§ 370 Nr. 5).

b) Unterschlagung. Sie begeht, „wer eine fremde bewegliche Sache, die er in Besitz oder Gewahrsam hat, sich rechtswidrig zueignet" (§ 246); hierunter fällt auch die Fundunterschlagung. Diebstahl und Unterschlagung von Aszendenten gegenüber ihren Deszendenten, und von Ehegatten untereinander bleiben straflos (§ 247). Besondere Fälle im DepotG. 5. 7. 96 (RGBl. 183) § 9 ff.

20. Abschn. Raub und Erpressung:

a) Raub. Er ist Diebstahl „mit Gewalt gegen eine Person oder unter Anwendung von Drohungen mit gegenwärtiger Gefahr für Leib oder Leben" (§ 249). Strenger wird bestraft der Raub mit Waffen; der, zu welchem mehrere sich verbunden haben; der auf öffentlichen Straßen usw.; der zur Nachtzeit in einem bewohnten Gebäude; der, bei welchem ein Mensch gemartert, schwer verletzt oder der Tod eines Menschen verursacht worden ist (§§ 250 f.). Wer, bei einem Diebstahl auf frischer Tat betroffen, mit Gewalt oder gefährlicher Drohung das gestohlene Gut verteidigt, wird wie ein Räuber bestraft (§ 252).

b) Erpressung begeht, „wer, um sich oder einem Dritten einen rechtswidrigen Vermögensvorteil zu verschaffen, einen anderen durch Gewalt oder Drohung zu einer Handlung, Duldung oder Unterlassung nötigt" (§ 253 f.). Bei Anwendung von Gewalt gegen eine Person oder von Drohung mit gegenwärtiger Gefahr für Leib oder Leben tritt die Strafe wie für Raub ein (§ 255).

21. Abschn. Begünstigung und Hehlerei. „Wer nach Begehung eines Verbrechens oder Vergehens dem Täter oder Teilnehmer wissentlich Beistand leistet, um ihn der Bestrafung zu entziehen oder um ihm die Vorteile des Verbrechens oder Vergehens zu sichern," ist wegen Begünstigung zu bestrafen (ausgenommen Angehörige) (§ 257). „Wer seines Vorteils wegen sich einer Begünstigung schuldig macht" und „wer seines Vorteils wegen Sachen, von denen er weiß oder den Umständen nach annehmen muß, daß sie mittels einer strafbaren Handlung erlangt sind, verheimlicht, ankauft, zum Pfande nimmt oder sonst an sich bringt oder zu deren Absatze bei anderen mitwirkt," wird als Hehler bestraft (§§ 258—262).

22. Abschn. Betrug und Untreue:

a) Betrug begeht, „wer in der Absicht, sich oder einem Dritten einen rechtswidrigen Vermögensvorteil zu verschaffen, das Vermögen eines anderen dadurch beschädigt, daß er durch Vorspiegelung falscher oder durch Entstellung oder Unterdrückung wahrer Tatsachen einen Irrtum erregt oder unterhält" (§ 263), s. auch RG. zur Bekämpfung des unlauteren Wettbewerbes 7. 6. 09 (RGBl. 499) § 3ff. Strenger wird bestraft, wer in betrügerischer Absicht eine gegen Feuersgefahr versicherte Sache in Brand setzt oder ein versichertes Schiff untergehen macht (§ 265), desgl. der Betrug im zweiten Rückfalle (§ 264).

b) Untreue begehen Vormünder, Pfleger, Sequester, Massen- und Stiftungsverwalter, Vollstrecker letztwilliger Verfügungen, wenn sie absichtlich zum Nachteile der ihrer Aufsicht anvertrauten Personen oder Sachen handeln, ferner Bevollmächtigte, die absichtlich zum Nachteile des Auftraggebers disponieren, und Feldmesser, Versteigerer, Mäkler, Wäger und andere zur Betreibung ihres Gewerbes obrigkeitlich verpflichtete Personen, wenn sie absichtlich diejenigen benachteiligen, deren Geschäfte sie besorgen (§ 266); s. auch HypothekenbankG. 13. 7. 99 (RGBl. 375) § 36 bezüglich „Treuhänder".

23. Abschn. Urkundenfälschung (—Maß-, Gewichts- und Warenfälschung gilt als Betrug —). Urkunden (deren Definition im G. fehlt) im Sinne des StrGB. sind sinnlich wahrnehmbare Gegenstände, die zum Beweise einer rechtserheblichen Tatsache geeignet und bestimmt sind (RGerStr. 34, 435, also nicht bloß Schriften, sondern z. B. auch Marken, die den, der sie ausgegeben, zu einer Leistung verpflichten). „Wer in rechtswidriger Absicht eine inländische oder ausländische öffentliche (d. h. von einer öffentlichen Behörde innerhalb der Grenzen ihrer Amtsbefugnisse oder von einer mit öffentlichem Glauben versehenen Person innerhalb ihres Geschäftskreises aufgenommene oder ausgestellte, s. ZPO. § 415) Urkunde oder eine solche Privaturkunde, welche zum Beweise von Rechten oder Rechtsverhältnissen von Erheblichkeit ist, verfälscht oder fälschlich anfertigt und von derselben zum Zwecke einer Täuschung Gebrauch macht," wird wegen Urkundenfälschung bestraft (§§ 267, 269—273). Schwerer wird die Urkundenfälschung bestraft, wenn dabei ein Vermögensvorteil oder eine Schadenszufügung beabsichtigt ist; noch schwerer, wenn es sich im letzten Fall um eine öffentliche (nicht bloß Privat-) Urkunde handelt (§ 268). Sodann werden hier auch Grenzverrückung, Vernichtung von Urkunden, Anfertigung und Gebrauch falschen Stempelpapiers, falscher oder schon entwerteter Postfreimarken usw., falsche ärztliche Atteste unter Strafe gestellt (§§ 274—280). — Wer Legitimationspapiere zum besseren Fortkommen fälscht, wird nur wegen Übertretung bestraft (§ 363).

24. Abschnitt. Bankerutt. Die hiervon handelnden §§ 281 bis 283 sind durch EinfG. z. KonkO. § 3f. 10. 2. 77 beseitigt; sie sind ersetzt durch §§ 239—244 KonkO. in der Fassung 17. 5. 98 (RGBl. 612). Es wird betrüglicher und einfacher Bankerutt unterschieden; s. bez. der Versicherungsvereine auf Gegenseitigkeit §§ 112, 113 RG. 12. 5. 01 (RGBl. 139).

25. Abschn. Strafbarer Eigennutz und Verletzung fremder Geheimnisse. Hier handelt es sich zunächst um gewerbsmäßiges Glücksspiel (d. i. jedes Spiel um einen Vermögensvorteil, dessen Ausgang allein oder hauptsächlich vom Zufall abhängt und welches nicht unter den Begriff der Lotterie oder der Ausspielung im Sinne des § 286 des StrGB. fällt, Rspr. d. RGerStr. 6, 261) und Gestattung desselben in öffentlichen Lokalen (§ 284 f., vgl. G. 1. 7. 68, BGBl. 367, betr. die Schließung der öffentlichen Spielbanken), um unbefugte Veranstaltung öffentlicher Lotterien (§ 286; woneben das Verbot des Spielens in auswärtigen Lotterien besteht, s. G. 29. 8. 04, GS. 255 und dazu RGerStr. 33, 124; 36, 260); Schutz der Warenzeichen (RG. 12. 5. 94, RGBl. 441 §§ 14 ff. an Stelle des § 287); Beiseitebringen von Vermögensstücken bei drohender Zwangsvollstreckung (§ 288); rechtswidrige Wegnahme einer Sache aus dem Besitze des Nutznießers, Pfandgläubigers usw., s. z. B. auch §§ 535, 598, 743 ff. BGB. (§ 289); Gebrauch der verpfändeten Sache durch die Pfandleiher (§ 290); Zueignung verschossener Munition (§ 291); unberechtigtes Jagen, Fischen oder Krebsen (§§ 292—296 a); Verletzung des Briefgeheimnisses (§ 299); Verletzung von Privatgeheimnissen seitens der Rechtsanwälte, Notare, Medizinalpersonen (§ 300); unerlaubtes Kreditgeben an Minderjährige (§ 301 f.); Wucher (§§ 302 a—e, s. oben S. 44).

26. Abschn. Sachbeschädigung (§§ 303—305).

27. Abschn. Gemeingefährliche Verbrechen und Vergehen: Brandstiftung (§§ 306—311); Bewirkung einer Überschwemmung (§§ 312 bis 314); Gefährdung von Eisenbahntransporten (zu denen auch elektrische Bahnen gehören, Rspr. d. RGerStr. 7, 508, nicht aber Pferdeeisenbahnen RGStr. 12, 205) (§ 315 f.); Störung der Telegraphenverbindungen (§§ 317 bis 320); Beschädigung von Dämmen, Schleusen u. anderen Wasserbauten usw. (§ 321 f.); Vergiftung von Trinkwasser und anderer zum öffentlichen Verkauf oder Verbrauch bestimmter Gegenstände (§ 324, s. auch RG. 14. 5. 79, RGBl. 145 und das Gebiet der Nahrungsmittelgesetzgebung, oben S. 451); Verletzung der Absperrungs- usw. Maßregeln gegen Seuchengefahr (§ 327 f., s. auch ReichsseuchenG. 30. 6. 00, RGBl. 306, § 44 ff., oben S. 447 f. und den ganzen Abschnitt IX); Verstoß gegen die allgemein anerkannten Regeln der Baukunst, so daß hieraus für andere Gefahr entsteht (§ 330). — Hierher gehören auch noch die Strafbestimmungen aus dem RG. gegen den verbrecherischen und gemeingefährlichen Gebrauch von Sprengstoffen 9. 6. 84 (RGBl. 61) und die des RG. 19. 5. 91 (RGBl. 109) betr. die Prüfung der Läufe usw. der Handfeuerwaffen nebst AusfBek.

28. Abschn. Verbrechen und Vergehen im Amte (§§ 331—359). Welche Personen unter „Beamte" im Sinne des StrGB. zu verstehen sind, s. S. 347 ff. Die Zuwiderhandlungen, welche hier in Rede stehen, stellen Straftaten dar, für welche eine disziplinarische Ahndung gegen Beamte (S. 365 ff.) nicht ausreicht, und für die auch, soweit sie zugleich gewöhnliche Vergehen darstellen, eine schärfere Bestrafung notwendig erscheint (Bestechung, § 331 ff., Amtsmißbrauch, § 339 ff., Urkundenfälschung im Amte, § 348 f., Unterschlagung im Amte, § 350 f. usw.).

29. Abschn. Übertretungen (§§ 360—370). Hier handelt es sich überwiegend um Polizeidelikte, um Zuwiderhandlungen in bezug

auf die Sicherheit des Staates (z. B. Aufnehmen von Rissen der Festungen, Anfertigung von behördlichen Stempeln, Siegeln usw., von Karten usw., die dem Papiergeld ähnlich sind, unbefugte Annahme eines Titels [Adelsprädikates], § 360), in bezug auf die öffentliche Ordnung (z. B. Landstreichen, Betteln, § 361), auf die Sicherheit des Publikums (z. B. übermäßig schnelles Fahren oder Reiten in Städten oder Dörfern, § 366), auf das Privateigentum (z. B. Betreten von bestellten Äckern, Abgraben oder Abpflügen von einem fremden Grundstück, § 370). Besonders hervorgehoben zu werden verdient der „grobe Unfug" (§ 360 Nr. 11). Mit ihm zugleich ist der ungebührlicherweise erregte „ruhestörende Lärm" unter Strafe gestellt. Groben Unfug begeht der, „welcher durch eine grobe, ungebührliche Handlung das Publikum in seiner unbestimmten Allgemeinheit unmittelbar belästigt oder gefährdet, und zwar dergestalt, daß in dieser Belästigung oder Gefährdung zugleich eine Verletzung oder Gefährdung des äußeren Bestandes der öffentlichen Ordnung zur Erscheinung kommt" (RGerStr. 31, 185; 32, 100). Damit ist einer schrankenlosen Anwendung des groben Unfugsparagraphen ein Riegel vorgeschoben.

Das G. vom 20. 5. 98 (RGBl. 345) hat die Entschädigung im Wiederaufnahmeverfahren freigesprochener oder nach einem milderen Strafgesetz geringer bestrafter Personen zum Gegenstande. Ein unschuldig Verurteilter, gegen den die Strafe vollstreckt ist, und diejenigen, denen gegenüber er kraft G. unterhaltungspflichtig ist, können Entschädigung für den durch die Strafvollstreckung entstandenen Vermögensschaden beanspruchen (§§ 1, 2), falls ein begründeter Verdacht nicht mehr vorliegt und die Verurteilung nicht durch Vorsatz oder Fahrlässigkeit verschuldet war. Gegen den hierüber von dem im Wiederaufnahmeverfahren entscheidenden Gerichte gefaßten Beschluß gibt es kein Rechtsmittel. Auf Grund des Beschlusses ist binnen 3 Monaten nach Zustellung Entschädigung zu fordern; es entscheidet darüber die oberste Landesjustizbehörde, gegen deren Entscheidung die Berufung auf den Rechtsweg binnen weiterer 3 Monate zulässig ist. Zuständig ist alsdann die Zivilkammer des Landgerichts; s. auch ME. 22. 11. 98 (JMBl. 280).

Sachregister.

Die fettgedruckten Zahlen verweisen auf die Stelle, wo der Gegenstand hauptsächlich behandelt wird.

Piererſche Hofbuchdruckerei Stephan Geibel & Co. in Altenburg.

Beilage zu Zelle, Handbuch des geltenden Öffentlichen und Bürgerlichen Rechts.

6. Auflage.

Verlag von Julius Springer in Berlin.

Tabellarische Übersicht über die heutige deutsche Arbeiterversicherung nach der RVO.

Von **Dr. von Brakenhausen**, Regierungsrat, Potsdam.

Reichsversicherungsordnung v. 19. Juli 1911. 1805 §§. VI Bücher. **I.** Gemeins. Vorschriften, Träger, Behörden. **V.** Vers.-Träger zu einander u. and. Verpflichteten. **VI.** Verfahren.

Geschichtl. Vorläufer Einleitung: Allerh. Botschaft v. 17. 11. 1881	**Kranken-Vers.: II.** Buch. Gesellenladen der Zünfte. — Hilfskassen lt. PrGewO. u. RGO. § 141. Hilfskassengesetz v. 1876/1884. — Aufgehoben 1911. KrVersGes. v. 1883/1903.	**Unfall-Vers.: III.** Buch. § 25 PrEisenbGes. 1838. Beweislast des Unternehmers f. Schuld d. Beschädigt. od. vis maior, — gilt noch f. Schaden an Personen, die nicht unfallversicherungspflichtig sind oder außerhalb des Betriebes beschädigt (bei Kausalnexus). RHaftpflichtGes. 1876 i. d. Fassg. v. 18. 8. 1896 (= EG. z. BGB.). Haftung für alles Verschulden. 1884. Gewerbl. Unfall-Vers. — 1885. Ausdehnung auf **Post**- und **Verkehrsgewerbe**. 1886. **Land- u. forstw. Unfall-Vers.** 1887. **f. Bauten u. Seeleute.** 1900. **Mantelgesetz mit Anlagen.** 2. 3. 1909. **Haftung des Halters von** Kraftfahrzeugen.	**Invaliden-Vers.: IV.** Buch. In Kraft 1. 1. 1912. Ges. betr. Invaliditäts- u. Altersversicherung. 22. 7. 1889. Invaliden-Vers.-Ges. v. 13. 7. 1899. (**§ 15 Zolltarif-Ges. 1902 sieht Hinterbliebenen-Vers. vor.**)
Versicherungsfall	**Krankheit** (= vorübergehende Arbeitsunfähigkeit); = jede anormale Störung der Gesundheit, die ärztl. Behandlung usw. erfordert.	**Verletzung u. Tötung** (= andauernde Erwerbsunfähigkeit od. Beschränkung inf. Betriebsunfalls (d. h. plötzl., zeitl. bestimmbar. Ereignis in ursächl. Zusammenhange m. d. Betriebe). Entschädigung ausgeschl. bei „Vorsatz" u. schwerer Straftat. Bd.-R. kann d. Vers. auf bestimmte gewerbl. Berufskrankheiten ausdehnen. § 547.	**Invalidität** = andauernde Erwerbsunfähigk. infolge Gewerbekrankh., Siechtum od. Unfällen außerhalb der Arbeit. — **Alter:** 70 Jahre. **Witwen(-er)schaft** + Invalidität. **Waisenschaft** unter 15 J.
Träger der Versicherung	örtl. 1. Allgem. **Orts**krankenkassen (250 Mitgl.) u. 1a besond. Orts-Kr.-K. bei 250 Mitgl. u. gleicher Leistg. u. Leistungsfähigkeit, ohne Gefährdg. v. 1. — Daneben 2. **Land**krankenkassen für ländl. Beschäftigte; Dienstbot., in Wander- u. Haus-Gewerbe Beschäft. § 235. (wenn 1 u. 2 über 1000 Mitgl. §§ 245 ff.) 3. **Betriebs**-Kr.-K. (mind. 150, ländl. 50) durch Arbeitgeber und Staatsbetr., inkl. (vorübergeh.) Baubetriebe, durch Bauherrn od. ObVA. 4. **Innungs**-Kr.-K. durch Inng. nach Anhörung d. Gesellen-Aussch., d. Gemeinden, d. Aufsichts-Beh. u. d. Handwerkskammer. (alte milder!)	1. Berufsgenossenschaften = Unternehmerverbände auf Gegenseitigkeit mit Selbstverwaltung; 66 gewerbliche, 48 landwirtschaftl. 2. Zweiganstalten: 14 angeschloss. Versicherungs-Anstalten der Eigenbauunternehmer. — 6 Tage-Gemeindelast, darüber Voraus-Prämie. §§ 629, 783. 3. Reichs- u. Staats- pp. Betriebe (mit 546 „Ausführungsbehörden"). Verkehr, Marine, Heer. 4. Gemeinden f. ihre Bauarbeiten, nicht gewerbsm. Tierhaltg., z. B. Feuerwehr, Müllabfuhr. F. Unfälle d. Gefangenenarbeiter sorgt d. Staat lt. Ges. 00. F. Betr.-Unf. v. Zivilbeamt., dgl. i. Heer u. Marine sorgt Reich u. Staat lt. Ges. 01.	31 territoriale (Landes-) Versicherungs-Anstalten, in Preußen: die Provinzen, und 10 Sonderanstalten (Kasseneinrichtungen) des Reichs, der Bundesstaaten usw. § 1360. Gesamtvermögen 1910: 1666 Mill. Mark exkl. Inventar. Garantie-Verband: der Staat.
Errichtung (Satzungen!)	1. u. 2. durch d. Gemeindeverbd. 3. durch Arbeitg. 4. durch Inng. 5. **Ersatz**kassen = Vers.-Vereine, die vor 1909 Bescheinigung aus § 75a Kr.-V.-Ges. u. dauernd über (ev. 250) haben. 1000 Mitgl. § 503. 6. **Knapp**schaftl. Kr.-K. für Bergarbeiter. § 495.	— durch d. Bd.-Rat.	Errichtung durch Landesregierung. § 1327 Genehmigung durch Bd.-Rat. Zulassung der Sonderanst. durch Bd.-Rat.
Territorialer Bez.	(meist) örtlich begrenzt	größer — E. Berufsgenossenschaft umfaßt gleichartige Betriebe ev. des ganzen Reichs d. Landw. Unf.-Vers. umfaßt preußische Provinzen — sonst Bundesstaaten.	Die einz. Bundesstaaten in Preußen d. Provinzen.

	Kranken-Vers.	Unfall-Vers.	Invaliden-Vers.
Kreis d. Versichert. Versicherungs-**Pflicht**	(bisher ca. 13,5 Mill. Versicherte) — demnächst ca. 20 Mill. § 165. 1. Arbeiter, Gehilfen, Gesellen, Lehrlinge, Dienstboten 2. Betriebsbeamte, Werkmeister usw. im Hauptberufe 3. Handlungsgehilfen und Lehrlinge auch in Apotheken 4. Bühnen- u. Orchestermitglieder 5. Lehrer und Erzieher 6. See- u. Binnenschiffsbesatzung } (außer allen Lehrlingen) bei Beschäftigung gegen Entgelt unter 2500 M. 7. Hausgewerbetreibende, auch unständig und im Wandergewerbe Beschäftigte.	1910 ca. 24 Millionen (davon 17¼ landw.) Alle Arbeiter (auch ungelohnte), § 537/44, u. Betriebsbeamte bis 5000 M. (früher 3000 M.) Jahresverd., auch wenn nebenbei häusl. u. andere Dienste laufen } bei Beschäftig. in: Bergwerken usw., Fabriken (= 10 Arbeiter und Kraftbetr.), Brauereien, Apotheken, Eisenbahn- usw. **gewerbl.** Betrieben, Fischerei, Stallbetrieben, Speicherei usw. u. Bauten usw. L.-U.-V. . . . . dgl. . . . . . . § 915. in der Land- und Forstwirtschaft und ihren Nebenbetrieben, dgl. in Gärtnereien See-U.-V. . . . . dgl. . . . . Seeschiffsbesatzung usw.	ca. 15,5 Millionen Versicherte. § 122[illegible] 16 Jahr alte, gegen Entgelt (nic[illegible] nur freien Unterhalt) beschäftigt[illegible] 1. Arbeiter, Gehilfen, Geselle[illegible] Lehrlinge, Dienstboten, Schiffer 2. Betriebsbeamte, Werkmeister usw. im Hauptberuf 3. Handlungs- u. Apothek.-Gehilfen und Lehrlinge 4. Bühnen- usw. Mitgl.; Lehrer und Erzieher
Befreiung: lt. Gesetz	durch näh. Bd.-Rats-Bestimmung f. Kurzbeschäftigte. § 168. f. Staats- u. Gemeinde-Beamte, die gleichwertig versorgt sind	durch Bd.-Rat, wenn keine besondere Unfallgefahr § 519.	lt. Gesetz: Rentenbezieher oder (⅔) Invaliden. § 123[illegible] nur gegen freien Unterhalt Beschäftigte u. unentg. beschäftigte Lehrlinge. § 122[illegible] Reichs- usw.-Beamte mit entsprec[illegible] Versorgung, Soldaten usw. § 123[illegible] durch Bd.-Rat: vorübergehend Beschäftigte, oder gering gelohnte, Ru[illegible] § 123[illegible]
auf Antrag:	v. Eltern-Lehrlingen § 174 von ländl. Arbeitern u. Dienstboten, für die der Arbeitgeber sorgt } durch Kassen-Vorstand.		durch Vers.-Amt auf Antrag: Pensionsempfänger mit Hinterblieb.-An[illegible]spruch. — Selbständig oder unentgeltli[illegible] Beschäftigte. Kampagne-Arbeiter bi[illegible] 12 Wochen oder 50 Tagen § 123[illegible]
Ausdehnung möglich		durch die Satzungen: } auf Betriebsbeamte über 5000 M. § 548. durch Ld.-Gesetz in der L.-U.-V.: } auf Kleinunternehmer bis 3000 M. od. mit 2 Arbeitern u. auf Hausgewerbetreibende. durch Bd.-R. für Berufskrankheiten.	durch Bd.-Rat auf kleinste und Haus- } Gewerbetreibende. § 123[illegible]
Freiwillige Versicherung durch Vertrag mit Kontrahierungszwang f. die Versicherung, die nicht zurückweisen darf.	durch Erklärung für versicherungsfreie, unentgeltlich beschäft. Angehörige, Kleinunternehmer (mit 2 Arbeitern), die unter 2500 M. } Kasse kann Gesundheits-Attest fordern. § 176. Erlöschen durch 2 × Nichtzahlung od. bei 4000 M. Einkommen auf Kassenmitteilung.	f. Kleinunternehmer bis 3000 M. Jahresarbeitsverdienst, soweit nicht vorstehende Ausdehnung erfolgt ist. § 55[illegible]. durch Satzungen für nichtpflichtige Betriebsangestellte; Besucher und Genossenschafts-Beamte.	durch „Selbstkleben", wenn unter 40 Jahren } Betriebsbeamte v. 2- bi[illegible] 3000 Mark. § 124[illegible] Kleinunternehmer bis 2 A[illegible] beiter. Hausgewerbetreibende. Naturallohnempfänger u. vo[illegible] übergehend Dienstleistend[illegible] graue Karten.
Freiwillige Fortsetzung	durch Erklärung od. Weiterzahlung: wer ununterbrochen 6 Wochen oder im letzten Jahre 26 Wochen } Zwangsmitglied war.		durch Weiterkleben: wer irgendw[illegible] versichert war. § 124[illegible]
Freiwillige Zusatz-Versicherung	Zusatzbeiträge v. Versicherten mit Angehörigen, wenn Familienhilfe gewährt wird.		freiw. Zusatz-Versich. durch Zusatzmarken v. 1 M. zur Erhöhun[illegible] nur d. Invalidenrente um 2 Pf. p[illegible] Jahr und Marke. § 147
Organe Zulassung der Frauen	früh. Generalversammlg.) — Verbände — Meldestellen — Sektionen. § 327. **a) Ausschuß** (Orts-Kr.-K.: 90 Mitgl.) ⅔ Vertr. d. Versicherten gewählt: f. O.-Kr.-K. von all. volljähr. Arb. (60), f. Betr.- u. J.-Kr.-K. von all. volljähr. Arbeitern (50) f. Ld.-Kr.-K. von d. Gem.-Vertretg. (60) ⅓ Vertr. d. Arbeitgeber gewählt: f. Ld.-Kr.-K. von d. Gem.-Vertretg. f. O.-Kr.-K. von d. Arbeitgebern nach Arbeiterzahl f. B.- u. J.-Kr.-K. v. d. Arbeitgebern oder der Innung. — **b) Vorstand** dgl. ⅔ : ⅓ = Mitgl. gewählt aus beiden Grupp. d. Ausschusses od. durch d. Gemeindebest. = Vorsitzender gewählt von der Mehrheit beider Gruppen der Vorst.-Mitgl. ev. Kommissar des Vers.-Amts (wenn solche nicht zustandekommt).	**a) Genossenschaftsversammlung** d. Unternehmer od. Vertreter. § 615. beschließt d. Satzg. u. wählt den Vorstand **b) Genossenschaftsvorstand** (gewählt von a); ev. Arbeiter-Vertreter dazu) ev. Sektions-Vorst. in L.-U.-V. = Kreis-Aussch. — **Ausführungs-Behörden** der Reichs- usw. Betriebe. Beteiligung und Arbeiter-Vertreter: bei Beratung der Unfallverhütungs-Vorschriften. § 853. bei der polizeilich. Unfalluntersuchung.	**a) Ausschuß:** z. Kontrolle d. Vorst. § 13[illegible] mindest. 10 Vertreter ½ der Arbeiter ½ „ Arb.-Geb. } gewählt nach Wahl-Ordnung durch d. Vertreter d. Versicherung b[illegible] den Versicherungsämtern **b) Vorstand** für die laufende Verwaltu[illegible] ½ : ½ Vertreter u. Provinzial-Beam[illegible] § 134

	Kranken-Vers.	Unfall-Vers.	Invaliden-Vers.
Aufsichts-Beh.	**d. Versicherungsämter**	**d. Reichsversicherungsamt** od. Landesversicherungsamt.	**d. Reichsversicherungsamt** od. Landesversicherungsamt.
Meldepflicht	a) Kurzbeschäftigter selbst, sonst des Arbeitgebers in 3 Tagen (ev. lt. Satzg. bis z. letzt. Wochentage), bei Versäumnis: Bestrafung u. Nachzahlg., ev. Regreßpflicht f. d. Krankh.-Kosten. Das Vers.-Amt kann Meldestellen einrichten. b) des Arbeiters von Doppelleistungen. § 189.	a) des Arbeitgebers, betr. Betriebsart (inkl. Änderung) u. Arbeiterzahl, bei d. Vers.-Amte in 1 Woche. § 653. i. L.-U.-V.: durch Gem.-Beh. bei d. Gem.-Vorstand, § 967. b) des Betriebsunfalls in 3 Tag. bei O.-Polizei (od. vorges. Staatsdienstbeh.).	keine Meldepflicht (außer beim Einzugs-Verf.), nur „Klebepflicht" des ersten Arbeitgebers der Woche. § 1447.
Kostendeckung	**Deckungs-Verfahren** = Deckung durch laufende Beiträge im Voraus. (Eintrittsgeld fortgefallen.)	a) **Umlage-Verfahren:** nachträgl. Umlegung der Jahreskost. auf d. Unternehmer mit Zuschlag für Rücklagen. §§ 731, 741. b) **Kapitaldeckgs.-Verf.** b. d. Tiefbauberufsgenossensch. (privater Erd- u. Wasserbauten), da diese Unternehmung zu unbeständig. deckt durch Vorausprämien d. Verw.-Kosten u. Kapitalwert aller i. Rechnungsjahre entstandenen zahlb. Renten.	(Durchschnitts-) **Prämien-Deckungs-Verf.** deckt den Kapitalwert aller zahlb. Renten u. sammelt weiteres Kapital z. Sicherung der erst entstehenden Ansprüche. (urspr. Kap.-Deck.-Verf. nach Perioden.) Beharrungs-Vermögen ist eingetreten.
Beiträge **Beitreibg.** rückständiger wie **Gemeindeabgaben. Konkursvorrecht. Verjährg.:** 2 Jahre	**²/₃ durch Arbeiter, ¹/₃ durch Arbeitg.** (bzw. Gemeinde für unständige). § 381. ev. ½ durch Arbeiter, ½ durch Arbeitgeber in Inng.-Kr.-K. Sa. 4½ % d. Grundlohns: lt. Satzg. durchschnittl. od. wirkl. Arb.-Verdienst od. Ortslohn der Ld.-Kr.-K. über 4½ % d. Grundlohns nur f. Regelleistg. od. mit Zustimmg. beider Grupp., über 6 % d. Grundlohns überhaupt nicht zulässig. **ev. Zusatzbeiträge** v. Versich. mit Angehörig., wenn Familienhilfe v. d. Kasse gewährt wird. § 384. Ortslohn = ortsübl. Tagesentgelt ungelernter Arbeiter. § 150. wird v. Ob.-Vers.-Amt f. den Bezirk des Vers.-A. einheitl. festgesetzt, getrennt für männl. und weibl. bis 16, bis 21 u. über 21 J.	Umlagezahlung der Unternehmer (nachträgl. f. d. wirkl. Kosten (ev. Vorschußeinforderung). § 738. Umlage-Berechnung nach Lohnhöhe und Gefahrenklassen. L.-U.-V. nach d. Grundsteuer (od. Fläche usw.). Rechtsmittel: 1. Widerspruch, 2. Beschwerde. § 757. Vorausprämien von den Eigenbauunternehmern bei Bauten über 6 Tage an die „Zweiganstalten". § 799. Zuschläge f. Rücklagen z. Reservefds. leiten zum Deckungs-Verf. über. § 742. 1910 enthielten d. Reservefds. 320 Mill. Mark, außerdem 217 Mill. Mark Vermögen d. Ber.-Gen.	**½ durch Arbeitgeb., ½ durch Vers.** u. Reichszuschuß (= 52½ Mill.) nach 5 Lohnklassen: § 1392. —350, —550, —850, —1150 u. m. in Wochenmarken: 16; 24; 32; 40; 48. 50 % gehen zum Gemeinvermög. § 1397. „Gemeinlast" sd.: Grdbetr. d. Inv.-Rent. u. Zusch. z. Kind.-R. Anteile d. Vers.-Anst. an Alters-, Witw.- usw. R. Steigerungssatz inf. Militär- u. Krankh.-Wochen. § 1396. freiw. Verwendung höh. Markenklassen u. von Zusatzmarken à 1 M. § 1472. 1910 sind 197 Mill. M. Beitr. bezahlt.
Beitrags-Leistung	seitens d. Arbeitgebers f. seinen Teil u. Abzug bei Lohnzahl. } wöchentl. od. z. statutar. Termin, ev. Vorschuß. ev. Einkassierung direkt. § 393.	— nach Umlegung ev. durch Vorschuß.	Verwendung durch den ersten Arbeitgeber d. Woche bei Lohnzahlung: ½ Abzug. Verwendung freiwill. Versicherter selbst u. allein. § 1447. } **durch Kleben** i. Quittungskarten (gelb u. grau) ev. Einzugsverfahren (zur Entlastung d. Arbeitgebers).
Beitrags-Erstattung	an Arbeitgeber f. Vorauszahlung, wenn e. Arb. in der Zahlungs-Periode ausscheidet. § 397.		irrtüml. Beitr.: a) an den Versicherten in 10 Jahren, wenn er keine Rente erlangt hat, b) an d. Arbeitgeber in 2 Jahren, wenn der Versicherte nicht ersetzt. (früher in Heirats-, Todes-Unfalls-Fällen, jetzt beseitigt).
Mehr- oder Doppelvers.	in „Zuschußkassen" zulässig. ist v. Arbeiter anzuzeigen, ev. Kürzung d. Krankengeldes auf d. durchschn. Tagelohn (z. B. bei Fortsetzung u. freiw. Vers. eines selbständ. Untern.). § 189.	Krankengeld einer Zuschußkasse wird angerechnet. § 573.	durch höhere Markenklasse od. Zusatzmark.
Eintritt	ex lege durch Eintritt in d. Beschäftigung od. Austritt aus d. Ersatz-K. oder durch freiw. Eintrittserklärung. § 310.	durch Eintritt in d. Betrieb od. Betriebseröffnung.	ex lege durch Eintritt in d. vers.-pflicht Beschäftigung. freiwillig durch Selbstkleben Berechtigter.
Austritt	durch Austritt aus d. vers.-pflichtigen Beschäftigung. § 306. durch Übertritt in e. andere Kr.-Kasse. aus e. Inng.-Kr.-K. durch Verlegg. d. J.-Betriebs aus dem Kassenbereich. Versicherungsberechtigter durch 2 × Beitragssäumnis. § 314. Versicherungsberechtigter durch Kassenmitteilung bei üb. 4000 M. Eink.	durch Austritt aus d. Betrieb od. Betriebsschließung.	durch Austritt aus d. Vers.-Pflicht. durch Einstellung d. freiw. Versicherung.

	Kranken-Vers.	Unfall-Vers.	Invaliden-Vers.
Leistungen sind nicht öff. Armen-Unterstützung	**Regelleistungen:** I. Krankenhilfe. § 182. Geg. Simulation: Krank.-Aufsicht. 1. Krankenpflege: Arzt, Arznei u. kl. Heilm. 2. Krankengeld = $\frac{1}{2}$ Grundlohn vom 3. Tage d. Erw.-Unfähigkeit f. 26 Woch. od. 3. Kr.-haus-Behandl. und 4. $\frac{1}{2}$ Kr.-Geld: = Hausgeld. 5. Hauspflege statt 3. II. Wochenhilfe: Wochengeld = Kr.-geld f. 8 W., (wenn 6 Mon. vers.) od. Wöchnerinnenheim od. Hauspflege u. $\frac{1}{2}$ Wochengeld. III. Sterbegeld = 20 × Grundlohn. § 201. **Verminderung** lt. Satzg., wenn in 12 Monat. bereits 26 W. unterstützt, Versagg. d. Krankengelds f. 1 J. bei kassenschädl. ehrlosen Straftaten. **Erhöhung** lt. Satzg.: verlängerte Krankenhilfe bis 1 Jahr. erhöhtes Krankengeld bis $\frac{3}{4}$ Grundlohn od. Zahlung f. d. 3 Karenztage, Zahlung f. Sonntage. erhöhtes Hausgeld bis zum vollen Krankengeld. Genesungsheim — größere Heilmittel — Hebammendienste, erhöhtes Sterbegeld bis 40 × Grundlohn — Schwangerschaftsgeld.	**A. Krankenfürsorge:** § 573. a) Krankenversicherte erh. v. 5—13 Wochen v. d. Kr.-K. Zuschuß auf $\frac{2}{3}$ d. Grundlohns, dgl. Hausgld. b) nicht Krankenversicherte erh. v. 1—13 Woch. d. Gleiche durch Unternehmer. § 577. nicht Krankenvers. d. LUV. d. Gleiche durch d. Gemeinde d. Beschäft.-orts. § 942. D. Genossensch. kann das Heilverf. selbst übernehmen. **B.** v. d. 14. Woche ab Kr.-Behandlg. u. **Unfallrente** f. d. Erwerbsunfähigkeit. a) Vollrente = $\frac{2}{3}$ d. letztj. Jahresarbeitsverdienstes, mindest. 300 × Ortslohns bis 1800 M., darüber $\frac{1}{3}$. b) Teilrente, % Ermäßig. von a nach d. Grade d. Erw.-unfähigkeit, § 559, unter $\frac{1}{5}$ d. Vollrente Kap.-Abfindg. § 616. c) Hilfslosenrente = 100 % d. J.-Arb.-verdienstes bei Hilflosigkeit. **C.** statt B: Krankenhausbehandl. u. Angehörigenrente (= Hinterbl.-R.). § 560.	**A.** Heilverfahren z. Abwendg. od. Beseitig. d. Invalidität u. Hausgld. § 1269. **B. Invaliden** (Kranken) **rente** bei dauernd unter $\frac{1}{3}$ Erwerbsfähigkeit (u. wer 26 W. inv. war usw.). § 1255. nach 5 Lohnkl. I II III IV V a) Reichszusch. 50 50 50 50 50 M. b) Grundbetr. 60 70 80 90 100 „ c) Steigergsf. 3 6 8 10 12 Pf. pro Mark u. Krankheitswoche. d) Zuschuß = $\frac{1}{10}$ d. Rente f. jed. Kind unter 15 J. § 1291. **i. Max.** bei 50 Beitr.-Jahr. 185—450 M. geringer als Unf.-Rente, da Unf. empfindlicher, Invalidität natürlicher. — „Zusatzrente" 2 Pf. p. Marke u. Jahr. **C. Altersrente** = Zuschuß z. geschmälerten Verdienst i. Alter v. 70 J. nach 1200 W. Wartez. (gekürzt bis 200 i. Überg.). § 1278. a) Reichszusch. 50 50 50 50 50 b) durch Vers.-Anst 60 90 120 150 180 § 1293. Sa. 110 bis 230 Fortfall bei höherer Invalid.-R.
f. Angehörige	Familienhilfe: Krankenpflege f. Angehörige. § 205. 1910: Gesamtleistung 320 Mill. Mark.	**bei Tötung.** 1. Sterbegeld = $\frac{1}{15}$ d. J.-Arb.-Verdienst., mind. 50 M. § 586. 2. Hinterbliebenenrente je $\frac{1}{5}$ d. J.-Arb.-Verdienstes f. Witwe (3 × als Abfindg. bei Heirat) f. Kinder, Aszendent. i. max. $\frac{3}{5}$. Zahlg. monatl. pränumerando durch d. Post nach Vorschuß durch d. Ber.-Gen. 1910: Gesamtleistung 163 Mill. Mark.	f. Angehörige: **D. Witwenrente** f. d. invalide Witwe bis and. Verheiratg. Witwerrente f. d. invaliden Witwer einer ernährenden Versicherten. a) Reichszuschuß 50 M. u. $\frac{3}{10}$ d. Inv.-R. (exkl. Reichs-Zusch.). **E. Waisenrente** bis z. voll. 15. Jahre, auch f. gesunde u. unehel.: Reichszusch. 25 M. u. $\frac{3}{20}$ (bzw. $\frac{3}{40}$) d. Inv.-R. §§ 1259/92. **F. Witwengeld** = Jahresbetrag v. D beim Tode des Vers. §§ 1264/90. **G. Waisenaussteuer** = 8 × Monatsbetr. v. E bei Vollendung d. 15. Jahr.
Karenzzeit	1. f. Krankengeld: 3 Tage nach Arbeitsunfähigkeit. 2. f. Wöchnerinnen — 6 Mon.-Mitgl. f. Selbstversicherte 6 Wochen f. alle Leistungen. § 207.	13 Wochen f. d. Unfallrente, 4 „ f. d. Kr.-Geldzuschuß.	**Wartezeit:** f. Inv.-R. 200 Beitr.-Wochen (ev. 500, wo nicht 100 Pflichtbeiträge). Alters-R. 1200 Beitr.-Wochen (= 25 Jahre) ev. Kürzg. bis 200 i. Übergang.
Geltendmachung der Ansprüche Festsetzung	**Antrag** bei d. Kr.-Kasse — Bescheid mündl. od. schriftlich Bescheid jederzeit (bis 2 J.) anfechtbar **Streit** entscheidet Vers.-Amt i. d. Regel nach mündl. Verh. ev. Vorentscheidung durch d. Vors.; dagegen Antr. auf mündl. Verhandlung.	**Unfallanzeige** des betr. Unternehmers bei d. Pol.-Behörde, die ex officio untersucht d. Ber.-Genossenschaft erhält das Ergebnis, kann weiter aufklären, fordert Lohnnachweisung Ber.-Genossenschaft erteilt Bescheid (schriftl.): auch vorläufige Festsetzung. Dauerrenten-Festsetzung innerhalb zwei Jahren.	**Antrag** bei Vers.-Amt mit Beweisstücken (Q.-Karte, ev. ärztl. Attest, Geburtsschein, Heiratsurk. usw.) V.-A.: Klarstellung, Arztgutachten; mündl. Erörterung — an Vers.-Anst. Bescheid durch Vorstand d. Vers.-Anstalt Wiederholung d. Antr. in bestimmten Fällen erst nach 1 Jahr.
Rechtsmittel	Berufung an Ob.-Vers.-A. (Spruchkammer): mündl. Verh. od. Vorentscheidg. Revision an R.-Vers.-A. Gründe: Rechtsverletzung, Verfahrensmangel od. Verstoß geg. kl. Akteninhalt. Revision ausgeschl. bei unter 8 Wochen Arbeitsunfähigk. u. betr. Nebenpunkte.	Einspruch bei d. Vers.-Träger oder Vers.-Amt. — Anhörung; Arztgutachten Endbescheid d. Vers.-Trägers Berufung an Ob.-Vers.-A. (Spruchkammer) mündl. Verhandl. Rekurs an R.-Vers.-A. (Spruchsenat). Gründe unbeschränkt ausgeschlossen betr. geringfügig. Punkte.	Berufung an Ob.-Vers.-Amt Revision an R.-Vers.-Amt. Gründe: Rechtsverletzung, Verfahrensmangel od. Verstoß geg. Akten-Inhalt. Revision ausgeschl. betr. R.-Höhe, Anfang, Ende usw.
Behörden	I. **Vers.-Ämter:** Aufsicht, Auskunft, Rat. Vorsitz.: Leiter d. unt. Verw.-Beh. mindestens 12 Beisitzer: $\frac{1}{2}$ Arbeiter, $\frac{1}{2}$ Arbeitgeber, gewählt v. d. Kass.-Vorst.-Mitgl.: Verhältnis-Wahl. Spruch- u. Beschluß-Ausschüsse.	II. **Ob.-Vers.-Ämter:** Spruch- u. Beschl.-Kamm. Vorsitz. u. stellv. Direkt. 40 Beisitzer: $\frac{1}{2}$ v. d. Vers.-Vertr. d. Vers.-Ämter, $\frac{1}{2}$ v. d. Arbeitgeb. i. Ausschuß d. Vers.-Anstalt od. Vorständen d. Berufsgenossenschaften.	**Reichs-V.-A:** Spruch- u. Beschl.-Senate u. Großer S. Präs.: v. Kaiser auf Vorschl. d. Bd.-R. ständ. Mitgl.: dgl. 32 nichtständ. Mitgl.: 8 wählt d. Bd.-R., 6 Arbeitgeber-Vertr. wählen d. Vers.-Anst.-Ausschüsse 6 „ „ wählen d. Berufs-G.-Vorstände 12 Arb.-Vertr. wählen d. Arbeiter-Vertr. bei d. Ob.-Vers.-Ämtern.

GPSR Compliance

The European Union's (EU) General Product Safety Regulation (GPSR) is a set of rules that requires consumer products to be safe and our obligations to ensure this.

If you have any concerns about our products, you can contact us on ProductSafety@springernature.com

In case Publisher is established outside the EU, the EU authorized representative is:

Springer Nature Customer Service Center GmbH
Europaplatz 3
69115 Heidelberg, Germany

Batch number: 10852600

Printed by Printforce, the Netherlands